T. E. 로렌스(맨 왼쪽)와 그의 네 형제(왼쪽부터 프랭크, 아널드, 로버트, 윌). 로렌스가 1915년 카이로에서 '첩보전'에 참전하는 동안, 프랭크와 윌 은 서부전선에서 전사했다.

학자이자 스파이, 그리고 악명 높은 바람둥이였던 쿠르트 프뤼퍼. 1906년 카이로에서. © Trina Prüfer

몰락한 귀족 출신의 윌리엄 예일은 제1차 세계대전 동안 중동의 유일한 미국 정보요원이었다. 심지어 그가 비밀리에 스탠더드오일 사에서 근무하던 중에도 말이다. © Milne Special Collections, University of New Hampshire Library

뛰어난 인물이었던 아론 아론손. 명석한 과학자이자 열렬한 시오니스트였고, 중동의 성공적인 첩보 조직을 대부분 지휘하기도 했다.

타지로 나온 영국인들. 1912년 카르케미시의 고고학 유적들에서 T. E. 로렌스(오른쪽)와 레너드 울리의 모습이다. 로렌스는 카르케미시에서 보낸 시절을 그의 일생에서 가장 행복한 시간으로 회상하곤 했다.

스튜어트 뉴컴은 진 사막을 탐험할 당시 로렌스의 감독관이었고, 첩보 업무를 위해 그를 전시의 카이로로 데려온 사람이기도 하다. © Marist Archives and Special Collections

카르케미시에서 로렌스의 어린 조수였던 다훔. 로렌스는 다훔에게 『지혜의 일곱 기둥』을 헌정했다.
© The British Library Board

막대했던 집안의 재산이 증발해버린 후, 윌리엄 예일은 전전戰前 오스만 제국에 대한 비밀 임무를 수행하고자 석유를 찾아 스탠더드오일 사와 계약한다. © Milne Special Collections, University of New Hampshire Library

성지의 플레이보이들. 예일과 스탠더드오일 사의 협력자들(왼쪽에서 두 번째의 J. C. 힐과 오른쪽에서 두 번째에 있는 루돌프 맥거번)은 성지를 여행할 때 부유층의 '플레이보이'로 위장해 임무를 드러나지 않게 하라는 지시를 받으며, 일부 성공을 거두기도 한다. © Milne Special Collections, University of New Hampshire Library

독일 황제 빌헬름 2세. 쿠르트 프뤼퍼를 포함해 그가 다스리던 시대의 국민은 빌헬름의 호전적 요구, 즉 독일은 그의 정당한 '양지의 땅'을 가져야 한다는 요구에 추동되었다.

(왼쪽 아래) '독일 황제의 스파이'이자 쿠르트 프뤼퍼의 정신적 스승인 막스 폰 오펜하임 백작. 고고학, 여성 노예들, 그리고 경주 트랙에 대한 열정을 발산하던 중 그는 중동을 이슬람 지하드를 통해 불붙이려는 꿈을 꾸게 되었다.

(오른쪽 아래) 1915년 2월, 터키의 수에즈 운하 공격 전날 프뤼퍼의 모습. 그는 자신의 일기에서 재앙을 예견했음에도 공격을 밀어붙였다. © Trina Prüfer

(왼쪽) 키치너 경은 1914년 8월 영국의 전쟁장관으로 부임했다. 다른 이들이 고통은 적고 신속한 전쟁이 될 것이라 예상할 때 키치너는 이 전쟁이 영국의 인력을 "마지막 100만 명"까지 약화시킬 것이라고 내다봤다. © UIG History / Science & Society Picture Library

(위) 외교 분야의 참견꾼이자 비범한 아마추어인 마크 사이크스. 로렌스는 사이크에 대해 경멸적 어조로 "풍부한 상상력으로 비현실적인 세계 운동을 지지하고, 편견, 직관, 반쪽짜리 과학으로 가득하다"고 썼다.

(왼쪽) 레지널드 윈게이트는 이집트 군대의 사령관이고 이집트의 영국 고등판무관이다. 그는 T. E. 로렌스의 배반을 전혀 눈치 채지 못했다. Photo by Hulton Archive

아흐메드 제말 파샤(흰 외투를 입은 사람)는 시리아 지역의 오스만 총독이었다. 전쟁 기간에 윌리엄 예일, 쿠르트 프뤼퍼, 아론 아론손은 제말의 변덕을 지근거리에서 감당해야 했다.

'터키 군대에서 가장 잘생긴 남자'인 오스만 제국의
전쟁장관 엔베르 파샤. 그는 쿠르트 프뤼퍼와 수에
즈 운하 공격을 모의했다. © DIZ Muenchen GmbH,
Sueddeutsche Zeitung Photo/Alamy

무스타파 케말 '아타튀르크'. 갈리폴리의 영웅이
며 터키 공화국을 세운 일등공신이다. Library of
Congress

헤자즈 지역의 에미르(태수) 후세인 © Marist Archives and Special Collections, Lowell Thomas Papers

로널드 스토스는 후세인과 영국 사이의 비밀 협상에서 통로 역할을 맡았다. T. E. 로렌스를 아랍 반란으로 이끈 인물이기도 하다.
© Marist Archives and Special Collections

'무장한 예언자' 파이살 이븐 후세인은 후세인 왕의 셋째 아들이며 아랍 반란이 일어나는 동안 T. E. 로렌스의 주요한 협력자였다.

끝없는 이야기와 나른한 식사. 1917년 파이살의 이동식 전쟁 본부에서의 부족 회의. 로렌스는 그의 군 동료들 사이에서 특이한 존재였고, 로렌스는 이 경험을 통해 영국이 아랍의 전쟁 방식을 익혀야 한다는 것을 이해하게 되었다. © Marist Archives and Special Collections, Lowell Thomas Papers

부족 정치의 운영 방식에 대한 예리한 통찰 덕택에, 로렌스는 파이살의 권력의 중추에까지 진정으로 받아들여진 유일한 영국인 장교가 될 수 있었다. 로렌스(맨 오른쪽 아래)가 파이살(오른쪽에서 세 번째) 및 그의 부족 지도자들과 함께 있는 모습. © Marist Archives and Special Collections

전쟁의 가장 근본적인 모습. 로렌스는 언제 어디서 터키 군을 공격할지 결정할 때 물과 가축 사료에 크게 좌우되었다. © www.rogersstudy. co.uk. March 1917. Photo by Captain Thomas Henderson

길버트 클레이턴은 카이로 주재 영국군 정보대의 총책임자이자 T. E. 로렌스의 감독관이었다. 1917년 가을, 클레이턴은 로렌스의 안전을 걱정해 그를 전쟁터에서 빼내오려 했으나, "아직 그럴 수 있는 때가 아니었다. 그는 당장 필요한 존재였다".

(아래)
1916년 남부 팔레스타인에서 오스만 제국의 낙타 부대 파견대. 로렌스와 몇몇 사람이 지지한 게릴라 전술이 받아들여질 때까지, 영국 군대는 수적으로 우세인 터키의 구식 군대에게 여러 차례 굴욕적 패배를 당해야만 했다.

낙타를 타고 긴 여행을 하는 등에서 보이는 로렌스의 인내심은 강인한 베두인 족 동료들까지 놀라게 했다. © Imperial War Museum

중세에서 튀어나온 듯한 장관. 파이살(중앙에 하얀 장옷을 걸친 사람)이 그의 부족 군대를 이끌고 와즈를 공격하러 가고 있다.
© Imperial War Museum

아틀리트에 있는 아론손의 유대인농업실험연구소. 그의 NILI 스파이 조직의 본부다.

(왼쪽 아래) 스물일곱 살 먹은 아론손의 여동생 사라는 점점 더 위험해지는 상황 속에서도 팔레스타인 내부의 NILI 스파이 조직을 능숙하게 이끌어나갔다.

(오른쪽 아래) 독일 첩보 조직의 수장이었던 쿠르트 프뤼퍼는 제1차 세계대전 동안 중동에서 사람들이 가장 두려워한 인물이었다. 하지만 그는 아틀리트 바깥에 유대인의 첩보 조직이 운영되고 있으리라고는 결코 의심하지 못했다. ⓒ Trina Prufer

1917년 6월 6일, 제1차 세계대전에서 가장 대담한 군사적 행동 중 하나가 펼쳐지는 모습이다. 로렌스의 지도 아래 아랍 반란군들이 전략적으로 중요한 아카바를 손에 넣고 있다. © Imperial War museum

아우다 아부 타이는 전설적인 전사이자 아카 바를 점령하는 데 있어 로렌스의 핵심적인 협 력자였다. © Marist Archives and Special Col-lections

영국과 프랑스는 아랍 동맹국들이 아카바를
손에 넣는 것을 바라지 않았다. 그들의 정보
없이, 로렌스는 아랍인들이 그곳에 첫 번째
로 도달할 수 있는 대담한 전략을 고안했다.
© Marist Archives and Special Collections

"우리는 호치키스(기관총) 총부리를 죄수들에게 겨누고 그들을 끝장내줬어요." 전
쟁이 계속되면서, 로렌스는 점점 더 잔혹한 전쟁터의 지휘관이 되어갔다. © Marist
Archives and Special Collections

영국과 아랍 반란군의 주요 목
표는 헤자즈 철도였는데, 이는
터키 군대의 생명줄이었다. 그
의 셈에 따르면 로렌스는 전쟁
동안 79개의 다리를 부쉈다.

판이 바뀌기 시작했다. 터키인
들은 영국이 롤스로이스 장갑
차를 사막 전역에 도입하자 이
에 맞설 방법을 찾지 못했다.

1918년 파이살 이븐 후세인(앞
쪽 조수석에 있는)과 다른 아랍
반란군 지도자들이 사막을 가
로질러 이동하고 있다. © Marist
Archives and Special Collections

1918년 6월 4일 영국 시오니스트 지도자인 차임 바이츠만(왼쪽)과 파이살 이븐 후세인. 이듬해에 이 둘은 로렌스를 중재자로 삼아 파리평화회의에서 팔레스타인 내 아랍-유대 연합 국가를 요구하며 힘을 합쳤다. 이 노력은 결국 영국과 프랑스의 제국주의적 음모가 훼방을 놓아 좌초되었다.

파리평화회의의 '네 거물'. 왼쪽부터 데이비드 로이드조지(영국), 비토리오 오를란도(이탈리아), 조르주 클레망소(프랑스) 그리고 우드로 윌슨(미국). 로이드조지와 클레망소는 윌슨이 파리에 도착하기 전에 중동을 분할하자는 비밀 약속을 했다. Library of Congress

배신이 드러났다. 1918년 10월 3일 다마스쿠스의 빅토리아 호텔 발코니에서의 로렌스. 알렌비와 파이살의 운명적인 만남 이후다. 이튿날 로렌스는 시리아를 떠났고 다시는 돌아오지 못했다. ⓒImperial War Museum

"나무에서 떨어진 낙엽들이 분명 이렇게 느낄 것이라 생각합니다." 그를 죽음으로 이끈 오토바이 사고가 일어나기 일주일 전 로렌스가 그의 친구에게 쓴 내용이다. 이 사진은 로렌스를 담은 마지막 공식적인 사진들 중 하나로, 1934년 12월에 찍었다. Bodleian MS. Photogr. c. 126, fol. 75r

아라비아의 로렌스

아라비아의 로렌스

전쟁, 속임수, 어리석은 제국주의 그리고 현대 중동의 탄생

LAWRENCE
in
ARABIA

스콧 앤더슨 지음 | 정태영 옮김

글항아리

일러두기

• 지은이가 이탤릭체로 강조한 것은 고딕으로 표시했다.

• [ ] 속 부연 설명은 옮긴이 주다.

내 인생의 두 사랑, 내넷과 너태샤에게

❖

저자의 말

전시戰時에는 언어조차 무기로 둔갑하는 법이다. 제1차 세계대전 당시 중동 지역에서 꼭 그랬다. 예컨대 '오스만 제국'과 '터키'라는 말을 같은 뜻으로 바꾸어가며 사용하던 연합군은 전쟁이 계속될수록 후자를 확연히 선호했는데, 이는 오스만 제국 내 비非터키계 사람들이 뜻하지 않게 '인질' 상태가 되어 해방을 갈망하고 있다는 인식을 강화하려는 의도 때문이었다. 마찬가지로 전쟁 직전이나 발발 직후에 연합군이 작성한 문서들을 살피면 팔레스타인과 레바논은 오스만 시리아의 영토로 되어 있지만, 종전 이후 영국과 프랑스가 이 땅을 차지하려고 계획하는 과정에서 두 단어 사이의 구분은 사라지는 경향을 보인다. 조금 더 미묘한 차원에서 보자면, 전쟁 당시 오스만 제국 또는 터키의 가장 중요한 동맹국인 독일을 비롯한 모든 서구 열강은 현지에서 선호하는 '이스탄불' 대신 1453년 무슬림 세력인 오스만튀르크에 정복당한 기독교 제국의 '콘스탄티노플'이라는 지명을 줄기차게 사용한다.

수많은 중동 역사학자가 지적하듯이, 서구가 선호하는 이러한 이름들(오스만 제국이 아닌 터키, 이스탄불이 아닌 콘스탄티노플)은 유럽 열강의 제국주의적 역사관을 가장 사악한 방식으로 정당화하려는 서구 중심적 사고방식의 지표라 할 수 있다.

이런 사실은 전시 서구 제국의 역할에 관심을 갖는 역사학자에게 중대한 딜레마를 안긴다. 이 책을 쓰는 동안 나 역시 그랬다. 학자 대부분은 서구의 사료를 연구의 출발점으로 삼을 수밖에 없기 때문이다. 사정이 이런 만큼 서술자는 명확성과 정치적 민감성 사이에서 판단을 내릴 수밖에 없는 것 같다. 물론 거의 모든 인용물이 '콘스탄티노플'로 일컫는데 내가 '이스탄불'이라 지칭한 까닭에 독자들은 혼란스러울지도 모르겠으나, 내 선택은 그렇다.

이런 결정을 내린 데는 당시에 위와 같은 언어적 구분이 명확하지 않았다고 주장하는 우리 시대의 많은 중동 역사학자의 도움이 있었다. 실제로 전시에 오스만 제국 또는 터키의 군사령부조차 '콘스탄티노플'이란 용어를 자주 사용했으며, '오스만'과 '터키'를 같은 뜻으로 쓰는 경향도 있었다.(1장에 나오는 제말 파샤의 비문을 참고하라.) 따라서 이 모든 것에 대해서 지나치게 오래 고민하는 것은 더 많은 혼란을 야기할 뿐이다. 역사학자 무스타파 악사칼은 『1914년 오스만, 전쟁에 나서다The Ottoman Road to War in 1914』에서 "주요 인사들이 명시적으로 '오스만주의'를 부인하고 터키인의 힘으로 터키인을 위한 정부 건립에 착수한 1914년에 '오스만 정부'나 '오스만 내각'을 언급하는 것은 시대착오적으로 보인다"고 인정한 바 있다.

요컨대 나는 이 책을 쓰면서 '오스만 제국'과 '터키'를 대체로 혼용하되, 해당 문맥에 어떤 게 더 어울리는가를 기준으로 용어를 선택했다.

물론 명확한 의미 전달을 위해서 '콘스탄티노플'을 쓸 수밖에 없는 경우도 있었다.

번역과 관련한 문제도 있다. 아랍어 명칭은 서로 다른 철자로 구성된 다양한 단어로 옮길 수 있기 때문이다. 나는 일관성을 지키기 위해 사료에서 가장 자주 등장하는 철자들을 택했다. 그리고 다른 인용문을 언급할 때도 그 철자들로 통일했다. 대부분의 경우 이집트식 아랍어 발음을 고수했다. 예컨대 모하메드 알파로키Mohammed al-Faroki라는 사람의 성 'Faroki'는 당시 다른 사료에는 'Faruqi, Farogi, Farookee, Faroukhi' 등 다양한 형태로 등장하지만 '파로키'로 통일하여 표기했다. 이와 관련해서 가장 대표적인 사례는 T. E. 로렌스의 아랍 쪽 동맹자 가운데 최고위 인사라 할 만한 파이살 이븐 후세인Faisal ibn Hussein이다. 로렌스는 그를 줄곧 '페이살Feisal'이라 일컫지만 다른 사람들은 대개 '파이살'로 불렀으며 역사학자들도 마찬가지다. 따라서 나 역시 혼란을 피하고자 로렌스의 인용문에 등장하는 그의 이름을 파이살로 모두 고쳤다.

아울러 영어 구두법도 지난 한 세기 동안 완전히 바뀌었다. 특히 로렌스는 글을 쓸 때 정반대 방식이라고 해도 될 만큼 구두점을 매우 독특하게 사용했다. 인용에서 원문의 구두점이 뜻하는 바가 모호할 것 같으면 현대적인 방식을 따랐다. 내가 인용문을 건드린 것은 구두점에 한하며, 괄호에 넣은 말 외에 첨가하거나 삭제한 단어는 하나도 없다.

끝으로 『지혜의 일곱 기둥Seven Pillars of Wisdom』(이하 『일곱 기둥』)은 T. E. 로렌스 생전에 두 가지 판본으로 출간되었다. 첫 번째는 저자가 수작업으로 8부만 직접 인쇄한 1922년 판본이다. 보통 '옥스퍼드판'이라 불린다. 1926년의 개정판은 약 200부가 발행되었다. 이 개정판이 오늘날 가장 널리 읽히는 판본이다. 로렌스 자신이 옥스퍼드판을 초고로 여긴다고 못 박았기 때문에 나 역시 1926년판을 거의 전적으로 인용했다. 옥스퍼드판을 인용할 때는 맨 뒤에 '(옥스퍼드)'라고 표기했다.

머리말

1918년 10월 30일 아침, 토머스 에드워드 로렌스 대령은 버킹엄 궁전으로 들어오라는 호출을 받았다.[1] 영국의 국왕을 알현하라는 명령이었다.

런던은 환희에 들떠 있었다. 지난 4년하고도 3개월 동안 대영제국을 비롯한 전 세계 여러 나라는 역사상 최악의 유혈 충돌로 기력을 소진한 상태였다. 세 대륙에 걸쳐 무려 1600만 명이 목숨을 잃은 끔찍한 전쟁이었다. 하지만 지금은, 몇 주 전까지만 해도 상상할 수 없었던 속도로 빠르게 마무리 수순을 밟고 있었다. 특히 이날은 대영제국의 주된 적국 셋 가운데 하나인 오스만 제국이 평화협정을 받아들인 날이었다. 나머지 두 적국인 독일 제국과 오스트리아−헝가리 제국도 곧 뒤따를 예정이었다. 무엇보다 중동 전선은 로렌스 대령이 목숨 걸고 전투를 치른 곳이었고, 월초까지만 해도 그는 다마스쿠스를 점령한 뒤로 오스만 군대를 완전히 괴멸하기 위해 전장을 누볐던 만큼 갑작스런 종전이 자못 당황스러웠다. 영국으로 돌아온 지 일주일도 안 되었을 때 그는 유력 정치인과 군 장성들이 전후 중동 지역 국경선을 그리는 일에 조언자로 나서야 했다. 얼마 전까지만 해도 상상에 불과했던 작업이 이제는 발등의 불로 떨어져 있었다. 국왕 조지 5세를 알현하는 그날 아침에도 로렌스는 당시 진행 중이던 국경선 협의 문제로 호출되었다고 여겼을 것이다.

하지만 로렌스의 예상은 완전히 빗나갔다. 당시 나이 서른에 불과한 로렌스 대령은 궁전에 들어서자마자 중앙 홀로 안내받아 여섯 명의 고관대작과 화려하게 차려입은 일군의 아첨꾼들 옆자리에 앉았다. 곧이어 대영제국의 국왕과 왕비가 입장했다. 국왕이 좌정할 높직한 단상 바로 앞에는 팔걸이 없는 나지막한 의자가 하나 놓여 있었다. 왕좌 오른편에는 한 시종관이 여러 개의 메달이 나란히 정렬되어 있는 벨벳 쟁반을 든 채 대기하고 있었다. 참석자 소개가 끝나자 조지 5세가 미소를 함빡 머금은 채 로렌스를 바라보며 말했다.

"너에게 줄 선물이 있노라."[2]

로렌스 대령은 영국 역사를 공부한 이로서 지금 무슨 일이 벌어지고 있는지 정확히 알 수 있었다. 국왕에게 상을 받을 때 이용되는 나지막한 의자에 그가 무릎을 꿇으면, 국왕은 수백 년 전통의 근엄한 예식(쟁반에 놓인 어깨띠와 메달을 수여하고 칼을 들어 어깨를 두드리면 수상자가 맹세를 외친다)을 통해 로렌스를 대영제국의 기사로 임명할 참이었다.

T. E. 로렌스가 오랫동안 꿈꾸어온 순간이었다. 로렌스는 어릴 때부터 중세 역사 또는 아서 왕과 원탁의 기사에 관한 전설 따위를 좋아해 서른 살이 되기 전에 기사 작위를 받고 싶다는 글을 남긴 적도 있다.[3] 그날 아침, 로렌스의 풋풋한 소망이 마침내 이루어지고 있었던 것이다.

먼저 성은聖恩을 내리는 이유에 대해 간략한 보충 설명이 이어졌다. 사실 조지 5세는 그 무렵까지 4년이 넘도록 애국자 군인들에게 포상과 메달을 남발하고 있었다. 심지어 기사 작위도 여럿을 모아놓고 한꺼번에 하사하는 게 예사였다. 하지만 로렌스의 경우처럼 한 명만 불러들여 상을 내리는 일은 1918년 가을 들어 처음이었다. 여느 때 같으면 이런 행사에 얼굴을 비치지 않았을 메리 왕비가 참석한 것 또한 이례적인 일로, 혁혁한 무공을 세운 T. E. 로렌스가 과연 어떠한 인물인지 직접 보기 위해 특별히 참석한 것이었다.

그러나 로렌스는 왕 앞에 무릎을 꿇지 않았다. 대신 예식을 진행하는 도중에 국왕에게 영광을 거두어달라고 조용히 아뢰었다.

당황스럽고 혼란스러운 시간이 잠시 흘렀다. 900년이 넘는 역사를 통틀어 기사 작위 사양이란 극히 드문 사건이었다. 그래서 이 비슷한 상황을 수습하기 위해 예비해둔 의례 자체도 없었다. 조지 5세는 메달을 어정쩡하게 들고 있다가 결국 시종관이 받치고 있던 쟁반에 도로 내려놓아야 했다. 로렌스는 격노한 왕비의 따가운 눈초리를 받으며 궁전에서 나왔다.

그가 세상을 떠난 지 70년이 지났고 그가 이룬 위업도 한 세기를 맞이하는 지금, '아라비아의 로렌스'라는 별명으로 더 유명한 토머스 에드워드 로렌스는 여전히 20세기 역사상 가장 수수께끼 같은 논쟁적인 인물이다.

수십 편에 이르는 전기와 셀 수 없는 논문, 걸작으로 추앙받는 작품 하나를 포함해 세 편이 넘는 영화가 제작되었지만, 역사학자들은 옥스퍼드대를 졸업한 수줍은 젊은이가 어떻게 아랍 군대를 이끌고 전장을 누볐으며 어떻게 역사를 바꿀 수 있었는지 명쾌하게 밝히지 못하고 있다.

로렌스의 행적이 논란을 일으키는 첫 번째 이유는 활동 무대가 된 지역과 관련이 있다. 로렌스는 현대 중동의 탄생으로 이어진 가장 중요한 사건들을 똑똑히 목격했을 뿐 아니라 여기에 몸소 참여한 사람이다. 하지만 중동이라는 땅은 아무리 단순한 주의주장이라 해도 세밀하게 파헤치고 분석해서 치열한 논쟁을 거쳐야 하는 곳이다. 중동 지역에서 무수히 발생하는 첨예한 대립들의 연원에 대한 끊임없는 논쟁 속에서, 어느 편을 지지하는 사람들이긴 간에 칭송과 조롱을 번갈아 던지는 인물이 바로 로렌스다. 때로는 성인으로 추앙받다가 때로는 악마라고 손가락질 당했으며, 정치적 목적에 따라 주변적인 존재로 밀려나기도 했다.

로렌스 개인의 품성도 이러한 논란의 한 요소다. 그는 사교성이라고는 눈곱만큼도 찾아볼 수 없는 지독한 은둔자였다. 마치 자신에게 다가오는 사람들을 모조리 쫓아내느라 여념 없는 사람 같았다. 타고난 리더인가, 아니면 사기꾼인가? 용맹한 전사인가, 아니면 도덕적·심리적으로 겁쟁이인가? 이렇게 상충하는 다양한 성격을 끌어다가 로렌스라는 개인을 빚어낸 인물은 다른 어떤 전기작가도 아닌, 로렌스 자신이었다. 심지어 장난꾸러기처럼 짓궂은 구석까지 있었기에 꼬투리를 잡아서 비꼬기 좋아하는 호사가들에게는 더없이 좋은 먹잇감이었다. 버킹엄 궁전의 일화가 바로 그랬다. 이후 몇 년 동안 로렌스는 당시 상황에 대한 해명을 몇 차례 내놓았다.[4] 그런데 매번 내용이 조금씩 달랐다. 특히 현장을 목격한 사람들이 설명한 것과 차이가 컸다. 로렌스는 역사란 가변적이어서 사람들이 믿고자 하는 바가 곧 진실이라는 현대적 사고방식을 일찌감치, 그것도 확실하게 받아들인 사람처럼 보인다.

이렇듯 로렌스가 상반된 성격의 소유자인 만큼 어떤 작가들은 제 얼굴에 먹칠과 금칠을 번갈아 반복하는 변덕스러운 인물로 그를 설정하여 구미에 맞는 사례만 파헤치려 하기도 했다. 로렌스가 주장했듯이 사막을 40시간 만에 횡단한 것이 사실일까? 40시간보다 하루 정도 더 걸리지 않았을까? 로렌스는 X전투에서 실제로 도화선 역할을 했을까? 또는 그가 영국 장교 Y와 아랍 족장 Z 가운데 어느 편을 더 명예롭다고 여겼을까? 이런 식이었다. 차라리 로렌스를 이념 지향적인 인물로 분류해야 한다고 주장하는 논객들의 질문이 덜 지루할지도 모르겠다. 로렌스는 유대인들의 위대한 수호자인가, 아니면 반유대주의 선동가인가? 아랍 독립에 힘을 보탠 깨우친 진보주의자인가, 아니면 가면을 쓴 제국주의자인가? 사실 로렌스가 사후에 남긴 대단히 방대한 기록을 가만히 살펴보면, 인생 역정에서 그의 사고가 극적으로 전환되는 국면을 확인할 수 있다. 따라서 세심한 선별 작업을 거친다면 로렌스를 칭송하는 내용이건 비판하는 내용이건 간에 입증하거나 반박할 근거를 얼마든지 찾아낼 수 있다.

　로렌스에 대한 논쟁은 짜증스러움을 떠나 그에 관한 가장 매력적인 수수께끼를 앗아버리는 심각한 폐해를 남긴다. 로렌스는 그 모든 것을 어떻게 해냈을까? 수줍음을 타는 옥스퍼드 출신 고고학자가 어떻게 단 하루도 군사 훈련을 받지 않은 채 전장에 뛰어들었으며, 어떻게 외국 혁명군의 우두머리가 되었고, 어떻게 중동의 재앙을 예언한 최고의 정치전략 결정자가 되었을까?

　맥 빠지는 짤막한 답변일 수도 있겠지만, 로렌스는 아무에게도 제대로 된 관심을 못 받았기 때문에 '아라비아의 로렌스'가 될 수 있었다.

　제1차 세계대전을 치르느라 유럽 전역이 거대한 도살장이 되어버린 상황에서 중동 전장의 위상은 지엽적이었다. 그 중동에서 로렌스가 간여한 아랍 반란이란, 로렌스 자신의 표현처럼 "부차적인 문제 중에서도 부차적인 문제"였다.[5] 생명과 돈과 군수품의 관점에서, 장성과 국왕과 수상들이 중요한 대화를 나누느라 소모한 하염없는 시간의 관점에서,

유럽의 제국주의 공모자들에게는 도탄에 빠진 머나먼 중동의 운명보다 벨기에의 미래가 100만 배나 더 중요한 관심사였다. 따라서 영국의 전쟁 기획자들이 보기에, 새파랗게 젊은 장교가 혼자 힘으로 오합지졸 아랍 부족민들을 조직하여 터키군을 괴롭힌다 해서 나쁠 건 없었다. 물론 아랍 반란과 중동이 나머지 세상 전부와 비교할 수 없을 만큼 중요해지기까지는 오랜 시간이 걸리지 않았다. 그러나 당시 그렇게 될 것으로 예상한 사람은 아무도 없었다.

이야기는 이것으로 끝나지 않는다. 영국군 전략가들이 중동 정세를 가볍게 여기자 다른 열강들도 비슷한 태도를 취했다. 이들 열강은 중동 주둔 군사력을 더 중요한 전선을 위한 보충대 정도로 격하시키면서, 겸손하지만 행동은 로렌스만큼 무모하지 않을 만한 이력의 소유자들에게 정보 수집과 반란 유도, 동맹 강화 등의 임무를 맡겼다.

동시대 같은 무대에서 활약한 경쟁자들이 있었다. 그들은 로렌스와 마찬가지로 자기 임무에 대해 배운 적이 없고 누구로부터 지시를 받지도 않았던 청년들로, 좀더 유명한 영국인 경쟁자인 로렌스와 다를 바 없었지만 영악함과 용감함 또는 남을 배신하는 재주 따위의 개인적 특성을 바탕으로 자기에게 특별히 주어진 활동의 자유를 십분 활용하여 제 운명을 개척하는 동시에 역사의 흐름까지 바꿔놓았다.

이들 중에는 몰락한 귀족 집안 출신의 이십대 미국 청년이 있었다. 제1차 세계대전 당시 중동 현장을 누빈 첩보원들 가운데 유일한 미국인이었던 그는 종전 후에도 뉴욕에 있는 스탠더드오일 사社로부터 계속 월급을 받으면서 자국이 중동 정책을 세우는 과정에 큰 영향을 끼쳤다. 독일 출신의 젊은 고고학자도 있었다. 그는 아랍인 복장으로 정체를 숨긴 채 돌아다니면서 서구 제국주의 열강에 대항하는 범아랍 지하드 Jihad, 聖戰를 선동하는 데 심혈을 기울였는데, 결국 '혁명을 통한 전쟁war by revolution'이라는 자신의 발상을 나치 시대에 실행으로 옮겼다. 이들과 더불어 어느 유대인 과학자도 있었다. 그는 오스만 정부를 위해 일하는 척하면서 뒤로는 이에 대적하는 첩보망을 은밀히 구축함으로써 팔레스타인에 유대인의 조국을 세우는 과업에 결정적인 역할을 수행했다.

오늘날 이들을 기억하는 사람은 거의 없다. 하지만 영국인 경쟁자 로렌스와 공유하는 부분이 많은 인물들이다. 로렌스와 마찬가지로 이들은 중동 전투 계획을 짜는 늙수그레한 지휘관이나 전쟁이 끝난 뒤 지도에 국경선을 그어대던 나이 지긋한 정치인과는 달랐다. 오히려 이 젊은이들이 맡은 임무는 좀더 심오한 측면이 있다. 전쟁으로 키운 열매를 거두어들일 환경을 창출한 존재가 바로 그들이었기 때문이다. 즉 그들은 유럽 열강이 계획한 각종 정책과 국경선이 전후에 실현되도록 이끌었다. 역사는 언제나 수많은 이의 힘이 모아졌을 때 이루어지며, 실제로 제1차 세계대전은 문자 그대로 수백만 명에 이르는 주체가 관여한 대사건이었다. 그러나 이들 네 사내가 수행한 은밀하고도 복잡한 게임, 비밀로 묻어둔 충성심, 일대일로 뒤엉킨 육박전이야말로 현대 중동의 탄생, 나아가 오늘날 우리가 살아가는 지구촌 전체에 놀라울 만큼 커다란 영향을 끼쳤다고 할 수 있다.

네 인물로 이루어진 작은 우주 안에서 주요 근간은 T. E. 로렌스라는 인물의 이야기다. 여기에는 적어도 두 가지 주목할 만한 이유가 있다.

대체로 오늘날의 중동을 만들어낸 주인공은 영국이었다. 제1차 세계대전 때 연합군을 중동으로 끌고 간 나라도, 전쟁이 종식된 후 그곳에 평화를 정착시킨 나라도 영국이었다. 물론 전시에 탐욕스러운 영국 지도자들이 중동을 '거대한 전리품the Great Loot'이란 별명으로 일컬은 사실을 떠올릴 때, 그 평화가 어떤 운명을 맞을지는 충분히 예상할 수 있는 것이었다. 그리고 로렌스라는 인물은 중동이라는 원형경기장에서 활동한 가장 중요하고 강력한 영국인 첩보원으로서, 좋은 일이건 나쁜 일이건 간에 전쟁 이후의 모든 상황에 긴밀히 연결되어 있었다.

　다음으로, 버킹엄 궁전의 일화가 증명하듯이, 전쟁은 로렌스를 완전히 뒤바꾸어놓은 경험이었다. 그런 변화를 맞이할 줄은 그 자신도 알아채지 못했을 것이다. 승자는 패자가 결코 알지 못하는 도덕적 부담을 지는 법이다. 여러 기념비적 사건의 기획자인 로렌스로서는 '거대한 약탈' 과정에서 자신이 본 것과 행동한 것으로 인해 이전에 겪어보지 못한 고통을 맛보았을 것이다.

1부

LAWRENCE *in* ARABIA

✤ 1장
거룩한 땅의 플레이보이들

나는 새롭게 맞닥뜨린 이 위기를 축복으로 여긴다. 터키가 존경받는 국가로 명맥을 이어갈 것인가, 아니면 역사 무대에서 영예롭게 퇴장할 것인가를 판가름 짓는 것이야말로 우리의 마지막 의무라고 생각하기 때문이다.
—1914년 11월 2일, 시리아 총독 제말 파샤,
　터키의 제1차 세계대전 참전에 대하여[1]

조금 궂은 날씨였으나 매년 그맘때면 으레 그랬던 탓에 폭풍이 닥칠 줄은 몰랐다. 1914년 1월 초순 사하라 사막에서 일어난 뜨겁고 건조한 바람이 한겨울의 차가운 지중해 동쪽 바다를 향해 치달았다. 9일 아침 무렵, 열기와 냉기가 맞부딪쳐 해상에서 형성된 서남풍이 점점 더 강해지더니 급기야 팔레스타인 남부를 휩쓸기 시작했다. 이 바람은 내륙으로 40킬로미터쯤 쳐들어와 진Zin 사막 가장자리에 위치한 작은 마을 베르셰바 어귀에서 캄신이라 불리는 모래폭풍으로 둔갑할 조짐을 보였다.

　사막에서 캄신에 휩싸인다는 것은, 초심자들에게는 공포 그 자체다. 캄신은 저기압과 난기류, 천둥 번개를 수반한 폭풍우와 상당히 유사하다. 다만 빗방울이 아닌 모래 알갱이들이 앞을 분간할 수 없을 만큼 퍼부어진다는 점이 다를 뿐이다. 한마디로 캄신을 만난다는 것은 사정없이 옷 속으로 파고드는 모래를 피하기 위해 코와 입을 틀어막고 옷자락을 단단히 여며야 함을 뜻한다. 때로는 질식사할 위험에 처하는데, 이런 상황이 닥쳤을 때 많은 사람은 최악의 결정을 내리기 쉽다. 바로 폭풍에서 벗어나기 위해 계속 앞으로 나아가기로 하는 것이다. 그러나 이 생각을 실천에 옮겼다가는 길을 잃거나 목숨을 잃기 십상이다.

그날 오후 베르셰바에 머물고 있던 세 명의 영국 사내에게 이러한 모래폭풍은 낯설지 않았다. 지나가는 낙타 행렬이 가끔 목을 축이러 들르곤 하는, 주민 800명에 불과한 이 작은 마을에서 그들은 당초 예정보다 하루 더 묵고 있었다. 조만간 미국인 두 명이 이끄는 탐험대가 이 마을에 도착하리라 예상했기 때문이다. 하지만 땅거미가 내려앉도록 미국인들은 나타날 기미가 없었다. 오히려 대수롭지 않게 여겼던 서쪽 하늘의 누르스름한 먼지층이 높이 1.6킬로미터는 됨 직한 거대한 모래 장벽으로 바뀌어 이쪽으로 다가오고 있었다. 캄신은 해가 떨어지자마자 마을을 덮쳤다.

모래폭풍은 밤새도록 그 일대를 휘몰아쳤다. 영국인들은 작은 집 안에 웅크린 채 옴짝달싹하지 않았다. 창문에 덧댄 판자를 마구 두들겨대는 모래바람은 굵은 빗줄기가 쏟아지는 소리를 냈다. 틈새마다 막아놓았지만 구석구석 비집고 새어드는 모래로 인해 실내의 가재도구는 모래먼지에 뒤덮이기 시작했다. 다행히 새벽녘에 이르러 폭풍이 조금 잦아들었고, 그 덕분에 희붐하게 먼동이 트는 것을 겨우 느낄 수 있었다.[2]

정오가 지나면서 캄신이 완전히 물러가자 베르셰바 주민들이 하나둘 건물과 천막 안에서 나오기 시작했다. 그리고 영국 사내들은 미국인들의 소식을 접할 수 있었다. 어젯밤 모래폭풍이 다가오는 것을 확인한 그들은 베르셰바에서 동쪽으로 수 킬로미터 떨어져 있는 곳으로 황급히 피신했다는 것이다. 세 영국인은 각자의 낙타에 올라탄 뒤 미국인들의 야영지를 향해 떠났다.

온 사방이 황량한 지역인지라 미국인들의 야영지에서 목도한 풍요로운 장면은 기괴한 느낌마저 불러일으켰다. 두 마리 말이 이끄는 수레에는 사료용 목초가 가득했고, 예닐곱 마리의 말이 동원된 수레에는 목초보다 훨씬 더 많은 '야전용 살림'이 실려 있었다. 현지인 짐꾼들은 캄신이 완전히 지나갔다는 판단 아래 천막을 걷고 있었다.[3] 큼지막하고 화려한 원뿔 모양의 천막 두 채도 해체 중이었다. 런던이나 뉴욕의 유명 매장에서 구입한 게 분명한 이 천막은 탐험대를 이끄는 두 명의 미국 청년을 위한 것이었다. 서구식 야전복에 중산모를 쓴, 이십대 중반의 두 남자는 윌리엄 예일과 루돌프 맥거번이었다. 그들은 성지를 주유하던 차에 팔레스타인 남부를 찾았다가 모래폭풍 때문에 당초 계획이 틀어졌다고 영국인 방문자들에게 설명했다.

물론 미국인들이 자세하게 털어놓지 않은 이야기도 있었다. 이들은 잘 차려입은 멋쟁이 여행가들이었지만 친구끼리 여행을 떠난 것도, 성지 순례에 나선 것도 아닌 것만은 분명해 보였다. 맥거번은 몸집이 작고 말수가 적었으며, 예일은 험상궂은 얼굴에 권투 선수처럼 어깨가 떡 벌어져 있었다. 행동거지도 눈에 거슬렸다. 이토록 황량한 시리아 사막의 외딴 구석에서 외국인끼리 마주치는 일은 특이한 경우로, 그렇게 만난 사람끼리는 쉽사리 마음을 터놓는 법이다. 하지만 예일과 맥거번은 그런 태도와는 거리가 멀었다. 도리어 영국인들과의 조우에 당황스럽다 못해 불안해하는 기색이 역력했다. 둘 중 상관으로 보이는 예일은 영국인 손님들에게 함께 저녁을 들자면서 수행원에게 차를 내오도록 했지만, 사막에서 만난 사람에게는 관대해야 한다는 불문율 때문에 마지못해 하는 모양새였다.

영국인들의 눈에 미국인들이 수상해 보였던 것처럼, 미국인 윌리엄 예일의 눈에도 영국인 불청객들이 미심쩍었다. 예일의 눈에 대장으로 여겨지는 가장 나이 들어 보이는 남자는(그래봤자 삼십대 중반이었지만) 검은 머릿결에 날카로운 인상 그리고 낡은 군복이 눈에 띄었다. 민간인 복장을 한 그의 동료들은 나이가 훨씬 더 어려 보였는데, 한 명은 이십 대 중반쯤으로 보였고 다른 한 명은 겨우 십대 청소년 같았다. 그런데 이상하게도 나이 많은 두 명은 거의 말을 하지 않는 반면 십대로 보이는 젊은이는 참새처럼 수다스럽게 대화를 주도했다. 키가 작고 호리호리한 체격이었지만 선이 굵은 얼굴의 이 사내에게서 예일은 범상치 않은 기운을 느꼈다. 무엇보다 푸른 두 눈이 매섭고 강렬해서 자꾸만 거슬렸다.

이 젊은 손님은 자신들이 팔레스타인탐사협회Palestine Exploration Fund, PEF라는 영국 기관의 후원을 받아 성경 시대 유적에 관한 고고학 조사를 하러 왔다고 밝혔다. 그러고는 근동 지역에서 겪은 온갖 모험담을 들려주는 것으로 미국인들의 대접에 보답했다. 예일은 청년이 풀어놓는 이야기보따리에 넋을 빼앗긴 나머지 그들이 일종의 심문을 수행하고 있음을 한참 뒤에야 깨닫고 말았다.

"그자는 수다를 떠는 동안 틈틈이 우리의 정체와 속셈을 캐는 질문을 끊임없이 던졌다. 언뜻 듣기에는 아무 의도가 없는 질문 같았다. 우리를 시나이 반도와 팔레스타인 지방의 유적지를 슬렁슬렁 둘러보는 여행자로 대했기 때문이다. 하지만 그자가 일행과 함께 우리를 떠나고 나자 아차 싶었다. 떠버리 애송이로 알고 방심했는데 생각해보니 우리에 대한 모든 정보를 속속들이 털어간 셈이었다."

이때만 해도 자신이 머지않아 '아라비아의 로렌스'로 유명해질 토머스 에드워드 로렌스와 처음으로 조우했다는 사실을 윌리엄 예일은 알지 못했다. 아울러 로렌스가 성지 순례에 관심이 있는 척하면서 자기들을 가지고 놀았다는 것과, 진작에 자기들의 거짓말을 눈치 채고 있었다는 것 역시 오랜 시간이 흐른 뒤에야 알게 되었다.

사실 윌리엄 예일과 루돌프 맥거번은 뉴욕에 본사를 둔 스탠더드오일 사의 정보원으로, 유전을 찾아내는 비밀 임무를 띠고 팔레스타인 지역에 들어왔다. 둘은 지난 석 달 동안 스탠더드오일 수뇌부의 지시에 따라 여가를 즐기는 부유층 젊은이, 당시 표현으로는 '플레이보이'로 신분을 위장하고 성지 순례 루트를 오가던 중이었다. 이렇듯 정체를 숨기고 한가한 유람객으로 지내다가 임무가 떨어지면 사해 일대 또는 팔레스타인 남부 고대 유대인의 구릉지대로 은밀히 이동해서 지질 탐사를 벌이곤 했다.

성지 순례에 관한 플레이보이들의 설명은 (유대 지역에 고대 유적들이 잔존하고 사해가 성경에서 특별히 중요한 지역인 만큼) 앞뒤가 맞는 듯했지만, 이들이 베르셰바라는 황량한 전초 기지로 이탈한 점은 의심스러울 수밖에 없었다. 더욱이 예일과 맥거번의 진짜 목적지는 베르셰바가 아니라 그로부터 서남쪽으로 32킬로미터 떨어진, 사막 한복판에 거대하게 솟은 돌산 코르누브였으므로 더 어처구니없는 일이었다.

사실 미국인들이 전날 밤 베르셰바 마을 밖에서 머문 이유는, 자신들이 꾸며낸 이야기가 궁색해지고 말았다는 점을 느꼈기 때문이다. 석유꾼들은 마을에 가까이 다가갈수록 영국인들과 마주칠까봐 신경을 곤두세웠다. 당혹스러운 질문을 받을 게 빤하기 때문에 잔뜩 긴장한 것이다. 결국 마을 바깥에서 야영하고, 동이 틀 무렵 마을로 슬며시 들어가 여정에 필요한 물품을 확보하고서 영국인들을 피해 재빨리 떠날 작정이었다. 그런 계획이 어긋나버린 것은 캄신 때문이었다. 예일은 그날 아침 모래폭풍이 물러가기를 기다리면서 이제 베르셰바의 이방인들이 야영지에 얼굴을 내미는 것은 시간문제라고 생각했고, 세 남자가 말을 타고 나타남으로써 염려는 현실이 되고 말았다.

당시 예일은 비밀을 숨기려고 애써봤자 소용없다는 사실을, 사막에서 영국인들을 만난 것이 결코 우연이 아니라는 사실을 알 도리가 없었다. 로렌스를 비롯한 고고학 탐사대는 바로 전날 예루살렘 주재 영국 영사관으로부터 그 지역에 미국 석유꾼들이 나타났다는 경고의 전보를 받았기 때문이다.[4] 한마디로 이들은 예일과 맥거번을 붙잡아놓고 속셈이 무엇인지 파악하려는 명확한 목적에 따라 베르세바로 급파된 요원들이었다.

언뜻 고고학 탐사대에게는 부적절한 임무라고 생각되지만, 여기에는 배경 설명이 필요하다. 로렌스와 (천막 안에 있던 또 다른 민간인이자 존경받는 고고학자) 레너드 울리[수메르 문명의 많은 우르 유적을 발굴한 인물]가 성경 속 유적들을 탐사하기 위해 팔레스타인 남부에 체류한 것은 분명한 사실이다. 하지만 엄밀히 말하면 이 탐사 작업은 훨씬 더 민감한 비밀 작전을 은밀히 수행하기 위해 영국군이 만들어놓은 가림막에 불과했다. 오스만 정부 관리들은 PEF의 탐사 계획에 승인 도장을 찍어준 당사자들이었기 때문에 진 사막 탐사 작업을 모를 리 없었다. 그러나 오스만 제국 서남부 국경 지역의 지형도를 그리기 위해 PEF의 깃발 아래 영국군 정찰대 다섯 팀이 사막 곳곳에 흩어져 은밀하게 활동하고 있는 줄은 까맣게 몰랐다. 미국인 야영지를 방문했던 영국인들 가운데 이 비밀 작전의 감독을 맡은 인물은 바로 제복을 입은 세 번째 남자, 영국 육군 공병대 소속 스튜어트 프랜시스 뉴컴 대위였다.

간단히 말해서 미국인들의 사막 야영지에서 이루어진 만남은 속임수가 난무하는 복잡한 게임 같은 것이었다. 상대편이 들려주는 허구 이면의 진실을 더듬어 찾아내되, 허구라는 틀을 깨서는 안 되는 게임이었다.

그해 1월 중순, 수상한 목적을 품고 성지를 배회하던 젊은 외국인은 로렌스와 예일만이 아니었다. 베르셰바에서 북쪽으로 고작 80킬로미터 떨어진 도시 예루살렘에서 33세의 독일인 학자 쿠르트 프뤼퍼가 앞날을 도모하고 있었던 것이다.

프뤼퍼는 외모로만 보자면 음모를 꾸밀 인물로 짐작할 만한 단서가 거의 없었다. 오히려 음모와는 정반대 편에 존재하는 인물 같았다. 이 독일인은 키 175센티미터에 구부정하고 좁은 어깨, 숱이 적고 부스스한 갈색 머리, 가냘프지만 온화한 얼굴이었다. 이렇다 할 특징이 없는 외모에서 그나마 눈에 띄는 게 이 정도였으니, 군중 속에 있으면 찾아내기 어려울 만큼 수수했다. 더욱이 그의 음성은 무색무취했다. 어린 시절에 받은 목 수술이 잘못되어 성대를 다쳤는데도 평생 도서관에서 보낸 사람처럼 한결같이 부드럽고 깃털처럼 가볍게 속삭이는 목소리였다. 이 젊은 독일인 학자는 왜소한 체격과 힘없는 음성 때문에 만나는 사람에게마다 연약한 인상을 심어주었다. 프뤼퍼의 박사학위 논문 주제가 고대 이집트 그림자 인형극에 관한 연구라는 사실을 알게 되는 순간 그런 인상은 확신으로 바뀌곤 했다.

1914년 1월 중순, 프뤼퍼는 예루살렘에 머물면서 친구가 도착하기를 기다리고 있었다. 그의 친구는 바이에른 출신의 그럭저럭 이름난 풍경화가로서, 함께 멋진 다우선船[아랍식 연안 항해용 범선]을 타고 나일 강 상류 지역을 두루 여행하기로 약속한 참이었다. 그러나 베르셰바 마을 외곽의 미국인 야영지 천막에서 만난 사람들이 그랬듯이, 쿠르트 프뤼퍼 박사 역시 완전히 다른 측면을 지닌 사람이었다. 박사는 지난 몇 년 동안 카이로 주재 독일 대사관에서 동양문제 보좌관으로 일했다. 겉모습과 품행에 안성맞춤인 직책이었다. 그러나 정책 결정을 심사숙고하는 고위직 외교관 자리에서 물러난 뒤에는 은밀한 임무가 주어졌다. 신분을 숨긴 채 이집트의 정치적·사회적 기류를 관찰하고, 그것을 보고서로 작성하여 상부에 올리는 일이었다. 프뤼퍼는 임무를 수행하기 위해 사교계의 끝 모를 소용돌이로 과감히 뛰어들었다. 그의 일상생활은 이집트에서 가장 저명한 언론인, 기업가, 정치인들을 상대로 하는 모임이나 다과회, 만찬 등에 참석하는 사교활동의 연속이었다.

프뤼퍼가 만나는 사람들 가운데는 상당히 논쟁적인 인물도 적지 않았다. 독일은 이집트에 대한 영향력을 확보하고자 영국과 다투는 상황이었기에 프뤼퍼는 영국의 지배에서 벗어나려는 이집트 독립주의자, 왕정주의자, 과격파 종교인 등 저항주의자들과 폭넓게 교분을 쌓아야 했다. 여섯 가지 언어를 구사하는 프뤼퍼는 아랍어에도 능통해 1911년 베두인 사람으로 위장한 채 이집트부터 시리아까지 휘젓고 다니면서 각 지역 부족을 상대로 영국에 대한 반감을 조장했다.[5] 그다음 해에는 이탈리아 침략군에 맞서는 리비아 아랍 형제들의 힘을 결집하기 위해 이집트인들 가운데 무자헤딘Mujahedin[성스러운 이슬람 전사]을 모집하기도 했다.

이렇게 다방면으로 활약하는 과정에서 쿠르트 프뤼퍼는 자신의 직무에 요구된 첫 번째 규율, 즉 배후에서 활동하라는 엄명을 어기고 말았다. 결국 독일 외교관의 선동 행위에 주목하던 이집트 주재 영국 비밀경찰은 그에 관한 자료를 잔뜩 쌓아두었다가 적당한 시점에 터뜨려버렸고, 이에 따라 프뤼퍼는 이집트 정부가 꺼리는 인물로 전락하고 말았다. 이 불명예스러운 사건으로 한동안 고민에 빠졌던 프뤼퍼는 1913년 말, 마침내 독일 대사관에 사직서를 제출했다. 그리고 그간의 어수선한 사정을 뒤로한 채 예루살렘으로 향했다. 이제 친구이자 화가인 리하르트 폰 벨로가 독일에서 도착하기만 하면 둘이서 멋들어진 배를 타고 나일 강을 거슬러 올라가 이집트를 떠날 생각이었다. 다섯 달 정도 여행을 즐기면서 벨로는 그림을 그리고, 프뤼퍼는 독일로 돌아갔을 때 잡지에 연재할 여행기를 쓰는 한편 독일의 유명한 여행안내서 『베데커』에 추가할 내용도 작성할 계획이었다. 프뤼퍼에게 이번 여행은 일종의 학문적 뿌리로의 회귀이자 지구촌의 정치적 역학관계에서 여전히 과거에 머물러 있는 혼돈의 중동을 탐색하는 장기 여정의 첫걸음을 의미했다.

물론 아닐 수도 있었다. 비록 쿠르트 프뤼퍼의 첩보 임무는 얼마 전에 중단되었지만 영국이 통치하는 이집트의 젖줄과도 같은 강을 따라 배편으로 여행하다보면 요새 등 방어 태세와 항만 시설 등을 눈으로 직접 확인하고 이집트 여론의 흐름도 조용히 관찰할 수 있었다. 이러한 행보는 정체가 탄로나 망신을 당한 전직 동양문제 보좌관이 자신의 불안한 미래를 향해 돛을 올리는 것처럼 보일 수도 있었으나, 그에게는 삶에 강력한 동기를 부여해주는 한 가지 이상의 확신이 있었다. 영국이 자신의 외교관 경력을 완전히 망가뜨렸다는 것, 즉 자신의 복수 대상은 영국이라는 확신이었다. 게다가 프뤼퍼는 영국을 향한 복수의 칼날을 갈면서 내면으로부터 자못 놀라운 품성을 새로이 끄집어낼 수 있었다. 연약한 인상에도 불구하고 그는 바람둥이로 악명 높은 인물이었다. 자신보다 13세나 연상인 미국인 아내에 대한 감정이 어떤 것이었는지는 모르겠지만, 그는 카이로에 여러 명의 정부情婦를 두고 있었다. 특히 예루살렘에서는 유대계 러시아인 이주민이며 친구와 식구들 사이에서 '파니'라 불리는 젊고 아름다운 의사, 미나 바이츠만과 사귀고 있었다. 그로부터 1년도 안 되어 프뤼퍼는 시리아에서 활동하는 독일 첩보 조직의 책임자가 되었고, 유대인 망명자들을 영국 치하의 이집트에 잠입시켜 조국을 위한 첩보활동을 전개하자는 아이디어를 내놓았다. 그가 적국 영토에 맨 처음 침투시킨 첩보원 명단에는 파니 바이츠만이라는 이름도 올라 있었다.

그해 1월, 예루살렘에서 북쪽으로 110킬로미터 떨어진 지역에서 또 한 명의 사내가 이중 인생을 살아가고 있었다. 그의 이름은 아론 아론손이었다. 당시 루마니아에서 망명한 38세의 아론손은 농업과학과 농업경제학 분야에서 꽤 알려진 유대인 학자였다. 1906년에는 유전학적으로 밀wheat의 조상이라 할 수 있는 식물을 중동에서 발견하여 명성을 한층 드높인 바 있다. 1909년에는 아틀리트 인근에 미국 유대인 박애주의자들의 자금 지원을 받아 유대인농업실험연구소Jewish Agricultural Experiment Station를 세우고 5년에 걸쳐 온갖 식물을 다양한 방식으로 실험하고 있었다. 이 실험은 한때 초목으로 우거진 곳이었으나 지금은 불모지가 된 팔레스타인 땅을 원상태로 되돌려놓겠다는 야망에서 비롯된 것이었다.

이러한 야망에는 정치적 요소가 짙게 배어 있었다. 아론손은 열성적인 시온주의자로서, 길쭉하고 광대한 팔레스타인 땅을 오스만 제국으로부터 빼앗아 유대인 조국을 재건하겠다는 구상에 1911년부터 관여하고 있었다. 물론 이런 의견을 표명한 시온주의자들은 오래전부터 많았다. 하지만 그 지역의 식물군과 토양 조건 및 지하수층 등에 관해서 백과사전적 지식을 보유한 사람은 아론손뿐이었다. 이를테면 그는 야망을 실제로 성취할 수 있는 방법을 알고 있을 뿐 아니라 뿔뿔이 흩어진 유대인들이 조상의 땅으로 돌아와 번성할 수 있도록 사막에 꽃을 피우는 방법도 아는 사람이었다.

아론손은 언젠가 이런 꿈이 실현될 기회가 찾아들면 곧장 움켜쥘 인물이기도 했다. 이 농학자는 오스만의 지방 정부에 농업 문제 자문을 제공하면서 뒤로는 오스만의 적국인 영국에 긴요한 정보를 지속적이고도 충분히 제공하기 위해 팔레스타인 전역에 치밀한 첩보망을 구축하려 했다. 아울러 유대인의 조국을 재건하는 전반적인 과정에서 꾸준히 나침반 역할을 맡았다. 다소 아이러니한 일이지만, 아론손의 투쟁 과정에서 가장 중요한 동지는 쿠르트 프뤼퍼가 사랑한 스파이 파니 바이츠만의 친오빠이자 훗날 이스라엘 초대 대통령에 오른 차임 바이츠만이었다.

수천 년 동안 동양은 정복, 탐험, 착취의 대상으로서 서양을 끌어당겼다. 중세에는 기독교 십자군이 300년 주기로 근동 지역에 파도처럼 밀려들었다. 1790년대에는 나폴레옹 보나파르트라는 프랑스 장군이 파라오가 되겠다는 환상을 품고 이집트를 침략했다. 1830년대에는 유럽 최고의 고고학자들이, 1870년대에는 서구의 석유 재벌과 투기를 일삼는 채굴자 및 사기꾼 등이 카스피 해 주변으로 밀려들었다. 그리고 20세기 벽두, 서로 다른 듯하지만 어쩌면 비슷한 이유로 토머스 에드워드 로렌스, 윌리엄 예일, 쿠르트 프뤼퍼, 아론 아론손이라는 네 사내가 중동 땅에 발을 딛고 있었다.

당시 이들이 돌아다닌 중동 지역은 역사상 가장 강력한 제국주의 열강에 속하는 오스만 제국의 일부였다. 오늘날 터키 지역인 아나톨리아 산악지대 한쪽 구석에서 탄생한 오스만 제국은 1600년대 초까지 서서히 팽창하다가 전성기에는 로마와 어깨를 맞대고 힘을 겨루었는데, 북쪽으로는 빈 초입부터 아라비아 반도 남쪽 끄트머리까지, 서쪽으로는 지중해 해안부터 오늘날 이라크 내 바스라 항구까지 세력을 떨쳤다.

하지만 과거는 과거일 뿐이었다. 20세기에 접어들면서 20년간 오스만 제국은 눈에 띄게 활력을 잃기 시작해, 최후를 향해 치닫는 것처럼 보였다. 1850년대에 생겨난 '유럽의 병자'라는 별명은 오스만 제국의 묘

비명으로 남을 듯싶었다. 그러는 사이에 유럽의 제국주의 열강 5개국은 앞다투어 오스만 영토를 빼앗기 시작했다. 그때까지 오스만 제국이 멸망을 모면할 수 있었던 것은 경쟁관계에 있는 유럽 열강들에 싸움을 붙이는 재주와 불가사의할 정도로 놀라운 행운 덕분이었다. 하지만 1914년에 이르러 모든 것이 바뀌기 시작했다. 오스만 제국은 막판으로 치닫던 끔찍한 전쟁에서 잘못된, 아주 잘못된 결정을 내리는 바람에 제국 자체의 파멸을 재촉했을 뿐만 아니라 한 세기가 지난 지금까지 지구촌이 그 영향에서 헤어나지 못하는 거대한 분열의 물꼬를 트고 말았다.

2장

아주 특이한 타입[1]

선생님, 옥스퍼드 출신의 T. 로렌스라는 젊은이가 있습니다. 혹시 진행 중이신 발굴 사업에 자리를 하나 마련해주실 수 있는지요. 카르케미시에서 저와 함께 일하던 청년인데, 아주 특이한 친구랍니다. 선생님께 인정받고도 남을 사람이라고 확신합니다. 로렌스 이 청년을 좋아하실 겁니다. (…) 참고로 그는 음식을 가리는 법이 전혀 없습니다. 어디다 던져놓아도 살아갈 친구입니다.

—1911년 데이비드 호가스가 고고학자 플린더스 페트리에게[2]

1906년 8월 20일, 토머스 에드워드 로렌스는 부친에게 띄우는 편지에 이렇게 썼다.

"아버지께 편지를 드려야 할 때가 된 것 같습니다. 하지만 지난번 편지와 조금도 다르지 않은 형식이 되겠군요. 개인사에 관한 내용을 쏙 빼고 쓰다보니 천편일률적인 편지만 드리는 것 같습니다. 제가 말씀드리는 건축물들은 제가 죽기 전까지는 무너지지 않을 것 같습니다. 다만 안에 들어갈 집기나 가구 따위를 감안하면 더 크게 지었어야 하는 게 아닌가 싶습니다."[3]

정말 그랬다. 로렌스는 편지의 마지막까지 사사로운 이야기를 거론하지 않았다. 심지어 편지를 부치기 나흘 전에 18세 생일을 맞았는데도 그에 관해서는 한마디 언급도 없었다. 대신 얼마 전에 답사를 마치고 돌아온 14세기 성곽의 구조적 특성에 대한 시시콜콜한 설명으로 편지지를 가득 채웠을 뿐이다.

옥스퍼드 남자고등학교에 재학 중인 로렌스는 여름방학을 맞아 프랑스 서북부를 자전거로 여행하고 있었다. 당시 유럽에서는 혁신적인 설계와 대량생산 덕분에 자전거가 널리 사랑받기 시작했다. 특히 영국 중류층에서는 자전거 여행이라는 새로운 취미가 큰 인기를 얻고 있었다. 그러나 로렌스의 자전거 여행은 노르망디 일대에 산재한 거의 모든 성곽과 성당을 답사하는 수천 킬로미터의 대장정으로, 스케일 면에서 이미 취미를 넘어선 수준이었다.

여행하는 동안 고향에 있는 가족에게 편지를 보낼 때 로렌스는 주로 방문지에서 본 인상 깊은 부분을 설명했다. 서두에는 평소 건강이 안 좋은 어머니의 안부를 짤막하게 묻기도 했지만, 대부분 특정 개인과 전혀 상관 없는 내용이라는 게 두드러진 특징이었다. 논문 투로 글을 쓰는 습성이 아버지에게 드리는 편지에도 고스란히 묻어나 있었다.

이런 식의 감정을 절제하는 모습은 어떤 면에서 보자면 빅토리아 시대의 끝자락을 살아가던 영국 중류층 가정의 구성원들에게 낯선 것이 아닐지 모른다. 특히 딸은 없고 아들만 다섯인 로렌스 집안에서 더욱 강조된 덕목일 수도 있었다. 하지만 그보다는 당시 자기 억제와 겸양을 미덕으로 여겼던 영국 사회의 분위기, 즉 자식은 성실하고 반듯해야 하며 부모는 너그러운 애정 대신 냉철한 태도로 종교적인 환경과 훌륭한 교육을 베풀어야 하는 분위기를 말해주는 것이기도 하다. 아울러 단순하고도 낙관적인 세계관을 여전히 고수하고 있는 사회의 단면일 수도 있겠다. 노동 계급은 급진적 이념으로 정치화되는 상황이었으나 영국 중류층은 여전히 자산 규모보다는 혈통과 가문에 따른 사회적 상하관계를 중시하고 있었다. 이는 사회생활의 거의 모든 영역에서 구현된, 어쩌면 반세기 전보다 더 엄격할 수도 있는 일종의 계급제도를 뜻했다. 어리석은 말 같지만, 이렇게 여러 층위로 선을 그어놓은 사회란 곧 구성원들 스스로 자기가 있어야 할 자리 또는 꿈꿀 수 있는 목표를 명확히 인식하고 있었음을 뜻하기도 한다. 한마디로 말해 당시 영국은 겸손, 신용, 근면, 절약이라는 '신의 계율'을 지켜야 사회와 경제가 제대로 굴러간다는 신념의 시절을 보내고 있었다.

아마도 대영제국이 현대 문명의 정점에 우뚝 섰다는 생각, 그로 인해 장사, 성경, 총 또는 이 세 가지 모두를 가지고 지구촌의 불우한 문화권과 인종을 상대로 계몽주의적 사명을 수행해야 한다는 신념이야말로 그 시대 영국인들의 확고부동한 사고방식이었을 것이다. 이러한 확신은 영국 사회 전반, 특히 야전 장교와 식민지 행정관 등 제국의 중추적 관리자들을 배출한 중류층에 심대한 반향을 일으켰다. 중류층 집안의 분위기가 삭막했던 것도 의심할 나위 없이 이 때문이었다. 아이가 태어나는 순간부터, 특히 그 아이가 아들이라면 부모는 마음을 단단히 먹어야 했다. 여차하면 자식이 바다 건너 제국의 까마득한 변방으로 떠날 수도 있고, 그길로 영영 이별인 경우도 다반사였기 때문이다.

따라서 1900년대 초반에 성년이 된 영국 중류층 구성원들이 유난히 태평스러운 특징을 지닌다는 건 그다지 놀라운 일이 아니었다. 로렌스의 형제 가운데 한 명은 먼 훗날 어린 시절을 회상하면서 이렇게 말했다.

"우리는 아주 행복한 어린 시절을 보냈습니다. 형제끼리 다툰 적이 한 번도 없었답니다."[4]

그러나 옥스퍼드 시 폴스테드 가에서 살던 로렌스 가족에겐 최소 한 가지 이상의 특이한 구석이 있었고, 그로 인해 집안 분위기는 더욱 무미건조했다. 이웃들도 눈치 채지 못하고 자식들도 전혀 몰랐지만 토머스와 세라 로렌스 부부는 도망자라는 수치스러운 비밀을 간직하고 있었다. 그 비밀의 핵심은 이들이 본래 '로렌스' 가문이 아니라는 데 있었다.

토머스 로렌스의 본명은 토머스 로버트 타이 채프먼. 이름난 영국계 아일랜드인으로 막대한 토지를 소유한 귀족 가문 출신이었다. 이튼스쿨에서 수학한 이 미래의 준남작은 아일랜드로 돌아간 1870년대 초부터 웨스트미스 주에 있는 가문 소유지의 대농장주로서 풍족한 생활을 누렸다. 이후 다른 영국계 아일랜드 집안의 여성과 결혼하여 네 명의 딸을 낳았다.

그러나 아이들 가정교사로 입주한 24세의 스코틀랜드 여성 세라 저너를 사랑하게 되면서 채프먼의 고귀한 결혼생활은 무너지기 시작했다. 1888년 채프먼의 아내가 불륜 사실을 알게 되었을 때 세라는 이미 더블린 시내에 있는 아파트에서 토머스의 아들을 낳고 둘째 아이까지 임신한 상태였다. 본처는 이혼을 거부했다. 채프먼은 두 아내 중 한쪽을 선택해야 했다.

빅토리아 시대의 법률과 도덕률에 따르면 선택의 결과는 더없이 파멸적이었다. 채프먼이 세라 저너를 선택한다면 유산 대부분을 박탈당할 뿐만 아니라 가문의 명예가 훼손되어 네 딸의 결혼에도 큰 지장을 초래할 수밖에 없었다. 말할 나위 없이 세라와의 사이에서 태어난 자식들은 사생아로 낙인찍혀, 적법하게 태어났다면 당연하게 누렸을 좋은 학교 및 좋은 직업과는 거리가 먼 삶을 살아갈 것이 빤했다. 물론 토머스에게 가장 사려 깊은 선택이란 세라에게 보따리를 안겨서 스코틀랜드 고향 집으로 돌려보내고 생활비를 부치는 것이었다. 그 시절 주인과 하녀가 '사고'를 치면 통상 이런 결말을 맞곤 했다. 그러나 채프먼은 세라와 함께하기로 결정했다.

1888년 중반, 토머스 채프먼은 가산을 친동생의 처분에 맡기겠다고 선언한 후 세라와 함께 아일랜드를 떠나 웨일스 북부의 작은 마을 트레마독으로 갔다. 그리고 세라 모친의 처녀 시절 이름인 로렌스를 가져다

새 이름으로 삼았다.[5] 그해 8월 세라가 낳은 둘째 아들이 바로 토머스 에드워드였다.

로렌스 부부는 웨일스에서도 마음의 평화를 얻을 수 없었다. 채프먼 가문에서 지급되는 약간의 금액으로 생계를 유지할 수는 있었지만 과거를 아는 사람과 마주칠까 두려워 밤잠을 설치기 일쑤였다. 결국 로렌스 부부는 정처 없는 도망자 신세로 살게 되었다. 머지않아 트레마독을 떠나 스코틀랜드 북부의 궁벽한 마을로 들어갔다가 맨 섬을 거쳐 프랑스인 마을에서 2년, 영국 남쪽 외딴 바닷가에 있는 사냥꾼 오두막에서 2년을 살았다.

로렌스 부부는 가는 곳마다 높직한 돌담으로 둘러친 외딴집을 빌려 살면서 고독한 일상을 꾸려갔다. 토머스는 거의 모든 친구와 연을 끊었고, 세라는 집 안에만 틀어박혀 조용히 지냈다. 토머스 로렌스는 죽음을 앞두고 자식들에게 남긴 편지에 이렇게 털어놓았다.

"그때 너희 엄마랑 내가 겪은 고통은 이루 말할 수 없었다. 누군가 우리를 알아보면 어쩌나, 우리 과거사가 소문 나지 않을까 안절부절못하며 지냈단다."[6]

이토록 깊은 두려움에 허우적대던 로렌스 부부는 1896년 참으로 힘든 결단을 내렸다. 옥스퍼드 시내로 이사하겠다고 결정한 것이다. 처음으로 큰 도시 한복판에 살게 되었으니, 토머스의 귀족적이고 학자적인 풍모를 감안하면 부부의 과거를 아는 누군가와 마주칠 가능성이 그 어느 때보다 높아진 셈이었다. 하지만 네 명의 아들과 뱃속의 아기는 훌륭한 교육을 받아 훗날 옥스퍼드대학교에 입학할 가능성을 얻은 셈으로, 실제로 로렌스는 당시 부모의 '모험' 덕분에 옥스퍼드 입학에 성공했다. 로렌스 부부는 많은 이웃 사이에서 살게 된 이상 아예 그들과 밀착해서 살기로 마음먹었다. 그 결과, 그의 자식들은 늘 학교 친구들과 비교되는 생활을 감수해야 했다. 그 이유를 헤아리기엔 다들 너무 어린 나이였다. 하지만 토머스 에드워드만은 달랐다. 여섯 번째 집인 옥스퍼드로 이사할 때 그는 여덟 살이었다. 로렌스는 폴스테드 가에 정착한 무렵부터 가족의 비밀을 어느 정도 눈치 채고 있었지만 마음속 깊이 간직할 뿐 부모에게 물어보거나 형제들에게 고민을 털어놓진 않았다.7

옥스퍼드 남자고등학교 재학 시절의 로렌스는 꽤 명석하지만 팀 스포츠에는 무관심하고 말수가 적은 학생이었다. 혼자 있기를 좋아했고 형제나 몇몇 가까운 친구하고만 어울렸다. 어릴 때부터 지독한 책벌레였던 그는 책에 대한 열정이 자전거로 옮겨가면서는 짓궂은 장난도 곧잘 치는 청소년으로 성장했다. 한편 로렌스에겐 특이한 면이 있었다. 그 시절 가족과 친구들 사이에서 '네드'로 불리던 로렌스는 걸핏하면 인내력의 한계를 시험하는 습성을 갖게 된 것이다. 예를 들어 자전거로 얼마나 멀리 갈 수 있는지 혹은 빠르게 탈 수 있는지, 음식이나 물 없이 혹은 잠을 안 자고 얼마나 버틸 수 있는지 따위를 실험하는 식이었다. 이는 숨이 멎기 직전까지 고통을 견디는 극한의 인내력 테스트로, 여느 사내아이들과는 구별되는 면모였다.8 그 정도가 심해지자 4학년(미국으로 치면 8학년) 때는 교장 선생님까지 로렌스의 성향에 주목했다. 당시 교장을 지낸 헨리 홀은 로렌스를 떠올리며 이런 기록을 남겼다.

"로렌스는 보통 아이들과 달랐다. 학교에 와서도 스토아파 극기주의자처럼 굴 때가 많았다. 기쁨이나 고통에 철저히 무감각한 아이처럼 보였다."9

여기에는 날로 엄격해진 집안 분위기도 어느 정도 작용했을 것이다. 종교에 의지하는 경향이 짙었던 어머니 세라는 자식들이 성장할수록 가정 규율에 엄격했고 체벌의 강도 역시 점점 더 세졌다. 엉덩이를 때리는 정도를 넘어 허리띠나 회초리로 다스리는 일도 빈번했다.10 형제들이 기억하기에 어머니에게 가장 많이 맞은 아이는 로렌스였다. 그로 인해 모자관계는 점점 틀어지기 시작했다. 로렌스는 매질을 당하면서도 결코 울거나 용서를 비는 법이 없었고, 오히려 어떤 상황에서도 감정을 드러내지 않는 자기 자신을 뿌듯하게 여기는 것 같았다. 이 때문에 더 심한 체벌이 뒤따르기도 했는데, 그럴 때면 아버지가 나서서 뜯어말리곤 했다.

로렌스는 15세 즈음 갑자기 성장이 멈추었다. 로렌스는 다른 형제들의 키가 큰 것을 보고서야 자기가 작다는 사실을 확실히 깨달았는데, 165~170센티미터를 넘지 못했다. 덕분에 수줍은 아이는 더 수줍어하는 아이가 되었다. 중세 기사 이야기와 고고학에 빠져든 것도 그즈음이었고, 자전거를 타고 전원을 가로질러 교회들을 탐방하는 긴 여행도 이때 시작되었다. 여행 중에 기념이 될 만한 놋쇠 장식물을 볼 때면 탁본을 떴다. 한때 가장 친한 친구와 함께 옥스퍼드 시내 건축 공사 부지를 샅샅이 뒤져서 여러 점의 유물을 찾아내기도 했는데, 대부분 16~17세기에 제작된 유리컵이나 도자기였다. 이런 경험은 로렌스의 발길을 옥스퍼드 시내 한복판에 위치한 애슈몰린 박물관으로 이끌었다.

이 박물관은 영국에서 가장 오래된 공공 박물관이자 동서양 문화의 합류 현상을 충실히 보여주는 곳으로, 로렌스의 인생 전환에 계기를 마련해준 곳이기도 하다. 로렌스는 건축 공사장에서 발견한 유물들을 박물관에 가져다주어 큐레이터로부터 칭찬과 격려를 받곤 했다. 평일에는 수업을 마친 후 박물관으로 향하고 주말에는 허드렛일까지 거들다 보니 박물관 직원들 사이에서 로렌스를 모르는 이가 없을 정도였다. 전시품들이 책에서 배웠던 세계 각지의 유적과 문명을 생생히 느낄 수 있게 해주었다는 점에서 로렌스에게 애슈몰린 박물관은 옥스퍼드 너머에 존재하는 세상을 두루 보여주는 창문과도 같았다. 1906년 여름에는 노르망디 지역의 성곽과 대성당을 찾아다니는 장거리 자전거 여행을 통해 로렌스는 자신의 강한 자립심과 역사에 대한 깊은 애정을 입증해 보였다.

고등학교를 우수한 성적으로 졸업한 로렌스는 1907년 가을 옥스퍼드 대학교 지저스 칼리지에 입학했고, 역사를 전공 분야로 선택했다. 그리고 전쟁과 중세 역사에 관한 변함없는 애정을 바탕으로 중세 성곽과 요새 건축을 주제로 한 논문을 썼다. 논문을 끝낼 즈음인 1908년 여름에는 방학 기간을 이용한 여행을 계획했는데, 그 일정은 지난번 노르망디 장거리 여행이 무색할 만큼 원대하고 치밀했다. 무려 3860킬로미터를 자전거로 달리면서 프랑스 전역의 중요 건축물 대부분을 답사하겠다는 것이었다.

답사여행을 시작한 로렌스는 싸구려 숙소에 묵거나 야영을 하면서 꾸준히 페달을 밟아 하루에 160킬로미터씩 이동해나갔다. 도착지마다 사진을 찍거나 스케치를 곁들여 꼼꼼히 기록했으며, 충분히 파악했다고 느끼기 전에는 다음 장소로 이동하지 않았다. 앞선 여행에서처럼 폴스테드 가에 있는 부모에게 보내는 편지는 무미건조하고 따분한 내용이었다. 그런데 차츰 변화의 조짐이 엿보이기 시작했다. 1908년 8월 2일, 로렌스가 에그모르트라는 마을에 도착해 난생처음 지중해 바닷물을 보았을 때였다. 그날 그 순간을 묘사한 편지에는 평소답지 않은 생기와 호기심이 짙게 배어 있었다.

"오늘은 바닷물에 풍덩 뛰어들었어요. 바다는 정말 대단해요. 세상에서 가장 대단하다는 생각이 들어요. 제 기분이 어땠는지 아실 거예요. (…) 드디어 남쪽으로 가는 길, 눈부신 동쪽으로 가는 길에 다다랐구나 싶었거든요. 그리스, 카르타고, 이집트, 티레, 시리아, 이탈리아, 시칠리아, 크레타 같은 곳 말이에요. 이 모든 곳이 바로 저편에, 손만 뻗으면 닿을 거리에 있는 것 같았어요. (…) 아, 저는 반드시 이곳으로 돌아올 거예요. 그래서 머나먼 세상을 향해 떠날 거예요! 드디어 바다를 만났다는 생각에 도무지 정신을 못 차리겠어요. 이러다가 내일 그리스로 가는 배에 올라타는 건 아닌지 모르겠어요."[11]

마치 메시아를 만나기라도 한 듯한 묘사다. 실로 바다란 로렌스에게 그런 의미였을 것이다.

로렌스는 그해 가을 옥스퍼드로 돌아와 학업을 이어갔지만 속으로는 또 다른 여행 계획을 품기 시작했다. 그날 에그모르트에서 떠올렸던 바다 건너 이역만리 낯선 곳을 찾아가겠다는 야심찬 계획이었다. 로렌스의 새로운 계획을 처음 접한 상대는 바로 데이비드 호가스였다.

저명한 고고학자인 호가스는 근동 지역을 두루 섭렵하면서 연구에 매진하다가 최근 애슈몰린 박물관의 수장으로 부임한 인물이었다. 그는 T. E. 로렌스에 대해 익히 알고 있었다. 청소년 때부터 고고학 발굴에 관심이 깊어 박물관을 제집처럼 드나드는 얌전한 옥스퍼드 대학생이 있다는 사실을 박물관 직원들로부터 전해 들었던 것이다. 하지만 호가스는 1909년 2월 어느 날 오후, 그 학생이 자기 집무실에 들이닥치리라고는 예상치 못했다.

프랑스 성곽을 탐방하는 자전거 여행 이후로 로렌스는 졸업 논문 주제를 정하느라 고민에 빠져 있었다. 유럽 일대의 중세 요새들을 조사하는 것만으로는 새로운 발견이나 주장을 제기하기 어려운 편이지만, 군사 목적 건축물에 관한 연구 가운데 풀리지 않는 미스터리가 하나 있었다. 바로 중세 성벽에서 볼 수 있는 총안銃眼의 기원이었다. 십자군이 성지를 침략하는 과정에서 무슬림 적군한테 배운 것일까? 아니면 무슬림이 십자군을 모방한 것일까? 로렌스는 호가스에게 이런 설명을 늘어놓더니, 근동 시리아 일대의 십자군 성곽을 폭넓게 조사하는 방식에 대해 어떻게 생각하는지, 그것도 몇몇 유명한 성곽만을 골라서 하기보다는 그동안 자기가 해왔던 전수 조사 방식으로 진행하는 것은 어떨지 의견을 물었다. 로렌스는 이듬해 여름방학 동안 혼자서 떠날 계획을 세워둔 상태였다.

애송이 같은 로렌스(당시 스무 살이었으나 열다섯 살이라고 해도 믿을 만큼 어려 보였다)가 내놓은 엄청난 답사 계획에 호가스는 깜짝 놀랄 수밖에 없었다. 그가 짠 일정은 로마 시대 이후 줄곧 쇠락의 길을 걸어온 불모의 땅에 들어가 수천 킬로미터나 되는 사막과 돌산을 순례해야 하는, 새 길을 개척하는 것과 같은 대규모 여정이었기 때문이다. 게다가 여름의 시리아는 내륙 기온이 50도 가까이 치솟기 때문에 돌아다니기에는 최악의 시기였다. 훗날 호가스가 로렌스의 전기작가에게 당시 대화를 회상한 바에 따르면, 그가 여러 난제를 점잖게 설명하기 시작하자 로렌스가 단호한 결심을 내비치며 말을 잘랐다.

"저는 갈 겁니다."

그러자 호가스가 물었다.

"그러면 돈은 어떻게 마련하려고? 길잡이가 있어야 하고, 텐트와 가방을 나르려면 하인도 여럿 필요할 텐데……."

"걸어서 가겠습니다."

로렌스의 계획은 더욱 터무니없는 소리로 들렸다.

"유럽 사람이 시리아에 가서 도보로 여행을 하겠다고? 위험하기도 하지만 불가능한 일이야."

호가스가 설득하려 하자 로렌스는 이렇게 대꾸했다.

"글쎄요, 하여튼 저는 갑니다."[12]

젊은이의 단호한 결심에 놀란 호가스는 확실한 전문가에게 상의해볼 것을 권했다. 그 전문가는 바로 찰스 도티로, 로렌스가 찾아가려고 작정한 지역 대부분을 다녀온 탐험가였다. 그가 쓴 『아라비아 사막여행 Travels in Arabia Deserta』은 그 시대를 대표하는 여행기로 유명했다. 로렌스의 계획을 접한 도티는 호가스보다 훨씬 더 회의적이었다. 그는 로렌스에게 다음과 같이 답장을 썼다.

"7월과 8월에는 낮이건 밤이건 열기가 무척 뜨겁습니다. 다마스쿠스처럼 해발 600미터가 넘는 고지대 역시 마찬가지입니다. 또 말할 수 없이 더러운 곳입니다. 유럽 사람이 쾌적하게 쉴 만한 장소를 찾기란 불가능합니다. 그런 지역에서 매일 도보로 이동하다니, 분별 있는 사람이라면 상상도 못 할 일입니다. 주민들 역시 고단한 생활 형편에 찌들어 있어 주위를 어슬렁거리는 유럽인을 만나면 해코지할 가능성이 높습니다."

도티는 자기 뜻을 충분히 담지 못했다고 판단했던지, 설명을 덧붙였다.

"그곳까지 도보로 이동하기에는 지나치게 멉니다. 유럽에서 출발해 그곳에 도착하는 것만으로도 힘이 바닥날 게 분명합니다. 식량은 금세 떨어질 테고 휴식을 취하거나 잠을 잘 만한 곳조차 찾기 어려울 겁니다."13

보통 사람이라면 이 정도 설명으로 충분히 단념했을 것이다. 그러나 로렌스는 보통 사람이 아니었다. 도티의 편지는 오히려 인내력의 한계를 시험하는 일에 정신이 팔린 젊은이에게 도전정신을 부채질하는 결과를 낳았다.

그는 그 지역에 아주 잘 어울리는 사람이었다. 황소 어깨에 두툼한 손, 루스벨트 대통령과 같은 콧수염을 자랑하는 윌리엄 예일은 1908년 여름 쿨레브러컷Culebra Cut[파나마 운하를 잇는 수로] 공사 현장에서 측량 기사로 일했다. 그곳 중앙아메리카 정글에는 세계 곳곳에서 온 수만 명의 일꾼이 모여 있었다. 그들은 인류 역사상 가장 원대한 토목사업, 즉 태평양과 대서양을 연결하는 파나마 운하 건설에 뛰어든 사람들이었다.

동료들은 짐작조차 못 했겠지만, 사실 윌리엄 예일은 기술 경력이 전무했다. 다만 유력 인사 여럿을 지인으로 둔 대학 친구 덕분에 기술자로 취직하여 상당한 급여를 챙길 수 있었다. 21세의 젊은 나이에 몸을 사리지 않는 편이어서 힘든 일에도 불평하지 않았고, 모든 이에게 칭찬을 받았다. 그런 그가 난생처음 접하는 일을 하고 있다는 사실을 알아채거나, 심지어 미국에서 가장 부유하고 훌륭한 가문에서 태어나 최근까지도 엄청난 특권을 누리며 살았다는 사실을 알고 있는 사람은 아무도 없었다. 말하자면 예일은 빈털터리로 태어나 자수성가한 이들과는 정반대로, 어마어마한 집안에서 태어났지만 눈 깜짝할 사이에 모든 것을 잃어버린 경우였다.

뉴잉글랜드를 터전으로 하는 예일 가문이 미국 땅을 처음 밟은 시기는 1600년대 중엽으로 거슬러 올라간다. 귀족 혈통의 예일 집안 사람들은 전형적인 미국 북부인이 되어 250년 동안 해양 무역과 제조업에 종사하면서 신대륙이 선사하는 막대한 부를 차곡차곡 축적했다. 장로교 가풍에 충실하기 위해 자선사업과 교육사업에 힘쓰기도 했다. 한 예로 뉴헤이븐의 예일대학교는 1701년 윌리엄의 증조부 격인 엘리휴 예일이 가문의 이름으로 기금을 후원하여 설립된 것이다.

1887년 윌리엄 예일이 태어났을 때만 해도 그는 평생 가문의 전통 속에서 살아갈 운명이었다. 기업가이자 월가 투자가였던 윌리엄 헨리 예일의 셋째 아들로 태어난 그는, 뉴욕 시 브롱크스의 서남쪽 끄트머리에 위치한 스파이턴 다이벌에서 자랐다. 맨해튼과 허드슨 강이 잘 보이는 이곳은 시끄럽고 혼잡한 도시를 피하려는 뉴욕 부유층이 선호하는 주거지역으로, 대지 1만6000제곱미터가 넘는 예일의 저택은 그 일대에서도 가장 큰 규모였다. 윌리엄을 비롯한 4남 2녀는 어린 시절 내내 가정교사를 두고 저택 안에서 공부했으며, 맨해튼의 유명 교습소 도즈워스에서 사교댄스와 에티켓을 배웠고, 여름이면 뉴욕 주 북부 블랙 강 계곡 일대에 펼쳐진 가문 소유의 광대한 숲에서 지냈다. 고등학교는 두 형과 마찬가지로 프린스턴 외곽에 있는 명문 로렌스빌 스쿨로 진학했다.

그러나 예일 집안의 남자아이들은 금지옥엽으로 귀하게 자란 뉴욕의 여느 아이들과는 달리 어릴 때부터 다방면으로 소질을 키웠다. 이는 그들 부친의 뜻이었다. 윌리엄 헨리 예일은, 집안사람들이 뼛속 깊이 진취적인 공화당 지지자였던 만큼 루스벨트의 열렬한 정치적 후원자였다. 특히 루스벨트가 제시하는 이상적인 미국 남성상과 '지나친 문명화'가 나약함을 초래한다는 주장에 대해 전적으로 동의하는 인물이었다. 루스벨트의 관점에서 진정한 남자란 신체 건강하고 지성미 넘치며 자신에게 엄격한 사나이로, 말하자면 전투에 앞장서고 들판에 나가 큰 짐승을 사냥하다가도 살롱에 들어서면 숙녀와 담소를 나눌 줄 아는 사람이었다. 윌리엄 헨리는 자식들을 진정한 남자로 키우기 위해 미국의 대자연으로 데리고 다니며 야생을 체험하게 했다. 요컨대 상류층 가든파티에서 매너를 지킬 줄 하는 신사, 사냥과 낚시에 능숙한 사나이로 키우고 싶었던 것이다.

윌리엄 헨리가 '루스벨트의 사나이'로 가장 키우고 싶었던 아들은 자신과 이름이 같은 셋째였던 것 같다. 14세가 되던 1902년, 윌리엄은 여름방학을 맞아 아버지와 함께 해외여행 길에 나섰다. 얼마 전 스페인으로부터 해방된 쿠바를 관광할 겸 아버지가 매입한 구리 광산을 방문할 목적이었다. 고등학교를 졸업한 뒤에는 (예일 가문 아이들이 당연히 들어가는) 예일대학교에 곧바로 입학하지 않고 1년을 쉬면서 어느 부유한 친구의 가족들과 함께 그들의 전용 열차를 타고 미국 서부를 유람하기도 했다.

그러나 T. E. 로렌스와 마찬가지로 윌리엄 예일 역시 성년 이후의 삶이 걱정스러웠다. 자기 앞에 놓인 빤한 인생행로가 진저리치게 싫었기 때문이다. 훗날 그는 이렇게 밝히고 있다.

"다른 형제들처럼 정해진 삶을 사는 것은 재미도 없고 별 가치도 없을 것 같았다. 같은 일을 매일 반복하면서 세월을 보낸다고 생각하니 미칠 것만 같았다. 어릴 때부터 살던 마을에서, 줄곧 알고 지내던 여자와 결혼하여, 대대로 살던 집에 살림을 차리고, 아버지한테 물려받은 사업을 밤낮으로 일구는 인생? 생각조차 하기 싫었다."

그러던 중 윌리엄의 삶에 큰 난관이 닥쳤다. 1907년 10월 월가를 덮친 공황으로 인해 미국 전역 은행에서 예금 인출 사태가 잇따랐고, 그 결과 뉴욕 주식거래소의 주식 총액은 며칠 만에 반 토막이 났다. 막대한 재산을 하루아침에 날려버린 윌리엄 헨리 예일은 공황 사태의 가장 큰 피해자였다. 그해 크리스마스, 예일대학교 신입생이 되어 집으로 돌아온 윌리엄은 아버지로부터 엄청난 소식을 들었다. 갓 대학생이 된 19세의 윌리엄은 이제 스스로 학비를 벌고, 혼자 힘으로 살아가야 한다는 소식이었다.

어느 한순간 특권층 인생에 종지부를 찍게 되었다는 충격에 윌리엄은 혼란스러웠다. 그러나 그 충격은 곧 어떤 해방감으로 바뀌었다. 자신이 꿈꾸어왔던 모험가의 삶을 펼칠 기회가 주어졌기 때문이다. 이듬해 여름, 윌리엄 예일은 학업을 중단하고 미국을 떠나 파나마로 흘러들어 갔다.

그렇게 중앙아메리카에서 보낸 6개월이 예일에게는 인생의 전환기였다. 이제 그의 동료는 어느 가문의 상속자나 사교계 명사들이 아니라 전 세계에서 모여든 각양각색의 모험가와 뜨내기 일꾼들이었다. 이 거칠고 음탕한 사내들은 몰락한 귀족 집안의 젊은이에게 일하는 법과 술 마시는 법을 가르쳤다. 그러나 파나마시티의 어느 술집에서 직업여성들의 끈덕진 유혹을 뿌리칠 수 있었던 것은 전적으로 어머니의 청도교적 가르침 덕분이었다고 훗날 예일은 회상했다.

파나마는 예일에게 출구를 선사했지만 선뜻 모든 것을 털어버리기에는 여전히 버거운 상태였다. 예일은 복학해서 공부를 마치는 문제를 놓고 고민을 거듭했다.

"그때 나는 밑바닥에 떨어진 처지였다. 무슨 수로 살아가야 할지 아무런 희망도 없었다. 어떻게 하면 돈을 벌 수 있을지 감을 잡을 수도 없었다. (…) 무일푼에 빚까지 진 데다 세상에 대해 아무것도 모르는데 이제 어떻게 해야 하지? 이런 생각이 들자 두려움이 밀려들었다."

그는 결국 해답을 찾았다. 뉴욕에 본사를 둔 스탠더드오일 사에서 '해외 근무' 지원자를 모집한다는 공고가 눈에 띈 것이다.

1909년 9월 초, 시리아 북부 알레포 서쪽의 이글거리는 평원을 가로지르던 이들은 황당한 장면을 목격했을 것이다. 비썩 마른 영국 청년 한 명이 초췌한 몰골로 배낭을 멘 채 터벅터벅 걷고 있었고, 터키군 기병대대가 그의 곁에 바싹 붙어 호위하고 있었기 때문이다.

며칠 전 로렌스는 황량한 변방 산기슭에 터를 잡은 살라딘 요새를 찾아 십자군 기사단의 성채를 조용히 둘러보았다. 이 사실을 보고받은 오스만 지방 정부 책임자(카임마캄)는 나이 어린 탐험가의 방문에 감명을 받아 그를 고위 관리급으로 대접하도록 지시했다. 이로써 로렌스는 카임마캄의 관저에 머물며 극진한 대접을 받았을 뿐만 아니라 걸어서 알레포로 이동하는 닷새 동안 기병들의 호위를 받게 되었다. 로렌스는 가족에게 보내는 편지에서 이렇게 밝혔다.

"경기병대의 밀착 경호를 받으며 걷는다는 것은 참으로 멋진 경험입니다. 물론 걷기를 고집하는 나를 바라보며 사람들은 미쳤다고 생각했겠죠. 그래서인지 30분에 한 번씩 기병들은 말을 타는 게 어떻겠냐고 제게 물어왔습니다. 그들은 내가 네발 달린 짐승을 외면하는 까닭을 이해하지 못했습니다."[14]

그해 여름 로렌스의 시리아 도보여행은 크게 두 가지 방식으로 이루어졌다. 첫 번째는 해안도시 베이루트에서 시작하는 3주짜리 단기 여행으로, 레바논 산악지대를 지나 팔레스타인 북부까지 남쪽으로 내려가는 것이었다. 두 번째는 베이루트로 돌아와 사나흘 쉬었다가 북쪽으로 향하는 일정으로, 치밀한 계획에도 불구하고 살인적인 도보여행이었다.

이 여행은 로렌스의 삶을 뒤바꾼 모험이었다. 어느 지역이든 로렌스를 본 주민들은 놀라움과 관대함으로 그를 환대했다. 마을 주민들은 하나같이 식사하자고 붙잡거나 하룻밤 묵어가기를 청했다. 가난한 형편에도 대가를 원하는 사람은 거의 없었다. 로렌스는 8월 중순 아버지에게 띄운 편지에 이렇게 적었다.

"마음 편히 돌아다니기에 더없이 좋은 나라입니다. 주민들이 친절하다는 이야기는 익히 들었지만 기대 이상입니다."[15]

이 무렵 로렌스가 부친 편지에는 전에 없는 행복이 엿보인다. 8월 말 어머니에게 보낸 편지에는, 요즘 대학생들이 으레 그러하듯, 여행을 통해 새로운 삶을 살게 되었다면서 "영국인으로 되돌아가려면 무척 힘들 것 같다"는 내용도 담겨 있다.[16] 그가 보통 청년들과 다른 점이 있다면 이 발언을 훗날 실제로 입증했다는 사실이다.

옥스퍼드로 돌아온 로렌스는 아버지가 자신을 위해 정원에 만들어 준 오두막에 틀어박혀 졸업논문 집필에 매진했다. 그렇게 해서 완성한 논문의 제목은 당연히 '십자군 전쟁이 유럽 군사 건축물에 미친 영향—12세기 말을 중심으로'였다.

로렌스의 조사 내용은 옥스퍼드대학교 역사학과 심사관들에게 깊은 인상을 안겨주었고, 로렌스는 1등급 상장을 받았다.(지금도 그렇지만, 당시 졸업논문이라고 하면 통상 선학先學의 저작을 요약하는 식이었다.) 이 상은 그해 학업 성적이 가장 우수한 역사학과 졸업생 열 명에게만 내리는 것이었다. 이를 계기로 로렌스는 학문 탐구라는 새로운 목표를 추구할 기회를 얻었고, 학교에서 대학원 장학금을 지원한다는 발표에 그는 결심을 굳혔다. 로렌스는 대학원 연구 주제로 도자기를 골랐다. 도자기에 대한 로렌스의 애착은 오래된 것으로, 아마도 어린 시절 옥스퍼드 공사장에서 유물을 찾던 경험에서 비롯된 듯하다. 분명 '11세기부터 16세기에 걸친 중세 납유약鉛釉藥 도자기'에 관한 연구는 시리아 도보여행에 비하면 시시해 보일 수도 있지만 로렌스로서는 스스로 설계한 인생행로를 향한 뜻깊은 첫걸음이었다.

하지만 마음이 바뀌고 말았다. 1910년 가을, 도자기 연구를 위해 로렌스가 프랑스에 도착한 지 며칠 뒤 영국박물관이 주관하는 고고학 발굴 작업에 참여하기 위해 데이비드 호가스 관장이 시리아 북부 카르케미시 유적지로 떠난다는 소식을 접했기 때문이다. 로렌스는 프랑스를 포기했다. 그리고 호가스 일행과 함께 출발하기 위해 황급히 옥스퍼드로 돌아왔다.

냉랭한 가정 분위기에서 성장기를 보낸 쿠르트 프뤼퍼는 작고 병약한 소년이었다. 베를린에서 교사의 아들로 태어난 그는 청소년기에 들어서기도 전에 결핵, 신장병, 디프테리아 등 온갖 병치레로 고통스러운 나날을 보냈다. 부드럽고 가녀린 음성을 지니게 된 것도 마지막으로 앓은 질병을 제대로 치료하지 못한 결과였다.

건강 상태가 좋지 않았음에도 불구하고 아이는 아버지 카를과 어머니 아그네스의 사랑을 제대로 받지 못한 게 분명했다. 아버지는 게으르다는 소문이 자자하다며 아들을 야단쳤고, 어머니는 아들에게 애정은 커녕 관심조차 보이지 않았다. 감정적 고립은 이게 다가 아니었다. 전기 작가 도널드 매케일에 따르면, 유년 시절의 쿠르트 프뤼퍼에게는 친구가 없었다. 성장하면서 애착을 느낀 대상이라곤 예닐곱 살 연상인 친누나뿐이었다. 학창 시절 내내 목소리 때문에 놀림을 당한 사실을 고려하면, 성인이 된 쿠르트 프뤼퍼가 국민 전체 또는 결혼한 아들을 겨냥해 비난을 퍼부을 때 걸핏하면 동성애자라는 딱지를 붙였던 까닭을 어렵지 않게 이해할 수 있다.[17]

애정이 결여되었던 집안 분위기와 반대로 프뤼퍼가 태어난 시대는 독일 역사상 가장 흥미롭고 역동적이었다.[18] 그가 태어난 해로부터 정확히 10년 전인 1871년, 오토 폰 비스마르크가 프랑스와의 전쟁에서 압승을 거둔 일대 사건이 계기가 되어 수백 년 동안 여러 공국으로 나뉜 채 지리멸렬했던 독일이 현대적인 통일국가로 거듭난 시기이기 때문이다.

독일은 국가 주도의 사회적 협력 체제 아래 경제 구조를 농업 중심에서 공업 중심으로 신속하게 바꾸었다. 그 결과 독일은 세계에서 가장 산업화된 국가 대열에 합류할 수 있었다. 철도와 운하, 고속도로가 전 국토를 거미줄처럼 연결하게 되었고, 노동자의 권익을 보장하는 일련의 입법 조치와 더불어 세계 최초로 사회보장 제도를 마련했다. 이로 인해 유럽사회에서 가장 강고하게 유지되어온 계층화에 균열이 발생했다. 여기에 독일 정부가 고등 교육의 범위를 크게 확대하여 엘리트 계층이 독점하던 대학 교육을 중산층에까지 허용하자 계층의 균열 현상에 가속도가 붙어 세기가 바뀔 즈음에는 대학 졸업자의 절반이 중산층 출신이었다.

지구촌에서 독일이 갖는 위상과 역량 역시 극적으로 바뀌었다. 끊임없이 영지 싸움으로 각축을 벌이는 어수선한 집합체로 유럽 강국들의 노련한 수 싸움에 이용만 당하던 독일이 어느새 강건한 제국으로 우뚝 섰던 것이다. 독일은 유럽 열강의 '아프리카 쟁탈전'에 뒤늦게 합류했음에도 1880년대 중반까지 아프리카 서부와 남부, 동부에 식민지를 건설했다. 심지어 독일과 지도상 가장 멀리 떨어진 곳에 해당되는 남태평양 사모아까지 진출해 제국의 깃발을 꽂았다.

독일을 현대 국가로 만든 이는 비스마르크라고 할 수 있다. 하지만 독일을 명실상부한 글로벌 무대의 주역으로 만든 사람, 그래서 쿠르트 프뤼퍼 같은 독일 청년들의 가슴에 불을 댕긴 이는 따로 있었다. 빅토리아 영국 여왕의 첫 손자이자 1888년 29세에 독일 황제로 즉위한 빌헬름 2세였다. 군복 차림과 호전적인 말투, 여타 유럽 왕실에 대한 불굴의 적개심으로 무장한 젊은 카이저는 자신의 국가를 유럽 변방에서 세계의 중심으로 이끌겠노라 결심했다. 물론 재상 비스마르크가 국정 전반을 확고하게 장악한 이상 다른 유럽 국가들은 빌헬름의 호전성을 그다지 우려하지 않았다. 혈연으로 얽힌 유럽 왕가에서 빌헬름은 정서적으로 불안정하고 조급하지만 통제 가능한 인물로 평가되고 있었기 때문이다. 그러나 1890년 빌헬름이 비스마르크를 축출하고 권력을 독차지하자 상황은 완전히 뒤바뀌었다. 철의 재상 비스마르크의 통제력이 사라지고 궁정 아첨꾼과 프로이센 군부에 둘러싸이게 된 빌헬름은 피해의식과 우월주의에서 비롯된 대단히 치명적인 국가주의 신화를 바탕으로 자신과 국가의 힘을 키웠다. 역사상 독일은 다른 나라들의 술수 탓에 응당 누려야 할 정당한 대우를 받지 못했으며, 이제 무력을 동원해서라도 이와 같은 거대한 부조리를 해소할 때가 되었다는 게 그의 생각이었다.

쿠르트 프뤼퍼를 비롯해 이런 분위기에서 성년을 맞은 독일 청소년들은 새로운 독일이 인격을 빚어낸 존재들이라 해도 무방할 정도였다. 프뤼퍼가 중학교에 입학한 1896년은 국가주의적 교육과정이 처음으로 수행된 해였다. 유럽의 전통적인 교육 방식이 뿌리 뽑힌 자리에 독일 민족의 자존심 또는 국가와 황제의 존엄성에 대한 설교가 들어선 것이다. 베를린의 외롭고 병약한 소년 프뤼퍼는 자연히 열렬한 국가주의 신봉자로 성장했다. 아버지의 신사회주의적 자유주의를 철저히 거부한 쿠르트 프뤼퍼는 대를 이어 교사가 되기를 바라는 부모에게 편협한 프티부르주아적 사고의 소유자들이라며 대들었다. 동시에 아버지의 냉혹한 저평가에도 불구하고 유난히 똑똑하고 의욕 넘치는 이 '신세대 독일인'은 완전히 다른 인생을 계획했다. 자신이 가야 할 곳은 동쪽이라고 판단한 것이다.

그가 동방에 매력을 느끼게 된 데는 당시 정치 흐름이 어느 정도 작용했을 것이다. 19세기가 막을 내릴 무렵 유럽 열강 사이에서는 외교를 제로섬 게임으로 여기는 경향이 짙었다. 주변 경쟁국들의 의기투합은 곧 자국의 손실 또는 위협을 의미하는 것으로, 당시 빌헬름의 편집증이 짙게 드리운 독일은 특히 이런 경향이 두드러졌다. 1890년대에 들어서면서 독일의 급격한 군사 대국화에 놀란 프랑스, 영국, 러시아 3국이 협력하는 분위기가 형성되었기 때문이다. 베를린에서는 '포위'라는 단어가 유행처럼 번졌다. 한쪽으로는 프랑스와 영국이, 다른 쪽으로는 러시아가 압박하는 상황에서 벗어나 독일이 정치적·경제적 팽창을 꾀하려면 자국을 둘러싼 장벽 너머 어딘가로 시선을 옮겨야 했다. 그곳은 바로 위대한 약속의 땅, 오스만 제국과 무슬림의 영토였다. 1898년에 이르러 이런 희망은 확신으로 바뀌었다. 독일 황제가 오스만 제국을 순방했을 때 그가 가는 곳마다 열렬한 환영을 받았기 때문이다. 덕분에 근동 지역은 애국심에 불타는 독일 청년들을 끌어당기는 최전선으로 자리매김하게 되었다.

하지만 쿠르트 프뤼퍼는 그런 이유보다는 이국적인 분위기에 더 많이 끌렸던 것 같다. 19세기 내내 근동 지역에서 이루어진 고고학 발굴 작업 덕분에 유럽인들은 점점 더 이 지역에 매혹되기 시작했는데, 그중 독일이 가장 깊은 관심을 보였다. 1840년대에 이집트 피라미드를 탐사한 카를 렙시우스를 비롯하여 1870년대에 트로이와 미케네 유적을 발굴한 하인리히 슐리만에 이르기까지 독일 고고학자들은 근동 지역 탐사에 앞장서왔고 위대한 업적도 여럿 남겼다. 특히 1880년대에 독일 과학자들이 이집트 북부에 위치한 룩소르 지역의 고대 무덤들을 발굴하고 베를린대학교의 아돌프 에르만이 파라오의 상형문자를 해독하면서 대중의 관심도 폭증하여 이른바 이집트학의 황금시대를 맞았다. 훗날 우주 시대가 개막되었을 때와 마찬가지로 당시 젊은 프뤼퍼 역시 이러한 열풍에 완전히 사로잡혔다. 코흘리개 프뤼퍼는 근동 지역에서 흘러나온 모험과 발견에 관한 이야기들을 닥치는 대로 섭렵하면서 그곳에 가기를 간절히 빌었다.

쿠르트 프뤼퍼에게 남다른 재능이 없었다면 이런 바람은 어린 시절의 환상으로 끝나고 말았을 것이다. 그런데 그에게는 어눌한 말투에 가려진 놀라운 재능이 있었으니, 아무리 생소한 언어라도 몇 달만 배우면 유창하게 구사할 수 있는 소질을 지녔던 것이다. 프랑스어와 영어를 중학교 때 마스터한 이 청년의 시선은 더 먼 곳을 향하고 있었다.

1901년 20세가 된 프뤼퍼는 고지식한 부모님의 소원을 들어주는 셈치고 베를린대학에 입학하여 전공 과목으로 법학을 선택했다. 동시에 동양어 수업을 병행하여 지구상에서 가장 어려운 언어로 꼽히는 터키어와 아랍어를 능숙하게 구사하는 수준에 이르렀다. 2년 뒤에는 법학

공부를 아예 접고 건조한 날씨가 건강에 좋다는 구실로 이탈리아 남부에 가서 이탈리아어를 공부했다.[19]

그러나 이탈리아는 동방이 아니었다. 1903년 여름, 프뤼퍼는 카이로로 가는 배에 올랐다. 이는 향후 3년여 동안 경험하게 될 세 차례 장기 여행의 첫 순서로, 독일의 여러 문화 잡지에 여행기를 게재하여 생활비를 벌면서 동양학 연구로 박사학위를 딸 작정이었다.

평민 출신이라는 신분이 자극제가 되었을지 모르겠으나, 프뤼퍼가 선택한 연구 주제인 그림자 인형극은 이집트 노동 계층이 즐기던 전통 공연예술로서 당시 유럽의 주류 학자들에게는 생소한 분야였다. 그의 논문에는 카이로 슬럼가 와사에 있는 다방들을 돌면서 그림자 인형극을 관람한 이야기도 나온다.

"무대 앞에 즐비한 의자와 벤치는 입추의 여지가 없을 만큼 관객들로 꽉 차 있었다. 관객은 대부분 하층민이었다. 마부, 짐꾼, 행상들이 빼곡히 앉아서 해시시를 피워댔다. 상류층 사람들은 고귀한 평판에 흠집이 날까 두려워 와사에 들어올 엄두도 못 냈다."[20]

특히 독일에서 온 젊은 학자에게 카이로의 외국인 거주지는 유럽인으로서 낯선 이집트인들의 일상을 세밀하게 살펴볼 기회를 주었다. 프뤼퍼는 와사 같은 곳에서 시간을 보낸 덕분에 고상한 계층은 잘 구사하지 않는 아랍 어휘까지 숙달할 수 있었고, 이 능력은 향후 몇 년간 그에게 큰 도움이 된다.

1906년 새해에 프뤼퍼는 일종의 갈림길에 서게 되었다. 에를랑겐대학에서 박사학위를 받은 터라 마음만 먹으면 독일에서 교직을 얻을 수 있었다. 이는 초등학교 교사인 아버지보다 더 권위 있는 지위에 오름으로써 치기 어린 복수를 할 수 있는 기회이기도 했으나 프뤼퍼는 동방으로 돌아가고 싶은 열망이 더 컸다. 마침 두 가지 행운이 잇따라 찾아들면서 프뤼퍼는 소원을 이룰 수 있었다.

그해 겨울, 프뤼퍼는 베를린에서 음악을 공부하던 미국 여성 프랜시스 에설 핑컴을 만났다.[21] 매사추세츠 린 지역의 부잣집에서 태어나 웰즐리대학을 졸업한 그녀가 13세 연하의 열정적인 동양학자를 만난 것은 38세 무렵으로, 당시 사회에선 남은 생을 독신으로 살아가야 할 나이였다. 짧은 연애 기간과 핑컴 부모의 강한 반대에도 불구하고 둘은 그해 4월에 결혼했다. 결혼식 직후 프뤼퍼는 공부를 계속해서 좋은 일자리를 구하려면 이집트로 이주해야 한다고 신부를 설득하기 시작했다. 결혼식 참석 후 고향으로 돌아가자마자 이 소식을 들은 핑컴의 부모는 경악을 금치 못했다. 반면 그들의 사위는 곧 모험과 성장을 위한 기회를 거머쥐었다.

프뤼퍼는 카이로에 머무는 동안 독일 대사관 소속 외교관들과 곧잘 어울렸다. 외교관들은 고대 아랍어에 해박하고 현대 아랍어도 능숙하게 구사하는 프뤼퍼를 만날 때마다 크게 감동받았다. 그리고 1907년 초, 대사관 통역 담당자가 은퇴하자 프뤼퍼에게 그 자리에 관심이 있는지를 물었다. 그로서는 재고할 가치가 없는 제안으로, 그해 2월 이집트 주재 독일 대사관의 신입 직원이 되었다.

독일 대사관에 들어간 붙임성 있는 26세의 청년 프뤼퍼에게는 무언가 심상치 않은 일이 기다리고 있었다. 특히 프뤼퍼를 맞이한 직속상관은 음모를 품고 중동 땅에 발을 디딘 수많은 서구인 가운데 가장 파란만장한 존재로, 영국이 가장 위험한 인물로 지목한 터였다.

카르케미시의 유적들은 깎아지른 바위 절벽 위에 있었다. 오늘날 터키와 시리아의 국경을 가로지르는 유프라테스 강이 내려다보이는 곳이다. 강 주위로는 평평한 땅이 펼쳐지다가 차츰 풀이 자란 언덕으로 이어졌다. 바위 절벽은 유프라테스 강줄기에서 수심이 개울처럼 얕은 주요 지점을 정면으로 내려다보는 형국이다. 이곳에는 적어도 5000년 전부터 사람이 살던 자취가 남아 있고, 기원전 1100년대 후기 청동기 시대에 전성기를 맞은 터전이기도 하다. 카르케미시는 히타이트 문명의 핵심 도시이자 북쪽으로 아나톨리아 지역과 접한 요충지로서 이집트 파라오와 구약성경의 저자들에게도 잘 알려진 곳이었다. 실제로 성경에는 기원전 6세기 바빌로니아 왕 네부카드네자르와 이집트 파라오 네코 2세가 벌인 전투를 포함하여 이 도시에 관한 언급이 예닐곱 번이나 등장한다. 오스만 제국의 까마득한 변방에 위치한 이 작은 도시는 T. E. 로렌스가 일생 동안 그 어느 곳보다 더 깊은 일체감을 느낀 곳이기도 하다.

데이비드 호가스의 고고학 탐사대에 간신히 합류한 로렌스가 카르케미시에 첫발을 디딘 때는 1911년 2월이었다. 그의 공식적인 직책은 발굴팀 조수로, 다양한 유물의 사진을 찍거나 스케치하고 목록을 작성하여 관리하는 업무를 맡았다. 하지만 로렌스는 당초의 임무 범위를 금세 뛰어넘었다. 그는 발굴 현장에 상주하면서 200명이 넘는 현지 인력을 감독하는 두 서양인 중 한 명으로서 공사판 십장과 같은 역할을 맡게 되었다.(총책임자인 호가스는 카르케미시에 간혹 한번씩 들를 뿐이었다.) 이 과정에서 로렌스는 자신에게 리더로서의 천부적인 재능이 있다는 사실을 깨달았다. 남들은 물론 본인도 깜짝 놀랄 일이었다.

그럴 수 있었던 것은 어느 정도 서구인이라는 로렌스의 신분이 작용했기 때문이다. 1500년대로 그 연원을 거슬러 올라가는 카피튤레이션 제도Capitulations[특정 국가의 외국인에게 치외법권을 용인하는 오스만 제국 특유의 국제 협약] 아래, 유럽 열강은 오스만 제국 내에 존재하는 소수 기독교인을 보호한다는 명목으로 콘스탄티노플에는 치욕적인 협정안들을 술탄들로부터 꾸준히 쥐어짜냈다. 20세기로 접어들 무렵에는 사실상 모든 유럽인이 오스만의 국내 법률을 적용받지 않는 지경에 이르렀다. 1912년 여름, 로렌스가 집으로 부친 편지에는 이런 구절이 있다.

"정말이지 이 나라는 외국인에게 몹시 관대합니다. 흡사 중세 봉건영주가 된 듯한 기분입니다."[22]

로렌스를 리더로 만든 요인은 사실 이것만이 아니었다. 그는 동양을 사랑하는 사람이었고, 그런 애정 때문인지 로렌스는 동양 문화의 작동 방식을 거의 본능적으로 이해하는 사람 같았다. 그의 아랍어 구사력은 벌써 현지인 수준에 도달했으며, 카르케미시에서 쉬지 않고 일한 덕분에 지식도 깊이를 더했다. 함께 일하는 사람들과 장난을 치기도 했고 때로는 그들이 사는 집을 방문하기도 했다. 그리고 이 과정에서 그가 새롭게 알게 된 모든 것을 기록으로 남겼다. 그중에는 전해 내려오는 옛이야기부터 주민들의 정치관, 복잡한 가계도에 이르기까지 그 지역이 오스만 제국에 충성하는 이유에 관한 모든 내용이 담겨 있다. 그로 인해 로렌스는 시리아 북부의 이 구석진 지역과 주민들에 대해 당시 그 어떤 유럽인보다 더 정통한 사람이 되었다.

무릇 남의 마음을 얻는 데는 관심만 한 것이 없는 법이다. 적어도 지금까지 근처 마을 제라블루스에서 카르케미시로 데려온, 서양인과 일해 본 경험이 있는 일꾼들에게 관심이란 더없이 피상적인 말이거나 노예로 부려먹기 위한 차원에 불과했다. 그들은 자녀들과 친족, 조상들의 이름을 귀찮을 정도로 물어보거나 허름한 집으로 초대해도 흔쾌히 받아들이거나 자기네 전통과 풍습을 진심으로 존중하는 로렌스와 같은 사람을 만난 적이 없었다.

로렌스는 그 지역 주민들에게 또 다른 놀라운 면모를 보여주었다. 그는 대개의 유럽인이 지니고 있는 유약함을 보이지 않았다. 오히려 그는 타는 듯한 더위에도 몇 시간 동안 쉬지 않고 일했으며, 한마디 불평도 없이 몇 날 며칠을 걷거나 말을 탔고, 이질과 말라리아에 시달렸을 때도 현지인보다 더 강인하게 이겨냈다. 제라블루스의 아랍인들이 로렌스에 대해 화제로 삼았던 단어는 주로 강인함, 체력, 절제 따위였다. 이는 로렌스를 유럽인보다 아랍인에 가까운 사람으로 여긴다는 뜻이었다. 아랍 전통에서 그런 친밀함에는 지극한 충성심으로 보답하는 관습이 있었다. 이런 상황은 그가 시리아에 오래 머물면서 아랍인들에게 더 많은 사랑을 받을수록 영국인다운 사고와 행동을 상실할 수밖에 없었다는 측면에서 양면성을 지녔다.

한층 더 심오한 차원의 변화도 있었다. 로렌스는 시리아에 머무는 동안 서구의 '계몽주의적 소명의식'에 대한 본인의 인식을 근본적으로 재고하게 되었다. 이런 변화는 제라블루스 출신의 다훔이라는 소년과 친하게 지내는 과정에서 여실히 드러난다. 똑똑하고 무척 잘생긴 이 13세의 소년은 카르케미시 유적 발굴 현장에서 당나귀를 끌다가 로렌스와 인연을 맺게 되었는데, 이내 로렌스의 개인 비서와 같은 역할을 맡았다. 로렌스와 다훔이 늘 함께 있는 모습을 본 사람들은 둘이 연인 사이라고 수군대기 시작했다. 소문의 진위 여부를 떠나, 로렌스는 다훔이라는 인물을 통해 아랍 민족의 고귀한 성품을 새롭게, 어쩌면 낭만적으로 깨달아갈 수 있었다. 로렌스는 아랍인들의 금욕주의를 일컬어 서구의 방종에 물들지 않은 "순결한 복음"이라고 찬양하기도 했다.[23]

1911년 제라블루스에서 집으로 보낸 편지를 보면 로렌스는 다훔을 소개하며 "흥미로운 인물"이라고 언급했는데, 이러한 의견 피력은 당시 대영제국의 식민주의적 감성과 어긋나는 것이었다.

"다행히 이 지역은 외국의 영향을 전혀 받지 않았습니다. 프랑스가 얼마나 심각한 파괴를 야기하는지, 미국 역시 그에 못지않게 어떤 악영향을 미치는지 목도하셨다면 다시는 그런 일이 없기를 바라실 겁니다. 유럽에 물든 아랍의 타락상은 참담하기 그지없습니다. 그 누구와도 접촉하지 않은 원래 상태의 아랍이 천배는 낫습니다. 이곳에 오면 배울 게 더 많은데도 불구하고 외국인들은 언제나 가르치려듭니다."[24]

이런 말은 고고학자로서 꺼낼 수 있는 성질의 것이 아니었다. 자신의 피보호자를 애정으로 보살피던 데이비드 호가스조차 로렌스가 학자적인 성품과 기질을 지녔는지에 대해서는 확신하지 못했다. 로렌스는 1912년 카르케미시에서 수석 연구원으로 참여한 레너드 울리와 달리 유물 연구에 집요하게 파고드는 기질이 없었다. 대신 그의 머릿속에는 자신이 딛고 있는 그 땅과 그곳에 사는 사람들로 가득 채워져 있는 듯했다. 로렌스의 열정이 가리키는 방향은 분명했다.

이런 열정으로 인해 로렌스는 20세기 초 가장 중대한 흐름 가운데 하나, 즉 사경을 헤매는 오스만 제국에 대해 독특한 시각을 갖게 되었다.[25] 서구인들은 대부분 중동 곳곳의 대도시에 머물면서 오스만 제국의 임종을 지켜보았다. 그러나 로렌스처럼 오스만 제국의 충직한 신민들이 살아가는 시골 마을에서 그 과정을 낱낱이 목격한 사람은 거의 없었다.

오스만 제국의 멸망은 오래전부터 예견된 일이었다. 오스만 제국이 5세기 가까이 유지된 이유는 인종적·종교적 소수파가 콘스탄티노플의 술탄에게 충성과 세금을 맹세하는 한 상당한 자유가 보장되는 통치 방식 때문이었다. 하지만 19세기 들어 민족주의가 발흥하고 상업과 통신이 혁명적으로 발전하자 이런 체제는 무너지기 시작했다. 오스만의 세계가 급속도로 위축되는 한편 산업화에 매진한 유럽 국가들이 팽창하자 구성 인자들을 관용이라는 토대로 이끌어왔던 오스만 제국은 시대착오적인 존재로 전락할 수밖에 없었다. 결국 1850년대 들어 오스만 제국은 "유럽의 병자"로 불리기 시작했고, 유럽의 신흥 강국들은 오스만 제국이 눈을 감는 마지막 순간을 손꼽아 기다렸다.

오스만 제국은 서구 경쟁국들에 자신의 변두리를 야금야금 뜯어먹히면서도 그들과 돌아가며 동맹을 체결하는 식의 줄타기로 간신히 버티는 상황이었다. 1870년대에는 제정 러시아가 발칸에서 오스만 군대를 궤멸하고 루마니아, 세르비아, 몬테네그로를 독립시켰다. 1881년에는 프랑스가 튀니지를 빼앗았고, 다음 해에는 대영제국이 민족주의 움직임을 구실 삼아 이집트를 잡아챘다.

한때 오스만 제국에 부흥의 희망을 안겨줄 뻔한 사건이 있었으나, 잔인하게도 제국의 멸망을 가속화하는 결과를 초래하고 말았다. 이 사건은 바로 1908년 개혁을 앞세운 일군의 젊은 장교 세력이 일으킨 쿠데타로, 통합진보위원회Committee for Union and Progress(CUP)라는 깃발을 내세웠다가 곧 청년튀르크당Young Turks黨으로 유명해진 이들은 전제적 술탄을 압박해서 30년 전에 해산된 의회를 부활시켰다. 쿠데타의 성공으로 대담해진 청년튀르크당은 오스만 제국의 생명을 20세기까지 연장하기 위해 여성 해방과 소수 인종 및 종파에 완전한 시민권을 보장하는 등 의욕적인 활동을 숨가쁘게 추진했다.

이들은 제국 내 유럽 땅에 배치되어 유럽의 자유주의를 흡수한 젊은 장교들로서, 자신들이 내세운 명분을 서구 열강이 포용하리라 기대하고 있었다. 그러나 그것은 크나큰 오판이었다. 오스트리아-헝가리 제국은 콘스탄티노플의 정치적 혼란을 틈타 보스니아-헤르체고비나를 냉큼 집어삼켰다. 청년튀르크당을 짙은 의혹의 시선으로 바라보던 런던과 여타 유럽 수뇌부는 제국을 차지하기 위한 전 세계 유대인들의 음모가 깔려 있다고 비난하면서 그들을 "위장한 유대인"이라 부르며 조롱했다.[26] 오스만 제국 내부에서는 내각에 뛰어든 보수파가 개혁파를 상대로 역공을 펼치면서 결국 당파 싸움과 정치적 마비 사태라는 소용돌이에 휩싸여버렸다.

1911년 청년튀르크당은 정권을 공고하게 다지기 시작하면서 갈가리 찢긴 제국을 지탱하기 위한 세 가지 핵심 정책을 제시했다. 그것은 현대화, 이슬람 수호, 유라시아 대륙에 흩어진 튀르크계 민족의 통합을 추구하는 투란주의Turanism였다. 세 정책은 하나씩 떼어놓고 보면 그럴싸하게 들리지만 한 바구니에 넣으면 정면으로 충돌하는 내용들이었다.

청년튀르크당이 내세운 많은 사회 강령은 대단히 진보적이어서 제국 내 세속주의자, 유대인, 기독교인 등과 불협화음을 일으킬 일이 없었다. 그러나 다른 한편에 엄존하는 엄청난 규모의 무슬림 전통주의자들의 분노를 사고 말았다. 더불어 호전적인 투란주의자들이 외치는 선전 구호는 터키계 사람들을 고무시켰으나 아랍, 슬라브, 아르메니안, 그리스 등 이제는 제국 내에서 다수를 차지하는 비非터키계 사람들에게는 명백한 소외감을 안겨주었다. 터키인, 쿠르드인, 아랍인 등 무슬림들을 하나로 묶어 이슬람 수호자라는 이름표를 붙일 수는 있겠지만, 이 또한 기독교 신앙을 지닌 아랍인들을 비롯한 비무슬림들에겐 와닿지 않는 내용이었다. 이처럼 청년튀르크당 입장에서 제국 내 여러 민족과 분파가 더불어 호응할 만한 무언가를 찾거나 함께 미워하고 두려워할 대상을 제시하는 과업은 발등에 떨어진 불이었다.

청년 로렌스는 자기 주변의 정치적·사회적 기류를 차츰 파악하면서 유일하다고 믿을 수밖에 없는 결론, 즉 오스만 제국 전체를 하나로 꿰매어놓았던 솔기가 터져버려 바야흐로 붕괴 국면에 접어들었다는 생각에 도달했다. 로렌스가 제라블루스에 머무는 동안 제국의 붕괴 속도는 더 빨라졌다. 오스만 영토를 눈치껏 뜯어먹던 유럽 열강은 이제 게걸스럽게 달려들기 시작했다.

1907년 초반, 독일이 제국주의 열강의 일원으로서 특권을 주장하고 나설 무렵 쿠르트 프뤼퍼는 카이로 주재 독일 대사관에서 통역관으로 일을 시작했다. 엄밀히 말해 통역관이란 대사가 외교적 대화를 나눌 때 도움을 주거나 해당 국가의 정부와 주고받는 문서를 번역하는 직원에 불과하다. 그러나 당시에 개인적 야심을 지닌 통역관이라면 실질적인 권력을 휘두를 수도 있었다. 지금도 마찬가지지만 당시 대사라는 직책은 권력 구조상 궁정에서 자리를 못 얻었을 때 밀려나는 한직으로, 외교 실무와 별 관계없이 잠시 머물다 떠나는 자리에 불과했기 때문에 협상 테이블보다는 댄스홀이 훨씬 더 익숙한 공간이기도 했다. 반면 통역관은 수십 년 동안 한자리를 지키는 게 보통이고, 통번역이라는 업무 특성상 대사관의 기본 업무와 그 밖의 대소사를 하나부터 열까지 빈틈없이 꿰뚫고 있어야 했다. 게다가 대사관과 영사관의 공식 업무 영역 이외의 회색 지대를 관할하는 존재로서 대사관 직원이 직접 수행했다가는 외교적 마찰을 부를 수 있는, 즉 적대적인 정권과 비밀리에 만나는 은밀한 임무를 수행하기도 해야 했다. 20세기 벽두에 유럽 대부분의 제국주의 열강은 정보 수집을 위해 해외 각지에 설치한 외교 기관들을 활용했을 뿐만 아니라 영향력 과시 또는 이간질 수단으로도 한껏 이용했는데, 독일은 이 방면에서 단연 최고였다. 이에 따라 빌헬름 2세의 호전적인 대외 정책에 발맞추겠다는 각오 아래 상대국 정부나 기업의 비밀을 훔치고 첩보망을 운영하는 등 야비한 범죄를 저지르던 독일 외교관들이 적발당하는 일은 비일비재했다. 그때마다 독일보다는 좀더 신사적이라고 알려진 영국과 프랑스 쪽 경쟁자들로부터 적의에 찬 모욕을 당해야 했다.

외교에 대한 독일의 험악한 접근 방식을 감안할 때 이집트에 있었던 프뤼퍼는 가장 중요한 영역에 발을 담근 셈이었다. 독일 정부는 오스만 제국의 비위를 맞추면서 이집트에 대한 영국의 주도권을 무너뜨릴 기회를 엿보고 있었기 때문이다. 1882년 영국은 민족주의 독립 운동가들로부터 지배층을 보호한다는 구실을 내세워 400년 가까이 명목상 오스만의 지배 아래 있던 이집트를 침공하여 정권을 장악하고 있었다. 영국은 여기서 멈추지 않았다. 프뤼퍼가 독일 대사관에 들어가기 9개월 전인 1906년 5월, 수에즈 운하 동쪽에 위치한 시나이 반도의 소소한 외교적 갈등을 빌미로 그 넓은 땅을 오스만 제국으로부터 빼앗았다. 이 사건은 영국의 지배에 대한 이집트 사람들의 반감을 불러일으켰으며 한때 친구였던 국가를 향한 콘스탄티노플의 증오심에 기름을 부었다. 카이로 주재 독일 대사관으로서는 영국을 향한 이집트의 증오가 들끓을수록 얻을 게 많은 반면 잃을 것은 없었다.

프뤼퍼가 이집트의 수도 카이로에서 의지해야 하는 가장 중요한 인물은 대사관 직속상관으로, 이미 전설의 반열에 오른 막스 폰 오펜하임 백작이었다.

신임 통역관 프뤼퍼보다 21세나 많은 오펜하임은 사교적인 성격이었으며 팔자수염에 말쑥한 차림새를 자랑하는 식도락가였다. 숙녀들을 사랑하고 경마를 즐겼으며 정치·경제 분야의 엘리트들만 드나든다는 베를린유니언 클럽의 회원이었다. 오펜하임이 독일 외무성에 들어간 것은 1883년이었으며, 곧이어 시리아에 배치된 이후로 60년이 넘도록 근동 지역과 밀착 관계를 이어왔다. 오펜하임은 아마추어 고고학자 겸 인종학자로서 들판에 나가 발굴 작업을 하는가 하면, 자신의 은행가 집안으로부터 빌린 자금으로 개인 사업을 벌이기도 했다. 1899년에는 시리아 북부에서 신석기 시대의 중요한 유적지인 텔 할라프를 발견함으로써 결과적으로 취미에서도 큰 성과를 올렸다.(그의 이름을 기린 몽블랑 만년필이 제작된 것은 아마도 이 때문이었을 것이다.) 몽블랑은 자사 제품에 샤를마뉴 대제, 코페르니쿠스, 알렉산더 대왕 같은 위인의 이름을 붙여 '예술을 사랑하는 사람' 시리즈로 내놓은 적이 있다. 모험가 오펜하임은 독일 대사관의 영사 파트에서 연락관이라는 모호한 직책을 받고 1896년 카이로에 반영구적인 작전 본부를 구축했다.[27]

오펜하임과 관련해서는 몇 가지 논쟁적인 측면이 있었다. 우선 오펜하임의 명함에 명시된 직책이 어떤 지휘 계통에 속하는 것인지 아는 사람은 없었다. 이 때문에 그는 카이로에서 활동하는 외교관 동료들과 제대로 어울릴 수 없었다. 게다가 그는 '원주민 친화적인' 사람이었다. '원주민' 주거지에 살면서 길고 헐렁한 아랍인 복장으로 돌아다니는 행동은 그가 어떤 성품의 소유자인지를 대변해주었다. 물론 이는 성적 욕망을 해소할 수 있는 한 방편이기도 했다. 숀 맥미킨의 『베를린-바그다드 특급The Berlin-Bagdad Express』에는 이런 대목이 나온다.

"매년 가을 오펜하임이 베를린에서 돌아오면 하인들 가운데 우두머리인 솔리만이라는 자가 새로운 노예 여성을 주선하곤 했다. 이 여성은 이듬해까지 침소를 차지하고 여종 두 명의 시중을 받았는데 오펜하임은 한시적 첩이라는 뜻으로 '자이트프라우엔ZeitFrauen'이라 불렀다."[28]

하지만 오펜하임 백작은 독실한 가톨릭 신자였다. 아울러 그는 고고학과 경마와 노예 여성 외에도 근동 지역에서 독일과 경쟁하는 제국주의 열강을 당혹케 할 만한 또 다른 면모를 지니고 있었다. 막스 폰 오펜하임은 이슬람 지하드聖戰에 불을 댕겨 근동 지역 외교전이라는 체스판을 재편하겠다는 뜻을 품고 있었다.

카이로 대사관에 들어간 직후부터 그는 자신의 생각을 실천에 옮기기 시작했다. 오펜하임이 보기에 대영제국과 프랑스, 러시아 등 독일과 경쟁하는 주요 유럽 국가들의 결정적인 아킬레스건은 제국의 영토 안에 거주하는 무슬림 인구, 즉 기독교 제국주의자들의 지배에 대해 분노를 품은 사람들이었다. 마침 독일은 무슬림 세계에서 식민지 건설을 시도한 적이 없는 유일한 유럽 국가로서 이런 상황을 틈타 이익을 챙길 수 있는 묘한 위치에 있는 만큼 오스만 제국과 동맹을 맺을 수만 있다면 더 이상 좋을 게 없다고 오펜하임은 판단했다. (그가 독일 외무성에 수없이 올린 보고서에서 줄기차게 강조하듯) 유럽 전체를 전쟁에 휘말리게 만들고 독일이 콘스탄티노플의 오스만 정부를 설득하여 기독교 점령군을 상대로 지하드를 선포하게 한다면 과연 영국 치하의 이집트나 프랑스 치하의 튀니지, 러시아 치하의 캅카스에서는 무슨 일이 벌어질 것인가?

이 질문에 대한 정답이 못 견디게 궁금했던 사람은 바로 독일 황제 빌헬름 2세였다. 황제는 오펜하임의 '혁명을 통한 전쟁' 주장 가운데 일부를 전해 듣고는 지하드를 지렛대 삼는 발상의 열렬한 지지자가 되었다.[29] 이어 카이로 대사관 측에 "나라 걱정이 태산인 내 스파이"를 승진시키라고 단단히 일렀으며, 이로써 오펜하임은 수석 법률자문이라는 다소 얄궂은 명칭의 직책을 새로 맡게 되었다.

범이슬람주의가 봉기하는 축복의 날을 맞이하려면 영국 치하 이집트에서 해야 할 일이 아주 많았다. 1900년대 초 내내 오펜하임은 부족장, 도시 지식층, 민족주의자, 종교 지도자 등 영국 통치에 저항하는 이집트 엘리트층을 광범위하게 엮기 위해 개인 재산을 축내지 않는 범위에서 많은 시간을 할애하여 조용히 움직였다. 이렇듯 범이슬람 지하드 발상으로 황제의 마음을 얻어놓은 상태에서 1907년에는 신입 부하 직원을 받는 형태로 쿠르트 프뤼퍼라는 또 다른 지지자를 얻게 되었다. 이제 카리스마 넘치는 인물을 상관으로 모시게 된 프뤼퍼는 고대 이집트 인형극에 관한 논문 따위는 까마득히 잊어버리고 무슬림의 땅에 휘발유를 뿌리고 성냥불을 던지면 어떤 일이 벌어질지 관찰할 기회를 호시탐탐 엿보기 시작했다.

　오펜하임보다 아랍어 구사력과 어조가 훨씬 더 뛰어난 이 신임 통역관은 독일 대사관과 카이로의 다양한 저항 세력을 연결하는 핵심 창구로 자리 잡아나갔다. 특히 오스만 정부가 이집트에 파견한 케디브 khedive[대체로 총독에 해당되는 직위] 압바스 힐미 2세와 조심스럽게 우정을 쌓았다. 영국은 케디브의 권한을 전부 빼앗고 허울만 남겨둔 상태로, 그 처지가 케디브라는 이름에 걸맞지 않은 것은 아주 당연했으므로 프뤼퍼는 분노를 조장하기 위해 최선을 다했다. 두 독일인 선동꾼은 카이로의 빈민층에 대한 작업도 잊지 않았다. 1909년 초 프뤼퍼와 오펜하임은 이집트와 시리아 내륙을 자극하기 위해 베두인 족 차림으로 위장하고 길을 나섰다.[30] 그리고 범이슬람주의와 반식민주의라는 동전의 양면과도 같은 이념을 아랍 부족민들 사이에 퍼뜨리기 위해 애썼다.

　그러나 둘 중 한 명은 하던 일을 계속하는 바람에 자신의 이름을 딴 몽블랑 만년필이 세상에 나올 수 없게 되었다. 1910년 말 오펜하임 백작이 대사관의 수석 법률자문직을 내려놓고 자신이 진정으로 사랑하는 고고학으로 복귀하겠다는 깜짝 선언을 했기 때문이다. 특히 신석기 유적 텔 할라프는 자신이 시리아 북부에서 발견해놓고 10년 넘게 방치했다면서 지금이 본격적으로 발굴 작업을 시작하기에 좋은 때라고 덧붙였다.

　이 소식은 오펜하임을 추방할 명분을 찾기 위해 몇 년 동안 절치부심하던 카이로의 영국 권력자들로 하여금 안도의 한숨을 내쉬게 했다. 하지만 그것도 잠시뿐, 또 다른 의혹이 고개를 내밀기 시작했다. 특히 텔 할라프의 위치는 바그다드 철도가 통과할 경로 바로 옆이라는 사실이 지도로 확인되는 순간, 영국인들의 안도감은 불안감으로 바뀌었다. 콘스탄티노플과 저 멀리 동쪽에 있는 대규모 석유 매장지 메소포타미아를 잇는 바그다드 철도 건설은 오스만 정부가 승인한 사업으로, 엄청난 인력이 동원되는 대규모 역사役事였다. 오스만 제국은 1905년 영국과 프랑스의 극심한 반대에도 불구하고 여러 관대한 혜택까지 얻어 철도 건설사업을 독일에 맡겼다.

'독일 황제의 스파이'는 사라졌지만 이집트의 영국인들로서는 경계를 늦출 수 없었다. 막스 폰 오펜하임 백작은 자기 임무에 헌신적이고 임기응변에 능한 후배를 카이로에 남겨두고 떠났기 때문이다.

카르케미시 발굴 사업단 본부는 유적지에서 800미터 정도 떨어진 곳에 자리를 잡고 있었다. 사업단은 제라블루스 마을 외곽에 방치된, 예전에 감초액 회사가 창고로 쓰던 건물을 본부 사무실로 사용했다. T. E. 로렌스와 레너드 울리는 이 건물에 묵었으며, 발굴 현장을 찾아오는 유럽인들에게 차를 대접하는 공간도 이곳이었다. 발굴 사업이 3년 넘게 이어지는 동안 방과 창고를 꾸준히 증축하다보니 제라블루스는 과객들에게 쾌적하고 널찍한 '정거장' 공간을 제공할 수 있게 되었다. 로렌스는 이곳을 성스러운 장소로 여길 정도로 아꼈다. 1912년 여름 시리아 해안을 며칠간 여행하고 돌아와 가족에게 보낸 편지에서 이렇게 밝혔다.

"제라블루스를 떠난 잠깐 동안이 마치 몇 달이나 되는 듯했습니다. 이 평화로움이 얼마나 그리웠는지 모릅니다."[31]

그러나 머지않아 오스만 제국이 와해 국면에 접어들면서 근동 지역이 평화롭다는 말은 급격히 시대착오적인 표현이 되어버렸다. 1911년 이탈리아가 리비아를 침공, 치열한 혈전을 벌였으나 오스만은 패배했다. 오스만이 유럽 내 영토를 거의 모두 잃어버린 제1차 발칸 전쟁과 곧이어 콘스탄티노플까지 잃을 뻔했던 제2차 발칸 전쟁이 떠오르는 순간이었다. 이 암울한 사건은 결국 오스만을 낭떠러지 밑으로 밀어버린 셈이었다. 1913년 청년튀르크당이 정권을 완전히 장악하기 위해 두 번째 쿠데타를 일으키자, 이 기회를 틈타 소규모 반군 집단과 분리주의자들이 얼마 안 남은 제국 영토 곳곳에서 들고일어난 것이다. 심지어 변방의 외딴 마을 부족장들까지도 오스만의 멍에를 벗어던질 수 있는 순간이 마침내 찾아왔다고 생각하기 시작했다.

촌구석에 불과하던 시리아 북부 일대도 예외가 아니었다. 당시 이 지역의 민족 구성을 살펴보면 대부분 아랍인이거나 쿠르드인으로, 터키인들은 단위별 행정 책임자, 경찰, 세관원 등 오스만 정부가 파견한 통치 기관 종사자가 전부였다. 이런 상황에서 로렌스는 다분히 도덕적이면서 이분법적인 현지 주민들의 시각을 자신의 관점으로 받아들였다. 이것은 말하자면 고귀한 아랍인에 대한 사랑, 씩씩한 쿠르드인에 대한 외경, 잔인한 터키인에 대한 증오를 뜻한다. 그 결과 로렌스는 1912년 쿠르드 부족들이 반란을 일으켰다는 소식을 들었을 때나 제라블루스 거리 곳곳에서 예전에는 눈도 못 마주치던 터키 관리들을 상대로 아랍인들이 시비 붙는 장면을 보았을 때 쾌감을 느꼈다. 로렌스가 보기에 피정복민에 대한 오스만 제국의 압제는 협박과 부패와 엉터리 행정 체계에 겨우 의지해온 터였으므로 급격히 힘을 잃고 말았으며, 통제력을 되찾을 가능성도 전무해 보였다. 이러한 판단은 로렌스를 흐뭇하게 했다.

그러나 시리아 북부에서 감지된 것은 오스만 제국의 혼란만이 아니었다. 유럽 제국주의 열강이 음모의 손길을 뻗치고 있었기 때문이다. 이들은 경쟁국의 이익을 빼앗고 자국의 이익을 챙기기 위해 곳곳에서 술수를 부렸다. 특히 악명 높은 막스 폰 오펜하임 백작까지 발을 들여놓았다는 것은 바야흐로 이 지역이 유럽 열강의 각축장에 포함되었다는 부인할 수 없는 징표였다. 오펜하임이 시리아로 돌아온 표면적인 명분은 텔 할라프 발굴로, 이곳은 카르케미시에서 동쪽으로 160킬로미터 떨어져 있었다. 그런데 오펜하임은 1912년 7월 어느 날 오후 '제라블루스 정거장'에 모습을 드러냈다. 로렌스는 막냇동생에게 보낸 편지에 이렇게 적었다.

"섬뜩한 사람이었어. 그에게 공손할 수는 없었지만 호기심이 일더군. 그는 자기가 발견한 유적지를 제외한다면, (카르케미시 유적지가) 가장 흥미롭고 중요한 발견이라고 말하더군."[32]

오펜하임 백작이 텔 할라프에서 발굴 작업을 하는 척하며 딴짓을 한다는 소문이 로렌스와 울리의 귀에 들리기까지는 오랜 시간이 걸리지 않았다. 엄청난 규모의 보물을 베를린으로 몰래 빼돌린다는 소문이었다. 몇 년 동안 '태만하게lackadaisical' 진행되던 바그다드 철도 공사가 오펜하임이 나타난 뒤로 갑자기 속도를 내기 시작한 것도 이상했다.(오스만 세계에서 'lackadaisical'이라는 형용사는 대체로 지질학적 비교를 야기하곤 했다.) 작업 속도가 얼마나 빠른지 1912년 말에는 유속이 빠르기로 유명한 유프라테스 강에 다리를 놓는 작업에 매달리고 있었는데, 이 과정은 독일 기술진과 숙련 노동자들에게도 기술적으로 가장 복잡한 것이었다. 놀라운 사실은 다리가 시작되는 곳이 다름 아닌 유프라테스 강 서쪽 제방에 있는 제라블루스라는 것이었다.

1913년 내내 그리고 1914년 중반에 이르기까지 시리아 북부 구석진 동네에서 서구의 두 집단이 협력과 갈등관계를 반복하게 될 줄은 아무도 몰랐다. 독일의 철도 부설 기술자들은 제라블루스에서 영국 고고학자들의 발굴 작업을 도왔고, 이 과정에서 파낸 바위를 가져다가 철로가 놓일 제방을 쌓는 데 사용했다. 반대로 독일인들은 수시로 마찰을 빚는 현지 일꾼들과 의사소통하기 위해 아랍어에 능통한 영국인, 특히 로렌스를 자주 찾았다. 말썽을 빚는 가장 큰 원인은 숙련된 일꾼을 구하기 쉽지 않다는 것이었는데, 제법 일을 할 줄 아는 자들은 보수도 높고 인격적으로 대우하는 로렌스와 울리 쪽으로 넘어갔기 때문이다.

곧이어 이 두 집단을 파견한 두 국가는 제1차 세계대전으로 격돌했다. 아울러 다마스쿠스와 메디나를 잇는 총 연장 1126킬로미터의 또 다른 철도 헤자즈 선이 생명줄 같은 보급선으로 급부상하면서 중동 공방전의 승패를 가르기에 이르렀다. 그로부터 몇 년 뒤, 헤자즈 철도를 식은 죽 먹기로 폭파한 습격단의 우두머리가 된 로렌스에게는 제라블루스에서 철도 공사를 유심히 지켜보았던 경험이 큰 보탬이 되었을 것이다.

1913년 9월 15일 아침, 우편배달부가 말을 타고 미국 오클라호마 북부에 자리 잡은 키퍼 유전으로 향할 무렵 21세의 윌리엄 예일은 그곳 석유 시추 현장에서 3인 1조로 작업하는 시추관 제거반으로 구슬땀을 흘리고 있었다. 석유를 빨아들이는 시추관을 시추공에서 빼내는 이 작업은 유전에서 가장 열악한 분야로 통할 만큼 힘든 일이었다. 빈둥거릴 뿐인 관리자 한 명이 예일을 부르더니 전보 한 통을 건넸다. 스탠더드오일 뉴욕 본사에서 보내온 전보 내용은 간단했다.

"뉴욕으로 즉시 연락 바람."

1910년 선조의 이름을 딴 대학을 졸업한 예일은 한동안 일자리를 구하지 못하다가 1912년이 되어서야 뉴욕 스탠더드오일의 '해외 근무' 지원자 모집 공고를 우연히 접했다. 그리고 충동적으로 지원서를 냈다.

'해외 근무자 양성소'는 뉴욕 브로드웨이 26번지의 본사 건물 밖에 있었다. 양성소는 강의와 세미나로 구성된 4개월 집중 교육과정을 통해 지원자들에게 석유 산업과 관련된 모든 내용을 가르치는 동시에 '스탠더드 맨' 의식을 주입하는 곳이었다. 1912년 당시 스탠더드오일은 국제 상거래 역사상 가장 악명 높은 기업으로서, '스탠더드 맨' 의식의 구성 내용에 대해서는 무어라 단정하기 어렵다.[33] 다만 사람들은 그 회사 이름을 자본의 야만적 탐욕과 동의어로 여겼다.

스탠더드오일은 대주주 존 D. 록펠러가 고안해낸 극악무도한 수법을 통해 40년 넘게 미국 석유 산업을 철저히 장악해온 기업으로, 1900년대 초 미국 전체 석유 생산의 90퍼센트를 차지할 정도였다. 또한 수많은 유령 회사를 세우는 그물망 운영 방식으로 '독점금지법'을 앞세워 기업 해체를 시도하는 사법 당국의 노력을 물거품으로 만들곤 했다. 그러나 1911년 미국 연방대법원은 마침내 반독점법을 위반한 스탠더드오일에 유죄를 선고하고 34개 회사로 분할하라는 판결을 내렸다.

이런 분할로 과연 스탠더드오일의 독점에 종지부가 찍힌 것인지에 대해선 논란이 있었지만 당시 판결이 신생 회사들의 전문성, 예컨대 내수 시장 공급에 초점을 맞추거나 해외 수출에 집중할 수 있는 촉진제 역할을 한 것만은 확실하다. 이와 같은 국면에서 가장 공격적인 경영에 나선 곳은 신생 소코니SOCONY(뉴욕 스탠더드오일 사Standard Oil Company of New York의 줄임말)로, 34개에 이르는 '베이비' 스탠더드들 가운데 두 번째로 큰 회사였다. 소코니는 여타 신생 스탠더드들이 미국 국내에 집착할 때 바다 건너 드넓은 세상으로 시선을 옮겼고, 급격한 경제 성장의 땔감인 석유를 갈망하는 시장이 지구촌 곳곳에 존재한다는 사실을 알아챘다. 소코니가 해외 근무자 양성소를 개설한 목적은 전 세계 곳곳의 오지를 찾아다니며 석유를 사고파는 과정의 조직화 및 표준화가 필요했기 때문이다. 양성소의 열혈 학도였던 윌리엄 예일은 예전에 다니던 사립학교와 대학보다 그곳의 교육과정이 "훨씬 더 효율적이고 실질적"이라며 수차례 칭찬하곤 했다.

소코니 수뇌부가 윌리엄 예일의 잠재력을 높게 평가한 것은 분명했다. 모든 과정을 마친 예일은 훗날의 해외 업무에 대비하는 차원에서 한동안 국내에 머물면서 미국 석유 산업을 직접 둘러보라는 지시를 받았기 때문이다. 1912년 가을부터 예일은 스탠더드가 소유한 미국 중서부의 여러 유전을 돌아다녔으며, 매주 본사에 관찰 기록을 보내는 것이 임무의 전부였다. 그러나 따분한 것을 참지 못하는 예일은 끝없이 이어지는 유전 순례가 지겨웠다. 1913년 초, 그는 뉴욕 본사 감독관들에게 편지를 띄워 관찰보다는 몸으로 석유 산업을 배우고 싶다며 현장 배치를 요청했다. 이 편지로 예일에 대한 브로드웨이 26번지의 애정은 한층 더 깊어졌다. 고역스러운 현장 근무를 마다 않는 아이비리그 출신 대졸자라니, 소코니가 바라는 인재상 그 자체였던 것이다. 예일은 곧 오클라호마 서쪽에 새로 생긴 쿠싱 유전에 잡역부로 파견되었다.

한동안 예일은 고된 노동을 실컷 즐겼다. 허허벌판에 있는 유전에서 몇 주 동안 지내는 식으로 오클라호마 일대를 옮겨다니면서 그는 시추 현장을 청소하고 송유관을 깔고 설비를 옮기고 시추탑을 세우는 작업으로 날마다 정신없이 보냈다. 그렇게 몇 달이 지났을 때 뉴욕에서 전보가 온 것이었다.

예일은 키퍼 유전지대를 떠난 지 정확히 사흘 만에 맨해튼 남부 브로드웨이 26번지 소코니 본사 로비에 도착했다. 그리고 윌리엄 베미스 부사장의 사무실이 있는 13층으로 안내를 받았다. 사무실에는 먼저 도착한 두 남자가 모자를 벗어 든 채 반듯한 자세로 입을 다물고 대기하고 있었으며, 베미스는 허둥대는 비서를 향해 부산스레 이런저런 지시와 명령을 퍼붓는 중이었다. 예일은 이렇게 회상했다.

"그가 상하이로 가는 등유를 선적하는 문제, 인도 어느 도시의 도로를 포장하기 위한 아스팔트 계약 문제, 피레우스에 정박 중인 그리스 해군에 연료를 공급하기 위한 계약 문제 등에 대해 비서에게 지시를 내리는 모습을 물끄러미 지켜보고 있자니 마치 꿈을 꾸는 것 같았다."[34]

이윽고 베미스가 대기 중인 세 명을 향해 고개를 돌리더니 해외로 나가 특수 임무를 수행해야겠다면서 이틀 뒤 뉴욕 항에서 증기선 임페라토르호를 타고 프랑스 칼레로 가라고 지시했다. 그런 다음 유럽 대륙을 가로질러 콘스탄티노플에 도착하면 현지 주재원으로부터 다음 지시를 받게 될 거라는 말을 덧붙였다. 베미스는 세 명을 돌려보내면서 극비리에 수행해야 할 임무라는 점을 명심하라고 강조했다. 그들은 최종 목적지는 물론 자신이 스탠더드오일 소속이라는 사실도 발설해선 안 되었고, 성지 순례에 나선 부유한 '플레이보이'로 행세하기 위해 호화 여행에 어울리는 온갖 사치품으로 위장해야 했다. 대서양을 건널 때는 최신 초호화 여객선 임페라토르호를 타고, 유럽 대륙을 건널 때는 그 유명한 오리엔트 특급열차 일등석을 이용하도록 한 것 역시 이 때문이었다.

예일과 동행하는 다른 두 명은 플레이보이라는 가면을 유지하기가 좀처럼 쉽지 않았다. 일행의 대표는 J. C. 힐이라는 사람이었는데, 펜실베이니아 제철소 작업반장 출신으로 성격이 거칠었다. 지질학자인 20대 후반의 루돌프 맥거번은 뚱한 표정에 사교성이 없는 사람이었다. 그들이 부유한 출신 성분으로 위장하는 데는 성공할 수 있을지 모르지만(물론 이마저 의심스럽지만), 성지를 순례하는 신실한 유형으로 보일 가능성은 희박했다. 결국 플레이보이로 위장하라는 명령에 대한 이들의 가장 현명한 처신은 가급적 여객선의 일등실 승객들과 말을 섞지 않는 것이었으리라.

물론 윌리엄 예일은 플레이보이로 처신하는 데 아무런 문제가 없었다. 오히려 원래 삶으로 돌아간 것 같아 혼란을 느낄 정도였다. 임페라토르호 일등실 승객들 중에는 미국 거대 기업의 후계자, 막대한 토지를 차지한 귀족 집안 자제 등 젊은 사람이 많았다. 그들은 미국 상류층 젊은이들의 필수 코스인 유럽 탐방, 즉 야성을 완전히 제거한 모험에 나선

자들이었다. 이런 여행은 불과 몇 년 전까지만 해도 예일의 몫이었다.

나중에 예일은 당시 여정에서 겪었던 어떤 사건을 떠올렸다. 함부르크와 뉴욕을 잇는 신설 항로의 최고급 여객선인 임페라토르(독일어로 황제를 뜻한다)호에서 선상 만찬이 열릴 때마다 독일 장교들이 건배를 제안하면서 "그날der Tag!"을 외치는 게 아닌가. 독일어의 미묘한 의미를 미처 배우지 못한 예일은 단지 그날 하루를 즐겁게 마무리하자는 제스처라고 생각했다. 하지만 얼마 후 그것이 일종의 암호로서, 즉 임박한 제1차 세계대전에 대한 들뜬 기대를 담은 건배사였다는 사실을 알게 되었다. 그리고 그로부터 1년도 채 안 되어 실제로 전쟁이 터지고 말았다.

1913년 9월 15일은 키퍼 유전에 있던 윌리엄 예일이 뉴욕으로 오라는 전보를 받은 날이었고, T. E. 로렌스가 카르케미시에서 서쪽으로 약 96킬로미터 떨어진 알레포의 기차역에서 친동생 윌이 도착하기를 기다리던 날이었다.

로렌스는 형제들 가운데 두 살 아래인 윌과 가장 친했다. 윌이 인도에서 교사 자리를 구하고자 영국을 떠난다는 소식을 받았을 때 로렌스는 인도로 가는 길에 꼭 시리아에 들러줄 것을 간청했다. 이러한 친밀함에도 불구하고 로렌스의 마음 한구석에는 동생의 방문에 대해 불안한 감정이 자리하고 있었다. 오래전부터 고향 집에서는 자신을 보헤미안으로 여겨오긴 했지만 윌이 시리아 북부의 험악한 환경에 놀라서 부모님께 일러바치기라도 하면 큰일이기 때문이었다. 그러나 그것은 쓸데없는 걱정이었다. 두 형제는 제라블루스에서 열흘을 함께 보냈고, 알레포 기차역으로 떠날 때 배웅하던 로렌스의 모습을 윌은 이렇게 전했다.

"부모님께서는 네드가 야만적인 환경에서 고생한다는 걱정만은 접으셔도 좋겠습니다. 기차를 타고 떠나면서 보니까, 새하얀 플란넬 셔츠와

양말, 붉은 슬리퍼 차림에 새하얀 재킷을 걸친 채 그 지역 행정관과 이야기를 나누는 네드의 모습은 마치 현지 귀족 같더군요."[35]

형제는 그렇게 제라블루스에서 작별한 뒤로 두번 다시 만나지 못했다.

✦ 3장
좋은 일의 연속

내 영혼의 허기는 가시는 법이 없었다.
—T. E. 로렌스, 『지혜의 일곱 기둥』에서[1]

살아 있는 표범에게 목줄을 채우려면 어떻게 해야 할까? 이런 식상한 농담의 정답은 "조심히 채운다"이다. 1913년 가을, 로렌스와 울리는 이 문제를 해결할 실제 방법이 필요했다. 얼마 전 알레포의 지방 정부 공무원으로부터 새끼 표범 한 마리를 선물로 받았기 때문이다. 제라블루스 주거지의 마당에 묶어두고 키우면 제법 파수꾼 역할을 하리라 생각했으나, 문제는 표범이 매우 빠르게 성장한다는 것이었다. 이제 빈약한 목줄을 찢고 달아나는 건 시간문제였다.

고고학자들이 떠올린 첫 번째 아이디어는 커다란 판자로 상자를 만들어 표범을 가둔 뒤 작은 틈으로 살그머니 손을 넣어 새 목줄을 달아주는 것이었다. 그러나 로렌스가 생각하기에 표범은 '성질이 별로 안 좋은' 짐승이라 이런 식으로 가두었다간 맹렬한 분노를 돋울 뿐이었다. 마침내 그들은 꽤 영리한 해답을 찾아냈다. 상자에 조금 더 큰 구멍을 낸 뒤 구멍 안으로 포대 자루를 계속 집어넣어 표범이 옴짝달싹 못하게 만드는 것이다. 로렌스는 고향 집에 보내는 편지에 자신이 묘수를 냈다며 자랑을 늘어놓았다.

"그러고 나서 상자 덮개를 열고 표범에게 새 목줄을 채운 다음 포대 자루를 도로 빼는 것입니다. 언젠가 녀석은 멋들어진 카펫으로 변할 테죠."[2]

로렌스가 표범의 목줄을 교체할 방법을 터득한 1913년 가을은 카르케미시 발굴 사업이 어느덧 다섯 번째 시즌을 맞이한 때로, 유적지에서 고대 신전 터를 발견하는 성과를 기록한 시기이기도 했다. 이것은 고고학자의 꿈이며 일생일대의 발견으로, 로렌스는 자신의 일생을 바쳐야 할 참된 소명을 비로소 깨달았다고 느꼈다. 제라블루스 탐사 본부는 어느덧 널찍한 거실에 미술품이 걸리고 바닥에는 카펫과 동물 가죽이 깔린 아늑한 공간으로 탈바꿈한 상태였다. 높직한 책꽂이에는 다양한 언어권의 서적이 가득하고 커다란 벽난로에서는 올리브나무 장작이 탁탁 소리를 내며 쉼 없이 불길을 피워올렸다. 로렌스는 한 친구에게 보낸 편지에 이렇게 썼다.

"나는 이곳이 정말 좋아. 여기 사람들, 그중에 특히 대여섯 명과 이곳의 생활 방식이 아주 마음에 들어. (…) 카르케미시 발굴은 앞으로 4~5년은 족히 걸릴 듯해. 하지만 발굴이 끝난 뒤에는 돈벌이가 되는 일만 쫓아다니게 될 것 같아서 걱정이야."[3]

가슴 아프게도 (한 시즌 또는 한 해 단위로 항상 지극히 인색하게, 그것도 조건부로 수령하던) 영국박물관의 발굴 지원금이 마침내 바닥을 드러내고 말았다. 지원금을 받을 다른 출처를 조속히 확보하지 못한다면 1914년 봄 시즌을 마지막으로 발굴 사업이 중단될 판이었다. 이 문제로 골머리를 앓다보니 로렌스와 울리는 진행 중인 발굴 작업이 흥겨울리가 없었다. 그런데 발굴 시즌을 마치고 휴가를 떠나기 직전에 새로운 가능성이 고개를 내밀었다.

PEF 지원 하에 영국군 공병대가 팔레스타인 최남단에 자리 잡은 진 사막 일대에서 유적지 조사를 벌일 예정인데, 이번 휴가 때 그쪽에 합류할 뜻이 있는지 영국박물관장으로부터 제안을 받은 것이다. 로렌스 와 울리에게 이 제안은 영국에서 두 달 동안 휴가를 즐길 것인지, 아니 면 지구상에서 가장 혹독한 지역을 돌아다닐 것인지를 선택하라는 얘 기였다. 그러나 망설일 이유가 조금도 없었다. 탐사의 유혹이 무척 강렬 했기 때문이다. 둘은 곧바로 동참하겠다고 대답했다.

'삶이란 참으로 변덕스럽구나.'

1913년 10월 초순의 어느 날 밤, 아나톨리아 깊은 산속에 텐트를 치 고 드러누운 윌리엄 예일은 문득 이런 생각에 사로잡혀 있었다. 불과 3주 전만 해도 방 두 개짜리 판잣집에 묵으며 오클라호마 유전에서 비 지땀을 흘리던 신세였는데, 지금은 전 세계에서 가장 아름다운 암석지 대인 아나톨리아를 관통하고 있으니 말이다. 그것도 미국인 중에는 최 초일 터였다.

풍경도 경이로운 것이었으나, 그로서는 이곳에 파견된 사실 또한 경 이로운 일이었다. 본사가 자신을 어디로 보낼지 오클라호마에서 상상의 나래를 펴는 내내 근동 지역을 떠올린 적은 없었기 때문이다. 소코니 뉴욕 본사 로비로 걸어 들어가는 그 순간까지도 예일은 중국 영업 담당 자로 파견되리라 예상하고 있었다. 그렇게 오해한 데는 충분한 이유가 있었다. 1913년 당시 소코니는 석유 생산품을 외국에 파는 수출 기업이 었고, 중국은 소코니에게 단연코 가장 커다란 판매처였다. 반면 오스만 제국에 대한 판매량은 맹아기에 접어든 공업 시설을 가동하기 위한 소량의 등유가 대부분이었다. 스탠더드오일 등유 구매량에서 오스만 제국은 2순위였으며 1순위는 '싱어singer'라는 재봉틀 회사였으니, 그 양이 얼마나 적은지 짐작하고도 남을 것이다.

그날 오전 스탠더드오일 부회장 윌리엄 베미스가 사무실로 세 남자를 호출하여 설명한 바에 따르면, 그들은 신규 구매자를 개척하기 위해서가 아니라 새로운 석유 공급처를 차지하기 위해 근동 지역으로 파견되는 것이었다. 간단한 셈법이었다. 1913년 즈음 전 세계에서는 석유 및 관련 제품에 대한 수요가 기하급수적으로 늘고 있었다. 이는 곧 수요가 공급을 초과함을 의미했다. 미국에서만도 1905년 무렵 거리에 돌아다니는 내연기관 차량은 7만5000대였던 것이 10년도 안 돼 20배나 폭증하여 1913년에는 150만 대가 넘었다. 또한 미국의 오래된 유전들은 이미 바닥을 드러내기 시작했다.

뿐만 아니라 석유는 어느 순간 주요한 군수 물자의 하나가 되어 있었다. 예일이 뉴욕 본사로부터 호출을 받기 1년 전인 1912년, 대영제국 해군성 장관 윈스턴 처칠은 군함의 동력원을 석탄에서 석유로 완전히 바꾸겠다는 계획을 발표하여 전 세계의 주목을 받았다. 세계 최강의 영국 해군이 현대화를 선언하자 독일을 비롯한 순진한 경쟁국들은 화들짝 놀라 허둥지둥 그 뒤를 쫓았다.

그 결과 미국과 유럽의 석유 회사들은 어딘가에 존재할 새로운 유전을 선점하기 위해 지구촌 구석구석을 뒤지기 시작했고, 그 가운데 특히 유망한 땅이 바로 근동 지역이었다. 1879년 들어 거대한 석유층과 가스층이 카스피 해 인근 바쿠 일대에서 발견되었고, 1908년에는 여러 석유꾼이 페르시아 만으로 대거 밀려들기도 했다. 이곳 유전들은 순식간에 유럽 합작 기업들 차지가 되었고, 이에 따라 새로운 유전을 선점하려는 뜨거운 경쟁이 시작되었다.

새로운 유전을 확보하기 위해 소코니의 콘스탄티노플 사무소는 예루살렘을 기반으로 활동하는 세 명의 사업가가 구성한 컨소시엄으로부터 오스만 제국 내 세 지역을 여섯 달 동안 광범위하게 탐사할 수 있는 유전 개발권을 은밀히 확보했다. 뉴욕 본사가 예일, 맥거번, 힐에게 부여한 임무는 탐사 대상지에 먼저 가서 유전 개발권을 행사하기 위한 준비 작업을 하는 것이었다. 이 작업을 비밀리에 진행해야 하는 첫째 이유는 다른 경쟁자가 유전 냄새를 맡게 해서는 안 되기 때문이고, 둘째 이유는 최대한 오랫동안 스탠더드오일의 이름을 숨겨야 했기 때문이다. 최근 강제 분할을 당한 스탠더드오일은 전 세계 다른 지역에서 그러하듯 근동 지역에서도 여전히 불신의 대상이었기 때문이다. 한 예로, 경쟁사의 평판에 흠집을 내기 가장 손쉬운 방법은 스탠더드오일의 앞잡이라고 뒤집어씌우는 것이었다.

뉴욕 스탠더드오일은 경쟁사의 레이더망을 피하기 위해 신경을 썼음에도 불구하고 석유사업 자체는 그 탐욕에 비해 원활하지 못한 듯했다. 오스만 제국 내 탐사 장소에 파견한 인적 구성만 봐도 그렇다. 책임자 J. C. 힐은 피츠버그 철강업 출신으로, 석유 관련 직종에서 근무한 경력이 전혀 없었다. 루돌프 맥거번은 학교 연구실에 틀어박혀 있던 지질학자인지라 진짜 유전이 어떻게 생겼는지 구경한 적도 없었다. 윌리엄 예일은 유전에 관해서는 알고 있었지만 지질학에 대해서는 문외한이었다.[4]

확실히 J. C. 힐은 탐사에 대해 특이한, 이를테면 운명론적인 접근 방식을 택했다. 9월 초 콘스탄티노플에 도착한 세 남자는 첫 번째 탐사 장소, 흑해의 남쪽 아나톨리아 중부에 위치한 산악지대를 향해 길을 나섰다. 현지 가이드 몇 명을 앞세운 미국인 세 명의 탐사대원은 2주 동안 말을 타고 고원을 뒤지고 다녔다. 그러나 맥거번이 자세히 조사할 필요가 있다고 가리키는 곳은 매번 머나먼 곳이었고, 그때마다 힐은 관두는 게 좋겠다는 추임새를 반복했다. 그러던 어느 날, 30시간 뒤에 콘스탄티노플로 돌아가는 배편이 있으며 그다음 배편은 2주 뒤에나 있을 것이라는 소식을 접한 그들은 선택의 기로에 섰다. 그리고 세 대원은 출항 몇 분 전에 간신히 배에 올랐다.

1913년 11월, 탐사대는 두 번째 탐사 장소인 팔레스타인의 사해 계곡에 도착하자 이동 속도를 늦추었다. 동아프리카의 대지구대Great Rift Valley와 연결된 이 지역은 지질학적 관점에서 아나톨리아보다 석유 매장 가능성이 더 높았기 때문이다. 탐사대는 몇 주 동안 사해의 서쪽 해안을 따라 이동하면서 석회암 절벽으로 에워싸인 퇴적암 지대를 관찰했는데, 이 과정에서 석유의 실마리를 잇달아 발견했다. 조바심이 일었다. 아스팔트 덩어리가 바다에 둥둥 떠다니고 석회암 표면에는 가솔린 냄새를 풍기는 원유가 묻어 있었다. 하지만 상업적 가치가 있는 거대 석유층이 지하에 존재한다는 확증은 아직 없었다.

게다가 힐은 아나톨리아에서 그랬던 것처럼 맥거번이 정밀 조사 대상지로 추천하는 거의 모든 지점에 대해 여전히 고개를 가로저었다. 그 결과 확실한 석유 매장지라고 본사에 보고할 만한 곳은 하나도 없었다. 이런 모습을 지켜보면서 예일은 유전을 찾는 게 아니라 숨기려고 온 것 같다고 생각했다.

결국 1월 초, 힐이 작업 종료와 캠프 해산 그리고 예루살렘 복귀를 선언하자 그동안 쌓였던 갈등이 폭발하고 말았다. 석 달 동안 좌절의 연속이었던 예일로서는 더 이상 입을 다물고 있을 수 없었다. 예일은 힐의 명령에 정면으로 맞섰고, 둘은 격렬한 논쟁을 벌였다.

논쟁이 어느 정도 효과가 있었는지, 아니면 우연의 일치인지 모르겠으나, 바로 다음 날 탐사대가 예루살렘으로 돌아가려고 유대 지역으로 접어들 때 갑자기 힐이 말을 멈추더니 남쪽으로 48킬로미터쯤 떨어져 있는 바위산을 응시했다. 평평한 사막 한복판에 울퉁불퉁한 산이 불쑥 솟은 모양새로, 특이한 지질 구성을 보였다. 쌍안경으로 자세히 살펴보자 산 아래쪽 웅덩이 같은 곳에 영롱하게 빛나는 것이 가득 담겨 있었다. 마침내 힐이 코르누브 돌산을 가리키며 말했다.

"저기, 석유가 나올 곳은 바로 저기야!"[5]

그때부터 탐사대의 작업은 일사천리로 진행되었다. 힐은 허름한 포장마차를 몰고 예루살렘으로 급히 달려가서 소코니 본사에 '발견'의 전보를 쳤다. 그러자 본사에서는 팔레스타인 지역 석유 시추권을 보유한 예루살렘 사업가 이스마일 하키 베이와 술레이만 나시프를 최대한 빨리 찾아서 카이로의 소코니 사무소로 데려오라는 회신을 보냈다. 힐이 자리를 비운 사이 예일과 맥거번은 코르누브로 이동해서 실제 매장량을 측정하기로 했다.

둘은 탐사 작업을 위한 현지 안내인과 잡역부들을 다급히 모집하여 1월 6일을 전후로 예루살렘을 떠났다. 그리고 며칠 뒤 베르셰바 외곽에서 T. E. 로렌스 일행과 마주친 것이다. 소코니 탐사대는 창피하기 그지없는 만남을 뒤로하고 남쪽으로 계속 이동해서 마침내 황량한 코르누브 산봉우리 앞에 도착했다. 이제 그들은 중대한 파장을 불러올 엄청난 발견을 앞두고 있었다.

1913년 5월 15일, 아론 아론손은 워싱턴 디시에서 열린 어느 상류 클럽의 오찬 모임에 초대를 받았다. 이날의 주빈은 전직 대통령 시어도어 루스벨트였다.

저명한 유대계 미국인 지도자 줄리안 맥과 펠릭스 프랑크푸르터는 존경심의 발로였는지 장난기가 발동한 것인지 아론손을 전직 대통령 옆자리에 앉혔다. 지인들 사이에서 여전히 '대령'으로 불리는 루스벨트와 아론손 둘 다 수다쟁이로 유명한 사람이었으니, 모임의 참석자들로서는 누가 이기는지 자못 흥미로운 시선으로 지켜보았을 것이다. 하지만 맥과 프랑크푸르터는 깜짝 놀랐다. 루스벨트가 내내 입을 다문 채 아론손의 말에 귀를 기울이고 있었기 때문이다. 아론손의 일기를 보면, 이날 그는 자신이 성취한 놀라운 위업에 고무된 것이 분명하다.

"오늘 이후로 나는 무려 101분 동안 대령의 입을 닥치게 만든 사람으로 불릴 것이다."[6]

전직 대통령과 마찬가지로 아론 아론손은 강렬한 인상의 소유자였다. 키가 크고 뚱뚱한 몸집에 명석한 머리와 도도하고 투지 넘치는 성격의 소유자인 그는 여럿이 모이는 자리에서 자신이 가장 주목받는 존재라고 믿어 의심치 않는 부류였다. 실제로 서른일곱 해를 살아오는 동안 아론손의 그러한 믿음에 어긋나는 일은 대체로 없었다.

1913년 5월까지 아론손은 일부 유대인 사회에 퍼지기 시작한 대의명분, 즉 시온주의를 가장 설득력 있게 대변해온 사람이었다. 지난 20년 동안 지구촌 곳곳에 흩어진 유대인들이 (더 위대한) 조상의 땅 에레츠 Eretz 이스라엘로 돌아가야 한다고 주장하는 시온주의 운동은 회의적인 시선이나 적대적인 반응에도 불구하고 전 세계 유대인 사회에 상당한 반향을 일으키고 있었다. 아론손이 영향력 있는 인물로 부상한 것은 그가 시온주의를 토대로 추상적인 정치적·종교적 주장을 내세웠기 때문이 아니라 농업이라는 순전히 실용적이고도 일상적인 안건을 제시했기 때문이다. 당시 중동에서 가장 뛰어난 농학자로 인정받고 있던 아론손은 37년의 생애에서 31년을 팔레스타인 지역에서 살았고, 초목으로 뒤덮였던 과거의 땅을 되살리겠다는 목표 아래 작물과 나무와 토양에 대해 광범위한 과학 실험을 진행했었다. 특히 시온주의 운동의 고상한 이념과 별개로, 유대인들이 이스라엘로 돌아오려면 무엇보다 식량이라는 전제 조건이 충족되어야 한다는 것이 그의 지론이었다. 아론손은 팔레스타인에서 사람들이 먹고살 방도를 알고 있었다.

아론손은 굴곡진 인생을 살아온 사람이었다. 그는 1876년 루마니아 중부 작은 마을에서 유대인 곡물상의 맏아들로 태어났으며, 루마니아가 러시아—터키 전쟁으로 오스만 제국의 지배에서 벗어났을 때 그는 두 살이었다. 당시 루마니아에는 유대인 인구가 상당히 많았다. 유대인들은 무슬림 독재 체제에서는 그런대로 견딜 만했으나 기독교 민주 체제로 바뀌자 도저히 참을 수 없는 상황으로 바뀌었다. 유대인들은 시민권을 얻기가 거의 불가능했는데, 이는 학교에 다니거나 전문 직종을 갖기 힘들다는 사실을 의미했다. 결국 유대인들은 루마니아 밖으로 대거 이주하기 시작했다. 1882년 아론손이 여섯 살 되던 해, 그의 부모 역시 떠나기로 결심했다. 그러나 아론손 가족은 미국으로 가기를 바라는 난민이 되기보다는 루마니아 출신 유대인 250여 명과 함께 배를 타고 오스만 시리아의 팔레스타인 지역으로 넘어가는 쪽을 택했다.7

이들은 항구도시 하이파 근처 바위가 많은 산비탈 황무지에 정착했다. 구약성경 출애굽기에서 "젖과 꿀이 흐르는 땅"으로 묘사한 곳이었지만 환경이 크게 달라졌다는 사실을 깨달았다. 농사를 지을 줄 아는 몇몇 사마리아인 이주민도 건조한 기후와 질 나쁜 토양 때문에 곧 포기하고 말았다.(이들은 루마니아에서 대부분 소상인으로 살았었다.) 극빈한 처지에 처한 망명자들은 그토록 신성하게 여기는 토라 두루마리[모세 오경을 기록한 유대교 경전]까지 저당을 잡혀야 했다.

이들에게 구원의 동아줄을 내려준 사람은 어마어마하게 부유한 유대계 프랑스인 금융가 에드몽 드 로쉴드 남작이었다. 그는 유대인들이 팔레스타인으로 이주하던 초기에 지원을 아끼지 않았던 인물로, 이미 그 지역에 여러 유대인 이주민촌을 설립하거나 원조해주었을 뿐만 아니라 1884년의 루마니아 망명자들에게도 은혜를 베풀었다. 그러고는 선친을 추모하는 뜻에서 마을 이름을 지크론야코프(야코프 기념 마을)라고 지었다. 그러나 곧 마을 사람들은 로쉴드의 도움이 공짜가 아니며 커다란 대가를 요구한다는 사실을 알게 되었다. 재정적 지원에 대한 그의 조건은 "자신이 마을의 유일한 주인이어야 하며, 그에 따라 영역 내에서 모든 일은 자신의 뜻에 따라야 한다"는 것이었다. 그의 말은 농담이 아니었다. 지크론야코프 주민들은 어떤 작물을 키워야 할지, 어떤 옷을 입어야 할지, 심지어 결혼할 자격이 있는지에 대해서까지 일일이 그의 지시에 따라야 했다. 로쉴드가 보낸 관리자들은 주민들에게 이러저러한 지시를 강요했다.

젊고 총명한 아론 아론손에게는 이런 봉건적 체제가 이롭게 작용한 면도 있었다. 1893년 로쉴드의 하수인 한 명이 프랑스로 유학을 보낼 만한 인재로 16세의 아론손을 선발한 것이다. 그리하여 아론손은 경비 걱정 없이 유럽에서 가장 훌륭한 농업교육 기관 중 하나인 그리뇽연구소에서 2년간 농업경제학과 식물학을 공부했다. 물론 팔레스타인으로 돌아와서는 남작이 세운 또 다른 마을에서 농업 '지도사'로 일하게 되어 지크론야코프에서 로쉴드의 노예로 살지 않을 수 있었다. 그런 삶은 오래가지 못했다. 한 해도 채 못 되어, 고집 세고 참을성 없는 19세의 아론손은 남작을 비롯한 관리인들과 인연을 끊어버리고 홀로서기를 시작했다.

아론손은 수많은 부재지주不在地主를 위한 농업 조언자로 활동하는 동시에 팔레스타인 일대의 식생과 지질에 대한 치밀한 분류와 연구 작업에 몰두했다. 이 과정에서 보여준 강렬한 호기심과 불굴의 열정 덕분에 그는 곧 유명세를 얻게 되었다. 이미 6개 국어를 유창하게 구사하던 아론손은 20대 중반부터 유럽 농학지에 논문을 싣기 시작했다. 당시 유럽 농학계는 최고 수준의 학자들을 중심으로 끈끈한 유대관계를 맺어왔기 때문에 팔레스타인을 무대로 활동하는 동료의 존재에 대해서는 알턱이 없었다. 특히 (참기름부터 비단 생산에 이르기까지) 분야를 넘나들며 끊임없이 내놓는 연구 성과에 대해 아론손이라는 이름이 어느 과학자 집단을 대표하는 가명이라고 추측하는 사람들도 있었다.

아론손이 이룬 가장 획기적인 업적은, 1906년 전 세계 각지에서 보편적으로 재배되고 있던 밀의 조상 격인 야생 에머밀emmer wheat을 헤르몬 산기슭에서 발견한 것이었다. 당시만 해도 전 세계 인구의 80퍼센트가 농업에 종사하던 시절이기에 아론손의 발견은 국제적인 화제가 되었고, 독학자에 가까운 유대인 청년 과학자는 단숨에 학계의 이목을 사로잡았다. 3년 뒤에는 미국 농무부 초청으로 미국 서부에 대한 광범위한 조사를 수행하기도 했는데, 가는 곳마다 유명인 대접을 받았고 대학교 수직 제안도 줄을 이었으며 강연할 때면 입추의 여지가 없을 만큼 청중이 몰려들었다. 그는 거의 8개월로 늘어난 미국 체류 기간에 현지에서 시온주의 운동에 참여하고 있는 최고 지도자들과 교류하면서 당시 유대인들의 정치적 지향을 파악할 수 있었다.

사실 이스라엘로 돌아가자는 생각은 1000년에 걸친 유대인들의 신앙을 받쳐주는 주춧돌과 같은 것이었다. 유대교의 욤 키푸르Yom Kippur[속죄일]와 유월절 예배는 "내년에는 예루살렘에서"라는 암송문으로 끝맺을 정도였고, 헝가리 태생의 작가 테오도어 헤르츨은 이러한 지향을 오늘날의 정치적 개념으로 전환했다.[8] 헤르츨은 1896년에 쓴 『유대인의 국가』를 통해 유럽에서 가장 '개화된' 국가들은 대부분 반유대주의를 제도화하고 있으며 제정 러시아 등지에서는 주기적으로 유대인 학살이 벌어지고 있다는 사실을 밝히면서, 전 세계에 흩어진 유대인들이 진정 안전하고 자유로운 삶을 이어가려면 고대 이스라엘 땅에 조국을 세우는 것 말고는 달리 방법이 없다고 주장했다. 이듬해 헤르츨은 스위스에서 세계 시온주의자 회의를 개최하여 전 세계 유대인 청중을 열광시켰다.

이러한 활동은 거센 역풍을 맞기도 했다. 유럽과 미국의 (아마도 거의 모든) 유대인 지도자는 시온주의가 각 나라에서 태어난 유대인들을 자국으로부터 고립시킬 것이며, 유대인은 국가에 대한 충성심이 부족하다는 오랜 편견에 기름을 붓는 위험한 발상이라고 비판했다. 심지어 시온주의는 유대인을 해치기 위한 음모라고 의심하는 사람들도 있었다. 시온주의 반대론자들에게 '유대인의 고민'을 해결해줄 답은 이스라엘 건국이 아니라 공동체 융화였다. 즉 자신이 태어난 나라에서 정치적·경제적으로 혼연일체가 되는 것과, 유럽 민주주의라는 우산 아래 머무는 것이 목표였다.

'동화론자들'이 주장하는 바를 뒷받침할 만한 실제적 논거들은 충분해 보였다. 이미 1900년대 초반 성스러운 땅에 거주하는 유대인은 6만여 명에 달했으며, 이 가운데 대다수는 극도의 빈곤에 처해 국제 유대인 사회가 지원하는 성금에 의존하고 있었다. 이러한 지경에서 팔레스타인이라는 황무지는 지구촌에 흩어진 유대인 1000만 명 가운데 과연 몇 퍼센트나 수용할 수 있을까?

이런 의문에 응수하는 뜻으로, 아론 아론손은 (농학자이기도 하지만 아마추어 고고학자 또는 역사서 애독자로서) 상대가 반박하기 어려운 자기만의 질문으로 맞섰다. 로마와 바빌로니아와 아시리아에서 문명을 지탱한 힘은 무엇이었는가? 고고학 발굴과 역사적 고증에 따르면 한때 팔레스타인은 1909년 현재 추정 인구인 70만 명보다 훨씬 더 많은 사람을 먹여 살리던 땅이었다. 고대 문명들을 유지했던 수원水源과 토양층은 어느 날 갑자기 하늘로 솟거나 땅 밑으로 꺼진 것이 아니라 세월의 흐름에 따라 자연히 묻힌 것이므로 재발견 또는 재검토할 기회가 있다는 게 아론손의 생각이었다. 이에 대한 설득력 있는 최근 사례도 갖고 있었다. 미국 서부를 방문했을 때 캘리포니아 지역을 집중적으로 연구한 결과 그는 이곳 기후와 토질이 팔레스타인과 매우 흡사하다는 사실을 확인한 것이다. 캘리포니아의 센트럴밸리는 시에라네바다에서 발원한 물줄기가 흐르는 지역으로, 미국의 곡창지대가 되어 수많은 이주민을 끌어들이고 있었다. 아론손은 팔레스타인이 이런 땅이 되지 말란 법은 없다고 주장했다. 이처럼 아론손은 관련 지식에 관한 한 독보적이었고, 팔레스타인을 캘리포니아처럼 바꾸는 위업을 이끌어갈 적임자처럼 보였다.

아론손의 태도는 오만보다 낙관에 가까웠다. 미국의 부유한 유대인들은 팔레스타인을 옥토로 되살릴 수 있다는 아론손의 비전에 동조하기 시작했다. 이들 유대인 기업가와 박애주의자는 그가 미국을 떠나기 전인 1909년 가을, 유대인을 위한 팔레스타인 농업연구소 창립 기금으로 2만 달러를 모금해 전달했다. 관리를 맡은 아론손은 연구소를 중동 최고의 농업과학 연구 기관으로 키우겠다고 맹세했다.

아론손은 지크론야코프에서 북쪽으로 13킬로미터 정도 떨어진 아틀리트의 지중해가 내려다보이는 절벽 위에서 새로운 사업을 위한 임무를 시작했다. 그 후 몇 년 동안 실험용 모판과 과수원을 마련하고 온실과 실험실을 짓는 일에 심혈을 기울였다. 멀리 바다가 보이는 언덕에 도서관과 상주 직원용 공간으로 2층짜리 커다란 건물도 신축했다. 현지인 중에는 교육을 제대로 받은 사람이 드물기 때문에 상주 직원들은 외부에서 영입했는데, 그들 대부분은 아론손의 일가친척이었다. 상주 직원은 총 다섯 명이었고 인근 아랍인 마을에서 모집한 현장 일꾼들을 감독하는 등 일상적인 업무를 맡았다. 전기작가 로널드 플로렌스는 다음과 같이 언급했다.

"마침내 연구소는 실험 계획을 세웠다. 훨씬 더 좋은 토양을 가진 오래된 농장들보다 1두남[이스라엘 등지의 면적 단위로 약 1000평방미터]당 더 많은 밀과 보리, 귀리를 생산하는 것이었다."9

흥미로운 사실은, 시온주의자들의 구심점으로서 아론손의 역할이 점점 더 커지는 상황을 고려할 때 그에 따르는 정치·사회적 여파에 대해 그가 그다지 숙고하지 않는 듯했다는 점이다. 그는 팔레스타인에 더 많은 유대인을 데려올 수 있다고 자신했지만, 이 말이 의미하는 바가 무엇인지 또는 어떤 방식으로 가능한지에 대해서는 여전히 불분명했다.

시온주의 운동 자체도 모호하기는 마찬가지였다. '사회적'이고도 종교적인 시온주의자들의 목표는 원하는 사람에 한하여 유대인의 팔레스타인 이주를 늘리되 기존의 정치 질서와 마찰을 빚지 않는다는 꽤 온건한 목표를 설정하고 있었다. 사실 아론손의 연구소에 기부금을 낸 기업가 상당수는 스스로 반시온주의자라고 생각하고 있었으며, 기부 행위는 정치적 의사 표시라기보다는 유대교 예배당을 새로 짓는 데 헌금하는 정도로 여겼다.

'유대인의 국가'라는 발상을 수용하는 사람끼리도 이 용어의 정의에 의견 일치 보는 경우는 드물었다. 1901년 테오도어 헤르츨은 팔레스타인 땅을 사들이고 싶은 마음에 오스만 제국의 술탄을 만났다. 서곡에 해당되는 그날의 만남에서 아무런 성과를 거두지 못하자 헤르츨의 뒤를 잇는 시온주의 지도자들은 대개 점진적인 접근 방식을 옹호하게 되었다. 유대인 금융가들 역시 팔레스타인 땅을 조금씩 사들여 마을을 만드는 동시에 오스만이 새로운 주민들을 받아들이고 보호하도록 콘스탄티노플과 (뇌물을 건네거나 오스만의 절박한 대외 부채를 일정 부분 대신 내주겠다고 제안하는 방식으로) 협상을 벌였다. 그러나 팔레스타인에 사는 기존의 비非유대계 인구가 유대인 주민들의 열 배 이상이었다는 점을 감안할 때 이런 계획이 일종의 인구통계학적 변동으로 이어지면서 유대인 중심의 마을 운영이 가능할까의 여부에 대해서는 논란의 여지가 많았다. 그러다가 1913년, 아론손이 미국을 다시 방문할 즈음 밝은 미래를 약속하는 새로운 전망이 대두되었다. 아론손의 눈에는 곳곳에서 땅을 잃어가는 오스만 제국 앞에 드디어 저승사자가 나타난 듯 보였던 것이다. 즉 오스만 제국이 멸망하고 유럽이 팔레스타인에 대한 통제권을 획득할 경우 시온주의자들은 유럽의 보호막 안으로 들어갈 수 있다고 생각했고, 아론손이 생각하기에 그런 보호를 제공할 가능성이 가장 높고 또 그렇게 되기를 바라는 나라는 영국이었다.[10]

언제나 좋은 의미였던 것은 아니지만, 스튜어트 뉴컴은 근동 지역에서 전설적인 인물로 통했다. 35세의 뉴컴은 보어 전쟁 참전용사이자 영국 정부를 위해 이집트와 수단의 광범위한 지역을 조사하여 지도로 만든 사람이었다. 열 명의 평범한 사람이 할 수 있는 일을 혼자서 해낸다고 평가받는, 말 그대로 불굴의 탐험가였다. 때때로 그런 면모는 문제를 불러일으키기도 했다. 자신에게 그러듯이 남들을 몰아붙이는 습성 때문에 다가올 전쟁에서 그와 함께했던 아랍인들은 스튜어트 뉴컴 대위를 가리켜 "친구와 적군을 동시에 태워버리는 불같은 남자"라고 말하곤 했다.[11]

그런 맥락에서 1월 8일 아침 그가 불같이 화를 낸 것은 그리 놀랍지 않은 일이었다. 그날 아침 진 사막에서 베르셰바로 이동하기 위해 숙영지를 떠나기 직전, 자신이 타야 할 낙타가 달아나버렸기 때문이다. 이날 뉴컴은 베르셰바로 가서 저명한 고고학자 두 명을 만날 계획이었다. 최근 시리아 북부에서 발굴 작업을 진행하던 그들은 팔레스타인 남부에서 뉴컴이 수행할 임무에 배정되었다. 다섯 개 소대가 군사용 지도를 은밀하게 제작하려면 정치적 가림막으로서 고고학자들이 필요하다는 점은 전적으로 인정했으나 그는 심히 우려스러웠다. 이번 임무는 말할 수 없이 가혹한 지형을 신속하게 이동해야 하는 작전인 데다 옥스퍼드 출신 학자들이 원하는 것은 자신이 원하는 것들 가운데 맨 마지막 순위일 게 분명했기 때문이다. 고고학자들은 대개 많은 장비를 가지고 다니기 때문에 그는 미리 낙타 열 마리를 가자Gaza로 보내서 고고학자들의 발굴 장비들을 실어오도록 지시해두었다. 그래도 마저 실어야 할 짐이 더 있을 게 분명하기 때문에 자신도 사막을 떠나 그리로 이동하려던 참이었다.

그런데 베르셰바에서는 흥미롭고도 놀라운 상황이 그를 기다리고 있었다.

"나는 나이 지긋한 고고학자 어르신들이 찾아올 것으로 예상했다. 그러나 C. L. 울리와 T. E. 로렌스를 만나보니 고작 스물넷, 열여덟 살이 아닌가. (…) 그들에게 보낸 편지에다 마중하러 가겠다는 내용을 너무 공손하게 쓴 것을 떠올리고는 씁쓸한 기분마저 들었다. 그들을 보자마자 깍듯한 예의 따위는 던져버렸다."[12]

나이 어린 수행원 다훔을 대동한 로렌스는 울리와 함께 가자의 선착장에 내렸다. 곧이어 짐을 실어주기 위해 찾아온 소규모 대상隊商에 버금가는 낙타 떼를 보고는 깜짝 놀라지 않을 수 없었다. 일행의 짐은 소지품을 통틀어 당나귀 한 마리로 족했으며, 그마저도 야영과 촬영을 위한 장비를 구매한 까닭에 예상보다 꽤 늘어난 분량이었다. 두 명의 젊은 고고학자는 그들 앞에 펼쳐질 험준한 지형을 돌아다니려면 짐을 줄여야 한다는 사실을 잘 알고 있었다.

그날 밤 뉴컴은 시리아에서 온 이들에게 앞으로 해야 할 일과 이번 탐사의 숨은 목적에 대해 낱낱이 설명했다. 로렌스는 후자와 관련된 내용을 이미 충분히 파악하고 있었다. 팔레스타인으로 가는 길에 부모님께 부친 편지를 보면 이런 사실을 확인할 수 있다.

"우리는 남들의 주의를 다른 곳으로 돌리는 역할을 맡은 게 분명합니다. 정치적 의도가 분명한 활동에 고고학이라는 색깔을 입히는 셈이지요."[13]

사실 정치적 의도를 숨길 수밖에 없는 상황은 대영제국이 자초한 것이었다. 유럽 열강 가운데 해양 의존성이 가장 높은 영국으로서는 지중해와 홍해를 잇는 수에즈 운하야말로 세계 각지로 뻗어나가는 제국의 군사적·상업적 흐름의 핵심 통로라고 판단했으며, 그에 따라 1870년대 이집트의 수에즈 운하 건설을 배후에서 주도해왔기 때문이다. 이 운하를 제국의 숨통으로 여긴 영국은 운하를 차지할 수만 있다면 오스만 제국과의 오랜 친선관계 따위는 얼마든지 내동댕이칠 수 있었다. 그리고 마침내 1882년 영국은 지방의 소요 사태를 구실 삼아 이집트를 침공함으로써 그 야심을 실천에 옮겼다. 그 결과 수에즈 운하 서쪽의 이집트 땅 전체가 영국 수중에 떨어졌고, 오스만 군대는 운하 건너편의 시나이 반도에 주둔하게 되었다. 사실상 운하가 국경선이 된 셈이다. 그러나 이것은 시작에 불과했다. 1906년 영국은 사소한 외교 분쟁을 핑계로 시나이 반도까지 차지했고, 최종 결과물은 모종의 균형이었다. 운하를 소유한 영국은 이제 이집트와 시리아 서남부의 팔레스타인 지역을 분리하는, 폭이 193킬로미터에 이르는 넉넉한 완충지대까지 얻게 되었다. 뒤집어 말하자면 영국은 오스만의 가슴에 영원토록 지워지지 않을 적개심을 심어준 셈이었다.

그들의 적개심은 1882년과 1906년 영국이 거둔 성취의 대가치고는 보잘것없는 것이었다. 그러나 1914년 벽두부터 상황이 달라졌다. 유럽 대륙 전체가 전쟁의 소용돌이에 휘말려드는 시점이 임박하면서 영국으로서는 터키와의 껄끄러운 관계가 무척 염려스러운 와중에 콘스탄티노플이 영국의 숙적 독일과 슬그머니 손을 잡는 심상치 않은 조짐까지 나타났기 때문이다. 모두가 예상하는 대로, 전쟁이 터지면 수에즈 운하는 인도나 호주에서 유럽으로 병사들을 끌어오는 핵심 통로가 될 것이었다. 따라서 터키가 독일 쪽에 가담할 경우 그들은 같은 이유로 운하를 공격할 것이 분명했다. 영국이 우려하는 문제는 이것으로 끝이 아니었다. 적군이 운하를 건너 이집트로 밀려드는 사태가 벌어지면 분명히 영국에 저항하는 반란 세력이 형성될 것이었다. 영국을 경멸하여 반란을 도모하는 세력들이 자칫 영국을 위해 싸우려고 유럽으로 향하는 병사들의 발목을 잡는다면 큰 문제가 아닐 수 없었다.

이와 같은 최악의 시나리오를 그려보던 영국은 시나이 반도라는 완충지대에 문제점이 있다는 사실을 비로소 깨달았다. 이미 '완충지대'라는 개념에 내포된 문제점이기도 한 그것은 바로 시나이 반도가 어떤 곳인지 영국이 잘 모른다는 사실이었다. 시나이 반도 동북쪽 끄트머리, 즉 인구가 많고 역사가 깊은 팔레스타인 해안에 대해서는 잘 알고 있지만 동남쪽에 위치한 아카바 만에 이르기까지 160킬로미터에 걸쳐 펼쳐진 사막에 대해서는 전혀 아는 바가 없었다. 그곳에 길이라는 게 있기는 할까? 침략군이 타들어가는 목을 축일 만한 우물 비슷한 것은 있을까?

영국을 대표하여 실질적으로 이집트를 통치하고 있는 총영사 허레이쇼 허버트 키치너는 이러한 궁금증을 풀고 싶어 안달이 나 있었다. 1914년 당시 키치너 경은 대영제국의 살아 있는 전쟁영웅 가운데 가장 뛰어난 인물로, 1898년 마디 전투에서 수단의 토착 세력이 일으킨 반란을 진압했고, 1902년에는 보어 전쟁에서 영국군을 승리로 이끌었다. 그러나 역사는 기묘한 우연을 빚어내는 법이다. 청년 시절 키치너의 직업은 측량기사로, 전쟁 당시 그가 이룩한 가장 빛나는 업적은 팔레스타인 지도를 완성한 것이었다. 그런 키치너와 동료 측량기사들이 팔레스타인에서 간과한 지역이 있었으니, 오늘날 이스라엘 남부를 이루는 역삼각형 모양의 황량한 진 사막 일대였다. 측량을 지원한 측에서는 정치적·경제적으로 이 땅을 지도 작업에 포함할 이유를 찾을 수 없었다. 그러나 불행히도 그들이 지도에 포함하지 않은 이 세모난 지역이 시나이 반도라는 완충지대에서 영국이 전혀 알 수 없는 지역이 되고 말았다.

두 제국 사이에 흐르는 증오의 깊이를 고려할 때 1913년의 키치너는 놀라울 만큼 대담한 모습을 보였다. 영국 공병대를 동원하여 진 사막을 조사해주겠다고 오스만 측에 '제안'한 것이다. 물론 콘스탄티노플은 그 제안을 곧바로 거부했다. 다행스러운 것은 구약성경 출애굽기에 묘사된 진 사막은 모세와 이스라엘 사람들이 이집트를 탈출한 뒤 40년간의 광야생활을 마치고 가나안으로 들어갈 때 통과한 지역으로, 성서에서 매우 강조되는 땅이었다. 이로써 기독교 국가가 그 지역을 탐사하고자 하는 신학적·역사적 명분을 손쉽게 취할 수 있었고, 그런 토대로서 영국은 또다시 콘스탄티노플을 설득하는 데 나섰다. 말하자면 평판이 좋은 편인 PEF가 후원하는 고고학 탐사라는 명분으로 앞서 거절당한 제안을 재포장한 것이었다. 의도는 적중했다. 이것이 바로 로렌스와 울리가 베르셰바에 오게 된 이유이자 군사 지도를 제작하는 뉴컴에게 가림막이 필요한 이유였다.[14]

그들을 본 뉴컴은 당초 두 고고학자에게 맡기려고 작성해두었던 업무 목록을 곧바로 지워버렸다. 특히 로렌스는 안락한 생활에 무관심할뿐 아니라 마조히스트가 아닐까 싶을 정도로 놀라운 인내력의 소유자처럼 보였다. 뿐만 아니라 로렌스는 평소 낯가림과 수줍음이 많은 숙맥이지만 자기를 방해하거나 귀찮게 하는 대상에게는 맹렬히 공격을 퍼붓는 기이한 구석을 지닌 인물이기도 했다. 앞서 베르셰바에서 불쌍한 미국인 석유꾼들을 향해 고문에 가까운 수다를 퍼부어 괴롭힌 사례도 이와 같은 맥락이었다. 대개 수줍음이 많은 사람들은 난처한 상황에 처할수록 낯가림의 정도가 심해지기 마련이지만 애송이에 불과한 고고학자 로렌스는 정반대로 고양이가 쥐를 희롱하듯이 미국인들을 가지고 놀았다. 한마디로 로렌스는 승부사적 기질을 타고난 사람이었다. 뉴컴은 로렌스의 이런 성격이 사사건건 훼방을 놓으려드는 오스만 하급 장교들을 상대로 우위를 점하는 데 큰 도움이 될 것으로 확신했다.

로렌스와 울리에게 오스만 군인들보다 훨씬 더 커다란 도전은 진 사막의 '황량함' 그 자체였다. 두 고고학자는 뉴컴의 잦은 간섭에도 불구하고 지도 제작에 나선 군인들과 따로 움직였다. 그들은 낙타와 인부 몇몇을 데리고 꾸준한 속도로 험한 곳을 돌아다니면서 유적지를 찾아다녔다. 그 지역의 기후에 적응된 현지인들과는 달리 비교적 선선한 시리아 북부에서 지냈던 로렌스와 울리에게 타는 듯 내리쬐는 햇볕은 끔찍한 고통이었다.

그들이 원하는 것을 발견했다면 그 지독한 고통도 웬만큼 상쇄되었을 테지만 그런 결실은 없었다. 천신만고 끝에 도착한 목적지에는 비잔틴 시대 또는 그보다 후대의 것으로 보이는 유적지 몇 곳이 전부로, 건축물이 있었던 흔적도 거의 찾아볼 수 없었고 출애굽 시대의 주거지로 추정할 만한 유물은 하나도 없었다.

사실 진 사막 프로젝트는 일종의 한계를 내포하고 있었고, 오스만 정부가 조금 더 깊이 생각했다면 이 점을 알아차릴 수도 있었다. 강건한 베두인 유목민조차 여름에는 머물지 않으려는 척박한 지역인데, 과연 40년씩이나 헤매고 다닌 모세와 이스라엘 사람들의 일상은 어떠했을까? 로렌스는 부모님께 보낸 편지에 조금은 장난스러운 어투로 이 점을 거론하고 있다.

"물론 PEF는 출애굽을 실증하는 유적을 찾아내고 싶었을 겁니다. 탈출 행렬이 지나간 것으로 추정되는 곳이었으니까요. 그러나 이집트를 떠나 40년간 방랑한 사람들이 숙영지마다 자신들의 흔적을 많이 남겨놓았을 리 없습니다."[15]

———

1913년 11월 12일 아침, 쿠르트 프뤼퍼는 고통스러운 표정으로 일생일대의 결단을 내렸다. 학자로서, 새로운 독일의 어엿한 국민으로서, 그토록 추구해온 명예와 지위를 드디어 움켜쥐었다고 생각했지만 그것도 잠시뿐, 모든 걸 잃었기 때문이다. 어쩌면 그보다 더 나쁜 상황일 수도 있었다. 그는 이집트 권력의 피라미드에서 높은 자리에 올라서기 위해 분투했지만 영국인 훼방꾼들에 의해 밀려났을 뿐만 아니라 그동안의 경력까지 산산조각나고 만 것이다. 그날 아침, 프뤼퍼는 독일 대사관의 자기 책상 앞에 앉아 외무성에 제출할 사직서를 간략히 작성하고는 지난 7년 동안 열성을 다해 일했던 직장을 떠났다. 그로부터 며칠 뒤, 전직 대사관 직원 프뤼퍼는 화가인 친구 리하르트 폰 벨로와 함께 나일강을 거슬러 오르는 장거리 여행을 위해 예루살렘으로 향했다.

유럽 제국주의 시대에 식민지 쟁탈전을 벌이던 강대국은 전리품을 분배하는 복잡한 방식을 공유하고 있었다. 이는 식민지를 놓친 나라가 현실 결과를 수용하도록 함으로써 식민지의 반란을 뒤에서 부추기지 못하게 하려는 일종의 안전장치였다.

학문적 권위의 차원에서, 외국인에게 허락된 카이로의 직책 가운데 총독부 도서관장만큼 매력적인 자리는 없었다. 1906년에 체결한 영독

양자협정 이후 이 자리는 줄곧 독일 차지였는데, 1911년 말 독일인 도서관장이 은퇴하게 되자 독일 대사관은 쿠르트 프뤼퍼 박사를 후임자로 추천했다. 언뜻 도서관장이라 하면 정치와 무관해 보이지만 실은 상당히 민감한 위치였다.

오스만 시대의 케디브는 임명된 이집트 통치자로서, 영국은 1882년 침공 이전에는 어쨌든 오스만 지배의 보증인으로 계속 행세해야 했기 때문에 명목상 통치자인 케디브를 남겨두어야 했다. 1892년에 케디브로 취임한 인물은 압바스 힐미 2세였다. 애초 영국의 지배를 지지하지 않았던 그는 1911년 키치너 경이 이집트에 등장한 뒤로 불편한 심기를 감추지 않았다. 키치너 역시 이집트에서 대영제국을 대리하는 존재였기 때문에 힐미가 짜증스럽기는 마찬가지였다. 그래서 걸핏하면 힐미를 가리켜 "이 개구쟁이 꼬맹이 같은 케디브"라고 비아냥대면서 의전에 불과한 형식적 요소들을 포함한 케디브의 역할을 빼앗기 시작했다. 이에 대해 힐미는 자신의 '도서관' 사무실에서 반영 감정을 지닌 종교인 또는 민족주의 지도자 등을 은밀히 만나는 방식으로 응수했다.

영국에 달갑지 않은 일은 당연히 독일에게 달가운 일이었다. 독일은 도서관 관리 권한을 은폐 수단으로 요긴하게 활용하면서 영국에 저항하는 이집트 사람들과 긴밀한 연계를 유지해나갔다. 전임 독일인 도서관장은 이 일을 수행하고 있었던 만큼 독일 대사관 동양문제 보좌관의 통역관이던 쿠르트 프뤼퍼 박사가 1911년 말 도서관장으로 승진하게 되면 그러한 임무를 이어받을 것으로 여기고 있었다.

물론 프뤼퍼는 자신의 멘토인 막스 폰 오펜하임을 본받아 범이슬람 저항운동을 끊임없이 부채질해왔으므로 카이로의 영국 당국으로서는 결코 달갑지 않은 인물이었다. 무엇보다 영국을 거슬리게 하는 것은 프뤼퍼가 불만에 차 있는 케디브를 비롯하여 이집트 내의 반영 저항 인사들과 꾸준히 교분을 쌓아왔다는 점이었다.[16] 실제로 이집트 비밀경찰은 눈엣가시 같은 프뤼퍼가 영국령 이집트에서 가장 위험한 인물들과 은밀하게 만나는 것을 여러 차례 미행하기도 했다.

결과적으로 프뤼퍼 같은 인물을 케디브의 도서관에 둔다는 것은 폭죽 공장에 방화범을 배치하는 격으로, 독일이 프뤼퍼를 후보로 거명하자마자 영국은 외교 채널을 통해 '부적절한 인물'이라는 견해를 전달했다.[17] 하지만 독일은 뜻을 굽히지 않았다. 카이로 주재 독일 대사는 키치너를 직접 찾아가 프뤼퍼를 열렬히 옹호했으며, 1911년 10월 말에 런던 주재 독일 대사 파울 메테르니히 백작은 대영제국의 외무성 장관 에드워드 그레이와 만나 이 문제를 의논하기도 했다.

독일이 프뤼퍼의 도서관장 임명을 계속 고집하자 영국의 의혹은 더 커졌다. 1912년 초, 키치너는 이 안건을 이집트 교육부에 맡겼으나 또다시 거절당했다는 소식을 독일 대사관에 전했다. 눈 가리고 아웅 하는 꼴이었다. 이집트 교육부는 감히 영국 정부의 뜻을 거역할 수 없었던 것이다. 어찌되었건 이 문제는 매듭지어졌다. 프뤼퍼로서는 자신의 외교 경력에 치명적인 사건이었다. 도서관 입성에 실패하면서 공공연히 망신을 당한 것은 물론이고 자신의 비밀스러운 첩보 행적에 관한 보고서를 영국 관료 전체가 들여다보게 되었으니, 더 이상 그는 카이로 주재 독일 대사관에 발붙일 도리가 없어지고 말았다.

프뤼퍼가 잃게 된 것은 이것이 전부가 아니었다. 독일사회의 엘리트 중심 구조가 여러 분야에서 많이 개선된 것은 사실이지만 외무성 조직 말단까지 그러한 변화가 미치고 있지는 않았다. 1812년 무렵이 그러했듯이 1912년에도 외무성 산하 대사관 조직은 독일 상류층 귀족사회의 영역이어서 외부자가 이런 배타적 범주에 진입하기란 거의 불가능했다. 이와 관련해서 프뤼퍼의 멘토인 오펜하임 백작의 지긋지긋하고 허망한 투쟁만큼 적확한 사례는 없을 것이다.

오펜하임은 학식이 깊고 대단히 총명한 인물이었지만 독일 외교의 주인공들이 보기에 치명적인 결점을 지니고 있었다. 바로 유대인 혈통이라는 점이었다. 직급이 한참 낮은 영사 담당에서 벗어나기 위해 20년 넘도록 발버둥친 오펜하임이었지만 혈통 하나만으로도 충분한 거절 사유가 되었다. 아마도 그가 기회에 가장 근접한 순간은 비非유대계 독일인 귀족들과 베를린유니언클럽 친구들이 그를 지지하는 편지를 당국에게 수차례 띄웠던 1898년이었을 것이다. 그러나 운이 따라주지 않았다. 청원서를 접수하는 시점에 또 다른 유대인 경쟁자가 있었던 것이다. 독일 외무성 역사를 통틀어 유대인 출신의 정직원은 로트실트 한 명뿐으로, 그런 상황에서 갑자기 두 명의 유대인 관리를 수용하기란 정서적으로 용납될 수 없었다. 당시 상황에 대해 외무성 고위 관리는 다음과 같은 기록을 남겼다.

"나는 전적으로 동감한다. 지금 우리 고민은 유대인 한 명에 관한 것이 아니다. 그 한 명이 만든 틈을 비집고 그와 같은 종교를 지닌 사람들이 수없이 밀고 들어올 것이다. (…) 일단 한 명이 들어오고 나면 거절당한 사람들이 비탄에 젖어 울부짖는 사례가 끊이지 않을 것이다."[18]

이와 같은 우려로 인해 두 명의 지원자는 모두 고배를 마셔야 했다.

이론적으로 중하류층 평민이면서 그저 그런 대학의 박사학위를 지닌 쿠르트 프뤼퍼가 외무성 고위직에 오르기란 오펜하임만큼이나 절망적이었다. 그러나 동양문제 보좌관에 임명되자 그는 실낱같은 희망을 품을 수 있었다. 그 자리는 이따금 외교 조직으로 올라탈 기회가 따르기도 하는 직책이기 때문이었다. 분명 프뤼퍼가 도서관장직을 따냈다면 신분 상승의 가능성도 크게 높아졌겠지만 모든 노력이 수포로 돌아가면서 그 일말의 가능성도 사라지고 말았다.

1912년 내내 그리고 1913년이 저물어갈 때까지 프뤼퍼는 묘수 찾기에 골몰했으나 결국 불명예의 굴레를 벗을 수 없음을 깨달았다. 이집트 비밀경찰이 그의 일거수일투족을 감시하기 시작하여 동양문제 보좌관으로 벌이던 모험적인 활동에 크게 제약이 따랐기 때문이다. 마침내 그가 사표를 던지고 친구 리하르트 폰 벨로를 만나러 떠난 것은 (완전히 새로운 삶을 살아보겠다는 단순한 생각도 없지 않았겠지만) 이 때문이었다. 이제 그에게 남은 것은 자신의 경력을 파괴한 사람들과 독일의 '천적'인 영국에 대한 증오심뿐이었다.

다른 관점에서 보자면, 도서관장 자리에 도전한 프뤼퍼를 둘러싼 마찰은 심상치 않은 1910년대 분위기를 상징적으로 보여주는 사례다. 대영제국이 가장 중시하는 지배국 이집트에서 왕관만 안 썼을 뿐 1200만 인구를 실질적으로 다스리는 키치너 경이 마찰 과정에 직접 개입해야 했다는 사실을 어떻게 받아들여야 할까? 또 무슨 이유로 영국 외무성 장관과 직속 참모들까지 이 문제에 간여했을까? 이들은 카이로 주재 독일 대사관에서 일하는 하급 관리 한 명의 일자리에 관한 장문의 보고서를 놓고 옥신각신할 만큼 한가한 사람들이었던 것일까?

이런 질문들에 대한 대답 가운데 제1차 세계대전의 발발 원인을 이해할 만한 몇 가지 열쇠가 숨겨져 있다. 1910년대로 접어들면서 유럽 열강은 너나없이 이권을 선점하기 위해 질주하기 시작했고, 경쟁국보다 조금이라도 더 이득을 챙기려고 끊임없이 위기를 조장했다. 사소한 모욕과 언쟁과 오해가 수없이 양산되는 이례적인 과정에서 '전운'이 드리우고 있었다. 이런 상황에 대처하느라 여념 없는 곳은 영국 외무성만이 아니었다. 유럽 열강의 모든 외무성 장관은 쿠르트 프뤼퍼에 관한 일보다 훨씬 더 보잘것없는 사안에도 직접 나섰으며, 심지어 수상이나 대통령, 국왕이 개입할 때도 많았다. 이처럼 하찮은 갈등과 마찰이 줄기차게 이어지는 와중에 진짜 중요한 사안을 어떻게 구별할 수 있었겠는가? 중대한 위기가 닥쳐오고 있다는 사실을 무슨 수로 분간할 수 있었겠는가?

아카바 만은 홍해의 바닷물이 육지 사이로 160킬로미터가량 파고드는 해협으로, 바위산이 많은 아라비아 사막과 (역시 비슷한 지형의) 시나이 반도를 구분 짓는 경계선 역할을 한다. 그리고 아카바 만의 북쪽 끄트머리에는 같은 이름의 요르단 도시가 있다.

1914년의 아카바는 바닷가를 따라 허름한 집들이 들어선, 1000명 안팎의 주민들이 살아가는 조그만 어촌 마을이었다. 그런데 뉴컴 대위와 영국 공병대가 지도로 제작해야 할 1만 제곱킬로미터에 가까운 땅덩어리 가운데 가장 주목한 데가 바로 이곳 아카바였다. 침략군이 오스만 치하 팔레스타인에서 수에즈 운하로 향할 때 선택할 만한 가장 합리적인 경로는 지중해와 가까운 시나이 반도 위쪽을 가로지르는 것이었기 때문이다. 더욱이 이 길은 본래 1000년 넘도록 사람들이 이용해온 횡단로였기 때문에 부족하나마 지하 수맥을 찾아 파놓은 우물도 몇 개 있었다. 이 횡단로 내부 지역은 황량하기 그지없는 진 사막에 해당되므로 이곳을 통과하기란 현실적으로 불가능하다는 게 뉴컴 부대원들의 확고한 결론이었다. 1914년 2월 초, 그들은 국경 지역 내륙을 두루 조사하면서 베두인 사람들이 이용하는 몇몇 경로와 우물을 발견하긴 했지만 침략군이 당도했을 때 군대의 규모와 관계없이 작전을 수행하거나 유지하기 위한 자원을 확보할 수 없다고 판단한 것이다.

이 모든 사실에도 불구하고 아카바는 시나이 반도와 팔레스타인을 가르는 경계선의 남쪽 끝자락에 위치한 요충지였다. 말하자면 홍해로 뚫린 출구이므로 군대를 상륙시킨 뒤 서쪽으로 행군을 전개할 수 있는 지점이었다. 오스만이 아카바와 아라비아 내륙을 연결하기 위해 비밀리에 기존 산길로부터 철도를 연결할 것이라는 소문이 10년째 나도는 것도 이 때문이었다. 소문과 별개로 아카바 북쪽 구웨이라 산 어딘가에서 시작되는 길이 두 개 이상 존재한다는 사실도 알려져 있었는데, 이 길들은 그 지역 베두인들이 오래전부터 시나이 반도로 쳐들어갈 때 이용하던 경로였다. 이 모든 내용을 종합할 때, 익히 알려진 최북단 루트를 영국이 집중적으로 주시하는 동안 오스만의 군대는 완충지대 최남단으로 들어와 시나이 반도를 가로지를 가능성이 높았다.

따라서 스튜어트 뉴컴이 진 사막에서 수행할 임무 가운데 가장 결정적인 것은 의심할 여지 없이 아카바와 그 일대를 조사하는 것이었다. 아카바에 어떻게 가야 할까? 누구를 데리고 가야 할까? 1914년 2월 중순 뉴컴의 고민은 이것뿐이었다.

역사란 당대의 관점에서는 아무런 인과관계를 찾을 수 없는 우연의 연속인 것처럼 보인다. 그러나 나비의 날갯짓이 지구 반대편에 태풍을 일으킨다는 말처럼, 이런 우연들이 뒤엉키면서 중대한 사건을 불러일으킬 수도 있다. 아카바로 향하는 여정에 동행할 사람을 결정해야 하는 뉴컴 대위의 경우가 그러했다.

원칙적으로 그는 공병대 다섯 개 소대 가운데 원하는 대원을 뽑을 수 있었지만, 전문 기술이 뛰어난 사람일수록 원주민들과의 관계가 냉랭할 공산이 큰 데다 두 명의 장교가 함께 다니는 모습은 보기에 좋지 않다고 생각했다. 물론 구식 품성의 소유자인 레너드 울리를 선택한다면 현지인들에게는 순수한 학문적 이유로 방문한 것처럼 비칠 터였다. 그러나 뉴컴은 로렌스를 선택했다. 첫 번째 이유는 로렌스와 함께 다니는 것이 즐거웠기 때문이고, 또 다른 이유는 로렌스의 점잖으면서도 공격적인 면모 때문이었다. 탐사 초반부터 이러저러한 상황에서 로렌스를 눈여겨본 뉴컴은 아카바로 갔을 때 그가 도움이 될 것이라 판단했다.

2월 중순쯤 로렌스와 다훔을 대동한 뉴컴은 아카바에 당도했다. 뉴컴의 예상대로 주민들의 반응은 싸늘했다. 지방 정부는 뉴컴의 계획에 대해 전혀 들은 바 없다며 지도 제작과 사진 촬영, 고고학 발굴 일체를 허가하지 않았다. 뉴컴의 짐작대로 이러한 통제는 확실히 로렌스를 자극했다. 로렌스는 에드워드 리즈라는 친구에게 보낸 편지에 당시를 이렇게 회상했다.

"나는 내키는 대로 사진을 찍었고, 가는 곳마다 땅을 파헤쳤어."[19]

로렌스는 특히 아카바 해안에서 수백 미터 떨어진 작은 섬의 요새 유적에 큰 관심을 보였다. 물론 지방 정부의 명령을 노골적으로 무시하는 행동임을 모르지 않았지만 조용히 섬으로 건너갈 배편을 마련했다. 현지 경찰이 곧바로 뱃사공을 체포하는 식으로 응수하자, 로렌스는 공기주머니를 매단 조잡한 뗏목을 만들어 다훔과 함께 노를 저어 섬으로 향했다.

뭍을 떠나기는 어렵지 않으나 뭍으로 돌아올 때는 곤욕을 치러야 했다. 갑자기 급류와 돌풍이 몰아치면서 로렌스와 다훔을 해안에서 몇 시간 걸리는 바다 한복판으로 밀어내곤 했기 때문이다. 게다가 화가 치솟은 지방 관리들은 무장 경비병을 동원하여 그 둘을 아카바 바깥으로 내쫓으라고 지시했다. 추방 임무를 맡은 경비병들로서는 내키지 않는 일이었다. 그리고 그들의 탐탁지 않은 표정은 로렌스에게 새로운 도전의식을 불러일으켰다. 일주일 뒤 아카바에서 북쪽으로 80킬로미터 떨어진 곳에 도착한 로렌스는 고향 식구들한테 편지를 썼다.

"이들한테 떨어진 명령은 저를 정부 관리들의 시야 바깥으로 몰아내는 데 그치는 게 아니라는 사실을 알게 되었습니다. 저는 지금 산과 골짜기로 들어와 이들을 이틀째 끌고 다니는 중입니다. 이 지역에서 두 차례나 야영을 했지만 그들은 여전히 여기가 어딘지도 모르고 있습니다."[20]

이 과정에서 로렌스는 베두인 습격단이 시나이 반도를 약탈하러 가던 '위대한 횡단로' 두 곳을 우연히 발견하는 뜻밖의 소득까지 거두기도 했다.

이 모든 경험은 훗날 로렌스에게 큰 도움이 되었다. 3년이 지났을 때 로렌스는 이때 배운 지식을 활용하여 그 누구도 생각하지 못한 방법으로 아카바라는 전략적 요충지를 정복했으며, 이는 지금까지도 현대 군사 전술의 역사에서 가장 과감한 작전으로 평가받고 있다.

1월 초, 윌리엄 예일과 루돌프 맥거번은 예루살렘에서 J. C. 힐과 헤어지자마자 코르누브 산으로 향했다.[21] 그리고 베르셰바에서 로렌스와 굴욕적인 조우를 한 며칠 후 목적지에 도착한 그들은 곧바로 기본적인 화학 법칙을 떠올려야 했다. 멀리서 봤을 때 무지개 빛깔로 반짝이던 것은, 자세히 살펴본 결과 원유와 물의 단순한 혼합물이 아니라 철분을 비롯하여 다양한 광물질이 녹아 있는 웅덩이였다. 48킬로미터 밖에서 힐이 망원경으로 관찰한 이것은, 정확히 표현하자면 다량의 쇳가루를 함유한 채 고여 있는 물에 불과했다.

예일과 맥거번은 맥이 빠졌지만 힘겨운 여정을 최대한 즐기기로 마음먹고 며칠 동안 암석 표본을 채취하거나 시추공을 뚫었다. 그 결과 상업적으로 시추할 가치가 있을 만큼 넉넉한 양인지는 불확실했지만 (맥거번이 단언했듯이) 코르누브 산 밑에 석유가 묻혀 있다는 확신을 얻었다. 정신이 번쩍 드는 소식을 소코니 본사로 타전하기 위해 둘은 예루살렘으로 돌아왔다.

무슨 이유에선지 예일과 맥거번은 측정 작업에 곧바로 돌입할 수 없었다. 브로드웨이 26번지에서는 두 남자의 실망에 아랑곳없이 그저 예루살렘에 납작 엎드려 있으라는 지시뿐이었다. 5월 중순까지 대기하고 있던 둘은 세 곳의 탐사 대상지 가운데 마지막 장소이자 석유 매장량이 많을 것으로 예상되는 곳으로 이동했다. 콘스탄티노플 서쪽에 인접한 트라키아 지방의 구릉지대였다. 오스만 제국의 외진 구석에 처박힌 예일로서는 코르누브 산에서의 '발견'으로 인해 외교적으로 복잡한 줄다리기가 발생했다는 사실, 자세히 말하자면 네 대륙에 걸쳐 각국 대사와 장관이 간여하고 여섯 개의 글로벌 기업이 뛰어들어 치열한 각축을 벌이고 있다는 사실을 알 도리가 없었다.

베르셰바 외곽에서 예일을 심문한 덕분에 로렌스는 팔레스타인에서 소코니가 관심을 두고 있는 지점을 정확하게 짚어냈고, 이로 인해 영국 정부는 발칵 뒤집혔다. 영국은 해군이 진행 중인 석유연료 전환 정책의 성공 여부는 석유의 접근권을 확보하는 데 달려 있다는 판단 아래 관련 정보를 국가 안보적 차원으로 다루던 차였다. 바야흐로 새로운 유전을 장악하는 문제가 경제적 관심사를 넘어 정치적 사안으로 부상한 것이다. 곧바로 방해 공작에 나선 영국은 현재 코르누브에서 이루어지고 있는 작업을 저지하는 동시에 영국 석유회사에 유전 개발권이 돌아가도록 압력을 행사하기 시작했다. 이에 관한 정보는 팔레스타인 유전 개발권 보유자 가운데 한 명인 술레이만 나시프로부터 받고 있었는데, 그는 자기 배를 채우기 위해 경쟁 당사자 양쪽을 박쥐처럼 오가는 인물이었다. 소코니는 경쟁에 눈이 먼 나머지 현장에 파견한 자사 직원 맥거번의 의견을 무시했을 뿐 아니라 결국에는 코르누브 유전 개발권을 얻는 비용으로 애초 예상했던 것보다 훨씬 더 많은 돈을 지불하고 말았다.[22]

이런 정황을 까맣게 모르고 있던 예일과 맥거번은 4월 말 트라키아에서 콘스탄티노플로 돌아와 J. C. 힐을 다시 만났을 때 비로소 현황을 알게 되었다. 힐은 최근에 소코니가 코르누브를 25년 동안 개발할 권리를 확보했으며, 지금은 사막에 도로를 내고 인부들이 묵을 숙소를 짓고 트럭과 굴착기 등 중장비를 가져오는 등 대대적인 시추 작업 준비에 박차를 가하고 있다는 사실을 말해주었다. 게다가 소코니는 세 사람을 이집트로 파견하여 시추에 필요한 온갖 자재를 구매하고 이송 과정까지 관리 감독하는 새 임무를 맡길 예정이라고도 했다. 그런 일은 전문가 영역이며 셋은 문외한이라는 사실 따위는 중요치 않았다. 1914년 늦봄, 예일과 맥거번과 힐은 알렉산드리아 주재 소코니 사무소에서 산더미처럼 쌓인 자재 구입 매뉴얼을 멍하니 바라보고 있었다.

그러나 세 사내는 이 새로운 업무를 통해서 강고한 신념을 재확인할 수 있었다. 그것은 바로 스탠더드 맨이라는 자부심이었다. 윌리엄 예일은 그 어느 때보다 더 강한 책임의식과 결단력이 필요하다는 사실을 깨달았다. 셋은 며칠 만에 매뉴얼을 독파한 뒤 전문가의 조언도 구하지 않고 소코니의 코르누브 신사업 착수에 필요한 25만 달러(요즘으로 치면 3000만 달러) 상당의 시추 장비를 발주했다. 시추공 천공 작업은 11월 1일로 잡혀 있었고 미국 전역의 업자들에게 구입한 장비들이 팔레스타인에 도착하려면 몇 달을 기다려야 했다. 그러나 그동안에도 해치워야 할 일이 산더미 같았다.

코르누브 사업의 첫 단계는 도로를 내는 일이었다. 헤브론에서 시작해 남쪽으로 고대 유대인들의 구릉지대를 관통한 뒤, 사실상 길이 없는 32킬로미터의 사막을 가로질러 코르누브까지 이어야 했다. 전체 사업에서 이 부분이 차지하는 중요성은 머지않아 입증될 터였다. 첫 단계 사업의 책임을 맡은 예일은 팔레스타인 최고의 도로 건설 업체와 계약을 맺었으나 골칫거리가 생겼다. 헤브론에서 소요 사태가 발생한 것이다. 도로 측량기사들이 공사 예정지에 위치한 가옥의 담벼락마다 흰색 페인트로 가위표를 그렸는데, 독실한 무슬림 주민들에게 이 표시는 개종한 기독교인의 상징이었던 것이다. 뿐만 아니라 소총으로 무장한 베두인들이 야산에서 공사 인부 한 명을 공격하다가 소코니가 고용한 용병들한테 쫓겨난 일도 있었다.

그러나 (예일도 충분히 예상한 일이었지만) 가장 커다란 걸림돌은 길이 시작되는 지점과 끝나는 지점에서 기다리고 있었다. 미국에서 배에 실어온 시추 장비들은 지중해에 접한 항구도시 야파로 접안하게 되어 있었는데, 그곳에는 시추 장비처럼 무거운 기계를 배에서 내릴 크레인이 한 대도 없었다. 도로 공사가 끝나는 곳에서도 처리해야 할 잡무가 많았다. 무엇보다도 문제가 되는 것은 사막을 사막이게 하는 바로 그 이유, 즉 부족한 물이었다. 맥거번이 코르누브 지역에서 간신히 몇 개의 작은 우물을 찾아내긴 했지만 인부 스무 명이 상주하기에는 턱없이 부족한 양이었다. 땅을 파는 작업 과정에도 역시 많은 물이 필요했다. 한편 소코니 본사는 이런 문제를 포함한 코르누브 사업의 세세한 부분에 대해서는 별 관심이 없었고, 문제로 인식하지도 않았기 때문에 해법을 찾아줄 리 없었다. 일을 진행할수록 예일은 점점 더 불길한 예감을 지울 수 없었다. 예일은 이렇게 썼다.

"남들한테 이야기한 적은 없지만, 나는 두려웠다. 책임자라는 사람[J. C. 힐]이 아무런 체계도 없이 마구잡이로 일을 처리하는 모습을 보면 결과는 안 봐도 뻔하다."

5월 초, 로렌스가 진 사막의 모험을 뒤로하고 시리아로 돌아왔을 때 데이비드 호가스의 편지가 기다리고 있었다. 편지에는 놀라운 소식이 담겨 있었다. 카르케미시 발굴 사업의 가장 큰 후원자인 영국인 자선가가 앞선 시즌에 이룬 성과에 큰 감명을 받아 발굴 작업을 계속할 자금을 넉넉히 지원하기로 했다는 내용이었다. 지원금은 최소 2년 이상 작업 기간을 연장할 수 있는, 어쩌면 발굴을 완료할 때까지도 가능한 액수였다. 희소식을 접한 로렌스는 다가오는 휴가를 영국에서 지내면서 PEF에 제출할 '진 사막 보고서'를 빨리 마무리하고, 카르케미시로 돌아가 다음 시즌을 준비하기로 작정했다.

로렌스는 영국으로 돌아갈 때 바그다드를 거쳐 티그리스 강을 따라 인도양으로 내려가는 코스로 잡았다. 이렇게 경로를 잡으면 선상에서 오랜 시간을 보낼 수 있으니 '진 사막 보고서'를 작성할 넉넉한 시간을 벌리라고 생각했다. 그러나 발굴 시즌이 끝나가는 6월 초, 스튜어트 뉴컴의 편지로 인해 계획은 틀어졌다.

5월 무렵, 팔레스타인 남쪽에서 임무를 완수한 뉴컴은 영국으로 돌아가던 중 카르케미시에 들렀다. 물론 카르케미시는 그 일대를 지나치는 여행자가 들를 만한 곳이 전혀 아니었다. 사실 뉴컴은 터키와 독일이 추진 중인 바그다드 철도 건설 사업, 특히 토로스 산맥과 아마누스 산맥을 관통하는 터널 공사의 추이를 염탐하기 위해 콘스탄티노플로 이동하다가 카르케미시로 우회한 것이었다. 그는 콘스탄티노플에 도착하는 데는 성공했지만 이동하는 내내 밀착 감시를 받는 통에 터널 공사에 대한 자세한 내용을 건질 수 없었다. 6월 초 뉴컴은 로렌스와 울리에게 보낸 편지에서 귀국할 때 자신과 똑같은 경로로 이동하면서 정보가 될 만한 것은 무엇이든 수집해줄 것을 요청했다. 두 고고학자는 군사 기밀을 캐는 첩보원이 된 듯한 마음에 흔쾌히 동의했다.

그 여정은 잇따른 우연으로 인해 아카바에서와는 완전히 다른 경험을 제공했다. 토로스 산맥과 아마누스 산맥을 지나면서 로렌스는 오스만 제국의 (잠재적으로 파괴적 결과를 초래할) 아킬레스건이 무엇인지 확인할 수 있었다. 그럼에도 불구하고 로렌스는 훗날 겪게 되는 전투에서 극한의 고생을 하면서도 그 약점을 이용하지 않았다.

1914년 6월 마지막 월요일, 영국 옥스퍼드 시 폴스테드 가 2번지. 정원 한쪽에 지은 오두막에서 로렌스는 친구인 제임스 엘로이 플레커에게 장문의 편지를 쓰고 있었다. 편지에는 지난 5월 제라블루스에서 독일 철도 기술진과 공사 인부들 사이에 발생한 서부 활극 같은 난투극이 생생히 묘사되어 있었다.[23] 하지만 그 편지에서 가장 흥미로운 점은 그 무렵의 가장 중대한 사건을 언급하지 않았다는 것이다. 로렌스가 편지를 쓰던 6월 29일 월요일, 영국에서 발행되는 거의 모든 신문의 1면은 사라예보 거리에서 아내와 함께 세르비아 혁명 세력의 손에 살해된 오스트리아-헝가리 제국의 계승자 프란츠 페르디난트 대공 암살 사건으로 도배되어 있었다.

쿠르트 프뤼퍼와 윌리엄 예일도 사라예보발 뉴스에 별다른 관심이 없는 듯했다. 1914년 6월 말, 리하르트 폰 벨로와 함께 기나긴 나일 강 여행을 마친 프뤼퍼는 뮌헨에서 동양 언어를 주제로 대중 강좌를 이어 가며 평범한 나날을 보내고 있었는데, 그 역시 발칸에서 터진 암살 사건을 일기에 적지 않았다. 윌리엄 예일은 헤브론 인근에서 도로 공사에 매진하느라 이 사건이 터진 지 몇 주가 지나도록 소식을 접하지 못한 것으로 보인다.

충분히 납득할 수 있는 상황이다. 대중은 유럽 제국주의 열강의 끊임없는 무력 도발에 이골이 난 지 오래였다. '위기'라고 해봤자 화르르 끓어올랐다가 몇 달 지나면 사그라지기 일쑤였으므로 이번 사건이 예전과 다른 양상으로 전개되리라고 생각할 근거는 없었다. 하지만 사라예보 사건은 중대한 위기였다. 전쟁을 원하는 자들이 중대한 사건으로 규정했기 때문이다. 도화선에 불이 붙었고, 불길은 한 달에 걸쳐서 아주 느리게 타들어가고 있었다. 도화선이 모두 타들어간 1914년 8월 첫날, 유럽 대륙 전체는 제1차 세계대전이라는 심연에 빠져들었다.

6월 29일, 플레커에게 보낸 편지에서 로렌스는 영국에 2, 3주 머물렀다가 카르케미시를 향해 '동쪽으로' 떠날 예정이라고 썼다. 그러나 로렌스에게 고고학자로서의 생애는 그것으로 끝이었다.

4장
마지막 100만 명까지

장관님, 상황이 갈수록 악화되고 있다는 보고를 올리게 되어 영광입니다.
−1914년 11월 9일, 베이루트 주재 미국 총영사 스탠리 홀리스로부터
국무장관에게[1]

1914년 8월 7일, 대영제국의 신임 전쟁성 장관 허레이쇼 허버트 키치너 경은 취임 이후 처음으로 허버트 애스퀴스 총리 및 여러 선배 장관과 함께 내각 회의에 참석했다.

키치너가 전쟁성 수장의 지위에 오른 것은 거의 우연이라고 할 수 있다. 이집트를 통치하던 그가 영국에 잠시 들렀다가 임지로 돌아가기 위해 여객선에 다시 오르려는 순간 전쟁이 선포되었고, 애스퀴스 총리는 영국에서 가장 유명한 전쟁 영웅을 장관으로 임명한다면 국가적 사기를 고취하는 데 도움이 될 것이라는 판단 아래 여러 유력한 후보자를 건너뛰고 키치너를 그 자리에 앉혔다.

그 무렵 국민의 사기를 진작하기 위해 총리가 관여할 필요는 없어 보였다. 이미 영국에서는 다른 유럽 국가들과 마찬가지로 호전적인 열기가 대중을 휘감고 있었고, 수많은 사람이 광장에 모여 개전을 축하할

정도였다. 대부분의 사람은 이번 전쟁이 오래가지 않을 것으로 예상했고, 유럽 대륙 전역의 도시와 마을에서는 공장과 농장의 노동에 지친 예비군들이 국가의 부름을 받지 못해 짜릿한 모험의 기회를 놓치면 어쩌나 하고 걱정하는 분위기였다. 물론 유럽 국가로서는 드물게 징병제가 없는 영국에서는 사정이 조금 다르긴 했지만 필요 이상으로 많은 병력이 확보된 덕분에 정부는 전쟁을 선포한 지 며칠 안 되어 모병 중단을 검토해야 했다.

그해 여름, 유럽 사람들은 중대한 부분을 간과하고 있었다. 지난 40년 동안 무기 제작 기술이 급속히 발전해온 덕에 구식 무기를 간과하게 되었다. 예컨대 기관총과 장거리 포탄과 철조망은 그 가치조차 잊힐 만큼 단순한 물건으로 인식되어 있었다. 그러나 이러한 무기들의 위험성을 우습게 여긴 탓에 유럽 사람들은 상상을 초월하는 참혹한 전쟁의 구렁텅이에 빠지고 말았다.

유럽의 제국주의 열강이 이러한 위험 신호를 놓친 이유는 새로운 전쟁 도구를 가지고서 그러한 신무기를 보유하고 있지 않은 적만을 공격했기 때문이다. 특히 제국주의적 압제에 저항하는 비유럽인들이 신무기를 동원한 공격의 주요 대상이었다. 그런 상황에서 새로 개발된 무기를 사용한다는 것은 스페인이 남미를 정복하던 시절 이후로 볼 수 없었던 일방적인 살육을 의미했다. 19세기 후반 아시아와 아프리카에서 유럽 열강의 식민지가 급격히 늘어난 원인도 신무기를 동원한 대규모 살육전에서 찾아야 할 것이다.

역설적이지만 당연한 사실은, 이와 같은 전쟁의 새로운 양상과 그것이 야기할 문제를 십분 이해하고 있는 극소수 인사들은 바로 신무기를 통한 일방적 살육전을 그 누구보다 더 많이 수행한 인물이라는 것이다. 키치너가 바로 그런 사람이었다. 그는 1898년 수단 옴두르만 전투에서

창을 들고 덤비는 기병대를 상대로 맥심 기관총의 성능을 시험한 바 있다. 당시 키치너는 영국 육군 47명의 목숨을 내준 대가로 오전에만 무려 1만 명에 이르는 적군을 살상했다. 그런데 상대방 역시 맥심 기관총을 보유하게 된다면 어떤 결과가 일어날까? 키치너는 이 질문에 대한 정답을 알고 있었다. 8월 7일 내각 회의에서 다른 장관들이 전쟁 기간을 몇 달, 심지어 몇 주로 전망할 때 신임 전쟁성 장관은 몇 년이 걸릴 것이라면서 이렇게 말했다.

"우리 병력이 최후 100만 명을 헤아릴 만큼 줄어들기 전까지 전쟁은 끝나지 않을 것입니다."[2]

동료 장관들은 그의 말에 주의를 기울이지 않고 흘려들었다. 그들은 유럽이 전쟁으로 한바탕 몸살을 앓았던 나폴레옹 시절을 떠올리거나 백파이프와 스커트 차림의 스코틀랜드 하일랜더들, 놋쇠로 만든 가슴보호대와 타조 깃털로 장식한 투구를 뒤집어쓴 채 나팔과 북을 앞세우고 보무도 당당하게 전장으로 나아가는 프랑스 중기병 또는 오스트리아 기사 따위를 상상하며 지금껏 바뀐 것은 아무것도 없다고 믿는 사람들이었다. 유럽이 거대한 도살장이 되어버렸다는 사실을 그들이 깨달았을 때는 이미 돌이킬 수 없는 지경이 되어 있었다. 이후 4년 동안 군인 1000만 명과 민간인 600만 명이 전쟁의 소용돌이 속에서 우리에 갇힌 짐승처럼 살해당했다.

파괴적인 전쟁이라고 하면 중세 암흑시대나 칭기즈칸의 약탈을 떠올리기 마련이다. 비교해보자면, 대영제국이 다섯 대륙으로 세력을 넓힌 지난 세기에 지구촌 곳곳에서 40차례가 넘는 전쟁(대부분 식민지 반란을 제압하기 위해서였지만 개중에는 크림 전쟁이나 보어 전쟁도 있었다)이 있었으며, 이 과정에서 목숨을 잃은 병사는 대략 4만 명에 달한다. 그러나 제1차 세계대전을 치른 4년 동안 그 수치의 스무 배나 되는 병사가 목숨을 잃었다.3 재앙과도 같은 보불 전쟁(1870~1871)에서 프랑스는 27만 명으로 추정되는 사상자를 냈으나 이번에는 전쟁 발발 3주 만에 같은 수의 사상자를 낳았다. 제1차 세계대전에서 독일은 군대에 입대할 수 있는 남성 인구 중 13퍼센트가 죽었고, 세르비아는 전체 인구의 15퍼센트가 죽었다. 1913년부터 1915년까지 불과 2년 사이에 프랑스 남성의 기대수명은 50세에서 27세로 떨어졌다.4 이제 대학살의 기획자들은 이런 통계 숫자에 익숙해져야 했다. 실례로 1916년 솜Somme 대공세 첫날 5만 8000명의 연합군이 죽거나 다쳤다. 이날은 오늘날까지도 영어권 국가들의 역사에서 가장 처참한 하루로 기억되고 있다. 그러나 당시 영국 장군 더글러스 헤이그는 "사상자 규모가 심각하다고 볼 수는 없다"며 그 수치를 가볍게 여겼다.5

이 모든 결과가 유럽인의 심리에 끼친 영향은 대단히 심각했다. 전쟁을 앞두고 느꼈던 희열은 충격으로 바뀌었고, 충격은 다시 공포로 바뀌었다. 그럼에도 끊임없는 대살육이 펼쳐지자 결국엔 무기력한 절망에 빠지고 말았다.

유럽 사람들은 이 과정에서 자신들의 사회에 대한 근본적인 문제를 생각하게 되었다. 그리고 그들이 깨달은 것 가운데 하나는 이번 전쟁이 그 어떤 식의 고상한 정당화와 정치적 선전에도 불구하고 기본적으로 유럽 왕족의 '가정불화'에서 비롯되었다는 사실이다. 말하자면 제1차 세계대전은 온갖 허울로 포장한 집안싸움의 확장판이며, 유럽의 왕과 황제들이 충직한 신민들의 시체를 산더미같이 쌓아 올린 뒤 그 위에 올라 해묵은 불만과 개인적 모욕감을 해소하는 중이라는 사실을 간파한 것이다. 한편 유럽의 제국주의 체제는 귀족과 나이 먹은 전쟁 영웅과 궁정 아첨꾼이 주도하는 노쇠한 엘리트주의 문화를 군대에 심었다. 그들은 실제 전투에는 무능하기 짝이 없으면서 그로 인해 죽어나가는 군인들에 대해서는 냉담했다. 적국 역시 사정은 마찬가지였다. 사실 전쟁의 진행 과정과 참전국들이 보여준 납득할 수 없는 어리석음을 살펴볼 때 제1차 세계대전은 결국 어느 쪽도 승리하지 못한 전쟁이었다는 놀라운 사실을 발견할 수 있다.

훗날 유럽 사람들은 전쟁 선포를 축하하던 1914년 8월 당시를 돌이켜보면서 마치 다른 시대를 살고 있는 것처럼 굴었다. 그러나 죽음의 무도를 즐겼던 아둔한 원시인들은 바로 본인들이었다. 전쟁은 강력한 역설에 힘을 싣기도 했다. 제국을 지키고 확장하고 적을 물리치기 위해 일으킨 거대한 투쟁의 결과 유럽 제국주의 열강 6개국 가운데 4개국이 먼지처럼 스러졌고, 살아남은 두 나라 영국과 프랑스 역시 완전한 회복이 불가능할 정도로 처절하게 파괴되었기 때문이다. 이 틈에 길항관계의 전체주의 사상인 공산주의와 파시즘이 목청을 돋우기 시작했고, 미국이라는 신흥 제국이 세력을 얻었다. 미국은 제국주의 선배들로부터 악당이라는 딱지를 부여받은 상황에서 제국주의 혐의를 끝까지 부정하려들었다.

이 모든 이야기는 1914년 8월 이후의 일이었다. 바야흐로 각국은 몇 년의 가식적인 시절을 보내면서 꾹꾹 눌러왔던 분노를 한꺼번에 터뜨렸다. 마침내 '그날der Tag'을 맞아 유럽은 송두리째 포화의 소용돌이에 깊숙이 빠져들었다.

이 시기는 옥스퍼드의 로렌스 일가에게도 무척 낯설고 불안한 나날이었다. 전쟁이 터지고 며칠 만에 집안의 넷째 아들이자 형제 가운데 가장 군인다운 프랭크 로렌스가 중위 계급장을 달고 글로스터 3대대에 배치되었다. 인도에서는 윌 로렌스가 입대를 위해 조속히 귀국할 방도를 찾고 있었고, 첫째 아들인 밥은 육군 의무대에 입대했다. 결국 그달 말경 집에 남은 아들은 14세의 아널드와 27세의 '네드'뿐이었다.

T. E. 로렌스는 어쩔 수 없는 이유로 집을 지켜야만 했다. 오스만 제국이 8월에는 참전을 선언하지 않았지만 런던은 독일과 오스트리아-헝가리 동맹국에 가담하리라 예상하고 있었다. 그렇게 된다면 팔레스타인 남부의 지도를 제작하기 위해 로렌스와 울리가 참여하고 있는 탐사 작업은 군사적으로 매우 중요할 수 있었다. 이에 따라 두 젊은 고고학자는 키치너가 지시한 명령에 따라 보고서를 마무리할 때까지 입대할 생각을 버려야 했다.6 그해 8월, 또래의 젊은이들이 훈련소에 들어갈 때 로렌스는 폴스테드 가 오두막과 애슈몰린 박물관 서가를 오가며 '진 사막 보고서'의 마지막 수정 작업에 열중했다.

로렌스는 보고서의 중요성을 잘 알고 있었지만 상대적인 무력감 때문에 입대하고자 하는 마음이 더욱 간절해졌다. 9월 초, 팔레스타인 탐사 감독관에서 영국군 정보부대의 고위 장교로 부임한 스튜어트 뉴컴을 만난 로렌스와 울리는 정보부대에 자리를 마련해줄 것을 부탁했다.7 뉴컴은 조금만 참으라고 충고하면서, 터키가 전쟁에 뛰어들어 독일 편에 서면 근동 전문가로서 두 사람의 참여가 절실해질 테니 함부로 군대라는 관료사회에 뛰어들지 말고 때를 기다리라고 했다.

이런 말은 로렌스에게 아무런 위로가 되지 못했다. 게다가 개전 초기만 해도 머지않아 연합군 측의 승리로 종전을 맞을 것이라는 예측이 지배적이었기 때문에 로렌스의 마음은 갈수록 조급해졌다.

충돌을 조장하는 측면에서 독일의 전략은 지나치게 대담했고, 심지어 무모한 책략처럼 비치기도 했다. 그 책략이란 진군해 들어오는 러시아에 얼마간의 땅을 내주는 한이 있더라도 동부전선의 방비를 줄이고 서부전선에 병력을 집중시켜 프랑스와 영국을 초장에 진압하겠다는 구상이었다. 그렇게 서부전선을 안정시킨 뒤에 여세를 몰아 러시아와 일전을 치르겠다는 작전이었다.

9월 초 승승장구하기 시작한 독일은 애초의 이 야심찬 계획을 초과 달성할 수 있을 것처럼 보였다. 먼저 독일군은 중립국인 벨기에를 휩쓸고 남쪽으로 방향을 틀어 지리멸렬한 영불 연합군을 격파한 뒤, 마침내 파리에서 48킬로미터 떨어진 마른 강 제방에 올라섰다. 동부전선에서도 깜짝 놀랄 일이 벌어졌다. 독일은 당초 계획했던 방어 및 저지 전술을 버리고 압도적인 병력 규모를 앞세워 공격에 나섰다. 우왕좌왕하는 러시아 침략군을 섬멸하고, 진격을 이어갈 기세였다. "올해 크리스마스는 집에서!"라는 구호가 독일군을 제외한 영국과 프랑스와 러시아 연합군에게는 무시무시한 위협으로 느껴지기 시작했다.

9월 둘째 주에 접어들면서 상황은 급변했다. 영국과 프랑스는 '마른의 기적'으로 알려진 전투에서 독일군의 진격을 저지해내더니 서서히 상대를 밀어붙이기 시작했다. 이제 더 이상 전쟁은 독일 수상이 확신했던 "번개 같은 전격전"으로 끝날 수 없는 상황이었다.[8] 그 결과 6주 동안 50만 명이 숨진 끔찍한 전쟁은 교착 상태에 빠지고 말았다.

이런 때에 고향 집에서 옴짝달싹 못하는 신세가 된 로렌스는 가장 가까운 전장에서 1600킬로미터나 떨어진 텅 빈 사막을 6만5000분의 1 축척 지도로 뚫어져라 살피고 있었다. 아마도 그에게는 지독하게 고통스러운 학문적 훈련의 기간처럼 느껴졌을 것이다. 더욱이 프랑스에서 일어난 기적의 역전으로 인해 당분간 자신은 연옥의 고통을 견디면서 기다려야 할 것으로 여겼으리라. 독일이 연승을 거듭하던 때에도 참전을 선언하지 않은 터키가 이제 와서 무엇 때문에 전쟁에 뛰어들겠는가? 9월 18일 로렌스는 레바논에 있는 한 친구에게 냉소적인 어투로 편지를 썼다.

"나는 지금 모세와 그가 방랑한 흔적에 대해서 학술적인 보고서를 쓰는 중인데, 터키가 전쟁에 뛰어들지 않으면 어쩌나 싶어서 심히 걱정스러워."[9]

로렌스가 전쟁이 임박한 위험 신호를 알아채지 못했을 때 윌리엄 예일은 팔레스타인 남부에서 스탠더드오일 도로공사를 감독하느라 세상 돌아가는 사정조차 몰랐다.[10] 오클라호마 유전으로 날아든 전보가 예일의 근동 지역 파견을 전한 것이었다면, 그로부터 거의 1년 뒤 팔레스타인 사막의 외딴 공사 현장에 도착한 두 번째 전보는 전쟁 소식을 그에게 전해주었다.

　그해 8월, 예일은 모든 공정을 즉시 중단하고 급히 예루살렘으로 돌아갔다. 도시는 혼란에 빠져 있었다. 그곳에 머물고 있던 수많은 유럽인과 미국인은 고향으로 돌아가려고 짐을 꾸리고 있었으며, 징집 대상인 프랑스와 독일의 젊은이들은 가장 먼저 귀향길에 올랐다.(영국은 1916년 초까지도 징병의 나팔을 불지 않았다.) 예일은 당시 상황을 이렇게 회상했다.

　"우리는 떠나는 사람들을 배웅하러 기차역으로 갔다. 그들은 축구 시합에 나가는 대학 신입생들처럼 고래고래 소리치고 응원하고 노래하고 있었다. 야파행 기차가 역을 벗어날 때 독일인들이 차지한 열차 칸에서는 독일 국가Deutschland uber alles가, 프랑스인들이 차지한 열차 칸에서는 프랑스 국가La Marseillaise가 우렁차게 터져나왔다. 어제는 친구였지만 내일은 적이 될 이들이었다."

　이처럼 광기 어린 시국과는 대조적으로 미국인 석유꾼 윌리엄 예일은 별로 할 일이 없었다. 미국은 이 전쟁과 상관없는 나라였기 때문이다. 소코니 본사에서는 곧 도착할 석유 시추 장비를 간수하기 위해 향후 계획을 결정하기 전까지 예일을 팔레스타인에 머물게 했다. 그러나 이런 관리 임무조차 전쟁의 소용돌이를 피할 순 없었다. 오스만 정부가 국가 비상사태를 들먹이며 야파 항에 도착한 스탠더드오일 소유의 화물차량들을 징발했기 때문이다.[11] 이어서 영국 해군은 소코니의 시추관과 천공 장비를 싣고 팔레스타인으로 들어가는 화물선을 가로막고 이집트의 항구를 거쳐 우회하라고 명령했다.

예루살렘의 외국인 사회는 이제 대폭 축소된 상태였다. 예일은 테니스나 카드놀이를 즐기면서 이역만리로 떠나온 동료들과 세상이 어떻게 변할지에 대해 열띤 대화를 나누면서 그해 여름의 막바지를 보냈다. 대화의 주된 내용은 지역 정세가 어떻게 흘러갈지, 콘스탄티노플의 청년 튀르크당이 참전을 선언할지 등에 대해 실마리를 찾거나 예견해보는 것이었다. 젊은 예일로서는 강요된 평온함에 미칠 지경이었고, 뭐라도 해야 할 것 같아 좌불안석이었다.

소원은 신중히 빌어야 한다는 옛말이 있다. 이를 증명이라도 하듯 곧 예일에게는 다루기 까다로운 12명의 미국인 작업자를 보살피라는 임무가 떨어졌다. 회사에서 코르누브 현장으로 파견한 이들은 대부분 텍사스나 오클라호마 출신으로, 영국이 이집트로 우회시킨 화물선에서 내리자마자 방탕한 도시 카이로 시내를 휘젓고 다니면서 돈을 뿌려대고 행패를 부리기 시작했다. 카이로 주재 소코니 사무소는 본사에 전보를 쳐서 제발 작업자들을 데려가달라고 간곡히 호소했다. 그러자 브로드웨이 26번지는 사내들을 예일에게 떠맡겨버렸다. 성스러운 땅에 머물다 보면 기독교적 가치관으로 재무장할 수 있으리라 기대한 것일까.

그렇다면 이는 명백한 실수였다. 일꾼들은 예수님의 땅을 밟자마자 훨씬 더 망나니처럼 굴었다. 이런 상황에서 (유럽 전쟁으로 국제 송금이 일시 중단되어) 급격히 나빠지는 사무소 재정 상황을 지켜보던 예일과 그의 상관은 두 가지 문제를 일거에 해결할 수 있는 시원한 해결책을 떠올렸다. 골치 아픈 일꾼들의 급여를 보류하는 대신 주당 5달러씩 지급하는 방법이었다. 하지만 실제로 5달러를 나누어주는 날, 예일은 이러한 결정에 분개한 일꾼들이 어떻게 나올지 두려운 나머지 한 손에 탄환을 장전한 육혈포를 쥔 채 다른 손으로 돈을 건네야 했다.

말도 많고 탈도 많은 임무였지만 한편으로 예일에게는 유용한 측면도 없지 않았다. 말썽꾼들은 주로 예루살렘의 그늘진 구석을 누비고 다녔기 때문에 도시에 떠도는 어두운 소문들을 가장 먼저 접할 수 있었다. 한마디로 그들은 갱도 속으로 날려 보낸 카나리아 같은 존재였다. 유럽에서 터진 전쟁의 불길이 사방으로 번지면서 작업자들을 통해 수집되는 소문들은 암울했다. 특히 종교, 부족, 인종의 측면에서 수없이 다양한 구성 인자를 하나로 묶어놓은 오스만 제국이라는 모자이크가 뒤집히는 순간 무시무시한 그림으로 둔갑할 수 있기 때문에 도무지 긴장을 놓을 수 없는 나날의 연속이었다. 다양한 공동체가 각자도생을 위해 끼리끼리 뭉치게 된다면 조상 대대로 묵혀온 반목과 의심과 질투의 감정이 폭력의 방식으로 폭발할 가능성이 높았다. 이런 위험성이 가장 높은 곳은 자연히 오스만 제국 영토에서 가장 많이 '혼합'을 이루고 있는 지역일 수밖에 없었다. 바로 아랍인과 튀르크인과 아르메니아인이 뒤엉키고 무슬림과 유대교도와 기독교도가 뒤섞여서 살을 맞대고 살아가는 도시, 그로 인해 근동 지역 그 어느 곳보다 세계화를 이룬 예루살렘이었다.

8월 말에 이르자 무슬림들이 자경단을 조직하여 유대인과 아르메니아인을 공격할 것이라는 살벌한 소문이 떠돌기 시작했다. 대부분 헛소문으로 밝혀졌지만 이런 소문들 탓에 분위기는 그 어느 때보다 흉흉했다. 특히 예루살렘 상점 주인들이 물건을 사재기하고 값을 올리기 시작하자 사람들은 콘스탄티노플이 곧 참전을 선언할 것이라 생각했다. 그러나 여전히 불투명한 사실 하나는 터키가 어느 편에 가담할 것인가였다. 사람들은 영국과 프랑스와 러시아로 이루어진 연합군에 가담하기를 바라는 측과 독일과 오스트리아-헝가리 제국이 결성한 동맹군에 가담하기를 바라는 측으로 양분되어 또 다른 전선을 형성하고 있었다.

9월 9일, 예일을 비롯하여 예루살렘에 남은 외국인들의 신변을 위협하는 발표가 있었다. 청년튀르크당 정부는 지난 400년 동안 서구 열강이 굴욕적인 협정을 강요한 탓에 대다수 외국인이 오스만의 법률을 무시하고 치외법권을 누려왔다며, 유럽의 혼란을 틈타 카피툴레이션의 철폐를 선언한 것이다. 예일은 이후의 여파가 어떠할지 짐작할 수 있었다. 그동안 비굴하게 굴던 지방 정부 관리들이 갑자기 거만한 표정으로 명령하기 시작했고, 예루살렘의 비좁은 인도를 걸을 때 서양에서 온 '하얀 사람'이 다가오면 현지인들이 자동적으로 차도 쪽으로 내려서던 풍경도 사라졌다. 한번은 예일이 외국인 두 명과 함께 올리브 산을 찾았다가 마을 아이들한테 돌팔매질을 당하기도 했다. 그가 느끼기에 예루살렘은 한 개비의 성냥불로 불길을 치솟게 할 건초더미와 같았다.

팔레스타인에 머무는 사람들 중에는 카피툴레이션의 폐기로 인해 돌팔매보다 훨씬 더 강력한 위협에 처한 집단이 있었다. 지난 30년 동안 그곳으로 이주한 수만 명에 이르는 유대인들이었다.

그들은 두 차례에 걸쳐 유입되었다. 첫 번째는 아론손 가족들이 포함된 경우로, 1880년대에 유럽 중부와 동남부를 탈출한 사람들이었다. 두 번째는 1900년대 초 차르 정권의 정치적 박해와 대학살을 피해 탈출한 러시아 유대인들이었다.(첫 번째 이주민들은 종교적 성향이 강하고 사회적으로도 보수적인 이가 대부분이었지만, 두 번째 이주민들은 대부분 사회주의자였다.) 문화적으로는 성격이 크게 다른 두 집단이었으나 카피툴레이션 제도 아래 태어난 나라의 시민권을 유지한 채 살아가고 있다는 면에서는 서로 다르지 않았다. 이런 환경은 역사적으로 이주민이나 서구 열강 모두에게 도움이 되었다. 유대인들은 과거에 거주하던 국가로부터 보호를 받을 수 있었고, 서구 열강에게는 이주한 자국민을 보호한다는 구실로 오스만 제국에서 벌어지는 사건에 합법적으로 개입할 수 있었다.

이처럼 기이한 제도는 다양한 역설을 만들어냈다. 특히 제정 러시아는 자국 내에서 다른 종교를 신봉하는 소수자들을 조직적으로 핍박하더니, 유대인들이 팔레스타인으로 도피하자 자국민의 권리와 안녕을 열렬히 옹호하는 괴이한 태도를 드러냈다. 그러나 카피툴레이션이 폐기되자 이 모든 일은 역사의 한 페이지로 남게 되었다. 이 국면에서 터키가 전쟁에 참여한다면 이 유대인 공동체 중 한쪽은 불행한 미래를 맞을 공산이 컸다. 첫 번째 이주민 집단 수천 명은 오스트리아–헝가리 여권을, 두 번째 이주민 집단 수천 명은 러시아 여권을 여전히 소지했기 때문에 어느 한 집단은 '적국인'으로 분류될 수밖에 없었다. 유럽 대륙 전역에서 벌어지는 상황과 마찬가지로, 이 제비뽑기에서 지는 집단은 추방 또는 억류를 피할 도리가 없었다.

이런 와중에 아론손 가족을 포함한 지크론야코프 주민 대다수는 역설적이게도 실질적인 이득을 보았다. 이들 루마니아 출신 유대인은 독립한 루마니아로부터 시민권을 얻지 못한 상태로 팔레스타인 땅을 밟았기 때문이다. 다시 말해 이들은 독립 이전에 루마니아를 통치했던 오스만 제국의 백성인 것이다. 아론 아론손과 지크론야코프 주민들은 팔레스타인에 거주하는 여느 유대인들과 달리 평정심을 유지한 채, 어쩌면 조금은 고소하다는 심정으로 카피툴레이션 제도의 철폐를 바라볼 수 있었다.

그러나 불행 중 다행이라는 안도감도 한순간이었다. 카피툴레이션이 폐지된 바로 다음 날인 9월 9일, 콘스탄티노플이 전시 총동원령을 선포했기 때문이다. 오스만은 '제국의 중립성을 지키기 위해' 불가피하다는 다소 모호한 이유로 18~35세의 남자들에게 징집 명령을 내렸다.[12]

특히 이번에는 (유대인들과 상당수 기독교인을 징집에서 제외한 전례와 달리) 총동원령의 적용 대상을 거의 모든 국민으로 확대했으며, 나아가 부유한 사람들이 특별 베델bedel(세금)을 내고 징집을 면하는 유서 깊은 제도마저 없애겠다고 발표했다.

아론 아론손은 오스만의 통치 방식을 잘 알고 있었기 때문에 이 마지막 구절이 얼마나 당치 않은 소린지 간파할 수 있었다. 그 내용인즉, 징집을 피하려면 관리들에게 뇌물을 더 많이 내야 한다는 것을 의미했다. 그러나 최근 유럽에서 일어난 일련의 사건들을 감안할 때 오스만 군대가 젊은이를 징집한다는 것은 전쟁 참전을 뜻하기 때문에 총동원령 소식은 젊은 농학자에게 근심을 심어주기에 충분했다. 국가가 전쟁 수행을 위한 체제와 절차를 수립하고 대중을 흥분 상태로 몰아넣기 시작하면 여간해서는 그 흐름이 끊어지지 않고 계속되기 때문이다. 유럽에서 전쟁이 터진 뒤로 아론손은 오스만 군대 및 정치권 고위층에 몸담고 있는 지인들로부터 콘스탄티노플의 향후 행보와 관련된 온갖 상충하는 소문들을 수집하고 있었지만, 유럽에서 흘러드는 다양한 정보까지 뒤섞이면서 실상을 또렷하게 파악하기는커녕 한 치 앞도 내다보기 힘든 지경에 이르고 말았다. 이와 같은 불확실성 앞에서 아론손은 팔레스타인에 거주하는 대다수 유대인과 마찬가지로 이성이 승리할 것이며 전쟁은 없을 것이라는 간절한 희망에 의지할 뿐이었다.

흥미롭게도 아론손은 오스만이 어느 편에 서느냐보다는 참전 여부 자체가 더 걱정이었다. 이런 감정은 부분적으로 십자군 시절로 거슬러 올라가는 유럽 전쟁의 공통분모에 뿌리를 둔 것으로, 어느 쪽이 이기든 간에 그곳이 유대인이 살고 있는 곳이라면 결국 고통을 겪기는 마찬가지이기 때문이다. 아울러 아론손의 걱정은 오스만 제국이 전쟁을 준비한다는 사실 자체에 따른 것이기도 했다. 실제로 전쟁이 코앞에 닥치자 오스만 군부와 행정부는 동시에 전면적인 징발권을 휘두르기 시작했다. 말이 징발이지 전시에 필요하다고 간주하면 무엇이든 빼앗을 수 있기 때문에 '강탈'이란 표현이 실상에 부합했다. 그 여파는 아랍인과 유대인 마을에 더 크게 나타났으며, 당연히 지크론야코프나 아틀리트처럼 현대적이고 부유한 마을에서는 훨씬 더 격렬했다. 1914년 9월 중순 즈음, 굶주린 늑대 같은 징발 담당관이 닥칠 것에 대비하여 지크론의 아론손 가족과 이웃들은 값나가는 물건들을 닥치는 대로 숨기기 시작했다.[13]

1914년 9월 4일 오후, 쿠르트 프뤼퍼는 콘스탄티노플에 있는 게르마니아 호텔 객실에서 로베르트 모르스라는 독일인을 만나고 있었다. 금발머리에 체격이 건장한 30대 후반의 이 남성은 최근까지 이집트 해안 도시 알렉산드리아에서 경찰관으로 근무하던 사람이었다. 그날 오후 둘이서 주고받은 대화 주제는 폭파, 암살 그리고 이슬람 폭동을 통해 이집트에 대한 영국의 통치를 끝장내자는 것으로, 수에즈 운하를 폭파하는 가장 좋은 방법에 대한 아이디어를 주고받기도 했다.

그들의 만남은 개인적인 차원에서나 정치적인 차원에서나 주목할 만했다. 한 달 전까지만 해도 프뤼퍼는 뮌헨에서 동양 언어 강의를 하며 평범한 일상을 보내고 있었으나, 지금은 전 세계를 통틀어 아는 사람이 40명도 안 될 법한 첩보 작전의 핵심 요원으로 은밀히 활동 중이었다. 이번 작전의 궁극적인 목표는 여전히 중립을 지키는 오스만 제국의 참전을 자극하는 것으로, 콘스탄티노플에서는 청년튀르크당 지도부를 포함하여 프뤼퍼의 은밀한 임무에 대해 아무도 알아채지 못하고 있었다. 이처럼 기이한 상황의 배경에는 프뤼퍼의 오랜 멘토인 막스 폰 오펜하임과 역사상 가장 괴상한 협정이 있었다.

1914년 여름, 유럽 전역에 전운이 짙게 깔리자 쿠데타로 정권을 장악한 통합진보위원회CUP 소속 주요 멤버들은 전쟁에 휘말리지 않기를 바랐다. CUP는 고참 위원들조차 나이가 30대에 불과한 젊은 위원회로, 그중 작은 정파를 형성한 세력은 연합국 세 나라와 동맹을 맺어야 한다고 열렬히 주장했다. 반면 32세의 전쟁성 장관 엔베르 파샤가 이끄는 정파는 동맹국과 연합해야 한다고 목소리를 높였다. 결국 8월 2일 오후, 장관은 독일과 상호 방위협정을 체결했고, 그로부터 몇 시간 후 독일은 러시아를 상대로 전쟁을 선포하고 전투를 개시했다. 절묘하게도 나쁜 타이밍이었다.

방위협정에 서명하는 순간까지 엔베르 파샤는 자신과 가장 가까운 서너 명을 제외한 다른 어떤 CUP 동지들과도 상의하지 않았다.[14] 더 놀라운 사실은 전쟁이 터지고 한 주가 지날 때까지 협정한 사실을 터키 정부 관계자 가운데 아무에게도 알리지 않았다는 점이다. 독일 동맹국 측이 다급해하자 나이 어린 전쟁 주무장관은 자신의 동료 장관들이 놀랄 수 있으니 사전 작업을 할 시간을 달라고까지 했다. 결국 전쟁성 장관의 깜짝 이벤트로 인해 중립을 고수하기로 했던 국가 전체와 청년튀르크당 지도부의 입장은 일거에 뒤바뀌고 말았다.

중립국 벨기에가 최근에 깨달았듯이 깜짝 이벤트는 독일의 주특기로, 엔베르는 적당한 동반자를 만난 셈이었다. 터키 쪽의 숨은 조력자를 얻고 싶은 독일 황제 빌헬름 2세는 막스 폰 오펜하임이 부르짖는 범이슬람 반란보다 더 나은 방책을 찾을 수 없었다. 영국 치하의 수많은 무슬림 지역(특히 영국이 콘스탄티노플로부터 빼앗은 이집트)에서 이슬람 반란을 조장할 수 있다면 오스만 지도층과 대중에게 전쟁에 뛰어들 확실한 명분을 던져주는 셈이기 때문이다.

그해 가을 독일의 몇몇 수뇌부는 터키를 동맹국으로 끌어들이는 것을 목표로 할 때 아직은 터키가 중립 상태를 유지하도록 놔두는 것도 나쁘지 않다고 생각했다. 오스만 제국은 부작용의 위험 없이 영국의 식민지들을 공격할 수 있는 일종의 트로이 목마로서, 독일이 불안정화 술책을 펼치는 데 이상적인 디딤돌이 될 수 있었다. 특히 터키의 중립적 위상은 독일이 그 지역에서 가장 중요한 군사 작전인 수에즈 운하 공격을 준비하는 동안 효과적인 가림막 역할을 해줄 수도 있었다. 8월 중순, 독일 제국의 황제는 동양정보국을 창설하라는 비밀 명령을 내렸다.[15] 동양정보국이란 콘스탄티노플을 거점으로 근동 지역의 반란을 조장하기 위한 첩보작전 지휘 본부로, 막스 폰 오펜하임이 국장을 맡았다. 오펜하임은 취임하자마자 전 직장의 후임자인 쿠르트 프뤼퍼에게 손을 내밀었다.

프뤼퍼는 자신에 대한 오펜하임의 신뢰에 충성으로 보답했다. 9월 3일 저녁 게르마니아 호텔에 도착한 그는 다음 날 아침 엔베르 파샤의 수석 부관 오마르 파우지 베이라는 젊은 참모장교를 만나는 것으로 곧바로 새 업무에 착수했다. 둘은 영국 치하 이집트에서 핵심적인 타격 대상들을 간추린 다음 긴 목록을 작성했다. 그중에는 베두인 부족민들을 고용해서 수에즈 운하를 따라 늘어선 영국 수비대를 공격하거나, 이슬람 반란을 촉발하기 위해 코미타지komitadji라 불리는 게릴라 부대를 잠입시키거나, 암살 표적을 골라서 테러를 가하거나, 무차별적인 폭탄 공격을 퍼붓는 등의 다양한 아이디어가 있었다. 심지어 수에즈 운하의 가장 협소한 구간에서 시멘트를 가득 실은 화물선을 가라앉히는 계획도 있었다. 사실 프뤼퍼는 파우지 베이와 그의 동지들이 짜낸 기발한 계획들이 과연 실현될 수 있을지 의심스러웠으나 그들의 열정과 창의성만큼은 높이 살 만하다고 생각했다.[16]

프뤼퍼는 파우지 베이 또는 영국이 증오와 두려움의 대상으로 여기는 선동가 셰이크 샤위시와 음모를 꾸미거나, 이미 터키의 수도에 도착한 너덧 명의 동양정보국 소속 첩보요원들과 수시로 회합을 가졌다. 이 때는 독일 대사관 직원 서너 명도 참석했는데, 그들 모두 오펜하임의 구상에 발을 담그고 있었다.[17] 그의 구상이란 이집트, 러시아가 다스리는 중앙아시아, 아프가니스탄 그리고 멀게는 인도에 이르기까지 전 세계 무슬림 지역에서 무력 항쟁을 일으키겠다는 야심찬 계획이었다.

9월 7일 오후 프뤼퍼가 한 차례의 회합을 마칠 즈음, 이 모든 것을 가능하게 만든 사람인 전쟁성 장관 엔베르 파샤로부터 호출을 받았다. 자그마한 체구에 화려한 제복을 걸친 엔베르는 (『뉴욕타임스』가 "터키군을 통틀어 최고의 미남"이라고 칭찬할 만큼) 대단히 잘생긴 남자로, 날카롭게 빛나는 검은 눈동자와 프러시아 스타일로 추켜올린 콧수염을 뽐내고 있었다.[18] 이는 저절로 얻은 외모가 아니다. 그는 1910년대에 터키와 독일 사이의 군사적 소통을 담당하는 동안 상대방 지휘관들의 행동거지와 차림새를 민첩하게 습득하여 이제는 프러시아 사람들보다 훨씬 더 프러시아인답다고 자부하기에 이르렀다.

프뤼퍼가 정신분석학에 심취한 적은 없었으나, 자기보다 넉 달 늦게 태어난 32세의 엔베르를 떠올리며 그날 밤 일기에 끼적인 몇 구절은 오스만 제국을 사실상 혼자 힘으로 멸망시킨 한 사내에 대해 가장 예리한 분석이라 할 수 있다.

"돌멩이 같은 남자였다. 표정 변화가 전혀 없었고, 잘 차려입은 복장에 여성적 감수성이 뛰어났다. 멋을 부렸다고 할 정도로 치장이 심했다. 놀랄 만큼 무자비한 구석도 있었다. '우리는 영국보다 훨씬 더 잔인할 수 있다.' 그 사내는 무언가 원하고 있다. 하지만 아직 그것을 얻지 못한 상태였다."[19]

콘스탄티노플에 도착하여 처음 며칠 동안 프뤼퍼가 참석한 모임들에서 들었던 이야기 가운데 가장 흥미로운 것은 전직 알렉산드리아 경찰관 로베르트 모르스가 직면한 독특한 상황이었다. 마침 모르스는 전쟁이 터졌을 때 이집트 밖에 있었고, 당연하게도 영국 당국은 그가 독일 시민권을 갖고 있다는 이유로 바로 해고했다. 그러나 영국은 모르스가 알렉산드리아로 돌아와 곤경에 빠진 식구들을 건사할 수 있도록 안전한 귀갓길을 열어주었다. 이는 제1차 세계대전의 처음 며칠 동안은 '신사다운' 면모가 있었음을 보여주는 대목이다. 반면 프뤼퍼에게는 이슬람 반란을 조장하는 도화선 역할을 하기에 모르스가 제격이라는 생각을 품게 해주었다. 유럽 사람이라는 특권적 신분을 이용하면 현지인들보다는 기밀문서를 개인 소지품에 숨겨 밀반입하기 훨씬 더 수월하리라 본 것이다. 프뤼퍼가 생각하는 개인 소지품이란 폭탄 제조에 필요한 부품들이었던 것 같다. 프뤼퍼와 모르스는 기폭 장치를 수하물 속에 숨기고 알렉산드리아로 떠나는 배에 올라타기 바로 전날, 이번 작전의 중요성을 마음 깊이 새기기 위해 엔베르 파샤를 접견했다. 터키의 전쟁성 장관은 임무를 맡아주어서 고맙다며 따뜻한 말로 모르스를 격려했다.[20]

영국에서는 엔베르와 독일 수뇌부 사이에 모종의 협약이 이루어지고 있음을 눈치 챘지만 구체적인 내용은 확인할 수 없었다. 그런 와중에 프뤼퍼와 오펜하임의 또 다른 정보요원들이 콘스탄티노플에 나타나자 긴장의 끈을 늦출 수 없었다. 9월 15일, 영국 대사 루이스 맬릿은 런던을 향해 다음과 같은 내용의 전보를 날렸다.

"독일의 음모는 터키의 참전을 유도하는 것 말고도 매우 다양하다. 시리아 해안에서 출발한 중립국 선박을 통해, 또는 육로를 통해 운하를 공격할 전략을 짜고 있을지도 모른다."[21]

그러나 오스만 정부 관리들은 영국 대사에게 안심하라는 말로 응수했다. 가장 높은 지위의 술탄이나 수상조차 터키는 군사적 의도가 전혀 없으며 유럽의 전쟁과 거리를 두고 싶을 뿐이라는 확신에 찬 답변만을 후렴구처럼 늘어놓았다. 놀랍게도 극소수 인사를 제외한 대다수 관리는 엔베르가 8월 2일 독일과 협정을 맺은 사실을 여전히 모르고 있었다.

10월 5일, 끝내 의구심을 거둘 수 없었던 맬릿은 엔베르를 직접 찾아갔다. 여러 재능을 두루 갖추었으며 탁월한 거짓말쟁이기도 한 엔베르는 팔레스타인에 군대를 배치한 데는 아무런 의도가 없다고 잡아뗐을 뿐만 아니라 "독일인들이 운하나 그 밖의 대상 지역에 무책임한 행동을 할지 모른다는 우려에 한껏 비웃었다".[22]

하지만 터키의 전쟁성 장관은 곧 덜미를 잡혔다. 맬릿이 엔베르를 만나기 며칠 전 로베르트 모르스가 알렉산드리아 항구에서 붙잡혀 기폭 장치가 발각되었기 때문이다. 이집트 군법에 따라 사형 위기에 처하자 모르스는 이집트를 겨냥한 독일-터키의 음모 사실을 심문자들에게 실토했으며, 배에 오르기 전날 엔베르 파샤가 친히 행운을 빌어준 사실까지 자백했다. 특히 쿠르트 프뤼퍼와 자신이 오마르 파우지 베이와 어떤 관계인지를 털어놓을 때는 거의 자포자기한 것처럼 보였다. 수하물 속 기폭 장치는 이집트에서 폭탄을 만들기 위한 부품이라고 순순히 털어놓은 이 어설픈 밀수꾼의 자백은 프뤼퍼에게 매우 치명적이었다. 폭탄 부품이라는 사실을 어떻게 확인할 수 있었는지 묻는 질문에 모르스는 이렇게 대답했다.

"아까 말씀드린 게르마니아 호텔 객실에서 셰이크 샤위시가 프뤼퍼 박사 옆에 앉아 있는 걸 보자마자 알았습니다. 그들은 폭탄 제조법을 아랍어로 옮겨 적고 있었거든요. (…) 거기에는 제조 순서와 필요한 화학물질 목록이 있었고, 오른쪽 맨 아래에는 폭탄을 묘사한 스케치도 있었습니다."[23]

카이로 당국은 모르스 사건에 대해 상당한 인내력을 보여주었다. 생각건대 콘스탄티노플 정부 내 온건파가 모험가적인 엔베르의 고삐를 틀어쥐고서 터키의 중립 상태를 고수하는 중이라 믿고 싶었던 것 같다. 황급히 열린 군사재판에서 모르스에게는 종신형이 선고되었는데, 그가 터키 전쟁성 장관과 만났다는 내용은 대중이 열람할 수 있는 기록에서 빠져 있었기 때문이다. 영국은 모르스 사건의 핵심자인 프뤼퍼의 목에도 현상금을 걸었으며, 카이로 당국도 한때 그곳에 거주하며 어울렸던 이 사내에게 관용을 보이지 않았다.[24]

영국 전쟁성 건물은 런던 시내 중심부 화이트홀에 자리하고 있는 네오바로크 양식의 5층짜리 건축물로, 각 귀퉁이에는 둥근 지붕을 얹은 9미터짜리 포틀랜드석 통기둥이 배치되어 있다. 반들반들한 대리석 계단, 화려한 크리스털 샹들리에, 모자이크 타일로 장식된 복도 내부는 신사들을 위한 고품격 사교 클럽의 분위기를 자아냈다. 건물 안에는 방이 1000개나 되며, 어떤 방에는 오크나무 판자로 마감한 벽에 대리석 벽난로까지 갖춰져 있었다. 1914년 가을 무렵의 이 건물은 대영제국의 전군을 통할하는 참모본부로, 최고위급 장성들이 이곳에서 전황을 분석했다. '진 사막 보고서'를 마무리한 T. E. 로렌스가 민간인 신분의 지도 제작자로 발탁되어 10월 중순부터 출근하게 된 참모본부 직속의 지형분석실도 바로 이 건물에 있었다.

그런데 '지형분석실'이라는 부서명이 무색해지는 상황이 벌어졌다. 로렌스가 출근한 지 일주일도 안 되었을 때 군인 신분으로 지도를 제작하던 직원이 프랑스 최전방에 배치되면서 로렌스와 직속상관만 남게 된 것이다. 로렌스는 여섯 명이 해야 할 일을 도맡게 되었다. 그가 하는 일은 곳곳에 산재한 전장의 지도들을 취합해서 정리하고, 전선에서 들어오는 각종 정보를 지도에 표시한 다음 특이한 점을 추려 지휘관에게 보고하는 것이었다.

고작 26세의 젊은이가 갑자기 제국의 군대를 지휘하는 심장부에 들어가 장군이나 제독들과 함께 매일 회의를 하게 되었으니 꽤나 우쭐했으리라 짐작할 만하다. 그러나 그런 짐작은 틀렸다. 참모본부에 죽치고 있는 사람들을 신랄한 위트의 소재로 삼았던 것을 보면 로렌스는 새로운 환경을 삐딱하게 바라본 듯하다.

로렌스가 영국의 군대 문화를 경멸의 시선으로 바라본 이유는 성장기의 끔찍한 기억으로 자리 잡은 학교 문화와 매우 흡사했기 때문이다. 그가 혐오한 것은 상관에게 끊임없이 굽실거려야 하는 조직 문화, 계급으로 엄격하게 갈리고 학연으로 끈끈하게 얽힌 피라미드 구조, 결과만으로 포상과 처벌을 결정하는 구조였다. 전쟁성에 들어간 직후 로렌스가 어느 친구에게 보낸 편지에는, 건물 내부의 드넓은 계단을 볼 때마다 장군과 청소부들을 위한 전용 공간으로 보인다는 조롱이 담겨 있다.[25]

여기에는 건물을 꿰차고 있는 많은 군인이 역할에 비해 능력이 부족하다는 로렌스의 인식도 한몫했다. 로렌스라는 민간인의 눈에 유능한 지휘관들은 프랑스 전선으로 떠났고, 그 빈자리를 차지한 예비군이나 퇴역자들은 참모본부라는 곳에서 무슨 일을 해야 하는지도 모르는 것처럼 보였다. 어떤 기관이나 마찬가지지만, 특히 전쟁성은 무능한 실체를 지극히 거만한 표정으로 숨기는 곳이었다. 전쟁성이라는 곳은 갓 승진한 대령과 장군들이 서류를 들고서 바쁜 척 분주하게 복도를 돌아다니거나, 긴급 참모회의를 소집하고는 보이스카우트 심부름꾼을 지형분석실로 보내 회의 시작 10분 전까지 어느 전선의 최신 지도를 갖다 바치라고 명령하는 그런 곳이었다. 그러나 허세 가득한 전쟁성의 그런 분위기가 로렌스의 입대라는 부수적 효과를 낳았고, 이는 훗날 로렌스가 가장 즐겨 말하던 일화 중 하나가 되었다.

참모본부에서 일을 시작한 지 얼마 안 되었을 무렵 로렌스는 헨리 롤린슨 장군 앞에 서게 되었다. 근엄한 롤린슨 장군은 벨기에 주둔 영국군을 지휘하기 위해 런던을 떠나기 직전이었고, 로렌스는 벨기에 전선의 현황이 담긴 최신 지도에 대해 브리핑하라는 호출을 받은 터였다. 민간인 차림으로 집무실에 들어선 로렌스를 보자 롤린슨 장군은 버럭 고함을 쳤다. "뭐야, 장교 없어?"26 지형분석실 직원은 달랑 두 명뿐으로, 로렌스는 즉시 매점으로 달려가 소위 복장을 갖추어야 했고 나머지 한 명은 로렌스에게 '장교 임명장'을 수여하기 위해 부랴부랴 서류를 작성해야 했다. 그러나 군복이 문제를 해결해주는 건 아니었다. 이후 몇 년 동안 로렌스는 군사 의례를 무시하는 자세로 일관했고, 때로는 건방져 보일 만큼 불량한 복장에 기강이 해이한 태도를 드러내기도 했다. 이런 모습은 종종 상관들의 심기를 건드리기도 했다.

로렌스는 이제 군인 신분으로 전쟁성에서 일하게 되었지만 전투 현장에는 접근할 수 없는 처지였다. 영국군 입대 기준에 못 미치는 작은 키 때문이었다. 그에게는 신체적 단점을 전문 지식으로 극복할 만한 계기가 필요했고, 그런 조건을 충족시키는 유일한 시나리오는 역시 터키가 전쟁에 뛰어드는 것이었다.

당시 터키의 참전 가능성은 어느 때보다 낮아 보였다. 전쟁이 교착 국면에 빠진 마당에, 즉 양측 모두 서부전선을 사이에 두고 미친 듯이 참호를 파는 상황에 늪에 빠질 각오로 전쟁에 나설 이유가 없기 때문이었다. 10월 19일, 로렌스는 알레포 주재 영국 영사의 아내 위니프레드 폰태너에게 한탄조로 이렇게 말했다.

"마침내 터키는 마음을 내려놓고 지구촌 모든 나라와 평화롭게 살기로 결정한 듯합니다. 안타깝습니다. 나는 이들을 시리아에서 몰아내고 싶지만 오스만의 어두운 그림자는 그 어느 때보다 끈질기게 버티고 있는 것 같습니다."[27]

로렌스의 이러한 걱정은 단 2주 만에 거두어졌다. 11월 2일, 엔베르 파샤의 정파가 최종적인 승리를 거두면서 터키는 독일 및 오스트리아–헝가리 제국 편에 서서 전쟁에 뛰어들었던 것이다.

로렌스에게는 더 좋은 소식이 뒤따랐다. 터키의 참전 선언에 따라 스튜어트 뉴컴이 프랑스 전선을 떠나 근동 지역 사령부가 설치될 카이로의 신설 정보대 수장으로 부임했던 것이다. 카이로 정보대는 이 지역에 대한 폭넓은 지식을 지닌 소수 정예요원으로 구성될 예정이었고, 뉴컴은 부임하자마자 로렌스와 울리에게 참여 의사를 타진했다. 12월 초, 이번에 로렌스는 사뭇 다른 심정으로 또다시 위니프레드 폰태너에게 편지를 보냈다.

"저는 지금 카이로에 왔습니다. 터키인들에게 둘러싸인 것만 빼고는 모든 일이 순조롭게 흘러가고 있습니다."[28]

모든 것을 빼앗긴 땅이었다. 오스만의 참전 선언 이후로 아론손 가족은 징발 부대의 급습에 대비하긴 했지만 그들의 약탈 행위는 상상을 초월하는 수준이었다. 시리아 전역에서 곡식과 농업용 수레와 수레를 끄는 가축이 전시 비상사태라는 명목으로 징발되었고, 불행한 주인들은 대충 휘갈긴 영수증으로 보상을 약속받았으나 제대로 지켜지리라 믿는 사람은 아무도 없었다. 농학자 아론손이 걱정한 대로 약탈 행위는 유대인 정착촌에서 유독 극심했다. 전기작가 로널드 플로렌스는 상황을 이와 같이 설명했다.

"아론 아론손은 터키군이 지크론야코프에서 여성 속옷과 아기 옷을 포함한 의복, 수레, 마차, 물소, 농기구, 연장, 총기, 조산술에 필요한 것을 포함한 의료 도구, 현미경, 울타리 말뚝, 철조망 따위를 조직적으로 약탈하는 장면을 목격했다."[29]

결국 농경지에 물을 대는 파이프까지 빼앗긴 지크론야코프의 밭과 과수원은 바싹 타들어가고 있었다. 다행히 아틀리트 농업연구소는 아론손이 오스만 지방 정부 관리들에게 탄원하여 무장한 경비들을 배치받은 덕분에 징발의 마수를 간신히 피할 수 있었다.

농학자 아론손은 전시 상태에서 어느 정도 희생은 불가피하다는 판단 아래 전시 총동원령에 따른 징발을 각오했을 것이다. 하지만 징발 부대는 그야말로 적군에게 점령당한 뒤의 약탈 수준으로 시리아를 깡그리 털어갔다. 이후 아론손은 몇 달 동안 이곳저곳을 다니면서 정부가 몰수하여 창고에 산더미처럼 쌓아둔 밀이 썩어가는 장면을 목격했다. 나블루스에서는 덮개 없이 야적한 3000포대의 설탕이 겨울비에 녹아버려 "부랑아들에게 큰 기쁨을 안겨주기도 했다".[30] 훗날 아론손이 혀를 찬 사례 가운데는 이런 일도 있었다. 베르셰바에서 기술자들이 교량을 수리할 목적으로 시멘트 24배럴을 요청했는데 의욕 넘치는 징발 부대가 400배럴이나 되는 시멘트를 거둬들였다가 모조리 "비를 맞히는 바람에 못쓰게 되고 말았다. 결국 교량은 수리하지 못한 채 방치되어야 했다".[31]

이에 대해 유대인 거주지에는 징발할 만한 물자가 많아서 더 많은 고통을 받게 되었다는 주장도 있다. 어쨌든 콘스탄티노플 정권의 행태가 유대인들의 불행을 가중시킨 것만큼은 분명하다. 터키가 독일 및 오스트리아-헝가리와 한패가 되어 전쟁에 뛰어든 지 며칠 후 수니파 무슬림 세계의 최고 지도자 칼리프는 '파트와fatwa(판결)'를 내놓았다. 이번 전쟁은 성전이며, 무슬림이라면 누구나 비非이슬람 국가의 기독교도들을 적으로 삼아 지하드에 지원함으로써 믿음을 지켜야 할 신성한 의무가 있다는 것이었다.[32] 물론 이미 오스만 제국이 기독교를 믿는 두 제국과 동맹을 맺은 사실을 알고 있는 사람들에게는 이런 요구가 곧이들릴 리 없었다. 하지만 무슬림 대중을 자극하겠다는 당초 의도는 상당한 효과를 거두어, 제국 곳곳의 도시와 마을에서는 많은 무슬림 청년이 기꺼이 싸우다 죽겠노라 외치며 징병소로 달려가기 시작했다. 그런 한편 파트와로 인해 제국 내에 거주하는 기독교인과 유대교인은 충격에 휩싸였다. 이에 시리아 총독은 지하드 선언이 외국 적군을 겨냥한 것이라며 서둘러 해명에 나섰다.[33]

총독의 해명으로 오스만 제국 총인구의 30퍼센트에 육박하는 기독교도들은 놀란 가슴을 쓸어내린 반면, 유대인들은 의혹을 완전히 거둬들일 수 없었다. 유대인들이 두려움을 떨치지 못하는 이유 중 하나는 자신들 인구가 매우 적다는 사실에 기인하는데, 전시 상태에서 인구가 적다는 것은 공격을 받기 쉽다는 뜻이기 때문이다. 그러나 그들이 두려워한 다른 이유는 유대인 정착촌들이 팔레스타인 사회 구성에서 논쟁적인 위치에 있기 때문이기도 했다.

그러한 문제들 가운데 상당수는 유대인 정착촌 이주민들이 자초한 것이었다. 지크론야코프의 이주민들은 '첫 번째 물결'을 일으키며 몰려든 유대인 이주민들이 대체로 그러하듯 팔레스타인 고유의 '펠라힌 fellaheen'이라는 일종의 농노제를 활용하여 부를 축적해왔다. 땅이 없거나 소작을 부치는 아랍 농부들을 일꾼으로 고용하는 이런 방식에 대해 2차로 밀려든 사회주의 성향의 러시아 이주민들은 착취적이고 봉건적인 행태라고 비판했다. '새로운 유대인'으로 거듭나려면 유대인 스스로 모든 노동을 담당해야 한다는 주장이었다. 불행하게도 양측 모두 펠라힌에 대한 접근에 문제가 있다는 사실을 깨닫게 되었다. 한쪽은 혈통

대대로 빈곤과 예속으로 몰아넣는 대농장 시스템을 공고화하는 입장이었고, 다른 한쪽은 아론 아론손이 "관대한 마음으로 그들의 노동을 금지한다"고 조심스럽게 언급했듯이 자신들을 위해 다른 사람을 고용하지 않겠다는 입장이었다.[34]

갈등을 한층 악화시킨 요소는 또 있었다. 수많은 무슬림 아랍인 이웃들이 보기에 유대인은 딤미Dhimmi(피보호자), 달리 말하면 열등한 민족이었다. 그러나 유대인의 유입으로 생활에 별 도움을 얻지 못한 아랍인들이건 형편이 나아진 아랍인들이건 (카피툴레이션 덕분에 수많은 유대인이 특권을 누리는 점에 대해서는 말할 것도 없이) 유대인들은 자기들보다 더 잘살고 있다는 생각에 심기가 불편했다. 첫 번째 이주 행렬이 시작되면서부터 현지 아랍인들이 유대인 정착촌을 공격하거나 혼자서 여행하는 이주민을 우발적으로 살해하는 사건이 종종 발생한 것도 이런 이유에서였다.

이주민들이 이와 같은 상황을 수동적으로 받아들이기만 했던 것은 아니다. 1900년대 초반 유대인들은 피해가 심한 정착촌을 중심으로 준군사 조직들(기드오나이츠Gideonites와 바르기오라Bar Giora가 대표적인 조직이었다)을 결성했으며, 여타 유대인 정착촌을 상대로 보호 계약을 맺기도 했다. 이런 움직임의 결과가 어땠을지 예측하기란 어렵지 않다. 머지않아 기드오나이츠와 바르기오라는 적대적이거나 유대인을 공격한 혐의가 인정되는 아랍인 마을에 벌을 내리겠다며 공격을 일삼았다.

이 모든 상황이 뒤엉킨 1914년 가을, 팔레스타인 내 여러 유대인 정착촌은 포위된 듯한 느낌을 받기 시작했다. 다급한 상황이 닥치면 과연 오스만 지방 정부 관리들이 우리를 도우러 달려올까? 지하드 파트와, 총동원령에 따른 징발, 카피툴레이션 폐지 등 일련의 사태를 겪는 과정에서 유대인들이 느낀 가장 절박한 의문은 바로 이것이었다.

지크론야코프 사람들은 이 질문에 대한 대답을 어렴풋이 깨닫기 시작했다. 물론 위로가 되는 대답은 아니었다. 아론 아론손의 친동생 알렉스는 지난 9월 징집 부대가 휘몰아치던 와중에 징집되고 말았는데, 두 달 뒤 겨우 병가를 내어 집으로 돌아왔을 때 암울한 소식을 가져왔다. 칼리프가 지하드를 선포한 이후 알렉스와 함께 징집당한 유대인과 기독교인들은 무기를 빼앗긴 채 노동대대에 배치되었다는 것이다. 이어 11월 말 당국은 개인이 소지한 총기류를 회수하겠다는 포고령을 내렸다. 이를 수행하는 터키군 징발 부대는 아랍인 마을의 경우보다 훨씬 더 살벌한 태도로 유대인 정착촌을 샅샅이 뒤졌다. 지크론야코프 주민들이 무기가 없다고 맹세하자(실은 징발에 대비하여 근처 들판에 묻어두었다) 징발 부대 지휘관은 불운한 알렉스 아론손과 남자 네 명을 나블루스로 끌고 가서 사실대로 자백할 때까지 구타했다. 이들은 결국 지크론 여성들까지 잡아들이겠다는 협박을 이기지 못하고 무기를 은닉한 사실을 실토한 뒤 풀려났다.[35]

유럽에서 팔레스타인으로 건너와 간신히 목숨을 건졌다고 믿었던 유대인 이주민들은 마치 대학살의 전주곡을 듣는 것만 같았다.[36] 특히 12월 초 팔레스타인을 통치하던 청년튀르크당의 아흐메드 제말 파샤는 '적국'의 국민이면 오스만 제국의 시민권을 얻어야 하며 그러지 못할 경우 추방을 면치 못할 것이라고 선언했다. 그로 인해 가장 직접적인 영향을 받을 대상은 당연히 러시아에서 건너온 소수의 유대인이었다. 실제로 며칠 뒤 러시아계 유대인 800여 명이 검거되어 야파에서 추방을 앞두고 있었다. 그러자 부둣가는 팔레스타인을 떠나려는 유대인들로 북새통을 이루었다. 자신을 받아줄 피난처가 있다면 어디든 가겠다는 심정으로, 승선을 허락하는 선박에 무조건 올라타려 했다.

지크론야코프의 많은 주민도 엑소더스에 동참했다. 그러나 아론손

가족은 탈출 행렬에 합류하지 않았다. 집안의 큰 어른인 66세의 에프라임 대신 그의 맏아들인 아론 아론손이 가문의 대소사를 주관하고 있었으나, 사실 아론손은 결정하고 말고 할 게 없었다. 팔레스타인이 이들 가족의 고향이기 때문이었다. 게다가 이곳은 그가 연구 작업을 진행하는 곳이자 자신을 지탱해줄 희망을 심어놓은 곳이었다. 1월 중순, 아론손은 미국인 후원자 가운데 한 명에게 다음과 같은 편지를 보냈다.

"저는 늘 감시당하고 있습니다. 친구들은 안타까워하면서 기회가 있을 때 이 나라를 떠나라고 진심 어린 충고를 합니다. 그러나 저는 달아날 생각이 없습니다. 아직은."

그러나 오스만에 대한 아론손의 믿음은 뿌리째 흔들리기 시작한 듯했다.

"저는 오래전부터 튀르크의 견실한 지지자였습니다. 하지만 지난 몇 주 사이에 보고 들은 것을 생각하면 모든 게 후회스럽고 부끄럽습니다."[37]

1914년 12월 15일 아침, 엿새 전 마르세유를 떠난 프랑스 증기선 앞에 평평하고 흐릿한 이집트 북부의 지평선이 나타났다. 갑판에는 T. E. 로렌스가 서 있었다. 카이로에 신설된 '이집트 원정군Egyptian Expeditionary Force'(이하 EEF) 산하 군사정보대(이하 정보대)로 배치받아 새 일터로 향하는 중이었다. 직속상관으로 부임하는 스튜어트 뉴컴 대위도 동행하고 있었다.

1914년 당시 인구 100만 명에 육박하는 카이로에는 아름다운 공원을 따라 널찍한 대로가 뚫려 있었고, 나일 강변에는 우아한 산책로가 이어져 있었다. 당시 도심의 높은 빌딩 옥상에 오르면 16킬로미터 떨어진 곳에 위치한 기자Giza의 대피라미드 꼭대기가 보였다. 그러나 1914년 당시 카이로라는 도시의 매력은 이처럼 번지레한 겉모습보다는 수천 년에 걸쳐 켜켜이 쌓인 역사성, 즉 세계에서 가장 위대한 문명의 교차로라는 위상에 있었다. 실타래처럼 엉킨 미로, 조그만 가게들, 고대의 왕궁, 모스크들이 빼곡하게 들어찬 구시가지가 여전히 생기를 발산하는 도시가 바로 카이로였다. 30년 동안 영국의 지배를 받는 동안 이곳저곳에 유럽어로 된 입간판이 들어서기는 했지만 이집트의 수도 카이로는 진정 위대한 도시들이 그러하듯이 말로 설명할 수 없을 만큼 이국적이고 신비로운 곳이었다.

이러한 풍경은 3년 전 카이로를 처음 방문한 로렌스를 매료시킨 것이기도 하다. 그러나 1914년의 카이로는, 1911년의 모습 그대로인 것처럼 보이면서도 다른 면에서는 알아보기 힘들 만큼 변한 상태였다. 유럽에서 전쟁이 터진 이래로 카이로는 수에즈 운하를 지나 서부전선으로 향하는 인도와 호주, 뉴질랜드 병력들의 환승역으로 이용되고 있었다. 이에 따라 거의 모든 전쟁의 풍경이 그러하듯이, 휴가 나온 병사들은 카이로 전역을 순식간에 거대한 홍등가로 만들어버렸다. 카이로는 적당한 값을 치르기만 하면 무엇이든 누구든 살 수 있는 도시로 변한 것이다.

보수적인 카이로 사람들에게 추악하기 그지없는 이러한 변화는 터키의 참전 선언 이후로 더욱 악화되었다. 터키의 수에즈 운하 공격이 불보듯 빤한 상황(실제로 11월 말이 되자 시리아 총독 제말 파샤는 공식적으로 의지를 표명했다)에 대응하여 영국군 수만 명이 이집트에 주둔하고 있었기 때문이다. 이로써 카이로라는 도시는 장교들이 우쭐거리며 도시 한복판을 활보하거나 보병들이 오와 열을 맞추어 행진하는 군대 숙영지가 되었다. 시절이 좋을 때도 대영제국 감시자들의 존재가 달갑지 않았던 카이로 사람들은 이제 끓어오르는 적개심으로 그들을 노려보기에 이르렀다.

영국은 급증하는 병력 관리를 맡은 장교들에게 사무 공간과 숙박 시설을 제공하기 위해 카이로 시내의 시설 좋은 호텔 대부분을 냉큼 접수했다. 그 가운데 하나는 나일 강 동쪽 제방 근처에 있는 사보이 호텔로, 영국 에드워드 7세 시대와 인도 무굴 제국의 분위기가 뒤섞인 건축물이었다. 스튜어트 뉴컴이 이끄는 신생 정보대 요원들은 카이로에 도착하자마자 사보이 호텔 2층에 있는 널찍한 객실 세 칸을 차지하고 업무를 개시했다. 숙소는 인접한 그랜드콘티넨털 호텔이었다.

다섯 명으로 구성되어 업무에 착수한 카이로 정보대는 음지에서 첩보전을 벌이며 정보를 캐는 집단이라기보다는 옥스브리지Oxbridge[영국의 양대 명문 대학인 옥스퍼드와 케임브리지] 학술논문 심사단처럼 보였다. 옥스퍼드대 출신 고고학자인 로렌스와 울리 그리고 귀족 가문 출신의 하원의원들인 조지 로이드와 오브리 허버트가 합세했다. 로렌스는 카이로에 도착한 직후 애슈몰린 박물관에 근무하는 오랜 친구 에드워드 리즈에게 편지를 보냈는데, 정보대가 수행하는 다양한 임무를 다음과 같이 묘사했다.

"울리는 주요 인사들을 감시해. 수많은 언어로 걸려오는 전화를 친절하게 받으면서 디딤돌이 될 사람과 걸림돌이 될 사람을 분류한 다음 목록으로 만들지. 조지 로이드는 하원의원으로서는 신통치 않아도 그것 말고는 그럭저럭 괜찮은 사람인데, 메소포타미아 지역을 담당하고 있어. 성품이 고상한 오브리 허버트는 터키 정치권을 맡았어. 간혹 짬이 나면 터키군의 주둔 지점을 파악하기도 해. 돋보기가 필요한 일이지."

그러고는 자기가 맡은 일에 대해서 이렇게 언급했다.

"나는 허드렛일이나 하는 사환이야. 연필을 깎거나 펜촉을 닦는 사람이지."[38]

로렌스는 그보다 더 많은 임무를 수행하고 있었다. 런던 전쟁성 지형

분석실에서 짧게나마 일했다는 이유로 정보대 산하 지도제작실 관리를 맡고 있었다. 코앞에 닥친 수에즈 운하 공격에 만전을 기해야 하는 때인 만큼 그가 맡은 임무는 새벽부터 한밤중까지 긴장의 끈을 놓을 수 없는 일이었다.

로렌스는 학수고대하던 실전 투입의 꿈을 이루기 직전이었다. 하지만 상관의 심기를 건드리는 로렌스의 타고난 재능이 사라진 것은 아니었다. 로렌스가 카이로에서 일을 시작한 지 몇 주가 지나자 고참 장교들은 사보이 호텔 지도제작실에서 일하는 건방진 애송이의 무례한 태도와 흐트러진 복장을 지적하기 시작했다. 윗사람을 자극하는 로렌스의 재능은 사실 말투나 차림새만이 아니었다. 그의 탁월한 글재주가 문제였다. 1915년 로렌스는 정보대가 공인한 '시리아 전문' 요원으로서 오스만 제국이 다스리는 그 넓은 땅덩이의 지형과 문화, 민족 구성에 관한 장문의 보고서를 작성하기 시작했다. 당시나 나중이나 로렌스는 사실 관계를 중심으로 하는 정책 결정용 보고서에 어정쩡한 포장용 수식 어휘를 사용하지 않았고, 이때 작성한 「시리아: 가공을 기다리는 원석Syria: The Raw Material」이라는 보고서에서는 여러 도시와 사람에 대해 노골적인 어투로(때로는 비꼬듯 거만한 표현으로) 자기 의견을 펼쳤다. 이는 예루살렘에 대한 그의 경멸적인 평가를 보면 확연히 드러난다.

"예루살렘은 더러운 도시다. 하지만 셈족의 종교[유대교, 기독교, 이슬람교]가 이 도시를 성스럽게 만들었다. (…) 과거의 유산이 너무도 강해서 현재를 찾을 수 없는 곳이다. 주민들은 이 도시를 거쳐가는 여행자들 덕분에 먹고산다. 아주 드물게 예외가 있기는 해도, 호텔 종업원처럼 무색무취한 사람들이다."[39]

이 첫 문장에 드러난 놀라울 만큼 실용적 태도야말로, 또는 몇 마디 문장으로 지구상에서 가장 유서 깊은 도시들 가운데 한 곳과 세계 3대

종교를 단박에 깔아뭉개는 동시에 이 보고서를 읽게 될 영국의 고위급 외교관이나 장성들의 기독교적 감수성을 공격하는 능력이야말로 로렌스가 지닌 대단한 자부심의 원천이었다.

1914년 11월 중순, 윌리엄 예일은 베이루트에서 알렉산드리아로 향하는 화물선에 몸을 실었다. 배 안에는 난민이 가득했고 분위기는 암울하기 짝이 없었다. 그는 오스만 치하 팔레스타인에 드리운 무시무시한 전운으로부터 겨우 벗어난 참이었다.

"배에 탄 사람들은 이집트가 망명자에게 안전한 장소라고 믿어 의심치 않았다. 나 역시 또 다른 공포가 파라오의 나라를 엄습할 것이라고는 생각지도 못했다."[40]

예일이 언급한 공포란 징발 부대도, 광신적 자경단도 아니었다. 바로 서부전선으로 향하는 수많은 호주 군인이었다. 고국을 떠나 비좁은 수송선에서 몇 주를 보낸 병사들은 유서 깊은 카이로를 위스키에 흠뻑 젖은 소란스러운 매음굴로 만들어놓았다. 이미 예루살렘에서 난폭한 미국인 일꾼들을 겪어본 예일이었지만 당황스럽기는 마찬가지였다. 청교도적 심성을 지닌 이 미국인은 카이로 길거리에서 연일 목격되는 추태에 눈살을 찌푸렸다. 싸움판은 기본이고, 지나가는 여성을 희롱하거나 만취해서 시궁창에 처박혀 있는 군인들을 보았다. 이런 작태는 고매한 영국의 위상을 땅바닥에 떨어뜨리는 것이라고 그는 생각했다.

"근동 지역 사람 대부분이 그렇듯이, 이집트 사람들은 영국인에게 쌀쌀맞긴 하지만 우월한 민족으로 우러러보는 경향이 있었다. 그러나 1914년 호주에서 건너온 군인들이 발정한 망나니처럼 날뛰는 바람에 (…) 들통나버렸다."

예루살렘에 있을 때 예일은 오스만 제국이 서서히 전쟁에 휘말리는 과정을 생생하게 목격했다. 11월 3일, 터키가 참전을 선언하자 무슬림 남성들은 예루살렘에 구름처럼 모여들기 시작했고, 인근 마을에서 밀려드는 사람들로 인해 그 숫자는 계속 늘어났다. 그날 밤 예일은 무슬림 청년들이 예루살렘 구시가지의 서쪽 관문인 야파 문을 지나 그곳에서 가장 신성시하는 알아크사 모스크로 행진하는 모습을 그랜드 뉴호텔 고층 발코니에서 추방된 서구 사람들과 함께 내려다보았다. 거리의 사람들은 신념을 위해 죽을 준비가 되었다고 가슴을 두드리며 노래하고 있었다.

"등줄기가 오싹한 느낌이었다. 의식적이건 무의식적이건 간에 우리 몸의 신경세포 하나하나가 또렷이 감지하고 있었다. 이 청년들을 흥분시킨 종교적 열정은 그들의 선조가 800년 전 같은 장소에서 우리 십자군을 상대로 느꼈던 바와 같은 성질의 것이었다."

예일과 그의 상관 A. G. 데이나는 이제 빠져나가야 할 때가 되었다고 판단했다. 그리고 사흘 뒤, 두 사람은 난민들로 북새통인 야파 항 부두에서 화물선을 타기 위해 요금을 흥정해야 했다. 정원을 초과한 화물선에 간신히 올라탄 이들은 11월 17일, 이집트에 도착하자마자 호주 병사들이라는 새로운 공포와 마주하게 된 것이다.

영국 정보요원들은 이들의 입국을 놓치지 않았다. 예일은 알렉산드리아 항구에 내리자마자 한쪽 사무실로 안내를 받았고, 최근 며칠 사이에 팔레스타인에서 보거나 들은 모든 내용을 보고해야 했다. 조사관은 자기 앞에 앉은 이 미국인 석유꾼이 시리아를 탈출하는 과정에서 매우 세심한 관찰력을 발휘한 데 대해 쾌재를 불렀다. 예일은 팔레스타인 남부에 산재한 마을의 수치와 도시마다 배치된 터키군의 추정 규모를 제시해주었기 때문이다. 아울러 독일군 장교들이 지역 곳곳에 존재하며, 지금은 트럭에 군수 물자를 가득 싣고 행군하는 병사들을 앞세워 남쪽

으로 이동 중일 것이라는 정보까지 추가했다.[41]

예일은 당분간 카이로에서 대기해야 했다. 상관들이 자신과 중동 전역에서 활동 중인 소코니 직원들에게 맡길 업무를 결정하기 위해 뉴욕 브로드웨이 26번지로 돌아갔기 때문이다. 오스만 제국의 참전은 코르누브 사업을 추진하는 스탠더드오일 사에 반갑지 않은 소식이었다. 새로운 적국이 된 오스만을 압박하기 위해 영국과 프랑스의 해군이 해상 봉쇄 작전에 돌입한 탓이다. 이는 팔레스타인부터 유럽의 동남쪽 모서리에 이르는 지중해 동부 해안 전체를 막아버리는 조치로, 당분간 이 봉쇄령은 해제될 것 같지 않았다. 소코니가 직면한 기본적인 문제는 일단 중동 사업을 접고 직원들을 귀국시킬지, 아니면 가까운 미래에 상황이 나아질 희박한 가능성을 고려하여 계속 대기시킬지를 결정하는 것이었다.

본사에서 지시가 떨어지기를 기다리던 12월 말 어느 날, 누군가 예일이 머물고 있는 내셔널 호텔의 방문을 두드렸다. 그는 자신을 찾아온 사람이 누구인지 곧바로 알아보지는 못했다. 영국 군복을 입은 청년은 당시 카이로에서 흔하디흔했기 때문이다. 그러나 날카롭게 빛나는 푸른 눈을 보자 무언가 기억이 날 것 같았다. 방문객은 명랑한 표정으로 씩 웃으며 말했다.

"안녕하시오, 예일 씨. 설마 나를 못 알아보는 거요? 영국군 정보요원 로렌스요. 우리, 지난 1월 베르셰바에서 만났잖소."

예일은 그제야 떠올렸다. 자신의 '플레이보이' 위장술을 꿰뚫어보던 콧대 높은 고고학자의 명랑한 표정이었다.

이번 만남 역시 일종의 심문이 될 것이 분명했다. 참전을 선언하기 전이지만 콘스탄티노플은 군대를 팔레스타인으로 내려보내고 있었고, 이는 수에즈 운하를 공격하기 위한 준비 작업을 뜻했기 때문이다. 그보다 며칠 전 이집트에 도착한 로렌스는 외국인 입국자 명단부터 훑어보는 게 좋겠다고 생각했고, 명단에서 예일의 이름을 발견했다. 로렌스는 이참에 스탠더드오일이 헤브론 인근에서 건설 중인 도로에 관해 철저하게 알아내야겠다고 마음먹었다. 그가 조사한 내용은 도로의 정확한 경로, 도로 포장재의 성분과 배수를 위한 노면 설계 방식, 특히 터키군이 중화기를 남쪽으로 옮길 때 그 도로를 이용할지 여부 등이었다. 예일은 이렇게 회상했다.

"그는 내가 알고 있는 모든 정보를 뽑아내고는 팔레스타인 상황에 대해 이야기하기 시작했다. 그 장교는 며칠 전에 그곳을 떠난 나보다 훨씬 더 많은 사실을 알고 있었다. 내가 영국 정보기관의 역량과 로렌스라는 젊은이의 능력을 제대로 이해하기 시작한 것은 그 순간부터였다."[42]

그날 밤 로렌스는 획득한 정보를 상관에게 보고했다. 착잡한 내용의 보고서였다. 헤브론-베르셰바 도로 공사가 모두 끝난 것은 아니지만 소코니는 이미 유대 지방 구릉지대에서 사막 가장자리에 이르는 가장 어려운 구간 공사를 마무리 지었다는 내용이었다. 윌리엄 예일은 파나마 운하에서 기술자로 일한 경험에 비추어볼 때 도로는 육중한 트럭이 통행할 수 있을 만큼 완만하게 닦였을 것이라고 말했다. 그때까지 영국군 지휘부는 터키-독일 동맹군이 팔레스타인 남부를 통해서 수에즈 운하로 대대적인 진격 작전에 나설 가능성은 희박하며, 대체로 지중해 바닷가를 따라 남하하는 익숙한 경로에 의존할 것으로 예상하던 참이었다. 결과적으로 스탠더드오일과 윌리엄 예일은 헤브론 도로 공사를 통해 터키군 쪽에 전선을 48킬로미터나 확대할 수 있는 역량을 선사한 셈이었다.[43]

1914년 11월 21일 아침, 터키가 제1차 세계대전에 뛰어든 지 3주가 안 된 시점에, '삼두정치'의 일원으로 오스만 제국을 통치하던 아흐메드 제말 파샤는 제4군 총사령관과 시리아 총독을 겸하기 위해 콘스탄티노플을 떠났다. 하지만 그의 실질적 권위는 두 가지 직위가 나타내는 것보다 훨씬 더 강력했다. 그는 군사적·정치적 최고 실권자로서 아나톨리아 남쪽과 메소포타미아 서쪽에 있는 오스만 땅 전체, 넓이로 따지자면 오스만 제국 전체 영토의 반 이상을 통치하는 인물이었다. 그런 권력에 기대어 제말 파샤가 터키군에 내린 첫 명령은 수에즈 운하로 진군해서 영국령 이집트의 심장부를 타격하라는 것이었다.

그로부터 3년간 제말 파샤의 조치는 매번 심각한 상황을 초래함으로써 시리아의 일상을 뒤흔들었다. 그는 군사와 정치를 통할하는 지도자로 군림하는 동안 각기 다른 성향을 지닌 세 남자와 자주 접촉하여 다양한 도움을 얻었다. 그 세 명은 바로 아론 아론손과 쿠르트 프뤼퍼, 윌리엄 예일이었다.

땅딸막하고 단단한 체구의 제말 파샤는 어떤 면에서는 지위에 어울리지 않는 인물이었다. 1872년에 태어난 그는 오스만 하급 장교가 된 이후 진급을 거듭하면서 군인으로서 출세할 기회를 노리고 있었으나 이렇다 할 두각을 나타내지 못했다. 그러다가 1900년대 초, 개혁을 표방한 CUP 결성에 가담함으로써 승부수를 던졌고, CUP가 권력을 차지한 1913년의 쿠데타를 계기로 콘스탄티노플의 군정 수반이라는 지위에 올랐다. 그로부터 1년이 안 되어 이른바 삼두정치 체제가 대두되었고, 마침내 42세에 불과한 터키군 지휘관 제말 파샤는 오스만 제국을 배후에서 통치하는 CUP가 대중 앞에 내세운 세 인물 가운데 한 명이 되었다.

제말 파샤가 주목받게 된 계기 중 하나는 개인적인 매력일 것이다. 터키 주재 미국 대사 헨리 모건도Henry Morgenthau Sr.의 회고에 따르면 이러하다.

"그는 악수할 때마다 상대방의 손을 죔쇠로 죄듯이 세게 잡고서 형형한 눈빛으로 상대를 훑어보곤 했다. 강렬한 인상을 주기 마련이다."

그렇다고 해서 모건도가 제말을 좋아했다는 뜻은 아니다. 오히려 모건도는 그의 카리스마를 기껏해야 과도한 흥분 상태 또는 악의적인 영향력쯤으로 치부하면서 다소 인종주의적인 묘사를 남겼다.

"그의 까만 눈동자는 송곳 같았고, 이곳저곳 재빠르고 매섭게 쏘아본 뒤 번개처럼 몇 번 깜박일 때면 순식간에 모든 것을 파악한 것처럼 보였다. 극도로 교활하고 무자비하며 이기적인 성품의 소유자임이 분명하다. 심지어 웃을 때 새하얀 치아를 모두 드러내는데 흡사 짐승의 이빨 같아서 기분이 나쁘다."44

제말에 대해 조금 다른 뉘앙스를 들려주는 미국인도 있다. 베이루트에 있는 시리안 프로테스탄트 칼리지 총장인 하워드 블리스는 전쟁 기간의 제말에 대해 폭넓은 관점을 보이고 있다. 전쟁이 한창이던 어느 날 오후, 베이루트에 거주하는 전쟁 상대국 시민들까지 초대된 사교 모임에서 본 제말에 대해 블리스는 이렇게 기억하고 있다.

"그때 제말은 쾌활하고 붙임성 좋으며 호기심 많은 사람처럼 보였다. 돌아다닐 때 한쪽 손은 주로 바지 주머니에 찔려 있거나 커다란 의자 팔걸이에 느긋하게 걸쳐져 있었고, 다른 쪽 손은 매력적인 유럽인 숙녀에게 맡겨져 있었다."

블리스는 (동양인치고는 이례적으로) 자녀들에 대한 사랑과 아내에 대한 애정을 스스럼없이 표현하는 제말을 지켜보며 한없는 허영심과 다정다감한 본심 사이에서 갈팡질팡하는 한 인간의 내면을 간파했다.

"잔혹과 관대, 결단과 변덕, 고매와 천박, 이기심과 애국처럼 상충하는 여러 요소가 뒤엉킨 성격이었다."45

이렇게 모순적인 제말의 성격은 정치적 관점에도 그대로 투영되었다.

실로 그는 청년튀르크당의 심장부에 도사린 내적 모순, 즉 동양과 서양, 현대와 전통, 유럽의 힘에 대한 경외감과 극렬한 적개심 사이에서 오락가락하는 내면을 지닌 존재였다. 제말은 범이슬람 지하드에 대해서 확고한 믿음을 견지하는 독실한 무슬림인 동시에, 제국 내 민족적·종교적 소수 집단에게 온전한 시민권을 부여해야 한다고 가장 강력히 주장하는 청년튀르크당 지도자였다. 콘스탄티노플 외국인 클럽에서는 유럽의 음악과 문학을 아끼는 예술 애호가로서 프랑스어 연습에 푹 빠져 있으면서 국민에게는 타락한 서양의 영향을 배척하라고 다그치는 사람이었다. 터키와 이슬람의 부흥으로 오스만 제국이 과거의 영광을 되찾게 될 그날을 추구하면서도, 도로와 철도를 깔고 학교를 세워서 조국의 현대화 달성을 앞당기고 싶어하는 기술관료적 입장을 취하기도 했다.

"그는 시리아를 새롭게 창조해서 평소 흠모해 마지않던 유럽에 자랑스레 내놓고 싶은 야심을 지녔다. 제말이라는 개인을 애국자라고 평가할 순 있겠지만 지나친 공명심을 지니고 있었다. 그가 터키의 개혁을 원한 것은 사실이다. 그러나 그보다는 개혁의 수장으로서 자신이 인정받는 게 우선이었다."[46]

제말은 이와 같은 목표를 성취하기 위해 배신으로 얼룩진 CUP 정치판에서 익힌 수법을 자주 동원했다. 그것은 친절하던 사람이 한순간에 잔인한 사람으로 표변하는 재주, 화해의 손길을 내미는 동시에 노련하게 칼날을 휘두르는 능력이었다. 제말의 직접 통치를 받게 된 시리아 사람들은 이 점을 금세 알아챘다. 그는 미래의 정적을 자기편으로 잡아놓기 위해 놀라울 만큼 세심한 노력을 기울이다가도 감언이설과 감투와 언약이 통하지 않으면 즉시 추방하거나 사형이라는 종래의 극단적인 처방을 거리낌 없이 이용하는 사람이었다.

드디어 제말이 탑승한 열차가 콘스탄티노플의 하이다르파샤 역을 떠났다. 이제 시리아 개혁에 방해가 되는 것이 무엇인지 명료하게 밝혀질 참이었다. 그러나 제말이 부임지에 도착하는 것 자체가 첫 번째 난관이었다. 열차가 아나톨리아를 관통하며 달리는 이틀 동안, 기나긴 여정의 초반까지는 상쾌하고 즐거운 기분을 만끽할 수 있었다. 그러나 알렉산드레타 만 북쪽 구석의 무스타파 베이 마을을 지날 때 문제가 발생했다. 당황한 관리들은 최근에 알렉산드레타 시(오늘날 이스켄데룬)로 이어지는 철로 곳곳이 유실되었다고 보고했고, 결국 제말은 자동차로 옮겨 타야 했다. 그러나 알렉산드레타 시내 방면 '고속도로'에 오른 지 얼마 안 되어 자동차 바퀴가 진창에 빠지고 말았다. 제말은 다시 말을 타고 네 시간이나 달려서 되르트욜이라는 바닷가 마을에 겨우 도착했다. 그리고 조그마한 2인용 궤도차를 발견한 어느 낙천주의자는 가벼운 탈것에 제말과 수석 참모를 태우고 16킬로미터나 되는 망가진 해안선을 달리면 알렉산드레타 시까지 이동할 수 있다고 확신하고 말았다. 제말은 당시 경험을 이렇게 적었다.

"수레를 타고 비에 젖은 철로를 달리다니, 나는 이번 여행을 결코 잊을 수 없을 것이다. 해안선을 따라 내려갈 때에는 폭우를 만나 죽을 고비를 여러 차례 넘겨야 했다. 적의 군함이 목격한 바에 따르면 (…) 우리가 수레를 타고 알렉산드레타까지 달릴 때 허공에 떠 있는 구간이 15~20미터나 이어지기도 했고, 아예 물에 잠긴 구간도 여러 차례 나타났다."[47]

사실 이보다 더 안 좋은 소식이 제말 파샤를 기다리고 있었다. 알레포로 가는 길, 즉 알렉산드레타와 시리아 북부 내륙을 잇는 유일한 도로를 통과할 수 없게 된 것이다. '통과할 수 없다'는 말은 절제된 표현에 가깝다. 보수 공사를 시작한 지는 꽤 되었지만 산더미처럼 쌓인 돌덩이들은 그대로 남아 있었다. 겨우 도로 노면이 모습을 드러낸 상태에서

도로변에는 거대한 돌무더기가 쌓여 있었다. 이 형상을 목격한 제말은 그 길이 "수로인 줄 알았다". 훗날 회고록을 쓸 때 제말은 당시 기억을 떠올리며 통탄의 한마디를 남겼다.

"이런 길이 우리 군과 조국을 연결하는 유일한 통로였다니!"[48]

12월 6일, 콘스탄티노플을 떠난 지 2주 만에 제말은 마침내 다마스쿠스 총사령부에 도착했다. 그는 이미 확고한 결정을 내린 상태였다. 보급선과 인프라 구축이라는 기본적인 문제가 해결되기 전까지 수에즈 운하 공격을 연기하겠다는 것이었다. 하지만 다마스쿠스에서 그를 기다리던 독일군 정보장교에게 이런 생각을 털어놓은 것은 실수였다. 그 장교는 바로 제말과 독일군 수뇌부 사이의 연락을 맡은 쿠르트 프뤼퍼 소령이었기 때문이다.

프뤼퍼는 수에즈 공격을 연기할 이유가 없다는 입장이었다. 프뤼퍼는 막스 오펜하임에게 보내는 편지를 통해 제말의 우유부단함을 밝히면서 시리아 내부적으로 지하드를 추동하는 작업이 처음부터 미지근한 반응을 보이는 마당에 공격이 연기된다면 "신중한 공작의 산물인 지하드 열기가 사그라들어 사람들은 무관심에 빠져들 것이다. 적개심을 추동하지 못한다면 겁 많은 이집트 사람들을 낙담시키는 결과로 이어질 수 있다"고 주장했다.[49]

프뤼퍼의 이런 관점은 "공격에 필요한 수단이 불충분"하다는 등 운하 공격이 실패할 수밖에 없는 이유로 가득한 편지 내용을 고려할 때 자못 의아한 것이었다. 그럼에도 불구하고 프뤼퍼에겐 운하 공격을 부추겨야 할 음흉한 동기가 있었다. 콘스탄티노플에서 그는 터키를 전쟁에 끌어들이기 위한 지난한 과정을 생생히 지켜본 사람이었다. 게다가 다마스쿠스에서 보고받은 정보를 통해 동맹군을 탈퇴하고 연합군에 화평을 청하려는 세력이 CUP 내부에 존재한다는 사실도 분명히 알았을 것이다. 이 모든 저항을 단번에 해소할 사안이 바로 수에즈 운하 공격이었다. 공격에 돌입하는 바로 그 순간부터 터키와 독일은 떼려야 뗄 수 없는, 승패를 함께하는 사이가 될 것이었다.

곧이어 제말은 콘스탄티노플에서 날아온 짤막한 전보를 받아들었다.

"지체 없이 수에즈 운하 공격을 추진할 것."

❖ 5장
비루한 난장판

시리아에 관한 한, 우리의 적은 터키가 아니라 프랑스입니다.
-T. E. 로렌스가 고향 집에 부친 편지, 1915년 2월[1]

사보이 호텔에서 업무를 시작하는 날, 로렌스는 사무실에서 제일 널찍한 벽면에 오스만 제국의 영토를 한눈에 볼 수 있는 커다란 지도를 붙였다. 그러고는 한가할 때마다 지도 앞에 서서 드넓은 제국의 영토를 오랫동안 응시했다.

1915년 1월, 그는 터키군의 수에즈 운하 공격을 초조한 심정으로 기다리고 있었다. 결과가 어떠할지 그는 거의 확신하고 있었다. 터키군이 운하에 도착하려면 먼저 시나이 반도라는, 240킬로미터나 되는 적대적인 환경을 통과해야 했다. 로렌스는 광대한 면적에 비해 물을 구하기가 어려운 지역이라는 사실을 잘 알고 있었기 때문에 공격에 나선 터키군의 규모가 매우 작을 수밖에 없으며(실제로 영국군 고위 관계자 몇몇은 10만 명이 안 될 것으로 추정하기도 했다) 따라서 쉽게 방어할 수 있으리라 보았다.[2] 로렌스가 조바심을 느끼는 진짜 이유는 근동 지역 전쟁의 다음 국면, 다시 말해 터키의 운하 공격이 실패한 뒤에 벌어질 상황 때문이었다. 터키군을 격퇴한 뒤에는 영국이 공격할 차례다. 로렌스는 벽에 붙은 지도를 바라보면서 영국군이 타격할 급소들을 찾고 있었다.

벽에 붙여놓은 지도의 특이한 점은 아주 오래된 지도라는 사실이었다. 오스만 제국은 그 광대한 넓이와 희박한 정치적 응집력에도 불구하고 지리적으로는 외세의 침입을 막기에 매우 유리한 조건을 갖추고 있었다. 물론 오스만 제국의 정치적·종교적 중심지는 유서 깊은 도시 콘스탄티노플이었다. 이 도시는 예로부터 민족의 심장부로 여겨온 아나톨리아 산악지대를 동쪽에 끼고 있다. 제국의 수도와 민족의 성지가 한데 붙어 있다는 사실은 영국의 군사 전략가들로 하여금 '단칼에 베어내듯' 두 핵심 지역만 차지하면 된다는 발상을 떠올리게 만들었다. 즉 콘스탄티노플과 아나톨리아를 장악하면 오스만 제국의 나머지 땅은 자멸하리라 예상한 것이다.

이런 발상을 구현하기까지는 많은 장애물이 있었다. 우선 터키의 유럽 친구인 그리스와 불가리아가 여전히 중립을 지키는 상황이었으므로 서쪽에서 육로로 콘스탄티노플에 접근하기는 거의 불가능했다. 이론적으로는 연합군의 일원인 러시아가 아나톨리아 동쪽으로 진격할 수도 있지만 러시아는 동부전선에서 독일과 싸우는 데 병력을 집중하고 있었다. 산악 지역에서 보급로를 제대로 확보하는 일 역시 쉽지 않은 문제였다. 남쪽에서 진격하려면 아나톨리아를 관통하되 그 지역 주민들의 맹렬한 저항과 험준한 산세를 각오해야 했다. 또는 폭이 4.8킬로미터에 불과하고 양쪽으로 터키군 요새가 즐비한 다르다넬스 해협의 방어망을 해군 소함대로 뚫어야 하는 상황이었다. 만만한 경로는 하나도 없었다.

오스만 제국 주변부에서 진격하는 대안에 대해서도 고려했지만 별반 나을 게 없었다. 영국의 지휘를 받는 인도군은 전쟁 며칠 만에 이라크 남부 유전지대를 장악하긴 했지만 거기서부터 아나톨리아로 진격하려면 늪지대와 사막을 1126킬로미터나 행군해야 했다. 이집트에서 출격하는 것 또한 녹록지 않아서, 황량한 시나이 반도를 건넌 뒤에 팔레스타인 남쪽의 비좁은 관문을 밀집 방어하는 터키군과 일전을 치러야 했다.

이렇듯 오스만 제국을 물샐틈없이 지켜주는 천혜의 장벽에서 기이하리만큼 취약한 지점이 딱 한 곳 있었다. 그곳은 바로 시리아 서북부에 위치한 알렉산드레타 만[지금의 이스켄데룬 만]으로, 남북으로 길쭉한 해안선은 지중해 동쪽과 맞닿고 북쪽으로는 들쭉날쭉한 아나톨리아 해변과 이어져 있다. 특히 알렉산드레타 만은 수심이 깊고 동부 지중해에서 가장 훌륭한 천연 항구가 형성되어 있어 상륙 작전을 펼치기에 안성맞춤이었다. 게다가 동쪽으로 지형이 평탄해서 내륙으로 진군 태세를 갖추기에도 적합했다.

이와 같이 다양한 전술 연구는 이집트에서 근무하던 영국군 고위 지휘관들이 로렌스가 도착하기 전부터 고민하던 내용이었다. 알렉산드레타는 제라블루스에서 서쪽으로 160킬로미터 떨어진 곳이고, 로렌스는 이미 그 지역 전부와 오스만 사회를 훤히 꿰고 있었다. 그런 로렌스가 자기만의 시각으로 집중적으로 살핀 것은 다름 아닌 정치적 흐름이었다.

전쟁에 뛰어드는 제국에 가장 큰 잠재적 위협 요소 가운데 하나는 제국 내에 전쟁을 원치 않는 거대 집단이 존재한다는 사실이다. 전쟁이 길어지고 징발이 계속될수록 이들 집단의 분노는 점점 더 팽배해지는 반면 적국의 감언이설과 선전 구호에 매력을 느끼게 된다. 따라서 전쟁이 장기화될수록 유럽의 여러 제국은 이와 같은 내부적 위협과 씨름해야 했다. 이러한 관점에서 콘스탄티노플의 청년튀르크당이 맞닥뜨린 상황에 비하면 유럽 제국들의 처지는 (때로는 아주 심각한 경우도 있었지만)

아무것도 아니었다. 쉽게 말해 오스만 제국은 워낙 다양한 언어권 집단들이 뒤섞여 있기 때문에 어느 한 집단으로부터 지지받는 정책을 내세우면 나머지 집단 전체가 박탈감을 느낄 수밖에 없는 체제였다. 정권세력에게는 난감하기 짝이 없는 이러한 구조가 11월 지하드 선언에 대한 복잡한 반응으로 고스란히 드러났다. 지하드 선언은 무슬림 청년들을 흥분시켰지만 동시에 제국 내 비무슬림 주민들에게 공포를 안겼다. 아울러 공공연히 터키 민족주의를 부르짖는 청년튀르크당에 대한 신뢰를 일찌감치 거둬들인 보수 성향의 무슬림 아랍인들은 점점 더 세속화되는 정권이 종교를 전술로 삼으려 한다며 냉소적인 반응을 보였다.

한 폭의 모자이크에 비유할 때 오스만 제국은 전반적으로 다른 무늬들이 화폭을 가득 채운, 크고 작은 다양한 '색깔'이 어우러진 형상이라 할 수 있다. 그리고 거리를 두고 이 모자이크를 조망한다면 오스만 제국이라는 거대한 영역에 존재하는 수많은 요소가 한 지점에 혼재하는, 민족적·종교적 원점을 발견할 수 있을 것이다. 그곳이 바로 알렉산드레타였다.

로렌스는 전통적인 방식으로 터키와 전쟁을 벌인다면 거리가 멀고 동원 가능한 자원도 부족하기 때문에 승산이 없다는 사실을 명확히 인지하고 있었다. 대신 영국은 상대국 내부의 갈등을 이용해 불만 세력과 손을 잡는, 이른바 변칙 전술을 펼쳐야 한다고 판단했다. 알렉산드레타 분지는 북쪽으로 아나톨리아라는 터키인들의 세상과 남쪽으로 위대한 아랍인들의 세상을 가르는 경계선이었다. 로렌스는 제라블루스에서 몇 년간 지낸 덕분에 시리아 북부에 거주하는 아랍인들의 터키인 지배자들에 대한 적개심이 강해지고 있다는 사실을 알고 있었다. 게다가 알렉산드레타는 터키인들한테 이따금 학살을 당해온 아르메니아인들이 민족의 성지로 여기는 땅과도 가까웠다. 이것은 당시 두 민족보다 콘스탄티노플을 더 증오하는 이들은 없다는 사실을 의미한다. 로렌스가 생각하기에 영국군이 알렉산드레타에 주둔할 경우 군사적으로 더없이 유리할 뿐만 아니라 주둔 그 자체만으로 시리아인과 아르메니아인들의 반란을 촉발할 수 있다. 이것은 궁극적으로 영국군의 수고를 크게 줄일 수 있는 해법이었다.

이런 생각을 더욱 매력적으로 만들어주는 직접적인 정보까지 로렌스는 확보하고 있었다. 우선 아나톨리아에서 출발하여 알렉산드레타를 거쳐 남쪽으로 내려가는 간선도로망 시설은 매우 열악한 상태였다. 게다가 콘스탄티노플과 아랍 영토를 통과하는 헤자즈 철도 역시 알렉산드레타를 거치는데, 엄밀히 말하자면 이 철도는 해당 구간을 부분적으로 연결한 것에 불과했다. 이미 여섯 달 전에 로렌스는 스튜어트 뉴컴의 강한 요청에 따라 그 지역을 훑고 지나간 적이 있기에 해당 철도 구간에서 가장 중요한 토로스 산맥과 아마누스 산맥 두 지점이 완공되려면 한참 멀었다는 사실을 알고 있었다. 결국 이 사실은 영국군이 알렉산드레타 일대를 점령해도 터키군이 즉각 대응에 나설 수 없음을 뜻한다. 터키군의 대응이 늦어지면 제국의 남쪽 요충지들은 보급과 충원을 차단당해 순식간에 무너질 수밖에 없다. 게다가 알렉산드레타는 (로렌스가 영국군 2000~3000명 정도면 충분히 점령할 수 있다고 예상했을 만큼) 한 줌도 안 되는 병력이 지키고 있었다. 요컨대 알렉산드레타는 오스만 제국을 둘로 쪼개는 동시에 인구의 3분의 1과 영토의 2분의 1을 일거에 빼앗을 수 있는 요충지였다.

알렉산드레타의 취약성을 간파한 사람은 로렌스만이 아니었다. 터키군도 이 점을 예민하게 파악하고 있었다. 사실 터키군은 이 문제를 무척 조심스레 다루는 바람에 제1차 세계대전에 얽힌 일화 가운데 가장 굴욕적인 사건을 치러야 했다.

1914년 12월 20일, 영국 군함 도리스호가 알렉산드레타 앞바다에 나타났다. 그리고 이 지역을 지키던 터키군 지휘관에게 거만한 태도로 최후통첩을 날렸다. 외국인 수감자를 모두 풀어주어야 할 뿐 아니라 탄약과 철도 차량 전부를 내놓지 않으면 포탄 세례를 퍼붓겠다고 통고했다. 영국 해군의 공격에 맞설 만한 무기를 마련하지 못한 터키군은 영국 해군의 포탄에 자국민 한 명이 숨질 때마다 영국군 포로를 한 명씩 죽이겠다고, 절망적인 심정으로 협박했다. 그러나 이런 협박은 제네바 협약 또는 헤이그 협약을 정면으로 위반하는 것이어서 국제사회에 커다란 파문을 일으켰고, 결국 콘스탄티노플의 청년튀르크당 수뇌부는 재빨리 취소 발표를 내놓아야 했다. 그리하여 기묘한 타협이 성사되었다. 영국이 알렉산드레타를 공격하지 않는 대신 기차역에 정차 중인 기관차 두 대를 터키군 스스로 파괴하기로 합의한 것이다. 그러나 터키군에는 약속을 이행하는 데 필요한 폭발물이나 폭파 전문가가 없었다. 12월 22일 아침, 결국 도리스호의 전문 요원이 터키군의 기관차를 폭파해주기 위해 파견되었다. 영국 정부에게 도리스호 사건은 포로 살해라는 협박에 관한 것이었던 반면, 로렌스에게는 알렉산드레타의 터키군을 공포로 몰아넣으려면 어떻게 해야 하는지 명확한 해법을 제시한 사건이었다.[3]

로렌스는 지도 분석을 담당하는 하급 장교에 불과했지만 그 일이 정보기관 소관이었기 때문에 자신의 견해를 영국군 최고위층에 전달할 수 있는 특별한 위치에 있었다. 예전에는 미지근한 관심사에 불과하던 영국군의 알렉산드레타 상륙 작전에 대한 세부 검토가 로렌스가 카이로에 도착하자마자 진행된 사실은 결코 우연이 아닐 것이다. 문장을 구사하는 독특한 방식으로 미루어볼 때 이 문제에 관한 1915년 1월 5일자 정보대 보고서의 작성자는 로렌스임이 분명하다.

"시리아의 독일 지휘부는 우리가 시리아 북부에 상륙하는 걸 가장 두려워한다. 우리는 두 명의 믿을 만한 소식통으로부터 관련 정보를 확인했다. 독일군은 우리가 알렉산드레타에 상륙할 경우 휘하의 아랍인 부대들이 대부분 떨어져나갈 것임을 인정했다. 그들은 이러한 상황을 두려워하고 있으며, 우리가 알렉산드레타를 점령하자마자 범아랍 군사동맹이 이끄는 전면적인 아랍 반란이 터질 것으로 예측된다."[4]

그의 보고서는 효과가 있었다. 로렌스는 카이로에 도착한 지 한 달이 되는 1915년 1월 15일, 옥스퍼드대에 남아 있는 오랜 멘토인 데이비드 호가스에게 최근 소식을 전했다. 다만 편지가 검열에 걸려서 낭패를 보는 일이 없도록 일부러 모호한 표현을 써야 했다.

"우리가 맡은 특별한 업무는 순조롭게 진행되고 있습니다. 우리는 '그들'을 바른길로 인도하느라 한 달 동안 애를 많이 썼답니다. 우리가 생각하기에 그들은 잘못된 방향으로 나아가고 있었거든요. 마침내 오늘 우리는 완벽한 성공을 거둔 것 같습니다. 성공을 위해 필요하다고 생각한 모든 것을 얻었기 때문입니다. 전력을 기울인 탓인지 저는 완전히 녹초가 되었습니다."[5]

로렌스가 말하는 '그들'이란 카이로와 런던에 있는 영국군 수뇌부를, '업무'란 알렉산드레타 상륙 작전을 뜻했다. 이제 유일하게 남은 문제는 오랫동안 기다려온, 이제는 결과를 예상할 수 있는 터키의 수에즈 운하 공격이었다.

부하들의 사기가 하늘을 찌를 듯했다. 제말 파샤는 비록 잠시였지만 이제 모든 일이 뜻대로 풀리겠구나 하는 생각에 가슴이 벅찼다. 그는 당시 상황을 이렇게 회상했다.

"우리 모두는 운하를 건널 수 있을 거라 믿어 의심치 않았다. 우리 병사들이 수에즈 운하 맞은편 제방에 발을 디뎠을 때 나는 이집트 애국자들이 합세하여 영국인들을 배후에서 공격할 것이라 확신했다."[6]

1915년 1월 말, 오스만 제국 제4군 내부에 낙관적인 분위기가 형성된 이유 중 하나는 시나이 반도를 가로지르는 과정에서 터키군이 불굴의 용기를 발휘했기 때문이다. 그러한 터키군의 끈질긴 면모에 독일군의 조직력이 더해졌을 때 달성할 위업을 가늠케 해주는 실로 빛나는 사례였다. 193킬로미터를 행군하는 데 준비하는 기간만 몇 달이 걸렸고, 초인적이라 할 만한 수송 작전을 펼쳐야 했다. 독일군 장교들의 지휘 아래 공병대가 부채꼴 대형을 유지하며 선두에 섰는데, 뒤따르는 보병을 위해 지하수를 탐지하거나 빗물 저장소를 만들고 군수품 창고를 마련하기 위해서였다. 대규모 황소 떼를 동원하여 수에즈 운하 도강 작전에 필요한 부교와 육중한 대포를 끌게 했고, 멀리 아라비아 중부에서 데려온 낙타 1만2000마리로 보급품을 실어 날랐다. 이런 식으로 1만3000명에 달하는 병사는 1월 초부터 세 갈래로 나뉘어 사막을 건너기 시작했다. 고난의 행군이었다. 병사 한 명에게 지급되는 하루 식량은 비스킷 230그램과 올리브 한 줌이 전부였다.

1월 말, 마침내 운하에서 동쪽으로 불과 몇 킬로미터 떨어진 곳에 도착한 터키군 선봉 부대는 공격 준비에 들어갔다. 이집트 주둔 영국군도 공격이 임박했음을 충분히 느끼고 있었다. 공군 정찰기가 일부 터키군 대열을 포착하고 사진을 촬영하다가 이따금 사격을 가하곤 했기 때문이다. 그러나 전체 병력 규모가 얼마나 되는지, 160킬로미터에 걸친 수에즈 운하의 어느 지점을 목표로 하는지에 대해서는 전혀 모르는 듯했다. 터키군의 사기가 충천한 것은 이 때문이었다. 제말은 이렇게 썼다.

"나는 승리가 눈앞으로 다가왔다고, 위대하고 영광스러운 승리를 거둘 것이라고 매일 밤 병사들에게 말했다. 부대의 사기가 계속 고조되어 있기를 바랐기 때문이다. (…) 예기치 않은 행운이 찾아와서, 이번 작전이 (…) 우리에게 승리를 안겨준다면, 그 성공을 이슬람과 오스만 제국이 머지않아 자유를 얻게 된다는 희망의 징표로 삼을 작정이었다."[7]

쿠르트 프뤼퍼 소령은 이와 같은 장밋빛 전망에 동감하지 않았다. 하급 장교 몇 명으로 구성된 독일군 지원단 소속으로 사막 횡단의 고통을 함께한 그였지만, 이번 작전이 성공할 경우 제말의 독일군 지원단장인 프리드리히 크레스 폰 크레센슈타인 중령에게 영광을 돌려야 한다고 믿었다. 치밀한 작전을 수립한 주역은 바로 그였기 때문이다. 그러나 탁상 위의 작전은 실전에서 한계를 나타내는 법이다. 게다가 프뤼퍼는 T. E. 로렌스와 마찬가지로 정식 군사 훈련을 거친 군인이 아니라 절차를 건너뛰고 계급장만 얻은 경우였다. 그는 코앞에 다가온 전투에서 현대 전쟁의 새로운 면모가 틀림없이 문제를 일으킬 것이라고 생각했다. 특히 아무리 초기 단계라고는 해도 항공 정찰까지 가능한 시대인 만큼 영국군은 터키군의 예상보다 훨씬 더 상세하게 이쪽의 전력과 의도를 파악해두고 있으리라 확신했다.

운하 주변을 미리 정찰하는 임무를 수행하는 동안 프뤼퍼의 이와 같은 믿음은 더 확고해졌다. 공격 계획에 따르면 터키군의 양쪽 날개 진영이 수로의 남쪽과 북쪽 끝부분에서 적의 주의를 돌리기 위해 기만 작전을 벌이는 동안 6500명 안팎의 주력 부대 병사들은 운하의 중간 지점에 해당되는 대염호大鹽湖 바로 위쪽 수로를 폭풍처럼 질주해서 넘어가야 했다. 1월 25일 아침, 프뤼퍼는 최전방 정찰대의 일원이 되어 낮은 포복으로 대염호에 다가갔다. 그때 시야에 들어온 것은 준설 작업에 나선 영국인 일꾼 두 명과 조명선 몇 척이 전부였다. 그러나 사흘 뒤에는 수송선 6, 7척과 순양함 2척이 등장했고, 1월 30일에는 관측 가능한 선박만 20척이 넘었다. 그사이에 영국 전투기가 터키군 지휘부 막사를 겨냥한 폭탄 두 발을 떨어뜨려 프뤼퍼는 죽을 위기에 놓이기도 했다. 그는 일기에 이렇게 적었다.

"폭탄이 대지를 두들기고 강력한 폭발이 일어나면서 검은 연기가 마구 치솟았다. 고백건대 나는 공포에 사로잡혔다. 숨을 곳을 찾아 죽을 힘을 다해서 도망쳤고, 진지에 머물던 수많은 병사는 허둥지둥 달아나기 바빴다."[8]

프뤼퍼는 이 모든 상황을 암울한 전조로 여겼다. 1월 30일, 그는 정찰 임무를 마치고 돌아와서 이렇게 썼다.

"적군의 순양함이 호수에서 상황을 통제하고 있었다. 우리는 운하에 접근하기도 전에 궤멸당할 것이다."[9]

그날 밤 프뤼퍼는 "사형을 앞둔 죄수의 마지막 식사"로 아스파라거스와 프렌치토스트를 먹었다.

1915년 2월 3일 이른 아침, 마침내 터키군이 수에즈 운하를 향해 진격을 개시했다. 다행히 잠시 모래폭풍이 불어 적의 눈에 띄지 않고 이동할 수 있었다. 물가에 도착하자마자 터키군 공병들은 서둘러 부교를 조립하기 시작했고, 뒤쪽에 집결한 보병들은 부교가 완성되기를 기다리고 있었다. 이 결정적인 순간, 갑자기 영국군의 서치라이트가 터키군을 환히 비추더니 소총과 대포 공격을 퍼부어 부교 일곱 개를 순식간에 파괴했다. 그러나 그 덕분에 터키 제4군으로서는 전멸을 피할 수 있었다. 퇴로가 끊기기 전에 운하 건너편에 내려선 600여 명의 터키 병사는 죽음을 맞거나 포로로 붙잡혔다.[10]

프뤼퍼는 그날 모래주머니를 실은 기다란 마차 행렬을 지휘하는 돈키호테 같은 임무를 맡기로 돼 있었다. 예정대로라면 모래주머니는 물길을 막는 동시에 건너편으로 넘어가는 다리 역할을 했을 것이다. 그러나 영국 해군의 포탄이 빗발치는 전장에서 프뤼퍼는 목숨을 부지하기 위해 온종일 이리 뛰고 저리 뛰었을 뿐이다.

어둠이 깔리자 제말과 독일군 지원단은 더 이상 진격할 수 없다는 결론에 이르렀고, 결국 시나이 반도를 되짚어 가로지르는 총퇴각을 전개했다. 놀랍게도 영국군은 달아나는 터키군을 추격할 기미를 보이지 않았다. 덕분에 터키군은 진격할 때만큼 질서 정연하고 군기 잡힌 모습으로 후퇴할 수 있었다.

공격 전날 밤까지 쿠르트 프뤼퍼를 괴롭혔던 절망적인 예상은 요행히 빗나갔지만 수에즈 운하에서 패퇴했다는 건 낙심천만한 일이었다. 그는 시나이 반도 동쪽 끄트머리에 있는 오아시스 마을 하피르 엘 안자로 숨어들었고, 운하 공격 당시 산탄에 부상을 당한 팔을 치료하면서 막스 폰 오펜하임과 터키 주재 독일 대사 한스 폰 방겐하임에게 급전을 쳤다. 이집트인들의 봉기에 도화선이 되리라던 공격 작전이 실패로 돌아갔다며, 그는 직설적이다 못해 비꼬듯이 보고했다.

"우리는 이집트 사람들한테 들고일어나라고 자극하기 위해 지하드를 촉구하는 유인물 수천 장을 뿌렸습니다. 하지만 우리 편으로 넘어오는 사람은 한 명도 없었습니다. (…) 이집트 사람들은 도리어 절망에 빠져서 잔뜩 겁을 먹은 상태였습니다. 조국에 대한 사랑은 조금도 찾아볼 수 없었습니다."[11]

프뤼퍼가 낙심한 데에는 좀더 근원적인 요인들이 있었을 것이다. 동양학자 노릇을 접고 막스 폰 오펜하임과 합심하여 독일 제국의 적을 겨냥한 범이슬람 지하드 운동을 획책해왔으나, 수에즈 운하 공격을 포함한 시나이 반도 작전의 전 과정을 통해 그 꿈이 허상에 불과하다는 사실이 입증되고 말았기 때문이다. 우선 운하 공격에 참여한 터키군과 아랍인들은 처음부터 불편한 사이였고, 시간이 흐를수록 관계는 더 나빠졌다. 또한 많은 아랍인 병사는 전투가 시작되자마자 달아나기 바빴다.

그들 가운데 자기 자리를 지키며 용감히 싸운 사람은 아무도 없었으며, 적군에게 투항한 이도 적지 않았다. 프뤼퍼가 직접 정찰병으로 선출한, 그러나 결정적인 순간에 자취를 감춰버린 베두인 유목민 출신 병사들은 특히 더 경멸스러웠다. 사실 이토록 분열적인 집단에서 탐지할 수 있는 공통된 요소는 독일군 지원단을 향한 악감정이었다. 심지어 시나이 반도에서 독일군 지원단이 지침을 내놓을 때마다 '소심한 반항'으로 일관하는 터키군 지휘관도 많았다. 프뤼퍼는 오펜하임에게 보낸 편지에서 이렇게 한탄했다.

"사실 성스러운 전쟁이란 한 편의 비극적인 코미디입니다."[12]

반면 제말 파샤는 상당히 긍정적인 평가를 내놓았다. 운하 공격이 당초 희망했던 이집트인들의 봉기로 이어진 것은 아니지만 영국군이 이집트 주둔 병력을 대폭 늘림으로써 그만큼 다른 지역의 가용 병력을 줄이는 효과를 거두었다는 엉뚱한 해석이었다. 덧붙여 전투를 중단한 결정으로 아군의 손실을 최소화할 수 있었다고도 했다. 그러나 시나이 반도를 되돌아오는 내내 제말과 프뤼퍼는 큰 불안을 느꼈을 것이다. 양쪽이 서로 치고받는 전쟁의 특성상 이제 영국군이 보복 공격에 나설 차례였기 때문이다. 문제는 영국군의 공격 지점이 어디겠느냐는 것이었다. 물론 직전에 시리아 전역을 고생스럽게 훑었던 경험에 비춰보면 공격 가능성이 가장 높은 곳은 알렉산드레타였다.

요충지의 망가진 철로 그리고 수로인지 도로인지 헷갈리는 간선도로도 문제였지만, 다른 문제도 있었다. 터키는 믿을 만한 최전방 공격 부대를 찾고자 눈에 불을 켜고 방방곡곡을 뒤졌지만 결국 시리아 아랍인들을 주축으로 한두 개 사단의 오합지졸에게 알렉산드레타 방어를 맡겨야 했다. 하지만 이들은 시절이 좋았던 때에도 터키군의 감독에 분개하던 사람들이었던 만큼 (그리고 지금은 오스만 제국의 사정이 좋은 때도 아니어서) 연합군이 상륙하려는 낌새만 보여도 줄행랑을 놓거나 총부리를 거꾸로 향할 가능성이 매우 높았다.

앞서 제말 파샤는 알렉산드레타 방비에 대한 지나친 우려로 인해 황당무계한 실수를 저지른 바 있었다. 도리스 호가 알렉산드레타 앞바다에 등장했던 지난 12월, 적군의 공격에 극도로 취약한 이 도시를 지킨답시고 영국군 포로 처형이라는 카드를 꺼내든 것이었다. 이제 수에즈 운하를 위협한 상황에서 영국은 터키의 아킬레스건을 다시 한번 정조준할 것이 자명했다. 이번에는 협상이든 뭐든 그들을 멈출 방법이 전혀 없을 듯싶었다.

역사를 살펴보면, 비교가 안 될 만큼 압도적인 무력을 보유한 측이 우여곡절 끝에 승리의 문턱에서 패배하는 경우가 종종 있다. 이런 현상의 원인은 대체로 세 가지로 분석할 수 있다. 첫째, 오만이다. 군사적 또는 문화적 우월성에 대한 과신으로 상대방을 진지하게 대하지 않은 것이다. 둘째는 정치적 방해, 마지막 셋째는 캄캄한 터널 속의 조그만 점처럼 출구에만 집중하는 협소한 시야다. 특히 마지막은 군사 전략가에게서 나타나는 이해하기 어려운 모습으로, 더 많은 병력이나 화력을 동원하면 쉽게 끝날 상황에서 괴이한 해법을 내놓는 식이다. 1915년 초, 영국군은 이 세 가지 원인이 절묘한 조화를 이루어 끔찍한 패배를 맞기 위해 나아가고 있었다.

2월 3일, 터키군의 수에즈 운하 공격이 실패로 돌아가자 로렌스를 비롯한 카이로 군사정보대 요원들은 영국군이 곧바로 알렉산드레타 상륙작전에 돌입할 것으로 내다보았다. 그러나 이때 런던의 전략가들은 오스만 제국 해안선의 다른 지점을 주목하고 있었다. 그곳은 바로 콘스탄티노플 아래쪽에 위치한 다르다넬스 해협이었다.[13]

지구상에서 가장 특이한 지형 중 하나로 손꼽히는 다르다넬스 해협은 동쪽으로 터키의 아시아 영토가 펼쳐지고 서쪽으로 갈리폴리 반도의 산악지대가 이어지는 틈새로, 물길은 고르주 형태로 구불구불하고 가늘었다. 험준한 산세를 양쪽으로 끼고 48킬로미터 정도 북쪽으로 나아가면 내해內海인 마르마라 해가 나타나고 그 끝에 자리 잡은 도시가 바로 오늘날 이스탄불로 불리는 콘스탄티노플이다. 따라서 지중해에서 다르다넬스 해협으로 들어가는 남쪽 입구는 콘스탄티노플로 향하는 해양 관문으로, 고대로부터 이 지역을 장악한 세력은 요새를 세워 출입을 통제해왔다. 1915년 초, 해협 주위의 높다란 산등성이에 위치한 요새들 밑에는 비잔틴 시대 요새들의 잔해가, 더 밑에는 그리스와 로마 시대 요새들의 잔해가 깔려 있었다.

　터키가 전쟁에 뛰어든 이래로 영국군 수뇌부는 '해협 장악'이라는 발상에 매력을 느끼고 있었다. 이 발상을 가장 강력하게 지지한 인물은 영국 해군성 초대 장관인 윈스턴 처칠이었다. 그가 내각 회의에서 반복적으로(처칠의 평소 스타일이라면 지겨울 정도로) 주장한바, 해협의 북쪽에 위치한 무방비 상태의 콘스탄티노플만 차지하면 적의 목을 치는 셈이니 터키는 전쟁에서 발을 뺄 수밖에 없고, 게다가 다르다넬스 돌파 작전은 북쪽에서 독일과 오스트리아-헝가리 제국에 시달리는 러시아가 호응할 만한 제안이라는 것이었다. 러시아의 북쪽 항구들은 모두 얼어붙었거나 독일군 유보트가 봉쇄했기 때문에 도움의 손길을 뻗을 해상 통로는 남쪽밖에 없다는 것이 처칠의 주장이었다.

　해군력으로 다르다넬스를 공격해야 한다는 의견이 런던 정계에서 공감대를 형성할수록 알렉산드레타 상륙 작전을 옹호하던 카이로 인사들의 입지는 좁아질 수밖에 없었다. 영국 해군이 전자에 집중한다면 후자까지 지원하기는 어렵다는 말들도 나왔다. 언뜻 봐도 어리석은 논쟁이었다. 가장 보수적인 전쟁성조차 알렉산드레타는 병력 2만 명이면 장악할 수 있다고 결론을 내린 상태였다. 물론 로렌스가 상정했던 2000~3000명보다는 훨씬 더 많은 규모였지만 무인지대 건너편을 멍하니 응시하고 있는 서부전선의 병사 수에 비하면 극소수에 불과한 규모였다.[14] 진짜 문제는 근시안적 사고가 제도로 뿌리내렸다는 점이었다. 다르다넬스가 근동 지역의 최우선 표적으로 떠오르면서 알렉산드레타에서 어떤 움직임만 있어도 양동 작전 운운하면서 우려를 표했다. 가용한 모든 자원을 한곳에 퍼붓는 19세기적 방식에 익숙한 영국군 수뇌부 장성들에게 양동 작전이란 정신 사나운 짓에 불과했던 것이다.

지독한 오만도 빼놓을 수 없다. 그들에게 터키는 삼류 국가였고, 터키군 병사들은 영양 부족인 데다 싸울 줄도 모르고 변변한 무기도 없기 때문에 전의를 상실한 존재들이었다. 실제로 터키는 이미 지난 5년 동안 이탈리아와 불가리아, 그리스, 세르비아, 몬테네그로에게 차례로 패배를 당했고, 최근에는 수에즈 운하에서 줄행랑을 쳐야 했으며, 터키 동부 사리카미쉬 전투에서는 러시아군에 참패를 당한 터였다. 1914년 11월, 어느 영국군 장교는 상관에게 다음과 같이 보고했다.

"터키군은 전체적으로 적당히 훈련받은 민병대에 불과하다고 할 수 있습니다. 강인하지만 우둔한 농부가 대부분입니다. 무학자들이 대개 그렇듯이 예기치 않은 상황에 처하면 공포에 질리는 경향이 강합니다."[15]

이 정도에 불과한 패거리가 대영제국 군대의 위력에 맞서서 무엇을 할 수 있을까. 게다가 콘스탄티노플이라는 머리를 자를 수 있는 판국에 뭐하러 알렉산드레타라는 발뒤꿈치를 물고 늘어지겠는가.

한편 완전히 다른 문제도 있었다. 그것은 군사 전략이나 오만 따위와는 전혀 관련 없는, 오로지 정치와 관련된 문제였다. 전쟁이 터진 이후로 프랑스는 이 갈등이 종결되었을 때 자국의 전리품으로서 시리아 소유권을 주장해오던 터였다. 그런 마당에 영국군이 알렉산드레타에 상륙한다면 (알렉산드레타는 일반적으로 시리아 국경선 바깥에 위치하지만) 곧바로 시리아에서 봉기가 일어날 것으로 예상했다. 이 예상은 아이러니하게도 로렌스가 런던에 보낸 보고서에서 상당 부분 비롯된 것으로, 결과적으로 프랑스를 심하게 자극하는 내용이었다. 요약하자면, 프랑스의 요구는 시리아 지역에 연합군이 발을 들이게 될 경우 프랑스가 상황을 완전히 장악할 수 있도록 모든 작전을 함께하겠다는 것이었다. 물론 영토 소유권을 주장하는 측에서는 충분히 요구할 만한 부분이지만 서부전선에 모든 역량을 투입한 프랑스는 상륙 작전에 동참시킬 병력이 없었다. 결국 괴상한 결론이 도출되고 말았다. 프랑스는 알렉산드레타를 포함한 시리아 전 지역을 출입금지 구역으로 제한해야 한다고 주장했다.

이런 논리의 옳고 그름은 별개 문제였다. 로렌스가 보기에 알렉산드레타 작전을 무산시킨 것은 영국 전쟁성의 근시안이라기보다 프랑스의 반대였다. 사보이 호텔의 정보대 요원들이 프랑스의 의지를 파악한 2월 중순, 로렌스는 참담한 심정으로 부모님께 짤막한 편지를 띄웠다.

"시리아에 관한 한 우리의 적은 터키가 아니라 프랑스입니다."[16]

그러나 다르다넬스를 향한 초반 공격이 성공을 거두자 로렌스의 견해는 오판으로 보였다. 2월 19일, 영불 연합 함대는 다르다넬스 해협의 남쪽 입구에서 장사정포로 터키군 요새를 쉴 새 없이 유린했다. 터키군은 겨우 대포 몇 발로 반격하는 시늉만 했을 뿐이다. 대부분의 요새는 순식간에 폐허로 변했고, 승리를 확신한 영국군 사령관은 해협을 따라 거슬러 올라가면서 적군의 요새를 쳐부순다면 늦어도 2주 안에 콘스탄티노플에 도착할 것으로 판단했다. 그 도시의 주민들도 그와 같이 예상했다. 연합군 함대가 도착해서 전열을 가다듬는다면 콘스탄티노플의 몰락은 필연적이라고 여겼다. 중앙은행이 보유하던 금은 터키 내륙의 안전한 피신처로 숨어들 것이고, 수많은 정부 고위 관리는 개인의 생존을 위한 비상 대책을 가동할 것이라고 생각했다.[17]

로렌스는 이런 전망에 동의하지 않았다. 더욱이 다르다넬스 작전이 본격화되기 전에 프랑스를 단념시킬 기회가 있으리라는 기대를 접지 않았다. 2월 19일, 포격이 끝나고 소강상태가 찾아오자 로렌스는 다시금 알렉산드레타 상륙 작전을 밀어붙였다. 하지만 소용없었다. 영국군의 수뇌부 인사들은 로렌스의 주장에 관심을 기울이지 않았다. 그런 상황에서 런던 정치권 최고위층으로 눈을 돌린 로렌스는 마침내 그들과 긴밀하게 연결되어 있는 인물인 데이비드 호가스에게 연락했다.

평소 자신의 후견인 격인 호가스와 격의 없이 소통하던 로렌스였지만, 5월 18일 호가스에게 보낸 편지에 묻어난 어조는 사뭇 달랐다. 그의 문장은 간절한 심정으로 부탁하는 듯한 인상이 짙었다. 로렌스는 호가스에게 알렉산드레타를 접수하는 게 얼마나 중요한지에 대해서는 "아시다시피 그 일대에서 핵심이 되는 지점입니다"와 같이 개괄적으로 설명했으나 다른 열강이 차지할 경우 맞닥뜨릴 위험성에 대해 경고하면서, 이런 의견에 반대하는 사람들을 어떻게 공략해야 하는지를 상세히 짚어주었다.

"그곳 해변에서 석유가 솟아난다고 윈스턴 처칠에게 귀띔해줄 사람이 있을까요? (수많은 전문가가 긍정적인 의견을 내고 있지만 터키는 개발권을 내주지 않고 있습니다.) 북쪽으로 16킬로미터 지점인 되르트욜 근처에는 거대한 철광석 광산이 있고 석탄도 납니다. (…) 그런 다음 가능하면 외무성으로 가십시오. 프랑스가 바그다드 협정을 통해 알렉산드레타를 독일에 넘겨주었으므로 시리아의 영토 관계를 따져야 합니다. 그 땅은 시리아의 일부가 아니라고 천명해야 합니다. 게다가, 아시다시피 알렉산드레타 사람들은 터키어를 씁니다. (…) 우리는 1만 병력이면 알렉산드레타를 점령할 수 있다는 생각에 변함이 없습니다."[18]

호가스의 영향력이 이와 같은 지침을 실행할 만한 정도였는지 따져볼 필요는 없다. 이미 너무 늦은 일이었기 때문이다. 로렌스가 편지를 부친 5월 18일, 연합군 함대는 포격 작전을 재개하기 위해 다르다넬스 어귀로 돌아갔다. 그러나 이번에는 계획한 모든 것이 이루어지지 않았다.

연합군 무적함대는 지난 2월과 마찬가지로 처음 세 시간 동안 해안 요새들을 요란하게 두들겼다. 그런데 제1열이 제2열에게 길을 터주기 위해 뒤로 빠지는 순간 문제가 발생하기 시작했다. 터키군은 지난 2월 포격 당시 연합군 함대의 이상한 버릇, 즉 선두를 이끌던 함선이 뒤로 빠질 때 대부분 오른쪽으로 뱃머리를 돌린다는 사실을 간파했다. 이번에도 영국 해군이 그 방식을 따르리라 판단하고, 함선이 오른쪽으로 돌아나갈 때 지나는 비좁은 해로 수면 아래에 기다란 밧줄을 늘어뜨리고 기뢰를 매달아둔 것이다. 마침내 오후 2시, 임무를 완수한 제1열 함선들이 방향을 틀어 기뢰밭으로 돌진했다. 세 척의 함선이 한순간에 가라 앉았고, 또 다른 세 척은 크게 파손되었다.[19]

1915년 당시 '초점 상실mission creep'[당초 계획했던 작전에서 의도치 않게 다른 방향으로 전개되는 상황]이라는 용어는 없었지만, 당시 상황에 더없이 적확한 표현일 것이다. 5월 18일 기뢰에 일격을 당한 영국군 수뇌부는 곧바로 분석에 들어갔고, 해군력만으로 다르다넬스를 장악할 수 없다는 그럴싸한 결론에 이르렀다. 그들은 무언가 다른 이유를 들어 작전을 포기하는 쪽이 아니라 도리어 지상군까지 투입해 이중 공세를 펼치기로 결정한 것이다. 당시에는 아무도 알 수 없었겠지만 이는 제1차 세계대전에서 가장 치명적인 오판이었다. 중동에서 벌어지는 모든 충돌, 나아가 유럽을 휘감은 전쟁이 조속히 마무리되기를 바라는 사람들의 희망을 산산조각낸 결정이었다. 불과 며칠 전까지만 해도 수도를 포기할 것인가를 고민하던 콘스탄티노플 정권은 연합군이 지상군 병력을 긁어모으기 위해 작전을 중단한 덕분에 수명을 연장할 수 있었다.

1915년 한겨울, 뉴욕 스탠더드오일 본사는 드디어 윌리엄 예일에게 맡길 임무를 결정했다. 그리하여 예일은 미국 북부인의 청교도적 감수성으로는 버티기 힘든 '현대판 소돔과 고모라'의 카이로를 떠나 콘스탄티노플로 돌아갔다.

전 세계 그 어떤 대기업보다 더 교활한 소코니는 진행 중인 제1차 세계대전의 비극을 지켜보면서 이 기회에 한몫 잡기로 결정한 듯했다. 실제로 전쟁이 터진 첫날에는 유조선에 중립국 깃발을 달고 연합군과 동맹군 양측의 수요를 동시에 충족시키려는 계획을 세우기도 했다. 하지만 이 계획이 들통나자 중립국 불가리아를 통해 터키로 석유를 밀수하는 새롭고도 창조적인 수법까지 궁리하고 있었다. 예일도 이와 같은 흐름을 잘 알고 있었다. 그러나 이런 정도의 수법은 소코니가 준비하고 있는 또 다른 계획에 비하면 아무것도 아니었다. 예일이 터키로 돌아간 것은 바로 그 계획을 성사시키기 위해서였다.

브로드웨이 26번지의 관리자들은 전쟁이 유럽 대륙을 중심으로 전개되는 한, 무엇보다 미국이 이 전쟁에 개입하지 않는 한, 오스만 제국의 드넓은 영토는 사실상 소코니가 독차지한 셈이라는 사실을 깨달았다. 전쟁이 끝날 때까지 영국, 프랑스, 러시아는 석유에 신경 쓸 수 없는 상황이므로 소코니에게는 근동 지역에 매장된 석유를 마음껏 탐사하고 원하는 대로 개발할 수 있는 황금 같은 기회가 주어진 것이다. 지불 비용 없이 이 같은 기회를 차지할 수 있었던 것은 소코니가 이번 전쟁의 영향에서 유일하게 자유로운 대기업이었기 때문이다. 소코니가 세운 계획의 근간은 석유가 필요한 터키의 다급한 사정을 최대한 이용하는 것이었다. 전쟁에 뛰어들기로 결심한 이상 그들에게 석유는 곧 생명수나 마찬가지인데 불가리아 밀수 통로를 거쳐 소코니가 공급하는 석유량은 수요에 비해 턱없이 적었다. 이에 따라 소코니는 터키의 석유 수요를 충족시키기 위한 현실적 대안을 내놓아야 했다. 바로 팔레스타인이었다.

1800년대 후반으로 거슬러 올라가는 다양한 지리적 연구의 결과물을 종합적으로 판단할 때, 아직 개발의 손길이 미치지 않은 지역 가운데 가장 거대한 석유 매장지는 팔레스타인 중부 지역이었다.[20] 윌리엄 예일이 1913, 1914년에 참여한 탐사팀은 탐사 구역의 허용 한계에 가로막혀 그 지역의 극히 일부에 해당되는 182제곱킬로미터만을 조사했을 뿐으로, 소코니는 팔레스타인 지분을 대대적으로 확대하고 싶어했다. 그리고 이제 그 방법을 찾아냈다.

예일이 돌아오기 직전, 콘스탄티노플의 소코니 간부들은 유감스럽게도 일곱 개 개발 권역으로 분할된 코르누브 지역이 너무 좁아서 개발에 들어가도 타산을 맞추기 어렵다는 결론을 내렸음을 오스만 정부에 알렸다.[21] 터키 정권으로서는 유전 개발권을 확보하기 위해 노력을 아끼지 않던 소코니가 이와 같은 결론을 내렸다는 게 의아했지만, 석유가 절대적으로 필요한 전쟁 중인 만큼 얼마나 더 많은 땅이 필요한지를 소코니 쪽에 물어볼 수밖에 없었다. 돌아온 대답은 2000제곱킬로미터가 더 필요하다는 것이었다. 구체적으로 표현하자면, 사해부터 지중해에 이르는 유대 지방 중부의 전 지역과 맞먹는, 오늘날 이스라엘 전 국토의 10분의 1에 해당되는 넓이였다.[22]

이 모든 상황에서 핵심적인 사실은 소코니는 터키와 갈등을 빚을 만한 일이 없다고 믿었다는 점이다. 다시 말해 소코니는 시추공을 뚫어서 석유를 뽑아낼 의사가 전혀 없었다는 뜻이다. 소코니로서는 전쟁이 끝날 때까지 원유를 정제해서 팔기만 하면 그만이었다.[23] 소코니의 유일한 속셈은 '절호의 기회'를 이용하여 미래를 위해 2000제곱킬로미터를 확보하는 것이었다. 물론 여기서 말하는 미래란 어느 편이 승리할 것인가 하는 문제와도 상관없었다. 소코니는 외교관과 정치인들에게 적당한 압력을 가하기만 하면 문제 될 게 없다고 믿는 기업이었기 때문이다.

팔레스타인에서 경험이 가장 풍부한 직원 윌리엄 예일은 소코니가 그 땅에 대한 통제력을 확보하는 데 핵심적인 인물이었다. 그가 맡은 첫 번째 임무는 소코니가 땅을 확보하는 데 걸림돌이 되는 터키의 자원 개발 관련 법규의 개정 작업에 참여하는 것이었다. 말하자면 콘스탄티노플 소코니 사무소는 방대한 분량의 자원개발법 개정안을 터키 의회에 제출하기 위한 작업에 착수하면서 (원활한 업무 추진을 위해 의회 사무총장을 급여 대상자 명단에 올려두는 등) 법률 초안을 마련하는 위원회에 예일을 투입한 것이다.[24] 그리하여 1년 반 전까지만 해도 미국 오클라호마 기름판에서 잡부로 일하던 27세의 청년 예일은 오스만 제국의 상법을 개편하는 중책을 맡게 되었다.

독일인 숙소는 예루살렘의 올리브 산등성이에 누르스름한 벽돌로 지어놓은 웅장한 건물이었다. 오늘날에는 주위에 사이프러스나무와 소나무를 심어서 엄숙미가 예전만 못하지만 1900년대 초 독일 황제 빌헬름 2세의 시시콜콜한 지시에 따라 지어진 건물이다. 그래서인지 황량한 맨 땅에 불쑥 솟은 모습이 독일 바이에른 지방의 산성과 매우 흡사한 인상이다.

원래 이 숙소 건물은 성지 순례에 나선 독일인 여행객이나 성직자를 위한 곳으로, 중세 수도원 같은 정갈한 분위기가 서려 있었다. 각 층을 연결하는 계단은 거친 돌을 썼고, 복도는 중정이 내려다보이도록 측면이 뚫려 있다. 1층에는 돌로 지은 커다란 예배당이 있는데, 스테인드글라스 창문과 둥근 천장이 어우러져 코르도바 대성당을 연상케 했다. 제말 파샤는 이 커다란 건물을 제1차 세계대전 내내 시리아 총독부 겸 터키군 사령부로 활용했다. 1915년 2월 불운한 수에즈 원정을 마친 뒤에는 독일군 연락장교 쿠르트 프뤼퍼와 함께 머문 곳이기도 하다.

집무실 안에서의 제말 총독은 상당히 신경질적이라는 소문이 예루살렘에 금세 퍼졌다. 1915년 겨울, 제말의 새로운 개인 비서로 임명된 21세의 예비역 장교인 팔리 리프키는 독일인 숙소 건물로 출근한 첫날부터 그런 인상을 받았다. 안내를 받아 총독 집무실 안으로 들어선 리프키는 수북하게 쌓인 서류 더미 옆에서 부지런히 서명하고 있는 제말을 보았다. 결제가 끝나자 총독 앞에 대기하고 있던 장교 세 명이 서류를 챙겼다. 집무실 한쪽 구석에는 20명가량의 사람이 공포에 질린 듯 창백한 얼굴로 서 있었다. 마침내 서류 작업을 마친 총독은 사내들을 향해 고개를 돌렸다. 그들은 팔레스타인의 나블루스라는 마을에서 잡혀온 노인들로, 제말은 대뜸 그들을 향해 얼마나 큰 죄를 저질렀는지 아느냐고 소리쳤다. 나블루스 노인들은 전혀 영문을 모르는 듯했지만 어쨌든 자비를 호소할 뿐이었다. 그러자 제말이 또다시 불호령을 내렸다.

"닥치시오! 이런 범죄를 저지르면 어떤 벌을 받는지 아시오? 사형! 사형이란 말이오!"

그는 자기 말을 마음 깊이 새기라는 듯 잠시 뜸을 들이더니, 이윽고 낮은 목소리로 덧붙였다.

"하지만 당신들은 오스만 제국의 망극한 은혜를 입었으니 신께 감사해야 할 것이오. 나는 당신들과 일가족을 아나톨리아로 추방하는 정도로 그칠 생각이오."

고맙다고 머리를 조아리는 노인들을 밖으로 내보낸 뒤 제말은 리프키를 향해 어깨를 으쓱하며 말했다.

"어쩌겠어? 이게 우리가 여기서 일하는 방식인 것을."[25]

이는 제말의 업무 처리 방식을 대표적으로 보여주는 일화다. 그는 '변덕스럽다'는 표현이 잘 어울리는 사람이었다. 심지어 한자리에서 사람들과 이야기를 나눌 때에도 끓어오르는 분노와 부드러운 포용 사이를 끊임없이 오갈 때가 많았다. 주위 사람들은 평정심을 가지고 그를 대할수도, 일관된 반응을 기대할 수도 없었다. 베이루트에 있는 시리안 프로테스탄트 칼리지의 총장 하워드 블리스가 몇 가지 부탁거리를 들고 제말을 찾아갔을 때는 말을 꺼내는 족족 쌀쌀맞게 거절을 당했다. 그때보좌관이 불쑥 들어와 밀봉한 편지 한 통을 제말에게 건넸고, 편지를읽던 그는 환한 미소를 짓더니 이렇게 말했다.

"이제 당신이 요구하는 것을 모두 들어주지. 실은 내가 조금 전에 불가리아 차르로부터 훈장을 받았다오. 나는 이런 일이 생겼을 때 처음받은 부탁은 무조건 들어주는 사람이거든."[26]

물론 이런 방식으로는 문제를 제대로 풀 수 없는 법이다. 아무리 가혹한 포고령이라도 취소할 수 있고 아무리 좋은 혜택이라도 철회할 수있다는 사실을 아는 이상, 제말의 기분이 좋다는 귀띔을 받았을 때만간청을 넣거나 기분이 좋은 상태이기를 기대하면서 수시로 부탁하는것 말고는 다른 방법이 없었다.

제말의 관점에서 이야기하자면, 시리아 총독으로서 성가신 일이 무척 많았다. 특히 1915년 5월 중순 즈음에는 일련의 위기로 바람 잘 날없는 일상을 보내고 있었다. 제아무리 유쾌한 사람이라도 당시 제말과같은 상황에 처한다면 혹사당하는 느낌을 지울 수 없을 것이다. 이렇게 힘겨운 나날의 첫 번째 위기는, 5월 22일 아침 사납게 날아든 메뚜기 떼였다.

그날 아침, 예루살렘에 주재하는 젊고 말쑥한 스페인 영사 안토니오 데 라 시에르바는 사무실에서 업무에 몰두하고 있었다. 그때 누군가로부터 일식 현상처럼 하늘이 컴컴해졌다는 말을 들었다.

"발코니로 나가서 하늘을 쳐다보니 먹구름이 햇빛을 완전히 가렸더군요."

그런데 지상으로 서서히 내려온 먹구름을 자세히 보니 새까만 메뚜기 떼였다.

"길바닥과 발코니와 지붕까지, 아니 도시 전체와 교외 일대까지, 그 조그맣고 괴상한 곤충 떼가 온 세상을 뒤덮고 있었습니다."[27]

메뚜기 떼는 그 주변을 덮쳤다가 곧이어 예리코를 향해서 동쪽으로 날아갔다. 그러나 다음 날부터 메뚜기 떼 습격을 당했다는 소식이 팔레스타인 중부 전역에서 연이어 들려왔다. 곤충 떼가 과수원과 들판을 뒤덮고 이파리와 묘목을 몇 시간 만에 몽땅 먹어치웠다는 둥, 잠시 방심한 사이에 가축이나 어린 아기들이 안액眼液을 빨아먹혀 눈이 멀었다는 둥 괴소문도 잇따랐다.[28]

성스러운 땅 예루살렘은 과거에도 종종 메뚜기 떼 습격을 겪은 적이 있으나 현대 들어서는 거의 없었다. 하필 시기도 좋지 않았다. 전시 총력 체제로 인해 수많은 시리아 농부가 전장으로 끌려가고 가축과 농기계는 징발된 상태에서 봄철 농번기를 맞아 일손은 턱없이 부족했다. 전염병까지 나돌고 식량 부족으로 물가는 치솟고 있었다. 스페인 영사에 따르면, 메뚜기 떼가 예루살렘을 몇 시간 덮친 결과 시장에서 거래되는 밀의 가격이 폭등했다.

개혁가를 자처하는 제말 파샤는 오스만 제국의 전형적인 위기 대처

방식을 따르지 않았다. 말하자면 대책위원회를 꾸리지도 않았고, 담당자를 아첨꾼들에게 맡기지도 않았다. 대신 시리아에서 가장 존경받는 농학자를 즉각 소환했다. 바로 39세의 유대인 이주민 아론 아론손이었다.

고집불통으로 유명한 두 인사가 처음 만난 것은 5월 27일이었다. 제말의 제안에 따라 프랑스어로 의사소통을 하기로 했으나 그들의 대화는 시작부터 껄끄러웠다. 아론손은 해충을 퇴치할 수 있는 현대적 기술에 대해 개괄적으로 설명하면서도, 전면적인 징발로 인해 농부들은 메뚜기 떼가 덤벼들기도 전에 죽을 지경이라며 틈틈이 노골적인 비판을 가했다. 아론손이 나중에 들려준 바에 따르면, 총독은 끝내 아론손의 장황한 열변을 가로막고서 짤막한 질문 하나를 던졌다고 한다.

"내가 당신을 목매달면 어쩌려고 그러시오?"

그러자 아론손은 자신의 넉넉한 허리 사이즈와 강력한 해외 인맥을 넌지시 내비치면서 영리하게 응수했다.

"각하, 저는 몸이 꽤 무거워서 교수대가 무너지면 그 소리가 미국까지 들릴 텐데요."[29]

제말은 아론손의 재치 있는 말대꾸가 마음에 들었던 모양이다. 헤어질 무렵 그를 신설 메뚜기 퇴치단의 수석 조사관으로 임명하고 무제한에 가까운 권한을 부여했던 것이다. 그러고는 하급 관리들이 함부로 아론손을 방해한다면 그 이유를 자신에게 직접 보고해야 할 것이라며 주변에 으름장을 놓기까지 했다.[30]

메뚜기 퇴치 문제야 전문가 손에 맡길 수 있었으나 5월 당시 제말을 고민에 빠뜨린 다른 문제들은 그럴 수 없었다. '아랍 문제'는 지금까지 콘스탄티노플이 떠안았던 그 어떤 문제보다 심각한 골칫거리가 될 것이라는 정보를 그는 깔아뭉개고 있었다. 즉 제말은 시리아에서 활화산과도 같은 무언가를 깔고 앉은 상태였다.

11월에 콘스탄티노플이 참전을 선언한 직후, 터키군 방첩대 소속 장교들은 베이루트 주재 프랑스 영사관의 덧문을 부수고 들어가 붙박이 금고에 숨겨둔 상당량의 서류 뭉치를 찾아냈다. 그 서류들은 청년튀르크당에 반대하는 베이루트 및 다마스쿠스의 수많은 아랍 지도자가 프랑스 영사와 오랫동안 은밀히 소통해온 사실을 고스란히 증명하는 것이었다. 사실 그들은 단순히 정권에 반대하는 입장에 그치지 않고 여러 반역죄에 해당되는 내용, 예컨대 시리아의 독립, 레바논에 프랑스 보호국을 건립하는 사안 등을 프랑스에 제안했다.

  베이루트와 다마스쿠스 영사관의 모사꾼들을 상대하는 일은 불만에 찬 나블루스 노인들에게 교정 행정을 베푸는 것과 달리 매우 까다로운 것이었다. 이들은 대부분 아랍세계에 널리 알려진 인물들이기 때문에 자칫 처형이나 추방을 지시했다가는 터키가 그토록 피하려 하는 아랍의 반란을 불러일으킬 수 있었다. 나아가 콘스탄티노플이 범이슬람 지하드를 촉발하려 공들이는 '영국에 예속당한 땅' 이집트 또는 프랑스령 북아프리카 등지의 무슬림 아랍인들을 각성하게 만들 수도 있었다. 제말은 당분간 사태를 관망하는 수밖에 없었다. 그는 베이루트에서 획득한 서류 일체를 다마스쿠스 집무실에 처박아둔 채 오스만 전통에 따라 내색하지 않고 그들 불평분자와 가까이 지내거나 한직 또는 명예직을 베풀었다. 결과적으로 이런 술책은 제말이 모사꾼들을 자기 사람으로 만드는 것이긴 하지만, 반역을 도모한 세력이 실제로 얼마나 광범위한지를 반증하는 것이기도 했다. 여하간 연합군의 시리아 침공이 코앞에 닥친 상황에서 반역자들을 그대로 내버려둔다는 것은 우려스러운 일이 아닐 수 없었다.

  시리아라는 나라는 어떤 문제가 터지면 그에 반대되는 문제도 어김없이 터지는 곳이었다. 이른바 진보주의자들이 베이루트 반대파의 절대다수를 이루었듯이, 아랍의 도시민 자유주의자들은 유럽의 민족주의와 자결권 사상에 짙게 물들어 있었다. 이러한 아랍의 보수주의자들은 5월 말 청년튀르크당의 현대적인(그들 눈에는 세속적인) 개혁에 분노를 표출하면서 제말에게 다시 한번 위기를 안겼다. 이 위기는 불만 가득한 보수주의자들을 대표하여 파이살 이븐 후세인이라는 부드러운 말투를 지닌 31세의 사내가 총독 집무실 문을 두드리는 것으로 현실화되었다.

파이살은 아라비아 서부의 광활한 헤자즈 지역을 다스리는 에미르 Emir(태수) 후세인의 네 아들 가운데 셋째였다. 파이살의 아버지 후세인은 무슬림들이 신성하게 여기는 도시 메카와 메디나의 셰리프Sherif, 즉 종교 지도자로서 10세기 이후 이슬람 성지를 지켜온 하심 가문의 직계 후손이다.

청년튀르크당과 에미르 후세인의 관계는 애초부터 긴장의 연속이었고, 시간이 흘러도 사정은 나아지지 않았다. 중세적인 보수주의를 고수해온 후세인은 지난 몇 년 동안 콘스탄티노플에서 흘러나오는 진보적 포고령의 흐름을 그 어느 때보다 더 맹렬한 적개심으로 지켜보고 있었다. 여성 해방과 소수자 권리 증진에서부터 종교 지도자의 대중적 권위를 슬금슬금 무너뜨리는 행태, 나아가 헤자즈에서 여전히 유지되고 있는 노예제를 억제하려는 시도에 이르기까지 못마땅한 구석은 한두 가지가 아니었다. 무엇보다 에미르 후세인이 분노하는 가장 현실적인 사안은 메디나부터 메카로 이어지는 헤자즈 철도 연장안이었다. 그로서는 철도 연장 문제를 지역 발전의 한 형태 또는 무슬림 성지 순례객의 편의 증진 사안으로 받아들일 수 없었다. 오히려 콘스탄티노플이 이 지역에 대해, 엄밀히 말하자면 후세인 자신에 대해 강력한 통제력을 행사하기 위한 트로이의 목마로 이해될 뿐이었다. 그 결과 콘스탄티노플이 임명한 헤자즈 관리자들과 에미르 일가는 끊임없이 충돌을 빚어야 했

다.[31]

터키가 전쟁에 뛰어든 뒤로 이들의 갈등은 나날이 깊어졌고, 그 여파는 전에 없이 심각했다. 후세인은 무슬림 세계에서 가장 존경받는 종교 지도자 가운데 한 사람이었다. 그는 11월 콘스탄티노플에서 날아든 지하드 촉구 소식에 냉담했고, 많은 사람이 그의 태도에 주목했다. 그때까지 지하드에 나서자는 호소에 대중의 반응이 미온적이었던 것도 사실 후세인의 영향 때문이었다. 이와 마찬가지로 전시 총력 체제에 한마음으로 동참하자는 호소는 후세인의 맏아들 알리와 당시 메디나 총독 사이의 싸늘한 관계(둘은 이따금 대놓고 전투를 벌일 만큼 사이가 안 좋았다)에도 온기를 불어넣지 못했다. 에미르는 수에즈 운하 공격에 힘을 보태라는 제말의 요구에 대해서도 미미한 반응으로 화답했다. 터키 정권이 기대했던 베두인 전사 수천 명 대신 둘째 아들 압둘라 편에 고작 몇 명만을 붙여 시리아로 보냈을 뿐이다.

이 모든 도발에도 불구하고 후세인과 네 아들은 베이루트 반대파 인사들보다 훨씬 더 섬세하게 다루어야 할 대상이었다. 사실 군사적 중요성이라는 협소한 관점으로 보면 헤자즈는 광활한 사막에 조그만 도시 몇 군데가 전부인 제국의 변두리로, 전략적 가치가 없는 곳이었다. 하지만 후세인은 하심 가문 에미르의 고유 권한, 즉 콘스탄티노플의 정책 추진에 종교적 은총을 내리거나 거부하는 특별한 힘을 갖고 있었다. 양측이 일종의 교착 상태에 빠진 것도 이 때문이었다. 청년튀르크당이 원하는 것은 후세인의 협조를 얻거나 그를 제거하는 것, 둘 중 하나였지만 그를 함부로 대했다간 보수주의자들의 봉기라는 거센 역풍에 부딪힐 수밖에 없었다. 반면 후세인은 청년튀르크당의 인내에도 한계가 있다는 사실을 깨달아야 했다. 그들을 너무 심하게 자극할 경우 돌아올 것은 터키군의 총칼뿐이기 때문이었다.

이와 같은 교착 상태가 파국을 향해 치달은 적이 있었다. 지난 1월, 메디나 총독이 후세인을 끌어내리고 그들의 꼭두각시를 앉히려는 음모를 꾸몄다며 후세인의 맏아들 알리가 강하게 비난하고 나선 것이다. 그로부터 얼마 후 파이살이 시리아를 찾은 것도 이 때문이었다. 에미르 후세인은 자신을 해치려는 음모에 대해 분노를 표명하는 동시에 총독에서 물러날 것을 전하기 위해 파이살을 콘스탄티노플 정권과 대면케 한 것이다.

골치 아픈 후세인 집안에서 그나마 합리적 소통이 가능해 보이는 인물인 파이살이 찾아온다는 것은 제말 파샤에게 복음을 접하는 것처럼 반가운 일이었다. 파이살은 친형들과 마찬가지로 콘스탄티노플에 있는 술탄의 안뜰에서 성장하며 교육을 받았지만, 그는 친형들과 달리 문명의 세례를 많이 받은 듯했다. 극도의 조심성을 지닌 듯한, 심지어 소심해 보이기도 한 파이살은 다정한 말과 인간적인 매력으로 다루기에 적합한 대상이었다. 비록 불쌍한 나블루스 노인들을 견해가 다르다는 이유로 잡아들여 먼 곳으로 쫓아버리긴 했지만 '인간적인 매력'은 제말의 주특기라 할 수 있었다. 파이살이 수행단을 이끌고 성문을 통과하면 총독은 위대한 존재의 방문을 축하하는 화려한 치장과 팡파르로 그를 맞이할 생각이었다.

독일군 지휘부는 독일인 숙소에서 1.6킬로미터밖에 안 되는 예루살렘 시내 한복판에 있었다. 쿠르트 프뤼퍼는 그곳에서 파이살 이븐 후세인의 도착을 초조하게 기다리고 있었다. 그는 후세인 일가를 터키-독일의 이해관계에 엮는 문제에 대해 다소 예민한 입장이었다. 제말 파샤가 시리아에 오기 전인 1914년 10월, 프뤼퍼는 에미르 후세인의 진심이 무엇인지 알아보기 위해 휘하의 첩보원들을 헤자즈로 보낸 적이 있었다. 그 결과 프뤼퍼가 내린 결론은 (11월 초 막스 폰 오펜하임에게 보고한 바와 같이) 메카의 에미르는 본질적으로 영국령 이집트의 급여 지급 대상 목록에 올라 있는 인물로서 '뼛속 깊이 영국인'이라는 것이었다.[32]

청년튀르크당과 후세인 사이의 갈등은 정치적·종교적 차원을 넘어 지리적 문제로까지 번지고 있었다. 오스만 제국에서 가장 외지고 낙후된 지역에 속하는 헤자즈의 경제는 매년 인도나 이집트에서 찾아오는 수많은 성지 순례자에게 전적으로 의존하는 형편이었다. 헤자즈 땅은 황무지나 다름없기 때문에 주민들을 먹여 살리려면 곡물을 수입해야 했는데, 대부분의 곡물은 영국령 이집트나 수단에서 정부 차원의 종교적 헌금 형태로 들어오고 있었다. 게다가 곡물이 들어오는 경로인 홍해는 영국 해군이 틀어쥐고 있으므로 여차하면 영국은 순례 행렬이나 곡물 수입을 차단할 수 있었고, 그것은 헤자즈를 순식간에 파멸시킬 만한 조치였다. 영국이 목에 칼을 들이대고 있는 이러한 상황을 후세인은 콘스탄티노플 쪽에 넌지시 알리고 있었다. 터키 정권의 온갖 요구에 대해 그가 신중할 수밖에 없는 데에는 이런 배경도 있었다.

쿠르트 프뤼퍼가 생각하기에 그런 태도는 화를 돋우는 엄살에 불과했다. 간단히 말해, 영국은 이슬람 성지를 침략하거나 그곳 주민들을 굶주리게 만들어 무슬림 세계의 공분을 불러일으킬 속셈 따위는 없었다. 물론 독일로서는 행운이 아닐 수 없었다. 아울러 후세인 역시 메카와 메디나의 수호자로서 영국 편을 들고 나설 수도 없었다. 그럴 경우 무슬림의 분노가 본인에게 집중될 것이 분명했기 때문이다. 결국 에미르는 터키와 영국 양쪽을 노련하게 오가는 줄타기를 해야 했다. 자신은 콘스탄티노플과 다른 입장이라고 선전하여 식량 원조와 순례 행렬을 유지하는 한편, 짐짓 영국의 위협을 부풀려서 콘스탄티노플을 묶어두는 식이었다.[33]

문제는 터키가 후세인에게 도전하지 않을 뿐 아니라 다른 동맹국들이 후세인에게 도전하는 것 역시 허락하지 않는다는 점이었다. 프뤼퍼와 다른 독일 첩보원들은 그 지역에 도착한 뒤로 어떤 식으로든 헤자즈와 관련된 사건에 개입하는 행위를 명시적으로 금지당했다. 파이살의 방문 날짜가 코앞에 다가왔을 때에도 제말은 독일군이 파견한 자문위원들과 이 젊은 셰이크(왕자)의 접촉을 차단하려 했다. 시리아 총독은 청년튀르크당이 지난 6년 동안 후세인 일가를 대해온 방식, 즉 칼날을 뒤춤에 숨기고 예의 바른 (그러나 별다른 효과는 없었던) 태도로 파이살을 맞으려 했다.

프뤼퍼를 미치게 만드는 것은 후세인이야말로 범이슬람 지하드를 견인해줄 핵심 인물이라는 사실이었다. 하심 가문 지도자의 축복 없는 파트와란 한낱 청년튀르크당 정권이 꾸며낸 음모에 불과하며, 후세인의 축복을 거쳐야만 지하드의 불길이 중동과 그 너머를 불사를 수 있기 때문이었다.

11월 오펜하임에게 프뤼퍼가 올린 보고서는 에미르가 "다행히도 무력한 상태로 우리 손바닥 안에 있다"고 결론지었다. 이제 남은 문제는 이 말이 진실임을 (제말과 콘스탄티노플의 청년튀르크당과 후세인 본인까지 포함하여) 모두에게 납득시키는 것이었다.

로렌스가 카이로에서 정보대 요원으로 활동하는 처음 몇 달 동안 아라비아 반도의 동향을 파악 또는 인식하고 있었다는 징표는 거의 없었다. 온 신경을 시리아에 집중하고 있었으니 그럴 만했다. 그런데 이집트 총영사의 동양문제 보좌관으로 일하던 로널드 스토스와 안면을 트면서 생각이 바뀌었다.

가느다란 콧수염에 새하얀 리넨 정장을 즐겨 입는 스토스는 제복 차림의 영국인들로 북적대는 전시戰時의 카이로에서도 단연 돋보이는 멋쟁이였으며, 오페라와 르네상스 미술과 고전문학에 대한 백과사전적 지식을 자랑하는 케임브리지 출신의 예술 애호가였다. 젊은 나이에 이집트로 건너온 그는 여러 직책을 거쳐 1909년 불과 28세에 현지 통치 기관의 동양문제 보좌관 자리를 꿰찼다.

스토스는 흡사 그 직책을 위해 태어난 사람 같았다. 그는 카이로의 영국인 사회가 즐겨 마지않는 공식 리셉션이나 파티에 단정한 모습으로 등장하는 한편, 이집트 내부의 무수한 정치적 음모를 막후에서 감시하는 이집트 총영사의 오른팔 노릇을 톡톡히 해내고 있었다. 그런 그의 위상은 1911년 키치너 경이 총영사로 부임하면서 더욱 높아졌다. 키치너는 스토스를 그 누구보다 신뢰하여 임기 내내 부관으로 데리고 일했다.(예컨대 스토스는 쿠르트 프뤼퍼의 케디브 도서관 입성을 무산시키는 데 기여했다.) 심지어 모국으로 돌아가 1914년 전쟁성 장관에 취임한 뒤에도 관계를 이어갈 정도였다. 키치너는 전쟁이 끝나면 이집트의 원래 지위로 복귀할 생각이었으므로 신뢰할 만한 자기 사람을 카이로에 남겨두어 자신의 눈과 귀로 삼은 것이다.

하지만 이 정도로 스토스를 설명하기에는 부족하다. 그는 정치적 음모로 얼룩진 중동에서 가장 위험한 비밀을 간직한 인물로, 카이로와 영국 그리고 메카의 극소수만이 알고 있는 극히 민감한 게임에서 핵심적인 통로 역할을 맡고 있었다. 그런 스토스가 위험한 비밀에 끌어들인 자가 바로 T. E. 로렌스였다. 요컨대 스토스는 정보대 소속 애송이 장교 로렌스를 명예로운 영광의 길로 안내한 당사자다.

당초 두 사람의 우정은 고전문학에 대한 사랑에서 비롯되었다. 조금은 고리타분한 성격의 스토스는 회고록에서 로렌스에 대해 이렇게 평가했다.

"그는 단테보다 호머를 더 좋아했다. 내가 아리스토텔레스보다 테오크리토스를 더 좋아하는 것을 그는 달갑게 여기지 않았지만, 그것 외에 우리의 문학적 취향은 다르지 않았다."[34]

1915년 겨울 어느 날, 두 사람의 대화는 최근의 화제로 바뀌어 스토스가 키치너 경을 위해 수행 중인 비밀 임무에 대해 이야기를 나누었다. 이야기는 그로부터 1년 전인 1914년 2월, 에미르 후세인의 둘째 아들인 32세의 압둘라 이븐 후세인이 카이로를 찾아온 시점에 시작된다. 당시 콘스탄티노플 정권에 대한 에미르의 환멸은 세상이 다 아는 바였지만 압둘라는 이 문제를 완전히 새로운 차원에서 접근하기를 원했다. 그는 키치너 총영사를 만나 전면적인 아랍 반란이 헤자즈에서 터진다면 영국이 어떻게 대응할지 떠보려 했다.

키치너는 어렵사리 대답을 회피했다. 어찌되었든 당시 영국과 터키는 평화로운 사이였으므로 전자가 후자에 대한 반란을 부추기는 것은 적절치 않다고 생각한 것이다. 두 달 뒤 압둘라가 카이로를 다시 찾아오자 키치너는 그를 동양문제 보좌관에게 떠맡겨버렸다.

스토스와 마주한 압둘라는 키치너와 상대했을 때의 미묘한 경계심을 찾아볼 수 없었다. 스토스는 이렇게 회상했다.

"압둘라는 영국이 위대한 샤리프[후세인]에게 기관총을 12정 바칠 것인지, 아니면 6정 바칠 것인지를 꼬치꼬치 캐물었다. 내가 어디에 쓰려고 하는지를 묻자 그가 대답하기를, 송곳과 다를 바 없다면서 방어를 위해서라고 했다. 내가 재차 물었더니 그는 터키의 공격을 막기 위해서라고 실토했다. 나로서는 우방국에 해가 되는 무기를 영국이 공급할 수는 없다고 대답할 수밖에 없었다."[35]

이 두 번째 만남은 1914년 4월의 일이었다. 그런데 그해 가을이 되자 상황은 완전히 바뀌었다. 전쟁성 장관이 되어 터키의 참전 여부를 지켜보던 키치너는 문득 후세인의 아들과 나누었던 대화를 떠올렸다. 그리고 아라비아에서 뜻밖의 행운을 건질 수도 있겠다고 생각했다. 키치너는 이집트에 주재하는 고위 장교나 행정관에게 지시하는 것보다는 암호로 작성한 전보를 카이로의 옛 집무실에 보내는 편이 낫겠다고 판단했다.

"스토스에게 전할 것. 믿을 만한 전령을 가려 뽑아 압둘라에게 은밀히 보내라. 독일이 콘스탄티노플에서 터키와 영국의 싸움을 부추기고 있는지, 그래서 터키가 참전하면 압둘라와 그의 아버지와 헤자즈의 아랍인들은 우리 편에 설 것인지 맞설 것인지, 확인하라."[36]

터키의 참전 선언과 동시에 답지한 후세인의 대답은 감질나는 내용이었다. 후세인은 중립을 지키기 위해 애쓰겠다고 하면서도 외부로부터의 충분한 지원이 보장되고 영국이 아랍 내정에 간섭하지 않겠다고 확약한다면 "가장 가까운 추종자들로 하여금 반란에 나서도록" 상황을 이끌 수도 있다는 힌트를 얹었다.[37]

가능성을 포착한 키치너는 판돈을 키운 긴급 전갈을 보내, 지금 아랍인들은 중립 따위를 고수하기보다는 영국 편에 확실히 서야 할 것이라고 촉구했다.

"대영제국은 외부의 모든 국가, 특히 오스만 제국의 공격으로부터 샤리프의 독립, 권리, 특권을 지켜줄 것이다. 지금까지 우리는 터키인들을 통해 이슬람을 보호하고 친구가 되려 했지만 앞으로는 고결한 아랍인들을 통해 문제를 해결할 것이다."[38]

그러나 후세인의 답변은 여전히 모호했다. 스토스가 12월에 받은 후세인의 답장은 "영국에 해가 되는 그 어떤 행동도 하지 않을 것"이라는 말을 되풀이하면서 터키와의 관계 여부는 당분간 두고 봐야겠다는 뜻을 내비쳤다. 이것으로 끝이었다. 후세인이 마지막 전갈을 보낸 뒤로 몇 달 동안 메카에서는 아무 의사도 내비치지 않았다.

후세인과 주고받은 이러한 비밀스런 의사소통의 세세한 부분들이 로렌스에게는 무언가 진상을 폭로하는 느낌으로 다가왔다. 카이로에 도착한 이후 로렌스는 아랍인들이 시리아에서 반란을 일으킬 가능성을 타진하는 데 온 힘을 기울였다. 그가 생각하는 반란이란 사전적 정의와 마찬가지로 콘스탄티노플 정권에 실망한 기업인과 지식인, 평등을 열망하는 소수 집단, 군대 내부의 터키인 우선주의에 좌절한 아랍인 장교와 징집병 등 이른바 진보주의자들의 몫이었다. 그러나 아랍의 보수 계층에 대해서는 사실상 아는 바가 없었다.

로렌스는 정치적인 관점에서 헤자즈가 지니는 잠재력을 금세 깨달았다. 후세인과 손을 잡는다면 영국이 중동을 차지하려고 반란을 조장한다는 혐의로부터 자유로울 수 있었다. 에미르 후세인과 손잡은 세력을 땅 따먹기에 혈안이 된 이교도로 몰아붙이는 무슬림은 거의 없을 테니, 영국은 메카와 메디나의 수호자가 되는 셈이었다. 아울러 에미르의 영도 아래 헤자즈에서 일어난 반란이라면 이미 종교적 승인을 획득한 것이나 마찬가지이며, 나아가 터키와 막스 폰 오펜하임이 추진하는 이슬람 대 십자군의 대립 구도 역시 단숨에 무너뜨릴 수 있었다.

물론 후세인 쪽에서 아무런 응답이 없는 마당에 어찌 될지는 알 수 없는 일이었다. 실제로 후세인은 술탄의 지하드 선포에 대해 뜨뜻미지근한 태도로 일관하면서 중립을 지키겠다는 약속만을 유지하는 것처럼 보였다. 다른 한편으로는 최근 셋째 아들 파이살을 시리아로 보내 제말 파샤를 만나게 하고 연이어 콘스탄티노플로 보내 청년튀르크당 수뇌부와 대화를 하도록 했다. 후세인의 아들 가운데 가장 합리적이고 온건한 인물로 유명한 파이살은 결국 후세인이 기존 태도에서 한발 양보해 콘스탄티노플과 관계를 회복하겠다는 명백한 결론을 이끌어냈다. 이렇게 해서 한동안 영국의 애간장을 녹였던 헤자즈의 아랍 반란 가능성은 수그러들게 되었다.

한편 로렌스에게는 헤자즈 정치판의 앞날을 점치는 것보다 훨씬 더 중대한 초미의 관심사가 생겼다. 1915년 4월 초, 영국령 이집트의 관심은 다르다넬스에 대한 해군과 육군의 합동 공격에 쏠려 있었다.

4월 첫째 주 내내 영국 해군 전함이 이집트 북쪽 해안에 속속 당도하면서 마침내 거대한 함대를 이루었다. 바닷가에 빼곡하게 들어찬 막사들은 하나의 도시를 이루었고, 병사들은 보급품을 나르고 전투 기술을 연습하느라 부지런히 움직이고 있었다. 이들은 신설 지중해 원정군Mediterranean Expeditionary Force 소속으로, 머지않아 적국 터키의 두뇌와 심장부를 타격하러 떠날 예정이었다. 원정군의 사기는 하늘을 찔렀고 출정을 기다리기 지루해하는 표정이었다.

T. E. 로렌스의 예감은 좋지 않았다. 다르다넬스 공격 작전 이야기가 처음 나왔을 때부터 우려스러웠지만 정보대 요원들이 원정길 끝에 무엇이 기다리고 있는지를 지휘관들에게 브리핑하러 갔을 때 그의 우려는 증폭되었다. 4월 20일, 로렌스는 데이비드 호가스에게 보낸 편지에서 다음과 같이 밝혔다.

"지중해 원정군은 정말 아무런 준비도 안 되었더군요. 상황이 어떻게 흘러가는지뿐만 아니라 무슨 일을 해야 하는지도 전혀 모르고 있었습니다."[39]

지상군의 공격 준비와 관련해서 로렌스가 무엇보다 놀란 것은, 이집트에 도착한 영국군 고위 참모들이 가져온 다르다넬스 지도가 달랑 두 장의 소축척 지도이며, 그조차도 케케묵은 것이었다는 사실이다.[40]

영국군 수뇌부가 앞으로 저지르게 될 어리석은 행동에 비하면 이 정도는 시작에 불과했다. 당초 작전에서 예정했던 지중해 원정군의 상륙 지점은 다르다넬스 서쪽 해안을 이루는 기다란 바위투성이 산악지대 갈리폴리 반도였다. 폭이 10~11킬로미터에 불과한 갈리폴리 반도는 북 쪽으로 80킬로미터 정도 뻗어 올라가다가 폭이 넓어지면서 유럽 대륙과 이어지는 형세였기 때문에 영국군으로서는 상륙 지점을 잡느라 고민할 필요가 없었다. 일단 아무 곳에나 내려서 능선만 확보하면 어느 해안이 건 내리막길로 4.8킬로미터가 안 되는 거리이므로 적군을 바닷가로 밀 어붙여 두 동강 내기란 식은 죽 먹기나 다름없었다. 물론 반도 땅을 밟 지 않고 북쪽 끝부분에 위치한 사로스 만으로 곧장 입항할 수 있으면 최선이었다. 그 널찍한 바닷가에 영국군이 상륙한다면 갈리폴리의 터키 군 요새들을 모조리 고립무원에 빠뜨릴 수 있을 뿐 아니라, 사실상 아 무런 방해 없이 평탄한 시골길을 160킬로미터 행군하여 콘스탄티노플 에 입성할 수 있었다. 이는 터키 정부가 최근 다르다넬스 방어를 감독 하는 자리에 임명한 독일군 사령관 리만 폰 잔더스 장군이 가장 두려워 하는 국면으로, 그는 영국군이 사로스 만에 상륙할 것을 대비하여 사 령부와 전 병력의 3분의 1을 그곳에 배치했다.

잔더스 장군은 영국군이 갈리폴리 반도 남단에 상륙할 가능성을 완 전히 무시하고 있었다. 이 선택은 가장 기초적인 군사 작전의 원칙에 맞 지 않거니와 상식적으로 타당하지 않다고 판단한 것이다. 그 지점은 고 지대 참호에 웅크린 터키군의 공격에 취약할 뿐 아니라 근처 요새를 지 키는 대포의 사정권에 제 발로 걸어 들어가는 꼴이었다. 설사 영국군 이 고지대를 올라 요새를 장악했다 쳐도 터키군은 반도 북쪽으로 서서 히 퇴각하면서 새로운 참호를 계속 만들 수 있었다. 그렇다는 것은 유 럽 본토 서부전선에서 벌어지는 참호전의 교착 상태가 이곳에서 재연 될 수 있음을 의미했다. 실제로 4800킬로미터에 이르는 오스만 제국의 지중해 바닷가를 통틀어서 그보다 더 나쁜 상륙 지점을 찾기란 어려웠다. 하지만 지중해 원정군을 태운 배는 정확히 그 지점에 닻을 내렸다.

이와 같은 결정은 전쟁에서 언제나 위험을 초래하는 태도, 곧 적군에 대한 경시와 지독한 관료주의적 완고함에서 비롯된 것이 명백했다. 처음부터 다르다넬스 작전을 해군 차원의 작전으로 여겨왔기 때문에 나중에 작전 규모가 확대된다 해도 최종적인 성공 여부를 다르다넬스 해협 장악이라는 당초의 협소한 잣대로만 판단하고 있었던 것이다. 결국 지휘부는 같은 목적을 달성할 수 있는 또 다른 접근 방식을 완전히 외면했다. 믿기 어려운 일이지만, 갈리폴리 작전 지휘부는 상륙 지점에 대해 진지하게 고려하지 않았다기보다 무조건 배제한 듯 보인다.[41]

4월 말, 이집트 해안에 집결한 지중해 원정군 병사들은 자신들을 동부 지중해 건너 갈리폴리 반도로 실어 나를 군함에 오르기 시작했다. 로렌스는 자신을 비롯한 카이로 정보대 전체가 설계한 알렉산드레타 상륙 작전 및 기타 다양한 계획이 보류됨으로써 지난 몇 달 동안의 모든 노력이 수포로 돌아갔다고 생각했다. 호가스에게 보낸 편지에서도 그는 분노를 좀처럼 숨기지 못했다.

"아라비아 사업은 죄다 망했습니다. 지금껏 살면서 이토록 너절한 난장판은 처음 겪습니다. 여기서 절호의 기회를 잡은 상태였기에 더 화가 나서 견딜 수가 없습니다."

그러고는 꽤나 침울한 투로 글을 맺었다.

"그러므로 선생님께서 알렉산드레타 건을 조금 더 밀어붙여주셨으면 합니다. 그것이 우리에게는 마지막 희망인 것 같습니다."[42]

로렌스가 이 편지를 쓴 날은 지중해 원정군이 갈리폴리 상륙 작전을 위해 출항한 다음 날인 4월 26일이었다. 그는 편지에 '난장판'이라고 표현했지만 그때만 해도 실제로 얼마나 나쁜 상황이 펼쳐질지는 알 수 없었다.

4월 25일 아침 6시 15분 무렵, 리버풀의 석탄 운반용 화물선을 개조한 증기선 리버클라이드호는 갈리폴리 반도 남단의 헬레스 곶 가운데 완만하게 구부러진 ('V비치'라는 암호명을 붙인) 아담한 해변으로 다가가고 있었다.[43] 배 안에는 영국군 병사 2000명이 빼곡하게 들어찬 상태였다. 역시 병사들을 가득 태운 또 다른 증기선 대여섯 척과 함께 리버클라이드호는 잔잔한 파도를 가르며 순항했다. 증기선들은 예닐곱 대씩의 쾌속정을 밧줄로 매단 채 전진했다. 드디어 상륙 지점 90미터 앞에 이르자 쾌속정 선장들은 모선과 연결한 밧줄을 풀고 선원들에게 노를 나누어주면서 뭍을 향해 노를 저으라고 지시했다. 바라던 대로 바닷가에는 개미 한 마리 눈에 띄지 않았다. 이제 헬레스 곶에 상륙하여 무방비 상태의 터키군을 제압하는 일만 남아 있었다.

만에 하나 적군이 총을 겨누고 있는 상황이었다면 V비치에 상륙하는 영국군의 엉성한 준비 태세는 (그리고 적의 해변에 비무장 상태의 무동력 나무배를 선발대로 보내는 것이 최악은 아니라는 사고방식이) 큰 문제가 될 수 있었다. 게다가 리버클라이드호를 완벽하게 위장하려고 알렉산드리아 조선소의 일꾼들을 동원하여 선체에 페인트칠을 했으나 시간에 쫓겨 완수하지 못한 상태였다. 결국 선체 전부가 회색 페인트로 덮이지 못한 군함은 군데군데 큼직한 검정 바탕색이 드러나 얼룩덜룩한 형태를 띠었고, 푸른 바다에 반사된 햇빛으로 인해 더욱 도드라져 보일 정도였다. 결정적으로, 배가 암초에 걸리는 바람에 접안이 불가능한 사태가 벌어졌다. 어쩔 수 없이 배를 암초에 걸쳐둔 채 임시변통으로 낚싯배 여러 척을 밧줄로 연결하는 식으로 배다리를 만들어 병사들을 상륙시켜야 했다. 병사들은 뱃머리에 뚫린 네 개의 출구로 고개를 내밀고 밖으로 나와서 조붓한 출렁다리 두 개를 통해 낚싯배로 건너가는 수고를 반복한 뒤에야 육지에 발을 디딜 수 있었다. 석기시대 태평양의 외로운 섬 주민들과 싸우러 가는 사람들조차 이토록 정겨운 모습을 연출하지는 않았을 것이다. 그러나 이것이 터키를 정복하기로 작정한 영국군 지휘관들의 전술이었다.

쾌속정이 해변에 접근할 때 침묵의 바다를 메운 것은 엔진 돌아가는 소리와 노 젓는 소리, 안도한 병사들이 평소보다 좀더 시끄럽게 웃고 떠드는 소리뿐이었다. 그렇게 해변을 불과 몇 미터 앞둔 바로 그 순간, 해안선을 훤히 내려다보는 지점에 숨어 있던 터키군의 기관총이 불을 뿜기 시작했다.

덮개조차 없는 쾌속정의 선원들은 공격에 속수무책이었다. 쾌속정들은 차례로 산산조각이 나거나 뒤집혔고, 병사들은 파도에 휩쓸리거나 수면 아래 설치한 가시철조망에 걸려 최후를 맞아야 했다. 간신히 모래톱으로 기어 나온 병사들조차 기관총 탄환에 허망하게 죽어나갔다.

리버클라이드호 근처의 병사들도 사정은 매한가지였다. 낚싯배와 출렁다리를 연결하기 위해 선체 밖에 나와 있던 병사들도 터키군의 기관총에 맞아 바다 속으로 사라졌다. 뿐만 아니라 천신만고 끝에 완성된 출렁다리 쪽으로 건너던 병사들은 손쉬운 사격 표적이 되고 말았다. 일차로 뱃머리 출구를 벗어나 상륙을 시도한 200명의 병사 가운데 살아서 모래사장에 내려선 병사는 고작 11명뿐이었고, 출렁다리를 건너던 병사들은 대부분 질식사로 최후를 맞았다. 뒤따라오다가 숨지거나 다쳐서 넘어진 전우들 밑에 깔려버린 것이다. 목숨을 겨우 부지하여 약 2미터 높이의 가파른 모래언덕을 기어오른 병사들도 터키군의 기관총 앞에 완전 무방비 상태였다. 늦은 오후까지 수많은 병사의 주검이 바닷물 속에 잠겼다. 그 장면을 지켜본 영국군 선장은 "해안선에서 수백 미터 떨어진 곳까지 바닷물은 온통 핏빛이었다"고 했다.[44]

갈리폴리 반도 상륙을 시도했던 첫날, 영국군 선발 부대에서는 4000명에 가까운 병사가 죽거나 다쳤다. 로렌스가 알렉산드레타 장악에 필요할 것으로 제시한 병력 규모보다 훨씬 더 많은 숫자였다. 한편 적군의 어처구니없는 시도를 의심한 잔더스 장군은 영국군의 반도 남쪽 상륙 작전이 기만술에 불과하며 주력군은 아직 등장하지 않았다고 판단했다. 해당 지역 오스만 지휘관인 무스타파 케말 중령도 같은 생각이었다. 이에 따라 어렵사리 손바닥만 한 해변 교두보를 마련한 영국군 침입자들을 바다로 내쫓기 위해 병력을 증파했다.

영국군의 당초 목표는 헬레스 곶에 상륙한 첫날 내륙으로 6.4킬로미터 떨어진 조그만 마을을 점령한 다음 산기슭에 있는 터키군 요새로 진격하는 것이었다. 하지만 이후로 7개월간 25만 명에 이르는 사상자가 발생하도록 영국군은 그 마을 근처에도 가지 못했다. 반면 오스만 지휘관 무스파타 케말은 전 세계적인 주목을 받게 되었다. 그는 1922년 터키 공화국의 초대 대통령으로 추대된, 그 유명한 '터키의 아버지' 케말 아타튀르크였다.

갈리폴리 전투의 희생자는 참호에서 공방전을 벌이며 죽거나 다친 양쪽 군인 50만 명만이 아니었다. 영국군이 상륙 작전에 나선 4월 25일, 콘스탄티노플 정권은 침략군과 호흡을 맞추어 내란을 일으킬 가능성이 있다는 이유로 아르메니아 지식인과 기업인 200여 명을 잡아들였다. 이는 오스만 제국의 소수 기독교 집단에 대한 (많은 사람이 '인종 청소로 여기는) 야만적인 '소개 작전'의 전주곡이었고, 결국 이듬해까지 아르메니아와 아시리아 사람 100만 명가량이 희생되는 결과를 초래했다.

로렌스를 비롯하여 중동 전쟁에 관여하는 영국군 장교들이 갈리폴리 작전으로 인해 또 다른 기회를 상실했음을 깨달은 것은 꽤 시간이 흐른 뒤였다. 그것은 터키에 맞선 대대적 아랍 반란으로, 헤자즈부터 시리아 북부를 거쳐 이라크까지 반란이 뻗어나갈 수 있는 기회였다. 그러나 이 놓쳐버린 기회에 대한 세부적인 내용은 1년 동안 제대로 알려지지 못했다. 로렌스는 에미르 후세인의 셋째 아들인 나긋나긋한 음성의 파이살과 얼굴을 맞댄 채 이야기를 나누고서야 자신이 1915년 봄 북쪽으로 향했을 때 목격한 것보다 훨씬 더 많은 이야기가 표면 아래 숨어 있었음을 알게 되었다.

에미르 후세인은 메디나 총독이 자신을 제거하려는 음모를 꾸몄다는 사실을 알게 된 무렵인 1915년 1월, 메카에서 파우지 알바크리라는 시리아인의 방문을 받았다. 오랫동안 에미르 곁을 지켜온 믿음직스러운 수행원이 일러준 바에 따르면, 그는 '알파타트al-Fatat'의 고위 간부였다. 알파타트란 다마스쿠스에 본부를 둔 아랍 민족주의자들의 비밀조직 단체로, 시리아와 이라크 전역에 활동 분자들을 거느리고 있었다. 알파타트 지도부는 후세인이 영국과 은밀하게 소통한다는 사실을 파악하고 알바크리를 통해 어떤 제안을 해왔다. 제안의 내용은 콘스탄티노플을 무너뜨리기 위해 반란을 일으키자는 것으로, 시리아의 알파타트와 헤자즈의 후세인 세력이 힘을 합치고 영국의 지원을 받는 구도였다. 아울러 후세인에게 반란의 영적 지도자가 되어줄 것을 청했다.[45]

신중한 후세인은 이 제안에 대해 명확한 대답을 내놓는 대신 파이살에게 두 가지 임무를 주어 북쪽으로 보냈다. 하나는 콘스탄티노플에서 하심 가문을 어떻게 여기는지 확인하는 것이고, 다른 하나는 알파타트와 합세할 경우 실제로 어떤 결과로 이어질지를 예측하는 것이었다.

5월 말, 다마스쿠스에 도착한 파이살은 총독 관저에서 지내라는 제말 파샤의 권유를 받았으나 그 지역에서 유력한 알바크리 가문의 후의를 허락했다면서 정중하게 거절했다. 높다란 담장으로 둘러친 그 집에서 파이살은 알파타트 공모자들과 기나긴 회의를 이어갔다. 원래 다마스쿠스에는 잠시 들를 예정이었으나 3주나 머문 것은 치밀한 논의를 하기 위해서였다.

아랍의 젊은 지도자 파이살은 콘스탄티노플로 가는 도중 여러 인사와 부지런히 접촉했다. 청년튀르크당 삼두정치의 나머지 두 인물인 엔베르와 탈라트를 비롯하여 얼마 전 도착한 막스 폰 오펜하임까지 만나는 동안 그는 오스만 제국을 향한 자기 가문의 충정을 거듭 밝혔다. 엔베르와는 콘스탄티노플과 아버지 사이에 놓인 수많은 문제를 최종적으로 잠재울 만한 공감대를 형성하기도 했다. 5월 중순, 그는 오스만 제국의 성대한 환송식을 받으며 하이다르파샤 역을 떠나 시리아로 돌아왔다.

파이살은 이 여정에서 세상이 많이 바뀌었다는 사실을 깨달았다. 당시는 갈리폴리에서 격전이 시작된 지 몇 주 뒤로, 집을 빼앗긴 수많은 아르메니아인이 어디론가 사라지기 시작한 시점이었다. 파이살이 고향으로 돌아오는 열차에서 창문 밖으로 바라본 것은 (이상하게도 남자는 안 보이고) 굶주린 여인네와 꼬맹이들로 가득한 참상의 연속이었다. 그들은 터키군의 총검이 가리키는, 하느님만이 아시는 어딘가로 짐승처럼 끌려가고 있었다. 하지만 아랍 반란이라는 관점에서 볼 때 더 암울한 소식이 다마스쿠스에서 그를 기다리고 있었다. 알파타트 동지들로부터 파이살이 접한 소식은 (반란을 일으켰을 때 도움을 받을 것으로 기대했던) 아랍인들을 주축으로 한 군부대 상당수가 이미 갈리폴리 학살 현장으로 파견되었고, 정권에 충실한 터키인 부대가 대체되었다는 것이었다.

상황이 급격하게 바뀌었음에도 불구하고, 아니면 아마도 그랬기 때문에 알파타트 공모자들은 파이살에게 문건 하나를 들이밀면서 아버지에게 전하라고, 아니 아버지를 통해서 이집트의 영국군에게 전달하라고 재촉했다. 머지않아 다마스쿠스 협약으로 알려질 이 문건에는 여러 조항이 담겨 있었는데, 핵심은 영국이 지원만 약속해준다면 알파타트는 언제든 반란을 일으키겠다는 내용이었다. 파이살은 협약서의 유일한 사본 한 부를 가장 믿음직한 경호원의 장화 속에 숨겨 메카로 돌아갔다.

제말 파샤는 5월에 파이살이 시리아로 돌아오기를 기다리고 있었다. 에미르의 셋째 아들 파이살이야말로 아버지 후세인의 들썩거리는 심정을 진정시킬 최후이자 최고의 희망이라고 생각했다. 사실 시리아 총독의 이 판단은 정확한 것이었지만, 그 근거로 삼았던 것은 모두 착각이었다. 6월의 여름, 궁전에서 열린 후세인 가문의 비밀회의는 콘스탄티노플을 상대로 즉시 반란을 일으키자고 압둘라와 알리가 아버지에게 로비를 펼치는 자리였다. 반면 파이살은 갈리폴리 사건이 초래한 최근 상황(아나톨리아 길거리에서 죽어가는 아르메니아인들과 시리아 북부에서 자취를 감춘 아랍인 부대 등)을 목격한 만큼 조심해야 한다는 입장이었다.

T. E. 로렌스가 이 모든 상황을 알게 된 것은 한참 뒤의 일이었다. 갈리폴리 상륙 작전이 개시된 지 며칠이 지나고 몇 주가 지나도록 암담한 전투보고서가 끊임없이 사보이 호텔로 날아드는 통에, 다마스쿠스 협약이나 시리아와 헤자즈에서 영국군의 친구가 되고자 기다리는 사람들의 존재에 대해서는 까맣게 몰랐다. 어쩌면 모르는 편이 나았을지도 모른다. 훗날 알파타트와 후세인이 카이로 쪽에 알린 바에 따르면, 그들이 아랍 반란을 일으키는 데 절대적인 선결 조건은 바로 영국군의 알렉산드레타 상륙이었기 때문이다.

6장
비밀을 간직한 사람들

사람들은 대부분 웃으면서 죽습니다. 죽음이란 너무도 두려운 것이므로, 숨이 넘어가는 그 순간까지 잊고 지내야 하기 때문입니다.
—1916년 T. E. 로렌스가 어머니께 부친 편지에서[1]

1915년 4월, 지중해 원정군이 출정하면서 사보이 호텔 지도제작실이 한숨 돌리게 되자 로렌스는 영국군 최고위 수뇌부에 올리는 지역 현황에 관한 보고서 업무를 맡게 되었다. 그는 영국에 있는 친구에게 보낸 편지에서 특유의 냉소적인 어조로 자신의 임무를 다음과 같이 묘사했다.

"우리는 지휘관 28명의 의식을 고양하기 위해 하루도 거르지 않고 신문을 만들지. 검열을 전혀 거치지 않는 신문 말이야. 새로 별을 다는 장군들이 늘어날수록 발행 부수도 자연히 늘고 있지. 요즘 나한테는 이 신문 만드는 일이 유일한 낙이라네. 우리가 싫어하는 제독과 장군들의 재판 과정에 대한 터키인의 생각을 포로들과 나누는 가상의 대화를 통해 소개하기도 하거든. 나는 최고 편집자라는 힘을 빌려서 이 코너를 계속 밀고 나가는 중이야. 일주일에 한 번 '어머니'[런던 전쟁성]께 편지를 보내는 코너도 있지. 이때는 농담의 규모가 훨씬 더 커진다네."[2]

이처럼 로렌스는 편지 또는 실생활에서 건방진 태도를 드러내기로 작정한 사람처럼 굴었다. 물론 이런 태도는 상급자들을 분노시키기에 충분했다. 그러나 통상적인 군대 문화에 대한 로렌스의 공공연한 경멸은 한층 깊은 의미를 지닌 것이었다. 로렌스 자신은 태생적으로 군인이 아니며, 나아가 군인다움과는 점점 더 거리가 멀어지는 중이라는 뉘앙스가 내포되어 있었기 때문이다.

로렌스는 전장에서 겨우 넉 달을 보내는 동안 터키를 손쉽게 이길 것이라는 영국의 낙관적인 바람이 다른 어떤 이유도 아닌 정치적·제도적 타성으로 인해 보류되는 과정을, 말하자면 '위대한 사색가들'이 갈리폴리 작전을 도출하는 과정을 낱낱이 지켜볼 수 있었다. 옥스퍼드 출신 학자의 눈으로 지켜본 군대 문화란 결국 기사 작위나 훈장을 탐하는 편협한 출세주의자들 그리고 상관의 눈 밖에 나지 않으려는 하급자들 때문에 수없이 무고한 생명이 희생되는 세계였다.

게다가 로렌스는 카이로 주재 영국군 정보대 요원이라는 독특한 위치상 실제 전황에 관한 거짓말과 정치적 선전 이면의 진실을 정확히 알고 있었다. 그는 다양한 전장에서 사보이 호텔로 속속 도착하는 전투보고서들을 있는 그대로 접했다. 병사들에게 적군의 기관총이 내려다보고 있는 벌판으로 전진하여 대형을 갖추고 제자리를 지키라는 명령, 작은 마을이나 언덕을 빼앗겼다가 되찾는 과정에서 수백 명이 목숨을 잃은 사건 등등 놀라울 만큼 무능하고 냉혹한 이야기로 가득한 보고서들이었다. 지휘관의 부관이나 다른 전장의 정보대 요원 등 일부 몇몇 젊은 장교도 이런 정보에 접근할 수 있었을 것이다. 그러나 이들은 대부분 체제에 순응하여 신분 상승을 염원하는 부류로, 본인들은 인정하지 않겠지만 인간의 살점을 말없이 으깨는 거대한 기계의 톱니바퀴로 기꺼이 참여한 자들이었다.

예루살렘 내 독일의 군사적 거점은 러시아 순례자 숙소였다. 구시가지의 북쪽에 위치한 러시아인 주거단지 안에 있는 이 건물은 1915년 늦겨울 내내 쿠르트 프뤼퍼가 수시로 드나들던 곳이기도 했다. 그는 계속 전보를 통해 정보를 받아보면서 다음 행보를 고민하고 있었다.

수에즈 운하 공격이 실패로 돌아간 직후 지하드라는 발상에 대한 그의 환멸은 시간이 흐르면서 어느 정도 누그러들었다. 그러나 터키군이 운하 제방을 넘어가지 못했으므로 여전히 자신의 발상은 본질적으로 입증되지 않은 상태에 머물러 있다고 믿었다. 또한 이번에는 어쩔 수 없이 물러섰지만 이집트가 영국령으로 존재하는 한 독일-터키 동맹으로서는 중대한 위협으로 작용할 수밖에 없다는 사실을 깨달았다. 이대로 내버려둘 순 없는 노릇이었다. 따라서 다시 한번 공격에 나서야 하고, 이제는 독일 포병과 공군의 강력한 공세와 더불어 운하 건너편을 지키는 영국군이 무엇을 계획하고 부대를 어디에 배치했는지에 대한 상세한 정보를 첩보 무대를 동원하여 캐내야 한다고 판단했다.[3]

문제는 프뤼퍼 자신이 광범위하게 구축한 이집트 내 정보망이 수에즈 공격 작전으로 희생되고 말았다는 사실이다. 개전하고 며칠 후까지도 그는 이집트인 첩보원들을 통해서 적군의 준비 태세를 종합적으로 파악할 수 있었다. 그에 따라 프뤼퍼가 1914년 11월에 작성한 주목할 만한 보고서에는 적군 기지들이 여전히 공사 중이거나 계획 단계에 불과하다는 내용을 토대로 적의 허술한 방비를 미래 시제로 언급할 수 있었다. 그러나 터키군이 수에즈 공격을 본격적으로 준비하는 동안 프뤼퍼의 정보원들은 모조리 자취를 감추었다. 2월 말, 작전 개시를 앞둔 상황에서 황급히 모집한 베두인 족이나 이집트인 정보원은 대부분 쓸모가 없다는 것을 "참담하지만 실질적인 경험"을 통해 깨달았다고 상관에게 보고하면서, 그들은 "영국군 정보장교들이 금화를 넉넉히 챙겨주면 명예나 애국심 따위는 헌신짝처럼 내동댕이치는" 작자들이라고 평가했다.[4] 물론 독일도 영국처럼 돈을 뿌려서 첩보망을 구축할 수 있음을 프뤼퍼가 모르지는 않았다. 하지만 그렇게 할 경우 돈을 받은 정보원들이 건네는 입증 불가능한 정보에 의존해야 하고, 그들을 실질적으로 통제하기보다는 '거래관계'에 처하는 위험을 감수해야 했다. 이런 딜레마를 고민하던 정보장교 프뤼퍼는 마침내 유대인을 정보원으로 활용하는 아이디어를 떠올렸다.

프뤼퍼는 당시 가까이 지내던 친구로부터 이 아이디어를 얻었다. 그 친구는 미나 바이츠만이라는 이름의 활달하고 아름다운 20대 중반 여성으로, 오늘날 벨라루스에 해당되는 백러시아 모탈 출신의 유대인 이주민이었다. 유수한 교양인 집안에서 태어난 바이츠만은 어린 시절부터 사회주의를 신봉했다. 그녀는 베를린에서 의대에 다니던 1913년, 차르 정권의 증오를 피해 팔레스타인으로 이주한 뒤 시리아에서 여의사로 활동하고 있었다. 쿠르트 프뤼퍼는 1914년 초, 독일 대사관에 사표를 내고 얼마 후 예루살렘에서 바이츠만을 처음 만났다.[5]

둘의 관계에 대한 자세한 이야기는 알려진 바가 별로 없다. 하지만 단편적인 몇 가지 증거를 통해 특별한 사이였음을 미루어 짐작할 뿐이다. 둘에 관한 소문을 포착한 독일군의 보고서에 따르면, 프뤼퍼는 수에즈 운하로 출정하기 전날 예루살렘 호텔의 어느 객실에서 바이츠만과 함께 밤을 보냈다. 당시 기준으로 볼 때 바이츠만의 이와 같은 행동은 매춘부가 아닌 이상 저지를 수 없는 추접한 짓이었다. 물론 바이츠만이 떠돌이 호색한 프뤼퍼의 성적 정복욕을 충족시켜주는 존재 이상이었다고 짐작할 만한 징표들도 없지는 않다. 당시 프뤼퍼의 일기를 보면, 바이츠만을 "내 사랑 파니"라는 애칭으로 표기하면서 사랑을 표현한 대목이 예닐곱 차례 확인된다. 반면 미국인 아내인 프랜시스 핑컴에 대해서

는 고작 "Fr"로 몇 차례 지칭한 것이 전부다.[6]

미나 바이츠만을 향한 그의 감정이 진정한 사랑이었다 하더라도, 쿠르트 프뤼퍼에게 그것은 더 고귀한 목적을 위해 기꺼이 이용할 수 있는 것이었다.

터키가 참전을 선언했을 때 미나 바이츠만처럼 팔레스타인 전역에 자리 잡은 수많은 러시아 출신 유대인은 여전히 러시아 국적을 보유한 상태였다. 콘스탄티노플은 곧장 '적국 시민들'에게 오스만 제국의 백성이 될 것인지, 아니면 추방 또는 유배를 당할 것인지 결정하라는 식의 냉혹한 선택을 강요했다. 이에 따라 수많은 이주민이 오스만 백성이 되겠다며 러시아 국적을 포기했다. 하지만 그보다 훨씬 더 많은 사람이 새로운 보금자리를 찾아 떠나기 위해 야파 항으로 몰려들었다. 1915년 5월에도 팔레스타인 엑소더스는 계속되었다. 이제는 중립국 미국의 전함들까지 이주민 수송을 위한 여객선으로 투입되는 지경이었다. 대다수 이주민의 행선지는 영국령 이집트였다. 프뤼퍼는 제말 파샤와 막스 폰 오펜하임에게 보낸 제안서에서 다음과 같이 주장했다.

"이집트에 첩보망을 성공적으로 구축하려면 아무런 의심 없이 그 나라에 섞여들 수 있는 사람, 기민함과 냉정함을 두루 갖춘 사람이 필요합니다. 우리는 이 나라에 거주하는 유대인들 가운데 그런 인물을 상당수 찾아낼 수 있습니다."[7]

프뤼퍼는 차르 정권을 향한 증오심에 불타는 러시아 출신 유대인들로 첩보망을 구축해야 안전하다고 판단했다. 적의 친구는 적이라는 전제 아래 팔레스타인 내 상당수의 러시아 출신 유대인들은 영국령 이집트에서 러시아의 동맹국을 공격하는 일을 하리라 본 것이다. 그것이 제정 러시아의 이익에 반하는 활동이기 때문이다. 무엇보다 이들 첩자는 러시아 여권을 소지했기 때문에 현재 진행 중인 이집트행 이주민 수송 작전에 의심 없이 끼어들 수 있었다.

사실 전시 상황에서 첩보원들을 적국에 잠입시키는 것보다 더 골치 아픈 일은, 그들 또는 그들이 획득한 첩보를 꺼내오는 것이었다. 프뤼퍼는 이에 대해 무척 영리한 대책을 마련했다. 1915년 3월, 이탈리아는 여전히 중립국이었고(5월이 되어서 연합국에 가담했다), 따라서 이탈리아 항구들과 이집트 사이에는 정기적으로 선박들이 운행되고 있었다. 프뤼퍼의 첩보원들은 터키 쪽과 직접 소통하거나 터키로 돌아오는 쪽을 택하지 않고 이탈리아로 가서 로마 주재 독일 대사관에 정보를 건네면 그만이었다. 그런 뒤 첩보원들은 국경을 건너 터키로 돌아올 수도 있고, 정체가 탄로 나지 않는다면 이집트로 돌아가서 다시 정보 수집활동을 펼칠 수 있었다.

자신의 관심사에 점점 더 몰입하던 프뤼퍼는 첩보 조직의 구성 및 운용과 관련된 아이디어도 내놓았다. 첩보원들을 두 개의 하부 조직으로 나누되, 한 조직은 남성으로 다른 조직은 여성으로 구성하는 방식이었다.

"두 조직은 (영국 쪽) 관련 문서를 훔치거나 복사하기 위해 최선을 다할 것이다. 그러려면 정보를 제공할 만한 사람들과 친밀한 관계를 맺기 위해 노력해야 할 것이다."

프뤼퍼는 '친밀'이라는 단어의 혼동이 없도록 명확하게 설명했다.

"무엇보다 여성 요원들은 (젊고 매력적이어야 하며) 영향력 있는 사람들과 관계를 형성한 뒤, 그들이 친밀감을 느껴 경계심을 내려놓는 순간 우리에게 이로운 정보를 털어놓을 수 있도록 노력해야 한다."[8]

그의 제안은 오펜하임은 물론 콘스탄티노플의 방겐하임 대사에게도 열렬한 호응을 얻었다. 덕분에 프뤼퍼는 4월 초부터 첩보원 물색 작업에 나설 수 있었고, 이내 팔레스타인에서 아이작 콘과 모지스 로스차일드라는 유대인 이주민 두 명을 첩보원으로 선택해 이집트로 보냈다. 로 스차일드는 카이로 주재 영국군 총사령부가 숙소 겸 사교장으로 선호하던 셰퍼드 호텔을 첩보 거점으로 삼고, 콘은 알렉산드리아와 수에즈 운하 일대의 영국군 방어선을 폭넓게 탐색했다.9

첩보 조직 책임자 프뤼퍼는 자신이 맡은 새로운 사업을 매우 진지하게 받아들인 듯했다. 그리고 진정한 애국자로서 자신이 미나 바이츠만에게 느끼는 애정조차 독일 황제를 향한 충성심으로 갈아치울 준비가 된 상태였다. 1915년 5월 초, 바이츠만은 프뤼퍼 첩보 조직의 새로운 일원으로서 이집트로 건너갔다. 바이츠만을 설득하느라 애먹는 일도 없었다. 유대인이자 사회주의자로서 차르 정권으로부터 학대당하며 살아온 바이츠만으로서는 모험과 복수의 기회를 얻은 셈이었기 때문이다.

초반에 바이츠만은 자신에게 주어진 새로운 소명을 훌륭히 수행했다. 그 지역에서 보기 드문 여성 의사라는 독특한 위상 덕분에 카이로의 영국 사교계 상류층과 쉽게 어울릴 수 있었기 때문이다. 그러나 행운은 오래가지 못했다. 바이츠만은 중상을 입은 프랑스 병사의 귀국길에 동행한다는 명분으로 이탈리아에 도착했으나, 로마에서 독일 대사와 만나는 장면을 누군가에게 들키고 말았다. 정체가 탄로난 바이츠만은 이집트로 압송되었는데, 그곳에는 가혹한 운명이 기다리고 있었다. 최소한 영국군 포로수용소에 수감되거나 자칫 처형당할 수도 있었다. 그러나 불행 중 다행으로 바이츠만의 매력적인 면모는 구시대적인 기사도 정신을 자극하여 운 좋은 결과를 얻어낼 수 있었다. 그해 8월 미나와 우연히 만나서 대화를 나누었던 어느 스위스 여성에 따르면, "그녀는 카이로와 알렉산드리아에서 사랑과 존경을 한 몸에 받는 인물이었다. 그래서 사람들은 (스파이라는 사실을) 시종일관 부인하는 그녀의 말을 곧이곧대로 믿었다". 심지어 카이로 주재 러시아 영사까지도 미나의 무죄를 보증하면서 러시아로 안전하게 돌아갈 수 있도록 조치하겠다고 나설 정도였다. 바이츠만이 필사적으로 스위스 여성에게 구원을 요청한 것은 2년 전 탈출한 러시아로 돌아가는 길에 잠시 머무른 루마니아의 어느 호텔에서였다. 힐라 슈타인바흐슈흐는 독일 관리에게 이렇게 설명했다. "그녀는 나한테 모든 것을 털어놓았습니다. 그러고는 자신이 추방당한 사실을 콘스탄티노플의 독일 대사관에 알려달라고, 특히 프뤼퍼 선생한테 이 사실을 반드시 전해달라고 절박한 표정으로 호소했습니다."[10]

결국 미나 바이츠만은 전쟁에서 살아남았을 뿐 아니라 훗날 팔레스타인으로 돌아와 하다사Hadassah라는 시온주의 여성 단체에서 의료 봉사자로 일했다. 이와 같이 놀랍도록 관대한 처분이 가능했던 것은 아마도 그녀의 집안 덕분이었을 것이다. 그녀의 친오빠는 1904년에 영국으로 건너간 유명한 화학자 차임 바이츠만으로, 1915년 무렵 그는 영국군의 전력 증강을 위한 군수산업에 긴밀히 협력 중이었다. 차임은 훗날 이스라엘 초대 대통령이 되었고, 미나의 조카 에제르는 7대 대통령이 되었다. 이스라엘의 역사를 다룬 책을 포함하여 바이츠만 가문의 기록에서도 미나의 이름을 찾아보기 어려운 이유는 역시 그녀의 집안이라는 키워드로 설명할 수 있을 것이다.(차임은 회고록에서 친동생 미나에 대해 일체 언급하지 않았다.) '이스라엘 제1의 가문'으로서, 독일을 위해 첩자로 활동했을 뿐만 아니라 훗날 나치의 고위 외교관이 된 첩보 조직 우두머리의 애인을 집안 식구로 인정하는 것이 얼마나 곤혹스러웠겠는가. 차라리 거론하지 않는 편이 낫다고 봤을 것이다.[11]

한편 쿠르트 프뤼퍼는 미나 바이츠만의 딱한 처지를 접하기도 전에 이제 막 걸음마를 떼기 시작한 이집트 첩보망이 와해되는 과정을 고통스럽게 지켜봐야 했다. 5월, 이탈리아가 연합국에 가담하면서 첩보 조직의 '징검다리'로 삼았던 독일 대사관이 탄압을 받았기 때문이다. 그럼에도 불구하고 프뤼퍼의 야심찬 계획은 독일군 지휘부와 정보 부문 고위층에게 강한 인상을 남겼다. 팔레스타인 주둔군 사령관 크레스 폰 크레센슈타인 중령은 "정보 담당 지휘관으로서 쿠르트 프뤼퍼는 없어서는 안 될 인물"이라고 베를린에 보고했다.[12]

1915년 5월 9일, T. E. 로렌스의 친동생으로 당시 22세였던 프랭크는 서부전선 아라스 지구에 배치되었는데, 공격 작전을 앞두고 최전방 참호에서 개인 정비를 하던 중 독일군이 쏜 포탄 파편 세 조각을 맞고 숨졌다. 살아남은 군인들은 이런 상황을 꾸며서 말하곤 하기 때문에 진상을 정확히 파악할 수는 없으나, 프랭크 소속 지휘관은 로렌스의 부모에게 보낸 애도의 편지에서 아들이 고통 없이 즉사했다고 밝혔다.

아들의 사망 소식에 어머니 세라 로렌스는 처절하게 무너졌다. 프랭크는 모든 면에서 세라가 가장 아끼는 자식이었다. 프랭크는 2월에 배를 타고 프랑스로 건너간 이후 어머니에게 장문의 편지를 띄워 전장의 일상과 어려움에 대해 미주알고주알 늘어놓곤 했다.[13]

T. E. 로렌스는 5월 중순이 되어서야 부모님이 보낸 전보를 통해 프랭크의 죽음을 알게 되었다. 하지만 동생의 사망 경위에 대해 자세한 내용이 담긴 아버지의 편지를 받기 전까지 그는 아무 반응도 내비치지 않았다. 그가 마구 휘갈긴 전보를 부모님께 보낸 것은 6월 4일이었다.

전보를 받고도 자세한 소식을 기다리느라 답장을 못 했습니다.

저는 오늘 아버지께서 보낸 편지 두 통을 받았습니다. 그리고 평온한 마음으로 읽었습니다. 부탁드립니다. 만약 제가 죽더라도 슬퍼하실 이유는 조금도 없습니다. 진정 프랭크를 위해서 슬퍼할 필요가 없는 걸까, 하는 생각이 잠깐 들었던 것도 사실입니다. 하지만 아무리 생각해도 그럴 필요는 없었습니다. 어쩌면 국가를 위해서 죽을 수 있다는 것은 일종의 특권입니다. 프랭크가 국가를 위해 죽은 것보다 부모님께서 앞으로 국가를 위해 사는 것이 더 괴롭고 힘들 것입니다. 그러나 이런 상황에서 슬픈 얼굴로 주위 사람들을 힘들게 해선 안 된다고 생각합니다. 가족을 잃었다고 슬퍼하는 것은 비난받아 마땅한 행동일 것입니다.

바라건대 당당한 모습을 보여주시기 바랍니다. 총을 들고 나가서 싸우는 것은 아무나 할 수 없지만, 당당한 표정을 짓는 것은 누구나 할 수 있습니다. 이 두 가지 행동은 결국에는 같은 것입니다.

네드 올림[14]

소름 돋게 하는 그의 냉혹한 말투는 접어두더라도, 로렌스가 보낸 답장에서 가장 흥미로운 점은 본인이 그토록 유치하다고 조롱하던 애국심을 한껏 드러냈다는 사실이다. 하지만 어머니 세라 로렌스는 둘째 아들의 모진 충고를 따른 적이 거의 없었다. 답장을 받은 뒤 로렌스에게 다시 편지를 보낸 세라는 괴로워하는 부모를 위로하지 않은 고지식한 아들을 야단친 것이 분명하다.(이 내용이 담긴 편지가 실제로 발견된 적은 없다.) 그러나 세라 로렌스가 그러한 편지로 로렌스의 마음이 조금 더 따뜻해지기를 소망했다면 실망할 수밖에 없었을 것이다.

가련한 어머니

오늘 아침, 어머니 편지를 받아들고 안타까움을 금할 길이 없습니다. 어머니께서는 성인이 된 자식들을 전혀, 조금도 이해하지 못하는 것 같습니다. 말로 표현하진 않았지만 어머니에 대한 우리의 사랑을 못 느끼시나요? 저는 편지에 사랑한다고 쓰는 것이 민망해서 견딜 수가 없습니다. 무언가 깊이 생각하는 사람이라면 그 내용을 섣불리 표현할 수 없습니다.

아시다시피 사람들은 대부분 웃으면서 죽습니다. 왜 그러겠습니까. 죽음이란 너무도 두려운 것이므로, 숨이 넘어가는 그 순간까지 잊고 지내야하기 때문입니다.

아무쪼록 프랭크 이야기가 나올 때마다 용감한 표정을 지으시길 바랍니다. 공포가 모두를 짓누르는 시절인 만큼 우리에게는 힘없는 사람들이 상심하지 않도록 조심해야 할 의무가 있습니다. 아시다시피 우리는 언제나 강자였습니다. 그런 사람이 자식을 잃고 허물어진 모습을 보인다면어느 누가 자식을 전선에 내보내려 하겠습니까?[15]

로렌스는 약 일주일 뒤 부모님께 또다시 편지를 썼는데, 프랭크에 관한 언급은 전혀 없이 카이로의 날씨가 어떻다는 둥의 언급만 주절주절늘어놓았다. 그 뒤로도 부모님과 편지를 주고받으면서 프랭크를 언급하는 일은 거의 없었다.

1915년 6월 초, 제말 파샤는 상황이 잘 풀리는 것 같아 기분이 좋았다. 그도 그럴 것이, 연합군이 4월 25일 갈리폴리 해변에 상륙하여 시리아 모처까지 밀고 들어올 거라는 주장들이 쑥 들어간 것이다. 더 좋은것은, 양측이 더 많은 병력과 물자를 그 좁고 길쭉한 전장에 쏟아 부어야 하는 상황이 찾아오면서 시리아 총독으로서는 자기 영토에서 더 골칫덩이였던 세력을 떨쳐버릴 수 있게 되었다는 점이다. 제말은 병력을증파하라는 콘스탄티노플의 절박한 요구에 선뜻 부응하여 시리아 북부에 주둔한 아랍인 주축의 군부대를 갈리폴리 전선으로 파견했다. 이어서 그들이 떠난 자리를 아나톨리아 내륙에서 새롭게 차출한 터키인 부대로 메웠다. 대부분 풋내기 병사들이었지만 적어도 충성심만은 신뢰할수 있는 부대였다. 반란을 일으킬 가능성이 있는 아랍인 병사들을 제거함으로써 프랑스 영사관의 음흉한 인물들과 접선을 시작한 분리주의 성향의 아랍인 반역자들의 음모로부터 좀더 안전해질 수 있었다.

헤자즈의 골칫거리 후세인 가문과 관련된 희소식도 들려왔다. 제말은 예루살렘과 다마스쿠스에서 파이살을 성대하게 접대한 여세를 이어가야 한다고 생각했다. 그래서 젊은 왕자가 오스만 제국의 수도에 도착하면 그의 마음을 사로잡기 위해 노력해야 한다는 뜻을 콘스탄티노플에 전했고, 그가 내린 지침은 어김없이 이행되었다. 5월 초, 터키는 후세인을 불쾌하게 한 메디나 총독을 교체한 것이다. 그 결과 파이살과 엔베르 파샤는 청년튀르크당과 메카의 후세인이 관계를 완전히 회복한 것으로 보이는 합의에 이르렀다. 콘스탄티노플에서 파이살과 두 차례에 걸쳐 장시간 회의를 한 막스 폰 오펜하임은 이제 양측이 관계 복원에 성공했다고 판단했다. 제말 역시 파이살이 5월 말 시리아로 돌아왔을 때 같은 판단을 내렸다. 후세인의 아들이 제말의 핵심 참모들 앞에서 오스만 제국과 범이슬람 지하드라는 대의명분을 향한 변치 않는 충성심을 감동적인 연설로 발표했기 때문이다.[16]

메뚜기 떼로 인한 피해 복구 작업도 상당한 진전을 보였다. 가을 추수철에 피해가 극심했지만 유대인 과학자 아론 아론손의 열정적인 노력과 현대적인 포획 기술 덕분에 전면적인 대재앙은 간신히 모면한 듯했다.

그러나 이처럼 밝은 분위기 속에서 새로운 위기가 제국을 덮었다. 어쩌면 해묵은 위기가 곪아터졌다고 말하는 편이 정확할 것이다.

대대로 콘스탄티노플의 술탄들은 오스만 제국의 안마당 아나톨리아에 거주하는 아르메니아인 기독교도들을 백안시해왔다. 기독교를 신봉하는 적국, 특히 숙적인 러시아와 손잡을 가능성이 높은 잠재적 제5열로 간주했기 때문이다. 그 결과 아르메니아인들은 터키나 쿠르드 같은 이웃 나라 무슬림들의 손에 학살당하는 고통을 종종 겪어왔다. 가장 최근에 해당되는 1890년대의 학살에서는 단 며칠 사이에 최소 5만 명에 이르는 아르메니아인들이 목숨을 잃었다.[17]

1914년 11월, '기독교도 적군들'을 상대로 성전을 벌이자는 콘스탄티노플 정권의 호소로 학살의 불길은 다시 한번 치솟았다. 아르메니아인들은 (인종과 언어가 다른 데다 위협적으로 느낄 만큼 인구도 많았지만) 이 적대적인 상황에 완전히 무방비 상태였다. 바싹 마른 장작에 불을 붙인 듯 아르메니아인들에 대한 반감이 분출된 것은 러시아가 아나톨리아 동쪽으로 공세를 펼치기 시작할 때였다. 터키는 전투에서 패배한 책임을 아르메니아인들에게 떠넘겼고, 그들은 속수무책으로 희생양이 되어야 했다. 마침내 그 무대가 마련되었다. 콘스탄티노플 정권의 선동에 따라 아나톨리아의 아르메니아인 200만 명은 터키인과 쿠르드인으로부터 내부의 적이라는 지탄을 받기 시작했다.

4월 24일, 연합군이 갈리폴리 상륙 작전에 들어가기 전날 밤, 내무장관 탈라트는 콘스탄티노플에서 활동하는 아르메니아인 사회지도자 수백 명을 체포하라고 명령했다. 동시에 아르메니아인이 다수 거주하는 지방의 행정 책임자들에게 아르메니아인들이 가담한 '혁명적·정치적 조직들'을 즉각 해체하라고 지시했다.[18] 이 같은 지시는 아르메니아인들 사이에 분리운동이 실제로 존재한다고 전제한 것이었다. 지시의 결과는 끔찍했다. 내륙 오지를 다스리는 정부 관리들이 보기에 '모든' 아르메니아인은 적이었다. 탈라트가 명령을 내린 지 며칠 만에 수만 명의 무고한 아르메니아인은 집에서 쫓겨나 알 수 없는 '이주 지역'으로 내몰리거나 그 자리에서 살육을 당했다.

아나톨리아 전역에서 아르메니아인 대학살이 벌어지고 강제이주 행렬이 지나간 길가에는 시신들이 널렸다는 뉴스가 콘스탄티노플로 답지하기 시작했다. 참혹한 소식이 꼬리에 꼬리를 물던 5월 24일, 영·프·러 3국의 외무장관들은 "인류와 문명에 가한 터키의 새로운 범죄들"에 대해 청년튀르크당 지도부는 책임을 져야 한다고 성명을 발표했다.[19]

콘스탄티노플의 반응은 일종의 반항이었다. 성명이 발표된 지 사흘 뒤 터키 내각은 '이주에 관한 지방 법률'을 승인했다. 아르메니아인들을 특정하는 조항은 없었으나 앞으로 주민들 사이에서 저항이나 공격의 징후가 나타날 경우 군대가 "가차 없이 진압에 나설 수 있다"고 규정한 내용이었다.[20] 이에 따라 군대는 "군사적으로 필요하거나 반역의 징후가 나타날 때 마을 또는 도시의 주민들을 이동 또는 이주시킬 수 있는" 권한을 얻었다. 탈라트와 엔베르는 이 방대한 유배자들을 보낼 만한 장소를 이미 물색해두었다. 아나톨리아 전역에서 잡아들인 아르메니아인 대부분을 시리아 북부 황량한 변방으로 내쫓을 계획이었다. 수많은 사람을 뿌리째 뽑아서 이미 전쟁으로 황폐해진 땅에 내던지겠다는 이 광기 어린 계획은 참담한 결과를 낳을 게 뻔했다. 실제로, 최소한 80만 명에 이르는 아르메니아인들이 강제이주를 당하다가 굶거나 총에 맞거나 매질을 당해서 죽었다.[21]

그러나 제말 파샤는 아르메니아인 축출에 대해 청년튀르크당 공동 지도부와 다른 입장이었다고 역사학자들은 말한다.[22] 6월이 되자 죽음의 행렬에서 겨우 살아남은 유배자들이 시리아의 알레포에 하나둘 모습을 드러내기 시작했다. 알레포는 중간 기착지였고, 그들의 당초 목적지이자 '이주 지역'인 데이르 알주르까지 가려면 동쪽으로 160킬로미터 이상 행군을 계속해야 했다. 알레포를 방문하여 참상을 목격한 제말 파샤는 공포에 질렸다. 그는 군대가 아르메니아인들의 행렬을 보호하도록 명시한 법령을 반복적으로 언급하면서 일선 부대에 이 법령을 준수하라는 지시 명령을 콘스탄티노플에 요청했다. 하지만 제말의 호소는

무시당했다.[23]

　콘스탄티노플로부터 호응을 얻지 못한 제말은 수천 명의 아르메니아인이 죽음의 행진을 계속하는 대신 알레포에 머물 수 있도록 허락하고, 시리아 전역이 식량 부족에 시달리는 상황에서도 난민들에 대한 식량 지원을 늘리라고 지방 정부에 지시했다. 그는 질서와 규율에 대한 자신의 사랑을 증명이라도 하듯 군대가 난민에 대한 식량 공급을 통제 및 유지할 것, 난민들을 수송하기 위해 차량이나 말을 알선할 것, 심지어 난민들 개인에게 일정 금액을 지급할 것 등을 담은 포고령을 연이어 내렸다. 그리고 자기 집무실에 앉아 수북이 쌓인 결재 서류에 쉼 없이 서명했다. 자신의 정권이 서류에 담긴 내용들을 실행할 수 있을 거라 믿으면서 말이다. 그러나 제말의 집무실 창문 밖에서부터 통치 지역 맨 끄트머리에 이르기까지 널려 있는 증거들은 다른 사실을 전하고 있었다. 제말은 가난과 분열과 전쟁과 굶주림과 질병으로 신음하는 이탈리아 크기의 땅덩어리가 아닌, 평화로운 시기에 스위스의 주 하나를 다스리는 정도로 착각한 듯했다. 아르메니아인 문제에 직면한 제말은 그동안 자기 앞길을 가로막았던 수많은 문제를 대할 때와 마찬가지로 분노와 공격성과 애통함이 복잡하게 뒤섞인 반응을 내보였다. 하지만 뜻대로 되는 일이 없다는 생각에 다다르자 재깍 시선을 다른 곳으로 옮겼고, 9월에 새로운 포고령을 내놓았다. 아르메니아인들의 사진을 찍으면 형사 처분하겠다는 내용이었다.[24]

　팔레스타인 마을 카트라에 머물던 아론 아론손은 예상치 못한 일을 겪었다. 나이 지긋한 어느 아랍인이 그에게 다가와서는 "당신에게 고맙게 생각한다"고 말한 것이다. 그날 밤 농학자 아론손은 일기장에 이렇게 적었다.

"20년 전까지만 해도 아랍인이 유대인에게 그렇게 말하는 일은 없었다. 내가 맡은 과업은 정말 힘든 일이다. 하지만 원주민들이, 속마음은 다를지 몰라도, 유대인들에게 '고맙다'고 말한다면, 우리가 돕지 않으면 불행을 피할 수 없다는 사실을 그들이 깨닫는다면, 그것만으로 이미 가치가 있는 것이다."[25]

1915년 봄, 아론손은 제말이 추진하는 메뚜기 박멸 사업의 책임자로서 팔레스타인 곳곳의 피해 지역을 찾아다니며 해충을 제거하는 방법에 대해 대중 강연과 현장 지도를 진행하고 있었다. 그리고 제말은 아론손의 촉구를 수용하여, 남녀노소를 막론하고 1인당 18킬로그램씩 메뚜기 알을 수거하지 않으면 무거운 벌금을 물리겠다는 포고령을 선포했다.

사실 박멸 사업은 지칠 줄 모르는 정열의 소유자인 아론손도 절망감을 느낄 만큼 지난한 일이었다. 아무리 박멸하려고 노력해도 (믿을 만한 조사 결과에 따르면, 가로 1.6킬로미터 세로 11킬로미터에 이르는 피해 지역이 확인될 정도로) 메뚜기 떼는 점점 더 커질 뿐이었고, 이에 따라 박멸 활동의 범위도 크게 늘었다. 해마다 이맘때면 신록으로 물드는 유대 지방이었으나 이제는 사방이 온통 누런 빛깔이었고, 과수원은 열매도 이파리도 없는 앙상한 나무들이 지키고 있을 뿐이었다. 살아남은 식생 지역이 전혀 없어서 마치 한겨울 휴경지를 보는 것만 같았다.

위기를 맞은 모든 곳이 그러하듯, 메뚜기 피해는 팔레스타인 사회가 키워온 불평등과 결핍의 실상을 고스란히 드러냈다. 아론손은 제말이 부여한 특별 권한을 지니고 있었지만 정작 그가 메뚜기 방제 사업에 실질적인 협력을 요청했을 때 지방의 행정 관료나 군부대 장교들은 무관심하거나 비협조적이었다. 야파에서는 카임마캄이라는 지방 정부 행정 책임자를 자신의 대중 강연에 참석시켰는데 그가 불쾌한 표정으로 도중에 자리를 뜨는 일도 있었다. 카트라 마을의 노인은 고맙다고 말했지만 현지 아랍인들 사이에서는 체념의 분위기가 만연한 상태였다. 그들에게 메뚜기 떼는 '드예쉬 알라djesh Allah', 즉 '신의 군대'이며, 따라서 메뚜기 떼에 저항하는 것은 헛된 일이거나 심지어 신성모독이기까지 했다. 뿐만 아니라 새로운 갈등이 불거지고 있었다. 곳곳에서 유대인 이주민들을 향한 관료 집단의 분노가 부글부글 끓어오르고 있었다. 예컨대 오스만 제국 세금 징수원들은 유대인 마을에서 바치는 달걀이 부족할 경우 가차 없이 벌금을 물렸지만 아랍인 마을에서는 대부분 달걀을 바치지 않았음에도 모른 체하고 넘어가기 일쑤였다. 특히 아론손은 유대인 거주지 페타흐 티크바에서 일어난 터무니없는 사건을 보고했는데, 밭갈이용 말들을 모두 징발당한 밭주인들에게 밭을 일구지 않았다는 죄목으로 메뚜기 방제법에 따른 벌금을 부과한 것이다.[26] 아론손은 넌더리가 나서 더 이상 못 하겠다고 여러 차례 사의를 밝혔지만, 제말은 그때마다 새로운 보장과 불평등 문제를 처리하겠다면서 조화와 협력의 새 시대가 머지않았다는 식으로 달래주었다.

사실 아론손의 불만은 팔레스타인 전역을 돌아다니면서 발생한 지극히 사적인 변화에서 비롯되기도 했다. 그는 처음으로 오스만 제국의 생존력, 더 정확하게 말하면 노예 상태에 놓인 유대인 공동체의 생존력에 의문을 던지기 시작했다. 이것은 자신이 목격한 사소한 학대 사건이나 부패 현상과는 다른 차원의 의문이었다. 그는 유대인 거주지를 방문할 때마다 주민들의 하소연을 들었다. 주변 아랍인들의 태도가 심상치 않다고, 관리들이 공공연히 무기를 휘두르며 협박하고 있다고 말하는 주민들은 겁에 질려 있었다.

이러한 위험 신호를 감지한 것은 유대인들만이 아니었다. 4월, 아론손은 친동생 알렉스를 레바논으로 보내 메뚜기 떼가 그곳에 도달했는지, 터키군이 지크론에서 무기를 뒤지던 긴박한 때에 베이루트로 피신한 여동생 리브카가 잘 지내는지 확인하라고 지시했다. 카피툴레이션 제도 아래 기독교인들이 지배하는 레바논은 콘스탄티노플의 탄압으로부터 자유로운 곳으로, 콧대 높고 부유한 시리아 내 친불파들의 본거지가 되어 있었다. 그런데 알렉스의 말에 따르면, 레바논은 메뚜기 떼의 피해를 모면하긴 했지만 슬픔과 절망의 도시가 되어 있었다. 이제는 터키군들이 곳곳에 깔려 있고, 평소 도도하던 베이루트 사람들도 한 치 앞을 알 수 없는 불안에 시달리는 상황이었다. 6월 초에는 아나톨리아의 아르메니아인들이 학살당하고 있다는 참담한 소식까지 들려왔다. 이런 상황에 대하여 고심하던 아론손은 두 가지 결론에 이르렀다. 팔레스타인에 거주하는 유대인들은 오스만 제국과 갈라서야 한다는 것, 그리고 그 결별을 성취하려면 유대인들은 오스만 제국의 멸망을 위해 적극 나서야 한다는 것이었다.

농학자 아론손은 이와 같은 결론에 이르는 과정에서 아틀리트에서 일하던 자신의 부하 직원 압살롬 파인버그의 도움을 받았을 것이다. 열정적인 26세의 청년 파인버그는 아론손의 여동생 리브카와 약혼한 사이였다. 파인버그의 고향은 지크론에서 남쪽으로 16킬로미터 떨어진 유대인 정착촌 하데라로, 그곳에서 기드오나이츠 지부를 만들기도 했다. 기드오나이츠는 유대인 주민들을 보호하는 동시에 적으로 간주하는 아랍인들에게 보복 공격을 가하는 준군사 조직으로, 팔레스타인 내 유대인과 아랍인의 대립을 "문화인과 야만인의 투쟁"으로 여기는 파인버그에게 기드오나이츠는 그의 정치적 견해와 맞아떨어지는 단체였다. 물론 그가 아랍인을 어느 쪽으로 여겼는지는 말할 필요도 없다.

"나는 태어나 지금까지 아랍인들 틈바구니에서 살아왔다. 아랍인보다 비굴과 위선과 기만이라는 단어가 더 잘 어울리는 인종은 없을 것이며, 이런 나의 신념이 흔들리는 일은 없을 것이다."[27]

그런 파인버그가 아랍인보다 더 혐오한 '인종'이 있었으니, 바로 터키인이었다. 그는 아틀리트에 도착한 뒤로 아론 아론손에게 끊임없이 혁명을 주장했다. 터키의 멍에를 벗어던지고 유대인의 팔레스타인을 일으키자는 주장이었다.

파인버그보다 열네 살 많은 아론손은 부하 직원의 열변을 젊은이의 치기로 웃어넘겼을지 모른다. 그러나 앞선 1월, 파인버그와 하데라 주민 12명이 영국의 앞잡이라는 누명을 쓰고 오스만 당국에 체포되자 아론손의 생각은 완전히 바뀌었다. 간신히 탈출에 성공한 파인버그는 곧장 아론손을 찾아왔다.

농학자 아론손은 나머지 하데라 주민들을 석방시키기 위해 자신이 예전에 애용하던 수법, 즉 오스만 정부 쪽 인맥을 가동하고 필요할 경우 뇌물을 쓸 것인지에 대해 갈등했다. 그러자 파인버그는 고개를 가로저으며 아론손에게 이렇게 말했다.

"우리의 주적은 터키입니다. 터키가 무너질 날이 임박한 지금, 우리가 남의 일인 양 팔짱만 끼고 있으면 되겠습니까? 터키인들은 곧 우리를 의심할 것입니다. 그들은 어떻게 하면 우리를 파멸시킬 수 있는지 알고 있습니다. 따라서 겁쟁이가 아닌 이상 우리는 터키를 상대로 쓸모 있는 정보를 캐내서 영국에 전달해야 합니다."[28]

아론손의 메뚜기 박멸 사업을 돕는 몇 주 동안 파인버그의 이런 생각은 조금도 누그러들지 않았으며, 오히려 그해 6월 즈음 아론손의 마음을 돌려놓았다.

그러나 터키를 상대로 무엇을 어떻게 해야 하는지, 나아가 영국을 돕는 행동이란 무엇인지는 모호하기 그지없었다. 메뚜기 방제 사업을 펼치는 동안 아론손과 보조 연구원들은 팔레스타인 전역을 구석구석 돌아다녔으며, 그 결과 각 지역의 사정과 자원들을 상세하게 기록한 과학자들의 보고서가 책상 위에 수북이 쌓이게 되었다. 자연히 활용 가능한 자원 목록들 가운데에는 군부대와 보급창, 석유 비축 시설 등 반란군이나 외국군이 대규모 군사 작전을 펼치는 데 필요한 핵심 정보들이 포함되어 있었다. 게다가 아론손 본인이 직접 확인한 바에 따르면, 터키군은 팔레스타인 몇 개 마을과 도시에 집결해 있는 것이 분명했다. 결국 경찰과 오합지졸의 민병대를 제외하면 사실상 모든 해안지역은 무방비 상태로 방치된 것이나 마찬가지였다. 영국군은 이 사실을 알 턱이 없었다. 알았다면 벌써 해안으로 쳐들어왔을 것이다. 이것은 아론손이 영국군에게 제공할 수 있는 확실한 핵심 정보였다. 영국군이 팔레스타인 해변에 상륙할 경우 어떤 저항에 직면할지에 관한(정확히 말하자면 이렇다 할 저항이 없을 것이라는) 정보를 1.6킬로미터 단위로 알려줄 수 있었기 때문이다.

하지만 팔레스타인 내부의 첩보원들이 정보를 제공하겠다는 소식을 영국군에 어떻게 전해야 할까? 이 문제에 대한 대책은 훨씬 더 명백했다. 베이루트와 하이파에서는 미국 전함들이 오스만 제국을 떠나려는 '중립국 사람들'을 끊임없이 실어 나르고 있었다. 그 결과 두 항구도시는 문서를 위조해주는 암시장이 호황을 이룰 정도였다. 따라서 팔레스타인 내부에서 활동하기 위한 여건은 만만치 않을지언정 이집트행 탈출선에 심부름꾼을 태우는 것쯤은 돈과 행운의 문제 그 이상도 이하도 아니었다.

아론손은 누구를 심부름꾼으로 보낼 것인지도 결정을 내린 상태였다. 전쟁이 한창일 때 남동생 알렉스는 오스만 관리들과 이미 두 차례나 충돌한 바 있었고, 지금은 지방 정부의 공무원 한 명과 진흙탕 싸움을 벌이는 중이었다. 게다가 뉴욕에서 3년이나 거주한 덕분에 영어 실력도 흠 삽을 데가 없었다. 그리하여 알렉스 아론손은 1915년 7월 중

순 베이루트 항구에서 미국 군함 디모인호에 몸을 실었다. '막내 여동생'
인 리브카 아론손과 함께였다. 배는 첫 번째 기항지인 그리스의 로도스
섬에 들렀다가 지중해를 가로질러 이집트로 건너갔고, 알렉스는 이집트
땅을 밟자마자 카이로에 있는 영국군 정보대로 직행할 작정이었다.

　남쪽으로 내려가는 여정은 무척 즐거웠다.[29] 열차 일등칸에서 바라보
는 창밖 풍경은 2주 내내 절경의 연속이었고, 정차하는 곳마다 아나톨
리아의 그림 같은 마을 풍경이 펼쳐졌다. 윌리엄 예일에게 무엇보다 좋
았던 것은 터키 의회의 일원이자 다마스쿠스에서 가장 부유한 귀족에
속하는 압둘 라흐만 파샤 알유수프의 일행이 되었다는 점, 그리고 파샤
의 임시 '양아들'로서 풍족한 환대를 받았다는 점이다. 여행 과정을 통
틀어 불쾌했던 점은 에스키셰히르의 호텔방에서 벼룩들에 시달린 것
그리고 타르수스 철로변을 가득 메운 굶주린 아르메니아인 난민들의 모
습이었다. 예일은 무미건조한 투로 회상했다.
　"딱한 사람들로 가득한 슬픈 광경이었다. 삶의 터전에서 뿌리째 뽑혀
어딘지도 모르는 곳으로 이동하는 사람들이었다. 거대한 비극의 그림자
가 그들 위로 내려앉은 듯했다."
　혹시라도 미국인 석유꾼 예일이 이런 비극을 획책한 터키 정권에 협
력하는 자기 자신 또는 회사에 대해 일말의 도덕적 불편함을 느꼈다면
아마 마음속에 고이 묻어두었을 것이다. 그가 수행할 임무는 매우 미묘
한 것이었기 때문이다.
　시리아 수도에 도착한 그는 첫 번째 임무인 제말 파샤를 만나기 위해
어쩔 수 없이 파샤와 헤어지고 예루살렘으로 이동해야 했다. 올리브 산
에 있는 독일인 숙소에 자리 잡은 시리아 총독부로부터 곧바로 들어오
라는 호출을 받았기 때문이다. 오스만 정부의 일반적인 특성과 전혀 다

른, 매우 신속한 통보였다.

약속 당일, 마차를 타고 올리브 산의 가파른 자갈길을 오르는 예일은 긴장하고 있었다.

"콘스탄티노플에서 오는 길에 배운 터키식 인사법을 여러 차례 연습했지만 제말처럼 지체 높은 사람한테 사용해도 괜찮은 인사법인지 걱정스러웠다."

예일이 느끼는 긴장감은 유명한 스타 앞에 서는 것과는 달랐다. 그는 팔레스타인 땅 2000제곱킬로미터에 대한 스탠더드오일 사의 유전 개발권을 얻기 위해 예루살렘에 왔다. 그리고 본인도 잘 알고 있듯이 이번 과업의 성패는 시리아 총독과의 만남에 달려 있었다. 결론이 어떻게 날지 예상할 수 없는 상황이었다.

예일을 태운 마차가 독일인 숙소의 철문을 통과해 커다란 건물 현관 앞에 멈춰 서자 제복 차림의 경비원들이 다가와 예일이 마차에서 내리는 것을 도왔다. 미국인 석유꾼 예일은 서류와 지도 뭉치를 옆구리에 끼고 화려하게 장식된 로비와 긴 회랑을 통과하여 제말의 집무실 옆 대기실로 갔다.

대기실에서 기다리는 동안 예일은 영어를 능숙하게 구사하는 총독의 젊은 부관과 이야기를 나누었다. 덕분에 긴장이 풀린 예일은 대화에 몰두하느라 누가 대기실에 드나드는지 신경을 쓰지 못했다. 마침내 제복 차림에 짧고 검은 콧수염의 키 작은 남자가 옆문을 열고 등장했다. 예일은 이 남자가 자기 앞으로 뚜벅뚜벅 걸어와서 빤히 쳐다볼 때까지 그가 제말 파샤라는 사실을 깨닫지 못했다. 마침내 그가 우아한 프랑스어로 예일에게 물었다.

"흠, 예일 씨. 당신이 가져온 지도와 서류를 한번 봅시다. 원하는 게 뭐요?"

제말의 격의 없는 태도에 예일은 자신을 휘감았던 긴장이 눈 녹듯 사라지는 걸 느꼈다. 동시에 갑작스런 후회가 밀려들었다. 그는 총독과 처음 만나는 자리에서 스탠더드오일 사가 원하는 2000제곱킬로미터를 한꺼번에 요청하는 것은 너무 뻔뻔스럽다는 판단 아래, 당초 요구 대상지 가운데 절반에 해당되는 지도만 가져왔기 때문이다. 그는 지도들을 탁자 위에 재빨리 펼치고 드넓은 유대 지방의 중부 지역을 가리켰다. 제말은 물끄러미 바라보면서 알겠다는 듯 고개를 까딱거렸고 자세한 내용은 들으려 하지 않았다. 그는 시종일관 고개를 빳빳하게 치켜들었다가 까딱거리기를 몇 차례 반복했을 뿐이다.

"당신이 원하는 것을 말하시오. 필요한 명령을 곧바로 내리겠소."

자신과 시리아 총독이 각각 원하는 것 사이에 바다처럼 넓은 거리가 있다는 사실을 알아챈 것은 바로 그 순간이었다. 팔레스타인에 석유가 매장되어 있다면 제말로서는 서둘러 시추해서 트럭에 실어 군대에 보급되기를 바랄 뿐이었다. 그러나 스탠더드오일 사는 그럴 생각이 전혀 없었고, 예일이 팔레스타인에 온 목적은 유전 개발권을 사들이는 게 전부였다. 스탠더드오일 사는 전쟁이 끝난 뒤 이 땅을 개발할 수 있도록 침을 발라놓으려는 것뿐이었다. 예일은 그로부터 20여 년이 지나 "이제 와서 돌이켜보면 그때 그에게 사실을 말하지 않은 것이 후회스럽다"고 회고했다.

그는 사실대로 말하지 않았다. 도리어 제말의 지원 아래 재빨리 필요한 공문을 확보하고 서둘러 유전 탐사단을 조직했다. 머지않아 터키군과 지방 정부가 부족장들의 동의를 받아냄으로써 마침내 예일은 팔레스타인 중부 1000제곱킬로미터에 이르는 땅에 대한 광물 채굴권을 따냈다. 콘스탄티노플에 머물던 소코니 상관들은 쾌재를 불렀을 테고, 터키의 집권자들 역시 마찬가지였을 것이다. 스탠더드오일 사는 우선 불가리아를 거치는 밀수 경로를 제안하여 터키가 영국 해군의 해상 봉쇄를 피해 석유를 확보하게 해주었다. 나아가 터키가 석유 자원을 스스로 개발할 수 있도록 지원하는 후속 조치에 들어갔음을 밝혔다. 일이 해결되었다고 생각한 터키 정권은 7월 말에 콘스탄티노플 주재 소코니 사무소에서 오스만의 친구들에게 감사의 뜻을 표하기로 결정했다. 모든 제국의 오랜 전통인 메달 수여식이었다.

소심한 사람들이었다면 그런 시국에 오스만 정권으로부터 메달 받는 것을 주저했을 것이다. 그때만 해도 콘스탄티노플의 외국인 사회는 터키가 아르메니아인들한테 저지른 만행에 대하여 온갖 흉흉한 소문이 나돌고 있었기 때문이다. 어제는 이 마을에서 오늘은 저 마을에서 주민들이 학살당했다는 소식, 죽음의 행렬에서 수많은 사람이 굶주림과 폭력으로 죽어간다는 소식이 끊임없이 들려왔다. 그러나 소코니맨들은 사업에 도덕을 결부시키거나 당시 유행하던 인도주의적 분위기에 영합하는 축이 아니었다. 7월 28일, 윌리엄 베미스와 오스카 궁켈, 루시엔 토머스 등 콘스탄티노플 사무소에 근무하는 고위급 임원 세 명은 술탄을 알현하기 위해 돌마바체 궁전을 찾았고, 오스마니아 훈장을 받았다. 오스만 제국이 "혁혁한 인도주의적 공헌"을 치하하기 위해 민간인에게 내리는 가장 높은 훈장이었다.[30]

1915년 7월 중순, T. E. 로렌스는 형제들 가운데 가장 친밀한 동생 윌에게 답장을 쓰려고 자리에 앉았다. 당시 윌은 영국 육군 항공대 관측병으로 복무하기 위해 포츠머스에 위치한 케임브리지 병영에서 훈련을 받고 있었다.

다정한 표현을 병적으로 꺼리는 로렌스의 성격을 감안할 때 애초에 윌이 보낸 편지의 주제, 말하자면 5월에 세상을 떠난 동생 프랭크 이야기에 대해 관심 있는 반응은 기대하기 어려운 일이었다. 그는 이렇게 썼다.

"프랭크의 죽음은 네가 말한 것처럼 충격이야. 상상도 못 한 일이니까. 아무리 슬퍼해도 지나치지 않을 거야. 그러는 게 너무나 당연하지. 이 거대한 전쟁 탓에 사람들의 사고방식이 바뀌었어. 나 역시 그렇고. 다들 큰 것만 생각하고 작은 것은 안중에도 없이 살게 된 거야."

로렌스는 편지를 맺으면서 한결 부드럽고 애잔한 어투로 이렇게 덧붙였다.

"언제쯤 전쟁이 끝나고 평화가 찾아올지 모르겠어. 요즘 나한테 위안을 주는 것은 『그리스 시화집The Greek Anthology』이나 에레디아Heredia, 윌리엄 모리스 같은 몇몇 시인이 전부야. 너는 어때?"[31]

전쟁이 4분의 1도 지나지 않은 1915년 7월, 학살과 파멸의 세월을 3년이나 남겨둔 무렵, 이 전쟁에서 로렌스가 맡게 될 극적인 역할의 씨앗들이 뿌려졌다. 씨앗들은 언뜻 보기에 전혀 관계없는 두 사건에서 돋아난 것이었다. 메카에서 카이로에 날아든 이상한 편지 한 통 그리고 포탄으로 누더기가 된 갈리폴리에서 만난 24세의 수수께끼 같은 청년이었다.

1915년 한여름, 갈리폴리라는 협소한 전장(심지어 양측 참호 사이가 27미터도 안 되는 전선도 있었다)에서 수많은 병사가 목숨을 잃었다. 시신들을 거두기 위해 비공식적인 휴전을 정하기도 했다. 휴전 조치는 현장 지휘관들에 의해 자율적으로 이루어지곤 했는데, 양측은 시간을 정해놓고 일부 병사를 중간 지대로 보내 숨진 전우들을 그 자리에서 매장했다.

8월 20일 아침, 오스만군의 중위 한 명이 최전방 참호에서 백기를 들고 기어 나오더니 중간 지대를 건너기 시작했다. 뭔가 작정한 듯한 이 젊은 장교는 영국군 참호 앞에 도착하자 적군들을 향해 항복을 외쳤다.

영국군은 규정에 따라 그를 포박하고 눈을 가린 다음 기나긴 참호를 관통해서 지중해 원정군 연대본부까지 끌고 갔다. 정식 규정에 따르면 그는 그곳에서 정보대 장교들의 심문을 받고 이집트나 사이프러스에 위치한 포로수용소로 이송되기 전까지 임시 방책에 갇혀 있어야 했다. 그러나 이 포로의 경우는 규정 예외였다. 그의 이름은 모하메드 알파로키였다. 24세의 나이에 비쩍 마른 체구와 수더분한 외모에도 불구하고 그가 털어놓은 이야기는 범상치 않았다. 영국군 장교들은 그를 계속해서 상급자에게 올려 보냈다.[32]

그는 자기와 같은 아랍인 장교들로 구성된 '알아흐드al–Ahd(각성)'라는 비밀 군사 조직의 일원이며, 압제자 터키를 상대로 반란을 일으키려고 몇 달 동안 때를 기다렸지만 뜻을 이루지 못했다고 주장했다. 마침 그해 여름 오스만 제국 내부에서 제5열 조직들이 암약한다는 소문이 나돌고 있었다. 파로키는 알아흐드 가담자들로 추정되는 명단을 건넸는데, 대부분 고위급 장교였으며 각각 어떤 부대를 지휘하고 최근에 어디로 배치되었는지 등이 자세히 기록되어 있었다.

8월 25일, 파로키 중위가 제공한 정보의 중대성을 간파한 갈리폴리 전투 사령관 이언 해밀턴 장군은 전쟁성 장관 키치너에게 이 내용을 즉각 보고했다.[33] 런던의 영국군 수뇌부는 파로키 중위의 이야기에 대한 신빙성을 판정하는 데는 카이로의 정보대가 가장 적합하다는 판단 아래 그를 군함에 태워 이집트로 보내라고 지시했다.

카이로 주재 영국군 정보대의 총책임자인 길버트 클레이턴을 비롯한 여러 요원은 9월 10일 사보이 호텔에 도착한 이 청년을 어떻게 활용해야 할지 갈피를 잡을 수 없었다. 그러나 영국군이 1915년 봄에 알렉산드레타에 상륙하지 않은 탓에 중대한 군사적 기회를 날려버렸다는 파로키의 지적을 듣는 순간 정신이 번쩍 들었다.

파로키의 증언에 따르면, 알렉산드레타는 주로 징집된 아랍인 부대들이 지켰으며 지휘관 대다수는 열성적인 알아흐드 조직원이었다. 이들은 심지어 영국군의 상륙이 임박했다는 예상 아래 도시의 방어 시설들을 몰래 파괴하기까지 했다. 그러나 영국군이 재앙과도 같은 갈리폴리 작전을 택하면서 그들의 노력은 물거품이 되고 말았다. 뒤이어 발생한 더 나쁜 상황은, 갈리폴리 전투가 시작되자 제말 파샤는 알렉산드레타를 지키던 아랍인 부대들을 황급히 전장으로 투입했다는 사실이다. 그로 인해 알아흐드 구성원이 될 수 있었던 수많은 병사는 합세하기를 갈망했던 '적군'의 총에 맞아 갈리폴리 산비탈에 쓰러져버리고 말았다.[34]

　여기까지의 내용은 쉽게 입증되었다. 알아흐드를 창립한 압둘 아지즈 알마스리라는 인물이 유배되어 카이로에 머물고 있었는데, 그가 사보이 호텔로 와서 파로키의 증언이 사실임을 확인해주었기 때문이다. 반란을 일으키려고 조바심치던 아랍인 병사들이 알렉산드레타를 지키고 있었다는 파로키의 주장은 이미 로렌스가 오스만 포로들과 대화하면서 확신했던 사실이었고, 알렉산드레타 상륙 작전 로비를 펼치는 과정에서 줄곧 강조한 부분이었다. 그러나 파로키가 지닌 정보는 이것이 전부가 아니었다. 그는 더 많은 사실을 알고 있었다.

　그는 한동안 바그다드에서 알아흐드와 아랍인들의 비밀결사체 알파타트 간의 연락책으로 활동했다고 했다. 양측이 의견을 나누는 과정에서 알아흐드는 알파타트와 메카의 에미르 후세인이 반란을 일으키기 위해 비밀리에 협상 중이라는 사실을 알게 되었다. 아울러 에미르 후세인과 카이로 주둔 영국군이 물밑에서 소통한다는 정보도 입수했다. 결론적으로, 영국군이 무기 제공을 비롯한 지원을 약속한다면 비밀결사체 알파타트와 무장 세력 알아흐드는 터키에 대한 에미르 후세인의 반란에 곧바로 동참할 작정이었다.

물론 영국의 협력은 공짜가 아니었다. 동쪽의 이라크로부터 서쪽으로는 시리아 그리고 남쪽으로는 아라비아 반도 남단에 이르는, 사실상 아랍세계 전체를 아우르는 아랍 국가를 세우려면 영국의 승인이 있어야 했다. 이러한 아랍 국가란, (반란을 준비하는 아랍인들이 아덴을 식민지로 삼아 이라크 남부에서 상업적 이익을 취하겠다는 영국의 요구를 받아들인 것처럼) 협상 결과에 따라 달라질 수 있다는 명확한 한계를 지니고 있었다. 그러나 절대적인 한 가지 전제 조건은, 프랑스가 어느 지역에 대해서도 통제권을 가져서는 안 된다는 것이었다. 양측이 이 모든 조건에 합의했다면 영국은 오스만 제국의 심장부에서 혁명이 터지는 광경을 목격할 수 있었을 것이라고 파로키는 말했다.

그러나 젊은 중위의 다음 이야기부터는 신빙성이 떨어지는 듯 보였다. 파로키는 에미르 후세인과 로널드 스토스가 비밀리에 소통한다는 사실을 알파타트가 알아냈다고 말했지만, 카이로 정보대의 어느 누구도 알파타트의 존재에 대해 들어본 적이 없었다. 이 작은 조직이 시리아 내 반反오스만 혁명분자들의 방대한 네트워크를 대변한다는 파로키의 주장에 대해 그 진실성을 판별할 최적의 인물은 시리아 정치 상황에 정통한 로렌스였다. 하지만 로렌스 역시 그토록 광범위한 네트워크가 존재한다는 이야기는 전쟁 전부터 지금까지 들어본 적이 없었다. 비록 들었다 하더라도 아랍사회에 대해 초보적인 지식이 있는 사람이라면 시리아와 이라크의 진보적인 장교들과 지식인 계층이 극히 보수적인 에미르 후세인과 동맹을 맺는다는 데 대해 납득하기 어려웠을 것이다.

다만 한 가지는 예외였다. 파로키가 갈리폴리에서 투항하기 몇 주 전, 후세인은 8개월에 걸친 침묵을 깨고 마침내 로널드 스토스에게 새로운 메시지를 전했다. 상반된 가치 사이에서 균형을 잡으려고 노력하던 과거의 모습은 찾아볼 수 없는 편지였다. 그간 자타 공인 '아랍 국가 전체'를 대변하는 인물로 부상한 후세인은 영국의 협력 문제나 헤자즈에 대한 불간섭만을 이야기하는 차원을 훌쩍 뛰어넘어 영국이 사실상 아랍세계 전체의 독립을 인정해야 한다고 요구했기 때문이다.

후세인의 요구가 실속 없이 거창하기만 하다고 생각한 스토스는 이에 대해 "자신에게 허용된 권리와 희망과 힘을 훨씬 넘어서는 것"이라며 신랄하게 비판했다. 그리고 이집트의 고등판무관으로 새로 부임한 헨리 맥마흔과 상의한 끝에 최선의 반응은 완벽한 무시라고 결론지었다. 이와 같은 반응은 파로키가 등장하기 직전에 맥마흔이 후세인에게 전한 답신에서 여실히 드러났다.[35]

결과적으로 후세인이 7월에 보낸 편지의 세부 내용과 파로키가 9월에 진술한 내용은 일치하는 것으로 확인되었다. 각각의 약속 내용과 영토적 요구 사항이 거의 정확하게 일치했기 때문이다. 이런 관점에서 '아랍세계 전체'라는 후세인의 모호한 언급은 스토스가 해석한 바와 매우 다른 의미를 지니는 것이었다. 이것은 베두인 족 에미르의 단순한 과대망상이 아니라 알파타트 및 알아흐드 혁명분자들과 비밀리에 협력관계를 구축했음을 암시하는 것이었다. 마침내 카이로의 영국 관리들은 그동안 후세인을 지나치게 과소평가했음을 깨달았다. 동시에 오스만 제국의 까마득한 변방에서 반란이 일어날 가능성이 있다는 점, 나아가 수수께끼 같은 메카의 노인이 중동 문제 해결의 열쇠를 쥐고 있다는 사실을 깨달았다.

이것이 전부가 아니었다. 후세인은 마지막 서신에서 정해진 시각을 향해 재깍거리며 나아가는 '시계의 유령'을 언급함으로써 특유의 모호함을 한껏 뽐냈다. 자신의 서신을 받은 날로부터 30일 이내에 제시한 조건을 수용할지 아니면 거부할지 결정해야 하며, 시한을 넘기는 즉시 아랍인들은 "마음대로 행동할 자유를 얻는다"는 사실을 명시한 것이다.[36] 스토스와 맥마흔은 이 모호한 협박에 대해 처음에는 별다른 관심을 두지 않았다. 그러나 이제 모하메드 알파로키가 설명한 내용을 고려할 때 후세인이 이와 같은 최후통첩을 날린 이유를 가늠할 수 있었다. 후세인은 최근 제말 파샤의 제안, 즉 전쟁 이후 아랍의 완전한 독립이라는 제안을 받고 애가 타기 시작한 것이다. 이 제안은 분명 아랍인들로 하여금 터키와 독일의 동맹을 전폭적으로 지지하게 만들 수 있었다.

영국은 더 이상 선택을 고민할 이유가 없었다. 오스만 제국을 안으로부터 무력화하도록 후세인 및 그의 동조자들과 합의할 것인지, 아니면 후세인과 아랍인들이 콘스탄티노플과 화평을 맺는 장면을 바라볼 것인지 양단간에 결정해야 했다. 후자의 화평은 결국 연합국을 상대로 성전의 열기를 재점화하는 쪽으로 진행될 것이고, 그랬다간 연합국 치하 식민지의 무슬림 주민들까지 동요할 것이었다. 런던과 카이로의 영국 외교관들은 애스퀴스 총리를 위시한 내각에 이러한 내용을 충분히 보고한 뒤, 부랴부랴 메카의 에미르에게 깍듯한 자세로 서한을 보냈다. 이에 따라 역사상 가장 논쟁적인 서한들을 비밀리에 주고받게 되었으니, 이른바 '맥마흔-후세인 서한'이 초래한 여러 파문은 곧 영국 정부를 혼란에 빠뜨렸다. 오해와 모순과 속임수로 얽히고설킨 내용으로 인해 훗날 아라비아에서 영국 정부를 대변하게 되는 T. E. 로렌스 역시 혼란을 겪어야 했다.

모하메드 알파로키의 폭로 덕분에 로렌스는 8개월 전 카이로에 도착한 뒤부터 혼신을 다해 추진했던 과제, 즉 영국군의 알렉산드레타 상륙작전으로 복귀했다.

날씨가 맑을 때 아틀리트 해안절벽에서는 영국과 프랑스 군함들을 쉽게 식별할 수 있었다. 팔레스타인 해안을 돌아다니면서 봉쇄 작전을 펼치는 선박들이었다. 아론 아론손과 압살롬 파인버그는 카이로의 알렉스가 보낸 편지도 아마 이 군함들 가운데 한 척을 통해 전달되었을 것으로 짐작했다. 물론 군함에 편지를 전한 사람은 알렉스 본인이었을 터였다. 하지만 시간이 흐를수록 이런 믿음은 흔들렸다.

아무런 소식도 없이 한 달 가까이 흐르자 아론손과 파인버그는 위험한 대안을 마련했다. 기다림이 계속된다면 연안을 오가는 조그만 어선 한 척을 구해서 봉쇄 작전 중인 군함을 직접 찾아가야 한다는 게 파인버그의 생각이었다. 그러나 8월 중순부터 봉쇄령을 강화한다는 말이 나돌더니 이제 의심스러운 선박은 무조건 연합군 군함들의 공격을 받게 되었다. 그런 마당에 함부로 접근해오는 괴선박이야말로 확실한 공격 대상이었다. 따라서 파인버그의 대안이란 자살 행위나 다름없는 위험한 행동이었다. 얼마 뒤에는 더 나쁜 소식도 들려왔다. 연합군은 (훗날 잘못된 내용으로 밝혀졌지만) 8월 말 난민 수송 작전을 종료할 예정이며, 이에 따라 미국 전함 디모인호가 하이파 항구를 찾는 것도 8월 30일이 마지막이 될 거라고 발표했다. 두 사람은 미국 전함이 수평선 너머로 사라지면 영국과 접촉할 수 있는 최선이자 최후의 기회까지 사라질 것이라 생각했다.

디모인호에 자신이 직접 승선하는 것을 허락해달라는 파인버그를 향해 아론손은 완강히 고개를 가로저었다. 하지만 결국 파인버그는 변장을 하고 위조한 러시아 여권을 지닌 채 교묘한 말솜씨로 디모인호에 올라탔다. 그리고 일주일 뒤에 이집트 알렉산드리아 부두에 모습을 드러냈다.[37]

파인버그가 이집트에서 연락할 만한 사람은 단 한 명밖에 없었다. 다행히도 그는 파인버그에게 도움을 줄 수 있는 사람으로, 하이파 출신이며 수에즈 운하 북쪽 끝에 위치한 포트사이드 항의 영국 해군 정보국에서 급사로 일하는 아랍인 기독교도 청년이었다. 파인버그는 포트사이드 항에서 이 친구와 만났고, 한 정보대 장교와의 만남을 주선했다. 그 장교는 바로 진 사막 탐사와 카르케미시에서 T. E. 로렌스와 오랫동안 함께했던 레너드 울리였다.

그때의 파인버그는 전혀 모르고 있었고 알 수도 없었던 사실이지만, 알렉스 아론손은 이미 영국 정보대와 접촉한 상태였다. 아론손은 몇 차례의 시도 끝에 8월 18일 마침내 카이로 주재 정보대 고위 장교 한 명과 만날 수 있었는데, 그는 T. E. 로렌스의 상관이자 진 사막 탐사를 함께 했던 스튜어트 뉴컴 대위였다. 만남이 순조로웠던 것은 아니다. 뉴컴은 시종일관 알렉스 아론손에 대한 경계의 시선을 거두지 않았고, 팔레스타인 안에 유대인으로 구성된 첩보망이 가동 중이며 영국군을 돕고자 한다는 26세 청년의 말로 인해 더욱 경계심이 일었다. 사실 당시는 쿠르트 프뤼퍼의 하수인이었던 미나 바이츠만의 정체가 발각된 지 두 달밖에 안 된 시점인 데다 팔레스타인 출신 유대인 난민들을 첩자로 활용하려는 독일의 속셈을 간파하고 긴장을 늦출 수 없었던 시기다. 그러나 뉴컴이 가장 의심한 대목은 자신의 희생에 대한 실질적 대가를 원치 않는 듯한 알렉스 아론손의 태도였다. 정보대 고위급 책임자로서 뉴컴은 '중요한 정보'를 제공하는 대신 돈이나 무기 또는 법적 문제의 해결을 원하는 자칭 첩보원들에게 끊임없이 시달려온 탓에 노다지 같은 정보를 선의로 제공하겠다는 알렉스 아론손의 말은 실소를 자아낼 뿐이었다. 이로 인해 뉴컴은 자신의 경력에서 가장 커다란 오판을 저지르고 말았다. 그는 알렉스 아론손의 제안을 물리쳤을 뿐 아니라 그 나라를 떠나라고 명령했다. 물론 알렉스는 팔레스타인에서 초조하게 기다리고 있을 친형에게 이 소식을 전할 방법이 없었다. 그리고 압살롬 파인버그가 알렉산드레타에 도착하기 3일 전인 9월 3일, 알렉스와 여동생 리브카는 같은 항구에서 뉴욕행 선박에 몸을 싣고 말았다.

반면 파인버그는 레너드 울리와 좋은 인연을 맺게 될 운명이었다. 울리는 자기 앞에 나타난 강렬한 청년을 절대적으로 신뢰하여 영국군 정보대 선박이 아틀리트 연구소 근처를 주기적으로 배회할 수 있도록 조치했다. 그리고 아틀리트의 협력자들이 수집한 정보가 있을 때 미리 정해둔 신호를 정보대 선박에 보내면, 조그만 보트나 잠수부가 야음을 틈타 해변으로 가서 정보를 건네받기로 작전을 세웠다.

신호를 주고받는 체계를 확립하고 이와 같은 계획의 효율성을 확인하기 위한 방법은 한 가지였다. 파인버그를 정보대 선박에 태워 팔레스타인에 실제로 잠입시키는 것이었다. 파인버그는 고향으로 돌아가기 위한 적당한 시기를 기다렸다. 그 시기는 달빛이 없고 파도가 잔잔한 밤이어야 했다.

그해 늦여름 T. E. 로렌스는 뉴컴과 울리가 첩보원을 자처하는 이들과 접촉한 사실을 전혀 알지 못했다. 이집트 주재 영국군 정보대가 부분적으로 정보를 분리하는 규정을 두고 있는 탓이었다. 물론 당시는 로렌스도 어떤 문제에 집중하느라 다른 데 신경 쓸 상황이 아니었다. 그의 관심사는 바로 영국군의 알렉산드레타 상륙 작전이었다. 10월 중순, 그는 마지막 퍼즐을 제자리에 끼워넣은 것처럼 보였다. 당시 그가 부모님께 보낸 편지들을 보면 군사 검열을 피할 수 있을 만큼의 모호함과 흥분 사이에서 교묘한 균형을 이루고 있었다.

"레반트에서 조금 분주한 겨울을 보낼 것 같습니다. 일이 되어가는 모양새가 꽤 좋습니다. 반대쪽은 저 멀리 떠났고 우리 정부는 훨씬 더 이성적입니다. 최종 결론이 나기까지는 오랜 시간이 걸리겠지만, 제 생각에는 무척 만족스러울 것 같습니다. 모든 것이 지난날 경험한 실패 덕분입니다."[38]

로렌스가 느끼기에 알파로키 이야기에서 가장 고통스러운 부분은 1915년 겨울 알렉산드레타 상황에 대한 묘사였다. 그때 영국군 상륙 부대가 그곳 해변을 밟았다면 얼마나 좋았을까 하는 아쉬움이 자꾸만 들게 만드는 이야기였다. 분명 지금은 상황이 많이 바뀌어, 알아흐드가 장악했던 부대들은 다른 곳으로 이동한 지 오래였다. 그러나 1915년 가을, 로렌스를 비롯한 알렉산드레타 상륙 작전 지지자들은 자신들의 주장을 외면할 수 없게 할 만한 몇 가지 새로운 요인을 제시할 수 있었다.

전쟁 이후 1년 동안 방관자로 머물렀던 불가리아가 9월 말경 마침내 동맹국 편에 서서 제1차 세계대전에 참전했다. 이는 동맹군이 독일과 터키 사이에 온전한 육로와 철로를 확보하여 무기와 병력을 신속하고 원활하게 실어 나를 수 있다는 것을 뜻했다. 같은 시기의 영국군 수뇌부는 갈리폴리 상륙 작전이 처음부터 실패한 계획이었음을 인정하고 비밀리에 철수 작전을 짜고 있었다. 이 두 가지 사실을 종합하면, 적군은 훨씬 더 강력한 전력으로 영국령 이집트를 재차 공격할 가능성이 컸다. 이러한 공세에 맞서 알렉산드레타를 장악한다면 적군의 주된 보급선을 방해하는 정도가 아니라 완벽하게 차단할 수 있었다. 게다가 이와 같은 전과에 기운을 얻어 해당 지역 아랍인들이 봉기를 일으킨다면 터키는 완전히 새로운 문제에 직면하는 셈이었다.

알렉산드레타 상륙 작전을 또다시 주장하게 만든 새로운 요인은 고맙게도 제말 파샤의 변덕스러운 인간성이라 할 것이다. 제말은 콘스탄티노플의 동료 파샤들에 대한 반대 의사의 일환으로 아나톨리아 대학살 현장에서 살아남은 아르메니아인 8만여 명에게 피난처를 제공하는 한편 그들을 노동부대로 편성했다. 이들 난민과 노동부대는 당시 알렉산드레타 일대에 모여든 상태였다.(이 가운데 8000명가량은 아마누스와 토로스 산맥을 관통하는 철도 터널 공사에 투입되었다.) 그들은 한시적이나마 목숨을 구해준 파샤에게 고마워했지만, 사실 대부분은 영국군을 해방자로 여겨 협력할 각오가 되어 있는 사람들이었다. 따라서 영국군이 수많은 아르메니아 기독교인들을 예속과 죽음에서 해방시키는 과정을 세계에 알릴 경우, 전쟁의 여러 측면에서 로렌스가 민감하게 여겼던 대중선전에서 커다란 긍정적 효과를 거둘 수 있었다.

10월 말, 로렌스를 비롯한 영국군 카이로 정보대 요원들의 열렬한 로비 덕분에 이집트에서 가장 중요한 영국 관리 두 명, 즉 총독부의 헨리 맥마흔 고등판무관과 이집트 원정군EEF 사령관 존 맥스웰 소장은 부활한 알렉산드레타 상륙 작전 쪽으로 마음이 기울었다. 때마침 그 두 사람은 지중해 동부 전장의 미래를 결정하기 위해 현지를 방문하는 키치너 경과 회의를 하기로 되어 있었다. 드디어 때가 된 것이었다. 로렌스는 난공불락의 성벽처럼 보이던 영국군의 우매한 전술에 드디어 구멍이 뚫릴 것이라 확신했다. 11월 4일, 키치너와 고위 인사들의 회의가 열리기 전날 로렌스는 한 친구에게 다음과 같이 편지를 썼다.

"이번 주면 상황이 무르익을 거야. 그러면 눈코 뜰 새 없이 바빠지겠지! 조짐이 괜찮아. 아주 만족스러운 결과가 나올 것 같아."[39]

키치너와 맥마흔, 맥스웰 세 인물은 11월 10일과 11일 이틀간 에게해의 무드로스 섬 앞바다에 떠 있는 선박에서 회의를 했다. 처음에는 내키지 않는 표정이던 전쟁성 장관 키치너도 결국에는 알렉산드레타 계획을 받아들였다. 그리고 총리에게 급전을 띄워 즉각적인 승인을 촉구했다.

그러나 런던의 반응은 복잡미묘했다. 서부전선에서 대학살이 벌어지고 있었고, 영국군 수뇌부는 그곳 죽음의 구렁텅이로 밀어넣을 신병들을 모집하느라 여념이 없었다. 그런 마당에 새로이 제시된 알렉산드레타 상륙 작전에 10만 병력을 할애하기란 받아들이기 어려운 일이었다. 게다가 갈리폴리에서 재앙을 맛본 이후 오스만 땅을 향한 상륙 작전 자체를 지혜롭지 못한 모험으로 간주하는 시선도 있었다. 회의 장소인 선박과 런던 사이에 쉴 새 없이 전보가 오가면서 논쟁은 계속되었다.

키치너의 선상 회의 수행단에 끼었던 프랑스군 연락장교는 사태를 재빨리 파악하고는 영국 정부가 고심하는 내용을 파리에 알렸다.[40]

프랑스 정부는 1915년 겨울 알렉산드레타 계획을 폐기시켰던 사실을 토대로, 이 같은 주장이 다시는 제기될 수 없도록 봉쇄하기로 방침을 정했다. 11월 13일, 런던 주재 프랑스 군사 담당관은 대영제국 군대 전체를 통솔하는 윌리엄 로버트슨 장군에게 편지 한 통을 보냈다. 시리아에 관한 프랑스의 경제적·정치적 이해관계를 재확인하는 편지였다.

"프랑스 여론은 미래에 프랑스인들의 일부가 될 것으로 예정된 프랑스령 시리아를 대상으로 하는 모든 시도에 대해 무관심할 수 없습니다. 그리고 프랑스인들은 연합국 간의 합의 없이는 이 특별한 나라에서 그 어떠한 군사 작전도 수행해선 안 되며, 그럼에도 불구하고 행동을 취해야 한다면 프랑스 병사와 지휘관들이 더 많은 임무를 맡아야 한다고 주장하고 있습니다."[41]

우직한 외교적 어투로 일관한 이 편지는 기본적으로 알렉산드레타 상륙 작전에 대한 프랑스의 반대 의사를 반복하고 있다. 프랑스는 전후에 시리아를 차지하려는 입장인 만큼 그곳에서 벌어지는 전투라면 프랑스군이 선봉에 서야 한다고 주장하고 있지만, 작전을 감당할 병력이 부족했다. 따라서 시리아를 무대로 하는 모든 작전에 반대하는 수밖에 없었다. 하지만 이번 경우가 충격적인 이유는 프랑스가 이처럼 비열한 주장을 서면으로 펼쳤다는 점이다. 영국인 역사학자 바실 리들 하트는 프랑스의 방침에 대해서 이렇게 썼다.

"이는 생과 사의 갈림길에서 분투하던 연합군에게 들이민 가장 충격적인 문서가 아닐 수 없었다. 영국과 프랑스가 손잡고 싸우는 그 적의 숨통을 끊음으로써 아군의 생명을 지킬 최고의 기회를 사실상 내팽개치겠다는 뜻이었기 때문이다."

리들 하트의 주장에 따르면, 대영제국의 총사령관은 프랑스의 이와 같은 분노를 묵인함으로써 본질적으로 '종범從犯'이 되었다. 이제 이집트의 영국군에게 남은 대안은 터키군이 수에즈 운하를 또다시 공격하기를 기다리는 것, 아울러 터키군의 방어선 가운데 가장 강력한 팔레스타인 남부의 협소한 전선을 공격하는 것이었다. 이는 궁극적으로 5만 명이 넘는 사상자를 낳는 선택이었다.[42]

로렌스를 비롯한 카이로 정보대 요원들은 믿을 수가 없었다. 알렉산드레타 상륙 작전은 또다시 버려졌고, 불행히도 이후로 두번 다시 진지하게 검토되지 않았다.

그 계획이 처음으로 무산된 1915년 2월, 당시 로렌스는 가족에게 보낸 편지에서 시리아에서 영국의 진정한 적은 프랑스라고 통탄한 바 있었다. 그리고 1915년 11월, 그 계획이 또다시 무산되자 로렌스에게는 원한의 감정이 생겨났다. 그로 인해 이후 프랑스가 시리아에서 벌이는 모든 일에 대해 극도의 불신을 갖게 되었다.

세라 로렌스는 아들 프랭크가 숨진 직후부터 둘째 아들 '네드'를 꾸짖기 시작했다. 네드가 이집트로 떠나기 전인 1914년 말, 신병훈련소에 있는 프랭크를 찾아가지 않은 잘못을 지적하는 식이었다. T. E. 로렌스는 어머니의 힐난에 대해 논리적인 사실 문제로 대응했다. 그는 이렇게 설명했다.

"나는 프랭크에게 작별 인사를 하러 가지 않았습니다. 왜냐하면 프랭크가 원치 않을 것이라고 여겼기 때문입니다. 게다가 프랭크와는 다시 만날 가능성이 희박하다고 생각했습니다. 이런 경우라면 작별 인사를 하지 않는 편이 낫다고 생각한 것입니다."[43]

하지만 1915년 5월 다른 동생인 윌이 인도에서 영국으로 돌아가는 중에 수에즈 운하를 지나친다는 소식을 들었을 때는 사뭇 다른 반응을 보였다. 1913년 카르케미시에 윌이 방문한 이후로 처음 만나는 기회였다. 로렌스는 사보이 호텔에서 하던 일을 내던지고 자신의 트라이엄프 모터사이클을 타고 128킬로미터를 질주했다. 동생이 탄 배의 입항을 맞이하기 위해 수에즈 항구로 향한 것이다.

하지만 로렌스가 항구에 도착하기 직전, 운하를 따라 소규모 전투가 벌어지는 바람에 윌이 탑승한 배의 입항이 지연되었다. 직접 얼굴을 맞대고 만나는 대신 모든 형제가 가능한 방식대로, 뱃전과 해안에서 서로를 바라보며 전화로 간단한 대화를 나누었다. 그날 밤 로렌스는 다시 모터사이클을 타고 카이로의 일터로 돌아갔다.

윌은 제1차 세계대전에 참전한 그 어떤 병사보다 기대수명이 짧은 보직인 육군항공대 관측병으로 자원입대했다. 그리고 1915년 10월 23일, 윌이 탑승한 전투기가 프랑스 상공에서 격추당했다. 윌의 시신은 찾을 수 없었다. 당시 26세의 윌이 전선에 배치된 지 일주일도 안 된 때였다.

다섯 달 사이에 형제 두 명을 잃자 로렌스는 점점 더 두꺼운 껍데기 안에 마음을 감추었다. 이후 6, 7개월 동안 집으로 편지를 부치는 횟수가 점점 줄었고, 내용 역시 갈수록 간략해졌다. 프랭크가 죽었을 때 로렌스는 부모님께 보내는 편지에 프랭크에 대한 언급을 삼가려 했지만, 윌의 경우에는 죽음을 인정하는 기록조차 보이지 않는다. 그해 12월, 집으로 보낸 짧막한 편지에서 완곡하게 암시한 것이 유일했다.

오늘 아침에는 몇 자만 적겠습니다. 생각해보니 오늘이 크리스마스군요. 부모님께는 조금도 행복한 날이 아닐 것 같아서 걱정입니다. 하지만 두 분 곁에는 아직 로버트와 아널드가 있고, 사정이 더 좋지 못한 사람도 많습니다. 언제나 앞날만을 생각하시기 바랍니다. 여기는 모든 게 여전합니다. 어제는 비가 쏟아졌습니다. 요사이는 날씨가 서늘하네요.[44]

7장
배신

우리는 곰을 잡아서 죽이기도 전에 가죽부터 벗기는 사냥꾼 같은 사람들이 아닌 가 싶습니다. 저는 개인적으로 전쟁이 끝난 뒤 우리가 어떤 상황에 처할지 예상할 수가 없습니다. 그러므로 현 상황에서 터키 제국을 어떤 식으로 조각낼지 토론을 벌이는 것은 학문적인 호기심 차원에 불과하다고 생각합니다.

–1916년 1월 7일, 영국군 정보대 책임자 조지 맥도너 장군[1]

1915년 11월 16일, T. E. 로렌스는 오랜 친구이자 옥스퍼드의 애슈몰린 박물관에서 큐레이터로 일하는 에드워드 리즈에게 편지를 보냈다. 동생 윌이 죽은 지 3주가 지난 시기로, 로렌스는 울적한 상태였다. 그는 리즈 에게 오랫동안 소식을 전하지 못해 미안하다면서 이렇게 썼다.

"그사이에 일이 바쁘기도 했지만 동생 둘이 잇따라 세상을 떠나서 마음이 무거웠어. 물론 나는 두 녀석과는 멀리 떨어져 지내왔고, 그래 서 그다지 큰 충격을 받진 않았지만 옥스퍼드에 있는 가족들이 걱정스 러워. 나중에 옥스퍼드로 돌아가면 어떤 기분일까 싶기도 하고. 두 녀 석 모두 동생이었는데, 내가 카이로에서 평화롭게 지낸다는 게 어쩐지 잘못된 것 같아."[2]

전쟁이란 본디 고통스러운 경험이다. 하지만 그해 11월 로렌스에게는 유달리 고통스러운 나날들이었다. 그도 그럴 것이, 카이로에 도착하여

11개월이 넘도록 그는 사보이 호텔 사무실을 지키고만 있었다. 두 동생의 목숨을 앗아간 서부전선 대살육의 현장과는 완전히 동떨어진 세계였다. 더욱이 적군을 상대로 전투를 벌이는 것이 아니라 영국군 내 관료주의의 편협한 이해관계 그리고 조국의 맹방 프랑스와 '서류 전쟁'을 벌이는 일에 대부분의 에너지를 소모하고 있다는 사실이 그를 더욱 혼란스럽게 했다.

사보이 호텔 정보대 사무실 벽에 큼지막하게 붙여놓은 오스만 제국 지도를 보면 이런 싸움이 얼마나 무용한지 깨달을 수 있었다. 전쟁이 터지고 1년이 지난 1915년 11월까지 수많은 병사의 목숨이 연기처럼 사라졌음에도 불구하고 사실상 오스만 제국 영토는 아무런 변화가 없었다.

이집트 원정군은 여전히 갈리폴리의 교두보를 지키기 위해 하염없이 피를 흘리고 있었다. 하지만 터키 땅에 겨우 마련한 그 조그만 디딤판마저 이제 곧 사라질 판으로, 연합군은 갈리폴리 철수 작전을 시행하기 직전이었다. 지독히 역설적이지만 이 철수 작전이야말로 제1차 세계대전 전체를 통틀어 연합군이 수행한 가장 훌륭한 작전이었다. 아나톨리아에 있는 아르메니아인들의 고통은 조금도 줄어들지 않았고, 시리아에서 반란을 꿈꾸던 아랍 저항 세력 또한 제말 파샤의 비밀경찰에 발각되어 지도부 전체가 살해되는 고통을 겪었다. 게다가 두 집단에 도움이 될 수 있었던 알렉산드레타 상륙 작전은 끝내 버려진 카드가 되었다. 카이로의 그 누구도 그에 대한 명확한 이유를 알 수 없었다.(프랑스 정부가 알렉산드레타 계획에 공식적으로 반대했다는 사실을 이집트 쪽에 알려야 하는지를 놓고 런던 전쟁성이 고민을 시작하기 몇 주 전이었다.) 이제는 팔레스타인 시나이 반도 끄트머리에 웅크린 터키군을 정면 공격하자는 진부한 주장이 힘을 얻고 있었다. 이 공격이 성공할 경우(갈리폴리의 경험으로 미루어 성공을 예상하긴 어려웠지만) 영국군은 터키의 심장부를 향해서 머나먼 길을 느긋하게 북진할 수 있다는 주장이었다. 영국이 보기에 오스만 제국 지도상에서 밝게 빛나는 지역이라고는 이라크뿐이었다. 그곳에서는 대영제국이 거느린 인도군이 지난 7개월 동안 티그리스 강을 착실히 거슬러 오르며 전진한 끝에 11월 중순 바그다드 초입에 도착했다. 하지만 오스만 제국 변방에 위치한 그 도시를 점령해봤자 1600킬로미터나 떨어진 콘스탄티노플에 물리적인 영향을 끼치기란 어려워 보였다.

로렌스의 시선은 저절로 한 줄기 희망으로 보이는 유일한 지역, 아라비아 땅으로 쏠릴 수밖에 없었다. 아라비아가 전형적이지 않은 방식으로 싸운다면 터키를 이길 수 있다고 로렌스는 확신했다. 이집트 주재 영국 고등판무관 헨리 맥마흔 역시 모하메드 알파로키의 폭로에 정신이 번쩍 들었는지, 영국과 손잡고 아랍 반란을 일으키는 대가로 독립국 건설에 관한 아랍인들의 영토적 요구를 대부분 수용하겠다는 내용의 새로운 서한을 곧장 에미르 후세인에게 보냈다. 11월 5일, 몇 가지 협의해야 할 사항을 남겨놓긴 했지만 후세인은 맥마흔의 제안을 선뜻 수용하는 답장을 보냈다. 마침내 터키에 대항하여 아랍이 봉기하고 영국이 지원한다는 합의가 이루어졌다.[3]

로렌스는 이로써 모든 문제가 해결되리라 여겼을 것이다. 하지만 1915년 가을, 유럽 열강의 전쟁을 주도하는 수뇌부들의 생각은 달랐다. 그들은 중동 정세가 이제부터 훨씬 더 복잡하고 치열한 국면에 접어들 것으로 전망하고 있었다.

이들 전쟁 기획자의 속셈을 이해하기 위해서는 제1차 세계대전이라는 더 큰 지도에 드리운 일종의 마비 증세부터 이해해야 한다. 서부전선, 즉 프랑스-영국 병사들과 독일 병사들 사이에 놓인 643킬로미터에 이르는 좁다란 중간 지대는 1년 동안 거의 변화가 없었다. 반면 그보다 훨씬 더 유동적인 동부전선은 다른 유형의 교착 상태에 빠져 있었다.

전쟁 초반에 서북부 전장에서 독일군에게 큰 타격을 당한 러시아는 서남부에서 불운한 오스트리아-헝가리군을 상대로 복수전을 감행했다. 하지만 동맹국을 지원하기 위해 달려온 독일군에게 또다시 패했다. 이처럼 독일에 의해 러시아의 승리가 좌절되는 최악의 패턴은 1917년까지 이어졌다. 그러나 아무런 이유도 쓸모도 없다는 점에서, 이탈리아 북부에 새로이 형성된 남부전선에는 비할 바가 아니었다. 뒤늦게 연합국에 가담한 이탈리아의 상대는 험준한 산악지대를 차지한 데다 수적으로도 크게 우세한 오스트리아-헝가리군으로, 1915년 11월까지 네 차례나 원정군을 보냈지만 매번 대패했다. 이탈리아군은 전쟁이 끝나기 전까지 이손초 계곡에서만 열두 차례나 전투를 벌였고 60만 명이 죽거나 다치는 피해를 입었다.

물론 이런 식의 교착 상태는 양측 당사자에게 영향을 끼치는 것으로, 제1차 세계대전이라는 커다란 지도에서 연합국에게 좋은 소식이 없었다면 동맹국 쪽도 마찬가지일 수밖에 없다. 또한 그토록 끔찍한 대가를 치르고도 이처럼 진척이 없는 놀라운 상황이라면, 참전국들은 진흙탕에서 벗어나 평화를 향해 나아가는 쪽으로 생각과 행동을 바꾸는 것이 지극히 당연한 일이다. 그러나 실제로는 정확히 반대 상황으로 전개되었다.

이것은 태초부터 전쟁을 벌여온 인류와 그들이 세운 국가가 직면해온 문제로, 보통은 끔찍한 결과를 낳곤 했다. 그동안 잃어버린 생명과 허비된 재화를 떠올릴 때 전쟁이 얼마나 헛된 짓인가라는 진실을 순순히 인정할 수 있을까? 그렇게 인정한다는 것은 상상도 할 수 없는 일이며 현재 상황도 수용할 수 없다고 생각하는 사람들에게 남아 있는 유일한 해법이란 무엇일까? 바로 확전擴戰이다. 결국 이번 전쟁은 1915년 말 싸움에 가담한 유럽 국가들이 맨 처음 충돌을 야기한 여러 문제를 해결하는 선에서 종결될 수 없게 되었다. 충돌을 유발한 요인들은 대부분 놀라우리만큼 사소한 것이었지만, 이제 평화를 얻기 위해 넘어야 하는 문턱은 훨씬 더 높아지고 말았다. 바야흐로 전쟁은 경쟁국의 이익에 반하는 작은 이득을 챙기는 게임이 아니라 상대에게 영원히 치유할 수 없는 상처를 입힘으로써 다시는 파괴적이고 무분별한 전쟁을 일으킬 수 없도록 역량 자체를 뿌리 뽑는 차원으로 나아갔다.

그러나 적을 무찌르는 것은 절반의 승리에 불과하다. 물리적인 획득을 확실히 정당화하는 전쟁이어야 하기 때문이다. 현대 유럽 역사에서는 패전국이 승전국에 전쟁 배상금을 물거나 갈등의 불씨가 된 땅을 넘겨주는 이야기가 지겹도록 등장하는데, 대부분 충돌의 대가치고는 하찮아 보이는 것들이었다. 하지만 승전국들은 제국이 새로운 황금시대를 맞게 되었다거나 예전보다 훨씬 더 풍요롭고 위대한 나라가 되었다는 식으로 그 모든 살육을 정당화하곤 했다. 당연히 이런 식의 논리는 아무렇지도 않게 잔인한 결론을 도출하게 만들었다. 최후의 승자가 차지할 모든 것, 그리고 패자로부터 빼앗을 모든 것을 생각하는 사람들이 어떻게 전쟁을 멈출 수 있겠는가? 도저히 그럴 수 없다. 오로지 필요한 것은 더 많이 투입해서, 다시 말해 더 많은 병사와 더 많은 돈과 더 많은 손실을 쏟아부어서 마침내 승리를 거두는 것뿐이었다. 승리하기만 하면 더 많은 영토와 더 많은 돈과 더 많은 힘으로 그동안 잃어버린 것을 보충할 수 있다고 믿었기 때문이다.

동맹국은 전쟁에 승리할 경우의 위시리스트를 가지고 있었다. 이 제국주의적인 소원 목록은 시간이 흐를수록 점점 더 늘어났다. 반면 영국, 프랑스, 러시아 등 연합국으로서는 그동안 허비한 만큼 이후 뽑아낼 것이 많다고 생각되는 지역은 단 한 곳, 즉 분열과 혼돈의 땅 오스만 제국이었다. 사실 1915년 가을을 전후로 연합국 정가에서는 오스만 제국을 냉소적으로 "거대한 전리품"이라고 언급하곤 했다.

이제 연합국 3개국에게 중동전쟁은 오랫동안 숨겨온 제국주의적 열망, 점잖게 말하면 진정한 소망desiderata을 충족하는 수단이었다. 러시아 차르는 콘스탄티노플을 낚으려고 200년 전부터 낚싯대를 드리운 채 기다려왔다. 프랑스 역시 16세기 이래 오스만 제국 치하 시리아 땅의 가톨릭 신도들을 보호한다는 명분으로 특별한 지위를 누려온 만큼 제국이 붕괴한다면 그 영토는 프랑스령이 될 터였다. 영국의 경우 "왕관에 박힌 보석"과도 같은 인도로 가는 육로를 제국주의 경쟁자들이 갉아먹지 못하게 하려고 오랫동안 공을 기울이고 있었다. 역설적이지만 가장 강력한 경쟁자는 러시아와 프랑스였다. 종교적인 요인도 없지 않았다. 1915년에 연합국을 결성한 주요 3국은 모두 독실한 기독교 국가로, 600년 넘도록 무슬림이 그들의 성지를 차지하고 있다는 데 반감을 갖고 있었다. 이에 오스만 제국과 싸운다면 다시 한번 해피엔딩의 십자군 역사를 기록하게 될지도 모른다고 판단했다.

이처럼 오래된 열망을 실현 가능성의 영역으로 이끈 것은 아마도 영국과 에미르 후세인의 비밀 협상이었을 것이다. 양측의 협력이 차츰 실체를 드러내면서 아랍 반란의 가능성이 현실로 다가오자 연합국 각국은 제국주의적 탐욕이라는 수치심을 느낄 겨를도 없이 군침을 흘리며 입맛을 다시기 시작했다.

후세인을 상대하는 영국의 태도를 예의주시하면서 자국의 권리를 주장하고 싶어하던 프랑스는 11월 말, 그 지역과 관련된 야심찬 위시리스트를 서둘러 내놓았다. 얼마 후 러시아도 프랑스를 따라 요구 사항을 내밀었다. 오늘은 맹방이지만 내일은 라이벌이 될지 모를 두 나라의 게걸스러운 욕망에 직면하자 영국도 덩달아 탐욕스러운 태도로 돌변하여 최근 후세인에게 약속한 모든 것을 무시해야 할 판이었다. 서로 더 많이 차지하겠다고 여물통에 머리를 들이미는 상황이 전개되자 이탈리아와 중립국인 그리스까지 가세했다. 이러한 현상은 중동에 대한 군사적 고려가 정치에 종속되는 결과를 초래했다. 즉 전장을 누비는 지휘관들의 결정권이 집무실을 지키는 외교관과 정치인의 손에 넘어간 것이다. 전자의 두드러진 면모가 무능함일지언정 최소한 의도만큼은 깨끗했다. 그러나 정치인들이 득세하고 각국이 서로 이익을 챙기기 위해 다투기 시작하면서 속임수와 비잔틴식 술책이 판치는 세상으로 바뀌고 말았다.

1915년 11월 17일, 이와 같은 술수의 대명사 격인 인물이 우연히 카이로를 방문했다. 그날은 로렌스가 에드워드 리즈에게 평화로운 일상에 대한 불평의 편지를 보낸 이튿날이었다. 그는 바로 태턴 벤베누토 마크 사이크스 준남작이었다.

역사상 그처럼 부주의하게 수많은 비극을 야기한 인물은 없을 것이다. 36세의 나이에 창백한 미남자인 사이크스는 제국주의 시대 후기 영국 하급 귀족의 전형적인 '아마추어'였다. "무엇에 대한 사랑으로"라는 뜻의 라틴어에서 유래한 '아마추어'란 단어는 오늘날 다소 깔보는 뉘앙스를 지니지만, 당시만 해도 다른 맥락으로 통용되었다. 말하자면 부유하고 작위를 지닌 젊은이들 가운데 선택받은 일부를 가리켰다. 이들은 (선량한 직업에 성실하게 종사하는 것은 신분이 낮은 자들의 몫으로 간주되던 시절에) 생계와 교육 그리고 출세를 위한 욕망으로부터 자유로운 계층이었다. 덕분에 광범위한 분야를 조금씩 맛보면서 자신에게 주어진 가능성을 마음껏 모색할 수 있었다. 선조에게 물려받은 120제곱킬로미터의 땅에서 요크셔 귀족 집안의 유일한 자손으로 자라난 사이크스는 비슷한 지위를 누리는 다른 아마추어들과 마찬가지로 '평범한' 열 가지 인생을 구가하는 데 열중하고 있었다. 예컨대 케임브리지대를 졸업한 뒤 오스만 제국 곳곳을 여행하면서 네 권의 책을 썼으며, 보어 전쟁에 사병으로 참전했고, 아일랜드 총독의 의회 비서관과 콘스탄티노플 주재 영국 대사관의 명예 연락관으로 일했다. 이러한 활동은 25세가 되기까지 그의 인생에서 가장 중요한 측면들이었다. 그 후 1915년 가을 카이로에 오기 전까지 11년 동안은 결혼하여 다섯 아이(여섯 번째 아이는 곧 태어날 예정이었다)의 아버지로 살았으며, 뛰어난 풍자만화가로 이름을 알렸고, 오버헤드 프로젝터[투시물 교재를 스크린에 영상으로 비추는 교육 기기]의 초기 버전을 발명했으며, 1912년부터 보수당 의원으로 활동하고 있었다.

사이크스가 카이로에 등장한 것은 최근 그의 이력서에 한 줄이 추가된 결과였다. 지난봄에 키치너 경이 영국 내각의 중동 정책 수립을 지원하기 위해 조직된 부처 통합 기구 드분젠위원회de Bunsen Committee의 고문 자리에 사이크스를 앉힌 것이다. 놀랄 일도 아니지만, 사이크스는 그 위원회에서 유력한 인물로 급부상했다. 1915년 7월에는 자신이 복귀한 사실을 내각 구성원들에게 각인시키기 위해 중동 지역에 대한 진상 조사 업무의 기한 연장을 발의하기도 했다.

그해 8월, 로렌스는 사이크스와 처음 만났다. 사이크스가 진상 조사차 출장을 나온 길에 잠시 카이로에 들렀을 때였다. 다른 사람들과 마찬가지로 로렌스 역시 성격 좋고 잘생긴 이 하원의원이 마음에 들었다. 로렌스를 비롯한 카이로 정보대 요원들은 영국 정부 고위 기관의 주요 인사들 가운데 비정규전 아이디어를 존중할 만한 인물이 드디어 나타났다는 생각에 흐뭇했다. 이러한 호감은 11월에 사이크스가 이집트를 다시 방문하면서 더 강해졌다.[4] 그에 앞서 사이크스는 두 달가량 영국령 인도의 관료들을 만났는데, 그들은 영국령 이집트에서 제시한 대리전war-by-proxy 발상을 맹렬히 비판했다. 그러나 이집트에 도착한 사이크스는 서슴없이 이집트 측의 접근법에 공감한다고 말했다.

마크 사이크스는 스스로 성취한 그 모든 놀라운 면모와는 별개로, 에드워드 시대 영국 지배계급의 또 다른 특징을 지닌 인물이었다. 영국인들은 수많은 문제에 대한 해답을 알고 있으며, 세상의 거의 모든 골칫거리를 깔끔하게 해결할 수 있다는 오만, 나아가 (선택받은 사람들에게는 역시 피곤한 일이 자꾸만 생기는 법이니) 나머지 인류를 일깨우기 위해 영국인들은 특별한 노고를 감수해야 한다는 건방진 사고방식의 소유자였던 것이다. 그래서인지 사이크스는 대담하고 간단명료한 글쓰기를 구사했으며, 아무리 복잡한 문제라도 수학적 명료함에 대한 환상을 심어줄 만큼 쌈박한 공식으로 단번에 풀어내는 특별한 재능을 지니고 있었다. 어쩌면 그는 지금으로부터 거의 100년 전에 활약한 '파워포인트'의 고수라고 할 수 있다.

카이로를 방문한 8월에 그가 내놓은 분석은 그러한 면모를 잘 드러낸다. 여러 사람에게 호평을 받은 것으로 알려졌다. 중동 관련 업무에 종사하는 지식 계층을 위해 도표로 정리한 것인데, 여기서 그는 중동 사람들을 '과거'와 '현재'로 구분한 다음 하위 범주로 재분류하고 있다. 예컨대 과거의 제1부문은 전통적인 사람들로 "고집불통에, 완고하며, 편협하고 광신적"이고, '최선의 형태인' 현대의 제1부문은 "서양식 교육을 온전히 이수한 좋은 집안 출신"이며, 현대의 제2부문은 "교육 수준이 낮거나 환경 또는 기질 탓에 품성이 제1부문보다 더 나쁜 쪽으로 기울어진 가난하고 무능한 사람 또는 범죄자"로 규정하는 식이었다. 여기서 그치지 않고 사이크스는 자신이 착안한 공식을 중동의 여러 지역에도 적용, 각 나라 사람들이 부문별로 어떤 특징을 지녔는지를 자신의 영국인 독자들이 쉽게 이해할 수 있도록 안내서를 만들었다. 그 결과 이집트는 그다지 괜찮은 국가가 아니었다. 사이크스의 분석에 따르면 '과거'의 제1, 제2, 제3부문은 각각 극도의 적개심과 선의의 부관심 및 유순한 찬성을 나타내고 있으며, '현대'의 제1부문과 제2부문은 반골 기질과 무자비한 원한을 나타내고 있기 때문이다.[5]

물론 이처럼 어처구니없는 인종주의적 공식을 문서화한 다른 경우가 없었던 것은 아니지만 이번 사이크스의 경우는 좀 달랐다. 전 세계 곳곳에서 현지인들과 씨름하느라 골치를 앓고 있던 영국군 수뇌부의 자부심을 크게 자극한 것이다. 그 결과 짜임새를 갖추었다는 이유만으로 그의 엉터리 분석은 신뢰할 만한 지혜라는 외투를 걸치게 되었다. 런던으로 돌아온 사이크스가 드분젠 위원들 앞에서 예술적 기교에 가까운 솜씨로 보고를 마치자, 영국 정부는 35세의 아마추어 사이크스에게 제1차 세계대전에서 가장 까다로운 (역사적 관점에서 보면 가장 중요한) 숙제를 떠넘겼다. 그것은 대영제국과 중동 우방들의 상충하는 영토적 요구를 정리하는 업무였다.

그러나 대영제국 지도자들은 사이크스의 또 다른 면모를 너무 늦게 깨닫고 말았다. 진작에 이러한 면모를 발견했다면 중대한 과업을 맡기기로 한 결정을 주저했을 것이다. 부산스러운 태도와 폭넓은 관심사를 고려할 때 예상할 수 있듯이, 마크 사이크스는 자기 입으로 내뱉은 주장 또는 신념을 유지하기 위해 적지 않은 대가를 치르곤 했다. 그는 최근에 이야기를 나눈 사람이나 자신의 풍부한 상상력 덕분에 괜찮은 아이디어가 떠올랐다고 느끼는 즉시, 불과 며칠 전까지 정반대 이야기를 했다는 사실을 까맣게 잊은 채 기존의 태도와 주장을 뒤집곤 했다.

로렌스는 그해 11월 카이로를 찾은 사이크스와 교류하는 동안 이와 같은 조짐을 느꼈다. 이 젊은 하원의원은 자신의 최근 시각과 부합하지 않는 불편한 증거에 대해서는 외면하다가 어느 날 갑자기 견해가 바뀌면 그 증거들을 수용하는 모습을 여러 번 보인 것이다. 이렇게 뻔뻔한 태도는 로렌스를 불안하게 만들었다. 로렌스는 훗날 『일곱 기둥』에서 이렇게 썼다.

"세계의 흐름에 대해 제멋대로 지껄이곤 했다. (…) 편견, 지레짐작, 유사과학으로 똘똘 뭉친 사람이었다. 그가 내놓은 아이디어는 실현 가능성이 희박했다. 건축 자재를 참을성 있게 살피지도 않고 어떤 건물을 짓겠노라 결정부터 내리는 사람이었다. 진실의 일면에 도취한 나머지 그것이 속한 상황을 고려하지 않고서 의미를 부풀림으로써 완전히 다른 모양으로 빚어내는 식이었다."6

뿐만 아니라 사이크스는 중요한 역할이 주어졌을 때 나쁜 결과를 초래하기에 충분한 품성의 소유자였다. 이 젊은 아마추어는 언제 어디서나 자신이 가장 영리한 사람임을 증명하려는 욕구, 또는 순전히 상대방을 속이고 싶은 사기꾼의 습성 때문에 경우에 따라 사실을 곡해하거나 중요한 정보를 숨기고 조작하는 식으로 사람들을 이간질했다. 신기에 가까운 재주였다. 그 결과는 마크 사이크스가 역사상 가장 괴상하다고 생각한 곳에서 나타났다. 요크셔 출신의 젊고 매력적인 귀족 사이크스는 그 어떤 의도적 악의도 없이, 국가나 군대를 소유한 사람도 아니면서, 그보다 더 심각한 피해를 끼친 인물을 떠올리기 어려울 정도로 21세기 인류에 막대한 피해를 입혔다. T. E. 로렌스와 동료 몇몇은 그가 저지른 과오를 바로잡기 위해 무진 애를 써야 했다.

물론 사이크스만 이런 특성을 지녔다고 주장할 수는 없을 것이다. 사실 이중성이라는 잣대로만 본다면 당시 중동에는 아마추어 사이크스에 필적하는 경쟁자가 꽤 많았다.

사이크스가 카이로에서 한창 사람들을 즐겁게 해주고 있을 무렵, 기다란 옷자락을 걸친 수수께끼 같은 인물이 시리아 서부의 시장과 찻집을 돌아다니고 있었다. 차림새나 고풍스러운 아랍어 발음으로 미루어 30대 중반으로 보이는 그는 부드러운 음성을 지녔고, 부유함과 교양까지 두루 갖춘 듯했다. 그를 만난 사람들은 하얀 얼굴에 파란 눈 때문에 흑해 일대의 산악 부족, 즉 대다수 주민이 북유럽인과 비슷한 이목구비를 지닌 시르카시아[러시아 캅카스 산맥 지방] 사람일 거라고 생각했다. 쿠르트 프뤼퍼는 이런 오해를 바로잡으려고 굳이 노력한 것 같지는 않다. 시리아 민심의 향방이 어디로 향하고 있는지 파악하라는 제말 파샤의 명령에 따라 비밀 임무를 수행하고 있었기 때문이다.

그해 가을, 시리아 총독과 독일군 지원단은 균형 잡힌 시각으로 민심의 향방을 확인해보고 싶었다. 연합군의 갈리폴리 상륙 작전이 무위로 돌아갈 즈음이었고, 이에 따라 상륙 작전의 목표 지점이 시리아 해안 어딘가로 바뀔 것이라는 위험 신호가 날아들고 있었기 때문이다. 만약 연합군이 레바논으로 상륙할 경우 그곳에 거주하는 기독교도들과 이슬람교의 일파인 드루즈파는 어떻게 나올까? 바로 아래쪽에 위치한 팔레스타인의 유대인들은 어떤 반응을 보일까? 특히 시리아 내 유대인들은 아나톨리아의 아르메니아인들에 대한 끊임없는 학대를 지켜보면서 자신들이 다음 표적이 되지 않을까 걱정하고 있었다. 무엇보다 아랍인들은 어떻게 반응할까? 제말 파샤는 이미 프랑스 영사관 서류에서 정체가 탄로난 아랍인 반역자들에 대한 처단 명령을 내린 상태였고, 메카의 에미르 후세인은 언제나 핵심적인 우려 대상이었지만, 나머지 거대한 아랍인 집단이 어떻게 나올 것인지가 문제였다.

프뤼퍼는 5주 동안 다양한 신분으로 정체를 위장한 채 시리아를 배회했다. 이 과정에서 유대인 정착촌 사람들, 아랍인 상점 주인들, 땅주인 기독교도들, 서구화된 귀족들, 베두인 부족장들, 펠라힌 등과 많은 이야기를 나누었다. 1915년 12월 초, 이 독일인 첩자는 제말과 콘스탄티노플의 독일 대사관에 보고할 수 있을 만큼 여론의 맥을 충분히 짚었다고 느꼈다.

우선 프뤼퍼는 기독교도들 사이에 팽배한 불만을 확인했다. 그들 대부분은 심정적으로 연합국을 응원하고 있었으나 심각한 위협이 되지는 않을 것으로 보였다. 시리아 내 기독교도들은 그 숫자가 비교적 적은 데다 "꿈을 실현하기 위해 떨쳐 일어나기에는 겁이 많은 사람들"이어서 "반역죄를 저지를 가능성"이 희박하다고 판단한 것이다.7

오히려 우려스러운 집단은 유대인들, 특히 시온주의자로 알려진 소수 집단이었다. 프뤼퍼는 "공식적으로 시온주의자들은 팔레스타인을 유대인의 언어와 문화의 중심지로 만들고 싶을 뿐 정치의 중심지로 만들 생각은 전혀 없다고 한다"고 언급했다. 하지만 결코 사실이 아니었다. 오히려 그들의 궁극적인 목표는 팔레스타인에 유대인의 독립국가를 세우는 것이었고, 이는 동맹국보다는 연합국이 승리했을 때 성취 가능성이 높은 목표였다. 그럼에도 불구하고 프뤼퍼는 기독교도들과 같은 이유에서 크게 우려할 필요가 없는 집단으로 생각했다. "유대인들은 천성적으로 겁이 많고 결단력이 부족하기 때문에 무장한 적군에게 점령당하기 전에 반역적인 행동에 나서는 것은 엄두도 못 낼 것이다."

이 보고서를 받아든 제말에게 가장 고무적인 내용은 세 집단 가운데 규모가 가장 큰 아랍인 공동체에서 관찰된 현상이었다. 아랍의 독립운동은 프뤼퍼가 보기에도 크게 위축된 상태로, 부분적으로는 분리주의로 기울었다는 의혹을 받는 아랍 지도자들에 대해서 제말이 "공정하고도 가혹한" 여러 수단을 진작부터 동원한 덕분이었다.

"개혁주의를 지지하는 중간층은 거의 없었다. 그리고 인구의 대부분을 차지하는 영세한 지주, 상인, 노동자 계층에서는 정부가 내세우는 명분이 설득력을 갖는 것처럼 보였다."

이에 따라 프뤼퍼는 아랍 반란이 어쩌다가 터질 수는 있어도 "대중의 어리석음 탓에" 대대적인 지지를 받기는 어려울 것이라고 예의 신랄한 어투로 예측했다.

그러나 이런 일반론적인 장밋빛 평가에는 중대한 경고가 뒤따랐다. 영국군이 시리아에 상륙하기만 하면 잠재적 동조 세력이 수면 위로 고개를 내밀 것이라는 사실이었다. 특히 침략자들은 현지의 열성적인 협력자들과 손잡을 가능성이 높으며, 그럴 경우 예측 불허의 상황이 빚어질 수 있었다. 프뤼퍼는 '의심스러운 자들'의 이름을 적은 긴 명단을 제말에게 보냈다. 이들은 "시온주의 정당의 수뇌 전원"을 포함하여 대부분 기독교 또는 이슬람교를 믿는 아랍의 저명한 기업인들로, 연합군의 상륙에 대비하여 당장 어딘가 먼 곳으로 귀양을 보내야 할 인물들이었다.

이 마지막 의견은 독일 대사관을 깜짝 놀라게 했다. 지난 8월, 제말은 베이루트의 프랑스 영사관에서 압수한 서류들을 근거로 아랍사회 지도자 11명을 시내 광장 한복판에서 처형한 바 있었다. 이 사건으로 아랍세계가 들끓었기 때문에 독일로서는 자국의 정보요원이 시리아 총독에게 탄압 대상자 명단을 또다시 건네는 것을 원치 않았다. 콘스탄티노플의 독일 대사는 베를린 외무성에 올린 보고서에서 프뤼퍼에게 다음과 같이 주의를 주었다고 밝혔다.

"아무리 사소할지라도 경솔한 행동은 사람들을 자극할 수 있다. 그들은 우리가 추방이라는 가혹한 수단을 야기한 데 책임을 물으려 할 것이다. 앞으로 이런 문제와 관련하여 제말에게 제안할 때는 신중한 절제를 바란다."[8]

하지만 이미 늦은 충고였다. 프뤼퍼의 보고서를 받아본 시리아 총독은 장미와 칼 사이를 오가는 융통성 있는 접근법이야말로 나날이 늘어가는 적들의 계략을 물리칠 수 있는 최선의 해법이라고 결론지은 듯했다. 12월 18일, 그는 프랑스 영사관 사건에 연루된 사람들을 더 잡아들이라고 명령했다. 그 결과 무차별적인 체포 작전이 벌어졌고, 베이루트와 다마스쿠스의 아랍 지식인 60여 명이 검거되었다.

제말은 이와 같은 결정을 내린 데에 뿌듯함을 느꼈을 것이다. 이듬해 1월, 충성심이 점점 더 의심스러워지는 또 다른 인물 아론 아론손이 다마스쿠스 집무실로 자신을 찾아왔을 때 훨씬 더 커다란 아량을 보여줄 수 있었기 때문이다.

첩보선은 끝내 나타나지 않았다.

그 대신 1915년 11월 8일 달빛 없는 밤, 영국군 첩보선을 떠난 압살롬 파인버그가 아무도 모르게 아틀리트 모래톱에 발을 디뎠다. 그는 들떠 있는 아론 아론손에게 곧바로 기쁜 소식을 전했다. 영국군이 어떤 종류의 첩보든 전달받기를 열망하고 있으며, 효과적인 전달 체계를 위해 만반의 준비를 마쳤다는 소식이었다.

첩보선은 2주 뒤에 돌아올 계획이었다. 두 사람은 이미 확보한 정보를 업데이트하기 위해 곧바로 광범위한 정보 수집활동에 착수했다. 아론손은 북쪽으로, 파인버그는 남쪽으로 떠났다. 두 사람은 농업연구소 작업을 명목으로 터키군 숙영지와 보급창이나 참호 등의 위치를 새로이 파악했고, 철도 운행 상황 및 군부대의 대형을 조사했다. 영국군에게 도움이 될 만한 것은 무엇이든 깨알 같은 글씨로 꼼꼼하게 기록했다.

그러나 두 사람이 아틀리트로 돌아온 뒤 접선하기로 한 밤에 첩보선은 나타나지 않았다. 다음 날 밤에도, 그다음 날 밤에도 나타나지 않았다. 기다림은 12월 초까지 이어졌다. 아론손과 파인버그는 혼란스러웠고, 이내 분노했다. 무언가, 어디선가 일이 잘못된 것이 분명했다. 그러나 더 이상 기다릴 수만은 없었다. 한밤중에 돌아다니는 두 사람을 터키 민병대 야간 순찰단이 주목하기 시작했기 때문이다. 그들은 야간 순찰병들을 안심시키면서 첩보선이 나타나기를 학수고대했다. 혹시 자신들이 일에서 손을 떼었거나 붙잡혔거나 쉽게 포기했다고 영국군이 판단한 것이라면 어쩌나 하고 불안해했다.

첩보선이 끝내 나타나지 않자, 성급한 파인버그는 12월 8일 새로운 계획을 내놓았다. 팔레스타인 남부의 터키군 밀집 방어선을 뚫고 시나이 반도라는 거대한 황무지를 가로지른 다음 영국군 최전방 부대와 접촉하겠다는 계획이었다. 만에 하나 터키군에게 잡힌다면 메뚜기 박멸을 위한 현장 조사 중이라고 둘러댈 생각이었다. 이 알리바이는 꽤 유용했다. 며칠 전, 지난봄 이후 처음으로 대량의 메뚜기 떼가 유대 지방 일대를 또다시 덮쳤고, 이에 대해 아론손은 메뚜기들이 이집트에서 시나이 반도라는 대륙 연결로를 통과해 날아온 것으로 확신하고 있었기 때문이다. 매우 위험한 모험이었으나, 영국군과 다시 접촉해야 한다는 간절함 때문에 아론손은 결국 파인버그의 계획에 동의했다. 바로 그날 밤 파인버그는 남쪽을 향해 떠났다.

그즈음 고향으로 돌아가겠다는 정반대의 열망을 이룬 사람이 있었다. 콘스탄티노플에 있던 아론손의 여동생 사라였다. 그녀는 불행한 결혼생활을 청산하고 팔레스타인에 있는 가족의 품으로 돌아올 방법을 찾고 있었다. 남편이 장기 출장을 떠난 11월 중순, 사라는 유대인 구호 담당관이 유대인 정착촌을 둘러보기 위해 조만간 콘스탄티노플을 떠난다는 소식에 귀가 번쩍 뜨였다. 그리고 자신을 데려가달라고 사정한 끝에 25세의 사라는 11월 26일 하이다르파샤 역에서 기차를 타고 고향 집을 향해 머나먼 여정을 시작했다.

당시 아나톨리아 일대에서 아르메니아인들이 참혹한 학대를 당했다는 소식이 사방으로 퍼져나가고 있었다. 그러나 낙후된 통신과 엄격한 검열 탓에 오스만 제국의 일반 대중은 끔찍한 상황을 제대로 알 수 없었다. 물론 살육 현장을 두 눈으로 목격한 사람들은 예외였다. 사라 아론손은 고향으로 돌아오는 길에 그 광경을 목격했고, 비극의 충격으로부터 헤어나지 못한 채 12월 16일 팔레스타인에서 친오빠와 상봉했다. 훗날 아론손은 이렇게 회상했다.

"사라는 차창 밖으로 목격한 아르메니아인 시신이 수백 구에 이른다고 했다. 남자, 여자, 어린아이 할 것 없이 철로 양쪽으로 시신들이 나뒹굴고 있었다는 것이다. 돈이 될 만한 것을 찾느라 시신을 뒤지는 터키 여성들의 모습, 심지어 들개가 시신을 뜯어먹는 장면도 목격했다고 한다."

가장 소름 끼치는 사건은 따로 있었다. 어느 시골 역에서 사라가 탑승한 열차가 수천 명의 굶주린 아르메니아인에 둘러싸였는데, 밀고 밀리는 와중에 수십 명이 기차 바퀴에 깔리고 말았다. 그런데 열차 안내원들은 이 참상을 즐기고 있었다. 그 모습에 사라는 정신을 잃고 말았다. 그녀가 정신을 차리자 터키군 장교 두 명은 애국심이 부족한 증거라며 조롱했다.[9]

여러 지역을 돌아다니던 아론 아론손도 아르메니아인들이 겪는 고난에 대해 알고는 있었지만 시리아 사람들이 지어낸 뜬소문에 불과하다고 믿었다. 하지만 여동생을 통해서 그 무시무시한 이야기가 모두 틀림없는 사실이며 학살이 현재진행형임을 확인하게 되자 아론손은 암울한 질문 하나를 떠올릴 수밖에 없었다. 과연 다음 차례는 누구인가? 청년 튀르크당이 나라 안의 아르메니아인 200만 명에게 이와 같은 잔학 행위를 저지르는 마당에 8만 명에 불과한 유대인을 해치우는 것쯤이야 식은 죽 먹기가 아니겠는가?

머지않아 훨씬 더 나쁜 소식이 들려왔다. 압살롬 파인버그가 시나이 반도에서 터키군 정찰대에 붙잡힌 것이다. 메뚜기 떼를 조사한다는 핑계도 소용없었다. 파인버그는 스파이 혐의로 베르셰바에 억류되어 있었고, 1월 초에는 예루살렘의 감방으로 이송되어 재판을 기다리는 처지가 되었다. 최악의 경우 반역죄로 확정된다면 교수형에 처해질 것이 분명했다.

1월 12일 오후, 아론 아론손은 동지의 목숨을 구하기 위해 다마스쿠스에 있는 제말 파샤의 집무실을 찾았다. 이제는 자비를 호소하거나 무죄를 주장해봤자 소용없다고 직감한 농학자는 파인버그를 궁지로 몰아넣었던 그 수단, 즉 메뚜기로 승부수를 던졌다. 그는 8개월 전 정부의 간섭에 질려서 메뚜기 떼 방제사업 감독 임무를 벗어던졌으나 이번에 다시 그 임무를 맡겠노라 자청한 것이다. 그리고 하나의 조건을 달았다. 가장 유능하고 중요한 조수이자 최근 시나이 반도에서 간첩으로 오인되어 억류된 청년 압살롬 파인버그의 도움을 받게 해달라는 것이었다.[10]

제말의 명령이 떨어지자마자 파인버그는 예루살렘 감옥에서 풀려났다. 그러나 두 첩보원 지망생의 기쁨은 잠시뿐이었다. 영국군과 접촉하려는 오랜 숙원이 물거품으로 돌아갔기 때문이다.

당시 전체 판도를 파악한 사람은 아무도 없었다. 전쟁의 혼돈과 소통의 한계 속에서 영국 정부의 각 부처는 다른 우방들(또는 우방이 되기를 바라는 세력들)과 협상을 벌였지만, 그러한 협정의 결과들이 상충한다는 사실을 뒤늦게야 깨달았다. 표리부동 차원의 문제는 아니었다. 차라리 오른손이 하는 일을 왼손이 모르게 하라는 격언이 개탄스러운 상황이었다. 이는 1915년과 1916년 중동과 관련해 영국이 체결한 여러 비밀협정의 복잡다단한 실타래를 바라보는 역사학자들의 일반적인 시선이다.

이와 다른 소수의 시선도 있다. 뒤엉킨 실타래란 존재하지 않으며,

책꽂이를 가득 메울 정도로 많은 역사책이 협정문에 담긴 수식어와 단서를 세심히 파악하는 작업에 골몰한 나머지 나쁜 신념을 지닌 협정문 작성자들의 궁극적인 책임을 면제해주고 있다는 비판이다.

사실 위에서 말한 첫 번째 시선은 허구다. 두 번째 시선은 궁상맞아서, 흡사 누군가 뒤춤에서 검지와 중지를 꼬고 약속한 것은 약속이 아니라고 목에 핏대를 세우는 것과 같다. 당시 영국 정부에서는 왼손이 하는 일을 오른손이 알 수 없었는데, 이는 정부 최고위층 중에서도 선택받은 극소수의 작품이었기 때문이다. 이들은 서로 무슨 일을 하는지 모르게끔 높다란 벽으로 정보의 미로를 만들었다. 그래서 전시 우방은 물론 자국의 고위 외교관이나 군대 지휘관 대다수가 핵심적인 정보로부터 배제되었다. 다소 역설적이지만, 이와 같은 조치의 첫 번째 대상이 된 것은 대영제국이 '왕관의 보석'처럼 여기던 인도였다.

20세기 벽두, 대영제국은 특이한 방식으로 식민지 태양계를 구축했다. 이는 중요한 위성들이 영국이라는 '태양'으로부터 점점 더 많은 자율성을 행사하기 시작한 은하계였다. 가장 대표적인 사례가 인도였다. 심라의 식민지 정부(심라는 여름 수도에 불과했지만 영국의 인도 총독부를 보통 심라정청政廳이라 불렀다)는 국내 정책은 물론 외교 정책도 상당한 범위에서 독립적으로 추진했다.

영국령 인도가 런던과 냉담한 관계를 유지했다면, 영국령 이집트와는 서리가 내릴 정도로 차가운 사이였다고 할 수 있다. 특히 1915년 카이로와 에미르 후세인 사이에 협상이 진행 중이라는 소식을 접한 뒤로는 더욱 그랬다. 인도는 1858년에 영국 식민지가 된 이후로 아라비아반도를 줄곧 인도의 영향권으로 여겨왔다. 따라서 인도 총독들은 뒤늦게 한패가 된 신참 이집트의 간섭을 받거나 의견을 받아들이는 게 내키지 않았다. 게다가 인도는 무슬림 인구가 800만 명에 달하는, 전 세계에서 이슬람교도가 가장 많은 나라였다. 오스만 제국 전체의 무슬림 인구보다 네 배나 많았다. 심라정청 관리들이 런던을 향해 주장했듯이, 일부 무슬림 세계의 독립과 자치를 빌미로 주민들의 반란을 부추기는 것은 대단히 위험한 게임으로 보였다. 영국령 인도는 반란을 일으키려는 징후가 조금만 나타나도 가차 없이 짓밟는 곳이었기 때문이다.

그런 이유로 1915년 가을, 에미르 후세인을 상대로 한 카이로의 협상이 중대한 국면으로 접어들자 심라는 비밀 회담이 열릴 때마다 런던을 향해 반대 목소리를 내곤 했다. 인도의 반대는 대단히 맹렬했지만, 10월 말경 런던과 카이로의 영국 관리들은 후세인의 터무니없는 여러 요구에 적당히 응해주기 위해서 (키치너의 판단 아래) 인도를 대화에서 배제할 수밖에 없었다. 결국 카이로 당국이 후세인의 요구를 거의 수렴하는 답장을 부치고 나서야 인도 총독은 그 놀라운 진전을 듣게 되었다. 물론 상황이 급박하게 돌아가다보니 미처 상의할 시간이 없었다는 허접한 변명까지 함께 들어야 했다.[11]

에미르 후세인은 인도가 방정식에서 떨어져나간 덕분에 아주 유리한 합의에 도달했다. 아니, 도달했다고 생각했다. 이집트 주재 영국 고등판무관 헨리 맥마흔은 10월 24일에 쓴 중요한 편지에서, 일부 수정할 여지가 있다는 전제를 달아 "대영제국은 메카의 셰리프가 요구한 범위 내 모든 지역에 있는 아랍인의 독립을 인정하고 지지할 준비가 되었다"고 선언했다. 두 사람은 뒤이어 편지를 주고받으며 수정 사항을 놓고 옥신각신했다. 가장 논쟁이 된 부분은 석유 매장량이 풍부한 이라크의 바그다드와 바스라 지역에 대한 "특별한 행정적 협의" 문제, 그리고 시리아 북쪽 변방을 독립국에서 배제해달라는 영국의 요구였다. 그러나 에미르 후세인이 생각하기에 위대한 아랍 독립국의 영토는 동쪽으로는 페르시아, 북쪽으로는 터키의 심장부 아나톨리아, 서쪽으로는 지중해와 이집트 국경까지 아라비아 반도 거의 전부가 포함되어야 마땅한 것이었다.

후세인은 맥마흔이 편지에 슬쩍 끼워넣은 한 구절의 단서에 주의를 기울였어야 했다. 그것은 이런 서약들이 "우방국 프랑스에 손해를 끼치지 않는 한 대영제국은 그곳에서 자유로이 행동할 수 있다"는 조건이 충족될 때 유효하다는 경고였다. 다시 말해 프랑스가 양측의 거래에 문제가 있다고 판단하여 반대할 경우 영국이 수용한 후세인의 요구들은 무위로 돌아간다는 뜻이었다.[12]

영국은 프랑스가 무엇을 문제 삼을지 아주 잘 알고 있었다. 지난여름, 영국 주재 프랑스 대사는 자국이 원하는 중동의 땅이 어디인지를 외무장관 그레이에게 정확히 전달한 바 있었다. 이는 영국이 후세인에게 약속한 가장 소중한 땅 대부분, 즉 시리아 전역을 포함하는 것이었다.[13]

이런 딜레마를 어떻게 해결할 수 있을까? 영국이 마련한 대책이란 후세인과 체결한 협약을 프랑스에 알리지 않는 것이 고작이었다. 드디어 11월 말, 프랑스 외교관들이 영국의 초청으로 런던을 찾았다. 근동지역에 대한 희망 사항을 논의하는 이 자리에서 프랑스 측이 레바논과 팔레스타인, 시리아 내륙, 이라크까지 원한다는 사실을 다시 한번 강조하자 영국 관리들은 탁월한 뻔뻔함으로 깜짝 놀라는 표정을 지어 보였다.[14] 그리하여 역사상 가장 이상한(결과론적으로 가장 파괴적인) 외교적 합의, 즉 사이크스-피코 협정으로 이어지고 말았다.

1916년 1월 초, 회담이 시작된 며칠 동안 양국의 중진급 외교관인 마크 사이크스와 프랑수아 조르주피코는 미래 중동의 지도를 날림으로 짜 맞추었다. 베이루트 주재 프랑스 영사인 피코는 앞서 아랍의 저항 인사들과 비밀리에 소통하다가 관련 서류를 남겨두고 떠나는 바람에 결과적으로 제말 파샤의 비밀경찰에게 그들을 양도했던 바로 그 인물이었다. 두 사람이 그려낸 중동 지도는 에미르 후세인이 마음속에 그린 것과는 전혀 다른 것이었다. 더욱이 이 과정에서 프랑스가 제국주의적 탐욕을 드러낸 탓에 영국의 제국주의적 경쟁의식에 기름을 붓는 결과를 낳았다. 이에 따라 프랑스는 시리아 전역을 직접 관리하고 영국은 이라크 전체를 차지하기로 함으로써 진정한 아랍 독립국은 대부분 아라비아 사막의 격오지만 남은 셈이었다. 게다가 내륙의 거대한 두 자투리땅, 즉 후세인의 헤자즈 왕국과 북부의 전 지역은 간접적 통제를 받는, 심지어 영국과 프랑스가 '우선적 사업권'을 보유한 반독립 상태에 놓였다. 협상자들이 적나라하게 냉소적으로 반응한 지역은 이른바 A구역과 B구역이라고 명명한 곳으로, 사이크스와 피코는 이 지역 아랍인들에게는 실질적인 자치 능력이 없다고 판단했다. 결국 영국과 프랑스의 속국으로 전락하리라는 예상 아래 고민 없이 이들 지역의 독립을 인정해주었다. 심지어 두 외교관은 남는 시간에 팔레스타인의 새로운 지명에 대해 대화하기도 했다. 팔레스타인은, 맥마흔이 후세인을 상대로 협상 내용을 수정하는 과정에서 한 번도 언급한 적이 없기 때문에 원칙적으로 아랍 독립국의 일부로 편입되어야 마땅했지만 프랑스와 대영제국과 러시아의 공동 정부가 통치하는 땅으로 상정되었다.[15]

피코는 영국 측과 마주 앉아 회담하는 동안에는 자국의 영토 요구가 에미르 후세인의 입장과 얼마나 상충하는지 전혀 알 수 없었다. 영국 측에서 한 번도 이야기해준 적이 없었기 때문이다. 황당하기 짝이 없으나, 미래 중동의 지도가 거의 그려진 1916년 1월 초, 이 중차대한 시점에 맥마흔-후세인 서한과 사이크스-피코 협정의 내용을 속속들이 꿰고 있었던, 즉 아랍과 프랑스와 영국이 이루고자 하는 목표가 결국엔 충돌하리라는 사실을 눈치 챈 사람은 마크 사이크스뿐이었다.

사이크스는 자신이 파악한 내용을 입 밖에 내지 않았다. 오히려 자신이 피코를 상대로 체결한 협정에 새로운 방호벽을 세워 에미르 후세인은 물론 이집트의 영국 관리들까지도 까맣게 모르도록 만들어야 했다. 특히 후자는 그가 이미 후세인과 협정을 맺은 사실을 아는 데다 모름지기 국가란 약속을 지켜야 한다는 고루한 인식을 지니고 있었기 때문에 진실을 숨겨야 했다. 1915년 가을 무렵 논의에서 영국령 인도가 배제된 것과 마찬가지로, 사이크스-피코 협정이 연합국 각 정부에 논란을 일으킨 1916년 봄에는 영국령 이집트마저 배제되어야 했다. 영국과 프랑스 간의 협상 내용에 대해서 카이로가 거듭 물었을 때 사이크스와 런던의 관리들은 협상이 여전히 진행 중이며 최종 타결 전에 이집트와 모든 것을 긴밀하게 협의할 것이라고만 답했다. 그리고 1916년 5월, 사이크스-피코 협정이 체결되었다. 영국과 프랑스와 러시아 정부 사이의 비밀협정은 기정사실이었지만 카이로에서 협정문을 구경한 사람은 아무도 없었다. 뒤통수를 얻어맞은 카이로 정보대 요원들은 나중에 협정문을 구해 읽어보고서 모두 역겨움을 느꼈다고 T. E. 로렌스는 회상한 바 있다.[16]

1916년 겨울이 되도록 이 모든 것은 로렌스에게 여전히 미래의 일이었다. 그는 사보이 호텔의 자기 책상에서 '빈병 세척'과 지도 그리기와 '서류와의 전쟁'을 이어가고 있었다. 특히 마지막 업무 영역에서 로렌스가 분투하는 모습은 어딘가 불합리한 면이 있었다. 그동안 그의 '서류 투쟁'은 관료주의에 대항하여 배신의 상징인 프랑스를 겨냥하고 있었으나, 이제는 영국령 인도에서 일하는 동포 영국인들의 지속적인 음모를 겨냥하고 있기 때문이었다.

심라는 후세인의 부적합성과 통일 아랍국의 건립을 본격화할 경우 닥칠 재난 가능성에 대해 줄기차게 경고하고 있었다. 이는 에미르 후세인이 실제로 반란을 일으키기 전까지는 그와 맺은 협정을 무산시킬 수 있다는 전제를 바탕으로 한 것이었다.(심라가 사이크스−피코 협정에 대해 알 수 있었다면 이와 같은 두려움은 누그러졌겠지만 그들은 전혀 알지 못했다.) 로렌스가 보기에 심라가 이 문제에 집착하는 모습은 상당히 괴상했다. 1916년 겨울의 인도는 발등의 불로 떨어진 현안이 한두 개가 아니었기 때문이다.

앞서 가을까지만 해도 심라는 오스만 제국과 싸우면서 실질적인 전과를 올린 쪽은 영국령 이집트가 아니라 자신들이라고 주장할 수 있는 입장이었다. 1915년 4월, 인도 원정군 사령관인 찰스 톤젠드 장군은 이라크 남부 유전지대를 수월하게 장악하고 2만 병력을 티그리스 강 상류로 진격시켰다. 독립이나 자율을 미끼로 지역 아랍부족과 동맹을 맺으려 하지 않고 그저 탁월한 통솔로써 앞길을 가로막는 적군을 모조리 해치우면서 진군을 거듭한 그는 그해 10월 바그다드 성문 앞까지 다다랐다. 영국군 역사에 길이 남을 위업이었다. 이런 사실만 놓고 보자면, 전쟁을 벌이는 방식에 대한 심라의 전형적인 접근법은 카이로에서 제시하는 이국적이고 선동적이고 감성적인 방식에 비해 훨씬 더 권할 만한 것이었다.

하지만 이후에 상황은 급변했다. 11월 말, 영웅적인 바그다드 입성을 앞둔 톤젠드의 군대는 시 외곽에서 저항에 부딪혀 발이 묶였다. 보급선에서 너무 멀리 떨어진 데다 지원군이 바로 도착할 가망도 없었다. 톤젠드는 전략적 후퇴를 결정하고 티그리스 강을 따라 160킬로미터를 내려와 쿠트라는 강변도시에서 한숨을 돌렸다. 1916년 2월, 지원군이 적군과 싸우며 티그리스 강을 향해 나아가는데도 (영국령 인도가 자세한 전황을 전달하기 위해 서두르는 기색이 전혀 보이지 않는 가운데) 쿠트 주둔 인도군을 에워싼 포위망이 갈수록 두터워진다는 소식이 들렸다.

심라는 여전히 카이로와 후세인을 중상모략하는 활동에 골몰하고 있었다. 1월 말, 로렌스는 "메카의 정치학"이라는 제목으로 장문의 보고서를 써서 이에 맞서기로 했다. 후세인 영도하의 통일 아랍국이 장기적으로 영국과 어떤 이해관계를 갖는지 설명함으로써 런던이 느끼는, 인도가 열렬히 조장하고 있는 불안감을 가라앉히기 위한 것이었다. 로렌스는 대영제국의 정책 결정자들이 불쾌하지 않도록 견해를 적절히 조율하면서 정부가 우려하는 것처럼 강력한 통일체가 아랍 땅에 등장할 가능성은 전혀 없다고 주장했다.

"적절하게 통제한다면 (아랍은) 정치적 모자이크 상태, 즉 질투심에 눈이 멀어 통합을 원치 않는 여러 조그만 공국公國의 단순 집합체로 남을 것입니다."[17]

바로 다음 달, 인도는 후세인을 폄하하는 방침으로 전략을 바꾼 듯했다. 그들은 고위 장교 및 관료만 볼 수 있는 고급 정보 요약본『중동정보편람Intelligence Bulletin for the Middle East』(이하『편람』)에 압둘 아지즈 이븐사우드라는 인물과 인터뷰한 내용을 끼워넣었다. 아라비아 동북부의 베두인 부족장인 이븐사우드는 후세인을 가리켜 "본디 좀스럽고 변덕스러운 성격의 소유자"라면서 자신을 비롯한 그 어떤 아랍 족장도 그를 지도자로 여긴 적이 없다고 잘라 말했다. 게다가 후세인이 스스로를 이슬람 세계의 종교적·정치적 최고 지도자 칼리프로 선포하려는 위험한 수순을 밟고 있다며 이렇게 주장했다.

"그런다고 해서 다른 족장들 사이에서 후세인이 차지하는 위상에 변화가 생길 리 만무하다. 지금도 그렇지만, 그가 어떤 지시를 내리더라도 우리가 순순히 따를 이유는 전혀 없다."[18]

로렌스에게 이 인터뷰는 카이로와 심라 사이의 경쟁이 잠재적으로 매우 위험한 단계에 들어선 것으로 읽혔다. 압둘 아지즈 이븐사우드는 자신의 권위를 지키는 데 혈안이 되어 험담이나 일삼는 여느 족장이 아니라 아라비아 전체를 통틀어 후세인의 가장 강력한 라이벌이었기 때문이다. 15년 전 극단적인 이슬람 근본주의 사상인 와하비즘Wahhabism을 받아들인 이븐사우드는 일종의 선지자적인 열정으로 사막의 전사들을 양성하여 아랍 부족과 전투를 벌여온 인물이었다. 와하비즘 신봉자들의 세력은 실로 막강했다. 당시 이븐사우드의 영향력은 리야드 지역의 조그만 오아시스 마을에서 아라비아 동북부에 펼쳐진 광대한 지역에 이르기까지 미치지 않는 곳이 없었다. 한편 그는 영국령 인도가 관리하는 아라비아 사람으로, 양측의 돈독한 관계는 전쟁 전으로 거슬러 올라간다.

로렌스의 눈에 심라가 『편람』을 이용해서 영국의 가치와 배치되는 인물을 띄우려는 시도는 더없이 나쁜 술수였다. 그러나 그런 술수는 여태껏 심각하게 여긴 적이 없고 웃어넘기면 그뿐인 부조리, 즉 아랍 정책을 결정하는 과정에서 누구 입김이 센지 경쟁하는 두 세력이 서로 다른 인물을 지지하는 상황에 밑줄을 그어 강조하는 결과를 낳았다. 이는 아랍 반란의 성공보다는 내전을 지지하는 처방에 가까웠다. 물론 심라가 그동안 진정으로 원한 것은 후자였는지도 모른다.

로렌스는 이븐사우드의 인터뷰에 재빨리 응수하는 차원에서 이븐사우드와 그의 와하비스트들은 "편협한 청교도적 사고방식으로 무장한 고집불통"으로서, 이슬람 개혁주의자인 척하지만 이슬람을 대표하는 자들이 아니라고 강하게 비난했다. 오히려 『메카의 역학관계The Politics of Mecca』에서 경고한 것처럼 와하비스트 분파는 주변적인 중세주의자들의 집단에 불과하다고 주장했다.

"만약 와하비즘이 만연했다면 네지드[아라비아 반도 중동부 지역으로 와하브파의 근거지]의 광신도들은 관용적이고 좀더 느슨한 이슬람 신앙이 뿌리 내린 메카와 다마스쿠스를 벌써 차지하고도 남았을 것이다."[19]

이븐사우드와 와하비스트들에 대한 로렌스의 주장은 그가 내놓은 여타 수많은 예측이 그러하듯 사실로 입증되었다. 1923년, 이븐사우드는 아라비아 반도 대부분을 정복한 뒤 자기 문중을 기리기 위해 나라 이름을 사우디아라비아로 정했다. 이후 90년 동안 막대한 부를 축적한 사우디 왕실은 그간의 권력을 뒷받침해준 와하비즘의 이론가들을 매수하는 한편, 대외적으로 지하드를 부르짖는 추종자들의 활동을 재정적으로 보조함으로써 살아남을 수 있었다. 이 같은 노력의 가장 유명한 산물이 바로 오사마 빈 라덴이라 불리는 한 사내였다.

하지만 영국령 인도를 상대로 한 로렌스의 언어적 전쟁은 더 긴박한 문제로 인해 뒤로 밀려났다. 그해 5월, 로렌스에게 대단히 은밀한 임무가 떨어진 것이다. 그 임무는 영국의 명예 관념에 크게 상반되는 것이어서 본질적인 내용은 역사책에도 생략되어 있다. 더욱이 영국령 인도가 저지른 대재앙 탓에 주어진 임무라는 점에서 아이러니가 아닐 수 없다. 일련의 사건을 겪고 난 1916년 5월 8일 이른 아침, 추악하게 막을 내린 과업이었다.

아침 6시 30분쯤이었다. 훗날 준남작이 되는 펜턴 에일머 중장은 놀라운 보고를 받았다. 그가 지휘하는 부대 중 인도군 36보병 여단이 이라크 중부 두야일라 인근에서 야간 행군을 하던 중 길을 잃었고,[20] 여단 소속의 몇 개 대대가 적군의 새벽 포격이 멎을 때까지 예정된 지점에서 기다리지 않고 황량한 두야일라 평원을 가로질러 진군하다가 터키군 선봉 부대와 맞닥뜨린 것이다. 좀더 정확히 말하자면, 그들은 제멋대로 돌아다니다가 '성채' 입구를 향해 직진한 것이다. 여기서 성채란 그 일대 평원이 훤하게 내려다보이는 12미터 높이의 요새로, 터키군의 강력한 방어 거점이었다.

여기까지는 대학살의 전주곡처럼 들릴 수도 있겠다. 그러나 사태는 다르게 진행되었다. 그날 아침 에일머의 사령부에 도착한 연락병에 따르면 요새를 관찰한 결과 이미 버려졌거나 소규모 수비대만이 지키는 것이 분명해 보였다. 그렇다면 요새를 코앞에 두고 있는 36보병 여단이 장악하기에는 식은 죽 먹기였다.[21]

쿠트에서 포위당한 톤젠드 장군의 부대를 구하기 위해 오랫동안 희생을 감수하며 진군한 에일머의 부대에게는 그야말로 결정적인 순간이었다. 그곳에서 티그리스 강을 따라 13킬로미터만 올라가면 쿠트였기 때문이다. 적군의 요새에 대한 이 놀라운 보고가 사실이라면 에일머의 부대는 본격적으로 두야일라 전투를 치르기도 전에 승리를 거두는 셈이었다. 아울러 앞선 두 달 동안 진군하면서 저지른 엄청난 실수를 상쇄하고도 남을 기회였다.

1916년 5월까지 유럽의 여러 군대는 참호에 웅크린 적군을 공격하는 과정에서 간단하고 기계적인 방식에 의존하고 있었다. 그것은 공격의 계획 규모에 따라 짧게는 몇 시간 길게는 며칠 동안 적군의 최전방 저지선을 향해 끊임없이 포격을 가한 다음, 보병 부대가 중간 지대를 넘어 돌격하는 식이었다. 이와 같은 전술의 문제점은 매번 명백했다. 우선 대부분의 경우 포격만으로는 사상자가 적었다. 방어하는 쪽은 후방 참호로 후퇴하여 포격이 끝날 때까지 기다리는 식이었기 때문이다. 게다가 서부전선에는 두터운 방호벽으로 에워싼 정교한 형태의 지하 벙커까지 등장한 상태였다. 따라서 이러한 사전 공격은 적에게 대공세가 임박했음을 알리는 동시에 표적 지점까지 알려주는 셈이었다.

포격을 멈춘 뒤 선봉 부대는 최전방 참호에서 기어나와 중간 지대를 향해 돌진한다. 그러나 불행히도 포격의 종료는 지상군이 곧 돌격한다는 신호로, 적들에게 최전방 참호로 돌아가서 사격 준비를 하라고 알려주는 꼴이었다. 1916년 초까지 유럽 전역의 참호에서 수많은 병사가 목숨을 잃은 것은 이와 같은 전술의 결과였다.

유럽의 다양한 지형과 온갖 상황에서 이러한 전술이 전혀 먹히지 않았음에도 불구하고 에일머 중장은 이라크 중부의 평평하고 단조로운 지형에서 전술적 개선의 필요를 전혀 느끼지 못했다. 바그다드를 함락하려던 톤젠드 장군에게 고용된 자신이 첫 번째로 실행한 구조 작전이 바로 이러한 자멸적 전술이었다는 것조차 깨닫지 못한 듯했다. 영국과 인도 출신 2만 병력을 이끌고 쿠트를 향해서 출정한 그는 허허벌판을 가로지르는 두 달 동안, 참호에 도사린 터키군을 정면 공격하라고 병사들에게 세 차례나 명령했다. 영국의 인도군은 터키군 병력보다 최소한 두 배나 되는 수적 우위를 앞세워 결과적으로는 승리를 얻어내곤 했지만 쓰라린 대가를 치러야 했다. 에일머의 지원 부대는 처음 2주 동안에만 1만 명이 죽거나 다쳤다. 출발 당시 병력의 절반을 잃은 셈이었다.

티그리스 강 하류의 상급 지휘관들에게 이 정도는 크게 걱정할 일이 아니었던 것 같다. 에일머가 두 번째 공세를 취할 수 있도록 1만5000명에 이르는 병력을 곧바로 보내주었기 때문이다. 병력을 보충받은 에일머의 부대는 5월 초까지 상류 쪽으로 진군하여 마침내 두야일라의 터키군 참호선 앞에 섰다. 에일머의 지원 부대와 쿠트에 갇힌 톤젠드의 선봉 부대 사이에 놓인 마지막 장애물이었다. 지난 전투에서 배운 바가 전혀 없지는 않았던지, 에일머는 터키군 대포의 사정거리 바로 바깥까지 야간행군으로 접근한 뒤 동틀 무렵 적군의 조급한 포격이 끝나면 팬케이크처럼 평평한 땅에 우뚝 솟은 요새를 향해 돌격할 작정이었다. 그가 36보병 여단의 놀라운 성취에 대해 알게 된 것은 여명 속에서 목전의 전투를 위해 조용히 대포를 조준하던 때였다.

그러나 확실히 펜턴 에일머는 아무리 기쁜 소식일지라도 깜짝 놀라는 방식은 좋아하지 않는 사람이었다. 상급 지휘부와 서둘러 의사소통을 마친 그는 이미 짜놓은 전투 계획에서 너무 크게 벗어나기 때문에 터키군 요새에 대한 선제공격과 손쉬운 점령은 충분한 지지를 받기 어려울 거라고 결론 내렸다. 결국 36보병 여단은 성채를 떠나 본대로 복귀하라는 명령을 받았고, 평원을 다시 가로질러 돌아와야 했다. 포격이 끝나기를 기다린 뒤에 요새를 점령하기 위해서였다.

마침내 영국군은 당초 계획한 동틀 무렵이 아닌 아침 8시에 포격을 시작했고, 에일머를 놀라게 했던 사실은 무용지물이 되고 말았다. 황급히 연락선을 타고 강을 건너온 터키군으로 두야일라의 성채가 채워진 뒤에야 영국군은 총공세를 전개한 것이다. 대영제국의 병사 4000명이 중간 지대에서 순식간에 스러졌고, 성채에 다다른 병사는 단 한 명도 없었다.

두야일라에서 벌어진 그 전투는 영국군이 쿠트에 포위된 자국 병사들을 구할 수 있는 마지막 절호의 기회였다. 두 달이 넘는 동안 병사 1만2000명을 구하기 위해 지원 부대가 투입되었는데 1만4000명의 사상자를 낳았다.[22] 목적은 달성하지도 못한 상태였다. 그러나 펜턴 에일머는 두야일라 전투를 지휘한 대가로 사흘간 휴가를 얻었고, 이후 후방 지원 부대로 배치되었다. 이라크에서 보여준 들쑥날쑥한 성과 탓이었는지 (전투 보고서에 36보병 여단 사건을 언급하지 않는 등) 두야일라의 낭패를 은폐하려다 실패한 탓인지 모르겠으나, 그에 대한 기사 작위 수여에 대한 결정은 1922년까지 연기되었다.[23]

두야일라 사태 이후 키치너 경은 쿠트의 톤젠드 부대가 직면한 끔찍한 상황(4월 중순이면 식량이 바닥날 것이라는 보고가 계속 올라오고 있었다)을 염두에 두고 절박한 심정으로 해법 마련에 골몰했다. 한편 1916년

5월 22일 아침, 수에즈 항에 정박해 있던 여객선 로열조지 호가 슬그머니 닻을 올리고 남쪽으로 출항해 홍해로 접어들었다. 아라비아 반도를 에둘러 이라크 남부로 향하는 14일간의 여정을 시작한 것이다. 그 배에는 T. E. 로렌스가 타고 있었다. 그는 고등판무관 헨리 맥마흔이 이라크에 있는 영국령 인도 수석 정치담당관 퍼시 콕스에게 보내는 소개장을 지니고 있었다.

"친애하는 콕스, 로렌스 대위를 소개하는 글을 몇 줄 적어 보내네. 그는 전쟁성의 명령을 받들어 아랍 문제를 처리하기 위해 오늘 메소포타미아로 떠나네. 그는 이곳의 유능한 정보대 요원들 중에서도 출중할 뿐더러 아랍에 정통한 인물일세. 쓰임새가 무척 많은 사람이란 사실을 자네도 알게 되리라 확신하네. 이곳 사무실에서는 귀한 인재 하나를 잃게 되어서 안타깝기 그지없지만 그쪽 일이 잘 풀리기를 바라겠네. 톤젠드를 구해냈다는 뉴스를 간절히 기다리고 있네만, 너무 오랫동안 아무 소식이 없는 것 같네."[24]

사실 로렌스는 이중 임무를 띠고 파견된 인물이었다. 하나는 겉으로 드러난 임무이고 다른 하나는 꼭꼭 숨겨둔 임무였다. 쿠트의 위기를 지켜보던 키치너와 이집트 정보대 요원들은 이라크의 인도군 지휘관들이 토착 아랍 부족들과 함께 난관을 극복할 지혜를 발휘해야 한다고 판단했다. 이에 따라 이집트에서 영국을 위해 일하고 있는 이라크 출신 장교들을 그리로 보내면 이라크 토착 부족 지도자들과 동맹을 맺는 일이 훨씬 더 수월할 것으로 보았다. 그럴 경우 불만 가득한 오스만 군대의 아랍인 부대들이 영국 편으로 넘어오는 계기가 형성될 수도 있었다.

그러나 톤젠드를 구하는 동안 이 모든 일을 어떻게 해낼 수 있을지, 그리고 로렌스가 맡은 두 번째 임무와 어떻게 연결될지는 여전히 짐작하기 어려웠다. 키치너가 로렌스에게 부여한 두 번째 임무란 바로 쿠트를 포위한 터키군 지휘관에게 뇌물을 주는 것이었다. 다시 말해 금화 100만 파운드를 건네고 톤젠드 부대를 구해내는 임무였다.

로렌스가 이처럼 수치스러운 명령을 수행하는 데 분개했다면 (영국군 역사상 전례가 거의 없는 일이지만) 결코 시키는 대로 하지 않았을 것이다. 게다가 그는 아주 최근에 과장과 위선의 군대 문화를 상기시키는 두 가지 사건을 겪은 터였다.

1년 반 전에 참모본부 지도제작실에서 근무하던 무렵, 로렌스는 어느 장군이 장교의 보고를 요구하는 바람에 민간인 신분에서 곧바로 소위 계급장을 다는 마술 같은 일을 겪었다. 이번에는 출항하는 날 카이로의 상관이 부랴부랴 그를 대위로 진급시켰다. 이라크의 고위급 장성들이 소위와 회의 테이블에 앉는 데 모멸감을 느낄 것이라는 예상에 따른 조치였다.

더 황당한 사건은 로렌스가 로열조지 호에 승선하기 나흘 전에 일어났다. 3월 18일, 카이로에 머물던 프랑스의 소규모 군사 사절단이 본국으로 돌아갔다. 유럽 열강의 오랜 군사적 전통에 따라 훈장이나 경칭을 하사받고 퇴임하기 위해서였다. 그런데 이들이 프랑스 최고 훈장인 레종 도뇌르 수상자로 로렌스를 지명한 것이다. 로렌스가 중동에서 프랑스의 야심을 꺾으려고 맹렬히 활동한 사실을 감안할 때 불가사의한 사건이 아닐 수 없었다. 이듬해에는 한발 더 나아가 로렌스에게 무공십자훈장까지 수여했다.

로렌스는 전시 임무를 수행하는 과정에서 수많은 훈장을 받았지만 그런 의례를 워낙 경멸하는 성격 탓에 훈장에 대한 욕심이 전혀 없었으며, 설령 받았더라도 구석에 던져버리기 일쑤였다. 다만 이때 받은 무공십자훈장만큼은 예외였다. 로렌스의 친형에 따르면, 그는 전쟁이 끝난 뒤 친구가 기르던 개의 목에 그 훈장을 걸어주고 옥스퍼드 거리를 당당

하게 행진하며 무척 즐거워했다.[25]

4월 5일 아침, 로열조지 호는 황량하고 야트막한 항구도시 바스라 앞 바다에 조용히 닻을 내렸다. 뭍에서 대기하던 영국 해군은 승객 가운데 가장 중요한 인물을 태워올 대형 보트를 보냈다. 바로 갓 대위로 승급한 T. E. 로렌스였다.

로렌스는 바스라에 도착하자마자 자신이 이라크로 파견된 표면적 이유, 즉 영국령 인도군의 지휘관들이 토착 부족들과 원활히 협동 작전을 펼치도록 구슬리는 임무가 이미 사라졌다는 사실을 알게 되었다. 로렌스가 배를 타고 오는 동안 이라크 원정군의 신임 사령관인 퍼시 레이크 장군이 그런 계획은 "타당하지도 않고 자연스럽지도 않다"는 전보를 런던으로 줄기차게 보내어 폐기시켰기 때문이다.[26]

그러나 로렌스가 바스라에 도착하여 원정군 수뇌부와 협의하는 며칠 사이, 그의 정치적 임무에 불행한 결말을 암시하는 먹구름이 드리워졌다. 그것은 인종주의와 영국의 군사적 우월감이라는 독소적 태도의 결합이었다. 갈리폴리에서 겪었던 끔찍한 재앙에도 불구하고 (어쩌면 오히려 그 때문에) 영국군의 수많은 고위 장성은 '오합지졸' 오스만군에게 또다시 패배할 수 있다는 경고를 조금도 받아들이지 않았다. 이와 같은 사고방식은 영국령 인도의 옹졸한 장군들에 한정된 것이 아니라 런던에 있는 대영제국 군대의 총사령관인 윌리엄 로버트슨 장군에게까지 해당하는 것이었다. 예컨대 쿠트를 포위한 터키군 지휘관 칼릴 파샤가 에일머의 지원군을 격파한 뒤 항복하면 자비를 베풀겠다는 뜻을 톤젠드에게 전했을 때 로버트슨 장군은 이런 반응을 보였다.

"내가 접한 정보는 대체로 터키군의 상황이 좋지 않다는 것이었다. 나는 칼릴의 제의를 이런 사실에 대한 확증으로, 즉 우리가 단호한 행동을 취한다면 승리를 쟁취할 수 있다는 의미로 여기고자 한다."27

군사적·문화적으로 열등한 대상과 상대하고 있다는 영국군 수뇌부의 왜곡된 세계관에 따르자면, 적이 명예로운 항복을 제안했다는 사실은 곧 적이 스스로의 허약성을 드러낸 것이고, 지원 부대의 작전이 두 차례나 실패했다는 사실은 세 번째에는 틀림없이 성공한다는 의미인 것이다.

로렌스가 티그리스 강을 따라 올라가서 최전방 야전사령부에 합류한 4월 15일까지만 해도 세 번째 지원 작전은 순조롭게 진행 중이었다. 두 야일라 참패 이후 이루어진 지휘부의 대폭적인 물갈이에 따라 에일머는 강단 있는 지휘관으로 알려진 조지 고린지 소장에게 자리를 내어주어야 했다. 그러나 불행히도 변화의 물결이 작전 교본에까지 미치지는 못한 듯했다. 전임자와 마찬가지로 참호 속 적군을 향한 정면공격을 선호하는 고린지 장군은 에일머가 첫 번째 작전에서 거둔 전과前過를 답습했다. 이번에도 1만 병력이 죽거나 다쳤지만 전황은 나아진 것이 없었다. 2주 전과 거의 정확하게 똑같은 흐름이었다.

영국군 지휘선 스네이크플라이 호는 쿠트 아래로 흐르는 티그리스 강에 정박해 있었다. 로렌스는 이곳에 도착한 뒤로 줄곧 불편한 시선을 견뎌야만 했다. 지휘선 내 장교들은 이집트에서 온 젊은 대위를 흘끔거리면서 쿠트에 포위당한 아군의 몸값을 적군에게 은밀히 건네주러 온 사람이라고 쑤군댔다. 그러나 아홉 차례의 개별 전투에서 2만3000명의 사상자가 발생하는 희생을 치르고도 지원 부대는 쿠트 근처에도 접근하지 못한 상황에서 아군이 굶어 죽기 일보 직전에 다다르자 결국 인도군 지휘관들은 키치너의 작전이 유일한 해결책이라는 사실을 인정했다.

이 절체절명의 순간에도 촌극이 벌어질 여지는 있었다. 톤젠드 장군도, 그를 구하려고 나선 지휘관들도, 그런 망신스러운 노력이 그들의 경력에 남지 않기를 원했기 때문이다. 4월의 마지막 며칠 동안, 톤젠드 장군과 레이크 장군은 적군과 협상에 나설 사람은 자신이 아니라 상대방이라며 목에 핏대를 세웠다. 그 결과 쿠트에서 죽어가는 아군의 목숨을 살려낼 최후의 임무는 젊은 장교 세 명에게 떨어지고 말았다. 그들은 에드워드 비치 대령, 오브리 허버트 대위, 마지막으로 T. E. 로렌스 대위였다.

그곳은 빅토리아 시대 응접실을 배경으로 하는 온갖 멜로드라마 요소로 가득했다. 그림 같은 외모에 당당한 태도를 지닌 젊은 귀족들, 자기들끼리 시시덕거리는 아리따운 여성들, 피도 눈물도 없는 악당들, 무모하기 그지없는 철부지들까지 한데 뒤섞여 우여곡절을 겪다가 권선징악으로 끝나는 이야기 말이다. 전시 예루살렘에 거주하는 외국인들의 조그만 공동체가 그러한 종류의 드라마와 다른 점이 있다면, 결말이 좋지 않다는 것이다. 투옥이나 추방, 심지어 처형을 당하기도 했으니 말이다. 물론 응접실 창문 밖으로 펼쳐진 세상 풍경 역시 달랐다. 그곳은 유쾌한 영국 교외의 풍광이나 멋쟁이들로 넘쳐나는 런던 시가지가 아니라 거리마다 골목마다 기아와 티푸스에 쓰러진 사람들, 광장마다 교수대에 매달린 시신들로 죽음의 공포가 만연한 도시였다.[28]

어항 속 물고기 신세인 윌리엄 예일에게는 참으로 기괴한 풍경이었다. 해야 할 일이 없었으므로 그는 거의 매일 오후가 되면 다양한 배경의 친구들을 만나 카드를 쳤다. 그리스인 의사, 아르메니아인 의사, 퇴역한 터키인 대령, 그리스인 주교 등이었다. 중년의 외국인 여성들이 운영하는 살롱에서 모일 때도 있었는데, 그럴 때는 훨씬 더 많은 사람이 모였다. 그런데 춤과 게임으로 시끌벅적한 파티가 벌어질 때면 이성 간에 매우 특이한 현상이 나타나곤 했다. 예루살렘에는 미혼의 외국 여성이 거의 없었고, 미혼 여성에게 관심을 보였다간 결혼하려는 의도로 간주되었기 때문에 남성들은 기혼 여성들을 향해 경쟁적으로 추파를 던졌다. 남편들은 조금도 개의치 않았다. 악의가 전혀 없는, 지극히 무해한 행위였기 때문이다.

그러나 전시 예루살렘에서 정말로 무해한 것이란 존재하지 않았다. 예일은 그 도시의 살롱계를 주름잡고 있는, 매력적인 중년의 프랑스인 과부 알렉시 프레에게 이끌렸다. 하지만 예일이 프레와 어울리는 모습은 강력한 경쟁자의 마음에 대못을 박았다. 중년의 아랍인 기독교도인 경쟁자는 시리아 시장을 독점하는 터키담배전매청의 수장으로, 어느 날 그는 예일을 한쪽으로 데리고 가서 제안했다.

"우리 둘이서 예루살렘 숙녀들을 반으로 나누는 것이 어떻겠소. 내가 마담 프레를 차지하고, 나머지는 전부 당신 몫이오."

예일은 그 제안을 농담으로 여겼다. 그러나 월별 담배 배급분을 구입하러 터키담배전매청 창구에 갔을 때 생각을 고쳐먹기로 했다. 판매원이 말하기를, 예일한테는 판매하지 말라는 지시를 받았다는 것이다. 이는 심각한 문제였다. 말 그대로 '담배전매청'이란 전시 예루살렘에서 담배를 구할 수 있는 유일한 곳이었다. 곧이어 예일은 담배전매청의 도전자가 자신을 상대로 음모를 꾸미고 있다는 예루살렘 경찰청장의 귀띔까지 받았다. 예일은 이렇게 회상했다.

"질투심에 불타는 포악한 인간, 경쟁자를 제거해버릴 만한 자와 맞서고 있다는 사실을 깨달았다. 업무상 터키 관리들과 좋은 사이로 지내야 하는 나로서는 극도로 위험한 게임을 벌이고 있었던 것이다. 그래서 마담 프레에게 문제를 해결하라고 요구했다. 그자를 쫓아내지 않으면 우리 사이는 끝이라고 말했다."

하지만 프레는 그가 전매청의 수뇌라는 점을 고려할 때 절대 그렇게 할 수 없다고 대꾸했고, 미국인 석유꾼은 발끈하여 프레의 살롱을 박차고 나왔다. 이때 예일의 하인 무스타파 카르푸틀리가 대안을 내놓았다. 그는 나이가 지긋한 쿠르드인이었다.

"주인 나리, 저는 그 '돼지'가 밤마다 어디를 가는지 압니다. 분부만 내려주시면 제가 그놈을 끝장내겠습니다."

카르푸틀리는 전매청 사내가 매일 밤 자정이 되면 어떤 여인의 집에서 나온다고 말했다.

"외진 거리에 있는 집입니다. 말씀만 하십시오. 오늘 밤에 그놈을 죽이겠습니다."

예일은 그 제안을 거절했다. 그런 일이 있고서 얼마 뒤, 친구들은 예일과 프레를 위해 화해의 자리를 마련했다. 하지만 이는 위험한 행동이었다. 예루살렘에 내려진 계엄령은 경쟁자에게 복수할 수 있는 무한한 가능성을 제공하고 있었다. 며칠 뒤 프레의 살롱은 통금령 위반으로 적발되었고, 손님의 절반이 계엄 당국의 단속원들에게 끌려가 감옥 신세를 지게 되었다. 질투에 눈이 먼 전매청 사내가 손을 쓴 것임이 분명했다.

이 사건 덕분에 예일은 자신이 막대한 판돈이 걸린 '의자 빼앗기' 게임에 참여하고 있음을 깨달을 수 있었다. 가장 높은 곳에 앉아서 게임을 진행하는 사람은 제말 파샤였다. 그의 말 한마디면 누구든 즉결심판으로 감옥에 처박히거나 시리아 오지의 촌구석으로 유배당할 수 있었다. 거꾸로 그의 말 한마디면 누구든 풀려나서 지위를 되찾을 수도 있었다.

예루살렘의 이방인 공동체에는 제말의 은총 안에 거하거나 최소한 형량이라도 줄여줄 수 있는 두 명의 인사가 있었다. 한 명은 중립국 스페인의 위풍당당한 영사 안토니오 데 라 시에르바 백작이었다. 거의 모든 '호전적' 유럽 국가들을 거치며 영사 노릇을 해온 그는 대단히 박식하고 영향력 있는 인물이었다. 윌리엄 예일과 백작의 관계에는 묘한 구석이 있었다. 일이 잘 안 풀릴 때는 훌륭한 동맹군 사이였지만, 예루살렘이라는 작은 도시에서 매력적인 여성을 낚을 때는 가장 강력한 경쟁자였기 때문이다.

예일이 일상적인 보호를 위해 더 자주 의존하던 예루살렘 사회의 또 다른 기둥은 중년의 매력적인 귀족 이스마일 하키 베이 알후세이니로, 소코니가 1914년 봄에 코르누브 유전 개발권을 매입한 세 명의 예루살렘 사업가 가운데 한 명이었다. 전쟁이 터지기 전 팔레스타인에서 체류할 때 예일은 이스마일 베이와 절친한 사이가 되었고, 1915년에 다시 돌아와서도 둘의 우정은 지속되었다. 이스마일 베이는 시리아 남부에서 가장 힘세고 존경받는 가문 출신이자 그 집안이 배출한 가장 걸출한 인물로, 1916년 당시의 예일에게는 중동에서 가장 가까운 친구였다.

그러나 예루살렘 외국인 사회를 보호해주려는 사람들도 있었지만 해치려 드는 사람들도 있었다. 후자 중에서 가장 두려운 존재는 이 도시를 정기적으로 드나드는 독일군의 젊은 장교 쿠르트 프뤼퍼였다. 시에르바 백작은 그를 이렇게 묘사했다.

"겉모습으로만 보면 전혀 해롭지 않은 인물이었다. 하지만 그는 독일 정부의 비밀요원이었고, 대단한 재주꾼이었다."[29]

프뤼퍼는 속삭이는 음성도 소름끼치지만 그가 위협적인 진짜 이유는 제말 파샤가 절대적으로 신뢰하는 독일인이기 때문이다. 쿠르트 프뤼퍼의 뜻에 거스르는 경우라면 시에르바 백작이나 이스마일 하키 베이가 아무리 간청해도 소용없었다. 심지어 제말 파샤 본인이 부탁해도 안 통할 정도였다. 어느 날 오후, 예일은 평소 친하게 지내던 외국인 부부를 방문하여 담소를 나누고 있었다. 그런데 프뤼퍼가 경찰관 두 명을 대동하고 찾아와 현관문을 발로 차기 시작했다. 부부는 그동안 스위스 사람으로 행세하고 있었지만 사실은 프랑스인이었다. 이는 외국인 사회에서 공공연한 비밀이었고, 제말 파샤도 이를 알고 있었다. 하지만 뒤늦게 이 사실을 알게 된 프뤼퍼가 부부를 국외로 추방하라고 요구했고, 제말은 내키지 않는 일이었으나 추방 명령서에 서명할 수밖에 없었다.

프뤼퍼의 세도가 유독 윌리엄 예일의 심기를 건드린 때는 1916년 겨울이었다. 예일은 자신이 예루살렘에 사는 아름다운 유대계 미국인 처녀를 두고 (어디든 빠지지 않는 시에르바 백작까지 포함해서) 독일 첩보원 프뤼퍼와 경쟁관계에 처해 있다는 사실을 알게 되었다. 여성은 자신에게 청혼한 미국인 사내에 대해 프뤼퍼가 자꾸만 캐묻는다면서, 조만간 체포당할 것 같아 걱정스럽다며 예일에게 털어놓았다. 예일은 "나 역시 프뤼퍼의 요시찰 대상임이 분명하다"고 생각했다.

전시에 시리아에서 살아남으려면 예리하게 날을 세운 이기심과 돌처럼 단단한 인내심이 필요했다. 그런 상황에서 살아남은 예일이었지만 익숙해질 수는 없었다. 그는 예루살렘 거리를 돌아다니는 몇 달 동안 죽었거나 죽어가는 사람들의 몸을 넘어다녀야 했다. 은총을 잃은 사람들이 종적을 감춘 이야기를 비유적으로는 추방의 형태로, 정확히 말하면 교수형의 형태로 수시로 들어야 했다. 결국 예일도 그런 환경에서 자기 자신과 사업적 이익을 지키기 위해 차츰 냉혈한이 되어갔고, 끝내는 가장 가까운 친구마저 공격해야 했다. 이는 본인이 훗날 곤혹스럽게 고백한 것처럼, 개인의 안전이 아니라 석유를 위한 행동이었다.

1915년 봄, 제말 파샤를 처음 만날 무렵 예일은 팔레스타인 유전 개발권에 대한 소코니의 청원을 두 차례로 나누어 제시하기로 결정했다. 2000제곱킬로미터 전부를 한꺼번에 요청했다가는 반감을 사지 않을까 우려했기 때문이다. 그렇게 해서 일단 1000제곱킬로미터에 대한 개발권을 얻어낼 수는 있었지만, 1916년 봄이 올 때까지 아무것도 진전된 게 없는 상황에서 나머지 1000제곱킬로미터를 더 요구할 자신은 없었다.

그에게는 국면 전환용 카드가 필요했다. 하지만 어떻게 해야 할지 감을 잡을 수가 없었다. 제말이 소코니의 게임에 애착을 갖기 시작한 뒤로는 더욱 그랬다. 1916년 벽두, 소코니의 콘스탄티노플 사무소는 다마스쿠스 일대의 드넓은 땅 몇 곳에 대한 유전 개발권을 확보하기 위해 총력을 기울이고 있었다. 그 도시의 미국인 영사 자리에 해당 사업 자문위원인 새뮤얼 에덜먼을 앉힐 정도였다. 하지만 5월 말, 에덜먼이 (제말을 가리키는 것이 분명한) "그 지역의 절대적 존재"와 대화를 나눈 뒤 소코니 본사로 나쁜 소식을 타전했다.

"제말이 말하기를, 광업장관이 자신에게 보고한 내용에 따르면 스탠더드오일이 최근 터키에 이득이 되고 보탬을 주는 쪽이 아니라 경쟁을 배제하는 쪽에 몰두하는 것 같다고 했다. 소코니를 향한 이런 의심이 가시지 않는 한 유전 개발권을 추가로 확보하는 일은 불가능할 것이다."[30]

그렇게 퇴짜를 맞은 직후에 기회가 찾아왔다. 예일은 독일인 숙소에 있는 제말의 집무실로 다시 한번 불려갔다. 총독은 최근 사막 남쪽 어느 산 아래에 막대한 석유가 매장되어 있다는 내용의 현장 책임자들이 올린 보고서를 읽었다고 했다. 특히 석유가 이미 지표면으로 흘러나온 상태여서 곧바로 정유 과정에 들어갈 수 있다는 내용을 강조했다. 이어서 개인적인 부탁이라며, 베르셰바 아래쪽 코르누브라는 산악지역에 직접 가서 조사를 해주었으면 좋겠다고 예일에게 말했다.

예일은 제말이 말하는 '발견'이 2년 전 유대 지방의 어느 언덕에서 J. C. 힐이 가리켰던, 자신과 루돌프 맥거번이 지저분한 웅덩이에 불과한 것으로 확인한 바로 그곳임을 곧바로 알아챘다. 그러나 이런 세세한 부분을 제말 파샤에게 고해바칠 필요는 없을 듯싶었다. 대신에 스탠더드 오일을 대표하는 사람으로서 총독께서 유전 개발권을 좀더 허용하는 쪽으로 살펴주신다면 기꺼이 코르누브 현지를 조사하겠다고 답했다. 예일이 독일인 숙소에서 물러난 바로 그날, 제말 파샤는 팔레스타인 땅 1000제곱킬로미터에 대한 추가 개발권을 허가했다.

그러나 유전 개발권 추가 확보의 대가로 현장 조사를 준비하는 동안, 예일과 절친한 이스마일 하키 베이 사이에 갈등이 불거졌다. 지난여름, 유전 개발권 매입을 위한 대규모 현장 답사 당시 이스마일 베이는 동행해달라는 예일의 간청을 들어주었다. 어느 정도 소코니에서 보수를 챙겨줄 것이라는 모호한 약속이 전부인 데다 그곳 유전 개발과 관련해서 재산상의 이해관계도 없었지만 이스마일 베이는 부탁을 수락하고 말았다. 두말할 나위 없이 둘의 동행은 단순한 우정 이상의 무엇으로부터 비롯된 것이었다. 게다가 예일의 탐사단은 타락한 군인과 관리들이 전부였으니, 교양미 넘치는 친구 이스마일 베이를 동반한다는 건 여간 든든한 일이 아니었다. 무엇보다 연줄이 탄탄한 친구가 함께하는 만큼 고집 센 지주나 터무니없는 지방 관리들이 일으킬 가능성이 있는 온갖 어려움을 부드럽게 풀어줄 수 있을 것 같았다. 이스마일 베이의 관점에서는, 언제가 될지는 모르지만 소코니가 팔레스타인에서 대규모 탐사 작업을 계획하고 있으니 진행 과정에 동참하는 것도 사업적 측면에서 나쁘지 않았다.

그러나 1916년 봄, 예일이 다음번 개발권 매입과 관련해서 도움을 청하러 왔을 때 이스마일 베이는 고개를 가로저었다. 아랍인의 거래 방식에 따르면, 한번 내뱉은 말은 반드시 지켜야 했다. 이제 미국식 거래법을 인지한 이스마엘 베이는 보상이 따를 것이라던 예일의 말이 공수표였음을 알게 된 것이다. 그는 서면 계약을 원한다고 말했다. 이 요구에 대해 예일은 소코니 사업에서 자신은 대리인일 뿐이며 보상에 관한 서면 체결 권한은 없다고 설명했다. 그리고 "내 개인적인 의견을 알고 싶다면 회사를 신뢰하는 게 나을 것"이라고 덧붙였다.

이스마일 베이에게는 흡족치 못한 답변이었다. 그는 서면으로 약속하지 않는다면 도울 수 없다고 친구에게 말했다.

예일은 이러지도 저러지도 못하는 처지가 되었다. 이스마일 베이는 2년 반 이상 우정을 나눠온 친구였다. 여러 번 그의 집에서 일곱 자녀와 함께 밥을 먹는 사이였고, 참된 우정을 바탕으로 비밀을 공유할 정도였다. 예를 들어 예일은 전쟁 전에 예루살렘에서 만난 영국인 간호사와 결혼하고 싶다는 비밀을 털어놓았고, 이스마일 베이는 오스만 정부가 하는 일들이 마음에 안 드는 데다 특히 제말 파샤는 분노를 자아낸다는 속내를 비쳤을 정도였다. 시리아에서 후세이니 가문이 지니는 높은 위상 역시 예일을 더욱 곤란케 했다. 그 지역 곳곳에 이스마일 베이의 친척들이 고위 관리로 자리 잡고 있었기 때문에, 안 보면 그만이라는 식으로 그들을 외면할 수는 없는 노릇이었다. 한마디로 사업가 이스마일 베이가 등을 돌리기로 결심하는 순간, 그동안 소코니를 향해 활짝 열렸던 모든 문짝이 순식간에 닫힐 수 있었다. 예일은 회고록에서 이렇게 적었다.

"나는 그를 바라보면서 말했다. '음, 이스마일 베이. 이렇게 하기는 싫지만, 자네가 나를 돕지 않는다면 지금 당장 제말 파샤에게 갈 수밖에 없네. 자네가 나를 방해하고 있으며, 자네는 친영파이자 영국의 앞잡이라고 말할 수밖에 없다네.'"

이는 윌리엄 예일에게 일어난 극적인 변화를 상징하는 장면이었다. 1911년 예일이 보스턴의 어느 부유한 제조업자 밑에서 일할 때 파산 위기에 처한 아버지가 찾아와 사장과 만날 수 있도록 주선해달라는 부탁을 받았으나, 예일은 거절했다. 그런 만남을 주선하기에는 자신의 위치가 부적절하다고 느꼈기 때문이다. 그로부터 정확히 5년 뒤, 예일은 가장 가까운 친구를 상대로 협박을 하고 있었다. 끔찍한 고문을 당할 수 있으며 아내와 아이들까지 쫓겨난 뒤에 죽을 수 있다는 암시를 준 것이다. 사업상 거래를 빌미로 말이다. 하지만 협박은 통했다.

"나는 어떤 반응이 돌아올지 기다리면서 친구의 얼굴을 빤히 바라보았다. 그러자 친구는 불쑥 '자네를 돕기로 하지. 자네 회사를 믿어보겠네'라고 대답했다. 그 뒤로 친구는 내가 팔레스타인에서 회사를 대표하여 활동하는 내내 충직하게 일했다."[31]

칼릴 파샤의 지휘 본부는 쿠트 전선에서 6.4킬로미터 후방에 위치한 둥그런 막사 하나가 전부였다. 중간 지대부터 눈을 가린 채 끌려온 영국군 장교 세 명이 기진맥진한 상태에서 지휘 본부 막사 안으로 등을 떠밀린 때는 오후 세 시쯤이었다.

칼릴은 갈색 눈동자가 날카롭게 빛나는 30대 중반의 말쑥한 사내였다. 터키군 장교들이 선호하는, 아니 터키 남자라면 누구나 좋아하는 카이저수염도 길렀는데, 궁벽한 곳에 갇힌 상태에서도 콘스탄티노플 살롱에서 갈고닦은 신사다운 풍모를 간직하고 있었다. 그 앞에 선 오브리 허버트는 전쟁 전에 오스만의 수도에서 명예 영사를 지냈던 인물로, 칼릴과 막역한 사이였다. 일행과 함께 막사 안에 들어온 그는 서먹한 분위기를 깨기 위해 프랑스어로 우스갯소리를 던졌다.

"지난번에 각하를 뵈었던 곳이 어디였지요?"

칼릴은 분명 기억력이 좋은 사람이었다. 그 역시 프랑스어로 이렇게 대답했다.

"영국 대사관 무도회였지요."

이후로는 훨씬 더 암울한 대화가 이어졌다.[32]

이날은 4월 29일이었다. 영국군 장교 세 명은 그날 아침 일찍 최전방 참호를 기어올라 백기를 들고 중간 지대에 들어섰다. 그들 앞에는 허리춤까지 자란 풀숲이 550미터나 펼쳐져 있었고, 그 끝에는 터키군의 동쪽 참호 둔덕이 있었다. 양측 참호의 중간 지점까지 걸어간 그들은 그 자리에 멈추고 터키 쪽에서 반응을 보일 때까지 몇 시간이나 기다려야 했다. 기온이 차츰 오르자 사방에 널린 부패한 시신에 쉬파리 떼가 꼬여들면서 이들을 괴롭혔다. 마침내 터키군은 세 장교를 참호로 데려온 뒤 그들의 눈을 가리고 말에 태워서 칼릴의 지휘 본부로 이송했다. 그런데 며칠 전 낙마 사고로 무릎을 심하게 다친 로렌스는 말을 탈 수가 없었다. 결국 그는 눈을 가린 채 터키 병사의 손에 이끌려 넘어지고 절뚝거리며 6.4킬로미터를 걸어갔다.

그날 중간 지대로 걸어 들어간 세 명 모두는 자신이 부여받은 망신스러운 임무가 무엇인지 정확히 알고 있었다. 에드워드 비치는 뇌물로 문제를 풀어보려는 시도 자체가 몹시 수치스러워 임무의 진실에 대해 단 한 번도 공개하지 않았고, 로렌스는 매우 완곡한 어법을 동원하여 기록을 남겼다. 오브리 허버트는 자신의 일기장에 익명으로도 언급하지 않았다. 다만 추악한 거래가 예정된 전날 밤, 일기에 흥정 대상을 거론하면서 "톤젠드의 대포, 터키군 포로들 교환 그리고 또 다른 무엇"이라고만 적었을 뿐이다. 하지만 이처럼 모호한 대목조차 결과적으로 아주 빤한 내용이어서 훗날 허버트가 일기를 출판할 때는 이 문장을 완전히 삭제해야 했다.[33]

칼릴 파샤 막사에 도착한 세 장교는 애초 예상보다 거래 내용이 축소되었다는 사실을 깨달았다. 그날 이른 아침 불안을 이기지 못한 톤젠드가 갑자기 무조건 항복한 사실을 전혀 모른 채 중간 지대로 향했던 것이다. 항복 선언 직후 톤젠드는 군사적 불문율에 따른답시고 아군의 대포를 모조리 망가뜨렸다. 그러나 톤젠드의 대포가 탐이 난 칼릴로서는 이 조치에 격노했다. 비치와 허버트와 로렌스로서는 터키군 수장에게 몸값으로 금화를 바치는 것 말고는 다른 도리가 없게 되었다.

영국군 장교들은 금화를 쿠트에 거주하는 민간인에 대한 일종의 인도주의적 지원으로 표현했다. 5개월 넘는 포위 작전으로 시민들이 영국군만큼이나 심한 고통을 겪었으니 모종의 금전적 보상을 제안한 것이다. 이들의 속셈을 단박에 꿰뚫어본 칼릴 파샤는 제안을 거절했다.

부상병들을 돌려보내달라는 협상단의 요청에는 조금 나은 성과를 얻었다. 터키군 사령관은 쿠트 주둔군이 항복했으니 식량을 싣고 온 영국 증기선에 부상병들을 태울 수 있도록 허락했다. 이런 양해를 얻어낸 데 고무된 협상단장 비치 대령은 드디어 마지막 카드를 내밀었다. 영국군이 이라크에 상륙한 이래 포로로 붙잡은 오스만 병사들과 몸이 성한 영국군 포로들, 즉 쿠트의 생존자들을 맞교환하겠다는 제안이었다. 그러자 칼릴이 깔보는 듯한 말투로 다른 해법을 제시했다. 영국군 병사와 터키군 병사는 일대일로 교환하되, 인도 병사와 아랍 병사는 별도로 교환하겠다는 내용이었다. 영국군 장교들은 이 제안을 어떻게 받아들여야 할지 확신이 안 섰다. 그러나 오스만의 아랍인 부대가 용맹하게 싸우다가 영국군에 포로로 잡혔으니 이들을 돌려받는다면 얼마나 다행한 일이냐고 허버트가 말하자 터키군 사령관의 얼굴이 굳어졌다. 칼릴은 영국군에 붙잡힌 포로 명단을 집어들더니 아랍인의 이름이 더 많은 사실을 지적하며 이렇게 말했다.

"우리 터키군 병사 열 명 가운데 하나는 나약한 겁쟁이일지 모르오. 그러나 용감한 아랍인은 100명 가운데 하나에 불과하오. (…) 당신네가 원한다면 그들을 나한테 돌려보내도 좋소. 하지만 나는 이미 그들에게 사형을 언도했소. 그들이 돌아오는 대로 목매달아 죽일 것이오."[34]

영국군 장교들은 조롱당했다는 사실을 깨닫고 입을 닫았다. 칼릴 파샤는 하품하는 척하더니 자신은 처리할 일이 많아 피곤하다고 말했다. 쿠트 주둔군을 구할 수 있는 마지막 기회는 그렇게 사라졌다. 로렌스와 허버트와 비치는 칼릴의 막사에서 최전방 참호로 안내를 받았지만 날이 어둑해진 탓에 터키군 숙영지에 하룻밤 묵어가라는 권유를 받았다. 로렌스는 일기장에 분명하게 기록했다.

"그들은 우리에게 최고의 터키식 저녁 식사를 대접했다."[35]

이튿날 아침, 터키군은 장교 세 명을 강둑으로 데려갔다. 티그리스 강에서는 빠른 물살에 실려 시체들이 줄지어 떠내려가고 있었다. 그들은 콜레라나 티푸스, 부상 따위로 목숨을 잃은 오스만 병사들이었다. 시신들이 땅속에 묻히지 못한 채 흐르는 강물에 던져지고 있었으나 지휘관들은 심드렁한 표정이었다.

바로 그날, 톤젠드는 쿠트에서 자신의 부대와 함께 공식적으로 항복했다. 그가 거느린 병사들 그리고 지원에 나섰다가 숨진 병사들은 거의 인도인이었다. 영국인 지휘관들의 인종주의에 의해 소모품 대우를 받다가 터키군에 넘겨진 인도 출신 병사들은 대부분 바그다드 철도 공사에 투입되어 가혹한 노예 노동을 견뎌야 했다. 결국 쿠트에서 포로가 된 인도 병사와 군속 1만 명 가운데 겨우 3분의 1만이 살아서 종전을 맞을 수 있었다.[36]

톤젠드 장군에게는 행복한 나날이 기다리고 있었다. 콘스탄티노플로 압송된 그는 전쟁이 끝날 때까지 보스포루스 어느 섬에 있는 쾌적한 저택에 거주하면서 터키 해군의 요트를 마음껏 이용했고, 오스만 궁중에서 열리는 외교 연회에도 참석했다. 그가 애지중지하는 요크셔테리어 세 마리도 쿠트에서 굶어 죽을 뻔했으나 시련을 견뎌내어 콘스탄티노플에서 주인과 상봉했다. 하물며 1916년 10월, 톤젠드가 영국의 왕으로부터 기사 작위를 받았을 때 터키 정부 관료들은 축하 서신을 보냈다. 전쟁 중이었지만 제국의 지배계급 사이에 면면히 흐르는 귀족적 동질감의 한 징표였다.[37]

———

4월 초 어느 날 아침, 다마스쿠스 외곽에 있는 알바크리 농장에 말을 탄 전령이 나타났다. 파이살 후세인을 다마스쿠스의 제말 파샤 집무실로 소환하기 위해서였다. 석 달 전 파이살은 제말의 요구에 따라 시리아 수도로 돌아온 이후 자주 총독을 만나왔으므로 이례적인 경우는 아니었다. 하지만 그날 오전은 여느 때와 사뭇 달랐다. 파이살은 제말의 집무실에 도착하자마자 낯선 냉기를 느꼈다.

두 사람 앞에 커피가 놓이고 몇 마디 한담이 오간 뒤, 제말이 테이블 너머로 종이 한 장을 건넸다. 엔베르 파샤가 콘스탄티노플에서 보낸 전보였다. 메카에 있는 파이살의 아버지가 보낸 편지에 관한 내용이었다. 어쩌면 편지라기보다는 최후통첩에 가까웠다. 청년튀르크당이 우호관계를 유지하고 싶다면 자신을 헤자즈의 세습 통치자로 인정하고 레바논에서 진행되고 있는 아랍 민족주의 지도자들에 대한 재판도 중단하라는 경고였다.

파이살을 궁지로 몰아넣을 만한 위험한 편지였다. 그는 1월에 다마스쿠스로 돌아오자마자 시리아에서 아랍 반란의 성공 가능성이 지난 번 방문 때보다 확연히 낮아졌음을 알아챘다. 반란에 기꺼이 동참하겠다던 정치 지도자 상당수가 제말의 탄압으로 사라지거나 숨어들었고, 군대 쪽 동조자들은 갈리폴리에서 세력을 잃었기 때문이다. 파이살은 여전히 심통스러운 전보를 보내는 아버지에게 이러한 정황을 알렸지만 후세인은 얼마나 위태로운지 깨닫지 못했다. 제말의 회고에 따르면 파이살은 이렇게 말했다.

"에펜딤Effendim(각하), 이 전보가 저에게 얼마나 큰 슬픔으로 다가오는지 아마도 모르실 것입니다. 지독한 오해의 소산임이 분명합니다. 제가 장담하건대 우리 아버지는 악의를 품고 있는 게 결코 아닙니다."[38]

그와 같은 '오해'는 아버지가 터키어를 잘 몰라서 생겨난 것이라고 파이살은 덧붙였다. 실제로 후세인이 아랍어로 말한 내용을 필경사가 잘못 옮겨 적어서 당초 의도를 왜곡한 것임이 명백했다. 그날 오전 제말의 집무실을 찾은 파이살은 그 자리에서 자기 아버지에게 전보를 쳐보자고 제안했다. 자신이 직접 아버지의 말씀이 와전되었음을 설명하면 아버지는 분명 그 불쾌한 편지를 즉각 폐기하라고 명령할 것이라고 했다.

제말 파샤는 후세인과 여러 아들의 술책이 짜증스럽기도 했지만 파이살이 몸부림치는 모습이 자못 흥미롭기도 했다. 그는 젊은 셰이크를 집무실에서 내보낸 다음 에미르 후세인에게 보내는 편지를 작성했다. 제말은 다마스쿠스의 피고인들을 풀어줄 수 없는 이유에 대해 "반역자를 용서한다면 정부는 나약하다는 비판을 받게 될 것"이라고 설명한 다음, 국가의 안위가 풍전등화와도 같은 시국에 후세인이 세습적 지위를 확보하고자 나서는 것은 적절치 않다고도 했다. 그러고는 노골적으로 말했다.

"나는 당신이 다음 국면으로 시선을 옮기기를 바란다. 정부가 당신 요구를 들어준다고 치고, 가뜩이나 어려운 시기에 당신이 문제를 일으킨다면 이 전쟁에서 이겼을 때 정부가 당신에게 가혹하게 대접한들 그누가 반대하겠는가?"[39]

터키어에 익숙하지 않은 에미르 후세인이라도 이 말에 담긴 위협만큼은 확실하게 이해할 수 있었다. 제말은 자신의 뜻에 혹시라도 불분명한 대목이 있을까 싶어 곧바로 레바논 피의자들에 대한 재판을 본보기용으로 채택했다. 5월 5일, 줄기차게 관용을 호소하는 파이살의 노력에도 불구하고 유죄 판결을 받은 21명의 사형 집행을 지시한 것이다. 다음 날 이른 아침, 죄인들은 다마스쿠스와 베이루트의 광장 한복판으로 끌려가 교수형에 처해졌다.

이 사형 집행과 더불어 다른 사건까지 겹치면서 청년튀르크당과 아라비아 통치자 하심 가문 사이에 길고도 고통스러운 대결이 시작되었다. 바로 2주 전, 제말 파샤는 정예 부대 3500여 명을 메디나로 파견하면서 아라비아 반도 서남쪽 귀퉁이에 있는 예멘으로 진군하는 것이라며 후세인을 안심시키려 했다. 그러나 후세인은 자신을 노린 작전이라며 제말의 말을 믿지 않았다. 그러고는 5월 6일에 집행된 처형 소식에 크게 놀란 그는 더 이상 머뭇거리지 않기로 결심하고 파이살에게 다마스쿠스를 떠나라고 전했다.

파이살이 도시를 떠나려던 바로 그즈음, 제말 파샤는 또 다른 탄원자 아론 아론손을 맞이했다. 농학자 아론손은 메뚜기 방제사업에 복귀한 뒤로 다마스쿠스 일대를 넉 달 동안 속속들이 헤집고 다니면서 틈틈이 총독 집무실을 드나들었다. 아론손은 두 번째로 습격한 메뚜기 떼가 산란을 하지 않았으며, 5월 말인데도 그 숫자가 줄어들고 있는 것으로 보아 더 이상 메뚜기 때문에 골치 썩일 일은 없을 것이라고 제말에게 보고했다. 물론 현장 연구 작업을 가림막으로 삼아 팔레스타인 전역에 광범위한 유대인 첩보망을 구축한 사실만큼은 철저히 숨기고 있었다.

첩보망을 갖추고 작동시킨다는 것은 아론손에게 대단히 조심스러운 작업이었다. 이슈브yishuv라고 불리는 유대인 정착촌 안에는 동맹국을 적극 지지하는 분파와 연합국을 비밀리에 지원하는 분파가 병존하고 있었기 때문이다. 나머지 압도적인 다수는 그저 이 모든 혼란에서 하루 빨리 벗어나기만을 바랄 뿐이었다. 하지만 대다수를 하나로 단결시키는 한 지점이 있었으니, 바로 오스만의 불길한 시선을 끌어들이는 행위는 그 어떤 것도 용납하지 않으려는 태도였다. 영국군이 당도하기만을 조용히 기도하는 사람들조차 그들이 상륙하기만 한다면 얼마든지 도와줄 수는 있으나 상륙하기 전에 무언가 행동에 나서는 건 꺼릴 정도였다. 아론손과 파인버그는 대영제국을 위해 첩보원으로 활동할 열 명 남짓의 동지를 뽑는 과정에서 이슈브 안의 친구나 지인을 상대로 매우 은밀한 의사 타진을 거쳐야 했다.

그럼에도 불구하고 첩보 작전은 여전히 상상 속에 머물러 있었다. 그 해 겨울 내내 아틀리트 해안에서 영국군 첩보선이 몇 차례 목격되었고 그들이 보내는 메시지를 받기도 했지만, 말도 안 되는 불운이 겹치면서 양측은 끝내 접촉할 수 없었다. 세 차례나 영국군과 접촉하려고 시도했지만 매번 실패로 돌아가자 아론 아론손은 미칠 지경이었다. 심지어 마지막 시도에서는 파인버그가 죽을 뻔했다. 그런데 1916년 초봄에 접어들면서 새로운 아이디어가 떠올랐다.

그는 이곳저곳 돌아다니는 과정에서 터키군이 윤활유 부족으로 애를 먹고 있다는 사실을 알게 되었다. 사실 그는 윤활유가 떨어진 차축에서 발생하는 소음이 팔레스타인 거리에 울려 퍼질 때까지 이 사실을 잘 모르고 있었다. 그러던 중 과학 잡지를 읽던 이 농학자는 유럽의 어느 연구 집단이 참기름을 윤활유로 전환하는 방법을 개발했다는 기사를 발견했다. 오스만 제국에 결코 부족하지 않은 것 하나를 꼽으라면 바로 참기름이었다. 아론손은 독일에 있는 과학자들로부터 추출법을 배워서 기술을 적용하자고 제말에게 제안하기 위해 5월 어느 날 다마스쿠스 집무실을 찾았다.

한편 오스만 제국 안에서는 이제 어디를 가든 '베시카vesika'라는 허가증을 지녀야 했다. 따라서 아론손이 요청한 여행을 승인해줄 사람은 제말 파샤밖에 없었다. 총독은 아론손의 계획을 수상쩍게 여긴 것이 분명했다. 그는 이런 문제에 관한 한 그 어떤 유대인도 신뢰하지 않았다. 게다가 최근 아론손의 조수라는 작자가 시나이 반도를 헤매다가 붙잡히는 해괴한 사건도 있지 않았던가. 비록 동맹국을 방문하는 경우라 할지라도 그런 인물을 섣불리 통제 범위 바깥으로 내보냈다가는 중대한 사태로 이어질 우려가 있었다.

하지만 군대에 공급할 윤활유가 절대적으로 부족한 상황이었고, 시리아 지역에 대한 엄청난 개발권을 소유한 뉴욕의 스탠더드오일 사가 이 사태를 해결해줄 것 같지도 않았다. 총독은 예의 그 퉁명스러운 태도로 콘스탄티노플로 가는 아론손에게 베시카를 내주었다. 그러나 농학자는 베를린으로 이동하는 과정에서 예상되는 행정적 걸림돌을 제거할 필요가 있었다. 물론 아론손은 베를린에 들를 생각이 조금도 없었다. 대신 독일 국경에서 중립국으로 넘어가 영국군 정보 기관과 접촉할 작정이었는데, 전체 계획에서 이 부분만 아직 해결하지 못한 상태였다.

———

5월 11일, 로렌스는 이라크에서 카이로로 복귀하는 영국 해군 수송선에 올랐다. 지난해에 두 명의 형제를 앗아간 이번 전쟁은 끝날 기미를 보이지 않았고, 새해를 맞은 이후 벌써 한 해의 절반이 지나도록 사정은 매일반이었다. 오히려 영국 정부는 무리한 전비戰費 지출로 파산 위기에 처할 지경이었다. 그런 징후가 가장 뚜렷하게 나타난 곳은 동부

전선이었다. 영국은 "유럽의 병자"와 싸우는 13개월 동안 35만 명이라는 막대한 사상자를 낳았다. 3년 전까지만 해도 오합지졸의 발칸 민병대와 무장한 농민들이 승리를 거두던 바로 그곳에서 영국은 패배를, 그것도 완패를 당한 것이다. 그럼에도 불구하고 이 정도로는 충분치 않다는 듯, 파탄에 이른 국가의 실상을 적나라하게 보여주고 있었다. 로렌스는 개인적 차원뿐만 아니라 역사적 차원의 좌절감을 안고서 원래 자리로 돌아가야 했다. 그는 굶어 죽기 직전의 패잔병 1만2000명의 목숨을 살리기 위해 비굴하고 수치스러운 협상에 나섰던 당사자다. 그 협상은 병사들을 파멸의 구덩이로 몰아넣은 장본인들을 대신하여 어쩔 수 없이 나서야 했던 치욕의 현장이었다.

이라크에서 돌아오는 로렌스의 머릿속에는 두 가지 생각이 맴돌았다. 하나는 영국령 인도의 군대가 이라크에 거들먹거리며 들어올 때 보여주었던 자멸적 거만함이었다.

"그들은 폭력적으로 바스라에 난입했다. 이라크에 있는 적군의 부대들은 거의 모두 아랍인이었다. 그들은 세속적인 압제자(터키군)를 위해 오랫동안 해방군으로 기다렸던 사람들(영국군)을 상대로 싸울 수밖에 없는 처지였다. 그런데 영국군은 해방군이라는 배역을 한사코 거부했다."[40]

바스라를 손쉽게 장악하면서 우월감으로 한껏 기세등등하던 인도군 지휘관들은 토착 세력의 지원은 물론 보급로를 확보할 생각조차 않고서 부하들을 티그리스 강 상류 쪽으로 이끌었다. 그리고 끝내 파국을 맞았다. 로렌스가 나중에 다음과 같이 말한 것은 이라크의 악몽을 염두에 둔 것일지 모른다.

"영국군 지휘관들은 부지불식간에 얻은 것을 어리석음으로 잃곤 했다."[41]

로렌스가 쿠트에서 겪은 경험으로부터 얻은 철학적 성찰이 있다면, 그것은 제국주의적 명분에 대한 한층 더 깊어진 반감이었을 것이다. 그는 『일곱 기둥』에서 이렇게 밝혔다.

"우리는 명예롭고 순결한 생명을 무수히 희생시키는 크나큰 대가를 치렀다. 나는 데번 주에서 온 젊고 순수한 친구 100명과 함께 티그리스 강을 거슬러 올라갔다. 사랑스런 아내와 아이들의 행복만을 생각하는, 열정 넘치는 사람들이었다. 일가친지들이 저 모습을 본다면 얼마나 뿌듯할까, 영국인이라는 것이 얼마나 자랑스러울까 싶었다. 하지만 우리는 메소포타미아의 옥수수와 쌀과 석유를 차지하기 위해 수천 명에 달하는 그들을 참혹한 죽음의 불구덩이에 던져넣었다. 그리고 전투에서 패했다. (…) 나에게 우리가 차지한 모든 점령지의 가치는 전사한 영국인 한 명의 목숨보다 무가치하다."[42]

그렇다고 해서 그는 모든 게 헛되었다고 단정하지는 않았다. 이집트로 돌아오는 14일 동안 그는 이라크에서 목격한 전부를 장문의 보고서에 담았다. 인도군의 입항 과정이나 창고 운용의 문제부터 고위 지휘관들의 부적합성, 멍청하기 그지없는 전술에 이르기까지 통렬하게 비판하는 내용이었다. 그러나 역시 헛수고였다. 로렌스의 자극적인 보고서를 읽어본 카이로 정보대 선임 장교들은 이집트 주둔 영국군 총사령관 아치볼드 머리 장군한테 그 내용이 그대로 보고되어선 안 된다고 판단했다. 장군의 예민한 감수성에 비추어 내용이 지나치게 거칠었기 때문이다. 그들은 머리 장군에게 보고서가 전달되기 직전에 로렌스의 분노 어린 구절들을 도려냈다. 결국 영국군이 쿠트에서 얻었어야 하는 쓰라린 교훈들은 물거품처럼 사라지고 말았다. 검열을 얼마나 열심히 했던지 로렌스의 이라크 보고서 사본 가운데 원래 내용이 온전하게 남은 것은 단 한 부에 불과했다.[43]

대영제국은 자국의 이익을 위해 1916년 봄까지 중동을 대상으로 한 여러 모순적인 협정을 거미줄 치듯 체결해놓은 상태였다. 그리고 영국의 처지를 정당화하려는 이들 앞에 꺼내들 수 있는 몇 가지 강력한 논거가 있었다.

　가장 분명한 논거는 아마도 사랑과 전쟁 앞에 모두가 평등하다는 고금의 격언이 아닐까 싶다. 1916년 5월 무렵 이미 전쟁은 유럽 전역의 젊은이 수백만 명의 목숨을 앗아갔고, 앞으로 그만큼의 생명을 더 요구할 게 확실해 보였다. 그런 와중에 속임수와 헛된 약속일지라도 이 참혹한 전쟁을 종식하는 쪽으로 이끄는 것이라면 누가 무슨 근거로 반박할 수 있겠는가?

　여기에는 '독립'의 정의에 관한 의미론적 문제도 포함된다. 오늘날 독립이란 말은 명백하게 한 가지 뜻을 가리킨다. 하지만 1916년에는 전혀 달랐다. 제국주의 시대 말기, 시혜적 태도에 푹 빠진 대다수 유럽인에게 독립이란 토착민들의 자립을 의미하기보다는 좀더 온정적인 무언가를 뜻했다. 그것은 '백인의 부담'이 요구되는 새로운 장을 뜻하는 것으로, 다시 말해 토착민이 현대적 문명화의 길로 나아갈 수 있도록 그리고 불특정한 어느 미래 시점에 그들만의 문명을 세울 수 있도록 가정교사 노릇을 (물론 이와 함께 착취도) 해야 한다는 뜻이었다. 이런 관점을 지닌 사람들에게 이쪽 끝에 있는 '독립'과 저쪽 끝에 있는 '위임통치' '통치 구역' '종주국' 등은 그리 다른 개념이 아니었고, 모순의 골도 깊지 않았다.

　단순하고 냉소적인 주장도 있었다. 여러 약속이 뒤엉켜 있는 것은 사실이지만 학문적 구상 수준에 그치고 말 테니 그리 중요한 문제가 아니라는 시각이었다. 아무리 몽상가적인 제국주의자라고 해도 영국과 프랑스가 전후 중동을 나눠먹겠다고 둘러앉은 모양만큼은 우스꽝스럽다고 인정한 셈이다. 연합군이 전쟁에서 패하기 직전은 아니었지만 적어도 이기기 어렵다는 것은 분명해 보이는 시점이었기 때문이다. 한편 에미르 후세인은 전쟁이 터지기 전부터 콘스탄티노플을 겨냥하여 혁명을 들먹이던 인물이었기에 실제로 반란을 일으킬 가능성도 없지 않았다. 따라서 아랍 반란이 실제로 일어나고 연합국이 전쟁에서 간신히 승리한다면 뒤엉킨 약속에 대한 문제가 제기된다 한들 더없이 좋은 상황일 것이다. 약속쯤이야 차차 해결하면 그만이기 때문이다.

일반적인 설명에 따르면, 1916년 6월 5일 아침 에미르 후세인은 메카에 있는 자신의 궁전 망루에 올라 도시의 터키군 요새를 향해 머스킷 소총을 발사했다. 혁명의 신호탄이었다. 그날 하루 내내 후세인의 추종자들은 헤자즈 전역에 있는 터키군의 수많은 거점을 습격했다.[44]

운명의 장난이었을까. 그 반란이 결실을 맺는 과정에 누구보다 크게 기여한 어느 서구인은 당시 이 사실을 전혀 몰랐다. 같은 날 오후 다섯 시가 되기 직전, 전쟁성 장관 허레이쇼 키치너 경이 타고 있는 영국 해군 전함 햄프셔는 스코틀랜드 북쪽의 항구를 떠나 러시아로 향했다. 그러나 출항한 지 세 시간도 안 되어 햄프셔 함은 망망대해에서 독일 기뢰에 부딪혀 침몰했고, 키치너를 포함한 거의 모든 승객이 비명횡사했다.

이라크에서 임무 완수에 실패한 로렌스가 사보이 호텔의 자기 책상에 다시 앉은 것은 그로부터 2주 전이었다. 정보대 사무실로 돌아온 그는 자신의 앞날이 지난날과 비슷할 것이라고 생각했다. 서류를 정리하고, 지도를 그리고, 실전에 참고할 가능성이 전혀 없는 전술과 정보를 작성하는 일이나 하면서 말이다. 그런데 메카에서 날아온 뉴스가 로렌스를 흥분시켰다. 오매불망 꿈꾸던 전투가 비로소 시작된 것이다. 로렌스를 출중한 인물, 나아가 전설적인 존재로 만들어줄 전투였다.

2부

LAWRENCE
in
ARABIA

8장

전투를 시작하다

헤자즈 전투는 정규군을 상대로 광적인 춤을 추는 것이었고, 우리는 춤을 추는 편에 섰다.
−1916년 11월 3일 T. E. 로렌스[1]

수에즈 항을 떠난 지 이틀째 되는 1916년 10월 15일 오후, 라마 호의 장교들은 홍해를 따라 내려가는 후덥지근하고 지루한 여정을 달래기 위해 즉석에서 사격 시합을 벌이기로 했다. 마침 파도가 잔잔했다. 그들은 원래 증기화물선이었던 라마 호의 뱃전 난간에 빈 병을 일렬로 세우고 맞은편 난간에서 돌아가며 총을 쏘았다.

라마 호 탑승객 중에서 가장 중요한 인물이자 이집트 총영사의 동양문제 보좌관인 로널드 스토스는 점심 식곤증이 밀려와 낮잠을 즐기고 싶었던 터라 이들의 여가활동이 탐탁지 않았다. 결국 장교들이 빈 병을 맞추겠다며 총을 마구 쏘아대고 심지어 흑색 화약을 사용하는 터키군 구식 소총까지 가져다 시험하는 통에 낮잠을 포기할 수밖에 없었다. 스토스는 일기장에 이렇게 적었다.

"8킬로그램짜리 포탄을 발사하는 소리와 맞먹었다. 북쪽으로 가는 배가 보이면 무조건 옮겨 타서 돌아가고 싶었다."[2]

스토스와 동행한 T. E. 로렌스도 사격 시합에서 두각을 나타낸 장교들 가운데 한 명이었다. 카르케미시에 머물던 시절 사격술을 틈틈이 연마한 덕분에 로렌스는 전문 총잡이에 버금가는 실력을 지니게 되었다. 총쏘기를 즐긴다는 점만 제외하면 스토스는 로렌스와 함께하는 이 여행이 꽤 만족스러웠다. 홍해를 건너 제다로 가는 앞선 두 차례의 여정은 흥미로운 동행자가 없어서 무척 따분한 편이었다.[3] 하지만 이번은 달랐다. '매우 이지적인' 동반자 로렌스는 '플레이페어Playfair'라 불리는 복잡한 암호 체계를 참을성 있게 가르쳐주기도 했고, 카이로에서처럼 고전문학과 예술을 주제로 대화를 즐길 수도 있었다.

아랍 반란이 터진 지 4개월 남짓 지난 시점이었다. 그들이 제다로 향하는 이유는 지난번과 마찬가지로 아랍 반란 때문이었다. 지난한 협상 과정이 결국 반란으로 이어지긴 했지만 동양문제 보좌관 스토스는 영국 정부와 에미르 후세인 사이의 핵심 연락책이었고, 전시에도 그 일을 계속 맡을 만한 적임자였다. 그러나 1916년 10월 전후로 반란군이 위기를 맞기 시작했고, 이 반란이 언제 어떤 종말을 맞게 될지 스토스를 비롯한 그 누구도 알 수 없는 지경에 이르고 말았다.

스토스가 지난 6월 아라비아를 처음 방문했을 때, 즉 처음 아랍 반란이 벌어졌을 때 그 소식이 외부 세계에 전달된 과정을 들여다보면 이 반란이 얼마나 허술하고 성급했는지를 알 수 있다.

메카로부터 은밀히 전달된 암호문에 따르면 아랍 반란의 봉기일은 6월 16일로 결정되었다. 6월 1일 스토스가 수단에서 제다로 건너간 목적은 에미르의 둘째 아들이자 반란이 터질 경우 야전사령관을 맡게 될 압둘라를 만나기 위해서였다. 그러나 압둘라는 제다에 없었다. 스토스는 메카로 전령을 보내 압둘라에게 최대한 빨리 항구로 와달라고 요청해놓고는 영국 전함을 타고 아라비아 해안을 나흘 동안 순찰하면서 터키와 아랍 양측의 군사적 움직임을 세심하게 살폈다. 황량한 항구는 평소보다 더 무료한 분위기였다.

6월 5일, 마침내 전령이 압둘라의 편지를 가지고 메카에서 돌아왔다. 편지는 이렇게 시작되었다.

"명예와 존경으로 빛나는 스토스 선생께. 직접 만나지 못해서 대단히 안타깝게 생각하오. 급히 처리할 용무가 있어서 어쩔 도리가 없구려. 대신 내 아우가 모든 소식을 가지고 선생을 찾아갈 것이오."[4]

그가 말하는 동생은 21세의 제이드로, 후세인의 네 아들 가운데 막내였다. 편지에는 제다의 남쪽에 위치한 바닷가 마을 사미마로 가면 다음 날 아침 제이드가 나타날 것이라고 쓰여 있었다. 스토스는 일을 복잡하게 만드는 데 화가 치밀었지만 진전이 없는 건 아니었으므로 이내 마음이 누그러졌다. 그런데 전령이 말하기를, 봉기일이 6월 16일에서 6월 10일로 바뀌었다는 것이다. 동양문제 보좌관으로서 아랍세계에서는 관행상 일정이 제대로 지켜지지 않는 것쯤은 그도 이미 잘 알고 있었다. 그러나 아무리 생각해도 일정을 '앞당긴' 경우는 없었다.

드디어 이튿날 아침, 제이드와 접선한 스토스는 새로 정한 봉기일이 나흘밖에 안 남은 시점인데도 긴박한 분위기를 조금도 느낄 수 없었다. 이 수수께끼 같은 청년은 바닷가에 세운 자신의 막사로 스토스를 이끌더니, 하인이 커피를 준비하는 동안 한담과 우스갯소리만 늘어놓았다. 커피가 앞에 놓이자 제이드는 아버지가 '서툴게 작성한' 편지를 스토스에게 건넸다. 반란 계획을 소상히 밝히는 동시에 반란군 지원 자금으로 금화 7만 파운드를 요구하는 내용이었다. 스토스가 정확히 어떤 방법으로 대적할 작정이냐고 후세인의 아들에게 따져 물었을 때 그들의 전술이 얼마나 초보적 수준인지를 알 수 있었다. 제이드의 대답은 이러했다.

"우리는 터키군에게 항복하라고 선언할 것이오. 그들이 이를 거부한다면 총을 쏘겠소."

동양문제 보좌관 스토스의 인내심은 한계에 이르렀다. 영국이 후세인 측에 황금과 소총을 공급해오는 동안 이와 같은 (실행에 옮긴 적이 단한 번도 없는 때 묻지 않은) 원대한 계획에 대해서는 줄기차게 들어온 터였다. 아울러 스토스를 비롯한 영국 측에서는 반란을 시작하기 전까지자금을 푸는 일은 없다고 후세인에게 수없이 통고해왔다. 스토스가 사미마 해변에서 그 사실을 다시금 상기시키자 제이드가 마침내 흥미로운소식을 조금씩 흘리기 시작했다.

"실은 어제 메디나에서 반란이 시작되었소. 내가 선생께 이 소식을전하게 되어 얼마나 기쁜지 모르오."

스토스는 부랴부랴 제이드와 그의 부관을 데리고 근처에 대기 중인해군 전함으로 자리를 옮겼다. 스토스는 황급히 차려진 아침 식사 테이블에 그들을 앉혀놓고 두 명의 정보장교를 불러들인 뒤 자세한 이야기를 털어놓으라고 재촉했다. 이어서 그는 카이로에 이 소식을 긴급 타전하고, 후세인과 압둘라에게는 축전을 보냈다. 그런 뒤 전함의 금고에서꺼낸 금화 1만 파운드, 그 집안의 흡연인인 파이살과 압둘라를 위한 담배 다섯 상자, 맥심 기관총을 일주일 안에 선사하겠다는 등 반란 지도자들을 격려할 만한 모든 것을 제시했다. 그런데 이 긴장된 순간에 어디선가 자그마한 사막 가젤 한 마리가 나타나 제집인 양 주변을 돌아다니고 있었다. 전함의 마스코트 삼아 홍해의 어느 시장에서 사들인 이짐승은 두 손님을 번갈아가며 뿔로 쿡쿡 찌르거나 옆에 놓아둔 담배를씹어댔다.[5]

헤자즈에 선명한 전선이 그려지기까지는 시간이 꽤 걸렸다. 후세인의 반란군은 기습이라는 요소를 십분 활용하여 메카의 소규모 터키군

부대를 순식간에 제압하고, 영국 해군의 포격에 힘입어 가장 중요한 거점인 제다 항까지 접수했다. 메카 남쪽 산악지역에 위치한 후세인의 '여름 수도' 타이프에서는 터키군 300여 명이 지키는 요새를 압둘라의 전사들이 포위하고 마을을 장악했다. 그러나 헤자즈 최대의 도시 메디나에서는 사정이 그리 좋지 않았다. 메카에서 들려온 승전보에 한껏 고무된 메디나의 반란군은 규모가 훨씬 더 크고 참호 방비도 탄탄한 터키군 요새를 향해 1만 병력이 돌격했으나 기관총과 대포 앞에 전멸되고 말았다. 반란이 터진 지 한 달쯤 지나자 후세인 세력은 메카와 제다 항과 해안지역의 예닐곱 도시를 장악한 반면, 터키군은 메카에서 북쪽으로 240킬로미터 떨어진 철도의 시발점 메디나와 홍해 북부 해안도시들을 지키면서 양측은 불안한 균형을 이루게 되었다.

아랍 반란 소식은 정치적인 측면에서 카이로와 런던의 환영을 받았다. 갈리폴리와 쿠트에서 연이어 쓰라린 낭패를 당한 터에 마침내 중동발 희소식이 들려온 것이다. 가장 중요한 사실은, 이슬람 성지의 수호자이자 아랍세계에서 가장 존경받는 지도자 중 한 명인 후세인이 콘스탄티노플과 무력 충돌을 벌인 덕분에 터키와 독일이 범이슬람 지하드라는 충격 요법을 촉발할지도 모른다는 오랜 두려움이 확실히 제거되었다는 점이다.

하지만 군사적인 측면에서 영국의 처지는 상당히 애매했다. 아랍의 반란 세력이 상당한 터키군을 아라비아 반도에 묶어두는 데 성공한다면 (비록 카이로에서 계획을 짜는 단계이긴 하지만) 영국군이 팔레스타인을 공격할 때 오른쪽 지역을 보호하는 데 분명 도움을 받을 것이다. 그러나 아랍 반란이 아라비아 전역에서 광범위한 호응을 얻지 못한다면, 다시 말해 헤자즈의 반란이 시리아 등지에서 아무런 반향을 일으키지 못한다면 후세인 세력은 터키군의 반격에 속수무책으로 당할 수밖에 없다. 지금까지 보여준 들쭉날쭉한 전력으로는 전열을 가다듬은 터키군에게 적수가 안 되기 때문이다. 그럴 경우 영국의 이집트 원정군이 보유한 병력과 보급품이 반란군 지원용으로 차출되어야 했다. 이는 팔레스타인 공세에 대비해 모든 가용 자원을 비축하는 데 공을 들여온 아치볼드 머리 사령관의 뜻을 거스르는 결과였다.[6]

게다가 이런 시나리오는 훨씬 더 위험한 상황을 초래함으로써 정치적 성향이 강한 영국의 전쟁 기획자들이 응원하던 반란은 순식간에 악몽으로 바뀔 수도 있었다. 메카와 메디나라는 성지는 물론이거니와, 두 곳보다 정도는 조금 약하지만 헤자즈 전역에 이슬람을 믿지 않는 '불신자'의 출입을 금한다고 코란에 명시되어 있기 때문이다. 이런 조짐은 로널드 스토스가 처음 아라비아를 찾았던 6월에도 확인된 바 있었다. 당시 스토스가 정보대 요원 두 명을 대동하고 뭍에 내리려 했을 때 제이드는 이를 허락하지 않았다. 결국 스토스는 혼자 내려야 했다. 그 뒤로 몇 달 동안은 후세인이 신학적인 해석을 유예한 덕분에 아주 소규모의 영국 군수장교들이 해안도시 라베그에서 보급 작전을 펼칠 수 있었다. 그러나 해안지역을 떠나는 것은 여전히 제한되어 있었다. 그들이 바닷가를 벗어나 내륙으로 나아가도록 허락했다가 터키 선동꾼들에게 잡히는 순간 꼼짝없이 희생양이 될 것이기 때문이다. 그럴 경우 후세인은 오스만 제국의 반역자에서 이슬람의 반역자로 뒤바뀔 것이고, 영국이라는 제국주의 십자군의 속셈도 만천하에 드러나 무슬림 세계의 공분을 불러일으키게 될 것이었다.

이와 같은 딜레마에 직면한 영국은 육지 가장자리에 머무르면서 라베그를 통해 무기와 금화를 헤자즈 반란군에게 전달했고, 이집트인들과 시리아 또는 이라크에서 넘어온 소수의 이탈자 등을 포함하여 무슬림 부대가 필요로 하는 물자를 배로 실어 나르는 식으로 그들의 세력

형성을 지원했다. 하지만 그것으로는 충분치 않았다. 1916년 여름, 반란군의 조직적 와해가 분명해지고 터키군의 반격이 임박했다는 신호가 감지되자 카이로와 런던에서는 폭넓은 개입이 필요하다는 측과 신중한 입장을 유지하자는 측 사이에 뜨거운 논쟁이 일었다. 에미르 후세인은 아무런 도움이 안 되었다. 실제로 그는 전장에서 새로운 소식이 들려올 때마다 갈팡질팡했고, 가을에 접어들 때까지 위와 같은 논쟁을 본인 스스로 벌이고 있었다. 그는 비非무슬림 군대의 개입을 거부하다가도 아무 군대나 즉시 보내달라고 애걸복걸하기를 반복했고, 때로는 여차하면 투입할 수 있는 군대를 대기시켜달라는 제3의 태도를 취하기도 했다.7

10월에 접어들자 더 이상은 미적거릴 수 없게 되었다. 이제 메디나에 주둔한 터키군은 철도를 통해 병력을 강화한 덕분에 반란 초기보다 훨씬 더 강력한 전투력을 확보한 상태였다. 최근에는 후세인의 셋째 아들 파이살이 메디나를 공격했으나 산악지역으로 패퇴하고 말았다. 반면 반란군을 괴멸하고 메카를 수복하기 위해 터키군이 메디나에서 출정을 준비하고 있다는 명확한 징후들이 보이기 시작했다. 이렇듯 위기가 고조된 상황에서 여러 전선에 나가 있는 아들들의 애타는 호소가 이어지자 후세인은 영국군을 헤자즈에 배치하기로 결정했다.

로널드 스토스가 세 번째로 제다를 찾은 것은 이 무렵이었다. 런던의 전시 내각은 후세인의 요구와 카이로에 주둔한 머리 장군의 불만에 대응해서 영국군 1개 여단 5000여 명의 병력을 1개 비행단과 함께 헤자즈에 투입하기로 합의했다. 동양문제 보좌관으로서는 좋은 소식을 전할 수 있는 기회였다. 게다가 T. E. 로렌스가 동행하는 것으로 지루한 여정과 제다라는 도시 자체에 대한 혐오감을 어느 정도 보상받는 듯했다.

지난 몇 달 동안 로렌스는 영국 전시 체제를 이끄는 최상층부가 아랍 반란을 놓고 논쟁해온 과정을 속속들이 파악하고 있었다. 그러한 이해는 그간 카이로 정보대에서 그가 차지하는 지위 그리고 스토스와의 친분에 따른 결과였다. 물론 로렌스의 경험 영역은 시리아에 집중되어 있었으므로 이와 같은 심의 과정으로부터 상당히 동떨어진 위치에 있었다. 사실 그가 10월 라마 호에서 스토스와 합류할 때까지 헤자즈 사태에 주로 기여한 것이라고는 따분하기 짝이 없는 물건, 우표가 전부였다.

아랍 반란에 대한 터키의 깊은 침묵에 어떻게 대응할지 고민하던 스토스는 '헤자즈 공화국'의 우표를 발행하는 아이디어를 떠올렸다. 중대한 변화가 일어났다는 사실을 외부 세계에 알려줄 저렴하고도 효과적인 방법이었다. 하지만 그가 우표 디자인에 적합한 이슬람의 상징을 에미르 후세인에게 타진했을 때, 그 응답으로 받은 스케치는 영국의 등대와 비슷하게 생긴 으스스한 형상들뿐이었다. 결국 스토스는 아랍에 대해 가장 박식한 친구인 로렌스에게 도움을 청했고, 둘은 오후에 카이로에 있는 아랍박물관을 찾아가 여유로운 시간을 즐기며 적당한 문양을 골랐다. 동양문제 보좌관 스토스는 "로렌스가 예전부터 우표 및 삼색 복사에 대해 기술적으로 완벽한 지식을 지녔거나 그 자리에서 즉각적으로 습득한 것처럼 보였기 때문에" 우표와 관련된 업무를 로렌스에게 전적으로 맡겼다고 밝혔다.[8]

사실 우표 발행 사업을 맡을 무렵 로렌스는 무척 힘든 나날을 보내고 있었다. 카이로에 온 이후로 그를 비롯한 스튜어트 뉴컴의 사보이 호텔 정보대 괴짜들은 공식적으로 이집트 주둔군 소속이었다. 로렌스는 이러한 편제가 무척 다행이라고 생각했다. 만에 하나 터키를 상대로 전쟁을 수행할 '정규' 군대인 머리 장군의 이집트 원정군 소속이었다면 그는 지나치게 비대하고 엄격한 상하관계로 인해 힘겨운 나날을 보내야 했을 것이다. 하지만 그해 여름 카이로의 영국 통치 기관 가운데 매번 혼란을 야기했던 전시 기구 6분의 1에 대한 조직 개편 과정에서 로렌스는 이집트 원정군 직할 정보대로 전출을 당하고 말았다. 심지어 그가 그리 존경하지 않는 지휘관 소속으로 배치되었다. 그 지휘관은 로렌스에게 수에즈 운하의 심심한 항구도시 이스마일리아로 떠나라고 지시했다. 로렌스는 즉각 "거슬리는 녀석들Intrusives"(사보이 호텔 정보대에 대한 군 내부의 평판에 빗대어 스스로를 지칭하던 표현)한테 돌려보내달라고 요청했지만 딱 잘라 거절당했다. 로렌스는 이렇게 썼다.

"긍정적으로 해석할 여지가 없는 것은 아니었지만, 나를 아랍 문제에서 격리시키기 위한 방편이라고 해석했다."

그러나 지략의 귀재였던 로렌스는 자신의 특별한 재능을 활용하기로 마음먹었다. 그것은 바로 다른 사람의 부아를 돋우는 능력이었다. 그는 이렇게 썼다.

"나는 틈만 나면 이스마일리아의 새로운 동료들에게 다른 정보요원들보다 무지하며 무능하다고 타박했다.(그다지 어려운 일도 아니었다!) 나아가 그들이 작성한 보고서를 들추며 쇼의 분리부정사['to go quickly'를 'to quickly go'로 바꾸는 어법. 영국의 대문호 조지 버나드 쇼는 분리부정사가 틀렸다고 지적하는 사람들을 강하게 비난했다]나 동어반복 따위는 현학적인 말투라고 비꼬아 작성자를 열받게 만들곤 했다."[9]

로렌스의 전략은 먹혀들었다. 1916년 9월 말, 로렌스는 로널드 스토스의 제다행이 임박했다는 소식을 듣자마자 열흘간 휴가를 신청했고, 한껏 짜증나 있던 상관들은 안도의 한숨을 내쉬며 냉큼 허락했다. 로렌스는 이런 식으로 공식적인 경로를 전혀 거치지 않고 로널드 스토스의 수행단에 끼어들어 생애 최초로 아라비아 땅에 발을 디딜 수 있었다.[10]

10월 16일 해가 떠오를 무렵, 라마 호는 저 멀리 제다 항에 웅크린 부둣가를 향해 천천히 나아갔다. 로렌스의 눈에는 희부연 새벽 공기 사이로 점점이 빛나는 항구도시의 불빛과 시커먼 건물 그림자만 겨우 보일 뿐, 나머지는 온통 "몇 킬로미터에 걸쳐 밋밋하게 펼쳐진 허연 백사장"이었다. 증기선이 정박할 지점에 거의 접근했을 때 배를 타고 아라비아 땅으로 향하는 사람 대부분이 경험하는 현상을 로렌스도 겪었다. 상쾌한 바닷바람이 육지 바람과 만나는 순간, 이 순간을 로렌스는 다음과 같이 묘사했다.

"아라비아의 열기가 칼집을 벗어난 칼날처럼 밀려왔다. 우리는 할 말을 잃었다."11

두 남자를 기다리고 있는 것은 영국식 범절의 어색한 만남이었다. 오전 9시쯤 라마 호에서 내린 스토스와 로렌스는 제다의 비좁은 거리를 지나 영국 영사관이 있는 3층짜리 큼직한 건물에 도착하여 시릴 윌슨 중령을 만났다. 윌슨은 시원하고 화사한 응접실로 손님들을 안내하고는 하인에게 마실 것을 가져오라고 했다. 아직 10시가 안 된 시각이었지만 흰색으로 칠한 제다의 건물들은 벌써부터 눈부실 만큼 환한 빛을 내뿜고 있었다.

로널드 스토스는 호리호리한 체구에 콧수염을 기른 윌슨과 오래전부터 알고 지내온 사이였다. 그러나 스토스는 최근까지 영국령 수단에서 영국군 지휘관으로 근무해온 윌슨에 대해 그다지 높게 평가하지 않았다. 오히려 우둔하면서도 조급한, 히스테리적인 면을 지닌 인물로 평가하고 있었다. 한번은 그에 대해 "지방 행정 기관의 범위를 넘어서는 업무에 대해서는 완전히 부적격인 사람"이라고 쓴 적도 있다.12 이와 같은 평가에 따른다면, 그해 7월에 영국을 대표하여 에미르 후세인의 헤자즈 '정부'와 소통한 윌슨의 임무는 완전히 능력을 벗어난 것이었다. 사실 카이로에서 스토스가 윌슨의 임무에 대해 강력한 반대 의사를 표명

하지 않은 이유는 자칫 자신이 그를 대신하여 제다로 파견될까 우려해서였다.[13]

윌슨으로서는 동양문제 보좌관의 잦은 방문도 반갑지 않았지만, 그때마다 에미르 후세인과 그의 사절들이 경의를 표하는 게 영 못마땅했다. 현장에서 영국의 정책을 구현하느라 생색도 나지 않는 작업들을 떠맡고 있는 이는 자신이라고 생각했기 때문이다. 윌슨과 로렌스 사이에도 약간의 내력이 있었다. 윌슨 중령은 몇 달 전 카이로에서 로렌스가 군복 차림에 아랍식 두건을 쓴 모습을 목격하고는 규율 위반이라며 호되게 꾸짖은 적이 있었다. 그러나 땀으로 얼룩진 군복 차림으로 영사관 입구에 들어선 로렌스는 윌슨에게 복장 지적을 당했던 과거사를 조금도 의식하지 않는 듯했다.

응접실에는 세 사람이 전부였다. 껄끄러운 기억에 대해 아는 체하거나 입 밖에 내는 사람은 아무도 없었다. 스토스와 윌슨은 마치 줄곧 협력해온 사이인 양 헤자즈의 현황과 당일의 일정에 대해 논의할 뿐이었다. 가장 먼저 그들의 일정은 아랍 전통에 따라 6.4킬로미터가량 떨어진 곳에 머물고 있는 셰이크 압둘라를 예방하는 것이었다. 이는 그날 저녁 영사관에서 열릴 정식 회담의 사전 단계였다. 오전 11시쯤 그들은 로렌스에게 자유 시간을 내준 뒤 말을 타고 압둘라의 거처로 향했다.

하지만 이른 오후 세 사람이 다시 한자리에 모였을 때는 달갑지 않은 소식이 도착해 있었다. 런던의 전쟁 내각이 심사숙고 끝에 영국군 여단과 비행대 모두를 라베그로 다시 불러들이기로 했다는 전보가 카이로에서 날아든 것이다. 더불어 압둘라에게 주려고 라마 호에 신고 온 금화 1만 파운드도 당분간 건드리지 말라는 지시까지 추가된 상태였다. 스토스와 윌슨은 오전에 압둘라를 예방하여 아낌없는 아랍식 환대를 받은 데다 잠시 후면 압둘라가 영사관으로 오기로 되어 있어 어찌해야 할지 눈앞이 캄캄했다.

압둘라는 화려한 관복을 걸친 신하와 노예들을 대동하고 5시가 조금 지나서 영사관에 당도했다. 로렌스는 압둘라가 무척 호탕한 사람이라는 인상을 받았다. 얼마 전 압둘라가 타이프 시에서 오랫동안 저항하던 터키군의 항복을 받아낸 사실 때문에 더 그렇게 보였을 것이다. 게다가 그는 어딘지 방탕한 듯한 인상도 풍겼다. 35세도 안 된 나이였지만 실컷 쾌락의 맛을 즐겨본 듯한 퉁퉁한 얼굴이었다. 그러나 압둘라의 그러한 표정은 오래가지 못했다. 반지르르한 농담을 던지며 응접실에 들어선 압둘라와 측근들은 윌슨이 카이로발 전보를 낭독하고 스토스가 아랍어로 통역하기 시작하자 얼굴이 굳어버리고 말았다. 압둘라는 복잡한 심정을 억누르면서 귀를 기울였다.

낭독이 끝나자마자 압둘라는 스토스에게 사정을 호소했다. 그러자 동양문제 보좌관은 군사적 사안에 관한 권한을 행사할 수 없는 입장임을 설명하면서 대화의 주제를 다른 쪽으로 돌리려 했다. 이는 지난 1914년 후세인에게 비밀 제안서를 보냈던 당사자로서는 상당히 부적절한 발언이었고, 끝내 압둘라를 분노케 하고 말았다. 압둘라는 스토스의 말을 끊으면서 이렇게 따졌다.

"실례하오만, 우리가 이런 일을 벌이게 만든 것은 당신이 보낸 편지, 그 속에 담긴 메시지였소. 그렇다는 사실은 당신이 처음부터, 아니 그 전부터 알고 있었던 것 아니오."

온당한 지적이었다. 스토스와 나머지 두 영국인은 헤자즈의 암담한 현재 상황과 이런 국면을 초래한 대영제국의 책임에 대한 압둘라의 기나긴 독백을 묵묵히 들어야 했다. 스토스는 일기장에 애처로운 심정으로 이렇게 적었다.

"그는 아랍을 돕기 위해 최대한 지원을 아끼지 않겠다고 한 (대영제국의) 약속을 수차례 언급하면서 협상의 내력들을 대단히 정확하게 되짚었다."

대화는 두 시간 동안 이어졌다. 압둘라가 현재 겪고 있는 어려움을 줄줄 늘어놓으면 스토스와 윌슨은 이번 결정을 되돌리기 위해 미력이나마 최선을 다하겠다고 약속하는 식이었다. 회담이 막바지로 흐르자 압둘라는 피하고 싶은 일을 처리해야 했다. 그것은 바로 아버지에게 전화를 걸어 나쁜 소식을 전하는 일이었다. 그는 영사관 전화기 앞에 앉았고, 에미르 후세인을 잇는 직통선 '메카1'로 전화를 걸었다.

에미르의 반응에 스토스는 내심 놀랐다. 실망스럽지만 예상한 일이었다면서, 동반자 영국에 대한 전적인 신뢰에 이어 모든 일이 잘 풀릴 것이라는 믿음을 재차 강조했기 때문이다. 훗날 스토스가 남긴 기록에 따르면, 그날 밤 압둘라는 이튿날 아침에 다시 만나기로 약속한 뒤 영국인들에게 "에미르에 대한 존경심과 우리에 대한 역겨움"을 남긴 채 회담장을 떠났다.[14]

T. E. 로렌스는 그토록 길고도 긴장된 회담이 이어지는 내내 말을 아꼈다. 아마 한마디도 안 했을 것이다. 까닭은 명백하다. 그 자리에 끼어들 수 있는 공식적인 자격이 없었기 때문이기도 하지만 그토록 복잡미묘한 회담에서 제멋대로 발언했다가는 외교적으로 중대한 문제를 일으킬 수 있었기 때문이다. 그러나 로렌스는 침묵을 지킨 덕분에 압둘라라는 인물을 면밀하게 탐구하는 데(스스로 표현한 바에 따르면 "은근슬쩍 살펴보고 따져보기에") 충분한 시간을 얻을 수 있었다.[15]

아랍 반란에 관한 한 후세인이 영적 지도자라면, 압둘라는 야전 사령관이었다. 이는 누구도 이의를 제기할 수 없는 분명한 사실로, 헤자즈 사태에 관여하는 영국군 장교나 외교관들 사이에 이견이 없었으므로 화젯거리도 아니었다. 압둘라는 아버지의 가장 믿음직한 아들이었다. 그는 1914년에 아버지의 반란 계획을 넌지시 전하기 위해 카이로에 건너간 밀사였고, 타이프 점령을 이루어낸 반란군의 사령관이었으며, 영국을 상대로 협상 테이블에 마주 앉을 수 있는 가문의 대표자였다.

그러나 로렌스는 첫 만남 이후로 압둘라에게 믿음이 가지 않았다. 영사관에서의 암담하기 그지없는 회담 내용에도 불구하고 '시종일관 쾌활한' 압둘라의 태도가 영 미덥지 않았던 것이다. 말하자면 닳고 닳은 정치인, 야심 가득한 인물로밖에 보이지 않았다. 로렌스는 지난 넉 달 동안 헤자즈에서 올라온 보고서를 읽으면서 그토록 희망차게 첫걸음을 내딛은 아랍 반란이 암울한 교착 상태에 빠진 이유를 분석하려고 애썼다. 그러고는 반란 세력을 이끄는 진정한 지도자가 없다는 것이 근본적인 문제라고 결론지었다.

"지성도, 결단력도, 정치적인 혜안도 아무 소용이 없다. 온 사막을 혁명의 불길로 뒤덮으려면 열정이라는 도화선이 필요하다."

그들에게 필요한 존재는 일종의 선구자였다. 하지만 로렌스는 영사관 회담을 통해 깨달았다. "나는 회담을 지켜보면서 확신에 확신을 거듭했다. 선구자가 되기에, 그것도 혁명을 쟁취하기 위해 떨쳐 일어서야 할 반란군의 선구자가 되기에, 압둘라라는 인물은 너무 이성적이고 너무 냉정하고 너무 유머러스했다."

로렌스가 상관들에게 이런 생각을 털어놓았다면 돌아올 반응은 빤했다. "누가 네 의견에 귀기울여주겠어?" 로렌스는 자기 생각을 입 밖에 내지 않았다. 아라비아 땅을 밟은 지 하루도 안 된 10월 16일 밤, 그는 아랍 반란의 새로운 경로를 구상하면서 자신이 해야 할 중요한 임무를 도출해냈다. 그 임무란, 심오한 자기 확신의 상태에서 또는 자기 판단이 옳다는 지독한 오만함으로 설명한 것처럼 "상황을 타개할 수 있을 것으로 기대되는 미지의 핵심 인물을 찾아내 목표 지점까지 혁명을 수행할 역량을 확인하는 것"이었다. 그러려면 로렌스 쪽에서는 은밀하게 도사릴 필요가 있었다. 즉 자기 생각을 드러내지 않으면서 계획을 실행할 기회를 조용히 노려야 했다. 로렌스는 압둘라와 회담을 진행하는 과정에서 첫 번째 기회가 왔다는 사실을 깨달았다. 그리고 다음 날 아침 그 기회를 실험해보기로 마음먹었다.

그러나 1916년 10월 16일이라는 기나긴 하루는 아직 끝난 게 아니었다. 시곗바늘이 다음 날로 넘어가기 전에, 로렌스는 또 다른 인물을 만나야 했다. 그는 헤자즈라는 무대에서 중대하고도 부정적인 배역을 맡게 될 사람, 그로 인해서 로렌스가 맡을 배역을 선명하게 부각시킬 사람이었다.

제다의 프랑스 공관 건물에서 열린 만찬이 끝나갈 즈음, 에두아르 브레몽 대령은 영국인 귀빈들을 향해 샴페인 잔을 들고 건배를 제의했다.

"얼마 전, 저는 이번 전쟁에서 지금까지 죽지도 다치지도 않았던 제 유일한 남자 친척이 큰 부상을 입었다는 소식을 전해 받았습니다. 따라서 연합군을 위하여 건배를 제안하는 것이야말로 제 의무이자 자랑일 것입니다. 영국인 여러분과 손을 잡았다는 것이 제게 얼마나 큰 기쁨인지 모릅니다."

10월 16일 밤, 그의 발언은 로널드 스토스에게 깊은 인상을 남겼다.

"프랑스인답지 않게 허세라고는 조금도 찾아볼 수 없는 그의 연설은 매우 인상적이었다. 나는 그의 사촌이 쾌차하고 '프랑스의 사명'이 성공하기를 빌면서 잔을 비웠다."[16]

살집 좋은 47세의 중년 남성 브레몽은 프랑스 제국주의 군대의 전형적인 인물로서, 지구촌의 낙후한 지역에 프랑스 계몽주의와 선진 문화를 널리 전하는 '문명화 사명'의 위대함과 정당성을 굳게 믿고 있었다.

그는 대부분 북아프리카 알제리와 모로코 등 프랑스 식민지에서 복무했고, 토착민의 반란을 진압하는 과정에서 비정규전 전문가라는 명성을 얻기도 했다. 모로코 항만경찰 경감, 프랑스군 모로코 사절단 부대표, 라바트의 행정 책임자 등의 지위를 거치면서 꾸준히 진급해왔다.[17]

제1차 세계대전 발발이 임박했을 무렵 프랑스로 귀환했던 브레몽은 다시 최전선으로 출동했다. 그러나 전쟁이 터지고 처음 한 달 동안 브레몽이 전선을 누빈 시간은 애석하게도 매우 짧았다. 벨기에 전선에서 진두지휘하다가 적군의 총알이 가슴을 관통하는 중상을 입었기 때문이다. 건강을 되찾은 뒤 제64보병연대장에 임명된 그는 2년 동안 전우들과 집안의 남자 혈육들이 서부전선이라는 대학살 현장에서 하나둘 스러져가는 모습을 지켜봐야 했다. 그 상황으로부터 그를 벗어나게 해준 것은 1916년의 아랍 반란이었다. 프랑스 소규모 군사 사절단을 그 지역에 파견하기로 결정한 국방장관은 "토착민 전쟁의 살아 있는 전설, 프랑스령 아프리카의 영웅" 브레몽을 주목했고, 사절단 대표를 맡기는 데 더없이 적합한 인물로 낙점했다.[18]

사실 무슬림 세계에서 쌓은 오랜 경력 이외에도 브레몽은 사절단 대표로서 여러 장점을 지니고 있었다. 중동 전장에서 펼쳐지는 수많은 활동이 그러하듯이, 프랑스가 헤자즈에 파견한 사절단에도 숨겨진 임무가 있었다. 그 임무는 속임수에 능하고 교활한 인물이 수행하기에 적합한 것으로, 다행히도 에두아르 브레몽은 그러한 면모를 갖춘 사람이었다.

물론 처음부터 아랍의 반란을 구상하고 부추긴 측은 영국이었다. 이러한 조짐을 감지한 프랑스 집권자들로서는 시리아와 레바논에 대해 제국주의적 야심을 품고 있는 만큼 긴장하지 않을 수 없었다. 중동에 대한 자국의 요구를 성문화한 사이크스-피코 협정으로 인해 그 우려가 수그러들긴 했지만, 아랍 반란이 실제로 구현되자 프랑스는 다시금 불안에 사로잡혔다. 연합국 사이에 오갔던 수많은 약속에도 불구하고 영국이 약속대로 이행하리라 확신할 수 없었다. 헤자즈에서 반란이 터진 이상 영국이 약속을 지키려 한들 '엎질러진 물을 주워 담을 수 없는' 상황이 벌어질 가능성이 있기 때문이다. 더욱이 프랑스는 (진행 상황을 파악해서 자국의 미래 이익을 보호하기 위한 방편으로) 상징적인 차원의 군대를 파견하겠다고 제안했지만 영국으로부터 정중하고도 단호한 거절을 당했다. 헤자즈의 상황이 몹시 유동적이고 미묘하기 때문에 또 다른 나라의 군대가 등장하는 것은 사태를 한층 더 복잡하게 만들 수 있다는 이유에서였다. 프랑스의 불안은 더 깊어질 수밖에 없었다.

이에 대해 프랑스는 '트로이의 목마' 방식을 선택했다. 1916년 8월, 브레몽 대령이 이끄는 200명 규모의 병력이 프랑스 마르세유 항구를 떠났다. 공식적으로는 이집트에 보내는 프랑스의 군사 사절단이었다. 영국으로서는 맹방인 프랑스의 그러한 대응을 제지할 만한 마땅한 명분이 없었다. 그저 프랑스 군인들이 무엇 하러 이집트에 가느냐고 질문을 던질 뿐이었다. 이런 질문에 대해서도 브레몽 대령은 대답을 마련해두었다. 모로코와 알제리 같은 프랑스 영토에서 메카로 떠난 무슬림 순례객을 보호하겠다는 명목이었다. 영국은 딱히 반대할 근거를 찾을 수 없었다. 영국의 육군과 해군 역시 메카를 순례하는 이집트와 인도의 무슬림 수천 명을 호위한다는 방침을 시행하고 있었기 때문이다.

프랑스의 대담함에 영국이 마지못해 경의를 표할 수밖에 없었던 것은 이 계획의 마지막 단계였다. 9월 중순, 마침내 브레몽은 제다로 가는 일군의 모로코 순례객과 함께 아라비아 땅에 상륙했다. 그는 멋들어진 건물을 임대한 뒤 드디어 헤자즈 땅에 프랑스 군사 사절단이 도착했음을 선언했다.[19] 곧이어 자신이 이끄는 군사 사절단을 후세인의 나라에 영구적으로 설치한 재외공관으로서 확정해달라는 전보를 프랑스 외무성에 보냈다. 브레몽의 이와 같은 요구가 승인됨으로써 프랑스는 아라비아에서 형식적으로 영국과 동등한 군사·외교적 존재로 자리매김하게 되었다. 영국 역시 프랑스의 존재를 기정사실로 받아들일 수밖에 없었다. 이제 프랑스 정부는 위대한 연합국 두 나라가 평등하게 그 지역의 미래를 계획할 수 있는, 나아가 영구적인 우방관계가 마련되었다고 주장할 수 있게 되었다. 여기까지가 스토스와 로렌스가 10월 중순 제다에 도착했을 당시의 상황이었다.

브레몽의 교활함은 헤자즈에서 수행할 임무의 기초를 닦는 정도로 그치지 않고, 최종적으로 완수할 임무 그 자체로까지 이어졌다. 10월 16일에 열린 프랑스 영사관 만찬에서 소상히 설명했듯이, 그가 헤자즈에서 맡은 표면적인 역할은 아랍 반란에 대한 프랑스의 지지를 증명하고 지원할 방법을 찾는 것이었다. 하지만 이면의 역할은 사뭇 달랐다. 아랍 반란의 열풍이 지나치게 확산되지 않도록 제한하는 것이었기 때문이다. 자세히 말하자면 아랍 반란 또는 아랍 국가의 범위가 전후에 프랑스가 차지하려는 영역에 미치지 못하도록 통제하는 것이었다. 브레몽은 그런 임무를 완수하기 위해 비할 데 없이 오만하고도 확실한 계획을 세워둔 상태였다.

그날 밤, 브레몽은 아랍인들이 메디나를 차지하도록 내버려두어선 안 된다는 점을 영국인 손님들에게 강조했다. 터키군이 메디나를 지키기 위해 발버둥을 치든, 반란군이 차지하려고 피와 돈을 쏟아붓든 간에 아랍 반란은 헤자즈로 한정되어야 한다고 했다. 반란군이 메디나를 장악하면 자연히 시선을 북쪽으로 돌릴 것이며, 아랍인 동포들을 터키로부터 해방시키기 위해 팔레스타인과 시리아와 이라크로 진군할 것을 우려한 것이다. 이는 영국과 프랑스가 그 지역에 대해 그려둔 제국주의적 구상과 상충하기 때문이다.[20]

냉혹하지만 대단히 영리하고 간명한 전략이었다. 타국의 반란이 성공하도록 돕는 것은 불확실한 과제일 수밖에 없지만, 성공하지 못하도록 손을 쓰는 것은 훨씬 더 쉬운 법이다. 하지만 이날 프랑스 영사관 만찬에서 보여준 브레몽 대령의 언행은 최소한 두 가지 오해에 근거한 것이었다. 첫 번째는 아랍 반란을 얽어매는 수단으로서 아랍 반란을 지원하는 것에 대한 암묵적 동의가 필요하다는 생각이다. 시리아와 레바논을 프랑스 몫으로 약속한 사이크스-피코 협정 사실을 브레몽이 알고 있었다면 아랍 반란의 미래를 훨씬 더 낙관했을 것이다. 그러나 프랑스에서 사이크스-피코 협정을 알고 있는 정부 관리는 극소수였고, 중동 현지에서 프랑스의 군사 및 외교적 이해관계를 관철하는 임무를 맡은 중간층 관료들조차 깜깜무소식이었다. 놀라운 것은 국익 수호의 첨병으로 아라비아에 파견된 브레몽조차 정보 차단의 대상이었다는 사실이다.[21]

브레몽의 두 번째 오해는 그날 저녁의 영국인 손님들을 친구 또는 생각이 비슷한 제국주의 동지들로 여겼다는 점이다. 하지만 영국인 손님들에게 그는 친구가 아니었다. 특히 만찬 테이블에 말없이 앉아 있던 젊은 대위는 더욱 그러했다. 그로부터 얼마 후 브레몽은 T. E. 로렌스야말로 자신의 가장 강력한 적수라는 사실을 깨닫게 되었다. 게다가 칼자루를 쥔 쪽은 로렌스였다. 브레몽은 프랑스 영사관에서 자기 패를 모두 보여준 반면 로렌스는 아무것도 내보여준 게 없기 때문이다.

다음 날 오전 10시 무렵, 백마를 탄 압둘라가 하인 무리를 앞세우고 영국 영사관 안뜰에 나타났다. 어제보다 훨씬 더 어두운 표정이었다. 그는 응접실 의자에 앉자마자 그 이유를 말하기 시작했다. 방금 전 라베그 북쪽 산악지대에 진지를 구축한 동생 파이살로부터 전보를 받았는데, 어제 오후 터키군 전투기 두 대가 폭격을 감행했다는 것이다. 피해는 거의 없었지만 그런 무기를 처음 접한 베두인 부족민들은 엄청난 충격과 공포에 휩싸였으며, 아울러 그 공습은 영국이 비행대를 아라비아로 보낼 계획을 취소한 바로 당일에 있었다는 것이다.

이때 로렌스가 끼어들어 터키군의 무력시위는 그다지 걱정할 것이 못 된다면서 쾌활한 목소리로 이렇게 설명했다.

"터키군은 네댓새 이상 공습을 계속할 수 있는 전투기가 거의 없습니다."[22]

아마 전날까지만 해도 병풍처럼 서 있기만 했던 로렌스를 압둘라가 제대로 쳐다본 것은 이때가 처음이었을 것이다. 그리고 대화가 토론으로 바뀌면서부터는 중동 전역의 터키군 배치 현황을 훤히 꿰고 있는 로렌스를 주목할 수밖에 없었을 것이다. 로널드 스토스는 이렇게 회상했다.

"시리아와 시르카시아, 아나톨리아, 메소포타미아 곳곳의 지명들이 막힘없이 줄줄 나왔다. 로렌스는 (터키군의) 어떤 부대가 어디에 있는지를 정확하게 짚어냈다. 그러자 눈이 휘둥그레진 압둘라가 나에게 말했다. '이 사람은 신이오? 모르는 게 없잖소!'"

그날 오전에 보여준 친구의 놀라운 실력에 대해 스토스는 그가 카이로 지도제작실에서 고생한 덕분이라고 설명했음을 회고록에 밝히고 있다. 사실일 수도 있고, 허풍일 수도 있다. 어느 쪽이건 간에 결과는 같았다. 이제 로렌스는 자기 계획을 실행에 옮기기 위한 디딤돌을 마련한 셈이었다.

로렌스는 압둘라에게 영국의 상황을 설명하면서, 아랍 반란을 거드는 데 가장 커다란 걸림돌은 실제로 벌어지고 있는 상황에 대한 믿을 만한 정보가 부족한 것이라고 지적했다. 따라서 당장 필요한 사람은 영국 정부의 전쟁 기획자들이 주목할 만한 객관적인 관찰자, 즉 항구도시 라베그에서 원활한 보급을 저해하는 문제와 북부 산악지대의 파이살 부대가 겪는 수송의 어려움 등 전반적인 상황에 대해서 포괄적인 보고서를 작성할 수 있는 존재였다. 로렌스는 절대적으로 중대한 시점인 만큼 그런 임무를 확실하게 수행할 인물로 자신을 천거했다.

아무 이의가 없는 제안이었다. 압둘라는 곧바로 승낙했다. 다만 로렌스가 일단 라베그에 도착해 있으면 자신이 산속에 있는 파이살에게 연락하여 라베그로 가도록 하겠다는 조건을 붙였다. 그러자 로렌스가 정중하게 이견을 내놓았다. 파이살이 그리로 오는 것보다는 내륙 상황을 파악해야 하는 자신이 파이살의 산악 진지로 가는 게 낫다는 것이었다. 비무슬림의 내륙 이동이 제한된 상황에서 이는 무척 대담한 요청이었다. 파이살을 두 차례나 만났고 에미르 후세인이 존중하는 시릴 윌슨마저도 겨우 항구도시에 내려서 파이살이 나타나기만을 기다려야 하는 처지였기 때문이다.

하지만 스토스까지 간곡하게 호소하며 매달리자 압둘라도 로렌스의 방식에 마음이 기울기 시작했다. 물론 최근 아랍이 처한 상황을 고려하면 완고한 태도를 눅일 수밖에 없었을 것이다. 그러나 최종 결정은 위대한 후세인에게 달려 있었다. 압둘라가 짐작하기에 아버지는 그 계획에 대해 상충하는 감정을 느낀 게 분명했다. 메카 직통선 건너편에서 내내 이야기를 듣고 있던 후세인이 스토스를 바꿔달라고 했기 때문이다. 로렌스는 그 순간을 이렇게 기억했다.

"아랍어로 대화하는 스토스의 모습은 매우 멋졌다. 의심으로 가득 차서 고개를 가로젓는 동양인들과 상대하는 영국인이라면 반드시 배워야 하는 태도였다. 그런 사람이라면 몇 마디만 주고받아도 받아들이지 않을 수 없을 것이다. 결국 이날도 스토스는 자기 뜻을 관철시켰다."

그러나 단서가 붙은 승리였다. 후세인이 허락한 최대치는 먼저 장남 알리가 라베그에서 로렌스를 만나보고 '괜찮다'고 판단을 내려야만 내륙으로 이동해서 파이살을 만나도록 하겠다는 것이었다. 사실 그 결과는 예측하기 어렵지 않았다. 알리는 조심성이 많은 인물로 소문이 자자했고, 조심스러운 사람은 언제나 '아니오'라고 대답할 준비가 되어 있기 때문이다. 그날 밤 영국 영사관에서 열리는 만찬 자리에 압둘라가 참석했을 때 이 문제를 재차 밀어붙이기로 스토스와 로렌스는 결정했다.

만찬 자리에서 압둘라를 만난 스토스는 알리와 파이살에게 보여줄 소개장을 정식으로 써달라고 부탁했다. 소개장은 로렌스가 내륙으로 들어갈 가능성을 높여주는 것이었다. 압둘라는 내키지 않는 표정이었지만 전화상으로 아버지의 허락을 받고는 결국 펜을 들었다. 로렌스는 그때를 이렇게 떠올렸다.

"알리 앞으로 보내는 일종의 명령서였다. 최대한 빨리 편안하게 나를 파이살의 진지로 보내라는 내용이었다."

10월 19일 이른 아침, 라마 호가 라베그 항구로 들어섰다. 로널드 스토스는 배가 방향을 돌려 이집트로 떠날 때 부두에 서서 손을 흔들던 로렌스의 모습을 생생히 기억하고 있었다. 로렌스의 아라비아 모험이 시작되는 순간이었다.

후세인의 맏아들 알리에 대한 로렌스의 예감은 정확히 들어맞았다. 그는 영국군 젊은 대위의 내륙 이동을 아버지가 허락했다는 압둘라의 편지를 건네받고는 적잖이 당황했다. 하지만 아버지에게 충성을 맹세한 아들로서 군말 없이 따르는 것 말고는 도리가 없었다. 알리는 로렌스가 길을 떠날 수 있도록 준비해주었다.

드넓은 사막의 가장자리에 위치한, 별로 내세울 특징이 없는 조그만 항구 라베그는 그동안 잘 알려지지 않은 곳이었다. 따라서 아라비아 반도를 장악하기 위한 전쟁의 핵심 요충지가 될 것이라 예상한 사람은 아무도 없었다. 그러나 메카와 메디나 사이에 자리 잡은 라베그는 성스러운 두 도시를 잇는(돌덩이로 이정표를 세운 낙타 이동로에 불과하지만) '순례자의 길'에서 매우 중요한 중간 기착지였다. 이는 터키군이 메카를 탈환하기 위해 남하하는 이동 경로에 위치해 있음을 의미한다. 아울러 영국이 내륙에서 싸우는 반란군을 위해 이집트에서 실어온 보급품과 무기류를 하역하는 항구이기도 했다. 물론 제대로 전달되지 않고 도중에 어디론가 사라지는 경우가 더 많기는 했다.

로렌스에게 라베그가 가장 매력적인 도시였는지는 알 수 없다. 그러나 적어도 에미르 후세인의 아들 두 명 이상을 만날 기회를 안겨준 도시였다. 로렌스는 제다에서 압둘라를 분석했듯이 이들을 상대로 분석에 돌입했다.

우연히도 막내아들 제이드 역시 알리를 돕기 위해 라베그에 와 있었다. 후세인의 나머지 세 아들과는 이복형제 관계인 제이드는 잘생긴 20대 청년으로, 터키 사람인 어머니의 흰 피부와 부드러운 이목구비를 물려받았다. 매우 총명한 데다 리더십도 있었지만 어린 나이에 아랍인 같지 않은 외모 때문에 반란군 사령관으로는 보이지 않았다. 로렌스가 느끼기에는 이랬다.

"말을 타고 돌아다니면서 장난치는 것을 좋아했다. 익살맞은 표정이었다. 열정이 부족한 탓인지는 몰라도, 형들에 비하면 균형 잡힌 사람 같았다. 수줍어한다."[23]

알리와는 어색한 첫 만남이었지만 로렌스는 그가 마음에 들었다.

"직설적인 편이지만 행동거지에 위엄이 있었다. 그는 진지한 사람이며, 예의 바른 신사를 떠올리게 했다."[24]

그러나 후세인의 장남에게는 쓸쓸하고 지친 기색도 엿보였다. 혈색이 안 좋고 입꼬리가 처진 슬픈 인상이라서 실제 나이인 37세보다 훨씬 더 늙어 보였다. 로렌스가 관찰한 바에 따르면, 그는 개인적 야망이 뚜렷하지 않아서 주변에 역동적인 인물이 있을 때면 영향을 받는 듯했다. 리더의 본성을 타고난 것 같지 않다는 뜻이었다. 그래도 로렌스는 압둘라보다 알리가 더 마음에 들었다.

"만약 파이살이 선구자로서 자질이 전혀 없는 것으로 판명된다면, 아랍 반란은 알리를 우두머리로 삼아서 그럭저럭 밀고 나가는 것도 가능해 보였다."[25]

그럴 수도 있었다. 하지만 이는 임시변통의 사고방식으로, 파이살의 만남에 대한 기대감만 더 높였을 뿐이다.

로렌스가 파이살을 만나러 길을 나선 때는 10월 21일 밤이었다. 160킬로미터에 이르는 여정에는 아랍 반란에 적대적인 부족들의 지역도 있었으므로 알리는 주의 사항을 끝없이 늘어놓았다. 그리고 자신의 몸종들조차 로렌스가 출발한 사실과 목적지를 모를 만큼 비밀에 부쳤다. 길 안내를 맡을 사람으로는 자신이 가장 신뢰하는 부관 두 명을 골랐다. 둘은 부자지간으로, 아랍의 불문율에 따라 임무를 완수하기 위해 목숨까지 바칠 수 있는 사람들이었다. 알리는 세 사람에게 어느 마을을 통과해선 안 된다는 둥, 웬만하면 밤에 이동하라는 둥의 지시와 더불어 로렌스에게는 달빛 속에서 아랍인의 윤곽으로 드러나도록 두건을 쓰라고 당부했다.

그러나 진짜 위험은 따로 있었다. 사보이 호텔 사무실 의자에서 2년 만에 낙타 등짝 위로 돌아온 로렌스로서는 이동하는 것 자체가 뼈를 깎는 고통이었다. 출발 직후부터 로렌스는 이 지속적인 고통에 맞닥뜨렸다. 낙타는 뾰족하게 솟은 등뼈 위에 가죽만 덮인 동물이기 때문에 말을 타는 것과는 전적으로 달랐다. 흡사 흔들리는 쇠막대기 위에 걸터앉은 듯한 느낌이었다. 베두인이 최고로 치는 안장(나무판에 가죽을 덧대고 담요를 얹은 것에 불과하다)조차 초보 이용자에게는 소용없었다. 따라서 로렌스처럼 익숙지 않은 사람이 낙타 위에서 두어 시간을 달린다는 건 견디기 힘든 일이었다. 더욱이 로렌스는 두어 시간마다 휴식을 취하는 호사를 누릴 처지가 못 되었다. 오직 두 번의 짧은 휴식으로 서른 시간 이상 안장을 지켜야 하는 고통이 기다리고 있었다. 로렌스는 과거의 프랑스 자전거 여행이나 1930킬로미터의 시리아 하이킹 당시에 발휘했던 특별한 인내력을 끌어올리기 위해 안간힘을 써야 했다. 여정이 끝나는 곳에 후세인의 아들 가운데 마지막 남자이자 아랍 반란의 '선구자'일지도 모를 인물이 자신을 기다린다고 생각하면서 고통을 견뎌야 했다.

낙타 등에 앉은 로렌스는 극심한 고통 속에서도 (어쩌면 고통을 잊는 방편으로) 통과하는 지역의 특성을 면밀하게 살피면서 조그만 군용 수첩에 깨알 같은 글씨로 기록을 남겼다. 그가 지나는 땅은 외부인의 발길이 미치지 못한 곳이자 1000년 넘도록 거의 변함없이 사막 문화가 유지되어온 곳이었다. 물론 풍경은 로렌스가 잘 아는 시리아와 흡사해서 분간하기 어려울 정도였다. 시리아에 머물던 시절 그는 복잡한 가계도와 부족 간의 뒤엉킨 내력, 그들 사이를 규율하는 복잡한 약속을 차근차근 풀어내는 취미를 얻게 되었다. 그런데 아라비아에서는 그 모든 약속이 훨씬 더 복잡할 뿐 아니라 엄격한 준수를 요했다.

"그곳의 언덕과 계곡 각각에는 정해진 주인이 있고, 누구나 이를 인정하고 있었다. 주인은 함부로 침입한 자에 대해 자기 가문과 부족의 권리를 주장하는데, 심지어 우물이나 나무들조차 주인이 있었다. 외부인들에게 우물을 마시거나 나무를 베어 땔감으로 쓸 수 있도록 허락하곤 하지만 누군가 자기 재산을 약탈하려 할 때는 즉각 제지에 나선다. (…) 사막은 가혹한 공산주의가 지배하는 곳이다. 우호적인 사람이라면 자연물에 관한 한 누구에게든 필요한 만큼 사용하도록 허락하지만 그 이상은 용납되지 않았다."26

이러한 규범을 어겼을 때 시리아에서는 사회적 배척 또는 양 한 마리를 내놓는 선에서 그치지만, 거칠고 메마른 땅 아라비아에서는 목숨을 잃는 대가를 치러야 했다.

아마추어 인류학자였던 로렌스는 이제 군인의 눈으로 헤자즈의 지형과 풍토를 주시하면서 지하 수맥이 어디로 흐르고 있는지, 행군하기에 최적의 경로는 어디인지를 살피기 시작했다. 그리고 이 과정에서 아군의 위기 대처력에 중대한 결함이 있다는 사실을 우연히 발견하게 되었다.

라베그 방어를 준비하면서(이는 물론 메카를 방어하는 것이기도 하다) 반란군의 작전 수립을 지원하는 영국군 장교들은 터키군이 선택할 가능성이 가장 높은 공격 루트를 지도로 만들었는데, 이는 기존 이동로와 수맥과 외딴 초소들의 위치까지 망라한 것이었다. 그러나 파이살의 진지로 향하는 동안 로렌스는 계절에 따라 물이 흐르거나 말라붙는 건천乾川을 두 곳이나 발견했다. 영국군 장교들이 그린 지도에는 존재하지 않는 하천이었다. 협곡처럼 이어진 이 말라붙은 하천을 따라 터키군이 움직일 경우 예상치 못한 방향에서 라베그를 공격하거나 아예 메카로 곧장 치고 들어갈 수도 있었다. 반란군을 자문하기 위해 라베그에 석 달이나 머물렀던 영국군 장교들은 어째서 이 건천의 존재를 발견하지 못한 것일까? 건천이 있다는 사실을 잘 아는 현지 아랍인들은 왜 알려주지 않았던 것일까? 이유는 간단하다. 영국군이 해안지역에 격리되어 있었기 때문에 그런 질문을 던질 만큼 주변 환경을 충분히 파악할 수 없었던 것이다. 질문을 하지 않았으니 아랍인들 역시 영국인들의 관심 대상이 무엇인지, 어떤 정보를 제공해야 하는지 알 수 없었다. 로렌스로서는 아랍 반란이라는 이름으로 그토록 다른 두 문화를 융화시키는 것이 얼마나 어려운 일인지, 불신자들의 내륙 이동을 금지한 후세인의 방침이 어떤 재앙으로 이어질 수 있는지를 확인하게 된 계기였다. 아무리 많은 영국군이 바다를 건너온들 해안지역에 발이 묶여 있는 한 눈을 가린 것과 다름없으니, 위험에 대처하는 능력은 현저하게 떨어질 수밖에 없었다.[27]

10월 23일 오후, 높다란 바위 절벽을 에둘러 나아가던 로렌스 일행 앞에 갑자기 신록으로 물든 와디사프라가 펼쳐졌다. 이 협곡 역시 건기에는 말라붙어 바닥을 드러냈다가 우기에는 수풀이 우거지는 곳으로, 메디나 외곽에서 굴욕을 맛본 파이살의 반란군이 전열을 가다듬던 은신처였다. 물길을 따라 상류 쪽으로 거슬러 올라가자 언덕 곳곳에 들어선 조그만 막사들이 눈에 띄기 시작하더니 이내 반란군의 진지 전체가 모습을 드러냈다.

일행은 마침내 100여 가구가 옹기종기 모여 있는 함라 마을에 들어섰다. 그리고 칼을 든 경비병이 지키고 선 낮고도 길쭉한 건물을 향해 다가갔다. 낙타에서 내려 안뜰로 안내받은 로렌스의 눈에 멀찍이 현관 앞에 서 있는 한 사내의 옆모습이 들어왔다.

"키가 무척 커서 기둥처럼 보였다. 호리호리한 체구에 길쭉하고 하얀 비단옷을 걸쳤으며 머리에는 갈색 천을 두르고 반짝이는 진홍색, 황금색 끈을 묶었다. 경계하는 듯한 자세로 낯선 사람을 바라보는 그의 창백한 얼굴은 처진 눈꺼풀과 검은 수염 때문에 마치 가면처럼 보였다."

파이살 이븐 후세인이었다. 로렌스는 『일곱 기둥』에 이렇게 썼다.

"내가 찾던 바로 그 사람이었다. 나는 그를 찾기 위해 아라비아 반도에 온 것이었다. 나는 그가 아랍 반란을 찬란한 영광의 길로 이끌 지도자임을 한눈에 알아봤다."

맞는 말일 수도 있다. 하지만 실제로 두 사람의 첫 만남은 그다지 매끄럽지 않았다. 건물 안으로 들어간 로렌스는 카펫이 깔린 어둑한 방에서 파이살 말고도 열 명이 넘는 사람과 마주 앉아야 했다. 그들은 여러 부족의 족장들이었다. 다른 형제들과 마찬가지로 파이살은 정중하고 예의 바른 인물이었다. 그는 힘들고 먼 길을 와주어서 고맙다며 로렌스에게 인사를 건넸다. 그러나 이런 분위기는 오래가지 못했고, 대화는 곧바로 터키군에 밀리고 있는 최근의 암담한 전황으로 넘어갔다.

후세인의 여러 아들 가운데 파이살과 그 지지자들은 반란이 시작된 때부터 계속 전투를 치러왔으며, 그동안 무기와 자금은 최소한으로 지원받고 있는 처지였다. 얼마 전 메디나 외곽의 비르 압바스에서는 부하들이 위대한 승리를 목전에 두고도 터키군의 반격에 맞설 대포가 부족해 결국 무너지고 말았다고 파이살은 토로했다. 그때 패퇴한 병사들이 (대부분 뿔뿔이 흩어져서 고향으로 달아났지만) 이곳 함라의 산악지대로 피신해서 자신과 함께 진지를 구축하고 터키군의 동태를 살피는 중이라고 했다. 파이살은 보급만 적절하게 이루어진다면 자신의 병사들은 어떤 싸움에서든 승리할 수 있지만, 이런 상황이 계속된다면 (무슨 이유에서인지 최전방에 할당되는 물량이 많지 않음에도 불구하고) 영국군에 무기와 보급품을 구걸하지 않을 수 없으며, 이런 식으로는 아랍 반란의 미래가 암담하다는 안타까움을 감추지 못했다. 게다가 터키군이 메디나라는 강력한 요새를 벗어나 해안지역으로 진군하려는 조짐도 보이는 터였다. 터키군의 진격이 임박함에 따라 파이살의 반란군은 이제 산악지대에 계속 숨어 있거나 메카로 서둘러 퇴각해야 했다. 첫 번째 선택은 서서히 궤멸하는 것을 의미하고, 두 번째 선택은 급격히 붕괴되는 것을 의미했다. 퇴각한다면 자기 부족 거주지에서 멀어지는 것을 원치 않는 부족장들이 집으로 돌아가버릴 것이다, 비르 압바스에서 그랬던 것처럼.

로렌스는 이야기를 들으면서도 파이살을 유심히 관찰했다. 그는 파이살 개인의 품성은 물론 방 안을 가득 메운 부족장들에 대한 통제력까지 살폈다. 그리고 이렇게 평했다.

"파이살은 기분파였다. 희망과 절망 사이를 오락가락했고, 극도로 피곤해 보였다. 31세였지만 그보다 훨씬 더 늙어 보였다. 짙고 매력적인 두 눈에는 핏발이 섰고, 움푹 파인 두 뺨에는 짙은 주름이 졌다. (…) 훤칠한 키에 우아하며 활기찬 걸음걸이까지, 왕족의 품격이 온몸에 배어 있어 고상하기 그지없었다. 물론 수려해 보이는 자기 모습이 껍데기에 불과하다는 사실을 그는 잘 알고 있었다."

파이살이 아랍과 영국의 불신 관계에 대해 다른 형제들보다 훨씬 더 퉁명스러운 태도를 보인 것 역시 기력을 소진한 탓이었을 것이다. 그러한 불신은 후세인이 영국인 협력자들을 해안지역에 묶어두기 위해 스토스와 맥마흔을 상대로 2년에 걸쳐 벌여온 협상 과정에 고스란히 반영되어 있었다. 영국인들이 진정한 선의로 남을 도운 적이 없다는 것은 역사적으로 분명히 알 수 있는 사실이었다. 그래서 파이살은 물었다. 영국이 헤자즈에서 원하는 것은 대체 무엇인가?

그동안 숱한 영국군 장교가 후세인 가문 사람들에게 말했던 것처럼, 함라의 어두컴컴한 건물 안에 들어앉은 로렌스도 영국은 헤자즈에서 땅을 차지할 뜻이 조금도 없다는 식으로 파이살을 안심시키려 했다. 하지만 파이살은 그런 다짐은 이미 빛을 잃은 지 오래라면서, 영국은 수단을 차지하기 직전에도 그런 말을 앵무새같이 반복한 바 있었음을 꼬집었다.

두 사람의 가시 돋힌 대화는 만찬까지 이어졌고, 다음 날 아침 6시 30분에 파이살이 로렌스의 막사를 찾았을 때 다시 또 이어졌다. 이 과정에서 로렌스는 후세인의 셋째 아들이 "극도로 비이성적"인 사람이라고 생각했다. 그러나 그의 말 한 마디 한 마디에는 굳은 결의에서 비롯된 열정이 배어 있었기 때문에 듣는 이의 심금을 울리는 면이 있었다. 로렌스는 압둘라와 알리에게는 부족한 열정을 파이살에게서 느낄 수 있었다. 그 결과 자기가 찾던 선구자는 파이살임을 거듭 확인했다.

이런 생각은 그날 반군 진지를 몇 시간 동안 돌아다니며 만난 사람들과 이야기를 나누는 과정에서 더 확고해졌다. 로렌스가 가장 먼저 놀란 점은 파이살이 거느린 부족들이 대단히 광범위하다는 것이었다. 괴팍하기 그지없는 사람들의 공동체 아라비아에서 그토록 많은 부족과 집안을 통합하고 지휘한다는 것은 극히 드문 사례였다. 실제로 와디사프라에 수천 명의 부족장이 모였다는 것은 사실상 서부 헤자즈 전역이 파이살을 지지한다는 것을 뜻했다. 심지어 2주가 꼬박 걸리는 먼 곳에서 온 이들도 있었다. 더 놀라운 사실은, 불과 일주일 전에 터키군에게 패했음에도 불구하고 끝내 승리할 것이라는 굳건한 믿음 아래 여전히 사기가 드높다는 점이었다. 이와 같이 지지자들을 통합하고 구성원들에게 신념을 심어준 사람은 파이살이었다.

그날 밤, 로렌스는 파이살의 처소로 찾아가 작별을 고했다. 와디사프라에 도착한 지 24시간도 안 된 때였다. 두 사람은 전날보다 훨씬 더 부드러운 어투로 인사를 나누었다. 파이살은 먼 길을 와주어서 고맙다고 했고, 로렌스는 이번 만남이 좋은 결실을 맺을 것 같다는 불확실하나마 희망적인 말로 응답했다. 새 낙타에 올라탄 로렌스는 호위병 14명과 함께 반군이 장악한 가장 가까운 항구 옌보로 향했다. 그를 이집트로 데려갈 영국 군함이 그곳에 대기하고 있었기 때문이다. 파이살 이븐 후세인이 아랍 반란을 이끌 수 있는 선구자라는 확신을 얻은 로렌스는 한시라도 빨리 돌아가서 보고하고 싶었다.

"우리는 기대했던 모든 것, 아니 그 이상을 얻었다. 그동안 고생한 것에 비하면 아주 커다란 보답이다. 나는 임무를 완수했다."

9장
킹메이커가 되려는 사나이

(파이살은) 정열적이고 자부심이 강하며 성미가 급하다. 때로는 이성을 잃고 샛길
로 빠지기도 한다. 다른 형제들에 비하면 인간미와 생기가 넘치지만 신중함은 덜
하다. 분명 매우 영리한 편이지만 철두철미한 성격은 아니다. (…) 다른 삶을 살았
다면 아마도 군사 훈련소 교관이 되었을 것이다. 대중적인 우상이고 야망도 있다.
꿈이 많고, 그 꿈을 실현할 능력도 충분하다.
―1916년 10월 30일 파이살 이븐 후세인에 대한 T. E. 로렌스의 평가[1]

집요함 그리고 행운 덕분에 로렌스의 헤자즈 방문은 한마디로 대성공
이었다. 그는 열흘 사이에 에미르 후세인의 네 아들과 제다에서 활동
하는 연합국 사절단의 주요 인사들을 모두 만날 수 있었다. 뿐만 아니
라 로렌스는 영국이 라베그에서 반군을 지원하기 위해 보급 체계를 구
축하는 과정을 직접 확인한 사람이자, 실제 전장을 보기 위해 내륙을
방문한 첫 번째 이방인이었다. 1916년 10월 26일 아침, 옌보를 향해 발
걸음을 재촉하는 그의 얼굴은 잔뜩 상기되어 있었다. 하루빨리 자신이
알아낸 바를 카이로에 알리고 싶었기 때문이다.

　그러나 지저분하고 조그만 항구 옌보에서는 좋지 않은 소식이 로렌스
를 기다리고 있었다. 웬일인지 옌보에 들르기로 한 영국 전함이 약속한
날짜에 나타나지 않은 것이다. 기다리는 수밖에 없었던 로렌스(이곳에서
닷새 동안 발이 묶여 있었다)는 부두가 내려다보이는 3층짜리 허름한 건

물을 숙소로 정했다. 현지에서 연락을 담당하는 파이살 부하의 집이었다. 로렌스는 이곳에서 내륙 답사 보고서를 쓰기 시작했다. 파란색 만년필과 보급품으로 나온 메모지에 괴상한 필체로 닷새에 걸쳐 풀어낸 1만7000단어짜리 보고서였다.

T. E. 로렌스에 관한 상충된 전설이 만들어진 곳도 바로 옌보의 이 숙소였다. 로렌스를 떠받드는 사람들은, 탁월한 문장력으로 아라비아의 현실에 대해 예리한 통찰력을 발휘한 이 보고서로 인해 그가 중심인물로 부상하게 되었다고 평가한다. 역사상 특이하고 비범한 인물이 특정한 상황에 결부되어 삶 전체를 불사르기 시작한 가장 좋은 사례에 속한다는 것이다. 그러나 로렌스를 깎아내리는 사람들은, 이후로 일어날 사건들은 거의 또는 전적으로 우연한 기회 덕분이라고 말한다. 다시 말해 앞으로 3주 동안 무수하게 발생할, 결국엔 로렌스에게 유리한 쪽으로 판명될 그 모든 사건(예컨대 불가사의한 우연의 일치, 때맞춰 날아든 희소식 또는 엉뚱한 소식, 정계와 군부의 음모와 술수 등)은 누구도 예상할 수 없는 것이었다. 만약 우주에 거대한 깔때기가 있어서 이 모든 요인을 던져넣고 어떤 상황이 전개될지 지켜볼 수 있다면, 결코 똑같은 순서로 구성될 수 없다는 것이다.

그해 10월 로렌스의 자취를 하나씩 살펴보면, 모두 후자의 전설을 뒷받침하고 있다. 옌보에 머물던 시기의 그는 단 하루의 군사 훈련도 받아본 적 없는 28세의 육군 대위였고, 영국의 대對 아라비아 정책은 정치 및 군사 부문의 최고위층에서 갑론을박을 벌이는 대상이었다. 그가 반군 전사들을 현장에서 목격한 최초의 영국군 장교인 것은 사실이지만, 엄밀히 말하면 아랍인들이 협곡의 진지에서 빈둥거리는 모습만 봤을 뿐이며 그나마 26시간의 겉핥기식에 지나지 않았다. 권위 있는 분석을 도출하기에는 턱없이 부족한 시간일 수밖에 없다. 관찰한 내용도 특별한 것은 거의 없었다. 그보다 앞서 헤자즈를 찾았던 소수의 영국군 장교들도 아랍 '군대'에 대해 상부에 보고한 바 있는데, 그들은 군대라고 할 만한 요소가 거의 없는 '오합지졸'이며 적군의 대포와 전투기만 봐도 벌벌 떤다고 평가했다.

그러나 로렌스는 파이살의 진지를 잠시 방문한 내용은 물론이거니와 카르케미시에서 아랍 문화를 탐구하던 세월까지 보고서에 녹여냈다. 그는 씨족과 부족의 동맹관계가 어떻게 작동하는지, 그런 관계가 전장에서는 어떻게 구현되는지, 장기 목표를 위해 부족 간 결속을 다질 지도자 발굴이 얼마나 드문 일인지 등을 잘 알고 있었기 때문이다. 게다가 로렌스는 아주 어린 시절부터 옥스퍼드 학창 시절 내내 중세 전쟁사라는 특정 연구 영역에 심취한 사학도로서, 20세기 초 아랍인들의 전투 방식이 14세기 유럽의 전투 방식과 놀라울 정도로 흡사하다는 사실도 확인할 수 있었다. 군대를 모집하는 방법, 셰이크나 에미르가 국왕이나 왕자, 무사 등에 대응하는 지휘 체계, 전장에서 부대를 운용하는 전술 등 여러 분야에서 그 유사성을 찾을 수 있었다. 1916년의 헤자즈에서 군대가 이동하는 방식은 1356년의 프랑스와 마찬가지로 필수 요소(물, 수레 끄는 가축, 식량과 사료 등)의 충족 여부에 달려 있었다. 어디로 갈지, 누구와 싸울지, 언제 싸울지의 여부가 이로부터 결정되었다. 중세 군사 전략에 관한 한 자타가 공인하는 전문가인 로렌스의 눈에 아랍의 전투 방식은 여러모로 낯익었다. 이런 측면에서라면 전문적인 군사 훈련과 나폴레옹의 전술을 습득한, 심지어 서부전선의 교훈에 정통한 현역 장교들이라 할지라도 로렌스를 능가할 수 없었다.

이와 같은 문화적 그리고 학구적 이해를 토대로 로렌스는 아랍 반란군을 전형적인 유럽식 군대로 바꾸려는 시도는 가능하지 않으며, 그들이 원치도 않을 것이라 해석했다. 그가 옌보에서 작성한 보고서에 제안한 유일한 해법은 영국이 아랍의 전투 방식을 받아들이는 것, 그 방식에 영국의 전략과 기대를 맞추는 것이었다.

이 정도 주장은 심각한 논란을 일으킬 만한 것도 아니었지만, 그러한 논란 자체도 생소한 게 아니었다. 아무리 앞뒤가 꽉 막힌 지휘관이라도 가용한 병력과 물자를 감안하는 법이기 때문이다. 그런데 로렌스는 헤자즈를 방문한 짧은 기간에 이 두 가지 결론을 어느 누구보다 더 확고하게 마음에 새겼다.

런던과 카이로에서는 반란 초기의 군사적 성취가 빈약하다는 판단 아래 상당 규모의 영국군을 헤자즈에 파견해야 한다는 주장이 형성되고 있었다. 가장 일반적으로는 1개 여단에 해당되는 3000~4000명 규모를 파병하자는 의견이었다. 그해 10월, 에미르 후세인은 이 같은 주장에 어떻게 대응해야 할지 갈등하고 있었다. 이슬람의 성스러운 땅에 영국군 '이교도'가 나타난다면 최근 세력을 규합한 부족들 사이에서 자신의 입지가 흔들릴 위험이 있었다. 파이살의 진지를 직접 찾아간 로렌스는 그러한 상황을 직접 확인한 만큼 후세인의 우려가 극히 지당하다는 결론을 내렸다. 그는 유럽인들이 자문과 교육을 위해 해안 지방에 근거지를 마련하는 것은 "크게 환영받을 일"이지만, 그 이상으로 정식 군대가 등장하면 분노를 살 뿐만 아니라 기독교 십자군이라는 터키의 선전에 휘말릴 가능성이 높다고 보고했다. 이에 따라 헤자즈에서 오랫동안 근무한 시릴 윌슨 중령과 그의 부관 앨프리드 파커가 지지하는 영국군 수뇌부 주류의 견해와는 반대로, 아랍에서 영국군의 존재를 최소화해야 함을 강조했다.[2]

로렌스의 주장 중 가장 논쟁적인 사실은 진중하고 목소리가 나긋한 파이살이라는 인물을 아랍 반란의 '선구자'로 내세운 것이었다. 전쟁이 터지기 전부터 영국군 지휘관들은 압둘라를 헤자즈의 우두머리이자 동

맹 파트너로 여겼다. 그는 사교성이 좋고 활동적이며, 변덕스러운 후세
인을 가까이에서 보필하고 있었기 때문이다. 반란이 일어난 뒤에도 이
런 생각에는 변함없었다. 오히려 늙은 후세인이 무슨 생각을 하는지 알
아내거나 싸움의 다음 단계를 내다보기 위해 압둘라를 쳐다보는 사람
이 더 많아졌다. 그에 반해 로렌스보다 먼저 파이살을 만났던 유일한
영국군 장교 윌슨과 파커는 다소 불분명한 결론을 내놓은 터였다. 윌
슨은 에미르의 셋째 아들인 파이살에게 개인적인 호감을 가졌으나 그
는 태생적으로 겁쟁이라서, "전투라는 난장판을 견디지 못할 사람" 같
다는 의견을 영국군 수뇌부에 보고한 바 있었다.[3]

그렇다면 로렌스는 이처럼 뿌리 깊은 관점에 맞서 어떻게 자기 의견
을 관철한 것일까? 천재가 이루어낸 성취 중 한 가지 경우일까? 아니면
순전히 눈먼 횡재였을까?

하지만 로렌스를 둘러싸고 서로 다른 전설을 말하는 양측 모두 간과
한 점이 있다. 그것은 로렌스가 옌보에 머물고 있을 때 이미 막강한 무
기를 확보하고 있었다는 사실이다. 다시 말해 그는 카이로 주둔 영국군
의 정보 분야에서 핵심적인 위치에 있었기 때문에 영국의 아라비아 정
책을 결정하는 군사·정치적 체계를 속속들이 알고 있었던 것이다. 물
론 여기서 말하는 '체계'란 관대한 표현이다. 정확하게 말하자면 관료주
의의 늪 또는 부처 간 중복된 업무 영역과 조직 지향을 거부하는 인물
들이 만들어낸 미로를 뜻한다. 로렌스는 사보이 호텔에서 받아본 정보
보고서 덕분에, 그리고 자신의 시야를 넘어설 만큼 체계화된 것은 거의
없었기에 이 늪지에서 활약하는 주요 인사들, 그들이 견지하는 주장의
요점 그리고 가장 중요한 부분인 그들의 경쟁자까지 빠짐없이 알고 있
었다. 옌보에서 배를 기다리는 닷새 동안, 로렌스는 보고서를 작성하는
동시에 자기 앞에 놓인 복잡다단한 정치적 체스판을 곰곰이 들여다보

면서 상대편을 농락하고 자신의 주장을 관철시킬 대응 논리를 마련할 수 있었다.

이 과정에서 뜻밖의 요소가 도움이 되었다. 그것은 바로 원활치 못했던 현지의 통신 사정이었다. 아라비아의 통신 수준은 수십 년 전보다는 발전했지만, 어떤 면에서는 여전히 원시적인 수준에 머물러 있었다. 당시로부터 이미 100년 전에 발명된 먹지carbon paper 기술 덕분에 등사기는 중요한 서류의 사본을 수백, 수천 부씩 찍어낼 수 있었다. 그리고 무선 전신으로 런던에서 부에노스아이레스까지 단 몇 분 만에 전갈을 보낼 수도 있었다. 하지만 아라비아 같은 곳에서 16킬로미터 떨어진 누군가에게 편지를 전하려면 사람이 도보나 말을 이용해서 우편물을 배달해야 했다. 이와 같은 기술의 진보와 낙후라는 양면을 로렌스는 자신에게 유리한 쪽으로 노련하게 이용했다. 자기편에게 전보를 빨리 보낼 때는 외교 의례를 밥 먹듯이 어기고, 원치 않는 명령은 (걸핏하면 "전보가 엉뚱한 곳으로 날아간 것 같다"고 둘러대는 식으로) 짐짓 못 받은 것처럼 꾸며내 사안을 무효화하거나 결정 시일을 넘겨버리곤 했다. 이 모든 행적과 단호한 면모로 인해 T. E. 로렌스는 노회한 간신배와 종신직을 노리는 교수들조차 감탄할 만큼 절묘한 기교로 관료주의와 맞붙은 대표 인물로 인식되었다.

그 뒤 3주 동안 로렌스는 경쟁자를 누르고 자기 주장을 관철하려는 수많은 영국 정부 관료의 척후병(잔심부름꾼이라고 하는 편이 더 적확하겠으나) 역할을 떠맡게 되었다. 28세의 대위에 불과한 로렌스였지만 그런 역할을 노련하게 수행하면서 헤자즈 지역에 대한 프랑스의 제국주의적 구상에 지독한 타격을 입혔고, 과도한 권력을 휘두르던 정부 관료의 세도를 꺾었으며, 영국의 아라비아 정책에 근본적인 변화의 물꼬를 텄다. 이 과정에서 로렌스는 아랍 반란의 미래 그리고 반란에 연루된 본인의 역할까지도 바꾸었다.

하지만 로렌스의 거만한 태도로 인해 출발은 다소 삐걱거렸다. 10월 31일, 영국 군함 수바 호가 옌보에 도착했고, 마침내 로렌스는 강요된 막간의 시간으로부터 해방되었다. 이 배의 함장은 붉은 머릿결 때문에 '생강'이라는 별명을 지닌 윌리엄 보일로, 그는 회고록에서 이렇게 떠올렸다.

"나는 로렌스 대위가 해안에서 기다리고 있다는 이야기를 듣고, 사막 땅에 내보냈던 육군 장교이겠거니 하고 생각했다. 그런데 키가 자그마하고 전혀 군인답지 않게 생긴 녀석이 군복을 대충 걸치고 슬렁슬렁 갑판으로 기어오르는 게 아닌가. (…) 두 손을 호주머니에 찌른 채 경례도 없이 말이다."

보일 함장은 로렌스의 한쪽 어깨에만 대위 계급장이 달려 있고 다른쪽 어깨에는 아무것도 없는 것을 보고는 아는 척도 하기 싫었다. 그래서 부함장을 향해 어떻게 좀 해보라는 눈짓을 날렸다. 이내 부함장은 군기가 빠졌다며 로렌스를 요란하게 질책함으로써 함장을 흡족하게 했다.[4]

당시 만남에 대해서 로렌스는 '생강' 보일 함장에게 상쾌한 첫인상을 남기지 못했음을 인정하면서도 유전적인 요소를 언급했다.

"빨간 머리는 참을성이 부족한 법이다."[5]

종합컨대 에두아르 브레몽은 10월 16일 프랑스 영사관 만찬에서 말 없이 앉아 있던 영국군 젊은 대위에게 거의 관심이 없었다. 관심을 두어야 할 이유도 없었다. 그날 밤 프랑스군 브레몽 대령의 주빈은 제다에 상주하는 영국군 장교 시릴 윌슨과 재치 있는 말솜씨로 만찬 분위기를 이끄는 로널드 스토스 동양문제 보좌관이었다. 반면 로렌스 대위는 왜소한 체격에 앳된 얼굴, 헐렁한 군복 탓에 병정놀이를 하는 애송이쯤으로 여겼다. 11월 초, 로렌스가 프랑스 영사관 만찬장에 다시 나타났을 때 브레몽은 먼젓번의 인상을 기억하고 있었다. 그러나 3주 전만 해도 과묵하게 앉아 있던 젊은 장교가 그날 만찬에서는 수다스럽다 못해 대화를 장악하고 있었다. 브레몽은 얼떨떨한 표정으로 로렌스가 떠드는 모습을 바라볼 뿐이었다.

10월 31일, 영국 해군함 수바 호가 옌보 만에 모습을 드러냈을 때 로렌스는 이제 곧 카이로로 돌아가리라 생각하고 있었다. 그런데 헤자즈에서 시릴 윌슨 다음으로 지위가 높은 앨프리드 파커 대령이 수바 호에 올라 로렌스가 파이살의 진지에서 알게 된 내용을 직접 듣고는 놀라운 통찰력에 감명받은 나머지, 로렌스에게 하르툼으로 가서 레지널드 윈게이트와 상의해보기를 제안했다. 윈게이트는 수단의 총독이자 아랍 문제에 관여하는 가장 중요한 영국 관리 가운데 한 명이었다. 그리하여 수바 호는 로렌스를 태우고 해안을 따라 320킬로미터를 다시 내려가 제다에 닿았다. 로렌스가 배에서 내리자마자 대기 중이던 다른 배가 그를 냉큼 태우더니 홍해 너머 수단으로 데려갔다. 그의 임무에 대한 갑작스런 관심을 증명이라도 하듯, 이 두 번째 해군함 에우리알로스 호는 사령관 로슬린 웨미스 제독이 몸소 지휘하는 홍해 함대의 기함이었다.

이 소식을 전달받은 브레몽 대령은 그 젊은 대위가 파이살의 진지에서 관찰한 내용이 무엇인지, 어떤 의도를 갖고 레지널드 윈게이트에게 이야기했는지 알고 싶어 조바심이 났다. 그는 로렌스와 웨미스를 지체 없이 만찬에 초대했다. 그리고 세 사람이 만난 자리에서 로렌스 대위가 주장하는 바는 프랑스군 대령 브레몽이 아라비아에서 이루려는 것과 정면으로 충돌한다는 사실이 명백해졌다.

9월 초, 제다에서 업무를 개시한 이래 브레몽은 연합군이 거대한 규모로 헤자즈에 주둔하는 방향으로 로비를 펼쳐왔다. 그의 주장은 후세인 반군의 전투력이 형편없다는 판단에 기인한 측면도 있었다. 이에 따라 자신이 지휘하는 군사기술 자문단 200여 명이 이집트에서 빈둥거리고 있다며, 이들을 라베그로 데려와 아랍군을 어엿한 군대로 개조하는 과업에 착수하게 해달라고 여러 차례 건의한 상태였다. 물론 그 정도 소규모 병력으로 터키군의 공세에 맞서 라베그를 지키는 것은 불가능하므로 상당한 규모의 영국군(최소 1개 여단, 가급적 2개 여단 정도)을 이집트에서 옮겨와야 지역의 안전을 보장할 수 있다고도 주장했다. 프랑스군 대령 브레몽이 이 뜻을 이루었다면 서구 제국이 헤자즈에 파견한 군대 규모는 (브레몽 자신과 윌슨, 파커 그리고 라베그 해변 곳곳에서 일하는 영국군 군수장교 등) 한 줌밖에 안 되는 집단에서 3000~1만 명에 이르는 대부대로 탈바꿈할 수 있었다.

이와 같은 상황에서 언급하지 않은 채 남겨둔 문제는 대규모 전투 부대의 헤자즈 배치가 프랑스의(어쩌면 브레몽 대령의) 비밀 계획과 어떤 식으로 맞물리게 하느냐였다. 연합군이 다수의 병력을 헤자즈에 파병할 경우 아랍 반란을 감시 및 통제하면서 혁명의 열기가 북쪽에 있는 시리아까지 퍼지는 것을 예방하기가 훨씬 더 쉬웠다. 나아가 프랑스는 영국군 병사 수천 명에 자국군 200여 명을 보태는 최소한의 투자로 중동지역에 군사적 입지를 마련하는 동시에 영국의 동반자로서 동등한 권리까지 주장할 수 있었다.

이와 같은 발상을 간파한 카이로 주둔 이집트 원정군 사령관 아치볼드 머리 장군은 브레몽의 속셈을 완전히 확인하기도 전에 싸늘한 반응을 보였다. 저 멀리 시나이 반도 너머 팔레스타인 남부를 공격하는 임무를 맡은 머리 장군은 독일군에게 던져줄 싱싱한 육신을 찾느라 혈안이 된 서부전선 지휘관들에게 주기적으로 병력을 빼앗기던 차에 아라비아라는 '지엽적인 문제'로 자기 병사들을 내어준다는 것은 말도 안 된다면서 완강하게 반대했다.

브레몽에게는 레지널드 윈게이트에게 접근한 성과가 훨씬 나았다. 사실 아랍 반란의 중요성을 맹신하는, 그러나 반란군 스스로는 결코 승리를 쟁취할 수 없다고 믿어 의심치 않는 프랑스 사람에게 수단 총독은 최고의 동지였다. 브레몽의 조언도 조언이지만 이미 윈게이트는 아라비아에 파견한 윌슨과 파커(둘은 외국군이 상륙하지 않으면 반란군의 붕괴는 시간문제라고 여기는 사람들이었다)가 수시로 보내오는 정보를 기반으로 그런 믿음을 다져왔다. 물론 윈게이트에게는 아라비아로 보낼 병사들이 없었기 때문에 군대 이동에 관한 로비가 문제 될 일은 없었다. 군대를 보낸다면 이집트의 머리 부대에서 차출되어야 했다. 브레몽은 이제 아랍 반란군의 패배 소식이 한 번만 더 들려오기만을 기다릴 뿐이었다. 그때 윈게이트와 힘을 합해 머리를 따돌리고 런던에 직접 군대를 요청한다면 연합군이 아라비아에 파병되리라 생각했다.

브레몽은 오래 기다릴 필요가 없었다. 사실 로렌스가 옌보에 발이 묶였던 바로 그 며칠 동안 기회를 포착한 상태였다. 10월 말, 터키 대군이 라베그로 쳐들어온다는 소식이 들려왔다. 그러자 항구도시 라베그 주위 언덕에 진을 친 아랍군 수비대 내부에는 공포가 엄습했고, 놀란 병사들은 바닷가로 도망쳤다. 그러자 윈게이트와 브레몽은 재빨리 움직였다. 윈게이트는 런던으로 전보를 보내 영불 연합군이 라베그에 상륙할 태세를 갖추어야 한다고 촉구했다.[6] 윈게이트가 앞장서자 브레몽이 뒤이어 영국 외무성에 전갈을 보내 휘하 부대와 대포를 라베그로 곧장 이동시킬 준비가 끝났다고 선언하는 한편 "충분한 호위 없이 상륙하는 것은 적에게 목숨을 맡기는 셈이므로 대단히 무모한 작전이 될 것"임을 덧붙였다. 프랑스군 대령이 기대하는 적절한 "호위" 규모에 관해서는 윈

게이트가 자국 정부에 전달한 세부 내용에 포함한바 최소 6개 대대, 곧 6000명에 이르는 병력이었다.7

이처럼 절박한 호소에 직면한 런던의 전쟁 내각은 제안을 승인하는 쪽으로 거의 기울었다. 당장 6000명의 병력을 내놓아야 하는 머리 장군이 반대 의견을 거듭 호소하지 않았다면 실제로 승인이 떨어졌을 것이다. 11월 2일, 전쟁 내각은 이집트 주둔군에서 병력을 차출하는 대신 브레몽과 윈게이트가 어떻게든 병력을 끌어모아 우선 라베그에 상륙하라고 지시했다. 두 책략가의 협력을 깨끗이 원점으로 되돌리는 결정이었다.

브레몽은 런던이 내린 결정에 크게 낙심했다. 하지만 같은 날 접하게 된 새로운 정보로 인해 기운을 차릴 수 있었다. 앨프리드 파커가 라베그에서 보고하기를, 현재 도시로 진격하는 터키군 병사는 전혀 보이지 않으며, 터키군이 도시를 향해 이동한 적도 없다는 것이다. 그렇다면 이 모든 소동이 헛소문 때문에 발생했다는 것 아닌가. 이 민망한 상황에 대해 파커는 다음과 같이 따끔하게 언급했다.

"이 사건으로 라베그 수비대가 적군의 침입을 막아낼 수 없다는 사실이 입증되었다. (…) 내 생각에 최선의 해답은 영국 정부[전쟁 내각]가 결정을 재고해서 라베그에 육군 여단을 상륙시키는 것이다."8

브레몽에게는 아름다운 선율과도 같은 말이었다. 그는 조만간 전쟁 내각에 호소할 기회가 다시 찾아오리라 확신할 수 있었다. 무엇보다 헛소문에 혼비백산하는 반란군이라면 터키군이 진짜로 공격했을 때 무슨 일이 벌어지겠는가?

T. E. 로렌스가 제다에 다시 나타난 것은 정확히 이 시점이었다. 로렌스는 라베그에서 알리를 만나고 함라에서 파이살을 만난 경험을 바탕으로 어떤 연합군이건 간에 아라비아에 배치된다면 무조건 최소 규모

여야 한다고 확신했고, 프랑스 영사관 만찬에서 그러한 내용을 자세히 설명했다. 후세인의 반란군은 영국이든 프랑스든 기독교를 신봉하는 '이교도' 국가가 무기와 자문단을 보내준다면 얼마든지 수용할 것이며, 이를 바탕으로 군사 훈련에 매진할 것이라고 했다. 하지만 그 이상은 유럽의 침략이라는 공포심에 기름을 부어 아랍 반란을 안에서부터 붕괴시킬 것이라는 논리였다.

이는 상식적인 사람이라면 받아들일 수 없는 분석이었고, 브레몽 역시 결코 동의하지 않았다. 종교적 문제는 접어두더라도 병력 지원 자체가 필요치 않다는 로렌스의 주장은 브레몽에게 큰 충격을 안겨주었다. 로렌스가 보기에 아랍 전사들의 방어력은 막강했다. 메디나와 해안지역 사이에 존재하는 험하고 좁은 협곡들을 제대로 활용할 경우 터키군이 어떤 식으로 공세를 취해도 난공불락의 위치를 점할 수 있기 때문이다. 아랍 반란군이 고지대를 장악하는 한, 지형적으로 터키군이 포격과 공습으로 우위를 차지하기는 어렵다. 결국 반란군이 밀릴 위험이 없으므로 라베그는 완벽히 안전했다.

예의 바른 편인 브레몽은 반란군을 고작 하루 동안 관찰한 사람한테서 이런 결론이 나왔다는 점을 꼬집지는 않았다. 다만 최근 라베그를 에워싼 고지대에서 반란군이 줄행랑을 놓은 사실과 상충한다는 점을 지적하지 않을 수 없었다. 헛소문에 겁먹고 쉽게 달아날 정도라면 반란군들이 난공불락의 지형적 이점을 활용할 것이라고 확신하기는 어렵지 않을까. 이와 같은 질문의 연속선상에서 로렌스는 오히려 더 강한 확신을 품었던 듯하다. 라베그에서 겁을 집어먹은 반란군은 알리의 병사들이지 파이살의 병사들이 아니며, 따라서 파이살이야말로 반란의 진정한 우두머리라는 생각이었다.

이와 같은 선언은 그 어느 때보다 브레몽을 대경실색케 했다. 대령은 아직 파이살을 만난 적이 없었다. 그러나 후세인의 셋째 아들이 타고난 리더, 결단력 있는 지도자라는 평가 역시 들어본 적이 없었다. 브레몽은 곧바로 파리에 보고했다.

"(파이살은) 말이 많지만 귀담아들을 이야기는 아무것도 없는 인물입니다. 하는 일이 아무것도 없어서 영향력이 미미한 실정입니다."9

프랑스 정부가 보기에도 파이살의 영도력을 강화한다는 발상은 의외였다. 무엇보다 그는 여느 형제들과 달리 유럽 열강에 대한 불신이 강했다. 그가 시리아의 아랍 독립 지지파와 오랫동안 끈끈한 관계를 유지했다는 점도 문제였다. 제말 파샤가 독립 지지파를 제거했다고 하나 조직의 일부가 여전히 작동하고 있다는 데는 의심할 여지가 없었다. 아랍 반란이 시리아까지 확산되지 않기를 열망하는 프랑스로서 파이살의 득세보다 우려스러운 사태는 없었다.

브레몽으로서는 로렌스를 몇 가지 구체적 사실 말고는 허무맹랑한 주장을 펼치는, 순진함과 자기애로 가득한 성가신 만찬 손님으로 매도하고 싶었을 것이다. 로렌스는 실제로 그러했기 때문이다. 자신의 관점을 말할 때 그의 표정에는 조금의 흔들림도 없었다. 특히 군사 원칙에 관해서라면 하극상을 저지르고도 남을 정도였다. 이 차디찬 눈빛의 영국군 대위는 자기와 다른 의견이 제시되면 나이와 계급에 관계없이 정면으로 맞섰다. 게다가 로렌스는 웨미스 제독에게 영향력을 행사할 수 있는 사람이었다. 제독이 과거에 연합군의 아라비아 배치에 관해 어떤 견해를 내비쳤건 간에 로렌스에 대해 깊은 인상을 받은 것만은 분명한 데다, 지금 둘은 매우 비슷한 견해를 지니고 있기 때문이다. 사실 웨미스 제독은 하르툼으로 가는 로렌스와 동행해서 윈게이트를 함께 만날 작정이었다. 자연히 에두아르 브레몽 입장에서는 그때까지 자신이 가장 가깝게 지내온 영국 측 인사를 그 둘이 손잡고 찾아갈 경우 무슨 일이 벌어질까 노심초사할 수밖에 없었다.

그날 제다의 프랑스 영사관에서 만찬이 열린 이후로 브레몽 대령은 로렌스가 파이살의 '부하'로 전락했다고 힐난하기 시작했다. 지난 몇 달간 로렌스라는 인물에 대해 알게 되었는데, 이 건방진 꼬맹이 영국군 대위가 이기적인, 심지어 사악한 동기로 파이살을 띄우느라 상황을 망치고 있다는 식이었다. 그러나 영국군 여단을 아라비아에 배치하면 올바른 군사 지휘 체계를 수립할 수 있으며, 그럴 경우 로렌스 대위처럼 탁상공론에 익숙한 애송이 장교는 할 일이 없어질 거라고도 했다. 또한 연합군이 개입하지 않으면 후세인의 여러 아들이 반란을 이끌어야 하는데, 로렌스는 유약하고 결단성이 부족한 파이살을 앞세워 아라비아의 킹메이커가 되려 한다고 헐뜯었다.

―――

로렌스가 파이살의 산중 진지를 향해 길을 나선 10월 22일 당일, 스코틀랜드 북부에서는 대단히 기이한 드라마가 펼쳐지고 있었다. 사건은 스칸디나비아와 미국을 오가는 정기 여객선 오스카2세 호가 오크니 제도의 소도시 커크월[오크니 제도는 영국 북쪽 해상에 70여 개의 섬으로 구성되어 있으며, 커크월은 주도主都]에 석탄을 공급하기 위해 해안으로 진입하면서 시작되었다.

덴마크를 떠나 뉴욕을 향하는 오스카2세 호는 두 중립국 사이를 운항하는 중이었지만, 오크니 제도 자체는 영국군에게 민감한 지역이었다. 군항인 스캐파플로에 전시 영국 해군의 총사령부가 위치해 있었기 때문이다. 이에 따라 스파이와 테러를 상시 감독하는 영국 경찰 단속반이 승객의 여권과 수하물을 검사하기 위해 일상적으로 이 스웨덴 선적

^{船籍} 여객선에 오르곤 했다. 그런데 단속반은 이날 무척 흥미로운 승객을 발견했다. 건장한 체구에 나이는 41세, 오스만 시민권을 소유했으며 최근 독일에서 중립국 덴마크로 넘어온 인물이었다.

단속반원들은 다른 승객들이 훤히 내려다보는 갑판에 사내를 세워두고 그가 머물던 객실을 뒤지기 시작했다. 그러고는 역시 다른 승객들이 멍한 표정으로 지켜보는 가운데 오스카2세 호 선장에게 객실 내부가 "온통 독일 물건 천지"라고 큰소리로 일러주었다.[10] 결국 그 사내는 여객선에서 경찰 단속선으로 옮겨 타야 했고, 키크월 호텔에서 삼엄한 경비를 받으며 하룻밤을 보냈다. 이어 런던으로 압송당한 그는 10월 25일 오전에 런던 경찰청 수사국장 바실 톰프슨에게 취조를 받게 되었다. 그는 전시 영국 내부의 반역 및 간첩 행위 관련 수사를 총괄하는 사람이었다.

영국이 아론 아론손을 억류하고 있다는 소식은 오스카2세 호가 뉴욕에 도착한 뒤에야 세상에 알려졌다. 이 소식은 특정 부문의 인사들, 즉 미국 내 시온주의자와 농학자 공동체에 동요를 일으켰다. 두 집단은 전쟁 전 아론손이 미국을 방문했을 때 찾았던 곳으로, 이곳 사람들은 유대인 농학자가 동맹국의 하수인이라는 혐의로 키크월에서 붙잡혔다는 사실이 도저히 믿기지 않았다. 하지만 전쟁이 터지고 수많은 유대인 이주민이 중립국이나 영국 치하 이집트로 달아나는 상황에서 그가 오스만 치하 팔레스타인에 남기로 한 결정은 불온해 보이기도 했다. 더욱이 전쟁으로 폐허가 된 유럽 한복판을 거쳐 덴마크로 이동하는 그의 여정 또한 수상할 수밖에 없었다. 터키와 독일 양국 정부의 고위 관리들이 허락하지 않고서는 실행에 옮길 수 없는 이동 경로였기 때문이다.

오스카2세 호에 아론손과 동승했던 승객 중 적어도 한 명은 그의 결백을 믿어 의심치 않았다. 유대계 독일인이자 사교계 명사인 올가 베른

하르트였다. 여객선이 코펜하겐을 떠난 뒤로 농학자와 매우 가까운 사이가 된 올가는 미국에 도착하자마자 아론손의 누명을 알리기 위해 백방으로 뛰었다. 하지만 『뉴욕이브닝포스트』가 위험한 터키 첩보원이 붙잡혔다는 식으로 아론손의 체포 소식을 기사화하자 그녀의 노력은 역풍을 맞아 위축될 수밖에 없었다.[11] 미국 농학계와 유대인 공동체 내부의 아론손 구명운동 역시 흐지부지되고 말았다.

아론손은 아무래도 좋았다. 커크월에서 '체포'당한 것은 사실 치밀한 속임수였기 때문이다. 그는 스파이였다. 아니, 적어도 스파이가 되기를 간절히 바라는 사람이었다. 오스카2세 호에서 체포당한 것, 즉 대중이 지켜보는 곳에서 붙잡힌 것과 경찰이 수하물에서 무엇이 발견되었는지 승객들 앞에서 크게 떠벌린 것도 사실 독일과 터키 정보 당국의 방첩 요원들로 하여금 더 이상 냄새를 맡지 못하게 함으로써 팔레스타인에 구축한 자신의 첩보망을 보호하기 위한 정교한 조작극이었다. 아론손이 갑자기 사라지는 식으로는 위험했다. 적어도 그의 관심이 이제 미국으로 옮겨갔다고, '터키가 보낸 위험한 첩자'를 소가 뒷걸음치다 쥐 잡는 격으로 오스카2세 호 갑판에서 영국이 그를 체포하게 되었다고 독일과 터키가 '믿어야' 했다. 이와 같은 최종 목적을 고려할 때 『뉴욕이브닝포스트』에 실린 아론손의 얼굴 초상은 일종의 보너스였다. 커크월 호텔 숙소에 갇힌 그날 밤, 아론손은 자신의 일기장에 이렇게 썼다.

"게임은 아직 끝나지 않았다."[12]

실로 마라톤처럼 장구한 게임이었다. 제말 파샤가 내준 여행허가증 베시카를 손에 쥔 아론손이 팔레스타인을 떠난 지 어느덧 석 달이 지나 있었다. 우선 콘스탄티노플에서 빈으로 이동하는 데 필요한 서류를 확보하기 위해 행정의 미로를 헤매는 동안 한 달이라는 시간이 흘렀다. 오스트리아 수도에서 베를린으로 이동하기는 식은 죽 먹기였다. 그러나 중립국 덴마크로 넘어가는 방법을 찾는 과정에서 또다시 한 달을 지체하고 말았다. 9월 중순, 과학자 아론손은 국경을 통과할 수 있었으나 고비들이 잇따랐다. 우선 영국군 정보기관과 접촉할 방법이 문제였고, 그런 다음에는 그들에게 자기 말이 진실임을 증명하는 게 문제였다.

덴마크 주재 영국군 첩보 담당자들은 특히 후자의 경우 확신을 가질 수 없었다. 망설이던 그들은 이런 문제는 런던 경찰청 소관이라고 판단했다. 10월 중순, 그들은 19일에 코펜하겐을 떠나는 오스카2세 호에 아론손을 태우기로 하고 커크월에 기착하면 그곳에서 사흘간 억류하도록 조치했다. 그리하여 마침내 영국의 주의를 끌기 위해 1년 넘게 필사적으로 노력해온 첩보원 지망생은 '무리'에 받아들여졌다.

아론손은 오스카2세 호 출항을 기다리면서 이제 돌아올 수 없는 강을 건너는 것이라고 생각했다. 앞으로 무슨 일이 벌어질지 모르며, 팔레스타인에서 과학자로 살았던 지금까지의 인생은 영원히 사라졌다고 말이다. 그는 코펜하겐에서 편지 몇 통을 암호로 작성한 다음 아틀리트에 있는 동지들에게 전달되기를 바라는 마음으로 연락책에게 넘겼다. 그 중에는 독일과 터키 정보 당국의 검열을 고려하여, 뉴욕으로 곧 떠난다는 행복한 기대감으로 가득한 편지도 있었다. 그러나 특정 단어와 문구를 이용해서 실제 목적지가 영국임을 알렸다.[13]

아론손은 미국 연방판사이자 아틀리트 연구소를 후원하는 미국인 줄리언 맥에게도 편지를 썼다. 이 편지에 그는 자신이 위험한 여정에 나서는 이유를 사실 그대로 밝혔다. 어떤 면에서는 (실제로 나중에 스스로 표현한 것처럼) 고백서이고 다른 면에서는 선언문이기도 한 이 편지에 그는 지난 2년 동안 팔레스타인에서 무슨 일이 벌어졌는지, 자신에게 피난처를 제공한 나라를 배신하고 떠나는 까닭을 고통스러운 필치로 서술하고 있다.

"내가 그 나라를 떠나서 공공연히 영국 편에 가담해 활동했다면 상황은 이미 심각하게 악화되었을 것입니다. 내 신분과 지위도 심각한 타격을 입었을 것입니다. 하지만 나는 더 나쁜 길을 택했습니다. 나는 내가 있는 곳에서 일을 벌였고, 전체 운동을 조직했으며, 정보기관과 연계를 맺었습니다. 사람들은 이런 단어를 입 밖에 내는 것조차 두려워하지만, 나는 고상하게 말하기 싫습니다. 명확히 표현하겠습니다. 나는 스파이가 되었습니다."

아론손은 이 편지를 또 다른 유대계 미국인 후원자들에게 보여주어도 좋다고 했다. 그들 중 많은 이는 아론손을 시온주의자로 여기지 않았기에 편지 내용에 충격을 받을 게 분명했다. 과학자 아론손이 편지에서 자신과 동지들이 무엇을 위해 싸우는지 사뭇 과장된 연설조로 설명한 것은 바로 이 때문이었을 것이다.

"우리가 이러는 것은 절대로 더러운 돈 때문이 아닙니다. (…) 명예를 얻기 위함도 아닙니다. (…) 복수를 위해서도 아니고, 유대인 민족에 기여하기 위해서도 아닙니다. (…) 그저 우리가 해야 할 일이라고 생각합니다. 우리는 스스로 헌신하고자 마음먹은 선과 정의와 대의명분을 신봉할 만큼 여전히 어리석은 사람들입니다."[14]

이 정도에서 그쳤다면 나쁘지 않았다. 하지만 고결한 정신만으로는 바실 톰프슨을 충분히 만족시킬 수 없었다. 톰프슨은 런던 경찰청 수사국장으로서 1916년 말까지 수백 명에 이르는 스파이 지망자를 심문하고 영국에서 두더지처럼 암약하는 수많은 독일 첩자를 적발해온 인물이었다. 그런데 10월 25일에 집무실로 잡혀온 이 사내는 이력이나 최근 행적만 봐서는 도무지 확신이 서지 않았다.

결국 톰프슨은 아론 아론손의 이야기를 들으면 들을수록 그 내용이 거짓말이 아니며, 비록 자기편을 돕기 위한 것이기는 하나 영국을 도우려고 안달이 난 데다 실질적으로 그러한 능력과 통찰력을 갖춘 사람이라고 믿게 되었다. 아론손이 꼼꼼하게 관찰한 터키군 전시 체제의 세부 내용(어느 정도 한물간 정보였겠지만 아론손은 현지에 최신 정보들을 꾸준히 제공할 첩보망을 구축했다고 주장했다) 때문만은 아니었다. 오히려 그 지역의 모든 측면에 관한 백과사전을 방불케 하는 아론손의 지식이 더 크게 작용했다. 심문관에게 결정적 순간이 찾아온 것은 팔레스타인 공세를 위한 전주곡으로 시나이 반도를 가로지르는 영국 육군의 이동 속도가 한없이 느린 원인에 대해 들었을 때였다.

불모의 땅에서 전진하는 게 빙하가 움직이듯 더딜 수밖에 없는 가장 큰 원인은 이집트로부터 물을 공급받아야 하기 때문이었다. 이 말은 수도관과 철도를 깔아야 한다는 뜻이었다. 하지만 아론손에 따르면 이 모든 어려움은 극복할 수 있는 문제였다.

"사막에도 물이 있습니다. 지표면에서 90미터 밑에 흐르고 있지요. 당신들은 땅을 파기만 하면 됩니다."

"당신이 그걸 어떻게 알지요?"

톰프슨이 묻자 아론손이 어깨를 으쓱하며 대답했다.

"암석층을 보면 알 수 있습니다. 플라비우스 요세푸스[1세기 유대계 로마인 역사가]도 분명히 언급했어요. 그는 카이사레아[이스라엘 서북부에 있는 고대 항구도시]에서 남쪽으로 하루 종일 걸어도 온갖 식물이 무성하게 자란 정원이 이어졌다고 적었습니다. (…) 정원이 있는 곳이라면 물도 있었겠지요. 그런데 이 물이 지금은 어디에 있을까요?"

"당신이라면 어떻게 하겠소?" 톰프슨이 물었다.

"내가 영국 육군과 함께 있다면 어느 곳에 드릴을 박으라고 기술자들한테 알려줄 수 있습니다. 장담컨대 병사들이 실컷 마시고 남을 정도로 물을 얻을 수 있어요. 카이로에서 물 한 방울 가져올 필요가 없죠."[15]

그의 말에 크게 감화된 톰프슨은 아론손을 영국군 통합사령부, 즉 런던 화이트홀 거리에 있는 대영제국 참모본부에 보내기로 결정했다. 그곳의 젊은 소령 월터 그리본은 농학자로부터 더 자세한 이야기를 듣기로 했다. 이는 아론손을 어떻게 처리해야 할지 결정하기 위한 첫 번째 단계였다. 런던에 도착한 지 사흘째 되는 10월 28일, 아론손은 뉴욕에 있는 동생 알렉산더와 리브카에게 편지를 썼다. 드디어 영국에 도착했다는 안도감에 "지난 며칠 밤 악몽에 시달리지 않고 마음 편히 잘 수 있었다"면서도 후회막급의 심정을 털어놓았다.

"다행히도 나는 이곳에서 열린 마음으로 내 말에 귀 기울이는 사람을 여럿 만났단다. 우리 (영국인) 친구들이 진작 좋은 정보를 얻었다면 분명히 더 나은 결과를 얻었겠지. 그리고 내가 이곳에 일찍 왔다면 우리 뜻을 이루는 데 더 많이 기여할 수 있었겠지. 우리 나라가 겪는 고통을 크게 덜어주고, 우리 친구들에게도 더 많은 도움을 줄 수 있었을 거야."16

아론손은 이런 편지를 쓸 때까지만 해도 앞으로 얼마나 심각한 상황을 맞을지 알 수 없었다. 바로 전날, 월터 그리본과 마주 앉아 아론손이 진술하고 있을 때 통통한 체구에 30대 중반으로 보이는 한 남성이 방에 들어오더니 가만히 앉아서 살펴보기 시작했다. 그리본이 잠시 취조를 중단하자 그 남성이 아론손에게 말을 건넸다. 시온주의에 대한 그의 견해를 알고 싶다면서, 유대인 세계의 정치적 지향이라는 드넓은 스펙트럼 가운데 본인은 정확히 어디에 위치한다고 생각하는지를 물었다. 아론손의 이야기를 귀 기울여 듣던 그는 명함 한 장을 건네면서 사흘 뒤 오전 9시 30분에 명함 속의 장소에서 만나고 싶다고 했다. 아론손은 기꺼이 그러겠다고 대답했다. 명함에 적힌 주소는 브로드웨이게이트 30번지, 하원의원 마크 사이크스 경의 런던 주소지였다.

1916년 11월 15일, 길버트 클레이턴 준장은 주인과 하인의 관계만큼이나 유서 깊은 질문을 붙잡고 씨름 중이었다. 들키지 않고 상관의 계획을 망치려면 어떻게 해야 할까? 그날 클레이턴은 실현 가능한 계획을 뽑아내고 싶었다. 그래서 부하 가운데 한 명인 T. E. 로렌스 대위와 상의하고 싶은 마음이 그 어느 때보다 간절했지만 불행히도 로렌스는 연락이 닿을 수 없는 곳에 있었다. 로렌스는 지금 하르툼과 카이로 사이 1600킬로미터에 걸쳐서 이어지는 사막 또는 나일 강 일대 여러 소도시 가운데 어딘가를 지나고 있을 터였다.

문제는 레지널드 윈게이트가 아라비아에 대한 대규모 군사 개입을 성사시키기 위해 또다시 런던을 상대로 로비를 펼치고 있다는 사실이었다. 그런데 이번에는 로렌스와 셰이크 파이살도 좋아할 거라는 주장을 곁들이고 있었다. 로렌스가 윈게이트에게 무어라 말했는지는 본인이 입을 열기 전에 확인할 도리가 없으니 윈게이트의 계획을 뒤엎는 것 역시 쉬운 일이 아니었다.

하지만 어느 쪽을 선택하건 간에 길버트 클레이턴은 이미 확실히 유리한 고지를 선점한 상태였다. 영국이 전시 이집트에 만들어놓은 미로와도 같이 복잡한 관료주의 덕분이었다. 클레이턴의 권한이 어디서부터 어디까지인지 정확하게 아는 사람은 아무도 없었다. 이와 같은 모호함으로 인해 가느다란 콧수염에 수더분한 인상의 영국군 첩보단 우두머리는 과거에도 여러 위기를 모면할 수 있었다. 그리고 이제 다시 그 모호함의 덕을 보게 될 참이었다.

전쟁 발발 당시 클레이턴은 카이로 주재 영국군 정보대의 책임자로, 1914년 말 로렌스를 비롯한 요원들이 사보이 호텔 객실에서 수행하는 업무를 총괄 감독하는 위치였다. 아울러 모든 상황을 간단명료하게 정리해서 이집트를 통치하는 행정수반 헨리 맥마흔 고등판무관에게, 궁극적으로는 런던 외무성에 보고하는 위치이기도 했다.

오스만 제국에 대한 영국 전쟁성의 군사 전략상 이집트가 중심 무대로 변화하자 정보대의 원활하던 지휘 체계도 음모와 논쟁으로 얼룩지고 말았다. 기존의 행정 집단과 새로 배치된 이집트 원정군 장성들 사이의 세력 다툼이 불가피했고, 그 결과 (카이로에 갑자기 북적대기 시작한) 전쟁성의 지휘를 받는 정보부대원들은 외무성의 지휘를 받는 경쟁자들에게 관대히 대할 이유가 없어졌다. 여기에 클레이턴이 이끄는 정보대가 1916년 초 한층 명료한 권한을 부여받고 아랍국Arab Bureau 산하에 배속되자 긴장감은 더욱 고조되었다. 그 뒤로 몇 달 동안 이집트 원정군 총사령관 아치볼드 머리 장군은 클레이턴의 조직을 맥마흔으로부터 빼앗으려 노력했지만 결국 성공하지 못하고 감독권 비슷한 권한만 겨우 얻어낼 수 있었다.

그러나 카이로의 주도권 경쟁은 사실 삼파전이었다. 1600킬로미터나 떨어진 하르툼에 머물면서 갈등을 증폭시킨 마지막 경쟁자는 레지널드 윈게이트였다. 그는 수단의 총독이자 머리의 이집트 원정군과 전혀 별개인 이집트 주둔군의 시르다르sirdar(총사령관)를 겸하고 있었다. 예상할 수 있듯이 맥마흔과 머리와 윈게이트는 서로 친밀하지 않은 관계였다. 오히려 런던이나 영국령 인도의 정치판에서 나머지 한 명을 고립시키기 위해 두 명이 합종연횡하는 사이였고, 각자 이집트 수도에 자기만의 이해관계와 지지 세력 및 반대 세력을 보유한 사람들이었다. 이들 위에는 공식적으로 현지 이집트 정부가 존재했다. 비록 이빨 빠진 호랑이 신세였지만, 영국 관리들은 이집트 실제 거주민들의 요구를 중시하는 인상을 심어주기 위해서라도 형식적이나마 협력하는 시늉을 해야 했다.

이처럼 비집고 들어갈 틈이 없을 만큼 끊임없이 갈등이 이어지는 과정에서 유독 한 명의 이름이 놀라울 정도로 자주 등장한다. 바로 길버트 클레이턴이었다. 1916년 가을, 그는 정보대장이자 (맥마흔의 지휘를 받는) 아랍국의 수장, '시르다르의 카이로 요원'(윈게이트), 이집트 원정군(머리)과 이집트 행정부(맥마흔) 사이의 연락담당관을 겸하고 있었다. 남는 시간에는 이집트 국내 첩보망을 지휘해서 현지 반체제 지도자들과 토착 이집트 정부 대표자들을 감시했는데, 두 부류가 동일 인물인 경우가 많아서 그나마 일손을 덜 수 있었다. 로렌스는 훗날 클레이턴에 대해 이렇게 회고했다.

"그의 영향력을 세세하게 규명하기란 쉽지 않았다. 물과 같은 사람이었고, 골고루 스며드는 기름 같기도 했다. 언제나 말없이 다가가서 끈질기게 물고 늘어졌다. 클레이턴이 어디에 있고 어디에 없는지, 실제로 얼마나 많은 것을 쥐고 있는지는 그 누구도 알 수 없었다."[17]

역설적으로, 그해 11월 그가 여러 경쟁자를 상대로 만지작거린 방해공작들을 고려할 때 길버트 클레이턴과 개인적으로 가장 가까운 사람은 윈게이트라는 사실을 알 수 있다. 하얀 콧수염이 인상적인 50대 중반의 말끔한 신사 윈게이트는 동아프리카에서 전설적인 인물이었다. 1890년대 마디 전투에서 키치너와 나란히 싸웠고, 그 후 현지에 눌러앉아 17년 동안 영국령 수단을 다스렸다. 그 기간 중 5년 동안 윈게이트의 개인 비서로 하르툼에서 일한 사람이 바로 클레이턴으로, 그는 윈게이트의 정치적 식견에 깊이 감화되어 있었다. 윈게이트는 그 지역에서 근무하는 영국군 지휘관들 가운데 1916년 여름에 터진 아랍 반란의 중요성을 처음으로 깨닫고 런던을 향해 부단히 자기 견해를 피력하기도 했다.

하지만 거듭해서 발목을 잡는 난제가 있었다. 아라비아에 관해서 윈게이트가 받아보는 정보란 대부분 자신이 수단에서 파견한 두 명의 부하 시릴 윌슨과 앨프리드 파커 또는 에두아르 브레몽 대령에 의존한 것이었다. 시르다르는 그들로부터 반란군이 무능하다는 지루하기 짝이 없는 주장과 더불어 대규모 연합군이 요구된다는 후렴구만 귀에 못이 박히도록 들어야 했다. 이는 모든 아랍국 구성원이 강력하게 반대하는 방안이었다. 클레이턴이 10월에 T. E. 로렌스를 헤자즈로 보내 진상을 파악하도록 지시한 데는 사태에 대한 새로운 시각을 얻을 수 있으리라는 기대가 깔려 있었다. 클레이턴이 예상한 대로 로렌스의 헤자즈 방문은 연합군 증파가 어리석은 짓이라는 믿음을 강화시켰다. 이러한 맥락에서 클레이턴은 로렌스가 하르툼으로 가서 윈게이트에게 직보하는 방안을 승인한 것이다.

처음에는 그런 책략이 먹히는 듯 보였다. 로렌스가 하르툼에 도착한 날은 11월 7일로, 윈게이트가 연합군의 개입을 처음 요청했으나 전쟁성이 거부한 지 며칠 지나지 않은 시기였다. 로렌스가 들려준 모든 말은 윈게이트에게 크나큰 위안이 될 수밖에 없었다. 아라비아에 관한 로렌스의 지식과 파이살 부대의 방어 역량에 대한 설명에 감탄한 윈게이트는 그날 곧바로 클레이턴에게 전보를 쳤다. 극적으로 축소한 계획을 지시하는 내용이었다. 이는 브레몽이 거느린 군사기술 자문단을 헤자즈로 파견하는 동시에 파이살의 전사들에게 영국군 호위병 수천 명이 아니라 "그들이 라베그 인근 고지대를 계속 지키도록 격려하는 데 필요한 (전투기와 대포, 기관총을 포함한) 도덕적, 물질적 지원"을 아끼지 말라는 것이었다.[18]

그러나 그 정도로 문제가 잘 해결되었다고 클레이턴이 생각했다면 오판이었다. 바로 다음 날인 11월 8일, 프랑스 정부는 전쟁 내각에 결정을 재고하라고 압력을 넣었기 때문이다. 그리고 브레몽 휘하의 군사기술 자문단이 당장 라베그에 파견되길 바란다는 점을 강조하면서도 다음과 같이 지적했다.

"이들은 영국 보병과 달리 야전에서 아무런 힘이 없다. 이런 부대를 덩그러니 라베그로 보낸다는 것은 희생을 감수하라는 뜻이다. 따라서 셰리프의 군대를 위해 마련한 대포와 기관총 역시 터키군의 수중에 떨어지고 말 것이다."[19]

그 직후 로렌스의 영향으로 다소 수위를 낮추긴 했지만 윈게이트는 브레몽과 프랑스 정부 측의 주장을 지지하는 견해를 보여주었다. 로렌스가 주장하듯 파이살은 터키군의 라베그 진격을 자력으로 막아낼 수 있을 테니, 실전 배치할 영국군 1개 여단을 준비하되 오직 "최후의 순간에" 상륙하겠다는 것이었다. 그리고 이런 방침은 전장을 실제로 둘러본 영국군 장교 로렌스 대위가 찬성한 것이라고 덧붙였다.[20]

카이로에서 이 전보를 받은 클레이턴은 말도 안 된다고 생각했다. 실전 배치를 준비한다면 그 병력은 실제로 배치될 수밖에 없다. 그럴 경우 로렌스가 경고해 마지않던, 아랍 반란을 안에서부터 무너뜨리는 상황을 초래할 것임이 분명했다. 로렌스가 이런 방안에 찬성했을 턱이 없다. 그러나 로렌스는 이 상황에 곧바로 답할 수 없었다. 11월 11일에 하르툼을 떠났기 때문에 카이로에 도착하기 전까지는 연락을 주고받을 수 없는 처지였다. 그동안 영국 전쟁 내각은 프랑스 정부의 압박 속에서 다음 수순을 고민해야 했다.

11월 16일, 클레이턴이 아랍국 사무실에서 로렌스와 마주 앉았을 때 무슨 대화를 나눴는지에 관한 기록은 전혀 없으며, 둘 다 그날의 만남을 자세히 회고하지도 않았다. 다만 주변적인 일화를 종합하면, 로렌스는 윈게이트가 자신의 말을 오해했다는 입장이었다. 혹여 자신이 윈게이트의 견해에 동의한 사실이 있다면 그것은 순전히 가정을 상정한 시나리오에 대해 대답한 것이라고 주장했다.

그러나 로렌스가 윈게이트와 만났을 때 의견을 얼버무렸다면, 또 다른 설명도 가능하다. 그가 하르툼에 도착하기 전날인 11월 6일, 헨리 맥마흔이 이집트 고등판무관 자리에서 물러난다는 발표가 있었다. 후 임자는 레지널드 윈게이트였다. 하르툼에서 이 소식을 접한 로렌스는 심한 압박감을 느꼈다. 바야흐로 영국의 권력 구조상 아라비아 파병을 가장 강력히 주장하는 인물과 마주 앉을 참인 데다 그 상대는 로렌스 자신이 몸담은 조직의 꼭대기에 올라섰다. 이런 점들을 고려할 때 가장 그럴듯한 시나리오는, 카이로에 돌아가면 어떻게든 상황을 되돌릴 수 있으리라는 희망을 가지고 하르툼에서 윈케이트를 대면할 때는 그의 견해에 동의했다는 것이다.

그랬다. 그가 이제부터 해야 할 일은 되돌리는 작업임이 분명했다. 로 렌스는 11월 16일 클레이턴과 면담을 마친 후 자기 자리로 돌아와서 헤 자즈 상황에 대한 새로운 보고서를 서둘러 작성했다. 굵직한 사항만 딱 딱하게 정리한 네 쪽짜리 보고서인지라 오독의 여지가 없었다. 하지만 아라비아에 대한 영국의 전략에 이보다 더 심오한 영향을 미친 문건은 없을 것이다. 로렌스는 이 보고서를 이튿날 길버트 클레이턴에게 제출 했다.

로렌스는 보고서에서 대규모의 연합군 병력을 촉구하는 모든 명분을 하나씩 거론하며 철저하게 논파했다. 파병주의자들의 주장에 담긴 모 순을 밝혀내는 방식이었다. 우선 터키군이 파이살의 산악 방어선을 무 너뜨려 라베그를 내주게 된다면, 윈게이트의 제안에 따라 어딘가에서 만일의 사태에 대비하던 연합군도 속수무책일 수밖에 없음을 지적했 다. 터키군이 산을 넘는다면 나흘 만에 라베그에 도착할 텐데 연합군이 완전무장을 마친 상태라 할지라도 이집트에 있는 병력을 이동시켜 실전 에 배치하기엔 턱없이 짧다는 것이다.

이어서 파이살의 전사들이 산을 지키고 있는 현재 상황에서 대군을 보내자는 주장이 얼마나 어리석은지를 밝혔다. 이 경우 영국에 대한 아랍인들의 뿌리 깊은 불신이 문제가 된다. 로렌스는 보고서에 이렇게 썼다.

"우리가 그들의 독립을 지지하는 한 양측은 돈독한 친구라 할 수 있다. 그들은 우리가 도와준 것을 진심으로 고맙게 생각하고 있지만, 우리가 도왔다는 이유로 나중에 무리한 요구를 받게 될 것을 걱정하고 있다. 사심 없이 돕는 것이라는 우리의 해명을 곧이곧대로 믿기에는 그동안 우리가 정복한 무슬림 국가가 너무도 많기 때문이다. 영국이 헤자즈를 점령할 것이라는 두려움으로 인해 영국이 진지를 구축할 만큼 강력한 병력을 라베그에 상륙시킬 경우, 그들은 셰리프의 허락 여부와 관계없이 '배신당했다'고 여겨 자기 고향으로 뿔뿔이 흩어질 것이다."[21]

물론 이 내용은 여타 파병 반대론자들이 내내 주장하던 것과 크게 다를 바 없다. 그러나 직접 현지를 둘러보고 온 자의 주장이라는 점에서 로렌스의 말에는 새로운 구석이 있었다. 그가 파이살의 진지로 이동하는 과정에서 발견했듯이, 라베그 주변 산간에는 영국군이 확인하지 못한 건천이 존재했다. 산악지대를 지키던 반란군이 각자의 고향으로 돌아가버린다면 (이는 연합군의 파병 움직임을 또다시 부추기겠지만) 터키군은 라베그를 공격할 필요 없이 그저 건천을 따라 메카로 곧장 진군하면 그만이었다. 이와 같은 시나리오를 따를 경우, 항구도시 라베그는 전략적 요충지에서 쓸모없는 항구로 전락하고 말 것이다.

로렌스는 이 정도로 주장을 마무리할 인물이 아니었다. 그는 브레몽 대령을 앞세운 프랑스군 수뇌부가 연합군의 헤자즈 상륙 계획을 주도하는(영국의 전쟁 내각이 갑론을박 끝에 무슨 결정을 내렸건 간에 무조건 밀어붙일 것처럼 보이는) 핵심 배후 세력임을 염두에 두고서 군사기술 자문단이 라베그로 건너가는 데 영국군 호위 병력이 필요하다는 주장을 공격했다. 터키군이 산지 방어선을 뚫고 라베그로 진격할 경우, 그들이 항구에 도착하기 전까지 연합군에게는 나흘이라는 시간이 있었다. 영국 해군이 프랑스 군사기술 자문단 200명을 완벽히 철수시키기에 충분한 시간이지만, 영국군 수천 명과 값비싼 보급품 전부를 빼내기는 어렵다는 게 그 근거였다. 그때까지 프랑스 쪽 주장에 숨겨진 이 맹점을 간파한 자는 놀랍게도 아무도 없었다.

로렌스는 프랑스의 계획이란 라베그를 지키려는 것이 결코 아니며, 오히려 아랍 반란을 내부에서 궤멸시킴으로써 중동에 대한 자국의 제국주의적 구상을 관철하려는 것이라 지적하고는 다음과 같이 주장했다.

"그들은 이렇게 말한다. '무슨 일이 있어도 아랍인들이 메디나를 차지해서는 안 된다. 연합군이 라베그에 상륙하면 이 문제는 해결된다. 부족을 대표하여 반란에 가담한 사람들은 집으로 돌아갈 것이고, 그러면 우리는 메카에서 셰리프를 지키는 유일한 방책이 될 것이다. 전쟁이 끝나면 우리는 보상으로 그에게 메디나를 줄 것이다.' 이는 그들이 세운 원대한 계획의 일부이자 확고부동한 정책이다. 하지만 그 결과 영불 연합군에게 남는 것은 황량한 라베그 해변을 지키는 칙칙한 기념비가 전부일 것이다."[22]

이 말은 영국의 최고 우방국을 향한 충격적인 비난이었다. 두 나라의 관계는 제다에서 브레몽 대령이 로렌스에게 했던 말의 연속선상 또는 순전히 부정확한 정보에 바탕을 둔 것이라는 뜻이기 때문이다. 그러나 프랑스에 대해 불편한 심기와 의혹을 키우던 영국군 수뇌부에게는 그다지 놀라운 내용이 아니었다. 당시 서부전선에서 영국군은 궤멸 상태의 프랑스군이 회복에 열중하는 동안 전투의 (그리고 죽음의) 주력군 노릇을 전담하고 있었다. 지난 다섯 달 동안, 영국군 사령관 더글러스 헤이그는 베르됭에서 궁지에 몰린 프랑스군 진지에 숨통을 터주느라 솜 강변에 배치된 독일군 참호를 향해 영국 병사들을 헛되이 돌격시키고 있었다. 그 결과 영국군은 솜에서만 40만 명의 사상자를 낳았다. 이는 프랑스군보다 두 배나 많은 숫자였다. 곳곳의 소규모 전선에서는, 프랑스가 알렉산드레타 작전을 끊임없이 가로막았던 그 방식과 영국군의 임박한 팔레스타인 공세에 대해 (영국이 성공을 거두어 전후에 자국이 차지하려는 지역을 점령하면 어쩌나 하는 걱정에서) 지속적으로 보여준 양면성을 알고 있는 영국군 지휘관이라면, 프랑스를 배신하는 데 따르는 대가를 치를 각오가 되어 있었을 것이다. 아울러 로렌스의 비난은 어떻게든 프랑스를 중동에서 몰아내려고 혈안이 된 영국 정부 내 제국주의 분파에게 반가운 소식이었을 것이다.

한마디로 로렌스의 보고서는 그동안 군사적 맥락에서 논의되던 연합군의 아라비아 배치 문제를 정치적 맥락으로 깊숙이 던져넣은 셈이다. 정확히 말하자면 영국의 권력 구조 내에서 아라비아 상륙을 지지하는 사람들은 아랍 반란을 분쇄하고 (영국군을 아라비아로 끌어들여) 팔레스타인 공세를 좌절시키려는 프랑스의 교묘한 덫에 빠질 수 있었다. 1916년 가을이 되자 "프랑스가 이용해먹기 좋은 바보"라는 별명은 영국군 장교로서는 가장 불명예스러운 평가로 통용되었다. 이는 본질적으로 로렌스가 레지널드 윈게이트에게 던지는 비난이었다.

이토록 선동적인 문건을 대체 어디에 어떻게 써먹어야 할까? 이것이 바로 길버트 클레이턴이 11월 17일 아침에 직면한 딜레마였다. 로렌스가 아랍국 소속인 만큼 클레이턴으로서는 먼저 아랍국 감독인 헨리 맥마흔에게 보고서를 전달하는 것이 순리였다. 하지만 맥마흔에게는 식상한 내용일 수도 있었고, 이미 고등판무관 자리를 떠날 인물이었다. 따라서 맥마흔이 로렌스의 보고서와 관련해서 무언가 조치를 취한다면 오히려 보고서의 효과를 약화시킬 뿐이었다. 반대로, 레지널드 윈게이트가 자신이 취한 확전주의적 노선의 착오를 깨닫고 생각을 고쳐먹기를 바라는 뜻으로 그에게 보고서를 보낼 수도 있었다. 물론 로렌스는 병력 대기라는 계획을 한껏 조롱해놓은 탓에 그 계획을 창안한 당사자로서는 보고서를 받았을 때 확실히 짜증이 솟구칠 것이었다.

그러나 정치적 갈등이란 어제의 적을 오늘의 동지로 만들 수도 있는 법이다. 아치볼드 머리 장군은 카이로에 도착한 뒤로 무슨 수를 써서라도 길버트 클레이턴과 그의 아랍국을 통제하거나 무력화하려고 애써왔다. 아랍국을 자신의 지휘권에 두려는 시도가 실패했을 때는 분노한 나머지 자신의 첩보 부대에게 클레이턴 쪽 요원들과 교류하지 말라고 한 적도 있다.[23] 하지만 11월 17일 아라비아 파병을 확고히 반대하는 머리의 입장이 클레이턴의 구미를 당기게 했다. 머리는 9월에 열린 기관별 확대회의에서 그 문제에 대해 자신이 느끼는 심정을 솔직하게 밝힌 바 있다. 이 자리에 참석한 윈게이트의 부하 시릴 윌슨을 향해 그는 다음과 같이 비난했다.

"자네가 이것을 원하는지 저것을 원하는지, 나는 하등 관심이 없네. 자꾸만 일을 부풀려 자기 세력을 키우려는 속셈이 명백하니까. 전쟁 내내 그랬고, 최근 전투에서 특히 그러했지. 처음엔 여단으로 시작하더니 이내 포병을 달라 하고, 비행대와 낙타 떼까지 필요하다고 하질 않았나. 그러고는 1.6킬로미터 떨어진 어떤 지점을 장악하지 않으면 큰일이 난다면서 진격을 허락해달라고 요구했지. 결국 전선은 자꾸만 확대될 뿐이라네."[24]

이 모든 사정을 파악하고 있던 클레이턴은 확신했을 것이다. 아치볼드 머리야말로 로렌스의 보고서를 어떻게 활용할지 아는 적임자라고.

확실히 이집트 원정군 총사령관에게 네 쪽짜리 보고서는 뜻밖의 선물이었을 것이다. 헤자즈에 파병해야 한다는 주장을 논리적으로 제압하고 있을 뿐 아니라, 이 모든 것이 프랑스의 불길한 음모임을 넌지시 암시하는 부수적 효과까지 안겨주는 보고서였기 때문이다. 그는 보고서 작성자를 사무실로 즉시 불러들이라고 명령했다.

아치볼드 머리는 예민한 성격의 소유자로 알려져 있었다. 개전 초기에는 과도한 긴장으로 인해 쓰러지기까지 했다. 이 충격적인 일화는 영국의 정부 고위층 사이에 귓속말로 퍼졌고, 1915년에 영국군 서열 2위에 해당되는 육군참모총장직에서 물러나는 데 어느 정도 작용한 것으로 보인다. 머리의 부름을 받은 로렌스가 집무실로 들어가기 직전, 총사령관의 부관인 린든벨 장군이 그를 붙잡았다. 그리고 총사령관이 이 집트로 건너온 뒤에도 신경쇠약 증상이 별로 나아지지 않았다는 사실을 알려주었다. 로렌스는 이렇게 회상했다.

"깜짝 놀랐다. 내가 들어서자 (린든벨이) 벌떡 일어서더니 나한테 달려와서 어깨를 붙잡고 쉬쉬하며 말하기를, '이제부터 그분을 놀라게 해서는 안 되네. 내 말을 명심해!' 하는 것이었다. 그는 머리를 흥분시키지 말고 웬만하면 안심시키는 방향으로 설명하라고 나에게 지침을 주었다. 어느 쪽이건 간에 대세에 지장이 없을 것이라면서 말이다."25

머리 앞에 선 로렌스는 미묘하게 균형을 맞추는 임무를 그런대로 완수한 듯하다. 소심한 성격으로 널리 알려진 머리였지만 관료적 업무 처리에 있어서는 매우 단호했기에, 로렌스가 집무실을 떠나자마자 윈게이트에게 전보를 보냈다.

"파이살을 만나고 돌아온 로렌스를 방금 전에 돌려보낸 참이오. 그는 아라비아에 백인 병사들을 파견하는 계획에 강하게 반대하고 있소. 당신과 파이살도 의견이 같은 것으로 들었소. 그래서 말인데, 윌리엄 로 버트슨 대영제국 참모총장한테도 이 소식을 알리는 부분에 대해 고려 해주길 바라오."26

윈게이트에게 '고려'를 바란다고 한 표현은 다분히 수사적이다. 사실 머리는 윈게이트에게 전보를 치기 15분 전에 이미 로렌스의 보고서를 로버트슨에게 보냈기 때문이다. 윈게이트로서는 자신이 로렌스와 같은 의견이라고 한 머리의 말을 의아하게 생각했을 것이다. 머리는 로렌스의 보고서 사본을 윈게이트에게 보내지 않았기 때문이다.

로렌스의 보고서는 삽시간에 외무성과 전쟁성 고위층 관료들 사이에 퍼졌다. 이런 경우에 으레 그렇듯이, 보고서에 동의하는 사람들은 작성자의 이력을 참고하라면서 그가 내린 결론에 권위를 부여했다. 11월 19일, 애초에 아라비아 파병을 지지하지 않았던 로버트슨 장군은 내각에 보고서를 제출하면서 작성자를 일컬어 "터키와 아랍에 정통한 것으로 알려진" 인물이라고 언급했다.[27]

대對 아랍 정책의 복잡성이 낯설기만 한 내각 구성원들에게 보고서 내용 가운데 가장 설득력을 제공한 대목은 반反프랑스적으로 기울어진 로렌스의 시각이었을 것이다. 흥미롭게도, 그런 흐름에 반기를 든 유일한 관료는 마크 사이크스였다. 그는 외무성을 향해 이렇게 불평했다.

"아랍에 대한 프랑스의 태도 및 이와 관련된 전반적인 정책에 관한 로렌스 대위의 언급은 오해의 소산으로 보인다. 로렌스 대위가 프랑스를 오해했거나, 프랑스군 지휘관들이 자국 정부의 뜻을 오해한 것임이 틀림없다. 이곳 런던과 파리에서 고려하거나 논의한 내용에는 부합하지 않는 것으로 보인다."[28]

하지만 그런 목소리를 낸 사람은 사이크스밖에 없었다. 아라비아 파병에 반대하는 반프랑스적 관료들은 생생한 현지 경험을 바탕으로 한 '권위자'를 얻게 된 셈이었다. 헨리 맥마흔은 외무성 차관 찰스 하딩에게 전보를 보내 그러한 흐름에 힘을 실었다. 맥마흔은 연합군의 아라비아 개입이 반란군의 사기를 좀먹지 않을까 늘 걱정했다며 이렇게 썼다.

"대단히 예리한 관찰자인 로렌스는 이와 같은 걱정에 대해 동의한 바 있습니다. 나아가 저에게 이런 말도 했습니다. 차관께서도 앞으로 시르다르(윈게이트)에게 분명히 듣게 될 이야기입니다만, 프랑스 역시 같은 관점을 가졌다는 사실입니다. 현 상황의 위험을 과장해서 라베그 상륙을 밀어붙이는 이유는 바로 이런 속셈 때문입니다. 브레몽 대령은 심지어 비밀을 지켜야 하는 시점에 프랑스의 목표가 아랍의 노력을 와해시키는 것이라고 로렌스에게 대놓고 말했답니다. (…) 우리가 셰리프를 공동으로 지원하는 문제와 관련하여 향후 프랑스가 어떤 제안을 내놓을 때면 이 점을 기억하는 것이 좋겠습니다."[29]

이런 소동이 벌어지는 와중에 로렌스는 과거 자신과 아랍국을 싸잡아 경멸하던 카이로 주둔 전투 부대 지휘관들의 달라진 태도를 느꼈다.

"그들이 나한테 예의를 갖추기 시작했다. 그리고 예리한 시각과 신랄한 태도, 기개가 있는 사람이라고 말해주었다."[30]

이와 같은 논란에 직면하자 전쟁 내각은 라베그 계획을 또다시 보류하기로 조용히 결정했다. 그러나 이 과정에서 자못 유머러스한 장면이 연출되기도 했다. 로렌스의 보고서가 런던에 도착한 지 나흘 뒤인 11월 21일, 마침내 레지널드 윈게이트는 스스로 '충분히 동의'한 것으로 되어 있는 보고서의 내용을 확인하고는 자신이 정보 공유망에서 배제된 까닭을 알려달라며 분노의 전보를 띄웠다. 그러자 전쟁 내각은 "이 문제와 관련해서 명백히 협조가 부족했다"며 처음에 윈게이트의 의견을 구하지 않은 것에 대해 머리를 점잖게 질책했다.[31]

머리는 정중한 태도로 런던에 이의를 제기했다.

"저는 언제나 모든 일에 대해 윈게이트 총사령관에게 정보를 제공하고자 각별히 신경 써왔습니다. 그리고 제가 아는 한 우리는 긴밀하게 협력하며 일하고 있습니다. 이 점에 관해서는 제 발언을 믿어주시길 바랍니다. 로렌스 보고서 문제만 해도 그렇습니다. 로렌스는 총사령관을 며칠간 방문한 뒤에야 저를 찾아왔습니다. 저로서는 응당 총사령관이 관련 사실을 로렌스로부터 충분히 보고받았을 것이라 이해했습니다. 실제로 로렌스는 제게 그런 취지의 말을 하기도 했습니다."[32]

아론 아론손은 낮에 무슨 운동을 얼마나 했는지, 자전거를 몇 시간 탔는지, 걷기를 몇 시간 했는지 기록하는 작업에 병적으로 집착했다. 이런 버릇은 오랫동안 체중을 감량하기 위해 노력해왔으나 성공한 적이 없었기 때문일 수도 있다. 그러나 런던에 머무는 동안 거리를 걸어다닌 데는 다른 목적도 있었다. 걷기는 영국 정부의 타성을 지켜보면서 분노를 금치 못하는 자신을 다독이는 한 방법이었다. 20킬로미터 정도를 걸었던 11월 11일, 그는 일기에 이렇게 썼다.

"현 상황을 곰곰이 생각하면 미칠 것 같은 기분이다. 무슨 결정을 내리기에 이토록 시간을 질질 끈단 말인가! 며칠 뒤면 베를린을 떠나서 이곳에 온 지 벌써 두 달이다. 그런데 이들은 아틀리트 사람들과 접선하기 위한 결과를 전혀 내놓지 않고 있다."[33]

분명 과학자 아론손은 자기 임무를 완수했다. 그는 런던에 도착하고 나서 3주 동안 장문의 보고서를 두 편이나 작성해서 영국 정부에 제출했다. 하나는 시리아 거주 아르메니아인들이 겪은 고통을 시간 순으로 기록한 것이고, 다른 하나는 팔레스타인의 내부 사정에 관한 것이었다. 특히 46쪽짜리 두 번째 보고서는 전쟁 발발 이후 오스만 제국의 전반적인 상황에 관하여 영국 정부에 제공된 문건 중에서 가장 포괄적이고도 통찰력 있는 것이었다. 그는 오스만의 정치와 경제 상황에 대한 철저한 분석과 동시에 오스만이 직면한 보건의료상의 위기, 도로 및 철도 현황의 상세한 내용까지 담았다. 무엇보다 시리아 해안을 지키는 터키군 주둔지의 위치와 규모가 빠짐없이 꼼꼼하게 기록되어 있으며, 현재 베이루트에서 치안에 종사하는 경찰관이 몇 명이며 어떤 무기를 소지했는지까지 언급되어 있다.

그럼에도 불구하고 아론손은 이 부서에서 저 부서로, 이 부처에서 저 부처로 끊임없이 옮겨다니며 이미 털어놓은 이야기를 처음부터 반복해야 했다. 팔레스타인 첩보망과 연락 채널을 구축하려는 시도는 고사하고, 아론손을 전쟁터로 돌려보내려는 노력조차 찾아볼 수 없었다.

여기에는 당연히 관료적 미숙함을 지적할 수 있을 것이다. 그러나 아론손이 넘겨준 정보에 대한 영국 관료들의 집단적인 불신도 작용했을 것이다. 그때나 지금이나 정보요원들이란 광범위한 출처에서 정보의 파편들을 긁어모은 뒤 고심 끝에 퍼즐 맞추듯 실체를 파악하는 작업에 익숙한 존재다. 따라서 한꺼번에 모든 정보가 입수되는 경우는 대단히 이례적일 뿐 아니라 수상하게 여길 정도다. 아울러 당시 (대다수 유럽 정부가 그랬던 것처럼) 영국 정부 안에 스며든 태평스러운 반유대주의 풍조도 한몫했다. 그러한 풍조 속에서 유대인이라면 믿을 만한 사람임을 본인이 입증해 보일 때까지 전적으로 신뢰할 수 없다는 인식이 생겨난 것이다. 이와 같은 사고방식은 첩보의 각축장에서 매우 역설적인 상황을 야기했다. 전쟁무역정보부 소속의 한 정보요원은 11쪽짜리 평가서를 통해 아론손의 팔레스타인 보고서가 "대단히 정확하다"면서 한결같이 입증 가능한 정보가 제시되어 있다고 밝혔다. 그러면서 정보 제공자가 '루마니아 출신 유대인' 시온주의자라는 사실을 덧붙였다. 이러한 언급은 해당 정보요원이 내린 결론을 한마디로 요약해주는 것이었다.

"물론 우리는 그가 이 나라를 찾은 목적을 알 수 없습니다. 하지만 그가 터키에서 그랬던 것처럼 여기서도 모든 것을 날카롭게 살피는 관찰자일 수 있습니다. 터키로 돌아가면 영국의 사정을 속속들이 보고하는 정보 제공자가 될 수도 있다는 말입니다."[34]

당연히 아론손도 이러한 정황을 명확히 파악하고 있었다. 하지만 런던 체류가 하염없이 길어지자 그는 점점 더 조바심 치게 되었다. 10월 30일 브로드웨이 게이트 30번지에서 자신이 발언한 내용 때문에 일이 틀어진 게 아닐까 의심스러웠다.

마크 사이크스의 초대를 받은 아론손은 정확히 오전 9시 30분에 저택을 방문했다. 두 사람은 우아한 서재로 자리를 옮겼고, 얼마 뒤 제럴드 피츠모리스라는 또 다른 인물이 합류했다. 콘스탄티노플 주재 영국 대사관에서 통역관으로 일했고 현재는 영국의 권력 구조 내부에서 사이크스의 가장 중요한 협력자로 활동하는 사람이었다. 아론손은 셋이서 90분 동안 구체적으로 무슨 이야기를 했는지(일기에 "우리는 시온주의에 대해 이야기했다"고 적었을 뿐이다) 거의 밝히지 않았다. 다만 매우 유익한 대화를 나누었다고 생각했다. 그러나 몇 주 뒤, 런던에 체류한 지 꼬박 한 달이 되자 다른 생각이 들기 시작했다. 그는 11월 24일자 일기에 이렇게 썼다.

"아마도 그들에게 너무 많은 이야기를 했던 것 같다. 그들은 내가 술수를 부린다고 여겼을 것이다. 아니면 관심을 잃었거나 모른 체하는 것일지도 모른다. 나를 그저 순진한 사람으로 여겼을 수도 있다."[35]

하지만 아론손의 추측은 완전히 빗나갔다. 마크 사이크스는 매우 조심스러운 인물이기는 하지만, 팔레스타인에 유대인 국가를 세우는 쪽으로 생각을 바꾸기 시작한 영향력 있는 영국 정치인 중 한 명이었다. 게다가 그는 이와 같은 발상이 결실을 맺기까지 아론 아론손이 선도적인 역할을 맡을 수 있을 것으로 판단했다.

사이크스의 동기는 부분적으로 독실한 신앙에 뿌리를 둔 것이었다. 그는 신실한 가톨릭 신자로서 이스라엘 족속이 성스러운 땅으로 돌아가는 것이야말로 2000년에 가까운 세월의 잘못을 바로잡는 길이라 생각하고 있었다. 특히 아르메니아인 대학살 이후 사이크스는 이 생각을 하루빨리 실현해야겠다는 열정에 사로잡힌 것으로 보인다. 아르메니아인에 대한 잔학 행위는 오스만 제국이 더 이상 종교적 소수 집단을 보호하지 않겠다는 입장을 드러낸 셈이기 때문이다. 그는 전쟁이 끝나면 기독교인과 유대인의 성지인 팔레스타인은 터키로부터 해방될 것이고, 이로써 십자군의 실패가 바로잡히는 것이라 믿었다.

이러한 의지는 신앙심 때문만은 아니었다. 사이크스는 이 부분에 막대한 정치적 이득이 잠재한다는 사실을 간파하고 있었다. 서구세계에서 유대인은 영향력 있으나 매우 분열적인 집단으로 통하고 있었고, 전쟁이 터지면 그들은 중립을 지키거나 동맹국 편에 가담할 가능성이 매우 높았다. 그 주된 이유는 반유대주의로 악명 높은 러시아가 연합국의 일원이었기 때문이다. 심지어 많은 유대계 영국인은 혐오해 마지않는 페트로그라드 정권이 가담한 연합국을 지지하는 문제를 고민할 정도였다. 사이크스는 팔레스타인에 유대인의 조국을 건설하는 계획에 대해 연합국이 강력한 지지를 선언한 뒤에야 전 세계 유대인의 여론이 불가피하게 연합국으로 기울었다고 믿었다. 마찬가지로 끝내 미국 정부가 전쟁에 뛰어들도록 작용한 최후의 자극제 역시 (규모는 작지만 강력한 유권자 집단인) 유대계 미국인의 입김일지도 모른다고 보았다.

이러한 발상은 마크 사이크스보다 훨씬 더 힘이 센 영국의 어느 정치인이 이미 널리 퍼뜨리고 있던 터였다. 1915년 3월, 내무성 장관 허버트 새뮤얼은 전후 팔레스타인을 영국의 보호국으로 만들고 유대인 이주를 적극 부추기더니 마침내 유대인 중심의 국가 건설이라는 방안을 내각에 제시했다.[36] 내각은 그렇게 중대한 계획을 지지하기에는 그 잠재적 여파가 심각할 것을 예상하여 새뮤얼의 제안을 신속하고도 조용하게 폐기했지만, 그의 발상 자체는 오랜 울림을 남긴 게 분명했다. 마크 사이크스가 전후 중동 문제에 대한 기본 방침을 놓고 조르주피코와 협상하는 책임을 맡았을 때 다시금 이 안을 꺼내들었기 때문이다.

잠재적인 장애물이 곧바로 모습을 드러냈다. 헨리 맥마흔은 에미르 후세인과 편지를 주고받으면서 아랍이 통치 또는 지배할 범위에서 훗날 협상을 위해 떼어둘 땅들을 일일이 지목한 바 있었다. 하지만 이 과정에서 팔레스타인을 요구하기는커녕 언급한 적도 없었다. 따라서 서신 내용을 엄밀히 검토하면 팔레스타인은 아랍 독립국에 포함될 것이라는 결론에 이르게 된다. 하지만 마크 사이크스에게 이 점은 그다지 큰 걸림돌이 아니었다. 후세인에게 약속한 거의 모든 내용을 무시한 채 중동을 제국주의의 먹잇감으로만 여기고 있는 사이크스와 피코 입장에서 팔레스타인을 먹잇감 목록에 추가한들 무슨 문제가 있겠는가? 사이크스-피코 협정의 초안에 팔레스타인은 영국·프랑스·러시아의 "공동 정부" 아래 편입하기로 상정하고 있었다.

그러나 이와 같은 조치로는 사이크스가 꿈꾸는 영국 보호령으로서의 유대인 국가를 탄생시킬 수도 없고, 설령 유대인의 나라가 들어선다고 해도 기존 세력과의 화평한 관계를 기약할 수 없을 터였다. 1916년 5월, 그는 러시아 주재 영국 대사 조지 뷰캐넌에게 보낸 전보에서 그러한 사실을 인정했다.

"기독교를 믿건 이슬람을 믿건 간에 아랍인이라면 마지막 한 명이 남을 때까지 유대인 치하의 팔레스타인을 상대로 싸울 것입니다."[37]

당시 유대인들은 여러 나라가 팔레스타인을 공동으로 관리하는 방안을 완강히 거부했고, 프랑스와 러시아는 영국이 팔레스타인을 독차지하려는 움직임에 강력히 반대했다. 사이크스는 꽉 막힌 상황을 타개하기 위해서 조르주피코와 새로운 아이디어를 강구했노라고 뷰캐넌에게 귀띔했다.

사이크스의 '해법들'은 일종의 유사 과학적 인식에 토대를 둔 기이한 특성을 보인다. 세상은 자동차와 같다는 식의 발상으로, 무수한 부품이 제대로 조립되는 순간 자동차가 멋지게 질주하듯이 지독한 복잡성을 궁극의 단순성으로 치환해버리는 식이었다. 팔레스타인에 대한 새로운 아이디어는 바로 이러한 사고방식에 따른 것이었다. 그는 허버트 새뮤얼 내각이 1년 전에 결의한 내용을 새삼 들추면서 팔레스타인을 영국 보호령으로 삼아 에미르 후세인의 아들 가운데 한 명을 팔레스타인 독립국의 술탄으로 임명하자고, 즉 프랑스와 함께 술탄국의 보증인으로 행세하는 동시에 팔레스타인에 유대인들이 이주할 땅을 매입하기 위한 "특권적 성격을 부여한 회사"를 세우자고 제안했다. 그리고 뷰캐넌에게 이와 같이 정리했다.

"해법이 복잡해서 유감입니다. 문제 자체가 복잡한 탓입니다. 그러나 위와 같은 아이디어에 따르면 프랑스는 팔레스타인에 한자리 차지하는 셈이고, 러시아도 만족할 것입니다. 아랍은 왕자를 얻을 수 있고, 시온주의자들은 국가 수립의 터전을 확보하는 동시에 영국의 보호를 받게 될 것입니다. 제가 이해하기로 그들이 원하는 바는 바로 이것입니다."[38]

샴페인을 터뜨리기에는 너무 일렀다. 사이크스의 명료한 공식에는 불편한 현실이 간과되어 있었다. 첫째, 1년 전에 새뮤얼이 제안한 내용은 내각에서 거부되었다. 둘째, 사이크스는 상부와 이 문제를 상의하지 않은 채 계획을 발설했다. 그것도 중동의 미래를 결정하게 될 프랑스 협상단 대표에게 말이다. 사이크스가 보낸 전보가 뷰캐넌의 책상 위에 전달된 하루 뒤, 외무장관 에드워드 그레이는 사이크스를 호되게 꾸짖고 이렇게 명령했다.

"새뮤얼의 내각 제안서에 영국 보호령에 관한 언급이 없다는 사실을 완전히 잊은 모양인데, (…) 당시 나는 새뮤얼 장관께 영국 보호령은 불가능하다고 한바, 사이크스 선생은 이에 입각하여 그러한 제안을 삼가주기를 바라오."[39]

이렇게 곤욕을 치른 뒤로 사이크스는 한층 더 신중해져야 했다. 그러나 팔레스타인에 대해 창의적인 해법을 내놓겠다는 사이크스의 열정이 완전히 사라진 것은 아니었다. 그는 1916년 봄과 여름 사이에 영국 시온주의 운동의 지도자인 모지스 개스터를 몇 차례 만나기도 했다. 그리고 아론 아론손을 만나고부터 그의 열정은 다시 불타오르기 시작했다. 사이크스의 전기작가 로저 아델슨은 다음과 같이 밝혔다.

"몇 달 전에 랍비인 개스터가 유럽발 시온주의의 꾸밈음을 들려주었다면, 이때는 아론손의 팔레스타인발 팡파레가 귀청을 울린 셈이었다. 사이크스에게는 무척 반가운 소리였다."[40]

시온주의 역사학자 이사야 프리드먼은 더 구체적으로 "마크 사이크스 경이 아론손에게 얼마나 강한 인상을 받았는지, 이후 두 사람은 서로 깊이 신뢰하는 친밀한 사이가 되었다"고 언급했다. 프리드먼은 아론손에게 큰 영향을 받은 당시 영국 관료들을 언급하면서 "사이크스가 시온주의를 받아들이는 데 결정적인 영향을 끼친 인물이 바로 아론손이었다는 가정도 무리는 아닐 것"이라고 주장했다.[41]

사실 아론손은 이 당시를 런던 체류가 늘어지던 시절로만 회고하나, 브로드웨이 게이트에서의 만남에 대해 기록한 일기를 보면 둘의 협력관계가 이미 모양새를 잡아가는 중이었음을 짐작할 수 있다. 그는 팔레스타인을 유대인의 조국으로 규정하면서 이렇게 적었다.

"피츠모리스는 팔레스타인의 '기정사실'을 지지한다. (그러나) 연합국 전체가 아직 합의에 이르지 못했다. (…) (사이크스는) 우리가 영국의 관점을 바꾸는 데 성공하기를 희망한다. '그러나 여기에는 수고가 따른다.'"[42]

아론손이 '수고'할 곳은 카이로였다. 11월 24일, 농학자가 사이크스에게 어떤 인상을 남겼을지 걱정하던 심정을 일기에 남겼던 바로 그날, 그는 이집트로 향하는 배를 타기 위해 짐을 꾸렸다. 거기서 영국군 정보대와 합세하여 오랫동안 휴면 상태인 자신의 첩보망을 재가동할 작정이었다. 얼마 후 아론손은 이집트에서 마크 사이크스와 다시 만났다. 그리고 팔레스타인에 영국의 보호령으로 유대인 독립국을 세우기 위해 영국 정부를 설득할 만한 계획을 수립했다.

로렌스의 11월 17일 보고서가 일으킨 열광적 반응에도 불구하고, 헤자즈와 관련된 그의 짧막한 임무는 모두 끝이 났다. 로렌스를 헤자즈로 돌려보낼 계획은 없었다. 오히려 길버트 클레이턴은 카이로에서 로렌스가 문학적 재능과 아랍어 구사력을 활용할 수 있는 새로운 사무를 맡길 생각이었다. 아랍국에 신설한 선전부의 책임자 자리였다. 로렌스가 이처럼 심심한 운명에서 탈출하게 된 것은 뜻밖에도 레지널드 윈게이트 덕분이었다.

윈게이트는 맥마흔의 후임으로 카이로에 부임하여 헤자즈 작전을 책임져야 한다는 사실을 깨닫자마자 자신과 함께 아라비아에서 복무할 군사 지원단과 정보장교들을 추가 확보하는 데 나섰다. 가장 시급한 과제는 라베그 주위 산악지대를 지키는 파이살에게 연락장교를 붙이는 문제였다. 영국군을 통틀어 이와 같은 임무를 담당할 사람은 아랍국에서 근무하는 스튜어트 뉴컴뿐이었고, 이는 모두가 인정할 만한 선택이었다. 그러나 뉴컴은 12월까지 유럽에서 마무리해야 하는 업무가 있었다. 뉴컴이 올 때까지 다른 사람을 먼저 파견하여 임무를 대신하게 해야 한다고 판단한 윈게이트는 하르툼에서 깊은 인상을 남겼던 젊은 대위를 떠올렸다. 로렌스가 수단의 수도를 떠난 바로 다음 날인 11월 12일, 윈게이트는 카이로의 클레이턴에게 전보를 보냈다. 로렌스를 옌보로 다시 파견해 뉴컴이 복귀할 때까지 일을 맡기면 어떻겠는지 묻는 내용이었다. 클레이턴은 로렌스에게 선전 업무를 맡기려 했기 때문에 윈게이트의 부탁을 피해보려 노력했다. 그러나 윈게이트는 '아니오'라는 대답을 원치 않았다. 그는 11월 14일에 재차 일렀다.

"뉴컴이 도착할 때까지 로렌스가 옌보를 지키는 것이 지금으로서는 최선의 대안이라고 생각하네. (지금과 같은) 위기의 시국에 아랍에 대해 탁월한 식견을 지니고 있고 파이살에게 접근할 만한 장교를 배치하는 건 막중한 일이라네."[43]

물론 이 조치는 임시방편일 뿐이므로 뉴컴이 현장에 도착하는 대로 로렌스는 카이로에 복귀할 수 있을 것이라고 클레이턴을 안심시켰다. 클레이턴은 이렇듯 강력한 압력에 뜻을 굽힐 수밖에 없었다.

이 시기는 로렌스가 윈게이트의 아랍 전략을 겨냥하여 자극적인 보고서를 작성하기 이전이었다. 말하자면 윈게이트가 그 보고서를 읽기 전에 로렌스를 칭찬했던 발언, 그리고 옌보로 보내고 싶다는 발언이 이미 기록으로 남아서 번복할 수 없게 되었다는 것이다. 윈게이트는 제멋대로 구는 애송이 장교를 혼내주고 싶었지만, 우아하게 처리할 만한 방법이 없었다.

그러나 관료사회 내부에서 벌어진 갈등 상황이라면 반드시 상대방을 이겨야만 승리하는 게 아닐 것이다. 어쩌면 진정한 승자란 비난받을 여지가 전혀 없는 것처럼 보이도록 자기 노선을 철저히 숨길 줄 아는 사람일지 모른다. 그리고 이런 재주에 관한 한 클레이턴과 로렌스는 완벽한 경지에 올라선 사람들이었다. 11월이 지나기 전에 브레몽 대령은 프랑스군 참모총장 조제프 조프르로부터 엄중한 전갈을 받았다. 조프르 장군은 영국을 상대로 이루어낸 '합의', 즉 사이크스-피코 협정을 에둘러 언급하면서 프랑스가 아랍 반란군의 메디나 접수를 원치 않는다고 한 과거 브레몽의 발언을 꾸짖었다.

"이미 알려진 영국과 셰리프의 심리 상태에 따르면, 그들에게는 우리가 기존 협정을 어기려는 것처럼 보일 것이다. 이는 우리의 레반트 전략에 중대한 걸림돌로 작용할 가능성이 있다. 따라서 귀관의 태도가 그런 해석의 빌미를 제공하지 않도록 유의하는 것이 어느 때보다 중요하다."[44]

레지널드 윈게이트의 눈을 가리는 작업은 훨씬 더 인상적이었다. 윈게이트가 로렌스의 보고서로 인해 분노에 차 있던 11월 23일, 클레이턴은 하르툼에 있는 윈게이트에게 '사적인' 전보를 띄웠다. 로렌스에게 공격적인 보고서를 작성하라고 명령한 사람은 머리라는 주장과 더불어 이 모든 갈등의 책임을 머리가 져야 한다는 내용이었다. 시르다르와 이집트 원정군 총사령관의 사이가 워낙 좋지 않은 만큼 이 정도 귀띔만으로도 윈게이트가 앞뒤 사정을 가리지 않고 흥분하리라 계산한 결과였다.[45]

분명 윈게이트에게는 순진한 구석이 있었다. 그는 클레이턴의 전보를 받은 당일, 시릴 윌슨에게 다음과 같이 전했다.

"나는 로렌스가 이 모든 일을 아무런 사심 없이 벌였다고 믿어 의심치 않네. 그러나 내가 보기에 그는 망상이 심하고 확실히 군사 문제에 관한 한 아마추어라네. 그런 탓에 순전히 군사적인 사안까지도 자기 관점이 확실하다는 헛된 생각을 품게 된 것 같아."

그러고는 머리를 겨냥한 것임이 분명한 발언을 다음과 같이 이어갔다.

"이 문제와 관련해서 화가 나는 것은, 어느 정도 수준이 있을 것으로 기대했던 몇몇 사람이 정직성을 결여한 것은 아니지만 고도로 집중해서 일해야 하는 때에 엄청난 시간을 낭비했다는 점이라네."[46]

클레이턴과 로렌스가 자신을 조종했음을 짐작하지 못한 게 아니라면, 윈게이트는 유별나게 너그러운 성품의 소유자임이 분명하다. 그로부터 겨우 8개월 뒤, 혁혁한 무공을 세운 영국 군인에게 내리는 최고의 훈장인 빅토리아십자훈장을 로렌스에게 수여해야 한다고 주장했기 때문이다.

그러나 건방진 로렌스 대위가 무구한 의도로 그런 보고서를 작성했다고 모든 이가 믿은 것은 아니었다. 로렌스를 유독 날카로운 시선으로 줄곧 바라보던 인물이 있었으니, 바로 시릴 윌슨이었다. 그는 아라비아에서 로렌스를 가장 가까이서 관찰한 영국군 장교였고, 로렌스가 헤자즈로 복귀한다면 직속상관으로 모셨을 인물이다. 윌슨은 로렌스가 임시로 복귀하는 것조차 강력하게 반대했고, 기정사실이 된 마당에도 아랍국장 길버트 클레이턴에게 자신의 솔직한 심정을 밝혔다.

"로렌스는 뒤엎어버리려는 것입니다. '강하게' 뒤집어놓은 다음 기회를 노리는 것이 분명합니다. 저는 그가 시리아의 아랍인 등에 관한 지식을 맹신한 나머지 자기 자신을 망치려드는 거만한 망아지에 불과하다고 생각합니다. 자신을 전쟁의 유일한 권위자로 만들고 싶은 것입니다. 심지어 (영국 해군) 선박의 건조부터 운항까지 모든 일에 사사건건 권위자인 양 행세합니다. 홍해의 제독부터 신참 선원들까지, 제가 만난 사람들 중에서 짜증을 내지 않는 경우가 없었습니다."[47]

하지만 그해 11월 사건에 동원된 숱한 기만의 기록들 가운데 가장 뻔뻔스러운 경우는 바로 로렌스가 자신에 대해 기록한 내용일 것이다. 월말의 어느 날, 클레이턴의 집무실에 불려온 그는 아라비아로 돌아가서 파이살 이븐 후세인의 임시 연락장교로 임무를 수행하라는 명령을 받았다. 『일곱 기둥』에서 로렌스는 이렇게 회상했다.

"나는 그런 일에 전혀 맞지 않는 사람이라고 힘주어 말했다."[48]

10장
퍼즐의 마지막 한 조각

이곳 상황이 워낙 특수하여 아무래도 돌아가기는 그른 것 같습니다.
—1916년 12월 27일 T. E. 로렌스가 아라비아에서 카이로 본부에 보낸 전보[1]

어둠이 깃든 나클무바라크 계곡에서 놀라운 광경이 펼쳐지고 있었다. 성난 낙타 수천 마리가 울부짖는 소리, 총소리, 어둠 속에서 사람 부르는 소리로 계곡 전체가 시끌벅적했고, 거대한 대추야자 농장의 무성한 이파리들과 "자욱한 연기 사이로 수많은 불빛"이 반짝였다고 로렌스는 회상했다.[2]

　1916년 12월 2일 저녁, 로렌스는 아랍인 호위병 네 명과 함께 옌보 항을 떠났다. 행선지는 내륙으로 72킬로미터가량 떨어진 케이프후세인의 산악지대로, 파이살이 진지를 구축한 지역이었다. 튼튼한 낙타로 쉬지 않고 간다면 동틀 무렵 진지에 닿을 수 있을 것으로 기대했다. 그러나 길을 나선 지 겨우 5시간 만에 해변에서 40킬로미터 떨어진 나클무바라크에서 이처럼 어리둥절한 장면과 마주한 것이다. 저 아래 계곡을 가득 메운 무장한 집단이 어느 편인지 알아볼 수가 없었다.

그들은 낙타 등에서 내린 뒤 산등성이를 따라 조용히 내려가다가 마을 외곽에 있는 폐가로 숨어들었다. 선임 호위병은 낙타들을 울타리 안에 넣어둔 다음 건물 안에서 위장복으로 갈아입고 탄창을 끼운 카빈 소총을 들고 단독 정찰에 나섰다. 얼마 후 돌아온 그는 충격적인 소식을 전했다. 계곡의 사내들은 파이살의 군대였다. 로렌스 일행이 다시 낙타에 올라 계곡 한가운데로 나아가자 매우 놀라운 광경이 펼쳐져 있었다.

"모닥불 수백 개가 활활 타고 있었고, 그 주위에서는 아랍인들이 커피나 음식을 만들고 있었다. 한 무리는 낙타 곁에 바짝 붙은 채 외투로 몸을 감싸고는 죽은 듯이 잠들어 있었다."[3]

숙영지 한복판에는 파이살이 부관 여러 명과 함께 막사 앞에 앉아 있었다. 그는 시종들이 등불을 받치고 늘어선 가운데 명령을 내리거나 부관이 보고하는 말에 귀를 기울이고 있다. 분위기는 평온한 편이었다. 하지만 주위를 물리치고 영국인 방문객에게 상황을 설명하기까지는 시간이 꽤 걸렸다. 사정은 별로 좋지 않았다. 어쩌면 재앙을 당한 것과 진배없는 상황이었다.

지난 10월 로렌스가 처음 찾아왔을 무렵 파이살은 북쪽으로 치고 올라가기 위한 치밀한 계획을 구상하고 있었다. 목적은 터키에 새로운 고민거리를 안겨줌으로써 라베그와 메카로 향하는 위협을 줄여보려는 것이었다. 이 작전은 파이살이 나머지 세 형제의 군대와 긴밀한 협력을 이루어야 성공할 수 있었다. 우선 압둘라가 메디나 일대에서 터키군을 공격하면, 파이살은 그사이에 주력 부대를 이끌고 서북쪽으로 산악지대를 통과해 케이프후세인까지 진군한 다음, (터키군이 장악한 항구도시로 엔보에서 북쪽으로 320킬로미터 떨어진) 와즈로 진격할 계획이었다. 그러는 동안 제이드는 옌보로 접근하는 경로를 보호하기 위해 이동할 것이고, 알리는 라베그에서 병력을 빼내어 메카로 이어지는 순례자의 길을 지키기로 했다.

로렌스는 이 작전이 지나치게 복잡하다고 보았다. 네 형제의 협력이 제대로 이루어지지 못하면 실패로 돌아갈 수 있었다. 사실 서부 아라비아의 광대한 넓이를 감안할 때 형제들이 손발을 맞추어 작전을 성공시킬 가능성은 희박했다. 그는 이와 같은 우려를 보고서로 작성하여 길버트 클레이턴에게 제출했다. 그러나 파이살을 설득하기에는 역부족이었던 듯, 11월 중순 파이살은 결국 계획을 실행에 옮겼다.[4]

파이살은 병력의 대부분을 이끌고 케이프후세인으로 떠났고, 잠시 동안은 모든 게 계획대로 진행되는 듯했다. 하지만 후방을 맡은 21세의 제이드는 옌보로 이어지는 산길 하나를 완전히 무방비 상태로 남겨두는 실수를 저지르고 말았다. 그리고 하필이면 터키군 기마순찰대가 그 길을 발견했다. 제이드의 부하들은 해안으로 달아날 수 있는 지름길을 떡하니 가로막고 선 터키군을 보자 혼비백산해서 사방으로 달아나버렸다. 이것은 낭패의 첫 단계에 불과했다. 제이드가 무너졌다는 소식에 파이살의 추종자들은 자신들 역시 산속에 고립될 것으로 보고 부랴부랴 케이프후세인에서 달아나기 시작했다. 파이살과 부관들은 로렌스 일행과 만난 바로 그곳, 나클무바라크에 이르러서야 이탈 현상을 겨우 가라앉힐 수 있었다. 하지만 이마저도 잠시뿐일 것 같다고 그날 밤 파이살은 로렌스에게 고백했다. 터키군이 서쪽과 북쪽에서 다가오고 있었기 때문이다. 이제 (얼마나 남았는지 알 수 없는) 파이살의 군대 전체가 옌보 항으로 돌아오는 길에 전멸하는 건 시간문제로 보였다.

로렌스는 나클무바라크에 도착한 뒤로 파이살과 상의하고 전사들을 둘러보면서 위기 상황을 파악하느라 48시간 동안 거의 눈을 붙이지 못한 상태였으나, 긴급 상황을 알리기 위해 부랴부랴 옌보로 향했다. 12월 5일 아침, 클레이턴에게 전보를 치기 위해 의자에 앉았을 때 로렌스는 극심한 피로와 낙담에 빠져 있었다.

"이 말씀부터 드리고 싶습니다. 저는 토요일 밤부터 날이 새도록 달려갔다가 일요일 밤이 새도록 진지를 둘러보고, 간밤에 다시 낙타에 올라 지금 막 도착했습니다. 지난 사흘 동안 저는 세 시간밖에 못 잔 데다 마음도 매우 비관적인 상태입니다. 좋은 때가 있었던 건 아니지만, 지금은 정말 상황이 안 좋습니다."5

로렌스가 충분히 파악했듯이, 산악지대에서 아랍군이 패주한 것은 단순한 군사적 후퇴가 아니었다. 지금까지 몇 달 동안 북부 부족들을 반란군으로 통합하기 위해 많은 고통을 감내해온 파이살의 노력이 수포로 돌아갈 위기였다. 로렌스는 파이살을 등진, 혹은 그럴 준비가 된 것으로 보이는 부족들을 하나하나 열거하여 보고하면서, 이와 같은 현상으로 인해 터키군은 손쉽게 메카를 점령하게 되었으며 나아가 아랍 반란 자체도 실패할 수 있다고 경고했다. 로렌스는 파이살이 더 이상 "여러 부족의 지도자가 아니라 일개 부족의 수령"으로 전락했으며, 중요한 것은 이와 같은 손상을 복구하려면 오랜 시간이 걸린다는 점이라고 지적했다. 그런데 이 부분에서도 로렌스가 공부한 중세 십자군 역사와 겹치는 내용이 있었다. 본질적으로 각자 성향이 다르고 자율성이 강한 집단들의 동맹관계는 허약하기 마련인지라 그 구성원들로 이루어진 단합력이란 언제나 와해 상태로부터 유보된 정도에 불과하다.

로렌스 개인에게도 이 상황은 재앙이었다. 앞서 10월에 작성한 여러 보고서에서 그는 아랍 전사들을 통상의 전투 부대로 재편하기는 어렵다고 분석했다.(터키군 1개 중대가 탁 트인 벌판에 참호를 구축할 경우 아랍 반란군은 쉽게 제압될 것이라고 보았다.6) 그러나 방어 부대로서 반란군이 지닌 잠재력에 대해서는 탁월한 말솜씨로 설득했다.

"그들은 게릴라전이 주특기입니다. (…) 진취성, 땅 자체에 대한 엄청난 정보 그리고 이동의 순발력을 보유했기 때문에 산악지대에서라면 절대로 만만한 상대가 아닙니다."7

그들이 방어군의 역할을 자처할 경우 만만치 않은 정도가 아니라 난공불락이라고 로렌스는 판단한 것이다. 그는 이렇게 썼다.

"어떻게 된 영문인지는 몰라도, 비르 압바스와 비르 이븐 하사니 사이에 위치한 구릉지대에서 제가 목격한 바에 따르면, 터키군은 산악 부족들의 기만술이 미흡하다는 판단 아래 위험을 무릅쓰고 그 지역을 그대로 관통할 가능성이 있습니다."

그러나 산악지역은 '저격수들의 천국'이기도 하므로 100~200명만 있으면 그 어떤 부대를 앞세운 터키군이라 해도 해안으로 진군하는 것을 저지할 수 있을 거라고 그는 확신했다.

이와 같은 확신은 연합군의 아라비아 파병을 반대한 로렌스의 핵심 근거였다. 심지어 정반대 증거가 나타났을 때에도 이런 주장을 굽히지 않았다. 11월 무렵 터키군이 몰려온다는 소문에 라베그 주변 산등성이를 지키던 알리의 병사들이 사방으로 달아났을 때, 파이살의 군대였다면 결과는 달랐을 것이라고 로렌스는 에두아르 브레몽에게 말했다. 그러나 이후 일련의 사건들이 분명하게 보여주듯, 이런 추측은 완전히 틀린 것이었다.

로렌스는 회의적인 전보를 클레이턴에게 보내기 전에 덧붙일 말이 필요하다고 판단했다. 아마도 상황을 크게 오판한 것에 대한 민망함 때문이었거나, 극도로 피곤한 상태임에도 주도면밀한 관료주의적 전략가로서의 면모를 잃지 않았기 때문일 것이다. 로렌스는 이렇게 적어넣었다. "위 내용을 『아랍동향Arab Bulletin』을 포함한 어느 곳에도 게재하지 말아주십시오. 제 생각이 틀렸기 때문만은 아닙니다."8

이 전보가 『아랍동향』에 실린다면 영국군 수뇌부 가운데 자신의 주장에 동의한 인사들도 읽게 될 것이기 때문이다.

상황이 심각하게 돌아가자 영국 군함들이 옌보 앞바다에 속속 집결하기 시작했다. 최악의 경우 파이살의 전사들이 그 도시에 포위당한다면 최소한 주변 벌판에 함포를 발사해서 터키군의 진격을 늦출 작정이었다. 12월 9일 아침, 파이살의 예상대로 선봉 부대가 또 다른 터키군의 공격으로 나클무바라크에서 패퇴했다는 소식이 들려왔고, 이어서 살아남은 전사들이 하나둘 항구에 나타나기 시작했다. 마침내 마지막 낙오자가 도착한 뒤에 헤아려보니, 두 달 전까지만 해도 파이살의 깃발 아래 모여들었던 5000여 명의 전사는 이제 2000명도 안 되었다. 사라진 3000명 가운데 전사한 병사는 소수에 불과했다. 나머지는 대부분 싸움을 포기하고 자신의 고향으로 돌아간 터였다.

너무도 실망스러운 전세였다. 이제는 로렌스 역시 그동안 굳게 지켜온 믿음을 재고하기에 이르렀다. 12월 11일, 그는 클레이턴에게 재차 편지를 띄워 보고하면서 다음과 같이 선언했다.

"지금은 파이살도 라베그에 영국군이 배치되어야 한다고 믿는 쪽으로 생각이 바뀌었습니다. 이는 앞서 전보로 말씀드린 내용이기도 합니다. 저 역시 파이살의 판단이 옳다고 생각합니다. 물론 제이드가 그렇게 꾸물거리지만 않았다면 사태가 이 지경에 이르지는 않았을 것입니다."

그러고는 뒤늦게 깨달은 쓰라린 한마디를 덧붙였다.

"산악지대 바깥에서라면 아랍군은 아무 쓸모가 없습니다."9

같은 날 로렌스는 시릴 윌슨에게 훨씬 더 암울한 그림을 제시했다. 라베그에 영국군이 배치되지 않으면 아랍 반란 자체는 3주 안에 끝판 날 것으로 파이살이 생각하고 있다는 내용이었다.10

1916년 5월 31일 아침, 예루살렘 상공에 독일 전투기 한 대가 나타나 구시가지 서쪽 성벽 부근에서 몇 차례 급선회하는 장면이 목격되었다. 주민들을 깜짝 놀라게 한 전투기는 예루살렘의 독일 장교들이 사교장으로 즐겨 이용하는 패스트 호텔 정문 앞에 작고 가벼운 꾸러미 하나를 떨어뜨리고 지나갔다. 가까이 다가가 살펴본 결과, 독일 국기로 포장된 꾸러미 안에는 쿠르트 프뤼퍼의 쪽지가 담겨 있었다. 그 내용은 그날 저녁 자신이 예루살렘으로 돌아갈 예정이니 '맛있는 저녁 요리'를 준비해두라는 것이었다.[11] 그가 첩보 조직 책임자로 지낼 때에는 상상할 수 없는 대담무쌍한 행동이었지만, 최근에 새로 사귄 동료들의 익살스러운 장난질에 장단을 맞춘 것이었다. 그 친구들이란 독일 공군 전투비행단 소속 관측병과 기총사수 및 '격추왕' 조종사들이었다.

1916년 초봄, 시나이 반도 동쪽 끄트머리에 있는 베르셰바에 공군 기지가 구축되었다. 터키·독일 동맹군의 수에즈 운하 공세를 위해 새로운 독일군 전투기 편대가 투입되었기 때문이다. 시리아에서의 선전 및 감시 업무에 신물이 나 있던 프뤼퍼는 앞으로 전개될 전투에서 역동적인 활동을 펼치고 싶은 마음에 전투비행단 300파견대의 공군 관측병 임무를 청원했다.[12]

프뤼퍼의 이러한 청원은 뜻밖이었다. 사실 프뤼퍼는 오스만의 첫 번째 수에즈 공격이 실패한 이후 재공격을 탐탁지 않게 여겨왔기 때문이다. 1915년 8월 무렵, 그와 같은 작전으로는 성공할 가능성이 없다는 보고서를 콘스탄티노플 독일 대사관에 제출하기도 했다. 지난 2월 제말이 무계획적으로 "상대방의 위력을 시험"한 공격과는 다른 차원의 작전이 필요한 상황이었고, 그러기 위해선 도로와 철도를 건설할 인력, 터키군의 최정예 부대, 독일군의 전투기 및 장교들과 포병대 등 막대한 병력과 물자가 요구된다는 점을 지적했다. 물론 탄약과 음식과 물을 수송하는 과정에 시나이 모래사막이라는 만만치 않은 난관이 있다는 사실도 덧붙였다. 동시에 영국군에게 일격을 가하려면 예상치 못한 '깜짝 전술'을 마련해야 한다고 생각했다.

"상대가 전투태세를 모두 갖추었다면 그들을 완전히 포위해서 대포로 방어선을 무너뜨린 뒤에야 이집트 땅에 발을 디딜 수 있을 것이다. 그런 뒤에는 팔레스타인과 시리아에서부터 이어지는 기나긴 보급 루트를 유지해야 할 것이다."[13]

그러나 이 모든 것을 성취했다고 해도 운하를 장악하는 건 궁극적으로 중요치 않을 수도 있다고 프뤼퍼는 지적했다. 무엇보다 영국 해군이 바다를 거의 장악하고 있기 때문에 독일과 터키 동맹군이 수에즈 운하를 차지한다 한들 그다지 득이 될 일이 없기 때문이다. 물론 해협을 틀어쥐면 전 세계 곳곳의 식민지에서 유럽으로 이동하는 영국군의 흐름을 차단할 수 있다. 즉 영국군은 아프리카 남단의 희망봉을 빙 돌아서 유럽으로 가야 할 것이다. 그 자체는 확실한 결론이긴 하지만, 병력 이동을 2~3주 늦추는 수준 이상의 효과를 거둘 순 없었다. 한마디로 독일 정보요원 프뤼퍼가 보기에 제2차 수에즈 운하 침공 작전은 "전쟁은 나쁜 발상을 제외한 나머지 모든 것을 죽인다"는 격언이 얼마나 타당한지를 입증하는 행위에 불과했다.

그럼에도 불구하고 개인 프뤼퍼는 300대의 비행 파견대가 선보일 공중전의 '황홀한 매력'에 이끌렸다. 대중이 바라볼 때 공중전이라는 새로운 전투 형태는 참호 속에서 목숨 걸고 싸워야 하는 혹독한 현실과 달리 낭만적인 후광을 선사하는 것으로, 당시 일급 전투기 조종사는 뉴스의 주인공이자 영화배우에 버금가는 스타로 떠올랐다. 프뤼퍼는 남성미 넘치는 스타일과는 거리가 멀었지만 베르셰바에서는 그런 '초인들 Übermenschen' 무리의 일원이었고, 300대의 비행 파견대와 함께했던 몇 달은 프뤼퍼의 인생에서 가장 행복한 순간이었다. 밤늦도록 술자리를 즐기기도 하고, 외교 리셉션이나 무도회 초대를 받으면 예루살렘이나 야파로 직행하는 등 팔자 좋은 나날을 보내고 있었다. 전쟁 당시에는 일기에 구체적인 내용을 적지 않는 프뤼퍼였으나, 이 무렵에는 비행 파견대 소속 조종사들의 이름을 후손에게 남기겠노라며 기록해두기도 했다.[14] 그런 모습은 거의 인기 스타에게 푹 빠진 열성팬을 연상케 했다. 맛있는 저녁 식사를 준비해두라는 쪽지를 패스트 호텔 정문 앞에 떨어뜨린 행동만 해도 그렇다. 이제 새로 사귄 호들갑스러운 동료들의 장난을 흉내 내는 전직 학자는 자신의 뛰어난 조준 실력을 즐기고 있었다.

이렇듯 흥청대는 생활은 길게 이어지지 않았다. 헤자즈의 아랍인들이 반란을 일으켰다는 소식이 전해졌기 때문이다. 일기에 "셰리프[후세인]에 대한 내 경고는 옳았다"고 기록한 프뤼퍼의 첫 반응은 확고한 자부심이었다.[15] 아마도 아랍인들은 겁이 많아서 반란을 일으킬 수 없다고 말한 사실을 잊어버린 듯했다. 하지만 반란이 확산 일로에 접어들고 아라비아의 터키군 주둔지가 차례로 포위당하자 그는 과거 자신의 멘토였던 막스 폰 오펜하임을 떠올렸다. 오펜하임은 독일군 선전 분야의 책임자로서 오늘과 같은 사태가 일어나지 않게 하려고 노력했던 인물이다. 7월 초, 프뤼퍼는 이렇게 언급했다.

"아라비아의 상황이 터키에게 매우 불리하게 돌아가고 있다. 불쌍한 오펜하임!"[16]

그러나 수에즈를 다시 공격하기 위한 준비 작업이 진행 중이었기 때문에 프뤼퍼는 훨씬 더 급박한 관심사에 주의를 기울여야 했다. 1916년 8월 4일 아침, 운하에서 동쪽으로 40킬로미터 떨어진 로마니에서 터키군 선봉대가 영국군의 철도 보급 기지를 공격할 때 공군 관측병으로 출동한 프뤼퍼는 전황을 한눈에 파악할 수 있었다. 그는 유리한 위치를 활용하여 몇 개의 폭탄을 적진에 떨어뜨리는 기회를 얻었는데, 그날부터 다음 날까지 터키-독일 동맹군이 패퇴하는 실상을 생생하게 목격할 수 있었다.

영국군을 측면 공격하고자 했던 터키군의 공격 부대는 도리어 사방이 뚫린 장소에서 사로잡혀 포위되고 말았다. 8월 5일 오후 터키군은 황급히 퇴각하기 시작했고, 이 과정에서 전체 병력의 3분의 1에 해당되는 6000명의 사상자가 발생했다. 섭씨 50도 가까운 더위로 영국군이 지쳐서 추격의 고삐를 늦추지 않았다면 피해 규모는 더 컸을 것이다.

로마니의 패주로 이집트를 '해방'하겠다던 터키-독일 동맹군의 꿈은 산산조각 났다. 넉 달 동안 비행 파견대와 함께 누렸던 프뤼퍼의 낭만은 한때의 추억이 되었고, 그동안 애써 무시하려 했던 '그것'을 끝내 인정할 수밖에 없는 처지가 되었다. 그것이란 심각한 병을 앓고 있다는 사실이었다. 그의 일기에도 5월 중순에 "몸이 안 좋다"는 짤막한 단서들이 나타나 있다.[17] 얼굴은 더 해쓱해졌고 몸무게도 45킬로그램까지 줄었다. 글씨체마저 이상했다. 삐죽빼죽 힘 있게 휘갈기던 필체 대신 맥없이 떨리는 필체로 낙서하듯 흘려 써서 그 내용을 읽기도 어려운 정도였다. 10월 초, 그는 콜레라와 결핵을 동시에 앓고 있다는 진단을 받은 뒤 병가를 얻어 독일로 돌아갔다. 몇 주 동안 베를린의 한 병원에 입원하여 치료를 받고 난 뒤에는 빌헬름 가에 있는 예비군 작전참모실 소속 지도제작부로 배치되었다.[18]

전쟁 당시 쿠르트 프뤼퍼의 행보는 적대국인 영국의 T. E. 로렌스 대위와 정확히 대척점을 이룬다. 전쟁이 터지고 나서 두 해 동안 로렌스는 대부분 카이로의 아랍국 지도제작실에서 사무직으로 일한 반면, 쿠르트 프뤼퍼는 안 가본 곳이 없을 정도로 종횡무진했다. 영국령 이집트에 대항해서 파괴 작전에 가담하거나 첩보 임무를 수행했고, 두 차례 중요한 전투에 참가했으며, 시리아 전역에 존재하는 오스만과 독일의 잠재적인 적들을 폭로했다. 그러나 1916년 말이 되자 로렌스는 전장을 정신없이 누비기 시작했고, 프뤼퍼는 베를린의 지도제작실에서 비교적 느긋한 일상을 보내게 되었다.

지도제작실은 따분하기 이를 데 없었다. 병가 기간이 1917년 1월까지 연장되면서 프뤼퍼는 빵 배급량을 놓고 베를린 식량배급소 직원과 싸우고 있는 자신을 발견했다. 그는 콘스탄티노플의 과거 동료들과 외무성 고위 관리들에게 도움을 청하는 전보를 띄웠다. 자신에게 병가 연장 확인서가 없다는 이유로 배급카드가 발급되지 않고 있으니 최대한 빨리 이 문제를 해결할 수 있도록 도와달라는 내용이었다.[19] 비행기로 저녁식사를 준비시키던 시절은 실로 머나먼 과거사가 되어버리고 말았다.

당시 쿠르트 프뤼퍼는 거의 군 경력에 종지부를 찍을 상황에 직면해 있었다. 선천적으로 허약한 이 동양학자는 지난 1914년 막스 폰 오펜하임의 청원을 통해 겨우 독일군에 입대할 수 있었지만 이제는 신체적으로 피폐한 지경이었기 때문이다. 그런데 자칭 쾰른 남작인 오펜하임은 베를린에서 병자나 다름없는 상태로 지내고 있는 프뤼퍼에게 다시 한번 탈출구를 제공했다.

프뤼퍼의 전기작가 도널드 매케일에 따르면, 당시 오펜하임은 독일의 정치적·군사적 이득으로 작용할 범이슬람 지하드가 불발에 그치자 자신의 야망을 경제적 영역으로 확장하는 중이었다.[20] 동맹국의 승리가 임박했다고 판단한 그는 독일 중심의 거대한 컨소시엄을 구성하여 향후 수십 년 동안 중동에서의 기업활동과 자원 개발을 지배하는 방안을 구상하고 있었다. 그 계획에 따르면, 독일 정부와 민간 기업이 독특한 협력관계를 구축할 때 이와 같은 지배를 이룰 수 있다. 즉 국가적 이익과 사적 이익을 동시에 얻기 위해서는 반드시 양자의 긴밀한 결탁이 요구되었다. 오펜하임은 종이에 인쇄된 활자의 힘을 깊이 신뢰하는 사람으로, 때로는 지나치다 싶을 정도였다. 그는 머나먼 곳 오스만 제국에서 막대한 부를 거머쥘 수 있다는 환상을 독일 기업인들에게 심어주기 위해 매혹적인 사업 안내책자를 찍어냈다.

프뤼퍼는 오펜하임이 공과 사의 공생적 관계로 진행할 구상의 핵심적 역할을 담당하게 되었다. 프뤼퍼는 콘스탄티노플 주재 독일정보국 신임 수장으로 임명되었고, 터키의 관료주의적 걸림돌을 피하고자 하는 투자자들을 위한 가장 중요한 안내자로 활약하게 되었다. 독일 기업가들로서는 더 이상 바랄 게 없는 친구였다. 그 지역과 청년튀르크당의 권력 구조에 정통할 뿐 아니라 필요한 경우 무슨 수를 써서라도 일이 되게끔 만들어온 실력을 지닌 사람이었기 때문이다.

막스 폰 오펜하임의 경제 구상은 반식민주의 이슬람 지하드 구상과 마찬가지로 시대를 조금 앞선 아이디어로 판명되었다. 머지않아 이탈리아 파시스트당 당수 베니토 무솔리니가 1920년대 들어 처음으로 가동한 이른바 국가조합주의national corporatism 모델, 그로부터 10여 년 뒤 무솔리니의 제자 아돌프 히틀러가 이끌게 될 훨씬 더 기괴한 발상을 암시하는 것이었기 때문이다. 하지만 1917년 당시 쿠르트 프뤼퍼에게는 전장으로 복귀하는 것 그 이상도 이하도 아니었다. 2월 말, 그는 베를린 지도제작실 동료들에게 작별을 고하고 다시 한번 중동을 향해 떠났다.

12월 12일, 제다 항에 정박한 영국 전함 수바 호 갑판에서 내리는 T. E. 로렌스 대위의 모습을 지켜보는 브레몽 대령은 복수라도 한 양 통쾌한 감정을 느꼈을 것이다. 물론 몇 주 전 프랑스 전쟁성으로부터 받은 질책의 배후가 로렌스라는 사실조차 모르고 있었지만 브레몽은 이제 그를 한낱 말썽꾸러기로 여기는 게 틀림없었다. 그동안 로렌스는 연합군 병력의 아라비아 파병 계획을 좌절시킨, 그 누구보다 위험한 영국군 장교로 통했다. 그런데 이제 브레몽 앞에 나타난 존재는 거만함과 자기 확신을 상실한, 익히 알던 로렌스와 전혀 다른 사내처럼 보였다. 로렌스는 파이살의 군대가 터키군에 밀려 허둥지둥 달아나는 모습을 옌보에서 두 눈으로 목격하고 돌아오는 길이었다. 용감한 아랍 전사에 대한 애송이 장교의 확고한 환상을 산산이 무너뜨린 경험이었다.

이제는 서로 같은 편이 되었다는 믿음 때문인지, 아니면 로렌스에게 확실히 비수를 꽂고 싶은 유혹을 떨치지 못했기 때문인지, 브레몽은 자신이 레지널드 윈게이트를 만나기 위해 하르툼으로 가는 길이라고 로렌스에게 말했다. 아라비아 해안지역에 확산되는 위기감을 감안하여 영불 연합군의 라베그 파병을 다시 한번 압박하려는 게 틀림없었다.

로렌스는 상부에서 브레몽의 말을 주의 깊게 경청하리라 확신했다. 12월 14일, 예상대로 윈게이트는 브레몽 대령을 옆에 앉힌 채 외무성과 카이로에 있는 머리 장군에게 비밀 전보를 쳐서 한시바삐 1개 여단을 보내라고 촉구했다.

"아랍인들을 돕기 위해, 붕괴 직전에 놓인 셰리프의 반란을 구하기 위해, 그 어떤 대안이나 실질적 수단이 존재하는지 모르겠습니다. 셰리프는 처음에 우리에게 유럽 군대를 보내달라고 제안했다가 취소한 바 있습니다. 그러나 (지금은) 상황을 심각하게 우려하고 있다고 합니다. 브레몽 대령의 의견에 따르면, 조금만 더 압박을 느낀다면 셰리프는 군대를 재요청할 것으로 보입니다. 그 상황이 닥치기 전에, 지금 당장 필요한 조치를 이행함으로써 셰리프와 그의 아랍 백성을 구해주어야 하지 않을까 싶습니다."[21]

사실 당시까지 모두가 파악하지 못한 사실이 있었다. 바로 서부 아라비아의 급박한 위기가 해소되었다는 점이다. 로렌스가 수바 호를 타고 옌보를 떠난 지 몇 시간이 지난 12월 11일 밤, 터키군의 대부대는 옌보로 접근했다. 그러나 항구에 정박한 영국 함대가 서치라이트를 키고 도시 주위 야산과 들판까지 대낮처럼 환히 비추고 있었으며, 이에 터키군은 혼란에 빠졌다. 아랍의 반란군이 그랬듯이 터키군 역시 상대의 포격을 두려워했으며, 옌보에서 영국군의 무시무시한 화력전에 맞닥뜨렸다고 예상한 것이다. 그로부터 며칠 후 항공 정찰을 벌인 결과, 터키군은 이미 산악지대로 퇴각한 사실이 확인되었다. 이러한 정도로 해안도시를 향한 터키의 위협이 종결되었다고 단정할 수는 없었으나, 반란군으로서 숨 돌릴 틈을 얻은 것만은 분명했다. 반면 하르툼에 있는 두 명의 확전주의자에게는 이 '틈'이 결코 달갑지 않은 요소였다. 윈게이트와 브레몽은 몇 주 동안 파병을 압박할 만한 몇 가지 사건을 포착했으나 결국 터키군이 옌보에서 철수하는 통에 절호의 기회를 잃고 말았다.

위기의 순간이 지난 며칠 후, 로렌스는 다소 풀 죽은 모습으로 옌보에 돌아왔다. 앞으로 어떤 방향으로 전개해야 할지 파이살과 함께 머리를 맞대고 의논하기 위해서였다. 그들은 런던에서 벌어진 꽤 획기적인 진전 덕분에 향후 계획을 세우는 데 도움을 받을 수 있었다. 불과 몇 주 전, 허버트 애스퀴스 연합 정권이 무너진 자리에 데이비드 로이드조지가 이끄는 연합 정권이 새로이 들어선 것이다. 신임 총리는 전쟁 발발 이래 런던 정가에 널리 퍼진 '서양인' 중심의 사고방식과 결별하기로 마음먹었다. 이는 서부전선에서 승리해야 최종적인 승전을 거둘 수 있다는 전망을 버렸음을 의미한다. 로이드조지는 이제까지의 고집스러운 사고방식 탓에 1916년 말까지 영국군 40만 명을 희생시키고도 여전히 암담한 상황을 벗어날 출구를 찾지 못하고 있다고 보았다. 대신 '동방' 정책에 입각, 적국의 "전쟁 메커니즘에 케이오 펀치"를 날리기 위해서 가장 취약한 지점들을 공략하기로 결심했다. 이는 난공불락으로 보이는 서부전선 대신 발칸과 오스만 제국을 겨냥하겠다는 신호였다.

이런 새로운 접근 시각은 로렌스가 옌보로 돌아온 이후 현지에서 확실히 감지되었다. 윈게이트와 브레몽이 원했던 정규군 수천 명은 아니지만, 오합지졸 반란군을 믿음직한 전투 부대로 변모시킬 교육관과 자문관을 비롯한 상당 규모의 영국군이 헤자즈 해안지역에 주둔하게 된 것이다. 영국군의 이와 같은 병력 확충 작전 가운데 가장 흥미로운 장면 또한 바로 옌보에서 연출되었다. 반란군이 장악한 최북단 항구이자 이젠 터키군의 공격에서 벗어난 이 지역을 배후 기지 삼아 헤자즈 철도를 파괴한다는 계획이 수립되었기 때문이다. 메디나 주둔 터키군에게 생명선과 다름없는 헤자즈 철도는 옌보에서 내륙 쪽으로 겨우 145킬로미터 거리에 있었다. 아울러 작전의 목적에 가장 부합하는, 이름도 찬란한 허버트 갈런드라는 인물이 투입되었다. 전쟁 전까지는 화학자였던 갈런드는 키가 크고 팔다리가 길쭉한 스코틀랜드 출신으로, 카이로 훈련소에서 용접 일을 하면서 독학으로 폭발물 전문가가 된 인물이었다. 그가 아라비아에 도착하기 전에 아랍인들은 헤자즈 철도를 몇 차례 공격한 바 있으나 곡괭이와 삽으로 철로를 끊어놓고 달아나는 수준에 그쳤다. 물론 터키 쪽에서는 큰 수고 없이 철도를 복구할 수 있었다. 하지만 이제 아랍인들은 갈런드로부터 철로 밑으로 폭발물을 설치해서 복구가 불가능할 정도로 망가뜨리는 첨단 기술을 배우기 시작했다. 1917년 1월 초, 지루하기 짝이 없는 재건의 나날 속에서 갈런드 소령에게 가장 열심히 폭파 기술을 배운 제자는 T. E. 로렌스였다.

로렌스는 맡은 바 임무를 수행하기 시작한 갈런드 등 영국군 지원단 사람들과 항구도시에서 어울리면서 시간을 보냈다. 하지만 로렌스에게는 여타 동료 군인과 확연하게 구분되는 무언가가 있었다. 그 가운데 하나가 바로 로렌스의 복장이었다.

로렌스가 나클무바라크의 반란군 진지에 머무는 동안, 파이살은 그에게 영국 군복 대신 아랍인 복장을 권유했다. 영국군 연락장교로서 반란군 진지를 돌아다닐 때나 파이살과 한가로이 어울릴 때 불필요한 관심을 사지 않을 수 있기 때문이었다. 로렌스는 이 제안을 기쁘게 받아들이고는 지체 높은 셰이크에게만 허락되는 새하얀 장옷과 황금 띠를 걸쳤다. 그는 제다로 돌아갈 때는 아랍 옷을 벗어두었지만 옌보로 돌아오기가 무섭게 다시 차려입었다.

그러나 로렌스와 동료들 사이에는 복장 이상의 차이가 있었다. 그는 한시적이나마 파이살의 연락장교라는 임무에 진심으로 충실하려 했고, 그러기 위해 해안지역에 있는 영국군 막사 대신 내륙으로 몇 킬로미터 떨어진 곳에 위치한 아랍군의 어수선한 숙영지에서 살다시피 했다. 그곳에서 로렌스는 대다수 영국 장교보다 훨씬 더 높은 인내심을 발휘하여 파이살이 자신의 '군대'를 다스리는 특유의 나태함에 적응하기 시작했다.[22]

이들은 새벽을 깨우는 이맘imam[이슬람 예배를 인도하는 성직자]이 외치는 소리를 듣고 눈을 뜨는 것으로 하루를 시작했다. 파이살은 고위 참모와 여러 부족장을 처소로 불러 함께 아침 식사를 하면서 이야기를 나누었다. 그런 뒤에는 지루한 오전 일정이 이어지는데, 이때 숙영지에 있는 누구든 파이살을 찾아와 이해관계나 불만 사항을 호소할 수 있었다. 하지만 전쟁과 관련된 용건으로 찾는 사람은 거의 없음을 로렌스는 눈치 챘다. 이런 식의 '장벽 없는 알현'은 점심 식사를 차릴 때까지 계속되었다. 점심 식사 또한 두 시간에 걸친 매일의 행사로서 아침 때보다 더 많은 참모와 부족장들이 동참했다. 점심 식사를 마치고 나면 이러저러한 명령을 내리면서 필경사가 받아 적기를 기다리느라 또다시 두어 시간이 흘렀다. 이후에는 느긋하게 피로를 풀면서 한담을 주고받다가 이전 끼니보다 훨씬 더 나른한 속도로 저녁 식사에 임했다. 그런 다음에는 몇 가지 명령을 더 내리고, 연장자들과 이야기를 나누고, 정찰대가 보내온 다양한 보고서를 읽는 등 급할 것도 없고 딱히 정해진 것도 없는 시간이 한정 없이 이어졌다. 때로는 자정을 훌쩍 넘긴 시각까지, 심지어 새벽을 알리는 이맘의 소리가 들리고 이 모든 과정을 다시 반복해야 하는 시간까지 이어지기도 했다.

조급하고 금욕적인 성격으로 유명한 T. E. 로렌스에게 이런 모습이 일종의 고통을 안겨주었을 텐데, 그는 평소 선 채로 5분 안에 식사를 마치는 편으로, 음식이나 식사 자체에 관심이 없었다. 웬만하면 (상대방의 기분을 망치지 않는 선에서 악수조차 피하는 등) 신체 접촉도 꺼리는 편이었기에 아랍 반란군 진지에서 언제든 겪을 수 있는 가벼운 애정 표현, 즉 끊임없이 포옹하고 볼에 입을 맞추고 아무 때나 손을 잡는 행동 또한 그를 곤혹스럽게 했을 것이다.

그러나 로렌스는 이 또한 전쟁과 평화에 대한 아랍인들의 방식이라 여기고, 있는 그대로 받아들였다. 파이살은 전쟁 지도자이기에 앞서 헤자즈 부족장이었으며, 언뜻 아무 목적이 없어 보이는 지루한 대화도 부서지기 쉬운 동맹체를 끈끈하게 유지시키는 접착제 구실을 했다. 이런 문화에서 파이살은 군대를 지휘하는 엄격한 장군이 아니라(그는 자기 부족민 외에는 명령할 수 없었다) 좋은 말로 타이르거나 차분하게 대화를 나누면서 상대방의 말에 귀 기울여주는 '공감대 형성자'의 구실을 하고 있었다. 확실히 아랍 땅을 처음 밟은 영국군 지원단 구성원들에게는 결코 익숙하지 않은 모습이었을 것이다. 그러나 로렌스는 아랍인들에게 인정받거나 영향력을 행사하고 싶다면 자신을 비롯한 영국군이 적응하는 수밖에 없음을 절감했다. 이는 어쩌면 자명한 이치였다. 그러나 군사적으로나 문화적으로 영국적 위계질서에 익숙한 다른 동료들은 이 문제로 꽤 힘든 시간을 보내야 했다.

적응하기로 결심한 로렌스에게 가장 큰 힘이 되어준 사람은 다름 아닌 파이살 이븐 후세인이었다. 아랍 반란이 가장 암담한 상황에 빠졌을 때, 다시 말해 아랍군이 나클무바라크로 도망쳤을 때, 그곳을 찾았던 로렌스는 파이살의 견고한 신념에 감동받아 어느 정도 비관적인 시각을 수정할 수 있었다. 그는 12월 5일 길버트 클레이턴에게 다음과 같이 보고했다.

"지난밤에 저는 (파이살이) 비르 사이드의 터키군 진지가 내려다보이는 전선으로 대부대를 출동시키기 전 전사들 앞에서 연설하는 모습을 보았습니다. 부대원들이 조용히 귀를 기울이는 가운데, 그는 많은 말을 하지는 않았지만 한 마디 한 마디가 참으로 정확하고 옳았습니다. 그가 말을 마치자 사람들은 너나없이 기쁨에 겨워 그의 머리띠에 입을 맞추려고 몰려들었습니다. 제이드가 후퇴하는 과정에서 심각한 타격을 안긴 탓에 지난 6개월 동안의 노력들, 즉 부족 사이에 유대관계를 형성하고 각 부족을 적절한 지역에 배치하는 등 산악지대에서 이룬 성취가 수포로 돌아갔다는 사실을 그는 정확히 인지하고 있었습니다. 하지만 그는 대중 앞에서 이 모든 것을 농담으로 승화시켰습니다. 그들이 어떻게 줄행랑을 쳤는지 흉내 내면서 아이들처럼 놀려댔지만, 감정을 상하게 하지는 않았습니다. 그들로 하여금 돌이킬 수 없는 일은 아니라고 느끼게 해주었습니다. 그는 훌륭한 사람입니다. 제 생각에 가장 지독한 상처를 입은 사람은 바로 파이살 자신이었기 때문입니다."[23]

파이살은 옌보에서도 같은 정신을 발휘했다. 터키군이 메디나로 후퇴한 사실이 명백해진 12월 20일, 그는 친형 알리에게 병사 7000명을 데리고 라베그를 떠나 북쪽으로 이동할 것을 요청하고는 자기 부대를 이끌고 산악지대로 돌아갔다. 후퇴하는 터키군을 따라잡아서 협공하려는 심산이었다. 그러나 알리는 동생 제이드보다 나을 게 없는 지휘관이었다. 그의 부대는 터키군이 역습할 것이라는 헛소문에 소스라치게 놀라 라베그로 돌아왔고, 이에 실망한 파이살은 부대를 이끌고 옌보로 돌아올 수밖에 없었다.

이 사건을 목격한 대다수 영국 장교는 아랍 반란군의 어리석음을 보여주는 사건이 또 한 번 벌어졌다고 여겼다. 터키군이 나타났다는 소문에 전장에서 달아난 게 이번으로 두 번째였기 때문이다. 하지만 로렌스는 사태를 완전히 다르게 보았다. 산악지대에서 패퇴한 직후 파이살은 영국 함포의 사정권 안에서 신중하게 움직이며 옌보로 재집결한 반면, 이번에는 기회라고 판단한 순간 재빨리 공세로 전환했기 때문이다. 이는 다른 형제들에게서는 찾아볼 수 없는, 오로지 파이살만이 지닌 결단력을 증명하는 사건이었다.

비슷한 맥락에서 파이살은 라베그와 옌보 두 곳이 일시적으로는 안전하다고 판단, 북쪽으로 쳐들어가 항구도시 와즈를 장악하기로 결심했다. 와즈가 반란군 수중에 떨어지면 이집트에서 출발하는 영국군의 보급 경로를 320킬로미터나 단축할 수 있을 뿐 아니라, 지대가 평탄해서 내륙을 가로질러 헤자즈 철도를 급습하기에도 훨씬 더 좋았다. 로렌스와 파이살은 오랫동안 상의한 끝에 파이살이 처음 계획했던 내용을 골자로 하는 작전에 합의했다. 이제 믿음직하지 못한 것으로 판명된 형제들의 도움을 받지 않아도 되는 작전이었다.

그러나 이와 같은 진전은 로렌스에게 달콤 씁쓸한 것이다. 아라비아에 머물 시간이 얼마 안 남았다는 사실을 스스로 잘 알고 있었기 때문이다. 유럽에 있는 스튜어트 뉴컴은 몇 가지 일로 발목이 잡혀 있지만 정식으로 파이살과 일하기 위해 조만간 부임지에 도착할 예정이고, 그 즉시 로렌스는 카이로의 아랍국 사무실로 돌아가 책상을 지켜야 했다.

헤자즈로 돌아온 이후 로렌스는 이러한 운명을 맞기 전에 상황을 바꿔보려고 노력해왔다. 그러한 활동의 핵심 표적은 로렌스의 현지 직속 상관인 시릴 윌슨 중령이었다. 그는 임시로라도 로렌스를 아라비아에 배치해서는 안 된다고 맹렬히 반대했으며, 이 사실을 익히 알고 있는 로렌스로서는 그동안 제다에 상주하는 윌슨을 제치고 카이로의 고위급 인사들과 직접적인 소통을 시도했다. 12월 5일 길버트 클레이턴에게 보낸 전보가 그 첫 번째 시도였다.

"제가 이곳에 도착하고 보니 (저를 담당하는) 상관에게 보고하는 체계가 정해져 있지 않은 상태입니다. 아마도 윌슨 중령을 통해 보고하게 되겠지만, 오늘 밤은 이집트로 타전해야 할 내용이 있어서 이렇게 직접 말씀드리는 바입니다."[24]

물론 로렌스는 자신의 야전 상관이 윌슨이라는 사실을 주지하고 있었으므로 혼선 운운한 발언은 솔직하지 못한 태도였다. 하지만 이날 이집트로 직보한 것은 로렌스에게 좋은 선례로 남았다. 윌슨이 자신을 옌보의 보급 담당 하급 장교로 임명해서 날개를 완전히 자르려고 들자마자 이 방식을 다시 활용했기 때문이다. 윌슨의 조치에 저항하기로 마음먹은 로렌스는 "기본적으로 자신을 정보장교이자 파이살의 연락장교라고 생각한다"면서 클레이턴에게 항의하는 한편, 최신 보고서를 카이로에 보내면서 상관을 거치지 않는 까닭을 다음과 같이 설명했다.[25]

"조금이라도 쓸모 있는 보고 사항이라면 제시간에 장군님께 도착해야 할 것입니다. 하지만 보고서를 제대로 보낼 경우 일주일에서 열흘 가까이 시간을 낭비하는 셈입니다."

물론 로렌스가 제다로 향하는 배 안에서 이 글을 썼다는 사실이 알려졌다면, 이와 같은 논거는 설득력을 얻지 못했을 것이다.

12월 중순으로 접어들면서 로렌스의 이러한 소통 작전은 공공연한 비밀이 되어 있었다. 로렌스는 더 이상 재고를 간청하지 않았다. 오히려 자신이 아라비아에 계속 머무는 것이 이미 결정된 사안인 양 태도를 취했다. 12월 말, 그는 또다시 윌슨을 건너뛰어 클레이턴의 부관에게 다음과 같은 전보를 보냈다.

"여기에 계속 머물게 된다면 필요한 게 많을 것 같네요. 뉴컴에 관한 새로운 소식은 있는지요? 이곳 상황이 워낙 특수하여 아무래도 돌아가기는 그른 것 같습니다. 영국인의 습성을 벗어던지고 파이살과 함께 떠나고 싶습니다."

그러고는 이와 같은 자신의 바람이 이미 정부의 계획인 것처럼 앞으로의 일정을 털어놓았다.

"저는 후임자가 이곳에 도착하는 대로 떠나겠습니다. 와디아이스는 헤자즈 북부에 위치한 미지의 땅인데, 이곳을 살펴볼 생각입니다. (아울러) 루드와 너머 지역에 대해서도 확인할 필요가 있습니다."[26]

———

오스만 정권은 실패한 정권이라기보다 속임수를 환상적으로 활용한 세력이었다. 1916년 말까지 시리아 전역에 걸쳐 50만 명에 가까운 주민들이 기아와 질병으로 목숨을 잃었다. 새해에도 상황은 악화 일로였다. 전선도 위태로웠다. 터키군은 수에즈 운하 침공에 나섰다가 또다시 실패했고, 메디나 주둔군은 헤자즈 아랍 반란군에 맞서 마지막 안간힘을 쓰고 있었다. 영국군은 재차 티그리스 강을 거슬러 바그다드를 향해 진격 중이었다. 이 상황에서 제말 파샤는 예루살렘과 바그다드에 있는 총독 관저를 오가면서 운하와 도로 신설 계획안을 살피거나 새로 문을 연학교와 병원의 테이프 커팅식에 참석하느라 여념 없었다. 그는 자신을 둘러싼 모든 것이 무너져 내리는 와중에도 진보적 개혁가라는 자기 이미지에 집착하는 듯했다. 아니, 무너져 내리는 상황이었기 때문에 그랬다는 표현이 오히려 더 정확하겠다.

시리아 총독이 콘스탄티노플의 핵심 권력자 집단에서 점차 멀어지고 있다는 것도 한 가지 이유로 작동했을 것이다. 오스만 제국의 수도에서는 아랍 반란이 일어난 뒤로 제말에 대한 비판의 강도를 날로 높이고 있었다. 제말이 지나치게 가혹하다는 비판부터(그가 아랍 민족주의 지도자들을 처형한 탓에 반란이 일어났다는 견해가 학계의 통설이다) 너무 관대하다는 내용에 이르기까지 다양했다. 어쨌든 이제 제말은 무슨 일을 해도 좋은 평가를 받기 어려워졌다. 그를 대하는 태도가 이처럼 바뀌자 말주변 좋기로 유명한 제말이었지만 점점 더 궁지에 몰리기 시작했다. 실례로, 다마스쿠스 주재 독일 영사인 율리우스 로이트베트하르트에그가 어째서 혁명 전야에 파이살 이븐 후세인이 아라비아로 떠나도록 내버려두었냐고 물었을 때, 제말은 파이살의 속마음을 떠보기 위해서였다고 대답했다. 독일 영사는 이날의 만남을 상부에 보고하면서 "남의 속마음이나 떠보고 있을 시기는 아닌 것 같다"는 날카로운 지적을 덧붙였다.[27]

제말에게는 콘스탄티노플을 짜증스럽게 만드는 또 다른 면이 있었다. 유럽인, 특히 프랑스인에 대해 언제나 이상하리만큼 정중한 태도를 보여온 제말은 '여러 교전 상대국'의 수많은 인사가 아무 제약도 없이 시리아에 머물도록 하고 있었다. 이처럼 유난한 그의 서구주의에도 불구하고 자국 정부와 군사적 동맹관계인 유럽 국가에 대해서는 예외를 두었다. 특히 독일이라는 나라와 문화를 혐오하여, 친한 사람들과 대화할 때면 독일의 이런저런 단점을 늘어놓곤 했다.[28]

하지만 전쟁이 길어지면서 프랑스인들은 (쿠르트 프뤼퍼 같은 독일 요원들의 염탐 능력도 어느 정도 원인으로 작용한 결과) 시리아에서 만나기 힘든 존재가 되었다. 제말 총독의 애정도 다른 부류의 외국인 집단으로 옮겨 간 것으로 보였다. 바로 미국인들이었다. 1890년대에 미국인들은 신실하고 보수적인 비세속적인 종파가 예루살렘에 터를 잡았던 지역에 거주하고 있었다. 이곳을 여러 차례 방문한 제말은 따뜻한 대접을 받았다. 당시 찍은 사진 중에는 제말의 무릎에 올라앉은 그곳 어린이들과 즐거운 한때를 보내는 모습도 있다.[29] 시리안프로테스탄트칼리지(훗날 베이루트아메리칸대학교) 총장 하워드 블리스는 기근이 레바논을 강타했을 때 원조 식량을 받을 수 있도록 배려해준 제말 총독에게 고마움을 표하는 차원에서 1917년 1월 말에 개최된 학교 졸업식에 제말을 연설자로 초청했다.[30]

1월 20일, 당시 다마스쿠스 주재 미국 영사 새뮤얼 에덜먼은 다마스쿠스 총독부에 불려갔다. 제말과 마주한 그는 이상한 이야기를 들어야 했다. 지난 몇 달 동안 제말은 불안에 떠는 미국 시민 500여 명이 안전하게 시리아를 떠날 수 있도록 배려했으나 번번이 오스만 당국에 의해 좌절되곤 했다. 얼마 전 우드로 윌슨 대통령이 재선되었다는 소식도 별 도움이 되지 않았다. "우리를 전쟁에서 꺼내줄 사람"이라는 선전 구호가 당선에는 도움을 주었지만, 정작 우드로 윌슨은 연합군에 동조하는 쪽으로 기울고 있었다. 당연히 콘스탄티노플로서는 시리아의 상황을 직접적으로 알고 있는 수백 명의 외국인을 (그것도 그들의 정부가 적군 쪽에 가담할 수 있는 상황에) 무조건 보내주기는 꺼림칙했던 것이다. 그런데 1월 20일 에덜먼을 불러들인 제말이 새로운 해법을 제시했다. 당황한 영사가 콘스탄티노플 주재 미국 대사관에 띄운 급전이 말해주듯, 제말은 "전쟁이 끝날 때까지 오스만에서 겪은 일에 대해 함구한다"는 맹세를 조건으로 미국인 500여 명이 시리아를 떠날 수 있도록 허락했다.[31] 물론 미국 대사관은 그와 같은 형식적인 조건을 냉큼 받아들여 자국민 의 송환 작업에 착수했다.

그러나 제말이 미국인의 간청이라고 해서 무조건 들어준 것 같지는 않다. 어떤 특정한 사건에서 바라는 것을 얻지 못한 미국인도 있었다. 바로 스탠더드오일의 시리아 책임자인 윌리엄 예일이었다.

예루살렘 상황이 점점 악화되는 동안 미국인 석유꾼 예일은 주어진 상황에 적응하는 능력을 마음껏 뽐내고 있었다.[32] 터키의 통화 가치가 폭락하고 투기꾼들이 사형에 처해지는 와중에도 예일은 팔레스타인의 여러 도시를 복잡하게 얽어맨 암시장에서 금화와 증권을 사고팔았다. 그 결과 제반 비용을 제외하고도 자기 몫으로 10퍼센트에 달하는 짭짤 한 수익을 챙길 수 있었다. 그러던 어느 날, 예루살렘 행정관이 소코니 에게 부여한 유전개발 허가 기간의 갱신을 재검토하고 있다는 소식을 들었다. 예일은 그 행정관에게 편지를 보내 콘스탄티노플의 청년튀르크 당 수뇌부에 달갑지 않은 소식을 전하겠다고 협박하는 한편, 그의 불륜 사실을 아내에게 알릴 수도 있다고 덧붙였다.

하지만 1916년 가을, 예일은 제말 파샤에게 특별한 간청을 해야 했 다. 예루살렘 전신국에서 일하는 믿음직한(아마도 뇌물을 먹인) 검열관 이 예일과 그의 사업 파트너 이스마일 하키 베이를 찾아와 우려스러운 소식을 전했기 때문이다. 방금 전 익명의 고발 편지가 제말에게 도착했 는데, 그 내용은 이스마일이 아랍 반란 지도자 파이살 후세인과 연결된 혁명파 소속이라는 것이었다. 심지어 편지에는 "젊은 미국인이 혁명파 에 돈을 대고 있다"는 내용도 담겨 있었다. 예일을 가리키는 것이 분명 했다. 고발 내용이 사실로 확인되면 사형을 면할 수 없었다.

그들은 독일인 숙소에 있는 제말의 집무실로 달려가 편지를 보여달라고 요구했다. 글씨체를 살피니 놀랍게도 코르누브 유전 개발 사업에 관여하는 두 명의 예루살렘 기업가 중 한 명인 셀림 아유브가 보낸 편지였다. 예일은 이렇게 회상했다.

"이스마일 베이와 나는 그 작자의 사악하고 음흉한 음모에 화가 치밀어 그를 일가족과 함께 추방해달라고 제말에게 요구했다."

예일은 아유브 당사자뿐만 아니라 그의 가족과도 "허물없이 다정한 사이"였기에 그런 처벌이 아내와 아이들에게 얼마나 가혹한 것인지 잘 알고 있다고 자서전에서 털어놓았다. 추방을 당한다면 운이 좋아봤자 가난에 허덕일 것이며, 최악의 경우 굶주리고 병에 걸려 서서히 죽어갈 게 분명했다. 예일은 이와 매우 흡사한 방식으로 작년에 자신이 이스마일 베이를 협박했던 사실을 잊은 듯 보였다. 그러나 제말은 분개한 석유꾼을 충분히 달래줄 만한 해결책을 내주지 않았다. 셀림 아유브를 유형에 처하는 것은 동의했지만 나머지 가족은 예루살렘에 남겨두도록 결정한 것이다. 그로부터 20년이 지난 뒤 예일은 회고록에서 다음과 같이 밝혔다.

"나는 당시 제말이 그 자리에 있었던 다른 사람들보다 마음이 더 너그러웠던 것을 다행으로 생각한다."

옌보 동북쪽에 자리 잡은 오아시스 마을에서 와즈를 향한 행군이 시작되었다. 그 광경은 경이로울 정도로 이국적이었다. 로렌스에게는 어린 시절에 탐독하던 중세 역사책 속의 한 장면을 목격한 것처럼 화려하고도 야성적인 풍경이었다.

"파이살이 새하얀 옷을 걸치고 맨 앞에 섰습니다. (부족장) 샤라프는 붉은 천을 머리에 두르고 헤나로 염색한 긴 옷과 망토 차림으로 파이살의 오른쪽을 지켰고, 나는 희고 붉은 옷을 입고 왼쪽에 섰습니다. 우

리 뒤로 황금 장식이 박힌 자주색 비단옷을 입은 부하들이 세 줄로 섰
고, 그 뒤로 발걸음에 맞추어 북을 치는 병사들이 또 세 줄로 섰고, 그
뒤로 친위대의 낙타 1200마리가 사납게 울부짖으며 따라왔습니다. 모
두가 겨우 움직일 만큼 바싹 붙어서 이동했습니다. 형형색색 복장을 갖
춘 전사들은 온갖 장식으로 번쩍이는 낙타들과 함께 진군하며 파이살
과 그 가족을 칭송하는 군가를 소리 높여 불렀습니다! 길게 늘어선 낙
타들을 보자니 흡사 강물이 흐르는 것 같았습니다. 우리 행렬은 출발
지인 오아시스부터 그 주위를 에워싼 모래언덕 너머로 400미터나 이어
졌습니다."33

로렌스는 이 황홀한 장관을 그리 오래 감상할 수 없었다. 지난 몇 달
동안 혼신의 노력을 기울였음에도 불구하고, 스튜어트 뉴컴이 드디어
이집트를 떠났다는 전보를 아침에 받았기 때문이다. 이제 아라비아에
서 로렌스가 해야 할 일은 모두 끝났으니 인수인계를 위해 옌보로 돌아
와 대기하라는 명령이 떨어졌다. 로렌스는 아랍 전사들의 웅장한 행렬
과 더불어 북쪽으로 한 시간 정도 동행하다가 파이살에게 작별을 고하
고 해안으로 돌아와야 했다.

그러나 옌보 업무의 인수인계는 불가능했다. 카이로를 떠나기 직전,
또다시 뉴컴의 발목이 잡혔기 때문이다. 대신 두 당사자는 반군이 장
악한 항구도시이자 옌보와 와즈의 중간 지점에 위치한 움레즈로 가서
북쪽으로 이동하는 파이살의 군대를 기다리라는 명령을 받았다. 1월
14일, 명령에 따라 수바 호에 훌쩍 올라탄 로렌스는 움레즈로 이동해서
파이살과 재회했다. 반란군이 식량 보급을 위해 잠시 대기하는 동안 지
난 6주간의 모험들을 떠올리던 로렌스는 이제 모든 게 물거품이 되었다
고 생각했다. 1월 16일, 그는 움레즈에서 슬픔이 진하게 묻어나는 필치
로 가족에게 편지를 띄웠다.

"이집트로 돌아가고 싶지 않습니다. 그래도 작은 변화가 있어서 다행입니다."[34]

하지만 반란군이 행군을 재개해야 하는 17일에도 뉴컴은 오지 않았다. 로렌스는 이번에도 뉴컴이 제때 도착하지 못한다면 '어쩔 수 없이' 자신이 파이살과 함께 와즈로 가리라는 희망을 은근히 품기 시작했다. 그날 밤에도 뉴컴은 소식이 없었다. 로렌스의 소원은 마침내 실현된 것처럼 보였다. 그는 뉴컴에게 전할 쪽지("오실 줄 알고 하루나 더 기다렸습니다!")를 움레즈에 남겨둔 채 모래땅으로 뛰쳐나가 파이살의 행렬에 다시 합류했다.[35]

로렌스가 파이살과 함께 행군을 시작한 지 하루도 안 되어 또 상황이 바뀌었다. 이른 아침, 숙영지를 정리하고 로렌스가 즐거운 표정으로 파이살 옆자리를 차지하고 나서는 순간, 움레즈에서 말을 타고 전속력으로 달려온 두 남자가 나타났다. 그중 한 명은 영국군의 헤자즈 작전 책임자로 부임한 스튜어트 뉴컴이었다.

앞서 받은 명령에 따라 로렌스는 움레즈로 돌아가서 카이로행 선박에 올라야 했다. 하지만 어쩐 일인지 스튜어트 뉴컴은 새로운 계획을 내놓았다. 이런 식으로 인수인계를 하기에는 너무 촉박한 데다 와즈로 이동하는 동안 자신이 파이살이나 그의 부하들과 친해지기에도 어려움이 있으니, 지난 6주 동안 그들과 함께 지낸 로렌스가 동행하는 편이 낫겠다고 판단한 것이다. 로렌스로서는 이와 같은 뉴컴의 제안을 거절할 이유가 없었다.

런던에서 지루한 기다림의 시간을 보내는 동안 아론 아론손은 영국적 타성에서 벗어나게 해줄 것이라는 기대와 함께 카이로의 분위기를 예의 주시하고 있었다.[36] 그러나 카이로 역시 아론손의 기대에 부응하지 못했다. 그는 1917년 1월 5일자 일기에서 분노를 감추지 못했다.

"나는 하루에도 수백 번씩 이들과 함께 일하기로 결정한 그 순간을 저주했다. 이처럼 막막한 무력감을 느끼고 앉아 있으니 연합군에 대한 환상을 지닌 채 터키인들과 지지고 볶고 있는 편이 나았다. 만에 하나 독일인들이 저 멍청이들한테 패한다면 정의의 신이 고개를 갸웃거릴 것이다."

12월 중순, 아론손은 항구도시 사이드에 도착했다. 여기서 곧바로 카이로로 넘어가 아랍국장 길버트 클레이턴에게 소개장을 보여줄 생각이었다. 하지만 영국군 당국은 여전히 오스만 제국 국적을 지닌 그의 모호한 법적 소속 때문에 그를 알렉산드리아에 억류해버렸다. 곧이어 동부지중해특수정보국Eastern Mediterranean Special Intelligence Bureau, EMSIB 소속의 젊은 대위 윌리엄 에드먼즈가 등장하더니, 자신이 아론손의 연락장교라고 소개했다.

맨 처음 에드먼즈를 본 아론손은 그에 대해 "대단히 지적인 데다 무척 날카로운 인물"이라고 높이 평가했으나, 그가 실권자와 자기를 잇는 실질적인 연결 고리라기보다는 일이 잘 풀리고 있으니 조금만 참으라고 진정시키는 역할을 맡고 있다는 사실을 깨닫자 태도를 금세 바꾸었다.[37] 영국군이 아론손을 어떻게 여기는지를 여실히 보여준 사례가 있었다. 아론손은 런던까지 왔다가 다시 이집트로 넘어오는 과정에서 발생한 1500파운드 정도의 비용 중 일부라도 보상받을 수 있는지를 에드먼즈에게 물었다. 에드먼즈는 인색하기로 유명한 영국의 관료 집단답게 질색하더니, 합당한 영수증 없이는 어떤 비용에 대해서도 지출할 수 없다고 못 박으면서 일당 1파운드의 급료로는 책정 가능하다고 했다. 그동안의 금액을 합해봤자 알렉산드리아 호텔 숙박료에도 못 미치는 금액이었다. 자존심이 강한 농학자 아론손은 곧바로 거절했다. 그리고 그날 밤 또다시 분노 어린 일기를 남겼다.

"지금껏 그들은 나를 불신과 침묵으로 대했다. 하찮게 여기고 무시했다. 하지만 나는 압살롬과 소통 채널을 확립할 수 있도록 다시금 마음을 가라앉히고 노력해야 한다."[38]

그러고는 아틀리트에 남겨둔 압살롬 파인버그에 대해서 이렇게 썼다. "그라면 일을 계속할 수 있을 것이다. 나로 말할 것 같으면, 이제는 할 만큼 했다고 생각한다. 이런 여건에서는 더 이상 할 수가 없다."

아론손이 폭발한 이유는 지난 8개월 동안 팔레스타인에서 무슨 일이 벌어지고 있는지 아무것도 들은 바가 없기 때문이다. 자신이 이집트에 온 목적은 오로지 영국과 자신의 아틀리트 첩보망을 연결하기 위해서인데, 직급도 낮고 기능적 임무만을 수행하는 자에게 영수증 타령이나 들으며 시간을 허비하고 있지 않은가.

하지만 아론손이 파악하지 못한 사실이 한 가지 있었다. 그는 여전히 확실한 신뢰를 얻지 못하고 있었다. 런던으로 돌아온 정보 분석가는 아론손이 털어놓은 이야기가 매우 정확하다는 점을 들어, 이는 그가 터키 첩보원이라는 반증일 수 있다고 결론지었다. 이에 따라 카이로 당국은 이와 같은 의혹이 던지는 여러 수수께끼와 씨름을 거듭해야 했다. 아론손의 첩보망과 선이 닿을 수 있는 방법이란 무엇일까? 첩보망이 실제로 존재하기는 하는 걸까? 그가 터키 첩보원이라면 터키 첩보 당국과 접촉하지 못하도록 해야 할까? 그런데 이런 사실을 전혀 몰랐던 아론손은 압살롬 파인버그가 1915년에 만났던 정보장교 레너드 울리를 만나게 해달라고 여러 차례 요구함으로써 더 큰 의심을 사고 말았다. 아론손을 담당하는 영국군 장교들은 울리가 지난여름 알렉산드레타 만에서 어뢰 공격으로 선박이 난파당하는 바람에 현재 터키군에 억류된 상태라는 사실을 한참 뒤에야 일러주었다. 하지만 이 사실을 알 도리가 없는 아론손은 걸핏하면 울리 이름을 들먹인 탓에 많은 영국군 장교들의 이맛살을 찌푸리게 만들었다.

크리스마스 직전, 영국군은 여러 의혹을 단번에 해결할 수 있는 묘안을 찾아냈다고 생각했다. 에드먼즈는 드디어 아틀리트와 접선하기 위해 첩보선이 출항하게 되었다고 아론손에게 전하면서 개인적으로 보내고 싶은 메시지가 있느냐고 물었다. 그들의 노림수를 대번에 꿰뚫어본 아론손은 특유의 불같은 성격을 또다시 분출했다. 그는 영국군이 "얼간이들"을 태워 보내도록 내버려두었다가 자기 사람들을 모조리 죽이는 꼴을 볼 수 없다면서, 자신을 첩보선에 태우지 않는다면 그 즉시 모든 관계를 정리해버리겠다고 했다.

아론손이 이와 같이 최후통첩을 날린 결과 마침내 타협점이 도출되었다. 아론손도 아틀리트 앞바다까지 함께 가되 뭍에 내리지는 않는다는 조건이었다. 아론손을 대신하여 연락병 두 명이 어둠을 틈타 보트를 타고 해변으로 침투할 것이며, 그의 동지들이 알아볼 수 있는 아론손의 개인 물품 몇 가지를 증거로 챙겨가기로 했다. 그런 후 충분한 시간이 지나면 다시 보트가 해변으로 접근하여 연락병들을 태워오기로 했다. 하지만 첩보선은 수평선 너머에서 대기했다가 해가 뜨기 전에 해안을 떠나야 했기 때문에 상당히 빠듯한 계획이 아닐 수 없었다.

지난 17개월 동안의 침투가 그러했듯이, 이번 모험 역시 난관이 기다리고 있었다. 조그만 트롤선을 개조한 첩보선 지오랜드 호는 크리스마스 전야에 아론손을 태우고 사이드 항을 떠나 다음 날 오후 아틀리트 앞바다에 도착했다. 해안을 주시하던 아론손은 누군가가 연구소 2층 발코니에서 검은 천을 흔드는 모습을 포착했다. 이쪽에서도 성능 좋은 쌍안경으로 바라보고 있다는 확신에 따른 행동이었다. 지오랜드 호는 접선이 가능한 밤까지 기다리기 위해 공해상으로 뱃머리를 돌렸다. 그러나 매년 그맘때면 동부 지중해에 들이닥치는 폭풍으로 인해 바다가 잠잠해질 때까지 기다려야 했고, 새벽 2시가 되어서야 아틀리트 앞바다로 돌아가 연락병들을 보트에 태워 보낼 수 있었다. 연락병 한 명은 아론손이 동지들에게 전하는 지시서를, 다른 한 명은 아론손이 지니고 다니던 주머니칼과 돋보기를 챙겼다. 그러나 보트가 어둠 속으로 사라지자마자 다시 또 폭풍이 찾아왔다.

한 시간쯤 지나자 보트는 심란한 소식을 가지고 되돌아왔다. 해변에 배를 댈 수 없을 정도로 파도가 거칠어 끝내 연락병들이 헤엄을 쳐서 모래땅을 밟았다는 것이다. 게다가 빠르게 동이 트고 있어(이미 해안을 순찰하는 터키 병사들이 불을 피웠는지 북쪽에서 불빛이 반짝이고 있었다) 그들을 데리러 갈 보트도 내보내기 어려운 상황이었다. 이제 두 명의 연락병은 스스로 살길을 찾아야 했고, 지오랜드 호는 스로틀을 활짝 열고 또다시 공해상으로 서둘러 돌아 나와야 했다. 그들을 뒤로하고 떠나야 하는 아론손으로서는 미칠 것만 같았다. 안타까운 심정에 자꾸 아틀리트 쪽을 뒤돌아볼 뿐 접선이 성공적으로 이루어졌는지 확인할 길은 없었다.

1월 초, 마침내 알렉산드리아를 떠나 카이로에 가도 좋다는 허가를 받은 아론손은 기분이 한결 나아졌다. 그는 콘티넨털 호텔로 숙소를 정한 뒤 아랍국 소속 장교들을 만나기 시작했고, 그의 말에 귀를 기울이는 자들도 생겨났다. 그들 가운데 지위가 가장 높은 인물은 옥스퍼드대 출신의 귀족적인 '아마추어'이자 하원의원인 31세의 윌리엄 옴스비고어였다. 아론손처럼 카이로에 도착한 지 얼마 안 된 그는 마크 사이크스만큼 욕망이 강한 편은 아니었지만 여러 분야에 취미를 지닌 사람이었다. 게다가 팔레스타인에 유대인의 조국을 세워야 한다는 견해를 갖고 있었다. 이러한 견해는 최근 유대교로 개종한 그에게 남다른 의미를 지니는 것이었다. 지난 몇 달간 영국의 권력 구조 안에서 그와 마크 사이크스는 팔레스타인에 유대인 독립국을 세우자고 주장하는 핵심 인물로 알려졌다. 그러던 차에 만나게 된 아론 아론손은 장차 자신의 주장을 개진하는 데 매우 중요한 수단일 수밖에 없었다.

옴스비고어는 우선 농학자 아론손의 쇠잔해진 의지를 떠받칠 만한 방도를 찾아야 했다. 그에 따라 1월 중순에 다시 아틀리트로 첩보선을 띄울 작전을 세웠다. 그런데 굿은 날씨로 인해 이 계획은 발목이 잡혔고, 팔레스타인 해변에 닿기도 전에 포기할 수밖에 없었다. 옴스비고어와 더불어 아론손과 소통한 아랍국 요원 중에는 필립 그레이브스와 윈덤 디즈 소령도 있었다. 그 둘은 아론손의 첩보망을 가동하면 엄청난 성과를 거둘 것이라고 믿는 젊은 하원의원과 믿음을 공유하고 있었다. 이 동조자들은 팔레스타인 유대인 거주지에 관한 아론손의 보고서가 『아랍동향』에 실리도록 힘을 썼다. 그 보고서에는 시온주의자들의 위대한 열망이 "우호적인 방어력의 선한 작용을 통한 자치권"을 향한 것이라는 아론손의 언급이 추가되었다.[39] 영국인이 아닌 자의 보고서가 구독자들과 만나는 경우는 매우 드문 사례였다. 그러나 당시 아론손이 윈덤 디즈를 중간급 정보 분석가라기보다는 "정보 조직 담당자"라고 일기장에 쓴 것으로 볼 때 카이로의 권력 핵심층과는 거리가 있음을 반증하는 것이었다.[40]

아론손은 느리지만 분명히 진전을 이루어왔다. 문제는 그가 '느림'을 적으로 간주한다는 점이었다. 1월 25일 그런 사정을 극명하게 드러낸 사건이 있었다. 그날 오후 아론손은 콘티넨털 호텔 객실로 돌아가던 중 로비에서 예전의 연락장교였던 에드먼즈 대위와 마주쳤고, "뭔가 심상치 않은 느낌"을 받았다. 에드먼즈가 말했다.

"선생님을 기다리고 있었습니다. 지금 당장 사이드 항으로 가십시오. 당신의 동지 한 명이 사막을 건너서 그곳에 도착해 있습니다."

충격적인 소식이었다. 그러나 에드먼즈는 예상대로 자세한 설명을 생략한 채 동지의 이름만을 알려주었다. 요세프 리샨스키였다. 아론손은 사이드 항으로 달려가기 전에 일기장에 이렇게 적었다.

"혹시 그가 다쳤나? 저들은 왜 그를 나한테 보내지 않고 나더러 가라고 했을까? 아무짝에도 쓸모없는 데다 도대체 이해할 수 없는 친구들이야!"

아론손은 사이드 항에 도착하자마자 자신의 예측이 들어맞았다는 사실을 깨달았다. 리샨스키는 부상을 당한 상태였다. 그리고 리샨스키가 전해준 그간의 사정은 훨씬 더 심각했다. 아론손으로부터 아무런 소식이 없어 팔레스타인은 암울한 분위기에 빠졌고, 끝내 12월 중순에 리샨스키와 압살롬 파인버그가 이집트로 건너가기로 했다. 가혹한 운명의 장난인지, 그들이 아틀리트를 떠난 것은 지오랜드 호의 연락병들이 아론손의 지시서를 가지고 해변에 침투하기 며칠 전이었다. 그리고 불모의 시나이 반도를 통과하는 혹독한 여정 끝에 영국군 주둔지를 코앞에 두고 일군의 베두인 족에게 습격을 당했다. 총격전이 벌어진 가운데 리샨스키는 비교적 가벼운 부상을 입고 달아날 수 있었으나 파인버그는 등에 총을 맞고 쓰러졌다.

이 소식에 아론손은 큰 충격에 빠졌다. 파인버그는 아틀리트 연구소의 부하 직원이자 그의 절친한 벗이었다. 그는 당시의 참담한 심경을 일기로 남겼다.

"용감한 압살롬이 비열하고 탐욕스러운 베두인 족의 탄환에 쓰러지다니! 그가 그토록 경멸하던 자들의 손에 목숨을 잃고 말았다."[41]

하지만 슬퍼할 겨를이 없었다. 아론손은 파인버그의 명백한 죽음이 어떤 파장을 몰고 올지 우려스러웠다. 터키군이 그의 시신을 발견하여 신원을 알아낸다면 아틀리트를 박살내고 동지들을 끌고 갈 것이다. 아론손은 카이로로 황급히 돌아와서 새로 사귄 아랍국의 친구들에게 달려갔다. 그리고 윈덤 디즈를 만났다.

지난 2년의 세월이 한 편의 영화처럼 스쳐 지나갔다. 아론손은 눈물을 흘리며 파인버그의 죽음이 영국 전쟁 조직의 무능력과 냉소주의 탓이라고 비난했다. 나아가 터키 당국이 자신의 첩보망을 적발한다면 파인버그의 죽음은 수많은 죽음의 씨앗이 될 것이며, 그럴 가능성이 대단히 높아졌다고 경고했다. 아론손의 일기를 보자.

"나는 분노와 슬픔을 머금고 말했다. (디즈가) 내 말을 경청했다. (…) 그는 앞으로 더 이상의 굴욕이나 불신은 없을 것이며 모든 일이 잘 풀릴 것이라며 나를 안심시켰다."

디즈의 말마따나 아틀리트로 보낼 첩보선이 즉각 준비되었다. 이번에는 연구소 발코니에서 보내는 신호를 아론손도 똑똑히 보았고, 곧이어 그의 메시지를 받은 보트가 해변으로 향했다. 하지만 그때 마침 폭풍이 들이닥쳐 보트가 오도 가도 못하는 신세가 되었고, 고립된 연락병은 또다시 헤엄을 쳐서 해변에 접근하게 되었다. 앞선 도전의 어두운 기억이 되살아나면서 이번에도 같은 상황이 반복되지 않을까 하는 불안에 휩싸였다. 팽팽한 긴장의 시간이 지나고, 마침내 연락병과 아틀리트 사람이 해변에 모습을 드러냈다. 그러나 바람이 다시 거세게 부는 바람에 연락병은 보트가 있는 곳까지 헤엄을 칠 수 없었다. 임무를 맡은 연락병도 별수 없이 그곳에 묶여버렸다.

곧이어 더 나쁜 소식이 들려왔다. 리샨스키가 공격당한 상황을 나침반 삼아 베두인 족 추적자가 압살롬 파인버그를 찾으러 시나이로 파견되었는데, 끝내 찾지 못했다는 것이다. 아론손은 일기에 이렇게 썼다.

"결국 우리의 용감한 기사는 죽은 것이다! 아무에게도 말한 적 없지만 사실 나는 그가 살아남았을 거라는 실낱같은 희망을 버리지 않고 있었다. 이제 그가 목숨 바쳐 이루고자 했던 과업을 완수하는 것 말고 우리가 할 수 있는 일은 아무것도 없다."⁴²

그러나 아론손은 이런 말로도 자신을 위로할 수 없었다. 압살롬 파인 버그는 죽었고 동생 알렉스는 미국에 있으니, 팔레스타인에 남은 단 한 명이 첩보망을 가동하는 짐을 짊어져야 했기 때문이다. 그가 절대적으로 신뢰하는 그 한 명은 바로 당시 27세에 불과한 여동생 세라였다.

로렌스는 『일곱 기둥』에서 1월 18일 움레즈를 떠나 와즈로 향하던 아랍 반란군에 대해 찬사를 아끼지 않았다. 옌보 위쪽에서 겪은 대실패 이후로 한 달 남짓 지난 이 무렵, 파이살은 6개 부족과 수많은 씨족 출신의 아랍 전사 1만 명을 선두에서 이끌고 있었다. 로렌스는 베이다위 부족의 젊은 족장 아브드 엘 카림이 숙영지를 가득 메운 수많은 막사를 내려다보며 했던 말을 인용함으로써 그때 그 순간의 중요성을 강조했다.

"그는 팔을 들어 주위를 가리키면서 나에게 이 모습을 보라고 소리치더니 조금은 슬픈 얼굴로 '우리는 더 이상 아랍 부족민이 아닙니다. 우리는 아랍 국민입니다'라고 했다. 자랑스럽기도 했을 것이다. 와즈 진격은 그들 역사에서 가장 거대한 작전이었다. 아울러 전리품을 챙기려는 욕망이나 원수를 처단한다는 구실 없이 자기 구역을 떠나 남의 영토로 진군하면서 무기와 식량을 320킬로미터나 실어 나른 경우는 아랍족 남성의 역사를 통틀어 이번이 처음이었다."⁴³

아마도 그러했을 것이다. 그러나 이처럼 고상한 목표를 추구하던 진군은 결국 용두사미에 그치고 말았다. 일주일 뒤 파이살의 군대가 와즈 남쪽 모래언덕에 올라섰을 때 목격한 것은 이미 폐허가 되어 연기만 피어오르는 항구도시였던 것이다. 파이살 이븐 후세인으로서는 당혹스럽기 그지없는 광경이었다. 물론 이제 파이살의 가장 열렬한 지지자가 된 영국인 수행원이 느끼기에 그 정도는 아니었을 것이다.

움레즈에서 영국군 고위 장교들이 계획한 일정에 따르면, 파이살의 전사들은 이틀 전에 와즈에 도착했어야 했다. 그랬다면 육군과 해군이 도시를 향해 협공을 할 수 있었을 것이다. 파이살 부대가 내륙 쪽에서 밀고 들어가는 때에 맞추어 인근 바다에서 대기 중이던 영국 해군이 옌보에서 태워온 아랍 전사 550명을 상륙시키는 작전이었다.

영국 해군의 무적함대는 절묘하게도 공격 개시 시각인 1월 23일 약속한 장소에 도착했다. 그러나 파이살의 군대는 나타날 기미가 보이지 않았다. 그날 밤 영국 함대 지휘관 로슬린 웨미스 제독은 오로지 "위생 상의 이유로" 아랍 전사들을 해변에 내려주기로 결정했다.[44] 1월 24일 아침, 몇 차례 함포 공격을 개시한 뒤 영국군 장교 두 명의 지휘 아래 마침내 아랍 전사들이 뭍에 올랐다.

이어진 전투는 간헐적이고 무질서했다. 그날의 전투에서 20여 명의 아랍 전사가 목숨을 잃었다. 게다가 여러 갈래로 공격 노선을 나누어 여러 건물을 장악한 뒤 샅샅이 뒤져서 약탈하는 아랍군의 습성 탓에 (200명에 불과한 터키군은 세 배나 많은 반란군 앞에 사기가 완전히 꺾였지만) 가뜩이나 더딘 속도가 더 더뎠다. 지상 작전을 이끄는 두 명의 영국군 지휘관 중 한 명인 노먼 브레이 대위는 반란군의 행태에 깜짝 놀랐다. 그는 아랍 반란군이 마구잡이로 노략질한 결과 도시 전체가 "지붕부터 바다까지" 탈탈 털렸다고 보고했다.[45] 이는 다음 날 와즈에 도착한 파이살과 로렌스가 목격한 장면이기도 했다.

로렌스는 와즈에 늦게 도착한 이유에 대해 이런저런 설명을 보고서에 늘어놓았지만 그럴듯한 구실을 찾으려 애쓴 흔적이 역력했다. 아랍군을 비판하는 영국군 동료들에게 로렌스는 반사적으로 대응했으나 수

긍할 만한 내용은 없었다.

앞서 12월 11일 밤, 터키군의 여러 부대가 옌보 외곽으로 접근했을 때 파이살 군대가 공포에 사로잡힌 모습을 어느 영국 공군 조종사가 목격했다. 그가 기록한 보고서에 따르면 같은 사건에 대한 로렌스의 설명과는 정반대였다.

"부대는 밤 10시쯤 비상이 걸렸다. 병사들이 거리마다 비상을 외치고 다녔다. 그런데 다들 그다지 동요하는 모습이 아니었다. 수선을 피우거나 총을 쏘는 일도 없이 성벽 곳곳에 있는 자기 자리로 이동할 뿐이었다."[46]

이처럼 상반된 목격담에 대한 가장 쉬운 설명은, 당시 조종사는 옌보에 있었고 로렌스는 그곳에 없었다는 것이다. 로렌스는 그날 그 사건이 벌어지기 전에 배편으로 옌보를 떠났기 때문에 보고서에 구체적인 기록을 남길 수도 없었다.

이와 같은 관점의 차이는 파이살 이븐 후세인이라는 인물에 대해서도 적용된다. 영국군 조종사가 쓴 12월의 보고서에 따르면, 파이살은 "겁이 많은 사람, 터키군이 공격하면 어쩌나 싶어 늘 걱정하는 사람, 병사들 앞에서는 그런 두려움을 들키지 않으려는 사람"이라 묘사되었다.[47] 또 다른 영국군 장교 찰스 비커리 소령은 와즈에서 파이살의 부대를 관찰하고는 "다른 부족장들이 자기 병사들을 훈련시키는 문제에 얼마나 관심을 갖고 있는지는 모르겠지만 파이살 부족장만큼은 확실히 방임하고 있었다"며 신랄하게 평가했다.[48] 무엇보다 영국군 지휘관들이 아연실색한 대목은 따로 있었다. 터키군의 공격이 임박한 것으로 감지된 음울한 12월 무렵, 파이살은 알아서 하라는 듯 병사들을 바닷가에 내버려둔 채 옌보 항구에 정박한 영국 전함에서 며칠간 묵기로 결정한 것이었다.

물론 이 모든 내용은 로렌스의 분석과 큰 차이를 보였다. 그는 나클 무바라크로 밀려났던 암담한 시절의 파이살에 대해 "감명 깊었다"고까지 언급한 바 있는데, 여기에는 긴히 주목할 점이 있다. 바로 현장으로 돌아온 지 석 달밖에 안 된 로렌스가 파이살과 아랍 반란군의 열렬한 지지자이자 가장 투철한 옹호자가 되었다는 사실이다.

파이살은 이 사실을 알고 있는 여러 사람 가운데 한 명이었다. 움레즈로 행군하는 동안 뉴컴의 냉정한 면모를 충분히 확인한 파이살은 서로 마음을 나눌 수 있는 사이가 되기 어렵겠다고 생각하던 차에, 로렌스가 카이로에 돌아갈 때가 되자 와즈에 도착한 날 비밀리에 제다에 있는 시릴 윌슨에게 전보를 보냈다. 윌슨 역시 그 내용을 카이로의 길버트 클레이턴에게 전했다.

"파이살은 로렌스가 카이로로 돌아가면 어쩌나 전전긍긍하고 있습니다. 자기에게 큰 도움을 주는 사람이라고 믿기 때문입니다."[49]

클레이턴은 이런 정도의 직접적인 요구를 받고도 거절한다는 것은 도리가 아니라고 느꼈다. 며칠 뒤 로렌스를 헤자즈에 정식으로 배치하는 서류 작업이 마무리되었고, 마침내 로렌스는 자유의 몸이 되었다. 사보이 호텔 책상으로부터 완전히 벗어나, 궁극적으로 아라비아 전쟁을 자신의 구상대로 재개할 수 있는 자유를 얻은 것이다.

❖ 11장
속임수의 장막

누구든 자신을 스스로 망가뜨릴 수는 있다. 하지만 고결한 아랍인들을 파괴 대상으로 삼는 야비한 임무를 맡으라니, 나로서는 내키지 않았다. 우리는 전쟁에서 이겨야 했고, 그러려면 이들에게 영감을 불어넣어야 했다. 그것이 최선의 방편이라는 사실은 이미 입증되었다. 그런 노력에 대해서는 (우리에게 속은 자들도) 보상을 받아 마땅하다. 그러나 사태를 주도한 우리는 약속을 어기고 그릇된 협정을 체결했다. 사람의 목숨을 놓고 흥정하는 짓이었다.

-T. E. 로렌스, 『지혜의 일곱 기둥』에서[1]

와즈 점령으로 인해 지난 몇 달 동안 아랍 반란의 대의명분을 갉아먹던 패배와 굴욕은 드디어 역사의 한 페이지로 남게 되었다. 로렌스는 과거를 잊고 미래로 나아가는 길을 재촉하는 노력을 아끼지 않았다.

1917년 1월, 도시를 점령한 후 로렌스는 아라비아에 항구적으로 터를 잡기 위한 준비차 잠시 카이로로 돌아왔다. 그러나 이집트의 수도에 도착하자마자 정신없이 바쁜 나날을 보내야 했다. 오랫동안 미뤄온 보고서 작성을 마무리해야 했고, 아라비아에 파견될 영국군 장교들을 위해 아랍국이 발행하는 기본 안내서 『헤자즈핸드북The Handbook of the Hejaz』에 내용을 추가하는 작업도 해야 했다. 아울러 영국군 지휘부의 여러 사무실을 찾아가 홍해 건너편에서 무슨 일이 벌어지고 있는지 자세히 보고해야 했다. 이 과정에서 그는 현 상황에 대해 무척 낙관적인 태도로 일관하면서 (심지어 파이살이 와즈에 늦게 당도한 사실까지도 그럴듯한 핑계들을 지어내며) 서부 아라비아 부족들은 지금 전투에 대한 용기와 열정으로 달궈져 있다고 단호히 주장했다.[2] 로렌스의 이와 같은 평가는 와즈에 머물고 있는 영국군 장교들의 견해와 뚜렷한 대조를 이루었다. 그러나 역사란 언제나 승자의 몫이었다. 로렌스는 능청스럽게 회상했다.

"이상하게도 아랍 사람들에게 호의를 품는 사람이 점점 더 많아졌다. 우리가 수익을 내기 시작하자 군에서 차지하는 우리 지분도 함께는 것이다. 린든벨(장군)은 의심할 바 없이 우리 편이었다. 그는 아랍인들의 광기에서 방법을 찾아야 한다고 확언했다. 아치볼드 머리 경은 자신과 싸우는 터키군보다 아랍군과 싸우는 터키군이 더 많다는 사실에 큰 충격을 받았다. 그러고는 자신이 아랍 반란을 줄곧 지지했다는 기억을 떠올리기 시작했다."[3]

그 누구보다 기쁜 사람은 로렌스의 상관 길버트 클레이턴 장군이었을 것이다. 사실 로렌스가 자신의 연락장교로 계속 남게 해달라는 파이살의 요구는 영국군이라는 관료주의 사회에서 어느 정도 뒷수습이 요구되는 일이었다. 제다에 있는 시릴 윌슨이나 최근에 책임자로 부임한 스튜어트 뉴컴이 자기 입지에 대해 감정이 상하지 않도록 손을 써야 했기 때문이다. 하지만 큰일을 하다보면 이 정도의 사소한 문제는 언제든 겪기 마련이다. 지난 2년 동안 아랍과 영국의 관계를 특징지었던 불신, 다시 말해 장성과 고위급 외교관들의 헌신적인 노력에도 불구하고 여전했던 그 모든 의심을 뒤로한 채 아랍 반란군의 총사령관 파이살이 영국군의 일개 하급 장교를 없어서는 안 될 조력자로 여기고 있다는 점이 그 무엇보다 중요했다.

카이로에 머무는 동안 로렌스는 매우 **빡빡한** 일정을 소화하느라 1917년 2월 1일 아랍국 사무실을 찾은 손님에 대해 특별한 인상을 얻지 못한 듯하다. 당시는 아론 아론손이 자신의 가장 중요한 동지였던 압살롬 파인버그가 시나이 사막에서 숨졌다는 소식을 받은 지 며칠 뒤로, 영국군 정보 조직 구성원들이 자책과 존경의 낯빛으로 아론손을 대할 때였다. 아론손이 사보이 호텔을 찾은 이유는 팔레스타인의 정치적 상황에 대해 문건을 작성하는 영국군 장교에게 조언을 해주기 위해서였다. 로렌스는 둘의 대화를 기록으로 남겨놓지 않은 반면, 아론손은 자못 인상적이었던지 그날 밤 일기에 다음과 같이 적었다.

"아랍국에 젊은 대위(로렌스)가 왔다. 고고학자이면서 팔레스타인 문제를 아주 잘 아는 인물이었지만 건방진 편이었다."[4]

로렌스가 아론손과의 첫 만남을 잊은 이유는 아마 그로부터 이틀 뒤에 자신의 임무가 근본적으로 뒤바뀌는 사건이 잇따라 발생했기 때문일 것이다. 시작은 2월 3일 아침, 자신의 맞수인 에두아르 브레몽 대령이 사보이 호텔로 찾아오면서부터였다.

무릇 군대 지휘관에게 교활함과 임기응변 실력은 유리한 요소로 작용하기 마련이다. 그런데 두 가지 특성으로만 보자면 에두아르 브레몽은 프랑스 육군에서 대령이 아니라 야전 사령관을 차지하고도 남을 인물이었다.

아라비아에서 여러 차례 보여주었듯이, 브레몽은 원하는 목표를 향해 나아가다 가로막히면 곧 새로운 목표를 찾아나서는 인물이었다. 처음 목적이 달성 불가능하거나 불필요해질 경우 다른 표적을 구해서 재조정하면 그만이라는 사고방식의 소유자였다. 이와 같은 민첩함을 더 인상적으로 만들어주는 것은, 프랑스의 대對 아라비아 정책에 정치 군사 척후병 역할을 하는 그가 모순적인 두 가지 중대한 의제를 두고 곡예를 벌였다는 점이다. 말하자면 그는 프랑스로 하여금 아라비아 전쟁과 관련된 모든 측면에서 우방인 대영제국과 동등한 지위를 누리도록 노력하는 한편, 반란의 확산 동력을 내부로부터 제한하려 애쓰고 있었다.

그가 오랫동안 추진하고도 무위로 돌아간 연합군의 라베그 상륙이야말로 그런 노력을 또렷하게 보여주는 대표 사례였다. 그는 같은 시기에 프랑스-오스만 은행을 제다에 설립하자고 에미르 후세인에게 호소하기도 했다. 헤자즈 정부에 우호적인 조건으로 돈을 빌려줄 기관이 필요하다는 명목이었다. 브레몽의 은행 설립 제안을 검토하던 영국군 장교들은 (빌린 돈을 되갚을 길이 없어지는 순간 후세인 정권은 채무자로 전락할 것이고, 그렇게 되면 프랑스를 채권자로 모시고 살아가야 할 것이기 때문에) 경제적인 덫에 불과하다고 판단하여 이 제안을 곧바로 폐기해버렸다.[5] 이 밖에도 그는 프랑스군 장교들을 아랍 반란군 각급 부대에 고문관으로 배치하자며 수년째 로비를 펼치고 있었다. 그 결과 12월에 압둘라와 알리를 상대로 전문 인력 여섯 명을 그들 진지로 파견하는 등 어느 정도 성과를 거두었다. 하지만 파이살을 상대로는 아무 성과도 거둘 수 없었는데, 파이살은 여전히 골족의 속셈을 깊이 우려하고 있었기 때문이다.

브레몽은 반란군이 와즈로 진군하는 과정에서도 호시탐탐 기회를 엿보았다. 홍해의 항구 와즈에서 터키군을 몰아내게 된다면 그와 동시에 아라비아 무력 충돌에 관한 모든 관심사가 320킬로미터 북쪽으로 이동할 테고, 그렇게 되면 제다와 메카에 대한 터키의 위협이 연합군의 라베그 상륙을 주장하는 목소리와 함께 본질적으로 소멸될 것이기 때문이다. 그런 그에게 훨씬 더 매혹적인 표적이 포착되었다. 홍해에 남은 터키군의 마지막 핵심 전초 기지, 아카바라는 조그만 항구였다.

누구든 지도를 확인하면 아카바의 특별한 전략적 중요성을 대번에 파악할 수 있다. 아카바 항구는 시나이 반도 동남쪽으로 160킬로미터 정도 펼쳐진 긴 리본 형태의 바다 끄트머리에 있었는데, 북쪽으로

160킬로미터 떨어진 팔레스타인의 밀집 지역을 공격하기에 괜찮은 디딤판이었다. 아울러 겨우 96킬로미터 동쪽으로는 터키군의 생명선인 헤자즈 철도가 지나기 때문에 습격 작전의 거점으로 활용하기에도 안성맞춤이었다. 사실 브레몽은 1916년 여름에 카이로를 방문하자마자 영국군 파트너들에게 아카바 공격을 제안한 바 있었다.[6] 그의 아이디어는 영국군 내부에서 상당한 반향을 일으켰지만, 당시 아랍 반란은 먼 남쪽에서만 요란한 상태인지라 시기상조로 결론이 났다.

하지만 1917년 1월 말에 이르자 더 이상 시기상조로 볼 수 없었다. 아랍 반란군이 북쪽 항구도시인 와즈를 장악함으로써 홍해 해안지역을 접수한 데다, 팔레스타인 공세의 전주곡으로 시나이 반도를 가로지른 머리 장군의 굼뜬 부대도 도착할 때가 되었기 때문이다. 따라서 아카바는 반란군과 영국군 사이에 낀 형국이 되었다. 이 도시를 장악할 경우 머리 장군은 터키군이 동쪽에서 반격할 우려를 덜어낼 수 있고, 아랍 반란군으로서는 이집트에서 넘어오는 영국의 보급 경로에 한층 더 가까워지는 셈이었다.

물론 아카바 공격은 이제 비밀이라 할 수도 없는 브레몽의 계획을 완성하는 작전이기도 했다. 말하자면 아랍 반란을 헤자즈 지역 안에 묶어둘 수 있는 작전이었다. 아카바는 이슬람 성지 메카와 메디나로부터 멀리 떨어진 곳이라서 후세인 왕(그는 지난 10월 스스로 왕을 칭했다)은 대규모 영불 연합군의 아카바 주둔을 반대할 명분이 없었다. 일단 연합군이 주둔한다면 반란군에게 무기와 자금을 지원하는 만큼 아라비아의 실세로서 반란군에게 어디로 가서 무엇을 하라고 명령할 수 있을 테고, 아랍인들은 지원을 받는 한 이의를 제기할 수 없을 터였다. 연합군에게 더 좋은 점은 전보다 철도 공격이 더 수월한 곳에 전진 기지를 마련하게 된다는 사실이었다. 그러나 중요한 것은 이 모든 게 아랍 반란을 돕는다는 명분 아래 이루어진다는 점이었다.

1월 중순, 와즈를 장악하기도 전에 브레몽은 이런 계획을 파리와 의논하기 시작했고 열렬한 지지를 얻었다. 프랑스 정부는 영국 정부에 이 문제를 실무 차원에서 논의하자고 제안하는 한편, 카이로 주재 연락장교와 제다의 브레몽에게 현지 영국군 지휘부를 상대로 아카바 공격을 설득하도록 지시했다. 브레몽은 일의 순서를 단번에 떠올렸다. 헤자즈에 있는 영국군 장교들에게 집요하게 촉구하는 동시에 카이로의 핵심층 가운데 가장 믿음직한 협력자이자 얼마 전 이집트의 고등판무관에 위임된 레지널드 윈게이트를 찾아가기로 한 것이다.[7] 윈게이트는 브레몽이 들려준 작전이 마음에 쏙 들었다. 그래서 아치볼드 머리 장군에게도 이 내용을 즉시 알렸으나, 머리는 영국인다운 예의와 겸손한 어투로 시큰둥한 대답을 전해왔다. 1월 22일 그는 윈게이트에게 다음과 같은 내용으로 답장을 보냈다.

"브레몽의 제안을 언급한 편지에 답하자면, 순수하게 군사적인 관점에서 볼 때, (예전에) 라베그에 상륙하는 작전을 반대한 것과 마찬가지로 아카바에 더 훌륭한 군대가 상륙하는 것도 아닌 만큼, 반대요."[8]

이어서 머리는 처음에 세운 계획의 초점이 흐려지는 부분에 대한 평소의 걱정스러운 점들을 장황하게 늘어놓고는, 아카바를 장악하면 연합군이 내륙의 헤자즈 철도를 공격하기 수월할 것이라는 윈게이트의 주장을 공박하기 시작했다. 그는 "아카바 주위 지형은 온통 바위투성이라 대단히 거칠다"면서, 희귀종의 낙타들만 겨우 통과할 수 있는 땅이기 때문에 아카바에서 내륙으로 진격하는 것 자체가 매우 어렵다고 했다. 그러고는 다음과 같이 결론 내렸다.

"결국 요약하자면, 아카바에 부대를 상륙시키자는 프랑스의 제안은 군사적 관점에서 얻을 것은 거의 없고 잃을 게 많다는 것이 내 생각이오. 아마도 그쪽에서 충분한 고려 없이 내민 계획이 아닌가 싶소. 수용하지 않는 편이 낫겠소."

아치볼드 머리의 지휘 스타일은 조급함 그리고 쓸데없이 정보를 구분하는 경향이라 할 수 있다. 그는 윈게이트에게 보낸 답장에 아카바에서 동쪽으로 진군할 때의 가장 커다란 장애물로 "바위투성이의 거친 지형"을 언급했지만, 사실 통과 자체가 불가능하다는 사실을 파악한 상태였다. 몇 달 전 그는 아랍국 소속의 어느 하급 장교에게 그동안 아카바 일대를 항공촬영한 정찰 사진을 분석하도록 특별 지시를 내렸다. 그 장교의 분석에 따르면, 거대한 바위산으로 이루어진 구릉지대가 해안에서 내륙을 향해 48킬로미터나 펼쳐지다가 차츰 낮아져 헤자즈 철도가 지나가는 황무지까지 거친 풍광을 형성하는데, 아카바 항구는 이와 같은 암석지대의 아랫자락에 둥지를 튼 형국이었다. 이 엄청난 바위산 장벽을 통과하려면 와디이틈으로 알려진 협곡을 통과하는 수밖에 없는데, 터키군이 이미 곳곳에 요새와 참호를 구축한 상태여서 매복과 저격에 노출된 길을 행군한다는 건 완전히 미친 짓이었다. 요점은 아카바를 '차지'할 게 아니라 내륙으로 진군하기 위해 바닷가를 벗어나는 것으로, 이 지역에 섣불리 덤볐다가는 갈리폴리 참사의 축소판이 벌어질 수 있었다. 만에 하나 지휘관들이 고집스레 과거의 실수를 재연할 경우, 갈리폴리에 버금가는 크기의 참변도 일어날 가능성이 있었다.9

묘하게도 머리는 아카바 상륙을 옹호하는 영국군 지휘관들이 점점 늘어가는 마당에 이와 같이 중요한 정보를 윈게이트와 공유하지 않기로 했다. 중요한 정보를 생략한 채 냉소적인 답장만 띄운 것은 머리의 소심하고 고약한 성격을 드러내는 또 하나의 사례였다. 레지널드 윈게이트라는 외교적 여과지를 거쳐 이 결정을 알게 된 브레몽 대령 역시 머리를 그러한 인물로 여기고 떠났을 게 분명했다. 1월 24일 윈게이트는 제다에 있는 자신의 부하에게 다음과 같이 전보를 쳤다.

"브레몽에게 비밀리에 전하게. 우리는 아카바에 군대를 상륙시키자는 제안에 대해 이미 고려할 만큼 고려했지만 현재 시나이 등지에 대다수 병력을 투입한 상황이라서 포기할 수밖에 없다고. 아울러 우리는 이 작전을 통해 어떤 이득을 얻게 될지 이해하고 있지만, (아카바를 떠나) 철도를 공격하러 가기까지 원정에 필요한 병력과 이동 수단을 구할 길이 없다는 점도 전해주게."[10]

과거 윈게이트를 통해 엄청난 영향력을 발휘한 바 있는 에두아르 브레몽에게 이러한 전갈은 단호한 '아니오'라기보다는 교태 섞인 '아마도'에 가까웠다. 며칠 뒤 브레몽 대령은 제다에서 군함을 타고 해안을 따라 와즈로 향했다. 머리보다는 욕망이 큰 인물에게 자신의 제안을 직접 전하기 위해서였다. 파이살 이븐 후세인이었다.

그 둘은 1월 30일 오후에 만났다. 아랍어에 능통한 스튜어트 뉴컴이 통역관으로 동석했다. 브레몽은 카이로로 가는 길에 수에즈 항구에 들러 지인들을 두루 만날 생각이며, 특히 고등판무관을 만나 홍해 남쪽 어귀 프랑스령 지부티 항구에 대기 중인 프랑스-세네갈 2개 대대와 함께 영국군 1개 여단을 보내서 아카바를 점령하자고 설득할 작정이라고 말했다.

파이살 역시 아카바 점령을 열망했으나 브레몽의 계획을 지지하지는 않았다. 뉴컴은 이렇게 보고했다.

"얼마 뒤에 파이살은 영국군이 자신을 도와주기를 바란다고 말했다. 그러나 프랑스한테는 어떤 도움도 원치 않으며, 그들과 협력할 뜻이 전혀 없다고 털어놓았다."[11]

브레몽은 파이살과 헤어지자마자 와즈를 떠나 수에즈 항구를 거쳐 카이로에 도착했다. 그리고 자신에게 가장 냉소적일 만한 사람을 찾아냈다. 로렌스는『일곱 기둥』에서 이렇게 회상했다.

"(브레몽이) 나에게 전화를 걸어 와즈 점령을 축하한다면서 나의 군사적 혜안에 대한 자신의 믿음이 입증되었다고 말했다. 그러고는 성공의 연장을 위해 내 도움을 기대한다고 했다."[12]

물론 여기서 말하는 '연장'이란 연합군을 아카바에 상륙시키고자 하는 브레몽 대령의 계획이었다.

브레몽은 무슨 의도로 로렌스에게 도움을 청한 것일까? 가장 단순한 해석은 아카바 작전이 모든 관련자에게 이로울 것이라는 판단 아래 까다롭게 구는 로렌스마저 받아들일 것으로 믿어 의심치 않았다는 것으로, 개연성이 가장 떨어지는 편이다. 브레몽은 로렌스가 중동에 대한 자신과 프랑스의 의도를 여전히 불신하고 있으며, 그 불신이 워낙 깊어서 프랑스의 제안이라면 무조건 반대하고 나서리라는 점을 익히 알고 있었다. 사실 로렌스 본인도 브레몽의 아카바 작전을 듣자마자 라베그 작전에 반대했을 때처럼 마음속 목소리가 똑같이 메아리치는 것을 느꼈다고 밝히고 있다. 사실상 연합군이 아랍 반란의 통제권을 틀어쥠으로써 반란군을 시리아 바깥에 묶어두기 위한 작전이라고 판단한 것이다.[13]

이때 브레몽이 미처 깨닫지 못한 것이 있었다. 그날 아침에 사보이 호텔에서 그의 전화를 받은 이는 당시 유럽인 중에서 누구보다도 아카바 지역을 잘 아는 인물이라는 사실이다. 1914년 진 사막을 탐사하는 동안 그 지역을 가로지른 바 있고, 무엇보다 머리 장군의 명령에 따라 아카바 일대를 촬영한 항공지도를 연구하여 비관적인 결론을 도출했던 하급 장교가 바로 로렌스였다. 브레몽은 아카바를 아랍인들의 막다른 골목으로 상상했는지 모르겠으나, 로렌스의 눈에 비친 그곳은 영국군과 프랑스군에게도 똑같이 막다른 골목이었다.

로렌스는 이 점을 설명하려고 했지만 브레몽은 여전히 자신감이 넘쳤다. 그는 카이로에서 로비 작업을 마치는 대로 와즈에 돌아가 파이살을 다시 한번 설득할 생각이라는 말을 슬쩍 흘리기도 했다.

대령이 그날 아침 로렌스에게 전화를 한 까닭도 아마 바로 이 때문일 것이다. 상대는 옥스퍼드 출신의 애송이 주제에 라베그 상륙 건을 통해 영국의 경쟁자들 가운데 가장 설득력 있는 (불행히도 영향력까지 있는) 깜짝 스타로 급부상한 인물이 아닌가. 그런데 영국군 수뇌부를 상대로 한창 아카바 작전 동조론에 군불을 지피고 있는 마당에 로렌스가 카이로 쪽에 찬물을 끼얹는 일이 발생해서는 안 될 터였다. 나아가 자신이 곧 와즈로 돌아가서 파이살과 다시 만날 예정이라는 말을 흘린 이유도 로렌스가 당장 아라비아로 달려가기를, 그래서 실제로 결정이 이루어지는 무대에서 그가 사라지기를 바라는 심정에서였을 것이다. 그가 이런 결과를 의도한 것이었다면, 완벽히 들어맞았다. 로렌스는 이렇게 회상했다.

"내가 파이살에게 브레몽이 사기꾼임을 경고해두지 않은 데다, 뉴컴이 그곳(와즈)에 있었기 때문에 (…) 최선책은 내가 서둘러 달려가 우리 편에게 (아카바) 계획에 반대하라고 알려주는 것이라 생각했다."[14]

로렌스는 브레몽과 헤어진 지 몇 시간 후 수에즈 항구로 달려가 와즈행 첫 배에 올라탔다.

이는 전쟁이 초래한 변화의 작지만 명확한 징표였다. 윌리엄 예일이 제말 파샤를 만나기 위해 맨 처음 마차를 타고 올리브 산에 오른 것은 1915년 6월로, 그때는 말들이 껑충껑충 뛰어서 가파른 자갈길을 어렵지 않게 올랐다. 그런데 1917년 2월에 오를 때는 말할 수 없이 더뎠다. 지난 2년 동안 식량 부족에 시달려온 말들은 비쩍 마르고 쇠약해져서 마구를 걸친 상태에서 조금만 더 힘을 썼다간 쓰러져 죽을 것처럼 보였다. 이에 대해 예일은 "독일인 숙소까지 도착하지 못할 것 같았다"고 회상했다.[15] 하지만 시리아 총독의 집무실에 당도하지 않으면 자신의 목숨이 위태로운 상황이었으므로 포기할 수도 없었다.

그해 1917년 겨울, 예일은 예루살렘에서 사면초가에 빠졌음을 직감했다. 부분적으로는 미국인이라는 국적이 원인이었다. 처음에 거의 모든 전쟁 당사국은 중재자라는 명분을 앞세운 미국에 대해 마지못해 존중하긴 했으나, 2년 반 넘도록 전쟁이 이어지자 이 중립국을 향한 감정은 짜증을 넘어 역겨움으로 변하고 있었다. 영국과 프랑스 쪽에서는 미국 정부가 아무리 자국의 이익에 우선할 수밖에 없다 해도 '독재국가'에 맞서는 '민주국가'라는 인식조차 없었던 것인지 절망하지 않을 수 없었다. 동맹국 입장에서는 불편부당한 중재자가 되겠다는 우드로 윌슨의 경건한 선언에도 불구하고 명백히 삼각동맹 편을 들고 있는 미국의 대외 정책으로 인해 배신감이 증폭되고 있었다.

전쟁에 휘말린 모든 주체가 미국에 대해 분노를 키우고 있었다. '자유 무역'이라는 신성한 교리를 방어 논리로 내세운 미국은 갈등관계인 양측 모두로부터 잇속을 챙기면서 유럽이 피투성이가 되어 있는 동안 그 어느 때보다 큰 부를 끌어모으고 있었기 때문이다.

그러나 1917년 초반에 접어들자 변화의 기류가 일었다. 재선에 성공한 우드로 윌슨이 연합국에 합류하여 전쟁에 뛰어들 것 같은 움직임을 보였기 때문이다. 실제로 그렇게 된다면 당시 동맹국에 거주하고 있는 미국인들에게 모종의 불쾌한 대접이 자행될 것이었다. 그러한 대상으로 윌리엄 예일만큼 적합한 인물은 없었다. 석유꾼 예일은 팔레스타인에서 뇌물, 협박, 공갈 등의 기법을 거리낌 없이 활용하며 이전투구를 불사하여 숱한 적을 만든 상태였다. 이제 미국이 '중립국'에서 '교전 상대국'으로 바뀌는 순간 예일에 대해 분개해왔던 사업 경쟁자들과 지방 정부 관리들은 오랫동안 보호받아온 미국인이 마침내 포로수용소로 끌려가는 모습을 고소한 표정으로 감상할 일만 남았다.

그해 겨울, 위협적인 신호가 속속 감지되는데도 개인적인 의무감에 사로잡힌 예일은 예루살렘을 떠나도록 해달라고 스탠더드오일 콘스탄티노플 사무소에 청하지 않았다. 대신 예일과 그의 충직한 경호원 무스타파 카르푸틀리는, 성공 가능성은 없다고 생각하면서도 미국의 참전으로 인해 만일의 사태가 빚어질 것에 대비해 영국령 이집트로 달아날 계획을 세웠다.

마침내 2월 1일, 독일은 유럽 내 적국을 지원하는 모든 상선에 대해 무차별적인 유보트 공격을 재개한다고 선포했다. 이는 미국 상선을 표적으로 삼은 조치였다. 미국의 참전을 저지하려는 위협이라 할 수 있었다. 미국은 즉각적인 반응을 나타내지는 않았으나 며칠 후 윌슨은 독일과의 외교를 단절하는 과도적 절차를 밟기 시작했다. 예일은 드디어 학수고대하던 전보를 받았다. 팔레스타인을 떠나 오스만 제국의 수도로 이동하라는 스탠더드오일 콘스탄티노플 사무소의 명령이 떨어진 것이다. 미국인 석유꾼은 안도의 한숨을 내뱉고는 북쪽으로 떠나는 장거리 기차여행에 나서기 위해 사무실 서류와 개인 소지품을 11개의 여행가방에 꾸려넣었다.

그때 예일은 비로소 자신이 매우 난처한 상황에 처했음을 깨달았다. 전시 시리아에 거주하는 다른 모든 이와 마찬가지로 그 역시 예루살렘을 떠나기 위해서는 여행 허가증에 해당되는 베시카가 필요했다. 더욱이 예일은 외국인이었으므로 제말 파샤가 친히 발급한 베시카를 소지해야 했다. 문제는 그즈음 제말이 다마스쿠스에서 움직이질 않고 있다는 점이었다. 이 난제를 풀기 위해 몇 날 며칠 동안 머리를 싸매고 있던 예일에게 어느 날 한 줄기 서광이 비쳤다. 제말이 간단한 확인 작업을 하기 위해 예루살렘에 들를 예정이라는 귀띔을 받은 것이다. 이것은 2월 어느 날 아침 올리브 산을 부랴부랴 오른다는 사연이었다.

예일은 독일인 숙소 중앙 복도를 서성거리면서 시리아 총독을 붙잡고 몇 마디 나눌 기회를 엿보고 있었다. 그러는 동안 자신의 전매특허와도 같았던 자신감이 어느새 사라졌음을 느꼈다.

"미국과 독일 사이에는 일촉즉발의 위기감이 감돌고 있었다. 당시 제 말 파샤에게 도움이 되는 쪽으로 내가 해줄 수 있는 일은 아무것도 없 었다. 설상가상으로 나는 (일전에) 아랍 혁명단의 일원이라는 의심까지 받았던 사람이다. 제말 파샤가 나에게 친절을 베풀 만한 구석은 하나도 없었다."

예일의 마음을 무겁게 짓눌렀던 또 다른 요소는, 자신을 고용한 사 람들의 지시를 받들어 예루살렘에서 활동하는 동안 아무런 성과를 내 지 못했다는 사실이었다. 스탠더드오일은 제말 파샤한테 유대 지방의 광대한 땅에 대한 독점적 개발권을 허락받고도 팔레스타인에서 터키군 을 위한 기름 한 방울도 제공하지 못했다.

건물 로비를 서성이던 예일은 마침내 복도 끝에 나타난 제말을 보았 다. 그는 독일군 및 터키군 고위 장교들 무리에 둘러싸인 채 예일 쪽을 향해서 저벅저벅 걸어왔다. 그러나 석유꾼은 긴장감에 얼어붙어 제말 이 자기 앞을 지나칠 때까지 주의를 끌려는 시도조차 못 했다. 예일은 소심한 자기 자신에 대한 실망을 느끼며 멀어져가는 그들의 뒷모습을 멍하니 쳐다볼 뿐이었다. 그때 누군가가 그의 이름을 불렀다.

"아니, 예일 씨 아니오? 여기는 대체 웬일이오?"

예일은 목소리를 향해 후딱 고개를 돌렸다. 과거 군정장관으로 예루 살렘을 통치했던 자키 베이였다. 자키 베이는 전쟁 초기에 (일설에는 정 부가 압수 영장을 발부하기 전에 교회의 귀중품을 숨기라고 예루살렘 정교회

대주교에게 귀띔하는 등) 콘스탄티노플 정권과 현지에서 활동하는 독일 첩보 무대의 가혹한 처우로부터 예루살렘에 거주하는 외국인들을 보호하려고 애쓰던, 품위와 교양을 갖춘 인물이었다. 자키 베이의 이와 같은 타협적 행동이 독일에게 밉보여 자리를 잃었지만 여전히 제말 파샤의 핵심 측근으로서 건재하게 활동하고 있었다. 아울러 당시 상황을 고려할 때 중요한 사실은 윌리엄 예일이 격주로 벌이던 카드놀이 모임 '브리지클럽'에 자키 베이도 핵심 구성원이었다는 사실이다. 전직 군정장관 자키 베이는 미국인 예일이 처한 상황을 듣더니 정부 서류의 마지막 페이지를 북 찢어 뒷면에 여행 허가 문구를 써서 부리나케 제말에게 달려갔다. 그리고 잠시 후 제말의 서명이 담긴 베시카를 들고 예일에게 돌아왔다.

"말들은 지쳐서 올리브 산을 터벅터벅 내려가고 나는 기뻐서 콧노래가 절로 나왔다. 이역만리에서 2년이라는 오랜 시간을 보내고 끝내 전쟁의 참화 속에 휘말리는가 싶었는데, 지금은 고향으로 데려갈 종이 한 장이 내 손에 들렸구나."

물론 '고향'으로 돌아가도 어떤 미래가 기다릴지는 아무도 모르는 일이었다. 실제로 미국이 참전을 선언한다면 스탠더드오일의 중동 사업은 앞으로 오랫동안 휴업 상태가 터였다. 그 결과 하릴없이 빈둥거리게 된다면 예일은 아마도 다른 직장을 찾거나 미국 유전지대에서 하던 허드렛일로 복귀하게 될지도 몰랐다. 석유꾼 예일은 이 모든 불확실성을 곰곰이 따져보다가 확실히 결심했다. 그리고 자신이 팔레스타인에서 도망치도록 허락한 제말 파샤에게 커다란 신세를 진 것은 분명하지만, 무한정 갚아야만 하는 망극한 은혜를 입은 정도는 아니라고 입장을 정리했다. 예일은 삐걱거리면서 멈추고 출발하기를 반복하는 열차를 타고 거의 3주에 걸쳐서 콘스탄티노플로 돌아오는 고통스러운 여정 내내 독일과 터키의 부대 이동 상황 및 철도 건설 사업의 현황, 군대 숙영지 및 보급창의 위치 등 창밖으로 내다본 모든 것을 빠짐없이 기록했다. 이는 다가올 어느 순간 누군가에게 대단히 유용한 정보가 될 수 있었다. 물론 그 누구보다도 윌리엄 예일 자신에게 도움이 되는 기록일 것이었다.

2월 6일, 와즈에 도착한 로렌스는 자신이 대상을 잘못 짚었다는 걱정을 안고서 서둘러 파이살과 회의를 시작했다. 아랍의 지도자 파이살은 아카바 상륙 작전에 대해 확실히 찬성하는 쪽으로 돌아서 있었다. 그러나 이 과정에서 프랑스가 아무 역할도 하지 않기를 바란다고 분명히 못을 박았다. 그 일주일 전 브레몽 대령과 만나고 나서 파이살은 오히려 프랑스인에 대한 불신이 더 깊어진 듯했다.

당시 그 도시의 운명을 놓고 벌어질 불가피한 싸움에 대해 일깨워주었다는 점에서 로렌스는 오히려 아카바 작전을 제시한 브레몽에게 고마움을 느꼈을지도 모른다. 그러나 싸움은 이미 진행 중이었고, 프랑스 대령의 계략은 그 싸움의 일부에 불과했다.

와즈는 이제 아랍 반란의 전초 기지가 되었다. 날이면 날마다 새로운 부족 대표단이 파이살을 찾아와 혁명에 동참하겠다는 서약을 맺었다. 그들의 거주지는 대부분 와즈 점령으로 개척한 혁명의 최일선 지역인 동북부 사막 및 산악지대로, 새로이 반란에 가담한 부족들은 자기 구역에서 활동하기를 원했다. 이는 홍해 바닷가를 따라서 아카바로 진격하자는 것을 뜻했다. 그러나 파이살은 아랍인으로 구성된 군사자문단(주로 포로로 붙잡히거나 오스만 제국을 등진 시리아 출신의 지휘관들)으로부터 심한 압박을 받고 있었다. 이들은 아카바보다 훨씬 더 북쪽에 있는 자기 고향까지 진격해야 한다고 주장하고 있었다.

이와 같은 요구들로 시끄러운 와중에 스튜어트 뉴컴을 필두로 이제

막 파견 임무를 수행하기 시작한 영국군 장교들까지 끼어들어 자기 목소리를 내기 시작했다. 영국군 야전 장교들에게 아카바 점령은 아라비아 북부 해안 전체를 장악한다는 의미도 있었지만 이집트와 소통하거나 군수품을 조달받는 과정이 훨씬 더 수월해지는 장점이 있었다. 카이로에 있는 길버트 클레이턴조차 1월 보고서에서 라베그에 보내기로 예정한 영국군 여단을 아카바로 돌려야 한다고 촉구할 정도였다.[16] 합창하듯 각자의 주장을 외쳐대는 상황에서 로렌스는 그 도시 고유의 물리적 한계에 대한 자신의 주장이 묻히고 말겠구나 싶었다. 사실 쿠트와 갈리폴리와 서부전선의 수많은 전장에서 확인한 사례를 바탕으로 보자면, 불을 향해 달려드는 나방처럼 영국군 전술가들을 끌어당긴 것은 어쩌면 아카바 상륙 작전이 지닌 비현실성인지도 모른다.

아랍인들이라고 해서 로렌스의 이견을 긍정적으로 받아들일 것 같지 않았다. 모든 혁명운동이 그렇듯이, 아랍 반란에 힘을 불어넣은 것은 열정이었다. 대담한 용기에 기댄 이 감정은 신중함이나 자제력과는 반대 방향을 향하게 마련이다. 게다가 아카바 상륙 작전을 배제할 경우 시리아로 들어가는 유일한 대안은 헤자즈 철도를 통하는 내륙 이동로인데, 이는 배후의 메디나에 터키군이 주둔하는 이상 위험한 선택이 아닐수 없었다. 특히 해안에서부터 이어지는 가늘고 기다란 보급 경로에 의존해야 하는데, 아랍 반란군이 북쪽으로 밀고 올라갈수록 보급은 위태로울 수밖에 없다. 사실 이런 우려도 실전이 아닌 이론에 가까운 이야기였다. 내륙을 무대로 하는 군사 작전에서 반란군이 이동하는 속도를 감안한다면, 당시 아랍 전사들이 자신들의 손주 세대가 아닌 당대에 다마스쿠스까지 도착하기란 불가능했다.

로렌스는 파이살에게 이 모든 근거를 하나하나 제시하면서 아카바 상륙 작전에 반대해야 한다고 열변을 토했다. 이 작전은 에두아르 브레몽의 덫이라고까지 경고했지만, 파이살은 몇 차례 귀가 솔깃한 표정을 지을 뿐이었다. 한편 로렌스는 영국군 정보기구 내에서 독특한 지위(극히 내밀하게 이루어지는 카이로의 전략적·정치적 결정에 관여하는 동시에 결정 사항을 해당 현장에서 몸소 실행하는 자리)에 있었기 때문에 새로운 다른 기류를 감지할 수 있었다.

1917년의 유럽 열강은 여전히 제국주의적 사고방식을 견지하고 있었다. 어느 지역에서 자국의 우선권을 주장하려면 그 대가로 피와 돈을 지불해야 하고, 통치의 정당성을 주장하려면 그 땅에 문자 그대로 국기를 꽂아야 한다는 개념이었다. 이는 궁극적으로 그간 프랑스가 취해온 태도를 설명해준다. 알토란 같은 몇 개 부대를 중동 작전에 할당한 프랑스가 1915년 영국군의 알렉산드레타 상륙 작전을 무산시킨 것, 머리 장군의 팔레스타인 공세를 불편하게 여기더니 갑자기 아카바 침공에 대해서는 동원 가능한 모든 프랑스 병사를 투입하려는 이유가 바로 이것이었다. 말하자면 프랑스는 자국의 제국주의적 주장이 보장받을 수 있는 유일한 길은 '현장 출동'뿐이라고 여겼다.

이러한 사고방식이 특별히 프랑스에 한하는 것은 아니지만 영국에 지대한 영향을 끼친 것만은 분명했다. 아카바 점령을 둘러싼 논란 가운데 파이살을 포함한 거의 모든 이가 수긍한 공격 방식은 기본적으로 와즈 점령 작전의 재판이었다. 아랍 반란군을 태운 영국 해군함이 해상에서 상륙 작전을 벌이고, 영국 해군의 함포 지원 사격을 받으며 터키군 진지를 공략하고, 도시를 함락한 뒤에는 영국의 추가 보급품을 공급하는 식이었다. 그러나 영국에게 아카바는 와즈와 달리 전략적으로 무척 중요한 도시인 데다, 발걸음도 삼가서 내디뎌야 하는 메카 일대의 이슬람 '성지'로부터도 꽤 멀리 떨어진 곳이었다. 도시를 손에 넣기 위해 군대와 물자를 대는 만큼 영국의 군사 전략가들은 아카바의 소유권을 주장하고 싶은 (동시에 아랍 반란군을 종속적인 역할로 묶어두고 싶은) 강력한 유혹을 느낄 게 분명했다. 실제로 이런 상황이 벌어질 경우 연합군은 반란군의 숨통을 틀어쥐게 되는 셈이다. 아울러 연합국의 두 주요국인 영국과 프랑스가 중동에 상당 규모의 연합군을 공동 배치하는 것도 처음인 상황에서 영국이 프랑스와 아랍 중 어느 한쪽의 손을 들어줘야 한다면? 카이로의 영국군 지휘부, 아니 런던 수뇌부가 어떤 선택을 내릴지는 의문의 여지가 없었다. 가장 유력한 결론은 반란군이 북쪽으로 진격하지 못하도록 노골적으로 또는 암묵적으로 가로막는 것, 그리하여 반란군을 아카바에 묶어두는 것이었다.

파이살이 느끼기에 에두아르 브레몽은 대수롭지 않은 골칫거리였다. 라베그에서 경험한 바와 같이, 프랑스와 영국의 이해관계가 충돌할 경우 로렌스가 프랑스 쪽에 불리한 카드를 뽑아든다면 브레몽의 계략을 뭉개버릴 수 있다고 믿었기 때문이다. 그러나 영국과 프랑스의 이해관계가 정확히 맞아떨어지는 상황이라면 전혀 다른 게임이 펼쳐질 수밖에 없었다. 기본적으로 프랑스의 배신에 대해서는 경계하고 있지만, 의외로 영국이 배신한다면?

로렌스가 이와 같은 흐름을 남들보다 더 민감하게 감지할 수 있는, 나아가 자국 정부의 저의까지 의심할 수 있었던 배경은 무엇일까? 답은 간단하다. 사이크스-피코 협정 때문이다. 협정이 체결된 이상 영국이 프랑스를 존중하여 아랍을 배신하고 맥마흔-후세인 서한에 담긴 모든 약속을 무효화하리라는 것은 불 보듯 뻔한 일이었다. 실제로 그 협약으로 인해 영국은 아랍인들을 아카바라는 상자 안에 몰아넣을 강력한 구실을 얻은 셈이었다. 아랍인들이 시리아를 비롯한 여타 아랍 땅의 해방 과업에 적극적으로 참여할 기회를 제거할수록 영국은 그들에게 약속한 조항들을 지키지 않아도 될 명분이 생기지 않겠는가.

로렌스는 이러한 전후 사정을 파이살에게 설명하면서 아카바에 도사린 함정을 피해 시리아를 향한 내륙 경로로 진격해야 한다고 강조하는 한편, 프랑스뿐만 아니라 영국도 믿어선 안 된다고 했다. 그리고 사이크스-피코 협정이라는 잠재적 장치를 그의 처분에 맡겼다.

인류 역사에서 전쟁을 벌이는 군대라면 당연히 그렇듯이, 1917년의 영국군은 비밀 협정을 제3자에게 누설하는 것을 반역 행위로 간주하여 당사자를 처형대에 세우거나 종신형에 처했다. 2월 초의 어느 날, 로렌스는 와즈에서 명확히 이 반역 행위를 저질렀다. 파이살을 앞혀두고 사이크스-피코 협정의 존재와 핵심 조항을 낱낱이 폭로한 것이다.[17]

훗날 로렌스가 당시의 행적을 숨기기 위해 줄기차게 노력한 점을 미루어볼 때 그는 자신이 저지른 행동을 범죄로 인식했음이 분명하다. 자신의 글이나 여러 전기작가의 질문에 답변한 내용을 보면, 그는 사이크스-피코 협정의 존재를 처음 알게 된 시점이나 그 내용을 얼마나 알고 있었는지에 대해 시종일관 모호한 태도를 견지했다. 자신은 파이살과 많은 대화를 나눌 수 있는 신분이 아니었다고도 했다. 고작 세 쪽짜리 문건에 불과한 사이크스-피코 협정 자체는 복잡한 내용이 전혀 아니었으므로 카이로 정보대 사무실이 협정문을 공식적으로 회람했던 1916년 6월 이전에 로렌스는 관련 내용을 파악한 것이 틀림없었다. 마찬가지로 그는 『일곱 기둥』에서 사건의 순서를 허위로 꾸몄다. 자신이 카이로에서 브레몽과 접촉한 직후 와즈로 서둘러 돌아간 이유는, 불길하게도 브레몽이 대화 말미에서 자신의 (아카바) 구상을 와즈에 있는 파이살에게 다시 한번 설득할 것이라고 말했으므로 그 프랑스인의 계획을 파이살에게 경고할 필요가 있었기 때문이라고 했다.[18] 이와 같은 로렌스의 주장은, 브레몽이 이미 나흘 전 파이살에게 자신의 구상을 밝혔다는 언급을 누락했기 때문에 그 근거가 성립된다. 로렌스가 이 대목을 빼먹은 목적은 그 상황에서 혹시라도 자신이 파이살에게 사이크스-피코 협정을 누설한 사실이 드러난다면 음흉한 프랑스의 계략을 저지하기 위해 어쩔 수 없었다는 명분을 만들기 위한 것으로 보인다. 전후 영국의 독자와 관료들은 이와 같은 반反프랑스적 사실 왜곡을 대안이라기보다는 명쾌한 설명으로 받아들이고 있으며, 그의 행동 역시 반역적 범행이라기보다는 전적으로 납득할 만한, 심지어 존경스러운 행동으로 받아들이고 있다.

이 점은 로렌스 전기작가들도, 적어도 유명한 작가들은 흔쾌히 인정하는 부분이다. 그러나 이 과정에서 그들은 T. E. 로렌스의 인생에서 가장 중요하고 매혹적인 수수께끼 가운데 하나를 제대로 놓치고 말았다. 어떻게 아라비아에 발을 디딘 지 넉 달도 안 된 인물이 아랍인들의 염원을 깊숙이 내면화할 수 있었으며, 그들을 돕는다는 이유로 자국의 비밀을 기꺼이 누설하게 되었고, 마침내 조국이 아니라 잘 알지도 못하는 아랍인들에게 충성하게 되었을까?

이에 대해 부분적으로는 명예에 관한 영국인의 특이한 감수성을 언급해야 할 것이다. 1917년 당시 영국을 통치하던 계층은 유럽 열강 가운데 그 어느 나라보다 '한번 내뱉은 말은 반드시 지킨다'는 신념을 갖고 있었다. 영국 정부가 중동에 대해 추진하던 정책, 즉 아랍인들로 하여금 이미 깨져버린 약속을 믿고 싸우다 죽도록 부추기고 있다는 사실을 알아챈 외교관과 군인 중에는 대영제국의 위엄에 대한 수치스러운 모욕이라 생각한 사람도 많았다. 로렌스는 싸움과 죽음의 현장에 있었기 때문에 자국 정책의 본질을 본능적으로 파악했겠지만, 그에 대해 역겨움을 느낀 이는 로렌스만이 아니었다.

다른 한편으로는 로렌스가 어린 시절의 소원을 이루려는 심정에서 기인했을 수도 있다. 로렌스는 이렇게 썼다.

"옥스퍼드 학생 시절, 우리 앞에 아시아가 새롭게 밀어닥치는 순간이 분명히 올 것이라고 생각했다. 그런 때가 오면 새로운 아시아를 건설하는 일에 뛰어들겠노라 꿈꾸었다."[19]

로렌스는 학창 시절 읽었던 이야기 속의 방랑하는 기사가 될 수 있는, 예속과 핍박에 신음하는 민중의 해방자가 될 기회를 이곳 아라비아에서 갑자기 맞닥뜨린 셈이었다. 이는 나날이 가치를 상실하면서 쇠퇴 일로를 걷고 있는 편협한 국수주의 또는 제국주의를 뛰어넘겠다는 강력한 목적의식을 로렌스에게 선사했다.

여러 계기가 어떤 조합으로 뒤엉켰건 간에 (본인 또한 어떤 동기로 그랬는지 확실히 파악할 수 없었겠지만) 로렌스의 폭로는 즉각적이고 극적인 결과를 초래했다. 아랍 지도자 파이살은 이제 영국이 당초 약속과는 달리 시리아를 순순히 넘겨주지 않을 것임을 확신했다. 아랍이 시리아를 원한다면 스스로 쟁취해야 한다는 뜻이었다. 로렌스가 와즈로 돌아온 지 며칠 후, 영국군 장교들의 표정에는 당황한 기색이 역력했다. 파이살이 아카바 작전에 대해 갑자기 냉담한 반응을 보이는 동시에 그보다 훨씬 더 북쪽에 위치한 시리아 심장부 여러 지점으로 반란을 확산시키려 했기 때문이다.

2월 18일, 에두아르 브레몽 역시 와즈를 다시 방문했을 때 이 소식을 들었다. 파이살은 브레몽 대령을 만나는 자리에 로렌스를 배석시킨 채 아카바 상륙 작전에는 결단코 반대하며 내륙을 공략하기 위한 병력을 두 배로 늘릴 작정이라고 통보하듯 밝혔다. 프랑스군 지원단을 파견하겠다는 제안에 대해서도 필요치 않다며 거절했다. 심지어 군사 작전의 규모를 자꾸만 확대해서 미안하게 되었다며 장난투로 사과하면서 "프랑스가 터키군에 제공한 대포"와 똑같은 프랑스제 대포를 구할 수 있다면 자신은 그 즉시 기쁜 마음으로 메디나에 역량을 집중할 것이라고까지

했다.[20] 로렌스가 흐뭇하게 언급했듯이, 또다시 허를 찔린 브레몽은 "싸움터에서 순순히 물러나는 것 말고는" 할 일이 없었다.[21]

그로부터 몇 주 뒤, 와즈에 있던 영국군 장교들은 파이살의 숭고하고도 갑작스러운 계획을 막고 당면한 과제에 집중하도록 유도하느라 부단히 애를 썼으나 별무소득이었다. 4월 1일, 그들 가운데 한 명이었던 피어스 조이스 소령은 다음과 같이 적었다.

"여전히 셰리프 파이살의 모든 관심이 북쪽을 향하고 있습니다. (…) 특정 지역에 제한된 야망과 군사 작전이라는 범주에 파이살을 묶어두고자 노력했지만, 그는 어느 순간부터 생각의 폭을 확장하고 있었습니다."[22]

어찌하여 파이살이 생각을 바꾸었는지 영국군 고위급 지휘관들조차 실마리를 전혀 찾지 못했다. 그들은 로렌스 대위를 조금도 의심하지 않았다. 3월 초 시릴 윌슨의 부관이 카이로에 올린 보고서를 보면, 로렌스를 지목하여 "헤아릴 수 없는 가치"를 지닌 인물이라고 칭송하기도 했다.

제말 파샤로서는 선택의 여지가 별로 없었다. 영국군이 오랫동안 벼르던 팔레스타인 남부를 공격할 것이라는 징후가 새해 벽두부터 뚜렷하게 나타나고 있었다. 2월까지 터키군은 가자 외곽으로 이어지는 모든 길목을 연이어 빼앗겼다. 영국군은 진군의 고삐를 늦추지 않았고, 독일 공군 정찰기들은 영국군의 숙영지 막사가 끝도 없이 이어져 있다고 보고했다. 64킬로미터 떨어진 시나이 북부 항구도시 엘아리시부터 영국이 신설한 것으로 보이는 철로를 따라 보급 기지가 속속 들어서고 있다는 보고도 올라왔다. 영국군 공격 부대의 규모에 대해서는 의견이 다양했지만, 이에 맞서는 2만여 명의 터키군 수비대를 압도할 것이라는 점만은 분명했다.

파국을 앞두고 제말이 절망에 빠져 있던 그 순간, 오스만 제국의 군대는 영토 전역에서 한계 상황에 직면해 있었다. 유럽의 두 전장에 깊숙이 개입된 상태였고, 아나톨리아 동쪽으로는 러시아와 일촉즉발의 국면에 처해 있었으며, 이제 메소포타미아를 겨냥한 영국령 인도군의 2차 공세에 맞서야 했다. 이들 전선에서 병력을 차출한다 하더라도(실제로는 그럴 수도 없는 처지였지만) 영국군의 공격에 대항하여 때맞추어 팔레스타인에 도착하기는 거의 불가능했다. 뾰족한 수를 찾지 못한 제말은 여전히 메디나에 주둔하고 있던 터키군 1만 명으로 시선을 돌릴 수밖에 없었다.

메디나를 포기한다는 건 견딜 수 없이 고통스러운 일이었다. 제말 총독이 11시까지 결정을 미룬 것도 그 때문이었을 것이다. 메디나는 헤자즈 철도의 남쪽 종착역이었고, 터키군은 그 도시를 완벽히 통제하고 있었기 때문에 오합지졸에 불과한 아랍 반란군은 도시 외곽에서 총질만 해댈 뿐 심각한 위협을 가하지 못하고 있었다. 한마디로 메디나는 북쪽으로 반란을 밀어붙이겠다는 에미르 후세인의 계획을 가로막는 최후의 보루 같은 곳이었다. 그런 와중에 이슬람에서 두 번째로 신성한 도시 메디나를 포기한다면 반란 도당과 그들의 돈줄인 영국인들은 사기충천할 터였다. 무슬림 세계에서는 종교적 권위마저 무너지는 것처럼 생각할 게 뻔했다.

메디나 주둔 터키군은 오스만 제국에서 가장 훌륭한 병사들로 이루어진 부대로, 역시 가장 유능한 지휘관 가운데 한 명인 파크리 파샤 장군이 이끌고 있었다. 이 부대가 팔레스타인 전선에 나타날 경우 승리와 패배의 주인공이 뒤바뀔 수도 있었다. 2월 하순, 이와 같은 이유로 콘스탄티노플의 엔베르 파샤와 독일군 수뇌부가 재차 촉구하는 가운데 제말은 드디어 메디나 주둔군에 명령을 하달했다. 메디나를 포기하고 헤자즈 철도를 통해 시리아로 이동한 다음 가자의 참호 속으로 뛰어들라는 명령이었다.

이 명령은 곧바로 알리 하이다르라는 인물의 거센 반발을 샀다. 지난여름 후세인이 반란을 일으키자 콘스탄티노플은 하이다르를 메카의 '정통' 율법학자로 지명함으로써 최고의 종교적 권위를 부여한 뒤 남쪽으로 보내려 했다. 물론 하이다르는 메디나 밖으로는 한 발자국도 나설 뜻이 없었고, 그곳에 메카의 후세인 정권에 맞서는 일종의 '괴뢰 정권'을 세웠다. 헤자즈의 아랍인들은 이를 인정하지 않았지만, 자신이 이슬람 성전의 참된 수호자라는 하이다르의 주장은 지구촌 무슬림 사회로 하여금 후세인의 호소를 새삼 숙고하게 만드는 계기를 제공했다. 그런 와중에 메디나를 포기한다면 하이다르로서는 모든 것을 잃게 될 판이었다. 하이다르는 회고록에서 다음과 같이 밝혔다.

"참담하기 그지없는 소식이었다. 나는 제말에게 급전을 쳐서 무함마드의 성스러운 무덤을 포기한다는 것은 지극히 부끄러운 발상이라고, 마지막 한 명까지 지켜야 할 곳이라고 말했다."[23]

율법학자는 제말이라는 인물에 대해 익히 알고 있었던 듯하다. 메디나에서 퇴각하라고 지시한 지 나흘 만에 제말은 돌연 명령을 철회했기 때문이다. 그 결과 도시는 계속 터키의 수중에 남게 되었고, 수적인 우세를 앞세워 영국군의 팔레스타인 공격에 맞설 예정이었던 오스만 군대는 자체적으로 생존을 도모해야 했다.

그러나 메디나의 미래에 관한 터키 내부의 짧고 급박했던 이 논란이 장차 거대한 파문을 일으키게 되었으니, 역사의 기괴한 일면이 아닐 수 없다. 당시 영국군 암호병들은 메디나 주둔군의 퇴각을 지시한 제말 파샤의 전보를 가로채서 암호를 푸는 데 성공했지만, 이후 명령을 철회한 전보는 해독하지 못했기 때문이다. 그로 인해 몇 달 동안 아랍 반란군과 영국군 조력자들은 일어나지도 않을 사건에 대응하기 위해 총력을 기울여야 했다. T. E. 로렌스가 향후 아랍 반란을 전개해나가는 데 위대한 깨우침을 얻게 된 계기도 이러한 맥락에서였다.

3월 8일 아침, 로렌스는 부둣가에 나와 이집트에서 와즈 항으로 들어오는 경비정 누르엘바르 호를 기다리고 있었다. 영국군 전령으로부터 중요한 서류 두 건을 넘겨받기 위해서였다.

첫 번째 서류는 제말 파샤가 메디나 주둔군에게 퇴각을 명령하는 전보였다. 전보에는 대포를 포함한 군수품을 모두 챙겨 최대한 빨리 떠날 준비를 마친 뒤 헤자즈 철도를 이용해 북쪽으로 804킬로미터 떨어진 시리아 도시 마안으로 이동해 방어선을 구축하라는 지시가 담겨 있었다. 덧붙여 여력이 되면 팔레스타인 남부의 가자 요새에도 재배치하라고 되어 있었다.

두 번째 서류는 카이로에서 길버트 클레이턴이 보낸 명령서였다. 머리 장군의 팔레스타인 공격이 몇 주 앞으로 다가온 만큼 가자를 지키는 터키군이 병력을 증강하는 일은 결코 없어야 한다는 내용으로, 메디나 주둔 터키군이 도시에서 벗어나지 못하도록 수단 방법을 가리지 말고 막으라는 뜻이었다. 아랍 반란군은 영국군 지원단의 기술적 도움을 받아 헤자즈 철도 파괴를 대대적으로 확대할 예정이었다. 철로를 최대한 많이 부수되 여차하면 퇴각하는 터키군에 맞서 싸운다는 방침이었다. 클레이턴은 평소의 신중한 성격대로, 파이살이나 반란군 지휘관들이 본격적인 싸움의 배경을 모르는 편이 좋겠다고도 언급했다.[24]

클레이턴의 이 명령은 로렌스에게 또 다른 고민을 안겼다. 헤자즈 철도에 주의를 집중하는 것은 파이살로 하여금 아카바 점령이라는 매혹적인 덫을 외면하게 하고 내륙 작전에 전념케 하는 데 큰 도움이 될 것이었다. 그러나 다른 한편으로, 메디나 점령은 아랍 반란을 일으킬 때부터 중요하게 여겨온 목표였다. 게다가 오스만이 그 도시에서 철수한다면 반란군은 오스만의 항복을 받아낸 것에 버금가는 큰 승리감을 느낄 터였다. 그런데 지금 반란군은 그토록 오랫동안 바라 마지않은 메디나라는 전리품을 놔두고 터키군의 철도 이동을 저지하는 데 전념해야 하는 상황에 처한 것이다.

클레이턴이 가급적 비밀에 부치라고 지시한 이유도 이 때문이었다. 하지만 여기에는 최소한 두 가지 까다로운 문제가 있다. 아랍인들이 아무것도 모르는 채 메디나와 마안을 잇는 기나긴 철로를 무력으로 차단하는 계획에 동원된다면, 메디나에서 북으로 이동하는 터키군과 정면으로 부딪칠 수 있다는 사실도 알 수 없을 것이었다. 가볍게 무장한 아랍 부족민들이 탁 트인 벌판에서 중무장한 터키군 정예 부대와 충돌할 경우 그 결과는 명약관화했다. 가자를 공격하는 영국군의 부담을 덜고 사상자 숫자를 줄이고자 아랍인들에게 헤자즈에서 싸우라고 (그리고 불가피한 사상자 발생을 감수하라고) 요구하는 것 자체도 문제였다. 물론 이런 상황은 군사 동맹관계에서 일어날 수 있는 경우이긴 하지만, 영국은 동맹관계의 아랍인들에게 그 이유를 설명할 의무가 있다고 로렌스는 생각했다.

바로 몇 주 전에 사이크스-피코 협정을 누설한, 엄밀히 말해서 반역 행위를 저지른 바 있는 로렌스에게 이 정도 명령을 거스르는 것쯤은 대수롭지 않은 일이었다. 그날 밤 로렌스는 시릴 윌슨에게 다음과 같이 전했다.

"클레이턴 장군의 명령에도 불구하고 나는 (파이살에게) 상황이 어떻게 돌아가는지를 알려주었습니다. 나로서는 어쩔 도리가 없었다고 해야겠습니다."[25]

『일곱 기둥』에서 그는 파이살이 "여느 때처럼 자리에서 벌떡 일어나 훈장을 주겠다고 제안하고는 최선을 다하겠다고 그 자리에서 약속했다"며 당시를 회고하고 있다.[26]

이제 당면한 임무는 새로운 명령을 압둘라에게 전하는 일이었다. 압둘라의 무리는 헤자즈 철도가 지나는 와디아이스 근처에 집결한 상태로, 승패는 그들의 손에 달린 것이나 마찬가지였다. 그러나 후세인의 차남이 무기력하다는 사실을 잘 알고 있는 로렌스는 이 중차대한 소식의 전달과 실제 이행 여부를 반드시 영국군 장교가 확인해야 한다고 생각했다. 그러나 헤자즈 일대 내륙을 잘 아는 스튜어트 뉴컴 등 소수 영국군 장교들은 이미 정찰이나 파괴 임무를 수행하러 떠난 터라 그 일을 할 사람은 본인밖에 없었다. 로렌스는 그날 밤 시릴 윌슨 앞으로 휘갈겨 보낸 메모에 자신의 계획을 서둘러 피력하면서, 너무 짧은 시간에 짜낸 방법이라 준비할 틈이 없었음을 덧붙였다.

"제 생각에 터키군 (철수) 작전의 약점은 물과 식량을 실은 열차의 화물칸에 있습니다. 우리가 심대한 타격을 가해서 복구 불능으로 만들거나 기관차를 망가뜨린다면 터키군은 완전히 발이 묶여버릴 텐데 (…) 이 방식으로 그들을 열흘만이라도 잡아둘 수 있다면 더 바랄 게 없겠습니다. 터키군이 별다른 피해 없이 그대로 통과해버릴까봐 우려됩니다. 저는 갈런드가 제작한 지뢰를 사용할 생각입니다. 즉발卽發 도화선을 구할 수 있다면, 그리고 시간 여유가 있다면 좀더 메디나 가까운 지점에 매설할 수 있을 것입니다. 제가 직접 나서려는 데는 부분적으로 이런 이유도 있습니다."[27]

3월 10일 밤, 로렌스는 호위병 14명과 함께 압둘라의 진지로 향하는 닷새간의 고통스러운 여정을 시작했다. 초반부터 험난한 길이었다. 더욱이 로렌스는 떠날 때부터 심한 이질 증세를 보이더니, 다음 날 정오 무렵에는 종기가 등을 뒤덮었다. 아라비아 서부에서 가장 황량한 지역의 한 구간을 통과하는 동안 로렌스가 할 수 있는 일이라고는 낙타 안장에 엉덩이를 붙여두는 것뿐이었다. 이튿날인 3월 12일, 상태는 더 안 좋았다. 증세가 심해져서 그는 "낙타 등에 기어오르기도 힘들 만큼 기력이 없어서" 두 차례나 졸도하고 말았다.[28]

로렌스는 자기 몸도 가누기 벅찬 나머지 동행하는 호위대 사이에서 부족 간의 해묵은 알력 다툼이 벌어진 것을 눈치 채지 못했다. 호위대는 자칫하면 와해될 수 있는 느슨한 결합 상태를 겨우 유지하는 터였다. 그들은 여정을 시작할 때부터 장난삼아 서로를 놀리곤 하더니 이제는 팽팽한 긴장 속에서 욕설이나 은근한 협박을 주고받는 지경에 이르렀다. 사태가 심각한 상태로 치달은 것은 떠난 지 이틀째 되는 날 밤이었다.

날이 저물어 병사들이 와디키탄 인근 야산에 막사를 치는 사이, 지칠 대로 지친 로렌스는 바위로 둘러싸인 땅 위에 누웠다. 그때 갑자기 한 발의 총성이 계곡을 울렸다. 수행원의 부축을 받아 총성이 울린 곳으로 갔더니 호위대 한 명이 죽은 채 쓰러져 있었다. 아게일 부족 출신이며 이름이 살렘인 그는 관자놀이에 총알이 관통한 상태였다. 관자놀이 주변의 피부가 까맣게 탄 것으로 미루어 근거리에서 방아쇠를 당긴 것이 틀림없었다. 이는 호위대원 가운데 누군가가 저질렀음을 의미했다. 대원들은 이내 하메드라는 모로코인을 용의자로 지목했다. 그날 오후 즉결재판에서 하메드는 범행을 시인했고, 살렘과 같은 부족 출신 대원들은 살인죄를 사형으로 다스려달라고 요구했다.

로렌스는 지난 몇 달 동안 파이살이 평화를 이루어내는 매혹적인 과정을 존경의 눈으로 지켜보았다. 파이살은 부족 간 마찰, 유목의 권리 전반에 걸친 분쟁과 질의, 수십 년(심지어 수 세기)에 걸친 피비린내 나는 복수전 등의 수많은 내부 갈등을 해결해왔다. 이는 그가 전쟁 중에도 노력을 아끼지 않는 임무였다. 로렌스는 훗날 이렇게 회상했다.

"누가 이득이고 누가 손해인지 다투다가도 파이살이 조정과 중재에 나서면 문제가 금세 해결되었다. 그는 분쟁 당사자들을 서둘러 화해시키기 위해 종종 잔금을 대신 치르거나 자기 재산의 일부를 선뜻 내놓기도 했다. 파이살은 지난 2년 동안 하루도 거르지 않고 아라비아 공동체를 구성하는 무수한 요소를 자연스러운 방식으로 정리해왔다. 덕분에 어디든 그가 지나간 곳에서는 피를 부르는 심각한 갈등이 완전히 사라졌다."29

이런 시스템을 작동시키는 것은 중재자의 불편부당성에 대한 집단의 신뢰였다. 그러나 가혹한 측면을 수반할 수밖에 없는 구조이기도 했다. 평화를 지키기 위해서는 때때로 정의를 집행해야 했기 때문이다.

와디키탄에서 로렌스가 해야 하는 끔찍한 일이 무엇인지 윤곽이 드러났다. 아게일 부족 대원들이 하메드의 처형을 요구했다면 그렇게 해야만 했다. 그것은 사막의 불문율이었다. 그러나 아게일 부족 사람들이 직접 사형을 집행한다면, 압둘라 진지를 오가는 짧은 여정 동안에는 평화를 유지할 수 있을지 모르지만 결국은 많은 수의 아게일 부족과 다수의 모로코인 사이에 복수의 피바람이 닥칠 게 자명했다. 따라서 실질적인 해법은 어느 쪽에도 치우치지 않는 제3자가 하메드의 처형을 집행하는 방법밖에 없었고, 그날 밤 와디키탄에서 "혈연관계로부터 자유로운 이방인"은 오직 한 명뿐이었다. 로렌스는 『일곱 기둥』에서 다음과 같이 회상했다.

"나는 (하메드를) 비좁은 도랑으로 끌고 갔다. 웃자란 잡초 사이로 어둑하게 땅거미가 지고 있었다. 모랫바닥에는 절벽에서 흘러내린 빗물

자국이 선명했다. (…) 나는 도랑 입구에 서서 그에게 잠시나마 시간을 주었고, 그는 무릎을 꿇은 채 울부짖는 데 그 시간을 써버렸다. 이윽고 나는 그에게 일어서게 한 뒤 그의 가슴을 향해 총을 쏘았다."

그러나 첫 번째 탄환은 하메드의 숨통을 끊지 못했다. 그는 바닥에 쓰러져 몸부림치면서 비명을 질렀고 내뿜는 핏줄기가 옷자락을 적셨다. 로렌스는 다시 총을 쏘았다. 그러나 총구가 심하게 흔들리는 바람에 하메드의 손목을 맞히고 말았다.

"목소리가 잦아들긴 했지만 그는 계속해서 소리를 질러댔다. 나를 향해 두 다리를 뻗고 드러누운 상태였다. 나는 몸을 기울여 그의 턱 밑에 총을 대고 마지막 탄환을 발사했다. 그의 몸이 잠시 부르르 떨리더니 멈추었다."[30]

로렌스가 사람을 죽인 것은 그때가 처음이었다. 비틀거리며 바위틈에 마련한 잠자리로 돌아온 그는 곧바로 쓰러져 잠에 빠져들었다. 동이 틀 때까지도 로렌스는 기력을 회복하지 못했다. 대원들이 로렌스를 들어올려 낙타 안장에 태운 뒤에야 여정을 이어갈 수 있었다.

아론 아론손이 마침내 영국의 품에 안겼다. 그는 융숭한 대접을 받을 만한 충분한 자격이 있었고, 아론손의 말에 귀 기울이는 영국인들도 그러한 대접을 받아 마땅한 사람이라 여겼다.

1917년 3월 중순, 카이로의 관료주의라는 황무지를 오랫동안 방랑하던 이 사내는 드디어 영국군 첩보 관계자들 사이에서 가장 소중한 자산의 일원으로, 다시 말해 적군이 점령하고 있는 팔레스타인에 관한 풍성한 정보 제공자로 인정받았다. 농학자 아론손은 이루 말할 수 없는 뿌듯함을 느꼈다. 한때는 영국군 장교들로부터 성미 고약한 이방인 또는 유대인으로 취급받기도 했고 때로는 그 모든 요소가 뒤섞인 채 몰인정한 대접을 받았으나, 이제 그들은 수시로 자신에게 면담을 청하거나 만찬 초대장을 보내기 시작했다며 일기에 기록해놓고 있다.

또다시 아틀리트에 접근하기 위해 첩보선 매너젬 호에 오른 2월 중순, 그는 드디어 돌파구를 찾을 수 있었다. 이번에는 날씨도 좋았고, 아론손의 동지들 가운데 한 명인 리오바 슈네르손도 첩보선에 함께 타고 있었다. 무엇보다 지난번 접선 당시 아틀리트에 남았던 연락병들이 첩보 조직에 영국군의 접촉 시도를 알린 덕분에 순조로운 첩보 여건이 마련될 수 있었다. 그리하여 슈네르손은 아틀리트에서 최근 확보한 정보를 방수가방에 고이 담아서 첩보선으로 귀환할 수 있었다. 농학자 아론손은 "우리는 곧바로 떠났고, 행복했다"며 2월 20일자 일기에 적고 있다.

이 작전을 계기로 아틀리트 첩보 조직과 영국군 사이에 확실한 소통 채널이 마련되자, 이후 몇 주 몇 달이 지나는 동안 영국군 첩보원들은 해안 침투선을 활용하여 팔레스타인의 내부 정보를 안정적으로 제공받을 수 있었다. 그토록 풍부한 정보를 받아든 영국인들은 깜짝 놀라지 않을 수 없었다. 그리고 1년 반 전에 처음 기회가 찾아왔을 때 냉큼 손을 잡지 못한 것을 후회했다. 그동안 유대인 첩보망은 팔레스타인 전역에 첩보원 24명을 거느린 조직으로 성장했으며, 조직원들은 대부분 지방 정부에서 상당한 지위를 지닌 자들이었다. 그래서 터키군 보급창의 정확한 위치에서부터 교통 요충지인 아풀레를 오가는 군용 열차의 객차 칸수에 이르기까지 모든 정보를 빠짐없이 확보할 수 있었다. 특히 아풀레에서는 기차역 근처에서 음료수 가판대 장사를 하는 첩보원의 도움을 받기도 했다. 이 유대인 첩보요원들은 자기 조직에 NILI라는 암호명까지 붙였는데, 이는 성경 사무엘서에 나오는 히브리어 "Nezah Israel Lo Ieshaker"의 첫 글자를 딴 것으로 "이스라엘의 영광이신 그분은 거짓말을 하거나 마음을 바꾸지 않으신다"는 뜻이다.[31] 내부적으로 아론손의 첩보 조직을 '조직 A'쯤으로 지칭하던 영국인들이 보기에는 상당히 이국적인 방식이었다.

　마침 머리 장군의 팔레스타인 공격 시점을 앞둔 때인지라 아론손이 상세히 분석한 지역 자료는 영국군에게 큰 환영을 받았다. 2월에 윌리엄 옴스비고어가 팔레스타인 경제에 대해서 작성한 19쪽짜리 문서 역시 아론손의 기존 보고서를 전적으로 참고한 것이었다. 레지널드 윈게이트는 이 보고서에 깊은 인상을 받아 런던의 신임 외무상 아서 밸푸어에게도 전달해주었다.[32] 아론손은 가자를 넘어 진격할 영국군 지휘관들의 필수 지침서 『남부 시리아 군사핸드북The Military Handbook for South Syria』의 내용 추가와 교정을 맡아달라는 요청도 받았다. 이 책은 3월 중순에 배포되기 시작했고, 정보의 정확성과 포괄성을 인정받았다. 아론손은 3월 20일자 일기에 다음과 같은 기록을 남겼다.

　"지휘 본부에서 복무하는 모든 이가 높게 평가하고 있으며 내 기여가 크다고, 작업에 어느 영국군 친구가 칭찬했다. 아마도 그럴 것이다. (공식적인 연락장교 윌리엄 에드먼즈도) 책을 받아본 사람 모두가 반색을 표하고 있다는 소식을 사방에서 받았다고 했다."

　물론 이 모든 과정에는 아론손의 궁극적인 목표가 도모되고 있었다. 아론손의 목표 가운데 하나는 명백했다. 그는 자신이 영국 쪽에 가담하는 가장 중요한 동기는 팔레스타인에 거주하는 유대인의 미래를 걱정하기 때문이라고 공공연히 밝혀왔다. 그러나 또 다른 목표는 이보다 훨씬 더 미묘한 것이었다. 예컨대 아론손은 『남부 시리아 군사핸드북』에 팔레스타인에 위치한 거의 모든 유대인 정착촌 및 인접한 아랍 마을에 대한 세부적인 조사 내용을 담았다. 그리고 두 공동체를 이끄는 지도자들의 품성에 대해 개략적으로 서술하면서, 슬며시 '보복'의 요소를 끼워넣었다. 말하자면 자기편 지도자에 대해서는 "지적이고 신뢰할 만하다"고 묘사하면서 상대편은 정반대로 묘사하는 식이었다. 예컨대 아론손이 적대시하는 아틀리트의 아랍인들은 "기생충 같은 착취자"[33] 또는 "이슬람 광신도"로 폄하하는가 하면, 티베리아스Tiberias에서 아론손과 말다툼을 벌였던 어느 유대인 은행가를 "동방의 정직 관념" 코너에 소개했다. 영국군이 시온주의에 대해 호의적인 관점을 지니도록, 또한 소수에 불과한 팔레스타인 유대인 정착민들이 더 큰 주목을 받도록 유도하기 위해서였다. 그러나 가장 중요한 대목은 아마도 머리 장군이 가자의 저지선을 돌파하고 팔레스타인 심장부로 진격할 경우 대대적인 환영을 받게 될 것이라는 장밋빛 전망을 제시한 부분일 것이다. 그는 2월 말에 이렇게 썼다.

"전 세계 유대인 공동체가 영국에 대해 어떤 태도를 보일지 상상하기란 그리 어려운 일이 아니다. 팔레스타인 땅에 영국기가 펄럭인다면 유대인의 꿈, 유대인의 정보, 유대인의 자본 그리고 유대인 인구가 그곳에 몰려들 것이다."[34]

농학자는 이와 같은 가정들 중에서 필연적으로 참인 것은 거의 없다는 사실을 알고 있었다. 지구촌 유대인들에게 시온주의는 여전히 심각한 논쟁을 일으키는 주제였기 때문이다. 게다가 팔레스타인 내 유대인은 대부분 아직도 오스만 정권에 충성하거나 정치에 무관심한 사람들이었다. 그러나 그것은 중요한 문제가 아니었다. 아론손의 말에 귀를 기울이는 사람들은 영국의 정치·군사 지도자들로, 전쟁을 기획하는 핵심 참모들 가운데 자국 병사들이 민족 해방의 영웅으로 열렬하게 환영받을 것이라는 이야기에 솔깃하지 않을 사람이 얼마나 되겠는가.

3월 26일은 아론손에게 운이 트인 날이었다. 길버트 클레이턴 장군을 접견할 기회가 왔기 때문이다. 이집트에 발을 디딘 이래 빗나가기만 하던 행운을 드디어 거머쥔 날이었다. 만남은 성공적이었고, 일주일 뒤에 다시 만나 좀더 길게 대화를 나눴다. 그사이에 머리 장군은 팔레스타인 공격을 개시했고, 초기의 전황 보고에 따르면 영국군은 대성공을 거두고 있었다. 3월 29일, 아론손은 일기에 "영국군이 터키군을 압도했다"고 적기도 했다. 클레이턴은 아론손을 집무실로 다시 불러 승기를 잡은 영국군이 다음 단계에서 승리를 매듭지으려면 어떻게 해야 하는지 의견을 물었다.

아론 아론손은 자기 의견을 피력할 때 수줍어하는 사람이 아니었지만 그날 길버트 클레이턴 앞에서는 달랐다. 그는 역사상 예루살렘을 남쪽이나 서쪽으로 쳐들어가서 함락한 사례가 단 한 번도 없었다고 지적하고는 영국군이 해안 평야를 따라 북쪽으로 계속 밀어붙인 다음 방향을 틀어서 도시 북부를 공격해야 한다고 주장했다. 물론 아론손은 여느 책상물림 장군들과 달리 팔레스타인에 대한 백과사전적 지식(오솔길과 지형과 지하 수맥 등)을 동원하여 주장을 뒷받침했다. 그날 밤 아론손이 쓴 일기에는 이렇게 적혀 있다.

"클레이턴 장군은 내 말을 주의 깊게 들었다. 헤어질 때는 좋은 제안이 있으면 언제든 자신을 찾아오라 말하고는 또다시 지도를 유심히 들여다보기 시작했다."

같은 날 일기에 그는 기쁨에 겨워 환호성을 지르기도 했다.

"나는 과업의 적임자들에게 에두르는 방식은 헛수고라는 사실을 납득시켰다. 팔레스타인은 잘 익은 열매다. 나무를 조금만 흔들어도 우리 손아귀에 툭하고 떨어질 열매."[35]

그런데 여기서 "우리"란 대체 누구를 지목한 것일까. 연합국일까, 영국일까, 아니면 시온주의자들만을 이야기하는 것일까.

3월 28일 해질녘, 로렌스와 반란군 전사들의 선봉대는 바위산 꼭대기로 기어올라 조심스레 아래쪽을 내려다보았다.[36] 헤자즈 철도의 중요한 정거장이자 급수 지점인 아바엘나암으로부터 4.8킬로미터 정도 떨어진 그곳은 바닥이 평평한 계곡이었다. 석양 아래 400여 명에 불과한 터키군 철도 수비가 집결해 있는 모습을 볼 수 있었다. 야간 작전을 수행할 참인 듯했다.

보고에 따르면 고립된 것이나 마찬가지인 상황을 감안하여 터키군 수비대가 밤마다 수시로 진지 주위를 순찰하고 있었다. 로렌스에게는 유쾌하지 못한 상황이었다. 그가 이끄는 선봉 부대는 병사 30명에 불과한 데다 와디아이스를 떠난 지 사흘이나 되어 휴식이 절실했다. 마침내 로렌스는 해결책을 떠올렸다. 노을이 질 무렵 예닐곱 명의 병사를 기차역 가까이 접근시켜 몇 발의 총을 쏘게 한 것이다.

"적군은 그것을 공격의 전주곡으로 여기고 참호로 달려가서 뜬눈으로 밤을 지새웠다. 덕분에 우리는 두 다리 쭉 뻗고 깊이 잘 수 있었다."

잠이 필요했던 사람은 부대원들이라기보다는 로렌스 본인이었다. 몇 주째 이질과 열병에 시달리는 와중에 공격 작전을 세우려면 지혜가 필요했고, 지혜를 발휘하려면 체력부터 회복해야 했다.

와디키탄에서 끔찍한 사건을 치른 뒤 로렌스의 몸 상태는 점점 나빠졌지만 행군을 강행했다. 그리하여 3월 15일 아침, 와디아이스에 있는 압둘라의 진지에 도착했다. 로렌스는 그곳에서 압둘라를 만나 헤자즈 철도 공격에 곧장 나서야 하는 이유를 설명한 뒤 잠깐 쉬겠다며 양해를 구했다. 하지만 그는 말라리아로 인해 열흘 동안 막사 밖을 나오지 못했다.

그토록 오랫동안 질병의 고통 속에 옴짝달싹 못하면서도 로렌스는 밖에서 어떤 일이 벌어지는지, 혹은 벌어지지 않는지 알 수 있었기에 더욱 괴로웠다. 나태하기로 유명한 압둘라였기 때문에 로렌스는 철도 공격에 관한 구체적인 행동 계획이 세워지는 대로 자신이 직접 지휘하기로 마음먹고 있었다. 로렌스의 선견지명은 이번에도 입증되었다. 간간이 몸이 살짝 좋아질 때마다 로렌스는 간신히 막사 밖으로 나와 압둘라의 진지를 둘러보았다. 예전과 다름없이 느슨하거나 경박한 분위기였고, 군대가 이동한 흔적은 조금도 찾아볼 수 없었다.

게다가 와디아이스에서 로렌스는 그다지 달갑지 않은 사람이라는 사실이 명확해졌다. 압둘라 측근들은 이곳을 찾아온 영국군 장교에 대한 불신과 적의를 숨기지 않았다. 물론 그 정도로는 에미르도 로렌스를 쫓아낼 수 없었다. 한때나마 압둘라를 긍정적으로 평가했던 로렌스였지만 이제는 미적지근한 감정이었고, 머지않아 경멸과 혐오의 시선으로 그를 바라보기 시작했다.

"제멋대로인 그의 성격을 소탈한 매력으로 느낀 적도 있지만 이제는 변덕쟁이로 보이는 나약한 독재자 같았다. 다정하게 굴다가도 함부로 대하기 일쑤였다. 활달한 줄 알았더니 쾌락에 탐닉하는 사람이었다. (…) 소박함조차 경험 부족 탓으로 보였고, 뿌리 깊은 종교적 편견은 자신의 예민한 마음을 다스리기 위한 도구였다. 미지의 사상에 마음이 흔들리는 것보다는 덜 골치 아프기 때문이다."

3월 25일, 비로소 건강을 충분히 회복한 로렌스는 압둘라의 거처로 성큼성큼 걸어 들어가 헤자즈 철도 공격을 직접 지휘하겠다고 선언했다. 압둘라는 흔쾌히 받아들였다.[37] 그는 "자기가 몸소 나서야 하는 일이 아니라면 무슨 일이든 우아한 표정으로 허락하는 사람"이었기 때문이다. 로렌스는 평소 진정한 전사라고 평가해온 몇몇 족장에게 접근했다. 그리고 다양한 부족이 뒤섞인 800명 규모의 습격대를 꾸려 아바엘나암의 외딴 철도 기지창을 공격하기로 뜻을 모았다. 다음 날 아침, 로렌스는 전투 계획을 짜기 위해 소규모 선봉 부대를 이끌고 출동했다.

3월 29일, 로렌스와 대원들은 하루 종일 이동해서 기차역을 에워싼 고지대, 즉 본대가 공격을 개시할 지점에 도착했다. 그리고 터키군 병사들의 일상적 동선을 면밀히 관찰했다. 적군이 맹수처럼 노려보는 줄도 모른 채 병사들은 점호를 위해 오와 열을 맞추거나, 대열에서 이탈해 음식을 먹거나, 어수선하게 훈련을 받고 있었다. 로렌스를 가장 기쁘게 한 것은 그날 아침에 열차가 새하얀 연기를 내뿜으며 달려와 아바엘나암 정거장에 멈춰 섰다는 점이었다. 터키군의 열차를 파괴한다는 것은 공격 작전의 커다란 성과가 아닐 수 없었다. 그는 본대가 도착하기 전까지 기차가 출발하지 않기를 간절히 바랐다.

본대는 그날 저녁에 출발했다. 그러나 실망스럽게도 규모는 족장들이 로렌스에게 약속한 800명에 한참 못 미치는 300명 남짓이었다. 로렌스는 다음 날 아침으로 예정해둔 공격의 목표치를 다급히 재조정해야 했다.

로렌스는 날이 밝을 때까지 예비 작전을 지휘했다. 몇 개 소대를 기차역 주위 고지대에 배치했다. 공격이 시작되면 터키군 병사들은 총알이 빗발치는 원형식 극장의 한복판에 서 있는 자신들을 발견하게 될 것이었다. 이어 폭파대가 아바엘나암 북쪽 철로에 가서 지뢰를 매설했고 로렌스 자신은 남쪽 철로에 지뢰를 묻었다. 로렌스로서도 허버트 갈런드에게 배운 지뢰 매설법을 실전에 적용하기는 처음이었다. 부대가 보유한 유일한 기관총은 철로에서 불과 360미터 거리에 있는 도랑에 숨겨두었다. 이곳은 메디나에서 북쪽으로 64킬로미터 떨어진 곳으로, 로렌스는 퇴각하는 메디나 주둔 터키군이 (적군에게는 지원군이 될 수도 있겠지만) 그쪽으로 올라올 것이라 예상한 것이다. 3인 1조로 가동하는 기관총이 툭 트인 일대를 향해 난사한다면 적진은 쑥대밭이 될 것이었다. 이러한 예비 작업은 꽤 힘들고 오래 걸렸다. 로렌스는 동이 트기 직전에 설핏 잠이 들어버렸고, 공격 시각이 임박하자 누군가가 흔들어 깨워주었다.

출발은 매우 훌륭했다. 산비탈 갈라진 틈에 자리를 잡고 표적을 굽어보는 아랍군의 산포山砲 두 문이 포문을 열어 파괴적인 위력을 자랑하기 시작했다. 얼마 안 지나서 기차역 석조건물 두 채가 직격탄을 맞았고, 기지창 물탱크에는 커다란 구멍이 났으며, 대기 선로에 정차한 객차 한 칸에서 불길이 치솟았다. 참호를 향해 허겁지겁 달려가는 터키군 병사들은 적군의 공격으로부터 자신을 보호할 게 거의 없다는 사실을 깨달아야 했다. 반란군의 탄환이 가슴팍과 등짝을 동시에 구멍 낼 것처럼 세 방향에서 날아들었기 때문이다.

혼돈의 와중에 정거해 있던 기차가 남쪽으로 달아나려는 듯 서서히 움직이기 시작했다. 로렌스는 자신이 매설한 지뢰를 기차가 건드려 모래와 쇳조각이 사방으로 튀는 장면을 만족스러운 표정으로 지켜보았다. 그러나 그것이 전부였다. 도랑에 숨은 기관총이 불을 뿜기를 기다렸지만 영원처럼 아득한 시간이 흐르도록 아무런 소리도 들리지 않았다. 반면 터키군 기술자들은 털끝 하나 다치지 않고 기차에서 천천히 내려서는 망가진 앞바퀴를 선로에 다시 끼워넣었다. 그러고는 덜그럭거리는 기차를 몰고 메디나를 향해 속도를 높이기 시작했다.

로렌스는 곧바로 공격 중단 명령을 내렸다. 터키군 지원 부대가 득달같이 몰려올 게 뻔했고, 격렬했던 첫 공격에서 살아남은 병사들은 참호 안으로 죄다 숨어들었으며, 불타는 객차가 내뿜는 시커먼 연기가 주변을 뒤덮고 있었기 때문이다. 로렌스가 추론하기에 후퇴할 수 있는 유일한 방법은 터키군 참호를 정면으로 돌파하는 것이었다. 수천 곳의 다른 전장에서 그랬던 것처럼, 이 선택은 무의미한 사상자만을 낳을 가능성이 농후했다.

주로 군인들이 승패의 판단 척도로 삼는 사상자 통계로 볼 때 이 전투는 상당히 성공적이었다. 터키군 병사 70명을 죽이거나 부상을 입히는 동안 아랍 반란군은 오직 한 명만 다쳤고, 게다가 적군 30명을 포로로 붙잡았다. 헤자즈 철도는 복구하는 데 며칠이 걸릴 만큼 심한 타격을 주었다. 그러나 당초 계획에 어긋났기 때문에 로렌스에게는 빛바랜 승리였다. 도랑에 은신해 있던 기관총 사수들이 제 몫을 해주었다면 절름발이 기차는 달아나지 못하고 산산조각이 났을 것이다. 로렌스가 직후에 파악한바, 기관총 사수들은 기지창 주변에서 전투가 벌어지자마자 제 위치를 이탈했다. 전투 장면을 구경하고 싶기도 했고, 본대와 너무 멀리 떨어져 있어 적군에 노출될 것 같았기 때문이다. 로렌스에게는 병력 규모도 아쉬운 점이었다. 현장에 나타난 병사 300명이 아니라 와디아이스에서 족장들의 약속대로 800명이 공격에 나섰다면 수적 우세를 앞세워 아바엘나암 수비대를 완벽하게 제압할 수 있었을 것이다. 애초에 기대한 완전무결한 승리를 거두지 못한 로렌스는 이 전투에 대해 "완전히 실패하지는 않았다"고 표현할 수밖에 없었다.

이 경험으로 인해 아랍 반란의 미래가 예상되었기에 로렌스의 실망은 더욱 깊었다. 로렌스는 그동안 파이살에게 내륙으로 공세를 집중하면서 시리아로 진격해야 한다고 촉구하면서도 이 과정에서 철로를 따라 마주칠 터키군의 외딴 수비대를 괴멸시켜야 한다고 명확히 말하지는 않았다. 그러나 이제는 아바엘나암이라는 실제 사례가 주어진 셈이었다. 앞으로 터키군 수비대를 또다시 공격할 때 이번과 다른 결과를 얻을 수 있을까? 후방 경계 초소를 지키는 적군 400명과 싸워서 이기지 못하는 전사들이라면, 고지대를 차지한 상태에서 완벽한 기습 공격에 나서고도 승리를 거두지 못하는 오합지졸이라면, 뒤쪽 메디나에 버티고 있는 터키군 최정예 1만 병력은 고사하고 남부 시리아 대도시에서 철도를 지키는 수비대 수천 명과 맞붙을 때는 어떤 사태가 벌어지겠는가?

하지만 아바엘나암 전투는 로렌스에게 또 다른 의미에서 중대한 계기가 된 사건이었다. 로렌스가 궁리하기 시작한 어떤 아이디어가(정확히 말하면 별자리처럼 이어지는 여러 아이디어가) 타당하다는 근거를 제공했기 때문이다. 로렌스 스스로 짐작하기에 아이디어를 처음 떠올린 것은 와디아이스의 막사 안에 누워서 열병에 신음하던 바로 그때였다.

아이디어의 핵심은 아랍 반란군이 터키군을 상대로 성공할 수 있는 작업은 무엇일까 하는 질문이었다. 헤자즈에 파견된 영국군 지원단은 아랍 반란 이후로 줄곧 그들의 전투 능력에 조소를 금치 못했다. 여기에 다른 견해를 가진 장교는 오직 한 명뿐이었다. 물론 로렌스 역시 한때 그들과 의견을 같이한 적이 있었다. 참호에 웅크린 터키군 1개 중대 앞에서 반란군 전체가 혼비백산하는 모습을 그도 똑똑히 목격했기 때문이다.

이런 시선의 문제는 아랍 반란군을 아라비아의 환경에 조금도 부합하지 않는 유럽의 군사적 잣대로 평가했다는 것, 이로 인해 헤자즈의 지형지세로부터 얻을 수 있는 막대한 군사적 이점을 지원단이 볼 수 없었다는 사실이다. 그 군사적 이점이란 바로 66만5000제곱미터에 이르는 황량한 사막이었다. 로렌스가 물었다.

"터키군은 이런 땅에서 어떤 방식으로 방어할까? 우리가 깃발을 치켜들고 진군한다면 그들은 참호를 파고서 기다릴 게 분명하다. 그러나 우리가 일종의 세력이고, 상상의 대상이고, 손으로 만질 수도 없고, 그래서 무찌를 수도 없고, 시작도 끝도 없고, 연기처럼 떠도는 존재라면 그들은 어떻게 대응할까? (…) 전투란 모름지기 양쪽이 맞붙어 싸우는 일이므로 어떻게든 정면으로 부딪치려 노력하되 예상치 못한 습격을 최대한 피해야 한다. 하지만 우리의 전투는 떨어져서 싸우는 것이어야 한다. 우리는 미지의 광대한 사막에 감도는 침묵의 공포로 적군을 포위할 것이다. 그들은 우리한테 공격을 당하기 시작하는 그 순간까지 우리가 어디에 있는지 그림자도 못 찾을 것이다."

당시 완고한 영국군 관료 집단 대다수에게는 생소한 이야기일 수 있겠지만, 이는 전혀 혁명적인 발상이 아니며 오히려 역사상 군사적 열세에 놓인 쪽에서 기본 전술로 선택하는 고전적 발상이었다. 병력 규모와 화력에서 밀리는 쪽이 정면 공격에 나서는 것은 공동묘지 또는 항복 문서에 서명하는 책상으로 직행하는 꼴이다. 따라서 로렌스의 발상에서 독특한 점이라면 이런 전술을 아라비아 전투에 적용하는 방식에서 찾아야 할 것이다.

로렌스가 아라비아에 도착한 뒤로 아랍 반란군과 영국군 지원단의 최우선 목표는 메디나를 손에 넣는 것이었다. 4세기에 걸친 터키의 지배로부터 아라비아를 해방시키는 동시에 북쪽으로 밀고 올라갈 발판의 계기였기 때문이다. 최근 들어 터키군이 메디나에서 퇴각하지 못하도록 하느라 상황이 복잡하게 꼬이기는 했어도 궁극적인 목표는 변함없었다. 이슬람에서 두 번째로 신성하게 여기는 도시에서 오스만 제국의 깃발이 내려오는 광경을 보는 것은 영국과 아랍에게 또 다른 길을 열어주는 일종의 포상과도 같은 것이었다. 그런데 이제 로렌스의 입장은 메디나를 침략으로든 항복으로든 점령해선 안 된다는 쪽으로 바뀌었다.

"터키군은 그곳에 머물러 있는 한 우리에게 해가 될 이유가 없었다. 그들을 잡아다 이집트 포로수용소에 가둬봤자 식량이나 축내고 경비 병력만 소요될 것이다. 그들은 메디나 또는 머나먼 어딘가에 그 많은 병력을 그대로 유지한 채 가만히 있어야 했다."38

생각을 바꾼 로렌스가 예상하기에 향후 가장 적절한 전략은 터키군을 메디나에 무한정 묶어두는 것이었다. 그러기 위해서는 영국군이 바라는 대로 헤자즈 철도를 완전히 폐쇄하기보다 메디나 주둔 터키군이 그곳에 존속할 수 있을 정도로 보급을 허용하는 편이 나았다. 그들이 목숨을 부지할 만큼만 보급이 이루어진다면 퇴각하거나 공세에 나설 기력을 발휘할 수 없을 테니 주둔군 전체는 사실상 포로 상태로 전락하는 셈이었다. 병사들을 관리하는 부담도 주둔군 쪽에서 계속 떠맡아야 하기 때문에 이쪽에서 포로수용소를 유지하는 것보다 훨씬 더 나은 방법이기도 했다.

이런 개념이 메디나에만 적용되는 건 아니다. 메디나 주둔군이 무력한 상태에 빠지면 아랍군은 반란의 무대를 시리아로 넓히는 과정에서도 똑같은 방식을 활용할 수 있을 것이었다. 규모가 큰 주둔군이 방어하고 있는 도시는 그대로 내버려두고 외곽을 돌아다니면서 약한 지역을 골라 타격하는 방식으로 주둔군의 보급선을 끈질기게 괴롭힌다면, 중무장한 적군이 주둔하는 도시는 아랍 반란군이 해방시킨 바다 한복판에 외롭게 떠 있는 산호섬으로 전락하는 셈이 아니겠는가.

로렌스는 '연기처럼 떠도는 아랍군'이라는 아이디어를 떠올릴수록 지난 두 달 동안 뇌리를 떠나지 않았던 지도상의 어떤 지점으로 자꾸 시선이 쏠렸을 것이다. 아카바였다.

아랍인들에게 아카바는 미묘한 고민거리를 안기는 곳이었다. 영국과 프랑스의 도움을 받는 처지였기에, 문제가 생길 줄 알면서도 그곳으로 진격하지 않을 수 없었다. 나아가 시리아로 진격하고자 할 때도 아카바 항구는 여전히 전략적으로 중요한 곳이었다. 어떻게든 아카바와 헤자즈 철도 사이에 놓인 산악지대를 장악할 수만 있다면, 아랍군은 남부 시리아에서 작전을 수행할 때 와즈로부터 480킬로미터에 달하는 보급선을 고작 96킬로미터짜리로 대체할 수 있었다. 그러나 영국과 프랑스의 지원 없이 무슨 수로 산악지대를 장악하겠는가?

이와 같은 딜레마를 계속 숙고하던 로렌스는 자못 관습적이지만 명료한 해법을 만지작거리고 있었다. 아랍 반란군이 철도를 따라 북쪽으로 이동하면서 만나는 도시마다 터키군을 공략한다면 아카바 인근에 위치한 터키군 수비대들이 고립될 수밖에 없을 테니, 이 틈을 타 반란군의 측면 부대가 내륙 쪽에서 산악지대로 올라가 점령하는 작전이었다. 그런데 로렌스는 '연기처럼 떠도는 아랍군'이라는 아이디어를 떠올린 뒤로 훨씬 더 대담한 작전을 구상하기 시작했다. 이를테면 터키군이 지키는 내륙 도시를 점령할 때까지 아카바 공격을 기다릴 필요가 없으며, 반란군이 일제히 북쪽으로 진격할 때까지 기다릴 필요도 없다는 생각이었다. 대신 소규모 기동 부대를 은밀하게 마안 근처로 이동시키면 된다. 마안은 아카바와 길이 이어져 있는 내륙 도시인데, 기동 부대가 그 도시를 무시로 습격하고 달아나기를 반복하면 적의 주의를 사로잡을 것이었다. 기동 부대의 공격을 받은 터키군이 바짝 긴장하면서, 그래서 방어적 태세를 한동안 유지하면서 다음 공격에 대비하는 동안 본대는 산악지대를 통과해 유유히 아카바로 쳐들어가는 작전이었다. 그러면 터키군 수뇌부에서 이렇다 할 대책을 마련할 틈도 없이 아카바는 아랍 반란군 수중에 떨어질 것이 분명했다.[39]

4월 초, 철로 급습 작전을 마치고 압둘라 진지로 돌아올 때 로렌스의 머릿속을 가득 메운 것은 (이제 막 싹을 틔운 단계로, 수반하는 병참 문제 따위는 여전히 미해결 상태였지만) 이런 계획들이었다. 진지로 복귀하자 파이살이 보낸 애처로운 편지가 그를 기다리고 있었다. 파이살은 서툰 프랑스어로 이렇게 썼다.

"자네가 아프다는 소식에 무척 애석했다. 부디 건강을 회복한 상태에서 이 편지를 읽었으면 한다. 그리고 최대한 빠른 시일 안에 우리에게 돌아오기를 바란다. 서둘러 해결해야 할 문제가 많다. 사태가 급박하게 돌아가다보니 자네야말로 나에게 없어선 안 될 사람이라고 느낀다."

그러고는 조금은 토라진 어투로 글을 맺었다.

"그곳에 이토록 오랫동안 머무는 것은 당초에 맺은 약속과 전혀 다르다. 그러니 이 편지를 받는 즉시 이곳으로 돌아오길 바란다."[40]

로렌스는 급히 떠날 채비를 하고 와즈를 향해 출발했다.

12장
대담한 작전

전투에 참여한 모든 부대원이 눈부시게 훌륭한 모습을 보여주었다.
그날 초반부가 평소와 같았으면 우리는 승리를 거머쥐었을 것이다.

−1917년 3월 28일 영국군 중장 찰스 도벨, 영국군의 가자 전투 패배에 대하여[1]

여명이 대지를 비추기 시작하자 와즈 변두리의 허물어져가는 가옥들이 모습을 드러냈다. 로렌스는 길지 않은 낙타 행렬을 멈춰 세웠다. 압둘라 진지를 떠난 이후 나흘 동안 제대로 씻지 못한 그는 파이살 앞에 나서기 전에 먼지투성이의 추레한 몰골을 가다듬어 예의를 갖추고 싶었다.

그날은 1917년 4월 14일이었다. 로렌스가 와즈를 비운 기간은 고작 한 달 남짓이었으나 돌아와보니 완전히 다른 세상이 되어 있었다. 사실 변화는 그 35일간에 발생한 것으로, 세계와 중동 무대에서 동시에 발현한 이 엄청난 변화를 로렌스가 단번에 소화하기는 어려웠을 것이다.

3월 중순, 그가 압둘라 진지로 떠난 지 불과 며칠 뒤 러시아에서는 300년간 이어온 로마노프 왕조가 느닷없이 무너졌다. 노동자들이 전쟁의 종결을 요구하면서 파업을 일으켜 산업이 마비되었고, 군대 역시 이에 동조하여 노동자 진압을 거부함에 따라 러시아의 차르인 니콜라이

2세는 왕좌에서 물러날 수밖에 없었다. 차르 왕조를 대체한 정권은 연합국을 유지하겠다고 맹세했지만 혼란은 악화 일로였다. 유럽 각국은 페트로그라드[1917년까지 러시아의 수도였던 상트페테르부르크]가 언제까지 약속을 지킬 수 있을지 의심스러운 눈으로 사태를 주시하고 있었다. 사실 그때까지 누구도 깨닫지 못했으나 신생 러시아 정부는 역사상 가장 성공적인 전복 작전을 통해 이미 멸망의 싹을 틔우고 있었다. 4월 1일, 독일 비밀경찰은 일군의 러시아 좌파 망명자들을 조용히 불러 모았다. 이들은 차르에 저항했듯이 새로 들어선 정부에 대해서도 반대하는 자들로, 비밀경찰은 그들을 고국으로 돌려보내기로 했다. 러시아로 돌아가게 된 불평분자들 가운데에는 훗날 '레닌'이라는 이름으로 세상에 널리 알려질 마르크스주의자, 블라디미르 일리치 울리야노프도 끼어 있었다.

한편 러시아 정국의 불안정성은 영국과 프랑스의 전쟁 수뇌부에게 복음과도 같은 것이었다. 미국 대통령 우드로 윌슨은 시대에 역행하는 차르 정권을 혐오했고, 그로 인해 미국을 연합국의 일원으로 끌어들이는 데 어려움이 있었기 때문이다. 그런 상황에서 페트로그라드에 현대적인 정권이 갑자기 등장했으니, 미국 대통령에게 러시아는 갑자기 "명예로운 동맹을 위해 꼭 필요한 동반자"가 되어버린 셈이었다.[2] 때마침 독일이 대서양에서 유보트 작전을 재개하겠다고 선언했다. 게다가 독일이 미국을 공격하도록 멕시코를 꼬드겼다는 충격적인 사실이 폭로되었다. 이 모든 요인이 정치적으로 작용한 결과, 마침내 4월 초 윌슨은 독일을 향해 전쟁을 선포했다. 사실 미국의 약소한 평시 부대를 전시 군대로 만드는 데는 복잡한 설계가 요구될 뿐만 아니라 군대를 대서양 건너편으로 옮기는 것도 큰 과제였다. 이로 인해 미국의 "찐빵들doughboys[미국 보병을 뜻하는 속어]"이 유럽의 서부전선이라는 싸움터에서 제몫을 하기까지는 오랜 시간이 필요했다.(미국군 수뇌부는 대략 1년 정도 걸릴 것으로 보았다.) 그러나 전쟁이 길어지면서 파산 상태로 치닫던 프랑스와 대영제국으로서는 미국 참전 소식만으로도 크나큰 위안을 받지 않을 수 없었다.

중동에서도 중대한 사건이 터졌다. 로렌스가 아바엘나암의 터키군 수비대를 공격하던 3월 26일, 드디어 아치볼드 머리 장군이 가자의 터키군 참호를 향해서 진격 명령을 내린 것이다. 산발적으로 전개된 전투는 혼전 양상으로 이어졌다. 영국군은 여러 차례 승리의 문턱까지 다가갔지만 그때마다 터키군 쪽에서 지원 부대가 접근하는 바람에 끝내 공격이 중단되어 승기를 놓치고 말았다. 아론 아론손은 일기장에 "위대한 성공"이라 적었고, 전투를 지휘한 머리 장군은 최초의 성명에서 "빛나는 승리"라고 발표했지만 실상은 꽤 달랐다. 영국군 병력은 터키군보다 세 배나 많았으면서도 4000명에 달하는 사상자를 낸 반면 터키군 측 사상자는 2000명에 못 미쳤다. 전장을 여전히 장악하고 있는 쪽도 터키군이었다. 전투가 끝난 뒤 터키군이 영국군 진지 안으로 날려 보낸 조롱의 전단지를 보면 싸움의 결과를 충분히 파악할 수 있었다.

"너희는 성명서 종이 쪼가리 위에서 우리를 무찔렀는지 모르겠지만, 우리는 가자에서 너희를 무찔렀다!"[3]

로렌스가 와즈로 돌아온 4월 14일, 머리 장군은 팔레스타인 남부에서 또 다른 전투를 치르기 위해 떠날 채비를 서두르고 있었다. 로렌스의 회고에 따르면, 그날의 기억할 만한 사건은 그가 아우다 아부 타이와 첫 대면을 했다는 사실이다.

로렌스는 헤자즈 땅을 밟은 이후로 아우다 아부 타이의 전설적인 무용담을 줄곧 들어왔다. 그는 아라비아 서북쪽 지방에서 용맹하기로 이름난 호와이타트 부족의 우두머리로, 파이살은 아우다를 반란에 끌어들이기 위해 전부터 공을 들였다. 특사를 여러 차례 보내서 서신 및 선물과 약속을 전했고, 그때마다 아우다는 호위대 퍼레이드로 그들을 맞았다. 마침내 반란군이 와즈를 점령하여 호와이타트의 영토 가까운 곳에 진을 치자 이번에는 아우다가 파이살을 만나기 위해 해안지역으로 내려왔다. 파이살은 돌아온 로렌스와 이야기를 나누던 와중에 아우다를 합석시켰다.

로렌스는 어떤 사람을 만났을 때, 정확하지는 않을지언정 상대의 첫인상을 대단히 예리하고 치밀하게 관찰하여 기록해두는 습관이 있었다. 그리고 아우다 아부 타이만큼 강렬한 인상으로 기록된 인물은 없었다. 전시 속달우편에 기록된 로렌스가 받은 인상은 이와 같았다.

"그는 오십에 가까운 나이였다.(본인은 마흔 살이라고 밝혔다.) 턱수염이 희끗희끗했지만 키가 크고 자세가 곧았으며 호리호리하지만 단단해 보였다. 게다가 젊은 사람처럼 활력이 넘쳤다. 야윈 얼굴에는 깊은 주름이 파인 진정한 베두인 족이었다. 이마는 위아래가 좁고 좌우로 넓었으며, 날카롭게 솟은 매부리코에 입이 큼직했다."

로렌스의 눈길을 사로잡은 외모도 외모려니와 카리스마 넘치는 사막의 전사로서 아우다는 비할 데 없는 명성을 쌓은 인물이었다.

"그는 결혼을 스물여덟 번이나 했고, 전투에서 열세 차례나 부상을 당했다. 그의 부하 전사들도 모두 영광의 상처를 지니고 있었고, 그의 친족은 거의 모두 죽었다. 그는 1900년 이래 자신이 죽인 사람이 현재까지 75명이라고 말했다. 물론 그 숫자는 터키인을 제외한 아랍인만을 헤아린 것이었다. 아우다의 영도 아래 (호와이타트) 부족은 서부 아라비아에서 최강의 군대가 되었다. (…) 그에게 인생이란 모험이며, 그가 겪은 사건들은 모두 의미 있는 영웅담이었다. 그의 이야기 항아리는 적을 기습해서 핏빛 전투를 벌여온 대서사시로 넘실대다가 이따금 넘쳐흘러서 주위를 흥건하게 적시곤 했다."[4]

직접 언급한 적은 없지만 로렌스가 아우다 아부 타이에게 푹 빠진 이유는 파이살 이븐 후세인과 정반대 인물이었기 때문일 것이다. 물론 로렌스는 여전히 파이살을 아랍 반란의 수장으로서 존중했으며, 분열이 심한 여러 부족을 혁명의 대의 아래 결집시켜 이끌어갈 인물이라고 믿고 있었다. 그러나 에미르 후세인의 셋째 아들이 타고난 전사가 아니라는 사실 또한 더 선명해졌다. 오히려 로렌스가 처음 상관들에게 보고한 평가와는 정반대로, 파이살은 폭력을 매우 혐오했고 심지어 폭력에 가담하는 행위를 의도적으로 회피하는 것처럼 보일 정도였다. 한때 시릴 윌슨도 냉철하게 파악했듯이 그는 "소란을 견디지 못하는 사람"이었다.

파이살의 이런 성품은 최근 헤자즈 철도에 대한 공세를 본격화하는 과정에서도 명징하게 드러났다. 로렌스는 반란군 전사들의 사기를 북돋기 위해 진지를 와즈에서 반란의 주무대인 와디아이스로 옮기는 게 좋겠다고 제안했다. 하지만 파이살은 이 요청을 외면했다. 이동에 필요한 낙타도 부족할 뿐 아니라 반란에 가담하려고 찾아오는 부족 대표단을 맞이하려면 해안지역에 머무는 것이 좋겠다는 이유에서였다. 이런 태도를 지켜본 영국군 장교들은 그가 겁이 많은 사람이라고 여겼다. 물론 이는 공정하지도 않고 사실에 부합하지도 않는 평가였다.(제말 파샤와 다마스쿠스의 아랍 민족주의자들 사이에서 그토록 오랫동안 줄타기를 해왔다는 것은 분명 상당한 용기를 요하는 행동이었다.) 다만 그는 전투 자체를 갈망하는 아우다 아부 타이와는 전혀 다른 차원의 용기를 지닌 인물이었다.

로렌스가 보기에 파이살의 실망스러운 구석은 귀가 얇다는 점이었다. 이는 중재자로서 상대방을 경청하는 습성에서 비롯된 것일 수도 있다. 그러나 에미르 파이살(10월 무렵 부친이 스스로 왕을 칭하면서 파이살과 그 형제들은 '에미르' 칭호를 물려받았다)은 어떤 생각을 견지하는가 싶다가도 누군가가 솔깃한 발상을 주장하면 금세 생각을 바꾸는 당혹스러운 면이 있었다. 로렌스는 훗날 이렇게 언급했다.

"파이살은 자기 판단이 훨씬 더 훌륭함에도 불구하고 조언하는 말마다 귀를 기울이곤 했다."[5]

최근의 예로, 지난 2월에도 그런 일이 있었다. 로렌스는 연합군이 지원하는 아카바 작전에 동의할 경우 아랍인들에게 잠재적 함정으로 작용할 뿐 아니라 파이살 본인에게도 커다란 위험이 될 만한 근거를 세세히 설명했다. 로렌스의 말을 곰곰이 새겨들은 파이살은 아카바 항구 돌격전에 관한 회의를 일거에 취소해버렸다. 그러나 로렌스가 3월 초 잠시 와즈를 비운 사이에 그는 또다시 여러 부족의 등쌀에 못 이겨 아카바를 즉각 공격하는 방향으로 선회했다. 로렌스로서는 파이살을 다시 또 설득해야 하는 일거리가 생긴 셈이었다.

파이살이 와디아이스에 있는 로렌스에게 편지를 보내 즉시 돌아오라고 간청한 것 또한 결정을 180도 바꾼 탓으로 보인다. 3월 말, 프랑스가 시리아 해안을 향해 수륙 양면작전에 돌입할 것이라는 소문(와즈에서는 프랑스군이 벌써 상륙했다는 설이 나돌았다)이 돌았는데, 이는 프랑스가 시리아를 집어삼킬 것을 기정사실화하는 것이었다. 파이살의 걱정을 부채질한 것은 4월 1일에·있었던 에두아르 브레몽 대령의 방문과, 대령이 와즈에서 활동하는 프랑스군 '연락'장교들에게 가한 새로운 압력이었다. 파이살은 자신을 찾아온 브레몽을 또다시 외면했지만, 가능한 한 빨리 아카바를 통해 시리아로 진격해야겠다는 쪽으로 마음이 기울었다. 그 결과 와즈로 돌아온 로렌스가 첫 번째로 수행해야 할 임무는 소문이 거짓임을 파이살에게 확신시키는 것, 그래서 아카바 공격으로 기울었던 그의 마음을 다시 가라앉히는 것이었다. 하지만 성가신 일이 아닐 수 없었다. 에미르 파이살이 위험한 습관을 버릴 것 같지도 않았다. 또다시 족장들이 아카바 공격을 보채거나 브레몽 대령이 수작을 부린다면 파이살의 마음이 어떻게 변할지 로렌스로서도 우려하지 않을 수 없었다.

물론 해결책은 당연하고 명백했다. 곧바로 아카바 항으로 진격하는 것, 항구를 장악한 다음에는 북쪽으로 계속 나아가는 것이었다. 다만 로렌스가 구상한 '내륙을 통한 아카바 공격'이라는 대담한 작전을 통해서 이루어야 했다. 더군다나 와즈에 모여 있는 아랍 족장들 중에는 이 작전을 성공적으로 수행할 용감무쌍하고 저돌적인 전사, 아우다 아부 타이도 있었다.

그런데 상황이 복잡하게 흐르기 시작했다. 역시 파이살이 변덕을 부린 탓이었다. 앞서 3월 초 파이살이 아카바 공격에 또다시 조바심을 내자 와즈에 머물고 있던 한 영국군 장교는 이 상황을 길버트 클레이턴에게 보고할 필요를 느꼈다. 보고를 받은 클레이턴은 로렌스와 아라비아에 있는 또 다른 영국 장교에게 일급 비밀에 해당되는 명령을 지시했다. 그러나 그의 명령은 로렌스가 압둘라의 진지로 떠난 뒤 와즈에 당도했고, 4월 14일 와즈로 돌아온 뒤에야 명령서를 확인할 수 있었다.

클레이턴은 "파이살 부대가 아카바로 진격하는 것이 지금으로서는 부적절하다"고 썼다. 그는 파이살이 헤자즈 철도 공격 작전이 아닌 다른 데로 관심을 돌리지 않는 것이 관건이라고 강조하면서, 진짜 이유를 편지 말미에 슬쩍 흘렸다.

"현재 상황에서 아랍군이 아카바에 주둔하는 게 타당한지 의문스럽다. 자칫 부족민들이 그곳에서 날뛰게 만들 수 있기 때문이다. 그들은 적절한 시기가 될 때까지 가만히 있는 편이 낫다."[6]

로렌스는 더할 나위 없이 치밀한 전략가인 길버트 클레이턴에 대해 잘 아는 데다 카이로 정보국 사무실 복도에서 주워들었던 이야기까지 참고할 때 이 대목에 담긴 함의를 어렵지 않게 파악할 수 있었다. 로렌스가 2월 내내 파이살에게 경고한 내용, 즉 영국은 이기적인 목적으로 아카바를 원할 뿐이라고 한 말은 정확했다. 하지만 이제 영국은 그런 목적을 달성하기 위해 아랍 반란군을 아카바라는 상자 안에 집어넣는 것을 탐탁지 않게 여기게 되었다. 클레이턴의 언급은, 정확히 말하자면, 아랍인들이 아카바에 발을 들이지 못하게 하라는 의미였다. (실제로 클레이턴은 얼마 뒤 레지널드 윈게이트에게 보낸 전갈에서 이 점을 노골적으로 적시했다. "아랍의 군대가 아카바를 점령할 경우 아랍인들은 그곳을 자기네 땅이라고 우길 가능성이 높습니다. 전쟁이 끝나고 나면 아카바는 이집트의 방위 계획상 상당히 중요한 지역이 될 것이므로, 이는 충분히 개연성이 있습니다. 따라서 전후에도 아카바는 영국 수중에 반드시 남아 있어야 합니다."7)

클레이턴의 3월 8일자 명령을 4월 14일에 받아본 로렌스로서는 그 요지를 무시하려 했는지도 모르겠다. 이미 다섯 주나 흐른 뒤여서 지나간 내용이 된 셈인 데다, 무엇이 '바람직하다'거나 그렇지 않다고 언급했을 뿐 명백한 지시를 하달한 것은 아니었기 때문이다. 그러나 로렌스는 영국 특유의 완곡한 어법을 정확히 간파하고 있었다. 이제 자신이 궁리해온 아카바 작전을 계속 밀어붙였다가는 상관에게 정면으로 도전하는 꼴이 될 터였다. 게다가 자신은 두 달 전 영국 정부 최고위층 극소수만이 알고 있는 비밀 외교 협정을 모조리 파이살에게 털어놓은 당사자였다.

4월 14일, 이 중요한 날의 어느 무렵에 로렌스는 파이살과 아우다 앞에서 자신이 구상한 아카바 공격 계획을 꺼냈다.(아마도 세 명만이 파이살 거처에 모였을 것이다.) 아우다는 그 제안을 듣자마자 흔쾌히 동의했다. 로렌스가 족장을 처음 만났을 때부터 기대한 반응이었다.

"잠시 뒤, 나는 그 사람이 뿜어내는 기운과 솔직함 속에서 우리가 목표를 이루리라는 희망을 가졌다. 그는 마치 방랑검객처럼 우리에게 다가와서는 와즈에서 꾸물거리는 우리를 향해 화를 냈다. 그리고 아랍의 자유를 쟁취하는 데 이바지하겠다는 일념에 가득 차 있었다. 그가 염원하는 것의 반만 실행에 옮겼어도 우리에겐 번영과 행운이 가득했을 것이다."[8]

로렌스가 와즈로 돌아온 지 나흘째 되는 날인 1917년 4월 18일, 이탈리아 항구에서는 프랑스 구축함이 지중해를 향해 동남쪽으로 출발하고 있었다. 이 함선에는 중요한 관료 두 명이 타고 있었다. 1년 전 중동의 미래를 영국과 프랑스가 장악하도록 하는 은밀한 협정에 자신들의 이름을 새겨넣은 당사자들, 바로 마크 사이크스와 프랑수아 조르주피코였다. 그들의 목적지는 이집트 알렉산드리아였고, 임무는 군사적 상황이 급변하는 그 지역의 정치적 질서를 바로잡는 것이었다.

적어도 6, 7개월 전 처음 이집트행을 논의할 때만 해도 그러한 상황으로 보였다. 개전 이래 사실상 모든 전선이 암담한 교착 상태에 빠져 있을 때 영국과 프랑스 정부는 승부가 갈리기도 전에 서로 승리를 망친 탓을 하며 옥신각신하고 있었다. 그런데 1917년 초 아치볼드 머리 장군이 팔레스타인 공격 준비에 박차를 가하면서 두 나라의 말다툼은 이제 중동지역으로 옮겨가게 되었다.

프랑스는 시리아에서 자국의 제국주의적 요구를 관철하겠다는 목표 아래 두 가지 계획을 밀어붙이고 있었다. 첫 번째 계획은 부족하나마 최대한 아껴두었던 중동의 병력을 머리 군대에 합류시키는 것이었다. 연합국의 일원으로서 연대정신의 발로라며 프랑스가 이 제안을 내놓자, 영국은 군사 작전의 절차상 프랑스군 합류를 허용하기에는 늦었다며 바로 거절했다. 이에 프랑스는 배신적 결정이라며 펄펄 뛰었다. 영국군 현지 지휘관들에게도 입장을 바꾸라는 압력을 행사했으나, 당사자들은 전혀 내켜하지 않았다. 3월 중순, 머리 총사령관의 부관 린든벨 장군은 아랍국 소속 누군가에게 이렇게 고백했다.

"물론 프랑스 부대를 거절하기란 불가능합니다. 하지만 그들이 우리에게 얼마나 성가신 존재일지 짐작할 수 있을 것입니다."9

외교 전선에서도, 파리는 머리 군대가 팔레스타인으로 진격할 때 프랑스 행정관 한 명이 동행해야 한다고 주장했다. 이 또한 성가신 요구가 아닐 수 없었으나 런던으로서는 거절하기 힘들었다. 1월에 프랑스가 파견할 행정관은 조르주피코라고 발표하자, 갑자기 영국은 그와 동행할 자국 행정관이 필요하리라 판단했다. 이 경우에 피코의 오랜 협상 파트너인 마크 사이크스보다 나은 인물은 없었을 것이다.

그러나 이 새로운 임무는 헐Hull 출신 하원의원에게 미묘한 고민거리를 안겼다. 사이크스는 중동 땅에 지배선을 긋는 문제로 피코와 회담을 진행하는 동안 후세인 왕에게 이미 약속한 내용과 다르다는 사실을 피코에게, 아니 이 문제에 관한 한 프랑스인 그 누구에게도 알려줄 필요가 없다고 판단했다. 그에 따른 충돌이 가장 심각할 수밖에 없는 곳은 시리아였다. 영국이 맥마흔-후세인 서신에서는 독립을 인정해놓고 사이크스-피코 협정에서는 프랑스의 지배를 용인함으로써 사실상 땅을 '두 번 팔아먹은' 셈이었기 때문이다.

이는 피코가 프랑스에 머물고, 후세인의 반란군이 헤자즈를 지키고, 터키가 시리아를 계속 지배하는 한 문제 될 것이 전혀 없었다. 그러나 이제 아치볼드 머리 장군이 팔레스타인으로 진격하는 가운데 사이크스와 피코가 열차에 동승한 만큼, 진실을 가려놓았던 미묘한 장벽들이 일거에 무너질 수 있는 상황에 처한 것이다. 마크 사이크스는 자신이 이집트로 가게 될 것이라고 예상하고 있었다. 아울러 그다지 유쾌하지 못한 일이 자신을 기다릴 것이라고 짐작했다.

그러나 사이크스는 천재적인 해법을 떠올렸다. 조르주피코를 후세인 왕이 아닌 다른 사람에게 데려가는 것, 즉 영국이 아랍인들에게 약속한 내용을 전혀 모르는 일군의 시리아 망명객들을 만나게 하는 것이다. 이 시리아인들은 약속에 대해 아는 바가 없기에 아무리 제한적이라도 자치를 약속해준다면 고맙게 받아들일 사람들이었다. 또 그런 고마움은 프랑스로 하여금 제국주의적 요구를 자제하게 만들 수도 있었다. 2월 22일, 사이크스는 이집트 주재 영국 고등판무관 레지널드 윈게이트에게 편지를 보내어, 카이로에 있는 시리아 망명 집단 가운데 그들 조국의 미래에 대해 자신과 피코와 더불어 상의할 수 있을 만한 대표자들로 위원회를 구성해달라고 요청했다. 헤자즈에서 온 대표자를 위원회에 포함시킬 필요가 있는지 여부에 대해서는 "존경할 만하고 순종적인 사람, 애를 먹일 것 같지 않은 사람"이어야 한다고 덧붙였다.[10] 아울러 사이크스는 반란군을 위한 새로운 깃발 시안 몇 장을 준비하여 편지에 동봉하는 놀라운 순발력을 발휘하기도 했다.(신기하게도 마크 사이크스의 진정한 재능은 깃발 디자인에 있었던 것 같다. 후세인 왕은 결국 사이크스가 제시한 시안 가운데 하나를 골라서 자신의 깃발로 삼았다.)

사이크스의 까칠한 요구에 당황한 윈게이트는 외무성에 전보를 쳐서 영국이 약속한 인물은 후세인 왕이기 때문에 사이크스와 피코가 만날 위원회 역시 후세인 왕이 지명한 인사들로 채워야 한다고 지적했다. 이에 대해 사이크스는 윈게이트에게 비난을 퍼부으며 "시리아의 미래를 처음부터 (다시) 고려하겠다는 인상을 후세인 왕에게 심어줄 필요는 없을 것 같다"고 반박했다.[11] 덧붙여 고등판무관이 매사에 필요 이상으로 일을 벌인다고 넌지시 꼬집기도 했다.

"우리에게 정말 필요한 사람들은 명망 있는 인사들, 아랍국민당 대표자 몇몇에 불과하다. 시리아 무슬림을 대표해서 선언문에 서명하거나 지역에 대한 조치가 마련되었을 때 형식적으로 승인하는 사람들 말이다."

이런 식으로 압력을 가하면서 마크 사이크스는 죄책감과 더불어 안도의 한숨을 내쉬었을 것이다. 피코와 함께 이집트로 떠나기 위해서 막바지 채비를 하던 바로 그때, 3월 26일 가자에서 머리 장군의 공격이 차질을 빚었다는 소식을 접했기 때문이다. 머리 장군의 다음 공격은 분명히 성공할 것이었다.(터키군이 영국군을 상대로 그런 행운을 이어간다는 것은 상상하기 어려웠기 때문이다.) 하지만 상황이 지연되는 동안 사이크스는 카이로에서 자신을 기다리고 있는 복잡한 지뢰밭을 제거할 시간을 벌 수 있었다.

이 지뢰밭은 시리아 문제에 한정된 것이 아니었다. 지난 몇 달 동안 마크 사이크스는 또 다른 계획을 은밀하게 추진해왔다. 성공적으로 이행된다면 자신의 여행 동반자 프랑수아 조르주피코를 가볍게 제압하고도 남을 술책이었다.

사이크스-피코 협정 초안에 따르면 팔레스타인은 시리아로부터 분리되어서 영국, 프랑스, 러시아라는 연합국의 '공동 정부' 아래 두도록 되어 있었다. 하지만 몇 달에 걸쳐 합의문을 작성하는 동안 사이크스는 유리한 쪽으로 내용을 수정할 기회를 포착했다. 팔레스타인을 지원하는 여러 세력, 특히 제정 러시아를 끔찍하게 여기고 프랑스에 대한 불신이 깊은 유대인 시오니스트에게 호소할 경우 공동 정부라는 발상을 무산시킴으로써 영국 보호령으로 독차지할 수 있었다. 앞서 1916년 봄, 사이크스는 이런 생각을 외무성 고위층에 슬쩍 흘렸다가 심하게 질책을 당한 바 있었다.(그레이 장관은 그런 생각을 뇌리에서 "아예 지우라고" 사이크스에게 명령했다.[12]) 하지만 그로부터 1년이 흐른 지금, 당시 품었던 생각이 사이크스의 비옥한 마음속에서 새롭게 꿈틀거리기 시작했다.

그것이 가능할 수 있었던 요인 중 하나는, 그레이 장관이 이제 과거의 인물이라는 사실일 것이다. 그는 1916년 12월 애스퀴스 내각의 여타 구성원들과 함께 자리에서 물러났다. 애스퀴스 정권은 '서방' 중심의 정책을 추진하는 동시에 줄곧 민감한 사이였던 프랑스와의 마찰이 예상되는 외교적 술책에 대해서는 우려의 태도를 보였다. 그러나 '동방'을 중시하는 데이비드 로이드조지 총리가 이끄는 내각, 특히 아서 밸푸어 외무장관의 생각은 달랐다. 그들은 이번 전쟁을 치르는 어디선가 혹은 어디서든 동방 정책에 새로이 방점을 찍을 수 있는 돌파구가 생기기를 간절히 바라고 있었다. 그 과정에서 프랑스의 발가락을 밟는 한이 있더라도 감수할 작정이었다.

사이크스는 새 정부가 불러온 다른 중요한 변화의 혜택을 받기도 했다. 애스퀴스 정부에 대한 가장 큰 불만은 전쟁에 대한 명료하고도 일관된 방향성이 부족하다는 점이었는데, 로이드조지 총리는 이에 대응하여 이른바 전쟁 내각을 신설했다. 유력한 정치인 다섯 명이 모든 권력을 틀어쥐고 영국의 군사 정책 전반을 좌지우지하겠다는 심산이었다. 아울러 마크 사이크스를 전쟁 내각의 중동 분야 차관보 자리에 앉힌 것으로 볼 때 신임 내각은 창의적인 대책을 선호하는 것이 분명했다.

사이크스에게는 10월과 11월에 아론 아론손과 나누었던 대화 역시 중요했다. 두 사람의 대화 이후로 팔레스타인을 영국 편으로 끌어들이는 데 시온주의를 활용하는 방안을 재차 주목하게 되었기 때문이다. 1917년 초, 사이크스는 영국의 시온주의 지도자들과 연이어 만났다. 이런 흐름에 정점을 찍은 것은 1917년 2월 7일 오전 런던 시내 한 저택에서 열린 영국 최고의 '유대인 신사들'과 함께한 특별 회담이었다.[13] 이 모임을 특별한 지위로 격상시킨 것은 사이크스의 개회사였다. 사이크스는 자신이 그 자리에 참석한 사실을 외무성이나 전쟁 내각이 모르기 때문에 주고받은 모든 대화 역시 비밀로 남을 것이라고 말했다. 참석자 여덟 명 중에는 월터 로스차일드 경, 허버트 새뮤얼 전 내무장관, 사이크스의 팔레스타인 구상에서 핵심 인물로 부상하게 된 영국시온주의협회의 신임 회장 차임 바이츠만이 있었다.

제정 러시아에서 탈출한 42세의 망명객인 바이츠만은 활달한 성격에 염소수염이 인상적인 인물로, 한때 맨체스터대학교 화학과 교수였다. 최근 10년 사이에는 영국의 시온주의자 가운데 가장 지적이고 설득력 있는 사람으로 떠올랐다. 국제 시온주의 콘퍼런스에서 여러 차례 두각을 나타내기도 했던 그는 정치적 슬로건을 행동에 옮기는 일에 열중하고 있었다. 실례로 1908년에는 팔레스타인으로 이주한 유대인에게 농지를 사주는 '팔레스타인 토지개발사'의 설립을 돕기도 했다. 하지만 바이츠만의 업적 가운데 영국 관료사회가 가장 주목한 것은 화학 분야의 연구 실적이었다. 그는 사이크스와 만나기 직전 아세톤을 합성하는 혁명적 기술을 개발한 상태였다. 이 물질은 화약의 핵심 성분으로, 바이츠만은 자신의 발견을 영국의 탄약 산업에 활용하도록 허용했고 영국 정부는 지극한 감사를 표명한 바 있다.(그가 쿠르트 프뤼퍼의 옛 애인이자 1915년 이집트에서 독일 간첩으로 체포된 미나 바이츠만의 친오빠라는 점 때문에 이 같은 명성에 흠 잡힐 일은 없었다.) 우연찮게도, 바이츠만이 맨체스터대학에 재직하는 동안 시온주의라는 대의명분에 공감을 이끌어냈던 지역구 하원의원은 바로 아서 밸푸어 신임 외무성 장관이었다.

2월 7일의 회동에서 영국 유대인 사회 지도자들은 마크 사이크스가 듣고 싶었던 내용을 단호하고도 정확하게 꺼냈다. 전 세계 시온주의 운동가들, 특히 팔레스타인으로 이주한 시온주의자들은 연합국의 팔레스타인 '공동 정부'를 인정하지 않는다는 내용이었다. 참석자 전원은 영국이 그 지역을 독자적으로 통치해야 한다고 주장했다. 그 자리에 참석한 누군가의 표현을 빌리면, "영국 왕실의 날개 아래 깃든 팔레스타인의 유대인 국가"를 요구한 것이다.[14] 이에 호응하여 사이크스는 영국 시온주의자들의 입장을 전쟁 내각에 기꺼이 제시하겠다고 선언했다. 그리고 이곳에 모인 유대인 명망가들은 목적을 이루기 위해 곳곳에 흩어진 종교적 형제들에게 로비를 펼쳐야 한다고 주장했다. 심지어 "여러분이 파리, 페트로그라드, 로마, 워싱턴디시의 시온주의 지도자들과 비밀리에 통신을 주고받을 수 있도록 전보국 시설에 대한 활용을 전쟁 내각에 제안하겠다"고까지 했다.[15]

하지만 이 헐 출신의 정치인은 아직 낙천적 얄팍함과 가식적 언변을 떨쳐내지 못한 상태였다. 그날의 모임에서 아랍 측이 예민하게 반응할 수 있다는 우려가 있었으나, 사이크스는 팔레스타인에 유대인 인구가 늘어나는 것을 반대하는 아랍인은 한 명도 없다고 주장했다. 그때까지도 팔레스타인에 대한 연합국의 속셈을 눈치 챈 아랍인은 아무도 없었다는 사실을 고려할 때 이는 흥미로운 단정이었다.(그는 분명 로렌스가 사이크스-피코 협정을 파이살에게 누설했다는 사실을 모르고 있었다.) 이어 로스차일드 경은 공동 정부가 바람직하냐고 자꾸 묻는 사이크스가 수상했던지, 그곳 중동에서 프랑스와 어떤 약속을 맺은 것이냐고 퉁명스럽게 물었다. 이에 대해 사이크스는 다음과 같은 놀라운 답변을 들려주었다.

"프랑스는 팔레스타인에서 이렇다 할 지위가 전혀 없습니다. 무슨 일을 벌일 권한도 없습니다."[16]

두 문장은 분명 거짓 이상이었다.(첫 번째 주장은 아마도 자기 희망의 발로였을 것이고, 두 번째 주장은 새빨간 거짓말이었다.) 자신이 최근 몇 달 동안 마구 쏟아낸 반쪽짜리 진실과 상충하는 계획을 어떻게든 봉합하기 위한 헛소리에 불과했다. 사이크스는 머지않아 자신이 내뱉은 말을 허둥지둥 수습해야 했다.

그럼에도 불구하고 사이크스는 영리한 사람이었다. 세상만사는 유동적이라고 생각하기 때문에 사건을 터뜨리거나 조건을 바꾸면 일시에 상황을 뒤엎을 수 있다고 믿었다. 그러면 자신을 얽어맨 철조망을 어느 정도 걷어내고 새로운 기회가 주어질 것이라고, 방법은 만들어내면 그뿐이라고 여겼다. 게다가 그는 과감한 행동의 필요성을 확실하게 이해할 만한 사람을 만나기 위해 4월에 배를 타고 이집트로 건너갈 예정이었다. 그가 만날 사람은 바로 아론 아론손이었다.

아틀리트 출신의 농학자 아론손은 사이크스가 런던에서 은밀하게 모의하던 인사들과는 사뭇 다른 부류였다. 런던 사람들이 냉철하고 조심스러우며 신사답게 접근한다면, 아론손은 열정적이고 과격하게 밀어붙이는 유형이었다. 그는 팔레스타인에서 시온주의자의 '꿈'을 실제 삶으로 단련한 사람이었으며, 팔레스타인의 앞날에 대해 런던 사람들보다 훨씬 더 멋진 그림을 그리고 있었다. 영국의 보호 아래 유대인 공동체를 확장하는 수준에 그쳐서는 안 되며, 궁극적으로 지중해 바닷가에서 동쪽으로 요르단 강과 다마스쿠스 초입에 이르는 땅에 유대인 국가를 건설해야 한다고 생각했다. 이처럼 아론 아론손은 급진적인 인물이었다. 변화의 촉매 역할은 이런 사람이 맡아야 한다고 마크 사이크스는 보았다.

한편 그때까지 사이크스는 총부리를 겨눈 진영에서 누군가가 자신과 아론손에게 푸짐한 선물을 보내리라고는 전혀 예상하지 못하고 있었다. 그는 바로 제말 파샤였다.

역사상 방어에 치중하는 군사 지도자들이 답답하게 여기는 것 가운데 하나는 적군이 지평선에 모습을 드러낼 때까지 집 안에 틀어박혀 꼼짝도 않는 주민들의 습성이었다. 화살과 탄환과 미사일이 날아들기 시작할 때에야 이들은 시간이 허락하는 한 최대한으로 짐을 꾸리고 일가족을 거느린 채 이용 가능한 이동 수단을 총동원하여 거리로 나선다는 것이다. 이런 경우, 누구나 예상할 수 있듯이, 갑자기 몰려든 피란민으로 인해 전장을 벗어나는 모든 길목에서 심각한 교통 체증(때로는 완벽한 교통 마비 현상)이 빚어지고, 그 결과 후방에서 급파된 지원 부대가 제때 현장에 도착하기 어려워진다. 이런 사태를 미연에 방지하기 위해 전투가 벌어질 것으로 예상되는 지역에서 주민들을 (필요하다면 총검으로 위협해서라도) 미리 내보내는 게 보통이다. 서부전선의 경우 제1차 세계대전이 발발하고 나서 2년 반 동안 모든 전선에서 교착 상태가 빚어졌기 때문에 이런 식으로 주민을 강제로 소개하는 작전을 벌인 경우는 극히 드물었다. 그러나 동쪽에서는 사정이 달랐다. 특히 오스만 군대가 전투를 벌이는 곳에서는 낯설지 않은 풍경이었다.

소개령은 오스만 사람들에게 무척 익숙한 명령이었다. 아울러 여러 이유로 군사적 편의 그 이상을 의미하는 대책이기도 했다. 수 세기 동안 콘스탄티노플을 지켜온 술탄들은 군사력의 상대적 열세와 여러 민족이 뒤섞인 제국의 특성을 늘 의식하고 있었다. 그래서 외부의 위협이 가시화될 경우 일종의 초토화 작전을 펼치곤 했다. 비밀리에 또는 공공연히 외적과 결탁할지 모를 주민들을 모조리 이주시키는 작전이었다. 시간이 넉넉할 때에는 적군이 쳐들어올 경로를 훑어 보급에 도움이 될 만한 가축, 농기구, 식량 창고 등을 전부 없앴다. 멀찍이 치울 수 없는 것은 불태우거나 망가뜨리거나 독약을 끼얹었다.

1908년 청년튀르크당이 집권했을 때 여러 분야에서 개혁적 조치가 있었음에도 불구하고 이와 같은 전통에 대해서는 재고하지 않았다. 아니, 온갖 사건의 소용돌이에 휘말려 재고할 여력이 없었다고 하는 편이 옳을 것이다. 1912~1913년에 벌어진 발칸 전쟁에서도 거의 모든 전투 부대가 민간인 주민들을 강제로 몰아낸 일이 있었는데, 이때의 조치는 군사적 편의 차원이라기보다 한 세기 뒤에 '인종 청소'라 불리는 정책의 일환이었다. 지금은 기억하는 사람이 거의 없지만, 실로 끔찍한 비극이었다.(수십만 명에 이르는 터키인, 불가리아인, 마케도니아인, 그리스인 등이 조상 대대로 살아오던 땅에서 영원히 쫓겨났다.) 게다가 이 사건은 그보다 훨씬 더 잔혹하고 무시무시한 사건, 즉 1915년 봄 아나톨리아에서 아르메니아인을 추방하는 작전의 선례가 되었다. 그 끔찍한 최근 사례를 목격한 제말 파샤는 이를 개선하기 위해 노력했음에도 불구하고 정작 1917년 초반 자신이 통치하는 시리아 땅이 위협받자 주민 추방이라는 카드를 꺼내들고 말았다.

처음에는 이에 대해 아무런 논란이 없었다. 2월 말 영국 침략군이 가자 아래에 집결하면서 공격이 임박했다는 경고음이 또렷해지자, 제말 파샤는 도시 전체를 깨끗하게 비우라고 명령했다. 소개 대상 주민 수는 20만 명에 육박했다. 시리아 총독은 이런 조치를 취한 자신이 대단히 자랑스러웠다. 북쪽과 동쪽에서 가자로 이어지는 경로를 미리 치워둔 덕분에 3월 말 영국군이 공격을 개시했을 때 터키군 지원 부대가 곧바로 달려가 승리를 거둘 수 있었기 때문이다.

이 전투가 끝난 뒤 제말과 독일군 지휘관들은 지도를 펼쳐놓고 팔레스타인 남부 지역 전체를 신중하게 살펴보았다. 영국군은 재공격에 나설 것이 분명했다. 같은 곳을 다시 공격할 리는 없을 테고, 이번에는 지난번보다 훨씬 더 무서운 기세로 어딘가를 공격할 터였다. 제말은 그곳이 가자에서 북쪽으로 64킬로미터 떨어진 항구도시인 야파일 것으로 짐작했다.

아닌 게 아니라 영국군이 가자의 터키군 참호를 그대로 통과하여 북쪽으로 수륙 양면작전에 나설 것이라는 소문이 나돌았다. 야파의 부드러운 모래사장과 잔잔한 파도는 상륙 작전을 감행하기에 안성맞춤인 데다 온갖 민족이 뒤섞인 도시였다. 주민 4만 명 가운데 유대교도와 기독교도는 각각 1만 명과 4000명에 달했는데, 오스만의 지배에 환멸을 느끼는 이들이 늘어난 상태였다. 물론 당초 우려와 달리 가자를 정면으로 공격한 영국군은 3월 26일에 패배했다. 하지만 제말은 영국군이 곧바로 공격을 재개할 것이라는 두려움에 사로잡혀 3월 28일 야파 주민에 대한 소개 명령을 내렸다. 처음에는 주민들에게 떠날 채비를 마치는 데 일주일의 말미를 주겠다고 선포했으나, 유대인들이 가장 신성시하는 명절인 유월절이 코앞이라며 유대교 지도자들이 항의하자 누그러진 태도로 8일을 더 연장해주었다.[17]

그토록 엄혹한 시절에 인정을 베푸는 터키 정부의 성향에도 불구하고, 또한 소개 대상 주민들을 안전한 곳으로 이동시키기 위해 열차 증편과 피란민을 수용할 쾌적한 임시 막사에 대해 신경을 썼음에도 불구하고 소개 작전이란 기본적으로 무척 고단하고 비참한 경험이다. 예컨대 불한당들한테는 주인이 떠나버린 빈집을 털거나 무거운 짐을 지고 걸어가는 피란민을 덮칠 수 있는 좋은 기회였다. 또한 오스만 정부에 켜켜이 스며든 부패의 기운을 고려했을 때 담당 공무원들은 선별적인 행태를 취할 수 있었다. 즉 그들과 운 좋게 연줄이 닿거나 뇌물을 먹일 수 있는 주민들은 남들이 며칠 또는 몇 주나 걸리는 머나먼 곳으로 떼지어 이동가는 동안 자기 집에 그대로 머물거나 가까운 도시 외곽으로 이주하는 선에서 끝낼 수 있었다. 이와 같은 부조리는 특히 다양한 부류가 '뒤섞인' 야파에서 광범위하게 나타날 가능성이 높았고, 이는 오스만 사회의 표면 아래에 억눌려 있던 인종적, 종교적 증오심을 거세게 분출시키는 계기가 될 수 있었다.

그럼에도 불구하고 야파 주민 소개령이 내려졌을 때 전쟁의 부산물 이상으로 여길 만한 근거는 없었다. 주민들 역시 전쟁이 터지면 으레 겪을 수 있는 고통 정도로 여길 뿐이었다. 그러나 제말 파샤는 이 포고령을 선포함으로써 자기도 모르는 사이에 제1차 세계대전에서 가장 심각한 거짓 작전 가운데 하나를 실행시키는 결과를 초래하고 말았다. 그 연쇄적 사건의 첫 번째 도미노는 4월 17일 밤에 넘어갔다. 27세의 한 여인이 영국군 첩보선 갑판에 겨우 올라서 팔레스타인 해변을 떠난 때였다.

사무치는 재회의 순간이었다. 아론 아론손은 1년 가까이 만날 수 없었던 여동생 사라가 사이드 항에 도착하는 모습을 지켜보고 있었다. 아틀리트에서 매너젬 호를 타고 온 그녀는 야위었고 낯빛도 창백했지만 활기가 넘쳤다. 아론손은 자신이 묵고 있는 카이로 시내의 콘티넨털 호텔 객실로 여동생을 데려가서는 급히 의사를 불렀다. 의사는 빈혈 증세에 따른 철분제를 처방했다. 아론손은 기진맥진한 여동생 앞에 앉아서 팔레스타인 소식을 들려달라고 재촉했다.

사라 아론손에 대해 독립심이 강한 인물이라고 평가하는 것은 지나치게 절제된 표현이 아닐까 싶다. 사라는 어린 시절 지크론야코프에서 사내아이들과 함께 말을 타고 야산을 쏘다녔으며 사냥을 하겠다고 고집을 부려 보수적인 이웃들의 눈살을 찌푸리게 했다. 그러나 그녀는 남자 형제들과 똑같이 고등교육을 받았고 유럽 중부를 가로지르는 여행도 경험한, 당시 척박한 팔레스타인 내 유대인 정착촌의 또래들과는 달리 폭넓은 교양을 갖춘 여성이었다. 심지어 콘스탄티노플에서의 불행한 결혼생활을 청산한 뒤 미련 없이 떠날 만큼 현대적이었다. 사실 그녀의 결혼은 여동생인 리브카가 압살롬 파인버그와 약혼한 직후, 맏딸이 먼저 결혼하지 않는 것을 수치스럽게 여기는 전통에 따라 떠밀리듯 치른

것이었다.[18]

1900년대 초반에 청춘을 보낸 사라 아론손의 가장 놀라운 측면은 자신의 지적 능력이나 타고난 리더십 역량을 전혀 숨기려들지 않았다는 점일 것이다. 이런 품성은 몇몇 대상을 분노하게 만들었을지는 몰라도 거의 모든 사람을 매료시켰다. 그 결과 이 매력적인 여성 주위에는 해가 갈수록 더 많은 구혼자가 몰려들었다. 1917년 1월 시나이 사막에서 압살롬 파인버그가 죽자, 사라는 팔레스타인 첩보 조직 NILI의 수장이 되어 첩보원의 규모를 24명으로 늘렸다. 팔레스타인 곳곳에서 암약하던 첩보원들 가운데 적어도 예닐곱 명은 사라에게 애틋한 마음을 품었을 것이다.

이와 별개로, 사라 아론손은 자신에게 맡겨진 위험한 임무를 매우 훌륭히 처리했다. 신경질적인 친오빠나 충동적인 파인버그 등 과거 NILI를 이끌었던 그 누구보다 유능한 솜씨를 발휘했는데, 여기에는 여성이라는 점도 도움이 되었다. 서구를 추종하는 팔레스타인 내 유대인 패거리를 의심하는 오스만 관리들의 시선으로부터 좀더 자유로웠기 때문에 교외 지역에 대한 광범위한 정찰활동도 무리 없이 진행할 수 있었다. 일반적인 '숙녀의 나들이'를 가로막는 사람은 아무도 없었다. 영국과 첩보 보고 라인을 확립한 이후 그녀는 아틀리트를 지휘 본부로 전환했다. 팔레스타인 전역에서 들어오는 정보의 파편들을 분류하고 체계화해서 다음 첩보선이 해안에 접근했을 때 무사히 전달되도록 만전을 기했다. 사라의 강철 같은 성격을 엿볼 수 있는 대목은 압살롬 파인버그의 죽음을 비밀에 부치기로 한 것이다. 파인버그는 사라가 첩보 조직원들 모르게 순수한 사랑을 나눈 대상이었다. 하지만 조직의 사기를 유지하기 위해 파인버그의 죽음을 숨기고 그가 연합군 전투기 조종사 훈련을 받으러 유럽으로 떠났다는, 카이로에 있는 오빠가 지어낸 소설

을 사실로 규정했다.[19]

1917년 4월 중순, 이집트에 도착한 사라 아론손은 3주 전 제말 파샤
가 야파 주민 소개령을 내렸다는 충격적인 소식을 가져왔다. 도시 주민
전체에 해당되는 포고령이지만 특히 유대인 주민들에게 큰 부담일 수밖
에 없는 노릇이었다. 실제로 이동 수단이 부족하여 소지품을 많이 챙
길 수 없는 상황에서 유대인들은 오랜 앙숙인 무슬림 이웃들의 학대와
약탈에 시달려야 했다. 적어도 유대인 남성 두 명이 야파 인근에서 린
치를 당해 목숨을 잃었다고 사라는 전했다.[20]

이 소식에 아론 아론손은 소스라치게 놀랐다. 아르메니아인들의 참상
이 아직도 뇌리에 선명했기에, 야파에 소개령이 떨어졌다면 유대인들 역
시 그와 같은 상황에 내몰리지 않을까 하는 불안이 엄습했다. 그는 인
도주의적 위기가 팔레스타인 남부 지역을 먹구름처럼 뒤덮었다는 소식
을 긴급히 전하기 위해 영국군 정보기관 동지들에게 곧바로 달려갔다.

하지만 상황은 최악이었다. 사라 아론손이 카이로에 도착한 4월 19일
은 아치볼드 머리 장군이 가자의 터키군 참호를 향해 두 번째 돌격 명
령을 내린 날이었다. 제말의 예측이 틀렸음을 입증하려는 듯, 머리는
정확히 처음 공격했던 그 지점을 재공격하기로 결정한 것이다. 그가 택
한 전술은 지난 공격보다 훨씬 더 소박하고 단순한, 인해전술이었다.
첫 번째 가자 공격 이후로 영국군이 마련한 개선책은 탱크를 앞세우고
독가스를 뿌리며 공격하는 방식이었다. 그러나 이런 정도로는 결과를
뒤바꿀 수 없었다. 병력은 훨씬 적었지만 사기가 충천한 터키군의 손에
영국군 6000명이 죽거나 다쳤다. 누가 봐도 명백한 대패였다.

아론 아론손은 말문이 막혀버리고 말았다. 머리가 첫 번째 공격에 나
서기 전인 3월 12일, 영국군 작전참모들은 남부 팔레스타인 지형에 밝
은 아론손에게 자문을 구한 바 있었다. 이때 영국군이 와디가잘로 알

려진 도시의 남쪽 지역을 관통하는 방식으로 주력군을 진군시키겠다는 구상을 내놓자 아론손은 기겁했다. 그곳은 구불구불한 사행천蛇行川이 흐르면서 널찍하고 평평한 땅을 깎아내 수많은 협곡을 이룬 곳이었다. 담벼락처럼 자란 선인장을 울타리 삼아서 가축이 도망가지 못하도록 임시로 가둬두는 곳이기도 했다. 한마디로 영국군이 그곳을 통과하기란 거의 불가능한 지형이었다.

"그 땅은 우리에게 대단히 불리하다고, 터키군 저격수에게 아군의 목숨을 그대로 내어주는 꼴이 될 것이라고 알려주었다. 와디가 아주 많아서 지나기 매우 어려운 곳이었기 때문이다."[21]

이와 같은 지적을 무시하고 영국군은 마치 귀소 본능에 따르는 비둘기처럼 두 차례의 가자 공격에서 와디가잘의 말라붙은 협곡과 선인장 담벼락을 헤치고 진격했다.

아론손의 초조한 심정에도 불구하고 카이로 영국군의 관심은 최근에 벌어진 가자 참사에 쏠려 있었을 뿐 야파 거주 유대인들에게 어떤 일이 닥칠지 관심을 보이는 사람은 아무도 없었다. 그다음 주 내내 농학자는 절박한 심정으로 머릿속에 떠오르는 영국군 장교들을 찾아갔지만 아무도 만날 수 없었다. 그런데 갑자기 행운이 찾아왔다. 4월 27일, 드디어 마크 사이크스를 접견할 기회가 찾아온 것이다.

그날로부터 닷새 전 카이로에 도착한 사이크스와 피코는 시리아 망명자 '대표단'과 회담을 개최하느라 시간을 낼 수 없었다. 시리아 지역 아랍인들의 이해를 대변할 사람들로 구성된 대표단은 사이크스가 미리 선별해놓은 집단이었다. 가자에서 날아든 암담한 소식 탓에 회담 분위기는 맥이 빠지고 말았다. 그러나 며칠간의 협상을 마친 뒤 사이크스는 시리아에 대한 프랑스의 제국주의적 구상과 영국의 독립 약속이라는 망망대해 같은 간극을 그럭저럭 좁힐 수 있으리라 생각했다. 무엇보다도 시리아 대표단원 세 명이 모두 '간극'의 존재를 까맣게 모른다는 점이 양측 간에 다리를 놓는 데 크나큰 도움이 될 것이었다. 사이크스는 런던의 영국군 정보 책임자에게 보내는 전보에 다음과 같이 설명했다. "가장 큰 어려움은 지도를 보여주거나 지리적 세부 합의가 있었음을 대표단이 모르게 함으로써 우리가 그들에게 주려고 했던 것을 그들이 달라고 부탁하도록 만드는 일이었다."[22]

이런 식으로 최소한 일시적이나마 '시리아 문제'를 정리해놓으면 사이크스는 다른 여러 문제를 해결할 시간을 벌 수 있었다. '다른 여러 문제' 가운데 제일 시급한 것은 수행원을 통해 줄기차게 만남을 요청하고 있는 아론 아론손을 보는 일이었다. 4월 27일 아침, 그 둘은 사보이 호텔 콘퍼런스룸에서 다시 만났다. 아론손은 일기장에 다음과 같이 썼다. "드디어 만났다! 우리는 곧바로 내밀한 주제를 상의하기 시작했다. 그는 유대인 애국자들과 대화를 나눈 이후로 나에게 꽤 은밀한, 외무성조차 모르는 일거리를 맡기고 싶어졌다고 말했다."

사이크스는 2월 7일 런던에서 영국 시온주의 지도자들과 은밀히 만난 이야기를 아론손에게 들려준 뒤, 중동에 평화를 정착시키기 위해 자신이 최근에 고안한 공식을 설명했다. 그것은 유대인과 아랍인과 아르메니아인이 대연합을 이루는 것으로, 이와 같은 대연합이라면 아랍인들도 순순히 따를 것이라고 했다. 또한 유대인과 영국의 지원 없이는 아랍의 독립이 어렵다는 사실을 인지함으로써 향후 그들이 프랑스를 거부하도록 영향력을 행사해야 한다고 힘주어 말했다. 아울러 대연합이 성사되면 영국의 새로운 우방인 미국이 외치는 반식민주의의 요구를 립서비스로 무마시킨다는 전제 아래, 탐욕스러운 이탈리아를 꼼짝 못하게 만들 수 있고 러시아를 변방으로 밀어낼 수 있으며 이집트와 인도의 보호 아래 친영親英 완충국을 세울 수 있을 것이라고도 주장했다. 이처럼 복잡한(나아가 부조리한) 구상에 대해 아랍을 극도로 혐오하는 아론손이 어떻게 반응했는지는 불분명하다. 그러나 자신에게 시급한 문제를 마크 사이크스에게 내놓아야 했기 때문에 그는 아무 말 없이 경청했을 것이다.

영국 관료들은 야파의 유대인 주민들이 처한 곤경에 주의를 기울이기에는 신경 써야 할 일이 너무나 많았다. 하지만 전쟁 내각의 신임 차관보는 달랐다. 사이크스는 아론손이 가져온 소식을 듣자 선전선동의 잠재적 광맥이라는 사실을 순간적으로 파악했다. 전 세계 유대인 공동체에서 여전히 미적지근한 태도를 보이는 구성원들을 영국과 시온주의자들 편으로 확실히 끌어들일 기회라고 인식한 것이다. 그는 야파 현황에 대한 보고서를 작성해달라며 아론손을 급히 돌려보냈다. 그러고는 다음 날 아침 아론손을 다시 만났다.[23]

다섯 달 전에 아르메니아인들의 극한 상황을 보고하던 아론손은 제말 파샤에게 마지못해 존경을 표한 바 있다.[24] 시리아 총독 제말 파샤는 그 자신의 성격적 결함이나 통치적 실수에도 불구하고 아르메니아인 대학살을 중단시키고 생존자들의 고통을 덜어주기 위해 노력한 것만은 사실이었다. 당시 아론손 본인도 제말의 변덕스럽고 괴이하게 예의 바른 성격 덕분에 도움을 받았고, 간첩 혐의로 체포당한 압살롬 파인버그를 풀어달라는 개인 청탁을 얻어냈으며, 유대인 이주민들에게 해로운 포고령의 수정을 관철하기도 했다. 하지만 4월 27일 오후, 마크 사이크스에게 제출할 보고서를 작성하기 위해 자리에 앉았을 때 아론손은 지금이 시온주의를 설득할 절호의 기회라고 생각했다. 이번 기회를 잘 살리면 무슨 일이든 추진할 수 있는 면허를 얻는 셈이었다. 그 과업을 위한 제물은 바로 제말 파샤였다.

다음 날 오전 9시 15분, 아론손은 마크 사이크스를 다시 만나서 자신이 작성한 야파 보고서를 건넸다. 그리고 사이크스는 일급 비밀 전보를 런던 외무성으로 황급히 보내 영국시온주의협회 차임 바이츠만에게 다음 내용을 전달하라고 부탁했다.

"아론 아론손이 나에게 요청하기를, (야파의 유대인 거주지) 텔아비브가 약탈당했다는 사실을 당신에게 전해달라고 했습니다. 팔레스타인에 거주하는 유대인 1만 명이 집에서 쫓겨나 굶주리고 있습니다. 제말(파샤)은 아르메니아 정책을 유대인에게 적용할 예정이라고 공공연히 떠들고 다닌다 합니다. 부디 (유대인의) 주요 거점에 이 사실을 알려주시기 바랍니다. 다만 아론 아론손이라는 이름이나 정보의 출처는 함구해주시길 바랍니다."[25]

이런 요구에 처음 부응한 것은 영국에서 가장 유력한 시온주의 주간지인 『유대인신문Jewish Chronicle』이었다. 이 신문은 5월 4일자 두 번째 헤드라인에 "긴급 보도—끔찍한 폭력, 대학살의 먹구름"이라는 제목 아래 다음과 같은 기사를 실었다.

"본지는 현지 사정에 정통한 소식통으로부터 팔레스타인 거주 유대인들에 대해 암담하기 짝이 없는 소식을 접하고 깊은 슬픔과 우려를 금할 길이 없다. (…) 야파 항에 인접한 아름다운 정원도시 텔아비브가 약탈을 당해서 잿더미로 변했다. 이와 같은 무자비하고 악의적인 파괴 행위는 팔레스타인 내 여타 유대인 거주지에서도 발생했을 가능성이 대단히 높다."

기사는 시리아 총독의 발언에 관한 잘못된 소문을 바탕으로 다음과 같이 이어졌다.

"그러나 더 심각한 위협이 기다리고 있다. 터키 총독 제말 파샤는 유대인을 팔레스타인 땅에서 가차 없이 쓸어낼 방침이라며 아르메니아 학살 정책을 유대인에게 적용할 것을 선포했다. 그자가 이 끔찍하고 비열한 협박을 실행에 옮긴다면, 유대인 수천 명이 (…) 냉혹한 살육의 칼날을 면키 어려울 뿐 아니라 팔레스타인 재정착의 모든 성과는 철저하게 파괴당할 것이다."[26]

팔레스타인에서 날아든 비보가 지면으로 소개된 지 며칠 만에 영국과 미국, 유럽 대륙 전역에 퍼져 있는 유대인 사회는 요동치기 시작했다.[27] 이들은 각자 자국 정부를 향해 무슨 대책이든 내놓으라며 눈물로 호소했다. 하지만 영국 외무성은 무슨 일을 어떻게 해야 할지 아리송하기만 했다. 신문이 소식을 전한 바로 그날, 고위 외교관 한 명은 이렇게 언급했다.

"우리가 실제로 취할 수 있는 행동이 전혀 없는 것 같아 유감입니다."[28]

그러나 영국의 관료들 가운데 적어도 한 명은 야파의 상황을 완전히 다른 차원으로 전개함으로써 국제 유대인 여론을 환기시키고 자국 정부에 압력을 행사할 기회를 포착했다. 바로 윌리엄 옴스비고어였다. 그는 보수당 소속 하원의원으로, 카이로 아랍국에서 일하던 시절 아론 아론손에게 깊은 감명을 받은 바 있었다. 1917년 5월 당시에는 런던으로 돌아와 마크 사이크스와 함께 전쟁 내각에서 중동 문제 담당자로 일하고 있었다. 4월 30일, 사이크스가 아라비아를 방문하기 위해 카이로를 떠나면서 둘은 한동안 연락을 주고받을 수 없었지만 5월 9일 사이크스가 다시 이집트도 돌아왔을 때 옴스비고어가 보낸 전보가 기다리고 있었다. 이런 내용이었다.

"나는 팔레스타인 학살을 선전용으로 활용해야 한다고 생각합니다. 이곳 선전 담당자들은 잔혹한 사건 같은 자극적 소재를 눈에 불을 켜고 찾는 중입니다. 아론 아론손이라면 소름 끼치는 여러 건의 사건을 유대계 신문사에 제보할 수 있을 것입니다."[29]

아론손도 이에 대해 사이크스에게 이의를 제기하지 않았다. 두 사람은 5월 11일 또다시 만나 장시간 대화를 나누었다. 아론손의 기록에 따르면, 이때 그들은 "미국의 유대인 문제 또는 팔레스타인 싸움에 이바지할 인재를 확보하기 위해 미국에서 전개할 수 있는 선전전에 대해 논의했다."

사이크스는 과장이 심하다는 평판에 신경이 쓰였던지, 아론손이 새로 작성한 장문의 서한에 레지널드 윈게이트 고등판무관의 서명을 첨부하는 선견지명을 발휘했다. 이날 윈게이트의 이름으로 런던으로 날아간 이 서한의 내용은 다음과 같다.

"유월절 축제 기간 중 야파의 모든 유대인이 북쪽으로 쫓겨났다. 이주하던 사람들은 터키 당국의 묵인 아래 강도에게 집과 재산을 빼앗겼다. 이에 저항한 유대인은 강탈당한 뒤 목매달렸다. 유대인 수천 명이 아무런 도움도 받지 못한 채 길바닥에서 굶주리는 실정이다."

그러고는 깜짝 놀랄 만한 소문까지 덧붙였다. 유대인 거주지가 야파보다 훨씬 더 많은 예루살렘까지 제말이 소개령을 확대할 예정이라는 내용이었다.

"예루살렘의 유대인 청년들이 무리 지어 도시를 떠났다. 북쪽으로 향했는데 목적지는 불분명하다. (예루살렘 유대인) 정착촌에 대한 강압적 소개 작전이 임박했다는 뜻이었다."[30]

윈게이트의 서명이 담긴 이 서한의 유통 범위는 외무성 고위층에 국한되지 않았다. 국왕과 총리와 전쟁 내각 구성원 전체가 카이로에서 날아든 서한을 읽었다. 같은 시각 아론손은 사이크스에게 시온주의 지도자 50명의 이름이 담긴 리스트를 건넸다. 즉시 알릴 필요가 있는, 전 세계를 망라한 인물들이었다. 이제 야파 이야기는 1917년도 버전으로 바뀌어 나돌기 시작했다. 『뉴욕타임스』는 "원흉은 제말 파샤"라는 절규를 헤드라인으로 뽑았으며,[31] 참전을 선언한 지 얼마 안 된 미국 정부는 콘스탄티노플 정권이 저지른 이 악행을 비난함으로써 국제 여론에 발맞추었다. 비난 여론이 가장 뜨거운 곳은 다름 아닌 대영제국이었다.

이처럼 맹렬한 비난에 터키와 동맹국인 독일의 대응이 느렸던 것도 무리는 아니었다. 무엇보다 야파 소개 작전이 벌어진 것은 4월 초였고, 지금은 5월 중순이었기 때문이다. 처음에 제말 쪽에서는 아무런 대응을 보이지 않았다. 섣불리 대응했다가 도리어 비난의 목소리에 힘을 실어줄 수 있다고 보았기 때문이다. 그러나 나중에는 모든 혐의를 완강하게 부인했다. 제말은 유대인뿐 아니라 모든 주민을 야파에서 떠나게 했으며, 당사자들에게는 불쾌한 경험일 수밖에 없겠으나 모든 과정이 질서정연하고 평화적인 방식으로 이루어졌다고 반박했다. 사실 시리아 총독은 야파 거주 유대인들에 대해 다른 거주민들보다 더 각별히 배려했다.[32] 예루살렘에서도 유대인을 "몰아낼" 예정이라는 소문에 대해서는 전혀 그럴 계획이 없다고 반박했다. 콘스탄티노플과 베를린, 심지어 팔레스타인 유대인 사회 지도자들과 예루살렘의 최고위 랍비도 이와 같은 주장을 뒷받침했다.[33]

그러나 이미 때늦은 미흡한 대응이었다. 야파 '학살'은 기정사실화되어 전 세계 모든 이의 마음속에 '벨기에 강간'과 아르메니아 대학살에 뒤이은 동맹국의 잔학 행위로 자리 잡은 뒤였다. 아울러 시온주의자 및 이들에게 동조하는 영국 정부 관료들 손에 막대한 권한을 쥐여주는 결과로 이어졌다. 가증스러운 차르의 몰락과 미국의 참전 직후에 들려온 야파 소식은 전 세계 유대인 사회의 급격한 구조적 변화에 일조하는 동시에 유대인의 미래가 연합국에 달렸다는 확신을 증폭시켰다.

이 흐름에 한층 더 직접적인 영향을 받은 대상은 급진 시온주의자들로, 더 이상 터키와는 그 어떤 타협이나 절충도 있을 수 없다고 외쳤다. 야파 이야기가 여전히 인구에 회자되던 6월 초, 아론 아론손은 미국 유대인 사회의 주요 지도자들에게 전보를 띄웠다. 그들은 시온주의적 대의에 전적인 동조를 주저하는, 터키가 통치하는 팔레스타인에서 유대인 정착촌의 미래를 꿈꾸는 것이 최선이라는 입장을 표명해온 인사들이었다. 마크 사이크스는 아론손이 보내는 전보에 권위를 더하기 위해서(수신인 중에는 연방대법원 현직 판사 루이스 브랜다이스와 훗날 그곳 판사가 될 펠릭스 프랑크푸르터도 있었던 만큼) 워싱턴 주재 영국 대사관을 거쳐 배달되도록 손을 썼다.[34] 아론손이 필라델피아 판사 메이어 설즈버거에게 보낸 전보 내용은 이러하다.

"정통한 소식통에 따르면, 터키가 팔레스타인에 거주하는 유대인을 학대하고 있습니다. 터키에 대한 우리의 유화적 태도를 버려야 할 시간입니다. (…) 터키가 이런 범죄를 저지른 만큼 유대인의 태도와 미국 여론 또한 철저하게 바뀌어야 합니다. 터키의 압제로부터 유대인 주민들을 당장 해방시키기 위한 유일한 해법은 전선이건 어디서건 터키를 철저하게 응징하는 것입니다. (…) 우리는 공동 전선을 구축해야 합니다. 터키의 손아귀에서 팔레스타인을 빼앗기 위해 유대인의 역량을 하나로 모아야 합니다."[35]

그 무렵 조금 다른 버전의 야파 이야기가 고개를 내밀기 시작했다. 연합국의 항의에 등 떠밀린 중립국 스페인과 스웨덴, 바티칸은 야파의 실상을 파악하기 위해 조사단을 파견했다. 스페인과 바티칸 조사단은 유대인 박해나 학살설은 근거가 없다고 곧바로 결론 내렸고, 스웨덴 조사단은 한술 더 떠서 "야파의 유대인 사회는 무슬림 주민들보다 여러모로 사정이 훨씬 더 좋은 편이며, 아무리 나쁘게 봐도 최소한 그들보다 나은 상태"라고 보고했다.[36] 곧이어 예루살렘 주재 미국 영사관 역시 야파의 유대인들이 학대를 당했다는 이야기는 "극도로 과장된 것"이라고 보고했다.[37] 결국 야파에서 '린치'를 당했다고 알려진 유대인 두 명은 사실 약탈 혐의로 체포된 자들이며, 교수형을 당한 사람은 없다는 사실을 아론 아론손도 시인하기에 이르렀다.[38]

당연한 말이지만, 사실 관계는 중요치 않았다. 전시에는 사람들로 하여금 믿게 만드는 바로 그 내용이 곧 '진실'이다. 제말 파샤는 적들에게 사실을 밝혔지만, 중동 역사를 뒤바꾼 것은 '진실'이었다. 결국 1917년에 야파를 무대로 삼았던 허구는 팔레스타인 내 유대인 공동체가 무슬림 치하에서 안전하지 않기 때문에 생존을 위해서는 자기들만의 국가가 필요하다는 주장의 모태 신화로 자리 잡게 되었다.

4월 21일, 와즈에 입항한 영국 해군 함정 한 척에는 로렌스 대위의 흥미를 자극할 만한 사람들이 타고 있었다. 전날 아침까지만 해도 아카바를 수비하고 있었을 11명의 터키군 포로였다.

하루 전날인 4월 20일 새벽녘, 아카바 인근에서 독일군의 지뢰 매설 작전이 진행 중이라는 첩보를 접한 영국 함정 세 척은 아카바 항구로 다가가 해안에 부대를 상륙시켰다. 방심하고 있던 터키군 요새는 짤막한 총격전으로 제압되었고, 2명의 터키군 병사가 숨지고 11명은 포로로 붙잡혔다. 나머지 50~60명은 산으로 달아났다. 포로 가운데 6명은 징집된 시리아인으로, 파이살 이븐 후세인의 반란군에 합류하기를 원했다. 이 포로들이 심문을 받기 위해 함정에 실려온 것이었다.

로렌스는 그날 하루 종일 시리아인 포로들을 차례대로 심문했다. 그는 이 과정에서 아카바 수비대 규모에 변화가 있었고, 현재는 총 100명이 안 된다는 사실을 알게 되었다. 그런데 자신이 품고 있는 계획에 비추어볼 때 더 중요한 정보는 아카바와 마안을 잇는 와디이틈의 96킬로미터 구간을 200명도 안 되는 터키군이 지키고 있다는 사실이었다.[39] 이는 로렌스의 작전이 충분히 가능하다는 것을 뜻했다. 반란군이 그 구간의 동쪽 끄트머리에서 산악지대를 넘어 번개처럼 쳐내려간다면 고립된 터키군 수비대를 너끈히 해치우고 사실상 무방비 상태인 아카바로 진격할 수 있었다.

로렌스는 자기 앞에 놓인 기회가 빤히 보였다. 그러나 당시 영국군에 몸담고 있는 그 누구라도 어쩔 도리가 없었을 것이다. 아랍인을 아카바에 들이지 말라는 길버트 클레이턴의 3월 8일자 명령이 여전히 유효한 실정이었기 때문이다. 게다가 메디나에 주둔하고 있는 터키군의 퇴각을 막기 위한 헤자즈 철도 공격에 모든 관심이 쏠려 있었으므로(터키군이 메디나를 떠날 생각이 전혀 없다는 사실을 영국이 깨달은 것은 그로부터 몇 주 뒤였다) 곁가지로 모험을 감행할 여지는 전혀 없었다.

물론 비판을 받아 계획을 접는 상황을 피하려면 남들에게 계획을 명확히 밝히지 않는 게 최선이다. 로렌스는 자기 생각을 클레이턴에게 직접 공개하기보다는 당시 와즈에 있던 영국군 장교 두 명을 끌어들이기로 결심했다. 자신이 와디아이스에서 건강을 추스르며 떠올린 게릴라 전술의 효용을 일반화한 방식으로 들려주었다. 그는 특히 메디나를 터키로부터 빼앗으려는 어리석음과 반란군 전사들을 헤자즈 철도 차단 부대로 조직하기가 왜 불가능한지에 대해 상세하게 설명하는 반면, 전선을 확대함으로써 터키군이라는 반죽을 최대한 얇게 펴는 작전을 강조했다. 무엇보다 중요한 것은 "규모가 작고 기동력이 높은 중무장 타격 부대를 앞세워 북으로 진격하면서 광범위하게 흩어진 터키군을 성공적으로 공략하는 것"이었다.[40]

와즈에서 로렌스의 구상을 들은 두 장교는 귀가 솔깃했겠지만 당면한 임무와는 거리가 먼 이야기였다. 로렌스가 예상했던 반응이었다. 그는 이렇게 회상했다.

"내 구상을 실행하도록 특별한 권한을 부여하기에 그 둘은 해야 할 일이 너무 많았다. 얻은 것이라고는 내가 구상한 역습 작전을 설명할 수 있는 기회 그리고 유용한 변형 작전이라는 제한적 인정이 전부였다."41

동료 장교들이 로렌스에게 "구상을 실행하도록 특별한 권한"을 부여한다는 것은 납득하기 어려운 대목이다. 사실 로렌스는 이런 기습 부대가 아카바로 쳐들어갈 수 있다는 이야기를 그들에게 한 적이 없었다. 이는 그들이 작성한 야전 보고서에서 확인할 수 있다. 로렌스는 제다에 있는 시릴 윌슨에게는 훨씬 더 완곡한 방식으로 접근했다. 아우다 아부타이가 기습 부대를 이끌고 곧 마안을 친다는 소식과 함께 자신이 그 부대와 동행해서 영국의 당면한 군사적 목적을 실행하는 것을 고려 중이라고 상관에게 알렸다. 이에 동의한 윌슨은 5월 1일 클레이턴에게 다음과 같이 보고했다.

"아우다가 북쪽으로 이동 중입니다. 로렌스가 동행하는 것 같습니다. 첫 번째 목표는 마안 일대의 철도를 파괴하는 것입니다."42

하지만 이들의 두 번째 목적에 대해서는 언급을 누락했다.

자기 합리화로 가득한 책 『일곱 기둥』에서 로렌스는 자신의 구상을 실행에 옮기기로 결정한 이유를 설명하면서 참으로 놀라운 이야기 하나를 꺼내고 있다.

"내가 철도 작전에서 거두어들이려 했던 유일한 요소는 바로 나 자신이었다. 그 작전에 대한 반감이 워낙 강해서 그곳에 억지로 있어봤자 별 도움이 안 될 것 같았기 때문이다. 그래서 나는 명령에 부합하건 말건 내 길을 가기로 결심했다."43

달리 말하면, 로렌스 자신은 헤자즈 철도를 차단하려는 시도에서 더 이상 의미를 찾을 수 없기에 차라리 다른 할 일을 찾는 게 모두에게 최선이라고 여긴 것이다. 왜 그토록 많은 상관이 이 옥스퍼드 졸업생을 떠올릴 때마다 분통을 터뜨렸는지 짐작하고도 남는다.

하지만 로렌스가 자기 신념을 행동으로 옮겨야 한다고 믿은 이면에는 훨씬 더 강력한 심리적 기제가 존재했다. 그는 아랍인들과 맺은 약속을 지키는 것이 장기적으로 대영제국에 도움이 된다고 생각한 것이다. 이는 단순한 명예의 문제가 아니었다. 오히려 그 지역 전반에 대한 여타 유럽 열강, 즉 오늘은 친구지만 내일은 적이 될지 모르는 유럽 각국의 영향력을 최소화하는 방법이었다. 이 작전에서 첫 번째 핵심 단계는 반란의 열기가 시리아로 번지도록 유도하는 것, 그래서 그들이 프랑스로부터 그 땅을 빼앗게 하는 것이었다. 로렌스가 생각하기에 가장 커다란 문제는 대영제국이 자국을 위한 최선이 무엇인지 아직도 파악하지 못했다는 점, 그런데 자신이 그 문제를 설명할 시간이 없다는 점이었다.

아카바로 떠나기 직전에 또 한 번의 운명적인 만남이 와즈에서 로렌스를 기다리고 있었다. 5월 7일 아침, 와즈에 입항한 영국 해군 구축함에는 마크 사이크스가 타고 있었다.

둘은 1915년 사이크스가 진상조사단 일원으로 이집트를 방문했을 때 처음 만났는데, 서로 성격은 판이했지만(사이크스는 사교적이고 유쾌한 반면 로렌스는 과묵하고 낯가림이 심했다) 그런대로 어울려 지내던 사이였다. 그러나 둘의 관계는 오래가지 못했다. 카이로 정보대 사무실에서 근무하던 사람 거의 모두가 그랬듯이, 1916년 사이크스-피코 협정의 세부 내용을 알게 된 이후로 그에 대한 로렌스의 발언은 급격히 신랄해졌다. 더욱이 사이크스가 중동 문제를 깔끔하게 해결하겠다며 얼토당토않은(몇 주 전, 심지어 며칠 전에 자기 입으로 내뱉은 말에 정면으로 위배되는) 보고서를 남발하자 로렌스는 가차 없이 비판했다. 로렌스가 보기에 사이크스는 영국 에드워드 시대 특유의 짜증스러운 인간상을 제대로 상징하는 인물, 쇠파리처럼 성가신 귀족, 금수저를 물고 태어난 덕분에 경박한 확신에 차서 허무맹랑한 이야기를 마구 지껄이는 작자였다.

하지만 5월 7일의 만남에서 로렌스는 사이크스의 또 다른 면모를 발견했다. 막말로, 마크 사이크스는 확실히 거짓말쟁이였다.

사실 두 사람이 와즈에서 그날 하루 종일 만나게 된 것은 최근 사이크스가 자신이 휘두른 속임수의 도끼날에 제 발등을 찍혔기 때문이기도 하다. 그는 후세인 왕을 알현하고 돌아온 참이었다. 사이크스로서는 원치 않는 만남이었지만 제다에 있는 시릴 윌슨 대령이 미리 손을 써둔 탓에 알현을 피할 도리가 없었다.

산책용 지팡이를 들고 다니는 거만하고 고집 센 도덕군자 윌슨은 당시 영국의 중동 정책에 대한 양심의 목소리를 상징하는 인물로 떠오르고 있었다. 1916년 영국군 1개 여단을 헤자즈에 배치하는 문제를 놓고 마라톤 논쟁이 이어지고 있을 때, 전적으로 파병에 찬성하던 윌슨은 직속상관 레지널드 윈게이트의 명령으로 후세인 왕을 파병에 찬성하도록 압박하는 임무를 맡은 바 있었다. 하지만 후세인과 여러 차례 만남을 이어가는 과정에서 윌슨은 아마도 메카의 노인이 자신의 문제와 서부 아라비아의 정치적 역학관계를 현지에 갓 부임한 연합국 조언자들보다 더 잘 알고 있다고 판단한 듯하다. 후세인을 압박하도록 윈게이트가 재차 지시했을 때, 그때까지 윈게이트의 예스맨으로 살아왔던 윌슨은 사실상 불복종을 선택했다. 명령을 끝내 보류하도록 상황을 이끌었기 때문이다.

윌슨은 사이크스가 후세인을 따돌리고 카이로에서 시리아인 '대표단'과 가짜 협상을 추진한다는 사실에 울화가 치밀었다. 이에 3월 말 고뇌에 찬 장문의 편지를 클레이턴에게 보냈다. 편지에는 이런 속임수가 불러올 수밖에 없는 문제 그리고 후세인과 정직하게 협상할 때 얻을 수 있는 이점이 열거되어 있다.

"지금이 대영제국 치하 수백만 무슬림으로부터 고맙다는 인사를 받을 수 있는 기회입니다. 이런 기회는 다시 오지 않을 것입니다. 아무쪼록 그 노인과 허심탄회하게 대화를 나누면 좋겠습니다. 결국 우리에게 도움이 되는 길입니다."[44]

허망한 호소였다. 그러나 제다의 선량한 영국군 대령은 교묘하고 은밀한 술책을 부리는 일에도 능했던 것 같다. 곧이어 후세인 왕을 만났을 때 마크 사이크스와의 면담을 공식 요구하도록 권고했기 때문이다. 그 요구를 윌슨한테 전해 들은 레지널드 윈게이트는 영국인의 페어플레이 정신에 입각해 둘 사이에 끼어들고 싶은 충동을 억눌러야 했다.[45] 사이크스가 거부할 수 없는 초대를 받게 된 맥락은 이러했다. 4월 30일, 사이크스는 피코와 함께 시리아 '대표단'을 상대로 한 회담을 마친 뒤 수에즈 항에서 영국 구축함을 타고 제다로 떠났다.

자기 확신에 불타는 사람이었지만, 고민이 깊은 항해였을 것이다. 맥마흔-후세인 서신을 전혀 모르는 몇몇 카이로 주재 공무원을 선별하여 속여넘기는 것과 서신을 주고받은 당사자 가운데 한 명을 기만하는 것은 차원이 다른 문제였기 때문이다. 그런데 당시 사이크스에겐 몇 장의 다른 카드가 있었다. 그 가운데 으뜸인 패는 그가 정보의 흐름을 통제할 능력을 지녔다는 점이다. 카이로에서 시리아 사람들과 처음 만나는 자리에 피코가 나오지 못하도록 수를 썼던 것처럼, 이번에도 후세인을 단독으로 만날 작정이었다. 나중에라도 둘이 만나서 나눈 이야기에 대해 논쟁이 벌어진다 한들 건망증과 고집스러운 오해로 오랫동안 악명을 쌓아온 변덕스러운 사막 부족장의 말보다는 지체 높은 영국인 특사의 말을 신뢰할 것이라 판단했다.

마크 사이크스가 파이살과 상의하러 와즈에 들르지만 않았어도 모든 것은 (그가 합리적으로 예상했듯이 최소한 당분간은) 뜻대로 이루어졌을 것이다. 사이크스가 도착한 5월 2일, 단기 정찰 임무를 수행 중이던 로렌스는 마침 그곳에 없었다. 이틀 뒤에 돌아왔을 때 파이살로부터 그간 벌어진 일들을 상세히 전해 들었다. 사이크스는 후세인 왕을 만나기 위해 이미 제다로 떠난 뒤였다.

5월 5일 저녁 레지널드 윈게이트에게 보낸 보고서를 보면, 사이크스의 갑작스러운 셔틀 외교는 더 바랄 나위 없이 성공적이었던 것 같다.

"5월 2일, 와즈에서 셰리프 파이살을 만나 아랍 연방에 관한 영불 협정의 원칙을 설명했습니다. 오랜 설전 끝에 그는 이 원칙을 수용했고, 만족하는 듯했습니다."

이와 같은 성공은 더 중요한 성공의 전조였다. 같은 날 오후, 사이크스가 후세인 왕을 만났기 때문이다.

"저는 스스로 세운 방침에 따라 아랍 연방 또는 아랍국에 대한 영불 협정의 원칙을 설명했습니다. (…) 왕에게 프랑스-아랍 우호관계의 중요성을 납득시켰습니다. 최소한 시리아에서는 필수적이라고 인정하게 만들었습니다. 지루한 논쟁 끝에 얻어낸 결과였습니다."[46]

사이크스가 쓴 5월의 보고 기록을 유심히 읽은 독자라면, 두 회동이 그 지역에 대한 영불 구상의 개요를 단도직입적으로 설명하고, 상대방과 입씨름을 벌였으며, 마침내 아랍 측이 수용했다는 유사한 방식으로 진행되었다는 데 불편함을 느꼈을 것이다. 나아가 진정 예리한 독자라면, 협상 과정에서의 언쟁을 강조한 대목에서 어떤 확신을 얻었을지도 모른다. '언쟁'은 파이살 또는 후세인과 무슨 대화를 주고받았는지에 대해 의견이 엇갈릴 때를 대비하여 자신을 보호하기 위한 방어막일 뿐이라고 말이다. 하지만, 당분간은, 사이크스의 출장이 민주주의의 승리 또는 영국 및 프랑스와 그들의 벗 아랍 사이에 존재했던 골치 아픈 문제들을 해결하는 중대한 첫걸음으로 인정되었다.

사이크스는 윈게이트에게 보낸 5월 5일자 전보를 다음과 같이 맺었다. "청컨대 파이살 및 후세인 왕과 진행한 면담 성과에 저 스스로 만족한다고 피코 씨에게 전해주십시오. 이제 두 사람은 우리가 카이로에서 시리아 대표단 세 명과 합의한 그 내용을 받아들인 것입니다."

물론 마크 사이크스는 자신과 대화를 나눈 파이살 이븐 후세인이 T. E. 로렌스 덕분에 사이크스-피코 협정을 훤히 알고 있다는 사실을 까맣게 몰랐다. 게다가 사이크스가 5월 2일에 모호하고도 개괄적으로 설명한 협정 내용은 아랍 지도자가 알고 있는 바와 전혀 달랐다. 그러나 당시 파이살은 부득이한 경우가 아니면 속마음을 드러내지 않는 아랍의 협상 전통에 따라, 그리고 정보 제공자가 로렌스라는 사실이 드러날까 우려하여 상대 발언의 애매한 점을 짚어내지 않았다.

5월 7일 사이크스가 돌아가는 길에 다시 들렀을 때도 상황은 변함없었다. 사이크스가 둘러대느라 꺼내놓은 저급 버전에도 불구하고 사이크스-피코 협정 자체를 알고 있다는 것은 파이살 본인과 로렌스만의 위험한 비밀이었다. 만에 하나 이 비밀이 새어나간다면 심각한 상황이 벌어질 수밖에 없었다. 파이살은 영국의 조력자들과 사이가 멀어지거나 버림받을 것이고, 로렌스는 즉시 전출당하거나 군사 재판에 회부될 것이었다.

로렌스 역시 사이크스-피코 협정을 철저하게 모른 체했다. 사이크스가 파이살에게 밝힌 멸균처리 버전과 충돌할 수 있는 내용이었기 때문이다. 심지어 그가 후세인에게 떠들어댄 버전과 다를지도 몰랐다. 모든 정황을 고려할 때 대립을 촉발한 쪽은 로렌스로 보인다. 와즈에서 만나 무슨 이야기를 주고받았는지 두 사람 모두 기록을 남기긴 않았으나 대단히 열띤 대화였을 것이다. 그리고 로렌스가 사이크스에 대해 노골적으로 적대적인 태도를 보이기 시작한 것도 그날 이후부터인 것으로 여겨진다. 사이크스가 어떻게든 자신을 물어뜯어서 변방으로 몰아내려고 호시탐탐 기회를 엿볼 것이라고 말했기 때문이다.

개인적 차원에서, 와즈에서 사이크스와의 만남은 로렌스에게 문제를 안겨주기도 했지만 일종의 안도감을 주기도 했다. 이제 그는 자국 정부의 명예를 불신하는 사람, 아랍인의 뒤통수를 치려는 비밀 계획을 파이살에게 누설한 사람이라는 혐의에서 자유로울 수 있었다. 자신의 결단으로 인해 양심의 가책을 느꼈을지도 모르지만 로렌스는 마크 사이크스의 교활한 음모 덕분에 마음의 짐을 완전히 내려놓을 수 있었다.

동시에 그는 자국인들 가운데 만만치 않은 라이벌이 있다는 사실을 깨달았다. 차라리 에두아르 브레몽은 만만한 라이벌이었다. 오직 프랑스의 헤게모니만을 추구하느라 속내를 그대로 내보이는 부류였기 때문이다. 반면 마크 사이크스는 그야말로 조변석개하는 인물이었다. 자기 입으로 쉽사리 내뱉은 수많은 약속을 아무런 양심의 가책 없이, 때로는 기억조차 못 하거나 손바닥 뒤집듯 내팽개쳤다. 나아가 속임수를 쓰는 천부적인 재능도 있었다. 하지만 그는 권력을 주무르는 자리에 올라 제다와 런던을 휘젓고 다니는 동안 영국의 명예와 정의에 호소한 적은 단 한 번도 없었고, 편의라는 명목 아래 모든 가치를 희생시켰다. 이제 아랍인들에게는 주어진 사실관계에 변화를 일으키는 길 외에 다른 방도는 없었다. 협잡꾼들의 음모를 뒤엎기 위한 강력한 한 방이 필요했다.

이틀 뒤 로렌스가 아카바로 향하는 길고도 위험한 여정을 시작한 것은 이와 같은 판단에서였다. 제1차 세계대전에서 가장 대담하고 기념비적인 군사적 위업 가운데 하나인 이번 작전을 위해 당시 그가 이끌고 떠난 '군대'는 아랍 전사 45명이 전부였다.

13장
아카바

대영제국이 하는 말이라면 의심하지 않아도 된다. 현명해서 믿을 수 있는 나라다. 두려움을 거두어라.
—1917년 5월 후세인 왕이 아들 파이살에게[1]

존경하는 폐하(후세인 왕)께서는 동방의 지배자들이 으레 그렇듯이 여러 성격적 결함과 시스템에 대한 무지 탓에 고생을 자초하고 있다. (…) 동방의 군주나 정부를 그들이 가야 할 길로 인도하는 임무는 나 역시 몸소 겪어본바, 결코 쉬운 일이 아니다. 그래서 자네가 얼마나 힘겨운지 충분히 공감할 수 있다. 때로는 억장이 무너지는 일이기 때문이다.
—1917년 6월 20일 레지널드 윈게이트가 시릴 월슨에게[2]

두 달 전 와디키탄에서 벌어진 사태를 떠올리게 할 만큼 로렌스는 지도자로서의 막중한 부담을 느꼈다. 당시 그는 통솔하는 위치에 있었기에 한 명을 처형할 수밖에 없었다. 그리고 이제는 원정대 리더로서 목숨 걸고 동료를 구해야 하는 상황에 처해 있었다.[3]

5월 24일 오전이었다. 로렌스의 원정대는 엘훌을 닷새째 지나고 있었다. 아랍어로 '공포'를 뜻하는 엘훌은 길도 없고 물도 없는 아라비아 북부의 광대한 사막으로, 생명의 흔적이라고는 찾아볼 수 없는 그야말로 텅 빈 땅이었다. 로렌스는 시리아로 향하는 여정에서 두 다리를 대신할 이동 수단을 어떻게 구할까 걱정하고 있었다. 그런데 현실은 상상한 것보다 훨씬 더 나빴다. 엘훌 지방에 접어든 지 몇 시간도 안 되어 45명으로 구성된 부대는 맹렬하게 몰아치는 맞바람에 시달려야 했다. 로렌스는 바람이 "폭풍에 버금갈 만큼 강했다"면서 "워낙 건조한 바람이어서

입술이 터지고 뺨이 갈라질 정도"였다고 회상했다. 게다가 바람에 날리는 모래알마저 타는 듯 뜨거워서 눈을 뜰 수조차 없었다. 이런 바람이 한순간도 잦아들지 않고 나흘 동안 이어졌다.

극한 상황을 견디기 위해 인간은 정신활동이 완전히 중지된 상태로 빠져드는 경향이 있다. 목적을 이루겠다는 집념 이외의 나머지 모든 인식 작용을 멈추는 것이다. 엘훌을 지나던 로렌스 원정대가 바로 그런 상태였다. 실제로 5월 24일 아침에는 사람을 태우지 않은 낙타가 옆에서 터벅터벅 걷고 있는데도 아무도 알아차리지 못하는 지경이었다. 행렬 뒤에서 짐을 지고 따르던 낙타 중 한 마리일 것이라 여겼을지도 모르고, 주인이 다른 낙타로 옮겨 탄 뒤 행렬 어딘가로 끼어들었다고 여겼을 수도 있다. 혹은 동면 상태와 비슷한 지경이었으니 아예 낙타 자체가 눈에 띄지 않았을 가능성이 가장 높다. 마침내 로렌스가 그 이상한 낙타를 자세히 살폈다. 가심이 타던 낙타였다.

"송곳니가 도드라지고 얼굴이 누런 추방자"인 가심은 시리아의 마안 출신이었다. 그를 고향으로 데려가면 다른 아랍 민족주의자들과 접촉할 기회가 있지 않을까 싶어 로렌스는 가심을 동행케 했다. 물론 이 때문에 가심은 호와이타트와 아게일 부족 대원들 사이에서 이방인 취급을 당해야 했다. 이는 와디키탄에서 하메드가 사형당한 것처럼, 그가 위험에 처할 경우 도와줄 사람이 없다는 것을 의미한다. 그것이 사막의 냉혹한 불문율이었다. 훗날 로렌스는 가심의 이런 처지로 인해 "그가 겪는 모든 어려움을 오로지 나 혼자서 짊어져야 했다"고 회상했다.

결국 로렌스는 가심을 찾기 위해 가던 길을 되돌리는 무모한 결정을 내렸을 뿐만 아니라 반드시 찾아서 데려오겠다고 일행에게 큰소리까지 치고 말았다. 엘훌에서 홀로 떠안은 부담감이 합리적 사고 능력에 얼마나 악영향을 미쳤는지를 증명하는 사건이었다. 로렌스가 발길을 되돌리자 일행이 걸어온 발자국은 바람에 쓸려 지워져 있었다. 어느덧 일행의 뒷모습도 모래바람 속에 묻혀 보이지 않았다. 천신만고 끝에 로렌스는 가심을 찾았고, 주기적으로 수첩에 기입해둔 나침반 기록에 의지하여 겨우 대열에 합류할 수 있었다. 그는 자신의 판단이 옳았음을 확신했다.

출발한 지 보름째 되는 날에 벌어진 일이었다. 와즈를 떠날 때는 베두인 족의 전통에 따라 파이살을 포함한 부족장들 상당수가 몇 킬로미터를 동행함으로써 작별 인사를 대신했다. 그렇게 45명이 동북쪽 어둠 속으로 사라진 뒤, 두 달이 넘도록 헤자즈에서는 아무도 이들의 소식을 접할 수 없었다.

그들은 길을 나설 때부터 짐을 최소한으로 줄였다. 장총 몇 자루와, 반란에 가담시키고 싶은 시리아 부족장들에게 나누어줄 금화 2만 파운드, 각자 안장주머니에 넣어둔 밀가루 20킬로그램, 식수가 전부였다. 그들은 3주 동안 부지런히 내달려서 원래 주된 활동 무대였던 시리아 변방의 움푹 꺼진 땅 와디시르한에 도착할 예정이었다.

로렌스는 또다시 고열과 종기에 시달리면서도 여정의 첫 며칠간은 위대한 모험의 첫걸음인 양 목가적 서정으로 묘사하곤 했다. 로렌스의 아라비아 모험담 중 특히 유명하고 흥미진진한 이야기도 바로 이때 펼쳐진 것이었다. 『일곱 기둥』에 다우드와 파라즈로 나오는(실제 이름은 알리와 오트만이었다) 두 소년을 로렌스가 하인으로 얻게 된 사연이었다.

하루 쉬어가기로 한 어느 날, 로렌스는 바위 절벽 그늘 아래 누워 종기로 인한 통증을 달래고 있었다. 그때 한 소년이 그에게 달려와 도와달라고 간청하는 것이 아닌가. 근처 아게일 족 숙영지에서 달려온 다우드였다. 소년은 가장 소중한 친구 파라즈가 실수로 막사를 태워먹어 숙영지 책임자에게 심한 매질을 당하게 되었다면서, 로렌스가 말려주면

처벌을 피할 수 있을 거라고 호소했다. 잠시 뒤 아게일 숙영지 책임자 사드가 지날 때 로렌스는 그를 불러 세워 슬쩍 이야기를 꺼냈으나, 다우드가 바라는 대로 되지 않았다. 사드는 두 녀석이 툭하면 사고를 치기 때문에 이참에 본을 보여야 한다고 고집했기 때문이다. 그러나 로렌스의 부탁을 감안해서 솔로몬과 같은 절묘한 해법을 내놓았다. 친구가 맞을 매의 절반을 맞겠냐고 다우드에게 제안한 것이었다. 로렌스는 이렇게 썼다.

"다우드는 얼마든지 그러겠다고 대답하더니, 내 손과 사드의 손에 차례로 입을 맞추고는 언덕 위로 달려갔다."

로렌스는 훗날 『일곱 기둥』에서 파라즈와 다우드 사이가 연인관계라고 확신하며 "동양에서 여성과 접촉할 기회가 없는 소년끼리 애정을 주고받는 사례"라고 단정했다. 이 사건을 묘사하는 과정에서 그는 자신의 성적 정체성에 대한 여러 추측에 한 가지 소재를 보탰다. 거의 한 세기가 지난 지금까지도 일부에선 뜨거운 논란거리가 되고 있는 이야기로, 대체로 "허리를 굽힌 채 매질을 당하는 두 소년의 눈에는 고통이 가득했지만 일그러진 입술에는 옅은 미소가 배었다"라는 묘사를 특히 주목하고 있다. 이튿날 아침, 두 소년은 로렌스의 막사를 찾아와서 하인으로 거두어달라고 빌었다.

"천둥벌거숭이 다우드가 제 애인 파라즈를 데려온 것이다. 파라즈는 가녀린 몸이 아름다워서 소녀 같은 느낌을 주는 녀석이었다. 말갛고 매끈한 얼굴로 눈물을 글썽이고 있었다."

로렌스는 하인이 필요치 않다는 이유로 두 소년을 물리쳤으나 결국은 받아들이고 말았다. "그들이 어리고 깔끔해 보인 것이 가장 큰 이유였다." 그날부터 로렌스는 두 소년의 익살맞은 행동을 보면서 마음의 여유를 조금 찾을 수 있었다.

그러나 로렌스 일행은 기나긴 여정의 초반부터 우려스러운 문제에 맞닥뜨리고 말았다. 와즈 지역의 풍토병인 악성 피부병으로 인해 사람을 태운 낙타든 짐을 실은 낙타든 시름시름 앓았기 때문이다. 증세를 다스릴 수 있는 연고(사막에서는 버터가 전통적인 치료제로 통했지만)조차 없어서 머지않아 거의 모든 낙타가 고통스럽게 다리를 절거나 날뛰기 시작했다. 더욱이 전염병에 걸린 채 짐을 싣고 비좁은 계곡길을 오르던 두 낙타가 발을 헛디뎌 낭떠러지 밑으로 추락하고 말았다. 엘훌 외곽에 이르렀을 무렵 낙타들은 최악의 상태였다. 로렌스는 이렇게 적었다.

"파이살의 위풍당당한 낙타들 가운데 건강한 놈은 한 마리도 없었다. 규모도 작은 우리 원정대는 나날이 쇠약해지는 낙타들을 속수무책으로 지켜볼 수밖에 없었다. (아우다의 수석 부관) 나시르는 과거 무리한 이동으로 낙타들이 주저앉는 바람에 길에서 꼼짝 못했던 적이 많았다면서 근심이 이만저만이 아니었다."

로렌스가 품고 다니던 조그만 수첩은 고문과도 같았던 엘훌 횡단의 흔적을 보여주었다. 여느 때였다면 두툼했을 그의 여행용 수첩은 이내 몇 덩이로 쪼개지더니 날이 갈수록 낱낱이 갈라져, 그것이 수첩이었음을 알아볼 수 없는 지경에 이르고 만 것이다. 가심이 자취를 감춘 것은 그토록 극심한 고생이 닷새째 이어지던 무렵이었다.

잃어버린 가심을 찾으러 되돌아가기로 결정했을 때 로렌스는 그가 이미 죽었다고 생각했을 것이다. 그맘때 햇볕을 가려줄 장막이나 물도 없이 엘훌에서 고립되었다면 몇 시간 이상 버텨내기 어렵기 때문이다. 로렌스 자신 또한 나침판을 조금이라도 잘못 읽었다간 살아남을 수 없다는 사실을 익히 알고 있었다. 하지만 그는 견뎌냈고, 마침내 행운을 얻었다. 한 시간 반 정도 낙타를 타고 되돌아가던 그는 저 멀리 시커멓고 조그만 물체를 목격했다. 그리로 다가갈수록 물체는 점점 더 또렷하게 보였다. 휘청대며 걷고 있는 가심이었다. 그는 정신이 나간 사람처럼 중얼중얼 헛소리를 하고 있었다. 로렌스는 가심을 낙타 뒷자리에 태우고는 일행을 따라잡기 위해서 속력을 높였다.

데이비드 린 감독의 걸작 영화 〈아라비아의 로렌스〉에서 로렌스가 가심을 구조하는 장면은 불멸의 10분으로 통한다. 특히 동료들의 열렬한 환호와 안도의 한숨 속에서 로렌스가 가심을 데리고 돌아오는 순간 감동은 절정을 이룬다. 이런 고귀한 행동 덕분에 로렌스는 진정한 '사막의 아들'이라는 이미지를 한층 확고하게 다지게 되었다. 그러나 실제는 영화와 무척 달랐다. 그토록 가혹한 환경에서, 잠시 쉬어가려다가 낙타 행렬로부터 낙오된 가심은 죽음의 위기를 자초했고, 로렌스는 어리석은 한 명 때문에 목숨을 내걸었다는 이유로 일부 동료들로부터 칭찬이 아닌 질책을 당해야 했다. 게다가 원정대 지휘관은 로렌스가 혼자 대열을 이탈하도록 내버려두었다며 다우드와 파라즈에게 매질의 벌을 내렸다.

로렌스가 가심을 구출하고 이틀이 지난 1917년 5월 26일, 대영제국의 국왕과 전쟁 내각은 반가운 소식을 접했다. 카이로의 레지널드 윈게이트가 일급비밀로 전송한, 마크 사이크스가 최근 아라비아에서 거둔 큰 성과에 관한 보고서였다.

사이크스는 후세인 왕과 먼저 독대한 뒤 다시 프랑스 측 외교관인 프랑수아 조르주피코와 함께 제다를 방문하여 왕을 알현했다. 그는 아랍과 프랑스가 시리아의 미래에 대해 충분히 논의하여 극적인 합의에 도달하기를 바라고 있었다. 그러나 아랍은 전후 시리아가 위대한 독립 아랍국의 일부가 되어야 한다고 주장하고, 프랑스는 자국의 지배를 받아야 한다고 고집하고 있기에 합의 가능성은 희박했다. 5월 19일의 첫 회동은 예상대로였다. 세 시간에 걸친 의견 충돌 끝에 피코와 후세인은

예전보다 훨씬 더 비타협적인 표정으로 작별 인사를 나누었다.[4]

다음 날 아침, 후세인 왕은 유럽 사절단 앞에서 대담한 제안을 낭독하라고 통역관에게 지시했다. 그 제안 내용에 모두들 깜짝 놀랄 수밖에 없었다. 향후 영국이 바그다드 일대 이라크 지역을 차지하게 되듯이, 프랑스도 "무슬림-시리아의 해안지역"에서(아마도 레바논 일대 시리아 해변에서) 동등한 역할을 맡는 것을 받아들이겠다는 내용이었다. 승기를 잡은 영국군이 최근 바그다드를 점령한 데다 사이크스-피코 협정에서도 그 지역을 기한 없이 영국 통치로 정한 만큼, 바그다드와 레바논을 동등한 차원으로 다루겠다는 후세인의 결정은 결국 레바논에 대한 프랑스의 요구를 받아들인 것이나 마찬가지였다. 절제된 표현으로 당시 상황을 묘사하던 사이크스는 윈게이트에게 다음과 같이 보고했다.

"이에 대해 피코 선생이 쾌히 수용했고, 둘 사이는 화기애애했습니다."[5]

이는 놀라운 성취였다. 수많은 악조건 속에서 사이크스는 결국 중대한 첫 번째 돌파구를 만들어낸 것이었다. 이로써 영국이 이해가 상충하는 협정과 약속을 남발한 탓에 복잡하게 꼬여버린 매듭을 깔끔하게 풀어낼 수 있을 것 같았다.

그러나 사이크스 특유의 '작업 방식'에 익숙한 사람들이 보기에는, 이와 같은 커다란 진전에 대해 짚고 넘어가야 할 점이 있었다. 우선 제다 회담은 지금까지 연합국과 후세인 왕 사이에 도출한 가장 중요한 외교적 성과인데도 불구하고 사이크스가 작성한 보고서 전문은 고작 네 쪽에 불과했다. 평소 모든 주제에 대해 장황하게 설명하는 방식과 전혀 다른 형태였다. 게다가 사이크스와 피코는 후세인에게 제안한 바를 서면으로 남겨달라고 요구하지 않았고, 왕의 명령으로 통역관이 큰소리로 읽었다는 선언문 역시 사본 한 장 얻지 못했다. 그동안 이러한 결말을 열렬히 바라던 프랑스 외무성의 고위 관료들마저 합의가 너무도 깔끔하게 타결된 배경에 대해 의혹의 시선을 던지기 시작했다.[6]

이러한 우려가 불거진 때는 스튜어트 뉴컴이 카이로에 도착해서 길버트 클레이턴의 집무실을 찾아간 5월 27일이었다. 그는 제다 협상의 일부 과정에 시릴 윌슨과 동석한 덕분에 그곳에서 무슨 일이 벌어졌는지에 대해 자기 시각으로 보고서를 작성할 수 있었다. 뉴컴의 손에는 후세인의 제안을 발표했던 통역관 푸아드 알쿠타브의 보고서도 들려 있었다. 세 보고서는 세부적으로 서로 다른 점도 있었으나 레바논-바그다드 공식을 처음 꺼낸 사람은 후세인이 아니라 사이크스였다는 사실만은 일치했다. 더 골치 아픈 것은 후세인 왕이 그 공식에 대해 연합국 사절단의 해석과 전혀 다른 해석을 가지고 자리를 떴을 거라는 사실이었다.

이 문제로 가장 고민이 깊은 사람은 시릴 윌슨이었다.

"사이크스와 피코는 이번 회담 결과에 기뻐하고 있고 셰리프는 스스로 (레바논-바그다드) 제안을 내놓았지만, 나로서는 전혀 달갑지 않다. 그 누구보다 예의 바를뿐더러 나에 대한 의리를 지니고 있고 대영제국을 전적으로 신뢰하는 셰리프가 말로만 동의한 게 아닐까 하는 생각이 들었다. 향후 이라크 상황에 대한 우리 계획을 알았다면 결코 동의할 수 없는 내용이었기 때문이다."[7]

윌슨이 클레이턴 앞으로 보낸 12쪽짜리 편지에는 고뇌로 가득 찬 (그래서인지 중언부언하는) 내용이 담겨 있다. 후세인의 제안에 담긴 의도가 무엇인지 명확히 밝히라고 사이크스를 여러 차례 압박했으나 묵살되었으며, 사이크스의 비협조적인 태도로 전체적인 내용을 세밀하게 파악할 수 없다는 내용이었다.

덜 감정적인 편인 뉴컴의 항의는 여러 측면에서 더욱 충격적이었다.

헤자즈에서 숱한 고생을 겪은 터라 아랍 반란군을 실질적인 전투 부대로 여기지 않는 그였지만, 이번 일로 당황한 기색이 역력했다. 그가 우려하는 주된 이유는 후세인의 아들 파이살과 주고받은 대화 때문이었다. 유럽 사절단이 제다를 방문하는 동안 파이살 역시 그곳에 머무르고 있었다. 뉴컴은 후세인의 놀라운 제안에 대해 다음과 같이 보고했다. "(후세인 왕은) 파이살에게 대단히 열정적으로 말했다고 합니다. 자신이 그런 제안을 흔쾌히 내놓으려는 것은 영국 정부를 대표하는 마크 사이크스 경 때문이고, 그가 자신에게 그렇게 하라고 부탁했기 때문이며, 마크 사이크스 경이 모든 문제를 자기에게 맡기라고 충고했기 때문이라고 말입니다. 왕은 영국 정부를 절대적으로 신뢰하기에 얼마든지 그럴 생각이라고 말했답니다."8

영국군 장교라는 위치에서 뉴컴이 생각하기에, 자신이 어떤 내용에 합의해주었는지 정확히 알 수 없는 후세인의 처지를 고려할 때, 사이크스의 이와 같은 확신은 이제 영국 정부가 아랍 반란을 끝까지 살펴야 할 도덕적 책무를 떠안게 되었음을 뜻하는 것이었다.

"안 그랬다간 우리는 셰리프와 그의 백성을 농락하는 꼴이 되고, 셰리프의 군대에 결합한 (영국군) 장교들은 결국 추악한 게임에 기여하는 형국이 될 것입니다. 자칫하면 우리가 실망시킨 몇몇 장교를 분노하게 만들지도 모릅니다."

윌슨과 뉴컴은 무척 불편한 심경이었지만 사이크스를 대놓고 비판하기에는 둘 다 다분히 외교적인 성향이었거나, 전체 그림을 제대로 파악하기에는 어수룩한 쪽이었을 것이다. 실제로 제다에서 벌어진 일은 단지 오해의 여지가 있는 사건이 아니라 복잡하고도 영리하게 조작된 마크 사이크스의 속임수였다.

이 속임수는 3주 전 사이크스가 아라비아를 처음 방문했을 때 비롯되었다. 당시 그가 제출한 빈약한 보고서에 따르면, 후세인과 파이살에게 사이크스-피코 협정을 온전히 설명한 뒤 마지못해 수락을 받아냈다고 단언했다. 물론 그 회동에 대한 파이살의 평가는 전혀 달랐으나, 사이크스는 적어도 정부 관료들이 변덕스러운 아랍 부족장과 전사인 그 아들의 말보다는 의회 의원이자 준남작인 자신의 말을 믿을 것으로 확신했다. 물론 적어도 한 명은 사이크스가 첫 번째 방문에서 공평무사함을 잃고 거짓말을 했다는 사실을 간파했다. 게다가 영국 정부 관료들이 귀를 기울인 대상도 사이크스가 아니라 그 '한 명'(바로 T. E. 로렌스)이었다. 하지만 사이크스가 피코와 함께 제다로 돌아온 결정적인 순간에 로렌스는 북쪽으로 떠나 소식이 닿지 않는 상태였다. 사이크스로서는 천만다행이었다.

사이크스는 5월 19일 피코-후세인의 첫 회담을 결렬시킨 바로 그 문제를 심사숙고하는 과정에서 자신의 결정적인 속임수를 떠올린 것으로 보인다. 그 문제란 영국이 바그다드에서 누리게 될 지위를 프랑스도 시리아 해안지역에서 누려야겠다는 피코의 주장이었다. 당시 사이크스는 이런 식으로 영국과 프랑스를 연결짓는 것이 심히 못마땅했고, 그는 영국과 프랑스의 희망 사항이 중동에서 완전히 분리되기를 바랐다. 그래서 불편한 심정으로 회담장을 떠났다. 하지만 사이크스는 사절단을 제대로 실어온 이후 숙소로도 이용되는 영국 해군함 노스브룩 호로 돌아와 곰곰이 생각하다가 딜레마에서 벗어날 명쾌한 해법을 번뜩 떠올렸다.

후세인이 레바논과 바그다드를 결부하는 데 반대한 이유는 영국이 영구적으로 바그다드를 장악할 것을 우려했기 때문이 아니라 오로지 프랑스군의 주둔을 원치 않았기 때문이다. 사이크스가 비밀 협정의 해당 조항에 대해 알려주지 않는 한, 후세인은 사실을 파악할 도리가 없었다. 물론 사이크스가 비밀을 털어놓을 리는 만무했다.[9]

다만 영국의 바그다드 구상에 대해 후세인이 가장 최근에 남긴 한마디는 1915년 말 고등판무관 헨리 맥마흔과 합의에 이른 모호한 협약이 전부였다. 둘 사이에 오간 서신에서 맥마흔은 이라크에 관한 영국의 경제적 이익의 관점에서 미래 아랍국의 바스라와 바그다드 지역은 "특별한 행정적 조치들"을 필요로 한다고 주장했다. 이는 영국이 해당 지역을 상당한 정도로 통제하겠다는 뜻이었다.[10] 이에 대해 후세인은 그 지역을 "단기간에 한하여" 영국 통치에 맡기되 "점령 기간에 적당한 보상금을 아랍 왕국에 지급하는" 방안을 제시했다.[11] 이러한 계획에 대해 사이크스는 영국군의 이라크 주둔을 단기적 영토 임대 방식으로 대처하면서 궁극적으로는 이 지역을 독립 아랍국 영토로 편입시키려는 후세인의 뜻이라고 판단했다. 실제로 그즈음 후세인은 파이살과 푸아드 알쿠타브를 포함한 최측근 인사들에게 (맥마흔이 보내온 서한을 직접 보여줄 수는 없었지만) 이라크의 미래에 대한 영국의 철석같은 약속을 "자기 호주머니 속에" 넣어두었으니 걱정하지 말라는 수수께끼 같은 말을 몇 차례 흘린 바 있었다.

사이크스는 일이 잘 풀릴 것 같은 느낌을 받았다. 후세인은 사이크스-피코 협정을 모르고, 피코는 맥마흔-후세인 서한을 모르는 만큼, 양측이 모두 이득을 봤다고 여길 만한 협정을 이끌어낼 수 있으리라 생각한 것이다. 혹시라도 서로 속았다고 생각하는 상황이 벌어진다 해도 세부 내용을 따지느라 거래를 뒤엎지는 못할 게 분명했다. 기막힌 발상이었다. 같은 날인 5월 19일 오후, 사이크스는 노스브룩 호에서 뭍으로 급전을 보내 푸아드 알쿠타브에게 자신을 방문해줄 것을 청했다.

푸아드를 만난 사이크스는 후세인이 다음 날 제안할 내용을 두 가지로 제약할 필요가 있다고 주장했다. 첫 번째는 우호적인 제스처에 불과한 내용으로서, 아랍 독립국 건국을 위한 국제적 로비에 조만간 착수할 시리아 망명자들의 자신에 대한 지지를 허락하지 않겠다고 후세인이 발표하는 것이다. 두 번째는 이보다 월등히 중요한 내용으로, 후세인이 레바논-바그다드 공식을 받아들이는 것이었다. 사이크스는 아연실색한 알쿠타브를 안심시키면서 모든 일을 자신이 알아서 해결하겠다는 말을 반복했다.

후세인으로서는 그런 계획에 선뜻 동의하기 힘들었지만 결국은 받아들이기로 했다. 알쿠타브에 따르면 후세인은 "정치적인 사안에 관한 한 자신보다 마크 사이크스 경이 아랍을 위해 더 잘 싸울 것이고, 영국 정부의 권위를 등에 업고서 발언할 것이며, 그러므로 그가 자신의 약속을 충분히 이행할 것이라 믿었다."

아울러 후세인은 알쿠타브에게 한 가지 사실을 더 환기시켰다.

"나는 헨리 맥마흔 경이 보낸, 내가 바라는 모든 것을 약속한 편지를 가지고 있다. 영국 정부는 약속을 충실히 지킬 것이므로 그렇게 해도 괜찮을 것이라 생각한다."[12]

이튿날 아침 푸아드는 지시받은 대로 후세인의 선언문을 읽었다. 그날 오후 노스브룩 호는 제다 항을 떠났고, 조르주피코는 프랑스가 레바논을 넘겨받았다고 믿었으며, 후세인 왕은 프랑스를 간신히 설득해서 향후 시리아 전체의 독립을 납득시켰다고 믿었다.

윌슨과 뉴컴은 사이크스의 속임수를 완벽하게 파악하지 못했을 뿐만 아니라, 각자 클레이턴에게 보낸 편지를 낱낱이 해명하라는 사이크스의 요구를 받고서 당혹감을 감출 수 없었다. 윌슨이 주장한 것은 제다에서 합의한 내용이 무엇이며 후세인에게 영국의 진짜 의도에 대해 어떻게 말했는지 사이크스에게 보고서를 받아야 한다는 것으로, 이러한 말을 보탰다.

"앞으로 우리가 셰리프를 계속 돕지 않는다면, 또 우리를 신뢰하는 셰리프에게 끔찍한 실망감을 안긴다면, 누구나 '부러워하는' 제다의 성지순례 담당 장교 자리는 공석이 될 것입니다. 저는 그 자리를 도저히 지킬 수가 없습니다."[13]

그러나 정치적 승부라는 측면에서 아랍인들을 풋내기로 볼 수만은 없었다. 로렌스 덕분에 사이크스-피코 협정을 파악하고 있던 파이살은 아버지가 협상에 동의했다는 소식에 깜짝 놀라 협상 테이블을 곧바로 뒤엎으려 들었다. 5월 28일, 그는 시리아 민중에게 아랍 독립의 이름으로 무기를 들라고 선언했다. 그러면서 한편으로는 대영제국이 도울 것이라면서 칭찬을 늘어놓았다. 파이살은 이렇게 썼다.

"영국은 오직 아랍인들이 기존 국경선 그대로 독립 정부를 건립해서 잘 운영하는 모습을 지켜보기 위해 돕는 것이라고 확신한다."

프랑스도 비슷한 방식으로 끌어들였다. 파이살은 과거 시리아에 공헌한 프랑스에 감사하면서 이렇게 언급했다.

"우리는 아랍의 독립을 인정하는 부분에 프랑스가 연합국과 뜻을 같이해주어 무척 고맙게 생각한다."[14]

이렇듯 사이크스가 제다에서 수작을 부린 결과, 중동의 미래에 대한 아랍과 연합국 간의 합의는 고사하고 간극만 넓히고 말았다. 나아가 곧 추접하고 지긋지긋한 반향을 일으켜, 영국의 정책 결정자들은 한때 가장 효과적이었던 전략으로 복귀하고 말았다. 다음에는 무슨 일이 벌어질까 기다리면서, 결국에는 모든 것이 잘되리라 기대하면서, 아무 일도 하지 않는 전략이었다. 사이크스는 불과 며칠 전에 합의한 결정과는 상당히 어긋난 파이살의 포고문에 대해 질문을 받을 때면, 대수롭지 않은 표정으로 어깨를 으쓱하면서 아랍 내부의 선전용 발언일 뿐이라고 치부했다. 클레이턴이 사이크스에 대한 윌슨과 뉴컴의 불만을 마침내 에둘러 꺼냈을 때는 "개인적으로 이 문제를 중요하게 여기지 않는다"는 단서 아래 후세인이 느낄 혼란을 언급하면서 이렇게 썼다.

"그가 견디기에는 상황이 너무 가혹해서 결국에는 합의문을 따라야 할 것입니다. 아니면 합의를 깰 수도 있습니다."[15]

포기를 몰랐던 유일한 인물은 완고한 성품의 시릴 윌슨이었다. 1917년 6월 말, 카이로에 불만을 처음 제기한 지 한 달이 지나도록 만족스러운 응답을 받지 못한 그는 레지널드 윈게이트의 부관 스튜어트 사임스 중령에게 편지를 보내 제다에서 정확히 어떤 합의가 이루어졌는지 "짧게라도 사실을" 밝혀야 한다고 촉구하면서 이렇게 지적했다.

"마크 사이크스 경이 셰리프에게 설명한 내용을 사실대로 보고하면 무슨 큰일이라도 벌어진다는 말입니까?"[16]

그러나 편지가 오가는 동안 중동에서 충분히 많은 문제가 발생했다고 생각한 사임스는 더 이상 문젯거리를 보태고 싶은 마음이 없었다. 그는 윌슨에게 이렇게 회신했다.

"모든 논의는 현재로서는 유동적인 상태입니다. 전적으로 전세가 어떻게 흐르느냐에 달려 있습니다. 따라서 무언가 확실하게 규정한다는 건 불가능합니다. 우리가 할 수 있는 것이라고는 상황이 더 명료해질 때까지 가능한 한 다양한 변수가 활동하도록 내버려두는 것입니다. 어려운 처지인 줄 압니다만, 어쩌겠습니까."[17]

감상적인 말이지만 제다 회담을 계기로 결연히 명예로운 영국의 수호자로 거듭난 사람은 바로 영국의 손에 희생당한 인물인 후세인 왕이었다. 파이살은 노스브룩 호 책상에서 꾸려진 제안 내용에 대해 듣자마자 아버지를 찾아가 씩씩거리며 대들었다. 그러자 후세인은 아들을 이렇게 꾸짖고 내보냈다.

"아버지가 아들에게 내리는 말이다. 대영제국이 하는 말이라면 의심하지 않아도 된다. 현명해서 믿을 수 있는 나라다. 두려움을 거두어라."

그곳은 피란처를 상상했던 로렌스의 기대에서 완전히 벗어나 있었다. 전염병이 창궐한, 가능한 한 빨리 벗어나야 할 악몽 같은 풍경이었다. 와디시르한은 (오늘날 요르단에 해당되는 곳으로서) 아라비아와 시리아의 경계를 이루며 서북쪽에서 동남쪽으로 비스듬히 320킬로미터나 이어져 있다. 움푹 파인 지형은 100만 년에 걸쳐 형성된 것으로, 이 척박한 변방에 비가 내릴 때면 이곳은 물줄기가 흐르는 조붓한 계곡으로 바뀌곤 한다. 한편 이곳은 1917년에 아우다 아부 타이가 호와이타트 부족민들에게 집결 장소로 특정한 곳이었다. 자신이 로렌스와 함께 와즈에서 데려온 소부대를 와디시르한에서 맞이하라고 명령한 것이다.

로렌스가 『일곱 기둥』에서 언급했듯이, 와디시르한은 우물이 많고 식물도 비교적 많이 서식하는 곳이어서 엘훌을 건너온 사람들의 눈에는 파라다이스가 갑자기 나타난 것처럼 보일 정도였다. 하지만 적어도 두 가지 측면에서는 머물 수 없는 곳이었다. 우선 독사가 우글거렸다. 뿔살무사, 아프리카산 퍼프애더, 코브라 따위가 바위 아래 혹은 수풀 사이에 도사리고 있거나 물가에 똬리를 틀고 있었다. 로렌스처럼 병적으로 뱀을 싫어하는 사람에게 와디시르한은 한순간도 편히 쉴 수 없는 곳이었다. 그의 두려움은 결코 노파심이 아니었다. 와디시르한에 도착한 지 며칠 만에 일행 가운데 세 명이 뱀에 물려 목숨을 잃었고 네 명은 죽을 고비를 넘겼기 때문이다. 그곳의 민간 '처방'도 믿을 만한 것이 못 되었던 게, 뱀 껍질로 상처를 감싸고서 환자가 죽을 때까지 곁에서 코란을 암송하는 게 고작이었다.

두 번째 요소는 만찬이었다. 와디시르한은 남부 시리아에서 가장 강력한 부족장 가운데 한 명인 누리 샬라안이 관할하는 영토 아래쪽 지역이었다. 아우다는 그곳에 도착하자마자 샬라안을 찾아가서 머물러도 괜찮은지 허락을 받아야 했다. 그 허락이란 매일 밤 호와이타트 족이 쌀과 양고기로 대접하는 잔치에 로렌스가 주빈으로 참석하는 것을 뜻한다. 베두인의 환대는 성대하면서도 특이한 면이 있었다. 그들에게 손님 대접을 받아본 서구인이라면 사양하기 어려울 만큼 강압적인 식사 초대라고 증언해온바, 이제 로렌스 차례가 되었다. 넉넉지 않은 형편에도 와즈에서 온 여행자들을 위해 집집마다 매일 밤 돌아가며 잔치를 벌였다. 로렌스의 자세한 묘사에 따르면, 다채로운 풍습 중 하나로 여겼던 이들의 잔치는 어느덧 기괴한 느낌으로 변해갔다. 특히 배가 불룩 나온 아이들이 잔칫집 주위에 모여들어 쟁반에 남은 음식을 낚아채려고 기회를 엿보던 모습은 잊을 수 없는 장면으로 남았다.

"우리가 광막한 사막을 횡단할 때보다 더한 절망과 슬픔의 풍경이었다. 모래와 자갈과 바위밖에 없는 사막이 때로는 강렬한 인상을 선사하기도 했다. 어떻게 보면 불모의 처량함이 주는 기묘한 아름다움도 없지 않았다. 그러나 뱀이 우글거리는 시르한에는 불길하고 사악한 무언가가 존재했다."

그러나 로렌스의 고통은 파충류나 양고기 잔치를 넘어선 다른 데 있었다. 반란군 사절단과 동맹을 협의하기 위해 찾아오는 인근 부족들을 기다리는 고요한 나날 속에서도 로렌스는 자신이 속임수의 망토를 걸치고 있다는 사실을 날카롭게 인식하고 있었다.

이는 예닐곱 가지 차원에서 작동하는 속임수였다. 와즈를 떠날 때 로렌스의 동지들은 이번 여정의 목적이 시리아 부족들과 힘을 합쳐 파이살의 북진을 준비하는 것으로 알고 있었다. 실제 목적은 아카바 점령이란 사실을 아는 사람은 소수에 불과했다. 사실 아우다와 파이살 역시 완벽한 그림을 그리지 못했기에 계획 전체를 장악하고 있는 인물은 로렌스뿐이었을 것이다.

본래 아우다는 그 낭만적인 명성과 달리 사막의 강도였고, 그래서 가장 큰 관심사는 약탈이었다. 그런데 아카바는 침략한들 건질 만한 게 별로 없는 곳이었기 때문에 로렌스는 처음부터 상황을 모호하게 이끌 수밖에 없었다. 이동하는 도중에 기회가 되면 눈앞의 약탈품을 챙기는 것보다 아카바를 점령하는 것이 장기적으로 이득이라는 확신을 아우다에게 심어줄 수 있으리라 생각했다. 파이살의 경우, 로렌스가 와즈를 떠나자마자 영국군 조력자들에게 아카바로 서둘러 진격하자며 또다시 로비를 펼치기 시작했다.[18] 아마도 로렌스의 진짜 목적지를 숨기기 위한 파이살의 술책이었을 것이다. 그러나 파이살 역시 정확한 목적지가 어디인지 귀띔을 못 받았기 때문에 그랬을 가능성도 있다. 급박하게 돌아가는 전황에서 불가피한 속임수 전술이긴 했지만, 만에 하나 실패한다면 주위 사람들에게 재앙을 안겨줄 수 있으므로 로렌스는 리더로서 무거운 짐을 혼자 짊어질 수밖에 없었다.

무엇보다 연합국의 계획적 배신이라는, 이면에 도사린 더 큰 속임수가 로렌스의 부담감에 무게를 더했다. 로렌스는 와즈를 떠나기 전 마크 사이크스와 만났을 때 '배신 계획'을 충분히 파악한 것으로 보인다. 그 결과 북으로 향하는 여정 내내 마음이 무거웠을 것이다. 로렌스가 고생길을 함께하는 동료들과 많은 이야기를 나누지 않았던 것은 분명 이러한 이유에서였을 것이다. 게다가 수많은 부족 대표자가 아랍의 독립을 위해 싸움에 동참하겠다며 와디시르한으로 찾아오는 것을 보면서 더욱 죄책감에 시달렸을 것이다.

"그들은 나를 영국 정부에 얽매이지 않은 사람으로 보고 그 서면 약속의 보증인이 되어달라고 요구했다. 그래서 나는 음모에 가담해야 했다. 내 말이 무슨 가치가 있겠냐마는, 나는 그들에게 보상을 장담했다.

지독한 부끄러움을 느끼는 것 말고 내가 할 수 있는 일은 없었다. 우리가 전쟁에서 이긴다면 그 약속은 휴지 조각에 불과하다는 게 드러날 터였기 때문이다. 내가 아랍의 진정한 조력자라면 그들에게 이런 일에 목숨 걸고 싸우지 말고 집으로 돌아가라고 충고해야 했다."[19]

물론 로렌스는 그렇게 행동할 수 없었다. 대신 그 장면에서 자신을 삭제하기로 마음먹었다. 그는 6월 5일자 일기에 이렇게 썼다.

"이곳에서는 단 하루도 더 머물 수가 없다. 북쪽으로 달려가서 끝장을 내야겠다."[20]

여기서 "끝장"이라는 표현을 선택한 것은 흥미로운 대목이 아닐 수 없다. 로렌스의 결심은 터키가 지배하는 시리아의 심장부로 들어가는 것으로, 자살 행위나 다름없는 모험이었다. 그는 『일곱 기둥』에서 당시 결정을 합리화하기 위해 북쪽을 탐색하고 싶었다면서 다음과 같이 설명했다.

"민심을 살펴서 최종 계획을 확정할 작정이었다. 아울러 나는 시리아에 대해서 잘 알고 있고 어떤 곳은 세밀한 구석까지 정확하게 파악하고 있었지만, 십자군을 공부한 사람으로서 그곳 지형을 한 번 더 살펴본다면 확실한 전략을 세울 수 있을 것 같았다."

이와 같은 탐색 작업은 시리아 심장부에서 아랍 반란의 불길을 지필 수 있다면 프랑스의 제국주의적 구상을 전복할 수 있을 것이라는 실낱같은 희망의 발로였다. 그러나 이런 희망을 품는 것조차 쉽지 않았다. 설령 시리아 사람들이 반란에 가담하더라도 이미 가치를 상실한 대의명분을 위해 싸우다 죽는 데 그칠 가능성이 훨씬 더 높았기 때문이다.

수첩 가장자리에 휘갈겨 쓴, 길버트 클레이턴에게 보내는 문장은 로렌스가 당시 상황을 고통스럽게 받아들였다는 사실을 여실히 보여준다.

"장군님, 저는 다마스쿠스로 혼자 떠나겠다고 결심했습니다. 그리로 가는 도중에 죽었으면 좋겠습니다. 상황이 더 악화되기 전에 무슨 수를 써서라도 명명백백하게 밝히십시오. 우리는 거짓말로 그들을 꾀어 우리를 위한 싸움터에 끌어들였습니다. 저는 더 이상 견딜 수가 없습니다."[21]

　로렌스는 자신이 도중에 죽는다면 적의 손에 수첩이 들어갈 것을 우려하여 와디시르한에 보관해둔 채 길잡이 둘을 앞세우고 북쪽으로 떠났다. 전쟁 기간을 통틀어 로렌스가 실행한 가장 대담한 계획이었다. 적군이 장악한 지역을 관통해서 레바논 국경과 다마스쿠스 외곽을 거쳐 돌아오는, 644킬로미터에 이르는 머나먼 여정이었다. 이와 같은 위업을 달성한 덕분에 로렌스는 영국군 최고의 영예인 빅토리아 십자훈장 수상자 후보로 이름을 올렸다. 그러나 이 여정은 그의 인생에서 가장 베일에 싸여 있고 사건에 관한 기록도 찾아볼 수 없는 시기이기도 하다. 이는 다분히 고의적인 것이었다. 당시 모험에 관한 기록은 카이로의 상관들에게 제출한 4쪽 분량의 보고서가 전부였다. 이름 없는 사막 분지의 식생과 지형적 특징을 치밀하게 고찰한 650쪽 짜리『일곱 기둥』에서도 북부 탐사에 관한 이야기는 조롱 섞인 필치로 "조금도 흥미를 일으키지 않는, 쓸모없는 황무지"였다며 몇 문단을 할애했을 뿐이다.[22]

　당시 여정에 관해 알려진 이야기는, 로렌스가 아랍 반란에 기여할 것으로 보이는 잠재적 협력자들(여러 부족장과 도시지역 민족주의자들)을 수차례 만났지만 그들은 망설이고 있었다는 것이다. 이는 게릴라 전술의 전형적인 문제점이었다. 파이살의 반란군은 시리아로 진격하는 과정에서 지방 세력의 지원을 필요로 했지만, 그들 역시 반란군의 지원이 없으면 선뜻 움직이기 어려웠다. 이런 딜레마로부터, 그리고 적절한 합의를 이루지 못해 상황이 꼬이는 과정에서 로렌스는 자신과 영국이 저지른 속임수의 무게를 그 어느 때보다 처절하게 느꼈을 것이다.

정치적으로나 개인적으로 결정적인 이 여정의 말미에서 로렌스는 가장 중대한 만남을 가졌다. 시리아 남부 오아시스 도시인 아즈라크에서 에미르 누리 샬라안을 만난 것이다. 로렌스는 몇 주 전 아우다 아부 타이가 와디시르한을 호와이타트 부족민의 집결 장소로 활용하기 위해 샬라안의 허락을 구한 사실을 기억해냈고, 이로써 그가 그 지역의 유력한 존재라는 사실을 깨달았다. 후세인 왕 역시 아랍 반란을 일으키기 전부터 샬라안에게 사절단을 보내 그가 이끄는 거대한 루알라 부족과 손잡으려고 애썼다. 이에 에미르는 그동안 칼날의 향방에 춤사위를 맞추면서도 조만간 반란에 동참하겠다고 암시를 던져왔다. 하지만 그때까지는 등 뒤에 버티고 선 오스만 제국의 눈치를 힐끗힐끗 봐야 하는 처지였다. 샬라안이 중요한 인물로 주목된 것은 권위 때문만이 아니었다. 로렌스의 묘사에 따르면, 그는 흡사 저승사자와도 같은 외모를 지니고 있었다.

"비쩍 마른 얼굴에 서슬 퍼런 기운이 감도는 상노인이었다. 희끗희끗한 머리카락에는 슬픔과 회한이 깃든 것 같았고, 쓸쓸한 미소를 지을 때만 표정에 변화가 일었다. 굵은 속눈썹 위로 쭈글쭈글한 눈꺼풀이 여러 겹 덮였고, 내리쬐는 붉은 태양을 받은 눈동자는 이글거렸다. 불길이 활활 타오르는 구덩이처럼 무시무시한 눈빛, 사람을 서서히 태워 죽일 것 같은 눈빛이었다."[23]

그러나 이런 표현은 누리 샬라안의 또 다른 측면에 따른 과도한 묘사였다. 루알라 부족장은 사막 한복판에 고립된 상태라고 할 수 있었음에도 지난 2년 동안 영국이 후세인을 비롯한 헤자즈의 아랍 지도자들에게 어떤 약속을 했는지 잘 알고 있는 듯했다. 그는 상충하는 문서들의 사본을 꺼내놓고 어느 쪽을 믿어야 하는지 묻는 방식으로 로렌스라는 방문자를 떠보려 했다. 로렌스는 이렇게 회상했다.

"그를 얻거나 잃는 것은 내가 어떤 대답을 내놓느냐에 달려 있다고 생각했다. 아랍 반란의 성패는 그에게 달린 셈이었다."[24]

로렌스는 영국이 가장 최근에 약속한 내용을 믿어야 한다고 샬라안에게 조언했다. 사막의 부족장은 로렌스의 답변이 그런대로 마음에 들었던 모양이다. 그러나 로렌스로서는 짓눌린 양심에 또 하나의 가책을 보탰을 뿐이었다.

샬라안과 만난 로렌스는 영국이 아랍에게 약속한 것을 지키도록 몰아붙이겠다는 강철 같은 결심을 품고 와디시르한에서 자신을 기다리는 동료들에게 돌아왔다. 그는 아랍 전사들을 이끌고 시리아 전장을 확대하는 쪽으로 실행에 옮기려 했다. 그러면 점령한 땅에 대한 소유권을 주장함으로써 제국주의적 열망에 사로잡힌 프랑스를 좌절시킬 수 있을 거라 여겼다. 로렌스는 이렇게 썼다.

"다시 말해서, 나는 (의지와 힘을 지닌 다른 지도자가 한 사람도 안 보였기에) 전투에서 승리할 수 있을 것으로 생각했다. 터키군은 물론 비밀리에 결탁한 내 조국과 그 우방들까지도 전장에서 무찌를 수 있을 거라 보았다."[25]

하지만, 로렌스 자신도 인정했듯이, 섣부른 예상이었다.

로렌스는 그해 6월 시리아에 발을 디딘 유일한 서구 첩보원이 아니었다. 실은 조급했던 북부 탐사 기간에 5킬로미터 지척에 숙적 쿠르트 프뤼퍼가 있었다.

프뤼퍼는 지난 3월 독일에서 돌아온 뒤로 콘스탄티노플에 있는 독일군 정보국의 안락한 본부 사무실을 떠난 적이 거의 없었다. 막스 폰 오펜하임이 제시한 독일 정부와 산업 분야의 거대한 협력관계는 대부분 결실을 맺지 못한 채 시들고 말았다. 독일 기업인들이 빈곤과 파괴로 신음하는 지역에 투자하기를 꺼리는 것도 무리는 아니었다. 그 대신 프뤼퍼는 독일에 우호적인 새로운 선전용 소책자 시리즈를 만들기 위한 준비 작업을 시작했다. 하지만 베를린에서는 인쇄 비용을 걸고넘어지는 데다 경직된 검열로 인한 터키 정부의 관료주의적 제약 때문에 탄식만 길어질 뿐이었다.

5월 중순, 결국 그는 지루한 일상에서 탈출하기로 결심했다. 한 해 전 오펜하임과 함께 시리아 전역에 세운 도서관 및 독일 선전 기관을 아우르는 장기 탐사 프로젝트를 지휘하기로 한 것이다. 현지 탐사는 프뤼퍼를 훌륭한 첩보원으로 거듭나게 만들어준 자양분이었다. 그런 프뤼퍼였기에 사탕발림 성명서나 전보 따위로 책상이나 어지르는 나날은 견디기 힘들었다. 그럼에도 불구하고 그는 이번 탐사에서 큰 충격을 받지 않을 수 없었다.

전쟁 중에 종종 발생하는 상황이지만, 1917년 봄까지 오스만 제국 내부에서 벌어지는 일들에 대해서는 현지 주민들보다 외부 세계가 더 선명한 정보를 얻고 있었다. 이런 정보들은 4월 미국과 터키의 외교 단절에 따라 터키를 떠나야 했던 미국 영사관 직원들의 입에서 나온 것이었다. 스위스와 워싱턴과 런던에서 이들이 발표한 임무 보고에 따르면, 오스만 제국 몇몇 지역에서 발생한 질병과 기아로 수십만 명의 시민이 희생되자 반란을 일으키려는 군중으로 일촉즉발 상태였다. 또한 군 부대에서는 탈영하는 병사들이 25~30퍼센트, 또는 40퍼센트까지 이르기도 했다.[26] 관찰력이 뛰어난 미국 공무원들의 증언에 따르면, 터키군과 독일군 사이에 갈등이 심화되어 폭력 사태로 이어지기도 했지만, 대중은 이런 상황에 별 관심이 없으며 오직 전쟁이 빨리 끝나서 안정적인 생활을 누릴 날이 오기만을 갈망한다고 밝혔다.[27]

물론 프뤼퍼도 콘스탄티노플에 머무는 동안 이러한 상황을 눈치 챘을 것이다. 현장에서는 식량 부족과 전염병, 터키의 시민과 병사 모두를 잠식한 무기력 등에 대한 보고서가 (결국은 무시당하긴 했지만) 끊임없이 올라왔기 때문이다. 그러나 5월 21일 하이다르파샤 역에서 내륙행 열차에 탑승한 프뤼퍼는 자신을 기다리는 참상들에 신경 쓰지 않기로 작정이라도 한 양 탐사 여정 내내 자신이 겪는 불편함에 대해서만 늘어놓고 있었다. 열차에는 그의 지위에 맞는 안락한 공간도, 공식 연회를 즐길 수 있는 특별 칸도 없었기 때문이다. 결국 중동에서 가장 중요한 독일 관료 중 한 명인 그는 옹색한 만원 열차에 적응해야 했다. 열차는 걸핏하면 이유 없이 고장 나는 바람에 몇 시간, 심지어는 며칠 동안 대기 차로에서 기다려야 했다. 하나뿐인 더러운 침대칸에는 벼룩이 들끓었다. 두 달에 걸친 탐사 기간에 얇은 일기장에 연필로 짤막하게 휘갈겨놓은 프뤼퍼의 일기는 대부분 이러한 불평 일색이었다.[28]

프뤼퍼가 치러야 했던 고통의 정점은 간헐적으로 찾아오는 치통이었다. 치통 증세는 점차 심해져서 결국은 염증이 턱 전체로 번지고 말았다. 치과 의사는 잠정적으로 괴혈병이라는 진단을 내렸다. 비타민C 부족이 원인인 이 질병은 당시 시리아에 창궐해 있었다. 2년 전까지만 해도 시리아는 전 세계에서 맛 좋은 감귤류 재배 지역으로 유명했지만 만성적인 석탄 부족으로 인해 그 많던 유실수는 기관차 엔진을 돌릴 땔감으로 베어져버렸다.

쿠르트 프뤼퍼는 자신의 두 눈으로 이 모든 상황을 확인하면서도 그 의미를 애써 무시하려는 것 같았다. 그는 자신과 막스 오펜하임이 공유하던 범이슬람 지하드의 꿈이 무슬림 대중에게 아무런 자극을 주지 못한 것은 통신 여건이 열악했기 때문이라고 베를린의 고위 외무 관료들에게 보고했다.

"아군의 선전 역량을 적군의 잔혹 행위에 과도하게 집중하는 것은 시간 낭비일 뿐입니다. 터키 제국의 백성은 바보가 아닙니다. 지금 상황이 어떻게 돌아가는지 잘 알고 있습니다."29

하지만 프뤼퍼는 활짝 벌려져 있는 균열을 탐지하는 데 실패했다. 그는 시리아의 아랍인들은 겁이 너무 많아서 터키군에 대항해 들고일어날 수 없다는 글을 수시로 썼고, 이번 탐사에서도 그런 관점을 재고해야 할 이유를 찾지 못했다. 6월 3일 T. E. 로렌스는 프뤼퍼가 머물고 있는 다마스쿠스에서 겨우 5킬로미터 떨어진 마을에 체류하고 있었다. 그곳에서 로렌스는 아랍 민족주의 지도자들과 머리를 맞댄 채 아랍 반란을 시리아 수도로 확산할 방법을 모색하고 있었다. 프뤼퍼는 팔레스타인의 유대인 이주민들 역시 온순하고 순종적이라면서 아랍인들보다 더 멸시했다. 6월 12일에는 독일군 첩보 기관 책임자가 팔레스타인 마을 잠마린의 허름한 호텔에 묵는 모습이 포착되었다. 유대인 정착촌이자 첩보 조직 NILI의 근거지인 지크론야코프에서 불과 1.6킬로미터 거리였다.

———

사라 아론손과 NILI의 부책임자인 요세프 리샨스키는 4월 중순에 카이로를 잠시 방문했다. 아론 아론손을 만나서 앞으로 몇 달 동안 NILI 활동을 어떻게 펼쳐나갈지 계획을 세우기 위해서였다. 이후에는 매너젬 호의 다음 출항 일정에 맞추어 아틀리트 해변으로 몰래 돌아가 계속 첩보활동을 전개할 작정이었다. 하지만 출항은 두 차례 무산되었고, 사라가 말라리아에 걸려 2주 동안 병원 신세를 지는 등의 불운이 겹치자 언제 복귀하게 될지 알 수 없는 상황이었다. 그리고 5월 말이 되어서야 둘은 떠나왔던 곳으로 돌아갈 수 있었다.

아론 아론손은 일정이 이렇듯 지연되는 데 실망했지만(사실 그는 요세프와 사라가 한꺼번에 자리를 비우면 조직 자체가 위태로워질 위험이 있기 때문에 요세프 리샨스키는 아틀리트에 남아 있기를 바랐다) 마음 한구석에서는 다른 기대가 생겨났다. 카이로에서 외로움에 지쳐 있던 그로서는 모처럼 여동생과 함께할 수 있어서 무척 기뻤을 뿐만 아니라 영국의 관료주의와 전투를 벌이는 과정에서 그녀의 촘촘한 조언이 큰 의지가 되었던 것이다. 그런 여동생을 아틀리트로 돌려보낸다는 건 가혹한 일이라며 5월 31일 일기에 이렇게 썼다.

"이제는 긴박한 시기도 지나갔으니, 돌려보낼 필요가 없을 것 같다."

하지만 강철 같은 의지의 소유자 사라 아론손을 납득시키는 일은 별개였다. 아론손이 자신의 생각을 슬그머니 꺼내자 사라는 무슨 일이 있어도 팔레스타인으로 돌아가야 한다며 단호한 태도를 고수했다. 농학자는 다른 방법을 시도했다. 카이로에 머무는 동안 사라는 영국군 장교들에게 친숙한 인물인, 동시에 매우 위험한 임무를 수행하는 사람으로서 존경의 대상이 되었다. 아울러 케케묵은 기사도 정신을 지닌 일부 장교들은, 여성에게 그토록 "남성적인" 위험을 감수하게 하는 건 다소 민망스러운 일이라며 아론손에게 눈총을 주기도 했다. 이런 견해를 가장 줄기차게 개진한 사람은 과거 아론손의 담당자였던 윌리엄 에드먼즈였다. 아론손은 EMSIB 소속 에드먼즈 대위가 사라에게 자신의 견해를 직접 밝힐 수 있도록 콘티넨털 호텔 라운지에 자리를 마련했다. 에드먼즈는 뻣뻣한 자세로 사라에게 말했다.

"만나서 반갑습니다. 그동안 수고하신 모든 공로에 대해 영국군 총사령부를 대신하여 감사의 말씀부터 드립니다. 상부에서는 당신이 팔레스타인으로 돌아가지 않기를 바라고 있습니다. 당신이 이집트에서 해야할 일도 있고, 이곳에 원하는 만큼 머물 수도 있습니다. 지금까지 해온 일만으로도 대단하고, 충분합니다."[30]

사라 아론손은 대위에게 제안해주어서 고맙다고 답했다. 하지만 그 자리의 의도를 금세 간파했고, 자신의 오빠를 쳐다보며 이렇게 말했다. "내가 어떤 사람인지 안다면 돌아가게 해줘요. 안 그러면 내가 알아서 돌아갈 방편을 마련하겠어요."

6월 15일, 첩보선 매너젬 호가 다시 한번 출항했다. 그리고 어렵사리 보트가 아틀리트 해변에 도착하여 사라 아론손과 요세프 리샨스키가 뭍에 오를 수 있었다. 그 소식을 들은 아론 아론손의 감정은 안도와 후회가 뒤섞인 것이었다. 결과론적인 해석이겠지만, 그의 감정은 안도보다는 후회에 가까웠을 것이다. 그 후로 그는 여동생과 리샨스키를 두번 다시 만날 수 없었다.

아우다와 로렌스는 바이르 일대에서 우물을 찾기 위해 주력走力이 뛰어난 낙타에 올라타고 또다시 선두에 섰다. 그리고 지난 3주 동안 고생을 무릅쓰고 와디시르한으로 집결한 부대가 뒤를 따랐다. 이들 500명에 달하는 아랍 전사는 대부분 호와이타트 부족민으로, 터키의 압제자들을 쳐부수기 위해 만반의 준비를 마친 상태였다. 와디시르한을 떠난 지 이틀째인 6월 18일, 부대의 사기는 여전히 하늘을 찌를 듯했다.

예상 못 한 것은 아니지만, 아우다와 로렌스는 바이르의 살풍경에 실망할 수밖에 없었다. 이 오아시스에서 가장 커다란 우물 세 개가 터키군에 의해 파괴되어 있었기 때문이다. 바로 얼마 전이었는지, 주위에는 다이너마이트에 부서진 바윗덩어리와 아직도 연기를 피워내는 숯덩이들이 수북했다. 천만다행으로 네 번째 우물은 완전히 망가지지 않아서 반란군 부대원과 낙타 모두 갈증을 달랠 수 있었다. 하지만 이는 터키군이 반란군의 계획을 간파했다는 것을 의미하는 중대한 사건이 아닐수 없었다.

사실 사막은 사람이 몰래 숨기에 가장 어려운 곳이다. 사막의 여행자들은 물이 있는 곳으로만 다닐 수밖에 없고, 따라서 남들이 계속 선택해왔던 경로를 택해야 한다. 결국 사막을 건넌다는 것은 옆으로 빠지는 길이 극히 드문 일직선의 고속도로를 달리는 행위와 별반 차이가 없다. 6월 셋째 주로 접어들자 시리아 동남부 부족들 사이에서 반란군이 와디시르한에 집결했다는 소문이 퍼졌고, 이 소문은 자연히 터키군 쪽으로도 흘러들었다. 터키군은 와디시르한 서쪽에서 가장 중요한 수원水源인 바이르의 우물을 파괴함으로써 반란군이 출정하기 전에 이동 경로를 미리 차단하는 효과를 거둘 것으로 내다보았다.

그러나 터키군의 예상은 빗나갔다. 반란군과 낙타들은 바이르에서 아쉬우나마 물을 얻을 수 있었고, 그들의 다음 행선지에 대해 걱정하지 않을 수 없었다. 바이르에서 서쪽으로 112킬로미터 떨어진 곳은 동서남북에서 길이 만나는 도시 마안이었다. 이곳은 헤자즈 철도가 지나는 곳이자 그 지역의 전략적 요충지였다. 로렌스는 강력하게 방어선을 구축한 그 도시를 아래쪽으로 에둘러 아카바를 향해 서쪽으로 진군할 계획이었다. 그러나 이 작전은 마안에서 동쪽으로 40킬로미터 떨어진 제페르에서 우물을 찾아내느냐에 그 성패가 달려 있었다. 혹시라도 마안에 주둔한 터키군이 반란군의 아카바 진격 계획을 알아챈다면(게다가 여기서는 "인근 부족민들이 올빼미처럼 두 눈을 부릅뜨고 지켜볼 것이 뻔하므로") 반란군이 도착하기 전에 제페르로 폭파 부대를 보내 우물을 파괴할 게 분명했다.

따라서 반란군이 어디에 있고 어디로 향할지 알 수 없도록 터키군의 눈을 가리는 수밖에 없었다. 로렌스는 바이르 인근에 있는 여러 부족 거주지에 첩자들을 보내 반란군이 아직 와디시르한에서 전열을 가다듬고 있다는 헛소문을 퍼뜨렸다. 그러면 부족민들 중 누군가는 이와 같은

'정보'를 터키군 쪽에 '상납'할 것이고, 그러면 몇 개 소대가 그 지역 곳곳을 들쑤셔놓을 것이다.

앞서 북쪽을 한 바퀴 돌았을 때 로렌스는 이와 같은 작전을 수행할 만한 기초를 다져놓았다. 6월 초, 현지에서 모집한 대원들을 이끌고 다마스쿠스 북부를 지나는 헤자즈 철도의 조그만 교량 하나를 폭파한 것이었다. 이곳은 반란군이 가장 최근에 공격을 감행한 곳으로부터 수백 킬로미터 떨어진 지점이었기 때문에 현지 터키군은 깜짝 놀라서 반란군이 그 지역까지 세력을 떨치기 시작했다고 믿을 수밖에 없었다. 이러한 위장 전술의 연속선상에서 로렌스는 가장 야심찬 시도에 나서기로 결심했다. 6월 21일, 그는 100여 명으로 구성된 습격대를 이끌고 바이르의 오아시스를 떠나 북쪽으로 240킬로미터를 내달렸다. 그곳은 철도 병참 기지가 있는 암만Amman이었다.

이는 로렌스의 지휘술을 도마 위에 오르게 만든 특이한 사건이었다. 그는 싸움터로 돌진하려는 아랍인 전사들에게 이 싸움은 우리 힘을 과시하려는 의도일 뿐이라고, 철로 옆 배수로를 망가뜨림으로써 기관차도 망가뜨릴 수 있다고, 그러니 적에게 엄포를 놓는 것에 불과한 작전이라는 점을 여러 번 환기시켜서 그들이 격전을 벌이지 못하도록 진정시켰다. 이런 방식은 아랍 부족민들의 전투 방식과는 상반된 것이었다. 그러나 로렌스는 수적으로 열세인 데다 기동성에 의지하는 반란군인 만큼 적군과 총격전에 몰입하다가 바이르 복귀가 늦어져서는 안 된다고 판단했다. 문제는 속도전이었다. 한 가지 뜻밖의 골칫거리는, 습격대에게 포로를 끌고 돌아올 시간도 능력도 없다는 것이었다.

석 달 전 로렌스와 반란군 동료들은 아바엘나암에서 터키군 수비대를 기습하려고 매복하던 중 우연히 근처를 어슬렁거리던 목동과 마주친 적이 있었다. 목동을 그대로 돌려보냈다가는 터키군에게 반란군의 존재가 발각될 수 있는 상황이었는데, 목동은 양떼가 흩어질까봐 호들갑을 떨기 시작했다. 결국 매복 부대는 다소 코믹한 해법을 떠올렸다. 전투가 벌어지는 동안 목동을 나무에 묶어두었다가 적군이 달아난 뒤에 풀어주자는 것이었다. 하지만 암만의 주변을 치고 빠지는 작전을 수행하면서 그런 배려를 베풀 틈은 없었다.

그때 마침 습격대는 시르카시아에서 온 떠돌이 상인과 맞닥뜨렸다. 그를 포로로 잡아둘 수도 없고 그냥 보내줄 수도 없는 상황에서(시르카시아인은 대부분 터키 동조자였다) 일부 대원은 당장 죽이라고 외쳐댔다. 결국 찾아낸 절충안은 상인을 발가벗기고 단검으로 발가락을 모조리 자르는 것이었다. 로렌스는 담담하게 기록했다.

"기이한 장면이었다. 그래도 죽이는 것보다 훨씬 더 자비롭고 효과적인 방법처럼 보였다. 발가락이 잘린 그는 철로를 향해 손바닥과 무릎으로 기어서 한 시간 정도 가야 했는데, 벌거벗었기 때문에 해가 질 때까지는 바위 그늘에 몸을 숨겨야 했을 것이다."

그 시르카시아인이 결국 어떻게 되었는지는 알려진 바가 없다. 그러나 태양이 이글이글하는 6월의 시리아 사막에 벌거벗겨진 채 불구가 된 사내를 내버려두고 떠나는 행동이 과연 자비였을까.

습격대와 함께 바이르에 돌아온 로렌스는 모든 게 흡족했다. 이쪽에서 허위 정보를 흘린 덕분에 터키군은 있지도 않은 반란군을 잡겠다며 기병대 400명을 와디시르한으로 급파했기 때문이다. 아랍 반란군은 지난주 내내 시리아 남부 전역에서 불규칙하게 치고 빠지는 습격 작전을 펼쳤다. 하지만 터키군은 다음번 습격이 언제 어디에서 일어날지 여전히 예측할 수 없었고, 궁극적인 표적이 아카바일 줄은 짐작도 못 했다. 반란군은 느긋한 마음으로 제페르의 우물을 향해 이동할 수 있었다.

물론 터키군은 제페르의 우물들을 망가뜨린 뒤였다. 그러나 바이르에서 그랬던 것처럼, 다행히도 그들이 폭파한 우물들 가운데 한 곳은 일부만 무너진 상태였다. 하루 종일 복구하는 데 공들인 결과 우물은 원래 모습을 되찾을 수 있었다. 로렌스에게 놀라운 소식이 날아든 것은 우물 복구가 진행 중일 때였다.

며칠 전 로렌스는 마안의 서남쪽, 아카바로 넘어가는 산악지대의 부족들을 집결시키기 위해 별동대를 파견했다. 그런데 이 별동대가 푸와일라의 터키군 요새를 공격, 마안에서 아카바로 이어지는 경로의 가장 높은 지점을 장악한 것이다. 처음에는 터키군의 참호 공격을 뚫을 수 없어 성과가 시원치 않았다. 그런데 푸와일라의 터키군은 보복 공격의 일환으로 인근 호와이타트 부족의 주거지를 기습하여 주민들을 공격했다. 이에 노인 한 명, 여성과 어린이 10여 명이 희생되었다. 분노에 눈이 뒤집힌 아랍의 전사들은 푸와일라를 다시 공격했고, 요새를 함락하여 적병 모두를 사살했다. 그렇게 해서 아카바로 넘어가는 산길에서 가장 중요한 터키군 방어 거점이 한순간에 제거됨으로써 이제 반란군의 행군을 가로막을 것은 아무것도 없었다. 제페르에 머물고 있던 반란군은 서둘러 채비를 갖춘 뒤 푸와일라를 향해 내달렸다.

그러나 흥분은 오래가지 못했다. 그들이 마안 아래쪽으로 돌아가던 7월 1일 오후, 터키군 지원 부대 550명이 오전에 마안을 출발해서 푸와일라로 이동하고 있다는 소식을 입수한 것이다. 그들이 반란군보다 먼저 도착한다는 뜻이었다.

로렌스는 곤혹스러웠다. 반란군의 기동력이 뛰어난 만큼 터키군 지원 부대를 제치고 아카바로 곧장 진격할 수도 있었다. 하지만 그럴 경우 이미 행군을 시작한 상당 규모의 터키군이 와디이틈 경로를 따라 반란군을 바짝 추격하게 될 수도 있었다. 이것은 로렌스가 수륙 양면 공격을 야기할 수 있다고 늘 경고했던 시나리오 그 자체였다. 터키군 지원 부대를 쫓아가서 궤멸시키는 것 외에는 선택의 여지가 없었다.

윌리엄 예일이 뉴욕 항에서 증기선 임페라토르 호를 타고 미국을 떠나온 지 4년 만이었다. 당시의 '플레이보이'는 옆자리 승객의 질문에 성지 순례를 가는 길이라고 대답했다. 그리고 1917년 6월 중순, 그는 애국주의 열풍에 휩싸인 뉴욕으로 돌아왔다.[31] 맨해튼의 모든 건물은 온통 성조기로 뒤덮였고, 창문마다 적백청赤白靑의 깃발 장식이 내걸렸다. 윌슨 대통령이 참전을 선언한 지 두 달이 흐르도록 열기는 여전히 뜨거웠다.

흥분 상태는 당분간 이어질 듯했다. 전쟁의 참혹한 증거들(구체적으로 말하면 죽거나 불구가 된 군인들)이 잔칫집에 밀어닥치기까지는 아직 시간이 있었기 때문이다. 1914년 이후로 윌슨은 개입론자들의 참전 요구를 물리치는 간접적인 수단으로, 미국군의 규모를 평시 최저 수준에 묶어두려 했다. 그러나 여타 유럽 강국에 비하면 20분의 1 수준에 불과한 12만 남짓의 상비군 병력을 가지고서 참전을 선언한들 미국이 전쟁에 무슨 영향을 끼칠 수 있을까? 유럽 전장에서 어떤 식으로든 존재 가치를 얻으려면, 즉 100만 명 안팎으로 병력을 증강할 계획이라면 최소 1년은 필요하다는 것이 대다수 전문가의 예측이었다.

사태의 진전을 늦추는 요인은 또 있었다. 미국인들은 휘날리는 성조기를 바라보면서도 싸움터에 나가서 목숨을 바치겠노라 나서는 데는 무척 소극적이었다. 윌슨은 자신의 화려한 언변으로 수많은 자원입대자를 훈련소로 인도할 수 있으리라 믿었지만, 미국의 거의 모든 젊은이는 "미국이 너무 자랑스러워서 싸울 수 없다"던 그의 과거 발언과 "세상을 안전하게 만들어 민주주의를 꽃피우자"는 최근의 호소 사이에서 길을 잃은 듯했다. 1917년 5월 중순까지 미국의 십자군 원정에 이름을 올린 젊은이는 10만 명에 못 미쳤고, 결국 남북전쟁 이후 처음으로 강제 징집을 위한 법률을 제정해야 했다. 그 결과 그해 6월 뉴욕 항에 도착한 예일이 배에서 내리자마자 맨 처음으로 해야 했던 일은 해당 지역 병무청에 가서 이름을 등록하는 것이었다.

29세의 독신남에 부양 가족도 없는 석유꾼 예일로서는 미래에 대한 환상 같은 건 없었다. 그러나, 그래서 더 앞날이 두려웠다. 부분적으로는 여느 미국인과 달리 그가 현대 전쟁의 끔찍한 실상을 이미 목격했다는 사실도 그 원인 중 하나일 것이다. 물론 프랑스 참호에서 벌어진 대학살까지는 아니었지만, 그는 시리아에서 기아와 질병으로 수많은 사람이 죽어가는 참혹한 현장을 두 눈으로 똑똑히 보았다. 귀국길에 유럽 남부를 천천히 가로지를 때 봤던 전쟁의 미묘한 단면들까지도 뇌리에 새겨져 있었다. 빵을 구하려는 사람들로 몇 블록이나 행렬을 이룬 빈 거리, 모든 것을 체념한 듯 참담한 표정으로 전선행 열차를 기다리던 기차역 승강장의 프랑스군 병사들…… 예일은 징집관이 자신을 어디로 배치할지도 정확히 예상할 수 있었을 것이다. 나이가 징집 제한 대상에 아슬아슬하게 걸려 있었고(1917년 5월에는 30세까지 징집 대상이었지만 석 달 뒤에는 45세로 상향 조정되었다) 명문대와 귀족 집안 출신이라는 점을 감안할 때 장교 양성 기관으로 가게 될 게 빤했다. 그럴 경우 업무 경력과 전문성을 고려하여 보급 부대 병참 장교로 배치될 가능성이 가장 높았다. 게다가 미국이 독일을 상대로 선전포고를 했다는 것은 사실상 모든 병력을 서부전선으로 보낸다는 뜻이므로, 예일의 군대 업무는 프랑스 교외에 형성된 전선의 후방에서 보급창을 지키며 서류 목록이나 들여다보는 게 될 터였다.

야심찬 석유꾼이 자기 미래로 상정하기에는 매우 괴로운 그림이었다. 자신이 오스만 제국에서 쌓은 4년간의 경력이라면 정부나 군대 조직에서 훨씬 더 의미 있는 자리를 차지해야 한다고 생각했다. 그는 1913년 이후로 못 만났던 부모님과 형제들이 있는 뉴욕 주 북부 예일 가문의 별장에서 일주일을 지낸 뒤 뉴욕 시로 돌아왔다. 그리고 부지런히 지인들을 만나러 다녔다.

결과는 실망스러웠다. 사업 관계자나 대학 동창생 등 자신이 떠올릴 수 있는 모든 사람을 만나봤지만 나라가 유럽 전쟁에 뛰어든 마당에 '중동 전문가'라는 그의 이력을 눈여겨보는 사람은 거의 없었다. 브로드웨이 26번지에 있는 소코니 본사도 방문했다. 전쟁이 이어지는 동안 중동 사업을 보류하리라는 점은 자명했지만 그동안 악조건 속에서도 충성을 다한 직원에게 해외 일자리 하나쯤은 마련해줄 수도 있을 것 같았다. 하지만 그런 기대는 충족되지 못했다. 불같은 성격의 예일은 어느 소코니 임원을 만나 중동 현지 직원의 급여 지급을 중단하겠다는 회사의 최근 결정을 맹렬히 성토하며, 소코니에게는 몇 푼 안 되는 돈이지만 전쟁터에 갇힌 사람들에게는 생명줄과 같은 돈이라며 목에 핏대를 세웠다. 그런데 하필이면 그 임원이 급여 중단을 추진한 당사자였다. 그만 나가달라는 그의 요구에 사무실을 나선 뒤에야 예일은 그 사실을 알았다.

뉴욕에서 아무런 소득을 올리지 못한 그는 절망감을 안고서 워싱턴 디시로 갔다. 권력의 중심부에 가면 자신을 알아봐줄 사람이 틀림없이 있을 것이라고 생각했다. 예일은 시리아에서 눈으로 보고 귀로 들은 모든 것을 상세하게 기술한 보고서를 명함처럼 돌렸다. 그는 보고서에 이렇게 썼다.

"전쟁이 3년이나 지속되면서 팔레스타인은 도탄에 빠졌다. 마을은 군대의 징발과 콜레라, 티푸스, 열병 같은 전염병으로 쑥대밭이 되었다. 특히 장티푸스의 크나큰 타격으로 인구가 25퍼센트나 줄어든 것으로 보인다."

레바논의 상황에 대한 내용은 그보다 더 열악했다. 어느 터키군 정보원이 제공한 사실에 따르면 최소 3만 명의 주민들이 굶주려 죽었다는데, 확인할 수는 없지만 실제 희생자 수는 10만 명에 이른다고 했다.[32]

예일의 보고서를 받아볼 사람들이 흥미롭게 여길 만한 대목은 군부대의 동태에 대한 서술이었다. 그는 예루살렘에서 기차를 타고 콘스탄티노플로 이동하는 오랜 여정 속에서 꼼꼼히 기록해둔 내용을 이 보고서에 십분 활용했다. 특히 기차에서 본 수많은 교량과 강둑을 나열하면서 아군이 이곳들을 폭파한다면 아나톨리아에서 시리아나 메소포타미아로 연결된 터키군의 물자와 병력 보급로를 완전히 차단할 수 있을 거라고 주장했다. 아울러 스위스 오두막처럼 생긴 독일군 막사들이 에워싼 아마누스 무선중계소 등 철로변에 들어선 독일의 주요 군사 시설 위치도 낱낱이 적시했다.

"독일군 전투기 여러 대와 의무 부대가 남쪽으로 이동하는 모습도 목격했다. 독일군 현역 대위한테서 전투기 23대로 구성된 비행편대가 베르셰바로 이동 중이라는 말을 듣기도 했다."

그는 독일군 수송 트럭 150~200대가 "예루살렘과 헤브론, 베르셰바를 잇는 신설 군용 도로를 거쳐" 팔레스타인 남부에 있는 터키군에 보급품을 실어 나르고 있다는 내용까지 보고서에 적어넣었다. 물론 재치 있게도 이 도로가 1914년 스탠더드오일 사 직원인 자신의 감독 아래 공사된 도로라는 사실은 생략했다.

최근 몇 주 동안 연합군 수뇌부는 현지에서 빠져나온 미국 영사관 직원들로부터 오스만 제국 내부 사정에 대한 정보를 수집하고 있었는데, 윌리엄 예일의 보고서에 비하면 하찮기 짝이 없었다. 비록 예일의 보고서는 석 달 전의 상황이었지만 전쟁 발발 이후 시리아 상황을 가장 구체적으로 분석한 신빙성 높은 자료였다. 6월 27일, 예일은 백악관 바로 옆에 있는 국무부-전쟁부-해군부 건물(오늘날 구舊행정부 건물)로 성큼성큼 들어가 자신이 작성한 보고서를 국무장관 로버트 랜싱의 집무실에 놓아두었다. 그러고는 사흘 뒤 랜싱에게 편지를 보냈다.

그는 전후 평화회담에서 "팔레스타인에 대한 처리안은 중대한 문제"가 될 것이라고 언급하면서, 장관에게 다음과 같이 제안했다.

"그 복잡하고 중요한 문제를 해결하는 데 미국 정부가 제 역할을 하려면, 해당 국가와 그곳 사람들에 대한 직접적이고도 편견 없는 지식을 갖추고 있는 전문가들의 보고서가 반드시 필요합니다. 이와 관련하여 국가에 기여할 수 있다면 저는 뉴욕 스탠더드오일 사에서 맡은 업무를 그만둘 준비가 되어 있습니다. 외교나 첩보 또는 팔레스타인 구호 업무 등 관계없이 미국 정부에 제 역량을 제공하고자 합니다."33

예일은 4년 동안 국외에서 보낸 탓에 일부에서 위선적이라고 평가하는 윌슨 독트린의 복잡성을 전혀 파악하지 못한 듯했다. 사실이었다. 미국 대통령은 분쟁 지역에 '항구적인 평화'를 이룩하겠다는 집념을 불태우고 있었다.(참전을 선언한 것도 그런 연유에서였다.) 그러나 이와 같은 평화는, 고립주의라는 미국의 본질적 속성을 감안할 때 미국 정부가 외국 문제에 장기적으로 얽히지 않는 선에서 이루어야 하는 것이었다. 따라서 예일이 비장의 카드라고 여겼던, 미국이 중동에서 "제 역할"을 하도록 도울 수 있는 그 능력이란 윌슨 행정부가 피하고자 하는 방식에 정확히 부합하는 것이었다. 따라서 편지를 받은 랜싱이 아무런 반응을 보이지 않은 것은 놀라운 일이 아니었다. 당황한 석유꾼은 예일대학교 동문들의 힘을 빌려 미국 육군정보부 수장에게도 보고서를 전달했지만, 여전히 같은 반응이었다.

한동안 자포자기 상태였던 예일은 자신의 마지막 카드를 쓰기로 했다. 그해 봄, 유럽을 가로지르는 동안 그는 스위스에 파견된 영국 군무원을 만나 자신이 영국군 정보기관에 합류할 수 있는지 타진한 바 있었다. 군무원은 격려의 발언은 생략했지만 중동에 대한 예일의 광범위한 지식에 감명을 받았기에, 그가 미국으로 돌아갔을 때 뾰족한 수를 찾지 못한다면 워싱턴 주재 영국 대사 세실 스프링라이스를 찾아가보라고 했다. 결국 6월 9일 아침, 예일은 영국 군무원의 소개장을 손에 쥐고 길을 나섰다.

윌리엄 예일의 인생에서 행운의 여신은 늘 결정적인 순간에 미소를 지었지만, 6월 9일처럼 예상치 못한 방식으로 찾아온 적은 처음이었다. 예일은 영국 대사관을 향해 걸어가면서 대사가 자리를 비웠다거나 회의 중이라는 말을 듣게 될 것으로 예상했다. 지난 한 달 동안 영국 대사보다 덜 바쁘고 지위도 낮은 사람들로부터 계속 그런 대접을 받아왔기 때문이다. 하지만 그는 곧바로 스프링라이스의 집무실로 안내를 받았다. 대사는 놀란 표정을 지으며 인사를 대신한 질문을 던졌다.

"자네, 예일이라는 성을 어디서 얻었나? 내 첫 번째 아내의 성이 예일이었네. 웨일스 예일 가문의 마지막 후손 가운데 한 명이었지!"

그것은 전투라기보다는 학살이었다. 7월 2일 동틀 무렵, 아랍 반란군의 전사들은 산악지대로 들어가 푸와일라로 향하는 길 주변을 에워싸면서 터키군 지원 부대의 위치를 확인하기 위한 수색전을 펼쳤다. 머지않아 아바엘리산이라는 산에서 터키군 숙영지를 발견했다. 적들은 개울가 둔덕에서 여전히 깊은 잠에 빠져 있었는데, 놀랍게도 터키군 지휘관은 주위 능선에 초병 하나 세우지 않을 만큼 조심성이 부족했다. 덕분에 반란군은 숙영지를 에워싼 바위들 사이로 조용히 숨어들어 적군을 포위했다. 모두 자리를 잡자 아래쪽 진지를 향해 사격을 퍼부었다.

해가 뜨면서 지독한 열기가 천지를 뒤덮었다. 로렌스가 기억하는 한 그날은 아라비아에서 경험한 나날 중 가장 뜨거운 날이었고, 이 끔찍한 날씨 탓에 전투 흐름이 자꾸만 끊겼다. 고지대를 차지한 아랍 전사들은 압도적으로 유리한 위치에 있었지만 바위에 엎드린 채로 계속 총을 쏠 수가 없었다. 강렬한 태양빛이 얇은 옷을 그대로 뚫고 들어오는 듯했기 때문이다. 더러 피부가 벗겨진 이들도 있었다. 오후에 접어들자 전투는 지루한 양상으로 접어들기 시작했다. 터키군은 참호처럼 길쭉하게 파인 곳으로 뛰어들어 위에서 쏟아지는 탄환을 피했고, 위쪽 아랍군은 공격 시야를 확보하려고 이리저리 뛰어다녔다.

로렌스의 설명에 따르면, 전투의 흐름을 바꾼 것은 자신이 내뱉은 경솔한 발언 때문이었다. 태양의 열기를 견딜 수 없었던 그는 조붓한 계곡 그늘로 잠시 몸을 피했다. 그곳에는 작은 시냇물까지 흐르고 있어 목을 축일 수도 있었다. 이 모습을 본 아우다 아부 타이는 한때 로렌스가 자기 부족민을 비웃었던 것을 떠올리고는 놀려댔다.

"허허, 실제로 호와이타트 전사들과 함께 싸워보니 어떻소? 여전히 하는 일 없이 말만 많습디까?"

그러자 로렌스가 우스갯소리로 응수했다.

"총을 많이 쏘기는 하는데 거의 못 맞히는군요."

이 발언이 부족장을 격분케 했다. 그는 터번을 땅바닥에 내팽개치더니 씩씩거리면서 언덕으로 올라가 부하들의 사격을 중지시켰다. 그러고는 언덕 밑으로 내려가 말을 타라고 소리쳤다. 로렌스는 자신의 실언 때문에 분노한 아우다가 호와이타트 전사들을 철수시키는 줄 알고 사태를 진정시키기 위해 황급히 언덕으로 올라갔다. 아우다는 언덕 위에 홀로 서서 아래쪽 적군을 노려보더니 이렇게 말했다.

"이 늙은이가 저놈들을 어떤 식으로 끝장내는지 보고 싶으면 낙타를 타고 따라오시오."

로렌스는 적의 공격으로부터 안전한 저지대로 뛰어 내려갔다. 그곳에는 아바엘리산 투입 명령이 떨어지기를 하루 종일 기다려온 아랍군의 주력 낙타 부대가 있었다. 그는 자신이 아끼는 낙타 나아마에 올라타고 근처 능선으로 올라갔다. 얼마 후 호와이타트 기병대 50명을 이끌고 계곡을 향해 전속력으로 달려 내려가는 아우다를 볼 수 있었다. 로렌스는 『일곱 기둥』에서 이렇게 회상했다.

"호와이타트 전사 두세 명이 고꾸라졌을 뿐, 나머지는 우레와 같이 고함을 지르면서 놀라운 속력으로 진격했다. 첫날 땅거미가 질 무렵, 벼랑 아래로 밀려난 터키군 보병대는 마안 쪽 포위를 뚫으려고 안간힘을 썼지만 어느 순간 대열이 조금씩 흔들리기 시작하더니 결국 아우다의 돌진 앞에 무너지고 말았다."

350명에 달하는 낙타 부대 전사들에게도 신속하게 진격하라는 명령이 떨어졌다. 양쪽에서 적군이 말과 낙타를 타고 달려들자 포위 공격에 진이 빠져 있던 터키군의 방어선은 순식간에 무너졌다. 그날 아바엘리산에 있던 터키군 병사들은 언젠가 저마다 맞게 될 죽음을 좀더 일찍 맞았다.

로렌스는 워낙 빠른 나아마를 타고 낙타 부대 선봉에 서는 바람에 많은 장면을 놓쳤다고 밝혔다. 심지어 다른 낙타 부대원들보다 너무 앞서서 달리는 자신을 발견하고는 깜짝 놀랄 정도였다. 그러나 그가 총을 몇 발 쏘기도 전에 갑자기 나아마가 관통상을 당했고, 로렌스는 나아마와 함께 바위 사이로 곤두박질치고 말았다. 마침내 로렌스가 정신을 차렸을 때 전투는 이미 막바지에 이른 상황이었다. 원통하게도 나아마가 터키군의 총에 죽임을 당한 것이 아니라는 사실도 알게 되었다. 뒤통수에서 치명적인 근접 사격을 당한 것으로 미루어, 로렌스가 자신도 모르는 사이에 나아마에게 총을 쏜 게 분명했다.

아바엘리산 전투는 너무도 일방적이어서 차라리 잔인한 학살극이라 할 만했다. 공격에 나섰다가 목숨을 잃은 아랍 전사는 두 명에 불과했고 부상을 당한 사람도 극소수였다. 반면 계곡에서 포위 공격을 당한 터키군 지원 부대 병사 550명 중 마안 쪽으로 달아난 병사 100여 명과 포로로 잡힌 병사 160명을 제외한 나머지는 죽거나 죽어가고 있었다. 로렌스가 『일곱 기둥』에서 넌지시 언급했듯이, 사망자 가운데 일부는 교전 과정에서 죽은 게 아니었다. 며칠 전 터키군이 호와이타트 양민을 죽인 것에 대한 아랍인들의 보복이었다.

여기서 로렌스의 리더십이 다시 한번 시험대에 올랐다. 그는 한 포로를 심문하는 과정에서 마안을 지키는 수비대의 규모가 의외로 작다는 사실을 알게 되었다. 더욱이 아바엘리산에서 지원 부대가 궤멸되었으니 그 규모는 더 줄었을 게 분명했다. 이 소식이 아랍 전사들 사이에 퍼지자, 왔던 길을 되돌아가서 마안을 덮치자는 소리가 터져나오기 시작했다. 조그만 항구도시 아카바에 가봤자 별 볼 일 없으니 보급 기지가 있는 마안으로 가서 한껏 약탈하자는 주장이었다.

로렌스에게는 결정적인 순간이었다. 지난 두 달 동안 자신이 지켜온 모든 것이 한순간에 수포로 돌아갈 위험이 있기 때문이었다. 게다가 아랍 전사들이 마안을 차지한다고 해도 그것은 일시적인 승리에 불과했다. 터키군은 대대적인 반격에 나설 것이고, 그렇게 되면 지금 현재는 무방비 상태라고 할 수 있는 아카바 진입로는 영구적으로 차단될 우려가 있었다. 이는 자신과 아우다와 여러 부족장이 끈기 있게 이끌어온 전투 부대의 종말을 뜻하는 것이었다. 7월 2일 현재, 그들은 "총도 없고, 와즈보다 가까운 기지도 없고, 통신 수단도 없고, 돈도 없었다. 가져온 황금도 다 떨어져 아카바를 점령하면 갚기로 약속하는 어음을 발행하여 나날의 소요 비용을 충당하는 실정이었다."[34] 이제 아카바 점령은 생사가 걸린 문제가 되었다.

결국 로렌스는 아우다의 도움을 받아 마안이라는 손쉬운 약탈 대상지에 대한 아랍 전사들의 관심을 다른 쪽으로 돌릴 수 있었다. 두 사람은 부대원들로 하여금 마안의 유혹을 떨치고 터키군의 반격이나 경쟁 부족들의 습격에 대한 염려를 덜어주기 위해 그날 밤 곧장 아카바로 진군하기로 결정했다. 부상당한 패잔병들이 골칫거리였으나, 걸을 수 있는 부상병들은 다른 포로들과 함께 데려가기로 했다. 이들은 행렬 후미에서 특임대의 감시를 받으며 아카바로 끌려갔다. 그러나 걸을 수 없는 20명 안팎의 중상자는 최소한 목말라 죽지는 않도록 개울가에 내버려 두고 떠나기로 했다.

아랍 전사들이 야간 행군에 나서기 위해 채비를 갖추는 동안, 로렌스는 낮에 학살이 벌어졌던 계곡으로 혼자 내려갔다. 개울가에 남겨둔 중상자들이 생의 마지막을 조금이라도 따뜻하게 보낼 수 있도록 터키군 시신에서 벗긴 외투나 담요라도 덮어줄 요량이었다. 그러나 하이에나 같은 무리들이 벌써 시신을 찾아다니며 옷을 모조리 벗겨간 뒤였다. 그 장면과 당시 로렌스가 느낀 감정은 그의 자서전에서 가장 섬뜩한 대목 가운데 하나로 남아 있다.

죽은 사내들은 놀라울 만큼 아름다웠다. 부드러운 달빛에 싸인 그들의 몸은 옅은 상아색을 떠었다. 옷으로 덮여 있던 터키 병사들의 피부는 아랍인들보다 훨씬 더 새하얬고, 나이도 무척 어렸다. 짙푸른 잡초 위에 너부러진 시신마다 이슬이 흥건히 맺히고 그 위로 달빛이 쏟아졌다. 마치 파도가 일으킨 물보라처럼 반짝였다. 아무렇게나 내팽개친 시신들이 쌓여서 야트막한 언덕을 이루었다. 시신들을 겹치지 않게 뉘여주면 마지막 가는 길이 조금은 편할 것 같아 나는 하나하나 옮겨서 일렬로 늘어놓았다. 그 일은 꽤 힘이 들어서 고요하게 잠든 이들과 하나가 되고 싶은 마음이 간절할 정도였다. 끊임없이 떠들고 성가시게 구는 계곡 위쪽의 무리들 틈바구니보다 훨씬 더 나을 듯싶었다. 약탈한 물건을 놓고 드잡이를 하거나 자기가 더 힘 세다고 옥신각신하는 모습을 보는 게 얼마나 견디기 힘든 일인지, 아마도 하느님은 아실 것이다.

그렇게 시신들과 작별한 로렌스는 아랍 전사들의 무리로 돌아갔고, 아카바를 향해 진군을 시작했다. 고작해야 산악지대 너머 64킬로미터 거리였다.

로렌스가 두 달 동안 자리를 비운 사이, 헤자즈의 영국–아랍 연합군은 여전히 간헐적으로 전투를 이어가고 있었다. 영국군 폭파 부대는 이따금 일군의 아랍 전사들을 대동하고 내륙을 향해 기습 작전에 나서기도 했다. 그 목표는 주로 헤자즈 철도를 망가뜨리는 것이었다. 그런데 그들이 나중에 올린 보고서를 보면 (여기서는 다리를 폭파하고 저기서는 열차를 부수었다는 식으로) 작전이 성공적이었다는 내용도 없지 않으나 가장 많은 지면을 할애한 내용은 아랍군 동료들이 믿음직스럽지 못하다거나 그들의 규율이 엉망이라는 등의 비난이었다.[35] 영국군 지휘 체계 꼭대기에 있는 장군들은 반란군이 메디나 서북쪽 엘울라 지역에서 터키군의 퇴각을 막아낼 수 있을지 의문이었다. 여전히 터키군이 메디나에서 떠날 기미가 없어 그들을 반드시 저지해야 한다는 사명감도 차츰 사그라들고 있었기 때문이다. 이에 따라 당시 아랍군 총사령관이라는 새 칭호를 뿌듯하게 여기던 파이살은 메디나 대신 시리아로 진격하고 싶은 마음이 그 어느 때보다 더 간절했다. 하지만 환상과 야망으로 뒤엉킨 시리아 진격 계획의 본질을, 또는 지난 넉 달 동안 와즈 밖으로

한 걸음도 나선 적 없는 사람의 청사진을 잘 알고 있는 영국군 장교들은 파이살을 지지할 뜻이 없어 보였다. 5월 말, 어느 장교는 이렇게 보고했다.

"셰리프 파이살의 계획은 구체적으로 따지기가 조금 어렵습니다. 시간, 공간, 보급 여건, 적군의 배치와 예상되는 움직임 등 일반적인 고려 사항들을 모조리 무시한 계획이기 때문입니다."[36]

이때 카이로의 길버트 클레이턴은 헤자즈 전장 곳곳에서 올라오는 보고 내용을 주 단위로 취합해서 런던 군사정보국Military Intelligence 책임자에게 전달하고 있었다. 5월과 6월에 올린 보고서들은 대개 지난번에 보고한 이후로 이렇다 할 변화가 없다는 내용이었다. 헤자즈가 이렇듯 고요한 상태를 유지한 반면, 그가 시리아 내부에 심어놓은 첩보원들은 반란군의 활동이 폭발적으로 늘었다는 보고를 보내고 있었다. 클레이턴이 7월 5일자 보고서를 작성할 당시에는 마안 인근 호와이타트 부족의 '극렬한 적대 행위', 푸와일라 주둔 터키군에 대한 공격, 쇼베크 인근 터키인 유목민에 대한 습격, 비르엘셰디아 외곽 철로 폭파 등과 같은 정보가 시리아 남부 전역에서 날아들었다. 클레이턴은 같은 보고서에서 이렇게 적었다.

"마안 또는 그보다 북쪽인 제벨드루즈로 간다던 로렌스 대위의·행방은 여전히 오리무중입니다. 그러나 최근 와즈에 나도는 소문에 따르면, 소수 정예 부대가 마안 남쪽에 있는 거대한 철교를 폭파했다고 합니다. 마안 지역에서 이와 같은 사건이 발생했다는 것은 로렌스가 그쪽 어딘가에 도착했다는 징표일 것입니다."[37]

길버트 클레이턴의 보고는 부분적으로만 사실이었다. 파악할 수 없었던 시리아 남부의 여러 사건은 거의 모두 로렌스와 아랍인 동지들의 작품이었기 때문이다. 시리아 전역에서 벌어진 여타 습격 사건 대부분이 그렇듯, 지난 한 달 동안 적의 후방으로 480킬로미터나 들어간 곳에서 잇따라 터진 사건들 역시 로렌스 일당의 소행이었다. 7월 5일 로렌스가 마안 근처가 아니라 그보다 서남쪽으로 96킬로미터 떨어진 아카바에서 터키군 수비대와 항복 협상을 진행 중이라는 사실 또한 클레이턴은 알 도리가 없었다.

아바엘리산에서 완승을 거둔 이후, 로렌스와 아랍 전사들은 바다를 향해 전속력으로 달렸다. 산마루를 거쳐 와디이틈으로 내려와 아카바로 접근하는 동안 그들은 텅 비어버린 터키군 요새와 참호들을 보았다. 로렌스의 역발상이 적중했음을 최종적으로 입증하는 순간이었다. 그는 이렇게 썼다.

"적군은 내륙 쪽에서 습격당하리라고는 상상도 못 했던 것이다. 그들이 구축한 수많은 참호와 초소 가운데 내륙 쪽을 향하고 있는 것은 하나도 없었다."[38]

데이비드 린 감독의 극적인 연출과는 정반대로, 아카바 함락의 과정은 다소 시시했다. 이틀 동안 멀찌감치 거리를 두고 대치하던 양측은 똑같이 극심한 식량 부족에 시달렸고, 7월 6일 막다른 처지를 인정한 터키군 사령관은 항구를 반란군의 손에 넘겼다. 방아쇠를 당겨볼 새도 없이 백기를 받아든 반란군은 신나게 질주하여 낙타와 함께 아카바 바다에 뛰어드는 것으로 위대한 승리를 자축했다.

그러나 로렌스로서는 오랜 고생이 완전히 끝난 것도, 확실한 승리를 쟁취한 것도 아니었다. 우선 아카바를 지키던 사람 200여 명에 아랍 전사 600여 명 그리고 터키군 포로 600여 명의 주린 배를 채울 만한 식량이 없었다. 게다가 터키군이 시리아 내륙에서 병력을 모아 산악지대를 넘어 진군한다면 아카바를 빼앗기는 것은 시간문제였다. 반란군 소대를 산악지대 초소마다 배치하면 터키군의 진군 속도를 늦출 수도 있었다. 그러나 로렌스는 아랍인들이 방어 임무에 충실하지 못할 것을 익히 알고 있었다. 따라서 이제 아카바 함락보다 더 중요한 것은, 이 소식을 최대한 빨리 영국군에 알려서 대규모 병력 지원과 보급을 확보하는 일이었다.

이튿날 로렌스는 아랍 전사 8명과 함께 이집트를 향해 출발했다. 아카바에서 수에즈의 영국군 최전방까지 장장 240킬로미터의 사막길을 죽기 살기로 달려야 했다.

3부

LAWRENCE
in
ARABIA

14장
자만

모든 문제를 내 손으로 해결해야 한다는 생각을 버릴 것. 우리가 단번에 해치우느니 아랍인이 천천히 풀어가는 편이 낫다. 이것은 그들의 전쟁이고 우리는 조력자다. 승리를 선물하려 들지 말자. 아라비아는 조건이 매우 특이하다. 행동의 결과가 예상에 못 미칠 것이다.
—T. E. 로렌스가 영국군 장교들에게 전하는 충고,
　1917년 8월 『스물일곱 가지 읽을거리』에서[1]

1917년 7월 10일 아침, 길버트 클레이턴은 따분한 업무 과제를 처리하고 있었다. 런던의 군사정보국장에게 보낼 아라비아 전황 주간동향 보고서를 작성하는 일이었다. 최근 몇 달 동안 새롭게 보고할 내용이 거의 없었으므로 그는 보고서를 쓸 때마다 "지난번 보고 이후로 이렇다 할 변화가 없었다"는 상투적인 문장으로 시작해 여전히 진행 중인 작전 상황과 조금은 아쉬운 승리 그리고 날려버린 기회 따위에 대해 늘어놓곤 했다.

　여느 때처럼 보고서를 작성해 전송실로 넘긴 직후, 웬 자그마한 사내가 지저분한 아랍 옷을 걸친 채 집무실 안으로 걸어 들어왔다. 장군은 자신에게 뭔가를 청탁하러 온 지역 주민이거나 구걸하러 돌아다니는 아이인 줄 알고 밖으로 나가라고 손짓하려다가 한쪽으로 표정을 일그러뜨리는 미소와 날카롭게 빛나는 푸른 눈동자를 보고서야 누구인지 알아챘다. T. E. 로렌스였다.

클레이턴은 수척해진 부하를 급히 자리에 앉혔다. 그리고 아라비아 내륙으로 떠나서 연락이 끊긴 지난 두 달 동안 무슨 일이 있었는지 자세히 말해달라고 재촉했다. 곧이어 그는 주간 보고서에 흥분한 필치로 추가 문장을 써내려갔다.

"위 내용을 작성하고 송신하기 직전, 적진을 신출귀몰하게 누비던 로렌스 대위가 드디어 이곳에 도착했습니다."

이어 아카바 점령의 개요, 시리아를 가로지르며 수행한 정보 수집 임무에 대해 언급하고는 다음과 같이 덧붙였다.

"아직 로렌스의 지난 행적에 대해서 이야기를 충분히 듣지 못한 상태입니다. 지난 30일 동안 낙타를 타고 2000킬로미터를 달린 로렌스가 방금 기진맥진한 상태로 이곳에 도착했기 때문입니다. (…) 하지만 위에 간단히 언급한 놀라운 성취만으로도 대단히 흥미로운 보고일 것이라 믿습니다. 요즘처럼 용감무쌍한 전과가 줄을 잇는 상황에서도 용기와 지략과 인내가 빛나는 탁월한 무훈이 아닐 수 없습니다."[2]

아이러니하게도, 카이로에 도착하기까지 로렌스의 모든 여정 중에서 가장 고생스러웠던 과정은 바로 최전방의 영국군을 찾아내는 일이었다.[3] 전날 오후, 그는 소규모 호위대와 함께 수에즈 운하 동쪽 제방에 도착했다. 놀라운 속도로 내달린 끝에 240킬로미터 거리를 48시간 만에 주파한 것이다. 하지만 그들이 발견한 영국군 초소는 텅 빈 상태였다.(나중에 확인해보니 그곳에 창궐한 콜레라 때문이었다.) 작동 가능한 야전 전화기를 찾아내 운하 건너편 연락선 사무소로 수도 없이 신호를 넣었지만 그때마다 상대편은 신호를 끊어버렸다. 한참 뒤에야 와즈에서부터 알고 지내던 병참 장교와 연락이 닿아 운하를 건널 배편을 제공받을 수 있었다.

와즈를 떠난 지 두 달 만에 처음으로 긴장을 푼 로렌스는 온몸에 힘이 빠지는 것을 느꼈다. 그는 흐느적거리는 몸을 이끌고 시나이 호텔에 있는 수에즈 항 근무 장교들의 임시 숙소에 겨우 도착했다.

"(호텔에서는) 처음에는 내 몰골을 보더니 내쫓으려 들었지만, 이내 뜨거운 목욕물과 시원한 음료수와 만찬과 잠자리를 마련해주었다. 꿈에 그리던 순간이었다."

하지만 이튿날에도 로렌스는 불편한 일을 겪어야 했다. 맨발에 누더기 같은 아랍 옷 차림으로 그가 카이로행 열차에 승차한 이후로 계속 헌병의 불심검문이 이어진 것이다. 다행히 이스마일리아 역 승강장에서 홍해를 건널 때부터 알고 지내던 고위 해군장교의 눈에 띄는 행운을 얻었다. 그 장교를 만난 덕분에 그는 신속히 카이로의 영국군 수뇌부에게 아카바의 상황을 전할 수 있었고, 영국군은 그날 오후 바로 반란군이 장악한 아카바 항구로 첫 번째 지원 병력과 보급품을 급파할 수 있었다.

로렌스는 이스마일리아 승강장에서 만난 장교로부터 자신이 없는 동안 벌어진 주요한 변화에 대해서도 듣게 되었다. 그동안 아치볼드 머리 장군은 두 번째 가자 전투에서 패한 뒤 이집트 원정군 총사령관 자리에서 물러났다. 그의 후임자는 기병대 사령관 출신의 에드먼드 앨런비로, 카이로에 도착한 지 2주도 안 된 상태였다. 로렌스는 이 소식을 듣자마자 기운이 쭉 빠지는 느낌이었다. 까칠한 머리가 아랍 반란을 지지하는 쪽으로 생각을 바꿀 때까지 자신과 클레이턴 그리고 아랍국의 여러 인원이 몇 달간 고생했던 기억이 떠올랐고, 이제 그 과정을 처음부터 다시 시작해야 한다는 생각 때문이었다. 로렌스는 에드먼드 앨런비를 설득하는 데 더 오랜 시간을 허비하게 되면 어쩌나 싶었다.

그러나 로렌스가 카이로에 도착해보니 분위기는 예상과 많이 달랐다. 영국군 사령부는 이미 그의 무용담으로 흥분의 도가니였다. 가자 전투 완패에 이어 헤자즈 전선이 교착 상태에 빠지고, 유럽에서도 암울한 소식(서부전선 연합군의 공세는 또다시 실패하고 프랑스에서는 폭동이 일어났으며 러시아는 정부가 무너지는 등)만 들려오던 와중에 사기 충천의 소식이 날아든 것이었다. 영국인의 대담성과 집념을 보여주는 쾌거가 아닐 수 없었다. 아카바 점령은 환상적인 과정도 과정이려니와 아랍 전선이 단숨에 무려 400킬로미터나 북쪽으로 올라갔다는 데 의미가 컸다. 이는 시리아를 향해 공세를 취하기가 대단히 유리해졌다는 뜻이기도 했다.

그러나 신기하게도 영국인들의 상상력을 자극하고 아낌없는 찬사를 받은 것은 주로 로렌스라는 한 개인, 그리고 위험을 무릅쓰고 시리아 심장부를 가로지른 그의 장구한 모험담이었다. 이는 영국군 대대로 전해 내려오는 무용담의 낭만적 이미지와 로렌스의 활약이 일정 부분 겹쳤기 때문이기도 할 것이다. 대체로 용감한 주인공이 정체를 숨기고 혈혈단신으로(로렌스가 언제나 호위병 두 명을 대동했다는 사실 관계는 무시되었다) 적진 깊숙이 잠입한다거나, 자신의 목에 막대한 현상금이 걸린 상태에서 헌신적인 협력자와 은밀하게 접선한다거나, 고비마다 배신과 고문으로 죽을 고비를 겪지만 끝내 성공한다는 줄거리였다. 레지널드 윈게이트가 로렌스를 영국군 최고의 영예인 빅토리아 십자훈장 수상자로 추천한 이유도 분명 이런 요소에 주목한 결과였다. 윈게이트가 명시했듯이, 로렌스가 "훨씬 더 대단해 보이는" 까닭은 터키군이 그의 목에 현상금을 5000파운드나 내건 상황에서 그가 "돈만 밝히는 사람들"과 더불어 이와 같은 위업을 달성했기 때문이다.[4]

앞서 언급한 것처럼 로렌스는 이번 작전의 중요성을 과소평가했다. 실제로 그가 남긴 기록은 카이로에 도착하자마자 대충 작성해서 넘긴

네 쪽짜리 보고서가 전부였다. 하지만 그는 전략가였다. 자신의 시리아 모험에 대한 공식적인 반응을 지켜보면서 향후 목표 달성에 도움이 되는 강력한 도구가 생겼음을 인식했을 것이다. 그는 이 도구를 신임 이집트 원정군 총사령관 에드먼드 앨런비 장군 앞에서 솜씨 좋게 휘둘렀다.

1917년 당시 영국군 내부를 규율하던 엄격한 상하관계를 고려할 때, 7월 12일 오후 카이로 총사령부에서 열린 회의보다 더 어색한 경우는 상상하기 어려울 듯싶다. 다혈질 성격 탓에 별명이 "시뻘건 황소"인 에드먼드 앨런비는 나이를 속일 수는 없었지만 키가 크고 체격도 권투 선수 같아서 장군 제복을 입지 않았을 때조차 위협적으로 보이는 인물이었다. 반면 책상 맞은편에 허깨비처럼 앉은 로렌스 대위는 건강할 때의 몸무게가 대략 60킬로그램에 불과했고, 당시는 사막을 헤집고 다니며 고생한 직후라서 46킬로그램이 채 안 되는 상태였다. 그렇게 야윈 몸에 새하얗고 헐렁한 아랍 옷과 터번을 걸치고, 본인 말에 따르면 (사실인지는 알 수 없지만) 맨발로 총사령관 앞에 나타난 것이다. 카이로를 떠나 있는 동안 제복에 좀이 슬어서 다시 지급받아야 했지만 시간 여유가 없었다는 게 그의 해명이었다.[5]

로렌스는 앨런비의 군 경력에 다소 굴곡이 있다는 사실을 파악했을 것이다. 1914년 영국군이 몽스 전투에서 패퇴할 때 포위당하자 앨런비는 병력이 질서정연하게 퇴각할 수 있도록 도도하게 밀려오는 독일군에 맞서 제 위치를 사수하라고 명령했다. 당시 이 전투의 퇴각 작전을 중앙통제본부에서 살피던 육군참모총장 아치볼드 머리 장군은 긴장감을 이기지 못하고 기절해버렸다. 최근 아라스 전투를 지휘할 때는 독일군 저지선이 무너진 시점에 진격의 고삐를 당기지 못하고 머뭇거렸다는 비판을 받았으며, 그 뒤로 무운이 기울기 시작했다. 물론 이 비판을 곧이곧대로 받아들이기는 어려운 점이 있다. 영국군이 사상자 15만 명에 달하는 막대한 피해를 당하고도 겨우 3.2킬로미터를 전진한 치열한 전투였기 때문이다.

따라서 머리와 마찬가지로 앨런비가 이집트로 발령을 받은 것은 좌천이나 다름없었다. 그러나 이러한 처사에 머리는 몸을 사린 반면 앨런비는 이번 기회를 색다른 자극제로 삼은 듯했다. 그날 오후, 앨런비가 참석한 총사령관 집무실에서 로렌스는 아랍 반란군이 성취할 미래에 대해 놀라운 설계를 선보였다. 아카바를 핵심 거점으로 신속하게 강화한다면 마침내 반란군은 시리아의 심장부로 쳐들어갈 수 있으리라고 설명한 것이다. 로렌스의 말마따나 비로소 그 지역 전체에 반란의 불길을 당길 수 있는, 실로 중대한 기회가 찾아온 것이었다.

로렌스는 자신이 작성한 시리아 보고서가 너무 빈약하다고 느꼈던지 전체적인 구상을 그려넣은 지도를 첨부했다. 그것은 아랍 반란군의 공격 작전을 일곱 가지 방식으로 간추려놓은 것으로, 시리아 전역을 총망라하는 계획이었다. 서쪽으로는 레바논 해변, 북쪽으로는 다마스쿠스에서 160킬로미터 위쪽에 위치한 홈스나 하마 같은 도시를 포괄하고 있었다. 보고서 서두에 로렌스는 "작전이 계획대로 풀린다는 보장은 없다"며 조심스러워했지만, 이러한 청사진이 웬만큼 결실을 맺는다면 시리아 동북부에 주둔하고 있는 터키군 대부분은 전진도 후퇴도 어려운 지경에 빠질 게 분명했다.[6]

한 가지 조건이 있었다. 이와 같은 아랍군의 공세가 성공을 거두려면 영국군도 보조를 맞추어 팔레스타인 남부전선에서 돌파구를 만들어야 한다는 것이었다. 이런 협공이 가능할 때 아랍군과 영국군은 동시에 북쪽을 향해 무서운 기세로 진격할 수 있을 터였다. 아울러 아랍군 게릴라들이 헤자즈 철도를 차단해서 터키군을 시리아 동부에 잡아둔다면 영국군은 내륙 쪽 측면 공격에 대한 걱정 없이 서부 해안을 따라 치고 올라갈 수 있었다. 그렇게만 된다면 머지않아 다마스쿠스와 예루살렘을 점령하는 것도 불가능한 일이 아니라고 로렌스는 판단했다.

또 다른 사소한 문제가 있었다. 아랍군 타격 부대의 핵심으로 활약하게 될 시리아 동부 출신 베두인 족 전사들은 매년 가을이면 낙타에게 좋은 목초를 먹이기 위해 동쪽으로 이동하는데, 올해 그 시기가 겹친다면 큰일이 아닐 수 없었다. 전투에 나설 전사들을 잡아두려면 늦어도 9월 중순에 작전을 개시하여 두 달 안에 종결하겠다고 설득해야 했다.7

이 엄청난 계획에 대해 로렌스 스스로도 성공을 확신했는지는 알 수 없다. 아카바에서 거둔 최근의 승리로 고무된 상태였지만 그는 늘 철저한 실리주의자였던 만큼 아랍 반란에 내내 어두운 그림자를 드리웠던 무기력과 부족 간 알력이 완전히 사라졌다고 보진 않았다. 또한 오랜 경험으로 미루어 영국군이 어떤 일을 서둘러서 척척 해낸다는 것도 기대하기 어려웠다. 오히려 가능성이 가장 높은 쪽은, 이처럼 거창한 계획을 꾸준히 밀어붙이는 동시에 승리의 기회를 노리고 있는(어떤 일도 속도가 나지 않는 중동이 답답할뿐더러 아라스에서 잃은 군인의 명예를 조속히 되찾기를 원하는) 신임 영국군 총사령관을 설득함으로써 시리아 해방에 아랍-영국의 협공을 이끌어내는 것이었다. 앨런비는 이 제안을 받아들일지 거부할지 신속히 결정을 내려야 했다. 로렌스의 시계가 벌써 돌아가기 시작했기 때문이다.

이 계획이 허풍이라는 조미료가 섞인 것이라 한들 이의를 제기할 사람은 없었다. 당시 T. E. 로렌스는 카이로에서 유명 인사였고, 아랍 부족을 마술 부리듯 다룰 수 있는 인물이었으며, 시리아 내부에 존재하는 제오열 분자들의 동향을 파악할 수 있는 유일한 영국군 장교였다. 따라서 시리아의 잠재적 협력자들이 두 달 동안 협력할 가능성이 없다는 사실을 로렌스가 이미 알고 있었다 해도 진위 여부를 확인할 길은 없었다. 게다가 일정은 불가피하게 지연될 테고 그에 따라 영국군의 작전 수행도 늦어질 게 자명한 만큼 아랍 상황에 대한 로렌스의 비밀은 당분간 지켜질 것이었다. 그러는 동안 영국과 아랍의 영구적인 동맹관계를, 나아가 상호 의존성을 조성하면 된다는 것이 로렌스의 속셈이었다.

로렌스 본인도 『일곱 기둥』에서 이와 같은 점을 사실상 인정했다.

"앨런비는 내가 얼마나 태연하게 연기했는지, 또는 얼마나 과장했는지 짐작도 못 했을 것이다. 문제는 그의 시야가 미칠 수 없는 곳에서 벌어지고 있었고, 나는 그가 해답을 찾지 못하게 내버려두었다."

연기는 대성공이었다. 면담을 마칠 무렵 장군은 턱을 치켜들더니 이렇게 말했다.

"좋아, 내가 힘 닿는 대로 자네를 돕도록 하지."

앨런비는 로렌스 앞에서는 감정을 억누르고 있었지만 대영제국 군대의 통솔자 윌리엄 로버트슨 참모총장을 비롯한 상관들에게 이 소식을 전할 때는 흥분을 감추지 못했다. 7월 19일, 그는 로버트슨 장군에게 다음과 같이 전보를 쳤다.

"로렌스 대위의 제안에 따라 아랍과 협력한다면 영국은 막대한 이득을 볼 수 있습니다. 저는 이번 기회를 절대로 놓쳐서는 안 된다고 생각합니다. (…) 이 작전을 (영국군의) 팔레스타인 공격과 연계해서 성공적으로 수행한다면 헤자즈와 시리아 주둔 터키군의 붕괴는 물론 군사적 측면과 함께 정치적 측면에서 중대한 결과를 이끌어낼 것입니다."

활력을 얻은 앨런비는 동쪽 베두인 족들이 가축에게 풀을 먹이기 위해 떠나버릴 수 있다는 로렌스의 우려까지도 재차 확인했다.

"그래서 이번 작전을 성공적으로 수행하려면 9월 중순까지 만반의 준비를 마쳐야 합니다. 그들을 데리고 싸워야 성공할 수 있는 작전이기

때문입니다."⁸

뼛속 깊이 '서구 사람'인지라 동방 작전이라면 시큰둥해하던 로버트슨조차 곧바로 입장을 바꾸었다. 7월에 카이로와 부지런히 전보를 주고받은 끝에 그는 임박한 팔레스타인 공격에 대비할 만한 병력 5000명을 곧 보내겠다고 앨런비에게 약속했다. 아랍 반란의 앞날에 일대 전기가 마련된 셈이었다. 불과 두 달 전까지만 해도 아치볼드 머리에게는 성가시고 부차적인 존재일 뿐이던 반란군이었다. 그러나 이제는 영국군이 반란군의 팔레스타인 공격 일정에 맞춰야 하는 상황이 되었다.

새롭게 강화된 아랍-영국 동맹관계에 대해 앨런비 장군은 대수롭지 않은 태도를 보인 반면 T. E. 로렌스에게 이는 초미의 관심사로, 정치적 지형에도 변화의 기운을 불어넣었다. 그때까지도 영국의 전쟁 기획자들은 프랑스라는 우방을 존중하는 차원에서 아랍 반란군이 시리아에서 맡는 역할을 최소화하려고 애쓰고 있었다. 그러나 이제 영국군은 앨런비의 작전(사실상 로렌스의 작전)을 승인함으로써 프랑스와의 이해관계를 완전히 무시하는 쪽을 선택했고, 이는 결과적으로 사이크스-피코 협정의 근간을 뿌리째 흔드는 것이었다.

물론 이 모든 것은 미래의 일이었지만, 로렌스의 혁혁한 공로에 대한 찬사가 곳곳에서 이어지고 있었다. 비록 빅토리아 십자훈장의 수상 자격을 얻진 못했지만 (영웅적인 행동을 동료 영국인이 목격해야 한다는 조건 때문에) 로렌스는 즉각 소령으로 특진된 동시에 하급 장교에게 수여할 수 있는 가장 높은 기사 작위 중 하나인 배스 훈작사Order of the Bath에 지명되었다.

8월 초순, 유명세를 누리던 로렌스는 헤자즈에 부임한 영국군 장교들을 위해 아랍인과 함께 일하는 주제에 관한 글을 청탁받았다. 많은 사람을 좌절케 한 땅에서 성공한 비결을 공유해달라는 것이었다. 로렌스가 "스물일곱 가지 읽을거리"라고 제목 붙인 소책자가 바로 이 청탁의 결과물이었다. 그가 조언한 내용은 상식적인 일부를 제외하면 대부분 낯선 것이었다.

"헤자즈 출신 노예야말로 하인으로 부리기에 최고다. 그러나 영국인에겐 그들을 소유할 수 없다는 규율이 존재한다. 따라서 여러분은 그들을 빌려야 한다. 교외로 나갈 때는 무조건 한두 명의 아게일(부족민)과 동행하라. 그들은 아라비아 최고의 길잡이고, 낙타를 제대로 다루는 사람들이다."9

로렌스가 무엇보다 강조한 것은 영국 스타일을 벗어던지고 "그들의 가족, 씨족, 부족, 친구, 적, 우물, 언덕 그리고 길"을 파악할 수 있을 만큼 스스로 그 지역 환경에 푹 젖어야 한다는 점이었다. 1917년 당시 영국군의 편협한 문화 속에서 『스물일곱 가지 읽을거리』는 「요한계시록」과도 같은 파문을 일으켰다. 물론 이 소책자는 오늘날까지도 중대한 영향력을 간직하고 있다. 2006년 이라크에서 '증파' 작전을 수행하던 미군 사령관 데이비드 퍼트레이어스 장군[훗날 CIA국장을 지낸 인물]은 고위급 장교들에게 『스물일곱 가지 읽을거리』를 읽고 이라크 민중의 마음을 얻을 수 있는 실마리를 찾으라고 지시했다. 하지만 미군 사령관은 로렌스가 서두에 언급한 주의 사항을 건너뛰고 읽은 모양이다. 로렌스는 자신의 조언이 이라크 인구 중 2퍼센트에 불과한 베두인 족에 해당될 뿐 도시에 사는 아랍인들을 상대할 때는 "완전히 다른 접근법이 필요하다"고 명시했기 때문이다.

아론 아론손과 이언 스미스 대위는 한순간도 사이좋은 적이 없었다. 스미스는 사이드 항에서 출동하는 첩보선의 운용을 담당하는 EMSIB 소속 연락장교로서, 아론손과 처음 만난 날부터 팔레스타인 유대인 첩보 조직의 수준이 낮다는 자신의 견해를 감추지 않았다. 불편한 관계의 조짐을 보인 첫 만남 이후로 아론손이 "언제나 멍청하게 구는 사람"으로 여겼던 스미스는 사사건건 아론손과 그의 동료들을 폄하했다. 유대인 첩보원들이 영국에 도움이 되기보다는 오히려 반대라는 식이었다. 그런데 정도가 지나쳤던 것 같다.

7월 1일, 견디다 못한 아론손이 폭발하고 말았다. 아론손은 어느 아랍국 관료에게 자신을 제대로 대접하라며 불만을 토로했고, 이 사실을 안 스미스는 NILI 지도자인 아론손에게 쏘아붙였다.

"팔레스타인에 있는 당신 부하들은 실력이 부족합니다. 다른 사람이 맡았다면 더 잘해낼 수 있는 일입니다."[10]

아론손이 이 사건으로 특히 분개한 이유는 이즈음 영국이 NILI에게 과도할 정도로 많은 일을 배당하고 있었기 때문이다. 심지어 정보 수집과 관계가 먼 업무까지 떠맡기고 있었다. 야파에서 유대인이 학대를 당한다는 뉴스가 전 세계로 퍼지면서 각지에서 성금이 답지했을 때만 해도 그렇다. 모아둔 성금을 필요로 하는 팔레스타인 주민들에게 나누어줄 방법이 마땅치 않자, 영국 고위층 몇몇이 명쾌한 해결책으로 제시한 것이 바로 NILI 첩보망이었다. 그런데 NILI 첩보원들이 팔레스타인 전역에 성금을 나누어줄 수 있다면, 선전용 자료를 배포할 수도 있지 않을까? 게다가 틈틈이 파괴 공작도 수행할 수 있지 않을까? 이렇듯 영국의 요구가 확장되면서 결국 6월 초에는 NILI 조직원들이 은밀히 아틀리트 해변으로 반입한 폭발물을 가지고 요르단 지구대의 철교를 망가뜨리는 중차대한 작전까지 수행하는 지경에 이르렀고, 이를 위해 이집트에서 아론손의 수석 부관으로 지내던 리오바 슈네르손은 카이로 외곽에 위치한 영국군 폭발물 시험장에서 폭파 훈련까지 받아야 했다.

아론손은 영국군이 자기 조직에 새로운 임무를 요구할 때마다 영국이 베푸는 호의에 보답하는 길이라 여기고 마지못해 동의했다. 그러나 이언 스미스의 모욕만은 견딜 수 없었다. 스미스와 마찰을 빚은 날 아론손은 아랍국 동지들에게 통보했다.

"EMSIB가 팔레스타인에서 더 좋은 첩보망을 가동 중이라면 나로서는 더 이상 내 사람들에게 위험한 일을 계속하라고 요구할 권리가 없습니다."[11]

NILI를 해산하겠다는 말이었다.

사실 그해 여름, 아론손은 자신의 첩보 조직이 무시당하고 있다는 느낌을 받았다. 문제의 본질은 카이로에서 자신이 해야 할 일, 나아가 거시적인 계획과 관련하여 자신과 첩보 조직이 차지하는 위상에 대한 의구심을 갖게 되었다는 것이다. 아론손은 4월과 5월에 마크 사이크스를 만날 무렵, 그가 런던에 있는 영국시온주의협회의 핵심 인물 차임 바이츠만 그리고 나훔 소콜로와 긴밀한 소통을 하고 있다는 사실을 알게 되었다. 사실 사이크스는 카이로에 머무는 동안 바이츠만에게 이집트로 와서 시온주의 운동을 펼치라고 권유했다. 그러나 바이츠만은 아론손을 자신의 '현지 대리인'에 임명하는 것으로 대신했다.[12] 바이츠만과 소콜로의 온건주의 노선에 반대하는 아론손이 그런 결정에 따른 것은 사이크스를 존중했기 때문이었다. 하지만 그 후로는 아무한테서도 연락을 받지 못했다. 그의 지위는 여전히 모호했고, 시온주의협회에 지침을 내려달라고 요청을 넣었지만 감감무소식이었다. 스미스와 부딪치기 며칠 전에도 길버트 클레이턴에게 자기를 대신하여 마크 사이크스와 대화해달라고 부탁했지만 역시 아무 반응이 없었다.[13]

이런 따돌림 속에서 아론손은 자신이 그토록 염원하는 시온주의 국가 건설이라는 대의명분이 런던에서 새로운 국면을 맞고 있다는 사실을 까맣게 모르고 있었다. 그 상황의 중심인물은 말수가 적은 편이지만 지칠 줄 모르고 일하는 차임 바이츠만이었다.

영국 정부가 유대인 국가를 공개적으로 지지하도록 압박하는 운동은 최근 전면적인 변화를 겪었다. 한때 바이츠만은 이와 같은 운동이 미국의 시온주의자들에게 영향을 미칠 것이라고 강조했다. 유력 인사인 그들이 목소리를 높이면 미국 정부가 중립을 벗어던지고 연합국 편으로 전쟁에 가담하리라 판단한 것이다. 그런데 미국이 실제로 참전하게 되자 이러한 주장은 빛을 잃고 말았다. 아울러 그해 여름, 영국이 팔레스타인의 유대인에 대한 지지 선언을 함으로써 러시아 유대인들이 호전적인 알렉산드르 케렌스키 정권 아래 결집할 것이라는 주장 역시 기억 저편으로 사라졌다. 러시아가 끝 모를 혼돈에 빠져든 상황이었기에 케렌스키의 고민거리들은 유대인의 지지만으로는 도움이 되지 못했다. 그러나 6월 초, 바이츠만은 동맹국 덕분에 강력한 주장을 새롭게 내세울 수 있었다.

바이츠만이 6월 12일 영국 정부의 외무 담당 차관보 로버트 세실에게 설명한바, 독일 정부가 독일의 유대인 공동체 지도자들을 향후 평화 회담의 중재자로 끌어들일 것이라는 소문이 수개월째 들려오고 있었다. 그동안 바이츠만은 이 소문을 의심했지만 최근 들어 믿을 만한 소식이 있었다. 독일 황제가 팔레스타인에 유대인 국가를 세우는 것을 받아들이는 전제 아래 독일의 유대인 지도자들을 중재자로 내세우는 방안을 적극 고려 중이라는 것이었다. 독일 신문이 부쩍 유대인 국가를 지지하는 기사를 쏟아내는 것만 봐도 독일 정부가 이 문제에 대해 심사숙고하고 있는 것만은 틀림없었다.[14]

이 소식이 얼마나 실체적 사실에 토대한 것인지는 헤아릴 수 없지만, 메시지는 간단명료했다. 영국이 유대인 국가라는 카드를 빨리 꺼내지 않으면 독일이 선수를 칠 게 분명하다는 것이었다. 로버트 세실은 영리한 사람이었다. 바이츠만과 면담한 바로 다음 날, 그는 자신의 상관 찰스 하딩에게 올리는 기밀 보고서에 이렇게 썼다.

"독일 정부가 노선을 완전히 바꾸었다고 볼 수밖에 없습니다. 시온주의를 동맹국 정책의 중요한 정치 요소로 다루도록 수차례 지시한 게 확실합니다."

그가 생각하기에 독일 정부가 방향을 바꾼 목적은 전 세계 유대인에게 영향을 끼쳐 "연합국을 상대로 선전전을 펼치는 데 유리하게 활용"하기 위함이었다. 실제로 그렇게 진행된다면 영국에겐 재앙일 수밖에 없었다. 세실은 이런 결과로 이어지지 않기를 바라면서, 최근 자신을 찾아온 사람이 유익한 제안을 내놓았다며 이렇게 설명했다.

"바이츠만 박사는 시온주의자들의 이상에 영국 정부가 공감과 지지를 공개적으로 천명함으로써 팔레스타인에 대한 유대인의 요구가 정당하다는 인식을 공식화하는 게 모든 면에서 바람직하다는 쪽으로 결론을 냈습니다."[15]

독일이 유대인 국가 건설을 도울 수 있다는 사실은 그해 6월 영국 외무성 전체에 경종을 울렸으며, 더 많은 영국 고위 관료들로 하여금 세심한 주의를 기울이도록 했다.

아론 아론손은 이러한 전개 상황을 전혀 모르고 있었다. 7월 1일, 스미스 대위의 발언으로 인한 분란을 진화하려고 동분서주하던 아랍국 관료들도 모르기는 마찬가지였다. 그들에겐 오로지 영국이 팔레스타인에서 확보한 중요한 첩보망이 폐기되는 일이 일어나지 않도록 진정시키는 것만이 초미의 관심사였다.

그들은 아론손에 대한 존경심을 재확인하는 차원에서 스미스에게 발언을 사과하도록 촉구했다. 아울러 이집트 원정군 신임 총사령관 에드먼드 앨런비 장군과의 면담 자리도 서둘러 마련했다. 그 둘은 7월

17일 오전에 만났다. 앨런비가 T. E. 로렌스와 대화를 나눈 지 닷새 만이었다. 아론손은 여유로운 표정으로 농작물 재배 환경부터 터키군 수비대의 전투 역량, 심지어 제말 파샤에 대한 ("권모술수에 능하고 영악한 사람"이라는) 평가에 이르기까지 팔레스타인에 관한 폭넓은 화제를 막힘없이 풀어냈다. 특히 시리아 주둔 독일군 사령관에 대해서는 다음과 같이 언급하기도 했다.

"(사령관은) 내 말에 귀를 기울이면서 '핵심을 짚어가며' 질문을 던지는 총명한 사람이었습니다. 그런 모습에서 아주 좋은 인상을 받았습니다."[16]

앨런비와 헤어진 아론손은 뿌듯한 여운을 느끼는 가운데 비로소 카이로의 영국군 진영에 '도착'한 느낌을 받았던 모양이다. 이후로도 몇 달 동안 그는 다양한 자리에서 비슷한 느낌을 수차례 받았다. 다만 영국인들은 긍정이든 부정이든 확답하기를 꺼리는 데다 모든 가능성을 열어두려고 노력한다는 게 문제였다. 사실 영국인들은 아론손에게 진심 어린 '환영'의 인사를 건넨 적이 없었다. 그들은 아론손의 등을 조심스레 토닥일 뿐 두 팔을 벌려 따뜻하게 안아주지 않았다. 이는 유대인 국가 건설에 대한 지지 선언과 관련된 런던의 새로운 책략 그리고 이와 같은 선언이 초래할 결과에 대해 영국 정부의 많은 관료가 지니고 있는 불안감 때문이었다. 아론손을 적당히 만족시키는 동시에 어정쩡한 상태로 묶어두려는 이유도 여기에 있었다. 열심히 활동하도록 아론손을 격려하면서도 궁극적인 보상에 대한 언급은 신중을 기하는 것, 그렇게 적절히 균형을 유지하는 것이 런던의 입장이었다.

다행히도 영국에는 그런 일에 출중한 재능을 지닌 인물이 있었다. 바로 레지널드 윈게이트였다. 7월 23일, 최근 정부가 영국 시온주의자들에게 잠정적으로 제안한 내용을 파악하자마자 그는 외무성 고위 관료에게 이렇게 썼다.

"저는 그 점에 대해서 결정된 바 없다고 들었습니다. 그리고 지금 저에게 바라는 것 또한 구체적인 언약 없이 아론손을 묶어두라는 뜻으로 알고 있습니다. 사실 지금까지 그렇게 해왔습니다."[17]

7월 16일, 영국 해군 수송선 듀퍼린 호 선장은 수에즈 항에서 대기하라는 명령을 받았다. 중요한 인물을 태우고 홍해 해안선을 따라 제다로 내려가기 위해서였다. 다음 날 아침이 되자 28세의 저명인사 T. E. 로렌스가 느긋한 걸음으로 배에 올랐다. 불과 8개월 전, 옌보 항에서 해군함에 승선했다가 복장과 태도 불량으로 호되게 질책당한 일은 어느덧 먼 과거사가 되었다.

로렌스가 제다에서 수행할 임무는 아카바 이후로 치솟은 그의 주가를 말해주는 것이었다. 앞서 그는 앨런비와 클레이턴 두 장군과 만난 자리에서 파이살 이븐 후세인에 대한 시리아 사람들의 확고부동한 존경심에 대해 (아마도 심하게 과장해서) 역설했다.[18] 그들에게 파이살은 아랍 전체의 군사 지도자였다. 다시 말해 아랍인들이 반란에 동참한 이유는 파이살이 깃발을 치켜들었기 때문이다. 그해 7월 카이로에서처럼, 그의 상관들은 로렌스의 이번 주장에 대해서도 재확인하거나 반박하지 않았다. 모든 것은 시리아를 위한 전투가 벌어진 뒤에야 재론의 여지가 있을 뿐이기 때문이었다.

로렌스는 한 수 앞을 내다보았다. 시리아 공격을 탄탄히 전개할 아랍-영국 연합 작전을 위해, 그리고 우연하게도 좋은 기회가 찾아온 만큼 아랍의 희망 사항을 영국군의 희망 사항에 영구히 접목시키기 위해 파이살과 그의 군대가 앨런비 휘하로 들어가지 못할 것도 없다고 생각한 것이다. 이와 같은 발상에 대해 카이로의 승인을 받아내는 건 일도 아니었다. 문제는 거대한 장벽으로 버티고 있는 후세인 왕이었다. 쉽게 화를 내는 성격인 데다 반란의 주역이 되고 싶어하는 공명심까지 지닌 인물인지라 말을 끝내기도 전에 퇴짜 맞을 것이 분명했다. 하지만 파이살이 가장 신뢰하는 영국인 참모이자 '아카바의 영웅'이 내민 제안이라면 귀를 기울일지도 몰랐다. 이것이 바로 로렌스가 듀퍼린 호를 타고 후세인을 만나러 가는 이유였다.

로렌스의 제다행은 이 젊은 대위가 중동지역에 대한 영국의 정책에 무시 못 할 영향을 미치기 시작했다는 가장 뚜렷한 징표였다. 그는 막후에서 아라비아 주둔 영국군의 위상을 극적으로 재건해줄 구상을 세밀하게 세워둔 상태로, 『일곱 기둥』에서 그는 자못 거만하게 길버트 클레이턴에게 주장했다.

"아카바는 제가 세운 작전을 제 힘으로 펼쳐서 점령했습니다. 그러나 제게 자율적으로 결정할 권한이 있었다면 하고 싶은 일도, 할 수 있는 일도 많았습니다."[19]

클레이턴은 로렌스가 카이로에 일주일 동안 머물면서 자신에게 요청한 거의 모든 내용에 동의했다. 기본적으로 헤자즈 전쟁이 끝났기 때문에(터키가 메디나를 여전히 통제하고 있지만 공격 능력은 완전히 상실한 상태였다) 엘울라에서 헤자즈 철도를 차단하기 위한 길고도 헛된 작전은 자비로운 결말을 맞을 수 있었다. 같은 이유로 와즈에 있는 반란군의 본거지 또한 사실상 문을 닫게 되었다. 아랍군과 영국군 병참 장교들 모두 아카바로 이동했기 때문이다. 로렌스는 헤자즈 잔류 아랍군의 향후 재배치 계획을 짜는 동시에 영국군 병력의 유지, 재배치, 복귀 대상 선별 작업까지 맡는 등 실질적인 장군 역할을 수행했다. 하지만 아카바에서 전반적인 지휘권을 행사하게 해달라는 로렌스의 대담한 요청에 대해 클레이턴은 하급 장교가 상관에게 명령하도록 허용하는 것은 영국군의 방식이 아니라며 분명히 선을 그었다. 대신 두 사람은 시릴 윌슨의 부관 가운데 한 명인 피어스 조이스 소령을 아카바 지휘관에 임명하기로 뜻을 모았다. 그는 유순하고 야심이 없어서 로렌스가 하는 일에 간여하지 않을 사람이었다.

한편 로렌스의 달라진 위상을 보여주는 데 윌슨 대령과의 재회만큼 확실한 건 없을 것이다. 8개월 전 로렌스가 아라비아를 처음 찾았을 때 윌슨은 건방진 하급 장교가 '뒤엎으려 든다'며 클레이턴에게 불평을 늘어놓았다. 심지어 로렌스가 아라비아에 임시로 돌아오는 것도 막으려 했다. 하지만 1917년 7월, 윌슨 대령은 소령으로 진급한 로렌스를 만나러 왔다. 이제 로렌스는 협력의 대상이자 헤자즈를 누비는 영국군 야전 장교 가운데 가장 중요한 인물이기 때문이었다.

로렌스가 제다에 도착하기 직전, 윌슨은 클레이턴으로부터 전갈을 받았다. 해당 지역 영국군의 조직 구성을 전면적으로 개편하는 방안을 로렌스 대위와 검토하고 있다는 소식이었다. 여기에는 공식적으로 영국군의 헤자즈 작전을 총괄한 스튜어트 뉴컴이 물러난다는 깜짝 놀랄 만한 내용도 포함되어 있었다.

로렌스가 중동에서 지위를 얻기까지 가장 큰 신세를 진 사람은 다른 누구도 아닌 스튜어트 뉴컴이었다. 그러나 전쟁은 전쟁이라고, 로렌스는 냉정히 판단했다. 자신의 멘토에 대한 개인적 고마움 때문에 전쟁 수행에 지장을 초래해서는 안 될 일이었다. 뉴컴은 헤자즈에서 논쟁으로 얼룩진 임기를 보내는 동안 전쟁에 대한 아랍의 괴상한 접근 방식에 전혀 적응하지 못했고, 항상 아랍군은 원칙과 신뢰가 부족하다는 비판적인 보고서를 제출했다. 로렌스는 시릴 윌슨에게 자신이 제다에 온 이유를 설명하면서 뉴컴이 전방 작전에서 손을 떼고 후방으로 물러나기로 결정되었음을 밝혔다.[20] 사실상 좌천이었다. 윌슨은 깜짝 놀랐으나 아

무 대꾸도 하지 못했다.[21]

같은 날 저녁, 로렌스는 윌슨과 함께 후세인 왕을 만났다. 로렌스가 왕을 알현한 것은 이번이 처음이었으나, 왕이 매력과 품위가 넘치는 인물이라고 생각했다. 파이살과 그의 군대를 앨런비 직속으로 두는 문제를 선뜻 허락한 점도 그런 인상에 기여했을 것이다.

이튿날 아침, 후세인 왕은 단둘이 만나고 싶다며 로렌스를 제다의 왕궁으로 불러들였다. 왕은 평소와 달리 퉁명스러운 말투로 마음속 깊이 담아두었던 화제를 꺼냈다. 지난 5월, 마크 사이크스와 프랑수아 조르주피코를 만난 이야기였다.

당시 만남에서 무엇을 합의했는지 영국 정부 내 특정 부서에서는 여전히 의혹을 제기하고 있었지만, 사태의 진전 속도와 긴박성 때문에 그 의미 자체가 가려지고 말았다. 시릴 윌슨처럼 의견을 달리하는 목격자들이 '오해의 소지'가 있다는 점잖은 말투로 슬쩍 언급할 뿐 별다른 이의를 제기하지 않은 것도 이 사안에 대한 관심도를 떨어뜨렸다. 그러나 로렌스는 점잖은 말투를 선호하는 사람이 아니었다. 그는 후세인과 두 번째 면담을 마친 뒤 클레이턴에게 다음과 같이 보고했다.

"요점은 프랑스가 베이루트와 레바논을 합병하는 발상에 대해 그가 명백히 거부했다는 사실입니다. (…) 그는 매우 유쾌하게 말했습니다. 대영제국이 이라크에서 원하는 (똑같은) 지위를 시리아에서 얻게 된다면 프랑스는 만족하겠다고, 함정에 빠진 줄도 모르고 피코가 인정했다고 말입니다. (…) 셰리프는 결론적으로 대화 시간이 너무 짧아 격식을 못 갖추었으며 서면을 남기지도 못했다고도 했습니다. 그리고 당시 만남으로 인한 유일한 상황 변화는 프랑스가 시리아의 어느 영역에 대해서도 합병이나 영구 점유, 종주권 등의 발상을 내려놓았다는 사실이라고 말했습니다."[22]

이 보고서는 내용이 워낙 간단명료한 데다 작성자 또한 유명한 인물이라서 영국 정부의 고위 관료들 사이에 금세 퍼졌다. 그 결과 영국이 중동에서 거미줄처럼 맺어놓은 상충하는 약속들과 그 거미줄을 혼자서 치다시피 한 마크 사이크스의 역할에 대해 다시금 논쟁이 불붙기 시작했다.

아라비아에서 수행해야 할 로렌스의 임무는 아직 남아 있었다. 그가 제다에 머무는 동안 카이로에서 첩보 하나가 날아들었다. 믿을 만한 정보원에 따르면, 아카바 작전에서 로렌스의 가장 중요한 협력자였던 아우다 아부 타이가 터키 쪽과 은밀한 협상을 벌이고 있다는 것이었다.[23] 로렌스는 터키군을 한동안 움직이지 못하게 만들려는 아우다의 책략이라고 짐작했기에 곧바로 아우다를 두둔하는 입장을 취했다. 그러나 자신이 내놓은 가설을 본인도 그다지 신뢰할 수 없었던지, 몇 시간 뒤에 로렌스는 아우다를 만나기 위해 아카바로 향하는 배에 올랐다.

로렌스는 주력이 좋은 낙타를 타고 내륙을 향해 황급히 출발했다. 호와이타트 부족장은 (정보원에 따르면 역시 배신할 것으로 예상되는) 부하 두 명과 함께 구웨이라 마을 외곽에 머물고 있었다. 둘은 오랜 친구처럼 몇 시간을 보냈고, 이후 로렌스는 아우다와 부하 한 명에게 산책이나 하자고 제안했다.

"그들은 불안한 표정으로 비밀 협상에 대해 어떻게 알았는지, 또 다른 것에 대해서도 아는지 나에게 물었다. 우리 사이는 파국으로 치닫기 직전이었다."[24]

사실 로렌스에게는 충분히 치명적인 상황일 수 있었다. 하지만 그는 지뢰밭을 걷는 듯한 상황에서도 아랍인과의 대화에서 설득력을 발휘했다. 결국 모두를 하나로 만드는 공감, 아첨, 장난 등 기묘한 대화술로 상대의 마음을 무장해제시킴으로써 그들을 반란군 쪽으로 돌려세우는 데 성공했다. 로렌스는 아카바로 돌아온 직후 아우다 일은 사소한 오해에 불과했으며, 이제 모든 것이 "완벽하게 만족스럽다"며 카이로 쪽에 전보를 쳤다.[25]

훗날 로렌스는 아랍 반란과 그 지도자들에 대해 카이로에 보고할 때 일정 부분 둘러대기도 했음을 인정하면서, 모두의 이익을 위한 것이었다고 강조했다.

"(영국령) 이집트가 근검절약해서 우리에게 급여를 베푸는 만큼, 그리 아름답지 않은 진실은 도려내어 신뢰를 확보하는 한편 우리 스스로를 영웅으로 미화해야 했다. 대중은 책에서나 볼 수 있는 영웅을 원하기 때문이다."[26]

수많은 선배 영웅이 그랬던 것처럼, 로렌스는 대중이 원하는 그 무엇을 선사했다.

윌리엄 예일과 미국 주재 영국 대사는 웨일스 혈통에 대한 의견 교환을 마치자마자 본론으로 들어갔다.

사실 예일은 세실 스프링라이스에게 일자리를 제공받는 방식으로는 자신의 가치를 증명할 수 없으리라 생각했다. 무엇보다 영국은 진작부터 중동에서 방대한 정보 조직을 가동하고 있었기 때문이다. 그러나 눈치 빠른 윌리엄 예일은 남들에게 없는 무언가를 자신이 제공할 수 있음을 깨달았다. 다름 아닌 석유 관련 정보였다. 그는 뉴욕의 스탠더드오일을 위해 석유 매장지를 찾아 4년 넘도록 팔레스타인을 이 잡듯이 뒤진 사람이었다. 나아가 회사가 오스만 제국 전역에서 유전 개발권을 확보했거나 혹은 확보를 추진하는 곳이 어디인지 업무상 연락을 주고받는 과정에서 소상히 파악하고 있는 사람이기도 했다. 그러나 전쟁 이후에 이 지역을 차지할 국가가 소코니의 개발권을 인정할지 안 할지 어떻게 장담하겠는가? 점령국(예컨대 대영제국 같은 강국)이 석유 탐사 및 시추권을 국가 안보에 관한 사항으로 간주한다고 공표하는 순간 소코니의 권리 주장 따위는 가볍게 무시되고 국영 기업이 제반 권리를 가져갈 게 당연하지 않겠는가? 그렇다면 기존 지도와 지리 조사 결과물을 숙지한 사람으로부터 도움을 받을 경우, 시간과 노력을 크게 절약할 수 있을 것이다.

동기야 어떻든 간에 스프링라이스 대사는 젊은 방문자가 들려주는 말에 흥미가 일었고, 그래서 시리아 보고서 사본 한 부를 대사관에 달라고 했다. 예일은 대사의 요구를 다음 날 이행하기로 했다. 예루살렘 내 독일군 중요 시설의 위치를 세세하게 열거하고 지도상에 정확히 표시한 두 쪽짜리 부록을 보고서에 덧붙이기 위해서였다.27

예일의 시리아 보고서는 미국 관료들의 관심을 끄는 데 실패했지만 영국 측의 반응은 전혀 달랐다. 대사는 보고서가 밸푸어 외무장관에게 당장 직보해도 좋을 정도라고 판단했고, 예상대로 런던의 반응은 즉각적이었다. 윌리엄 예일이 미국 전쟁부로부터 징병을 면제받을 경우 스프링라이스는 비밀 전보의 지침에 따라 29세의 석유꾼에게 영국군 중위 계급장을 달아주기로 했다.

"이집트에 정보장교로 보낼 수 있을 것으로 보임. 그가 보유한 정보는 확실히 가치가 있음. 필요한 조치를 취하고 결과를 보고할 것."28

이제 미국과 영국은 한패가 되었기 때문에 전쟁부에서 받아야 하는 서류란 형식에 불과했다. 그러나 윌리엄 예일은 경우가 달랐다. 한 달 동안 아무도 거들떠보지 않던 그의 시리아 보고서를 마침내 누군가가 읽었기 때문이다. 예일의 보고서에 호기심이 발동한 사람은 릴런드 해리슨으로, 미국 국무장관 특별보좌관이었다. 사실 이 직책은 실제 권력의 크기에 못 미치는 것이었다.

당시 34세였던 해리슨은 예일과 마찬가지로 미국 북부의 귀족 혈통으로, 이튼과 하버드에서 공부한 뒤 외교관이 되어 미국의 주요 관계국에서 주요 직위를 거쳤다. 젊은 나이에 외교관으로 출세 가도를 달리던 그는 1915년 로버트 랜싱 국무장관에게 발탁되어 워싱턴에서 입지를 더욱 굳건히 다질 수 있었다. 해리슨은 이곳에서 랜싱이 가장 신임하는 보좌관으로 유명했다.

랜싱과 해리슨은 둘 다 열렬한 친영파였다. 이에 따라 제1차 세계대전 와중에 미국의 중립을 신줏단지 모시듯 하는 우드로 윌슨에 대해 반감을 갖고 있었다. 랜싱이 해리슨을 자신의 심복으로 총애한 또 다른 이유는, 그가 대단히 신중한 사람이었기 때문이다. 어느 국무부 직원은 릴런드 해리슨에 대해 이렇게 말했다.

"나는 해리슨처럼 의뭉스럽고 비밀이 많은 사람을 본 적이 없다. (…) 그는 인간 스핑크스에 가깝다. 또 그의 목소리는 얼마나 작은지 귀를 한껏 기울여야 알아들을 수 있었다."[29]

이런 사실이 더 의미심장하게 들리는 이유는 랜싱이 미국 참전 이전에 윌슨 정권 안에서 활동하던 그림자 정부, 즉 미국이 연합국 편에 서도록 은밀하고 교묘하게 유도하던 비밀 조직의 수장이었기 때문이다. 랜싱은 1916년에 이른바 비밀정보국Bureau of Secret Intelligence을 조직하여 특수 요원들로 하여금 미국에 거주하는 동맹국 출신의 외교관이나 기업인들을 염탐해왔다. 그들의 목적은 독일의 음모를 캐내어 참전의 불가피성을 뒷받침하는 것이었다. 이런 활동은 어느 편도 들지 않겠다는 윌슨의 선언에 전적으로 위배될 뿐만 아니라 정권의 방침에 따라 중립을 지켜온 각 행정 부처의 공분을 살 일이었다. 그러나 그들은 짐작도 못 하고 있었다. 랜싱은 국무부 판공비로 비밀정보국을 만들었기 때문에 의회는 물론 윌슨 내각 여타 부처에 지원을 요청할 필요가 없었다.

그는 자신을 추종하는 릴런드 해리슨을 남미 부서에서 데려와 "법의 영역 밖에 존재하는" 이 신생 부서를 맡기고 "비밀스러운 성격의 모든 정보를 수집해서 검증하는" 전 과정을 관리 감독하게 했다.[30]

이 은밀한 조직은 미국의 참전 결정으로 다소간 힘을 잃었다. 하지만 윌리엄 예일의 시리아 보고서를 읽어본 해리슨은 미국이 중동에서 정보조직을 가동한다면 큰 도움을 얻을 수 있겠다고 생각했다. 문제는 이와 같은 조직이 기존 국내 정보기관의 활동 범위 밖이라는 점, 게다가 터키는 미국의 교전 상대국이 아니기 때문에 육군정보부가 개입할 수 없다는 점이었다. 해법은 예일을 비밀정보국에 배속시키는 것이었다. 마침내 8월 초, 예일은 국무부로 들어오라는 통보를 받았다.

당시 만남에서 해리슨은 예일에게 놀라운 제안을 내놓았다. 국무부 소속 '특수 요원' 자격으로 중동에 돌아가라는 것이었다. 제시한 연봉은 2000달러였고, 활동에 필요한 경비는 별도였다. 그의 임무는 미국 정부가 흥미를 느낄 만한 모든 사안을 조사해서 보고하는 것이었다. 좀 더 정확히 말하자면, 릴런드 해리슨의 관심 분야를 깊숙이 관찰하는 임무였다. 이제 예일은 카이로를 본거지 삼아 활동하면서 미국 대사관의 외교 우편을 통해 오직 해리슨에게만 전달되는 보고서를 매주 보내야 했다. 당연히 예일은 이 제안을 덥석 받아들였다. 8월 14일, 랜싱 장관은 그를 국무부 소속 중동 담당 특수 요원으로 임명했다.

예일은 가족을 만나기 위해 잠시 앨더크리크에 다녀온 뒤, 8월 29일 다시금 대서양을 횡단하기 위해 뉴욕 항에서 미국 해군함 뉴욕 호에 올랐다. 그는 카이로로 들어가기 전 런던과 파리에 들러서 중동 문제에 가장 직접적으로 간여하는 영국과 프랑스 관료들의 동향을 살폈다. 해리슨은 런던 주재 미국 대사에게 다음과 같이 전했다.

"(예일은) 우리에게 근동 상황을 알려줄 것입니다. 필요하다면 특별조사 임무를 붙여 현장에 보낼 수도 있습니다. 그는 영국 관료에게서 장교 계급을 제안받았을 만큼 눈여겨보고 있는 사람입니다. 인맥을 제대로 넓힐 수 있도록 힘써주시길 바랍니다."[31]

미국은 20세기의 문이 열리고 두 번째 10년에 접어들 때까지 군사력에서는 변방에 불과했다. 그런 나라가 1917년 제1차 세계대전에 뛰어든 것을 어떻게 봐야 할까? 정규군 규모는 독일군의 12분의 1밖에 안 되었는데, 이는 루마니아·불가리아·포르투갈처럼 유럽의 작은 나라들보다 약소한 규모였다. 1917년 당시 워싱턴의 국무부 본부는 백악관에 인접한 6층 건물로, 소속 직원들은 해군성 및 육군성과 나누어 쓰는 이 건물의 한구석에서 근무하고 있었다.

이보다 더 놀라운 사실은, 미국이 중동에서 알아내야 할 전장 및 전략, 지역 정세 등에 대한 분석 작업과 핵심 인사 면담, 우방 및 적국에 대한 비밀 수집 등에 관한 첩보활동을 맡은 인물이 군사·외교·정보 분야에 관한 훈련을 한 번도 받아본 적 없는 29세의 사내라는 점이었다. 윌리엄 예일은 이 밖에도 자신에게 부족한 것 몇 가지를 스스로 덧붙였다.

"나는 내가 연구하는 문제의 역사적인 배경을 잘 몰랐다. 역사를 대하는 철학도 없었고, 해석하는 방법도 몰랐으며, (해당 지역) 경제와 사회 구조의 기초적인 특성 및 기능을 거의 이해하지 못했다."[32]

하지만 그는 조금도 걱정하지 않았다. 윌리엄 예일은 '미국인은 뭐든 할 수 있다'는 정신의 표상 같은 인물이었다. 무지와 경험 부족을 도리어 '독창성과 대담성'의 원천으로 삼아 실전에서 장점으로 이용할 수 있다는 미국인다운 믿음을 간직하고 있었다. 예일은 자신의 믿음을 실천함으로써 중동에서 막강한 존재가 되겠다고 다짐했다.

아론 아론손과 T. E. 로렌스가 처음 만난 날은 1917년 2월 1일이었다. 우연한 만남이었기에 서로에게 별다른 인상을 주지는 못했다. 다만 아론손은 일기장에 "로렌스Laurens" 대위가 박식하지만 거만한 인물이라고 짤막하게 언급했다. 그해 8월 12일의 두 번째 만남은 양쪽 모두에게 오래도록 잊지 못할 기억으로 남았다. 그동안 로렌스는 아라비아 전역을 휘저은 모험가로, 아론손은 영국을 돕는 NILI 첩보 조직의 지도자로, 각각 명사의 반열에 올랐기 때문이다. 물론 중동의 미래에 대해 자기 관점을 강력하게 주장하는 인물들로 알려져 있기도 했다. 그러나 아랍국 사무실에서 만난 두 사람은 곧 서로에게 적의를 품게 되었다.

로렌스는 몇 주 전 아론손이 작성한 선동적 문건으로 인해 대화가 어떻게 흐를지 걱정스러웠을 것이다. 1917년 8월, 팔레스타인 유대인 국가에 대한 영국의 공식 지지라는 유령이 점차 실체화되자 국제 시온주의 운동의 과격파 지도자들조차 유화적인 태도로 상황을 진화하려 했다. 그들은 팔레스타인의 향후 정치 구조가 어떻게 결정되건 간에 유대인은 아랍인과 기독교인의 이웃으로서 평화롭게 공존하되 터키의 압제에 맞서 투쟁한다는 대의명분을 강조했다.

아론 아론손이 주장한 내용은 그러한 회유가 아니었다. 이후 『아랍동향』이 인용한 이 농학자의 성명서에는 펠라헨fellaheen으로 알려진 "지저분하고, 미신을 섬기며, 무지한" 팔레스타인 농노들에 대한 비난이 담겨 있었으며, 때때로 그들이 강제로 유대인들을 쫓아낸 것처럼 자신도 그렇게 할 것이라고 거침없이 주장했다. 유대인들이 아랍인 이웃들을 적대시하며 지낼 수 있겠느냐는 비판에 대해서도 아론손은 선뜻 인정하면서 이렇게 썼다.

"우리는 당연히 그래야 한다고 생각한다. 국적, 문화, 교육, 기술, 심지어 위생이라는 측면에서도 이와 같은 방침을 엄격하게 고수해야 한다. 안 그랬다간 유대인 부흥운동 전체가 망할 것이다."

그는 동화주의에 기울었던 유대인 정착촌 로슈피나Rosh Pinah의 교육 수준이 낮은 점을 지적하면서 "유대인 젊은이들이 교육을 못 받은 펠라힌과 지속적으로 접촉한다면 똑같이 교육 수준이 떨어질 수밖에 없다"고 주장했다.

하지만 주류 시온주의 운동의 지도자들과 그들을 지지하는 영국인들이 아론손에게 가장 분노한 대목은 아랍 반란에 대한 평가였다. 마크 사이크스를 비롯한 영국 관료들은 유대인 국가에 대한 영국 정부의 공식 지지를 이끌어내려면 아랍 반란에 동조해야 한다고 시온주의자들을 타일러왔다. 아랍인들이 유대인 국가 건설이라는 발상을 탐탁지 않게 여길 것이 분명했기 때문이다. 이에 따라 차임 바이츠만은 런던발 곡조에 화음을 맞추고 있었다. 하지만 카이로에 있는 아론손에게 이 악보를 건네준 사람은 아무도 없었다.

"팔레스타인 유대인들은 아랍 반란에 대해 관심도 없고 별로 신뢰하지도 않는다. 그들은 터키를 상대로 무기를 들고 일어설 처지가 아니다. 설령 그래야 하는 상황이라도 아랍인들과 손을 잡으려고 하지는 않을 것이다. 우리가 알기로, 아랍인이라면 뇌물에 넘어가지 않을 사람이 없다. (…) 영국군이 터키를 무찌른다고 하면 유대인들도 기꺼이 힘을 보태겠지만 아랍인에 대한 신뢰는 의심스럽다."[33]

아랍 반란의 수호자를 자처하는 T. E. 로렌스에게는 결코 달갑지 않은 말이었다. 그러나 로렌스를 만난 자리에서 아론손은 상대를 자극할 작정이었는지 평소보다 훨씬 더 과격한 발언을 이어갔다. 그는 팔레스타인의 궁극적 미래는 유대인 소수 집단이 보호받는 영국의 보호국이 아니라 실질적인 유대인 독립국이어야 한다고 주장했다. 이러한 미래는 시온주의자들이 가자부터 하이파에 이르는 땅을 모조리 사들인 다음 펠라헨들을 내쫓으면 그만이라고 생각하는 아론손에게 정치적, 경제적으로 얼마든지 성취할 수 있는 목표였다. 로렌스는 사납게 응수했다. 팔레스타인의 유대인은 두 가지를 선택할 수 있는데, 하나는 다수의 아랍인과 공존하는 것이고 다른 하나는 목이 잘리는 것이라고 말이다. 그날 저녁 아론손은 상당히 절제된 표현으로 일기를 써내려갔다.

"우의友誼라고는 손톱만큼도 찾아볼 수 없는 대화였다. 로렌스는 너무 어린 나이에 지나치게 큰 성공을 거두었다. 그래서인지 콧대가 지독히 높다. 그는 우리 정착촌과 우리 정신에 대해 그리고 아랍인을 향한 감정에 대해 자기 생각을 늘어놓으며 나를 가르치려 들었다. 아랍인과 어울려 사이좋게 지내는 편이 좋을 거라고도 했다. 그의 이야기를 듣자니, 프러시아의 반유대주의 과학 강의를 영어 버전으로 듣는 기분이었다. (…) 그는 대놓고 우리를 적대시한다. 선교사처럼 앞뒤가 꽉 막힌 인간임에 틀림없다."34

로렌스는 아론 아론손을 화나게 하는 사람들 명단에 이제 막 추가된 인물일 뿐이었다. 그는 영국 장교들의 줄기찬 중재 노력에도 불구하고 알렉산드리아의 반反시온주의유대인위원회와 석 달째 반목해오고 있었다. 차임 바이츠만의 시온주의협회도 사실상 그를 무시하고 있었다. 런던이 자신을 존중하지 않는 데 분노한 아론손은 로렌스와 만나고 나서 며칠 후 바이츠만에게 두 통의 긴 편지를 보냈다. 런던이 계속 자신을 소홀히 대접한다면 NILI를 해체할 수 있다는 경고를 재확인하는 편지였다. 그는 레지널드 윈게이트에게도 같은 내용을 전달했다. 이에 따라 윈게이트는 외무성에 걱정스러운 전보를 보내야 했다. 8월 20일, 그는 밸푸어 장관에게 이렇게 썼다.

"아론손 씨가 그동안 요구해온 지원을 곧바로 실행한다면 일을 풀어가는 데 도움이 될 것입니다. 그를 소외시켜선 안 되는 다른 이유도 있습니다. 장관님도 이해하시겠지만, 군 당국은 그가 팔레스타인에 창설한 조직을 계속 활용할 필요가 있다고 생각합니다. 그는 자기 조직을 해체할 수 있는 지위에 있는 만큼, 자신의 뜻이 웬만큼 관철되지 않는다면 실제로 해체할 가능성이 매우 높습니다. 원칙적인 면에서 그의 시각은 영국의 시온주의자들과 차이 나는 게 확실하며, 지금 그는 매우 상심한 상태에 빠져 있습니다."[35]

전보가 날아간 지 며칠 후 저녁 무렵, 아론손은 자전거를 타고 카이로 시내를 지나다가 새로운 아이디어를 떠올렸다. 영국의 시온주의자들이 자신과 대화하지 않겠다면 자신이 영국으로 가서 대화의 장을 만들겠다는 생각이었다. 그는 이런 계획을 영국군 조력자들에게 밝혔고, 그들은 대뜸 찬성했다. 툭하면 NILI 첩보 조직을 해체하겠다고 으름장을 놓는 설립자와 첩보 조직을 당분간이라도 떼어놓으면 한시름 덜 수 있을 것으로 생각했기 때문이다. 9월 13일, 아론손은 이집트를 떠나 마르세유로 향했다.

그러나 인정 욕구에 사로잡혀 무수한 입씨름을 벌이느라 힘을 소진한 아론손은 자신의 행동 때문에 비밀리에 첩보활동을 하고 있는 실무자들이 위험해질 수 있다는 생각까지는 못 한 듯했다. 아울러 팔레스타인에 있는 가족과 동지들의 안전을 지키기 위해 자신이 꾸며냈던 이야기도 까맣게 잊은 게 분명했다. 당초 오스만 제국은 그가 미국으로 향하는 배에서 붙잡혀 영국군 수용소에 억류되어 있는 것으로 알고 있었다. 그런데 언제부터인가 카이로와 런던, 파리를 오가는 공문에 아론손의 이름이 버젓이 등장하기 시작한 것이다. 더욱이 그가 카이로의 영국군 장교들과 일을 벌이고 알렉산드리아의 유대인위원회와 실랑이하는 동안 이집트에서는 NILI의 존재를 알아챈 사람들이 점점 늘어갔다. 첩보 조직에 해를 끼칠 만한 사람은 없다 해도 이 사실이 베를린이나 콘스탄티노플에 흘러드는 건 시간문제였다.

아론 아론손의 가족들 역시 사태를 악화시키기는 마찬가지였다. 친동생 알렉스는 뉴욕에 머무는 동안 『애틀랜틱 먼슬리Atlantic Monthly』라는 잡지에 자신의 터키 탈출기를 실었다. 그 기사는 1917년 8월 『팔레스타인에서 터키군과 함께With the Turks in Palestine』라는 책으로 출간되어 카이로 서점에 버젓이 깔렸다. 어느덧 아틀리트를 본거지로 한 첩보 조직에 관한 이야기는 팔레스타인 유대인 정착촌에서 공공연한 비밀로 통했다. 더군다나 사라 아론손이 그 지역을 헤집고 돌아다니는 모습이 수시로 눈에 띄었으니 첩보 조직원이 누구인지 모를 수가 없었다. 실제로 일군의 팔레스타인 유대인 지도자들이 사라를 찾아가 '활동'을 당장 그만두라고 통보했다. 물론 사라는 콧방귀를 뀌었다.[36]

애초에 NILI 조직원들은 이 분야의 전문가들이 아니었다. 따라서 막중한 책임을 지고 있는 쪽은 NILI를 관리하는 영국군 장교들이었다. 그러나 이들의 거만한 관리 방식은 범죄 행위에 버금가는 것이었다.[37] 첩보 조직망을 활용해 영국군의 선전물을 배포하고 유대인 난민에게 성금을 전달하자는 발상도 이들이 떠올린 것이었다. 아론손은 첫 번째 제안은 거부했지만 두 번째 제안에 대해서는 끝내 뜻을 굽힐 수밖에 없었다. 그 결과 7월 중순에 1차분 금화가 아틀리트 해변에 도착했다. 이제 정보를 빼내는 역할은 물론 금화를 밀수하는 역할까지 맡게 된 NILI 첩보원들은 발각당할 위험이 두 배로 높아졌다. 무엇보다 놀라운 사실은 첩보원의 신분을 다른 첩보원에게 알리지 말라는 스파이 조직 운영의 대원칙을 영국군이 수차례 위반했다는 점이다. 한때 사이드 항을 거점으로 선단을 이루어 활동하던 첩보선의 수가 차츰 줄어들어 1917년 8월에는 매너젬 호 한 척만 모든 임무를 수행하기에 이르렀고, 팔레스타인에서 활동하는 영국군의 다른 정보기관 요원들까지 매너젬 호가 실어 나르고 있었다. 첩보원 한 명이 붙잡히거나 발각당할 경우 나머지 첩보원의 신원도 줄줄이 탄로 날 수 있는 상황이었다.

궁극적으로 이 모든 원인은 터키와 전쟁을 처음 시작하던 그 순간부터 영국을 괴롭혀온 품성의 결함, 즉 적을 얕잡아보는 자만심에 있었다. 1914년 이래 수없이 그래왔던 것처럼, 자만에 차 있던 이들은 조만간 후회막심한 일을 당하고 말았다. 아론손이 유럽으로 향하던 9월 13일, 팔레스타인에서 NILI 첩보원이 처음으로 터키 당국에 검거되었다.

로렌스는 가게 점원처럼 전혀 즐겁지 않은 작업을 처리하고 있었다. 8월 말, 아카바에서는 졸음에 겨운 어부들의 조그만 포구를 아랍 반란의 본부로 개조하는 작업이 한창이었다. 항구에는 산더미 같은 보급품을 실은 영국 배들이 매일 밀려들었다. 이 배들에는 수천 명의 병사들, 즉 이집트에서 모집한 무슬림 병사나 파이살의 옛 기지 와즈에서 넘어온 아랍 전사들이 타고 있었다. 이 신참 병사들은 인근 산악지대 출신 신참들과 합류했다. 로렌스는 카이로에서 아카바로 돌아온 8월 17일 이후로 물품들을 어디로 보내야 할지 분류하는 한편 아카바의 질서를 회복시키느라 분주한 나날을 보내야 했다. 이렇게 자질구레한 업무에 시달리느라 그는 당면한 거시적 문제들에 주의를 기울이지 못한 것 같다. 6주 전의 아카바 점령에 따른 의기양양한 낙관론과 전투 작전조차 이미 과거지사가 되어버린 듯했다.

9월 중순까지 팔레스타인 공격을 전개하겠다는 앨런비 장군의 야심 찬 목표는 예상대로 부대의 무장 준비가 늦어지면서 자꾸 지연되고 있었다. 카이로의 영국군 작전 부서에서는 10월 말이나 되어야 출정할 수 있을 것으로 내다봤다. 로렌스의 예상도 마찬가지였다. 아랍군의 준비 계획 이행 실적은 그야말로 한심한 수준이었다.

게다가 당시 로렌스는 "승리하면 백 명의 아버지가 생기지만 패배하면 고아다"라는 격언의 의미를 피부로 느껴야 했다. 아카바가 카이로에서 가까운 탓에 온갖 사절단 또는 지원단이 줄지어 밀려들었기 때문이다. 대부분 의심스러운 제안서 뭉치를 싸들고 와서 검토해달라고 졸라대는, 관료주의적 병폐를 고스란히 표출하는 사람들이었다. 8월 말, 새로 부임한 정보장교 한 명이 아랍군의 전문성 부족에 놀란 나머지 영국군의 정예 낙타 부대Imperial Camel Corps(ICC)를 즉시 보내달라고 카이로 쪽에 촉구하는 일도 있었다. 로렌스는 그 계획을 취소시키기 위해 잠시 일손을 놓아야 했다. 그는 8월 27일 클레이턴에게 다음과 같이 썼다.

"영국군 ICC 대원이 아랍군과 사소한 말다툼을 벌이거나 혹여 베두인 여성과 사고라도 쳤다간 난장판이 벌어질 게 분명합니다."

그는 장교가 지적한 몇 가지 내용은 짐짓 인정하면서도 끝내 무시하는 어투로 글을 맺었다.

"민족적 봉기와 군사 작전의 차이도 분간할 줄 모르는 사람이 아랍 상황에 대해 어떤 보고서를 작성했는지 몰라도, 장군께 그리 큰 도움이 될 것 같지는 않습니다."[38]

우연하게도 로렌스의 전보를 받았을 때 클레이턴은 현지 실사를 고려하던 중이었다. 그리고 9월 1일 카이로에서 아카바로 이동했다. 자신이 지난 1년 동안 복무했던 최전방 전선을 처음으로 방문하는 길이었다.

늘 그랬듯이 클레이턴 장군의 아카바행에는 다른 용건도 있었던 것 같다. 한 달 전 그는 런던에 있는 마크 사이크스로부터 이상한 편지를 받았다. 그리고 카이로에 체류 중인 자신의 부하 로렌스와 편지 내용을 공유할 필요가 없다고 판단했다.(앞서 8월 둘째 주까지도 두 사람은 아랍국 사무실에서 하루가 멀다 하고 만났다.) 그러나 클레이턴은 자신만이 아는 몇 가지 이유로 그 편지를 아카바로 가져갔다.

사이크스가 그해 여름 중동 출장을 마치고 런던에 도착했을 때는 정치 지형이 급변한 상태였다. 그리고 연합국 지도자들은 충격과 절망에 휩싸여 있었다. 우드로 윌슨 미국 대통령이 "민주주의를 위해 평화로운 세계"를 만들겠다고 한 말은 단순한 미사여구가 아니었다. 전쟁 개입의 대가로 압박받는 민족들의 자결권을 요구했기 때문이다. 이는 기존에 연합국끼리 몰래 맺은 미로 같은 약속을 폐기해야 한다는 의미이자 제국주의 시대가 끝나가고 있음을 의미하는 것이었다. 예전에는 게걸스러운 탐욕을 자랑하던 대영제국과 프랑스 두 나라의 정치인들도 지난 3년 동안 무려 500만 명에 가까운 사상자를 낳는 고통을 치른 만큼, 이제는 '비非합병'이나 '자치' 같은 생소한 용어를 숙지하기 위해 부산을 떨기 시작했다. 양국이 느끼는 절박한 심정의 깊이를 보여주는 단면이었다.

이런 식의 표변에 가장 능한 사람이 마크 사이크스였다. 이 사내는 순식간에 자기 자신을 전후 개화한 정치인이자 민족자결권의 대변자로 새롭게 포장했다. 사이크스는 이제 영국과 프랑스가 공히 제국주의적 욕망을 단념하는 것만이 중동에서 택할 수 있는 최선의 노선이라고 강력히 주장하기 시작했다. 7월 22일 길버트 클레이턴에게 보낸 편지에는 "식민주의는 미친 짓"이라고 주장했다.[39] 그가 새로 떠올린 중동 해법은 서구 열강이 중동에 대해 일종의 정치적 신부 수업을 해주는 것이었다. 미개한 중동 사람들이 일정 기간 서구적 가치와 체계를 배운다면 이후 그들이 바라는 방식대로 살아갈 수 있을 거라는 발상이었다. 사이크스는 현대 역사에서 가장 악명 높은 제국주의적 협정의 공동 저작권자들이 느끼는 초조함을 가려줄 만한 해결책을 내놓았다. 7월 중순, '영국·프랑스·아랍 협정'을 체결하기 위해 사이크스-피코 협정에 대한 일체의 언급을 삼가는 것이 좋겠다고 전쟁 내각에 조언한 것이다.[40]

사이크스의 새로운 가면이 모두에게 좋은 인상을 준 것은 아니었다. 시간이 흐를수록 영국 외무성 고위층에서는 사이크스-피코 협정이 영국에 불리하다는 인식이 형성되었고, 당연히 외부 감독을 제대로 받지 않았던 당시 협상 대표자에게 비난의 시선이 모아졌다. 전쟁 내각의 일원이었던 조지 커즌은 이렇게 언급했다.

"(사이크스는) 상대방의 주장을 냉큼 받아들이고 우리 주장은 줄기차게 포기해버리는 게 의혹을 없애는 길이라고 생각하는 것 같다."[41]

또한 지난 5월에 피코와 함께 후세인 왕을 상대로 모종의 약속을 맺었다는 소문이 나돌자 사이크스의 신뢰는 심하게 흔들렸다. 야파에서 유대인들이 학대당했다는 이야기를 앞장서서 퍼뜨린 점도 문제가 되었다. 시온주의 난민들을 대폭 지원하도록 영국 정부를 자극하려는 술책으로 보는 사람이 많아졌기 때문이다. 7월 초에는 사정이 급박해졌다. 아서 니컬슨 외무성 차관은 지난 2년 동안 영국 정부가 중동에서 정확히 어떤 노력을 펼쳤는지, 그런 노력이 후세인 왕에게 약속한 내용과 어떻게 부합하는지를 전쟁 내각에 낱낱이 해명해야 했다. 니컬슨은, "담당 부서가 보관 중인 관련 서류들이 사태의 진상을 제대로 담고 있는지 확신하기 어려운 데다" 사이크스가 거짓말쟁이에 가깝다면서 이렇게 주장했다.

"본격적인 조사에 앞서 마크 사이크스 경을 불러들여 의견을 들었으면 합니다. (후세인에 대한) 우리 약속을 어떤 식으로 회피 또는 수정했는지, 그래서 아랍이 얼마나 분개할지를 알고 있는 사람은 오직 사이크스뿐입니다."[42]

이 같은 비판에 직면한 사이크스는 즉각 몸을 낮추었지만, 모든 문제를 어느 하급 장교 탓으로 돌리는 심술을 부렸다. 그 장교란, 어이없게도 T. E. 로렌스 대위였다. 7월 20일, 밸푸어 장관의 보좌관에게 보낸 편지에 사이크스는 중동 문제로 고생한 2년 동안은 아무도 알아주지 않는 자기희생의 과정이었다는 넋두리와 함께 이렇게 썼다.

"지금껏 맡은 바 임무를 꽤 성공적으로 수행해왔다고 생각합니다만, 이제 할 말은 해야겠습니다. 저는 영국과 프랑스가 서로에 대해 품고 있는 해묵은 편견, 상대를 향한 의심, 예민한 감정 그리고 영국의 발목을 잡는 브레몽, 프랑스라면 무조건 반대하고 나서는 로렌스 등 수많은 어려움에 맞서야 했습니다."[43]

사이크스의 이런 관점은 그다지 이상할 게 없었다. 사이크스가 중동에서 멋대로 짜놓은 모순적 상황의 전모와 진실을 온전히 파악한 사람은 극소수(길버트 클레이턴이나 레지널드 윈게이트 등)로, 이들은 대개 체제 순응형이었기에 웬만하면 불평불만을 표출하지 않고 대충 넘어가려고 눈치를 살필 뿐 사이크스와 맞설 생각이 없었다. 그러나 로렌스는 달랐다. 그는 이들과 한패가 아니었다. 기회가 주어지면 언제든 사이크스에게 망신을 줄 수 있는 인물이었다. 문제는 로렌스가 아카바에서 승전보를 울린 후 그런 기회가 점점 더 많아지고 있다는 점이었다. 게다가 이제 로렌스에게는 사이크스가 2년에 걸쳐 구축한 외교 틀에 심각한 타격을 입힐 수 있는 능력마저 생겼다.

비록 불완전한 구석은 있지만 사이크스는 자신의 구상으로 그 지역에 관한 영국의 이해관계를 그럭저럭 지켜왔다. 그런데 로렌스가 앨런비와 사실상 군사적 동맹을 맺고 프랑스한테서 시리아를 빼앗으려 덤비고 있었다. 성가신 존재에 불과했던 일개 대위가 어느새 막강한 위협 대상이 되어 돌아온 것이다. 7월 22일, 사이크스는 이러한 위협을 중화시키기 위해 감언이설과 속이 빤히 들여다보이는 예의상의 발언으로 가득한 편지를 클레이턴에게 보냈다. 클레이턴이 로렌스에게 보여주려고 아카바로 가져간 것이 바로 이 편지였다. 사이크스는 아카바 점령을 거론하며 이렇게 적었다.

"로렌스의 행적은 눈이 부실 정도입니다. 저는 그가 기사 작위를 받기를 바랍니다. 그러나 훌륭한 사람이 되었으니 그에 걸맞게 행동하고 시야를 넓히라고 그에게 전해주십시오. 아랍은 10년 동안 연합국의 보호를 받고 나면 국가로서 독립할 수 있을 것입니다. 반면 지금 당장 독립국이 된다면 페르시아, 가난, 카오스에 빠질 것입니다. 아랍인을 위해 싸운다지만 정작 아랍인을 위하는 길이 무엇일지, 그가 이 점을 숙고할 수 있게 해주십시오."⁴⁴

로렌스는 사이크스의 과거 행적을 속속들이 아는 데다 카이로에서 아론손과 맞붙은 직후라서 이 편지의 위선적인 충고를 그대로 넘길 수 없었다. 더욱이 명실상부 "훌륭한 사람"이 되었으니 자신의 가르침을 받으라는 태도에 자존심을 다친 듯했다. 로렌스는 일곱 장에 달하는 통렬한 답장을 그 정치인에게 보냈다. 가르침을 구하고 싶다는 진지한 말로 시작했지만 사이크스의 계획을 하나하나 꼼꼼하게 따지면서 허점을 꼬집는 편지였다.⁴⁵

"시온주의자들에게 무엇을 약속했습니까? 그들의 계획은 무엇입니까? 저는 카이로에서 아론손을 만났습니다. 언젠가 가자에서 하이파에 이르는 모든 땅을 유대인이 차지해서 사실상 자치정부를 세울 것이라고 하더군요. 정당한 구매를 통해서입니까, 아니면 강제 매각과 수용을 통해서입니까? (…) 유대인들이 아랍인 소농을 완전히 추방해달라고 했습니까? 아니면 날품팔이 일꾼으로 전락시키자고 했습니까?"

다음으로 아랍인을 "도와" 시리아를 발전시키겠다는 프랑스 문제를 꺼냈다. 이것은 제다에서 사이크스가 후세인에게 믿으라고 강요했던 거짓말이었다.

"아랍인들은 프랑스의 도움 없이도 혁명에 성공할 수 있습니다. 따라서 미래에 프랑스가 돕겠다고 나서봤자 대가를 지불할 마음은 없을 것입니다. (…) 셰리프는 성공할 것입니다. 우리가 꾸준히 도우면서 기다린다면, 그는 우리가 시리아 땅으로 할당한 곳에 자기 힘으로 독립국을 세울 것이고(우리가 노새와 탄창을 지원했다고 생색 낼 필요는 없습니다. 손과 머리는 그의 것입니다) 외국인 조력자들 없이 다스릴 수 있다고 생각할 것입니다. 이렇게 독립국을 세운 뒤에는 (사이크스-피코 협정 아래) 아랍국 몫으로 책정하지 않은 다른 땅도 차지하려고 나설 것입니다. 그는 강력한 명분을 내세우면서 정복 전쟁도 불사할 것이 명백합니다. 그럴 경우 영국과 프랑스는 어떻게 대처해야 합니까?"

로렌스는 편지 말미에 조금은 누그러진 어투로 정치적 현실을 인정하면서 "커다란 친구들을 얻기 위해 작은 친구들을 팔아치워야 할지도 모른다"고도 썼다. 그러나 사이크스가 좋은 쪽으로만 떠들어댄 것과는 반대로 "우리는 어쩌면 함정에 빠졌는지 모른다"면서 "탈출구를 찾기 위한 실질적인 수단이 무엇이냐"고 사이크스의 견해를 물었다.

이 편지는 아마도 사이크스의 중동 행적에 대한 가장 신랄한 비판이었을 것이다. 하지만 정작 당사자는 그 비판을 접할 수 없었다. 로렌스는 런던으로 답장을 부치기 위해 먼저 클레이턴의 사무실로 보냈는데, 9월 7일 아카바 방문을 마치고 카이로에 돌아온 클레이턴은 이 답장을 읽어본 뒤 부치지 않는 게 좋겠다고 판단했다. 그리고 사이크스-피코 협정이 이제 신뢰를 잃고 망각의 대상으로 전락하고 있는 만큼 사이크스의 "행동을 부추기는" 어떤 동기도 제공하지 않기를 바란다며 로렌스를 달랬다.

"사실상 사문화한 협정이다. 우리만 가만히 내버려두면 저절로 폐기될 것이다. 이제는 실현 가능한 내용도 결코 아니어서, 아무도 찾지 않는 기념비 같은 신세다."[46]

길버트 클레이턴의 이러한 평가는 매우 잘못된 것이었다. 그러나 로렌스는 그 점에 대해 논박할 수 없었다. 클레이턴의 전보가 도착하기도 전에 터키군을 공격하기 위해 또다시 내륙으로 떠난 상태였기 때문이다.

9월 7일, 윌리엄 예일은 런던 사보이 호텔에 체크인하면서 "짙게 화장한 숙녀들"이 로비를 가득 메운 광경에 이상한 느낌을 받았다. 다음 날 그의 일기장에는 서글픈 듯한 말투로, 한때 영화를 누렸던 유서 깊은 호텔이 지금은 "매춘굴이나 다름없는 장소"로 전락했다고 적혀 있다.[47]

하지만 이 청교도적인 청년은 불결한 주위 환경을 고민할 새가 없었다. 릴런드 해리슨이 미국 대사관에 전보를 넣어준 덕분에 신임 특수요원 예일은 중동 문제에 관여하는 영국 정부의 여러 고위급 관료와 쉽게 접촉할 수 있었다. 이 과정에서 예일은 자신이 작성한 시리아 보고서가 적국의 중요한 지역을 예리하게 파고든 역작이라는 찬사를 받았다. 특히 영국 정가의 최고위 인사들과 군 수뇌부까지도 탐독할 만큼 큰 반향을 일으켰다는 평가에 우쭐함을 느꼈다. 그는 여러 정보 부서 인사와의 만남을 즐겼고, 그들이 원하는 것이라면 무엇이든 자세히 알려주었다.

그러나 얼마 안 지나서 예일은 런던에서 중동 상황에 대한 거시적 안목을 키우는 일에 흥미를 잃었다. 자신이 경험한 바에 따르면, 중동에 관한 한 가장 실용적인 식견을 얻기에는 카이로만 한 곳이 없기 때문이었다. 대신 다른 특정한 사안에 주목하기 시작했다. 그는 영국 정부가 유대인 시온주의자 집단과 점점 더 끈끈한 사이로 발전하고 있는 상황에 관심을 기울였다.

그는 영국 신문지상에 오르내리는 어떤 내용에 특히 주목했다. 이름 없는 유대인 화학자가 폭발물 제조와 관련된 "어떤 비밀들"을 영국 정부에 제공했다는 이야기였다. 예일은 9월 12일자 일기에 이렇게 썼다.

"이 유대인 화학자는 어떤 보상을 원하느냐는 질문에 개인적으로 원하는 것은 아무것도 없으며, 다만 자신이 유대인이므로 평화회담에서 연합국이 팔레스타인 유대인 문제를 각별히 고려해주기를 바란다고 답했다."[48]

해당 신문의 설명에 따르면, 영국 정부는 이 과학자의 요구를 들어주기로 약속했다.

예일은 아직 그 화학자의 정체(물론 차임 바이츠만이었다)를 몰랐지만 이런 기사에 대해 정부가 공개적으로 시인도 부인도 하지 않았다는 데 흥미를 느꼈다. 이는 신문 보도가 사실이라는 뜻이기 때문이다. 그날 이후 이 신임 미국 정보요원은 일주일 동안 관료들을 찾아다니며 팔레스타인 유대인에 대한 영국의 정책 방향을 넌지시 물었다. 그러자 여러 모로 상충된 답변들이 돌아왔다.

그 이유 중 하나는 영국 내 유대인들조차 해법에 관해 명확히 의견 일치를 보지 못했기 때문이라는 게 예일의 추측이었다. 시온주의자 집단 상당수는 팔레스타인에 유대인 국가를 세워야 한다고 부르짖고 있고, 일부는 이민 확대를 보장해달라는 선에 머물러 있었다. 그러나 반시온주의 지도자들은 그런 운동이 유대인을 소외시키는 새롭고도 위험한 것이라며 맹렬히 비판했다. 여러 나라가 자국 내 유대인들의 충성심을 의심하는 반유대주의적 무기로 이용할 수 있다고 본 것이다. 논쟁의 갈피를 유심히 살피던 예일은, 영국 정부가 유대인과 팔레스타인에 대한 모종의 제안을 고려하고 있으나 그 내용에 대해서는 확실히 결정하지 못했다는 것을 어렵지 않게 깨달을 수 있었다.

2주 뒤, 예일은 더 이상 런던에서 주워 담을 이삭이 없다고 느꼈다. 그러자 카이로에 가고 싶은 마음이 더 간절해졌다. 하지만 그 전에 파리에 가서 반드시 만나야 할 사람이 있었다. 시온주의 지도자로 최근

들어 사람들 입길에 수시로 오르내리는 인물이자, 얼마 전 카이로에서 프랑스로 넘어온 아론 아론손이었다.

아라비아 전투에 대해 사람들이 오랫동안 믿고 있는 신화가 하나 있다. 그것은 아랍 전사들이 수 세기에 걸친 혹독한 압제에 맞서 자유를 부르짖으며 들고일어난 '순수한 전쟁'이라는 환상, 이들이 모래 언덕을 용감하게 내달려 잔인한 압제자들을 습격하고 제압했다는 환상이었다.
비판자들의 지적과 달리, 사실 T. E. 로렌스는 이런 신화를 창조하는 데 기여한 바가 극히 적다. 오히려 지극히 괴기스러웠던 전쟁에서 위대함의 흔적을 갈구하는, 전후에 상처로 얼룩진 대중 심리가 이러한 신화를 요구했다고 보는 편이 맞겠다. 빗발치는 포격전에서 무수한 병사가 갈가리 찢기거나 진창에 파묻힌 채 덧없이 죽어간 서부전선에서는 이야깃거리가 적을 수밖에 없었다. 반면 아라비아는 비록 수치스러운 학살극일지라도 긴 옷을 입은 전사들이 깃발을 펄럭이며 낙타를 타고 질주하는, 자못 중세적인 장관을 연출하는 곳이었다. 훨씬 더 참혹한 두 번째 세계대전의 무게에 짓눌려 이러한 이미지는 한동안 빛을 잃었지만, 1962년 데이비드 린 감독의 영화로 되살아나 새로운 세대와 만날 수 있었다.
로렌스가 전쟁문학에 가장 크게 기여한 것은, 아랍의 대의명분을 공공연히 옹호한 것과 별개로, 전쟁의 실상을 있는 그대로 전달하려고 충실히 노력했다는 점일 것이다. 『일곱 기둥』에 명료하게 드러내고 있듯이, 수많은 아랍인은 터키를 물리치겠다는 충심으로 반란에 동참하긴 했지만 그 충심에는 영국의 금화와 넉넉한 전리품에 대한 기대가 포함되어 있었다. 실제 전장에서 반란군이 맞서 싸운 적은 터키군만이 아니었다. 영국 금화를 받지 못한 부족의 전사들 또는 터키군의 금화를 차지한 아랍인들, 죽음으로 복수하려는 씨족 구성원들, 심지어 약탈 기회를 혼자 찾아다니는 프리랜서들까지도 반란군 전사들의 적이었다.

싸움터 역시 일반적으로 상상하는 풍경과 거리가 멀었다. 아라비아와 시리아 사막은 모래사막이 그림같이 펼쳐진 곳이 아니라 자갈 깔린 황량한 벌판과 불모의 바위산이 더 많은 곳으로, 미국의 유타 또는 애리조나의 자연 풍경과 여러모로 흡사하면서 조금 덜 아름답다고 보면 된다. 로렌스와 아랍인 동료들은 이런 땅을 누비고 다니면서 그나마 사정이 좋을 때는 양고기나 낙타 고기와 빵을 먹었고, 여의치 않을 때는 밀가루를 털어넣었다. 식사를 마친 뒤에는 염분이 섞인 샘물이나 이끼가 뒤덮인 연못물, 터키군이 부패한 동물 사체로 오염시킨 우물물을 마시곤 했다. 모든 생명을 말려 죽일 듯 작열하는 한낮의 태양을 피해 그늘로 숨어들 때조차 전 세계 모든 사막에 공통된 기이하고 끔찍한 현상과 마주칠 각오를 해야 했다. 그것은 바로 사람의 피를 빠는 흑파리 떼였다.

신화를 이루는 모든 요소 가운데 가장 괴리가 심한 것은 '순수한 전쟁'이라는 관념이다. 가혹한 자연환경으로 인해 치명상을 입은 병사들은 어쩔 수 없이 그대로 죽도록 방치할 수밖에 없었다. 운 좋은 병사들만이 머리에 총을 맞고 즉사하는 행운을 누릴 수 있었다. 포로들은 포획자들이 한껏 배를 채운 뒤 남은 것이 있을 때만 얻어먹을 수 있었기에 굶주림과 갈증에 무더기로 죽어나가는 경우가 다반사였다. 전투에 승리한 입장에서 포로를 데리고 이동하기란 무척 성가신 일이었기 때문이다. 더욱이 죽음의 구역이 명확하게 구분되는 서부전선과 달리 이쪽 전장은 군인과 민간인이 뒤섞인 곳으로, 어느 날 갑자기 무고한 양민들이 총과 칼에 포위되는 일이 발생하곤 했다.

9월 19일 정오를 막 지난 때였다. 남쪽에서 10량짜리 열차가 구부러진 철길을 돌아 달려오고 있었다. 로렌스는 열차의 두 번째 기관실이 짧은 철교를 건너기 시작할 때까지 기다렸다가 23킬로그램짜리 젤리그나이트 폭약을 터뜨렸다. 그러자 검은 연기가 30미터가량 치솟으면서 사방으로 퍼져나가기 시작했다. 엄청난 폭발음과 쇠가 끊어지는 날카로운 소리가 가라앉자 서늘한 적막이 찾아왔다. 이제 본격적으로 적을 죽여야 하는 시간이었다.

로렌스는 아랍 전사들을 지원하기 위해 아카바에서 서양인 장교 두명을 데려왔다. 한 명은 스토크스라는 사람이 개발한 박격포를 가지고 다녀서 '스토크스'라는 별명이 붙은 영국인이었고, 다른 한 명은 루이스라는 사람이 발명한 전자동 기관총을 다루어서 '루이스'라는 별명이 붙은 오스트레일리아인이었다. 둘은 철교에서 274미터 떨어진 바위 절벽에 무기를 설치하고 명령이 떨어지기만을 기다리고 있었다. 이윽고 연기가 걷히자 폭파 현장이 서서히 모습을 드러냈다. 다리가 무너지면서 기관차의 앞쪽 2량과 첫 번째 객차는 벼랑으로 떨어졌고 나머지 7량의 객차는 철로에 그대로 남았는데, 지붕에 터키군 병사들이 줄지어 앉아 있었다. 곧 루이스의 기관총이 풀 베듯 이들을 쓰러뜨렸고, 총에 맞은 병사들은 "면화 포대처럼 바닥으로 떨어졌다."[49]

서서히 충격에서 벗어난 터키 병사들은 철로변 배수로에 뛰어들어 몸을 피했다. 이들을 향해 발사한 스토크스의 첫 번째 박격포탄은 살짝 빗나가고 말았다. 그러나 손잡이를 부지런히 돌려가며 재조준한 두번째 포탄은 명중했다. 로렌스가 작성한 공식 보고서에 따르면, 돌발적인 살육 현장에서 구사일생으로 목숨을 건진 도망자들은 "동북쪽 벌판으로 180미터쯤 달아나다가 루이스의 기관총에 대부분 사살되었고 20명 남짓만이 살아남았다."[50]

터키군의 저항이 사그라들자 100여 명에 불과한 아랍 전사들은 득달

같이 달려가 약탈을 시작했다. 기관차가 얼마나 망가졌는지 확인하기 위해 로렌스도 그들과 함께 내려갔다.

열차는 다양한 화물과 병사들을 실어 나르는 중이었으나, 예닐곱 칸을 가득 메운 것은 민간인이었다. 다마스쿠스로 돌아가는 터키군 장교들의 가족도 있었고 피란민도 있었다. 로렌스는 『일곱 기둥』에서 이렇게 회상했다.

"여자들 30~40명이 한쪽 구석에 서서 미친 듯이 울부짖었다. 베일을 벗고 옷과 머리카락을 쥐어뜯으며 실성한 듯 비명을 질러대고 있을 때 아랍인들은 무심한 표정으로 온갖 가재도구를 챙겼다."

여자들은 로렌스를 발견하고는 달려와 자비를 베풀어달라며 빌었다. 그러자 남편들까지 달라붙었다.

"그들은 당장 죽을 것처럼 극심한 공포에 떨면서 내 발을 붙잡았다. 터키 병사들이 처절하게 죽는 장면을 목격했기 때문이다. 나는 그들을 떼어놓으려고 발버둥 쳐야 했고, 맨발이 되고서야 겨우 벗어날 수 있었다."[51]

로렌스는 기관차 쪽으로 가다가 골짜기로 굴러떨어진 객차 하나를 살폈다. 의무실로 사용하는 칸이었다. 거꾸로 뒤집힌 객차 안에는 들것에 누운 채 이동하던 부상병과 환자들이 피범벅이 되어 수북이 쌓여 있었다.

"아직 살아 있던 누군가가 숨 넘어가는 목소리로 '티푸스'라는 단어를 연발했다. 나는 객차 문짝을 얼른 닫아버리고 그 자리를 떴다."

그는 열차에 타고 있던 오스트리아 군사지원단 장교들에게도 별다른 도움이 되지 못했다. 그들은 로렌스에게 터키어로 "목숨만 살려달라"고 간절히 호소했다. 로렌스는 폭파 임무를 완수하기 위해 아랍 전사들에게 그들을 지키게 하고 자리를 떠났다. 얼마 후 오스트리아인들은 "두어 명을 제외하고 모조리" 죽임을 당했다. 말다툼이 벌어진 결과였다.

로렌스는 무도와라 아래 지역에서 벌어진 이 전투에서 터키군 70여 명과 아랍군 한 명이 목숨을 맞바꾸었다고 보고했다. 그러고는 대혼란의 와중에 첫 번째 기관차를 복구 불가능할 만큼 완전히 파괴하지 못한 것 같아 안타깝다면서 "임무를 완수하기에 상황이 좋지 않았다"고 덧붙였다.[52] 보고서에 숨진 민간인에 대한 언급은 없었다. 그러나 공격을 시작한 몇 분 동안 장갑을 두르지 않은 객차에 퍼부었던 사격을 감안하면 적지 않은 민간인이 숨졌을 것이다. 포로로 붙잡을 당시 90명이던 터키군 병사가 아카바에 도착할 때 68명으로 줄어든 까닭에 대해서도 그는 아무런 설명을 하지 않았다.

전투를 경험한 사람들은 대부분 섬뜩한 공포와 짜릿한 흥분이라는 두 가지 모순된 감정을 느끼곤 한다. 이렇게 상충하는 두 가지 반응을 화해시키기란, 전우애 속에 자리 잡은 허세라는 요소를 고려할 때, 군인이 민간인보다 훨씬 더 어려울 것이다. 로렌스는 민간인을 상대로 이야기할 때 (정직하게 말하는 것 자체가 가능했으므로) 자신의 복잡한 심정에 대해 훨씬 더 솔직할 수 있었던 것 같다.

무도와라에서 아카바로 돌아온 직후, 로렌스는 동료 군인인 월터 스털링에게 편지를 보냈다. 그는 열차 공격이 즐거웠다는 듯이 그 과정을 상세히 설명했다. 스토크스 박격포가 "아름다운 포물선을 그리며 날아가" 터키군 12명을 즉사시켰으며, 약탈품 가운데 자기 몫은 "발루치 족이 만든 붉은색 최고급 기도용 융단"이라고 자랑하기도 했다. 그러고는 이렇게 덧붙였다.

"얼마나 우스운지 몰라. (아랍인들은) 처음엔 머뭇거리더군. 부추기느라 애먹었어. 나중에는 서로 아귀다툼을 벌이더라고. 풋내기들 같기도 하고 미치광이들 같기도 했지. 노략질에 능숙한 사람들은 베두인 족뿐이었어."[53]

하지만 하루 전날인 9월 24일, 옥스퍼드 애슈몰린 박물관의 옛 친구 에드워드 리즈에게 보낸 편지에서 로렌스는 완전히 다른 사람처럼 보였다.

"하루빨리 악몽 같은 기억에서 벗어나고 싶어. 그래야 기운을 차릴 수 있을 것 같아. 터키인을 죽이고 또 죽이는 것은 정말 끔찍한 일이야. 적군을 마구 공격한 다음 그들이 갈기갈기 찢겨 사방에 너부러진 장면을 목격한다고 생각해봐. 게다가 아직도 죽여야 할 적군이 수없이 많다고 생각해봐. 그리고 이런 경험을 이미 수백 번 반복했고, 앞으로 수백 번 더 겪어야 한다고 생각해봐."[54]

로렌스는 정신 분열 상태를 보이고 있었다. 그리고 이런 증세는 앞으로 더 악화될 수밖에 없었다.

✤ 15장

불길 속으로

나는 TEL이 무사히 돌아오기를 바라고, 분명히 그러리라 믿소. 그는 이번에도 나가서 당당하게 잘해낼 것이오. 성공하면 V(빅토리아) C(십자훈장)를 손에 쥐겠지. 만에 하나 실패한다? 글쎄, 그런 생각은 하고 싶지도 않구려.
―1917년 11월 11일 데이비드 호가스가 아내에게[1]

그들은 예전에 팔레스타인에서 몇 차례 만난 적이 있었다. 당시 아론 아론손은 저명한 과학자로 농경학 분야의 선구자였고, 윌리엄 예일은 뉴욕 스탠더드오일 사의 현지 대표자였다. 1917년 9월 말 현재, 둘의 입지는 상당히 달라져 있었다. 아론손은 국제 시온주의 운동의 지도자로 활동하고 있었고, 예일은 미국 국무부 소속 특수 요원으로 중동에 돌아온 터였다. 그러나 그때까지도 예일은 아론 아론손이 중동에서 가장 광범위한 첩보 조직의 수장이라는 사실을 몰랐다. 아론손 역시 모호한 직함을 가지고 다시 나타난 윌리엄 예일의 정체가 스파이라는 사실을 알지 못했다. 짐작하듯이, 둘이 9월 25일 파리에서 만날 수 있었던 것은 이렇듯 상대의 신분을 몰랐기 때문이다.

나흘 전 프랑스의 수도에 도착한 아론손은 런던으로 떠나기 전 시온주의의 위상이 어느 정도인지 파악하고 싶었다. 그래서 오랜 후원자 에드몽 드 로쉴드 남작을 찾아갔다. 아론손은 그가 프랑스 정부와 영국 정부의 물밑 대화에서 핵심적인 역할을 맡은 인물이라고 여겼다. 하지만 실망한 채 돌아서야 했다. 그는 남동생 알렉스에게 보낸 편지에 이렇게 썼다.

"그는 내가 하는 말을 흥미롭게 들으시더구나. 한참 듣다가 문득 질문을 던지면 내가 대답하는 식이었어. 그런데 특정 주제에 대해선 건드리지 못하게 하거나 언급하는 것조차 차단하더군. 그래서 내가 알고 싶은 것을 그에게서 알아낼 수가 없었어. (…) 그는 대영제국이 우리 땅을 다스리게 된다면 우리가 엄청난 것들을 손에 넣을 수 있다고 생각하는 듯해 하지만 (아직) 아무것도 확실한 게 없기 때문에 말을 삼가는 것 같아."

아론손은 운 좋게 파리에서 마크 사이크스도 만날 수 있었다. 두 사람은 9월 23일 장시간 이야기를 나누고 이튿날 오전에 다시 만나서 대화를 이어갔다. 남동생에게는 다음과 같이 밝혔다.

"그는 나에게 모든 이야기를 털어놓더군. 우리에게 적이 얼마나 많은지도 알려주었지. 우리 앞길을 막는 자들은 대부분 우리 내부에 있고 그래서 더 심각한 위협이라는 거야."[2]

분명 사이크스가 파리에서 아론손을 찾은 것은 중재자 노릇을 하기 위해서였다. 영국 전쟁 내각이 팔레스타인 유대인 국가에 대한 지지 여부를 논의 중인 만큼 시온주의 지도자들은 한목소리를 내는 것이 결정적으로 중요한 시점이었다. 다시 말해 아론손과 차임 바이츠만의 영국 시온주의협회가 빚고 있는 갈등이 빨리 해소되어야 한다는 뜻이었다. 아론손이 9월 중순에 바이츠만에게 보낸 분노 어린 편지는 "골칫거리였다"고 사이크스는 설명했다.

아론손의 생각도 다르지 않았다. 그는 남동생에게 보낸 편지에서 도도한 어투로 이렇게 썼다.

"마크 사이크스가 나에게 간청하기를, 그들과 더 이상 다투지 말고 사이좋게 지내라는군. 내가 바이츠만과 소콜로의 말을 들어야 한다는 거야. 그래서 나는 런던에 싸우러 가는 게 아니라 잘못을 지적하고 온당하게 일하는 방법을 알려주러 가는 거라고 대답했지. 그들이 내 말을 받아들인다면 다행한 일이고, 그러지 않는다면 나는 내 길을 가야겠지."

한편 런던에서 여러 인사를 만나는 동안 윌리엄 예일은 시온주의 그룹 내부의 문제를 어느 정도 파악했을 것이다. 그러나 영국 시온주의자와 반시온주의자들, 그리고 영국 고위층의 대립 진영끼리 벌이는 노골적인 싸움에 비하면 미미한 잡음에 불과했다. 예일은 파리에서 아론손을 만나면 상황 파악에 진전이 있을 것으로 기대했으나 별 성과가 없었다. 그날 밤 일기에 (나중에 워싱턴의 릴런드 해리슨에게 보낸 보고서에서도) 이렇게 썼다.

"아론손은 지금으로서는 유대인의 자치 또는 유대인 독립국을 원하지 않습니다. 시온주의자들에게 그보다 더 해로운 것은 없다고 말할 정도입니다. (차라리) 그는 영국이나 미국 또는 여러 나라가 구성한 공동정부가 팔레스타인을 통치하면 좋겠다고 생각합니다."[3]

이어서 예일은 아론손이 런던에서 볼일을 마친 뒤 미국으로 건너가 영향력 있는 유대인들에게 이 점을 강조할 것이라는 내용을 추가했다. 그러나 런던에 머무는 동안 아론손의 가장 가까운 조력자 잭 모세리라는 기업가를 만난 예일은 당황스러운 이야기를 들었다. 당시 모세리는 당장 팔레스타인에 유대인 독립국을 세우고 히브리어를 공용어로 채택해야 한다는 아론손의 주장을 옹호하는 동시에 그의 날카로운 통찰력을 극찬했다. 예일은 파리에서 몇 사람을 더 만난 뒤 시온주의 문제에 대해서 머릿속이 더 복잡한 상태로 카이로를 향해 떠났다.

그러나 무언가 얻은 것도 있었다. 아론손은 자신을 찾아온 이 미국인에게 카이로에 가면 남동생 알렉스 앞으로 부쳐달라며 편지 한 통을 맡겼다. 아마도 예일의 정체를 전혀 몰랐거나 쉽게 남을 믿는 사람이었던 모양이다. 이것은 히브리어로 작성한 것 말고는 안전 장치가 전혀 없는 편지였다. 암호를 사용하지도 않았다. 경솔하기 그지없는 이 편지에는 아론손이 에드몽 드 로쉴드와 마크 사이크스를 만난 일부터 런던에서 정부와 시온주의자 간의 협상에 대한 내용까지 상세하게 담겨 있었다. 첩보 조직의 수장 아론손은 거기서 그치지 않았다. 그는 동향을 유심히 살펴야 하는 카이로 주둔 영국군 수뇌부의 '친구들' 이름을 하나씩 나열하는 동시에 이집트로 이동 중인 프랑스 대표자 조르주피코를 감시하라고 남동생에게 일렀다. 카이로에서 가장 중요한 조력자인 "파스칼이 그의 동태를 파악하는 방법을 알려줄 것"이라고도 했다. 아론손은 윌리엄 예일에 대한 조언까지 남겼다.

"이 사람과 무조건 친하게 지내면서 잘 지켜보거라. 특히 이집트에서 발생하는 사건에 대해 정보가 필요할 때 도움이 될 거야."[4]

예일과 그가 소속된 기관에는 귀가 번쩍 뜨이는 이야기들이었을 것이다. 미국 정부도 영국이 유대인 국가 문제에 대해 심사숙고 중이라는 사실을 모르는 바는 아니었지만, 윌슨 대통령을 포함하여 그 누구도 논의가 얼마나 진행되고 있는지 잘 알지 못했다. 특히 마크 사이크스가 막후에서 중요한 역할을 하는 것조차 파악하지 못한 상태였다. 그러나 아론 아론손이 그토록 중요한 편지를 부주의하게 맡긴 대상이 윌리엄 예일이라는 점은 그에게 행운이었다. 예일은 첩보원이라는 본분에 맞게 알렉스 아론손에게 편지를 건네기에 앞서 봉투를 열어 내용을 확인했다. 그러나 스파이 게임의 본질에 생소한 그는 분초를 다투는 시급성을 가려야 하는 필수적 요소에 대해서는 미처 숙지하지 못했다. 아론손의 편지를 영어로 옮겨 국무성으로 보내던 때가 12월 중순이었으니, 그는 휘발성 강한 정보들을 거의 석 달 동안 묵혀둔 셈이다.

1917년 당시만 해도 비행기는 중동에서 보기 힘든 물체였다. 그런 비행기가 10월 12일 아침 로렌스 소령을 데려오기 위해 아카바로 날아올랐다. 그에게 맡길 중요한 임무가 있다는 뜻이었다. 엘아리시 외곽에 자리한 영국군 총사령부에서 로렌스를 기다리는 사람들의 면면을 봐도 그 사태의 중요성을 엿볼 수 있었다. 그들은 바로 앨런비 장군과 클레이턴 장군, 옥스퍼드 시절부터 로렌스의 멘토였고 지금은 아랍국의 명목상 대표인 데이비드 호가스였다. 자신이 소환당하는 이유를 전혀 모르는 상태였던 로렌스는 90분에 걸친 비행 시간 내내 마음이 무거웠다. 1917년 당시 비행기 운항 속도는 시속 160킬로미터 안팎에 불과했다.

마침내 앨런비 장군이 터키 공격 일자를 결정했다. 2주도 채 안 남은 10월 28일이었다. 작전은 아치볼드 머리 장군이 실패한 두 차례의 전례와는 달리 터키군의 허를 찌르는 계획이었다. 우선 영국군은 사흘에 걸쳐 가자 지역에 (제1차 세계대전에서 보병 돌격의 전주곡으로 통하는) 포격을 퍼붓기로 했다. 그러나 실제 돌격 목표는 가자에서 동쪽으로 48킬로미터 떨어져 있는 베르셰바로, 방비가 훨씬 더 허술한 곳이었다. 베르셰바를 점령하여 그곳 우물을 확보한 뒤 북쪽과 서쪽으로 세력을 넓힘으로써 가자에서 팔레스타인 내륙으로 이어지는 보급선을 공략한다는 작전이었다. 계획대로 된다면 가자에서 참호를 지키는 터키군은 포위되거나 후퇴할 수밖에 없었다. 로렌스를 급히 불러들인 이유는 이렇게 그럴듯한 작전에서 아랍 반란군에게 어떤 역할을 맡겨야 할지 의견을 구하기 위해서였다.

베르셰바 점령이라는 기발한 작전이 매우 신중하게 기획된 만큼 쉽게 대답할 수 없는 질문이었다. 아라비아 지역에서는 물을 확보하는 것이 작전 수립의 우선순위였다. 머리 장군이 가자를 향해 우직하게 '돌격 앞으로'만을 외친 가장 큰 이유도 터키군 방어선 너머에 있는 우물을 최대한 빨리 장악하기 위해서였다. 물론 이런 필요성 탓에(나무에서 열매가 저절로 떨어지기만을 기다려서는 안 되는 곳이 사막의 전장이기 때문에) 머리는 '모 아니면 도'라는 식으로 작전을 강행했고 쓰라린 패배를 맛보아야 했다. 그러나 이번 경우, 베르셰바 우물을 장악하기만 하면 앨런비의 군대는 가자를 향해 차분하고도 치밀하게 공세를 전개할 수 있었다. 이 점을 예상한 앨런비 장군은 최소 일주일에 걸친 공격 계획을 꼼꼼하게 수립해두었다. 물론 이런 신중한 접근법에 따르는 단점도 있었다. 자칫 터키군에게 전열을 재정비할 여유를 허용할 수 있었다. 앨런비는 분명 더 큰 목표를 상정했을 테지만, 당면 목표는 해안선을 따라 밀고 올라가는 것도 아니고 예루살렘으로 곧바로 진격하는 것도 아니었다. 일단 팔레스타인 남부에 진격을 위한 발판을 마련하는 것만으로도 의미가 있었다.

따라서 아랍군에게 맡길 역할을 결정하기란 무척 어려운 문제였다. 그들에게 팔레스타인으로 향하는 터키군 보급선을 차단하도록 한다면 공격 지점은 시리아 중부의 철도 요충지 데라가 될 것이었다. 헤자즈 철도의 서쪽 지선이 갈라져 나오는 이곳은 전장의 터키군에게는 중요한 보급 거점이었다. 게다가 로렌스는 6월 내내 시리아 전역의 첩보를 수집하는 과정에서 데라 지역의 아랍 부족민 수천 명이 반란에 가담하려 한다는 사실도 알고 있었다. 그러나 영국군이 데라에서 190킬로미터 서남쪽에 확보한 팔레스타인 거점 이상으로 진격하지 못한다면, 데라 공격에 나선 수많은 아랍인은 참혹한 결말을 맞을 수도 있다.

아카바에 밀집한 아랍군이 할 수 있는 일도 별로 없었다. 로렌스는 이 점에 관해 엘아리시의 질문자들에게 솔직히 털어놓지 않았지만, 아카바의 상황은 엉망진창이었다. 그곳에 모인 아랍 전사들은 지난 두 달 동안 영국군이 팔레스타인 남부 공격 일자를 결정했다는 소식을 기다리고 있었다. 그들에게 이 소식은 시리아 중심부로 쳐들어가 약탈해도 된다는 신호였기 때문이다. 그러나 기다림이 길어지자 보급 문제가 발생했다. 출격 명령을 기다리고 있는 수천 명에 이르는 아랍 전사들을 먹이고 무장시키기 위한 막대한 보급품을, 아울러 과거 그 어느 때보다 더 많이 지급해야 하는 금화까지 이집트에서 실어 날라야 했다. 그 결과 더 많은 아랍인이 반란군 쪽으로 몰려드는 결과를 초래했다. 상황이 악화되자 10월 초에는 보급 선박들이 낙타와 말에게 먹일 사료만 실어오는 것조차 여의치 않았고, 아카바 주변 언덕들은 민둥산이 되어버렸다. 이 정도로는 충분치 않다는 듯 최근에는 콜레라까지 번지기 시작했고, 전염병 확산을 예방하는 차원에서 사실상 보급이 중단되었다.

이보다 더 심각한 것은 어느덧 아카바에 스며든 암울한 기운이었다. 어두운 분위기가 아카바의 반란군 전체를 휘감은 가운데 유독 눈에 띄는 인물은 바로 파이살이었다. 북쪽을 향한 진군 일정이 자꾸만 늦어지자 그는 반란군이 시리아를 장악할 기회를 잃을지도 모른다는 생각에 우울한 날들을 보내고 있었다. 예민할 때는 영국이 시리아를 프랑스에게 넘겨주려고 일부러 작전을 지연시키는 꼼수를 부린다며 비난하기도 했다. 조이스 소령이 당혹스러워하며 이 사실을 귀띔해주면 로렌스는 파이살을 찾아가 달래야 했다.[5] 그는 무언가 진전이 있는 것처럼 보이기 위해 또는 암울한 도시를 잠시나마 벗어나기 위해 산악지대 곳곳으로 기습 작전을 펼치러 떠나곤 했다.(엘아리시로 부름을 받았을 때도 열차 공격을 마치고 돌아온 직후였다.) 석 달 전, 카이로에서 자신이 거창한 계획을 제시할 때에 비하면 무척 초라한 일상이었다.

로렌스는 (개인적인 이유들도 있겠지만) 여러 정치적인 이유로 이 임박한 공격 작전에 아랍군이 어떤 식으로든 기여를 해야 한다고 생각했다. 그가 엘아리시에서 새로운 작전을 마련한 것도 이런 이유에서였다.

데라 말고도 팔레스타인으로 들어오는 철도 지선을 차단할 수 있는 곳은 또 있었다. 데라에서 24킬로미터 서쪽에 위치한 야르무크로, 이곳은 열차가 까마득히 높은 철교를 수도 없이 지나는 바위투성이 협곡이었다. 따라서 철교들 가운데 하나만 폭파해도 열차는 그것으로 끝나는 셈이었다. 이 작전은 소규모 기동 부대의 '전형적인' 열차 공격인 '치고 빠지기' 방식으로 수행할 수 있다는 이점도 있었다.

하지만 이것 말고는 비슷한 점이 없었다. 야르무크 협곡은 아카바에서 320킬로미터나 떨어져 있고, 인구가 비교적 많은 지역이기도 했다. 아카바에서 출동한 부대가 이곳에서 임무를 수행하려면 낯선 지형을 극복해야 하는 데다 자칫 터키군 순찰대나 터키에 우호적인 지역 부족들의 먹잇감이 될 가능성이 높았다. 이러한 위험은 오히려 작전에 성공했을 때 몇 배나 높아질 수 있었다. 한 가지 확실한 사실은, 영국군이나 반란군 누구도 도움의 손길을 내밀 수 없는 곳이기 때문에 폭파에 성공한 뒤 달아날 때 대원들은 각자 스스로 살길을 도모해야 한다는 것이었다.

로렌스는 이와 같은 우려에 대해 한층 세밀한 대책을 내놓았다. 자신이 폭파 임무를 실행하는 것이었다. 그는 아카바를 점령할 때처럼 적의 눈길을 피하려면 소수 정예 부대로 편성해야 한다면서, 임기응변에 능하고 진중한 전사들로 직접 선발하겠다고 했다. 아울러 협곡으로 이동하는 도중에 적당한 현지인이 있으면 뽑겠다고도 했다. 작전을 마친 뒤 현지인들은 자기 마을로 돌려보내고 부대원들은 뿔뿔이 흩어져서 안전한 피난처를 찾으면 되는 것이었다.[6]

엘아리시에 모인 사람들에게 로렌스의 새 작전은 전투 작전이라기보다는 자살 행위로 보였다. 게다가 이들에게 로렌스는 이름도 모르는 아무개 병사가 아니라 친구이자 부하였고, 존경할 만한 청년이었다. 그러나 전쟁이라는 급박한 상황에서 무조건 내칠 수만은 없는 제안이었다.

1917년 10월 중순, 전쟁에 임하는 연합국의 상황은 처참하기 이를 데 없었다. 도살장 같은 참호 속으로 진격하기를 거부하는 프랑스군은 사분오열 상태였다. 다소 위기가 진정되기는 했지만 내상이 깊은 프랑스군은 여전히 불안정했다. 동부전선에서는 몰락하는 케렌스키 정권 최후의 도박으로 공격에 나선 러시아가 또다시 독일군에 패배했다. 이로써 10월을 앞두고 권력을 장악한 볼셰비키가 독일 쪽에 화평을 청했다. 남부전선의 이탈리아는 이존초 계곡의 오스트리아군에 대적하여 10차, 11차 공격에 나섰으나 실패하고 잇따른 카포레토 전투 역시 궤멸 직전이었다. 서부전선의 영국군 총사령관 더글러스 헤이그는 7월 31일 이후, 과거 솜 전투보다 더 무모한 공격 작전을 고집함으로써 "냉혹한 도살자"라는 악명을 얻었다. 결국 11월 초 파스샹달 전투가 막을 내릴 때까지 영국군 병사 7만 명이 진창에 처박혔다. 2인치 전진할 때마다 한 명씩 죽은 셈이었다.

이런 와중에 조금이라도 승리에 보탬이 될 수만 있다면, 전쟁 기획자들의 눈에 한 명의 목숨이 (비록 1년 전 길버트 클레이턴이 "없어선 안 되는 사람"이라고 지칭한 로렌스의 목숨이라도7) 아까울 이유가 있을까? 로렌스가 용감했든 멍청했든, 망상에 사로잡혔든 간에 야르무크 작전을 성공시킬 수만 있다면 그를 말리지 않겠다는 게 수뇌부의 입장이었다. 앨런비 장군은 작전 브리핑이 끝나자마자 11월 5일이나 6일, 아니면 7일 밤에 폭파하라고 지시했다.

예로부터 사람들은 비둘기를 파괴의 화신으로 여겼다.

전쟁 초기부터 영국군은 서부전선에 명령문을 전달하는 데 비둘기를 활용하고 있었다. 그리고 1917년 여름, 카이로의 한 사람도 팔레스타인 NILI 첩보원들과 접선하는 방법으로 이 아이디어를 떠올렸다. 이론적으로는 이점이 많은 발상이었다. 어떤 문제가 터질지 모르는, 이집트에서 첩보선을 출항시키는 모험을 대체할 수 있기 때문이었다.(괴이하게도 첩보선을 띄울 때마다 무서운 폭풍이 닥치곤 했다.) 아울러 첩보원과 관리자가 얼굴을 맞대고 접선할 때의 보안 문제도 해소할 수 있었다. 물론 비둘기 전령은 중요한 정보를 훨씬 더 빠르게 전달해주는 방식이다. 첩보원의 경우는 첩보선이 도착할 때까지 정보를 가지고 기다려야 할뿐더러 아틀리트에서 카이로까지 정보가 전달되는 데 5~6주나 걸렸기 때문이다.

그러나 비둘기 작전은 실패작이었다. 7월에 진행한 시험 가동에서 시나이에 있는 영국군 본부까지 160킬로미터 비행에 성공한 비둘기는 여섯 마리 중 한 마리뿐이었다. 그럼에도 불구하고 매너젬 호가 한 달째 감감무소식이자 절박해진 사라 아론손은 8월 30일, 이 방법을 선택했다. (사라로서는 영국군이 첩보선에서 해변까지 수영하는 전령의 월급을 30파운드로 올리는 데 반대한 결과라고 이해할 수밖에 없었다.)[8] 첩보 연락망을 조속히 복구하는 차원에서 사라는 암호 메시지를 금속 캡슐에 넣고 비둘기 몇 마리의 다리에 묶어서 날려 보냈다. 혹시나 하는 마음으로 나흘 뒤 두 마리를 더 보냈다.

못내 이 방식이 미덥지 않았던 사라 아론손은 며칠 후인 9월 4일 아침 수영하러 해변에 나갔다가 작전이 실패했음을 확인했다. 하루 전에 날려 보낸 비둘기 한 마리가 암호 캡슐을 다리에 매단 채로 근처 물탱크 위에 앉아 있었던 것이다. 아니나 다를까, 며칠 뒤에는 야파에 있는 터키군 사령관이 전령 비둘기를 붙잡았다는 소문이 나돌기 시작했다.[9] 터키군은 암호를 풀지도 못했고 비둘기 주인을 특정하지도 못했지만, 팔레스타인 해변 어디에선가 첩보 조직이 활동한다는 사실만큼은 파악할 수 있었다.

9월 중순, 시나이에서 나아만 벨킨드가 붙잡혔다는 소식이 들려왔다. 팔레스타인 남부를 담당하는 NILI 첩보원이었던 그는 영국군 쪽으로 넘어가던 중 스파이라는 의심을 받고 체포되었던 것이다. 그는 베르셰바로 끌려가 고문을 당한 뒤 다마스쿠스로 이송되어 또다시 혹독한 심문을 받았다. 벨킨드의 체포 소식을 접한 사라 아론손과 NILI 첩보원들은 이제 조직이 발각되는 건 시간문제라고 생각했다. 또한 오랫동안 아틀리트 주위에서 수상한 움직임이 있다고 의심해오던 지크론야코프 주민들도 가만있지 않았다. 9월 18일, 주민자치위원회는 사라 아론손을 회의에 소환했다. 그 자리에서 사라는 이른바 "불온한" 일을 벌였다는 이유로 곤욕을 치러야 했다. 사람들은 사라에게 이렇게 말했다고 한다.

"오늘 우리는 당신의 해명을 듣기 위해 이 자리에 모인 게 아니오. 한마디의 확답을 원하오. 당신이 벌여온 정도를 벗어난 활동을 그만두겠다고 약속하시오. (…) 간첩 행위를 계속하겠다면 이 고장과 유대인의 땅을 떠나 먼 나라로 가서 하시오."[10]

위기가 극도에 달한 9월 22일 무렵 매너젬 호가 드디어 돌아왔다. 영국군은 육지 상황이 심각하다는 것을 확인하고 사이프러스에 영국 상선 한 척을 대기시켰다. 팔레스타인을 떠나고 싶은 주민들은 누구라도 태울 수 있을 만큼 커다란 배였다. 이 배는 9월 25일 밤 지크론야코프 앞바다에 모습을 드러냈다.

하지만 사라 아론손과 동지들은 떠나지 않기로 결심한 듯했다. 벨킨드가 끝내 입을 열지 않았다는 믿음도 한몫했다.(무엇보다 그가 체포된 지 2주나 지났는데 터키군은 아직 들이닥치지 않았다.) 하지만 그보다 더 중요한 이유는 지도부가 갑자기 사라진다면 팔레스타인 곳곳에 남은 NILI 첩보원들이 무슨 일을 겪을지 걱정스러웠기 때문이다. 결국 어머니와 아들 두 명만 구조선에 오르게 되었다. 동료들이 이들과 함께 떠나라고 조언했지만 사라 아론손은 요지부동이었다.

"떠날 때 떠나더라도 가장 마지막에 떠나겠어요."[11]

사라는 상황을 예의 주시하면서 10월 12일로 예정된 매너젬 호의 다음 방문을 기다렸다.

NILI 첩보원들은 이러한 상황에 무반응을 보이는 터키 당국의 태도에 대해 다른 해석이 가능하다는 생각을 미처 하지 못했다. 터키와 독일 두 동맹국은 지난 5월 야파에 거주하는 유대인이 '숙청'되고 있다는 연합국의 선전전에 당한 이후로 후유증에서 벗어나지 못한 상태였다. 또한 독일은 영국 정부가 팔레스타인 유대인 국가 수립을 지지함으로써 지구촌 유대인 공동체를 자기편으로 흡수하려는 속셈을 일찍이 간파하고 있었고, 시온주의자들의 마음을 먼저 사로잡을 대항 논리를 찾으려고 노심초사하는 중이었다. 따라서 팔레스타인에서 활동 중인 유대인 첩보 조직에 대한 보고가 콘스탄티노플과 베를린에 잇따랐지만(사실 나아만 벨킨드는 이미 실토한 상태였다) 섣불리 나서지 말고 먼저 용의자들을 체포하라고 동맹국 터키에 당부했다. 아랍인이나 터키인이라면 일망타진해서 두들겨 패면 그만이지만 팔레스타인 유대인들은 조금 더 기술적으로 다룰 필요가 있다는 게 1917년 가을에 독일이 건넨 충고였다.[12]

결국 9월 말, 터키는 첩보전 퍼즐의 마지막 조각을 손에 쥐었다. 그 퍼즐 조각은 전령 비둘기나 나아만 벨킨드가 아닌, 전적으로 첩보 조직을 운용하던 영국군이 쥐여준 것이었다. 훗날 시리아 주둔 터키군의 정보 책임자가 밝힌 바에 따르면, 팔레스타인 해변에서 아랍인 첩자 두 명이 체포된 것이 그 실마리였다. 그들은 고문 끝에 영국군 첩보선을 타고 해변에 접근했음을 털어놓았으며, 그 배에는 유대인 첩자들도 여러 명 있었는데 아틀리트 농업연구소 부근에서 먼저 내렸다고 했다.[13]

사라 아론손과 2인자 요세프 리샨스키는 만일의 사태에 대비해 얼마 전 아틀리트에서 15킬로미터가량 떨어진 지크론야코프 마을로 거처를 옮긴 상태였다. 마침내 10월 2일, 터키군 병사들이 야음을 틈타 마을을 포위한 뒤 아침까지 체포 작전을 펼쳤다. 이미 아틀리트 수색을 마치고 온 군인과 비밀경찰은 수십 명에 이르는 체포 대상자 명단을 손에 쥐고서 색출 작업을 벌였다. 1차 체포 대상에는 사라 아론손을 포함하여 그녀의 아버지 에프라임, 둘째 오빠인 츠비까지 올라 있었다. 터키군이 '조직 수괴'로 지목하여 가장 먼저 체포하려던 요세프 리샨스키는 달아난 상태였다. 1917년 당시 터키군의 남성 우월주의적 사고방식으로 첩보 조직의 우두머리가 여성이라는 건 상상할 수 없는 일이었다.

한편 독일의 심기를 건드리지 않으려면 유대인 사회 구성원들을 조심스럽게 취급해야 한다는 아이러니한 상황 속에서 일은 괴상하게 꼬여 갔다. 마치 공포영화를 느리게 재생하듯 터키군의 지크론야코프 체포 작전은 끔찍하게 전개되었다. '질문'이 시작되던 날, 터키군은 사라 아론손이 보는 앞에서 아버지와 오빠를 구타하면서 리샨스키의 소재를 대라고 추궁했다. 그러나 사라는 꿈쩍도 하지 않았다. 다음 날 아침에는 더 지독한 일이 벌어졌다. 에프라임 아론손과 츠비를 비롯한 체포자들이 마을 광장 한복판으로 끌려가 기둥에 묶인 다음 채찍질을 당했다.

이 모습을 주변에 숨어 있는 자들에게 보여주어 자수를 유도하려는 계획이었다. 터키군은 전날 차갑게 반항했던 사라에게 특히 더 무자비했다. 지크론야코프 대로변에 있는 그녀의 고향 집 문기둥에 묶은 뒤 채찍과 몽둥이로 마구 때렸다. 하지만 사라는 결코 입을 열지 않았다. 일설에는 고문을 가하는 터키군을 비웃다가 기절했다고 한다.

터키군의 체포 명단에 이름이 실려 있던 사람들은 일가 친족의 울부짖는 소리에 못 이겨 하나둘 은신처에서 나오기 시작했다. 숨겨준 사람의 배신으로 끌려온 이들도 있었다. 참혹한 공포에 기인한 일종의 집단적 정신이상 증세가 지크론야코프를 뒤덮은 결과였다. 어떤 역사학자는 이렇게 지적했다.

"NILI 활동에 오랫동안 반대해온 사람들에게는 터키에 대한 충성심을 증명하고 해묵은 빚을 청산할 기회였다. 터키군이 광장으로 사람을 끌고 갈 때마다 집 밖으로 나와 박수를 치는 여자들도 있었다. 이들은 터키군이 체포자를 채찍으로 내리칠 때 환호성을 질렀고, 심지어 주먹질을 하거나 욕설을 퍼붓기도 했다."[14]

그럼에도 불구하고 리샨스키가 나타나지 않자 터키군은 압박의 강도를 높였다. 터키군 지휘관은 주민자치위원회를 소집해서 리샨스키를 내놓지 않으면 마을을 초토화하겠다고 협박했다. 다음 날 아침에는 그러한 의지를 증명하는 차원에서 체포자 전원(총 70여 명)을 나사렛에 있는 경찰청으로 압송해 '질문'의 강도를 높이겠다고 선언했다. 아울러 지크론 마을의 원로 17명을 무작위로 뽑아 데려갈 것이라고도 했다. 그러나 리샨스키의 신병을 확보하면 이들을 풀어줄 것이며, 그렇지 못할 경우 원로들은 첩자들과 같은 고통을 겪게 될 것이라고 위협했다. 그날 오후 지크론 주민들은 리샨스키를 찾기 위해 온 마을을 이 잡듯 뒤지고 다녔다. 주민자치위원회는 현상금까지 내걸었다.[15]

이튿날인 10월 5일 금요일, 이들의 시련은 참혹한 결말로 막을 내렸다. 체포자들이 나사렛으로 향하는 차량에 짐짝처럼 실릴 때 피범벅이 된 사라 아론손이 깨끗한 차림으로 고향을 떠나게 해달라고 청했다. 집으로 들어간 사라는 화장실에 들어가도 좋다는 허락을 받았고, 그 안에서 살아남은 다른 NILI 동지들에게 전할 마지막 명령을 급히 쪽지로 남겼다. 그리고 이런 날이 올 때를 대비해 벽장에 숨겨둔 권총을 꺼내 총구를 입에 넣고 방아쇠를 당겼다.

애석하게도 사라 아론손의 고통은 여기서 끝나지 않았다. 탄환이 구강과 척추를 손상시켰지만 뇌를 건드리지는 못했기 때문이다. 사라는 나흘간 지독한 고통에 신음하다가 10월 9일 아침, 독일인 가톨릭 수녀들이 지켜보는 가운데 숨을 거두었다.[16] 그리고 유대인 전통에 따라 견본용 모기장 망사로 만든 수의에 싸여 지크론 묘역에 묻혔다. 그해 그녀의 나이 27세였다.

사흘 뒤인 10월 12일 밤, 매너젬 호가 예정대로 아틀리트 해변에 다시 나타났다. 아론손이 유럽에 머무는 동안 카이로 사무실을 지키기 위해 뉴욕에서 돌아온 알렉스가 그 배에 타고 있었다. 그는 형의 메시지를 지니고 있었다.

파리를 떠난 아론 아론손은 런던에 도착했다. 10월 1일, 그리고 비록 일시적이나마 시온주의협회 수장과 화해했다. 시온주의의 밝은 미래를 위해 NILI가 중차대한 역할을 수행하고 있다는 바이츠만의 발언이 화해의 결정적인 계기로 작용했다. 그는 NILI 첩보원들에게 전하는 메시지로 감사의 뜻을 밝혔다.

"우리는 영국의 보호 아래 팔레스타인을 유대인 땅으로 만들기 위해 최선을 다하고 있습니다. 우리는 여러분의 영웅적인 활동을 지켜보면서 크나큰 용기를 얻습니다. 우리의 희망은 원대합니다. 이스라엘 재건의 그날까지 담대한 마음으로 힘차게 나아갑시다."[17]

그날 밤, 알렉스 아론손이 아틀리트 해안에 가져온 메시지는 바로 이것이었다. 하지만 그곳에는 아무도 없었다.

말수가 줄고 의기소침해진 로렌스는 심경의 변화를 겪고 있었다. 10월 중순 그의 오랜 멘토인 데이비드 호가스는 엘아리시 본부에서 이를 눈치 챘다. 그는 나중에 아랍국 동료에게 이렇게 전했다.

"별로 안 좋아 보이더군. 아랍의 미래를 그렇게 확신하던 사람인데, 이제는 조금 어둡게 바라보는 것 같았어."[18]

이보다 앞서 그의 변화를 감지한 사람들이 있었다. 로렌스 자신도 그 중 한 명이었다. 그는 지난 9월 무도와라 열차 공격 직후, 친구인 에드워드 리즈에게 보낸 편지에 자신의 심경을 토로했다.

"여기서 오래 못 버틸 듯싶어. 무한한 담력과 참을성이 요구되는 곳인데, 한계에 달한 것 같아."[19]

그의 쇠약한 심리 상태는 엘아리시 회의 이후로 더 악화된 것으로 보인다. 그런 로렌스를 유심히 지켜보던 사람이 있었다. 중동지역으로 참전한 귀족적 '아마추어' 중 한 명인 조지 로이드라는 인물이었다. 그는 케임브리지 출신의 준남작이자 보수당 소속 하원의원이었는데, 1914년 말 스튜어트 뉴컴의 카이로 정보대에 합류했다가 뉴컴의 엄격한 조직 운영에 치여서 곧 다른 부서로 옮겼다. 그런 탓에 구성원이 많지 않은 정보대였지만 자신보다 아홉 살이나 어린 동료 T. E. 로렌스와는 친분을 쌓을 기회가 없었다.

전쟁 내내 수많은 영국 귀족이 그랬듯이, 로이드 역시 매일 똑같은 업무가 반복되는 지루한 자리를 전전하느라 현기증이 날 정도였다.(총사령부 참모들과 함께 일할 때조차 책상만 지키고 있어 전쟁터가 아닌 의회 위원회에서 일하는 기분이었다.) 하지만 이런 업무를 거친 덕분에 그는 임시적으로나마 중동전선으로 돌아올 수 있었다. 회계 업무 경력을 지닌 그는 1916년 가을, 아랍 반란 이후 후세인 정권의 재정 상태를 분석하는 임무를 맡았다. 로이드는 헤자즈 경제(본질적으로 '경제'라고 부를 만한 것도 아니었지만)에 대한 광범위한 보고서를 작성하면서 오스만 프랑스 은행을 세우려는 에두아르 브레몽의 터무니없는 계획을 폐기하는 데 중요한 역할을 했다.[20]

하지만 1917년 가을까지 사무실에서 서류만 뒤적이는 외톨이 신세로 지내다보니 로이드는 야전으로 돌아가는 편이 낫겠다고 생각했다. 결국 9월 말, 그는 자신이 복무할 만한 곳들을 열거한 편지를 길버트 클레이턴에게 띄웠다. 특히 지금은 전설의 반열에 올라섰지만 과거 카이로 정보대에서 한솥밥을 먹었던 옛 동료를 거론하면서 이렇게 적었다.

"저는 로렌스에게 개인적으로 도움을 줄 수 있을 것이라고 생각합니다. 그는 그동안의 과로 때문에 극도로 지쳐 있을 것입니다. 그가 현장에서 막중한 임무를 성공적으로 수행하려면 진정한 동반자로서 성격이 잘 맞을 만한 백인이 힘을 북돋워주어야 합니다. 선배라고 해서 제가 나서는 일은 결코 없을 것입니다. 제겐 그럴 자격이 조금도 없습니다. 어떤 이유에서건 그가 저에게 기대하는 바가 있다면, 그리고 '곡예' 같은 임무를 수행하는 데 뒷받침이 필요하다면 제 존재가 도움이 될 것이라고 믿습니다."[21]

일부 인종주의적인 발언은 논외로 치고, 그의 요청은 상당히 이례적인 것이었다. 귀족이자 의회 의원인 인물이 로렌스라는 돈키호테를 위해 산초 판사 노릇을 자청한 셈이었다. 클레이턴은 로이드의 제안을 수용하여 즉각 로렌스가 활동하는 최전방으로 발령했다. 로렌스가 엘아리시에서 아카바로 돌아온 10월 15일, 로이드는 이미 아카바에서 로렌스를 기다리고 있었다.

옛 동료를 만난 로렌스는 며칠 동안 밀린 이야기를 나누는 한편 야르무크 공격을 위한 작전을 세웠다. 로이드가 보기에도 야르무크 작전은 임기응변이 핵심이었다. 로렌스는 소수 정예 아랍 전사들과 인도군 기관총 사수 몇 명, '우드 중위'라고 불리는 폭파 전문가 한 명만 데리고 아카바를 떠날 생각이었다. 폭파 전문가는 서부전선에서 머리에 총상을 입은 이후로 반불구가 된 인물이었다. 로렌스는 인구가 비교적 많은 지역을 피해 북쪽으로 우회하여 이동한 뒤 시리아 동부에 거주하는 부족민 가운데 대원들을 뽑아 압델 카데르 추종자들과 합류시키기로 했다. 압델 카데르는 처음부터 아랍 반란에 가담한 알제리 출신의 추방자로, 그의 친척들이 야르무크 일대에 살고 있었다. 공격을 마치면 현지 대원들은 주민들 속으로 스며들어 꼬리를 감추고, 아카바에서 출발한 대원들은 터키군이 몰려오기 전에 사방으로 흩어질 것이었다. 출정 초반의 안전한 며칠간은 로이드도 함께 이동하며 로렌스를 수행하기로 했다.

10월 20일, 로이드는 아카바 상황에 대한 자신의 첫인상과 로렌스가 세운 작전의 대강을 설명한 전보를 클레이턴에게 보냈다. 전문은 쾌활한 어투였지만 '비밀'이라고 명시한 추신은 느낌이 사뭇 달랐다.

"로렌스는 건강합니다. 그러나 자기 앞에 놓인 위험과 임무의 규모 때문에 심한 압박감을 느끼고 있습니다. 간밤에는 해야 할 일이 너무 많다고 제게 털어놓더군요. 뚫어야 할 곳도 많고 도와야 할 사람도 많은데 끔찍한 작전이 될 것 같아서 두렵다고 합니다. 야르무크 임무를 수행하는 동안 거의, 아니 조금도 못 쉴 것 같다고 합니다. 그를 격려해주는 것 말고는 제가 해줄 일이 없었습니다."[22]

전시 상황에서 두 사내가 주고받은 애잔한 마음이 고스란히 묻어나는 이례적인 군사 전보였다. 조지 로이드는 이 전보를 읽은 클레이턴이 작전을 취소해주기를 바랐을 것이다. 그것만이 로렌스가 기운을 차릴 수 있는 길이었기 때문이다. 이에 클레이턴은 자신도 부하를 생각하면 "걱정이 앞선다"면서 작전을 앞둔 그가 얼마나 큰 부담을 지고 있는지 잘 알고 있다고 밝혔다.

"그는 사자의 심장을 지닌 친구이지만 이번만큼은 매우 긴장하고 있을 것이다. 물론 앞으로 큰일을 할 사람이니 최대한 빠른 시일 안에 그를 위험한 상황에서 건져내야겠지만, 그리고 앞으로 다시는 위험을 겪지 않도록 배려해야겠지만, 아직은 때가 아니다. 지금 당장은 우리에게 없어서는 안 될 존재다."[23]

전쟁으로 피폐한 상황이었지만 청년튀르크당 정권은 과거 이집트 케디브였던 압바스 힐미 2세를 위하여 최대한 화려하고 격식 있는 환영 행사를 준비했다. 10월 말 어느 오후, 열차가 콘스탄티노플 시르케시 역으로 들어올 때 깃발을 치켜든 의장대가 도열해 있었고, 그 앞에는 일군의 고위급 인사들이 오스만 이집트의 옛 군주를 영접하려고 마중 나와 있었다. 참석자 중에는 힐미의 오랜 친구이자 협력자인 쿠르트 프뤼퍼 박사도 있었다. 독일군 정보 책임자와 이집트 군주를 자처하는 두 사람의 음모 인생이 다시 시작되는, 즉 중단되었던 드라마의 후속편이 이어지는 시점이었다.

터키가 동맹국 편에 서서 전쟁에 끼어들었을 때 영국은 (키치너가 "이 개구쟁이 꼬맹이 같은 케디브"라고 깔보았던) 힐미를 퇴위시키고 변방으로 추방했다. 쫓겨난 힐미는 결국 스위스로 가야 했다. 그러나 타고난 지략꾼인 힐미는 시간도 많고 할 일도 많았다. 그는 전후에 자신의 권좌를 되찾겠다는 포부를 지닌 채 3년 동안 갈등 당사국 양쪽을 상대로 끈기 있게 협상을 벌였다. 이 과정에서 자신이 반대편 국가와도 협상한다는 사실을 양국이 서로 눈치 채도록 교묘한 줄타기 행보를 보였다. 그러나 콘스탄티노플의 청년튀르크당 지도부는 힐미를 가치 있는 상대로 여긴 적이 없었다. 그래서 스위스에서 꼴사나운 행동을 일삼을 때도 주의를 기울이지 않았을뿐더러 그가 제안하는 것은 모두 퇴짜를 놓았다.

하지만 1916년에 접어들자 독일은 압바스 힐미를 달리 보기 시작했다. 옛 친구를 성원하고 싶은 마음일 수도 있고, 더 정확하게는 그가 실제로 어떤 세력을 등에 업었다는 허상일 수도 있으나, 독일은 전쟁에서 승리한다면 왕년의 케디브가 이집트에서 실세로 군림하리라 예상했다. 힐미와 콘스탄티노플 정권의 화해를 지속적으로 부추겨온 독일로서는 그해 10월에 힐미가 터키의 수도를 찾은 것으로써 마침내 그간의 노력이 결실을 맺었다고 믿었다.

그 뒤로 몇 달 동안 프뤼퍼와 힐미는 두루 교분을 넓히면서 이집트의 미래를 위한 계획을 짰다. 힐미는 독일 친구의 도움을 얻어 과거의 영광을 재현할 작정이었다. 둘은 무척 친밀한 관계를 유지했고, 베를린에서도 힐미를 이집트의 미래에 일정 지분을 가진 중요한 존재로 여겼다. 프뤼퍼가 사실상 힐미를 전담하는 조력자가 된 것도 이 때문이었다. 그로부터 1년 넘도록 둘의 조합은 기이한 느낌을 선사했다. 현실세계의 암울한 무게가 천지를 짓누르는 가운데서도 둘만은 구름 위에 성채를 짓는 환상에 빠진 듯했다.

10월 24일 밤, 사내들이 길을 나섰다. 조지 로이드는 시간이 멈춘 초자연의 세상으로 빨려드는 듯한 기분을 느꼈고, 이처럼 사막 깊숙이 들어가는 여정에 로렌스가 매혹되었던 이유를 이해할 수 있었다. 로이드는 그날 밤부터 일기를 썼다.

"고개를 들어 주위를 살피면 장관이 펼쳐졌다. 들쑥날쑥한 모양으로 120미터나 치솟은 현무암과 화강암 바위가 길 양쪽에서 우리를 굽어보는 것만 같았고, 달빛은 우리 얼굴을 비추었다. 동행하는 아랍 부족장이 비아샤 출신 하인 서넛을 데리고 선두에 섰는데, 그 모습은 마치 십자군과 싸우던 살라딘[12세기에 아이유브 왕조를 건설하고 유럽 십자군을 물리친 쿠르드 족 출신의 영웅]이 환생한 것 같았다."[24]

북으로 진군하는 처음 며칠간은 큰 어려움이 없었다. 와디룸 일대 산악지대의 장엄한 풍경을 가로지르면서 두 친구는 영국의 중동 전략 이야기, 전쟁이 끝나면 아라비아 곳곳을 유람하자는 이야기를 나누었다. 로이드는 그때를 이렇게 회상했다.

"우리는 빅토리아 시대의 제국주의 풍조에 반대하는 입장이었지만 수많은 하인을 거느리고 있었다. 책만 나르는 낙타도 한 마리 있었다. 우리는 자우프와 보레이다를 지나면서 온종일 사막의 정치학을 논했다."

로렌스는 마음이 편안했는지 자기 가족, 옥스퍼드에서 보낸 어린 시절, 카르케미시의 행복한 기억까지도 로이드에게 들려주었다. 오랫동안 로렌스의 과묵함에 익숙한 로이드에게 '유창한' 친구의 모습은 자못 놀라운 것이었다.

그런 반면 불안한 요소들이 서서히 고개를 내밀기 시작했다. 첫 번째 골칫거리는 자신의 친족들이 사는 야르무크까지 로렌스를 안내하기로 한 알제리 출신의 압델 카데르로, 걸핏하면 일행의 구성원들에게 시비를 걸었다. 또 다른 문제는 영국군 폭파 전문가 우드 중위의 괴팍한 성격이었다. 첫날 밤 어둠 속에서 길을 잃은 뒤로 그는 동료들과 어울리지도 않고 우거지상을 한 채 힘들다는 불평뿐이었다. 로이드는 걱정스러웠다. 보급품이 넉넉지 않은 탓에 목적지에 도착하자마자 매우 위험한 작전을 임기응변으로 펼쳐야 하는 마당에 우드 중위가 제몫을 해내지 못하면 타격이 클 수밖에 없었기 때문이다.

사실 엘아리시에서 출정을 준비할 때 로렌스는 고성능 폭약과 기폭 장치를 연결하는, 두 가닥으로 꼬인 가벼운 전선 914미터짜리를 신제 품으로 구해달라고 클레이턴에게 부탁했다. 폭파대원들이 야르무크 철교에서 날아온 파편이나 그 충격으로 굴러떨어질 돌덩이 따위에 다치지 않을 만큼 거리를 두고 작전을 수행하려면 전선 길이가 넉넉해야 했기 때문이다. 그러나 아카바로 배송된 전선은 외줄짜리 재고품이었고, 길이도 457미터에 불과했다. 이 전선을 두 가닥으로 꼬면 로렌스는 폭파 지점으로부터 230미터 이내에서 기폭 장치를 눌러야 할 판이다. 적군이 퍼붓는 총알을 피하기 어려운 거리였다. 로렌스는 철교를 지키는 터키군 경비병 몰래 철교에 접근하여 기둥 아랫부분에 폭약을 부착할 수 있으면 좋겠다고 생각했다. 물론 비상 작전도 별도로 세워두었다. 사정이 여의치 않으면 습격대가 터키군과 총싸움을 벌이는 동안 로렌스가 폭약을 설치하되, 도중에 로렌스가 죽거나 다치면 (가능성은 희박해 보이지만) 우드가 대신해서 임무를 완수한다는 작전이었다.[25]

이 모든 가정은 습격대 인원이 충분히 구성된 상황을 전제한 것이었다. 그러나 모집 대상자들이 가담하기를 꺼린다는 말이 벌써부터 로렌스의 귀에 들리기 시작했다. 로이드는 "열차를 세워서 약탈 기회를 제공하는 사람만이 아랍인들을 통솔할 수 있다"고 클레이턴에게 보고했다. 또한 그런 능력이 그들의 친구가 될 수 있는 핵심이었다.

"이들에게 로렌스는 도적 떼의 두목이었고, 습격 대장이었고, 진정한 전투의 유일무이한 지휘관이었습니다. 로렌스 역시 아랍인들에게 권위를 내세울 수 있는 주된 근거가 그것임을 잘 알고 있었습니다."[26]

로렌스와 함께 야르무크 작전에 나서기로 한 현지 주민들은 표적이 열차가 아니라 철교라는 설명을 듣고는 싸늘한 표정이었다.

문제는 또 있었다. 로렌스는 영국군 장교들 사이에서 '인디언 정찰병'으로 통할 만큼 사막에서 길을 찾아내는 재주가 뛰어난 인물로 자자했다. 하지만 조지 로이드가 보기에 이 소문은 정확한 것이 아니었다. 야간 이동 중 로렌스는 두 번이나 길을 잘못 안내했다. 특히 두 번째 경우, 오리온 별자리만 따라가면 원래 경로로 돌아갈 수 있다는 로렌스의 주장을 믿었지만 결국 터키군 숙영지와 맞닥뜨리고 말았다. 로이드는 이런 사실을 감안해서 "로렌스가 길을 제대로 찾을 확률이 훨씬 더 높아지기를 바란다"고 클레이턴에게 보고하기도 했다.

이 같은 문제점들은 로이드가 예상한 것보다 더 나쁜 결과로 이어졌다. 로렌스는 아카바를 떠나기 직전에 압델 카데르가 반동분자이며 터키의 하수인이라는 경고를 접했다. 로렌스는 이 내용을 로이드에게 알리지 않기로 했다. 경고의 출처가 헤자즈의 숙적인 에두아르 브레몽이었기 때문일 것이다.

그런데 브레몽 대령은 최근 몇 달 동안 아랍에 대한 자신의 관점에 심대한 변화를 겪고 있었다. 이는 시리아를 프랑스 몫으로 규정한 사이크스-피코 협정의 존재를 드디어 파악했기 때문인 듯했다. 막을 수 없을 바에는 받아들여야 한다는 판단에서였는지는 모르겠으나, 이유야 어떻든 간에 1917년 가을 무렵의 제국주의자 브레몽은 영국이 중동에서 주도권을 행사하지 못하도록 막겠다는 생각을 접고 프랑스의 무기와 재정을 아랍인들에게 안겨주기 위해 전심전력하는 사람이 되어 있었다. 로렌스도 자신의 오랜 적수가 완전히 다른 사람이 되었다는 사실을 잘 알고 있었으나, 프랑스가 언제든 뒤통수를 칠 것이라는 믿음에는 변함없었다. 게다가 어떠한 위험 신호에도 이 작전을 밀어붙이기로 각오한 로렌스로서는 압델 카데르에 대한 브레몽의 경고를 무시하기로 결심했다.[27] 하지만 브레몽조차 모르는 사실이 있었다. 압델 카데르의 배신은 오래전에 예정된 것으로, 이미 1914년 11월에 쿠르트 프뤼퍼는 압델 카데르를 만나 독일-터키 동맹군에 대한 그의 중성을 확인한 바 있었다.[28]

로렌스가 이렇게 불길한 조짐이 엿보이는 경고를 무시한 것은 어쩌면 그의 숙명론적 체념에 기인한 것일 수도 있다. 그는 자기 목숨을 잃는 한이 있어도 이 임무를 무조건 완수해야만 한다고 각오했을 것이다. 로이드 역시 로렌스와 동행하면서 그러한 느낌을 받은 적이 있었다. 로렌스가 로이드에게 진지하게 속마음을 털어놓았을 때였다. 로렌스는 아랍인들이 사이크스-피코 협정을 전혀 모르고 있으며, 그렇기 때문에 협정 내용에 속박당할 이유가 없다고 했다. 그리고 시리아를 장악하기만 하면 그들 스스로 운명을 개척할 것이라고, 자신이 지금 이렇게 위험을 감수하는 것도 그 때문이라고 했다. 로이드는 로렌스의 놀라운 고백을 기록하면서 "L은 HMG[영국 정부]가 아니라 셰리프[후세인]를 위해 일하는 사람이었다"고 적었다.[29]

아카바를 떠난 지 나흘째 되는 10월 28일 밤, 두 친구는 앞으로 닥칠 일에 대해 이야기를 나누었다. 그들은 이제 되돌아갈 수 없는 매우 위험한 곳으로 접어들기 직전이었고, 로렌스의 '곡예'에 대한 로이드의 걱정도 깊어갔다. 앞서 몇 차례 말했지만 로이드는 자신도 함께하겠다고 했다. 로렌스는 고맙다면서도 "폭파 작전에 필요한 전문가가 아니라면 오히려 위험을 가중시킬 수 있다"고 설명했다. 그러고는 로이드를 돌려보내는 통절한 다른 이유가 있다고 말했다. 그는 자신이 죽을지도 모른다는 생각을 하고 있었다. 로이드는 일기에 이렇게 썼다.

"그는 내가 영국으로 돌아가기를 바랐다. 자신이 쌓아온 모든 것이 런던의 정치놀음으로 한순간에 물거품이 될 것을 우려했고, 그는 내가 그것을 막을 수 있다고 생각했다."[30]

다음 날 오후, 두 친구는 헤어졌다. 로이드는 아카바로 돌아갔고, 로렌스는 야르무크로 나아갔다.

1917년 10월 말, 마침내 카이로에 도착한 윌리엄 예일은 자신의 비서로 나선 미국 외교관 한 명과 함께 호텔에 투숙했다. 이 외교관은 나중에 꽤 무책임한 사람으로 밝혀진 찰스 너벤슈라는 젊은이로, 외무국 담당관이라는 모호하기 짝이 없는 직함을 갖고 있었다. 카이로 구석구석 영국 정보망이 깔려 있는 만큼 서둘러 영국의 권위자들에게 명함을 돌리고 안면을 트는 것이 좋겠다고 그들은 판단했다. 너벤슈는 국무부에 이렇게 보고했다.

"예일이 혼자서 이것저것 알아보고 다닌다는 사실이 영국의 첩보요원들에게 확인된다면 카이로 당국에 부정적인 의혹을 심어줄 있습니다."31

그래서 두 미국인은 이집트 주재 영국 고등판무관 레지널드 윈게이트에게 빠른 시일 안에 찾아뵙고 싶다는 요청을 넣었다. 가장 빨리 만날 수 있는 날은 바로 이튿날이었다. 예일과 너벤슈는 가장 괜찮은 여름 정장으로 차려입고 나일 강둑 위에 붉은 사암으로 지은 대저택 앞에 섰다. 총독 관저로 쓰이는 건물이었다.

카이로에 미국 국무성 관리가 돌아다닌다는 것은 레지널드 윈게이트에게 복합적인 가능성을 의미했다. 우선, 미국이 중동에 군사적으로 개입할 뜻이 없더라도 연합국으로 참전을 선언한 만큼 영국 관료들은 이들과 신뢰 또는 연대관계를 유지할 의무가 있었다. 고등판무관이 미국인들과 잘 지내야 하는 또 다른 이유도 있었다. 윈게이트가 보기에 대영제국은 프랑스와 아랍을 상대로 비밀 협정을 맺고도 시온주의자들에게는 다른 약속을 하는 등 정치적 늪에 빠져들고 있었다. 이 같은 혼란 속에서 구원의 손길을 내밀어줄 존재는 미국이라고 그는 판단한 것이다. 실제로 예일이 카이로에 도착하기 며칠 전, 윈게이트는 팔레스타인의 판세가 다시 한번 뒤집힐 것이고, 전후 주도권은 아랍도 프랑스도 연합국도 시온주의자도 심지어 영국도 아닌 미국이 행사할지 모른다고 너벤슈에게 말했다.[32] 너벤슈로서는 당황스러운 내용이었다. 하지만 윈게이트는 미국 국무성에 이런저런 의사를 타진하는 과정에서 너벤슈가 영국 여성과 결혼한 열렬한 친영파 외교관이므로, 믿음직한 통로 역할을 해줄 것으로 보았다. 그렇다면 예일에 대해서도 그렇게 확신할 수 있었을까?

윈게이트를 비롯한 카이로의 영국인들은 새로운 미국 국무성 사람과 인연을 맺어야 한다면 적어도 윌리엄 예일만은 아니기를 바랐을 것이다. 예일의 배경을 잘 알고 있었기 때문이다. 영국 관료들은 지위 고하를 막론하고 예일이 일했던 뉴욕 스탠더드오일 사를 혐오했다. 전쟁 초기에 소코니 유조선들이 영국 해군의 봉쇄령을 무시하고 독일군에게 석유를 공급하다가 덜미를 잡힌 적이 한두 번이 아니기 때문이다. 하지만 영국군은 소코니 유조선을 나포하기보다 외교적 항의로 자제를 요구할 수밖에 없었다. 물론 소코니는 일시적으로 몸을 사렸을 뿐이다. 미국이 독일에 선전포고한 그해 여름에는 브라질 주재 소코니 대표자가 독일 기업들에 석유를 판매하다가 현행범으로 적발당했다. 그는 자기 행위를 변호한답시고 "사업은 사업 아니겠냐"면서 자신이 안 팔았으면 경쟁 기업이 팔았을 것이라고 느긋한 태도로 말했다.[33] 그토록 뻔뻔한 기업 문화가 몸에 배었을 윌리엄 예일이기에 영국인들은 선뜻 신뢰하기 어려웠다.

예일이 소코니 재직 시절에 담당한 특정 업무도 탐탁지 않기는 마찬가지였다. 카이로의 영국인들이 잘 알듯이, 그는 전직 소코니 주재원이자 중립국 시민으로 보호를 받으며 적국의 심장부에서 2년이나 거주한 전력이 있었다. 런던 정가에서는 그곳 생활을 바탕으로 작성한 예일의 보고서에 고마웠겠지만 적과 마주한 최전방에서는 느끼는 바가 달랐다. 특히 카이로 주둔 영국군 수뇌부는 적군이 장악한 팔레스타인 최고의 고속도로 상당 부분이 실은 1914년에 스탠더드오일이 건설한 것이며, 해당 공사 감독자가 윌리엄 예일이었다는 사실을 모를 수가 없었다. 예루살렘과 베르셰바를 잇는 그 도로는 가자 전선에 닿는 터키군의 핵심 보급로였고, 영국군은 그곳에서 두 차례나 쓰디쓴 패배를 맛보았기 때문이다.

윈게이트는 이 모든 것을 감수하고 우호적인 분위기에서 예일과 만났으나, 얼마 후 예일이 다시 찾아와 대담한 요구를 하는 터에 당혹감을 감출 수 없었다. 어떻게 『아랍동향』의 존재를 알았는지 자기에게도 문건을 보여달라고 한 것이다. 이 문건은 매주 아랍국이 중동 전역에서 긁어모은 생생한 특급 정보를 요약해서 회람하는 정보 보고서로, 내용이 대단히 민감해서 회람 대상은 영국 정계와 군부 최고위급 인사 30명 이내로 제한되어 있고, 연합국은 대표자 세 명만 볼 수 있었다.

한참을 고민하던 윈게이트는 전형적인 영국식 전제 조건 아래 이를 허용했다. 조건이란 『아랍동향』을 참고만 할 뿐, 미국 국무성으로 넘어가는 그 어떤 서신에도 이 문건을 직접 인용해서는 안 된다는 것이었다.

이러한 약속은 유럽의 품위 있는 관료 계층에게나 통용되는 것이었다. 고등판무관은 윌리엄 예일의 배경에 대한 편견들을 쉽게 버리지 말았어야 했음을 뒤늦게야 깨달았다. 그는 영국이 중동에서 어렵게 확보한 가장 민감한 정보들을 세계적으로 가장 탐욕스러운 기업에서 일했던 사람에게 공개한 것이다. 윌리엄 예일은 『아랍동향』을 인용할 생각조차 없었다. 통째로 가져다 옮기면 그만이기 때문이었다.

예일은 회고록에서 그때 자신의 생각을 순환 논법으로 그럴듯하게 포장했다.

"영국이 나에게 제공한 정보는 한 개인에게 준 것이 아니었다. 나는 미국 정부에 소속된 직원이었고, 미국 정부의 녹을 받는 사람으로서 내가 확보한 정보는 모두 국무부로 보내야 할 의무가 있었다. (⋯) 어느 나라 사람이든 공무원이라면 이 말을 이해할 것이다. 따라서 그들이 나에게 제시한 조건은 애당초 무효였다. 그런 이유에서 나는 『아랍동향』을 읽다가 필요하다고 생각하면 어떤 내용이든 거리낌 없이 베꼈다."[34]

예일은 이와 같은 논리에 빈틈이 있음을 스스로도 알고 있었다. 무엇보다도 외교관이라면 자신의 상황을 '이해'할 것이고, 책임은 정보를 준 그들에게 있다는 식의 비겁함을 인정하면서도 간단히 둘러댔을 뿐이다. 당시 자신이 정교하게 가다듬어온 미국적 도덕의식이 조금 비뚤어진 것이었다면, 이는 "유럽 및 동방 관료들과 4년 동안 어울린 것 자체"에서 기인한 것이라는 변명이었다.

레지널드 윈게이트가 미국인 특수 요원 젊은이에 대해 미처 파악하지 못한 점은 또 있었다. 윌리엄 예일이 소코니의 '전직' 직원이 아니라는 사실이었다. 공식적으로 그는 참전 이전의 급여를 절반 정도 계속 지급받고 있는 '휴가 중'인 직원이었다. 카이로의 영국 관료들은 예일과 소코니의 관계를 꾸준히 의심했지만 진실을 캐지는 못한 것 같다.[35] 소코니에서 발행하는 수표는 뉴욕 은행의 어머니 앞으로 입금되도록 이미 예일이 손을 써둔 터였다. 예일은 그 뒤로 몇 달 동안 『아랍동향』은 물론 다양한 비밀 정보를 접할 때마다 눈에 불을 켜고 '석유'라는 단어를 찾았다.

1917년 10월 31일 오후, 아론 아론손과 차임 바이츠만은 화이트홀

내 내각 대회의실의 대기실을 지키고 있었다. 이들을 그곳으로 초대한 사람은 마크 사이크스로, '시온주의 문제'에 대한 영국 정관계 최고위급 인사들의 회의 결과를 가장 먼저 접하는 영광을 선사하기 위해서였다.

오랜 시간이 흐른 뒤, 대기실 문이 활짝 열리고 미소를 머금은 마크 사이크스가 나타나더니 크게 외쳤다.

"바이츠만 박사님, 축하합니다!"[36]

시온주의 운동의 두 지도자는 곧 대회의실 내부로 안내를 받았다. 그리고 장장 6개월에 걸친 협의 끝에 방금 전 팔레스타인 유대인의 미래에 대한 선언 문구를 최종 승인한 데이비드 로이드조지 총리, 아서 밸푸어 외무장관 등의 정부 요인들을 만났다. 하지만 지난한 과정과 수많은 영국 고위 관료의 고심을 증명이라도 하듯 선언문은 괴상하기 짝이 없었다. 즉석에서 휘갈긴 것처럼 보이는 세 문장짜리 선언문은 마치 외무장관 밸푸어가 영국 정부에 돈을 대는 월터 로스차일드에게 전하는 편지글 같았다. 가장 중요한 구절은 다음과 같다.

"영국 정부는 팔레스타인에 유대 민족의 고향을 세우는 것에 대하여 우호적인 입장입니다. 그리고 그들의 노력을 바탕으로 이 목표를 달성할 수 있도록 도울 것입니다."[37]

곧 '밸푸어 선언'으로 알려진 이 수기手記 문건은 오늘날까지 지구촌을 괴롭히는 갈등의 씨앗이 되었다. 하지만 아론 아론손에게 밸푸어 선언은 이스라엘 재건이라는 꿈을 위해 자신과 여러 팔레스타인 동포의 큰 희생을 대가로 성취한 첫걸음이었다. 하지만 그때까지도 아론손은 그 '희생'의 실상을 모르고 있었다. 당시 화이트홀에서 축하를 받고 있던 유대인들은 3주 전 지크론야코프에서 벌어진 참혹한 사건을 모르는 상태였다.

그해 11월, 공격 준비로 분주한 와중에 길버트 클레이턴과 데이비드 호가스를 포함한 극소수의 이집트 주재 영국군 장교들에겐 하나의 걱정거리가 있었다. 지금쯤 로렌스는 어디에 있을까?

앨런비 장군은 자명종이 울리기라도 한 듯 예정한 시점에 정확히 공격을 개시했다. 10월 31일 아침, 영국군 기병대는 베르셰바 주위에 포진한 터키군이 방심한 틈을 타 맹공격을 퍼부어 도시를 점령했다. 그러나 진격은 쉬지 않고 이어졌다. 11월 7일, 가자 주둔 터키군은 보급이 끊기고 완전히 포위될 것 같자 참호를 버리고 해안선을 따라 북쪽으로 부랴부랴 32킬로미터쯤 달아났다. 날씨가 나빠서 영국군은 곧 진격을 중단했으나, 팔레스타인을 방어하는 터키군의 강력한 저지선이 처음으로 뚫린 순간이었다.

시간이 흐르도록 야르무크에서는 소식이 없었다. 그러자 승리의 여운은 식어갔고, 엘아리시에서 로렌스와 전략을 짰던 인사들은 조바심을 내기 시작했다. 11월 12일, 길버트 클레이턴은 아카바로 돌아온 조지 로이드에게 "로렌스의 소식이 궁금해서 미칠 지경"이라고 말하기도 했다.[38] 그날 로렌스와 습격대는 모든 것이 어그러진 이번 작전에서 조그만 성과라도 건지기를 바라며 야르무크 동쪽 13킬로미터 지점까지 다가간 상태였다.

로이드와 헤어지고 며칠 만에 사막의 요새 마을 아즈라크에 도착한 로렌스는 드디어 세라힌 부족 사람들을 만났다. 이들은 로렌스의 바람과 달리 작전에 가담하기를 꺼렸다. 가장 큰 이유는 그들이 반역자로 확신하고 있는 압델 카데르가 끼어 있었기 때문이다. 그럼에도 불구하고 로렌스의 열정적인 연설에 마음이 흔들린 부족민들은 끝내 작전에 참여하기로 했다. 그랬더니 이번에는 야르무크로 이동하는 중에 갑자기 압델 카데르가 종적을 감추었다. 마지막으로 그의 뒷모습을 목격한 사람은 그가 터키군이 장악한 어느 도시 쪽으로 갔다고 전했다. 그러나 로렌스는 작전을 포기할 마음이 없었다.

이 모든 역경에도 불구하고 로렌스는 성공의 문턱까지 다가갔다. 11월 7일 밤, 텔알세하브에 있는 철교에 도착한 로렌스와 폭파대는 터키군 초소 바로 밑에 위치한 협곡으로 폭약을 운반하기 시작했다. 이때 누군가가 소총을 바위에 떨어뜨리고 말았다. 그 소리에 깜짝 놀란 터키군 경비병들은 초소 문짝을 박차고 나와 사방으로 총질을 해대기 시작했다. 폭약이 총에 맞으면 터진다는 사실을 잘 아는 폭파대원들은 폭약을 그대로 내팽개친 채 황망히 달아났고, 뾰족한 대안이 없었던 로렌스도 일단은 몸을 피했다.

전쟁 중에는 신이라는 존재에 의탁하기 쉬운 법이다. 야르무크 습격단이 그토록 오랫동안 살아 있다는 사실은 신께 감사할 일이므로, 작전을 취소하고 달아날 수 있었다는 점에 대해서는 신의 축복이라고 생각할 수밖에 없었다. 하지만 로렌스는 귀신에 홀린 사람처럼 작은 성과라도 거둬야 한다는 생각에 사로잡혀 있었다. 결국 그는 다른 곳에서 열차를 공격하기로 결정했다.

그러기 위해서는 훨씬 더 위험한 관문을 통과해야 했다. 식량이 절대적으로 부족한 상황에 처하자 로렌스는 일부 대원에게 떠날 것을 명령했다. 그중에는 인도군 기관총 사수들도 포함되었는데, 이는 열차를 공격하는 대원들이 중화기의 지원 사격을 받을 수 없다는 것을 의미했다. 게다가 야르무크 철교 작전에서 많은 양의 전선을 잃었기 때문에 이제 폭파 지점에서 겨우 46미터 떨어진 곳에서 기폭 장치를 눌러야 했다. 물론 이 역할은 로렌스의 몫이었다.

그가 선택한 곳은 암만 남쪽, 헤자즈 철도선상에 위치한 무니피르 마을 외곽의 으슥한 오솔길이었다. 기폭 장치를 들고 웅크린 곳은 조그만 덤불 뒤편이었는데, 탁 트인 지역이라 몸을 숨기는 것조차 여의치 않았다. 로렌스는 터키군 병사들을 가득 싣고 지나가는 열차를 폭파하려 했으나 전선에 문제가 발생하여 실패하고 말았다. 물론 여차하면 압도적 다수의 터키군에게 도륙을 당할 수 있었던 만큼 로렌스를 비롯해 근처 도랑에 숨었던 습격대원 60명에게는 더없는 행운이었다.[39] 로렌스는 지나가는 열차 안에서 자신을 내려다보는 터키 병사들의 호기심 어린 시선을 고통스럽게 견디면서, 간간히 손까지 흔들어가며 의심을 피해야 했다.

다음 날, 그보다 작은 부대가 탑승한 열차를 공격했다. 그러나 로렌스는 폭파 지점과 너무 가까운 곳에서 기폭 장치를 눌렀고, 폭약이 터지는 충격으로 몸이 날아갔다. 기관차에서 분리된 커다란 파편이 날아와서는 로렌스가 무릎 사이에 기폭 장치를 끼고 있던 바로 그 자리에 떨어졌다. 비틀거리며 정신을 차린 로렌스의 셔츠는 갈가리 찢겨 있었고 왼팔에서는 피가 뚝뚝 떨어졌다. 먼지와 연기가 걷히자 자기 앞에 놓인 물체가 모습을 드러냈다. 폭약이 터질 때 두 동강 나서 무려 46미터나 날아온 그 물체는 "시커멓게 그을린 채 김을 내뿜는, 허리 아래가 사라진 사람 몸뚱이"였다. 로렌스는 『일곱 기둥』에서 이렇게 회상했다.

"나는 얼른 달아나야 한다고 생각했다. 그러나 걸음을 떼자마자 오른발에 극심한 고통을 느꼈다. 내 다리는 절뚝거리고 있었고, 머리는 충격을 받아 어지러웠다. 하지만 어떻게든 이 혼돈의 현장에서 벗어나야 한다는 생각에 아픈 다리를 끌면서 계곡 위쪽으로 기어올랐다. 병사들로 가득 찬 열차 칸을 향해 아랍인들이 총을 쏘아대는 그곳으로."

터키군 병사들은 비틀거리며 도망치는 로렌스를 겨냥하여 총을 쏘아댔다. 로렌스는 그들의 사격 실력이 형편없었다고 평가했지만, 적어도 다섯 발이 로렌스의 몸에 스쳤고 "불쾌하게도 그중 몇 발은 깊은 상처를 남겼다."

그는 충격으로 멍한 상태에서 죽지 않으려고 언덕을 오르며 간절한 마음으로 다음과 같은 후렴구를 흥얼거렸다고 한다.

"아, 이게 아닌데."

10개월 전 와즈를 점령할 때만 해도 로렌스는 고립된 터키군의 항복을 기다리지 않고 공격 부대를 무리하게 상륙시킨 영국군 장교를 혹평한 바 있었다. 그 과정에서 아랍인 20여 명이 숨졌기 때문이다. 그는 당시 전투에 대해서 이렇게 썼다.

"나는 불필요한 행동이었다고 본다. 총알 한 발, 사상자 한 명은 낭비를 넘어 죄악에 해당된다고 생각한다. (…) 우리 반란군은 단순히 병력이 아니다. 우리의 지도를 믿고 의지하는 친구들이다. 우리는 국가의 명령에 따르지 않는다. 우리는 요청을 받았고, 우리 아랍 전사들은 자원한 사람들이다. 서로가 고향 사람이고 친족이기에 누군가가 죽으면 부대 전체가 슬픔에 빠진다."[40]

로렌스는 무니피르에서 대원 60명과 함께 터키군 400여 명을 상대로 싸웠다. 믿기 어려운 일이지만 어떤 대원들은 무기가 없어서 망가진 열차를 향해 돌을 던졌다. 20여 명이 순식간에 총에 맞아 쓰러졌고, 최소한 7명은 로렌스를 구출하러 언덕 아래로 내려가다가 죽었다. 로렌스는 어느 영국군 장교의 와즈 전투와 자신의 무니피르 작전이 어떻게 다른지 심사숙고하지 않은 것 같다. 아니면 지난 10개월에 걸친 잔혹한 여정 속에서 그런 문제는 안중에 두지 않는 사람으로 변한 것인지도 모른다. 그는 무니피르 작전에 대해서 나중에 이렇게 썼다.

"다음 날 우리는 아즈라크로 이동했고, 대대적인 환영 속에서 (주여, 저희를 용서하소서) 우리의 승리를 한껏 자랑했다."

16장
들끓는 분노

팔레스타인 유대인 문제에 대해 최근 각하께서 로스차일드 경에게 선언하신 내용
과 관련하여, 시리아에게 팔레스타인이란, 인체로 치면 심장에 해당될 정도로 대
단히 중요한 곳이므로 정치적, 사회적으로 절대 분리할 수 없다는 점을 각하께서
굽어살펴주시기를 삼가 요청하는 바입니다.
—1917년 11월 14일, 이집트시리아위원회가 영국 외무장관 밸푸어에게[1]

영국 당국이 시리아위원회에게 (···) 이번 밸푸어 장관에게 보낸 전보 자체는 전달
할 수 없지만 이집트 내 시리아인들이 시온주의 문제에 대한 감정을 밝힌 점에
대해서 기쁘게 생각한다고 답변을 보냈습니다.
—1917년 12월 17일, 윌리엄 예일이 국무장관에게[2]

요르단 수도 암만에서 동쪽으로 여행한다면 놀라운 주위 풍광에 잠시
도 눈을 떼기 힘들 것이다. 암만의 구릉지대를 배경으로 자갈과 거친
모래뿐인 황량한 벌판이 끝없이 펼쳐져 있다. 그런 사막을 80킬로미터
나 가로질러 아즈라크 성채의 드높은 돌벽을 마주했을 때 여행자는 불
가사의한 감동에 휩싸이게 된다. 하물며 그토록 광대하고도 적막한 땅
위에 우뚝 솟은, 27미터에 이르는 성벽과 귀퉁이마다 치솟은 망루들을
자랑하는 거대한 성채의 위용을 어떤 말로 설명할 수 있을까? 대체 누
가, 언제 이런 건축물을 세운 것일까?

물론 그 주역은 물이다. 주위 1만2800제곱킬로미터를 통틀어 유일한
오아시스가 고대부터 지금까지 아즈라크의 생명수 역할을 해온 것이다.
아즈라크의 전략적 중요성을 처음 간파한 사람은 로마인으로, 서기 2세
기 무렵 오아시스 옆에 조그만 요새를 세웠다. 그러나 지금까지 남아 있

는 대규모 건축물이 축조된 시기는 그로부터 1000년 뒤에 등장한 살라
딘의 아이유브 왕조였다. 오늘날에도 성채는 같은 이름의 도시를 거느
리고 있다. 그러나 1917년 11월, 로렌스와 습격대가 무니피르 열차 공격
을 마치고 아즈라크로 달아났을 때는 돌로 지은 오두막 몇 채뿐인 마
을이었다. 그때는 들판에 솟은 성채가 신기루처럼 보였다.

로렌스가 앞서 루알라 족의 에미르인 누리 샬라안을 만난 곳도 아즈
라크 성채였다. 물과 숙소도 해결될 뿐만 아니라 사방을 훤하게 감시할
수도 있어 지난 6월 로렌스는 이곳이 완벽한 은신처가 될 것이라고 기
록해두기까지 했다. 로렌스가 무니피르 공격 직전에 인도군 기관총 사
수들을 이곳으로 먼저 보낸 이유는 망루마다 기관총을 설치하고 눈에
띄지 않도록 위장하는 작업을 습격대가 도착하는 11월 12일까지 준비
해두기 위해서였다. 무엇보다 로렌스는 오아시스가 정말 마음에 들었
다. 그래서 이곳을 시리아 중심부로 쳐들어갈 아랍 반란군의 전초 기지
로 삼기로 결심하고, 도착한 지 하루도 안 되어 320킬로미터 떨어진 아
카바로 전령을 급파했다. 선봉 부대를 이끌고 북진해도 좋다는 신호를
파이살에게 전달하기 위해서였다.

아즈라크에 본부를 차린 데는 또 다른 이유가 있었다. 이곳이 누리
샬라안 통치 지역의 서북쪽 경계를 이루는 곳이었기 때문이다. 파이살
이 여러 차례 간청하고 지난 6월 로렌스도 호소했지만 샬라안은 여전
히 양다리를 걸치고 있었다. 어제는 아랍 반란군 쪽을 돕고 오늘은 터
키군과 공공연히 거래하는 식이었다. 그런데 반란군이 아즈라크에 주
둔한다면 정확히 루알라 족 영토의 중심부와 터키군이 장악한 시리아
상업도시들 중간에 위치하는 셈이었다. 로렌스는 샬라안에 대해 이렇
게 썼다.

"그는 시리아 땅에 재산이 있었기 때문에 확실히 어느 편을 들 수 없

었다. 그리고 조상 대대로 지켜온 장터를 빼앗긴다면 부족민들에게도 큰 손해였다. 하지만 우리가 영토 한구석에 버티고 있으면 샬라안도 적과 거래하는 게 부끄러울 것이다."3

얼마 안 되는 로렌스의 습격대원들은 아즈라크에 곧 도착할 대규모 부대를 맞기 위해 시설을 확충해야 했기 때문에 잠시 전사의 신분을 떠나 건설 인부로 나서야 했다. 무너진 성벽과 내려앉은 지붕을 고치고 최근까지 양떼 우리로 쓰이던 뒷마당의 조그만 모스크도 원상태로 복구했다. 한편 반란군이 도착했다는 소문이 사방에 퍼지면서 여러 부족에서 사절단이 찾아왔고, 이곳저곳에서 왁자지껄한 잔치를 벌였다. 반란군들은 잔치에 불려다니느라 복구 작업에 속도를 낼 수가 없었다.

보수 작업을 끝낸 남쪽 망루에 기거하고 있는 로렌스에게도 오랜만에 찾아온 느긋하고 즐거운 나날이었다. 세밀한 묘사(혹자는 그 때문에 질식할 것 같다고 말한다)가 넘쳐나는 『일곱 기둥』에서도 특히 아즈라크에 대한 묘사는 놀랍다. 목가적 낭만에 흠뻑 젖은 그는 이곳에 머물렀던 시간을 무려 다섯 쪽에 걸쳐 세세하게 기록했다. 대원과 방문객들이 주고받는 행복한 웃음과 우정, 밤마다 성채 바깥에서 울부짖지만 한 번도 눈에 띈 적 없는 늑대와 자칼 등등 따뜻한 시선과 서정적 묘사로 가득한 대목이다. 심지어 겨울비가 쏟아지는 바람에 성채 곳곳에 물이 새어 음습한 감옥이 되어버렸을 때조차 그는 여럿이 한데 모여 양털을 뒤집어쓰고 온기를 나눌 수 있는 계기였다고 회상하는 등 비참한 현실마저 문학적 소재로 삼았다.

"얼음처럼 차가운 날, 우리는 희부연 아침부터 컴컴한 밤까지 거대한 성벽의 장관에 정신을 빼앗긴 채 꼼짝할 수 없었다. 성벽의 총구멍마다 밀려든 안개는 마치 하얗고 길쭉한 깃발이 흘러내리는 듯한 모습이었다. 과거와 미래가 강물처럼 끝없이 우리를 뒤덮고 지나갔다. 포위, 향연, 습격, 살인, 사랑 노래…… 그곳에 서린 기운에 우리는 밤마다 취했다."[4]

그런데 조금 놀라운 사실은, 11월 당시 로렌스가 아즈라크에 체류한 시간은 기껏해야 6일이었다는 것이다. 심지어 누군가는 사흘에 불과했다고 말하기도 한다.

로렌스는 아즈라크에 도착하기 직전까지 극한의 고통을 겪는 시간을 보냈기 때문에 그곳의 시간이 한 편의 전원시처럼 기억되었는지도 모른다. 실제로 그는 야르무크 철교를 파괴하러 길을 나선 이후로 언제든 죽을 수 있다는 암울한 생각에서 벗어날 수 없었으나 아즈라크에서만큼은 무거운 그림자를 털어낼 수 있었다.

아니면 곧 겪게 될 어떤 사건 탓일지도 몰랐다. 로렌스는 아즈라크에 도착한 지 며칠 뒤 또다시 병사 세 명을 거느리고 사막으로 떠났다. 목적지는 서북쪽으로 112킬로미터가량 떨어진 철도 요충지 데라였다. 로렌스는 그곳에서 전쟁 기간 전체를 통틀어 가장 끔찍한 시련(지난 반세기에 걸쳐 그의 전기작가들이 가장 맹렬하게 논쟁을 벌인)을 겪어야 했다.

런던을 떠나기 바로 전날인 11월 16일 오후, 아론 아론손은 배신으로 볼 수밖에 없는 편지를 받았다. 그 편지는 아론손이 미국에 가서 수행할 임무에 대한 차임 바이츠만의 최종 지침으로, 지난 며칠간 두 사람은 이 임무에 대해 지겨울 정도로 토론을 해온 터였기에 바이츠만의 편지를 읽고 싶지 않았으나 결국은 뜯어보았다.

바이츠만이 아론손에게 내린 지시는 한마디로 말해 입 다물고 지내라는 것이었다.

"선생께서 이처럼 복잡한 임무를 수행하려면 대중 연설이나 언론 인터뷰를 피하는 것이 바람직합니다. 선생께서 원치 않는 상황에 맞닥뜨릴 것을 미리 방지하는 차원에서 특정한 임무 외에는 아무 일도 벌이지 말기를 공식적으로 요구하는 바입니다."5

이 메시지를 아론손이 혹시나 잘못 해석할까 싶었던지, 바이츠만은 미국 시온주의자들의 지도자인 "브랜다이스 선생을 통하지 않은 연설이나 편지 등 일체의 직접적인 행동"을 삼가라고 재차 설명했다.

편지를 읽고 난 아론손은 화가 치밀었다. 특히 스스로 재갈을 물라는 바이츠만의 요구에 대해 분노를 금치 못했다. 그는 이날 밤 일기에 이렇게 썼다.

"그 늙은이는 바보가 아니다. 하지만 나 역시 순진하지 않다. (⋯) 바이츠만이 위선자라는 새로운 증거를 하루가 멀다 하고 발견하다니, 어처구니가 없다."6

6주 전 런던에 도착한 이후로 아론손은 영국의 시온주의 지도자인 바이츠만과 상당한 시간을 보냈다. 원래 둘은 존중과 불신이 뒤섞인 복잡한 사이였기에, 하루는 둘도 없는 절친한 사이처럼 굴다가도 다음 날이면 앙숙처럼 다투곤 하는 나날이었다. 그럼에도 불구하고 모욕적인 지시가 담긴 편지를 받기 전까지는 예전보다 가까워질 수 있었다. 이유는 간단했다. 둘이 함께하고 있을 무렵 시온주의 역사상 가장 극적이고 중대한 사건들이 펼쳐졌기 때문이다.

그중 으뜸은 당연히 밸푸어 선언이었다. 때마침 영국군이 팔레스타인으로 빠르게 진격한다는 소식도 들려왔다. 앨런비의 군대가 베르셰바 저지선을 뚫고 북쪽으로 치고 올라가면서 지리멸렬한 터키군을 연이어 격파하고 있다는 것이었다. 특히 11월 16일은 영국군 선봉 부대가 출발지에서 80킬로미터 떨어진 해안도시 야파로 무혈입성한 날이었다. 나아가 예루살렘 남쪽 구릉지대까지 접근한 부대도 있었다. 아론손은 당시 이 사실까지 접하진 못한 상태였지만, 너무나 요원하여 이론적으로만 존재할 수밖에 없었던 1900년 동안의 꿈, 즉 흩어진 유대인들이 고대의 조국을 되찾는 꿈이 문득 현실로 다가온 것처럼 보였다.

이 같은 일련의 사건으로 인해 국제 시온주의자 공동체는 감전된 듯한 충격을 받았다. 전 세계 곳곳의 유대인 정착촌에서 보낸 밸푸어 선언에 대한 감사의 메시지가 영국 외무성에 줄줄이 답지하고 있었다. 이러한 찬사의 물결은 지난 몇 달 동안 차임 바이츠만과 영국 정부 내 동지들이 밀어붙인 주장, 즉 유대인 국가 건설을 지지하는 선언과 행동을 보여주면 전 세계의 시온주의 공동체가 연합국 편으로 넘어올 것이라는 주장이 옳았음을 입증하는 듯 보였다.

하지만 이러한 반응이 보편적인 것은 아니었다. 다른 모든 곳에서 나타낸 열렬한 분위기는 미국 시온주의자들의 침묵을 두드러지게 만들었다. 11월 중순까지 미국 신문에서는 밸푸어 선언에 대한 반응을 찾아보기 어려웠고, 『뉴욕타임스』는 짧은 세 문장으로 소개했을 뿐이며, 저명한 유대인 지도자들도 공개적인 언급을 삼가고 있었다. 가장 눈에 띄는 것은 윌슨 정부의 침묵이었다. 미국 대통령의 찬성을 끌어내기 위해 선언문을 다시 작성(실질적으로는 연기)해야 했던 바이츠만과 영국 정부로서는 신경이 쓰이는 상황이었다.

지난 9월, 영국이 미국에 공식적으로 처음 제안했을 때 우드로 윌슨의 최측근 에드워드 하우스 대령이 제시한 것처럼 "실질적인 어떤 행동도 수반하지 않는 선언이라면" 대통령은 영국 시온주의 계획에 대해 '공감'을 언급하는 정도를 고려하고 있었다.7 이에 따라 영국은 처음 제시한 선언 문구의 수위를 낮춘 뒤에야 윌슨과 겨우 손을 잡을 수 있었고, 그마저도 중대한 조건이 뒤따랐다. 10월 중순 하우스 대령이 런던 측에 제시한 내용은, 대통령이 "미국 내 유대인들이 자신에게 선언을 승인해 달라는 요청을 받았을 때 공식화하기로 결정했으므로, 영국 정부가 선

언을 공표할 때는 자신이 이미 승인한 사실을 절대 언급하지 말라는 것"이었다.[8]

그러나 윌슨의 침묵은 미국 시온주의자들로 하여금 그 사안에 대한 언급을 망설이도록 만들었고, 그 결과 대통령도 침묵을 계속 유지할 수 있었다. 미국의 여러 시온주의자와 친분이 있는 아론 아론손을 미국으로 보내는 것은 이와 같은 교착 상태를 해결하기 위해서였다.

아론손의 임무는 며칠 전 영국 외무성에서 바이츠만과 마크 사이크스가 참석한 가운데 열린 고위급 회담에서 도출한 것이었다. 이는 대단히 야심찬 과제로, 아론손은 영국 시온주의협회와 미국 쪽 관계자를 잇는 연결 고리로서 "중동 내 다양한 정치·군사적 진전이 갖는 실질적인 중요성을 미국 조직이 이해하도록 돕는" 한편 "시온주의적 열정을 재점화하고 연합국 친화적인 사고방식을 촉진"하라는 지령을 받았다. 아울러 중동에 유대-아랍-아르메니아 공동체를 세우겠다는 사이크스의 기상천외한 발상을 현실로 옮기기 위해 "시온주의 세력과 아랍, 아르메니아 세력의 결합 또는 동맹"을 추진해야 했다. 이에 더하여 미국 시온주의자들의 대표자인 연방대법원 판사 루이스 브랜다이스와 바이츠만의 공식적인 소통 채널 역할을 담당해야 했다.[9]

매우 절박한 과제인 만큼 아론손은 이 활동에 최선을 다하겠다고 대답했고, 미국에 있는 시온주의자 지인들에게 자신의 방문을 알렸다. 이는 11월 16일 바이츠만이 내린 지시를 다시 한번 무시하는 처사였다.

지난 몇 년 동안 많은 사람은 아론손의 입을 막으려 노력했지만 성공한 적이 없었다. 이번에도 역시 바이츠만의 지시를 도전으로 간주한 채 그는 다음 날 아침 런던 유스턴 역에서 리버풀로 가는 열차를 탔다. 그리고 리버풀에서 증기선 세인트폴 호를 타고 뉴욕으로 떠났다.

바이츠만을 옹호하자면, 아론손의 입을 막으려는 것은 단순히 상황을 통제하기 위한 것만이 아니었다. 바이츠만은 아론손이 미국 시온주의자들과 폭넓게 교류해왔다는 사실을 알고 있었지만, 지난 6주 동안 긴 시간을 함께하면서 그의 조급한 품성에 대해서도 깨달았다. 바로 그 점이 우려스러웠다. 아론손을 미국에 보내는 데는 숨은 목적이 있었기 때문이다.

사이크스와 바이츠만은 가까운 장래에 영국이 팔레스타인을 전적으로 통제하리라는 기대 속에서, 아울러 밸푸어 선언에 대해 우려를 표명한 팔레스타인 내 무슬림과 기독교 공동체를 달래기 위해서 가능한 한 빨리 시온주의위원회를 그 지역에 파견해 실상을 파악해야 한다고 생각했다. 특히 사이크스는 이 위원회에 미국 대표단이 참여하기를 간절히 바랐다. 윌슨 대통령이 밸푸어 선언과 영국의 팔레스타인 지배를 인정했다는 무언의 징표가 될 수 있기 때문이었다. 그러나 만만치 않은 장애물이 있었다. 윌슨 대통령은 독일을 상대로 전쟁을 선포했을 뿐, 미국은 오스만 제국과 관련한 어떤 사안에도 개입할 뜻이 없음을 천명했기 때문에 미국 정부가 대표단 파견을 수락할 가능성은 낮았다. 아론손의 비밀 임무는 이런 맥락에서 구상된 것이었다. 말하자면 그의 임무는 미국 시온주의 지도자들로 하여금 윌슨 정부를 압박해서 밸푸어 선언을 공개 지지하도록 유도하고, 나아가 미국이 방침을 완전히 뒤집어 터키를 상대로 전쟁을 선포하게 만드는 것이었다.

그러나 아론손은 미국에 도착하자마자 참담한 소식을 접했다. 12월 1일 그는 뉴욕의 시온주의협회 사무실에서 전보 하나를 건네받았다. 최근 카이로에 도착한 남동생 샘이 보낸 이 전보에는 터키가 NILI 첩보 조직을 괴멸시킨 사실이 담겨 있었다. 아론손은 사건이 발생한 날로부터 거의 두 달이 지난 뒤에야 여동생 사라와 아버지 이프라임이 죽고 나아만 벨킨드가 처형당했다는 사실을 알게 되었다.[10] 아론손은 그날 밤 일기장에 이렇게 썼다.

"희생은 불가피하다. 나는 우리가 혹독한 시련에 직면할 수밖에 없다고 생각했다. 그러나 시련을 두려워하는 것과 희망을 완전히 상실하는 것은 전혀 다르다. 불쌍한 우리 아버지, 불쌍한 내 동생……. 사라가 죽다니 마음이 너무 아프다."[11]

이 소식은 자신의 영향력을 억제하려고 압박하는 바이츠만과 유럽 시온주의 지도자들에 대한 아론손의 분노를 부채질했다. 아론손과 동지들이 시온주의를 위해 목숨 걸고 싸우던(실제로 많은 동지가 목숨을 잃었다) 지난 2년 동안 런던과 파리를 지키던 자들은 회의를 하거나 소식지를 돌릴 뿐이었다. 이처럼 대조적인 상황이 가장 극명하게 드러난 날은 아론손이 아틀리트의 참혹한 소식을 접한 바로 다음 날이었다. 12월 2일, 영국 시온주의협회 구성원들은 런던 앨버트홀에 모여 밸푸어 선언 공표 1개월을 기념하는 경축 행사를 벌였다.

자신의 고문 체험을 소개한 작가들 중에서 로렌스만큼 상세하게, 심지어 친절하다 할 만큼 기록해놓은 이가 있을까?[12]

로렌스가 설명한 바에 따르면 사건의 발단은 11월 20일 아침에 있었다. 철도 요충지 데라 외곽을 정찰하기 위해 호위병 셋과 함께 아즈라크를 떠난 지 며칠이 지난 그날, 그는 데라의 철도 시설을 직접 관찰하고 싶었다. 그러기 위해서는 대담한 행동을 취할 수밖에 없었다. 그는 아침 무렵 한 명의 호위병을 데리고 철로를 따라 도시 북쪽으로 11킬로미터가량 나아간 뒤, 낙타에서 내렸다. 그때부터 아랍 옷 차림의 두 사내는 철로변을 걸어 데라로 향했다.

문제는 터키군 숙영지를 지날 때 발생했다. 두 사람을 수상히 여긴 터키군 부사관이 앞을 가로막더니, 호위병은 보내고 로렌스에게 "베이

Bey(지휘관)가 너를 원한다"고 소리쳤다. 위병소에 갇힌 로렌스는 자신은 터키군 탈영병이 아니며 징병 대상에서 제외된 시르카시아인이라고 우겼다. 시르카시아인은 캅카스 북부 산악지대 사람으로, 살결이 희고 눈동자 색깔이 옅었다. 그러나 저녁 무렵 로렌스는 베이의 방으로 끌려갔다. 『일곱 기둥』에서는 데라 지역 군정총수인 베이의 이름을 "나히 Nahi"라고 적고 있지만, 그의 진짜 이름은 하짐 무히틴이었다.

하짐은 경비병을 내보낸 뒤 로렌스를 부둥켜안더니 침대 위로 몸을 던졌다. 하짐의 성적 노리개로 끌려왔음을 깨달은 로렌스는 몸부림을 쳐서 겨우 몸을 피했다. 그러자 하짐은 경비병들을 불러들여 로렌스의 팔다리를 단단히 붙잡게 한 뒤, 거칠게 옷을 찢고는 몸을 더듬기 시작했다. 그러자 로렌스가 무릎으로 하짐의 사타구니를 가격했다.

격정과 분노로 벌겋게 달아오른 하짐은 경비병들에게 단단히 붙잡으라고 호통쳤다. 그러고는 알몸 상태인 로렌스를 다시 한번 덮쳤다. 입을 맞추고 침을 뱉고 피가 날 정도로 목덜미를 물어뜯었다. 심지어 가슴팍의 피부를 잡아당긴 뒤 총검으로 찌르기까지 했다. 로렌스의 회고에 따르면, 그 후 베이는 경비병들에게 "나를 데리고 나가서 확실히 가르치라"고 명령했다.

끔찍한 고문이 이어졌다. 두 명의 경비병은 로렌스를 옆방으로 끌고 간 뒤 길쭉한 판자에 엎어놓고 "무릎으로 내 양쪽 발목을 짓이기고 오금을 찍어 누른 뒤 나머지 둘은 손목이 부러질 때까지 비틀었다. 손목을 부러뜨린 뒤에는 나무로 목을 짓눌렀다." 이어서 짧은 채찍을 가져와 등짝과 엉덩이를 수십 번씩, 아니 수백 번씩 돌아가며 때렸다. 그는『일곱 기둥』에서 이렇게 회상했다.

"그들은 내가 완전히 만신창이가 된 후에야 만족한 듯했다. 나는 내 몸이 고문대에서 벗어나 더러운 바닥에 뉘인 것을 깨달았고, 아득한 정신으로 가쁜 숨을 몰아쉬면서도 어렴풋이 편안한 느낌이 들었다."

고문은 여기서 끝난 게 아니다. 오히려 정신을 잃을 때까지 지독한 고통이 잇따랐다. 한 경비병은 자기 차례가 되자 로렌스의 갈비뼈를 있는 힘껏 걷어차더니 일어서라고 명령했다. 하지만 로렌스는 그를 올려다보면서 씩 웃었다.

"그러자 이번에는 채찍을 길게 잡은 팔을 치켜들더니 사타구니를 마구 후려쳤다. 극심한 고통에 비명조차 나오지 않았다. 아니, 비명을 지르려고 해도 벌린 입에서는 소리가 나지 않았고 몸에서는 경련이 일었다. 경비병 한 놈이 낄낄거리며 웃었다. 누군가 '살살해, 사람 잡겠어'라고 소리쳤다. 이윽고 또다시 매질이 시작되었다. 나는 울부짖다가 까무러쳤다."

충분히 예상할 수 있듯이, 로렌스는 마침내 하짐의 거처로 다시 끌려갔다. "그는 피 범벅으로 엉망이 된 나를 보더니 침대를 더럽히기 싫었던지 당장 꺼지라고 소리쳤다." 이렇게 해서 그의 시련은 막을 내렸다. 경비병들은 로렌스를 뒤뜰 헛간에 집어넣은 뒤 아르메니아인 남자 간호사를 불러 피를 닦고 붕대를 감아주라고 지시하고는 유유히 떠났다.

이것은 로렌스가 최악의 고통으로부터 벗어나게 된(혹자는 터무니없다고 지적하는) 일련의 놀라운 사건들의 시작에 불과했다. 로렌스 본인의 설명에 따르면, 그는 새벽녘에 젖 먹던 힘을 다해 겨우 일어섰다. 그는 어두컴컴한 공간을 유심히 살피다가 비어 있는 옆방 문짝에 걸린 "허름한 옷 한 벌"을 발견했다. 그 옷을 몸에 걸친 뒤 창문을 넘어 아무도 없는 거리로 내려섰다. 막 잠에서 깨어나려는 도시를 등진 채 이를 악물고 하염없이 걷던 로렌스는 마침 지나가는 상인단에게 부탁하여 낙타한 필을 얻을 수 있었고, 드디어 호위병들과 만나기로 한 외딴 마을에 도착했다. 그곳에서 로렌스와 재회한 호위병들은 크게 안도하며 대장의 생환을 기뻐했다.

"나는 병사들에게 뇌물로 사기 친 이야기를 재미있게 들려주었다. 다른 데 가서 절대로 발설하지 않겠다는 약속을 받아두었다. 그들은 터키 군은 정말 멍청하다며 박장대소했다."

그날 오후 로렌스와 호위병들은 말을 타고 110킬로미터를 달려서 아즈라크로 돌아왔다.

여기까지가 그 끔찍한 경험에 대한 로렌스의 설명이다. 물론 이는 상당히 요약된 것으로, 『일곱 기둥』에 묘사된 야만적인 데라의 하루는 다소 낯 뜨겁고 잔인한 문장으로 다섯 쪽이나 할애되어 있다. 그 대목은 무서운 장면들을 있는 그대로 풀어낸 듯하면서도 이야기의 흐름을 어색하게 만드는, 그래서 진실이 무엇인지 헷갈리게 만드는 구석이 있다. 손목이 부러질 때까지 비틀었다는 묘사에서 로렌스는 정말 손목이 부러졌다는 뜻으로 쓴 것일까? 또 실제로 강간을 당한 것일까? 그런 뜻으로 완곡하게 표현한 대목이 몇 군데 보이긴 하지만 반대 의미로 해석할 수 있는 단서도 적지 않다. 선정적이고 관음적인 느낌마저 자아내는 고문 장면을 묘사하는 데 그토록 많은 분량을 할애한 것도 이상하다. 예컨대 로렌스가 총검에 찔렸을 때 "피가 흐르다가 허벅지 위로 뚝뚝 떨어졌다. 하짐은 배를 타고 흘러내리는 피를 손가락 끝으로 톡톡 찍어보면서 흡족한 표정을 지었다"는 부분이나 태형을 당하고 나서 갈비뼈를 차였을 때 "달콤한 온기, 어쩌면 관능적인 느낌이 온몸을 휘감았다"는 부분이 그러하다.

사실 거의 모든 로렌스 전기작가는 이처럼 정확하고 압도적일 만큼 자세한 서술의 무게를 감당하지 못하고 있다. 이런 일은 로렌스의 설명 대로 전개될 수 없는 사건이라고 하거나 실제 사건이 아니었다고 단정 짓고 있다. 예컨대 로렌스가 주장하는 가혹한 고문이 사실이라면 과연 어떻게 제 발로 달아날 수 있었을까? 온갖 행운이 잇따랐다고 쳐도 '부러진' 손목으로 창문을 타넘는다는 게 가능할까? 게다가 태형은 중추신경을 망가뜨리기 때문에 30대만 맞아도 제대로 설 수조차 없는데, 그보다 몇 배나 두들겨 맞은 로렌스가 적군이 지키는 도시에서 11킬로미터나 들키지 않고 걸어와 다시 말을 타고 112킬로미터를 달렸다니, 실제로 가능한 일일까?

곧바로 이어진 행적을 보면 로렌스의 설명은 더 납득하기 어렵다. 아즈라크에 돌아온 지 이틀 만에 그는 무려 나흘간이나 낙타를 타고 아카바로 달렸다. 도착한 뒤로는 데라에서 겪은 고통에 대해 주위 동료들에게 한마디도 하지 않았다. 몇 년 뒤, 당시를 기억하고 있는 사람들에 따르면, 로렌스는 신경이 곤두서 있었고 "창백한 얼굴에 넋이 나간 표정"이었다고 한다.[13] 그러나 상처나 멍 자국을 봤다는 사람은 없었으며, 육체적으로 불편한 징후를 뚜렷이 느낄 수 없었다고 했다. 실제로 데라 사건 3주 뒤에 데이비드 호가스는 자신의 제자를 만났고, 그가 아내에게 보낸 편지에는 로렌스가 "지난번 만났을 때보다 혈색이 좋다"고 썼다.[14]

무엇보다 『일곱 기둥』에서 설명한 데라 사건을 그대로 믿기 힘든 이유는 그로부터 19개월 뒤에 로렌스가 전혀 다른 시각으로 이 사건을 언급했기 때문이다. 문제의 내용은 1919년 6월 군대 동료인 월터 스털링 대령에게 보낸 편지에서 찾아볼 수 있다. 로렌스는 알제리 출신 압델 카데르가 저지른 여러 배신 행위를 나열하는 과정에서 당시 이야기를 다시 꺼냈다. 압델 카데르는 야르무크 작전을 망쳤을 뿐 아니라 하짐 무히틴에게 로렌스의 존재를 알려준 장본인이었다.

"내 인상착의를 하짐에게 가르쳐준 작자가 바로 압델 카데르였다네. (나는 하짐과 대화를 나누던 중 또는 경비병들로부터 그자가 어떤 배신을 어떻게 저질렀는지 파악할 수 있었네.) 그런데 남색자였던 하짐은 내게 성적 매력을 느꼈는지, 나를 가지려고 밤이 될 때까지 붙잡아두었다네. 나는 하짐을 겨우 설득해서 진정시켰고, 하짐은 나를 병원으로 보내주더군. 나는 그가 생각하는 만큼 다치지 않았기 때문에 새벽에 그곳에서 탈출했네. 그는 멍청하게 굴었던 자신이 몹시 창피해서 나를 잡았다가 놓친 사실을 보고하지 않고 모든 것을 비밀에 부쳤지. 나는 압델 카데르의 배신에 이를 갈면서 아즈라크로 돌아왔다네."[15]

이와 같은 내용은 『일곱 기둥』과 비교할 때 그럴듯하게 들리기도 하고, 여전히 허술하게 느껴지기도 한다. 사실 책에 기록한 중세적 잔혹 행위는 없었고, 그래서 "생각보다 크게 다치지 않았기에" 달아날 수 있을 정도였음을 암시하고자 한 것이라면 어느 정도 타당성이 있다. 그런 반면 하짐이 로렌스의 정체를 파악하고도(로렌스 목에 현상금이 2만 터키 파운드나 걸렸던 시절인데도) 경비병을 세우지 않은 채 밤새도록 헛간에 두었다는 건 터무니없는 일이다. 더욱이 경비병들이 로렌스를 고문하면서 압델 카데르의 배신을 이야깃거리로 삼았다는 것 역시 상상하기 어려운 장면이다.

이처럼 의심스러운 구석은 한두 가지가 아니지만, 데라에서 무언가 일이 '있었다'는 강력한 징표들 또한 존재한다. 그를 잘 아는 대부분의 사람은 로렌스와 멀리 떨어진 곳에 있던 사람들조차 그가 이즈음부터 크게 변했다고 증언했다. 어디를 가든 50~60명에 이르는 용맹한 전사를 경호부대로 대동하기 시작한 것도 이때부터다.

한참 뒤에 밝혀진 것이지만, 데라에서 겪은 사건에 관한 로렌스의 세 번째 언급이 있었다. 1924년 대문호 조지 버나드 쇼의 아내 샬럿에게 로렌스가 보낸 편지가 바로 그것으로, 외부에 알려진 것과는 매우 다른, 어떤 면에서는 훨씬 더 나쁜 내용을 담고 있다.

전쟁 이후로 샬럿과 로렌스는 친밀해졌는데, 샬럿은 그가 엄마처럼 의지하고 상의하는 존재였다. 로렌스는 샬럿에 대해 "언제든 함께 있으면 마음이 편해지는 유일한 여성"이라고 했다. 샬럿의 어떤 질문에 대한 답변인 듯 보이는 편지의 한 대목에 이렇게 적혀 있다.

"그날 밤에 대해서 저는 당신께 말씀드릴 수 없습니다. 품위 있는 사람이라면 그런 일을 입에 올리지 말아야 합니다. 저는 그 일을 솔직하게 책에 밝히려 했기에 몇 날 며칠을 고민했지만 끝내 자존심이 허락지 않더군요. 다치는 것이 두려워서, 아니 저를 미칠 지경에 이르게 한 고통으로부터 다만 5분이라도 벗어나려고, 저는 세상에 태어날 때부터 우리가 지녀온 육체의 온전성을 저버리고 말았습니다. 용서받을 수도 없고, 돌이킬 수도 없는 일입니다. 저는 그 뒤로 품위 있는 삶을 포기했습니다. (…) 지나치게 예민하다고 여기실 수 있습니다만, 지난 몇 년 동안 제 기분이 어땠을지, 그때의 기억에 사로잡혀 얼마나 힘들었을지 생각해보십시오."16

로렌스가 그 특유의 모호한 표현을 동원하여 설명한 데라의 실상은 완전히 다른 그림이었다. 로렌스는 처음부터 고문을 피하기 위해, 또는 최소한 도중에 고문을 중단시키기 위해 상대방의 구애에 굴복한 것이다. 그렇다면 육체적 고문은 거의 없었기 때문에 그가 그곳에서 달아날 수 있을 만큼 건강했다는 설명이 가능할 뿐만 아니라 아즈라크에 동행했던 호위병들에게 "재미있는 이야기"를 들려주면서 비밀을 지키라고 요구한 이유, 아카바에 돌아가서는 동료 장교들에게 아무런 언급도 하지 않은 이유, 이후로 계속해서 진상을 숨기려 애쓴 이유까지도 설명이 가능하다.

로렌스는 최악의 육체적 고문을 겨우 피했을진 모르지만 정신적 고통에 따른 심리적 상흔마저 모면할 수는 없었을 것이다. 강간 또는 고문

피해자들이 으레 그렇듯이, 가장 회복하기 힘든 마음의 상처는 고통스러운 기억이나 두려운 감정이 아니라, 그럴 이유가 전혀 없음에도 불구하고 마음속 깊숙한 곳에 남는 수치심이다. 로렌스는 강간과 고문을 '한꺼번에' 당했다. 이처럼 혹독한 시련은 거의 모든 사람에게 잠재적으로 파괴적인 영향을 미치는데, 특히 로렌스의 경우에는 자아의 가장 깊숙한 곳으로 파고들었다. 그는 어린 시절부터 어떤 시련이나 역경도 견뎌낼 수 있다고 자부하며 금욕주의적인 신조를 철저하게 내면화해온 인물이었으나, 가장 절박하고 무력한 시점에 그 믿음은 로렌스를 저버리고 말았다. 어쩌면 이에 더해서, 특히 로렌스가 심하게 억압받은 양성애자라는 설이 신뢰를 얻는 만큼 그 시련이 유발했을 성적 자기혐오라는 요소도 추가할 수 있을 것이다. 그가 고통이나 죽음의 공포에 굴복한 것이라면, 그는 그런 행위에 은밀하게 끌린 것은 아닌지 스스로에게 묻는 식으로 자신을 끊임없이 괴롭혔을 것이다. 이와 같은 정신적 고통을 견뎌야 하는 사람에게 자신의 기억을 끔찍한 폭력으로 미화하고 싶은 마음이 드는 것은 어쩌면 당연하다. 의지 또는 저항의 문제를 거론할 필요가 없도록 완벽한 면죄부를 제공하는 방식이기 때문이다.

데라에서 로렌스를 두려움에 떨게 만든 사건이 일어났다고 믿을 수밖에 없는 이유가 또 있다. 그것은 월터 스털링에게 말한 내용이나 『일곱 기둥』에 기록한 내용이 아닌, 샬럿 쇼에게 보낸 편지의 어느 대목에 드러나 있다. 10개월 후에 로렌스는 데라로 돌아갔다. 그리고 그의 전투기간을 통틀어 가장 포악한 행동을 저질렀다. 복수의 향기가 짙게 밴 행동이었다.

1917년 12월 4일 저녁, 제말 파샤의 공덕을 찬양하는 연회에 베이루트의 주요 인사들이 참석했다. 제말은 다음과 같은 말로 일장 연설을 시작했다.

"베이루트에 올 때마다 느끼는 점입니다만, 이곳 사람들은 정말 충직해 보입니다. 그래서 애정이 마구 샘솟는 기분이 듭니다. 이 자리를 빌려 그동안 나에게 친절을 베풀어준 베이루트 시민들에게 고맙다는 인사를 전하는 바입니다."[17]

뻔뻔하기 그지없는 발언이었다. 사실 그는 시리아 총독으로서 베이루트 사람들과 줄곧 껄끄러운 관계였다. 베이루트는 오랫동안 아랍 민족주의가 들끓는 곳으로, 제말이 반역 혐의를 씌워 추방한 베이루트 사람들만 해도 이미 수백 명에 달했다. 이곳을 아우르는 레바논 지역은 불균형하게도 (많은 사람이 고의적인 것으로 믿어 의심치 않는) 기근의 고통에 시달리고 있었다. 프랑스 영사관에서 훔쳐낸 서류 속에서 반역 혐의자 25명을 적발하여 시내 한복판 광장에서 두 차례에 걸쳐 집단 교수형을 집행한 사건도 있었다. 연회가 열린 1917년 12월 당시 베이루트 시민들은 이 처형 장소를 (오늘날 공식 명칭이기도 한) '순교자의 광장Martyrs' Square'으로 부르고 있었다.

연회에 참석한 사람들은 작별 인사차 모인 자리로 여겼기 때문에 그 누구도 제말의 연설 내용을 트집 잡지 않았다. 레스보스 출신의 이 열혈 군인은 이제 소란스러운 3년을 뒤로하고 시리아 총독 자리에서 물러나는 참이었다. 공식적으로는 일시적으로 자리를 비우는 것이었지만, 제말을 포함해서 그 자리에 모인 사람 모두가 거짓말임을 알고 있었다.

엔베르 파샤가 주도한 조직 개편의 일환으로, 시리아 주둔 오스만 군대의 통제권은 신임 독일군 사령관 에리히 폰 팔켄하인 장군에게 넘어갔다. 제말에게는 예의상 시리아 및 서부 아라비아 총사령관이라는 칭호가 주어졌다. 물론 실제로 거느리는 군대가 있었다면 더 인상적이었을, 이름만 거창한 직책이었다. 당시 제말의 개인 비서 팔리 리프키의 견해는 이랬다.

"총사령관이라고 하지만 상급자는 따로 있었다. 포병과 기관총 사수, 소총 사수 등은 독일군의 명령을 따라야 했다. 제말 파샤가 서명하는 서류에만 존재하는 거창한 직책에 불과했다. (…) 누군가를 파샤라고 높여 부르듯 명예만 부여하는 직책이었다. 우리가 빈털터리에 불과한 사막의 부족장을 셰이크라고 불러주는 것처럼 말이다."18

이 같은 조치는 예상대로 제말의 자존심에 큰 손상을 입혔다. 결국 이러저러한 직책을 모두 내놓고 콘스탄티노플로 돌아가겠다고 선언했다. 자신의 추락이 엔베르 탓이라고 생각한 제말은 연설 도중 광장에서 집행한 교수형을 언급하며 소심한 복수로 되갚았다. 그는 여전히 집단 처형에 앙심을 품고 있는 청중을 향해 이렇게 말했다.

"언젠가 내가 특정 아랍인들을 교수형에 처한 것은 사실입니다. 그러나 내가 자발적으로 집행한 것이 아닙니다. 엔베르 파샤가 강요한 결과였습니다."19

제말은 자기 자신만큼이나 모순적인 기록을 남기고 떠났다. 이집트를 정복하겠다는 야망은 시나이 반도에서 무너졌으나, 자신의 군대가 가자에서 영국군의 공세를 두 차례나 저지했다는 자부심은 챙길 수 있었다. 시리아 전역에서 시내 도로를 넓히고 포장하는 사업, 전력 공급 사업, 공원과 모스크와 지방 행정청 건물 신축 사업 등 야심찬 현대화 정책을 추진했지만, 그사이에 수십만 명에서 많게는 100만 명에 이르는 사람이 굶주림과 질병으로 목숨을 잃었다. 아르메니아인들의 고통을 덜어주려고 노력했지만, 동시에 팔레스타인 유대인들에게는 박해자라는 악평을 얻었다. 재임 기간 내내 시리아 민족주의자들에 대한 강경 노선을 펼쳐 그 지역 어디서도 의미 있는 봉기가 일어나지 못하도록 반란의 기세를 확실히 누른 반면, 헤자즈의 에미르 후세인에게 보여준 친절하고 신사적인 태도는 치명적인 부메랑으로 되돌아왔다.

한편으로 그는 매우 운 좋은 시기에 시리아를 떠난 것이기도 했다. 팔켄하인은 터키군 정예 부대 일디림 군단을 남쪽으로 이동시켜 시나이에 집결 중인 영국군을 선제공격하려 했으나 10월 말에 앨런비가 선수를 치는 바람에 터키군 최전방 저지선이 무너지고 말았다. 당시 일디림 산하 부대들은 여전히 시리아 전역에 흩어진 상태였기 때문에 영국군은 팔레스타인 남부를 대부분 차지하고 예루살렘 외곽으로 진격할 채비를 갖출 수 있었다. 제말은 이 모든 과정의 책임 바깥에 있었다.

그러나 제말도, 시리아의 터키군도 아직 완전히 끝난 것은 아니었다. 지난 수 세기 동안 오스만 제국이 완전히 망한 것처럼 보였던 순간마다 불현듯 구원의 손길이 나타나곤 했던 것처럼, 그토록 암울한 순간에도 판세를 완전히 뒤집을 만한 충격적인 반전이 일어났다.

11월 7일, 터키군이 가자에서 퇴각하기 시작한 바로 그날 러시아의 블라디미르 레닌과 볼셰비키 동지들은 알렉산드르 케렌스키 정권을 타도했다.[20] 그리고 바로 다음 날, 볼셰비키들은 모든 전선에서 즉각 물러나겠다는 평화 포고령을 발표했다. 전장에 있던 러시아 전군은 일방적으로 총을 버리고 퇴각했다. 터키는 지난 2세기에 걸친 앙숙 러시아가 떨어져 나가는 모습을 이렇게 지켜봐야 했다. 총부리를 겨누던 적국 세 나라 가운데 하나가 갑자기 사라지자 전선에는 적막한 분위기가 감돌았다.

하지만 이보다 더 놀라운 소식이 잇따랐다. 무너진 옛 정권의 서류를 샅샅이 뒤지던 볼셰비키들이 비밀 상태에 있는 사이크스-피코 협정의 사본을 발견한 것이다. 그들은 지난 3년 동안 인류 역사상 전례가 없는 대학살이 벌어진 것은 제국주의의 권력 강화 때문이라는 자신들의 주장을 명확히 증명하는 문건이라고 판단, 11월 중순 이 협정문을 만천하에 공표했다. 물론 이 협정문은, 영국과 프랑스가 아랍의 독립을 지원하겠다는 말은 아랍 땅을 식민지로 만들겠다는 책략이라는 제말 파샤의 오랜 의혹을 증명해주는 내용이기도 했다. 그는 베이루트 연설에서 전체 아랍인과 무슬림 세계를 향해 그 점을 다시 한번 강조했다.

"사이크스-피코 협정은 아랍 반란을 영국의 계획에 기여하도록 만드는 도구였습니다. 영국은 자국의 이익을 챙기는 데 유리한 수단과 끄나풀이 필요한 나머지 거짓 약속 및 그릇된 희망으로 일부 아랍인을 속이고 부추겨서 반란을 일으킨 것입니다."[21]

그는 후세인 왕이 무슬림 동포들을 등진 이유가 대체 무엇인지 내내 의아했는데 이제 모든 것이 밝혀졌다며 청중을 향해 열변을 토했다.

"결국 불운한 셰리프 후세인은 영국이 파놓은 함정에 빠지고 말았습니다. 그들의 감언이설에 속아 이슬람의 통일성과 존엄성을 향해 공격을 퍼부은 것입니다."

제말은 서구의 제국주의적 야욕이 이제야 만천하에 공개되었지만 후세인이 잘못을 뉘우치고 부정한 동맹관계를 단절한다면 아직은 제지할 시간이 있다고 보았다. 드디어 적의 비열한 민낯이 드러난 만큼 아랍인이 똘똘 뭉치면 그들을 물리칠 수 있으리라 생각한 것이다. 제말은 다음과 같은 맹세로 연설을 마무리했다.

"나는 콘스탄티노플로 갈 것입니다. 그러나 곧 돌아올 것입니다. 이 도시의 지도자들에게 고합니다. 헛소문에 귀를 기울이지 마십시오. 머지않아 우리의 목표를 이루고 전쟁을 끝마칠 때까지 조금만 더 참아주십시오."[22]

제말의 베이루트 연설은 사이크스-피코 협정 폭로 소식과 함께 다음 날 시리아와 터키 전역의 신문 1면을 장식했다.

제말의 뒤끝은 연설로 그치지 않았다. 베이루트 연설 직전, 그는 아카바에 있는 파이살 이븐 후세인과 반란군 사령관에게 밀사를 보내 편지를 전했다. 이 편지에서 그는 진정한 독립 정부를 건설하여 '이슬람의 위엄과 영광'을 지켜낼 수 있다면 아랍 반란은 정당하다고, 짐짓 관대하게 인정하면서 다음과 같이 주장했다.

"그러나 연합국 정부들이 거리낌 없이 선언한 것처럼, 여러 나라가 팔레스타인을 공동으로 차지하고 영국이 이라크를 비롯한 메소포타미아를 몽땅 삼킨 다음에 (…) 무슨 수로 독립을 이룰 수 있단 말이오? 그런 나라가 어떻게 독립성과 위엄을 갖추고 이슬람의 운명을 개척해나간단 말이오? 아마 처음에는 당신도 이런 결과를 예상하지 못했을 것이오. 영국이 팔레스타인을 먹어치우는 모습을 보면서 이 모든 진실을 확실히 깨닫길 바라겠소."

제말은 자신이 편지를 보낸 이유는 단지 질책하려는 게 아니라면서, 다음과 같이 글을 맺었다.

"당신이 이 같은 진실을 인정한다면, 아랍 반란에 대해 사면을 발표하고 이슬람의 미래라는 견지에서 문제를 해결하기 위한 협상을 재개하는 것쯤이야 아무 문제도 아닐 것이오."[23]

제말은 편지의 수신인을 선택하는 데 매우 전략적이었다. 다마스쿠스에서 파이살과 어울리는 동안 그가 후세인의 네 아들 가운데 가장 열정적이면서 현대적인 인물이라는 사실을 확인했다. 제말은 단어 하나까지도 심혈을 기울여 선택했고, 특히 "이슬람"과 "독립"이라는 두 단어를 집중적으로 활용했다. 그 결과, 이 편지는 파이살의 마음에 의심을 심는 데 성공했다.

1899년 카이저 빌헬름은 예루살렘을 국빈 방문할 때 그 도시의 고대 성벽에 특별 출입구를 새로 뚫게 했다. 이 독일 황제는 훈장으로 뒤덮인 제복 차림으로 시커먼 종마를 타고 마치 정복에 나선 십자군 사령관처럼 이 통로를 지나 전 세계 유대인과 기독교인과 무슬림이 신성하게 여기는 예루살렘 성안으로 들어섰다.

이는 대중 선전이라는 관점에서 독일인들을 수치스럽게 만들었다. 반면 1917년 12월 예루살렘에 입성하는 영국군은 승리의 기쁨을 최대한 자제하려고 노력했다. 제1차 세계대전 당시 영국의 정치적 무대감독이나 다름없는 마크 사이크스가 멀리서 조언을 보내온 그대로, 앨런비 장군은 예루살렘의 기존 성문 가운데 하나를 걸어서 통과했고 영국 국기도 꺼내지 않았다. 사이크스는 연합군이 예루살렘을 점령했으니 선전전에서도 대승을 거두어야 하는 만큼 영국 또는 기독교의 승리라는 인상을 살짝이라도 내비친다면 모든 것이 수포로 돌아갈 거라고 경고했다.

12월 11일 아침에 예루살렘 성안으로 발을 디디는 그 역사적인 순간에 T. E. 로렌스가 동참한 것은 우연한 결과였다. 데라에서 정신적인 시련을 겪은 뒤 아카바로 돌아온 로렌스는 팔레스타인 남부에 위치한 앨런비의 야전 지휘 본부로부터 호출을 받았다. 그는 야르무크 작전 실패로 질책을 받거나 계급 강등까지 당할 수 있다는 각오로 달려갔다. 하지만 앨런비 장군은 전투에서 연전연승하는 부하들이 대견스러워 야르무크 사건은 잊은 지 오래였다. 터키군과 독일군이 예루살렘에서 퇴각한다는 정보가 들어온 12월 9일에도 로렌스는 총사령관 지휘 본부에 머물고 있었다. 낡은 아랍 옷을 벗고 군복과 계급장을 빌려 입은 그는 클레이턴 장군의 참모 자격으로 예루살렘 입성 기념 행진에 참가했다. 로렌스에게 기독교인으로서의 믿음 따윈 남아 있지 않았으나 벅찬 감동을 느끼지 않을 수 없었다. 유럽의 군대가 600여 년 만에 처음으로 서구의 종교적 고향을 밟은 날이자, 다시는 중동이 예전과 같은 시절로 돌아갈 수 없게 된 날이었기 때문이다. 그는 "이때가 나에게는 전쟁이 터진 뒤로 최고의 순간이었다"라고 썼다.[24]

로렌스가 벅찬 감동을 느낀 데는 분명 여러 요소가 있을 것이다. 그는 데라에서 곤욕을 치르고 병색이 완연한 얼굴로 다리를 절면서 아카바로 돌아온 11월 말에야 앨런비의 군대가 팔레스타인에서 커다란 승리를 거두었음을 알게 되었다. 밸푸어 선언과 볼셰비키 혁명 소식을 처음 접한 것도, 자신의 오랜 적수 에두아르 브레몽이 이제는 제발 신임을 잃었으면 좋겠다고 생각한 것도 이때였다.

영국 고위 관료들은 지난봄부터 브레몽의 날개를 꺾으려고 호시탐탐 기회를 엿보고 있었다. 브레몽에 대한 반감이야말로 로렌스와 마크 사이크스가 공감하는 극소수의 공통점 중 하나였다. 사이크스는 지난 5월 외무성에 다음과 같은 견해를 밝혔다.

"나는 프랑스군이 헤자즈에서 빨리 떠날수록 좋다고 확신합니다. 프랑스군 장교들은 열이면 열 모두가 반아랍적입니다. 알력과 술책만 조장할 뿐입니다."[25]

사이크스는 프랑스군 책임자가 그와 같은 적대적 분위기를 조장한다면서 "브레몽 대령이야말로 그릇된 시각과 정책을 열심히 실천하는 사람"이라고 했다.

하지만 사이크스의 강력한 비난은 도리어 브레몽 대령의 중동 체류 기간을 연장시켰다. 영국이 브레몽을 탐탁지 않게 여긴다는 소식을 접한 파리는 일부러 모른 체한다는 인상을 주지 않기 위해 그러잖아도 브레몽이 제다에서 수행할 임무를 대폭 축소하려던 참이었다고 알려왔다.[26] 프랑스는 그런 제스처를 보임으로써 체면을 구기지 않고 '적당한 시간'을 벌겠다는 속셈이었고, 그 후로 6개월 동안 아무런 조치도 내놓지 않았다. 그동안 영국 관료들은 한 편의 코미디를 완성하기 위해 자기들에게 주어진 배역을 수행했다. 오랫동안 걸림돌이었던 인물에게 어떤 방식으로 존경을 표할지 토론한 결과, 그들은 최종적으로 성 미카엘과 성 조지 훈작사Most Distinguished Order of St. Michael and St. George 작위를 수여하기로 결정했다. 이로써 레지널드 윈게이트는 "그의 지휘 아래 프랑스 파견대가 최근 헤자즈에서 수행한 고귀한 업무와 노고를 기념하고 치하하기 위해" 브레몽에게도 서훈이 돌아가도록 했다.[27]

그러나 에두아르 브레몽이 영국군 최고 훈장 가운데 하나를 받았다는 이유로 그가 프랑스인이라는 사실이 바뀔 리는 없었다. 자리에서 물러난 브레몽 대령이 (형식적이나마 품위를 유지하기 위해 공식적으로는 6주간 휴가를 떠나는 길이었지만) 배를 타고 귀국하는 사이, 윈게이트는 외무성 고위 관료에게 다음과 같은 전보를 보냈다.

"브레몽이 어떤 사람인지 잘 아실 것입니다. 이번에 그가 떠난 것은 아무래도 정치적인 목적 때문인 듯합니다. 사이크스-피코 협정에 대한 파리의 반대 의견을 억누르기 위해서가 아닐까 싶습니다. 사이크스에게 알려야 합니다."[28]

브레몽이 떠났다고 해서 중동에 대한 프랑스의 계략도 종지부를 찍었다고 생각한다면 오산이었다. 오히려 정반대였다. 앨런비가 팔레스타인 점령에 성공하면서, 나중에 중동을 나누어 먹기로 약속했던 연합국의 계획이 갑자기 현실로 다가왔기 때문이다. 게다가 자기 몫으로 떨어질 것이 무엇인지 워낙 명백한 게임이었기에 정치적 음모 역시 훨씬 더 밀도 있게 작동하기 시작했다.

로렌스가 그런 낌새를 눈치 챈 것은 12월 11일 예루살렘 입성 행사 직후에 영국군 고위 참모들이 점심을 먹으러 연회장에 모였을 때였다. 앨런비 군대에 프랑스의 공식 대표로 참가한 조르주 피코는 기념행사가 치러지는 내내 주빈 자리를 즐기고 있었다. 자신이 2년 전에 마크 사이크스와 함께 도출한 예루살렘 공동 정부 수립 계획이 여전히 유효하다고 믿어 의심치 않는 얼굴이었다. 피코는 연회장에서 앨런비 장군에게 다가가 당당한 얼굴로 이렇게 말했다.

"그러면, 장군님, 저는 내일부터 이 도시에서 민간 정부를 수립하는 데 필요한 절차를 밟도록 하겠습니다."

로렌스의 설명에 따르면, 피코가 이 말을 내뱉은 순간 연회장은 찬물을 끼얹은 듯 조용해졌다.

"샐러드, 치킨 마요네즈, 푸아그라 샌드위치를 열심히 씹고 있던 우리는 그대로 얼어붙어버렸다. 그리고 입을 벌린 채 앨런비를 향해 고개를 돌렸다. 장군 역시 일순간 당황한 표정이었다."29

하지만 놀람의 정적은 잠시뿐이었다. 앨런비는 프랑스 정치인을 쳐다보면서 예루살렘이 영국군 수중에 떨어졌으니 모든 권한은 총사령관인 자신에게 있다고 설명했다.

앞으로 군사적 상황에 변화가 생겨서 프랑스가 압박의 강도를 높인다고 해도 이는 영국이 당면한 정치적 문제들 가운데 극히 일부에 불과한 것이었다. 예루살렘 기념행사 직후 카이로에 돌아간 로렌스는 그 문제들을 두 눈으로 똑똑히 확인할 수 있었다. 카이로는 분노의 불길에 휩싸여 있었다.

마크 사이크스는 팔레스타인에 유대인 인구가 늘어나도 아랍인들은 개의치 않을 것이라고 했던 과거의 견해를 재고하면서 밸푸어 선언 소식이 아랍세계 전체에 퍼지지 않도록 부지런히 단속해야 했다. 그러나 그해 11월 이집트 사회에 밸푸어 선언 소식이 퍼졌고, 대중의 실망은 곧장 분노로 바뀌었다. 사이크스의 노력은 전혀 성과를 거두지 못했다. 영국 당국이 성난 민심을 달래려고 노력했지만 엎친 데 덮친 격으로 제말 파샤가 베이루트 연설에서 사이크스-피코 협정의 구체적인 내용을 만천하에 공개하고 말았다. 아랍인들의 시선은 급속히 싸늘해졌고 앨런비가 팔레스타인에서 거둔 승리의 영광도 빛이 바래고 말았다. 이로써 아랍세계를 자기편으로 삼으려는 영국의 오랜 노력이 두 차례 연속으로 큰 타격을 입었다.

로렌스는 카이로 상황을 지켜보면서 미래가 어둡다고 판단했다. 비교적 차분한 편이며 경찰을 두려워하는 이집트 사람들조차 밸푸어 선언과 사이크스-피코 협정 소식에 궐기할 태세인데 아카바에 집결한 반란군과 시리아 전역의 동맹 부족들에게는 얼마나 큰 타격을 주겠는가. 로렌스는 9개월 전 파이살에게 사이크스-피코 협정을 알려주었던 것이 천만다행이라고 생각했다.(파이살이 이제야 협정 사실과 밸푸어 선언을 알게 되었다면, 그는 로렌스는 고사하고 그 어떤 영국인도 믿지 않았을 것이다.) 그러나 아랍의 지도자와 운명을 함께하겠다고 아카바를 찾았던 아랍인들로서는 분노하지 않을 리가 없었다. 그들이 아무리 파이살과 아랍의 독립에 헌신적인 사람들이라 해도 반란을 이끈 하심 가문 지도자들이 자의든 타의든 영국과 프랑스라는 돈줄에게 넘어갈 것이라는 우려를 지워내지는 못할 터였다. 물론 콘스탄티노플이 줄곧 비난하는 부분이나 제말 파샤가 베이루트 연설에서 사람들의 불만을 증폭시킨 부분도 바로 이것이었다.

카이로에 도착한 로렌스는 파이살이 사면초가에 처했다는 것과 제말이 파이살에게 잠재적인 비상 탈출구를 제시했다는 사실을 파악했다.

11월 말, 파이살은 제말이 평화의 가능성을 타진하기 위해 보낸 편지의 사본 한 부를 아버지에게 전달했다. 이어서 12월 중순에 후세인은 이 편지를 제다에 있는 시릴 윌슨에게 보냈다. 자신은 지금도 영국을 완전히 신뢰한다고 말하고 싶어서, 아니면 양다리를 걸친 영국을 향해 자신에게는 여러 선택권이 있음을 경고하기 위해서였을 것이다. 또는 제말이 베이루트 연설에서 이미 아랍 반란군 쪽에 평화를 제안했기 때문에 영국도 조만간 알게 될 것으로 판단한 결과였는지도 모른다.

동기가 무엇이건 간에 후세인이 제말의 편지를 공개함으로써 카이로의 영국 당국은 비상이 걸렸다. 불과 며칠 전, 클레이턴은 사이크스-피코 협정과 밸푸어 선언 소식이 아랍세계에 확산되고 있으니 터키가 대안을 가지고 반란군 쪽에 접근하는 것은 시간문제라고 사이크스에게 경고한 바 있었다.[30] 이 경고가 드디어 제말의 편지라는 현실로 영국인들 앞에 나타난 것이다. 이번에는 다행히도 파이살과 후세인이 터키의 제안에 대해 답변을 내지 않았지만(그랬다고 영국 쪽에 알렸지만) 다시 또 터키가 새로운 제안을 한다면 상황이 어떻게 전개될지 걱정스러웠다.

그런데 로렌스의 시각은 달랐다. 그는 제말 파샤의 편지에서 아랍의 독립이 가능할 수도 있다는 희망을 엿보았다.

지난 10월 조지 로이드에게 고백했듯이, 로렌스는 더 이상 대영제국을 위해 싸우는 사람이 아니라 아랍의 독립을 위해 싸우는 사람이었다. 한편 카이로 주재 영국군 및 정치계 최상층에서는 지난 몇 달 동안 영국 대표단과 터키 대표단이 스위스에서 만나 평화 협상을 벌이는 중이라는 사실을 파악하고 있었다. 대영제국이 비밀리에 적국과 협상하는 데 아무런 가책을 느끼지 않는다면, 아랍인들이라고 해서 달라야 할 이유가 있을까? 오히려 아랍인들은 터키 카드를 활용함으로써, 즉 그들로부터 특정 해결 조건을 얻어냄으로써 영국과 프랑스로부터 한층 더 구체적인 양보를 쥐어짤 수도 있었다. 따라서 아랍인들이 이 카드를 노련하게 활용한다면 전쟁에서 어느 편이 이겨도 궁극적으로 아랍은 독립을 쟁취할 수 있다는 게 로렌스의 판단이었다.

로렌스는 이런 속내를 카이로의 상관들에게 내비치지 않았다. 다만 터키가 아랍에 제안할 내용 가운데 영국과 관련된 것이 무엇인지 파악한다면 영국이 선제 대응하는 데 도움이 될 것이라고 말했다. 뜻밖에도 레지널드 윈게이트가 로렌스의 의견에 눈을 반짝였다. 그러고는 전쟁 내각에 전보를 쳤다.

"저는 후세인 왕에게 터키 쪽에 공식적인 응답을 보내지 말라고 권했습니다. 그러나 로렌스 소령은 자신이 제말과 직접 협상하여 새로운 터키 정책을 수립해보겠다고 파이살에게 제안할 생각인 것 같습니다."[31]

전쟁 내각은 즉각 실행을 중단하라고 명령했다.[32] 그러나 때는 이미 늦었다. 로렌스는 윈게이트가 전쟁 내각에 전보를 친 그날 크리스마스이브에 카이로를 떠났고, 전쟁 내각이 잠시 고민하는 사이에 로렌스는 이미 아카바로 돌아와 파이살을 만나고 있었다. 과거 중대한 시점에 몇 차례 그랬듯이, 이번에도 로렌스는 명령을 뒤늦게 확인했다는 핑계를 대면서 자기 방식대로 밀어붙였다. 그 방식이란 파이살이 터키 쪽과 대화에 나서도록 부추기는 것이었다. 그 뒤로 몇 달 동안 파이살과 로렌스는 시리아 남부전선을 지키는 터키군 사령관을 만나 대화의 자리를 이어갔다.[33]

『일곱 기둥』의 내용을 보면, 당시 터키 정권은 제말 파샤 같은 이슬람교도들과 협상 파트너인 민족주의자 사령관들 사이에 갈등이 심한 상태였기에 파이살이 그 사이에 쐐기를 박아넣을 수 있었다고 주장하는 등 적과의 거래를 합리화하려는 흔적이 엿보인다.

"우리는 매우 조심스러운 설득을 통해서 아랍 반란에 대한 그들의 증오심을 제말의 무슬림 일파로 돌릴 수 있었다. 아마도 그때부터 군국주의자와 무슬림들 사이가 틀어졌을 것이다."[34]

로렌스의 합리화에 따르면, 두 파벌 사이의 갈등은 결과적으로는 아랍인들과 터키 민족주의자들에게 보탬이 되는 것이었다. 전자는 독립을 획득하는 데 도움이 되었고, 후자는 고향인 아나톨리아를 지키는 데 집중할 수 있었기 때문이다.

이런 정도로는 합리화할 근거가 부족하다고 느꼈는지 로렌스는 당시 상황에서 자신의 역할을 부각시키지 않으려 애썼다. 이에 따라 1922년에 이른바 '옥스퍼드판' 『일곱 기둥』을 출간할 무렵에는 "파이살은 전적으로 내 도움에 의지해서 모종의 목적이 담긴 답장을 제말에게 보냈다"고 적혀 있던 문장이 1926년판에는 "파이살은 자기 방식에 따라 행동했다"로 바뀌었다.[35]

그로부터 3년 뒤, 로렌스는 자신과 파이살의 행동을 해명하는 훨씬 더 간단한 논리를 제시했다. 당시 협상에 관해 자신에게 날아든 질문에 답하는 과정에서 나온 논리였는데, 질문자는 바로 윌리엄 예일이었다. 1929년 로렌스는 예일에게 이렇게 쏘아붙였다.

"사랑과 전쟁과 동맹에서는 수단과 방법을 안 가리는 거야. 이 샌님아!"[36]

아론 아론손은 미국에 머무르는 동안 입 다물고 있으라는 차임 바이츠만의 명령을 노골적으로 무시하는 정도로는 충분치 않다고 판단한 것 같다. 12월 13일에 장문의 보고서를 영국 시온주의 지도자에게 전송함으로써 자신이 재갈을 뜯어버렸다는 사실을 바이츠만에게 확실히 알렸기 때문이다.[37] 그는 워싱턴 관료들과 줄줄이 만났으며, 보스턴 시티클럽에서는 "그 도시의 저명한 유대인을 모두 초대한 자리"에서 연설도 했다고 보고서에 밝혔다. 그 후에는 신시내티로 가서 보수적이고 반시온주의 경향이 확고한 히브리유니언대학에서 간담회를 치렀다고 했다. 그곳은 바이츠만이라면 분명 기피했을 만한 반대파의 터전이었으나 아론 손은 따뜻한 대접을 받았다고 주장했다.

"간단하게 말하려고 했고, 발언 시간은 40분 정도였습니다. 하지만 그사이에 청중의 적개심은 눈 녹듯이 사라졌습니다."

아론손이 미국에서 환대를 받은 데는 12월 9일 영국군의 예루살렘 입성 소식도 한몫했을 것이다. 전쟁이 터진 이래 미국 사람들(그들이 유대인이건 기독교인이건 간에)을 그토록 놀라게 한 사건은 거의 없었다. 그 충격은 곧바로 성지에 대한 향후 처리 방안을 두고 전국적인 논쟁으로 이어졌다. 논쟁이 가장 뜨거운 곳은 당연히 유대인 사회였다. 당초 밸푸어 선언을 수용해야 할지 망설이던 미국 시온주의자들은 대번에 생각을 바꾸었다.

하지만 차임 바이츠만을 비롯한 영국 시온주의자들이 가장 중요한 설득 대상으로 여겨온 연방대법원 판사 루이스 브랜다이스의 마음을 사로잡는 데는 별 성과를 거두지 못했다. 아론손은 워싱턴에서 브랜다이스를 몇 차례 만났지만, 미국 대표단이 조만간 팔레스타인에 구성될 시온주의위원회에 합류하는 방안에 대해 브랜다이스는 조심스러운 태도로 일관했다. 합류하기로 결정한다면 영국의 팔레스타인 정책을 미국이 공식 지지하는 모양새가 된다는 점을 브랜다이스는 지적했다. 물론 그것이 영국이 노리는 바였다.

영국 시온주의자들이 이루기를 바랐던 훨씬 더 민감한 두 번째 목적, 즉 미국이 터키에 대해 선전포고를 해야 한다는 주장은 바이츠만이 1월 중순 브랜다이스에게 보낸 편지에 고스란히 담겨 있다.

"미국-영국-유대의 이해관계가 서로 완벽하게 일치할 뿐만 아니라 프러시아-터키의 이해관계와 정확히 대척점을 이룬다는 것은 아주 분명한 사실입니다. (…) 제가 유대인의 팔레스타인 또한 (독일이 점령한) 알

자스로렌 및 독립 폴란드와 마찬가지로 미국의 전쟁 목표가 되어야 한다고 생각하는 이유가 여기에 있습니다."[38]

이에 대해 브랜다이스는 익히 알고 있었던 것이 분명하다. 앞서 1917년 4월, 아론손이 유대인의 조국 건설 계획에 대한 우드로 윌슨의 지지를 얻어낼 수 있도록 도와달라고 부탁했을 때 브랜다이스는 자신의 양심이 허락하는 범위 내에서 최선을 다했다. 그런데 이제는 밸푸어 선언에서 모호하게 언급한 "유대인 민족의 고향"을 바이츠만은 "유대인의 팔레스타인"으로 지칭하면서 미국의 전쟁 범위를 극적으로 확대하도록 대통령에게 압박할 것을 요구하고 있었다. 마침내 브랜다이스는 바이츠만에게 짤막한 전보를 보내 미국의 시온주의위원회의 참여가 "지금은 불가능하다"고 선을 그었다.[39] 세계에서 가장 유명한 시온주의 지도자 두 사람이 영원히 갈라서는 순간이었다.

1918년 1월 20일 아침, 로렌스는 산등성이에 낙타를 세우고 아래쪽 협곡에 웅크린 음침한 도시 타필레를 가만히 살폈다. 유난히 내키지 않는 곳이었다. 조만간 겪을 일이지만, 16개월이 넘게 아라비아 전장을 누비는 동안 한 번도 경험하지 못한 상황이 이곳에서 벌어졌다.

닷새 전, 베두인 전사들의 혼합 부대와 아카바에서 군사 훈련을 받은 500명의 아랍 부대Arab Legion는 시리아 남부 협곡에 자리 잡은 타필레로 쳐들어가 얼마 안 되는 터키군 수비대를 쫓아냈다. 북쪽에는 아랍군의 다음 표적이자 더 큰 도시인 케라크와 마데바가 있었다. 로렌스는 두 도시에 대한 작전을 지원하고, 이어서 사해 북쪽으로 진격하기 위해 합류한 상황이었다. 계획대로 이루어진다면 팔레스타인의 고도古都 예리코와 가까운 바로 그곳에서 예루살렘의 앨런비 군대로 이어지는 육상 직통로를 확보할 수 있었다.

그러나 역사상 게릴라 전술이 늘 그렇듯이, 치고 빠지는 습격 작전에 성공하는 것과 인구 밀집 지역을 장악해서 자기편으로 만드는 것은 완전히 차원이 다른 문제다. 오늘날 전문가들은 게릴라전에 대해 '감성과 지성'이 필요한 일이라고 표현하지만, 정작 로렌스가 맞닥뜨린 상황에서는 감성과 지성을 찾아볼 수 없었다. 게릴라 전투가 벌어지는 곳에서 오도 가도 못하는 처지에 몰린 주민들은 목숨을 부지하는 것 외에는 아무 관심이 없었기 때문이다. 즉 그들에게는 죽음을 모면할 가능성이 높은 편이 자기편이었다. 이쪽을 편들다가도 더 이상 의지할 수 없게 되면 즉시 저쪽 편에 협력할 수 있는 사람들이었다. 이처럼 극단적인 싸움판에서 민족이나 이념 따위는 아무 짝에도 쓸모없는 개념이었다. '협력'이란 안전을 보장하거나 협박을 가할 때, 또는 두 가지를 한꺼번에 들이밀 때 확보할 수 있는 법이다.

로렌스는 타필레 거리 곳곳에서 '감성과 지성'이라는 오류의 완벽한 축소판을 확인했다. 어느 누구한테서도 터키의 압제로부터 해방되어 하나 된 아랍국을 세우게 되었다는 기쁨은 엿볼 수 없었다. 도리어 타필레의 상인이나 소농, 양치기들은 진퇴양난의 위험에 빠졌다고 여겼다. 약탈 중인 베두인 전사들은 여전히 낙타를 타고 몰려다니는 강도 떼와 다를 바 없었기 때문에 공포와 증오의 시선을 거두지 않았다. 규율이 잡힌 아랍 부대의 경우 지금 당장은 덜 무서운 대상이긴 하지만 머지않아 얼마 안 되는 자기들의 식량을 먹어치울 게 분명한 집단일 뿐이었다. 그래서 저장할 수 있는 모든 것을 부랴부랴 숨기기 시작했다. 그들은 또한 나중에 터키군이 도시를 탈환한다면 어떤 일이 벌어질지, 보복을 당하면 어쩌나 하는 집단적 공포를 안고 있었다. 어느 편에 의탁해야 안전을 보장받을 수 있을지 의견이 분분한 것은 어쩌면 지극히 당연한 현상이었다. 1월 22일, 로렌스는 길버트 클레이턴에게 다음과 같이 보고했다.

"이곳 상황은 조금 해괴합니다. 주민들은 두 패로 갈려서 치열하게 싸우고 있습니다. 그 결과 상대편을 두려워하면서 우리도 두려워합니다. 도시 전체에 팽팽한 긴장감이 감도는 가운데 매일 밤 거리 곳곳에서 총성이 울리고 있습니다. 저희는 험악한 분위기를 조금이라도 진정시키기 위해 치안대를 만드는 등 최선을 다하고 있습니다. 도시가 안정을 찾으면 보급품을 확보하는 것도 어렵지 않으리라 기대하고 있습니다."[40]

그러나 로렌스의 기대와 달리 주민들은 여전히 식량을 숨기고 있었고, 그로 인해 도시 전체가 식량 부족과 물가 폭등에 시달리게 되었다. 이는 주민들의 분노에 기름을 붓는 결과로 이어졌고, 반란군 전사들 사이에서도 불만이 터져나오기 시작했다. 로렌스는 1월 22일 보고에서 다음과 같이 결론을 내렸다.

"이곳에서 필요로 하는 보급품의 수량을 제때 알려드리지 못해 죄송합니다. 이곳에 도착한 뒤로 누가 우리 편인지, 그들이 어떤 사람들인지 파악하느라 분주했습니다. 의견 대립, 세력 간 알력, 이해관계의 충돌이 워낙 극심하다보니(도시 전체가 수년간 학수고대하던 무정부 상태가 마침내 찾아온 셈입니다) 단시간에 혼란을 잠재우기란 거의 불가능한 실정입니다."

상황은 더 악화될 전망이었다. 클레이턴에게 보고한 다음 날, 로렌스는 상당한 규모의 터키군이 타필레를 탈환하기 위해 접근 중이라는 소식을 받았다.

로렌스는 아라비아로 돌아와 타필레에 도착하기 전까지 예루살렘과 카이로를 오가며 아랍 반란의 상황을 살피고 아카바의 파이살과 향후 작전을 세우느라 꼬박 한 달을 보냈다. 아라비아로 돌아온 그는 곧바로 헤자즈 철도 습격 작전에 가담했는데, 이때 아라비아 전장에 등장한 영국군의 최신 무기인 롤스로이스 장갑차에 탑승할 수 있었다. 당시 두 대의 장갑차가 출동하여 터키군의 전초 기지를 공격한 성과는 그리 크다고 할 수 없었다. 그러나 이 신무기가 사막 전쟁의 역사를 근본적으로 바꾸었음을 모두가 절감하기까지는 오랜 시간이 걸리지 않았다. 이제 영국군은 최소한의 병력과 물자로 헤자즈 철도를 철저히 장악하면서 고립된 지역의 터키군 수비대와 보급 열차를 언제든 공격할 수 있었다. 그 결과 로렌스가 거의 1년 동안 관철하려 한 주장을 마침내 영국군 수뇌부가 받아들여 메디나 정복을 중단하기로 최종 결정했다. 고립무원에 처한 오스만 병사 수천 명이 그 자리를 계속 지키도록 내버려두는 것이 훨씬 낫다는 결론에 이른 것이다.

개인 신상에도 변화가 있었다. 로렌스는 데라에서 시련을 겪은 직후부터 전담 경호부대를 운용하기 시작했다.

"나는 부대 내에서 병사들을 골라 내 사람으로 만들기 시작했다. 그들은 주로 성미가 고약해서 어디를 가나 사고를 치는 무법자들이었다."[41]

'무법자'를 선택하기로 한 것은 영리하고도 의도적인 결정이었다. 부족 내에서 사고뭉치였거나 심지어 완전히 따돌림을 받는 사람이라면 로렌스에게 절대적으로 충성할 수밖에 없기 때문이었다. 영내에서 이단아로 낙인찍혔던 파라즈와 다훔을 측근으로 받아들인 것도 같은 이유에서였다. 하지만 경호부대는 개인적 충성심으로 뭉친 탓에 끔찍한 대가를 치러야 했다. 로렌스가 추정하기로, 전쟁이 끝날 때까지 무려 60명 가까운 대원들이 숨졌다.

로렌스는 타필레에서 진행 중인 작전에 합류하기 위해 1월 10일 길을 나설 때에도 경호부대를 대동했다. 예루살렘의 앨런비 사령관 참모들은 다음 공격이 예정된 2월 중순까지 팔레스타인의 영국 군대가 충분한 휴식과 보급을 받지 못할 것을 우려하고 있었다. 로렌스와 작전 담당자들은 지연될 일정을 고려해서 아랍 반란군에게 맡길 수 있는 시의 적절한 임시 작전을 짜냈다. 시리아 내륙의 인구 밀집지역은 여전히 터키군이 장악한 곳인 데다 팔레스타인의 영국군이 도달하기에는 너무 멀기 때문에 건드리지 않기로 하되, 사해 동쪽 모아브 고원의 걸림돌이 될 만한 세력을 제거하고 예루살렘의 영국군과 곧바로 연계할 수 있는 직통로를 확보한다는 발상이었다. 타필레를 우선 점령하고 이어서 케라크와 마데바로 진격하는 작전은 이런 맥락에서 도출된 것이었다. 그러나 터키군이 타필레로 진격한다는 소식이 전해지자 이 모든 계획을 재검토하지 않을 수 없었다.

게릴라전의 원칙을 그대로 따른다면 아랍군은 짐을 꾸려 자취를 감추어야 했다. 로렌스는 게릴라전의 모범생이었지만, 이제는 전투 방식을 바꾸어야 한다고 판단했다. 타필레 주민들처럼 케라크와 마데바 주민들 역시 방관자의 태도로 일관하면서 승자 편에 달라붙을 기회만 노릴 것이 분명했다. 세 도시의 운명은 이렇게 서로 밀접하게 연결되어 있었다. 다시 말해 타필레를 포기한다면 케라크와 마데바 역시 포기해야 한다는 뜻이었다. 아랍군으로서는 터키군과 맞서 싸우는 것 말고는 다른 방법이 없었다.

전투는 몹시 불안하게 시작되었다. 1월 24일 오후, 케라크에서 출발한 1000명 규모의 터키군 선봉 부대가 와디헤사를 따라 내려와 타필레 협곡으로 진입했다. 터키군은 반란군의 허술한 전초선을 도시 가까운 외곽으로 몰아붙이는 데 성공했으나, 터키군이 유리한 고지에 올라서기 전에 해가 저물었다. 반란군에게는 다행스러운 일이었다. 아랍 부대 사령관은 어둠을 방패 삼아 전 병력을 신속히 협곡 남쪽 끄트머리로 후퇴시켰다. 로렌스는 당시 상황을 클레이턴에게 이렇게 보고했다.

"모두들 우리가 달아난다고 생각했습니다. 저 역시 마찬가지였습니다."[42]

동이 트기 전에 도시로 잠입한 로렌스는 아랍 부대의 철수로 주민들이 어떠한 상황에 빠져 있는지를 직접 관찰했다.

"모두가 겁에 질려 비명을 지르고 있었습니다. 주민들은 너 나 할 것 없이 집 안에 있던 물건을 모조리 길바닥에 내놓고 보따리를 싸기 시작했습니다. 아랍 병사들은 말을 타고 길길이 날뛰면서 허공에 대고 마구 총질을 해댔습니다. 저 멀리 타필레 협곡의 절벽 위에서는 터키군 총구에서 내뿜는 섬광이 번쩍거렸습니다."

얼마 안 되는 아랍군이 도시 북쪽 절벽에서 여전히 저지선을 지탱하는 가운데, 로렌스는 아랍 부대 지휘관에게 병력과 기관총 지원을 명령해놓은 뒤 자신도 절벽으로 달려갔다. 날이 밝으면서 그곳을 지키던 극소수 병력은 "차츰 어려운" 상황을 맞고 있었다. 로렌스는 이렇게 보고했다.

"터키군은 도시의 동쪽 경계를 이루는 능선을 돌파하려 들었습니다. 그들은 우리가 버티고 있는 높직한 언덕으로 기관총 15정 안팎의 화력을 집중시켰습니다. 언덕 위쪽을 스치듯 넘어가 도시 상공에서 터지던 유산탄도 어느 틈에 격발 장치를 손보았는지 이제는 언덕의 측면과 꼭대기를 자유자재로 공격하기 시작했습니다. 반면 아군은 탄약이 부족했습니다. 적군에게 언덕을 내주고 달아날 시점이 임박한 듯했습니다."

그러나 언덕에서 터키군의 공격을 견디던 그 시간이 결정적이었다. 이들이 언덕에서 퇴각할 무렵 기관총과 산포를 가져온 반란군 주력 부대가 2.4킬로미터 떨어진 산마루에 새로운 저지선을 구축했기 때문이다. 이 와중에 전투의 승패를 가르는, 사소해 보이지만 중대한 행동이 있었다. 언덕을 버리고 달아나던 로렌스는 그 거리가 얼마나 되는지 걸음으로 세어보기로 한 것이다. 그는 자신이 버리고 내려온 (그래서 터키군이 곧바로 점령한) 언덕부터 반란군이 새로 형성한 방어선까지 3킬로미터 정도라고 어림잡아 계산했다. 이어서 터키군 주력 부대가 중화기를 끌고 언덕으로 올라온 순간, 아랍군의 산포가 정확한 사정거리에서 포탄 공격을 퍼붓기 시작했다.

로렌스는 오래전에 공부한 전쟁의 역사를 참고하여 터키군을 협공하기로 했다. 소규모 기동 부대들이 터키군 양쪽으로 멀찍이 돌아가서 퇴로를 차단하는 작전이었다. 오후 3시 정각에 공격이 시작되었다. 언덕 위의 터키군은 양쪽에서 소나기처럼 퍼붓는 아랍군의 기관총 공격을 방어할 수 없었다. 기관총 사수와 포병들이 고꾸라지자 터키군 병사들은 대열에서 벗어나 와디헤사의 협곡으로 몸을 숨기려고 필사적으로 달아나기 시작했다. 이들은 각자 살아남기 위해 밤늦도록 사방으로 돌아다니다가 끝내는 반란군 기병이나 베두인 족에게 처단을 당했다. 심지어 산악 부족 주민들까지 이들을 상대로 복수하거나 약탈하는 데 뛰어들었다. 로렌스의 추산으로는 타필레로 진격한 터키군 1000명 가운데 500명이 죽거나 다치고 200명은 포로로 잡혔다. 이 수치는 전과를 너무 낮잡은 것으로, 뒤늦게 받은 보고에 따르면 케라크로 돌아간 터키 병사는 50명에 불과하고 나머지는 협곡에서 사살되었다. 반면 아랍군은 25명이 숨지고 70여 명이 부상을 입었다.[43]

타필레 전투는 전형적인 나폴레옹식 올가미 작전이었다. 로렌스에게는 곧바로 무공훈장이 내려졌다. 하지만 그는 무의미하고도 '악랄한' 행동이었다고 자책했다.

"우리는 전투를 벌이지 않고 속임수를 써서 승리할 수 있었다. 전후로 스무 차례 가까이 그런 사례가 있었다."

하지만 아랍군은 전통적인 방식으로 적군과 전투를 벌였고, 그 바람에 상대적으로 적은 수치이긴 하지만 병력의 6분의 1을 사상자로 잃었다. 그 결과 조만간 마데바나 케라크로 진격하는 것은 불가능하게 되었다.

"그날 밤, 나는 조금도 기쁘지 않았다. 과거에 우리를 자기 집으로 초대하곤 했던 전우들의 찢어진 살점만이 눈앞에 선할 뿐이었다."

타필레 전투에서 로렌스는 전과 달리 불안한 면모를 내비쳤다. 적에 대한 증오 그리고 감히 자신을 공격하는 어리석음에 대한 분노였다. 그는 '1000명에 이르는 불쌍한 터키군'의 운명을 안타깝게 여기면서도 한때 자신을 특징짓던 '공감 능력'은 드러나지 않았다. 실제로 그는 전투에서 승리를 거둔 뒤 협곡에서 터키군 병사들이 계속 학살되고 있다는 보고를 받았지만 아무런 조치를 내놓지 않았다. 당시 상황을 『일곱 기둥』에서는 이렇게 서술했다.

"나는 적군에게 안타까움을 느꼈어야 마땅했다. 그러나 격전을 치른 직후에 또다시 그 살벌한 현장으로 내려가 밤새도록 적군의 목숨을 구하기에는 몸과 마음이 너무 지쳐 있었다."

6개월 전의 전투, 즉 일방적이었던 아바엘리산 전투에서 로렌스는 치명적인 부상을 입은 적군을 물가에 두고 떠났다. 죽어가는 동안 물이라도 마시라는 배려였다. 그러나 타필레에서는 가벼운 부상을 입은 적군들조차 살을 에는 겨울밤 눈보라 속에 무방비 상태로 버려졌고, 다음 날 살아서 아침 햇살을 맞은 사람은 아무도 없었다.

"전쟁 이론을 아무리 뒤져봐도 변명의 여지가 없는 처사였다. 그렇다고 우리를 꾸짖는 사람도 없었다. 블리자드 속에서 목숨을 걸고 (…) 전우들의 생명을 구했기 때문이다. 수많은 터키군을 죽이기 위해 아랍군을 잃는 것도 우리 규범이 아니었지만, 터키군을 살리기 위해 아랍군을 잃는 것은 더더욱 아니었다."

17장
고독한 영웅

사기극일 수도 있고 광대극일 수도 있었다. [그러나] 나더러 그래선 안 된다고 말해준 사람은 아무도 없었다.
—T. E. 로렌스가 아랍 반란에서 자기 역할을 가리켜,
『지혜의 일곱 기둥』[1]

윌리엄 예일이 귀족 출신으로 보이지 않는 것은 집요한 성격과 모험심 때문이었다. 그가 1908년 비지땀이 줄줄 흐르는 파나마 운하 정글지대로 들어갔다가 곧이어 오클라호마 유전지대를 거쳐 오스만 제국의 후미진 구석까지 전전하게 된 것 역시 이러한 자질에 기인했다. 1917년 가을, 예일은 미국 국무부 특수 요원이라는 모호한 직함을 가지고 지중해 동쪽에서 연합군 작전의 중심지라고 할 수 있는 카이로에 발을 디뎠다. 새로운 임무는 그를 또 다른 정글, 즉 미래 중동의 권력을 쟁취하려는 수많은 이해집단의 미로 속으로 인도했다. 훗날 예일은 이렇게 썼다.

"어제의 적은 오늘의 동지였고, 오늘의 동지는 내일의 적이었다. 정치적 음모가 실타래처럼 뒤엉킨 나머지 도무지 해결책이 안 보였다. 정치적 음모의 장본인은 프랑스와 대영제국의 자본계, 종교계, 문화계의 이익집단들이었다. 이렇게 복잡한 상황에서 시온주의 혹은 유대인의 열

망이라는 문제까지 얽혔다. (…) 이와 같이 극히 복잡한 문제들을 이해하고 요약해서 보고하는 일처럼 매력적이고 흥미로운 임무는 없을 것이다."[2]

예일은 아무 준비도 되어 있지 않은 자기 상황을 깨달을 만큼 총명한 인물이었다.(더욱이 그는 그 지역을 통틀어 유일무이한 미국인 첩보원이었다.) 그래서 카이로 시내의 서점을 돌면서 영어로 쓰인 중동 역사책을 사들인 뒤, 이집트 주요 인사 및 망명자 집단 지도자들과 사귀거나 사보이 호텔 내 아랍국 사무실을 찾아가 정보장교들과 잡담을 나누곤 했다. 전통적으로 전 세계 언론인과 스파이가 그랬듯이, 예일 또한 외교관과 고위 장교들의 단골 술집을 부지런히 드나들었다. 1917년 당시 카이로에서 그런 부류가 가장 애용하는 술집은 게지라에 위치한 쾌적한 터프클럽Turf Club이었다.

예일은 임무를 수행하기 위해 일부러 사람들을 찾아다닐 필요가 없다는 사실을 금세 깨달았다. 카이로라는 정치적 소용돌이에 말려든 사람들은 모두 미국이 파견한 관리에게 자기 사정을 털어놓고 싶어서 안달이었기 때문이다. 그들에게 예일이라는 존재는 두말할 나위 없이 우드로 윌슨의 의중을 반영하는 사람이자 연합국의 군사적 동맹관계에서 가장 영향력 있는 인물이었다. 그런데 특이한 예외도 있었다. 그는 이렇게 회상했다.

"프랑스 관료들은 나를 만나려 하지 않았다. 그들은 형식적이고도 배타적인 장벽을 세워서 나를 밀어냈다. 특유의 소심함으로 문을 걸어 잠그고 내가 다가가지 못하게 했다."

초반에는 예일이 카이로 임무를 모험적으로 인식할 근거가 거의 없었고, 자신의 집요한 근성을 동원할 일도 거의 없었다. 하지만 그해 12월은 달랐다. 앨런비 장군의 예루살렘 입성 직후, 예일은 영국 당국에 팔레스타인 전장을 방문할 수 있도록 해줄 것을 요청했다. 그러나 공인받은 연락장교가 아니면 허용할 수 없다는 이유로 거절당했다. 예일이 추측하기에 영국이 자신을 퇴짜 놓은 진짜 이유는 팔레스타인에서 프랑스인을 밀어내기에도 바쁜 마당에 미국인까지 허용했다간 그보다 훨씬 더 성가신 우방국(이탈리아와 그리스 등) 사람들까지도 끼워주어야 했기 때문이다.

이 지역에서 예일이 느낀 또 다른 불만은 영국인 특유의 갈등 지양적 태도였다. 영국 관료들은 필요할 때는 곧바로 양보하지만 그렇지 않을 때는 우아하게 굼떴다. 영국군이 예루살렘 점령 직후 그 도시의 오스만 군정 책임자 자키 베이를 투옥시킨 사실을 알게 되었을 때 미국 특수 요원 예일은 일찌감치 그런 측면을 눈치 챘다. 자키 베이는 자신이 팔레스타인을 탈출할 때 결정적인 도움을 주었던 사람이다. 이에 격분한 예일은 영국 관계 당국 사무실로 쳐들어가서 자키 베이가 예루살렘 외국인 사회를 얼마나 살뜰히 챙겼는지 아느냐고 목에 핏대를 세웠다. 나아가 자키 베이는 팔레스타인 주재 미국 영사를 지내고 우드로 윌슨과 절친한 오티스 글레이즈브룩과 둘도 없는 벗이라고도 했다.

"나는 자키 베이를 가석방시키지 않으면 이 사안을 워싱턴으로 가져가서 미국 대통령이 주목하도록 만들겠다고 으름장을 놓았다."

예일의 노골적인 협박에 직면한 영국 고위 관료들 중에는 순순히 응한 사람도 있었을 테고 못마땅해하는 사람도 있었을 것이다. 그러나 결국에는 예일의 요구에 한 가지 더 괜찮은 조건을 얹어서 화답했다. 며칠 뒤 예일은 자키 베이의 석방 서류를 전달받았을뿐더러 뜨거운 우정을 재확인할 수 있도록 자키 베이가 수감 중인 감옥으로 그 서류를 직접 가져가달라는 "친절한 요청"까지 받았다. 이에 대해 예일은 자못 까칠한 어투로 이렇게 언급했다.

"영국인들은 무언가 해주기로 결심하면, 받는 처지에서 도무지 거역할 수 없을 만큼 전폭적이고도 고상하게 일을 처리하는 습성이 있다."

이집트 수도를 홀로 지키던 30세의 미국인 예일은 그 지역의 복잡다단한 주도권 경쟁의 흐름을 파악하는 데 모든 역량을 집중했다. 수많은 경쟁 가운데 하나는 향후 시리아를 어떻게 나누어 먹을 것인지를 놓고 서로 으르렁거리는 것으로, 어제오늘의 갈등은 아니었지만 이제는 정중하기 그지없는 밸푸어 선언까지 더해지면서 팔레스타인 문제를 중심으로 험악한 논쟁까지 벌어지고 있었다.

그러나 이와 같은 갈등도, 예일의 진지한 관찰도, 어쩌면 조금은 허망한 것이었다. 1917년 말경 개전 이래 연합군은 가장 암담한 전황을 맞고 있었기 때문이다. 러시아 서부의 브레스트리토프스크에서는 독일과 볼셰비키 협상단이 공식적인 전쟁 종식을 위한 세부 절차를 놓고 막판 협의를 진행 중이었다. 독일은 이미 병력 수십만 명을 동부전선에서 서부전선으로 재배치한 상태였다. 영국군과 프랑스군 지휘관들은 프랑스로 집결하는 적군의 동태를 우려의 눈으로 살피고 있었다. 지칠 대로 지친 연합군을 노리고 춘계 대공세를 준비하고 있다는 분명한 신호였다. 독일군은 뒤늦게 도착한 미국군이 사태의 심각성을 깨닫도록 연합군에게 끝내기 강편치를 날릴 심산이었다. 러시아의 몰락으로 터키 역시 한층 대담해졌다. 전쟁 내각 총리 엔베르 파샤는 이참에 과거 차르의 군대가 점령했던 터키 동북부 땅을 되찾고, 아예 러시아가 19세기에 정복한 터키 쪽 캅카스 지역까지 밀고 들어갈 계획을 세우고 있었다. 이 모든 사정을 고려할 때, 미래의 전리품을 두고 카이로에서 벌이는 말싸움이란 섣부른 감이 없지 않았다.

그럼에도 불구하고 예일은 자기 임무에 충실한 사람이었다. 그는 국무성 릴런드 해리슨에게 '월요주간보고서'를 보낼 때마다 지난주에 만난 관료나 종교인 등 주요 인사들의 관점을 요약하고 『아랍동향』을 깊이 파고들어 배경이 되는 정보를 파악하는 등 혼란스러운 중동의 또 다른 일면을 밝혀내기 위해 최선을 다했다. 그러나 예상대로, 상반되는 주의 주장이 뒤죽박죽으로 실린 방대한 보고서는 사태를 명확히 파악하는 데 도움이 되기는커녕 도리어 헷갈리게 만들 뿐이었다. 릴런드 해리슨이 무반응으로 일관한 이유도 그렇게 판단했기 때문일 것이다.

특수 요원 예일은 정세를 파악하느라 지나치게 애쓴 탓에 일찌감치 단순한 하나의 진실을 깨닫지 못하는 우를 범하기도 했다. 바로 '지금 대체 무슨 일이 벌어지고 있는 것일까?' 하는 것이다. 물론 이는 그 누구도 알 수 없는 문제였다. 예일은 12월 말 카이로에서 클레이턴 장군과 시리아 망명자 주요 인사들을 만난 뒤에야 그 실마리를 얻었다. 밸푸어 선언을 팔레스타인에 유대인 국가를 세우기 위한 것으로 해석하고 불안해하던 시리아인들에게 클레이턴 장군은 절대로 그렇지 않다고 부인했다. 선언에 나온 "민족적 고향"이란 유대인의 이주를 허용한다는 뜻이지 유대인들이 향후 팔레스타인에서 정치적, 경제적 권리를 동등하게 누린다는 의미가 아니라고 강조했다. 이집트 주재 영국 관료 가운데 최고위급인 클레이턴의 발언인 만큼 시리아 대표단은 마음을 놓을 수 있었다. 예일은 국무성에 다음과 같이 보고했다.

"시리아인들은 클레이턴 장군의 확언에 고무된 나머지 유대인을 반대하는 태도를 거둬들여도 된다고 생각하는 것 같았습니다. 심지어 시온주의자들에게 협력하자는 이야기도 나왔습니다."[3]

그러나 클레이턴 장군과 시리아 대표단의 회담 직후, 아랍국 사무실에서 만난 장군의 수석 부관은 "민족적 고향"이라는 문구의 진정한 의미가 무엇인지는 자신도 모르고 장군도 모른다며 서슴없이 실토했다.

윌리엄 예일이 중동의 뒤엉킨 실타래를 풀어가는 전 과정을 통틀어 가장 정확한 분석을 내놓은 때는 온갖 '지식'으로 오염되지 않았던 부임 초기였다. 물론 처음 떠올린 해답이 정답인 경우는 이번이 처음도 아니고 마지막도 아니었다. 그는 앞서 11월 해리슨에게 보내는 세 번째 월요 주간보고서에 다음과 같이 보고했다.

"진실은 이런 것 같습니다. 다우닝 가는 명확한 정책이 없습니다. 그래서 일선 담당자들에게도 확실한 지침을 전혀 내리지 않은 것입니다."[4]

그는 영국군 정보요원들이 "모든 이해 관계자에게 다소 동정적인 태도"를 보이거나 그들이 듣고 싶은 말만 되풀이하는 것은 이 때문이라고 보았다.

마침내 성실한 첩보원 예일은 거의 모든 애매함을 날려줄 만한 무언가를 발견했다. 1918년 2월 말, 그동안 쌓아두었던 『아랍동향』을 다시 들춰보던 중 「시리아: 가공을 기다리는 원석Syria: The Raw Material」이라는 제목의 논문을 읽은 것이다.

명료한 주장을 일목요연하게 펼친 여덟 쪽짜리 논문이었다. 저자는 시리아 특유의 사회문화적 구조를 층층이 규명하면서 그 안에 존재하는 무수한 균열이 부족과 종족과 종교의 단층선을 만들고, 나아가 도시 간 알력까지 야기하고 있다며 조리 있게 설명하고 있었다. 또한 관료주의에 물든 저자들의 위험한 습성인 희망적 접근을 철저히 배제하는 동시에, 그 나라에서 자신의 뜻을 펼치려는 이방인이 어떤 문제에 봉착할 수 있는지를 냉정하게 기술하고 있었다. 그리고 당시 카이로를 어지럽히던 논란의 연속선상에서 예일의 관심을 특별히 자극한 대목이 있었다.

"저자는 팔레스타인 남부 사람들이 시온주의자들에게 느끼는 반감을 단어 몇 개로 표현하고 있습니다. 이는 무슬림과 기독교인이 공히 느끼는 반감입니다. 팔레스타인에 들어와 자기네 나라를 세우겠다고 선포한 유대인에 대한 그들의 이 당연한 증오심은 최근 상황과 맞물려 크게 증폭하고 있습니다."5

무엇보다 놀라운 사실은 이 논문이 『아랍동향』에 실린 시점이 밸푸어 선언이 나오기 8개월 전인 1917년 3월이라는 것이었다. 심지어 논문을 작성한 시점은 그로부터 2년 전이라고 서문에 쓰여 있었다. 윌리엄 예일이 이 논문을 주목한 다른 이유도 있었다. 자신이 이 저자를 이미 알고 있다는 점이었다. 1914년 1월에 베르셰바에서 자신을 가지고 놀았던 사람, 전쟁이 발발했을 때 카이로에서 자신을 찾아왔던 사람, 그가 바로 영국 육군 소속 T. E. 로렌스 소령이었다.

사실 예일은 논문의 저자가 로렌스임을 깨닫기 전에 그의 경력을 국무성에 소상히 보고한 바 있었다. 앞서 1917년 11월 아랍 반란의 역사에 대해 보고서를 작성할 무렵 당시 카이로에서 떠도는 이야기를 최대한 많이 담았는데, 거기에 다음과 같은 내용이 있었다.

"영국군 젊은 장교 하나가 베두인 족 전사들과 함께 헤자즈 철도를 습격하고 있습니다. 그는 베두인 족을 셰리프와 영국 편으로 끌어들이기 위한 노력을 아끼지 않았습니다."6

1918년 2월, 로렌스의 오래된 논문을 우연히 읽은 미국 첩보원 예일은 전에 없던 절차를 밟기 시작했다. 레지널드 윈게이트에게 그 논문의 사본 전체를 국무성에 보내도록 허락해달라고 부탁한 것이다. 아울러 로렌스가 카이로에 들르는 대로 반드시 만나겠다고 결심했다.

예일이 로렌스의 시리아 논문을 찾아내 국무성에 보낸 바로 그 주, 로렌스는 시리아 전장을 완전히 떠날 생각을 하고 있었다. 막대한 금액 손실을 초래한 판단 실수를 저질렀기 때문으로, 그 책임을 다 뒤집어쓴다 해도 어쩔 수 없는 입장이었다. 어쩌면 그 스스로 그런 비난을 바랐을지도 모른다.

사건의 시초는 그로부터 한 달 전이었다. 타필레 전투가 벌어지기 전날 밤, 로렌스는 길버트 클레이턴에게 3만 파운드(오늘날 600만 달러 상당)를 보내달라고 긴급히 요청했다. 모아브 고원에 집결한 제이드(파이살의 동생)의 군대에게 건넬 돈이었다. 제이드를 따르는 부대원들에게 그 돈을 지급해야 이탈을 막을 수 있으며, 이후 북쪽으로 진격해 케라크와 마데바의 산악 요새들을 습격하여 장악한 다음 요르단 지구대에 주둔한 영국군 선봉 부대와 만날 수 있기 때문이었다.7 이번 작전에 성공한다면 드디어 반란군은 팔레스타인 주둔 영국군으로부터 병력과 무기를 직접 지원받을 통로를 확보하는 셈이고, 앨런비 장군의 군대는 터키군의 측면 공격 가능성이 제거되는 셈이었다.

모아브 고원 작전의 중요성과 로렌스가 금전 문제에 치밀하다는(자신의 요구를 과장하는 법이 없다는) 평판을 입증이라도 하듯, 클레이턴은 이집트에 있는 금화를 아카바로 허겁지겁 긁어모았다. 타필레로 쳐들어온 터키군을 섬멸하고 나서 며칠 후, 로렌스는 금화 운송대를 맞이하기 위해 아카바에서 동북쪽으로 56킬로미터쯤 되는 구웨이라로 향했다. 이곳은 반란군이 전초 기지를 새로 구축한 지역이었다. 로렌스는 빨리 돌아가야 한다는 생각에 자신과 호위병 2명이 운반할 수 있는 최대치인 6000파운드의 금화를 낙타에 싣고서 느릿느릿 뒤따르는 운송대를 이끌고 타필레로 출발했다.

그리고 그들은 겨울에 블리자드 속으로 직행했다. 타필레와 구웨이라는 평소 하루 반나절이면 닿을 거리지만 블리자드가 몰아치면 사흘이나 소요되는 지독한 고생길로 변하곤 했다. 이튿날 되는 날, 조급함에 이성을 잃은 로렌스는 금화를 싣고 천천히 뒤따르는 호위병들을 포기하고 혼자서 전진하기 시작했다. 죽음을 자초하는 판단 착오였다. 곧

허리까지 차오른 눈밭에서 오도 가도 못하는 신세가 된 것이다. 몇 시간 동안 손으로 눈을 치우면서 전진한 끝에 간신히 눈밭을 빠져나올 순 있었지만 이 과정에서 튼튼한 낙타를 타고 앞장섰던 로렌스와 금화 운송대 사이의 거리는 더 벌어지고 말았다.

2월 11일, 마침내 타필레에 도착한 로렌스는 참을 수 없는 혐오를 느꼈다. 자신이 구웨이라에 다녀오는 동안 제이드는 북진하기 위한 준비를 전혀 하지 않았기 때문이다. 그는 다음 날 클레이턴에게 이렇게 보고했다.

"후세인의 막내아들이 오래 망설이다가 끝내 기회를 내던졌습니다. (…) 이 아랍인들은 무언가를 함께 도모하기에는 형편없는 자들입니다."[8]

이와 같은 절망적 평가를 고려할 때, 뒤이은 로렌스의 행동은 거의 이해하기 힘든 것이었다. 반란군이 진군할 경로를 미리 확인하고 싶었던 로렌스는 금화 운송대가 아직 타필레에 도착하지도 않은 상태에서 북쪽 지역에 대한 광범위한 정찰활동에 나서기로 결정한 것이다. 게다가 타필레에 주둔한 유일한 연합군 장교이자 젊은 영국군 중위 알렉 커크브라이드까지 대동하기로 했다. 정찰을 떠나면서 로렌스는 21세의 제이드에게 금화 운송대가 도착하면 잘 지키라고 당부하면서 "내가 돌아올 때까지 일상 경비로 필요한 돈이 있으면 지출하라"고 지시했다.[9]

로렌스와 커크브라이드는 엿새 동안 북쪽과 서쪽 지역을 정찰하면서 여리고 북쪽 요르단 지구대의 동쪽 사면까지 둘러보았다. 2월 18일, 타필레로 돌아온 로렌스는 기분이 아주 좋았다. 이제 금화가 도착했으니 한 달 안에 모아브 고원 일대를 깨끗이 정리하고 사해 주둔 영국군과 통로를 확보할 수 있을 것으로 생각했기 때문이다. 그런데 로렌스의 계획을 들으면서 어딘가 불편한 표정을 짓던 제이드가 불쑥 이렇게 말하는 것이 아닌가.

"하지만 그러려면 돈이 많이 들 텐데요."

"전혀. 지금 우리 수중에 있는 돈이면 됩니다. 아니, 쓰고도 남을 겁니다."

그러자 후세인 왕의 막내아들은 민망한 얼굴로 돈을 다 써버렸다고 대답했다.

로렌스는 제이드가 농담을 한다고 생각했으나, 곧 사실임이 드러났다. 구웨이라에서 출발한 금화 운송대가 겨우 타필레에 도착하자 제이드의 부하들과 여러 부족장이 밀린 급여를 챙기겠다고 한꺼번에 달려들었다. 더 심각한 문제는, 부족의 내부 사정으로 북진에 참여하지 않기로 한 부대원들은 대부분 제 몫을 챙겨간 반면 정작 로렌스가 자신의 선봉으로 여겼던 부대원들의 급여는 부족한 상태라는 사실이었다.

"머릿속이 하얘졌다. 그것은 내 계획과 희망이 완전히 무너졌다는 뜻이고, 또 앨런비에게 신의를 지키지 못하게 되었다는 뜻이기 때문이다."

그러나 로렌스는 제이드의 말을 액면 그대로 믿지 않았다. 금화 운송대의 낙오자들이 바로 전날 타필레에 도착했다는 사실을 곧 알게 되었기 때문이다. 그렇다면 그들이 가져온 금화는 어디에 있을까? 나누어주기는커녕 얼마인지 헤아릴 시간도 없었을 텐데? 화가 치민 로렌스는 제이드의 막사로 쳐들어갔다. 그는 이렇게 기록했다.

"밤새도록 대책을 강구했으나 도무지 방법이 없었다. 그래서 날이 밝자마자 제이드를 찾아가 한마디를 던졌다. 돈을 돌려주지 않으면 떠나겠다고."

하지만 제이드는 금화가 사라진 '가상'의 사용처에 대해 끄적여 보여주느라 허둥댔을 뿐이다. 그날 오후 로렌스는 낙타에 짐을 싣고 호위병 네 명을 거느린 채 떠나버렸다. 그리고 앨런비 장군의 지휘 본부가 있는 팔레스타인 남부까지 서쪽으로 240킬로미터를 달렸다. 그는 도착하자마자 지휘관 자리에서 떠나게 해달라고, "어디든 좋으니 좀더 작은 자리를 마련해달라고 앨런비 장군에게 읍소할" 작정이었다.

로렌스는 이 사건을 개인의 명예 차원으로 이야기했지만 다른 충동역시 분명히 존재했다. 젊은 영국군 소령은 제이드의 무능(또는 거짓말)에서 일종의 개인적 구제 가능성을, 즉 자신을 무겁게 짓누르는 지휘관이라는 책임으로부터 벗어날 기회를 발견한 것이다.

그의 부담은 최근에 느끼게 된 게 아니었다. 다섯 달 전에 이미 로렌스는 친구 에드워드 리즈에게 자신은 너무 지쳤다면서 "이 게임에서 더이상 못 버틸 것 같다"고 고백한 바 있다. 그때는 자살 행위나 마찬가지였던 야르무크 작전, 데라에서 당한 끔찍한 고통, 타필레의 흉측한 학살을 겪기 전이었다. 최근 금화가 사라지기 전날 밤인 2월 12일에도 길버트 클레이턴에게 보낸 편지에 자신의 기력이 날로 쇠약해지고 있다며하소연했다.

"모험심이 점점 사라지는 느낌입니다. 저는 지금 셰리프와 부족민을동시에 마주해야 하는 특이한 위치에 있는데, 조만간 폭발할 것만 같습니다. 되도록이면 전면에 나서지 않으려고 애쓰고 있지만 그럴 수 없습니다. 조만간 모두가 저한테 달려들어 못살게 굴 테니까요. 외국인으로서 자유의지를 가진 사람들을 무한정 다스린다는 것은 불가능하다고봅니다. 제 임기가 지나치게 긴 것 같습니다."[10]

이에 더해서 임무에 따르는 시련과 위험도 극심했다고 그는 『일곱 기둥』에 언급했다.

"1년 반 내내 이동의 연속이었다. 낙타를 타고 한 달에 수천 킬로미터를 달린 것도 모자라 비행기를 타고 몇 시간씩 긴장 속에 날아다니거나 덜컹거리는 자동차에 실려 사막을 오가야 했다. 특히 최근 다섯 차례의 작전으로 나는 지칠 대로 지쳤다. 앞으로 내 몸이 느껴야 할 고통이 너무 두려워서 포화 속으로 뛰어들고 싶을 정도였다."

하지만 이처럼 지독한 고통은 끝날 기미가 안 보였다. 오히려 그 정반대였다. 로렌스가 옥스퍼드를 떠나 전쟁에 휘말렸을 때 친동생 아널드는 고작 14세짜리 꼬마였다. 그런데 이제 입대를 앞두고 아널드가 중동 전선에 배치되기를 희망할 경우 로렌스는 필요한 역량이 무엇인지(아랍어에 익숙해질 것, 다양한 내연 기관의 운전법을 익힐 것 등) 조언을 보내야 했다.[11]

사실 이러한 부담은 약과였다. 진짜 힘든 건 거짓된 삶을 살아야 한다는 정신적 고통이었다. "습관적으로 거짓말을 해야만 하는 괴로움이 너무 심했다. 다른 민족의 봉기에 앞장서는 척해야 했고, 외국 옷을 입고 가식적인 행동을 해야 했으며, 외국어로 일장연설을 해야 했다." 특히 점점 지킬 수 없는 약속이 분명해지는 상황에서도 그 약속이 유효한 것처럼 행동해야 했다. 이런 상황에서 타필레의 학살은 희망적 사고의 "마지막 빛줄기"마저 그에게서 앗아갔다.

"내 자만심 탓에 아랍인 20명과 터키인 700명이 와디헤사에서 아무런 이유도 의미도 없이 죽었다. 나는 의욕을 완전히 잃었고, 두려움으로 혼자 있는 시간이 더 길어졌다."[12]

그러나 상부에서는 아무것도 문제 삼지 않았다. 2월 22일, 람레에 위치한 앨런비 장군 총사령부에 도착한 로렌스는 자신에 대한 진상 추궁은커녕 오히려 새로운 임무를 맡게 되었다. 이번 작전에서도 로렌스는 매우 중요한 위치였다. 그래서 비행기가 거의 일주일 내내 타필레 계곡으로 출격해 곧장 지휘 본부로 들어오라는 명령이 담긴 전단지를 뿌려대고 있었다.(그러나 조종사가 정확한 위치에 대한 과도한 확신으로 인해 한번도 빠짐없이 엉뚱한 계곡에 전단지를 살포한 것으로 드러났다.)

늘 그랬듯이, 이번에도 로렌스가 전장을 누비는 동안 지구적 차원에서 굵직한 사건들이 발생했다. 연합군 수뇌부는 서부전선에서 독일군의 공세에 대비하는 동시에 전 세계 각지의 전장에서 선제 공격이 가능한 지점을 찾아 지도를 샅샅이 뒤지고 있었다. 프랑스로 물밀듯이 육박하는 독일 대부대의 주의를 다른 곳으로 돌리거나 기운을 조금이라도 빼놓으려는 작전이었다. 2월 중순, 앨런비 장군은 그 임무가 자신에게 주어질 것이라는 통보를 받았다. 이제 그는 다마스쿠스를 최종 목표로 시리아 중심부를 향해 총공세를 펼쳐야 했다. 이 과정의 핵심 역할은 아랍 반란군이 맡아야 했고, 그것이 대對 아랍 수석 연락장교 로렌스 소령을 지휘 본부에서 그토록 애타게 찾은 이유였다.

그런데 며칠 사이에 상황이 훨씬 더 다급하게 흐르기 시작했다. 브레스트리토프스크에서 독일 쪽 평화 협상단이 러시아 쪽에 놀라운 징벌적인 조약을 제시했고, 그 결과 레온 트로츠키가 이끄는 볼셰비키 협상단이 짐을 싸서 철수하고 말았다. 회담 결렬은 베를린이 바라던 바였다. 2월 18일 로렌스가 람레에 도착하기 나흘 전, 독일군은 러시아 서부로 진격하기 시작했다. 그들은 하루에 이동할 수 있는 최대 거리를 거침없이 밀고 들어갔다. 국가 붕괴가 자명해지자 러시아 지도자들은 2월 25일 독일의 요구 조건을 신속히 수용했다. 물론 일주일 전에 거절한 내용보다 훨씬 더 가혹한 조건이었다. 서부전선을 지키는 연합군 지휘관들은 초긴장 상태였다. 이제 배후가 홀가분한 독일군이 더 많은 병력과 무기를 프랑스 전선으로 실어 나를 것이 분명하기 때문이었다. 마지막 걸림돌마저 제거한 독일군은 바야흐로 총공격을 위한 모든 준비를 끝마친 셈이었다.

이런 마당에 개인의 명예 차원에서 중요한 지위를 내놓고 백의종군하겠다는 로렌스의 생각은 지나가던 소가 웃을 이야기였다. 그는 앨런비 장군에게 그런 말을 감히 꺼내지 못했을 것이다. 로렌스는 그때를 이렇게 회상했다.

"달아날 구멍이 없었다. 나는 허위의 망토를 다시 한번 뒤집어써야 했다. 어정쩡한 내 모습에 대한 환멸 때문에 나는 망토를 재빨리 뒤집어쓰고 그 안에 나 자신을 꼭꼭 숨겼다."[13]

로렌스는 예루살렘으로 가서 신임 군정 책임자로 부임한 오랜 친구 로널드 스토스를 만난 뒤 카이로에 도착했다. 그리고 3월 8일 집으로 짧은 편지를 부쳤다.

그 무렵 몇 달간 로렌스는 옥스퍼드에 있는 식구들에게 편지를 보낼 때마다 자신이 1914년 이후로 휴가를 한 번도 못 갔다면서 조만간 집에 갈 수 있으면 좋겠다는 이야기를 반복했다. 하지만 그 희망은 어느 때보다 멀어지고 있었다.

"늦어도 6월까지는 (전선으로) 돌아가게 될 것입니다. 모두가 그러기를 바라는 것 같습니다."

그는 최근에 승진한 소식, 훈장을 받은 이야기도 자랑스럽게 늘어놓았다. 속으로는 훈장 수여의 근거가 된 타필레 전투가 무모한 학살이었다고 괴로워하면서 말이다.

"위에서는 저에게 벌써 무공훈장을 내려보냈습니다. 하지만 이 훌륭한 물건을 받을 만한 사람은 제가 아닙니다. 저는 지금 대령 비슷한 위치일 뿐입니다."[14]

아울러 로렌스는 카이로에 잠시 머무는 동안 시간을 조금 내달라고 조르는 젊은 미국인에게 이를 허락하기로 했다.

3월 11일 윌리엄 예일은 릴런드 해리슨에게 다음과 같이 보고했다.

"로렌스 소령은 최대한 신중하게 고려해야 한다고 강조했습니다. 아랍어에 능통하고 베두인 족과 함께 살고 이동하고 일하는 그는 (…) 아랍에 정통하고 중요한 임무를 맡은 사람입니다. 아랍인 특유의 사고방식과 감정에 해박하기도 합니다. 아마도 서구인 가운데 그와 견줄 만한 사람은 아무도 없을 만큼 오늘날 아랍인들의 사정을 정확하게 파악하고 있습니다."15

예일이 로렌스와 마주친 것은 이때가 세 번째였다. 1914년 가을, 두 사람이 마지막으로 만났을 때 햇병아리 정보장교였던 로렌스는 예일을 구워삶아 팔레스타인 남부에 주둔하는 터키군의 동태와 보급 경로를 캐낸 바 있었다. 이제는 윌리엄 예일이 첩보원으로서 캐물을 차례였고, 맞은편에 앉은 로렌스는 시리아 상황에 관한 질문 공세를 마주해야 했다.

한동안 애매하게 얼버무리는 영국 관료들의 태도에 익숙했던 예일은 로렌스의 허심탄회하고 시원시원한 대답에 크게 놀랐다. 그리하여 특수요원 예일은 국무부에 다음과 같이 보고할 수 있었다.

"팔레스타인 주둔 영국군은 성공적인 결과를 예상하면서 조만간 공격에 나설 것입니다."

더 놀라운 것은 이번 작전에서 아랍 반란군이 어떤 임무를 어떻게 수행할지 로렌스가 세세하게 알려주었다는 사실이다. 심지어 아랍군과 앨런비의 군대가 직통로를 확보하면 좋겠다고 말하면서 시리아 내륙의 특정 지점을 명시적으로 언급하기까지 했다. 정치에 관한 대화를 나눌 때조차 로렌스는 여전히 직설적이었다. 예일은 이렇게 보고했다.

"아랍은 영국이나 프랑스가 하는 말을 전혀 신뢰하지 않는다는 게 로렌스의 생각입니다. 아랍인들은 오로지 무력을 확보하여 스스로 영토를 얻겠다는 생각뿐이라고 합니다."

로렌스의 판단에 따르면, 서구 우방들에 대한 아랍의 해묵은 불신은 밸푸어 선언으로 한층 굳어졌다.

"그는 밸푸어 선언을 위험한 정책으로 규정하면서, 이집트와 팔레스타인에서 시온주의자들을 용납하는 것은 어리석고 무모한 행위라고 말했습니다."

아울러 로렌스는 영국이 시온주의자들을 계속 지원한다면 아랍 민족주의 운동의 몰락 또는 중단을 초래할 것이며, 이는 결코 연합국에 도움이 되지 않는다고 경고했다.

그는 중동에서 오랜 시간 경력을 쌓은 사람으로서 마크 사이크스 같은 사람이 내놓는 장밋빛 전망, 즉 유대인 국가의 등장을 아랍이 마지못해 용납할 것이라는 상상을 단호하게 배척했다. 로렌스의 주장 가운데 통찰력이 가장 돋보이는 대목은 다음과 같다.

"팔레스타인에 유대인 국가를 세우고자 한다면 무력을 동원해야만 합니다. 그 나라를 지키는 것 역시 무력을 통해서만 가능할 것입니다. 압도적 다수의 인구가 그들에게 적대적이기 때문입니다."

1918년 당시 영국군 장교가 외국 첩보원에게 이처럼 공개적으로 자국 정책을 비판한 행동은 가볍게 볼 일이 아니었다. 물론 이런 태도는 로렌스가 막강한 존재가 되었다는 반증일 수도 있었다. 로렌스는 아랍 반란군과 영국군을 이어주는 핵심적인 소통 창구로서 그 누구도 대신할 수 없는 존재였고, 따라서 마음 내키는 대로 발언하거나 행동할 수 있었다. 하지만 베르셰바에서 예일을 처음 만났을 때처럼 로렌스는 상대를 무장해제하는 허심탄회한 말솜씨 뒤에 어떤 의도를 숨기고 있었다. 그는 속마음을 드러내지 않은 채 예일을, 나아가 그를 통해서 미국 국무부를 조종하려 했던 것이다.

아랍군의 운명을 영국군의 운명과 하나로 묶어버린 탓에 이제 아랍 반란군에게는 행동의 자유가 없다는 사실을 로렌스는 잘 알고 있었다. 이에 따라 아랍 반란과 후세인의 하심 왕조는 훨씬 더 강력해진 우방의 명령과 변덕에 매달리는 처지가 되었다. 아랍이 커다란 그림 속에서 종속 변수에 불과하다는 사실은 (사이크스-피코 협정이 노골적으로 드러내주긴 했지만) 거의 기정사실이었다. 그런데 1918년 초 상황은 과거와 비교할 때 차원이 완전히 달랐다.

이는 예일과 만나기 하루 전 로렌스가 아카바를 방문한 상황에서 적나라하게 드러났다. 보잘것없는 어촌 마을이었던 아카바는 몇 달 만에 급격한 변화를 거쳐 이제는 낯선 도시로 탈바꿈한 상태였다. 비좁은 해변을 가득 메운 막사들, 온갖 선박이 빈틈없이 정박한 부두, 곳곳에 산더미처럼 쌓인 보급품과 무기들만 봐도 상전벽해가 따로 없었다. 이전에는 영국군이라고 해봤자 장교 몇 명이 상주하는 정도였으나 이제는 수백 명이 머물면서 보급품 수송을 처리하고 반란군 신병을 교육하는 등 수천 명 아랍 전사의 숙영지에서 요구되는 일들을 처리하고 있었다. 심지어 육군항공대 소속 전투비행대까지 주둔하고 있어 이따금 헤자즈 철도와 내륙에 위치한 터키 군사 시설을 폭격하기 위해 출격하곤 했다.

로렌스가 그곳을 방문할 때 이용한 교통수단만 봐도 상황이 얼마나 변했는지를 알 수 있다. 그는 임박한 시리아 공격에 대한 앨런비의 구상을 파이살에게 설명하기 위해 아카바를 찾을 때 홍해를 저속으로 오가는 선박이 아닌, 비행대가 총사령부 전용으로 배정한 복엽기를 이용했다. 파이살과의 대화 내용도 바뀌었다. 차를 마시며 전술과 정치 등 다양한 주제로 잡담을 나누는 것은 과거의 풍경이 되었다. 이번에 두 사람이 만나는 이유는 반란군이 공격 작전에서 어떤 임무를 맡을 것인지를 궁리하기 위해서가 아니라 반란군이 맡아야 하는 임무를 로렌스가 파이살에게 '설명'하기 위해서였다. 아카바에 착륙한 지 24시간도 안 되어 용건을 처리한 로렌스는 전쟁 물자로 징발한 그 비행기에 다시 올라탔다.

이 모든 상황은 아랍 반란의 중요성이 높아진 만큼 아랍군의 자율성은 약화된, 힘의 역설을 여실히 보여주고 있다. 궁극적으로 이러한 흐름은 영국이 자기편으로 옭아맨 아랍인들을 끝내 파멸에 이르게 할 수 있다는 게 로렌스의 생각이었다.

애초에 영국의 도움을 받아 아랍권을 아우르는 혁명을 주도하겠다는 후세인의 발상은 기반 자체가 매우 불안정했기 때문에 진보와 보수 양쪽으로부터 회의적인 시선을 받았다. 아라비아에서 후세인의 가장 강력한 라이벌이자 근본주의적 와하비즘의 지도자인 이븐 사우드에게 영국과 연합한 후세인은 서구 기독교인의 비위를 맞추는 아첨꾼이었다.(사우드 역시 영국의 급여 대상자였다는 점은 논외로 하자.) 반면 훨씬 더 세계화된 시리아의 아랍인들은 헤자즈에서 낙타를 타고 뛰쳐나온 '원시적' 베두인 족들과 공유할 만한 것이 거의 없었다. 이러한 문제들은 일단 전쟁부터 끝내놓고 고민할 사안이긴 하지만, 후세인으로서는 밸푸어 선언으로 인해 당면한 문제가 되고 말았다.

밸푸어 선언에 대한 아랍인들의 맹렬한 반응에 깜짝 놀란 영국은 상황을 가라앉히기 위해 아랍의 협력자를 강하게 압박했다. 후세인은 조금도 지체하지 않고 영국을 도왔다. 그러나 아랍권의 동요가 가라앉기는커녕 도리어 후세인에 대한 반감만 더 키우고 말았다. 1월 초, 로렌스의 오랜 멘토이자 이제는 아랍국의 '국장 대리'(명예직에 불과했고 실권은 다른 사람에게 있었다)인 데이비드 호가스는 전후 아랍 국가의 경계선이 최종 확정되기를 바라는 마음으로 후세인을 방문했다. 그러나 후세인 왕은 이븐 사우드와 그의 와하비즘 추종자들의 위협이 날로 거세지고 있다는 이야기만 늘어놓았다.[16] 게다가 이집트와 시리아의 아랍 민족주의자들까지 시온주의자들과 타협해버렸다면서 자신이 이븐 사우드와 다름없는 아첨꾼으로 조롱받고 있다고 말했다. 2월 초, 레지널드 윈게이트가 후세인에게 받은 편지를 보면 영국의 계획이 얼마나 심각한 역풍을 일으켰는지 명확히 드러난다. 윈게이트는 이렇게 보고했다.

"후세인은 정치적 파산의 한 가지 대안으로, 우발적인 자살을 언급하고 있습니다. (…) 모호한 어법이긴 하지만, 메카의 셰리프는 연합국의 친시온주의적 선언들이 야기한 불안한 분위기에 영향을 받은 듯합니다."[17]

로렌스가 덫에 걸린 것은 이런 시점이었다. 1월 말, 배포 대상을 훨씬 더 소수의 관료로 제한한 『아랍동향』에 로렌스는 한 편의 논문을 실었다. 논문에서 그는 시리아에 있는 파이살의 지지층을 한껏 칭찬한 반면 반대파에 대해서는 프랑스 또는 독일의 선전에 속아 넘어간 자들이라고 헐뜯었다.[18] 파이살이 시리아에서 권력을 장악하는 것이 옳다는 주장을 펴기 위한 의도임이 분명했다. 아울러 밸푸어 선언 탓에 등을 돌리는 아랍인들 문제로 골머리를 앓고 있는 영국 관료들이 도움을 청해야 할 대상은 후세인이 아니라 파이살이라는 인식을 전하기 위함이었다. 물론 영국이 파이살에게 구애를 펼치려면 로렌스를 거쳐야 했다. 2월 초, 로렌스가 논문을 게재한 지 며칠 후 길버트 클레이턴은 마크 사이크스에게 이렇게 전했다.

"유대인과 협상해야 할 필요성을 파이살에게 주지시키도록 로렌스에게 촉구해야겠습니다."[19]

로렌스는 자신이 격렬히 반대하는 정책을 파이살에게 설득시키라는 이상한 명령을 받아들이고 싶지 않았지만 수행하지 않을 도리가 없었다. 그는 타필레에서 클레이턴에게 다음과 같이 회신했다.

"유대인 문제에 대해서는, 다음에 파이살을 만나면 이야기하겠습니다. 적어도 전쟁이 지속되는 한 그도 공감하지 않을까 싶습니다."[20]

문제는 어느 선까지 파이살을 설득할 것인가 하는 점이었다. 혹시라도 파이살의 공개 선언을 원하는 것이라면 자기로서는 "능력 밖의 일"이라고 클레이턴에게 알렸다.

로렌스는 그 방침에 아무리 반대하는 입장이라 해도 현실적인 역학 관계의 일개 구성원인 이상 자신에겐 선택의 여지가 없다는 점도 충분히 알고 있었다. 밸푸어 선언은 기정사실이고 아랍 반란군은 이 문제로 영국과 등질 수 없는 처지였으므로, 당면한 목표는 그 여파를 최소화하고 다른 쪽으로 유리하게 이용하는 것이어야 했다. 후자의 범주에서 명백한 후보는 대시리아greater Syria[제1차 세계대전 이전 팔레스타인, 요르단, 레바논 등을 아우르는 개념의 시리아]였다. 로렌스는 그 논리를 감지할 수 있었다. 아랍 반란군이 밸푸어 선언을 용인하고, 이에 대한 감사의 표시로 영국은 시리아의 나머지 지역에서 프랑스를 배제하자는 반란군의 요구를 지지하는 절차였다. 문제는 이 방식이 꽤 위험한 도박이라고 생각할 만큼 로렌스가 자국 정부를 신뢰하지 않는다는 점이었다.

그렇다면 어떤 카드를 던져야 할까? 아마도 가장 과격한 그리고 위험한 카드는 터키와 협상하는 것이었다. 2월 초, 파이살은 터키군 제4군 신임 사령관 메흐메트 제말 장군으로부터 또다시 평화를 타진하는 은밀한 제안을 받았다. 이번 내용은 제말 파샤가 보냈던 편지보다 훨씬 더 구체적이고 타협적이었다. 그래서 파이살 역시 신중하면서도 구체적인 내용으로 회신했다. 우선 제안에 대해서는 단호히 거절하면서도 터키군이 아라비아와 시리아 남부에서 철수한다면 해결책을 찾을 수도 있을 것이라는 여지를 주었다.[21] 터키 쪽에서 볼 때 이 제안은 판을 깨는 최후통첩 같지는 않았다. 1918년 2월, 이미 청년튀르크당은 러시아군의 철수로 텅 비어버린 터키 땅을 되찾는 데 화력을 집중하려던 터였기 때문에 황폐하고 소란스러운 아랍 땅을 기쁜 마음으로 포기하려 들었다.

그러나 터키와의 과감한 거래보다 아랍의 대의명분에 더 큰 이득이 되는 잠재적 요소가 하나 더 있었다. 바로 미국이었다. 로렌스가 카이로에서 윌리엄 예일과 만난 까닭도 이 때문이었을 것이다.

1917년 윌슨 대통령은 자국을 전쟁에 편입시킨 이래 제국주의 시대의 종결을 반복적으로 강조해왔다. 그의 싸움은 세계의 "민주주의를 사수하기 위한" 것이며, 억압받는 민족들과 "작은 나라들"의 자결권 및 독립을 의미하는 것이었다. 미국 대통령이 그와 같은 고풍스러운 관념을 고수하고 있음을 유럽의 연합국들이 믿기까지는 상당한 시간이 걸렸다. 결국 윌슨은 1918년 1월에 '14개조 평화원칙'을 선언하면서 모든 의구심을 말끔히 제거했다.

20세기 들어 발표된 단일 문건 가운데 윌슨의 14개조 평화원칙만큼 전 세계의 이목을 단숨에 사로잡은 경우는 없을 것이다. 끝을 알 수 없는 제1차 세계대전이라는 수렁 속에서 미국 대통령은 앞으로 세상이 어떻게 나아가야 하는지에 대해 이상적인 미래상을 제시했다. 1000년이 넘도록 세상을 지배해온 제국주의 구조를 철폐하여 모든 민족이 자결권을 누릴 수 있도록 하고 '국제연맹'을 통해 인내심으로써 대화한다면 전쟁 없는 세상을 이룰 수 있다는 주장이었다. 이 문서는 대단히 심오하고 혁명적이어서 제국주의 열강에 거대한 충격파를 던졌다. 전쟁으로 피폐해진 베를린과 빈 시민들에게 윌슨의 14개조 평화원칙은 런던과 파리와 로마의 형제들과 마찬가지로 비참한 삶에서 벗어나게 해줄 동아줄이었다. 더욱이 평화의 여정을 어떻게 시작해야 할지에 대해 단순하고 명료한 표현에 기초한 윌슨의 로드맵 또한 매력적이었다.

특히 윌슨이 제창한 열두 번째 조항은 오스만 제국 처분에 관한 내용이었다. 미국 대통령은 제국에 대한 터키의 지분은 그 주권국에 한하여 잔존한다고 선포하면서 "터키의 지배를 받는 나머지 민족들에 대해서는 안전한 삶을 확실히 보장하고 자주적 발전 기회를 절대로 침해하지 않아야 한다"고 적시했다. 로렌스를 비롯한 객관적 입장을 지닌 사람들이 보기에는 사이크스-피코 협정이나 밸푸어 선언과 상반된 내용이었다.

로렌스는 윌리엄 예일과 대화를 나누면서 모든 아랍인은 미국을 무척 존경한다고 힘주어 말했다. 예일이 대화 내용을 요약해서 릴런드 해리슨에게 보고한 기록을 보면 실제로 로렌스의 태도가 얼마나 진지했는지 알 수 있다.

"로렌스와 제 의견이 확실히 일치한 주요 내용은 영국과 프랑스의 호의에 대한 아랍의 불신, 시온주의에 대한 반대 그리고 미국에 대한 아랍의 절대적 신뢰라고 할 수 있습니다."

무의미한 아첨은 로렌스의 주특기가 절대 아니었다. 더욱이 미국 특수 요원에게 말한 내용 역시 아첨과는 거리가 멀었다. 예일은 로렌스의 발언을 다음과 같이 보고했다.

"오히려 그는 기대에 못 미치는 상황이 되거나 아랍의 불만이 일촉즉발의 상태로 치닫는다면, 아랍인과 아랍국의 미래를 우려한다는 미국의 공표가 터키-독일의 선전전을 무력화시키는 '비장의 무기'가 될 것이라고 주장했습니다. 그렇게 된다면 공표 그 자체가 아랍인들에게 엄청난 영향을 미칠 것 같다고도 했습니다."[22]

다른 주제에 대한 로렌스의 솔직한 태도에 안심한 예일은 이와 같은 그의 주장을 액면 그대로 받아들인 것 같다. 적어도 심사숙고하지 않은 것은 분명하다. 예일이 심사숙고했다면, 그런 식의 공표가 '터키-독일의 선전전'에 대한 효율적인 수단으로 작용하기보다는 미국의 우방인 영국과 프랑스의 탐욕적 열망과 충돌한다는 사실을 깨닫고도 남았을 것이다. 로렌스는 자국의 정책 기반을 무너뜨리기 위해 본질적으로 (아울러 터키와 협상하는 것보다 덜 반역적으로) 어떤 나라를 이용해야 할지를 물색하고 있었던 것이다.

이 목표를 달성한다는 측면에서, 로렌스가 몹시 바쁜 카이로 스케줄 속에서 윌리엄 예일을 만난 것은 결과적으로 잘한 일이었다. 미국 국무부 특수 요원 예일은 로렌스와 만나기 몇 달 전부터 중동 사태에 개입해서 적극적인 역할을 해야 한다고, 아랍을 삼키려는 세력에 맞서서 아랍인들과 손을 잡아야 한다고 자국 정부를 향해 촉구해왔었다.

예일과 로렌스가 3월 14일 저녁 카이로에서 만나던 그 주에 이탈리아 항구도시 타란토에 정박 중인 호주 증기선 캔버라 호 접견실에 12명의 인사가 모였다. 9명은 시온주의위원회라고 불리는 단체의 구성원들이었고, 나머지는 위원회 사람들에게 편의를 제공하면서 감시를 맡은 영국 정부 연락 담당자 또는 '경호원'이었다. 다음 날 아침 시온주의위원회는 중동에서 역사적인 임무를 개시하기 위해 이집트로 떠날 예정으로, 모임의 목적은 일종의 최종 전략 회의라고 할 수 있었다.

그들이 수행할 임무의 개요를 설명한 사람은 영국 보수당 의원이자 열혈 시온주의자로 전향한 윌리엄 옴스비고어로, 현재 전쟁 내각 산하 근동위원회에서 마크 사이크스를 보필하고 있었다. 밸푸어 선언이 드러난 지 넉 달이 지나도록 아랍의 반대 움직임은 한층 더 공격적으로 진행되고 있었다. 옴스비고어가 설명한 위원회 활동의 기본 목표는, 아랍 내 기독교도 및 무슬림 공동체의 지도자들을 만나서 팔레스타인에 유대인의 "민족적 고향"이 들어서도 전혀 걱정할 필요가 없다고 안심시키는 것이었다. 그러자 위원회의 대표인 차임 바이츠만이 임무 수행의 '유일한 최우선 원칙'에 대해 자신의 견해를 직설적으로 제시했다.

"전쟁이 끝나기 전까지 아랍인들은 영국 정부의 군사적 자산입니다. 그러나 전쟁이 끝나면 부채로 전락할지도 모릅니다."[23]

한마디로, 지금으로서는 반대하는 사람들과 마찰을 빚어선 안 된다는 말이었다. 차라리 미래의 이익을 위해 그들을 달래고 진정시키면서 때를 기다리는 편이 낫다고 본 것이다. 물론 이는 아론 아론손이 위원회에 기대하는 바와 상반된 것이었다. 하지만 당시 그는 위원회에 영향력을 행사할 수 없는 위치였다. 앞서 아론손을 위원회에 포함시키려는 움직임이 있었으나 런던의 일부 위원이 맹렬하게 반대해 공식적으로는 '농업 전문위원'이라는 보조적 지위에 머물러 있었다. 그나마도 루이스 브랜다이스 같은 미국 시온주의 대표자들의 강권으로 간신히 얻어낸 자리였다.

아론손에 대한 이러한 저항은 NILI 첩보 조직이 탄로난 사건 때문이기도 하다. 이 사건은 시온주의 공동체와 국제 유대인 사회 전체에 열띤 논쟁을 불러일으켰고, 대부분 아론손의 행동을 비난했다. 해당 스파이 조직 우두머리로서 팔레스타인 이슈브Yishuv[유대인 정착촌]의 존재 자체를 위험에 빠뜨렸기 때문이다. 아울러 우아하고 섬세한 외교적 활동을 기대했던 캔버라 호의 여타 승객들에게는 따지기 좋아하는 아론손의 성품도 우려스러운 점이었다.

위원회는 유대인이 팔레스타인의 땅을 점령하려 한다는 아랍인들의 불안을 무마하는 동시에 심히 분열적인 유대인 공동체를 시온주의 기치 아래 통합해야 한다고 생각하고 있었다. 후자를 위한 최선의 방법이자 유일해 보이는 길은 밸푸어 선언으로 인해 팔레스타인에 극적인 변화가 찾아오리라는 믿음을 고취하는 것이었다. 다시 말해서 아랍인들에게 들려줄 내용과 정반대 이야기를 하는 것이었다. 여기에 더해서 그 지역에는 영국의 군인과 정치 관료들도 있었기 때문에 밸푸어 선언에 동조하는 사람들조차 대단히 골치 아픈 임무가 될 것으로 생각했다. 영국이 그동안 아랍과 프랑스를 상대로 겪었던 것 만큼 낯설고도 힘겨운 과제로 여길 정도였다.

캔버라 호 접견실에서 바이츠만은 이 복삽한 계획의 추진 과정을 개괄적으로 설명했다. 특히 현지 영국 관료들의 호의를 얻느냐 잃느냐 하는 문제는 시온주의자들이 얼마나 수고를 덜어주느냐에 달려 있었다. 그 첫 번째 과업은 아랍인들을 달래는 것이었다. 그러기 위해서 시온주의자들은 전후 팔레스타인에 유대인 국가를 건설할 뜻이 없으므로 땅을 사들일 계획도 없음을 '위원회' 이름으로 공개적으로 거듭 언급할 필요가 있었다.(이런 내용은 위원회 이름으로 발표하기로 한 것이고, 차임 바이츠만의 주장은 따로 있었다.) 반면 시온주의자들은 영국 당국이 최근 팔레스타인 토지 매매에 대해 선포한 모라토리엄을 적극 지지하면서, 조상의 땅으로 돌아오고자 하는 유대인들이 토지를 매입해 그 지역의 다른 종교 또는 다른 민족 공동체와 손잡고 정치 및 경제 발전에 동참할 만한 기회를 엿보아야 했다.

물론 이는 겉으로 드러난 메시지였다. 바이츠만의 이어진 설명에 따르면, 시온주의 조직들은 유대인의 팔레스타인 이주를 대대적으로 추진하면서 모라토리엄 해제와 동시에 토지 매입에 나설 수 있도록 자금을 비축할 필요가 있었다. 유대인 국가의 창설이라는 최종 목표는 변함없으나 구태여 드러내서 좋을 건 하나도 없다는 식이었다.[24]

이 복잡하기 그지없는 춤사위는, 적어도 처음에는 엄청난 반향을 일으키는 듯했다. 시온주의위원회는, 학생 수백 명이 부둣가에 줄지어 서서 히브리 노래 〈하티크바Hatikvah〉[현 이스라엘 국가로 '희망'이라는 뜻]를 부르는 등 알렉산드리아의 유대인 공동체로부터 열렬한 환영을 받았고, 카이로에 갔을 때는 더 큰 환대를 받았다. 바이츠만은 영국 관료와 이집트 내 시리아 망명자들을 만날 때마다 시온주의자들의 의도는 과격하지 않음을 수시로 역설했다. 4월 20일, 길버트 클레이턴의 아랍국 부관인 킨케이드 콘월리스는 시온주의자 대표 바이츠만이 시리아위원회로 알려진 아랍 대표단에게 말한 내용을 다음과 같이 보고했다.

"그는 대영제국과 같은 안정적인 정부가 다스리는 팔레스타인을 보는게 소원이라고 했습니다. 유대인 정부를 세운다는 것은 자신의 계획을 망치는 길이며, 자신은 유대인들이 성스러운 땅에서 다른 주민들과 동등한 권리를 누리며 민족적 생활양식을 지키고 살아갈 수 있는 고향을 선사하고 싶은 마음뿐이라고 했습니다."

나아가 바이츠만은 무슬림 성소들의 위상을 해치는 일은 결코 없을 것이라고 단언하면서 터키의 압제에 대항하는 아랍 반란에 전폭적인 공감을 표하기도 했다. 심지어 토지 매입에 대한 모라토리엄을 선언하도록 영국을 압박할 사람은 바로 자신이라고 말했다. 콘월리스는 다음과 같이 보고를 마무리했다.

"여전히 의심을 품고 있는 몇몇 사람도 있지만, 이런 이야기를 듣자 마음이 누그러졌습니다. 앞으로 위원회가 지금처럼 타협적인 태도를 유지한다면 의심은 완전히 사라질 것입니다."[25]

미국 국무부 특수 요원 윌리엄 예일도 위원회의 환심 공세를 긍정적으로 바라보고 있었다. 예일은 카이로에 도착한 뒤로 망명객 신분인 술레이만 베이 나시프와 긴밀하게 지내면서 그가 바이츠만과 나눈 이야기를 소상하게 듣고 있었다. 나시프는 바이츠만이 카이로에서 자주 만나는 시리아위원회 위원이었는데, 우연찮게도 1914년에 스탠더드오일이 매입한 유전개발권의 소유자 삼인방 가운데 한 명이기도 했다. 예일은 국무성에 다음과 같이 보고했다.

"회담은 대체로 성공적이었습니다. 시리아 대표자들은 시온주의자들이 팔레스타인에 유대인 정부를 세울 생각이 없으며, 유대인들이 팔레스타인으로 넘어와도 자신들이 수용할 수 있는 조건과 아이디어를 제시할 것이라는 언질을 받았습니다."

의심을 거둬들인 시리아인들과 달리 예일은 의혹을 떨칠 수 없었다. 이상한 점이 한두 가지가 아니었기 때문이다. 한 예로, 팔레스타인으로 곧장 이동할 예정인 시온주의위원회는 영국 정부의 편의를 제공받기로 한 반면, 나시프를 비롯한 시리아위원회 구성원들은 아직 그 지역에 발을 디딜 수 없는 상태였다. 예일의 의혹은 유일한 미국인 '옵저버'로 위원회와 함께하는 루이스 마이어와 잡담을 나누는 과정에서 한층 깊어졌다.

마이어는 윌리엄 예일과 만났을 때 본분을 망각하고 있었다. 아마도 국무부 특수 요원의 임무를 충분히 이해하지 못하고 있었거나, 단지 미국인끼리의 대화라는 생각에 방심했던 듯하다.

"마이어는 바이츠만에 대해 매우 직설적인 언급을 했습니다. 바이츠만이 팔레스타인에 유대인 국가를 건설할 의도가 없다는 말을 하고 다닌다고 해서 앞으로도 그 입장을 견지하리라는 보장은 없으며, 그의 최종 목표는 영국 또는 미국의 보호 아래 유대인 국가를 건설하는 것이라고 말입니다."[26]

예일은 깊이 파고들수록 유대인 국가 창건을 향한 계획이 착착 진행 중이라는 사실을 확신할 수 있었다. 실제로 시온주의위원회 내에서는 국가 형태가 완성된 이후 팔레스타인 내 아랍인들을 어떻게 해야 하는가의 문제로 논쟁을 벌이고 있었다. "아랍인의 저렴한 노동력"이 "시온주의의 성장과 성공"에 필수적이라고 주장하는 측과 언젠가 非유대인 인구를 완전히 몰아내야 한다는 측이 맞서는 중이었다.[27] 마이어는 결국 숫자 문제로 귀결될 거라면서 자기 의견을 다음과 같이 피력했다.

"(미국) 남부에서 백인은 흑인의 지배를 받을 일이 없는 것처럼, 팔레스타인에서 소수에 불과한 유대인이 다수 아랍인의 지배에 굴복하는 일은 절대 없을 것입니다."28

미국인 첩보원에게 위원회는 점점 정치적 위장막처럼 보였다. 그래서 위원회가 세상에 내보이는 모습에 처음으로 작은 파열이 생겼을 때 조금은 기쁜 심정이었다. 예상대로, 그 파열을 일으킨 사람은 아론 아론손이었다.

카이로에 도착한 이후 날이면 날마다 위원회가 주최하는 회의와 강연 내내 아론손은 침묵해야만 했다. 아랍인 대표자들만큼이나 장광설을 늘어놓다가 걸핏하면 입씨름을 벌이는 시온주의위원들을 지켜보면서 그의 좌절감은 절정으로 치달았다. 하루는 유대인 종교 지도자들과 지루한 회의를 하던 중 바이츠만은 시온주의가 종교적 가르침에 반하지 않는 이유를 참을성 있게 설명해야 했다. 그 모습에 분노를 느낀 아론손은 그날 일기장에다 이렇게 조롱했다.

"또다시 돼지우리 한복판에 진주를 던져넣은 꼴이었다."29

불행히도 농학자 아론손은 최악의 시점에 폭발하고 말았다. 술레이만 나시프의 시리아위원회와 회의하던 중 어느 아랍인이 유대인 이주민들은 자기들끼리만 거래하고 아랍인한테는 손해를 끼치는 배타적인 사람들이라고 주장하자, 분노한 아론손이 벌떡 일어나 거짓말하지 말라고 소리친 것이다. 그러자 진화에 나선 바이츠만이 그토록 개탄스러운 상황은 과거의 일이며 미래에는 그런 일이 없을 것이라고 무마했다. 그러나 아론손이 막무가내로 목청을 돋우는 바람에 그 자리에 모인 사람들의 얼굴에는 어두운 그림자가 드리웠다. 예일은 비꼬는 투로 국무성에 보고했다.

"바이츠만 박사는 (앞으로) 아랍 사람들을 상대로 위원회를 운영할 때 아론손 씨를 뒤뜰에 묶어둘 것으로 보입니다."30

확실히 바이츠만도 비슷한 생각을 한 모양이다. 며칠 뒤 똑같은 시리아 대표자들과 만나는 회담에서 아론손의 모습은 찾아볼 수 없었다.

4월 2일 오전, 로렌스는 단출한 호위대와 함께 구웨이라를 출발해서 시리아 내륙으로 향했다. 한 달 만에 처음으로 낙타에 올라탄 로렌스는 기분이 아주 좋았다.

"한 폭의 추상화 같은 사막 풍광이 나를 정화시켰다. 그 압도적인 위엄에 내 마음은 텅 비었다. 한낱 인간의 사유로 감히 덧칠할 수 없는, 도저한 허무의 위엄이었다. 지상의 생명이란 한없이 미약할 뿐이어서 광대하고 아름답고 강력한 자연을 오로지 숭배할 따름이다."[31]

낭만적인 풍경과는 별개로, 로렌스 일행의 이번 여정은 앨런비 장군의 다마스쿠스 공격을 앞두고 시리아 지도상으로 확인된 불안 요소에 따른 불가피한 선택이었다. 영국군은 야파 위쪽 지중해 바닷가부터 요르단 강에 이르기까지 팔레스타인 중심부를 가로지르는 48킬로미터의 강력한 보급 통로를 구축했지만, 요르단 동쪽 전부는 여전히 터키군이 장악한 상태였다. 이는 영국군이 다마스쿠스를 향해 북쪽으로 진격할수록 동쪽 측면의 역습에는 취약하다는 의미였다. 모아브 고원을 장악하면 이와 같은 위험을 크게 줄일 수 있으나 이미 제이드가 망쳐버린 계획이었다. 이에 영국군 수뇌부는 주력 부대가 다마스쿠스로 진격하기 전에 미리 길을 닦아두는 예비 작전을 새로 고안했다.

2월 말, 총사령부는 로렌스와 몇 차례 상의한 끝에 아카바에 주둔한 아랍군 3000명으로 구웨이라에서 동북쪽으로 48킬로미터 떨어진 철도 요충지 마안을 점령하기로 결정했다. 동시에 영국 기병대가 마안으로부터 200킬로미터 떨어진 사해 북쪽 지역을 휩쓸고 지나서 헤자즈 철도의 핵심 거점 가운데 하나인 암만 일대를 초토화할 예정이었다. 이는 아랍군의 공격 움직임을 은폐함으로써 터키군 지원 부대가 마안으로 이동하지 못하도록 하는 작전이기도 했다. 아랍군이 마안을 장악한다면 남쪽에 있는 모든 터키군은 메디나 주둔군을 포함하여 독 안에 든 쥐가 된다. 그런 뒤 아랍군과 영국군 지원 부대는 북쪽으로 기수를 돌려 헤자즈 철도를 따라 암만까지 오르면서 터키군의 소규모 수비대를 격파하는 것이다. 이 모든 작전이 계획대로 이루어진다면, 영국군과 아랍군은 대시리아 거의 전 지역에 대해 동쪽에서 서쪽으로 가로지르는 전선을 형성하고 다마스쿠스로 진격할 수 있었다.

본격적인 싸움을 준비하는 이번 작전에서 로렌스가 맡은 임무는 상대적으로 제한적이었지만 그가 아니면 할 수 없는 일이었다. 이로써 다른 영국군 장교들이 마안을 점령하기 위한 주력 부대를 지휘하는 동안, 그는 소규모 아랍군 부대를 이끌고 아타티르라는 계곡을 향해 북쪽으로 160킬로미터를 이동해야 했다. 그곳에서 다른 아랍군 부대들과 합세한 다음 서쪽에서 공격하는 영국군 기병대와 호흡을 맞추어 일대에 주둔한 터키군을 상대로 "성가신" 습격 작전을 펼칠 예정이었다. 습격 작전을 전개할 시점이 4월 초로 잡히자 로렌스는 며칠간의 이동 거리를 감안해서 일찌감치 구웨이라를 떠났다.

4월 6일, 로렌스 일행이 아타티르 계곡에 도착했다. 로렌스에 따르면, 이곳은 새봄이 찾아온 에덴동산처럼 언덕과 시냇가는 온통 알록달록한 들꽃으로 뒤덮여 있었다.

"사방에 봄기운이 가득해서 신록의 화사함이 나날이 빛을 발하는 곳, 사막의 흔적이라고는 조금도 찾아볼 수 없는 짙푸른 초장이었다. 산들바람이 이리로 저리로 장난스럽게 불다가 한순간 짓궂은 강풍으로 바뀔 때면 곡식이 덜 여문 들판은 어둡고 밝은 빛의 새틴 천을 활짝 펼쳐놓은 것처럼 너울거렸다."

이렇게 자신을 둘러싼 풍경의 아름다움에 한껏 도취된 로렌스에게서 전쟁터로 나아가는 군인의 비장함은 조금도 엿볼 수 없었다. 사실 군인답지 않은 모습이 더욱 선명했던 순간은 따로 있었다. 아타티르를 향해 출발하기 직전, 그는 아즈라크 요새를 지키러 떠났던 부하 두 명이 살을 에는 겨울 추위 속에서 얼어 죽었다는 소식을 접했다. 알아보니 그중한 명은 반년 전 로렌스가 시종으로 받아들였던 숙영지의 두 천덕꾸러기 녀석 가운데 한 명인 다우드였다. 그 소식을 전한 병사는 바로 다우드의 영원한 단짝 파라즈였다. 로렌스는『일곱 기둥』에 이렇게 적었다.

"이 둘은 어릴 적부터 친구였다. 함께 있으면 한없이 행복한 사이였다. 함께 일하고 함께 잠들면서 기쁠 때나 슬플 때나 서로를 진솔한 사랑으로 대하는 완벽한 연인이었다. 친구가 죽었다고 이야기하는 파라즈의 눈빛은 흐릿했고 생기 잃은 얼굴에는 짙은 그림자가 드리웠다. 그런 모습이 내게는 전혀 놀랍지 않았다. 그날부터 파라즈는 죽을 때까지 웃는 일이 없었다. (…) 모두가 위로의 말을 건넸지만 그는 어두운 표정으로 아무 말 없이 서성일 뿐이었다."

파라즈는 슬픔에도 불구하고, 아니 슬프기 때문에 북쪽으로 떠나는 로렌스 일행에 합류했다.

아타티르에 도착한 로렌스는 영국군이 보내온 전갈을 받았다. 기대했던 것과는 매우 다른 소식이었다. 총사령부에서 수립한 작전에 따르면, 요르단 지구대에서 출발한 기병 및 보병 혼성 부대 1만2000명은 우선 암만에서 서쪽으로 16킬로미터가량 떨어진 살트라는 구릉지대를 장악하기로 되어 있었다. 그런 다음 애초의 작전인 암만 일대 헤자즈 철도의 취약 지점(교량과 터널 등)을 연이어 습격할 예정이었다. 그러나 정보가 적군 쪽으로 새어나간 모양인지, 살트에 당도하자 이미 독일군과 터키군 병사들이 참호를 파며 방어를 준비하고 있었다. 가벼운 산책 정도로 생각했던 작전이 이틀에 걸친 핏빛 전투로 돌변했다. 간신히 살트를 손에 넣고 암만 일대 철로를 향해 진격하던 영국군은 또다시 적군을 만났고, 결국 주요 과업을 달성하지 못한 채 퇴각해야 했다. 그러나 더 나쁜 소식이 들려왔다.[32] 이미 2000명에 달하는 사상자를 낸 영국군은 터키군의 추격에 쫓겨 살트를 포기하고 요르단을 가로질러 허겁지겁 달아난 것이다. 로렌스는 아타티르에서 받은 그 어느 때보다 더 암담한 보고들에 대해 이렇게 썼다.

"(터키군이) 예루살렘을 탈환할 것 같았다. 사람들은 그럴 리 없다고 고개를 가로저었지만 상황이 너무 안 좋은 것만큼은 확실했다."

그러나 물리적 패배보다 더 나쁜 것은 아랍인들에게 미칠 심리적 영향이었다.

"앨런비의 작전은 시시해지고 말았다. 게다가 우리(영국군)가 아랍인들 앞에서 무너지는 모습을 보였다는 게 참담했다. 아랍인들은 내가 말해준 그 위대한 임무들을 우리가 해낼 거라고 믿지 않았다."

영국군이 살트에서 패주한 탓에 아랍인들의 불신은 확실히 더 깊어졌다.

암만 주위에서 할 일이 없어진 로렌스는 당시 진행 중이던 마안 공격에 합류하기 위해 호위병 15명과 함께 남쪽으로 향했다. 그러나 이번 여정의 불운은 아직 끝나지 않은 듯했다. 바로 다음 날 파라이프라 인근 사막에서 철로를 따라 터벅터벅 걷고 있는 터키군 도보순찰대 8명이 재수없게도 로렌스 일행의 눈에 띄었다. 북쪽에서 아무 성과도 못 거둔 것이 못내 분했던 로렌스의 호위병들은 이 만만한 먹잇감을 공격하게 해줄 것을 요청했다.

"나는 아주 사소한 일이라고 생각했다. 하지만 그들이 아우성을 치는 바람에 허락하고 말았다."

터키군은 황급히 철로 옆 배수로에 몸을 숨겼다. 로렌스는 부하들에게 적군을 양면에서 협공하라고 명령했다. 그때였다. 숙영지에서 허드렛일을 맡고 있던 파라즈가 홀로 낙타를 몰고 적진을 향해 돌격하는 게 아닌가. 파라즈는 배수로 앞에서 갑자기 멈추어 섰고 곧 총성과 함께 로렌스의 시야에서 사라졌다.

"파라즈의 낙타는 멀쩡한 채로 다리 옆에 서 있었다. 파라즈가 무기도 없이 적을 향해 돌진하다가 갑자기 멈춰 서다니, 나로서는 의도적인 행동이라고 생각할 수밖에 없었다."

로렌스 일행이 배수로로 달려갔을 때 터키군 병사 한 명이 숨겨 있었고, 파라즈는 옆구리에 총을 맞고 쓰러져 있었다. 파라즈에게 지혈을 시도하던 호위병이 파라즈를 낙타에 태우려 하자, 그 청년은 이대로 죽게 해달라고 부탁했다. 그러나 파라즈는 좀더 단호한 죽음을 맞아야 했다. 50명이 넘는 터키군 경비병들이 철로를 따라 육박해오고 있었기 때문이다. 터키군이 적군 포로에게 자행하는 끔찍한 처형 방식을 익히 아는 로렌스와 호위병들은 부상이 극심한 동료와 작별하는 방법에 대해 암묵적으로 공감하고 있었다. 파라즈에게 최후를 선고하는 임무는 로렌스가 맡았다.

"나는 파라즈 옆에 무릎을 꿇고 그가 권총을 못 보도록 머리 옆쪽을 겨누었다. 하지만 그가 모를 리 없었다. 그는 눈을 뜨더니 거친 손으로 나를 붙잡았다. 다 자라지 못한 조그만 손이었다. 나는 잠시 기다렸다. 그러자 파라즈가 말했다. '다우드가 당신에게 화낼 거예요.' 그러고는 신기하게도 잿빛으로 일그러진 얼굴에 낯익은 미소를 지어 보였다. 내가 대답했다. '그 녀석을 만나면 인사를 전해주렴.' 파라즈가 정중하게 작별을 고했다. '하느님의 평화가 당신과 함께하기를.' 그리고 마침내 지친 얼굴로 눈을 감았다."

파라즈를 쏘고 난 로렌스는 낙타에 올라탔다. 그리고 날아드는 터키 군의 탄환을 피해 일행과 함께 달아났다.

그날 하루가 지나기 전, 이번 전쟁의 비정한 단면이 한 번 더 연출되었다. 로렌스는 그런 비정함에 대해 점점 더 무감각해지고 있었다. 그날 밤, 로렌스 일행은 파라이프라에서 몇 킬로미터 떨어진 곳에 숙영지를 구축했다. 그런데 파라즈가 타던 튼튼한 낙타를 누가 물려받아 마땅한지를 두고 다툼이 벌어졌다. 로렌스는 갈등을 해결하기 위해 다시 한번 권총을 꺼내들어 낙타 대가리를 쏘았다. 일행은 저녁 식사로 쌀과 낙타 고기를 먹었다. "그리고 나서 잠자리에 들었다."

1918년 4월 중순, 제말 파샤는 미래를 꽤 낙관하고 있었을 것이다. 불과 몇 달 전까지만 해도 그는 정치적 사망 선고를 받은 인물로 취급되었으나, 여전히 통합진보위원회 지도부의 실세로서 존경과 두려움의 대상이었다. 전장에서도 용기를 돋우는 희소식이 들려왔다. 3월 21일 독일군이 프랑스로 물밀듯이 쳐들어가 연합군을 대파했다는 것이다. 이는 제1차 세계대전에서 서부전선이 형성된 이래 가장 넓은 영토를 빼앗는 전적이었다. '미하엘Michael'이라는 암호명이 붙은 첫 번째 공격은 독일군 전투 부대가 보급 범위를 넘어선 곳까지 진격하는 바람에 어쩔 수 없이 중지해야 했다. 4월 13일 두 번째로 전개한 '게오르게테Georgette' 작전은 프랑스 해변과 주요 항구도시들 가까운 곳에서 마무리되어, 미국군이 도착하기도 전에 독일이 영국과 프랑스를 패배시킬 것처럼 보였다.

독일이 서부전선에서 엄청난 승리를 거두는 동안, 터키 역시 동부전선에서 나쁘지 않은 성과를 올리고 있었다. 먼저 러시아가 점령하던 동북쪽 땅을 되찾았고, 2월 초에는 역시 러시아의 철수가 야기한 권력의 공백 상태를 틈타 아르메니아로 쳐들어갔다. 4월 중순, 터키군 야전 부대들은 엄청난 석유 매장량을 자랑하는 카스피 해 연안도시 바쿠를 향해 진격하는 2차 작전을 준비하고 있었다. 오스만 제국은, 마치 제말 파샤라는 인물처럼, 끊임없이 돌연변이를 일으키는 괴상한 유기체 같았다. 어떤 곳에서 영향력 또는 권력을 상실하면 다른 곳으로 가서 되찾기를 반복하고 있었기 때문이다.

남쪽의 상황을 살펴보면, 지구촌 시온주의 운동의 노여움이 터키에 예기치 못한 이익을 선사했다는 주장도 가능할 법했다. 밸푸어 선언 덕분에 영국은 시온주의자들의 지지를 얻었으나, 그것은 아랍세계의 분노를 대가로 한 것이었다. 덕분에 제말을 비롯한 오스만 지도자들은 영국의 행태에 환멸을 느낀 시리아 내 수많은 무슬림 및 기독교 인사들의 마음을 사로잡을 수 있었다. 심지어 배신의 핵심에 위치하는 헤자즈의 후세인 왕조차 동요를 보였다. 4월 중순에 이르자 최후이자 가장 중요한 제안이 결실을 맺기 시작했다는 신호가 나타났다. 제말이 시리아에 있는 하수인들을 통해 알아낸 바에 따르면, 최근 후세인의 아들 파이살이 터키의 화평 제안에 부응하여 자신의 요구 사항을 제시했다. 양측의 입장이 좁혀진 것은 아니었다. 그러나 의자 빼앗기 놀이로 변한 제1차 세계대전에서 얻어야 할 교훈이 있다면, 모든 것은 유동적이어서 어제 잃어버린 것을 내일 되찾을 수도 있다는 사실이었다. 진짜 중요한 점은 최후의 승자가 되는 것뿐이었다. 그리고 1918년 4월 무렵 동맹국이 승기를 잡았다는 사실만큼은 의심할 여지가 없어 보였다.

그해 봄부터 콘스탄티노플에 머물고 있는 쿠르트 프뤼퍼 역시 같은 생각이었다. 전세가 독일 쪽으로 기울어진 덕분에 그는 자신이 처음에 참여했던, 한동안 폐기된 것으로 보였지만 갑자기 새 생명을 얻은 거대한 음모를 다시 전개할 수 있었다.

퇴임당한 이집트의 케디브, 압바스 힐미는 지난 6개월 동안 콘스탄티노플에 있는 페라팰리스 호텔 상층부의 여러 객실을 차지하고 있었다. 여기서 그는 제1차 세계대전 동안 유럽 각국의 거의 모든 수도에서 찾아볼 수 있는 특정 계층의 귀족들과 만났다. 그들은 제국 윗선들의 눈밖에 난 소공자와 후작과 태수들로, 자신의 쓸모를 증명할 기회를 찾아 여기저기 기웃대고 있었다. 그 무렵 쿠르트 프뤼퍼는 전임 케디브를 위해 일하고 있었다. 압바스 힐미가 자기 자신을 중요한 존재라고 느낄 수 있도록 심기를 살피는 역할이었다. 그는 독일군 정보국장이라는 공식 직책에도 불구하고 압바스와 그 주변의 기회주의적 추종자들을 아기 돌보듯이 수시로 상대해야 했다. 프뤼퍼의 전기작가 도널드 매케일에 따르면, "그는 자기들끼리 '영국 스파이'라고 손가락질해대는 압바스의 자문단 구성원들을 줄곧 감시하면서, 전임 케디브가 아들과 세 명의 전부인 및 프랑스 애인 문제로 골머리를 앓을 때면 조언도 해주었다."[33]

그러나 독일군 정보기관의 수장으로서 프뤼퍼는 압바스 힐미를 유용한 공명판으로 삼은 게 분명하다. 압바스는 파이살 후세인과의 비밀 협상은 요령부득이라고 비웃으면서, 콘스탄티노플에서는 파이살의 요구를 결코 받아들이지 않을 것이고 파이살 역시 그 사실을 잘 안다고 말했다. 그보다 훨씬 더 효과적인 해법은 자신이 이집트의 통치자가 되어서 후세인 및 파이살과 함께 아랍국을 (터키 및 독일과 대단히 우호적 관계를 유지하는) 유사 독립국 형태로 만드는 것이라고 주장했다.[34]

1917년 가을 무렵 그의 주장은 공허하기만 했고, 1918년 초에 이르러서는 억지스럽고 망상적으로 들리기까지 했다. 그런데 이때부터 이집트의 대중적 불안에 대한 최초의 믿을 만한 보고들이 바깥세상으로 나오기 시작했다. 밸푸어 선언과 사이크스-피코 협정은 물론 영국의 가혹한 군정에 평소 조용한 성품의 이집트 사람들이 분개하고 있다는 소식이었다. 이어서 러시아의 철수, 연전연승하는 독일군과 터키군, 아라비아와 시리아의 반란군이 표리부동한 영국과 관계를 끊으려 한다는 소식 등이 잇따랐다. 그해 4월 당시, 이 모든 정황을 종합할 때 이집트 왕좌에 오르겠다는 압바스 힐미의 생각은 망상으로 치부할 수 없게 되었다. 그리고 그렇게만 된다면, 쿠르트 프뤼퍼가 페라팰리스 호텔에서 압바스 힐미를 돌보았던 인고의 시간은 독일에 특별 배당금을 안겨줄 수도 있었다.

압바스 역시 높아진 자신의 위상을 감지한 만큼 오래도록 품어온 목표를 부활시켰다. 자신이 3년 전 막스 폰 오펜하임에게 처음 털어놓았던, 하지만 오펜하임이 줄곧 반대했던 목표였다.[35] 그는 이집트에 대한 어떤 결정이 이루어지기 전에 카이저를 만날 필요가 있다고 쿠르트 프뤼퍼에게 말했다. 살짝 당황한 프뤼퍼는 자신이 무엇을 할 수 있는지 살펴보겠다고 말했다.

5월 15일 오후, 마주 앉아 차를 마시는 로렌스와 앨런비 장군의 낯빛은 어두웠다.

아무 성과 없이 아타티르를 떠난 로렌스는 철도 요충지 마안을 공격하는 아랍군에 서둘러 합류했다. 4월 13일, 로렌스가 그곳에 도착했을 때 작전은 이미 진행 중이었다.

작전의 순서는 먼저 도시 외곽을 지키는 초소들을 공격함으로써 터키군 수비대의 주력 부대가 기차역을 에워싼 참호에서 나오도록 유도하는 것이었다. 처음에는 모든 것이 순조로웠다. 터키군 외곽 초소들이 잇따라 반란군의 수중에 떨어졌다. 그러나 4월 17일, 한없이 늘어지는 작전이 지겨웠던 이라크 출신 아랍군 지휘관 한 명이 영국군 지원단의 조언을 무시하고 기차역을 향한 정면 공격을 명령했다. 이런 식의 진격 작전은 제1차 세계대전 중에 벌어진 수많은 전투가 증명하듯 허망한 결과로 이어질 수밖에 없었다. 로렌스는 이렇게 썼다.

"기차역으로 힘차게 돌격했던 우리 전사들이 그대로 튕겨져 나오는 장면을 지켜볼 수밖에 없었다. 길바닥은 시체로 가득했다."[36]

로렌스는 다른 영국군 장교들의 철로 폭파 작전을 지원하면서 마안 주위에 며칠 더 머물렀다. 그러나 허무한 돌격전 탓에 철도 요충지 공략이라는 목표는 실패한 것이나 마찬가지였다. 영국군은 마안 이남의 헤자즈 철도에 심대한 타격을 가했고, 그로 인해 96킬로미터에 이르는 철도 구간이 마비되어 메디나 주둔 터키군을 영구적으로 고립시켰다고 공표했지만 당초 예상했던 성과에 비하면 미미한 수준에 불과했다.[37]

5월 2일, 로렌스가 람레에 있는 앨런비의 총사령부에 도착하자 더 나쁜 소식이 기다리고 있었다. 지금까지 6주 넘도록 서부전선의 연합군은 두 차례에 걸친 독일군의 대대적인 공세를 간신히 막아내고 있었으나, 이어질 세 번째 공격을 대비하는 차원에서 앨런비의 최정예 병력 수만 명을 서부전선으로 이동시키라는 명령이 떨어진 것이다. 이는 다마스쿠스로의 진격이 불가능하다는 것을 의미했다. 로렌스에게는 지난달에 치러야 했던 그 모든 고통(실패로 돌아간 영국 기병대의 살트 작전, 재앙과도 같았던 마안 공격 그리고 파라즈의 죽음 등)이 모두 물거품이 되어버린 셈이다. 설상가상으로 로렌스가 람레에 도착하기 직전 살트에서 격퇴당한 기병대의 지휘관이 또 다른 작전에 나섰다가 패배했다는 소식이 날아들었다. 이 패배로 인해 1500명의 사상자가 발생했고, 패잔병들이 하나 둘 본진으로 복귀하는 실정이었다.

이 모든 상황을 고려할 때, 5월 15일에 다시 만난 로렌스와 앨런비 장군은 시리아 전선에 돌파구가 형성될 가능성은 그 어느 때보다 낮다는 현실을 인정하지 않을 수 없었다. 실제 가능성은 두 사람의 생각보다 훨씬 더 낮았다. 그사이에 서부전선 장군들이 앨런비의 병력을 두 번이나 차출해간 상태였고, 이집트 원정군은 이제 선봉 부대 병력의 절반에 해당되는 6만 명을 빼앗길 판이었다. 런던에서는 이와 같은 손실분을 이라크나 인도의 지원 병력으로 충당하겠다고 밝혔지만, 향후 시리아 전선은 한동안 휴면 상태에 빠질 수밖에 없었다.

이날 앨런비 장군은 로렌스와 차를 마시면서 병력을 대대적으로 재정비할 계획을 설명했고, 이 과정에서 우연히 낙타 부대 ICC를 거론했다. ICC는 영국군 최정예 전력 중 하나인데도 지난 6개월 동안 시나이 반도에서 이렇다 할 임무를 받지 못한 채 빈둥거리고 있었다. 앨런비는 ICC를 전형적인 기병대로 전환하는 계획을 검토하면서, 병사들을 낙타 대신 말에 태우는 구상을 꺼냈다.

시리아 작전에 나서는 순간부터 아랍 반란군이 직면한 가장 큰 문제는 낙타가 절대적으로 부족하다는 점이었다. 이는 작전의 규모와 영역이 확대될수록 한층 심각한 문제로 불거졌다. 낙타가 부족한 탓에 보급 범위도 한계가 있었고, 그로 인해 설계한 작전을 축소하는 일도 빈번했다. 아예 작전을 취소하는 경우도 적지 않았다. 게다가 로렌스를 비롯한 영국군 장교들이 그 지역의 거의 모든 낙타를 사들였기 때문에 이제는 멀쩡한 낙타를 찾아보기도 어려워졌고, 겨우 찾았다 해도 터무니없이 비쌌다. 따라서 ICC를 재편하겠다는 말은 중동 전역을 통틀어 가장 훌륭한 낙타 2000마리를 구할 수 있다는 뜻이기도 했다.[38]

로렌스는 앨런비에게 곧바로 질문을 던질 수밖에 없었다.

"낙타들은 어떻게 구합니까?"

그러자 앨런비가 웃으며 답했다.

"Q에게 물어보게."

'Q'는 병참을 담당하는 영국군 장군으로, 인도에서 부대가 도착하면 그가 수송용 낙타를 제공하기로 약속했다는 것이다. 로렌스는 Q에게 낙타를 요청했지만 매몰차게 거부당했다. 그러자 이토록 뛰어난 낙타를 수송용으로 쓴다는 건 엄청난 낭비라고 주장했고, 이 말이 앨런비의 마음을 움직였다. 그날 저녁 식사 자리에서 앨런비는 로렌스에게 ICC 낙타들을 준다면 어떻게 할 생각이냐고 물었다.

물론 로렌스가 예상했던 질문이었다. 아울러 좌절된 영국군 기병대의 두 번째 살트 공격이 한 줄기 희망으로 작용할 수도 있겠다고 판단했다. 살트에서 영국군을 내쫓은 터키군은 상대방이 같은 지점을 또다시 공격해올 것으로 판단하고 부대를 주둔시켜놓았을 것이다. 제1차 세계대전에서 영국군은 적군의 가장 강력한 거점을 반복적으로 공격하는 행태를 고집하고 있었기 때문이다. 로렌스의 방안은 터키군이 살트-암만 지역을 방어하고 있을 때 새로 얻은 낙타들을 아즈라크의 은신처에서 끌고 나와 적군의 배후를 폭넓게 타격하는 것이었다. 시리아 남부에서 가장 중요한 공격 대상지는 철도 요충지인 데라였다. 팔레스타인에서 영국군에 대적하는 터키군이 보급의 거점으로 삼은 도시였기 때문이다. 저녁 식사 자리에서 로렌스는 앨런비에게 말했다.

"언제든 명령만 내리시면 천 명의 전사로 데라를 공격하겠습니다."

이 정도 규모로는 데라를 항구적으로 장악할 순 없지만, 야르무크 지역의 철교들을 끊어버림으로써 팔레스타인 주둔 터키군의 보급 및 병력 보충을 불가능하게 만들 수는 있다는 게 로렌스의 설명이었다. 그러자 앨런비는 미소 띤 표정으로 병참 담당 장군을 쳐다보더니 고개를 가로저으며 말했다.

"Q, 자네가 졌소."

로렌스는 ICC 낙타들을 주겠다는 약속을 얻어내자마자 파이살의 막사로 달려갔다. 이 소식은 그곳에 모인 부족장들에게 큰 충격을 던졌다. 혈통 좋은 낙타 2000마리를 '선물'로 얻었다는 것은 마침내 아랍인들이 훨씬 더 먼 북쪽까지 밀고 올라갈 실질적 수단을 확보했다는 뜻이기 때문이다. 더 이상 숨어서 적군을 저격하거나 치고 빠지는 전술 따위에 목맬 필요가 없었다. 이제는 훌륭한 낙타에 올라탄 수많은 전사가 폭풍처럼 돌진해서 거대 인구가 밀집한 도시들을 단숨에 차지할 수 있을 터였다.

아울러 이것은, 로렌스는 핵심적인 요소라고 생각한바, 아랍군이 영국의 속박에서 조금은 풀려날 수 있다는 뜻이기도 했다. 낙타 떼가 도착하려면 시간이 꽤 걸릴 테고, 도착해서도 시리아의 억센 풀에 적응할 시간이 필요했다. 그리고 영국군이 전열을 가다듬는 데 소요될 시간을 고려한다면 아랍군은 두어 달 정도 독자적으로 움직일 수 있었다. 드디어 아랍군이 단독으로 시리아 내륙을 공격할, 시리아를 자력으로 쟁취할 기회가 찾아온 것이다. 이 점에 대해서 로렌스는 다음과 같이 썼다.

"훌륭한 선물을 받은 셈이었다. 무한한 이동 가능성이라는 선물이었다. 아랍인들은 이제 언제 어디서든 원하는 대로 승리를 거둘 수 있었다."[39]

———

아론 아론손은 카이로에 도착한 뒤로 우울하고 기가 죽어 있었다. 자신의 부적절한 행동으로 인해 시온주의위원회에서 뒷전으로 밀려나 하찮은 입장이 되어 있었기 때문이다. 그러나 일곱 달 만에 카이로로 돌아온 그는 자신의 NILI 조직이 겪어야 했던 비극으로부터는 어느 정도 마음을 추스른 상태였다. 그는 카이로에서 두 동생 알렉스와 샘을 다시 만났고, 여동생의 비참한 최후에 대해 자세한 이야기를 들었다. 사라를 비롯한 NILI 조직원들이 동포들의 손에 붙잡혀 적에게 넘겨졌다는 사실에 아론손은 통분했다. 지크론야코프 주민들이 요세프 리샨스키의 목에 현상금까지 내걸 정도였으니 무슨 말이 더 필요하겠는가. 1918년 봄까지도 지크론야코프는 여전히 터키군 치하에 있었다. 아론손은 일기장에 이렇게 적었다.

"내가 그 마을에 있는 겁쟁이와 비열한 작자들을 모조리 응징한다면, 살아남아서 나와 악수할 사람은 대여섯 명도 안 될 것이다."[40]

그러나 사랑하는 여동생 사라와 둘도 없는 벗 압살롬 파인버그에 대한 아론손의 감정은 그들에 대한 분노를 뛰어넘는 것이었다. 아론손에게 두 사람은 유령처럼 주위를 늘 떠돌면서 수시로 뇌리를 스치는 존재였다. 한 예로, 윌리엄 옴스비고어가 예루살렘으로 전화를 거는 모습을 본 그는 벅찬 감동을 느꼈고, 이 놀라운 장면을 일기에 설명하면서 다음과 같이 썼다.

"카이로에서 예루살렘으로 곧바로 전화를 걸다니! 사라와 압살롬이 살아서 이 놀라운 장면을 봤어야 했는데!"

이런 증상은 4월 초 시온주의위원회가 팔레스타인을 방문하러 떠날 즈음에 더 심해졌다. 위원들을 태운 열차가 가자를 지날 때 아론손은 외로이 창가에 서서 바깥 풍경을 내다보았다. 그는 농학자로서 "겨울 작물이 드물고, 있어도 상태가 나쁘다"면서 피폐한 작황에 주목했다.[41] 자신이 떠나고 2년이 흘렀지만 그다지 변한 것이 없는 풍경이었다. 그런데 정작 아론손의 마음은 여전히 압살롬과 사라를 향하고 있었다.

"그래, 우리는 열차를 타고 가자를 지나고 있었다. 그것도 영국인들과 함께! 아아, 압살롬, 너와 함께였다면……. 어디에 있니, 사라!"

팔레스타인에서 버림받은 아론손의 신세는 날로 처량해졌다. 위원회 방문을 기리는 어느 연회에서는 그 지역 유대인 원로들이 간첩 행위로 "이슈브를 위험에 빠뜨린" 사람과 한 테이블에 앉기를 거부하기도 했다.

그 밖에 유대인 대표자들과 몇 차례 만나는 자리에서도 아론손은 전쟁 초기에 국제 구호금을 분배하는 과정에서 강압적인 방법을 썼다는 이유로 심하게 비난을 당했다. 다만 야파의 유대인 거주지 텔아비브에서 열린 환영식에서는 고맙다는 인사를 받았는데, 제말이 소개령을 내려서 곤경에 처했다고 아론손이 전 세계에 널리 알린 바로 그곳이었다. 한번은 마카비협회Maccabean Society라는 유대인 단체의 청년 회원 수백 명이 위원들에게 환영가를 불러준 일도 있었다. 노래를 듣던 차임 바이츠만이 아론손을 향해 몸을 슬쩍 기울이면서 이렇게 속삭였다.

"이보게 아론, 자네한테도 이런 날이 오는군. 그동안 고생 많았네."[42]

하지만 이런 대접은 극히 이례적이었다. 바이츠만이 팔레스타인에서 수행할 임무는 극히 민감한 터라 불화를 일으키는 것은 금물이었다. 그러나 아론손에게 오른뺨을 맞고 왼뺨을 내미는 행위란 상상도 할 수 없는 일이었다. 한번은 유대인 주민 대표 한 명과 논쟁을 벌이던 어떤 위원이 아론손을 한쪽으로 끌고 가서 다리를 좀 놓아달라고 부탁했다. 그러자 아론손이 도도한 얼굴로 이렇게 대꾸했다.

"다리를 놓는다는 게 사람 사이를 원만하게 풀어주는 일이라면 나에게 어울리는 역할이 아니오. 나를 지각없는 사람이라고 탓해도 상관없소."[43]

아론손이 점차 다른 위원들과도 반목하기 시작하자 바이츠만은 그를 더 멀리 밀어냈다. 실제로 팔레스타인에서 활동하는 동안 위원회를 촬영한 단체 사진을 보면 아론손의 자리는 보통 바깥쪽이었다. 4월 말, 아론손은 위원회와 사실상 결별하고 자기만의 과제에 매달리기 시작했다.

아이러니하게도, 아론손의 단독 활동은 위원회가 팔레스타인에서 거둔 성과 중 가장 실질적인 결과를 도출해냈다.[44] 아론손이 5월 말 팔레스타인 남부의 농업을 발전시킬 수 있는 놀라운 청사진을 제시했기 때문이다. 아론손은 아랍국의 윈덤 디즈에게 문서와 지도를 제출하면서 1000제곱킬로미터에 달하는 미개간지와 '제국의 땅'(터키 정부가 소유한 땅)을 농경지로 바꾸어 전쟁으로 인한 식량 부족 사태를 완화해야 한다고 주장했다. 아론손의 이 제안은 영국군의 통제 아래 유대인 주민들이 노동력을 제공하고 시온주의를 추종하는 은행들이 자금을 대는 실제 사업으로 전환되었다. 시온주의위원회 역시 50만 파운드 이상을 모금하겠다고 서약했다. 계획대로라면 모두에게 보탬이 되는 사업이었다. 궁핍한 사람들에게 식량을 공급하게 되면 아랍인들은 팔레스타인에 유대인 인구가 늘어난 덕분에 물리적 이점을 얻는 것이고, 먹고살 만한 곳으로 알려지면 더 많은 유대인이 팔레스타인에 정착할 것이기 때문이다.

물론 영국군이 4~5년 정도 관리하다가 손을 뗀 뒤에는 농경지로 바뀐 1000제곱킬로미터가 곧바로 시온주의자들의 차지가 된다. 그러나 길버트 클레이턴은 아론손의 계획에 지지를 표명하면서 외무성을 향해 다음과 같이 순진무구하게 주장했다.

"특정 집단에 작은 호의를 베풀면, 여타 집단한테도 비슷한 특권을 제공해서 형평을 맞추기가 쉽습니다. 이는 행정의 일반 원칙으로서, 마찰이나 불만을 야기하지 않고 점진적인 발전을 이룰 수 있는 방법입니다."[45]

아론손은 자신의 토지 계획으로 기여했지만, 시온주의위원회는 그를 여전히 배척했다. 위원회의 이런 태도는 자연히 영국 인사들에게도 영향을 끼쳤다. 예컨대 5월 말 앨런비 장군이 곧 떠나게 될 위원회를 위해 예루살렘에서 공식 만찬을 열었을 때 초대받지 못한 전문위원은 아론 아론손이 유일했다.

로렌스는 수행하기 싫은 명령을 회피하기 위한 응급 처방을 오랫동안 활용해왔다. 그것은 명령이 담긴 전보가 도중에 사라졌다거나 너무 늦게 도착했다고 둘러대는 것이었다. 하지만 영국이 아랍 반란군 지도자와 시온주의자들을 협상 테이블에 앉히려고 노력할 때만큼은 이런 꼼수가 먹히지 않았다. 이에 따라 로렌스는 지연 또는 방해 전략을 활용하는 수밖에 없었다. 앞서 1918년 2월, 파이살을 협상 자리로 데려오라는 길버트 클레이턴의 명령에 그는 가까운 시일 안에 파이살이 예루살렘을 방문할 수 있기를 바란다면서 이렇게 대답했다.

"그곳 유대인들 모두가 파이살을 따뜻하게 맞이한다면 모든 일이 장군 뜻대로 이루어질 것입니다. 그러나 대중적인 공감대가 없다면, 저로서는 능력 밖인 듯합니다."[46]

영국군 소령이 명령을 수행하는 과정에서 자신의 필요와 한계를 상관에게 설명한다는 것은 1918년이나 지금이나 용납할 수 없는 행동이다. 그러나 클레이턴은 부분적이나마 자신의 명령이 받아들여졌으므로 거부한 것보다는 낫다고 판단했는지, 평정심을 잃지 않고 로렌스의 말대꾸를 용납했다. 로렌스는 영국군 사령부 내에서 파이살에게 영향력을 행사할 수 있는 거의 유일한 인물이었기 때문이다.

5월에 클레이턴이 같은 용건을 다시 제시했을 때, 로렌스는 전술을 살짝 바꾸었다. 당시 팔레스타인의 아랍인들과 시온주의위원회가 계속 마찰을 빚는 것 아니냐는 의심이 이어지자 바이츠만은 파이살과 직접 만나고 싶다고 했다. 팔레스타인의 영국군 사령부는 바이츠만의 생각을 전폭적으로 지지했고, 5월 22일 클레이턴은 아카바로 전보를 쳐서 로렌스에게 의견을 물었다.

"회담이 어떤 식으로 이루어져야 한다고 보는가? 내 생각에는 자네가 회담에 참석하는 것이 좋겠네. (…) 이 사안에 대한 자네 의견을 하루속히 들을 수 있기를 바라네."[47]

로렌스는 다음 날부터 아카바에 체류했기 때문에 이 전보를 못 받았을 리가 없다. 그러나 무슨 이유에서인지 회신을 보냈다는 기록이 전혀 없다. 5월 24일, 바이츠만은 닷새 후 아카바로 떠나기로 결정되었고, 이에 다시 한번 전보가 아카바로 날아갔다. 이번에는 앨런비 장군의 총사령부에서 아카바 주둔군 사령관에게 보내는 것이었다.

"회담은 아카바 사령부에서 개최한다. 바이츠만 일행은 자동차 편으로 도착할 것이다. 셰리프 파이살과 로렌스의 의견을 보고하라. 특히 로렌스는 회담에 반드시 참석해야 한다. 곧바로 회신할 것."[48]

로렌스는 이 전보도 확인했을 것이다. 그러나 또다시 답변을 보내지 않았다. 그 대신 5월 27일, 바이츠만이 아카바에 도착하기 며칠 전 북쪽 지역으로 정찰을 떠날 구실을 찾았다. 바이츠만이 방문해 있는 동안 연락을 주고받을 수 없는 가장 쉽고도 확실한 방법이었다.

마침내 6월 4일 오후, 로렌스가 떠나버린 뒤 파이살과 영국 시온주의 대표가 마주 앉았다. 우호적이고 유쾌한 만남이었다. 이 자리에서 바이츠만은 아랍식 두건을 머리에 써보기도 했고, 파이살 역시 메카에 계신 아버지가 존귀한 실권자이며 자신은 별로 대단치 않은 사람이라면서 시리아 문제는 여전히 불안정해서 세부적으로 따질 계제가 아니라고 했다. 바이츠만은 흡족한 표정으로 회담장을 떠났고, 영국군 장교들 역시 마찬가지였다. 클레이턴은 회담 내용을 자세히 전해 들은 뒤 외무성으로 다음과 같이 보고했다.

"대단히 성공적인 회담이었다고 생각합니다. 바이츠만과 파이살은 이 자리를 통해서 상대방에 대한 공감과 이해의 폭을 넓혔습니다. 내내 허심탄회하고 솔직한 심정을 주고받는 자리였습니다. 이처럼 친밀한 만남이 나쁜 결과로 이어질 가능성은 전혀 없습니다."[49]

나흘 뒤인 6월 8일, 정찰을 마치고 아카바로 돌아온 로렌스는 이러한 평가에 동의하지 않았다. 그가 보기에, 영국의 강요로 이루어진 이번 화합의 만남은 도리어 아랍세계에 존재하는 파이살의 경쟁자들에게, 나아가 후세인의 경쟁자들에게 더 많은 무기를 쥐여주었을 뿐이었다.

그러나 이것이 전부였다. 영국은 밸푸어 선언에서 한 걸음도 물러설 생각이 없었다. 평화회담 전까지도 14개조 선언을 내세운 미국의 압력은 조금도 전달되지 않았고, 그사이에 미국이 중동 문제에 영향력을 행사할 가능성도 없었다. 스스로 무언가 해내고 싶은 아랍인들 역시 낙타 떼가 오고 있다는 소식을 받지 못한 상태였고, 낙타들이 도착한다 해도 시리아 풍토에 충분히 적응한 뒤에야 대규모 작전에 동원할 수 있었다. 물론 터키와의 타협이라는 한 가지 가능성이 있었다. 마침 파이살은 바이츠만이 아카바에 도착하기 이틀 전에 메흐메트 제말 장군으로부터 또다시 비밀 전갈을 받은 터였다.

그때까지도 파이살과 터키 장군의 불장난은 영국 고위층에 알려지지 않은 상태였다. 그러던 지난 3월 말, 레지널드 윈게이트는 한 첩보원이 입수한 파이살의 편지 사본을 받았다. 그 편지는 메흐메트 제말에게 개괄적인 협상 조건을 제시한 것으로, 당시 윈게이트는 외무성에 다음과 같이 보고했다.

"이 서신이 얼마나 중요한 것인지 지금으로서는 말하기 어렵습니다. 아울러 에미르 파이살에게 무슨 의도냐고 직접 캐묻는 것도 적절치 않은 듯합니다. (…) 그러나 아랍군 지도부가 최근의 군사적 상황에 낙담하고 연합국의 팔레스타인 정책을 의심한 나머지 아랍의 미래에 대한 터키의 공식 의견을 파악하기 위해 촉수를 뻗고 있다는 의심이 드는 것만은 분명합니다."[50]

이 소식을 접한 외무성 고위 관료들은 놀랍도록 솔직한 반응을 보였다. 여러 가지 지적은 있었지만, 영국도 스위스에서 터키 협상단과 비공식 대화를 벌이고 있는 만큼 파이살을 비난할 수 없다는 반응이 주류였다. 대신 마크 사이크스의 최초 제안에 따라 신사적인 방법으로 위협을 중화시키는 쪽에 무게가 실렸다. 파이살에게 훈장을 수여하자는 것이었다. 그로부터 몇 달 동안 영국 고위 관료들은 아랍 반란 지도자의 충성을 넉넉히 담보하기에 적합한 훈장이 무엇인지를 놓고 저마다 한마디씩 거들었다.[51]

희한하게도 파이살을 가장 강력하게 옹호하고 나선 사람은 길버트 클레이턴이었다. 4월 초, 그는 파이살이 배신할 것이라는 의혹은 오해이며 그가 메흐메트 제말에게 제안을 던진 것은 '전후'에 찾아올 아랍-터키 간 화해를 겨냥한 것으로 보인다고 외무성에 황급히 알려왔다. 그럼에도 불구하고 런던은 이 기회를 빌려 "모든 수단을 동원해서 아랍과 대영제국의 동맹관계를 강화해야 한다"고 클레이턴은 주장했다. 구체적으로, 요르단 강 동쪽 전 지역에서 파이살의 권위를 인정하고 프랑스가 시리아에 대한 자국의 권리를 포기한다는 내용을 "공식 발표하도록 압박"하는 방안을 꺼냈다.[52] 이러한 파이살에 대한 클레이턴의 관대한 시각은 나름대로 근거가 있는 것이었다. 클레이턴이 외무성에 보고한 대로, 그에게 이와 같은 생각을 심어준 사람(아울러 여러 방안을 추천한 사람)은 역시 T. E. 로렌스 소령이었다.

파이살과 터키의 비밀 협상에서 로렌스가 정확히 어떤 임무를 수행했는지 명확하게 밝혀진 바는 없다. 로렌스는 파이살에게 사이크스-피코 협정을 폭로했을 때처럼 법적 책임을 피하기 위해서였는지 초기 전기작가들에게 이 부분에 대해 모호하고 모순적인 대답을 들려주었다. 분명한 것은 로렌스가 당시 협상 과정에서 자국 정부에 맞설 수 있는 어떤 강력한 무기를 확보했다는 점이다. 그는 아랍인들이 배신을 당하더라도 비빌 언덕이 있다고 깨달은 것이 틀림없다. 메흐메트 제말이 6월 2일에 보낸 편지를 보자.

"오늘날 이슬람 최고의 대변자인 오스만 정부는 모하메드 종교의 가장 큰 적들을 압도하고 있습니다. 나는 선도자의 가장 훌륭하고 고귀한 후손(파이살)에게 이슬람 수호에 동참할 것을 권유함으로써 선도자의 이름을 빛내고자 하는 바입니다. 터키군의 우월성은 진정한 신도들에게 안전하고 행복한 삶을 선사할 것입니다."[53]

장군은 파이살에게 "우리가 모든 아랍인의 희망을 실현할 수 있을 것으로 확신"한다면서 나흘 안에 만나자는 제안으로 글을 맺었다. 파이살은 직접 대면하자는 제안을 받아들이지 않았지만 다시 한번 답장으로 화답했다. 그 편지에서 파이살은 암만 이남에 주둔한 터키군의 철수를 재차 요구하면서, 오스트리아-헝가리의 느슨한 연합 방식으로 양측이 관계를 형성하면 어떻겠냐고 제안했다. 여전히 모호한 제안이었지만, 여타 전제 조건들은 그렇지 않았다. 터키군 소속의 아랍 병사 전원을 아랍군 소속으로 보내달라는 것이었다. 아울러 "아랍군과 터키군이 공동의 적을 상대로 싸울 경우, 아랍군은 독자적인 사령관의 지휘를 받는다"는 내용도 있었다.[54] 이쯤 되면 단순한 화해 수준이 아니라 (전후 시대를 고려한 것도 아닌) 아랍과 터키가 연합군에 맞서 군사 동맹을 맺자는 말이었다. 가장 확실한 증거는, 파이살이 아카바에서 메흐메트 제말에게 이 편지를 보낸 날이 늦어도 6월 10일 이전이라는 점이었다. 8일에 아카바로 복귀한 로렌스와 이틀을 함께 보낸 뒤였다.[55] 로렌스는 10일이 되어서야 영국군 수뇌부와 추가 협의를 위해 아레투사 호를 타고 카이로를 향해 떠났다.

탁월한 전략가라면 뛰어난 상황 적응력과 더불어 감정에 휘둘리지 않고 유리한 입지를 장악하는 능력을 지녀야 한다. 파이살이 메흐메트 제말에게 보낸 마지막 전갈에 로렌스가 간여했는지는 알 수 없지만, 며칠 뒤 그는 그토록 만남을 피해왔던 차임 바이츠만과 회담을 시작했다.

어느 모로 보나 두 사람의 대화는 화기애애했다. 바이츠만은 아랍 반란 지도자들을 향한 노력이 지금 마주 앉은 중급 장교의 손에 달려 있다는 사실을 납득한 상태였다. 누군가의 책사로서 자리한 로렌스 역시 팔레스타인이라는 지뢰밭을 헤쳐나가는 시온주의 대표자의 명민함에 깊은 인상을 받았다. 유대인 주민들에게 충격 요법을 가해서 마음속에 시온주의를 심어주는가 하면, 몇 가지 논점을 통해 아랍인들의 우려를 불식시키는 성과를 거둔 인물이었기 때문이다. 따라서 뛰어난 두 지략가가 만나서 금세 서로의 공통점을 발견한 것은 놀라운 일이 아니었다.

여기서 공통점이란 상호 의존성에 뿌리를 둔 것이었다. 유대인들이 팔레스타인에 "민족적 고향"을 세우려면 영국이 전쟁에서 반드시 이겨야 하고, 따라서 아랍 반란을 지원해야 하는 입장이었다. 파이살과 만났을 때 아랍의 독립을 촉진하기 위해 국제 시온주의 운동을 활용하자고 제안했던 바이츠만은 람레에서 만난 로렌스에게 한층 더 구체적인 이야기를 들려주었다. 아랍군이 터키군과 싸우는 데 필요한 자금과 군사 훈련까지 '촉진'의 범주에 포함하겠다는 것이다. 로렌스는 전후 시리아에서 시온주의자들이 중추적인 역할을 맡게 될 것으로 전망했고, 6월 17일 바이츠만과 나눈 이야기를 보고하면서 이렇게 언급했다.

"파이살이 대시리아를 차지하자마자 (땅주인인) 토호들, 식자층, 기독교도, 외국인 등은 그를 등질 것입니다. (…) 그러면 팔레스타인에서 영국군의 비호 아래 안정적으로 결집한 영국과 미국의 유대인들은 시리아의 아랍국에 도움의 손길을 내밀 때가 되었다고 판단할 것입니다. (…) 셰리프 파이살은 그 손을 잡을 수밖에 없습니다."[56]

파이살로서는 그렇게 도움을 받아야 국내의 반대 세력을 '제거'할 수 있었다. 무엇보다 프랑스에 대해 뿌리 깊은 의심을 품고 있는 시온주의자들이야말로 프랑스의 위협을 중화시키고자 하는 파이살에게 더없이 좋은 동반자가 될 수 있었다.

하지만 이 모든 이야기는 나중 일이었다. 로렌스는 당분간 아랍인들은 시온주의자들의 도움을 기대해서도 안 되고 받아들여서도 안 된다면서, 바이츠만에게 후세인 왕 알현을 허락해서는 안 된다고 외무성을 설득했다.

시온주의자들 문제에 대한 로렌스의 명백한 태도 변화는 상관들을 무척 기쁘게 했다. 물론 분명한 한계가 있는 변화였다. 순진해서인지 아니면 계산된 희망 사항이었는지, 지난 석 달 동안 차임 바이츠만을 상대했던 그곳 영국 관료 대다수는 유대인 공동체가 팔레스타인에서 아랍인들과 정치적·경제적으로 조화롭게 살아갈 수 있다고 안심시키는 바이츠만의 말을 의심하지 않았다. 그러나 고수가 고수를 알아보듯, 로렌스는 단박에 꿰뚫어보았다. 6월 16일자 보고서에 이렇게 언급했다.

"바이츠만 박사는 50년 내에 팔레스타인을 완전한 유대인의 땅으로 만들 작정입니다. 유대인이 팔레스타인에서 영국의 통제를 받는 것은 일시적인 과정으로 보고 있습니다."

로렌스는 시간 예측에서 실수를 저질렀다. 영국이라는 굴레를 벗어던지고 차임 바이츠만을 초대 대통령으로 한 이스라엘이 탄생하기까지는 30년밖에 안 걸렸기 때문이다.

카이로에 도착한 지 세월이 꽤 흘렀지만 윌리엄 예일은 두 가지 문제로 좌절감을 맛보고 있었다. 첫째는 미국 정부가 중동 문제에 실제로 관심이 있는지 도통 모르겠다는 점이다. 1917년 10월 말 이후로 매주 월요일 국무성의 릴런드 해리슨에게 장문의 보고서를 보내왔지만, 짤막한 전보 몇 건 말고는 아무 반응이 없었다. 심지어 지침을 내려달라는 요청에 대해서도 (보고서에 읽을 만한 내용이 없는 것인지, 다른 이에게 보고하기를 원하는지 물어도) 묵묵부답이었다.

예일이 좌절감을 느끼는 두 번째 이유는 훨씬 더 개인적인 것으로, 영국군으로부터 전선 방문 허가를 이끌어내지 못하는 자신의 무능함 때문이었다. 그는 3월 초 T. E. 로렌스를 만났을 때 아카바에 있는 아랍 반란군 기지에 오라는 초대를 받았다. 하지만 정작 방문을 허락해달라는 예일의 요구는 영국 관료주의라는 무덤에 묻혀버렸다. 시온주의위원회가 실태 조사 명목으로 팔레스타인을 찾을 때에도 예일은 방문하길 원한다는 청원을 넣었지만 길버트 클레이턴으로부터 "그 계획은 조금 어려울 것 같다"는 대답만 들었다.[57] 그는 미국 적십자사 파견단에 묻어가면 안 되겠냐고도 부탁했지만, 신분을 세탁해달라는 미국 첩보원의 요청을 비정부기구가 달갑게 여길 리 만무했다. 레지널드 윈게이트가 미국 대사관에 설명하기로, 예일이 팔레스타인에 가려면 앨런비 장군의 참모이자 연락장교로 분류되어야만 했다.[58] 하지만 당시 그는 군인 신분이 아니었고 군에서 활동한 적도 없었기 때문에 카이로에 남을 수밖에 없었다. 그것이 외교 관례였다.

어쩔 수 없이 예일은 자신의 역량을 훨씬 더 중요한 임무에 집중했다. 긴박하게 돌아가는 중동 사정을 윌슨 행정부에 일깨워주는 일이었다. 말이야 쉽지 실제로는 어려운 임무였다. 예일은 잘라 말했다.

"우리 고상한 윌슨 정부는 14개조라는 선언을 내놓기는 했어도 아무런 정책이 없었다. 표면적으로 막연한 이상을 내세우지만 현실은 이전투구판이었고, 평화회담이 아니라 적개심 어린 공격으로 모든 것이 결정되는 싸움터였다. 그러나 미국 정부에는 이와 같은 인식이 거의 없었다. (…) 지구촌 무대에서 '구원자'로 행세하려면 위기가 닥치고 때가 무르익을 때까지 기다려서는 안 된다. 모든 사안에 수시로 개입해서 꼬치꼬치 따지고 들어야 한다. 월슨 대통령과 그의 참모들은 이렇게 빤한 이치도 깨닫지 못하는 것 같다."[59]

이런 상황에서 나타난 쓰라린 역설이라면, 아울러 예일이 느낀 좌절감의 원천이라면, 당시 중동에 발을 담근 거의 모든 주체가 1918년 늦봄까지 미국이 여러 분야에 개입해줄 것을 애타게 호소하고 있었다는 점이다. 이미 1917년 10월 레지널드 윈게이트는 전후 팔레스타인 '통치권'을 미국이 인수하는 게 어떻겠냐고 미국 외교관에게 제안했을 정도였다. 이는 당시 영국 외무성 내부에서 공감대를 얻었던 발상이기도 했다. 조금은 다른 목적일 수도 있지만, 로렌스가 예일에게 아랍인들이 미국을 매우 좋아한다고 추켜세운 데에는 역시 중동 문제에 미국이 조속히 관여하기를 바랐던 점이 분명히 있었다. 차임 바이츠만을 비롯한 시온주의자들도 영국이 아닌 미국이 팔레스타인을 통치하면 좋겠다고 서슴없이 말했다. 심지어 영국과 프랑스와 이탈리아의 제국주의자들까지도 미국의 폭넓은 역할을 인정하려는 경향을 보였다. 그 땅을 자국이 취하지 못할 바에야 유럽의 다른 '친구'들보다는 차라리 미국이 차지하는 편이 낫다고 본 것이다.

하지만 예일이 보기에 진짜 결정적인 요인은 아랍인들 사이에 싹튼 친미적 성향이었다. 확실히 윌슨의 14개조 안에 담긴 약속이 기폭제가 되었겠지만, 이런 경향은 전후 이 지역에 난무하게 될 온갖 요구를 고려할 때 대단히 합리적인 결과이기도 했다. 예일의 오랜 친구 술레이만 베이 나시프는 이런 관심을 대표적으로 보여주는 인물이었다. 개화한 아랍계 기독교도인 나시프는 시리아에서 세를 불린 유대인 공동체와 사이좋게 지내면서도 여전히 영국의 속셈을 깊이 의심했고, 후세인 왕의 범아랍국에게는 신중을 기하지만 프랑스의 구상에 단호히 반대하고 있었다. 나시프가 예일에게 설명하기로, 복잡한 상황을 타개하는 최선이자 유일한 길은 반제국주의적이고 이상주의적이며 성가시지 않을 만큼 멀찍이 떨어져 있는 미국이 개입해서 조화를 꾀하는 것이었다.

예일은 전적으로 동감했다. 그러나 윌슨 정권이 행동에 나서도록 계기를 만들어내기란 무척 어려운 일이었다. 한번은 천박한 경제적 이기심에 호소하기 위해서 "어떤 미국인이 최근 오스만 정부로부터 팔레스타인의 막대한 석유 이권을 확보한 것은 잘 알려진 사실"이라고 해리슨에게 보고한 적도 있었다. 추측건대 이 경우는 첩보원이 자신의 과거 행적을 실토한 매우 드문 사례 가운데 하나일 것이다.[60]

중동 내 미국의 위상을 몇 달 동안 한껏 찬양하던 예일은 4월 말에 이르러 마침내 행동에 나서기로 결심했다. 파리스 니므르라는 사람을 만난 직후였는데, 그는 카이로에 망명한 시리아인 공동체의 지도자이며 엄청난 영향력을 자랑하는 이집트 신문 『알모카탐AlMokattam』의 편집장이었다. 예일이 릴런드 해리슨에게 설명한 바에 따르면, 니므르를 비롯한 시리아 출신 망명자들은 미국이 조국을 구원할 것으로 줄곧 확신해 왔다.

"이 소수의 사람들은 시리아를 미국의 보호령으로 만들자는 구상을 영국과 프랑스가 눈치 채지 못하도록 최대한 은밀하게 이집트 내 시리아 사람들에게 전파하고 있습니다. 기독교인과 무슬림 모두에게 호소력을 지닌 발상입니다. (…) 미국을 열렬히 지지하는 그들이 언급한 바에 따르면, 시리아인 공동체 안에 존재하는 모든 분파는 미국이 실제로 나설까 하는 의구심을 지니고 있지만 그렇게 되기를 희망한다는 게 한결같은 반응이었습니다."[61]

예일은 이 보고서에 대한 해리슨의 반응을 기다리는 동안 워싱턴으로부터 반가운 소식을 받았다. 중동에 두 번째 특수 요원을 보내기로 결정했으며, 신임 요원이 카이로에 도착하는 대로 예일은 팔레스타인을 방문할 수 있도록 조치하겠다는 내용이었다. 후임으로 카이로에 부임할 특수 요원의 이름은 윌리엄 브루스터인데, 역시 스탠더드오일 출신으로서 예일이 예루살렘에서 일할 때 그는 알레포를 맡았기 때문에 예일도 잘 아는 인물이었다. 이로써 미국의 중동 첩보 조직은 규모가 두 배로 늘었다. 하지만 스탠더드오일의 인재풀에서 벗어날 수는 없었던 모양이다.

브루스터가 부임지로 오는 동안 예일은 서둘러 이른바 '국군National Army' 대위로 임명되었다. 지난 몇 달 동안 예일을 한사코 거부해온 영국군은 더 이상 예일에게 무례하게 굴고 싶지 않았는지 유럽으로 이동 중인 미국군의 공식 명칭인 미국 원정군American Expeditionary Force에 대해, 즉 이 해괴한 군대의 정체가 무엇인지를 캐묻지 않았다. 도리어 미국 첩보원의 장교 임관을 축하했다. 예일은 이렇게 회상했다.

"나는 카이로에서 군복을 맞춰 입자마자 군인이 되기 위한 준비를 시작했다. 군사 훈련을 아주 조금밖에 (사실상 전혀) 못 받았기 때문에 군사 업무와 예절에 대해 아는 바가 없었다. 그래서 며칠 동안 군복을 입고 카이로 시내를 돌아다니면서 지나가는 영국군 병사들을 상대로 경례법을 연습했다. 그들이 웃음기를 지우고 경례를 올려붙일 때 나도 이제 군인이 되었다는 뿌듯함을 느낄 수 있었다."

이러한 예행연습들은 신임 대위로서는 두려울 수밖에 없는 순간, 즉 앨런비 장군을 직접 찾아가 신고식을 치르는 그 순간을 염두에 둔 것이었다. 7월 중순, 예일과 신임 미국 영사 햄프슨 게리는 마침 자택에 잠시 머물던 앨런비 장군을 만나러 알렉산드리아로 향했다.

"앨런비 장군의 서재에 들어선 순간, 경례를 해야 하는지 말아야 하는지 알 수 없었다. 차려 자세로 서 있어야 할지, 의자에 앉아야 할지 막막했다. 하지만 걱정할 필요가 없었다. 장군은 나를 거들떠보지도 않았기 때문이다."

그러다가 앨런비가 갑자기 예일 쪽으로 다가서더니 군인답게 우렁찬 목소리로 말하기 시작했다.

"흠, 예일 대위. 자네는 우리 총사령부에 와서 무슨 일을 하려는가?"

"제가 해오던 정치적 업무를 이어갈 생각입니다."

예일의 답변은 오답이었다. 장군이 고함치듯 말했다.

"예일 대위, 미국 정부가 내 총사령부에 푸줏간 일꾼을 보냈다고 해도 그건 그들의 자유야. 그러나 명심하게. 우리 군에 배속된 이상 자네는 일개 병사에 불과해!"

혼쭐이 난 미국인 방문객들은 황망히 서재에서 물러나야 했다. 예일은 이렇게 확신했다.

"앨런비는 스탠더드오일 출신인 나를 돈이나 만지던 저급한 인간으로 여겼다."

다음 날 예일은 팔레스타인으로 들어가는 군용 열차에 올랐다. 숙소는 야파에서 동쪽으로 16킬로미터 떨어진 비르에스살렘의 영국군 총사령부 영내에 있었다. 숙소라봤자 간이침대와 책상, 세면대와 욕조가 전부인 조붓한 막사 한 채였다. 그러나 1918년 당시 유럽 장교 문화의 특징인, 개인 수발을 드는 당번병이 있었다. 당번병으로 가장 인기 있는 부류는 해당 임무의 수행을 위해 특별히 훈련받은 인도군 병사들이었다. 그러나 예일의 당번병은, 앨런비 장군을 성가시게 한 벌이었는지, 반백의 스코틀랜드인이었다.

번듯한 도시를 떠나 촌스러운 시골로 향하는 길이었지만 무의미하게 느껴지던 임무에서 벗어나 카이로를 떠난다는 생각에 예일은 한껏 들떴다. 그런데 카이로를 떠나기 직전, 드디어 국무성에서 회신을 보내왔다. 두 달 전에 보고한 파리스 니므르와 그가 이끄는 시리아 출신 친미주의자들의 모임에 대한 답장이 이제야 온 것이다. 빠른 회신이라고 할 순 없었지만, 국무장관 책상 위에 올라갈 만큼 중요한 보고서로 판단한 모양이다. 국무장관 랜싱의 전보에는 이렇게 적혀 있었다.

"귀관이 전송한 제28호 보고서와 관련하여 다음과 같이 밝힌다. 시리아에 대해 미국은 계속 미온적 태도를 견지할 것이다."[62]

로렌스는 그 소식을 듣고 깜짝 놀랐다. 너무도 기쁜 소식이었다. 6월 18일, 로렌스는 아라비아 북부를 담당하는 신임 작전참모 앨런 도네이 중령과 함께 아랍군의 독자적인 시리아 진출을 위한 계획을 짜기 위해 총사령부로 향했다. 그곳에서 앨런비 장군의 참모장 윌리엄 바살러뮤 장군에게 작전을 설명하자, 몇 분 동안 내용을 듣던 그는 미소 띤 얼굴로 고개를 저으며 사흘 일찍 람레에 왔으면 좋았을 것이라고 말했다.

알고 보니, 제1차 세계대전 발발 이래 유례를 찾기 힘든 사건 하나가 지난 달 팔레스타인에서 발생했다. 어떤 부대가 예정보다 '빨리' 전투 준비를 마친 것이었다. 앨런비가 유럽 전선으로 떠나보내야 했던 정예 부대를 대체하기 위해 이라크와 인도에서 각각 출발한 영국군과 인도군이 최근 몇 주에 걸쳐서 속속 도착하고 있었다. 그동안 총사령부는 이들 부대를 전선으로 이동시키고 기존 이집트 원정군과 신속하게 융화할 수 있도록 많은 노력을 기울이고 있었다. 6월 15일에 총사령부에서 열린 참모 회의에서 이와 같은 노력이 성공적이라고 판단, 이르면 9월부터 시리아의 심장부를 향해 "총공격을 시작해 끝장을 볼 때까지 밀어붙이기에 충분하다"고 결론을 내렸다.[63]

이 말은 아랍군이 아무 지원도 없이 시리아로 진격하는 위험을 감수하지 않아도 된다는 뜻이었다. 이제 로렌스와 도네이가 수립한 아랍군의 향후 일정을 앨런비가 이끄는 이집트 원정군의 계획과 긴밀하게 엮으면 얼마든지 양측이 합동 작전을 펼칠 수 있었다. 중동에서 계획이란 늘 뒤집히기 마련이지만, 두 번째로 총사령부를 방문했을 때 로렌스는 안도의 한숨을 내쉬었다. 이집트 원정군의 출정 날짜가 결정되었음을 확인했기 때문이다. 9월 19일이었다.

그사이의 정치적 변화로 인해 아랍군과 영국군의 동반 작전 가능성은 한층 유력해졌다. 5월 초, 시리아 사회의 각계각층을 대변한다고 주장하는 시리아인 망명자 집단의 유력 인사 일곱 명이 공개서한을 띄웠다. 시리아의 미래에 대해 대영제국과 프랑스가 구상한 내용을 투명하고 명확하게 밝히라는 요구였다. 런던과 파리는 이른바 '일곱 시리아인의 편지'를 애써 무시하려 했으나 국제적인 관심이 쏠리기 시작하자 난처한 상황에 처했다. 그리고 결국은 이러한 갈등에 대한 책임이 가장 큰 두 인물, 마크 사이크스와 프랑수아 조르주피코에게 사태를 해결하라는 임무가 떨어졌다. 한동안 고민하던 사이크스와 피코는 6월 중순이 되어서야 일곱 시리아인의 편지에 대답을 내놓았다. "현재 전쟁 기간에 아랍인들이 터키의 압제로부터 스스로 해방시킨" 땅에 대해서는 영국과 프랑스가 "그곳에 거주하는 아랍인들의 완전한 독립과 주권을 인정하고 자유를 향한 그들의 투쟁을 지원"할 것이라는 내용이었다.[64]

로렌스에게 이 내용은 자신과 반란군이 그토록 오랫동안 갈망해온 독립 아랍국의 약속을 최종적으로 재확인하는 것이었다. 반면 표면 아래 도사리고 있을 것으로 줄곧 의심해온 조건을 시인하는 것이기도 했다. 한마디로 아랍의 독립은 그들 스스로 자유를 쟁취한 땅으로 한정한다는 점을 공식화한 것이었다. 이런 관점에서 아랍 반란군은 다가오는 영국군의 대공세에 무조건 참여해야 하는 처지였다. 7월 11일 로렌스는 총사령부에서 몇 가지 조언을 내놓은 뒤, 카이로를 거쳐 서둘러 아카바로 돌아갔다. 오랫동안 미루어두었던 아랍군의 북진 준비에 매진하기 위해서였다.

로렌스가 첫 번째로 처리해야 할 과제는 파이살과 터키 장군 메흐메트 제말의 길고도 위태로운 불장난에 종지부를 찍는 일이었다. 7월 말, 로렌스는 파이살이 평화 제안을 담아 제말에게 보낸 7월 10일자 서신의 사본을 데이비드 호가스에게 내밀었다. 그렇게 폭발적인 문건을 어떻게 습득할 수 있었는지 설명하기 위해 로렌스가 지어낸 거짓말(그는 파이살의 필경사한테서 슬쩍 구했다고 주장했다)은 언뜻 듣기에도 터무니가 없었다. 그러나 상관들이 듣기에는 그럴싸했던 것 같다. 오히려 아라비안나이트의 풍취가 물씬 풍긴다고 여겼는지도 모르겠다.[65]

그런데 파이살의 배신이 불러일으킨 가장 직접적인 영향은, 괴이하게도, 파이살에게 어떤 훈장을 하사할 것인가에 대한 논쟁의 불씨를 (몇 달 만에 사그라지는 것이 아쉬웠는지) 뜨겁게 되살려놓았다는 점이다. 20세기 초 영국의 기괴한 단면을 적나라하게 보여주는 대목이 아닐 수 없었다. 인류 역사상 가장 많은 피를 흘린 전쟁의 와중에, 게다가 대영제국의 운명이 풍전등화의 위기에 놓인 암담한 시점에, 33세 된 사막의 왕자에게 어떤 훈장을 내릴 것인가를 두고 열 명도 넘는 제국의 고관대작들이 모여 핏대를 올리는 데 소일하고 있었다. T. E. 로렌스는 파이살이 훈장에 관심을 보이지 않는다고 조언했지만, 그들은 왕자를 가장 잘 아는 유일한 영국인의 충고 따위에는 아랑곳하지 않았다.[66]

1918년 8월 7일 오전, 로렌스는 호위병 60명을 아카바 해변에 집합시켰다. 벌써 몇 주째 미친 사람처럼 전투 준비에 매달렸지만 9월까지 시리아 심장부를 공격하기 위한 만반의 태세를 갖추려면 아직 할 일이 태산이었다. 어쨌든 보급품 수송단 조직, 병력 및 무기의 이동 계획 같은 지루한 후방 업무가 거의 끝나가는 참이었다. 그날 로렌스는 위대한 전투로써 끝장내고 말겠다는 각오를 다지며 호위병들과 함께 내륙으로 출발했다.

길을 나선 로렌스의 마음속에서는 '만약'으로 시작하는 수많은 질문이 넘쳐났다. 앞서 1917년 10월 영국군이 처음 팔레스타인으로 진격하기 전날 밤, 앨런비 장군은 아랍군을 전투에 어떤 식으로 활용하면 좋을지 로렌스에게 물었다. 아랍군이 떼죽음을 당하지 않을까 우려스러웠던 로렌스는 자신이 지휘하는 야르무크 철교 습격 작전을 제안했다. 아랍군의 전투 참여를 최소화하려는 의도였다. 당시 그가 망설이지 않았다면 사태가 얼마나 다르게 흘렀을까. 아랍군이 팔레스타인 공세에 화끈하게 가담했다면 이 마지막 해의 참담한 교착 상태를 피할 수 있었을지 모른다. 전쟁은 이미 끝났을지도 모른다. 물론 그랬다면 데라와 타필레의 악몽도, 다우드와 파라즈의 죽음도 피할 수 있었을 것이다.

이제 그 모든 것에 대해서 속죄할 시간이었다. 그날 아침 아카바에서 로렌스는 화려한 색깔의 긴 옷을 걸친 호위병들에게 반드시 승리를 쟁취하자고 소리쳤다. 그리고 몇몇 시리아 출신 병사에게는 머지않아 고향으로 돌아갈 것이라고 약속했다.

"우리가 바람 부는 바닷가 모래사장에 집결하는 것도 이번이 마지막이다. 눈부신 파도와 빛나는 태양도 제군들의 찬란한 기운을 이기지 못할 것이다."[67]

서부전선의 독일군은 벨기에의 휴양도시 스파에 있는 근사한 대저택과 우아한 호텔 몇 곳을 총사령부로 사용하고 있었다. 1918년 7월 31일, 쿠르트 프뤼퍼와 압바스 힐미는 카이저 빌헬름 2세를 알현하기 위해 그곳의 어느 대회의실로 안내받았다. 이 자리에서 빌헬름은 전임 이집트 케디브에 대해 "아주 좋은 인상"을 받았고, 영국으로부터 조국을 되찾기 위한 그의 원대한 구상도 감명 깊게 들은 것 같다고 프뤼퍼는 일기장에 썼다. 대화 막바지에 카이저는 프뤼퍼를 바라보면서 말했다.

"다음에는 해방된 이집트에서 만나기를 바라겠네."[68]

독일 황제는 두 사람을 만나서 무척 즐거운 표정이었으나 대회의장에서 나온 두 사람은 침묵에 잠겼다. 황제는 전쟁 기간에 급격히 늙어서 풍채도 예전만 못할뿐더러 정신마저 흐릿해졌기 때문이다. 군대 문화에 익숙한 프뤼퍼가 보기에 독일 황제의 권위는 추락한 것이 분명했다. 그 화려한 훈장과 군인다운 기품에도 불구하고 이제 황제는 압바스 힐미처럼 허수아비나 다름없었다.

이런 국면은 7월 23일 두 사람이 콘스탄티노플을 떠나올 때 예상한 바와 상당히 다른 것이었다. 그들에게 거는 기대가 적지 않음을 증명이라도 하듯, 내무장관 탈라트를 비롯한 터키 정부 대표단은 기차역까지 나와 배웅을 해주었다. 그렇게 출발한 그들은 여러 동맹국의 중심부를 천천히 관통하면서 결핍과 쇠락의 현장을 수없이 목격해야 했다. 몇 달 전보다 훨씬 더 피폐한 땅과 주민들의 모습은 악화된 현실을 적나라하게 대변하고 있었다. 독일 정부가 끝없이 선전하고 있는 낙관적 전망과 최후의 승리가 머지않았다는 약속은 거짓말이 분명했다.

스파에 도착했을 때 그들은 이 거짓말의 본질을 더 명확히 파악할 수 있었다. 7월 17일, 보통 '카이저의 전투Kaiserschlacht'라 부르는, 독일군의 다섯 차례에 걸친 서부전선 대공세 가운데 마지막 전투가 5개월 만에 중단되었다. 독일군은 70만 명이 죽거나 다치는 피해를 입은 채 프랑스 북부를 가로지르는, 1917년부터 독일이 견고하게 요새화하여 구축한 힌덴부르크 저지선까지 물러나고 있었다. 독일이 "최후의 승리"를 거둘 가망도, 전쟁이 끝날 기미도 안 보였다. 독일이 힌덴부르크 저지선을 사수하는 한 승자도 패자도 없는 끔찍한 전투가 무한정 이어질 판이었다.

전선 반대편에 있는 장성 및 참모들의 예측도 마찬가지였다. 마침내 미국군 병사들이 프랑스에 물밀듯이 도착하기 시작했지만 연합군 측에서는 가장 긍정적인 편인 전략가들조차 1919년 여름쯤에야 어떤 돌파구가 마련될 것으로 내다보고 있었다. 보수적인 입장에서는 그보다 훨씬 더 오랜 기간을 예상하고 있었고, 심지어 전쟁이 1920년대 중반까지 이어질 것으로 보는 사람도 꽤 있었다.

연합국의 내로라하는 전문가들의 진단은 대동소이했으나, 그들의 진단은 완전히 빗나갔다. 전 세계적으로 무려 1600만 명의 목숨을 앗아간 이 전쟁은 상상할 수 없을 만큼 빠른 속도로 종말을 향해 치닫고 있었다. 뜻밖에도 전쟁의 종말은 제1차 세계대전의 수많은 전장 가운데 가장 외지고 하찮게 취급받던 곳, 바로 시리아 사막에서 싹트기 시작했다.

❖ 18장
다마스쿠스

우리는 '포로를 만들지 말라'고 명령했고, 그들은 명령에 따랐다.
―1918년 10월 T. E. 로렌스,
타파스 사건에 대한 공식 보고서[1]

1918년 9월 12일은 제1차 세계대전이 발발한 지 50개월이 되던 날이었다. 그날 각지의 전황을 살펴보던 연합국의 군사 및 정치 지도자들은 동맹군의 붕괴가 머지않았다고 생각했다. 그러나 그런 확신이 오판으로 증명된 사례가 한두 번이 아니었기에 안심할 수는 없었다. 당시 서부전선의 독일군은 춘계 대공세에서 획득한 땅을 도로 내어주고 힌덴부르크 저지선 뒤로 물러나 전열을 가다듬고 있었다.

프랑스―미국 연합군은 그달 말 뫼즈 강 근처에서 수많은 요새로 이루어진 역사상 가장 강력한 방어망을 두들겨보는 임무를 수행하기로 했다. 남부전선의 이탈리아군 지휘관들은 150만 명이 넘는 사상자를 내고도 아무 소득을 올리지 못한 뒤에야 정신을 차린 듯했다. 이제는 제대로 공략하겠다는 각오로 거의 1년 동안 피아베 강 맞은편 제방을 지키고 있는 오스트리아―헝가리군을 상대로 신중한 작전을 짜고 있었다. 발칸 반도에서는 프랑스, 세르비아, 그리스, 영국이 마케도니아의 불가리아 군대를 치기 위해서 합동 작전을 준비하고 있었다. 수백만 명의 죽음을 마음에 새긴 채 동시다발 작전에 나선 연합군으로서는 겨울이 오기 전에 승기를 거머쥘 수 있을지를 시험해볼 중요한 기회였다. 이 싸움에서 전세를 돌리지 못한다면 다음 봄까지도 공방이 이어질 수 있었다. 실제로 영국 총리 로이드조지는 미국군이 프랑스에 모두 상륙해서 연합군이 압도적인 전력을 갖추게 되는 1920년까지 독일에 대한 전면 공격을 미루자고 제안한 바 있었다.[2]

사람들은 폭풍 전야와 같은 고요한 공포 속에서도 종전이라는 희망의 기운을 조심스럽게 감지하면서 하루하루를 버텨내고 있었다. 사는 곳이 전선의 이쪽이냐 저쪽이냐에 따라서 감당해야 하는 운명이 달라지는 상황이었고, 심지어 해결의 윤곽이 전혀 보이지 않는 판국이었으나 인류 역사상 최악의 전쟁이 어떤 식으로든 해결을 향해 조금씩이나마 나아가고 있다는 믿음이 싹트기 시작했다.

9월 12일은 아론 아론손이 사우샘프턴에서 여객선을 타고 뉴욕으로 항해를 시작한 지 닷새째 되는 날이기도 했다. 지난 8월에 영국으로 돌아온 그는 몇 주 동안 파리와 런던을 오가면서 팔레스타인 토지 매입 계획에 대한 지원을 얻으려 백방으로 뛰어다녔지만 좌절의 나날을 보내야만 했다. 게다가 차임 바이츠만을 비롯한 영국 내 시온주의 지도자들과 신경전을 벌이느라 상황은 꼬여갔다. 그러던 어느 날, 바이츠만과 마크 사이크스는 성가신 농학자를 일시적으로 떼어놓을 수 있는 방법을 찾아냈다. 미국의 유대인 공동체를 규합하는 임무를 다시 한번 아론손에게 제안한 것이다. 그것이 아론손을 이용해먹을 가장 좋은 방법이기도 했다. 뉴욕 항을 향해 배가 출항하자마자 아론손은 회의와 만남 일정을 세밀하게 작성하기 시작했다. 앞으로 몇 달 동안 미국에서 바삐 지내야 하는 이유가 생긴 것이다.

쿠르트 프뤼퍼의 여름은 괴상한 계절에서 점차 비현실적인 계절로 변하고 있었다. 7월 말, 이집트 왕좌 탈환을 노리는 압바스 힐미에게 카이저를 알현시킨 이후 몇 주간 독일 곳곳을 함께 여행했고, 전임 케디브는 영주들의 땅에서 베푸는 공식 만찬과 회담을 이어나갔다. 8월 중순, 독일 동남부 알프스 산기슭의 휴양도시 가르미슈파르텐키르헨에서는 카이저의 여동생 빅토리아 공주를 비롯하여 공주를 추종하는 인사들과 어울려 열흘 동안 방탕한 쾌락을 즐기기도 했다. 전선에서는 하루가 멀다 하고 암울한 소식이 날아들던 시절이었다. 프뤼퍼는 카이저의 여동생과 측근인 기녀 두 명에 대해서 8월 30일자 일기에 이렇게 적었다.

"공주는 물론 기녀 두 사람과 친밀한 사이가 되었다. 밤마다 술판을 벌이고 신나게 춤을 추면서 시시덕거렸다."[3]

하지만 노상 흥청망청 즐긴 것만은 아니었다. 압바스 힐미에게 프뤼퍼는 전 세계적으로 막강한 정보 조직의 수장이었다. 그러나 전세가 동맹국에게 불리하게 전개되자 이 독일 첩보 조직의 우두머리 역시 이집트인들의 거창한 음모에 간절히 매달리는 눈치였다. 더욱이 압바스의 아들이자 상속자인 압델 모네임을 음모에 끌어들이는 것도 그의 임무 중 하나였다. 전임 케디브의 설명에 따르면, 자신의 아들은 유약하고 정신적으로 불안정하며 사디스트 성향을 보이는 청년으로, 최근에 스위스를 떠난 뒤로 영국 쪽과 놀아나는 중이었다. 그러나 프뤼퍼가 어떻게든 압델 모네임을 독일 편으로 끌어들인다면 압바스는 아버지로서 아들과 신임 오스만 술탄의 딸의 혼인을 제안할 수 있고, 성사될 경우 이집트 통치권에 대한 압바스의 요구에 힘이 실릴 수 있었다. 프뤼퍼는 이 난제를 자신이 해결하면 외국 정부의 고위직에 오를 수 있을 것이라고 생각했다. 그는 이렇게 비현실적인 발상을 대단한 것으로 여길 정도로

현실감이 떨어진 상태였다.[4]

그러나 독일의 정보 기관 수장의 망상이 깊어갈수록 도리어 그를 응원하는 사람은 늘어났다. 외무성 고위 관료들은 프뤼퍼에게 압델 모네임과 관련된 제안을 외면하지 말고 지속적으로 실천에 옮기라고 부추겼다. 아울러 또 다른 사안에 대해서도 협조를 요청했다. 앞서 6월, 파이살 후세인이 터키 장군 메흐메트 제말에게 보낸 편지에 정신이 번쩍 든 그들은 아랍 반란군을 상대로 하는 평화 협상을 중간에서 조율하는 것이야말로 중동 문제를 해결할 최후의 방법이라고 인식했다. 그 해법은 청년튀르크당 소속인 독일의 막역한 친구들을 포함하는 것일 수도 있지만, 배제하는 것일 수도 있었다. 독일 외무성은 파이살을 상대로 한 평화 협상의 주도권을 쥐려면 가장 유망한 중재자가 누구인지 파악하라고 프뤼퍼를 재촉했고, 프뤼퍼는 압바스 힐미가 친절하게 제공한 접촉 대상자 명단을 외무성에 넘겼다.

윌리엄 예일의 늦여름도 그보다 정도는 덜했을지 모르나 역시 좌절의 연속이었다. 그는 9월 12일까지 한 달 이상을 예루살렘 아래쪽 산악 지대에 있는 비르에스살렘의 영국군 총사령부 내 자신의 막사에서 보냈다. 그 기간에 미국 국무성 특수 요원(이제는 이집트 원정군 담당 미국 군사연락관이라는 직함으로 재편된) 예일은 소문만 무성하던 앨런비 장군의 대공세에 관해서 핵심 인물들로부터 아무런 정보도 얻어내지 못했다. 노력이 부족한 탓은 아니었다. 수많은 정보 브리핑에 참석했지만 영국군 장교들은 마치 경쟁이라도 하듯 예일에게 실질적인 내용을 숨기려 했다. 고위급 장교들의 만찬 역시 지루하기만 할 뿐 쓸 만한 내용은 없었다. 영국군 전투 부대 최일선을 둘러보고 싶다고 여러 번 요청했으나 다음에 고려하겠다는 대답만 돌아왔다. 보다 못한 외국인 연락관 경호 담당자인 호지슨 대위가 슬쩍 귀띔했다.

"예일 씨, 한 가지는 알려드리겠습니다. 저는 당신에게 가급적 많은 것을 보여주지 말라는 명령을 받았습니다. 당신이 스탠더드오일 출신이기 때문입니다."[5]

이 영국 장교는 자기도 모르게 예일에게 힌트를 준 셈이었다. 영국군은 대체로 예일을 비롯한 외국 연락관들을 부정적으로 바라보고 있었고, 그런 시각을 증명하듯 그들을 비르에스살렘의 한쪽 구석에 몰아넣었다. 그곳은 영국군을 불편하게 하는 종군기자단들을 모아둔 일종의 캠프였다. 그러나 영국과 호주에서 온 신문사 특파원들은 연락관들보다 한결 거동이 자유로웠다. 그들과 한 묶음으로 분류된 덕분에 예일은 9월 12일 즈음에 조만간 '큰일'이 벌어지리라는 점을 파악할 수 있었다. 정확한 날짜와 장소는 알 수 없었지만 총사령부 전체에 팽팽한 긴장감이 흐르고 있음을 감지할 수는 있었다. 병력과 군수품이 움직이기 시작했다는 특파원들의 보고 역시 앨런비의 대공세가 임박했음을 알려주는 뚜렷한 징후였다.

예일이 스탠더드오일 출신이라서 따돌림을 당한 것은 사실이지만, 총사령부가 전체적으로 입단속을 하는 데는 다른 이유가 있었다. 영국군은 팔레스타인에서 겉과 속이 다른 공격 작전을 꾸미고 있었다. 최근 몇 주 사이에 일군의 영국군 부대가 팔레스타인 해안 평야지역에서 예루살렘 일대로 재배치되면서 유대 지방 산비탈까지 새로운 숙영지가 들어섰다. 이에 따라 앨런비 장군은 최전방에 예루살렘에 야전 지휘 본부를 설치했고, 현지 물자를 조달하는 요원들을 암만 지역에 거주하는 여러 부족으로 파견했다. 그들은 대군의 말과 낙타를 먹일 사료를 구해서 9월 말까지 돌아와야 했다. 이 상황을 예의 주시하던 터키군이 다른 결론을 상상할 여지는 전혀 없었다. 영국의 공격이 임박했으며, 앞서 두 차례 공격이 실패로 돌아간 살트-암만 지역이 표적이 될 것은 자명했다. 하지만 사실 새로 구축한 숙영지는 텅 비어 있었다. 앨런비가 지휘본부를 예루살렘으로 옮긴 것도 거짓이었고, 사료를 구하러 파견된 요원들 역시 관심을 다른 곳으로 돌리기 위한 술책에 불과했다. 영국군의 전략은 오히려 정반대 지점을 공격하는 것이었다. 즉 팔레스타인 해안을 따라서 북쪽으로 치고 올라가다가 내륙으로 방향을 틀어 터키군을 삼면에서 포위하는 작전이었다.

물론 이는 전체 전략의 일부에 불과한 작전이었고, 요르단 강 건너편에서 펼치는 작전은 따로 있었다. 7000여 명에 이르는 다양한 병력(아랍 부족민, 아랍 북부군 병사들, 수준 높은 포병과 장갑차 부대를 거느린 영국군과 프랑스 지원단 등등)이 아즈라크의 오래된 성으로 집결하기 위해 일찌감치 곳곳에서 시리아의 사막을 건너고 있었다. 이 정도 규모의 이동이 발각당하지 않는다는 건 불가능한 일이었지만, 터키군에게는 아즈라크에서 서쪽으로 겨우 80킬로미터 떨어진 암만을 향해 연합군이 이동하고 있다는 확신을 심어주기에 충분했다. 그러나 아즈라크 혼성 부대의 진짜 목적지는 서북쪽으로 112킬로미터 떨어진 데라였다. 이 부대는 전면적인 공격에 앞서 기습 타격에 나설 특공대로, 앨런비 장군이 대공세를 전개하기 전날 야간에 헤자즈 철도 본선 및 팔레스타인으로 이어지는 지선을 동시에 차단하여 후방에서 터키군을 마비시키는 임무를 맡았다. 9월 12일, 특공대 소속의 마지막 부대가 아즈라크에 도착하자 영국군 중령 두 명이 작전을 지원하기 위해 합류했다. 피어스 조이스와 T. E. 로렌스였다.

일주일 먼저 아즈라크에 들어온 로렌스는 속속 도착하는 전투 부대들을 맞이하고 있었다. 12개 아랍 부족이 보낸 전사들, 영국과 프랑스의 병참 및 포격 전문가들, 인도군이 파병한 기병대는 물론 쿠쿠리 단검으로 유명한 네팔의 구르카 부대까지 합류했다. 9월 12일 오전, 아랍 반란군 지도부가 아즈라크에 도착함으로써 부대의 편제가 완결되었다. 반란군 지도부는 파이살 후세인을 선두로 누리 샬라안과 아우다 아부 타이, 지난 2년 동안 로렌스가 아랍 독립을 위한 전쟁에 동참하자고 호소했던 여러 부족장이었다. 다음 날에는 오전에 최일선 공격 부대가 전투 준비를 시작하고 오후에는 해당 부대 지휘관들이 모여 비밀회의를 갖기로 했으며, 로렌스와 조이스는 이 과정에 개입하여 필요한 도움을 주기로 했다.

로렌스가 갑자기 무기력과 우울 증세에 빠진 것은 바로 이 시점, 계획을 실행에 옮기기 바로 전날이었다. 후세인과 다른 아랍 지도자들이 도착한 직후, 그는 아즈라크를 몰래 빠져나와 아인알아사드라 불리는 비좁은 계곡으로 향했다. 아즈라크에서 13킬로미터나 떨어진 곳이었다. 그는 당시 자기 모습을 『일곱 기둥』에서 이렇게 묘사했다.

"나는 그곳 숲속에 마련해둔 나만의 움막에서 하루 종일 뒹굴었다. 칙칙한 나뭇가지들 사이로 바람이 불면 영국에서 들었던 것과 비슷한 소리가 났다. 내가 아랍인들 때문에 너무 지쳤다고 위로하는 소리 같았다."6

사실 로렌스가 이렇게 무너져가고 있다는 경고 신호는 진작부터 있었다. 앨런비가 공격 개시일을 결정한 7월 중순부터 로렌스는 패기만만한 기백을 내보이기는커녕 막역한 친구 비비언 리처즈에게 우울한 편지를 보내고 있었다.

"나는 함부로 뿌리째 뽑혀서 도저히 감당하기 힘든 상황에 내던져졌어. 이 모든 것이 내게는 너무도 비현실적이야. 나는 그동안 내가 하던 일을 모조리 팽개쳤어. 언제 어디서든 기회만 닿으면 그것을 도둑처럼 낚아채고 말거야. (…) 마치 희한한 의상을 걸치고 이국적인 무대에 서서 밤낮없이 괴상한 대사를 읊으며 연극을 하는 느낌이야. 단 한 번의 실수로 목이 날아가는 연극 말이야."

그는 아랍인들에 대한 존경심을 밝히면서도 이제 자신은 근본적으로 그들과 다른 존재일 뿐만 아니라 영원한 이방인에 불과하다는 사실을 인정한다고 했다. 그는 마음속에 품은 평화, 침묵, 안식이라는 세 단어가 자기에게는 "어둠 속에 불을 밝힌 창문"과 같다고 쓰면서도, 대체 "불을 밝힌 창문"이 무슨 소용이냐고 묻기도 했다. 그렇게 편지에 본심을 토로한 뒤에는 자신의 반골 기질 탓에 "멍청한 소리"를 늘어놓았다며 스스로를 폄하하곤 했다.

"나는 늘 불만으로 가득 차 있어. 앞에 나서는 것도, 뒤로 밀리는 것도 싫어하지. 책임을 지는 것도 싫고 명령에 복종하는 것도 싫어. 하여간 지금으로서는 마음에 드는 게 하나도 없어. 한동안 조용히 지내면서 앞날을 차분히 계획할 수 있다면 더 바랄 게 없겠어."7

그러나 로렌스가 리처즈에게 보낸 편지에서 언급한 육체적·정신적 탈진의 원인은 꽤 복잡한 것이었다. 지난 2년 동안 아랍인 동지들에게 "무언가 얻기 위해 위선적인 모습을 보이면서" 느꼈던 죄책감까지 뒤섞인 것이었기 때문이다. 그런데 그즈음에 로렌스의 죄책감은 더 심해졌다. 8월 초, 로렌스는 아즈라크 작전을 계획하면서 강대한 부족 루알라의 지도자인 누리 샬라안을 다시 만났다. 1년 전 처음 만났을 때 로렌스는 그에게 아랍인에 대한 대영제국의 약속을 믿고 반란에 동참할 것을 부탁했다. 이후 샬라안은 밸푸어 선언과 사이크스-피코 협정의 잇단 폭로로 인해 영국인 구애자들이 그다지 솔직하지 못하다는 사실을 똑똑히 알았지만, 8월에 로렌스를 다시 만났을 때는 반란군 편에 서서 싸우겠다고 했다. 그 결정의 이유는 불분명했지만, 로렌스는 자신이 남긴 기록에서나 초기 전기작가들에게 설명할 때 샬라안을 속였던 사실이 자신의 양심을 무겁게 짓누르고 있다고 일관되게 언급한 바 있다.8

이에 더해서, 아즈라크를 향해 떠나기 직전에 로렌스로 하여금 아랍인을 위한 '십자군 전쟁'이 무슨 의미가 있는지 의구심을 갖게 만든 사건이 일어났다. 8월 말 아랍의 주력군이 아카바를 떠나 북쪽으로 진군할 준비를 하고 있을 때 후세인 왕이 공개적으로 파이살을 향해 가시 돋친 비난을 퍼부어댔다. 파이살이 불충스럽다는 비난 말고 다른 내용은 거의 없었다. 거의 일주일 동안 아버지와 아들 사이에 분노 어린 전보가 오갔고, 이에 반란군의 진군 계획이 일시 중단되면서 시리아 공격 작전 자체에 물음표가 붙었다. 속절없이 시간이 흐르는 것을 두고 볼 수 없어 로렌스가 관계를 회복시켜보려고 나섰고, 그래서 후세인이 보낸 전보 하나를 가로채 분노로 얼룩진 후반부를 가위로 잘라버리고 사과를 건네는 것처럼 들리는 전반부만 파이살에게 보내기도 했다. 그러나 자신이 표면적으로 충성을 바치는 그 대상으로 인해 원대한 계획을 망칠 뻔했다는 사실은 그에게 지울 수 없는 씁쓸함을 남겼다.[9]

로렌스는 아인알아사드에서 또 다른 이유로 크게 상심에 빠졌던 듯하다. 아주 가까운 시점에 발생한, 개인적으로 대단히 충격적인 사건이었다. 모든 자료가 일관되게 가리키듯, 그는 아즈라크에 머무는 동안 다훔이 죽었다는 소식을 처음 접하게 되었다. 다훔은 카르케미시에서 로렌스와 만났던 어린 친구로, 얼마 전 시리아 북부를 덮친 티푸스에 희생되고 말았다. 로렌스에게 다훔의 존재는 로렌스 자신도 온전히 깨닫지 못할 만큼 전쟁을 해야 하는 목적을 상징하는 인물이었다. 그 시리아 소년의 밝은 미래야말로 아랍을 해방시켜야 할 이유였던 것이다. 그런 다훔이 죽었으니, 로렌스는 자신이 싸워야 할 명분의 큰 부분을 잃은 셈이었다. 그는 『일곱 기둥』을 헌정한 "S. A."가 누구인지 한 번도 밝힌 적이 없지만(다훔의 본명은 살림 알리Salim Ali였다) 책 서문에 배치한 시의 첫 구절을 보면 로렌스가 다훔의 죽음을 처음 알게 된 시점이 언제인지, 그로 인한 마음의 상처에 대해서도 추측할 수 있다.

나는 너를 사랑했다. 그래서 나는 사람들의 물결을 움켜쥐고
밤하늘을 뒤덮은 수많은 별에 내 뜻을 적어넣었다
너에게 자유를, 일곱 기둥이 떠받치는 근사한 집을 선사한다면
우리 함께 그 집에 들어선다면 너는 빛나는 눈으로 나를 바라볼 텐데.

죽음은 몸종처럼 내내 주위를 맴도는가 싶더니, 우리 서로 가까워
저 멀리 나를 기다리는 네가 보이고
너 역시 나를 보고 미소를 지으니, 부러움에 구슬픈 (죽음이) 나를 앞질러
너를 데리고 떠났구나, 가없는 침묵 속으로.

로렌스는 슬픔 속에서도 최선을 다했고, 아랍인들에게도 최선을 요
구했다. 기나긴 싸움을 결판내기 위한 마지막 고비였기 때문이다. 그는
9월 12일에 느낀 기분을 이렇게 썼다.

"나에게 주어진 자리를 지킬 수 있는 인내심이 마침내 오늘부로 바닥
났다. 일주일 뒤, 아니 2~3주쯤 뒤에 그만두겠다고 말해야겠다. 나는
정신적 공황 상태에 빠졌다. 그때까지 내 상태를 숨길 수 있다면 다행
이겠다."[10]

로렌스는 첫 번째 공격을 불과 몇 시간 앞둔 시점까지 아인알아사드
의 '은신처'에 있다가 병력이 집결한 아즈라크로 돌아갔다.

우연치 않게도 같은 날, 런던 소재 미군 정보사무소에는 특급비밀 보
고서 한 부가 도착했다. 영국군과 함께 공격에 나설 아랍 반란군의 사
기가 완전히 꺾였다는 내용이었다.

"에미르 파이살과 함께 아카바 지역에 있는 시리아인들의 불만이 이

만저만이 아닙니다. 서로 치고받으며 싸우느라 정신이 없다고 합니다. 아랍인들은 전쟁을 전쟁답게 치를 능력이 전혀 없습니다. 영국이 아무리 도와주어도 아라비아 사람들은 조직을 갖추어 전투에 나설 능력이 현저히 떨어집니다. (…) 아라비아의 상황은 한마디로 엉망진창입니다."[11]

보고서 작성자는 군사정보국 소속 중동 담당 수석연락관 윌리엄 예일이었다. 그의 이 보고서는 향후 미국 정부가 기본적으로 중동 상황을 오해하는 전통을 낳았다. 그 뒤로 95년 동안 미국 정부의 정보 계통에서 활동하고 있는 예일의 후배들은 선배가 세운 전통을 엄격하게 지키고 있다.

전투는 마치 소년들의 골목 놀이처럼 일방적으로 유리한 상황으로 전개되었다. 9월 14일 오전에 아즈라크를 떠난 로렌스는 일주일 동안 롤스로이스 장갑차를 타고 데라 일대 사막을 질주하면서 다리를 폭파하고 철로를 끊었으며, 적군의 어설픈 공격을 피하는 한편 오합지졸의 터키군 도보 순찰병들과 총격전을 벌였다.

로렌스가 큰 힘을 들이지 않고 종횡무진하는 모습을 지켜보던 앨런비의 총사령부에서는 애초에 수립한 전술을 무난하게 수행할 수 있으리라 판단했다. 암만 일대에 집결한 터키군이 연합군의 공격에 대비해 바싹 긴장해 있는 동안 아즈라크 특공대는 이렇다 할 저항 없이 데라를 남과 북으로 연결하는 본선과 팔레스타인으로 향하는 지선 등 헤자즈 철도 곳곳을 유린하는 작전을 예정대로 진행하고 있었기 때문이다. 물론 로렌스의 궁극적인 목표는 앨런비 장군이 총공세를 시작하는 9월 19일 이전에 이 모든 임무를 완수하는 것이었다.

하지만 로렌스가 특공대의 주력 습격부대를 쫓아갔을 때 남쪽 철로를 끊어내는 첫 번째 공격이 운 나쁘게도 실패했음을 발견했다. 이제

기계화된 사막 전쟁의 효율성을 충분히 이해한 그는 이 문제를 혼자 해결하기로 결심하고 장갑차 두 대와 그에 딸린 보급 및 정비 목적의 "커다란 승용차" 두 대를 이끌고 남쪽 철로로 향했다. 그리고 9월 16일 오전에 목표물을 포착했다. 고립무원의 풍경 속에 덩그러니 방치된 철교는 "길이 2.4미터, 높이 4.5미터짜리 손쉬운 먹잇감"이었다. 로렌스와 일행은 폭약을 설치하는 과정에서 철교를 "과학적으로 망가뜨리는" 신기술, 즉 폭약이 터지더라도 철교는 무너지지 않고 기능만 상실하게 만드는 기술을 발휘하는 것에 자부심까지 느꼈다. 이 기술은 터키군 보수 인력이 철교를 새로 짓기 위해 망가진 기존 철교를 철거하는 데 시간과 에너지를 쏟아붓도록 했다.[12]

임무를 완수한 로렌스는 다음 날 아침 데라 북쪽 철로를 향해서 진격하는 아랍군 주력 부대에 합류했다. 1000명 남짓한 아랍 전사들이 약간의 저항을 쉽사리 격퇴하고 16킬로미터에 가까운 철로 구간을 금세 장악하자 폭파대는 안심하고 철로에 폭약을 설치하기 시작했다. 작전이 순조롭게 이어지자 로렌스는 아즈라크에서부터 자신을 괴롭혀온 우울한 기분을 어느 정도 떨쳐낼 수 있었다. 데라 고립 작전의 성공은 총사령부에서 자신에게 내린 가장 중요한 명령을 이행한 것을 의미했기 때문이다. "믿을 수 없는 성취였다. 우리가 앨런비의 명령을 이토록 쉽고도 빠르게 완수할 줄은 몰랐다."

이제 남은 목표는 팔레스타인으로 빠지는 서쪽 지선을 공략하는 것이었다. 9월 17일 오후 아랍군은 데라에서 서쪽으로 수 킬로미터 떨어진 기차역으로 진격했고, 역사를 순식간에 약탈한 뒤 불을 질러서 복구 불가능한 상태로 만들었다. 그러나 로렌스에게는 더 큰 계획이 있었다. 소대를 이끌고 서쪽으로 더 달려간 그는 1년 전 파괴 작전에 나섰다가 실패하고 돌아서야 했던 야르무크 협곡 철교들을 날려버릴 심산이었다. 그러나 팔레스타인에서 독일군과 터키군 병사들을 가득 태운 열차가 다가오는 바람에 이번에도 분한 마음을 안고서 발길을 돌려야 했다.

다음 날 반란군 주력 부대로 복귀한 로렌스는 지금까지 충분히 흡족한 성과를 거둔 상태였다. 팔레스타인으로 이어지는 터키의 전신망을 파괴했고, 철로 세 구간을 폭파해서 시간을 지연시켜놓았기 때문이다. 물론 파괴할 적의 목표물은 남아 있었다. 같은 날인 9월 18일 오후, 그는 자신의 경력에서 79번째에 해당되는 철로 폭파 작전을 감독했다. 이로써 아즈라크 특공대는 몇 시간 앞으로 다가온 앨런비 총공세의 전주곡 차원에서 맡은 바 임무를 거의 완벽하게 수행한 셈이었다.

사전 협의에 따라, 영국 육군항공대 소속 전투기 한 대가 팔레스타인 전황을 관찰한 뒤 9월 21일 오전 아즈라크에 도착하여 보고하기로 되어 있었다. 그 소식이 참을 수 없을 만큼 궁금했던 로렌스는 예정일보다 하루 앞서 아즈라크의 사막 요새로 돌아갔다. 엿새 전 아즈라크를 떠난 이후로 한숨도 못 잔 그는 체력이 완전히 바닥난 상태였다. 숙영지 야전병원의 주인 없는 간이침대 위에 눕자마자 그는 곯아떨어졌다.

9월 18일, 식당에 들어선 예일은 종군기자들이 한 명도 보이지 않자 바로 수상한 낌새를 포착했다. 그리고 군용 차량 주차장의 그 많던 차량이 다 빠져나간 것을 보고서야 확실히 무슨 일이 있다는 사실을 깨달았다. 어느 하급 장교가 자랑스레 알려준 바로는, 임박한 총공세에 대비하기 위한 예비 작전 수행차 각각의 임무에 따라 전장으로 출동한 상태였다. 그때까지 아무에게도 구체적인 설명을 듣지 못한 사람은 예일과 삼부라는 이름의 이탈리아군 소령뿐이었다.

"당혹스럽기도 하고 화도 났다. 군사연락관으로서 무엇을 해야 하지?

전선으로 데려다달라고 요구해야 할까? 아니면 어쭙잖은 변명을 그대로 믿어야 할까? 1915년 이후로 전장을 누벼온 정규군 장교인 삼부이는 왜 가만히 있는 것일까? 나는 나 자신과 영국을 향한 분노를 느끼며 잠자리에 들었다."[13]

그러나 9월 19일 새벽 4시 45분 "천지를 뒤흔드는 굉음"에 소스라치게 놀란 예일은 자리에서 벌떡 일어났다. 영국군이 보유한 500여 문의 대포가 팔레스타인 전선의 터키군을 향해 일제히 포격을 개시한 것이다.

예일은 옷을 주워 입으면서 무엇을 어떻게 할 것인지를 결정했다. 우선 그는 어느 장군의 집무실로 쳐들어가서는, 자신이 아침 식사를 마치고 돌아왔을 때 차량에 시동이 걸려 있지 않으면, 영국군이 자신을 포로로 붙잡았다는 전보를 워싱턴에 치겠다고 으름장을 놓았다. 예일의 동료인 이탈리아 장교는 그의 저돌적인 태도에 경악을 금치 못했다. 잠시 후 두 사람이 식당에서 돌아오자 포드사의 T 모델 차량이 대기 중이었고, 운전석에는 전직 런던 택시 기사가 앉아 있었다.

그들은 샤론 평야가 내려다보이는 절벽 위로 이동했다. 그 지점은 일부 전투 현장을 관찰할 수 있는 위치라고 들었던 곳으로, 오래전에 십자군이 성을 쌓았던 유적지이기도 했다. 둘은 이미 그곳에 자리를 잡고 있는 영국군 장교들 틈에 끼어 4~5킬로미터 북쪽 전방에서 벌어지고 있는 장면을 쌍안경으로 관찰했다. 처음으로 실제 전투를 지켜보게 되었으나, 예일은 아무런 감흥도 느낄 수 없었다.

"우리 뒤쪽에서 발사한 포탄이 드문드문 벌판으로 날아갔다. 우리 앞쪽 언덕에서는 소총이 연기를 내뿜었고, 이따금 타타타타 연발하는 기관총 소리가 들렸다. 저 멀리 황량한 잿빛 석회암 언덕에 줄지어 전진하는 병사들의 모습은 식별하기도 어려웠다. 내가 생각하던 스릴 넘치는 전투와는 전혀 거리가 멀어서, 뉴욕 밴코틀랜드 공원에서 전쟁놀이를 하는 아이들을 구경하는 것만도 못했다. 우리에게 그날은 길고도 지루한 하루였다. 전황이 어떻게 돌아가는지 아는 사람은 아무도 없는 듯했고, 나 역시 영국군이 이기는지 터키군이 이기는지 알 수 없었다."

전쟁이 생소하기만 한 미국인 연락관으로서는 자신이 전통적인 전투의 진수를 경험하고 있다는 사실을 이해할 도리가 없었다. 혼전이 펼쳐지고 있을 때는 사실 관록 있는 야전 지휘관들조차 전투가 어떻게 전개되고 있는지 알 수 없을뿐더러 때로는 눈앞에서 벌어지는 싸움조차 우열을 가늠할 수 없다. 그러나 언제나 재치가 번뜩이는 예일은 이런 상황에서도 용케 방법을 찾아냈다. 그날 밤 총사령부로 돌아간 그는 연락관이라는 지위를 이용해서 중앙전신소 출입 허가를 얻어냈다. 그곳에는 앨런비 장군과 핵심 참모들만 열람할 수 있는, 전선 각지에서 들어온 전보가 수북이 쌓여 있었다. 예일은 전체적인 전황을 파악하기 위해 전황 보고서들을 지도와 대조해보기 시작했다. 이처럼 중대한 정보를 획득한 덕분에 예일은 이튿날 새로운 전장을 지켜보는 자리에서 다른 전장의 상황을 영국군 준장에게 설명해줄 수 있었다.

"그 결과, 나는 군인들 사이에서 더 이상 어정쩡하게 서 있지 않아도 되었다. 직업군인들 사이에 처음 끼어들었을 때와는 달리 자신감도 서서히 되찾을 수 있었다."

이틀 동안 예일은 먼 곳에서 종종걸음을 치며 전투를 벌이는 개미 떼 같은 병사들의 모습을 관람하는 호사를 누렸다. 그러나 전쟁을 게임처럼 느긋하게 즐기는 것도 9월 21일까지였다. 이날 예일은 이탈리아 동료와 함께 모델 T를 타고 사마리아 구릉지대의 나블루스로 이어지는 산길에 올랐다. 그 길은 바로 전날, 나블루스로 이동하던 터키군 병사들이 영국군 전투기의 폭격과 기총 사격에 전멸한 장소였다. 예일은 이렇게 회상했다.

"터키군은 저항할 방법이 전혀 없었다. 숨을 곳도 달아날 곳도 없었고, 항복할 수도 없었다. 결과는 비극적이었다. (…) 몇 킬로미터에 걸쳐 널린 시체들은 뜨거운 뙤약볕 아래 부패하여 잔뜩 부풀어 올라 있었다."

특히 계곡을 가로지르는 고대 로마의 수로 위에 드러난 광경은 예일의 뇌리에 깊이 각인되었다. 날아드는 영국군 전투기들이 퍼붓는 기총소사를 피해 터키군 병사 수십 명이 돌벽에 몸을 바싹 붙이고 있었으나 곧이어 급선회하여 되돌아온 전투기의 공격에 몰살되고 만 것이다. 그 유서 깊은 수로 전 구간에 걸쳐 터키군 병사들의 시체가 줄지어 쓰러져 있었다. "꼭 일렬로 세워둔 장난감 병정들이 한꺼번에 고꾸라진 것처럼 보였다."

총공세의 성과는 기대를 훨씬 뛰어넘는 수준이었다. 9월 21일 오전, 아즈라크에 착륙한 RFC 조종사는 진격에 나선 영국군이 미미한 터키군의 저항을 물리치면서 팔레스타인 해안을 휩쓸 듯이 북상 중이라고 증언했다. 몇 주 전까지만 해도 총사령부는 예루살렘에서 북쪽으로 64킬로미터 떨어진 나블루스까지 진격할 수 있다면 다행이라고 생각했으나, 불과 이틀 만에 영국군 선봉 부대는 나블루스를 통과하면서 수천 명의 적군으로 하여금 무기를 내던지고 항복하게 만들었다. 승리에 대한 기대감은 앨런비 총사령관이 아즈라크의 파이살에게 보낸 편지에서 분명하게 드러났다.

"이미 시리아에 있는 터키 군대는 재기 불능 상태에 빠졌습니다. 이제 우리에게는 (합동) 공격의 강도를 두 배로 높여서 패퇴하는 터키군을 궤멸시키는 임무만 남았습니다."[14]

더 구체적인 내용은 앨런 도네이가 조이스 중령 앞으로 보낸 편지에서 확인할 수 있다. 전날 밤 해안선을 끼고 진격하던 영국 기병대는 이미 내륙으로 기수를 틀었고, 팔레스타인에 주둔한 적군을 완전히 포위하는 상황을 코앞에 둔 도네이는 의기양양한 어조로 이렇게 밝혔다.

"이제 터키군은 완전히 궁지에 몰려 빠져나갈 구멍이 없다. 야르무크 협곡을 통해 요르단 동쪽으로 달아나려 해도 아랍군이 제때에 달려와 도주로를 폐쇄한다면 병사든 대포든 마차든 철저히 궤멸될 것이다. 대단한 승리가 아닐 수 없다!"[15]

로렌스가 『일곱 기둥』에서 담담하게 기록한 것처럼 "전쟁은 완전히 다른 국면으로" 접어든 것이다.

처음에 수립한 아즈라크 부대의 전투 계획도 당연히 바뀌어야 했다. 국면이 급진전한 탓에 그들이 더 이상 싸움에 나설 필요가 없어진 것이다. 그날 오후, 로렌스는 팔레스타인으로 돌아가 앨런비 총사령관과 참모들의 긴급회의에 참석하기 위해 RFC 비행기에 탑승했다.

로렌스가 총사령부에 도착해서 파악한 것처럼, 그리고 앨런비가 파이살에게 보낸 편지에서 암시한 것처럼, 이제 목표는 터키군을 무찌르는 것이 아니라 (이미 성취했으므로) 완전히 파괴하는 것이었다. 이 새로운 목표를 달성하기 위해 영국군의 좌익은 계속 북쪽으로 진격하되, 나머지 3열은 요르단 강을 건너 동쪽으로 진군하기로 했다. 헤자즈 철도를 따라 내륙의 여러 도시로, 궁극적으로는 다마스쿠스를 장악하기 위해서였다. 늘 그랬듯이 핵심 거점은 데라였다. 팔레스타인에서 동쪽으로 달아나는 터키군이 남쪽으로 내려가서 전열을 가다듬고 반격에 나서려면 거쳐야 하는 관문이 바로 데라였기 때문이다. 적군에게 데라를 내주는 사태를 막기 위해서는 데라에서 남쪽으로 이어진 철로를 영구적으로 파괴하는 임무를 아랍군이 반드시 성공시켜야 한다고 총사령부는 로렌스에게 강조했다. 아울러 아랍군은 절대로 다마스쿠스로 섣불리

돌격해선 안 된다는 지시를 내렸다.[16]

후자는 앨런 도네이가 아즈라크에 있는 조이스에게 편지를 보내면서 이미 강조한 내용이었다.(그런데 조이스가 잠시 자리를 비운 사이, 로렌스가 이 편지를 몰래 읽었다.) 도네이는 조이스에게 다음과 같이 명령했다.

"무슨 수를 써서라도 파이살이 함부로 북진하지 못하게 막아야 한다. 로렌스의 힘도 빌려야 한다. (…) 이제는 우리가 원하는 대로 상황을 주무를 수 있기 때문에 파이살은 우리를 믿고 기다렸다가 버려질까봐 걱정할 필요가 없다. 어떤 경우라도 앨런비 장군과 사전에 협의하지 않고 북쪽으로 이동하도록 내버려두어서는 안 된다. 이는 치명적인 실수가 될 것이다."

영국의 우려는 얼마든지 납득할 수 있었다. 아랍인들이 다마스쿠스에 대한 지분을 주장할 수 있는 유일하고도 확실한 방법은 그곳에 먼저 도착하는 것이라고 로렌스가 거의 2년 동안 파이살을 설득해왔기 때문이다. 게다가 마크 사이크스는 최근 "일곱 시리아인" 앞으로 보낸 공개 서한을 통해 이와 같은 로렌스의 주장을 재확인해주는 발언을 했다. 파이살로서는 데라 작전을 내팽개치고 다마스쿠스로 달려가고 싶은 유혹을 떨치기 어려운 상황이었다. 로렌스가 지휘 본부에 잠시 머무는 동안 앨런비의 최측근 참모들은 이처럼 중대한 시기에 아랍군이 영국에 충성을 바치면 큰 보상이 따를 것이라고 여러 차례 강조했다. 이는 파이살이 다마스쿠스에 정부를 수립하도록 허락할 것이라는 암시임이 분명했다.[17]

로렌스는 이와 같은 확신과 아랍군에게 내리는 새로운 전투 명령을 품고 이튿날 아침 비행기 편으로 아즈라크에 복귀했다. 다음 날부터 이틀 동안 일군의 아랍 전사들이 영국군 장갑차 부대와 함께 헤자즈 철도를 따라서 데라 남쪽으로 이동했다. 철도를 파괴하기 위해서였다. 그러나 터키군이 전열을 가다듬고 전투력을 회복하여 데라에서 반격할 거라는 예상은 기우였음이 확인되었다. 막대한 타격을 입고 공황 상태에 빠져 허우적대던 적군은 파죽지세로 밀려오는 연합군에 놀라 제 목숨을 부지하기에 바빴다. 9월 25일, 로렌스는 터키군이 급격하게 무너지는 모습을 지켜보면서 데라 이남의 내륙 지역을 지키는 터키군 병력은 총 4000명에 불과하고 나머지는 대부분 데라를 거쳐 다마스쿠스 방향으로 달아나는 중이라고 보고했다.[18]

터키군을 철저하게 파괴한다는 확장된 목표에 충실히 따르고자 했던 로렌스는 다른 기회를 포착했다. 데라는 터키군의 집결 장소가 아니라 학살 장소가 되리라 본 것이다. 그는 9월 25일자 보고서에서 다마스쿠스로 달아나려고 발버둥치는 적군을 묘사하며 다음과 같이 간략히 언급했다.

"그들을 달아나지 못하게 할 생각입니다."

이 계획을 위해 로렌스는 26일에 아랍군 전사 몇 명에게 데라에서 북쪽으로 19킬로미터 떨어진 구릉지대의 작은 마을 셰이크사아드로 이동하라고 명령했다. 데라 시내와 다마스쿠스로 향하는 길의 사정을 한눈에 내려다볼 수 있는 곳이었다. 아울러 팔레스타인에서 달아난 터키군 부대들이 야르무크 협곡을 빠져나와 퇴각하는 상황도 감시할 수 있었다.

머지않아 로렌스는 이와 같은 결정을 내린 것에 대해 뿌듯함을 느낄 수 있었다. 그날 오후 야르무크로 다가오는 독일군과 터키군의 소규모 혼성 부대가 정찰병들의 눈에 띄었기 때문이다. "그들은 절망한 표정이었지만, 어느 전투지역으로부터든 80킬로미터 이상 떨어져 있다고 생각했는지 부주의한 행군을 보이고 있었다." 아랍군이 매복해 있는 곳으로 걸어 들어온 그 부대는 손쉽게 제압당했다. 로렌스는 "셰이크사아드

로의 이동은 아주 적절한 결정으로, 그 효과가 금세 나타났다"고 밝혔다.[19]

이날의 경험은 시작에 불과했다. 다음 날 오전, 영국군이 야르무크로 접근하자 데라 안팎에 잔존한 터키군들도 달아날 채비를 하기 시작했다. 이내 4000여 터키군 병사가 데라를 버리고 간선도로를 따라 다마스쿠스로 향한다는 전갈에 이어, 인근 도시에 주둔했던 2000명도 퇴각하기 시작했다는 전갈이 로렌스에게 잇따라 당도했다. 그런데 후자의 경우 셰이크사아드에서 남쪽으로 10킬로미터 떨어진 타파스라는 마을을 통과하는 지름길을 택했다. 로렌스는 『일곱 기둥』에서 이에 대해 무미건조하게 언급했다.

"더 가까이 있던 2000 병력은 우리가 감당하기 어려운 규모였다."

9월 23일 오후, 인도군 기병대가 터키군을 물리치고 지중해 도시 하이파를 점령했다. 그날 저녁 하이파에 도착하여 어느 가정집을 숙소로 배정받은 윌리엄 예일은 문득 텅 비어버린 도시의 옛 거리를 거닐고 싶었다.

제1차 세계대전 발발 직후만 해도 대다수 참전국의 기병대는 길쭉한 창을 보조 무기로 지참했다. 하지만 기관총과 전투기의 시대로 돌입한 1918년이 되자 창은 시대착오적인 무기로 취급되면서 거의 모든 기병대가 사용하지 않았다. 반면 인도군은 달랐다. 그날 오후, 이들은 하이파의 비좁은 뒷골목으로 달아나는 터키군 병사들을 상대로 창이라는 무기의 치명적인 위력을 유감없이 발휘했다. 산책을 나선 예일이 가는 곳마다 시체가 널려 있었던 것은 그런 이유에서였다.

"고요하고 평화로운 동방의 도시였다. 그러나 적막하고 쓸쓸한 거리에서 달빛을 받고 있는 터키군 병사들의 시체는 기괴한 느낌을 자아냈다."

그러나 대개 일반인들은 놀라울 만큼 빠른 속도로 전쟁의 공포에 둔 감해지곤 한다. 윌리엄 예일도 예외는 아니었다. 전쟁터에 발을 들이민 지 일주일이 되던 날, 삼부이 소령과 함께 차를 타고 팔레스타인 해안 도로를 달리던 그는 수용소로 이동하는 터키군 포로들의 행렬과 마주 쳤다. 포로들이 지나간 자리에는 탈진했거나 부상으로 낙오한 병사들이 쓰러져 있었다. 한때 전우였던 병사들이나 인도군 감시병이나 작렬하는 태양 아래 쓰러져 죽어가는 이들에게 관심을 기울이는 사람은 아무도 없었다. 예일과 그의 동료 연락관 역시 마찬가지였다.

"우리 일이 아니었다. 그날 해야 할 일도 태산이었다. 우리가 무감각 하고 무심한 냉혈한이라는 인식도 없었다. 차를 세워 그들 중 한두 명 이라도 태울까 하는 생각조차 들지 않았다."

그들이 만난 첫 번째 생존자들은 타파스 외곽의 우거진 수풀에 몸을 숨기고 있었다. 마을 주민들이었다. 심한 충격에 넋이 나갔는지 처음에 는 말을 제대로 잇지 못했다. 이윽고 그들은 터키군 병사들이 한 시간 쯤 전에 마을에 들이닥쳐 어떤 일을 저질렀는지 갈라진 목소리로 속삭 이듯 증언하기 시작했다. 로렌스와 아랍군 정찰대원들은 풀밭 여기저기 에 "땅을 껴안은 것처럼" 고꾸라져 있는 시신들을 보면서 그러한 잔혹 행위의 결과를 어렵지 않게 확인할 수 있었다.

그때 갑자기 수풀 속에서 서너 살쯤 되어 보이는 여자아이가 나타났 다. 목을 깊게 베인 탓에 겉옷이 피로 흠뻑 젖어 있었다.

"아이가 몇 발짝 우리를 향해 달려오더니 멈춰 서서 큰 소리로 울면 서 '때리지 마세요, 나리' 하고 외치는 게 아닌가.(다른 모든 사람은 이미 숨이 끊어져 있었기 때문에 아무 말도 할 수 없었다.)"

이 아이 역시 곧 쓰러졌다. 아마도 죽었을 것이다.

타파스 거리 곳곳에서 이런 장면을 목격하리라고는 아무도 예상치 못했다. 마을 곳곳에 시체가 널려 있었고, 대부분 소름 끼칠 만큼 잔혹하게 훼손된 상태였다. 소녀와 여인들은 죽음을 맞기 전에 능욕을 당한 것이 분명했다. 톱 모양의 총검으로 괴기스럽게 난자당한 채 낮은 담벼락에 나체로 걸쳐진 임산부의 모습은 로렌스에게 선명한 기억으로 각인되었다. 그 주변에는 20여 구 이상의 시신들이 나뒹굴었는데, "살해 방식은 다양했지만 하나같이 음란한 취향을 드러내고 있었다."

너무도 가혹한 우연의 일치였다. 지난 2주 동안 로렌스와 동행하고 여기까지 함께 말을 달려온 부족장들 가운데에는 타파스의 지도자 탈랄 엘 하레이딘도 포함되어 있었다. 그 사건에 대해 로렌스가 작성한 공식 보고서에 따르면, 탈랄은 자기 마을의 처참한 모습을 보고는 "두건으로 얼굴을 감싸고 처절하게 울부짖다가 자신의 말이 있는 곳으로 달려갔다. 그리고 전속력으로 말을 달려서 퇴각하는 터키군 행렬 속으로 뛰어들었다. 그러고는 자신의 암말과 함께 쓰러졌다. 곧 적군의 창끝에 둘러싸인 그의 몸뚱이는 기관총 세례로 벌집이 되었다."[20]

역시 그날 오전에 타파스로 달려온 아우다 아부 타이와 상의한 로렌스는 부하들에게 더 이상 적군을 포로로 살려두지 말라고 명령했다. 『일곱 기둥』에서는 한층 웅변조로 다음과 같이 썼다.

"그대들 중에서 가장 뛰어난 자는 누구인가? 바로 터키군 시체를 가장 많이 가져오는 자다."

그리하여 9월 27일, 그 기나긴 하루가 저물 때까지 무자비하고 일방적인 학살이 이어졌다. 아랍군 공격 부대는 달아나는 터키군 2000명의 대열을 그야말로 순식간에 세 등분으로 쪼갠 후 한 무리씩 몰살하기 시작했다. 터키군과 독일군을 가리지 않았고, 부상을 입거나 지쳐서 투항하는 병사들도 바로 죽여버렸다. 타파스 주민들도 지난 4년 동안 압제자로 군림한 터키군을 응징하기 위해 아랍군에 합세했다. 물론 무수하게 널린 터키군 시체를 뒤져서 쓸 만한 물건을 챙기려 따라붙은 사람들도 없지 않았다. 학살의 일반적인 양상과 견주어도 이번 사태는 유난히 잔혹하게 흘렀다. 로렌스는 『일곱 기둥』에 다음과 같이 기록했다.

"우리는 광기에 사로잡힌 상태였다. 타파스에서 벌어진 참상에 격분한 나머지 그들을 죽이고 또 죽였다. 짐승처럼 죽임을 당한 적군의 잘린 머리가 수북이 쌓였다. 그렇게 죽여서 피를 보아야 끓어오르는 분노가 조금이나마 가라앉을 것 같았다."

시간이 흐를수록 상황은 더 악화됐다. 한번은 아랍군의 어느 예비부대가 의도치 않게 '포로를 만들지 말라'는 명령을 이행하지 않았다. 그때 길을 되돌아온 로렌스가 밤이 되기 전 이 부대에 도착했고, 터키군과 독일군 250여 명이 포로로 붙잡혀 있는 모습을 보았다. 『일곱 기둥』에 기술한바, 로렌스는 이들을 살려두는 것이 "싫지는 않았다". 그러나 독일군 총검에 양팔이 완전히 잘린 채 "벌레처럼" 죽어가는 아랍 전사가 있는 곳으로 안내를 받자 생각이 바뀌었다. 로렌스는 며칠 뒤 해당 사건에 대한 공식 보고서에서 다음과 같이 언급했다.

"우리는 호치키스(기관총) 총부리를 곧바로 포로들에게 겨누고 모조리 죽였습니다. 따라서 그들의 변명은 듣지 못했습니다."[21]

학살은 밤새도록, 이후로도 며칠 동안 이어졌다. 공포에 질리고 극도로 지친 먹잇감은 점점 더 작은 덩어리로 줄어들다가 몇몇 병사만 무기력한 상태에서 포로로 붙잡히고 나머지는 전부 죽음을 맞아야 했다. 이틀 뒤 마지막 낙오자들이 다마스쿠스 외곽에 도착했을 때, 9월 27일 데라 지역에서 출발한 터키-독일군 6000여 병력은 2000명도 안 될 만큼 줄어든 상태였다.

로렌스는 학살 현장에 계속 머물지 않고 밤늦게 셰이크사아드에 있는 자신의 지휘소로 돌아갔다. 그리고 날이 밝기 전, 자신에게 아픈 기억을 남긴 도시 데라로 떠났다. 『일곱 기둥』에서 밝히기를, 로렌스는 시간이 흐를수록 점점 마음이 식어가는 것을 느꼈다. 특히 타파스에서 참혹한 사건을 겪은 뒤로 줄곧 그랬다. 데라는 이미 전날 오후 아랍군이 물밀듯이 쳐들어가 얼마 안 되는 터키군을 제압하고 난 뒤 오랜 전통에 따라서 한바탕 노략질을 마친 상태였다. 데라에 도착한 로렌스는 무질서를 겨우 바로잡은 뒤 철도 시설 곳곳에 무장한 경비병을 배치하고 행정 및 치안 담당자를 임명했다. 로렌스 본인의 말에 따르면, 당시 데라에서 가장 힘겨운 과제는 호전적인 야심가 조지 배로 장군을 말리는 것이었다. 그는 얼마 전 야르무크 협곡에서 빠져나온 영국군 지휘관이었다.

『일곱 기둥』에서 배로는 무척 우스꽝스러운 인물로 묘사된다. 그는 데라 외곽 서쪽 길로 마중 나온 로렌스를 만난 순간부터 애를 먹이기 시작했다. 배로 장군은 도시 치안을 위해 곳곳에 감시병을 배치하겠다고 했고, 로렌스는 새로 임명한 아랍인 통치자가 이미 치안을 확립한 상태라며 "신사적으로 설명했다". 이어서 배로는 데라 역을 자기 부하들에게 맡기겠다고 우겼다. 로렌스는 이에 동의하면서도 아랍인들이 철로를 통제하고 열차 운행을 준비 중이므로 영국인들은 간섭하지 말아야 한다고 불손한 어투로 요구했다.

"아랍인을 피정복민으로 여기던 배로는 나한테 객식구 대접을 받고 적잖이 당황한 눈치였다. 하지만 그에게는 이미 결정된 사항을 따르는 것 말고 다른 방법이 없었다."

로렌스는 배로 장군이 이내 뜻을 굽힌 덕분에 "금세 좋은 사이가 되었다"고 회상했다. 그러나 조지 배로가 기억하는 데라의 당시 상황은 로렌스의 설명과 전혀 달랐다. 그는 회고록에서 다음과 같이 주장했다.

"그 도시 어디를 가나 형언하기 어려울 만큼 지저분했다. 시커멓게 그을린 쓰레기가 나뒹굴고 곳곳에 재가 날렸으며 약탈의 잔재가 너저분하게 흙바닥을 뒤덮었다. 터키인들은 기차역 주변이나 담벼락에 기댄 채 죽었거나 죽어가고 있었다. 아직 목숨이 붙어 있는 이들은 자비를 갈구하는 눈빛으로 우리를 쳐다보았다. 아랍인들에게선 도저히 자비를 기대할 수 없었기 때문이다."[22]

하지만 배로 장군의 부대원들이 데라 역에 발이 묶인 터키군의 부상병 후송 열차에서 두 눈으로 목격한 장면에 비하면 이 정도는 아무것도 아니었다. 과장이 상당히 섞였을 테지만, 그는 이 장면을 다음과 같이 묘사했다.

"지난 120년 동안 국가 간 충돌에서 빚어진 그 어떤 사건도 야만성에 있어서는 비교가 안 될 만큼 참혹했다. 아랍 병사들이 열차 내부를 훑고 지나가면서 고통으로 신음하는 터키인들의 옷을 벗겼다. 상처 부위가 벌어졌든 다리뼈가 부러졌든 신경 쓰지 않았다. 그러고는 모조리 목을 베었다. (…) 문명 시대를 살아가는 그 누구라도 평정심을 유지할 수 없는 장면이었다."

배로는 아랍인들을 열차에서 내려오게 하라고 로렌스에게 명령했으나, 로렌스는 이것이야말로 아랍인들이 생각하는 "전쟁의 목적"이라며 거절했다. 그러자 배로는 "우리가 생각하는 전쟁의 목적과도 다르다"고 응수하면서 이렇게 말했다.

"자네가 아랍인들을 제지할 생각이 없다면 내가 하겠네!"

이 말에 로렌스는 그런 상황에 얽히고 싶지 않다는 듯, 아랍인들을 가로막을 경우 일어날 사태에 대해 자신은 책임이 없다며 장군에게 대꾸했다고 한다. 결국 배로 장군은 휘하 병력을 투입해 아랍인들을 후송 열차에서 끌어내림으로써 살육을 멈추었다.

종합하면, 타파스와 데라에서 벌어진 사건들은 '로렌스 신화'의 온전한 진실을 파악하는 게 얼마나 어려운지를 압축적으로 보여준다. 심지어 신화의 여러 단면 가운데 가장 신빙성 있는 사실을 집어내는 것조차 힘들다. 예리한 독자라면 로렌스가 『일곱 기둥』에 묘사한 타파스 사건에서 그대로 믿기 어려운, 다소 영화 같은 구석을 몇 군데 발견했을 것이다. 예컨대 탈랄이 함성을 지르며 적진으로 돌격하다가 총에 맞아 쓰러지는 장면, 적군의 총검에 두 팔이 잘려 죽어가던 아랍 전사를 로렌스가 목격하는 장면 등은 로렌스가 공식 보고서에 언급하지 않은 내용이었다. 예리한 시선으로 소름 끼치도록 세밀히 묘사한 것도 불편하다. 1년 전 '데라의 고초'를 묘사하는 세밀함을 떠올리게 하는, '전쟁 포르노그래피'의 외설적 경향마저 엿보인다. 의아한 점은 또 있다. 1918년 9월 총공세 당시 로렌스와 함께했던 영국군 동료들의 증언에 따르면, 정작 로렌스 본인은 회고록과 공식 보고서에서 명백히 인정했음에도 불구하고, 로렌스가 이미 붙잡힌 포로들을 처형하라고 지시하기는커녕 "포로로 삼지 말라"는 명령을 내린 적도 없다고 한사코 부인했다는 사실이다.[23]

데라의 후송 열차 학살 사건은 이 반대 주장을 믿기 어렵게 한다. 타파스에서 자신이 취한 행동에 대해서는 충격적일 만큼 솔직하게 묘사했던 로렌스가 이 사건에 대해서는 『일곱 기둥』이나 공식 보고서 어디에도 언급하지 않았다. 대단히 '적절하게' 군 경력을 쌓아온 지휘관 조지 배로가 그런 이야기를 꾸며냈다는 것 역시 상상하기 힘들다. 실제로 그러한 일이 벌어졌다면, 로렌스가 기록을 누락한 가장 단순한 이유는 아랍 반란군에 곱지 않은 시선이 쏠리는 것을 원치 않았기 때문일 것이다. 하지만 로렌스가 『일곱 기둥』과 공식 보고서에서 아랍인들의 나쁜 행동을 적시한 경우는 얼마든지 찾아볼 수 있다. 아울러 로렌스가 어떤 이유에서건 의도적으로 그 이야기를 숨긴 것이라면, 사실을 폭로하기에 가장 유리한 배로 장군을 『일곱 기둥』에서 특정해 실컷 비꼰 이유는 무엇일까? 이 모든 궁금증에 대해 더 간단한 설명 혹은 더 충격적인 설명도 가능하다. 9월 말에 벌어진 대학살의 복수극 가운데 후송 열차 사건을 로렌스는 그리 대단찮은 일로 여겼는지도 모른다.

로렌스는 데라에 계속 머물렀다. 이튿날 아즈라크를 떠나 데라로 건너오는 파이살을 만나기 위해서였다. 앨런비는 터키군을 가일층 철저하게 짓밟기 위해서 다마스쿠스로 이동하는 아랍군에 대한 비난을 자제하고 있었다.(사실 그는 아랍군이 시리아의 수도 다마스쿠스에 최초로 입성하는 영광을 누릴 수 있도록 이집트 원정군의 모든 부대는 도시 밖에서 대기하라고 명령을 내리기까지 했다.) 로렌스와 파이살은 그곳에 지방 정부를 세우는 방안에 대해 협의했다. 그리고 마침내 9월 30일 이른 아침, 로렌스는 그즈음 종종 운전기사 역할을 맡아주던 월터 스털링 소령과 함께 "푸른 안개Blue Mist"라는 애칭을 지닌 롤스로이스 승용차를 몰고 북쪽으로 향했다. 지나는 곳마다 시신과 가축의 사체가 즐비했다. 터키군이 허겁지겁 달아나는 과정에서 목숨을 잃은 자들이었다. 그날 저녁, 두 사람은 다마스쿠스가 내려다보이는 산마루에 도착했다. 이미 그곳은 날이 밝는 대로 도시를 향해 진격할 채비를 마친 아랍군과 이집트 원정군 병사들로 북적대고 있었다.

영광의 아침을 기다리던 그날 밤, 스털링은 깊은 허탈에 빠져 있는 로렌스를 보았다. 도무지 이해할 수 없는 노릇이었다.

"다마스쿠스 입성을 하루 앞둔 밤이었다. (로렌스가 피땀 흘린) 그간의 노력에 성공이라는 왕관을 씌워줄 순간이 코앞에 다가온 때였다."[24]

결국 스털링이 무슨 일이냐고 로렌스에게 물었다. 그러자 로렌스는 이렇게 대답했다.

"우리가 데라를 점령했을 때 이미 모든 것이 끝나버렸어. 이제는 열정도 흥미도 완전히 사라졌네."

―――

그날 밤, 윌리엄 예일과 이탈리아 군사연락관도 다마스쿠스 외곽에 위치한 그 산기슭 어딘가에 있었다. 두 사람은 몇 시간이라도 눈을 붙여보려고 모델 T 옆에 담요를 뒤집어쓰고 누웠다. 하지만 자정 직후, 엄청난 폭발음에 깜짝 놀라 잠에서 깼다. 북쪽을 바라보니 다마스쿠스 전체가 화염과 연기에 휩싸여 있었는데, 불길이 얼마나 높은지 도시 바깥으로 펼쳐진 벌판을 몇 킬로미터나 훤하게 비출 정도였다. 예일이 말했다.

"전능하신 하느님, 터키인들이 다마스쿠스를 날려버렸습니다."

첫 번째 강력한 폭발음 이후로는 날이 밝을 때까지 그보다 작은 폭발음이 꼬리에 꼬리를 물었고, 시뻘건 포탄이 이따금 밤하늘을 가로지를 때마다 도시에서는 불길이 치솟았다.

날이 밝자 예일은 자신이 오해했다는 사실을 깨달았다. 다마스쿠스는 건재했다. 터키군과 독일군이 도시를 빠져나가기 직전에 탄약고와 연료저장소를 모조리 폭파했을 뿐이었다.

우연히도 그날 밤 예일과 삼부이는 총공세 전날 지휘 본부에서 홀연히 종적을 감추었던 종군기자단 바로 옆에서 밤을 보냈다. 두 사람은 곧바로 다마스쿠스에 들어가면 위험하지 않겠냐고 여러 기자에게 묻고 또 물었다. 그러나 예일이 커피 끓일 물을 구해왔을 때 해답은 나와 있었다. 또다시 종군기자들이 두 사람을 따돌리고 사라진 것이다. 예일이 삼부이에게 말했다.

"특파원들이 간다면 연락장교도 가야지요."

둘은 서둘러 모델 T를 타고 곧장 다마스쿠스 시내로 향했다. 그리고 열광적인 환영을 받았다. 다마스쿠스 사람들이 거리마다 쏟아져 나와 춤을 추고 북을 울리면서 기쁨의 노래를 불렀고, 건물 발코니에서는 여성들이 장미 꽃잎을 뿌려댔다. 시내 중심부로 들어갈수록 환영의 열기는 더 뜨거웠다. 예일은 이렇게 회상했다.

"온통 아수라장이었다. 터키가 통치하는 살벌한 팔레스타인에서 거의 3년을 보낸 나로서는 아랍인들의 해방감을 십분 이해할 수 있었다. 게다가 나는 그들에게 해방을 선사한 사람들 가운데 한 명 아닌가. (…) 주민들은 우리를 집 안으로 불러들여 포도주와 설탕에 절인 과일을 먹으라고 성화였다. 평생에 한 번이라도 이런 경험을 맞는다는 건 행운이라 할 법한, 그야말로 광적인 하루였다."

그날 로렌스는 다마스쿠스의 열기를 훨씬 더 실질적으로 느꼈다. 로렌스와 스털링은 종군기자단이나 군사연락관들보다 먼저 '푸른 안개'를 타고 그 도시로 향했으나 로렌스의 아랍식 머리장식을 의심한 인도군에 붙잡혀 몇 시간이나 잡혀 있어야 했다. 하마터면 재앙을 겪을 뻔한 순간이었다. 다마스쿠스 시내로 진입한 아랍 반란군 지휘관들이 모여 있는 시청사에 로렌스가 뒤늦게 도착했을 때는 쿠데타가 벌어지고 있었다.

시청사에 도착한 파이살의 부하들은 그날 오전 지방 정부 건립에 관한 일을 시작하고 있었다. 갑자기 두 사내가 나타나서는 자신들은 후세인 왕이 적법하게 임명한 대표들이라고 하면서 이미 전날 밤 지방 정부 구성을 마쳤다고 주장하기 시작했다. 그들은 압델 카데르와 모하메드 사이드 형제였다. 카데르는 알제리 출신의 반동분자로, 야르무크에서 로렌스를 죽음의 위기로 몰아넣었던 장본인이었다. 이들 형제는 잠시 뒤 추종자들을 데리고 시청사를 떠났다. 나중에 그들은 자리를 비운 행동을 크게 후회했을 것이다. 그사이에 로렌스가 나타나 다른 사람을 통치권자로 임명했기 때문이다. 로렌스가 다마스쿠스의 임시 군정 총독으로 지목한 사람은 슈크리 파샤 엘아유비였다.

로렌스의 타이밍은 절묘하기 이를 데 없었다. 몇 분 뒤, 호주 출신으로 이집트 원정군 사막기병대를 이끄는 헨리 쇼벨 장군이 다마스쿠스 시청사에 모습을 드러냈기 때문이다. 쇼벨은 다마스쿠스에 발을 디딘 최초의 이집트 원정군 고위급 지휘관으로, 그는 터키가 임명한 총독 왈리를 불러들였다. 당분간 왈리에게 도시 운영을 맡기라는 앨런비의 명령을 받들기 위해서였다. 그러나 로렌스가 쇼벨에게 데려간 사람은 슈크리 파샤였다. 그로 인해 쇼벨은 앨런비에게 다음과 같이 보고해야 했다.

"저는 그 사람이 왈리라고 생각했습니다. 그래서 도시의 민간 행정을 맡으라고 로렌스 중령을 통해 명령했습니다. 그리고 경비 병력과 경찰력이 필요하면 구해주겠다고 말했습니다."[25]

이어 쇼벨은 로렌스에게 다음과 같이 부탁함으로써 이 교묘한 속임수의 대미를 장식했다.

"나로서는 지금 당장 이 문제를 도맡아 처리할 정치장교가 없으니 자네가 돕도록 하게."

이 약빠른 행동 하나로 로렌스는 이집트 원정군 군정 당국으로부터 자신이 선택한 아랍 '민간 정부'의 정통성을 확보하게 되었다. 게다가 이어진 며칠간의 결정적인 시기에 다마스쿠스의 실질적인 통치자로서 이집트 원정군의 군사력을 원하는 대로 동원할 수 있었고, 필요한 경우 군정총독이라는 '통치자'를 통해 아랍인들에게 명령을 내릴 수도 있었다.

로렌스의 첫 번째 과제는 압델 카데르와 모하메드 사이드의 중대한 위협을 완전히 제거하는 것이었다. 그는 형제를 시청사로 불러들인 다음 당신들이 세운 정부는 소멸되었다고 선언했다. 이어서 파이살의 충성스러운 부하들 이름을 거명하면서 이들이 정부 요직을 이미 차지했다고 잘라 말했다. 칼부림이 벌어질 뻔했다. 로렌스는 이렇게 회상했다. "이내 모하메드 사이드와 압델 카데르는 발길을 돌렸다. 둘은 그 자리를 떠나면서 기독교도인 나에게 복수하겠다고 을러댔다."

형제가 떠난 직후, 로렌스는 이집트 원정군 병력을 시켜 도시 몇 군데서 벌어지는 약탈 행위를 진압했다.

그날 오후, 로렌스는 파이살 추종 세력이 상황을 장악하고 도시의 질서도 어느 정도 되찾았다고 판단했다. 그래서 쇼벨 장군 집무실을 찾아가 애초에 약간의 오해가 있었던 것 같다고, 슈크리 파샤는 사실 다마스쿠스의 왈리가 아니라 자신이 직접에 민정 책임자로 임명한 사람이라고 털어놓았다. 로렌스는 사실관계를 밝힌 정도에 그치지 않고 뻔뻔하게 대들기까지 했다. 현 상황을 있는 그대로 받아들이는 것과 원칙대로 밀어붙여 위험을 초래하는 것, 둘 중 하나를 선택하라고 압박한 것이다. 헨리 쇼벨은 진작부터 로렌스가 싫었으나 다마스쿠스가 어지러워지는 것은 더 싫었다. 그날 밤, 로렌스는 앨런비의 지휘 본부로 전보를 보냈다.

"다른 지시가 없는 한, 제가 이 도시의 행정을 담당한다는 결정에 대해서 쇼벨이 동의했습니다."[26]

실제로 로렌스는 이후 이틀 동안 도시 기능을 되살리는 데 전력을 기울이는 한편, 여전히 일부 지역에서 약탈 행위가 이어지고 있는 도시의 질서를 바로잡기 위해 단호하고도 가혹한 처방을 병행했다. 지방 정부가 조직한 작업단이 전력 공급 및 상하수도 시설을 복구하기 시작했고, 쓰레기를 치우고 소방대를 조직하며 궁핍한 주민들에게 식량을 배급했다. 동시에 시내 중심부에서 발생한, 압델 카데르 형제가 또다시 권력 찬탈을 목적으로 조장했다는 소요 사태의 경우 잔인할 만큼 무자비하게 진압했다. 로렌스는 공식 보고서에서 다음과 같이 간략하게 언급했다.

"우리는 아랍군을 출동시켜 호치키스(기관총) 여러 정으로 중앙 광장을 에워싼 다음 평화를 되찾았습니다. 세 시간 동안 스무 명 남짓의 사상자가 발생했습니다."27

T. E. 로렌스와 윌리엄 예일이 다마스쿠스에서 격동의 시절을 보내는 동안 한 번밖에 못 만났다는 사실은 어쩌면 당연한 일이었다. 각자 맡은 역할이 워낙 달랐기 때문이다. 사실 로렌스가 다루는 문제의 중대성을 감안한다면, 과거의 만남을 로렌스가 전혀 기억하지 못하는 것도 충분히 이해할 수 있다. 예일은 단지 미국인 소유의 상점 몇 곳이 약탈당한 사건에 대해 항의하고자 로렌스를 찾았을 뿐이지만, 두 사람은 결국 다마스쿠스에서 같은 경험을 공유하게 되었다. 형언하기 힘든 공포로 그들의 마음에 각기 지울 수 없는 상처를 남긴 '터키 병원' 사건이었다.

10월 2일 오전, 윌리엄 예일은 자신이 묵는 다마스쿠스 호텔 로비에서 호주 출신 장교 한 명을 만났다. 그는 예일에게 터키 병원에 가본 적이 있느냐고 물었고, 예일이 처음 듣는 곳이라고 대답하자 기차역 근처 어디쯤이라고 위치를 알려주었다. 예일은 삼부이 소령과 함께 곧장 그곳으로 향했다.

그곳은 원래 드넓은 연병장이 딸린 터키군 병영이었다. 호주 병사 둘이 정문을 지키고 있었다. 예일은 이렇게 회상했다.

"우리가 텅 빈 연병장을 지나는 동안 사람이라곤 한 명도 찾아볼 수 없었다. 이윽고 계단을 올라 건물 안으로 들어갔는데, 그곳은 한마디로 시체 안치소였다."

터키군이 병영을 임시 군인병원으로 전환한 뒤 9월 29일 이곳을 방치한 채 달아났다. 그곳에 남겨진 환자 800여 명은 부상과 질병으로 신음하고 있었다. 사흘 동안 아랍군이 비적 떼처럼 덮쳐 환자들의 식량과 의약품을 모조리 약탈했고, 심지어 쓸 만한 물건을 뒤지기 위해 환자들을 바닥에 내동댕이치기도 했다. 인근에 막사를 차린 호주군 파견대는 정문에 초병 두 명만 세웠을 뿐 목숨이 위태로운 환자들을 전혀 보살피지 않았다. 마실 물조차 주지 않았다. 예일은 이렇게 회상했다.

"군인병원 바닥은 인간의 체액으로 미끈거렸다. 수백 명이 더럽고 비좁은 병원 침대를 차지하고 있었다. 죽은 이, 다친 이, 아픈 이가 자기 오물을 뒤집어쓴 채 나란히 누운 상태였다. 고통으로 몸부림치다가 침대에서 떨어진 환자들이 송장들과 뒤엉켜 바닥을 뒹굴었다. (…) 대부분은 입도 뻥긋 못할 만큼 상태가 심각했다. 신음 소리를 내거나 도와달라고 울부짖는 환자는 몇 안 되었다. 공포에 짓눌린 슬픈 눈빛들이 기다란 병실을 통과하는 내내 우리를 뒤쫓았다."

가까스로 마음을 진정시킨 예일과 삼부이는 중앙 통로 위층의 한쪽 구석에서 간호사 겸 잡역부로 일하고 있는 세 명을 만났다. 그들은 탁자에 둘러앉아서 말없이 커피를 마시고 있었다.

"망연자실한 표정이었다. 너무도 끔찍해서 어떻게 손쓸 수 없는 상황에 직면한, 희망을 완전히 잃은 사람들이었다. 인간이 상상할 수 있는 영역 밖에 존재하는 지옥 같은 곳에서, 그들은 커피를 마시고 있었다."

사정을 파악한 두 군사연락관은 병영 건물을 황급히 빠져나와 그곳 책임자를 찾기 시작했다. 하지만 당시 다마스쿠스는 행정 책임이 여전히 불분명할 수밖에 없는 상태였다.

같은 날 오후, T. E. 로렌스 역시 터키 병원에 대한 이야기를 듣고 그곳을 찾아갔다. 로렌스 역시 예일이 묘사한 상황을 그대로 목격했다. 물론 글재주 좋은 로렌스의 묘사가 훨씬 더 세밀하고 생생했다.

"쥐새끼들이 피에 젖은 마룻바닥을 밑에서부터 뚫고 들어와 시신까지 파먹고 있었다. 두세 배나 부풀어오른 사체들은 퉁퉁 부은 얼굴에 시커먼 입술로 웃고 있었다. (…) 연약한 부위는 이미 뭉개져 있었다. 심하게 부패한 몇몇 시신에서는 터진 거죽 사이로 부패한 내장이 줄줄 흘렀다."28

건물 안쪽으로 깊숙이 들어간 로렌스는 죽은 자와 죽어가는 자 사이로 계속 걸었다.

"나는 더러운 액체가 고인 곳을 밟지 않으려고 새하얀 옷자락을 여미고 걸었다. 그때 갑자기 한숨 소리가 들렸다."

소리가 들린 쪽으로 고개를 돌렸더니 아직 목숨이 붙어 있는 누군가가 로렌스를 바라보며 기어들어가는 목소리로 "자비를, 자비를" 하면서 웅얼대고 있었다. 그러자 목소리를 낼 수 있는 다른 환자들도 같은 소리를 간신히 내뱉으면서 "말라비틀어진 낙엽처럼 여윈" 팔을 치켜들기 시작했다. 그 모습은 마치 "황갈색 물결" 같았다. 그러나 오래지 않아 다시 잠잠해졌다. 로렌스는 이렇게 회상했다.

"그들에겐 말할 기력조차 남아 있지 않았다. 하지만 마치 무슨 명령이라도 받은 것처럼 일제히 웅얼거리기 시작하는 그들의 모습이 조금은 우습기도 했다."

로렌스가 밝힌 바에 따르면, 그는 이 끔찍한 상황을 곧장 수습하기 시작했다. 위층에서 빈둥대는 터키인 의사들을 찾아내서 환자들을 당장 돌보라고 명령했다. 인근에 주둔한 호주군은 돕기를 거절했다. 그는 아랍군에게 식량과 물을 가져오라고 지시하고 터키군 포로들을 동원하여 시체를 묻을 만한 거대한 구덩이를 파게 했다. 로렌스는 숨진 이들을 매장하는 과정에 대해 그릴 때도 특유의 소름끼치는 묘사를 멈추지 않았다.

"병원에서 나온 시체를 모두 묻기에는 구덩이가 작았다. 하지만 대부분 젤리처럼 흐물흐물하게 썩은 상태여서 새로 도착한 시체를 한 구씩 살살 떨어뜨리면 가장자리만 살짝 출렁일 뿐이었다.”

예일은 터키 병원의 비극을 전하기 위해 최근 다마스쿠스에 도착한 길버트 클레이턴을 찾아갔다. 클레이턴 준장과는 카이로에서 활동하던 시절 여러 차례 인연이 있었고, 이 과정에서 냉혈한 클레이턴에 대해 혐오심을 품게 되었다. 클레이턴의 태도는 여전했기 때문에 두 사람이 재회한 10월 2일에도 그에 대한 예일의 인상은 바뀌지 않았다. 그는 무언가 대책을 강구해야 한다는 예일의 호소를 듣고서 차분하게 말했다.

“예일, 자네는 군인이 아니라네.”

그러고는 분노로 이글거리는 예일의 눈빛이 꺼림칙했는지 이렇게 덧붙였다.

“흥분할 필요 없네. 나도 군인이 아니니까.”

터키 병원 사건은 로렌스와 예일에게 대단히 깊은 인상을 남겼고, 전쟁 이후 1929년 그들이 편지로 주고받은 대화의 주제가 되기도 했다. 예일이 처음 보낸 편지는 찾을 수 없지만, 그 사건을 세부적으로 거론하면서 로렌스를 압박한 것이 분명해 보인다. 로렌스가 수기로 작성한, 400여 개 단어로 이루어진 세 번째 답장을 보면 자신이 병원에서 취한 행동을 해명하는 데 거의 모든 지면을 할애하고 있기 때문이다. 이 사건은 양쪽 모두에게 대단히 특별한 기억으로 남았고, 둘의 각기 다른 성격을 살펴볼 수 있는 흥미로운 기회를 제공한다.

윌리엄 예일은 자신이 남긴 기록 가운데 아마도 가장 절절하고 비통할 만한 문장으로 터키 병원에서 느낀 죄책감을 기록했다.

“나는 그때 현명하고도 차분하게 내 지위를 이용해서 800여 환자들의 참혹한 고통을 덜어주어야 했다. 하지만 그러지 못했다. 전쟁 기간을 통틀어 그토록 후회막심하고 수치스러운 경험은 없었다. 그들에게 저주를 받아 마땅하다."

그러나 자아비판은 예일이 스스로 자랑하는 미덕이 결코 아니었다. 겨우 두 문장 뒤에 '진범'을 특정했기 때문이다.

"나는 이 모든 슬픔을 유럽 열강의 제국주의 탓으로 돌리고자 한다. 그 이름으로 저지른 수많은 범행에 죄목 하나를 추가하는 셈이지만."

『일곱 기둥』에 나타난 로렌스의 묘사는 훨씬 더 감정적일 뿐 아니라 의식하지 못한 듯하지만 자신의 내면을 훨씬 더 충실하게 표출한 편이었다. 그 내용에 따르면, 로렌스는 이튿날 병원을 다시 찾았고, 자신의 노력 덕분에 사정이 훨씬 좋아졌음을 확인했다. 그런데 호주군 소령 한 명이 로렌스 앞에 버티고 섰다. 아랍식 옷차림의 로렌스는 자신이 영국군 중령이라고 굳이 밝히고 싶지 않았다. 그 소령은 여전히 끔찍한 상황을 일소하지 못한 병원을 가리키며 책임자가 누구냐고 물었다. 로렌스는 자신이 책임자라고 밝혔다. 그러자 호주군 소령이 "이 살인마 개자식!" 하더니 로렌스의 뺨을 후려치고는 떠나버렸다.

이 대목은 660쪽짜리 책의 끝에서 두 번째로 나오기에는, 더욱이 소제목이 "승리"인 장에 등장하기에는 조금 특이해 보인다. 아울러 어딘가 거짓말처럼 들리게 하는 구석도 있다. 타파스 사건에 대한 소상한 묘사의 상당 부분이 그렇듯이, 너무도 멋들어진, 무대 연기의 결말 같은 느낌을 강하게 주는 장면이기 때문이다. 그러나 이 장면이 허구이건 사실이건 간에, 소령의 따귀는 중요한 기능을 한 것이 분명했다. 로렌스가 분노 대신 부끄러움을 느꼈기 때문이다.

"왜냐하면 그가 옳다고 생각했기 때문이다. 압제자에 맞서서 약자들의 혁명을 성공시키고자 분투한 사람이라면, 자신을 깨끗하게 만들어줄 수 있는 것은 이 세상에 존재하지 않는다는 식의 타락한 사고방식에서 벗어나야 한다고 느꼈기 때문이다."

로렌스는 그 뒤로 평생토록 전쟁 기간에 목격하고 행동한 것으로 인해 자신이 더럽혀졌다는 인식 속에서 살았다. 그래서 스스로 저지른 죄악을 용서받고 다시 "깨끗하게 만들기 위한" 투쟁의 일환으로, 소령의 따귀보다 훨씬 더 심한 폭력과 희생으로 자신을 가혹하게 채찍질하곤 했다.

회담은 10월 3일 오후 다마스쿠스에서 가장 시설이 좋은 빅토리아 호텔 2층 대회의실에서 열렸다. 참석자는 8명이 전부였다. 영국 쪽에서는 앨런비 장군과 쇼벨 장군이 핵심 참모들을 거느리고 나타났으며, 아랍 쪽에서는 파이살 이븐 후세인이 역시 참모장 누리 사이드와 메디나의 셰리프인 나시르를 데리고 등장했다. 중재 및 통역을 담당한 사람은 T. E. 로렌스였다. 이 회담은 (진행 과정에서 중동의 미래와 비극이 싹트기 시작한 만큼) 막중한 의미를 지니는 회담이었지만 공식 기록은 전혀 남기지 않았다.

앨런비 장군이 시리아의 수도에 도착한 것은 불과 몇 시간 전이었다. 그는 참을성과 거리가 먼 인물이기도 했지만 유독 이날은 기분이 언짢았다. 군사 작전을 감독하느라 정신없는 와중에(선봉 부대가 북쪽으로 달아나는 터키군을 계속 추격 중이었다) 다마스쿠스의 골치 아픈 정치 상황을 수습하는 데 시간을 할애해야 했기 때문이다. 돌아가는 꼴이 영 탐탁지 않던 앨런비로서는 오후 3시 열차 편으로 데라에서 도착한 파이살이 개선장군처럼 말을 타고 다마스쿠스에 입성하는 행사 때문에 예정보다 늦게 당도한다는 소식에 "얼어죽을, 개선장군은 무슨!" 하고 소리를 질렀다. 그러고는 파이살을 호텔로 당장 데려오라고 명령했다.[29]

앨런비 장군이 온전히 파악하지 못했을지 몰라도, 아니 제대로 신경 쓸 여유가 없었다고 말하는 편이 옳겠지만, 그가 팔레스타인 총공세에서 놀라운 전과를 올리면서부터, 프랑스 정부는 사이크스-피코 협정에 명시한 대로 시리아 영토 소유권을 집요하게 주장하기 시작했다. 그 결과 앨런비 장군은 이틀 뒤 외무성으로부터 난센스에 가까울 만큼 어리석은 일단의 지침을 받았다. 9월 25일자로 내려온 이 지침은 "영국 정부는 시리아에 관하여 이미 선포한 정책을 고수하며, 유럽 국가의 이해관계에 따라 시리아가 귀속된다면 그 국가는 프랑스여야 한다"고 지적하면서, 사이크스-피코 협정에 따라 "(시리아를 의미하는) A구역 내에 어떤 형태로든 아랍국이 건설될 때 그 독립을 지키기 위해 프랑스와 영국이 협력하는 형태가 될 것"이라고 앨런비에게 재확인시켰다. 그리고 일견 상충하는 두 문장으로부터 도무지 갈피를 잡기 힘든 행동 수칙이 도출되었다.

"앨런비 장군이 다마스쿠스로 진격한다면 더 바랄 나위가 없다. 따라서 1916년 영불 협정에 의거하여, 가능하다면 프랑스가 보낸 연락관을 거치고, 아랍 행정부를 통해서 임무를 수행해야 할 것이다."[30]

런던은 앨런비가 어지간해서는 당황하지 않을 사람이라고 판단한 듯, 10월 1일 두 번째 지침을 내려보냈다. 이번에 앨런비가 받아든 명령은 다음과 같은 내용이었다.

"아랍인들이 터키의 지배로부터 벗어나 영토를 되찾고자 전쟁에 나섰지만, 이들을 조직한 것은 연합국이다. 따라서 (아랍인들이) 해방시킨 지역은, 연합국 쪽에 우호적인 아랍인들의 독립적인 국가(또는 국가 연합)라는 지위를 누리더라도, 응당 연합국의 영토로 취급해야 한다."

그러고는 이상한 단서가 따라붙으면서 갑자기 명료한 결론에 도달했다.

"아랍인들의 시리아 정부가 유럽 관료들의 지원과 조언을 요구할 경우, 영불 협정에 의거하여 그 업무는 프랑스 관료들이 담당해야 한다."[31]

처음 내려온 지침의 재탕에 불과한 이번 지침을 빅토리아 호텔에서 접한 로렌스는 여지없이 위기감을 느꼈을 것이다. 사문화된 지 오래된 사이크스-피코 협정의 문구가 부활했다는 것은 매우 불길한 일이었기 때문이다. 긍정적인 측면이라면 앨런비에게 내려온 지침이 시리아 독립에 대한 아랍의 요구를 명백하게 인정한다는 점 그리고 파이살이 유럽인들의 도움이나 충고를 요청할 생각이 전혀 없으므로(이것이 과도 정부를 수립하는 핵심적인 이유이므로) 프랑스 연락관을 둔다는 단서 조항은 일고의 가치가 없다는 점이었다.

그러나 추악한 반전이, 아니 반전의 연속이 기다리고 있었다. 쇼벨 장군의 회상에 따르면, 앨런비는 파이살에게 선택권이 없다고 선언하면서 시리아가 프랑스의 '보호국'이 될 것이라고 했다. 게다가 그 아버지의 대리인인 파이살이 ("프랑스의 인도와 재정적 지원 아래"라는 단서를 달고) "시리아 행정을 책임질 것"이라면서도, 그 정부는 팔레스타인이나 레바논까지 관할하지 않고 "시리아 내륙 지역만 다스린다"고 못 박았다. 특히 "내륙 지역"이라는 표현은 실로 '효력 발생적' 어휘가 아닐 수 없었다. 파이살의 설명에 따르면, 레바논은 팔레스타인에서 알렉산드레타 만에 이르는 지중해변 전체를 끼고 있는 땅이기 때문에 이러한 결정은 시리아를 육지에 둘러싸인 국가로 만드는 처사였다. 더욱이 앨런비는 파이살에게 다음과 같은 최후의 모욕을 안겼다. "당분간 로렌스와 함께 일하면서 여러모로 지원을 아끼지 않을 사람"으로 프랑스 연락장교를 보내겠다고 한 것이다.[32]

이 말을 들은 파이살과 로렌스는 어이가 없었다. 쇼벨의 회상에 따르면, 파이살은 "앨런비가 보내준 자문관(로렌스)으로부터" 팔레스타인을 양보하는 대가로 "아랍인들이 레바논을 포함해 시리아 전체를 얻게 될 것"이라고 들었고, 그렇게 믿었다고 거세게 반박했다. 아울러 프랑스 연락장교는 받아들일 수 없으며 "프랑스의 그 어떤 지시도 인정하지 않겠다"고 맞섰다.

의견이 팽팽하게 맞서자 앨런비가 로렌스에게 캐물었다.

"프랑스가 시리아를 보호령으로 삼는다고 전하지 않았나?"

그러자 로렌스가 이렇게 대답했다고 쇼벨이 밝혔다.

"아닙니다, 장군님. 저는 전혀 모르는 사실입니다."

"하지만 파이살이 레바논과 아무 관련이 없는 인물이라는 사실을 자네도 분명히 알지 않았나?"

앨런비가 물고 늘어졌고, 로렌스가 대답했다.

"아닙니다. 장군님, 저는 몰랐습니다."

앨런비는 일시적 조치에 불과하다는 말로 상황을 모면하려 하면서, 모든 문제는 전후에 개최할 정식 평화회담에서 해결될 것이라고 덧붙였다. 그러나 이와 같은 상황에서는 일시적 조치가 영구적으로 고착되기 쉽다는 사실을 파이살도 잘 알고 있었기 때문에 그 말을 믿지 않았다. 앨런비가 내세울 것은 영국군 총사령관이라는 계급밖에 없었다. 원칙적으로 아랍 북군은 자신의 지휘 아래 있으므로 반란군 지도자는 자신의 명령을 따라야 한다는 사실을 파이살에게 상기시켰다.

약 한 시간 뒤, 파이살 후세인은 잔뜩 화가 난 표정으로 빅토리아 호텔을 나섰다. 아이러니하게도 파이살은 호텔 밖에 구름처럼 모여든 지지자들에게 열렬한 환호를 받았다. 로렌스는 파이살을 수행하지 않았다. 호텔 대회의실에 남아 앨런비 장군에게 따져 물을 것이 있었기 때문이다.

둑이 무너졌다. 10월이 다 가도록 이집트 원정군과 아랍군은 북쪽으로 패주하는 터키군 잔당을 추격하면서 소탕 작전을 이어갔다. 후방에서 저항하는 세력들은 잔불 끄기로 신속히 처리되었다. 훗날 케말 아타튀르크가 되는 터키군 사령관 무스타파 케말은 10월 말이 되어서야 터키의 심장부라 할 수 있는 아나톨리아 가장자리에 어렵사리 저지선을 구축할 수 있었다. 그러나 시리아 전체를 빼앗긴 뒤였고, 콘스탄티노플은 화평을 제안한 상태였다. 결국 10월 31일에 무드로스 정전 협정을 체결함으로써 전쟁은 종결되었고, 실각한 세 파샤(제말, 엔베르, 탈라트)는 슬그머니 독일 어뢰정을 타고 흑해 너머로 도피했다.

터키라는 둑만 무너진 것이 아니었다. 역사상 유례를 찾기 힘든 연쇄 반응이 일어났기 때문이다. 동맹군에 가담한 모든 국가는 각자 자율적으로 전쟁을 수행했음에도 불구하고 정확히 같은 시기에 한계점에 봉착했고, 한꺼번에 몰락했다. 불가리아는 9월 말에, 터키와 오스트리아-헝가리는 불과 6일 차이로 굴복했다. 독일은 예상대로 가장 오래(그래봤자 일주일을 더 끌었을 뿐이지만) 버텼다. 그들이 자랑하던 힌덴부르크 저지선에 대여섯 군데가 뚫리면서 병사들의 집단 투항 사태가 잇따랐다. 결국 11월 11일 이른 아침, 독일 협상단은 프랑스 파리 인근 콩피에뉴 숲속 열차 객실 안에서 연합군 대표단을 만나 정전 협정에 서명했다. 협정은 그날 오전 11시에 발효할 예정이었다. 서부전선 곳곳에 배치되어 있는 수많은 부대는 11시를 알리는 종이 울릴 때까지 공방전을 벌였고, 그 결과 전쟁을 마치기로 결정한 이날 오전에 4000명이 추가로 목숨을 잃었다. 인류가 빚어낸 가장 어리석은 전쟁에 걸맞은, 더없이 터무니없는 피날레였다.

쿠르트 프뤼퍼는 폭포수처럼 쏟아지는 이 놀라운 사건들을 스위스라는 유리한 고지에서 지켜보고 있었다. 9월 말에 그곳으로 건너간 이 독일의 첩보 책임자는 자신을 둘러싼 모든 것이 무너져가는 동안 압바스 힐미의 말썽 많은 장남을 동맹국 편에 가담시키는 작업에 몰두하고 있었다. 이 일을 성사시킨다면 독일-터키-이집트 동맹을 구축하여 중동에서 최후의 승리를 거머쥐는 기반이 될 것이라고 여전히 믿고 있었기 때문이다. 정작 압델 모네임은, 정신적으로 불안정하고 가학적 성향도 지니고 있었지만 자신에게 애정 공세를 펼치는 독일인의 계획이 터무니 없다는 것조차 모를 만큼 지력이 부족하지는 않았다. 10월 말경 프뤼퍼는 빈손으로 귀국해야 했고, 사랑하는 조국이 패망하는 순간을 두 눈으로 똑똑히 목격했다.

아론 아론손 역시 그해 가을에 발생한 일련의 사건을 한동안 멀리서 (스위스보다 훨씬 멀리 떨어진 미국에서) 지켜보고 있었다. 그러나 동맹군의 패전이 임박하자 10월 중순 무렵 뉴욕 항에서 여객선을 타고 서둘러 영국으로 돌아왔다. 터키와 독일이 항복하면 전 세계의 이목은 파리에서 열릴 평화회담에 쏠릴 것이라고 생각한 그는 시온주의자들에게 약속한 밸푸어 선언을 이행하라고 요구함으로써 자신의 존재를 알리기로 결심했다.

반면 윌리엄 예일은 전쟁의 클라이맥스를 몸으로 체험했다. 그는 연전연승하는 영국군과 함께 시리아를 그대로 관통해서 북쪽으로 이동하고 있었으며, 독일이 정전 협정에 서명했다는 소식을 들은 곳은 알레포였다. 카이로로 돌아온 예일은 앞으로 무엇을 해야 할지 막막한 심정이었다. 고향으로 돌아가기도 싫었지만 이집트에서 딱히 할 일도 없었다. 그래서 다가올 파리 평화회담에 미국 사절단으로 동행하기 위해 집요하게 매달렸다.

"나는 공을 들여 보고서를 쓰고, 또 썼다. 그것을 읽은 누군가가 파리로 가라고 명령하게 해달라고 염원하면서. 그러다보니 보고서의 수준은 갈수록 빈곤해졌다."[33]

보고서의 질이 저하되었다는 말은 분명 거짓이었다. 왜냐하면 12월 말, 예일은 프랑스의 수도로 가라는 전보를 받았기 때문이다. "아라비아 문제 전문가"로 활동하면서 미국평화협상위원회American Commission to Negotiate Peace에 보고하라는 임무가 주어진 것이다. 이에 대해서 예일은 평소와 달리 겸손한 어투로 "직함을 듣고 깜짝 놀랐다"고 언급했다.

역설적이지만, 지난 몇 년 동안 중동 전역에서 각축전을 벌인 수많은 첩자와 정보요원 가운데 전쟁의 대단원을 장식한 여러 사건에서 가장 철저히 배제된 인물은 다름 아닌 T. E. 로렌스였다. 그는 이 사실을 10월 3일 오후 다마스쿠스 빅토리아 호텔 2층 대회의실에서 확실하게 증명했다.

파이살이 앨런비와 회담을 끝내고 나간 뒤, 로렌스는 떠나게 해줄 것을 장군에게 요청했다. 앨런비는 며칠 휴가를 달라는 의미로 여겼을 것이다.(휴가를 주는 일쯤은 어려울 것도 없고, 휴가를 주어 마땅하기도 했다.) 그러나 로렌스는 아라비아를 영영 떠나서 영국으로 돌아가길 바란다고 명확히 설명했다. 처음에는 앨런비도 단호하게 거절했다. 시리아 작전이 여전히 진행 중인 데다, 아랍인들이 신뢰하는 영국군 장교가 반드시 필요한 상황에서 로렌스 중령을 능가할 사람은 없었기 때문이었다. 그러자 로렌스가 강하게 되받아쳤다고 헨리 쇼벨은 밝혔다.

"그는 프랑스군 연락장교와 함께 일할 뜻이 없다고 했다. 따라서 그만둘 생각이며, 그것도 지금 당장 모든 것을 정리하고 영국으로 떠나는 게 좋겠다고 앨런비에게 말했다."34

앨런비는 로렌스의 반항에 심사가 뒤틀렸는지, 아니면 그의 명예 관념을 존중했는지(이 점에 대해서는 쇼벨과 로렌스의 설명이 다르지만) 결국 허가해주었다.

"알겠네, 그러는 게 좋겠군."

1916년 말 이후로 로렌스는 자국 정부에 맞서서 조용한 전쟁을 치러 왔다. 그리고 이렇게 패배하고 말았다. 하지만 곧 분명해진 사실이 하나 있다. 그는 자신의 전쟁을 싸움터 바깥에서, 즉 파리의 회담장에서 이어갈 생각이었다. 심신의 소진을 명분으로 다마스쿠스를 떠나게 해달라고 부탁했을지는 모르나, 아랍 독립을 위한 전쟁의 다음 라운드를 준비하려는 뜻을 품고 있었던 것은 확실하다.

다음 날 오후, 로렌스는 다마스쿠스에 작별을 고했다. 지난 2년 동안 전쟁을 치르면서 슬로건으로 삼았던 도시를 벗어나는 것이었다. 다마스쿠스에서 동북쪽으로 240킬로미터 떨어진 곳에는 그가 인생에서 가장 행복한 나날을 보낸 제라블루스가 있었다. 다마스쿠스도, 제라블루스도, 로렌스는 두번 다시 찾지 않았다.

로렌스와 관련된 내용은 모조리 날려버리시오. 그는 내가 죽여버린 비열한 인간
이오.
─1926년 10월 6일 로렌스가 T. E. 쇼Shaw라는 가명으로.
  H. C. 암스트롱에게[1]

로렌스가 투쟁하고 계획하고 조국을 배신하면서까지 이루고자 했던 그
모든 것은 대영제국과 프랑스 총리의 5분 남짓한 대담으로 물거품이 되
었다. 1918년 12월 1일 오전, 데이비드 로이드조지는 런던을 찾은 조르
주 클레망소를 한쪽으로 데려가서 영국이 중동에서 원하는 바가 무엇
인지 노골적으로 밝혔다. 이라크와 팔레스타인이었다. 이후 로이드조지
는 이 사실을 줄곧 부인했지만, 이런 요구는 프랑스가 시리아에서 무제
한의 자유를 누리는 것에 대해 암묵적으로 동의하겠다는 의미였다. 영
국과 프랑스가 중동이라는 전리품을 두고 신경전을 벌이다가 사정이
급박하게 돌아가기 시작하자 다툼의 '해결책'으로 제시된 내용이었다.
제1차 세계대전이 마침내 끝나고 파리평화회의 개최를 코앞에 둔 시점
에서 "승리 없는 평화peace without victory"나 억압받는 민족의 자결권 따
위를 주장하는 고매한 인품의 소유자 우드로 윌슨 미국 대통령에 맞서

두 나라는 연합전선을 구축할 수밖에 없었다. 미국의 위협에 다급해진 클레망소 역시 로이드조지의 제안을 냉큼 받아들이지 않을 수 없었다.

사실 전쟁에서 승리한 두 제국의 합의는 사이크스-피코 협정의 기본 골격을 수용했을 뿐 아니라 그 이상의 내용, 즉 두 나라에 더 유리하고 아랍에 불리한 결정이었다. 그러나 유럽이 오랜 세월 지켜온 전통에 따라서 양측은 거래 내용을 비밀에 부쳤고, 영국과 프랑스 총리의 최측근 그룹이 아닌 이들은 한참 뒤에야 그 내용을 파악할 수 있었다. 확실히 로렌스는 그러한 낌새조차 알아채지 못했다.

이후로 파리에서는 1년에 걸친 그림자 연극이 벌어졌다. 그나마 처음에는 우드로 윌슨이 호언장담한 "새로운 세계 질서"가 지구촌의 국가 관계에 새로운 지평을 선사할 것이라는 희망이 없지 않았으나 끝내 뒷거래, 앙갚음을 위한 협정, 독단적으로 그어버린 국경선으로 귀결되고 말았다. 이후 마거릿 맥밀런의 명저 『파리 1919』를 비롯한, 파리평화회의에 얽힌 열강의 음모 및 민족주의자들의 염원을 주제로 한 수많은 저서가 탄생했다. 중동에 관한 한 비잔틴적 책략이란 사실상 무의미했다. "거대한 전리품", 곧 오스만 제국이라는 짐승의 사체를 나누어 갖는 일만 남았을 뿐이다.

로렌스는 아랍의 희망을 이루기 위한 노력을 접지 않았다. 그는 파리 회의 내내 파이살의 조언자로 활동하면서 아랍인들이 목숨 바쳐 싸운 땅을 되찾을 수 있도록 협상 전략을 짰다. 영국의 유력한 정치인들에게 로비를 펼치는가 하면, 아랍을 옹호하는 열정적인 칼럼을 수차례 기고하기도 했다. 그러나 영국 정부에게 로렌스는 이제 필요 없는 존재였다. 아이러니하게도, 로웰 토머스[미국의 언론인으로, 1917년 말경 중동에서 활약하는 로렌스의 사진과 영상을 기록했다]가 펼치는 '팔레스타인의 앨런비와 아라비아의 로렌스'라는 대중 강연에 왕과 여왕을 포함한 100만 명에 가까운 영국인이 몰려들면서 로렌스가 유명 인사로 떠오르던 바로 그 시기에, 정부 관료들은 그를 가리켜 "악영향"이라는 둥[2] "시리아 문제로 프랑스와 갈등을 빚는 것은 대체로 그의 책임"이라는 둥[3] 곱지 않은 시선을 보내고 있었다. 결국 그는 파리회의에 관여할 자격을 상실하고 파이살을 지원하는 행위도 금지당했다. 로렌스는 평화를 상실하고 말았다.

로렌스가 펼친 외교적 노력 가운데 적어도 한 가지는 특별히 강조될 필요가 있다. 로렌스와 파이살은 시리아 땅 가운데 팔레스타인 지역은 잃어버린 셈치더라도 나머지만큼은 반드시 아랍 독립국의 땅으로 지켜내고 싶어했다. 그래서 동맹을 맺을 만한 사람으로, 차임 바이츠만을 찾아냈다. 시온주의자들은 1918년 말까지 영국과 미국 정부 내에 강력한 지지 세력을 구축한 상태였지만 두 정부가 우려하는 문제는 여전히 미해결 상태였다. 그 문제란 (심각해지고 있는) 시온주의자들의 소망에 대한 팔레스타인 내 아랍 주민들의 적개심이었다. 그렇다면 하심 가문이 시온주의자들의 팔레스타인 구상을 지지하는 대신 시온주의자들이 아랍인들의 독립 시리아 건국을 지지한다면 어떻게 될까? 그해 12월이 다 가도록 로렌스와 파이살, 바이츠만은 이와 같은 호혜적 관계의 세부 내용을 두고 협의를 이어갔다. 그 결과, 파리평화회의가 열리기 바로 전날 밤에 합동 선언을 내놓을 수 있었다.

이 선언을 통해 파이살과 바이츠만은 상대의 요구 사항을 서로 인정한다고 선언하고, 파리에서 공동 보조를 취하기로 결의했다. 그러나 파이살과 바이츠만이 합의한 9개 조항 가운데 "유대인의 대규모 팔레스타인 이주를 격려 및 촉진하기 위해 필요한 모든 수단을 강구한다"는 네 번째 조항이 큰 논란을 빚었다.[4] 이에 따라 파이살이, 더 정확하게는 로렌스가 이 문건 말미에 중요한 단서를 달았다. 합의는 시리아가 독립을 이룩한다는 전제 하에 유효할 뿐이고, 그렇지 못하면 효력을 상실한다는 단서였다.

그러나 로렌스와 파이살은 평화회담에서 지원 세력을 확보하는 데 급급한 나머지 몇 가지 핵심적인 세부 사항을 무시하기로 결정했다. 우선 파이살-바이츠만 합의는 팔레스타인 통치 방식에 대해 아주 구체적으로 규정한 반면, 정작 팔레스타인을 통치할 사람들에 대해서는 아무런 단서도 달지 않았다. 나아가 파이살은 바이츠만과 합의에 도달하는 과정에서 팔레스타인에 자결권을 부여한다는 원칙을 심히 노골적으로 외면했다. 이로 인해서 나머지 시리아 땅에 대해 같은 원칙을 적용할 때 위선자라는 소리를 들을 만큼 불리한 처지를 감수할 수밖에 없었다. 가장 골치 아픈 문제는 따로 있었다. 얼마 후 차임 바이츠만이 자신을 포함한 시온주의 공동체가 기대하는 팔레스타인의 미래상을 공개적으로 밝혔기 때문이다. 11월 중순, 그는 이렇게 말했다.

"나는 유대 민족을 위한 민족적 고향을 세운다는 것을 이런 의미로 이해한다. 정치적, 경제적, 도덕적으로 유대인 인구의 증가에 호의적인 상태에서 국가가 건설되어야 하고, 민주주의 원칙에 입각해야 한다. 나아가 궁극적으로는 유대인 공화국으로 발전시켜야 한다."[5]

이와 같은 상황에서 파이살이 시온주의자들과 협력관계를 맺은 것은 보수적인 아랍 및 무슬림 경쟁자들에게 자신을 공격할 강력한 무기를 내준 셈이었다. 그 무기를 휘둘러 파괴적인 결과를 초래한 세력은 바로 후세인 왕의 막강한 라이벌 이븐사우드와 그를 추종하는 근본주의적 와하비스트들이었다.

윌리엄 예일은 자신의 회고록 마지막 문장에서 파리평화회의를 "20세기 비극의 서막"이라고 지칭했다. 미국 사절단으로 파리에 건너간 예일은 중동 문제 전문가로 활동했고, 로렌스와 마찬가지로 중동에 지속 가능한 평화 체제를 구축하기 위해 노력을 아끼지 않았다. 그는 로렌스를 영국 쪽 파트너로 삼아서 때로 공동 전선을 펼치기도 했으나, 고비마다 좌절을 맛보곤 했다.

예일은 자국 정부를 원망하는 입장이었다. 그가 보기에 파리에서 벌어지는 엄청난 모험은 우드로 윌슨 특유의 이상주의와 거만함이 반영된 것이었다. 미국 대통령은 '14개조'에 이어 '4개 원칙'과 '4개 목표'를 거쳐 '5개 세목'에 이르기까지, 깔끔하게 정리된 목록을 코미디에 가까울 만큼 애호하는, 사고방식이 단순한 사람이었다. 이 세상을 어지럽히는 그 어떤 문제라도, 그런 문제가 아무리 많다고 해도, 구성 요소를 조각조각 분해한 다음 수학에 가까운 공식을 적용하면 그만이라고 여기는 듯했다. 윌슨의 이런 성향은 본인이 그토록 애지중지하던 '자결권' 개념과 관련해서 가장 심각한 문제를 일으켰다. 물론 개념 자체는 좋았다. 그러나 유럽과 중동의 문화가 뒤섞인 곳에서, 종교적 신념과 민족주의와 국가주의가 폭발적으로 발흥하는 20세기 초에, 어떤 민족이 누구를 상대로 자결권을 쟁취한다는 말인가? 런던과 파리는 이 판도라의 상자를 열어젖히는 위험성에 대해서 윌슨에게 반복적으로 경고해왔으나 미국 대통령이 귀를 기울였다는 증거는 아무 데도 없었다.

윌리엄 예일이 생각하기에, 이 모든 것은 파리평화회의에서 미국이 맡은 역할에 잠재된 가장 심각한 역설의 징후들이었다. 새로운 세계 질서를 향한 우드로 윌슨의 야망은 본질적으로 철저한 무지에 기초한 것이었기 때문이다. 이는 예일이 파리에 도착해서 자신의 상관인 윌리엄 웨스터만 등 미국 사절단 산하 중동문제 담당 연구위원들과 처음 만난 날 명백하게 입증되었다. 사실 터키는 미국의 직접적인 교전국이 아니었기 때문에 평화회의에 임하는 미국의 관심사에서 중동은 비껴나 있었다. 그래도 예일은 위스콘신대학에서 서양 고전을 가르치던 웨스터만이 중동에 대해 어느 정도 식견이 있는 다른 위원들을 아우르며 무난하게 활동을 펼칠 것으로 기대했다. 그러나 파리에 도착한 연구위원들은 남미 전문가 한 명과 미국 인디언 역사학자 한 명, 십자군 연구자 한 명과 페르시아 언어학 교수 두 명이 전부였다.[6]

예일이 시리아에 관한 얄팍한 책자 한 권을 건네받았을 때 이미 구도는 완결되어 있었다. 시리아의 역사와 경제, 정치에 관한 107쪽짜리 개요서가 바로 미국 정부가 정책 결정을 하는 데 핵심 지침 자료로 삼은 것이었다. 예일은 『시리아 사람들은 무엇을 원하는가Report on the Desires of the Syrians』라는 제목의 이 서적을 탐독하는 데 많은 시간을 할애할 필요가 없었다. 1914년 이후의 상황을 다룬 부분은 한 명의 정보원이 작성한 보고서에 의존한 것이었기 때문이다. 그는 다름 아닌 국무부 소속 카이로 주재 특수 요원이었던 윌리엄 예일이었다.[7]

아랍의 자결권이라는 명분을 옹호할 기회가 몇 차례 있었지만 수수방관하는 미국 정부의 무대책 탓에 매번 그 기회를 놓치고 말았다. 1919년 2월 중순 파이살을 만난 자리에서 예일은 화들짝 놀랐다. 이 아랍의 통치자가 대뜸 미국의 시리아 통치를 제안했기 때문이다. 미국 정부가 시리아에 별다른 관심을 두고 있지 않음에도 불구하고 파이살은 프랑스보다 미국을 훨씬 더 선호했다. 하지만 이미 파리에서 미국 사절단과 충분히 소통한 예일로서는 도덕적 원칙을 앞세우는 월슨 정부가 다른 세계에 대해 해법을 제시하는 데만 관심이 있을 뿐 책임 있는 행동은 꺼린다는 사실을 확실히 알고 있었다. 문제는 또 있었다. 이는 미국인이 아닌 경우 파악하기 쉽지 않은 문제일지 몰랐다. 미국은, 최근 들어 국제 문제에 갑작스레 휘말린 상태에서 의회를 지배하는 공화당 반대파와 월슨의 관계가 갈수록 악화되면서 특유의 고립주의 정신으로 슬그머니 회귀할 조짐을 보이고 있었다. 이러한 조짐은 파리에서 미국의 리더십을 기대하는 모든 이에게 시간이 자기편이 아니라는 사실을 말해줄 뿐이었다. 시간을 끌면 끌수록 미국이 개입할 가능성은 낮아질 테고, 자칫하면 시리아 문제가 미국의 관심권 밖으로 밀려날 판이었다. 예일을 비롯한 미국의 중동 문제 담당자들은 모든 것이 수포로 돌아갈지 모른다는 생각에 의기소침했다. 예일은 당시에 느낀 심정을 이렇게 떠올렸다.

"우리는 지구의 운명이 내 손에 달렸다는 심정으로 국경을 넘나들며 분투했다. 분통이 터졌다. 윌슨과 (핵심 측근인) 에드워드 하우스가 우리 일에 관심이 없는 것 같았기 때문이다. 내게는 부질없는 탁상공론만 일삼는 것으로 보였다."8

평화회의가 길어질수록 예일이 맡은 어리석은 임무는 점점 더 우스꽝스러울 뿐이었다. 1919년 늦봄, 그는 윌슨의 자결권 원칙을 실현하기 위해 구성된 킹크레인 위원회King-Crane Commission 산하 사실조사위원으로 발령이 났다. 그리고 과거 오스만 제국의 백성이었던 사람들의 요구를 파악하는 임무를 띠고 현지에 파견되었다. "제국의 방대한 땅에 흩어진 주민 3000만 명을 대상으로 국민투표를 벌이겠다"는 의도에 대해 예일은 회의적이었다. 두 달에 걸친 현지 답사 기간에 터키와 시리아, 레바논과 팔레스타인을 돌며 수십 차례의 만남을 거쳐 예일이 위원회에 보고한 내용은, 당연한 결과였지만 매우 명확했다. 주민 절대다수가 독립 아니면 미국을 원한다는 내용이었다. 이와 같은 조사 결과를 토대로 위원회는 일단의 광범위한 건의 사항을 도출했고, 그 핵심은 미국이 중동이라는 퍼즐에 대한 해결책을 앞장서서 마련해야 한다는 것이었다. 하지만 위원회의 건의 사항은 영국과 프랑스가 비밀리에 합의한 내용과 비슷한 대목이 단 한 군데도 없었고, 미국의 윌슨 정권이 맡고 싶은 역할도 전혀 아니었다. 미국 정부는 적어도 이때만큼은 신속하고 효과적으로 행정력을 발휘했다. 킹크레인 보고서를 재빨리 금고에 넣고 자물쇠를 채워버린 것이다. 그 결과, 이후로 3년 동안 누구도 이 보고서를 읽을 수 없었다.

1919년 가을, 위원회 임무를 마치고 유럽으로 돌아온 예일은 시리아 문제를 해결하기 위해 마지막 시도를 감행했다. 훗날 '예일 플랜'으로 알려진 계획을 세운 뒤 로렌스에게 도움의 손길을 청했다. 예일의 계획은 영국 고위 정치인들의 지지를 받았고, 시리아에 임박한 아랍과 프랑스의 최후 결전이 잠시나마 보류될 계기를 마련하는 것처럼 보였다. 그러나 이 계획은 본질적으로 예일이라는 한 개인의 구상으로, 미국 정부 고위 관료들은 예일이 마련한 계획을 파악하자마자 곧바로 폐기시켰다. 1919년 11월 1일, 최종 합의에 도달하자 시리아를 점령하고 있던 영국군이 철수 작업에 들어갔다. 그리고 같은 날 프랑스군이 빈자리를 메우기 시작했다. 넌더리가 난 예일은 며칠 뒤 미국 사절단 위원직을 사임하고 뉴욕으로 돌아갔다.

T. E. 로렌스 역시 비슷한 시점에 희망을 잃었다. 어머니는 전기작가에게 그해 가을 아들이 "극도로 우울해 보였고 신경쇠약 증세마저 나타났다"고 밝혔다.

"한동안 집에 와 있는데, 어떤 날은 아침을 먹고 나서 점심을 먹기까지 오전 내내 한곳에 앉아 미동도 하지 않았고, 계속 똑같은 표정이었다."9

T. E. 로렌스 이야기의 영원한 매력은 '만약 로렌스가 없었다면 지금 세상은 어떤 모습일까?' 하는 '가정'의 질문을 끝없이 떠올리게 한다는 점이다. 1918년에 아랍인들이 그토록 염원하던, 약속대로 그들의 나라를 실제로 세울 수 있었다면 어떤 상황이 빚어졌을까? 전후에 팔레스타

인을 지키던 초기 시온주의자들이 파이살 후세인처럼 유대인과 아랍인 사이에 존재하는 "혈통적 연관성과 장구한 유대감"[10]을 언급하는 인물과 협상할 수 있었다면 지금 중동은 얼마나 다른 모습일까? 요즘은 아랍인과 무슬림 세계가 미국을 향해 자기들의 영토 문제에 개입해달라고 아우성 치던 시절이 있었다는 걸 상상하기 어렵지만, 미국이 제1차 세계대전 종전 시점에 찾아온 그 기회를 실제로 움켜쥐었다면 역사는 어떻게 바뀌었을까?

하지만 어떤 경우라도 혹자가 상상하는 황금시대를 현실에서 경험하지는 못했을 것이다. 로렌스 역시 종종 언급했듯이, 아랍인을 모두 아우르는 독립국가를 세운다는 생각은 신기루와 같은 것이었다. 아랍권 전체를 놓고 볼 때, 통일적 요소는 적은 반면 문화적 다양성에 따른 이질적 요소가 매우 강했기 때문이다. 아마도 오스만 제국처럼 낡은 체제에서는 강력한 중앙 통제가 불가능하므로, 분열적이기는 해도 거대한 국가를 형성해서 어떤 식으로든 유지할 수 있었을지도 모른다. 그러나 통신과 교통이 발전한 시대에 접어들면 이와 같은 문화적 이질성은 부족 간 갈등을 야기할 수밖에 없다. 마찬가지로, 팔레스타인에서 유대인과 아랍인이 조화롭게 공생한다는 것도 불가능한 일이다. 대다수 아랍인은 밸푸어 선언이 발표되기 훨씬 전부터 유대인 인구 증가에 대해 거부감을 느껴온 데다, 파이살의 온건주의 역시 마땅치 않게 여기고 있었다. 실제로 파이살의 형 압둘라는 전후에 이스라엘과 타협을 시도한 아랍 지도자 가운데 한 명이었는데, 그는 노력한 보람을 맛볼 겨를도 없이 어느 팔레스타인 총잡이에게 암살당하고 말았다. 해방군으로 환대받은 미군에게도 호시절은 잠시뿐이었을 것이다. 현지의 갈등을 다스리기 위해 치안활동을 개시하자마자, 그리고 이 과정에서 불가피하게 한쪽 편을 지지할 경우 아랍인들이 반발할 것은 불 보듯 빤한 일이었다.

이와 같은 위험 상황이야 어떤 식으로든 모면했을지라도 결국 미국은 '욕심 없는 존재'라는 허울을 서서히 벗어던지고 제국주의적 본성을 드러낼 수밖에 없었을 것이다.

그럼에도 불구하고 지금까지 제시한 몇 가지 가정은, 지난 한 세기 동안, 중동은 물론 전 세계에서 펼쳐진 끝없는 전쟁과 종교 갈등과 악랄한 독재보다 더 슬픈 역사를 야기하지는 않았을 것 같다. 이 슬픈 역사의 대부분은 파리에 모였던 협상 담당자들이 임무 완수를 선언하고는 "사기그릇처럼 깨지기 쉬운 평화"를 남긴 채 짐을 싸서 떠난 바로 그 순간부터 시작되었다.

로렌스가 손을 떼기로 한 1919년 가을, 궁지에 몰린 파이살은 프랑스가 던져주는 부스러기 몇 조각이라도 받아들이지 않을 수 없었다. 그리고 다마스쿠스로 돌아와서는 유럽 제국주의자들에게 나라를 팔아먹은 매국노라고 손가락질을 당해야 했다. 파이살은 이와 같은 대중적 분노를 가라앉히기 위해 프랑스를 상대로 협상을 중단하겠다고 선언하고, 1920년 3월 스스로 시리아 왕에 즉위하는 일종의 궁정 쿠데타를 감행했다. 엎친 데 덮친 격으로, 그다음 달에는 산레모 회의까지 열렸다. 파이살로서는 프랑스와 정면충돌이 불가피했다. 영국이 이라크와 트란스요르단이라 불리는 요르단 강 동쪽 넓은 땅까지 아우르는 '대大팔레스타인'을 차지하고 나머지 시리아 땅을 프랑스가 차지하는 중동 분할 계획을 정식으로 승인한 회의였기 때문이다. 충돌이 발생한 때는 7월이었다. 프랑스는 다마스쿠스 외곽에서 짧고도 일방적인 전투를 벌인 끝에 파이살을 굴복시키고 머나먼 곳으로 추방했다. 1920년 말에는 (영국 몫인 팔레스타인과 트란스요르단을 제외한) 시리아 땅 대부분을 장악했다. 그러자 이번에는 격렬한 대중적 저항이 일어났다. 외부적인 위협에도 직면했다. 파이살의 형제 압둘라가 다마스쿠스로 진군하기 위해서 트란스요르단 사막 곳곳에서 세를 규합하고 있었기 때문이다.

1920년 말 영국이 당면한 사태에 비하면 프랑스의 사정은 별것도 아니었다. 팔레스타인에서 시온주의 이주민과 아랍 주민들 사이의 긴장이 유혈 사태로 치달은 것이다. 아라비아에서는 이븐사우드가 후세인 왕을 축출하기 위해 다시 한번 공세의 고삐를 당기고 있었다. 최악의 위기는 이라크에서 발생했다. 1년 전, 로렌스는 이라크에 대한 "접근 방식을 수정하지 않을 경우" 1920년 3월 이전에 영국 통치에 저항하는 대규모 혁명이 터질 것이라고 예견한 바 있었다. 예상은 두 달가량 빗나갔다. 이라크 반란은 5월에야 진압되었는데, 이 과정에서 영국군 1000명과 현지인 9000명이 숨졌다. 로렌스가 1929년 윌리엄 예일에게 보낸 편지에 설명한 것처럼, 파리에서 만난 대영제국과 프랑스는 가뜩이나 신뢰를 잃은 사이크스-피코 협정을 더 나쁘게 고쳐서 실제에 적용했다. 이와 동시에 중동 전역에서 저항의 불길이 무수히 치솟은 것을 보면 개악의 정도가 얼마나 심했는지 짐작할 수 있다.

1920년 12월, 로이드조지는 일련의 위기에 대처하기 위해 한 인물에게 의존하기로 했다. 해군성 초대 장관을 역임하고 이제는 영국 정치권의 왕따로 전락한 윈스턴 처칠이었다. 처칠이 식민성 장관직을 받아들인 후 처음으로 내놓은 조치는 육군 중령 출신으로서 역시 최근에 왕따 신세가 된 T. E. 로렌스에게 도움을 청하는 것이었다.

로렌스는, 적어도 처음에는 이 싸움판에 다시 뛰어들 생각이 없었다. 회고록 저술에 몰두하던 그는 1년 전 로이드조지 정권으로부터의 홀대에 여전히 분이 안 풀린 상태였다. 그래서 자신은 현재 바쁘며 정치 문제로부터 영원히 떠나기로 결심했다고 처칠에게 답했다. 다만 다가오는 카이로 회담에서 신임 식민장관이 중동이라는 체스판에서 영국의 역할을 근본적으로 재고하는 과업을 추진한다면, 더불어 이 과정에서 자신에게 실질적인 재량권을 약속한다면 나설 용의가 있다고 밝혔다. 결국 로렌스와 처칠은 "회담에서 다룰 주제뿐 아니라 도출할 결론까지" 사전 조율을 마침으로써 카이로 회담에 관한 협의를 형식적인 것으로 만들 어버렸다.[11]

이라크는 이제 파이살이 군주가 되는 아랍 왕국의 일부로 통합되었다. 아라비아의 경우, 영국은 헤자즈를 다스리겠다는 후세인의 요구와 아라비아 내륙을 통치하겠다는 이븐사우드의 요구를 받아들였다. 무엇보다 카이로 회담에서 도출한 가장 고귀한 결론이라면 시리아에 있는 프랑스군을 공격하려는 압둘라를 저지하려는 계획이었다. 회담이 끝나갈 즈음, 로렌스는 암만에 위치한 압둘라군의 사령부를 방문해서 이 호전적인 아랍 지도자에게 영국이 위임 통치하는 팔레스타인 내 트란스요르단 지역에 정부를 세우는 일부터 시작하라고 당부했다. 그런데 로렌스가 깜짝 놀란 것처럼, 후세인의 네 아들 가운데 가장 게으른 압둘라는 (아마 본인도 놀랐을 테지만) 자신이 대단히 훌륭한 행정가라는 사실을 입증해 보였다. 그리하여 트란스요르단 지역은 짧은 기간에 팔레스타인에서 떨어져 나와 압둘라가 다스리는, 오늘날 요르단에 해당되는 별개의 왕국으로 독립하게 되었다. 로렌스는 식민성에서 1년 정도 일하고 영국으로 돌아온 1921년 가을, 문자 그대로 막후에서 암약하는 중동의 '킹메이커'가 되어 있었다.

이러한 과정은 구오스만 제국의 지도 한복판에서 어느 정도 안정을 가져다주었지만, 그 북쪽과 남쪽으로는 이렇다 할 변화를 일으키지 못했다. 그곳의 정치 상황은 한동안 불안정했고, 이로 인한 유혈 사태가 이어졌다.

아나톨리아의 경우, 전직 터키군 지휘관이자 갈리폴리의 영웅인 무스타파 케말이 연합국의 터키 분할 계획을 거부했다. 오늘날 터키 국경선이 최종적으로 확정되는 1923년까지 그는 민족주의자들을 이끌면서 자국의 심장부를 뜯어먹으려는 모든 세력을 상대로 4년 넘게 전투를 벌였다. 1921년 가을, 드디어 자기 차례가 돌아왔다는 듯이 전쟁에 나선 프랑스가 실리시아 지역을 점령하려 들자, 머지않아 아타튀르크로 유명세를 타게 될 케말은 프랑스군의 침략에 맞서서 병력을 총동원했다. 곧바로 궤멸적 패배를 당한 프랑스군은 실리시아에서 시리아로 황급히 퇴각해야 했다. 당시 패주하던 프랑스군의 불운한 지휘관은 에두아르 브레몽이었다.

같은 시각, 전쟁의 파문은 사방으로 크게 번져나갔다. 캅카스로부터 아프가니스탄에 이르는 전 지역에서 다양한 민족주의 집단들, 러시아 적군과 백군, 청년튀르크당 잔여 세력들은 논리적 이해가 불가능할 만큼 합종연횡을 거듭하면서 주도권 다툼을 벌이는 중이었다. 이 용광로 같은 곳에서 두각을 나타내던 야심가들 가운데는 엔베르와 제말 파샤도 끼어 있었다. 특히 제말 파샤가 1921년 겨울에 아프가니스탄 왕의 군사 참모 자격으로 카불에 나타난 것은 당시 그 지역 상황을 고려할 때 전혀 이상한 일이 아니었다.

그보다 훨씬 남쪽에 있는 후세인 왕으로 시선을 돌려보자. 영국은 그의 변덕스러운 통치 방식과 중동의 정치 현실을 부정하려는 태도에 이미 질린 상태였다.(1921년 로렌스는 카이로 회담 결과를 납득시키느라 제다에서 지긋지긋한 두 달을 보냈지만 헛수고였다.) 그 결과 1924년 말 이븐사우드가 이끄는 와하비즘 전사들이 메카로 진격할 때 후세인은 속수무책으로 당할 수밖에 없었다. 그는 결국 해안으로 달아나서 영국 구축함에 몸을 숨긴 뒤 키프로스로 망명했다가 요르단의 수도 암만에서 아들 압둘라와 겨우 재회했다. 한때 메카에서부터 바그다드를 아우르는 범아랍 독립국을 꿈꾸던 전임 군주는 1931년 76세의 나이로 그곳에서 세상을 떠났다.

이후 상황은 서구 쪽에 불리하게 돌아가기 시작했다. 영국은 1930년 대에 접어들면서 그토록 손에 넣으려고 애태웠던 팔레스타인에서 진흙탕 싸움을 치러야 했다. 유대인 이주민의 증가에 격분한 아랍인들이 처음으로 전면적인 반란을 일으켰기 때문이다. 제2차 세계대전 발발 이후에는 이스라엘 건국의 마지막 걸림돌이 되어 영국인 지배자들은 유대인 게릴라들의 공격 대상이 되었다. 1946년, 전쟁에 지친 프랑스는 오랫동안 갈구해온 시리아를 포기하는 대신 레바논이라는 신생 국가를 간신히 떼어 얻어냈다. 그로부터 3년이 못 되어서 시리아의 친서구 민주 정부는 군사 쿠데타로 실권했고, 프랑스의 강요로 만들어진 복잡한 통치 구조 탓에 내전의 소용돌이에 휘말렸다. 1952년에는 나세르가 이끄는 민족주의 성향의 자유장교단Free Officers Movement이 꼭두각시 임금을 축출하면서 영국의 이집트 통치도 막을 내렸다. 그로부터 6개월 뒤에는 이라크에서도 비슷한 부류의 젊은 장교들이 군사 쿠데타를 일으켜 파이살이 세운 친서구 독재 체제를 종식시켰다. 1960년대까지 이어진 유럽 제국주의 시대가 황폐한 뒷모습을 남긴 채 막을 내리자, 식민주의 열강이 지구 반대편에 저질러놓았던 난장판이 중동에서 그대로 재연되었다. 그러나 한 가지 중대한 차이점이 있었다. 석유였다. 중동이 여타 제국주의 피해 지역과 달리 지구상에서 전략적으로 가장 중요한 지역으로 남게 된 것은 석유 때문이다. 그래서 서구 스스로 야기한 중동의 혼란으로부터 발을 빼고 싶어도 그럴 수가 없었다. 물론 지난 50년 동안 그곳에서 벌어진 사건은 우리 모두에게 익숙한 것들이다. 아랍과 이스라엘이 네 차례나 전쟁을 벌였고, 레바논과 예멘은 각각 10년과 21년에 걸친 내전을 치렀다. 시리아와 이라크는 소수 인종에 대한 학살을 자행했고, 국가가 지원하는 테러가 40년 동안 이어지고 있으며, 극단주의 종교가 격동을 일으켰다. 이 과정에서 미국은 네 차례 대규모 군사 작전을 비롯해 수시로 개입에 나섰다. 아랍 민중의 절대다수는 최근까지도 튀니지에서부터 이라크에 걸친 광대한 땅에 빈틈을 찾기 어려울 정도로 포진한 수많은 독재 정권의 잔인하고 약탈적인 통치에 억눌려 정당한 시민권을 빼앗긴 채 빈곤에 시달리고 있다.

이 모든 고통을 제1차 세계대전이 끝나는 시점에 치러진 끔찍한 결정들 탓으로만 돌릴 수는 없을 것이다. 그러나 이 시점에 대단히 치명적인 씨앗을 심은 것만은 분명하다. 이후로 아랍권은 '열망'이 아닌 '저항'이라는 정체성을 규정해왔다. 그 대상은 물론 식민주의, 시온주의, 서구 제국주의였다. 이와 같은 '저항의 문화'는 아랍 독재자들이 누대에 걸쳐 교묘하게 조작하거나 맹렬히 조장해오고 있는 것이다. 내치의 오류를 겨냥한 민중의 분노를 '거대한 사탄'이나 '시온주의자들의 불법 점유'나 카이로 거리에 나도는 서구 음악 같은 외적 위협으로 방향을 돌리기 위해서였다. 오늘날 이른바 '아랍의 봄'이라는 물결이 중동 역사에서 변혁의 순간으로 기록될 수 있다고 보는 이유는 그 움직임이 미래를 향한 것이기 때문이다. 1918년 이후 처음으로 '아랍 거리'는 미래에 대한 이야기로 넘쳐나기 시작했다. 시위대는 바리케이드로 막을 수 있겠지만 시민 참여와 개인의 자유라는 흐름만은 되돌릴 수 없을 것이다. 아랍이 한 세기 전에 로렌스를 비롯한 극소수 몽상가가 꿈꾸었던 그 길로 한 걸음 내딛기 위해서는 (정치적, 지성적 발전을 오랫동안 저해당한 지역에서는 단기적 혼돈에만 초점을 맞추기 쉬우나) 민주주의와 자결권을 강화해야 한다.

마크 사이크스라는 이름은 제1차 세계대전 이후 서구가 중동에서 추진한 재앙과도 같은 정책들과 동의어가 되었지만, 정작 본인은 그 결과를 살아서 확인하지 못했다. 없어선 안 될 조정자로 추앙받던 그는 혐

오스러운 사이크스-피코 협정의 공동 창안자라는 이유로 영국 외무성의 희생양으로 전락, 1918년 가을에는 전후의 중동을 둘러보기 위한 장기 답사에 나섰다. 하지만 위상이 예전만 못하다고 해서 그가 겸손해진 것은 아니었다. 그가 외무성에 통보한바, 이번 여행의 목적은 팔레스타인 내 아랍인과 유대인의 긴장관계를 완화하는 동시에 시리아에서 연합국이 정치적·군사적 기초 구조를 재정비하도록 돕고, 이라크의 영국령 인도 정권이 더욱 진보적이고 탈제국주의적 태도를 갖추도록 유도하며, "아랍과 프랑스의 친선 우호관계 증진에 이바지"하는 것이었다.[12]

사이크스는 소규모 수행단을 이끌고 두 달 동안 중동 곳곳을 누비면서 빡빡한 스케줄을 소화했다. 그러나 이 콧대 높은 인물은 런던뿐만 아니라 중동에서도 자신의 영향력이 크게 위축되었음을 실감한 듯하다. 사이크스는 다마스쿠스에 도착해서 길버트 클레이턴을 찾았다. 한때 자기 말이면 무조건 경청하던 클레이턴이었건만 이번에는 자신의 어떤 말에도 고집스럽게 고개를 가로저을 뿐이었다. 당사자는 알 턱이 없었겠지만, 클레이턴은 얼마 전 런던의 한 관료로부터 사이크스를 다루는 법에 대해 조언을 들은 터였다.

"그가 자신에 대해 내리는 평가를 인정하지 마십시오. 그는 여기서 전혀 안 먹히는 사람입니다. (비록 본인이 요청해서 출국의 형식을 따랐지만) 외국으로 내쫓긴 신세나 마찬가지입니다."[13]

비록 초라한 여정이었지만 사이크스는 중동에 대한 기존 인식을 진지하게 재평가하는 기회로 삼은 것 같다. 1919년 1월, 사이크스는 그동안 얻은 '깨달음'을 기록으로 남기면서 중동에 대한 영국과 프랑스의 접근 방식이 대단히 잘못되었음을 인정했다. 로렌스가 『스물일곱 가지 읽을거리』에 이미 담은 내용일 테지만, 그는 이렇게 주장했다.

"누가 시리아를 차지하건 간에 명심할 것이 있다. 순수 토착 세력으로 정부를 구성하면 제대로 하는 일은 별로 없겠지만 분명 이들은 발전할 것이다. 본인은 유능하나 현지인에게 아무것도 가르치지 않는 유럽인 관료들보다 훨씬 더 실질적인 진보를 이룩할 것이다."[14]

3년 전 유럽 제국주의에 마지막 위대한 협정문을 차려준 사람치고는 실로 놀라운 사고의 전환이었지만, 이미 너무 늦었다. 2월 초, 사이크스가 파리 회의장에 모습을 드러낼 때까지 영국인 동료들은 그의 사고방식이 바뀐 것보다는 그의 이름을 딴 협정에서 자신들이 해방되는 데 관심이 더 많았다. 파리라는 비좁은 동네에서 그들은 집단 따돌림과 같은 방식으로 사이크스를 조롱했다. 로이드조지는 회고록에서 다음과 같이 언급한 바 있다.

"나는 협정에 대해서 그에게 무어라 말했는데, 그 순간 내가 그의 마음에 상처를 주었다는 생각이 들었다. 지금 생각해도 미안하다. 그런 말을 왜 했을까. 나 자신을 나무라고 싶다. 그는 최선을 다했을 뿐인데."[15]

그러나 영국 총리가 이렇게 뉘우친 것은 얼마 뒤에 발생한 돌이킬 수 없는 사건 때문이었다. 2월 10일 밤 사이크스는 과로한 것 같다고 투덜대면서 평소보다 일찍 잠자리에 들었는데, 다음 날 아침 일어나지 못했다. 의사들은 스페인독감이라고 진단했고, 그날부터 닷새 동안 호텔 방에 누워 같은 병에 걸린 아내 이디스의 간호를 받았다. 사이크스는 40세 생일을 한 달 앞둔 2월 16일 밤, 눈을 감았다.

———

아론 아론손 역시 자신의 계획이 실현되는 장면을 살아서 볼 수 없었다. 그 역시 파리에 갔고, 1918년 시온주의위원회 때 그러했듯이 이번에도 시온주의자 대표단에서 지도적 역할을 맡게 될 것으로 믿었다가 막판에 주변부로 밀리고 말았다. 그는 시온주의 운동 지도부의 고위급 인사들이 전략 회의차 런던에서 만난다는 사실을 알고 1919년 1월 16일 자 일기에 다음과 같이 분노를 쏟아냈다.

"하임[바이츠만]이 지나가는 소리로 내게 물었다. '당신도 런던으로 건너가야지요?' 그래서 내가 대꾸했다. '뭐 하러 갑니까? 이 정도 모욕을 당한 것으로 부족한가요? 정말 고맙군요.' 나는 침실에서 사랑받다가 사람들 앞에서 외면당하는 정부情婦 신세가 지긋지긋하다고 했다."[16]

여러 차례 시온주의위원회를 협박하는 데 동원했던 방식 그대로, 아론손은 파리회의와 관련한 일에서 완전히 손을 떼기로 결심했다. 자신을 무시하던 시온주의 운동 지도부가 잘못을 뉘우치면서 팔레스타인 경계도 작성 업무를 도와달라고 간청한 경우만 예외적으로 나섰을 뿐이다. 아론손은 일기장에 이렇게 적었다.

"나는 그들이 일하는 방식을 증오한다. 그들은 아무한테나 일을 떠맡기고는 종료 시점에 임박해서야 아무 진전이 없다는 사실을 깨닫는다. 애초에 전문가한테 일을 부탁하지 않았기 때문이다."[17]

아론손이 작성한 국경선 지도는 시온주의자들의 꿈이었다. 채택된다면 팔레스타인의 국경을 다마스쿠스 외곽까지 넓힐 수 있는, 팔레스타인을 대시리아 한쪽 구석에 존재하는 소수민족 거주지가 아니라 시리아를 대팔레스타인의 사실상 부속 국가로 만드는 지도였기 때문이다.

1919년 5월 15일 오전, 아론손은 런던에 잠시 들렀다가 파리회의장으로 돌아가는 길이었다. 하지만 런던 남쪽 켄리 공항에 도착하자 활주로에 짙은 안개가 끼어 비행기 이륙이 지연되고 있었다. 11시 30분, 아론손이 비행을 포기하고 런던으로 돌아가려는데 안개가 조금 걷히는 기미가 보이자 소형기 조종사 한 명이 편승을 제안했다. 드하빌랜드 사

社가 제작한 좌석 두 개짜리의 우편물 수송용 비행기였다. 오후 1시쯤 칼레 앞바다에서 작업 중이던 프랑스 어선의 선장은 비행기가 머리 위로 낮게 지나가는 소리를 들었다. 그러나 안개가 짙어서 비행기가 날아가는 모습은 볼 수 없었다. 그리고 잠시 후 쾅 하는 굉음이 들렸다. 선장은 안개 낀 바다 위를 한참 헤맨 끝에 잠잠한 바다 위에 어지럽게 떠다니는 우편물들을 발견했다. 하지만 그것이 전부였다. 드하빌랜드기 조종사와 아론 아론손의 시신은 끝내 찾지 못했다. 유대교 율법상 시신 없는 장례식은 허용하지 않았기 때문에 아론손의 친구와 동료들은 5월 17일 저녁 파리에 모여서 시온주의에 헌신한 아론손의 인생을 '기념'했다.

아론손의 동료이자 맞수였던 차임 바이츠만은, 이스라엘 건국을 지켜보지는 못했지만 1952년 숨질 때까지 초대 대통령을 지냈다. 그는 전후 팔레스타인에서 반역자 신세인 여동생 미나와 재회했다. 동맹국에 부역한 미나는 제1차 세계대전 막바지에 독일과 러시아가 맞교환한 포로 명단에 겨우 포함되었다. 미나 바이츠만은 극도로 혼란스러운 전후에 독일을 다시 한번 탈출했고, 마침내 예루살렘으로 돌아와 시온주의 여성 조직 하다사에서 보건 담당자로 근무했다.

제말 파샤는 비록 잠시였지만 전후에도 모험적인 삶을 이어갔다. 그는 전쟁 막바지에 탈라트, 엔베르와 함께 독일 어뢰정을 타고 콘스탄티노플에서 탈출한 뒤 중앙아시아 전장을 떠돌며 수많은 세력과 합종연횡을 거듭했다. 하지만 조지아 트빌리시 길거리에서 수행원 한 명과 함께 총탄을 맞고 사망했다. 범행을 자인한 아르메니아 민족주의자들의 지하 조직은 1915~1916년에 벌어진 아르메니아 대학살의 책임자들을 처단하겠다고 맹세했다면서, 앞서 베를린에서 탈라트를 암살한 것도 자신들의 소행이라고 밝혔다. 그다음 달에는 세 명의 파샤 가운데 마지막 인물로서 제말과 함께 캅카스를 누볐던 엔베르가 타지키스탄에서 러시아 적군의 매복 공격으로 인해 죽음을 맞았다.

윌리엄 예일은 파리평화회의에 관여한 미국인 중동 전문가였지만 자신의 관심사를 그 지역의 평화 문제에만 한정짓지 않았다. 그는 언젠가 새 직장을 구해야 할지 모른다는 생각에 한때 고용주였던 뉴욕 스탠더드오일 사와의 이해 증진을 은밀하게 진행했다. '문호 개방'과 자유무역을 강력하게 고수하는 미국 대통령 윌슨의 정책과 1918년 여름 팔레스타인에서 발생한 일련의 사건이 예일에게는 좋은 구실이 되었다.

예일은 그해 여름 미국 군사연락관으로 앨런비 장군의 총사령부에서 일하는 동안 영국의 팔레스타인 통치자 아서 머니 장군의 부름을 받았다. 그는 예일에게 소코니의 팔레스타인 유전지도를 모두 넘기라고 요구했다. 예일은 스탠더드 본사와 협의하라며 거절했지만, 장군은 예루살렘에 있는 소코니의 옛 사무소에 침입하는 간단한 방법으로 지도를 확보하겠다고 으름장을 놓았다. 예일은 이 일을 평화사절단 측에 알리면서, 이처럼 강압적으로 나오면 불똥이 어디로 튈지 알 수 없으며 특히 석유에 굶주린 영국이 팔레스타인과 이라크라는 위임통치령에서 전횡을 일삼기 시작하면 큰 문제가 아닐 수 없다는 점을 지적했다. 사절단 구성원들은 예상대로 화들짝 놀랐다. 미국은 이후로 몇 년 동안 영국을 상대로 소코니의 팔레스타인 유전 개발권을 존중하라고 강요하면서 갈등을 빚었는데, 이는 대체로 예일이 부추긴 것이었다.[18]

그러나 정작 소코니는 팔레스타인에서 일종의 야바위 노름을 벌인 것이 분명했다. 소코니가 코르누브에서 '발견'한 것을 지키려고 사납게 싸운 이유는, 영국 치하 이라크의 유전에 대해서도 접근권을 주장할 선례를 만들기 위한 것이었다. 그러나 최종적으로 접근권을 넘겨받은

1924년에 스탠더드오일은 팔레스타인 유전 개발권을 모두 포기해버렸다. 영국의 어느 석유회사가 코르누브로 부리나케 달려가 조사 작업을 진행한 결과 예일의 동료였던 지질학자 루돌프 맥거번이 1914년에 발견한 물질, 즉 쇠붙이 찌꺼기 외에 다른 것은 없었다. 이따금 긍정적인 보고서가 올라오긴 했지만 코르누브에서 상업적 가치가 있는 유전이 발견된 적은 없었다.[19]

예일은 파리평화회의에 혐오감을 느끼고 1919년 말 미국으로 돌아오면서 소코니에 재취업하기를 바랐다. 하지만 과거 소코니 본사에서 저지른 무례 탓인지, 또는 영국을 상대로 벌어진 석유 전쟁에 투입하기에는 커다란 유명 인사가 되어버려서인지, 원직 복귀를 위한 노력은 실패로 돌아가고 말았다. 가산은 날로 줄어드는 데다 전후 경기 위축의 여파로 미국에서 일자리 구하기는 하늘의 별 따기였다. 결국 예일은 미국의 어느 무역회사에 취업해서 다시 카이로로 돌아왔다. 그는 부임지로 향하는 도중에 영국에 잠시 들러, 전쟁 전 예루살렘에서 인연을 맺었던 영국인 간호사 이디스 해나와 결혼했다.

그 뒤로 몇 년 동안 카이로에서 몇 군데 임시직을 전전하면서도 예일은 석유 관련 일자리를 구하겠다는 희망을 놓지 않았다. 그러던 중 1922년 5월, 그는 영국이 통치하는 예멘 앞바다 파라산 제도에서 굵직한 건수를 확인했다. 영국이 그곳에서 석유를 발견한 사실을 숨기고 있으니, 소코니가 지질학자를 보내준다면 자신이 그 섬으로 몰래 안내하겠다고 소코니 고위 간부에게 제안했던 것이다.[20] 하지만 곧바로 거절당했고, 예일은 마침내 미국으로 돌아왔다. 뉴햄프셔 시골에 정착한 그는 양계장을 운영하며 교육학 박사학위 취득을 위해 정진했다. 1928년에는 뉴햄프셔대학교 역사학과 조교수로 취직했다.

특별히 천부적인 재능을 지닌 편은 아니었지만 예일은 뛰어난 필력으로 중동에 관한 기사와 논문을 부지런히 발표하여 빠듯한 교수 월급을 보충했다. 꾸준히 노력한 결과 『애틀랜틱 먼슬리』나 『크리스천 사이언스 모니터Christian Science Monitor』 같은 유명 매체에 기고하는 등 상당한 명성을 누리면서 여러 대학으로부터 학술 토론회 강연자로 초청을 받기도 했다. 현지에서 활동할 때와 마찬가지로, 중동에 대한 예일의 관점은 여러 차례 큰 폭으로 바뀌곤 했다. 예컨대 1923년에 "그는 여러 세기에 걸쳐서 무수한 동양인의 정신과 영혼과 육신을 타락시키고 이제는 권위를 상실해가는 이슬람주의의 폭압에 일격을 가하는 전투"[21]를 주문하더니, 나중에는 "유대인의 민족주의적 제국주의의 착취적 성격"은 "독일 파시스트 방식"을 본뜬 것이라는 장광설[22]을 늘어놓기도 했다.

이런 식으로 과장법을 동원하는 습성에도 불구하고 예일은 실무 경력 덕분에 좋은 평판을 얻었고, 덕분에 제2차 세계대전 기간에는 국무성으로부터 전후 중동지역에 대한 전략 수립을 담당하는 전문가로 대접받았다. 그 직위를 발판으로 1945년에는 UN 창설을 위한 샌프란시스코회의에서 신탁통치위원회 부간사직까지 맡았다. 예일이 특별히 관심을 두었던 분야는, 식민지 시대 위임통치 체제를 해체하고 유엔의 신탁통치로 대체해서 아랍권을 정치적으로 재편하는 문제였다. 그러나 중동 현안에 대한 킹크레인위원회의 권고가 실제 적용 단계에서 모조리 무시당했던 26년 전 상황이 그대로 재현되는 느낌을 지울 수 없었을 것이다.

평범한 시민의 삶으로 돌아온 예일은 뉴햄프셔대학교 역사학과로 복귀해서 강단을 지키다가 보스턴대학교로 자리를 옮겨 1967년에 은퇴했다. 그리고 1975년 2월 향년 87세를 일기로 뉴햄프셔 데리에 있는 양로원에서 눈을 감았다.

중동이라는 정보 전쟁터의 다른 한쪽을 지켰던 쿠르트 프뤼퍼는 전후에 상당히 다채로운 이력을 쌓았다. 사실 특정 개인으로 한 나라의 역사를 인격화한다는 것은 불가능한 이야기지만, 두 차례 세계대전 사이에 벌어진 여러 사건을 조망하는 과정에서 프뤼퍼보다 더 놀라운 전형을 찾기란 어려울 것이다.

1919년 프뤼퍼는 패전국 독일에 뿌리 내리기 시작한 대단히 치명적인 신화에 마음을 빼앗겼다. 전쟁 당시 누군가 독일의 등 뒤에 칼을 꽂았다는 음모론적 주장이었다. 이 신화에 따르면, 독일은 전투가 아니라 내부의 반역으로 패배한 것이었다. 반역자들 가운데 가장 악질은 (하필이면 정전을 고작 이틀 앞둔, 말할 수 없이 나쁜 시점에) 정부를 장악한 좌파 연합 등 독일의 자유주의적 정당들과 밸푸어 선언에 마음을 빼앗겨 연합국과 냉큼 손을 잡은 국제 유대인 사회였다. 이는 결국 아돌프 히틀러가 파멸적으로 활용한 신화였지만, 그보다 한참 전에 쿠르트 프뤼퍼도 열렬히 지지했던 인식이다. 전기작가 도널드 매케일에 따르면, 가난에 허덕이던 프뤼퍼는 외무성 동료인 어느 유대인에게 재정적 도움을 받으면서도 일기장에는 유대인을 향한 심한 욕설을 쏟아내고 있었다.[23]

사실 독일이 결코 패전국이 아니라는 주장이 강하게 제기된 이유는 파리평화회의가 제몫을 다하지 못하고 끝났기 때문이다. 그럼에도 불구하고 연합국은 독일에 막대한 전쟁 배상금을 물려 빚더미에 앉히는 동시에 기존 통치 기구를 대체로 온존시킴으로써 갈등의 싹이 자랄 최적의 환경을 조성했다. 이로 인해 쿠르트 프뤼퍼를 비롯한 독일 관료들은 대외관계와 동맹 체제를 신속하게 재구축할 수 있었다. 전후 외무성에서 프뤼퍼가 처음 맡은 임무 가운데 하나는 과거 독일과 한패였던 이집트 민족주의자들, 청년튀르크당 지도부, 친독파 아랍인 등 중동의 여러 세력이 응징을 당하지 않고 과거 동맹국 내에 재정착할 수 있도록 지원하는 것이었다. 이는 독일이 조만간 불안을 조성하기에 충분할 만한 불평분자들을 거느리게 된다는 것을 의미했다.

전쟁이 끝나기도 전에 프뤼퍼는 앞으로 나아갈 새로운 길을 보고 있었다. 이제 독일은 과거의 실수로부터 배우기만 하면 되는 것이다. 1918년 11월 2일, 그는 외무성에 다음과 같이 보고했다.

"우리의 선전 구호는 먹히지 않았습니다. 평시에 무시하던 것을 전시에 찾으니 통할 리가 없었습니다. (…) 적을 향한 눈물겨운 비난, 우리의 승리에 대한 장황하고 지루한 설명, 이슬람과 독일의 우정에 대한 진정성 없는 호소 따위를 가지고 우리는 영적으로 전혀 다른 사람들에게 공감을 얻으려고 헛되이 노력했습니다."

그러면서 다음번에 같은 상황을 겪게 된다면 독일은 그들을 "가르치려 들기보다 만족시키려고 노력해야 할 것"이라고 힘주어 말했다.[24]

전후 중동의 역학관계가 의자 빼앗기 식으로 전개된 덕분에 프뤼퍼는 곧 중상모략과 이간질의 세계로 돌아갈 기회를 얻었다. 1921년 가을, 그는 이집트의 영국 정권을 전복하기 위한 압바스 힐미의 새로운 계획에 참여했고, 몇 달 뒤에는 차임 바이츠만을 만나기 위해 로마로 갔다. 자신을 찾아온 손님이 여동생을 독일 첩보원으로 꼬드긴 장본인임을 바이츠만이 알았다면 다른 선택을 했을 것이다. 차임 바이츠만은 팔레스타인에 유대인 국가를 세우는 계획에서 영국이 물러선 데는 프랑스의 책임이 크기 때문에 앞으로 시온주의자들은 독일과 손잡고 프랑스에 대적할 것이라고 프뤼퍼에게 말했다. 유대인에게 적개심을 품고 있는 프뤼퍼였지만 뛰어난 기회주의자였던 만큼 바이츠만의 주장에 진심으로 동감했다. 두 사람이 만난 사실을 포착한 영국 정부는 마침내 프뤼퍼를 요주의 대상으로 지목해 블랙리스트에 올리고, 군사정보국 MI5로 하여금 그에 대한 첩보 기록을 지속적으로 관리하게 했다.[25]

그런데 1920년대 말로 접어들면서 프뤼퍼의 삶은 안정기를 맞았다. 오랫동안 별거해온 첫 아내와 이혼하고 젊은 독일 여성과 재혼하여 1930년에는 아들도 얻었다. 외무성에서도 승진을 거듭해 영국과 미국, 중동 문제를 취급하는 핵심 부서의 부국장까지 맡았다. 1933년 프뤼퍼는 그 자리에서 아돌프 히틀러의 집권을 목도했다.

프뤼퍼는 히틀러와 같은 꿈을 꾸었다. 독일 부활의 꿈이었다. 그러나 초기 독일사회에서는 이러한 나치들에 대해 독일의 수많은 보수 인사쯤으로 여겼다. 다소 건방지지만 쓸모가 없지 않은 얼간이, 즉 다듬어지지 않은 난동꾼들이지만 그럴싸한 조직으로 통제할 경우 이용 가치가 있을 것이라는 정도의 인식이었다. 그러나 프뤼퍼는 1936년이 되기 전에 이와 같은 오해와 혐오감을 완전히 떨쳐냈고, 외무성 인사 책임자로서 히틀러 정권에 동참했다. 그리고 다음 해에는 정식으로 나치에 입당했다. 1939년 9월, 폴란드 침공으로 독일이 제2차 세계대전에 불을 댕기자마자 프뤼퍼는 브라질 대사로 임명받아 남미로 떠났다.

브라질에서 보낸 3년은 프뤼퍼의 경력에서 정점을 이룬 기간이었다. 1911년 이후로 줄곧 염원하던 독일 외교관의 지위를 마침내 거머쥔 것이었다. 게다가 브라질의 독재자와 친밀한 관계를 형성함으로써 이 엄청난 부국이 유사시에 미국과 손잡기로 한 협약에도 불구하고 연합국 편으로 전쟁에 가담하지 못하도록 손을 써두었다. 세 살 버릇 여든까지 간다고 했던가. 1942년 여름, 프뤼퍼는 브라질에서 활동하는 독일 첩보 조직에 직접 가담해 본국의 지령에 따라 첩보전을 벌였다. 그럼에도 불구하고 상황은 엉뚱한 쪽으로 급변했다. 이에 브라질 주재 독일 대사는 실망했을 테지만 최소한 행운의 여신이 자기편이라는 사실에 고마움을 느꼈을 것이다. 프뤼퍼가 가족과 함께 고국을 향해 출항한 지 닷새 뒤에 브라질은 연합국으로 참전을 선언했고, 프뤼퍼에 대한 체포영장을 발부했다. (결국 그는 궐석 재판에서 간첩죄로 25년 형을 언도받았다.)

프뤼퍼는 선전선동꾼들이 하는 말을 이상하리만치 곧이곧대로 믿는 사람이었다. 승리가 임박했다는 나치 선전 부서의 발표를 액면 그대로 신뢰했던 그는 유럽으로 돌아가서 전세가 독일에 불리하다는 사실을 알았을 때 큰 충격을 받았다. 그는 연합군의 쉴 새 없는 공습을 피해 작은 마을에 집을 구한 뒤 아내와 아이를 보냈다. 그리고 자신은 1년 동안 베를린을 지켰다. 1943년 7월 그는 이렇게 썼다.

"이 모든 상황을 지켜본다는 것은 무척 괴로운 일이었다. 언제나 조국에 대한 사랑을 간직해온 나로서는 당시 국가사회주의라는 아름다운 사상을 깊이 받아들인 상태였기 때문이다."[26]

아름다운 사상과 별개로, 남다른 생존본능을 타고난 그는 탈출구를 찾는 능력도 남달랐다. 1943년 9월 프뤼퍼는 솔가해서 국경을 건너 중립국 스위스로 넘어갔고, 1918년에 그랬던 것처럼 독일이 패망할 때까지 그곳에 머물렀다. 그러나 1918년의 귀국과 1945년의 귀국은 사뭇 달랐다. 이번에는 연합국이 독일 군국주의자 프뤼퍼를 순순히 내버려둘 것 같지 않았다. 그가 바덴바덴에 마련한 주택은 어느 유대인 가정으로부터 압수한 것으로 밝혀져 압류되었다. 그런데 외무성의 수많은 직속상관이 뉘른베르크로 끌려가는 동안, 전직 브라질 대사는 '비非나치화'를 위한 미군의 심문 과정을 거치면서 여러 전쟁범죄 혐의에서 깨끗하게 벗어날 수 있었다. 영국으로서는 지난 30년 동안 숙적이었던 그를 계속 추적하고 싶은 마음이 굴뚝같았겠지만, 1945년 10월에는 의욕을 잃고 말았다. 타고난 약골 프뤼퍼가 결핵으로 죽었거나 사경을 헤맨다는 보고를 받았기 때문이다.

사실 이 보고는 정확하지 않았던 것 같다. 3년 뒤, 뉴델리에서 근무하던 어느 영국군 정보장교의 예리한 눈에 걸려든 수상쩍은 기사 한 토막 때문이다. 인도 현지 신문 『데일리 텔레그래프』에 델리대학교에서 인도인 외교관 양성과정이 생긴다는 단신이 실렸는데, "학생들을 담당할 교수는 프뤼퍼 박사로, 나치 정권이 들어서면서 고국을 떠난 전직 외교관"이라는 구절이 박혀 있었던 것이다.27

약간의 뒷조사를 통해 반反나치주의자 '프뤼퍼 박사'와 나치즘 지지자 프뤼퍼는 동일인물임이 드러났다. 거의 40년 전 카이로를 찾았을 때처럼 프뤼퍼는 학자라는 지위를 탐냈고, 영국은 그를 끌어내렸다. 프뤼퍼는 결국 독일로 돌아왔고, 77세가 되는 1959년 초에 죽음을 (이번에는 진짜로) 맞았다. 실패한 전직 동양학자 프뤼퍼와 오랜 기간 떨어져 지낸 외아들 올러프는 훗날 미국으로 이민을 떠나 저명한 고고학자가 되었다.

제1차 세계대전 기간에 중동 무대에서 대결을 펼쳤던 정보요원 또는 스파이들을 통틀어서 전쟁이 끝난 뒤 그 지역 문제로부터 가장 확실하게 손을 뗀 사람은 T. E. 로렌스였다. 식민성의 윈스턴 처칠 밑에서 일하던 1921년, 그는 한 친구에게 "나에게 아랍인들은 이미 넘겨버린 책장 속 인물들과 같고, 그 뒤로 이어진 이야기는 남루하기 그지없다"고 전했다.28

1922년 초, 식민성 일이 끝나자 로렌스는 영국 공군참모총장에게 입대를 허락해달라고 요청했다. 이 과정에는 몇 가지 의문스러운 대목이 있다. 로렌스는 그 유명세와 과거 계급을 고려할 때 얼마든지 고위 장교로 영국 공군에 입대할 수 있었지만 일반 사병으로 복무하게 해달라고 고집했다. 게다가 자신은 더 이상 T. E. 로렌스가 아니며 존 흄 로스 John Hume Ross라는 새 이름으로 불러달라고 공군 쪽에 부탁했다.

군대 문화를 공공연히 멸시하던 로렌스였기에 그의 청원 소식은 많은 사람을 어리둥절하게 했다. 그는 『일곱 기둥』에서 다음과 같이 서술했다.

"군복이란 착용자로 하여금 평범한 생활을 못 하도록 가로막는 장애물이자, 비천한 임무를 수행하기 위해 자발적으로 자신의 의지와 육신을 국가에 팔아버린 계약의 징표다. (…) 군인이란 자신을 소유한 자에게 육신을 24시간 부려먹고 정신과 열정을 멋대로 써먹도록 허락한 사람이다."29

어쩌면 그다지 이상하지 않을 수도 있다. 아라비아에서 로렌스는 수천 명의 생사여탈권을 쥐락펴락하면서 군대를 조직하고 이상을 향해 내달리던 인물이었다. 그러는 내내 속임수를 쓴다는 자괴감에 시달렸고, 자기와 함께 싸우다 죽은 사람들이 종내 배신당하고 말았다는 사실에 고뇌했다. 『일곱 기둥』이나 친구들에게 보낸 편지에서 언급한 것처럼, 그는 두번 다시 책임자의 자리를 원하지 않았다.

익명성에 대한 열망도 한몫했다. 자신이 한때 누구였고 무슨 일을 했는지 모두 내려놓고 싶었기 때문이다. 로렌스가 이와 같은 열망을 가장 분명하게 드러낸 것은, 처음에는 존 흄 로스로, 다음에는 토머스 에드워드 쇼Thomas Edward Shaw로 이름을 바꾸기로 결정한 때였다. 그런데 이 과정은 일종의 심리적인 '씻어내기'라 할 수 있는 대단히 미묘한 작업이었다. 로렌스는 『일곱 기둥』에서 카이로 회담을 아주 짧게 언급하면서 처칠이 아랍인들에 대한 영국의 약속을 "우리 제국 및 관련자들의 이해관계를 조금도 해치지 않고 (인간으로서 가능한 한 최선을 다해) 형식과 내용을 모두 충족하는 방향으로" 이행함으로써 중동에서 벌어지는 "모든 혼란을 정리했다"고 썼다.30 그 약속의 전모를 파악한 사람으로서, 그토록 사랑하던 시리아가 프랑스 치하로 들어간 시점에 글을 쓰면서 로렌스는 자신의 확언을 스스로 신뢰할 수 없었을 것이다. 마찬가지로 그 부분에 담긴 앞뒤 내용을 감안할 때, 소제목을 '영광의 승리A Triumph'로

붙인 것은 자신에 대한 조롱으로밖에 이해할 수 없을 것이다.

하지만 로렌스가 그동안 일어난 모든 일을 부성하고 잊으려 한 것은 결국 살기 위한 몸부림이었을 것이다. 전후에 친구들에게 편지를 보낼 때나 전기작가들에게 구술할 때 여러 차례 언급한 내용을 보면, 안타깝게도 이러한 심경을 확실히 알 수 있다. 그는 당시 '전쟁신경증'으로 불리던, 오늘날에는 외상후스트레스장애PTSD로 알려진 증상으로 고통받고 있었다. 로렌스는 끝없는 악몽과 몇 차례 자살을 생각했을 만큼 극심한 우울증에 시달리면서 나머지 생애를 견뎌야 했다. 혼자 떨어져 지내고 싶은 마음 때문에 예전 친구들과도 대부분 절교했다.

그는 진작부터 자신의 전쟁활동으로 인해 지속적인 고통에 시달릴 것을 예상하고 있었다. 로렌스는 아서 왕과 중세 기사 이야기에 흠뻑 빠져 영웅적인 삶을 살겠다는 꿈을 꾸던 소년이었지만, 장성한 뒤에 전쟁에서 실제로 목격한 것은 종종 자신이 수행한 작전 때문에 갈가리 찢긴 인간의 몸뚱이들, 죽음 앞에 버려진 부상병들의 얼굴이었다. 이 과정에서 유사 이래 지금껏 사려 깊은 사람들이 깨달은 사실을 로렌스 역시 깨달았다. 전쟁이 벌어지면 분명 영웅적인 순간들이 찾아오지만, 야만적인 경험에 지속적으로 노출되면 결국 영웅적인 삶과는 정반대의 삶을 살게 된다는 사실이었다.

로렌스가 익명성을 갈구한 또 한 가지 이유는 『일곱 기둥』을 출간한 이후의 상황 때문이기도 했다. 1922년, 그는 자신이 탈고한 전쟁 회고록을 가까운 친구들에게 선물하기 위해 수작업으로 7부를 제작했다. 그러나 입소문이 퍼지면서 정식으로 출판하라는 요청이 빗발치자 그는 절충안을 내놓았다. 내용을 살짝 덜어낸 1926년판을 200부 찍고, 아주 짧게 축약한 대중판을 『사막의 혁명Revolt in the Desert』이라는 제목으로 출판하는 방식이었다. 이로써 로렌스는 출판으로 큰돈을 벌 수 있었지만, 베스트셀러가 된 『사막의 혁명』 인세 전액을 영국 공군의 자선재단에 기부했다. 『일곱 기둥』을 새로운 판본으로 출판하자는 요청은 거부했다.

로렌스는 사람들 앞에서는 자신의 책에 대해 하찮은 것이라고 폄하하면서도 한 친구에게는 자신의 회고록이 영문학의 명작 반열에 오르길 바란다고 털어놓기도 했다. 이 부분에서 그는 실망했을 것이다. 사실 『일곱 기둥』은 균형을 크게 상실한 책이다. 이따금 빛나는 서정성과 깜짝 놀랄 만한 심리적 통찰이 엿보이지만 지형학에 관한 기나긴 논고 속에 파묻히기 일쑤다. 게다가 온갖 지명과 덧없는 인물이 난무하여 독자를 혼란에 빠뜨린다. 『일곱 기둥』은 수많은 사람의 극찬과 부단한 갈채에도 불구하고, 또한 로렌스는 전쟁의 기괴한 측면을 거리낌 없이 표현한 최초의 현대 작가 가운데 한 명이라는 칭찬을 받아 마땅하지만, 찬사하는 입장인 어느 비평가도 인정했듯이, 여전히 "읽은 사람보다는 찬미하는 사람이 더 많은" 책 가운데 하나로 남아 있다.[31]

'항공병 로스'라는 신분으로 공군에 입대하여 자취를 감추려는 로렌스의 첫 번째 시도가 실패로 돌아간 뒤(영국 언론이 로스의 정체를 잽싸게 밝혀냈다)에 T. E. 쇼라는 이름으로 육군 탱크부대에 입대했다가, 1925년에 다시 근무지를 공군으로 조용히 옮겼다. 이후 10년 동안 그는 비행대의 하급직을 전전했다. 인도 주둔 영국 공군의 변방 기지에서 거의 1년 동안 말단 사무원으로 일한 적도 있었다. 기계를 좋아하는 취미를 살려서 차세대 초고속 해난 구조선 사업에 관여하기도 했다. 1929년에는 영국 서남부 도싯 인근 전원에 있는 조그만 오두막 '클라우드 힐 Clouds Hill'을 사들였다. 탱크부대원으로 복무하던 보빙턴 기지에서 1.6킬로미터 떨어진 곳에 있는 이 오두막은 대중과 언론으로부터 시달려온 로렌스에게 안식처가 되었다. 그는 1928년에 전후 군대생활을 다룬 책

『근원The Mint』을 집필하고, 이어서 호머의 『오디세이』를 번역하는 등 글쓰기를 계속하면서도, 일상의 대부분을 군대생활에 바쳤다. 자투리 시간에는 애지중지하던 브러프 모터사이클을 타고 영국 시골길을 달리거나 오두막에서 독서에 탐닉했다. 이때가 로렌스 인생에서 가장 생산적이고도 흥미로운 시절이었다는 일부 전기작가들의 단언에도 불구하고, 애처로운 은둔자의 이미지를 떨칠 수는 없다. 그의 친구와 지인들은 손에 꼽을 정도로 줄었다. 로렌스는 만나지 못하는 이유를 설명하는 짤막한 편지를 이따금 띄울 뿐이었다. 1929년 2월에는 찾아가기로 해놓고 약속을 못 지켜서 미안하다며 스튜어트 뉴컴에게 다음과 같이 사과했다.

"면목이 없다는 말씀을 부인께 전해주시기 바랍니다. 일이 조금 꼬여서 다른 사람을 만나러 나설 수가 없군요."[32]

하지만 무조건 직접 만나기를 요구하는 사람이 있었다. 파이살 후세인이었다. 1925년에 이라크 국왕으로 영국을 국빈 방문한 그는 어느 정치인의 저택에서 열리는 오찬에 로렌스를 초대했다. 꽤 어색한 만남이었다. 한때 끈끈한 전우애를 자랑하던 두 사람은 이제 서로에게 할 말이 별로 없는 듯했다. 게다가 로렌스는 집주인이 자꾸만 '좋았던 옛날' 타령을 늘어놓아 마음이 여간 불편한 게 아니었다. 로렌스는 훗날 절친한 샬럿 쇼에게 다음과 같이 썼다.

"나는 변했습니다. 그런 부류와 어울려 돌아다니던 로렌스는 죽었습니다. 죽은 것만 못한, 그저 한때 알고 지내던 이방인에 불과합니다."[33]

1933년 또다시 영국을 국빈 방문한 파이살 왕은 '졸병 쇼'가 자신을 방문하도록 명령해달라고 영국군 쪽에 부탁해야 했다.

1935년 초, 로렌스는 체계적인 조직 밖에서 살아가야 하는 삶을 걱정하면서도 공군을 떠나기로 결심했다. 그의 걱정은 정확히 들어맞았다. 군복을 벗고 두 달이 지난 5월 6일, 그는 클라우드힐에서 어느 친구에게 보낸 편지에 다음과 같이 말했다.

"아직도 어쩔 줄 모르고 허둥대는 중일세. 잎새는 나뭇가지에서 떨어진 뒤에 형체가 사라지기 전까지 이런 기분을 느끼지 않을까 싶네. 이런 상태가 오래가지 않기를 바라고 있네."[34]

그런 상태는 로렌스의 바람처럼 오래가지 않았다. 정확히 일주일 뒤인 5월 13일 오전, 로렌스는 모터사이클을 타고 보빙턴 기지로 가서 전보를 쳤다. 그리고 돌아오는 길에 클라우드힐을 겨우 몇백 미터 앞둔 좁은 길에서 자전거 타는 두 아이를 피하려고 급히 방향을 틀었으나, 모터사이클이 자전거 한 대의 뒤쪽 타이어를 스치면서 중심을 잃고 쓰러졌다. 모터사이클은 완전히 부서졌고, 로렌스는 아스팔트 바닥에 떨어져 머리를 심하게 다쳤다. 그는 보빙턴 기지 내 병원에서 장시간에 걸쳐 수술을 받았지만 뇌사 상태에 빠졌고, 그렇게 6일을 버티다가 1935년 5월 19일 이른 아침 46세를 일기로 숨을 거두었다.

장례식에서는 로렌스의 오랜 친구인 로널드 스토스와 스튜어트 뉴컴이 운구자로 나섰다. 윈스턴 처칠과 시인 시그프리드 서순도 조문객으로 참석해 로렌스의 마지막 떠나는 길을 지켰다. 영국 국왕 조지 5세는 로렌스의 동생 아널드에게 조의를 나타냈다.

"형의 이름은 역사에 남을 것이다. 짐은 그가 조국에 바친 남다른 노력에 감사를 바친다."[35]

처칠의 찬사는 그보다 조금 더 수다스럽다.

"나는 그가 동시대를 살았던 가장 위대한 존재 가운데 한 명이라고 생각한다. 나는 어디서도 그와 같은 사람을 본 적이 없다. 이제 아무리 원해도 그와 같은 인물을 두번 다시 만날 수 없을 것 같아 두렵다."[36]

우리는 처칠의 마지막 문장에서 1935년 당시 이미 새로운 위협이 유럽에 드리우고 있다는 암시를 어렵지 않게 읽어낼 수 있다. 바로 나치 독일의 등장이었다. 하지만 로렌스가 살아 있었다면 그 새로운 위협에 맞서서 중요한 역할을 맡았을 것이라는 생각은 분명 착각이다. 로렌스 본인이 수년 동안 세상을 향해서 힘겹게 말해온 바와 같이, 푸른 눈을 지닌 '사막의 전사'는 21세기가 겪은 첫 번째 대재앙의 파도에 휩쓸려 오래전에 무대에서 사라졌기 때문이다.

감사의 말

나는 이 책이 다루는 방대한 범위를 감당하기 위해서 세 대륙에 흩어진 스무 곳이 넘는 정부기록물보관소와 개인 서고를 조사해야 했다. 대단히 유능한 학자와 조사자들이 다양한 측면에서 지원해주지 않았다면 꿈도 꾸지 못할 일이었다. 타라 피츠제럴드, 클레어 플랙, 라스 루에디케, 프레더릭 맥스웰, 안드레아 미나르첵, 케빈 모로, 에이먼 오닐, 애나 밴 렌텐 같은 이를 말하는 것이다. 특히 케빈 모로에게 감사하다는 말을 전한다. 그는 나를 대신하여 캘리포니아와 이스라엘로 출장을 가서 조사 작업을 진행했을 뿐 아니라 프랑스어와 독일어로 된 사료를 수집하고 정리하며 번역하는 작업을 담당했다. 그가 도와주지 않았다면 나는 지금도 망망대해를 떠다니고 있을 것이다.

이 책을 쓰는 내내 수시로 도움을 청했던 기록물보관소와 개인 서고 담당자들에게도 감사드린다. 그들은 나에게 시간과 조언을 아끼지 않았다. 내가 도움을 받은 수많은 사람 가운데 극히 일부지만, 그럼에도 그 중에서 옥스퍼드 세인트앤터니칼리지 중동센터의 데비 어셔, 워싱턴디 시 국립문서기록보관소의 리츠 그레이와 데이비드 파이퍼와 에릭 밴 슬 랜더, 지크론야코프 NILI 박물관의 마리온 프로이덴탈과 일로니트 레 비, 보스턴대학교의 알렉스 랭킨, 스탠퍼드대학교 후버연구소의 캐럴 리든햄, 케임브리지대학교 처칠아카이브센터의 린지 로버트슨에게 특히 고맙다. 1914년 1월 초 베르셰바에 모래폭풍이 몰아닥친 시점을 특정 하기 위해 놀라운 사명감으로 발 벗고 나서준 미국해양대기국 산하 국 가기후자료센터 소속 하워드 다이아몬드와 그 직원들의 노고 역시 별 도로 언급하지 않을 수 없다.

나는 이 책을 쓰면서 가급적 1차 사료에 의지하려고 노력했지만 두 저자에게 큰 빚을 지고 말았다. 쿠르트 프뤼퍼에 관한 조사 작업은 클 렘슨대학교 도널드 매케일 교수의 선구적 연구와 두 저작 『쿠르트 프뤼 퍼Curt Prüfer』 및 『혁명으로서 전쟁War by Revolution』이 없었다면 지지부진 할 수밖에 없었을 것이다. 어쩌면 지금 이 시각까지도 마무리를 못 했 을지 모른다. 특히 매케일 교수는 이 책의 초고를 읽고 몇 가지 중요한 조언을 해주는 수고마저 아끼지 않았다. 이 자리를 빌려 다시 한번 감 사하다는 말씀을 전한다. 다음으로, 『아라비아의 로렌스Lawrence of Ara-bia』라는 기념비적 전기를 저술한 제러미 윌슨을 빼놓을 수 없겠다. 로 렌스라는 인물을 진지하게 다루는 연구자라면 누구도 윌슨의 개척자적 성취에 기대지 않을 수 없을 것이다. 비록 로렌스가 아라비아에서 보여 준 몇 가지 행적에 대해서는 윌슨 선생과 의견을 달리하지만, 그가 나 아간 길을 뒤따르는 우리 모두가 그렇듯이, 나 역시 로렌스에 관해서 이 룩한 그의 놀라운 학문적 업적에 엄청난 빚을 졌다.

나는 이 책을 쓰면서 몇몇 특별한 독자한테 도움을 받았다. 역사적 정밀함이라는 측면에서는 도널드 매케일 이외에도 노던일리노이대학교의 로베르토 마차와 몬태나주립대학교 토머스 골츠에게 진심으로 감사한다. 두 사람 다 관대하게도 많은 시간을 할애해서 깊은 통찰력으로 좋은 의견을 제시해주었다. 더 좋은 문장을 위해서 애써준 독자들도 있다. 골칫덩어리 초고와 용맹하게 씨름한 내 친구 마이클 필즈 및 윌슨 밴 로, 세스 맥다월이 고맙다. 특히 프랜시스 쇼가 그 누구보다 고생을 많이 했다. 아무 불평 없이, 비슷한 작업을 몇 번이나 해냈다. 아울러 내 훌륭한 에이전트이자 절친인 슬론 해리스도 고마운 사람들 명단에 포함시켜 마땅하다. 그는 격려와 채찍질의 경계선을 교묘하게 넘나드는 재주를 지녔다.

이 책을 써야겠다는 아이디어를 처음 떠올린 그 순간을 나는 여전히 정확하게 기억한다. 다른 책을 쓸 때도 이런 경우가 또 있었는지는 잘 모르겠다. 2008년 겨울이었다. 친구이자 편집자인 빌 토머스와 저녁을 먹으면서 이야기를 나누던 중이었다. 우리 두 사람은 내가 이 책을 써야 한다는 생각을 동시에 떠올렸던 것 같다.(사실 나는 내 취재 경력을 총망라하는 글을 쓰려고 마음먹고 있었다.) 이후로 나는 집필 또는 조사 과정에서 이따금 어려움을 겪을 때마다 빌을 원망했지만, 결실을 맺기 위해서 지난 몇 년 동안 그가 보여준 열정과 인내와 성실은 영원히 잊지 못할 것이다. 이와 함께 출판사 직원들 모두에게 감사한다. 지난 몇 달 동안 본문 내용을 확인하고 편집을 마무리하는 분주한 와중에도 직원처럼 사무실을 들락거리며 성가시게 굴었던 나를 참아준 사람들이다. 특히 멀리사 다나츠코와 코럴리 헌터는 조사에 집착하는 특이 성격이지만 컴맹에 가까운 나를 위해 도움을 아끼지 않았다.

끝으로, 지난 5년 동안 걸핏하면 약속을 어기고 전화도 받지 않으면서 사실상 부재 상태로 지내온 나를 참아준 친구와 친척들에게 고맙다는 말을 하고 싶다. 이제 일이 끝났으니 더 좋은 친구, 더 좋은 친척으로 돌아가기로 약속하겠다.

주註

나는 이 책에서 1차 사료와 2차 사료를 상당수 동원했다. 이 가운데 책의 주제와 연관성이 긴밀한 귀중한 사료가 몇 가지 있다. 주요 기관에서 보관 중인 기록물로는 아론 아론손의 일지(이스라엘 지크론야코프 기록물보관소), 쿠르트 프뤼퍼의 일지(스탠퍼드대학교 후버연구소), 윌리엄 예일의 미출간 회고록(보스턴대학교), 제1차 세계대전 당시 영국 외무성 기록물(영국 국가기록물보관소) 등이다. 그중에는 2002년이 되어서야 기밀 해제된 기록물도 꽤 있다. 덕분에 예전에 인용할 수 없었던 자료를 이 책 곳곳에 끌어들일 수 있었다.

나는 쿠르트 프뤼퍼의 일대기 『쿠르트 프뤼퍼, 카이저부터 히틀러까지의 독일 외교관Curt Prüfer: German Diplomat from the Kaiser to Hitler』를 쓴 도널드 매케일에게 큰 신세를 졌다. 쿠르트 프뤼퍼의 인생 초반부를 살필 수 있는 대단히 귀한 자료였다. T. E. 로렌스에 관해서라면, 존 맥의 전기 『무질서의 왕자! 로렌스의 삶A Prince of Our Disorder: The Life of T. E. Lawrence』가 로렌스의 내면을 가장 예리하게 묘사한 책이다. 하지만 그 무엇보다 로렌스 전기작가로 공인받은 제러미 윌슨의 『아라비아의 로렌스Lawrence of Arabia』로부터 가장 큰 도움을 받았다. 철저한 조사에 기반을 둔 그의 저작은 로렌스를 깊이 연구하려는 사람이면 누구나 출발점으로 삼을 수밖에 없다.

그 밖에 수많은 중요 사료와 2차 기록물에 기대어 전쟁 직전 독일의 풍경을 비롯한 당시 상황을 구체적으로 묘사할 수 있었다. 이 가운데 특히 유용한 것으로 판단되는 자료들은 말미에 주석으로 밝혀두었다.

머리말

1 당시 로렌스의 공식적인 계급은 중령이었지만 몇 주 전 임시로 대령 지위를 얻은 상태였
  는데, 이는 영국으로 신속하게 복귀하기 위한 조치였다. 그 결과 1918년 10월 이후로는
  공문에 '로렌스 대령'이라는 호칭이 종종 등장한다.

2 1933년 7월 29일 인터뷰에 관한 언급으로, 로렌스가 리들 하트에게; UT Folder 1, File
  1, 2.

3 Lawrence, *Seven Pillars*, 562.

4 국왕의 개인 비서 스탬퍼덤 경이 1928년 1월 1일과 17일 로렌스(가명 'Shaw')에게 보낸
  편지: A. W. Lawrence, Letters to T. E. Lawrence, 184~186. 아울러 다음 두 저작
  을 참조. *Lawrence and the Arabs*, 392~393, Churchill in A. W. Lawrence, *T. E.
  Lawrence by his Friends*(1937), 193~194.

5 Lawrence, *Seven Pillars*, 274.

1장

1 제말 파샤. *The Ottoman Road to War*, 19.

2 Yale, *It Takes So Long*, chapter 1, 10; BU Box 7, Folder 7.

3 예일은 T. E. 로렌스와 처음 만난 기억을 자신의 회고록(*It Takes So Long*)을 비롯해 예
  닐곱 차례에 걸쳐 다양하게 기술했다. 하지만 간혹 상충하는 내용도 나온다. 관련 기
  록이 가장 상세해 이 책에서 주로 참고한 저작은 *T. E. Lawrence: Scholar, Soldier,
  Statesman, Diplomat*(출간 연도 미상이지만 1935년 로렌스가 세상을 떠난 직후에 나
  온 것으로 보인다.)

4 Yale, *The Reminiscences of William Yale*, 7; Columbia University, Oral History
  Research Office, 1973.

5 McKale, *War by Revolution*, 22, n. 18.

2장

1 T. E. 로렌스의 유년기와 청년 시절에 관한 세부 내용 가운데 상당수는 이와 관련된 가
  장 훌륭한 두 저작, 존 맥의 *A Prince of Our Disorder*와 제러미 윌슨의 *Lawrence of
  Arabia*에서 가져온 것이다. 윌리엄 예일은 자신의 어린 시절과 청년기에 관한 이야기를
  자신의 미출간 회고록 *It Takes So Long*의 서두에서 밝혔다. 쿠르트 프뤼퍼의 경우에는
  도널드 매케일이 프뤼퍼의 아들과 인터뷰한 자료를 바탕으로 저술한 *Curt Prüfer*가 거
  의 유일한 사료다.

2 1911년 7월 10일 호가스가 페트리에게; Wilson, *Lawrence of Arabia*, 85.

3 Lawrence, *The Home Letters*, 23.

4 로버트 로렌스. A. W. Lawrence, *T. E. Lawrence by His Friends*(1954 edition), 31.

5 사실 로렌스라는 성姓은 훨씬 더 복잡한 과정을 거쳐서 탄생했다. T. E. 로렌스가 1919
  년에 어머니한테 직접 들은 바와 같이, 어머니 역시 사생아로 태어났다. 당초 출생증명
  서에 적힌 어머니의 이름은 세라 저너였지만, 청소년 시절에 성을 로렌스로 바꾼 것이다.

여기서 로렌스는 아버지로 추정되는 인물의 성이기도 했다. 이처럼 자유롭게 성을 바꾼 내력을 고려하면, 훗날 T. E. 로렌스가 존 흄 로스 또는 토머스 에드워드 쇼 같은 가명을 거리낌 없이 사용하는 모습도 어느 정도 이해할 수 있다.

6 토머스 (채프먼) 로렌스.(날짜 미상). Bodleian MS Eng C 6740.

7 1927년 4월 14일 로렌스가 샬럿 쇼에게; Mack, *A Prince of Our Disorder*, 26.

8 E. F. Hall. A. W. Lawrence, *T. E. Lawrence by His Friends*(1954 edition), 44~45.

9 H. R. Hall. Wilson, *Lawrence of Arabia*, 25.

10 Mack, *A Prince of Our Disorder*, 33.

11 Lawrence, *The Home Letters*, 65~66.

12 호가스가 로버트 그레이브스에게; Graves, *Lawrence and the Arabs*, 18.

13 1909년 2월 3일 도티가 로렌스에게; A. W. Lawrence, *Letters to T. E. Lawrence*, 37.

14 Lawrence, *The Home Letters*, 106.

15 Ibid., 103.

16 Ibid., 105.

17 McKale, *Curt Prüfer*, 5; 152; 193~194 n. 5; 233 n. 28.

18 제1차 세계대전이 발발하기 전 독일과 빌헬름 시대의 역사에 관해서는 Fischer, *Germany's Aims in the First World War*; Macdonogh, *The Last Kaiser*; and Cecil, *Wilhelm II*, vols. 1 and 2를 참조.

19 Prüfer, *Personalbogen*, October 24, 1944; NARA T120, Roll 2539, Frame E309975.

20 올라프 프뤼퍼가 "Notes on My Father"에서 번역한 내용이다. 출간하지 않은 회고록이지만 트리아나 프뤼퍼의 허락을 받고 인용했다.

21 프뤼퍼와 프랜시스 펑컴의 관계에 대한 자세한 내용은 NARA RG165, Entry 67, Box 379, File PF25794, Attachment 8 참조.

22 Lawrence, *The Home Letters*, 218.

23 1918년 7월 15일 로렌스가 리처즈에게; Garnett, *The Letters of T. E. Lawrence*, 239.

24 Lawrence, *The Home Letters*, 173~174.

25 오스만 제국의 역사와 통합진보위원회의 발흥에 관해서는 주로 다음 저작을 참고했다. Aksakal, *The Ottoman Road to War in 1914*; Kent, *The Great Powers and the End of the Ottoman Empire*; and Shaw, *History of the Ottoman Empire and Modern Turkey*, vols. 1 and 2.

26 1910년 5월 29일 로우더가 하딩에게; Yapp, *The Making of the Modern Near East*, 183~184.

27 Cecil, *The German Diplomatic Service*, 102.

28 McMeekin, *The Berlin—Baghdad Express*, 25.

29 Ibid., 22.

30 McKale, *War by Revolution*, 22.

31 Lawrence, *The Home Letters*, 217.

32 Lawrence, *The Home Letters*, 217.

33 스탠더드오일 사의 역사와 그 분할 과정에 대해서는 Chernow *Titan*, and Yergin, *The Prize* 참조.

34 Yale, *It Takes So Long*, chapter 1, 1.

35 Lawrence, *The Home Letters*, 447.

3장

1 Lawrence, *Seven Pillars*, 277.

2 Lawrence, *The Home Letters*, 275.

3 로렌스가 V. 리처즈에게; Garnett, *The Letters of T. E. Lawrence*, 160~161.

4 Yale, *It Takes So Long*, undated early drafts, BU Box 8.

5 Yale, *The Reminiscences of William Yale*, 6, Columbia University, Oral History Research Office, 1973.

6 Florence, *Lawrence and Aaronsohn*, 91.

7 아론손의 유년기와 청년기에 대해서는 Florence, *Lawrence and Aaronsohn*; Engle, *The Nili Spies*를 광범위하게 참조.

8 시온주의 초기 역사에 대해서는 O'Brien, *The Siege*; Sachar, *A History of Israel*에서 인용.

9 Florence, *Lawrence and Aaronsohn*, 90~91.

10 아론손이 맥에게; "Aaron's Confession," October 9, 1916, 8, ZY.

11 Lawrence, *Seven Pillars*, 239.

12 Newcombe in A. W. Lawrence, *T. E. Lawrence by His Friends*(1937 edition), 105.

13 Lawrence, *The Home Letters*, 280.

14 진 사막을 탐사한 군사적·정치적 배경에 관한 가장 자세한 설명은 Moscrop's *Measuring Jerusalem*, chapter 8 참조.

15 Lawrence, *The Home Letters*, 282.

16 *Note Confidentielle*, Government of Egypt to the President of the Council of Ministers, November 11, 1911; PRO−FO 371/1114, File 44628.

17 프뤼퍼의 도서관장 선임 문제와 관련한 영국 정부의 공식 서한이나 보고서는 PRO−FO 371/1114, File 44628 참조.

18 Cecil, *The German Diplomatic Service*, 102에서 인용.

19 1914. 2. 28. 로렌스가 리즈에게; Garnett, *The Letters of T. E. Lawrence*, 165.

20 Lawrence, *The Home Letters*, 287.

21 코르누브 석유 탐사에 대한 윌리엄 예일의 설명은 주로 Yale, *It Takes So Long*, chapter 2에서 가져온 것이다.

22 소코니−팔레스타인 유전 개발권 문제와 관련한 영국 정부 공식 서한은 PRO−FO 371/2124 참조. 에델만이 1914년 4월 10일 장관에게 보낸 서한은 NARA M353, Roll 67, document 867.6363/4 참조.

23 로렌스가 플레커에게; "Monday [June 1914]," in Garnett, *The Letters of T. E. Lawrence* 171. 로렌스가 6월 몇째 주 월요일인지 특정하지 않았지만, 6월 1일 카르케미시에서 가족에게 보낸 편지를 보면 6월 29일로 추정할 수 있다. 그 편지에서 로렌스는 다가올 귀성길에 대해 이야기하며 "25일 전후로 도착할 것 같다"고 했다.

4장

1 1914년 11월 9일 홀리스가 랜싱에게; NARA M353, Roll 6, Decimal 867.00/713.

2 Magnus, *Kitchener*, 283~284.

3 Stevenson, 1914~1918, 54.

4 Keegan, *The First World War*, 7; J. Vallin, "La Mortalité par génération en France depuis 1899 [Mortality by Generation in France Since 1899]," *Travaux et Documents*, Cahier no. 63(Paris: Presses Universitaires de France).

5 1916년 7월 2일자 일기, 헤이그. Gilbert, *The Somme*, 93.

6 로렌스가 리들 하트에게; Graves and Hart, *T. E. Lawrence: Letters to His Biographers*, Pt. 2, 90.

7 Ibid.

8 Fischer, *War of Illusions*, 542.

9 1914년 9월 18일 로렌스가 리더에게; Garnett, *The Letters of T. E. Lawrence*, 185.

10 윌리엄 예일이 1914년 말 예루살렘에서 지낸 이야기는 대체로 Yale, *It Takes So Long*, chapter 2 참조.

11 NARA RG84, Entry 448, Volume 14.

12 Beaumont to Gray, August 3, 1913, File 35857, No. 605; and Tewfik Pasha to Grey, August 4, 1914, File 35844, No. 598, in Gooch & Temperly, *British Documents on the Origins of the War*, Vol. XI.

13 시리아의 전시 긴장 상태에 관하여 객관적이고 충실한 설명은 다마스쿠스 주재 미국 영사관이 기록한 일지에서 발견할 수 있다. NARA RG84, Entry 350, Volume 101. 그 밖에 납득 가능한 수준의 편견이 엿보이는 설명은 알렉스 아론손의 *With the Turks in Palestine*을 참조.

14 터키–독일 동맹군은 양측 모두 비밀을 철저하게 지켰다. 독일이 엔베르와 비밀리에 협상을 진행하던 1914년 7월 29일, 터키 지역을 담당하던 리만 폰 잔더스 장군은 전쟁이 일어나면 독일로 돌아가게 해달라고 탄원했다. 빌헬름 황제는 잔더스 장군의 전보를 읽고 귀퉁이에 적었다. "거기에 머물며 영국을 상대로 전쟁을 치르면서 반란을 조장해야 한다. 동맹을 추진하는 것도 모르는 작자가 무슨 총사령관이라고?!"

15 1914년 8월 18일 오펜하임이 베트만홀베크에게; NARA T137, Roll 143, Frames 16~21, Der Weltkrieg no. 11, Band 1.

16 1914년 9월 8일 프뤼퍼의 일기; HO.

17 1914년 8월 18일 오펜하임이 베트만홀베크에게; NARA T137, Roll 143, Frames 16~21, Der Weltkrieg no. 11, Band 1.

本

...

18 *New York Times*, 1915. 4. 20.

19 1914년 9월 8일 프뤼퍼의 일기; HO.

20 *Interrogation of Robert Mors*, October 10, 1914, 4~5; PRO-FO 371/1972, File 66271.

21 1914년 9월 15일 맬릿이 그레이에게; PRO-FO 371/1970, f. 8.

22 1914년 10월 6일 맬릿이 그레이에게; PRO-FO 371/1970, f. 8.

23 *Interrogation of Robert Mors*, October 10, 1914, 5; PRO-FO 371/1972, File 66271.

24 McKale, *Curt Prüfer*, 31.

25 로렌스가 '친구'에게; Garnett, *The Letters of T. E. Lawrence*, 188.

26 1933년 8월 1일 로렌스가 리들 하트에게; Lawrence to Liddell Hart, August 1, 1933, in Graves and Hart, *T. E. Lawrence: Letters to His Biographers*, Pt. 2, 141.

27 1914년 10월 19일 로렌스가 폰태너에게; Garnett, *The Letters of T. E. Lawrence*, 187.

28 1914년 12월 4일 로렌스가 폰태너에게; ibid., 189.

29 Florence, *Lawrence and Aaronsohn*, 119.

30 Aaronsohn, *Present Economic and Political Conditions in Palestine*, 6, early 1917; PRO-FO 882/14, f. 328.

31 Aaronsohn(anonymous), "Syria: Economic and Political Conditions," *Arab Bulletin* no. 33(December 4, 1916): 505.

32 Kayali, *Arabs and Young Turks*, 187~188.

33 Djemal Pasha, *Memories of a Turkish Statesman*, 204.

34 Aaronsohn(anonymous), "The Jewish Colonies," *Arab Bulletin*, no. 64 (September 27, 1917): 391.

35 Alex Aaronsohn, "Saifna Ahmar, Ya Sultan!" *The Atlantic Monthly*, July 1916, Vol. 118.

36 학자들 다수의 주장에 따르면, 1914~1915년에 유대인을 팔레스타인에서 몰아내라는 명령을 내린 사람은 제말 파샤였다. 유대인 공동체를 파괴하기 위한 종합 계획의 일환이었다. 이 같은 견해를 가장 강력하게 피력한 학자로는 데이비드 프롬킨을 들 수 있다. 프롬킨이 *A Peace End All Peace*(210~211)에서 밝힌 바에 따르면, 제말은 "유대인 이주민들을 폭력적으로 다루었다. 그는 지독한 반시온주의자로 오스만 정부 관리였던 베하에드딘의 영향을 받아 시온주의자들의 마을을 파괴하고 외국에서 이주한 모든 유대인, 즉 거의 모든 유대인을 팔레스타인에서 내쫓기 위한 조치에 들어갔다." 그런데 1914년 유대인 추방령의 대상자는 적국의 시민권을 보유한 유대인에 한했다. 사실 이런 내용은 제1차 세계대전에 참여한 다른 나라들도 마찬가지로 택한 정책이었다. 게다가 얼마 뒤에는 영국이나 프랑스에서 이주한 유대인한테는 추방령을 적용하지 않겠다고 내용을 수정하기도 했다. 더욱이 여기서 말하는 '적국' 출신 유대인으로 추방 대상이 되는 사람들은 주로 러시아 유대인들인데, 이들에게는 오스만 시민권을 획득할 경우 팔레스타인에 계속 머무를 수 있는 권리를 부여하는 오스만 제국 특유의 선택권까지 안겼다. 이처럼 기본적으로 관대한 태도와 빠져나갈 여러 구멍으로 인해서 8만5000명으로 추산되는 팔레스타

주   825

인 거주 유대인 가운데 극히 일부만 추방당하거나 스스로 떠났다. 프롬킨이 보기에 "팔
레스타인에 거주하던 거의 모든 유대인"이라는 표현은 제말의 추방령과 별로 관련이 없
었다.

37 1915년 1월 21일 아론손이 로젠왈드에게; NARA RG84, Entry 58, Volume 378, Deci-
    mal 800.

38 Brown, *The Letters of T. E. Lawrence*, 69.

39 Lawrence, "Syria: The Raw Material," written early 1915, *Arab Bulletin* no. 44
    (March 12, 1917).

40 Yale, *It Takes So Long*, chapter 3, 1.

41 Military Censor, *Statement of W. M. Yale*, November 17, 1914; PROWO 157/688.

42 Yale, *T. E. Lawrence: Scholar, Soldier, Statesman, Diplomat*(undated but 1935);
    BU Box 6, Folder 1.

43 Lawrence(unsigned and undated), handwritten notes on interview of William
    Yale; PRO—WO 158/689.

44 Morgenthau, *Ambassador Morgenthau's Story*, 120.

45 Bliss, "Djemal Pasha: A Portrait," in *The Nineteenth Century and After*, vol.
    86(New York: Leonard Scott, July–December 1919), 1151.

46 Ibid., 1153.

47 Djemal Pasha, *Memories of a Turkish Statesman*, 141~142.

48 Ibid., 143.

49 1914년 12월 31일, 프뤼퍼가 오펜하임에게; PAAA, Roll 21128, Der Weltkrieg no.
    11g, Band 6.

5장

1 Lawrence, *The Home Letters*, 303.

2 Intelligence Department "Note," January 3, 1915; PRO—FO 371/2480, f. 137.

3 도리스호-알렉산드레타 사건에 관해서 자세한 내용을 참고하려면 1914년 12월 22일
   ~1915년 1월 14일에 알레포 주재 미국 영사 J. B. 잭슨이 미국 국무장관 랜싱에게 보낸
   일련의 보고서 NARA RG84, Entry 81, Box 12, Decimal 820 참조.

4 제목이 달리지 않은 1915년 1월 5일자 정보 보고서로, 알렉산드레타 상륙을 지지하는
   내용이다. SADD Clayton Papers, File 694/3/7, 3.

5 1915년 1월 15일 로렌스가 호가스에게; Garnett, *The Letters of T. E. Lawrence*, 191.

6 Djemal Pasha, *Memories of a Turkish Statesman*, 154.

7 Ibid., 154~155.

8 Prüfer, *Diary*, January 26, 1915; HO.

9 Ibid., January 30, 1915.

10 Erickson, *Ordered to Die*, 71.

11 1915년 2월 9일 프뤼퍼가 와겐하임과 오펜하임에게; NARA T137, Roll 23, Frame 862.

12 1915년 2월 9일 프뤼퍼가 오펜하임에게; NARA T137, Roll 23, Frame 868.

13 영국 정부 내에서 펼쳐진 알렉산드레타-다르다넬스 논쟁의 자세한 내용을 참고하려면 다음을 보라. Gottlieb, *Studies in Secret Diplomacy*, 77~87.

14 M.O.2 report, "Expedition to Alexandretta," January 11, 1915, 2; PRO-WO 106/1570.

15 P. P. Graves, "Report on Turkish Military Preparations and Political Intrigues Having an Attack on Egypt as Their Object," November 10, 1914; PRO-FO 371/1970, f. 187.

16 1915년 2월 20일 로렌스가 부모님께; Lawrence, *The Home Letters*, 303.

17 Gottlieb, *Studies in Secret Diplomacy*, 109.

18 1915년 5월 18일 로렌스가 호가스에게; Garnett, *The Letters of T. E. Lawrence*, 193~194.

19 Hickey, *Gallipoli*, 72.

20 Manuel, *Realities of American-Palestine Relations*, 267.; "Mines and Quarries of Palestine in 1921 by the Geological Adviser,"; NARA M353, Roll 87, document 867N.63/1.

21 1919년 9월 18일 소코니 임원 콜이 미국 국무부 차관 포크에게; UNH Box 2.

22 1919년 5월 5일 소코니 임원 콜이 미국 국무부 차관 포크에게; NARA RG59, Central Decimal File, 1920~1929, document 467.11st25/31.

23 Yale, *It Takes So Long, chapter* 4, 3, and 24~25.

24 Ibid., chapter 3, 12, and chapter 4, 3.

25 Lewis, "An Ottoman Officer in Palestine, 1914~1918," in Kushner, *Palestine in the Late Ottoman Period*, 404.

26 Bliss, "Djemal Pasha: A Portrait," in *The Nineteenth Century and After*, vol. 86 (New York: Leonard Scott, July-December 1919), 1156.

27 Ballobar, *Jerusalem in World War I*, 55.

28 아마도 과장일 것이나, 알렉스 아론손은 다음과 같은 내용을 직접 목격했다고 주장한다. "엄마들이 아기들을 나무 그늘에 잠시 내려두었는데, 메뚜기 떼가 달려들어 아기들의 얼굴을 뜯어 먹혔다. 아기들은 울부짖었지만 엄마들은 그 소리를 미처 듣지 못했다." Alex Aaronsohn, *With the Turks in Palestine*, 51.

29 Florence, *Lawrence and Aaronsohn*, 129; Engle, *The Nili Spies*, 45.

30 Engle, *The Nili Spies*, 60.

31 후세인-청년튀르크당 사이의 역사를 자세히 살피려면 다음을 보라. *The Arab Awakening*, 125~158; Baker, *King Husain and the Kingdom of Hejaz*, 12~45; Kayali, *Arabs and Young Turks*, 144~173.

32 1914년 11월 3일 프뤼퍼가 오펜하임에게; NARA T137, Roll 23, Frame 213.

33 1916년 1월 22일 프뤼퍼가 메테르니히에게; NARA T130, Roll 457, Turkei 65, Band 38.

34 Storrs, *Memoirs*, 202.

35 Ibid., 135.

36 1914년 9월 24일 키치너가 카이로 총영사에게; PRO-FO 141/460.

37 Antonius, *The Arab Awakening*, 132.

38 1914년 11월 키치너가 셰리프 압둘라에게 보낸 편지 초안; PRO-FO 141/460.

39 1915년 4월 20일 로렌스가 호가스에게; Garnett, *The Letters of T. E. Lawrence*, 196.

40 Ibid., 197.

41 Guinn, *British Strategy and Politics*, 70 참조; "다르다넬스 작전에 대한 이와 같은─ 해군이 주가 되는 작전에서 육군이 전적으로 담당하는 작전으로 바뀌는─극단적인 정책 기조의 변화는 별다른 고민 없이 즉흥적으로 내린 결정의 소산이었다."

42 1915년 4월 26일 로렌스가 호가스에게; Garnett, *The Letters of T. E. Lawrence*, 198.

43 1915년 4월 25일 갈리폴리 상륙 작전의 초반 양상에 대해서는 수많은 저작이 다룬 바 있 다. 대표적인 책으로는 앨런 무어헤드와 피터 하트의 『갈리폴리』를 들 수 있다. 군사과학 이라는 관점에서 가장 권위 있는 설명을 살피려면 Robin Prior, *Gallipoli: The End of the Myth* 참조.

44 Weldon, *Hard Lying*, 68~69.

45 1915년 파이살의 다마스쿠스 및 콘스탄티노플 여정에 관한 자세한 내용을 참고하려면 Dawn, *From Ottomanism to Arabism*, 26~31; Tauber, *The Arab Movements in World War I*, 57~67.

6장

1 Lawrence, *The Home Letters*, 304.

2 1915년 4월 18일 로렌스가 벨에게; Brown, *The Letters of T. E. Lawrence*, 71.

3 1915년 2월 9일 프뤼퍼가 방겐하임에게; NARA T137, Roll 23, Frame 862.

4 1915년 2월 24일 프뤼퍼가 (판독 불가능한) 누군가에게; NARA T137, Roll 24, Frame 390.

5 프뤼퍼와 미나 바이츠만이 처음 만난 이야기는 McKale, *Curt Prüfer*, 42 참조.

6 1914년 10월 26일자 프뤼퍼의 일기; 1915년 1월 27일; 1916년 5월 5일, 6월 25일; HO.

7 1915년 3월 1일 프뤼퍼가 제말 파샤에게; NARA T137, Roll 24, Frames 271-73; PAAA, Roll 21131, Der Weltkrieg no. 11g, Band 9.

8 Ibid.

9 Cohn, "Report," July 16, 1915; NARA T137, Roll 24, Frame 697.

10 1915년 8월 3일 슈타인바흐가 짐케에게; NARA T137, Roll 24, Frame 779.

11 McKale, *Curt Prüfer*, 203 n. 18.

12 1915년 3월 3일 반겐하임이 베트만홀베크에게; NARA T137, Roll 23, Frame 862.

13 Lawrence, *The Home Letters of T. E. Lawrence and His Brothers*, 653~720.

14 1915년 6월 4일 로렌스가 식구들에게; Bodleian MS Eng C 6740.

15 로렌스가 어머니에게(날짜 미상); Bodleian MS Eng C 6740.

16 Dawn, *From Ottomanism to Arabism*, 30; Djemal Pasha, *Memories of a Turkish Statesman*, 213.

17 Lewy, *The Armenian Massacres in Ottoman Turkey*, 28. 이른바 하미디안 학살에서 살해당한 아르메니아인의 규모는 역사적 논쟁의 오랜 주제다. 적게는 터키 정부의 주장대로 1만3000여 명 이하부터 많게는 아르메니아 역사학자들의 주장대로 30만 명에 이르는 것으로 추정하고 있다. 아마도 가장 믿을 만한 추정치는 루이가 주장한 5~8만 명일 것이다.

18 Lewy, ibid., 151.

19 1915년 5월 29일 미국 국무부가 콘스탄티노플의 미국 대사관에. NARA M353, Roll 43, document 867.4016/67.

20 Lewy, *The Armenian Massacres in Ottoman Turkey*, 153.

21 1915~1916년에 걸친 아르메니아인들의 비극에 대해서 가장 권위 있는 역사적 기술은 Lewy, *The Armenian Massacres in Ottoman Turkey*.

22 아르메니아 역사학자 바나크 다드리안에 따르면, "이런 측면에서 시리아와 팔레스타인의 제4군 사령관 제말 파샤뿐 아니라 터키 동부의 제3군 사령관 베히브 파샤 역시 이티하드당과 강고하게 맺은 유대관계에도 불구하고 당 수뇌부의 비밀스러운 인종청소 정책을 받아들이지 않았으며, 학살에 저항하거나 중단시키려고 가능한 범위에서 최대한 노력했다." *The Key Elements in the Turkish Denial of the Armenian Genocide*, 54.

23 Lewy, *The Armenian Massacres in Ottoman Turkey*, 197. 아울러 1915년 12월 9일 메테르니히가 베트만홀베크에게 전달한 내용 참조. NARA T139, Roll 463, Band 40.

24 Lewy, *The Armenian Massacres in Ottoman Turkey*, 192.

25 Lewy, *The Armenian Massacres in Ottoman Turkey*, 192.

26 Ibid., 1915년 4월 27일.

27 Gorni, *Zionism and the Arabs*, 56.

28 Engle, *The Nili Spies*, 47.

29 1915년 예루살렘으로 가서 제말 파샤를 만나는 여정에 대한 윌리엄 예일의 설명은 Yale, *It Takes So Long*, chapter 4 참조.

30 *New York Times*, 1915년 7월 29일.

31 1915년 7월 7일 로렌스가 윌 로렌스에게; Bodleian MS Eng C 6740.

32 모하메드 알파로키는 1915~1916년 영국이 근동 정책을 수립하는 과정에 핵심적으로 기여한 덕분에 당시 등장한 여러 인물 가운데 가장 수수께끼 같은 사람으로 여겨진다. 하지만 파로키는 1922년 이라크 부족 전쟁에서 숨진 것으로 보인다. 그 결과 파로키를 둘러싼 수많은 의문은 해소되지 않은 채 그대로 남겨졌다.
    파로키에 관한 새로운 시각은 1989년에 나온 데이비드 프롬킨의 책 『현대 중동의 탄생A Peace to End All Peace』에서 찾을 수 있다. 프롬킨은 여기서 파로키가 저지른 '골탕 먹이기'와 그의 행동이 세계사적 흐름에 미친 특별한 영향에 대해 거듭 언급한다. 정확히 말하면 "맥마흔의 서한들뿐만 아니라 프랑스, 러시아, 이탈리아와 협상을 벌여서 궁극적으로 사이크스-피코-사자노프 협정을 체결한 것 역시 파로키 중위의 거짓말이 초래한 여러 결과 가운데 하나였다."

하지만 프롬킨은 파로키가 거짓말을 해서 필요 이상의 신뢰를 얻었다면서도, 본인이 거짓말이라고 일컬은 것이 대체 무엇을 말하는지 특정하지 않았다. 하지만 그가 가리키는 것은 크게 두 가지로 나눌 수 있다. 우선 파로키는 매개자 역할을 맡기 위한 술책으로 알아흐드 내에서 자신이 차지하는 지위를 영국과 에미르 후세인을 상대로 과장했다. 다음으로, 파로키는 알아흐드와 알파타트가 시리아에서 대규모 반란을 일으킬 정도로 세력이 강하다고 거짓말을 했다. 프롬킨에 따르면, 한마디로 파로키는 자기한테 없는 물건을 영국에 팔아넘긴 사람이다.

그러나 파로키가 서구 제국주의 열강을 깊이 의심하는 열렬한 아랍 민족주의자라는 사실에서 출발하면, 이런 혐의들이 그저 '골탕 먹이기' 수준에 불과한 것으로 보기는 어렵다. 파로키가 영국으로부터 더 많은 대접을 받아내기 위해 시리아의 잠재적 반란 세력의 규모와 역량을 과장한 것은 거의 분명하지만, 전쟁이 벌어진 상황에서 이런 사람을 사기꾼이라고 불러야 할까, 아니면 지략가라고 해야 할까?

하지만 이는 꼬리표 내지 의미론을 훨씬 뛰어넘는 문제다. 프롬킨의 시각에서는, 파로키의 거짓말 때문에 후세인이 맥마흔-후세인 서한을 통해서 영국과 체결한 협정은 위조한 동전으로 구매한 물건과 마찬가지다(186). 정확히 말하면(219), "[영국 정부 내] 아랍국은 [아랍의] 반란이 전 세계 무슬림과 아랍어권의 광범위한 지지를 이끌어낼 것으로 믿었다. 무엇보다 대부분 아랍어를 사용하는 오스만 병사들의 지원을 받을 수 있을 것으로 기대했다. (…) 실제로는 후세인이 희망했던 아랍 반란은 결코 일어나지 않았다. 후세인 쪽으로 넘어온 오스만의 군부대는 하나도 없었다. 오스만 제국의 정치권과 군대의 주요 인물 가운데 후세인과 연합국 쪽으로 전향한 이 역시 한 명도 없었다. 후세인에게 달려갈 것이라고 파로키가 약속했던 강력하고 비밀스러운 군사 조직은 끝내 모습을 드러내지 않았다."

프롬킨 주장의 문제점은, 1916년 6월 아랍 반란이 터질 때까지 영국이나 후세인은 그럴 것으로 전혀 예상하지 못했다는 점이다. 후세인이 맥마흔에게 넉 달 전에 알려준 대로, 시리아 쪽에서 반란을 준비하던 세력은 "[터키] 지방 정부의 폭압으로" 심각한 타격을 입은 탓에 "그들[반란 공모자들]이 의지할 사람"은 "겨우 몇 명"만 남은 상태였다. 프롬킨은 이 유명한 후세인의 경고에 대해 아무런 언급을 하지 않을 뿐 아니라, 영국이 이런 소식을 충분히 고려하고 있었다는 사실 역시 주목하지 못했다. 이집트의 영국군 정보대 수장 길버트 클레이턴이 1916년 4월 22일에 작성한 보고서(PRO-FO 882/4, f,92-3)에 따르면, "셰리프[후세인]는 시리아가 반란에 도움이 안 된다는 사실을 인정했다". 이런 흐름에서 클레이턴은 다음과 같이 덧붙였다. "고등판무관[맥마흔]은 지금 셰리프가 철도를 확보하는 일에 몰두하라는, 헤자즈에서 터키군을 몰아내라는 충고를 받아야 할 때라고 매우 강하게 느꼈다."

한마디로, 영국은 아랍 반란의 한정된 범위로 인해서 허를 찔리기는커녕 진작부터 그들을 지원함으로써 무엇을 얻을 수 있는지-또는 무엇을 얻을 수 없는지-정확하게 파악하고 있었다. 사실 한정된 범위를 추구한 쪽은 바로 그들이었다.

33 1915년 8월 25일 해밀턴이 키치너에게; PRO-FO 371/2490.

34 파로키의 증언은 8월 25일 해밀턴의 보고 내용에 더해서 1915년 10월 11일 클레이턴이 맥마흔에게 보낸 신갈에 자세히 나와 있다. PRO-FO 371/2486, f. 223~228 파로키 본인의 구술은 PRO-FO 371/2486, f. 229~238; and "Notes on Captain X," and "Statement of Captain X," September 12, 1915, Intelligence Department, War Office, Cairo; PRO-FO 882/2 참조.

35 Storrs, "Memorandum," August 19, 1915; PRO-FO 371/2486, f. 150.

36 Antonius, *The Arab Awakening*, 414~415.

37 Florence, *Lawrence and Aaronsohn*, 172.

38 Lawrence, *The Home Letters*, 310.

39 Wilson, *Lawrence*, 223.

40 Ibid, 224.

41 1915년 11월 13일 파누스가 로버트슨에게; reprinted in PRO-WO 33/747, 811.

42 Liddell Hart, *Colonel Lawrence: The Man Behind the Legend*, 38.

43 로렌스가 어머니에게(날짜 미상); Bodleian MS Eng C 6740.

44 Lawrence, *The Home Letters*, 310~311

7장

1 1916년 1월 7일 맥도너가 니콜슨에게; PRO-FO 882/16.

2 1915년 11월 16일 로렌스가 리즈에게; Brown, *The Letters of T. E. Lawrence*, 78~79.

3 이른바 '맥마흔-후세인 서한'을 통해서 에미르 후세인과 영국 정부가 합의에 도달한 실체적 진실이 무엇인지는 중동 역사상 가장 논쟁적인 지점 가운데 하나로 남아 있다. 이 문제를 놓고 무수한 역사학자가 수많은 책에서 양측이 주고받은 짤막한 편지 몇 통을 가지고 그들의 가설과 정치적 편견에 꼭 들어맞는 해석을 짜내느라 안간힘을 써왔다.

학자들은 대부분—에미르 후세인의 고풍스럽고 현란한 문체와 헨리 맥마흔의 치밀하게 계산된 모호함 등—편지에 나타난 골치 아픈 문법 구조를 강조하는 것으로 논의의 출발점을 삼는다. 이런 태도는 아주 다양한 해석이 나올 수 있다는 전제, 따라서 영국이 고의로 속임수를 쓴 것은 아니라는 의미를 넌지시 내비치는 것이다. 실제로 맥마흔이 세심하게 삽입한 조건이나 단서에 초점을 맞추는 이사야 프리드먼, 엘리 케두리, 데이비드 프롬킨 등 여러 역사학자는 영국이 후세인에게 아무것도 약속하지 않았다는 단정을 줄곧 밀어붙인다. 그런 약속이 없었다는 주장의 연속선상에서, 영국은 이른바 사이크스-피코 협정을 통해 유럽 우방들과 중동 문제에 대한 후속 협의에 들어갈 수 있는 완벽한 자유를 누리게 되었다는 주장이다.

그러나 이런 주장은 상식과 증거의 무게에 짓눌려 비틀거릴 수밖에 없다. 그 지역의 지도를 보면서 맥마흔-후세인 서한을 받아든 중립적 관찰자라면, 에미르 후세인은 자신이 합의한 내용을 믿고 있었다는 사실이, 고작 몇 분 안에 모조리 읽더라도, 매우 명백하게 보일 것이다. 게다가 영국 정부의 당시 행태를 보면, 영국 역시 후세인에게 제시한 약속을 믿었지만 사이크스-피코 협정으로 뒤엎었다는 사실이 분명하게 드러난다. 이는 거의 2년 동안 사이크스-피코 협정을 후세인에게 비밀로 하려고 엄청난 노력을 기울인 사실만 봐도 알 수 있다. 러시아 볼셰비키 정부가 협정의 존재를 폭로하지 않았다면 비밀은 의심할 나위 없이 유지되었을 것이다.

4 1915년 11월 말(날짜 미상) 사이크스가 콕스에게; PRO-FO 882/2.

5 1915년 8월 2일 사이크스가 전쟁성 작전국장 E. C. 콜웰 장군에게; PRO-FO 882/13, f. 367~371.

6 Lawrence, *Seven Pillars*, 58.

7 1915년 12월 5일 프뤼퍼가 제말 파샤에게; PAAA, Roll 21138, Der Weltkrieg no. 11g, Band 16.

8 1915년 12월 23일 메테르니히가 베트만홀베크에게; PAAA, Roll 21138, Der Weltkrieg no. 11g, Band 16.

9 Aaronsohn, "Addendum to 'Report of an inhabitant of Athlit, Mount Carmel, Syria,'" undated but November 1916; PRO-FO 371/2783.

10 Engle, *The Nili Spies*, 62~64; Florence, *Lawrence and Aaronsohn*, 205. 이글, 플로렌스 그리고 다른 전기작가들은 파인버그가 베르셰바에서 고문을 당하고 예루살렘에서 처형을 당할 뻔했다고 주장하는 등 이 사건을 무척 심각하게 묘사했다. 그런데 당시 아론손의 일기를 보면 이야기가 다르다. 아론손은 12월 29일 파인버그 본인이 보낸 전보를 받고서야 그가 억류된 사실을 알게 되었다고 언급했다. 게다가 이 대목 뒷부분을 읽어보면 파인버그의 곤경을 시급히 해결해야 한다는 긴박감이 나타나지 않는다. 아론손이 제말 파샤에게 선처를 호소한 것도 억류 사실을 알고서 2주가 지난 뒤였다.

11 1915년 10월 22일 체임벌린이 하딩에게; PRO-FO 371/2486, f. 254.

12 10월 24일 맥마흔이 후세인에게 보낸 서한에서 프랑스 '예외 조항'은 영국 정부 윗선에서 치밀하게 작성한 것이다. 맥마흔과 외무성 사이에 오간 편지를 보면 알 수 있다. PRO-FO 371/2486, f. 204~208.

13 Tanenbaum, *France and the Arab Middle East*, 8

14 "Results of second meeting of Committee to discuss Arab question and Syria," November 23, 1915; PRO-FO 882/2, f. 156~160.

15 Sykes and Picot joint memorandum, "Arab Question," January 5, 1916; PRO-FO 371/2767. 맥마흔-후세인 서한을 둘러싸고 계속되는 모든 논쟁 가운데 아마도 가장 허울 좋은 것은 아랍 독립국이 제안한 영토에서 팔레스타인 땅이 유독 배제되어 있으며 후세인도 이 사실을 잘 알고 있었다는 단정일 것이다. 이런 단정을 가장 지지하는 역사학자는 이사야 프리드먼이다. 그는 자주 인용되는 자신의 저작 *The Question of Palestine* 및 *Palestine: A Twice-Promised Land*?에서 그렇게 주장했고, 프롬킨 역시 *A Peace to End All Peace*에서 그의 주장을 받아들였다.

이런 단정은 맥마흔이 1915년 10월 24일 후세인 앞으로 보낸 중요한 편지에서 제안한 '수정 사항들' 가운데 하나에 근거를 두고 있다. 그는 여기서 "다마스쿠스, 홈스, 하마, 알레포 지역의 서쪽에 놓인 시리아 땅은 순전한 아랍이라고 말할 수 없으며, 따라서 [독립 아랍 국가 몫으로] 요구한 범위에서 제외되어야 한다"고 썼다. 프리드먼은 이 대목을 가리키면서 10월 24일 이후 팔레스타인의 영토 배제에 반대할 기회가 후세인에게 얼마나 많았는지 나열하고 결국은 그러지 못했다고 지적했다. 그가 *The Question of Palestine* 에 썼듯이, "후세인은 10월 24일사 맥마흔의 편지를 받고서 메소포타미아와 베이루트 및 알레포 지역은 '아랍인의 땅이므로 무슬림이 통치해야 한다'고 주장하면서도 팔레스타인 은 같은 범주에 포함시키는 것을 상당히 꺼렸다. 아울러 1916년 1월 1일에도 전쟁이 끝 난 뒤 '베이루트를 비롯한 해안 지역'을 요구할 것이라고 고등판무관에게 재차 다짐하면 서도 예루살렘 지역에 대해서는 아무 언급이 없었다". 프리드먼은 후세인이 그렇게 언급 을 생략한 사실로 미루어 그가 맥마흔과 협상하는 과정에서 팔레스타인 통치권을 암묵 적으로 양도한 것이 분명하다고 결론지었다.

그러나 이와 같은 단정의 첫 번째 문제는 팔레스타인의 그 어떤 부분도 "다마스쿠스, 홈 스, 하마, 알레포 지역의 서쪽"에 놓이지 않았다는 사실이다. 대신 그 지역은—맥마흔이 말하는 "지역"이 정확히 어디를 뜻하는지 불분명하기 때문에—대체로 오늘날 레바논과 시리아의 해안 지역을 말하는데, 바로 아래쪽이 팔레스타인/이스라엘이다. 더 큰 문제도 있다. 맥마흔은 후세인과 서신을 주고받는 과정에서 '수정 사항들'을 찾아내야 할 지역들 을 신중하게 특정하면서도 팔레스타인을 언급한 적은 한 번도 없었다. 프리드먼을 비롯 해서 이런 단정을 지지하는 사람들은 후세인이 맥마흔을 상대로 팔레스타인 문제를 거 론하지 않은 이유와 관련해 가장 명백한 설명을 외면하기로 작심한 듯 보인다. 팔레스타 인은 맥마흔이 말한 배제 지역 밖에 있는 땅이므로, 맥마흔이 팔레스타인을 '수정 사항 들'에 포함한 적이 결코 없기 때문에, 거론할 이유 자체가 없었던 것 아니겠는가?

16 로렌스가 리들 하트에게; 날짜 미상. UT, Folder 1, File 1.

17 1916년 2월 7일 맥마흔이 그레이에게; Lawrence, "The Politics of Mecca," PRO-FO 371/2771, f. 151~156.

18 Wilson, *Lawrence of Arabia*, 249.

19 Ibid.

20 Lawrence, "The Politics of Mecca," 1; PRO-FO 371/2771, f. 152.

21 Millar, *Death of an Army*, 204~205

22 쿠트 주둔군의 규모와 관련해서는 9000명부터 1만2000명까지 사료마다 격차가 상당하 다. 이런 격차는 이른바 군속의 숫자를 포함 또는 생략하는 데서 기인한다고 할 수 있 다. 병사 숫자만 헤아린다면 낮은 추정치에 가까울 것이다. 그러나 군속 역시 암담한 운 명을 함께한 만큼 포함시키는 것이 타당해 보인다.

23 두야일라 전투와 에일머의 행태에 관해서 자세히 살피려면 PRO-WO 158/668, f. 75~127 참조.

24 1916년 5월 20일 맥마흔이 콕스에게; Wilson, *Lawrence of Arabia*, 259.

25 A. W. Lawrence, *T. E. Lawrence by his Friends*(1937 edition), 301.

26 1916년 3월 30일 레이크가 (인도) 국무부 장관에게; PRO-FO 371/2768, f. 36.

27 1916년 3월 16일 로버트슨이 레이크에게; PRO-WO 158/669, no. 197.

28 전시 예루살렘의 일상에 대한 윌리엄 예일의 설명은 대체로 Yale, *It Takes So Long*, chapters 4 and 5에서 가져온 것이다.

29 Ballobar, *Jerusalem in World War I*, 75.

30 1916년 3월 29일 에델만이 소코니 콘스탄티노플 사무소에. NARA RG 84, Entry 350, Volume 30, Decimal 300—general.

31 Yale, *It Takes So Long*, chapter 5, 7~8.

32 Herbert, *Mons, Kut and Anzac*, 232.

33 허버트의 일기. Wilson, *Lawrence*, 272. 출판본에서는(Herbert *Mons, Kut and Anzac*, 228) 해당 문장이 다음과 같이 바뀌었다. "우리는 포로를 교환하는 것 말고는 터키군이 관심을 보일 만한 카드가 별로 없었다."

34 Herbert, *Mons, Kut and Anzac*, 234.

35 Lawrence, *The Home Letters*, 324.

36 전후 영국 정부는 쿠트에 갇혀서 숨진 영국인 병사 숫자를 꼼꼼하게 도표로 작성했다.—크로울리(*Kut 1916*, 253)에 따르면 2592명 가운데 1755명이었다. 이는 인도인 병사에 비하면 훨씬 적은 숫자였다. 영국 정부는 생존자를 본국으로 송환하는 데 있어서도 꼼꼼함을 발휘했었다. 반면 밀러(*Death of an Army*, 284)에 따르면, 쿠트에서 생존해 천신만고 끝에 고향으로 돌아오는 인도인 병사들이 1924년까지 확인되었다.

37 Nash, *Chitral Charlie*, 274~279.

38 Djemal Pasha, *Memories of a Turkish Statesman*, 216.

39 Ibid., 216~217.

40 Lawrence, *Seven Pillars*, 59.

41 Ibid., 386.

42 Ibid., 25.

43 이 보고서는 더햄대학교 윈게이트 기증문서Wingate Papers에서 찾아볼 수 있다; File W/137/7.

44 Baker, *King Husain and the Kingdom of Hejaz*, 98~99. 여기서 베이커는 반란이 터진 날을 6월 10일로 특정한 바 있다.

8장

1 T. E. Lawrence, "Military Notes," November 3, 1916; PRO-FO 882/5, f. 63.

2 달리 언급하지 않는 한, 1916년 10월 제다행 여정과 관련해서 스토스가 관찰 또는 인용한 내용은 모두 그의 "Extract from Diary"(PRO-FO 882/5,f.22~38) 또는 *Memoirs*(186~195)에 나온 일기에서 가져온 것이다.

3 Barr, *Setting the Desert on Fire*, 9~10.

4 달리 언급하지 않는 한, 1916년 6월 아라비아 방문과 관련해서 스토스가 관찰 또는 인용한 내용은 모두 1916년 6월 10일 맥마흔 고등판무관에게 제목 없이 보낸 보고서(PRO-FO 371/2773) 또는 그의 *Memoirs*(169~176)에 나온 일기에서 가져온 것이다.

5 Storrs, *Memoirs*, 176.

6 머리는 아랍 반란을 지원하는 것에 대해 오랫동안 반대했다. 가장 강력하게 반대 의사를 피력한 때는 1916년 9월 12일 이집트 이스마일리아에서 영국군 고위 참모와 만난 자리였다.; PRO-FO 882/4, f. 338~347.

7   1916년 10월 10일 윌슨이 아랍국에.(PRO-FO 882/5, f. 8~9) 아울러 1916년 10월 12
    일 클레이턴이 윈게이트에게; PRO-FO 882/5, f. 12~14.

8   Storrs, *Memoirs*, 203.

9   Lawrence, *Seven Pillars*, 63.

10 로렌스가 아무런 공식 자격 없이 제다에 갔다는 것은 표면적인 사실에 불과했다. 그가
    스토스와 동행해서 "아라비아의 상황을 충분히 파악하고" 돌아오도록 길버트 클레이
    턴이 막후에서 손을 썼기 때문이다.(1916년 10월 9일 클레이턴이 윈게이트에게; SADD
    Wingate Papers, W/141/3/35). 이는 클레이턴이 로렌스를 아랍국으로 다시 데려오기
    위한 노력과 관련이 있었다.

11 1916년 10월 아라비아행과 관련한 로렌스의 설명 대부분은 Lawrence, *Seven Pillars*,
    book 1, chapters 8~16, 65~108에서 가져온 것이다.

12 Storrs Papers, Pembroke College, Cambridge, as cited by Barr, *Setting the Desert
    on Fire*, 65.

13 Ibid.

14 Storrs, *Memoirs*, 189.

15 Lawrence, *Seven Pillars*, 67.

16 Storrs, *Memoirs*, 190.

17 Porte, Lt. Col. Remi, "General Édouard Brémond(1868~1948)," Cahiers du
    CESAT(bulletin of the College of Higher Learning of the Army of France), issue
    15(March 2009).

18 Lawrence, *Seven Pillars*, 111.

19 브레몽이 이집트와 헤자즈에서 수행한 임무의 자세한 내용은 PRO-FO 882/5, f.
    299~306, and PRO-FO 371/2779, File 152849 참조.

20 1916년 11월 17일 로렌스가 클레이턴에게; SADD Clayton Papers, 694/4/42. 아울러
    1917년 10월 16일 브레몽이 드프랑스에게; Wilson, *Lawrence of Arabia*, 309.

21 브레몽이 이런 사실을 넌지시 알게 된 것은 1916년 11월 27일 조프르 장군이 보낸 전보
    덕분이었다. Brémond, *Le Hedjaz dans la Guerre Mondiale*, 97 참조.

22 Storrs, *Memoirs*, 204.

23 Lawrence, *The Sherifs*, October 27, 1916; PRO-FO 882/5, f. 40.

24 Lawrence, *Seven Pillars*, 76.

25 Ibid., 77.

26 Ibid., 83.

27 그때까지 알려지지 않았던 건천들에 대해 로렌스는 동시에 작성한 다음 두 보고서에
    서 에둘러 언급한 바 있다. "Feisal's Operations," October 30, 1916, and "Military
    Notes," November 3, 1916; PRO-FO 882/5, f. 47~48, and f. 63.

9장

1   Lawrence, *The Sherifs*, October 27, 1916; PRO-FO 882/5, f. 41.

2   Wilson, *Notes on the Military Situation in the Hedjaz*, September 11, 1916; PRO-FO 882/4, f. 329.

3   1916년 9월 12일 총사령관의 이스마일리아 공관에서 열린 회의로부터 나온 발언. PRO-FO 882/4, f. 333.

4   Boyle, *My Naval Life*, 99.

5   Lawrence, *Seven Pillars*,143.

6   1916년 11월 2일 윈게이트가 외무성에; PRO-WO 158/603.

7   *Arabian Report* no. 16 (November 2, 1916); PRO-CAB 17/177, 2. 1916년 11월 1일 윌슨이 아랍국에; PRO-WO 158/603, f. 49A.

8   1916년 11월 2일 파커가 아랍국에; PRO-WO 158/603, f. 17b.

9   1917년 1월 2일 브레몽이 보고한 내용. Tanenbaum, *France and the Arab Middle East*, 19.

10 Aaronsohn, *Diary*, October 25, 1916; ZY.

11 Katz, *The Aaronsohn Saga*, 6.

12 Aaronsohn, *Diary*, October 25, 1916; ZY.

13 Engle, *The Nili Spies*, 77.

14 1916년 10월 9일 아론손이 맥에게 '고백'한 내용. 12~13; ZY.

15 Thomson, *My Experiences at Scotland Yard*, 225~226; *The Scene Changes*, 387~388.

16 1916년 10월 28일 아론손이 알렉스와 리브카에게; ZY.

17 Lawrence, *Seven Pillars*, 57.

18 1916년 11월 7일 윈게이트가 클레이턴에게; PRO-WO 158/603, f. 79A.

19 1916년 11월 8일 프랑스 대사관(런던)이 외무성에 전달한 내용; Wilson, *Lawrence of Arabia*, 325

20 1916년 11월 12일 윈게이트가 로버트슨에게. 1916년 11월 18일 윈게이트는 같은 내용을 머리에게 전했다. PRO-WO 158/627, f. 10A, 4.

21 Lawrence, Report, November 17, 1916; PRO-WO 106/1511, f. 34~36.

22 Ibid.

23 1916년 7월 6일 파커가 윈게이트에게; SADD Wingate Papers, W/138/3/69.

24 1916년 9월 12일 총사령관의 이스마일리아 공관에서 열린 회의로부터 나온 발언. PRO-FO 882/4, f. 333.

25 Lawrence, *Seven Pillars*, 112.

26 1916년 11월 17일 머리가 윈게이트에게; PRO-WO 158/627, f. 7A.

27 Robertson, *The Occupation of El Arish*, November 19, 1916; PRO-WO 106/1511, f. 34.

28 Sykes, Appreciation of Arabian Report, No. XVIII, November 20, 1916; PRO-CAB 17/177.

29 Wilson, *Lawrence*, 327~328.

30 Lawrence, *Seven Pillars*, 112.

31 1916년 11월 22일 로버트슨이 머리에게; PRO—WO 158/604, f. 75A.

32 1916년 11월 23일 머리가 로버트슨에게; PRO—WO 158/604, f. 76A.

33 Aaronsohn, *Diary*, November 11, 1916; ZY.

34 W.T.I.D., *Report of Inhabitant of Athlit*, November 2, 1916; PRO—FO 371/2783.

35 Aaronsohn, *Diary*, November 24, 1916; ZY.

36 Schneer, *The Balfour Declaration*, 135~145.

37 1916년 3월 14일 사이크스가 뷰캐넌에게; PRO—FO 371/2767, File 938.

38 Ibid.

39 1916년 3월 15일 사이크스가 뷰캐넌에게 보낸 전보에 대해서 에드워드 그레이가 언급한
   내용. PRO—FO 371/2767, File 938.

40 Adelson, *Mark Sykes*, 213.

41 Friedman, *The Question of Palestine*, 122.

42 Aaronsohn, *Diary*, October 30, 1916; ZY.

43 1916년 11월 윈게이트가 클레이턴에게; PRO—WO 158/604, f. 18A.

44 1916년 11월 11일 조프르가 브레몽에게; Brémond, Le Hedjaz dans la Guerre Mon-
   diale, 97.

45 1916년 11월 23일 클레이턴이 윈게이트에게; SADD Wingate Papers, 143/6/44.

46 1916년 11월 23일 윈게이트가 윌슨에게; SADD Wingate Papers, 143/6/54.

47 1916년 11월 22일 윌슨이 클레이턴에게; SADD Clayton Papers, 470/5/7.

48 Lawrence, *Seven Pillars*, 114.

10장

1 1916년 12월 12일 로렌스가 K. C. 콘월리스에게; PRO—WO 882/6, f. 25A.

2 Lawrence, *Seven Pillars*, 118.

3 Ibid.

4 Lawrence, *Faisal's Operations*, October 30, 1916; PRO—FO 882/5, f. 43.

5 1916년 12월 5일 로렌스가 클레이턴에게; PRO—FO 882/6, f. 6.

6 Lawrence, *Military Notes: Possibilities*, November 3, 1916; PRO—FO 882/5, f. 57.

7 Lawrence, *Faisal's Operations*, October 30, 1916; PRO—FO 882/5, f. 44.

8 1916년 12월 5일 로렌스가 클레이턴에게; PRO—FO 882/6, f. 8.

9 (날짜를 기록하지 않았으나) 1916년 12월 11일 로렌스가 클레이턴에게 보낸 전보. PRO—
   FO 882/6, f. 123.

10 1916년 12월 12일 윌슨이 클레이턴에게; PRO—WO 158/604, f. 206A.

11 Ballobar, *Jerusalem in World War I*, 98.

12 1916년 5월 2일 메테르니히가 독일 외무성에. NARA T137, Roll 25, Frame 384.

13 Prüfer, *Vertraulich*, August 6, 1915; NARA T137, Roll 24, Frames 790~797.

14 Prüfer, *Diary*, May 8 and 14, 1916; HO.

15 Ibid., June 9, 1916.

16 Ibid., July 8, 1916.

17 Ibid., May 13, 1916.

18 1916년 10월 27일 나돌니가 콘스탄티노플 독일 대사관에. PAAA, Roll 21142, Der Weltkrieg no. 11g adh., Band 1

19 1917년 1월 22일 프뤼퍼가 독일 외무성에. PAAA, Roll 21142, Der Weltkrieg no. 11g adh., Band 1.

20 McKale, Curt Prüfer, 50~51.

21 1916년 12월 14일 윈게이트가 외무성과 머리에게; PRO-WO 158/604, f. 211A.

22 로렌스가 파이살 진지의 느긋한 분위기에 대해 처음으로 묘사한 것은 1916년 10월 30일 "Feisal's Operations"; PRO-FO 882/5, f. 42~51 보고에서였다. 이는 *Seven Pillars*(Book 1, Chapters 14 and 15, and book 2, chapter 19)에 나오는 묘사의 바탕이 된다.

23 1916년 12월 5일 로렌스가 클레이턴에게; PRO-FO 882/6, f. 7.

24 1916년 12월 5일 로렌스가 클레이턴에게; PRO-FO 882/6, f. 6.

25 1916년 12월 11일 로렌스가 클레이턴에게; PRO-FO 882/6, f 122.

26 1917년 1월 27일 로렌스가 콘윌리스에게; PRO-FO 882/5, f. 25A.

27 1916년 5월 6일 하르트에그가 밝혀지지 않은 수신인에게; NARA T139, Roll 457.

28 1915년 7월 로커스 슈미트 소령은 제말이 독일 군복을 입는 제국식민사무소 사절단을 맹렬하게 비난하면서도 시리아에서는 "영국과 프랑스 국적의 억류자들에게는 상당한 자유를 보장하고 불편하지 않게 대접하라"고 명령했다며 불평했다. NARA T137, Reel 139, Frame 79.

29 Vester, Our Jerusalem, 243~254.

30 1917년 5월 11일 블리스가 에덜먼에게; NARA RG84, Entry 306, Volume 34.

31 1917년 1월 20일 에덜먼이 엘커스에게; NARA, ibid.

32 전시 예루살렘에 얽힌 윌리엄 예일의 이야기는 대부분 Yale, *It Takes So Long*, chapters 5와 6에서 가져온 것이다.

33 1917년 1월 8일 로렌스가 윌슨에게; PRO-FO 882/6, f. 127~128.

34 Lawrence, *The Home Letters*, 333.

35 Brown, *The Letters of T. E. Lawrence*, 102.

36 전시 카이로 생활 초반부에 대한 아론손의 설명은 대부분 1916년 12월~1917년 1월 그의 일기에서 가져온 것이다; ZY.

37 Aaronsohn, *Diary*, December 14, 1916; ZY.

38 Aaronsohn, *Diary*, December 14, 1916; ZY.

39 "Jewish Colonies in Palestine," *Arab Bulletin*(January 19, 1917): 35.

40 Aaronsohn, *Diary*, January 24, 1917; ZY.

41 Ibid., January 26, 1917; ZY.

42 Ibid., January 30, 1917; ZY.

43 Lawrence, *Seven Pillars*, 152.

44 1917년 1월 30일 웨미스가 해군성에 보고한 내용; PRO-ADM 137/548, f. 114~115.

45 Bray, *Arab Bulletin* no. 41(February 6, 1917): 68.

46 1916년 12월 19일 로렌스가 윌슨에게; PRO-FO 882/6, f. 49.

47 1917년 1월 11일 J. C. 왓슨이 보고한 내용; PRO-WO 158/605, 4.

48 Vickery, *Memorandum on the General Situation in Arabia*, February 2, 1917;
    PRO-FO 882/6, f. 152.

49 1917년 1월 25일 윌슨이 카이로 아랍국에 보고한 내용; PRO-FO 141/736.

11장

1 Lawrence, *Seven Pillars*(Oxford), chapter 51.

2 Lawrence, "Faisal's Order of March," *Arab Bulletin* no. 41(February 6, 1917): 66.

3 Lawrence, *Seven Pillars*, 167.

4 Aaronsohn, *Diary*, February 1, 1917; ZY.

5 1916년 11월 24일 로이드가 윈게이트에게; GLLD 9/8.

6 1916년 9월 5일 총사령관 집무실에서 열린 회의; SADD Clayton Papers, 694/4/8~11.

7 피어슨이 클레이턴에게(날짜 미상); PRO-WO 158/627, f. 108A.

8 1917년 1월 22일 머리가 윈게이트에게; PRO-WO 158/627, f. 113A.

9 Wilson, *Lawrence of Arabia*, 294 n. 47.

10 1917년 1월 24일 윈게이트가 피어슨에게; PRO-WO 158/627, f. 114A.

11 1917년 2월 4일 뉴컴이 윌슨에게; GLLD 9/9.

12 Lawrence, *Seven Pillars*, 167.

13 Lawrence's: Ibid., 168.

14 Lawrence, *Seven Pillars*(Oxford), chapter 30.

15 1917년 2월 제말 파샤와 만난 일과 뒤이어 팔레스타인을 떠난 것에 대한 예일의 설명은
    Yale, *It Takes So Long*, chapter 6에서 가져온 것이다.

16 Clayton "Appreciation" of Aqaba landing, January 1917; SADD Clayton Papers,
    694/5/17~21.

17 제러미 윌슨은 자신이 저술한 『아라비아의 로렌스』에서 로렌스가 1917년 2월 와즈로 돌
    아온 지 며칠 만에 사이크스-피코 협정의 구체적인 내용을 파이살에게 털어놓았을 것이
    라고 단호하게 주장한 바 있다. 윌슨은 이와 같은 결론에 도달하기 위해 조사 작업을 치
    밀하게 진행했겠지만, 로렌스가 그렇게 행동한 동기가 "프랑스 문제를 단번에 영원히 처
    리하기 위해서"라고 단정한 근거가 무엇인지 궁금하다.
    라베그 사례가 입증하듯이, 중동에 대한 프랑스의 군사적 접근은 전적으로 그 지역에서
    활동하는 훨씬 더 강력한 우방 곧 대영제국의 지원에-또는 외면에-달린 것이었다. 게다
    가 1917년 2월 초 로렌스가 와즈로 돌아왔을 때, 파이살의 마음속에는 이미 브레몽 대
    령에 대한 불신이 깊숙이 뿌리 내린 뒤였다. 따라서 로렌스가 프랑스의 음모 또는 영향력
    을 우려한 나머지 사이크스-피코 협정을 파이살에게 폭로했다는 해석에는 의아한 점이

있다. 오히려 로렌스가 아랍을 배신할 가능성이 가장 농후한 세력 곧 대영제국을 좌절시
키려는 의도로 그랬다는 설명이 가장 논리적이다.

그럼에도 불구하고 동정어린 시선으로 로렌스를 바라보는 이후 전기작가들은 로렌스가
폭로를 한 이유를 설명하면서 이와 같은 반프랑스적 동기를 그대로 인정하고 있다. 윌슨
은 한 걸음 더 나아가 로렌스가 비밀 협정을 폭로한 것이 "장기적으로 영국의 이해에 가
장 부합한다"고 보았기 때문이라고 단정한다. 물론 로렌스가 영국의 이익을 생각했을지
도 모른다. 그러나 당시 영국 정부의 이익을 고려한 것은 절대 아니었다.

18 Lawrence, *Seven Pillars*, 168.

19 Ibid., 661.

20 Lawrence, *Diary*, February 18, 1917; PRO−FO 882/6, f. 180.

21 Lawrence, *Seven Pillars*, 169.

22 1917년 4월 1일 조이스가 윌슨에게; PRO−FO 882/6, f. 227.

23 1917년 3월 4일 피어슨이 클레이턴에게; PRO−FO 882/6, f. 194.

23 Stitt, *A Prince of Arabia*, 177~178.

24 Wilson, *Lawrence of Arabia*, 379.

25 로렌스가 윌슨에게; Wilson, *Lawrence of Arabia*, 380.

26 Lawrence, *Seven Pillars*, 177.

27 로렌스가 윌슨에게; Wilson, *Lawrence of Arabia*, 380.

28 Lawrence, *Seven Pillars*, 180.

29 Ibid., 176.

30 Ibid., 181~182.

31 「사무엘」상 15장 29절.

32 1917년 2월 7일 윈게이트가 밸푸어에게; PRO−FO 371/3049, File 41442.

33 *Personalities of South Syria: North Palestine*, May 1917; PRO−FO 371/3051.

34 Aaronsohn, *Present Economic and Political Conditions in Palestine*, 20~21;
   PRO−FO 882/14, f. 342~343.

35 Aaronsohn, *Diary*, April 3, 1917; ZY.

36 압둘라 진지로 향하는 여정, 아바엘나암 공격, 게릴라 전술에 대한 T. E. 로렌스의 견해
   는 Lawrence, *Seven Pillars*, book 3, chapters 32~36, 183~215에서 가져온 것이다.

37 Lawrence, *Seven Pillars*, 216.

38 Ibid., 225.

39 '내륙을 통한 아카바 공격 작전'을 로렌스가 언제 내놓았는지에 대한 확실한 근거 자료가
   없다. 그래서 전기작가 대다수는 1917년 2월 초로 결론을 지어왔다. 그때 로렌스가 이런
   계획을 파이살에게 설명하면서 브레몽 등이 촉구하던 '바다를 통한 아카바 공격 작전'을
   포기하라고 설득했다는 식이다. 그러나 면밀하게 따지면 이 같은 결론은 개연성이 떨어
   진다.
   아카바를 점령하겠다는 로렌스의 발상은 이전에 견지하던 자신의 생각과 과감하게 결별
   한 결과였다. 만약 성공한다면 아라비아 정치판을 극적으로 뒤바꾸는 계기가 될 것이므

로, 로렌스가 이런 계획을 실행에 옮기기로 마음먹었다면 무엇보다 앞서는 목표가 될 수밖에 없었다. 그런 일이 2월에 발생했다면, 와디아이스에 있는 압둘라 진지를 오가느라 37일이나 파이살 진지를 떠난 이유가 무엇인지 납득하기 어렵다.

마찬가지로 파이살이 2월에 '내륙을 통한 아카바 공격 작전'을 알았다면 로렌스의 조언을 내팽개치고 영국이 지원하는 아카바 해안 공격을 3월 초와 4월 초 두 차례에 걸쳐 지지한 사실 역시 이해하기 어렵다. 비록 로렌스가 2월에 반란군의 북진을 담보하기 위한 아카바 점령 방안에 대해서 어렴풋이 개요를 밝히기는 했지만 '내륙 작전'이 구체화된 때는 두 사람이 4월 중순 와즈에서 재회한 뒤일 것이 거의 확실하다.

40 파이살이 로렌스에게. 날짜 미상. 다만 "3월 말쯤"이라고 적혔다; PRO-FO 882/6, f. 18A.

12장

1 도벨. Keogh, *Suez to Aleppo*, 102.

2 Wilson, War Message to Congress, April 2, 1917.

3 Moore, *The Mounted Riflemen in Sinai and Palestine*, 67.

4 Lawrence, "The Howeitat and their Chiefs," *Arab Bulletin* no. 57(July 24, 1917): 309~310.

5 1933년 10월 31일, 로렌스가 리들 하트에게; Lawrence, "The Howeitat and their Chiefs," *Arab Bulletin* no. 57(July 24, 1917): 309~310.

6 1917년 5월 8일자 클레이턴의 명령. 윈게이트와 시릴 윌슨, 로렌스에게 사본이 전달되었다; PRO-FO 686/6, f. 46.

7 1917년 5월 29일 클레이턴이 윈게이트에게; PRO-FO 882/6, f. 388.

8 Lawrence, *Seven Pillars*, 222.

9 1917년 3월 17일 린든 벨이 로이드에게; GLLD 9/3.

10 1917년 2월 22일 사이크스가 윈게이트에게; PRO-FO 882/16, f. 58.

11 1917년 3월 14일 외무성에서 윈게이트에게; SADD Wingate Papers, 145/3/38.

12 1916년 3월 16일 그레이가 러시아 주재 영국대사 뷰캐넌에게; PRO-FO 371/2767, Registry 49669.

13 Adelson, *Mark Sykes*, 220.

14 Friedman, *The Question of Palestine*, 130.

15 Adelson, *Mark Sykes*, 220~221.

16 Friedman, *The Question of Palestine*, 131.

17 1917년 4월 2일 하르트에그가 글레이즈브룩에게; NARA RG84, Entry 448, Volume 3.

18 사라 아론손의 생애에 관한 최고의 영문 자료는 Engle, *The Nili Spies*.

19 Florence, *Lawrence and Aaronsohn*, 287.

20 Aaronsohn, *Diary*, April 19, 1917; ZY.

21 Ibid., March 12, 1917.

22 1917년 3월 30일 사이크스가 전쟁성에; PRO-FO 371/3053, f. 191~193.

23 아론손은 1917년 4월 27일자 일기에 다음과 같이 적었다. "나는 [원덤] 디즈를 찾아가서 야파 유대인이 약탈당한다고 폭로하는 전보를 자신에게 제출하면 발표하겠다는 마크 선생의 말을 전했다."

24 Aaronsohn, "Addendum to 'Report of an inhabitant of Athlit,' " undated but November 1916; PRO-FO 371/2783.

25 1917년 4월 28일 사이크스가 그레이엄에게; PRO-FO 371/3055.

26 Jewish Chronicle(London), May 4, 1917; PRO-FO 371/3055.

27 Jewish Chronicle(London), May 4, 1917; PRO-FO 371/3055 참조.

28 Oliphant, minutes to "Jews in Palestine," May 4, 1917; PRO-FO 371/3055, File 87895.

29 1917년 5월 8일 옴스비고어가 사이크스에게; MSP-47, 4.

30 1917년 5월 11일 윈게이트가 외무성에; PRO-FO 371/3055.

31 *New York Times*, June 3, 1917.

32 야파 주민 소개령과 관련해 가장 흥미로운 자료 가운데 하나는 1917년 4월 5일 예루살렘 주재 독일 영사 하인리히 브로데가 신임 독일 대사 리처드 쿨만에게 올린 보고서였다. 팔레스타인 거주 유대인들을 내쫓는 정부 차원의 조치에 민감했던 그는 제말 파샤를 찾아가서 야파 소개령에 대한 자신의 우려를 설명했다. 브로데를 만난 제말은 야파에서 농업에 종사하는 유대인은 계속 머물 수 있으며 소개 대상 유대인들도 원한다면-'오스만 정권'을 부인한 목적지-예루살렘으로 가도 좋다고 명확히 밝혔다. 이는 1917년 4월 5일 브로데가 쿨만에게 보고한 내용이다. NARA T120, Roll 4333, Turkei 195, Band 12, Frames K178502-8.

33 1917년 5월 24일 터키 공사관에서 네덜란드로; PRO-FO 371/3055. 1917년 6월 8일 알바라도가 하딩에게; PRO-FO 371/3055.

34 1917년 6월 1일 디즈가 카이로의 이집트고등판무관 사무실로; PRO-FO 141/805.

35 1917년 6월 2일 아론손이 설즈버거에게; PRO-FO 141/805.

36 1917년 8월 25일 스웨덴 외무성 장관에게 보낸 보고서; NARA RG84, Entry 58, Volume 399.

37 1917년 8월 10일 타운리가 밸푸어에게; PRO-FO 371/3055.

38 Aaronsohn, "The Evacuation Menace," undated but late July 1917; PRO-FO 141/805.

39 1917년 날짜 미상이나 4월 21일경 로렌스가 윌슨에게 보낸 정보 보고서; PRO-FO 686/6, f. 88.

40 Lawrence, *Seven Pillars*, 224.

41 Ibid., 225.

42 1917년 5월 1일 윌슨이 클레이턴에게; PRO-FO 882/6, f. 351.

43 Lawrence, *Seven Pillars*, 226.

44 1917년 5월 21일 윌슨이 클레이턴에게; PRO-FO 882/12, f. 199~201.

45 1917년 4월 27일 윈게이트가 외무성에; MSP-41d.

46 1917년 5월 5일 사이크스가 윈게이트에게; MSP-41d.

13장

1 1917년 5월 24일 윌슨이 클레이턴에게 보고한 내용 중에서; PRO-FO 882/16, f. 113.
2 1917년 7월 20일 윈게이트가 윌슨에게; PRO-FO 882/7, f. 35.
3 아카바 점령 과정에 대한 로렌스의 설명은 *Seven Pillars*, book 4, chapters 39~44, 227~312에서 가져온 것이다.
4 1917년 5월 23일 사이크스가 윈게이트에게; MSP-41b, 3. 조금 다른 버전은 PRO-FO 371/3054, f. 329.
5 1917년 5월 23일 사이크스가 윈게이트에게 MSP-41b, 3. 조금 다른 버전은 PRO-FO 371/3054, f. 330.
6 Tanenbaum, *France and the Arab Middle East*, 1914~1920, 17~18.
7 1917년 5월 25일 윌슨이 클레이턴에게; PRO-FO 882/16, 5.
8 Newcombe, "Note" on Sykes-Picot meeting with King Hussein, May 20, 1917; GLLD 9/9.
9 사이크스가 여러 차례 단언한 것과 정반대로, 그는 1917년 5월 회담에서 후세인 왕에게 사이크스-피코 협정 내용을 밝히지 않았다. 증거는 충분하다. 회담에 참여한 시릴 윌슨 등 영국군 장교들은 1918년까지도 왕이 그 협정에 규정된 '아랍국' 분할 계획에 대해 전혀 모른 채 그보다 훨씬 더 유리한 체제를 명시한 맥마흔-후세인 서신이 여전히 유효한 것으로 확신한다고 지속적으로 보고했다. 여기서 거론한 사례만 놓고 보자면, 후세인이 바그다드 지역을 사이크스-피코 협정에 따라 처리한다는 영국의 속셈을 파악하고도 바그다드-레바논 동등 처리 방안에 동의할 리 만무했다. 타넨바움이 지적한 바와 같이 (*France and the Arab Middle East*, 17), "반란군의 지도자가 자신이 쟁취해서 다스리고자 하는 영토를 합병해달라고 강대국에 요청한다는 것은 말이 안 된다."
10 1915년 10월 24일 맥마흔이 후세인에게; *The Arab Awakening*, 420.
11 Report by Political Intelligence Department, Foreign Office, "Memorandum on British Commitments to King Husein [sic]," December 1918; PRO-FO 882/13, 7, f. 225.
12 Note by Sheikh Fuad El Khatib taken down by Lt Col Newcombe," undated but May 1917, 3; PRO-FO 882/16, f. 133.
13 1917년 5월 24일 윌슨이 클레이턴에게; PRO-FO 882/16, f. 111.
14 Faisal Hussein, "To All Our Brethren— The Syrian Arabs," trans. May 28, 1917; SADD Wingate Papers, 145/7/89.
15 1917년 7월 30일 클레이턴이 사이크스에게; SADD Clayton Papers, 693/12/30.
16 1917년 6월 20일 윌슨이 사임스에게; PRO-FO 882/16, f. 127. 많은 역사학자는 1917년 5월 회담의 본질을 숨긴 것은 마크 사이크스가 아니라 후세인 왕과 파이살이라고 주장한다. 이사야 프리드먼은 사이크스의 주장을 전적으로 인정하면서 다음과 같이 단언했다.(*The Question of Palestine*) "5월 초 예비 회담에서 파이살은 영불 협정에 대한

사이크스의 설명을 듣고서 마음이 놓였다. (⋯) 5월 5일 파이살과 후세인의 면담도 마찬가지로 순조로웠다." 프리드먼이 보기에 사이크스가 저지른 유일한 잘못은 자신과 피코가 후세인과 나눈 후속 대화를 개인적으로 기록해두지 않았다는 점이다. "기록하지 않은 탓에, 사이크스는 1년 뒤 죗값을 치러야 했다. 사이크스는 깜짝 놀랐다. 후세인은 영불 협정에 대해 전혀 모르다가 제말 파샤의 다마스쿠스 연설을 듣고 처음 알게 된 척했다."

하지만 후세인의 항의뿐 아니라 사이크스 본인의 행동도 학자들의 이런 주장이 틀렸음을 보여준다. 후세인과의 첫 회담을 마치고 일주일이 지난 1917년 5월 12일, 사이크스는 레지널드 윈게이트의 카이로 집무실에서 열린 고위급 전략 회의에 참석했다. 이 회의에서 사이크스는 자신과 피코가 카이로의 시리아 '대표단'과 거의 3주 전에 합의한 협정의 세부 내용을 설명했다. 그러나 바로 며칠 전에 후세인과 합의한 것으로 보이는 지극히 중대한 내용에 대해서는 일언반구 언급이 없었다. 한 가지 이유라면, 이 5월 12일 회의에 후세인의 공식적인 연락장교이자 사이크스의 자의적 주장을 논박할 수 있는 독특한 지위에 있는 시릴 윌슨 대령이 참석했다는 점일 것이다.

사이크스와 피코가 후세인과 벌였던 후속 회담은, 잇단 회담의 성과에 대한 사이크스의 주장이 옳다면 헤자즈에서 맡은 임무가 현저하게 가벼워졌을 스튜어트 뉴컴과 시릴 윌슨 두 현역 장교가 그렇게 맹렬히 논박할 동기가 대체 무엇인지 파악하기 어렵다.

17 1917년 6월 26일 사임스가 윌슨에게; PRO−FO 882/16, f. 129~130.

18 1917년 5월 20일 윌슨이 클레이턴에게; SADD Wingate Papers, 145/7/36.

19 Lawrence, *Seven Pillars*, 25~26

20 로렌스. Wilson, *Lawrence*, 410 n. 40.

21 Ibid., 410 n. 41.

22 Lawrence, *Seven Pillars*(Oxford), chapter 51.

23 Lawrence, *Seven Pillars*, 546.

24 Lawrence, *Seven Pillars*(Oxford), chapter 51.

25 Lawrence, *Seven Pillars*, 26.

26 다마스쿠스 주재 미국 영사 새뮤얼 에델만은 1917년 7월 6일 런던에서 보고하기를, 아나톨리아에서 시리아로 이동한 터키군 병사들의 탈영 비율이 25퍼센트라고 했다. 충성심이 덜한 지역 출신은 그 비율이 훨씬 더 높았을 것이다. PRO−FO 371/3050.

27 PRO−FO 371/3050, File 47710 참조.

28 Prüfer, *Diary*, May 21−July 18, 1917; HO.

29 Prüfer to Mittwoch, April 12, 1917; NARA T149, Roll 365, Frame 399.

30 Engle, *The Nili Spies*, 129.

31 1917년 윌리엄 예일이 미국으로 돌아온 이야기는 Yale, *It Takes So Long*, chapter 7에서 가져온 것이다.

32 Yale, "Palestine−Syria Situation," to U.S. State Department, June 27, 1917; NARA 763.72/13450.

33 1917년 6월 30일 예일이 국무장관 랜싱에게; YU Box 2/ Folder 48.

34 Lawrence, *Seven Pillars*, 306. 아바엘리산 전투에 대한 설명은 Lawrence, "The Oc-cupation of Akaba," undated; PRO–FO 882/7, f. 63~68 참조.

35 1917년 5월 허버트 갈런드의 야전 보고서 참조; PRO–FO 686/6.

36 Dawnay, "Notes on Faisal's Proposed Advance Northward," May 29, 1917; PRO–WO 158/606, f. 43A

37 1917년 7월 5일 클레이턴이 군사정보부 책임자(런던)에게; PRO–FO 882/7, f. 1.

38 Lawrence, *Seven Pillars*, 310.

14장

1 Lawrence, *Twenty–Seven Articles*, August 1917; PRO–FO 882/7, f. 93~97.

2 1917년 7월 11일 클레이턴이 군사정보국장(런던)에게; PRO–FO 882/7, f. 18~23.

3 카이로에 귀환해서 앨런비와 처음 만난 일에 대한 로렌스의 설명은 *Seven Pillars*, book 5, chapters 55 and 56, 317~22.

4 1917년 7월 14일 윈게이트가 로버트슨에게; PRO–WO 374/41077.

5 Wilson, *Lawrence of Arabia*, 422.

6 1917년 7월 10일 로렌스가 클레이턴에게; PRO–FO 882/16, f. 249.

7 1917년 7월 16일 앨런비가 로버트슨에게; PRO–WO 158/634, f. 4A.

8 1917년 7월 19일 앨런비가 로버트슨에게; PRO–WO 158/634, f.10A.

9 Lawrence, *Twenty–Seven Articles*, August 1917; PRO–FO 882/7, f. 93~97.

10 Aaronsohn, *Diary*, July 1, 1917; ZY.

11 Ibid., July 2, 1917.

12 1917년 5월 5일 사이크스가 그레이엄에게; Sykes to Graham, May 5, 1917; MSP–41a.

13 1917년 6월 22일 클레이턴이 사이크스에게; PRO–FO 371/3058, f. 156.

14 1917년 6월 13일 세실이 하딩에게; PRO–FO 371/3058, f. 145.

15 1917년 6월 13일 세실이 하딩에게; PRO–FO 371/3058, f. 146~148.

16 Aaronsohn, *Diary*, July 17, 1917; ZY.

17 1917년 7월 17일 윈게이트가 그레이엄에게; PRO–FO 371/3083, f. 55.

18 클레이턴은 카이로에서 로렌스와 만나 이야기를 나눈 뒤 1917년 7월 22일 사이크스에게 다음과 같이 전했다. "이제 파이살은 실로 막강한 이름으로 통합니다. (…) 로렌스가 훑고 지나간 사실상 [시리아] 전 지역이 그를 추종합니다."; PRO–FO 882/16, f. 145.

19 Lawrence, *Seven Pillars*, 323.

20 1917년 7월 29일 윌슨이 클레이턴에게; PRO–FO 882/7, f. 48.

21 뉴컴은 후방 업무에 금세 지쳐서 카이로로 복귀했다. 그는 이집트 원정군과 팔레스타인 남부를 공격하던 1917년 11월 초 터키군에 붙잡혔다.

22 Lawrence, "Report on meeting King Hussein," July 30, 1917; PRO–FO 371/3054, f. 372~373.

23 1917년 7월 28일 매킨도가 보고한 정보를 클레이턴이 군사정보국장에게; PRO–WO 141/668, 5.

24 Lawrence, *Seven Pillars*, 326.

25 1917년 8월 6일 윌슨이 (카이로) 아랍국에; PRO—WO 158/634, f. 25A.

26 Lawrence, *Seven Pillars*, 327.

27 Yale, "Palestine—Syrian Situation," with addendum, July 10, 1917; PRO—FO 371/3050.

28 1917년 7월 25일 외무성에서 스프링라이스에게; PRO—FO 371/3057.

29 Yardley, *American Black Chamber*, 172.

30 Department of State, "History of the Bureau of Diplomatic Security of the United States Department of State," 2011. www.state.gov/documents /organization/176705.pdf.

31 1917년 8월 30일 해리슨이 건서(미국 대사, 런던)에게NARA RG59, Box 1047.

32 Yale, *It Takes So Long*, chapter 8, 10~11.

33 Aaronsohn, "The Jewish Colonies," *Arab Bulletin* no. 64(September 27, 1917): 389~391.

34 Aaronsohn, *Diary*, August 12, 1917; ZY.

35 1917년 8월 20일 윈게이트가 밸푸어에게; PRO—FO 371/3053, f. 384.

36 Engle, *The Nili Spies*, 152~154.

37 정보 자산의 안녕에 대한 영국의 오만한 태도는 매너젬호 선장 르윈 웰던의 자서전 *Hard Lying*을 통해서 충분히 확인할 수 있다. 웰던은 이 책 95쪽에 다음과 같이 썼다. "우리가 '요원들'과 함께하는 동안 대체로 행운이 따랐다고 생각한다. 붙잡힌 사람이 7명에 불과했기 때문이다. 이 중 6명은 교수형을, 1명은 참수형을 당했다."

38 1917년 8월 27일 로렌스가 클레이턴에게; PRO—FO 882/7, f. 88~92.

39 1917년 7월 22일 사이크스가 클레이턴에게; MSP-69.

40 Sykes memorandum, "On Mr. Nicholson's [sic] Note Regarding Our Commitments," July 18, 1917; MSP-66.

41 1917년 8월 23일 커즌이 하딩에게; PRO—FO 371/3044, f. 299.

42 1917년 7월 11일 니콜슨이 밸푸어에게 제출한 보고서 요약문; PRO—FO 371/3044, f. 286~293.

43 1917냔 7월 20일 사이크스가 드러먼드에게; ; MSP-68.

44 1917년 7월 22일 사이크스가 클레이턴에게; MSP-69.

45 1917년 9월 7일 로렌스가 사이크스에게; SADD Clayton Papers, 693/11/3-8.

46 1917년 9월 20일 클레이턴이 로렌스에게; SADD Clayton Papers, 693/11/9-12.

47 Yale, *Diary*, September 8, 1917; YU Box 2, Folder 2.

48 Ibid., September 12, 1917; YU Box 2, Folder 2.

49 Lawrence, *Seven Pillars*, 367.

50 1917년 9월 23일 로렌스가 클레이턴에게; PRO—FO 882/4, f. 71.

51 Lawrence, *Seven Pillars*, 369.

52 1917년 9월 23일 로렌스가 클레이턴에게; PRO—FO 882/4, f. 71.

53 1917년 9월 25일 로렌스가 스털링에게; UT, Folder 6, File 7.

54 1917년 9월 24일 로렌스가 리즈에게; Garnett, *The Letters of T. E. Lawrence*, 23

15장

1 Wilson, *Lawrence of Arabia*, 455.

2 1917년 10월 아론손이 알렉스에게; YU, Box 2, Folder 11.

3 Yale, *Diary*, September 25, 1917; YU Box 2, Folder 2.

4 1917년 10월 아론손이 알렉스에게; YU, Box 2, Folder 11.

5 1917년 10월 24일 클레이턴이 조이스에게; PRO–FO 882/7, f. 175; Joyce memo, un-dated; PRO–WO 158/634. 아울러 Wilson, *Lawrence of Arabia*, 447~448 참조.

6 Lawrence, *Seven Pillars*, 387~389.

7 1916년 11월 13일 클레이턴이 윈게이트에게; SADD Wingate Papers, 143/2/190.

8 Florence, *Lawrence and Aaronsohn*, 298~299.

9 Sheffy, *British Military Intelligence in the Palestine Campaign*, 162; Engle, *The Nili Spies*, 167~168

10 Florence, *Lawrence and Aaronsohn*, 303.

11 Engle, *The Nili Spies*, 186~187.

12 유대인을 조심해서 다루라는 독일의 경고는 NILI 첩보 조직이 와해한 뒤에도 이어졌다. 독일 대사 베른스토프는 탈라트 파샤에게 "단 한 건의 유대인 간첩 사건을 유대인에 대한 대대적인 박해로 확대해선 안 된다"고 충고했다. 1917년 10월 26일 베른스토프가 외무성에; NARA T120, Roll 4334, Frame K179639.

13 Sheffy, *British Military Intelligence in the Palestine Campaign*, 162 nn. 77 and 78 참조.

14 Florence, *Lawrence and Aaronsohn*, 326.

15 Engle, *The Nili Spies*, 202. 터키 당국과 유대인 자경단에 쫓기던 요세프 리샨스키는 결국 10월 20일에 예루살렘 외곽에서 붙잡혔다. 그는 나암 벨킨드와 함께 반역 행위로 유죄 판결을 받고 다마스쿠스에서 공개 교수형에 처해졌다.

16 지크론야코프의 NILI 색출 작전과 자살 기도 직후 사라 아론손의 생존 기간에 대해서는 다양한 설명이 있다. 후자는 자해 직후 불려온 의사의 증언으로 해결된 듯하다. 그는 자신이 10월 5일에 연락을 받았다고 밝혔다. 사라의 병상을 지킨 독일 수녀 두 사람은 사망 일자가 10월 9일이라고 밝혔다.

17 Engle, *The Nili Spies*, 191.

18 1917년 10월 26일 호가스가 옴스비고어에게; PRO–FO 371/3054, f. 388.

19 1917년 9월 24일 로렌스가 가넷에 있는 리즈에게; Garnett, *The Letters of T. E. Law-rence*, 238.

20 1916년 가을 헤자즈 경제와 정치 상황에 대한 조지 로이드의 다양한 보고서는 GLLD 9/8 참조.

21 1917년 9월 30일 로이드가 클레이턴에게; GLLD 9/13.

22 1917년 10월 20일 로이드가 클레이턴에게; GLLD 9/13.

23 1917년 10월 25일 클레이턴이 로이드에게; GLLD 9/10.

24 Lloyd, "Diary of Journey with T.E.L. to El Jaffer," October 24, 1917; GLLD 9/11

25 Lawrence, *Seven Pillars*, 421~423.

26 1917년 11월 5일 로이드가 클레이턴에게; GLLD 9/10.

27 Liddell Hart, *Colonel Lawrence*, 193~194.

28 1914년 11월 3일 프뤼퍼가 오펜하임에게; NARA T137, Roll 23, Frame 213.

29 1917년 10월 어느 날 로이드가 아카바로 돌아와서 남긴 기록; GLLD 9/10. 제러미 윌슨은 자신의 로렌스 전기에서 조지 로이드의 기록을 부정확하게 인용했다. 로이드가 원래 "HMG"로 썼던 것을 "연합국"으로 옮긴 것이다. 그 결과, 윌슨의 서술은 "로렌스가 연합국이 아니라 셰리프를 위해서 일한다"가 되었다. 로이드가 의도한 것과—짐작건대 로렌스가 말한 바와도—전혀 다른 의미로 읽히게 만드는 잘못을 저지른 것이다. 이는 수많은 로렌스 전기작가가 되풀이하며 저지르는 실수다. 공식적인 방침을 따르지 않는 로렌스의 행동을 영국 정부가 아니라 연합국(즉 프랑스)에 대한 반항으로 해석할 수 있는 소재 찾기에 열중했기 때문이다.

30 Lloyd, "Diary of Journey with T.E.L. to El Jaffer," October 28, 1917; GLLD 9/11.

31 1917년 10월 23일 너벤슈가 미국 국무장관에게; NARA RG59, Box 1047, 111.70Y1/3.

32 Ibid., November 4, 1917; NARA M353, Box 6, Frame 0827.

33 1917년 8월 21일 후버(브라질 상파울루 주재 미국 영사)가 미국 국무장관에게; NARA M367, Roll 217, document 763.72112.5321.

34 Yale, *It Takes So Long*, chapter 8, 18~19.

35 Yale, *It Takes So Long*, chapter 7, 21.

36 Weizmann, *Trial and Error*, 208.

37 Stein, *The Balfour Declaration* 표지에서 인용.

38 1917년 11월 12일 클레이턴이 로이드에게; GLLD 9/10.

39 무니피르 열차 습격에 대한 로렌스의 설명은 *Seven Pillars*, book 6, chapters 77 and 78, 425~434에서 가져왔다.

40 Lawrence, *Seven Pillars*, 163.

16장

1 Syrian Committee of Egypt, November 14, 1917; YU, Box 3, Folder 8.

2 1917년 12월 예일이 해리슨에게; YU, Box 2, Folder 11.

3 Lawrence, *Seven Pillars*, 435

4 Ibid., 439.

5 1917년 11월 16일 바이츠만이 아론손에게; Friedman, *Zionist Commission*, 19~20.

6 Aaronsohn, *Diary*, November 16, 1917; ZY.

7 1917년 9월 11일 하우스가 드럼몬드에게; PRO-FO 371/3083, f. 107.

8 1917년 10월 17일 와이즈먼이 드럼몬드에게; PRO-FO 371/3083, f. 106.

9   1917년 11월 16일 바이츠만이 아론손에게; Friedman, *Zionist Commission*, 19~20.

10 Verrier, ed., *Agents of Empire*, 295. 사라 아론손의 운명에 대해서는 정확하지만, 다른 사실에 관해서는 오류가 있는 전보였다. 에프라임 아론손은 다마스쿠스에서 옥살이를 했지만 죽지 않고 풀려났으며, 벨킨드 역시 12월 4일까지는 처형을 당하지 않았다.

11 Aaronsohn, *Diary*, December 1, 1917; ZY.

12 데라의 고문에 대한 로렌스의 설명은 *Seven Pillars*, book 6, chapter 80, 441~447 참조.

13 Mack, A Prince of Our Disorder, 233.

14 James, *The Golden Warrior*, 214 n. 17.

15 1919년 6월 29일 로렌스가 스털링에게; UT (copy) Folder 6, File 7.

16 Brown, *The Letters of T. E. Lawrence*, 261~262.

17 Agent 92C, "Syrian Politics," December 9, 1917; PRO-WO 106/1420.

18 Lewis, "An Ottoman Officer," in Kushner, *Palestine in the Late Ottoman Period*, 413.

19 Agent 92C, "Syrian Politics," December 9, 1917; PRO-WO 106/1420.

20 당시 러시아는 그레고리력 대신 여전히 율리우스력을 사용했기 때문에 지금도 그 날짜를 10월 25일로 기억하고 "10월 혁명"이라 부른다.

21 Antonius, *The Arab Awakening*, 255.

22 Agent 92C, "Syrian Politics," December 9, 1917; PRO-WO 106/1420.

23 아흐메드 제말 파샤가 파이살에게(날짜 미상), 1917년 12월 25일 윈게이트가 번역해서 밸푸어에게; PRO-PRO 30/30/10 f. 67.

24 Lawrence, *Seven Pillars*, 453.

25 1917년 5월 5일 사이크스가 그레이엄에게; MSP-41d.

26 1917년 5월 29일 외무성에서 윈게이트에게; SADD Wingate Papers, 145/7/114-15.

27 1917년 9월 21일 윌슨이 브레몽에게; PRO-FO 371/3051.

28 1917년 10월 10일 윈게이트가 그레이엄에게; PRO-FO 371/3051.

29 Lawrence, *Seven Pillars*, 455.

30 1917년 11월 28일 클레이턴이 사이크스에게; PRO-FO 371/3054, f. 393.

31 1917년 12월 24일 윈게이트가 전쟁성으로; PRO-FO 371/3062.

32 Minutes to "Turkish Intrigues in Arabia," December 26, 1917; PRO-FO 371/3062, File 243033.

33 여기서 엄청난 역사적 혼동이 일어난다. 시리아에서 제말 파샤라는 경칭으로 불린 터키 지도자는 한 명이 아니었기 때문이다. 시리아 총독인 아흐메드Ahmed 제말 파샤(종종 '더 위대한 자'로 불림)와 메흐메트Mehmet 제말 파샤('덜 위대한 자')가 그들이다. 더 헷갈리게 만드는 것은 메흐메트 제말이 1918년 초에 아흐메드 제말 후임으로 터키군 제4군 사령관에 취임하면서 제말 파샤라는 경칭을 쓰기 시작한 점이다. T. E. 로렌스 역시 혼란을 증폭시키는 데 일조했다. 『일곱 기둥』에서 아흐메드인지 메흐메트인지 구분하지 않고 '제말 파샤'라는 이름을 수시로 언급했기 때문이다.

그 결과 거의 모든 역사학자가 두 인물을 한 사람으로 착각, 파이살 후세인이 아흐메드 제말을 상대로 1918년 여름까지 비밀 협상을 이어갔다는 식으로 서술하고 있다. 실제로는 아흐메드 제말이 1917년 11월 파이살에게 터키의 제안을 제시했지만 바로 다음 달에 콘스탄티노플로 돌아가면서 두 사람의 대화는 끝난 것으로 보인다. 이후로 파이살의 협상 파트너는 메흐메트 제말이었다.

아울러 로렌스는 『일곱 기둥』에서, 그리고 동시대의 전기작가들에게 파이살이 터키 장군이자 훗날 케말 아타튀르크가 되는 무스타파 케말과 별도의 협상 채널을 가동했다고 주장했다. 맞는 말일 수도 있지만, 나는 그런 주장을 뒷받침할 만한 사료를 발견하지 못했다.

34 Lawrence, *Seven Pillars*(Oxford), chapter 115.
35 Lawrence, *Seven Pillars*(Oxford), chapter 115; Lawrence, *Seven Pillars*(1926), 554.
36 1929년 10월 22일 로렌스가 예일에게; YU, Box 1, Folder 4. 이상하게도 로렌스는 예일에게 자신이 파이살과 메흐메트 제말의 교섭에서 공식적인 역할을 전혀 하지 않았다고 단언하면서 파이살이 "모르는 사이에" 그 사실을 알고 다양한 변화를 읽었을 뿐이라고 주장했다. 이는 로렌스 본인이 다른 사람들에게 말한 내용이나 『일곱 기둥』에 서술한 내용과 상반된 것이다.
37 1917년 12월 13일 아론손이 바이츠만에게; ZY.
38 1918년 1월 14일 바이츠만이 브랜다이스에게; PRO-FO 371/3394, f. 423.
39 British government White Paper, "Notes on Zionism," Part 2. Communications of the Zionist Organization II, January–March 1918; April 19, 1918, 11; PRO-FO 371/4171, f. 99.
40 1918년 1월 22일 로렌스가 클레이턴에게; PRO-FO 882/7, f. 251~253.
41 Lawrence, *Seven Pillars*, 462.
42 1918년 1월 26일 로렌스가 클레이턴에게; PRO-FO 882/7, f. 254~258.
43 Lawrence, *Seven Pillars*, 482.

17장

1 Lawrence, *Seven Pillars*, 503.
2 1917~1918년 카이로 첩보원 생활에 대해서 윌리엄 예일 본인이 설명한 내용은 Yale, *It Takes So Long*, chapter 8에서 가져온 것이다.
3 1917년 12월 24일 예일이 해리슨에게; YU, Box 2, Folder 12.
4 1917년 11월 12일 예일이 해리슨에게; YU, Box 2, Folder 6.
5 1918년 2월 25일 예일이 해리슨에게; YU, Box 2, Folder 19.
6 1917년 11월 4일 예일이 해리슨에게; YU, Box 2, Folder 5.
7 1918년 1월 22일 로렌스가 클레이턴에게; PRO-FO 882/7, f. 251~252.
8 1918년 2월 12일 로렌스가 클레이턴에게; PRO-FO 882/7, f. 267.
9 타필레에서 제이드와 갈등을 빚은 일과 이후 일련의 행동에 대한 로렌스의 설명은

Seven Pillars, book 7, chapter 90, 499~502에서 가져온 것이다.

10 1918년 2월 12일 로렌스가 클레이턴에게; PRO-FO 882/7, f. 268.

11 Lawrence, *Seven Pillars*, 341.

12 Lawrence, *Seven Pillars*, 502.

13 Ibid., 503.

14 Lawrence, *The Home Letters*, 348.

15 1918년 3월 11일 예일이 해리슨에게; YU, Box 2, Folder 21.

16 David Hogarth, "Report on Mission to Jeddah," January 15, 1918; PRO-FO 882/13 f. 35~40.

17 1918년 2월 19일 윈게이트가 외무성에; PRO-FO 3713380, f. 473.

18 Lawrence, "Syrian Cross Currents," *Arab Bulletin Supplementary Papers*, February 1, 1918; PRO-FO 882/14.

19 1918년 2월 4일 클레이턴이 사이크스에게; PRO-FO 371/3398.

20 1918년 2월 12일 로렌스가 클레이턴에게; PRO-FO 882/7.

21 1918년 4월 8일 윈게이트가 외무성에; PRO-FO 371/3403, f. 372.

22 1918년 3월 11일 예일이 해리슨에게; YU, Box 2, Folder 21.

23 British government White Paper, "Notes on Zionism," Part 3. The Zionist Commission in Palestine; February 6, 1919, 16~17; PRO-FO 371/4171, f. 102.

24 British government White Paper, "Notes on Zionism," Part 3. The Zionist Commission in Palestine; February 6, 1919, 14~21; PRO-FO 371/4171, f. 100~104.

25 1918년 4월 20일 콘월리스가 사임스에게; PRO-FO 882/14, f. 358~359.

26 1918년 4월 8일 예일이 해리슨에게; YU, Box 2, Folder 25.

27 1918년 3월 25일 예일이 해리슨에게; YU, Box 2, Folder 23.

28 1918년 6월 10일 예일이 해리슨에게; YU, Box 2, Folder 34.

29 Aaronsohn, *Diary*, April 1, 1918; ZY.

30 1918년 4월 8일 예일이 해리슨에게; YU, Box 2, Folder 25.

31 아타티르에서 겪은 일, '다우드'와 '파라즈'(알리와 오트만)의 죽음에 대한 로렌스의 설명은 *Seven Pillars*, book 8, chapters 112~113, 507~517에서 가져온 것이다.

32 Wavell, *The Palestine Campaigns*, 173~184.

33 McKale, *Curt Prüfer*, 54.

34 1918년 7월 19일 베른스토프가 폰 헤르틀링에게; PAAA, Roll 22348, Turkei 47, Band 7.

35 1915년 2월 23일 오펜하임이 야고브에게; PAAA, Roll 22348, Turkei 47, Band 7.

36 Lawrence, *Seven Pillars*, 520.

37 1918년 5월 1일 도네이가 이집트 원정군 지휘 본부에; PRO-FO 882/7, f. 277~286.

38 Lawrence, *Seven Pillars*, 526~527.

39 Ibid., 527.

40 Aaronsohn, *Diary*, March 21, 1918; ZY.

41 Ibid., April 4, 1918.

42 Ibid., April 6, 1918.

43 Ibid., April 20, 1918.

44 1918년 6월 16일 클레이턴이 영국 외무장관에게; PRO-FO 371/803, 5~7.

45 Ibid., 4~5.

46 1918년 2월 12일 로렌스가 클레이턴에게; PRO-FO 882/7, f. 268.

47 1918년 5월 22일 클레이턴이 로렌스에게; PRO-FO 141/688.

48 1918년 5월 24일 지휘 본부에서 아카바 사령부로; PRO-WO 95/4370, App A.

49 1918년 6월 12일 클레이턴이 외무성에; PRO-FO 141/688.

50 1918년 3월 23일 윈게이트가 외무성에; PRO-FO 371/3403, f. 359.

51 파이살 후세인에게 어떤 훈장을 내릴 것인지를 놓고 외무성 내부에서 지루하게 이어간 논쟁에 대해서는 PRO-FO 371/3403, File 53608 참조.

52 1918년 4월 2일 클레이턴이 외무성에; PRO-FO 371/3403, f. 364~366.

53 1918년 6월 2일 메흐메트 제말이 파이살에게(번역자 미상); PRO-WO 158/634, f. 137

54 Hogarth, memorandum attached to "The Arab Question," August 9, 1918; PRO-FO 371/3381, f. 113.

55 Lawrence, *Seven Pillars*, Appendix II.

56 Lawrence, "Note," June 16, 1918; PRO-FO 141/688.

57 1918년 3월 25일 예일이 해리슨에게; YU, Box 2, Folder 23.

58 1918년 5월 30일 게리가 미국 국무장관에게; NARA RG59, Box 1047, 111.70Y.

59 1918년 봄부터 여름까지 카이로에서 수행한 정보 수집활동에 대해서 윌리엄 예일이 설명한 내용은 Yale, *It Takes So Long*, chapter 8에서 가져온 것이다.

60 1918년 7월 1일 예일이 해리슨에게; YU, Box 2, Folder 35.

61 1918년 4월 29일 예일이 해리슨에게; YU, Box 2, Folder 28, 10~11.

62 1918년 7월 9일 미국 국무장관 랜싱이 예일에게; NARA RG59, Box 1047, 111.70Y.

63 Lawrence, *Seven Pillars*, 534.

64 1918년 6월 11일 외무성에서 윈게이트에게; PRO-FO 371/3381, f. 35~36. 사실 이 문제는 냉소주의가 로렌스에게 도움이 되지 않은 드문 사례 가운데 하나였다. 파리강화회의에서 밝혀진 대로, 마크 사이크스는 대단히 신중하게 문구를 작성한 답장을 "일곱 시리아인"에게 보낸 것이었다. 그 결과 "현재의 전쟁 중에 아랍인들이 스스로 해방시킨 땅"에 대해 독립을 약속한다는 구절은 편지를 작성하던 시점에 해방시킨 땅에 한하여 적용되는 것으로 해석되었다. 이와 같은 교묘한 해석을 통해서 대시리아 거의 모든 땅이 제외될 수 있었다.

65 Hogarth, memorandum attached to "The Arab Question," August 9, 1918; PRO-FO 371/3381, f. 113. 이를 계기로 오스만 정부에 대한 파이살의 제안이 끝난 것은 아니었다. 독일 쪽에서도 양측의 거래가 끝났다는 소식을 듣지 못했다. 1918년 9월 초까지도 독일 고위급 외교관과 장교들은 파이살과 평화협정을 서둘러 체결해야 한다는 주장을 내놓고 있었다.

66 1918년 5월 3일 클레이턴이 외무성에; PRO-FO 371/3403, f. 384.

67 Lawrence, *Seven Pillars*, 544.

68 Prüfer, *Diary*, July 31, 1918; HO.

18장

1 Lawrence, "The Destruction of the 4th. Army," October 1918; PRO-WO 882/7, f. 360.

2 Gilbert, *First World War*, 452.

3 Prüfer, *Diary*, August 30, 1918; HO.

4 1918년 9월 3일 프뤼퍼가 AA에게; NARA T137, Roll 138, Frames 329-30.

5 Yale, *It Takes So Long*, chapter 8, 30.

6 Lawrence, *Seven Pillars*, 586.

7 Garnett, *The Letters of T. E. Lawrence*, 244.

8 『일곱 기둥』에 서술한 대로, 로렌스는 1918년 8월 누리 샬라안과 만난 일에 대해서 로버트 그레이브스와 바실 리들 하트 모두에게 유난히 조심스러운 태도로 힘들었다고만 말했다. 그레이브스가 무슨 일이냐고 다그치자 로렌스는 "그때 내가 힘들었던 것은 (밝힐 수 없지만) 매우 특이하고도 두려운 이유에서"라고 답했다.(Graves and Liddell Hart, T. E. Lawrence: Letters to His Biographers, Pt. 1, 103). 마찬가지로, 샬라안에게 맹세한 핵심 내용이 무엇이냐는 리들 하트의 질문에 대해서도 로렌스는 "밝히고 싶지 않다"고 답했다.(UT Folder 1, File 1.)

9 Lawrence, *Seven Pillars*, 579.

10 Ibid., 586.

11 1918년 9월 12일 예일이 미국 군사정보국장에게; YU, Box 2, Folder 39.

12 1918년 시리아 공격에 대한 로렌스의 설명은 *Seven Pillars*, book 10, chapters 107~112, 581~660에서 가져온 것이다.

13 1918년 영국군의 시리아 공격에 대한 윌리엄 예일의 회고는 Yale, *It Takes So Long*, chapter 9에서 가져온 것이다.

14 Wilson, *Lawrence of Arabia*, 549.

15 Ibid.

16 1918년 9월 21일 바살러뮤가 조이스에게; PRO-WO 157/738.

17 Wilson, *Lawrence of Arabia*, 555.

18 1918년 9월 25일 로렌스가 도네이에게; PRO-WO 157/738.

19 Lawrence, *Seven Pillars*, 628~629.

20 Lawrence, "The Destruction of the 4th. Army," October 1918; PRO-WO 882/7, f. 360.

21 Ibid.

22 Barrow, *The Fire of Life*, 209~212.

23 타파스 사건에 대한 흥미로운 대화 내용이다. 로렌스와 함께 전선을 누볐던 일부 동료

군인들이 로렌스의 명예를 지켜주기 위해서 로렌스의 주장과 상반된 이야기를 하고 있다. Mack, *A Prince of Our Disorder*, 234~240 참조.

24 Stirling, *Safety Last*, 93~94.

25 Wilson, *Lawrence of Arabia*, 563.

26 1918년 10월 1일 로렌스가 지휘 본부에; PRO—WO 157/738.

27 Lawrence, "The Destruction of the 4th. Army," October 1918; PRO—WO 882/7, f. 364.

28 Lawrence, *Seven Pillars*, 656.

29 Chauvel, "Notes," Hill, *Chauvel of the Light Horse*, 184 인용.

30 1918년 9월 25일 대영제국 총참모본부CIGS에서 앨런비에게; PRO—FO 371/3383, f. 489~492.

31 1918년 10월 1일 영국 전쟁성에서 이집트 지휘 본부로; PRO—FO 371/3383, f. 498~499.

32 Chauvel, "Notes," Hill, *Chauvel of the Light Horse*, 184 인용.

33 Yale, *It Takes So Long*, chapter 10, 3.

34 Chauvel, "Notes," Hill, *Chauvel of the Light Horse*, 185 인용.

에필로그

1 1914년 10월 6일 로렌스가 암스트롱에게; UT, Folder 2, File 6.

2 1919년 6월 19일 아서 허첼이 커즌에게; PRO—FO 371/4149, f. 149A.

3 클라크-커, Wilson; *Lawrence of Arabia*, 617.

4 1919년 1월 3일의 바이츠만-파이살 협정은 Friedman, *Tension in Palestine*, 157~161 참조.

5 Weizmann, "Proposals Relating to the Establishment of a Jewish National Home in Palestine," November 19, 1918; PRO—FO 371/3385.

6 Gelfand, *The Inquiry*, 60~62.

7 E. H. Byrne, Report on the Desires of the Syrians, October 7, 1918; YU Box 4, Folder 23.

8 Yale, *It Takes So Long*, chapter 10, 6.

9 Garnett, *The Letters of T. E. Lawrence*, 294.

10 1919년 1월 3일 바이츠만-파이살 협정은 Friedman, *Tension in Palestine*, 157~161 참조.

11 Lawrence to Liddell Hart, Graves and Liddell Hart, *T. E. Lawrence: Letters to His Biographers*, Pt. 2, 143.

12 Sykes, *memorandum*, October 15, 1918; PRO—FO 371/3413.

13 호가스가 클레이턴에게; Adelson, Mark Sykes, 281.

14 사이크스. Sykes, Adelson, Ibid., 289.

15 로이드조지. Wilson, *Lawrence of Arabia*, 609.

16 Aaronsohn, *Diary*, January 16, 1919; ZY.

17 Florence, *Lawrence and Aaronsohn*, 406.

18 1919~1924년에 걸친 미국-영국 간 유전 개발권 분쟁의 자세한 내용은 다음 저작 참조. DeNovo, *American Interests and Policies in the Middle East*, 167~209; Fanning, *Foreign Oil and the Free World*, chapter 5; Shwadran, *The Middle East, Oil and the Great Powers*, 403~409; and PRO-FO 141/456, File 6522.

19 1924년 5월 24일 술레이만 나시프가 예일에게; BU Box 15, Folder 6.

20 1922년 5월 5일 예일이 버치 헬름스(소코니)에게; BU Box 15, Folder 5.

21 Yale, "Islam Versus Christianity," *North American Review*, February 1923; BU Box 11.

22 Yale, *Letter to Free World*, August 1942; BU Box 1, Folder 9.

23 McKale, *Curt Prüfer*, 59.

24 1918년 11월 2일 프뤼퍼가 독일 외무성 오토 군터 폰 베젠동크에게; NARA T136, Roll 94, Frame 21.

25 PRO-KV 2/3114.

26 프뤼퍼. McKale, *Curt Prüfer*, 177.

27 프뤼퍼에 대한 MI5의 첩보 보고서에서; PRO-KV 2/3114.

28 1912년 5월 21일 로렌스가 그레이브스에게; Graves and Liddell Hart, *T. E. Lawrence: Letters to His Biographers*, Pt. 1, 15.

29 Lawrence, *Seven Pillars*, 641.

30 Ibid., 276.

31 Meyers, *The Wounded Spirit*, 11.

32 1929년 2월 28일 로렌스가 뉴컴에게; UT Folder 5, File 2.

33 로렌스가 샬럿 쇼에게; Brown, *The Letters of T. E. Lawrence*, 290.

34 로렌스가 로저스에게; Brown, *The Letters of T. E. Lawrence*, 536.

35 조지 5세가 A. W. 로렌스에게; *Times*(London), May 21, 1935.

36 처칠. A. W. Lawrence, *T. E. Lawrence by His Friends*(1954 edition), 202.

참고문헌

도서와 논문

Aaronsohn, Alex. *With the Turks in Palestine.* Boston: Houghton Mifflin, 1916.

Abbas, Hilmi. *The Last Khedive of Egypt: Memoirs of Abbas Hilmi II,* translated and edited by Amira Sonbol. Reading, UK: Ithaca Press, 1998.

Abdullah, King. *Memoirs of King Abdullah of Transjordan.* Edited by Philip Graves. London: Jonathan Cape, 1950.

Adelson, Roger. *Mark Sykes: Portrait of an Amateur.* London: Jonathan Cape, 1975.

Ahmad, Feroz. *The Young Turks: The Committee of Union and Progress in Turkish Politics.* Oxford: Clarendon Press, 1969.

———, "Great Britain's Relations with the Young Turks, 1908–1914." *Middle Eastern Studies* 2 (1966): 302–329.

Aksakal, Mustafa. *The Ottoman Road to War in 1914.* Cambridge: Cambridge University Press, 2008.

Aldington, Richard. *Lawrence of Arabia: A Biographical Inquiry.* Chicago: Henry Regnery Company, 1955.

Allen, Malcolm Dennis. "The Medievalism of T. E. Lawrence." PhD diss., Pennsylvania State University, 1983.

Allen, Richard. *Imperialism and Nationalism in the Fertile Crescent.* Boulder, CO:

Westview Press, 1984.

Andelman, David. *A Shattered Peace: Versailles 1919 and the Price We Pay Today.* Hoboken, NJ: Wiley, 2008.

Antonius, George. *The Arab Awakening.* New York: J. B. Lippincott, 1939.

Asher, Michael. *Lawrence: The Uncrowned King of Arabia.* Woodstock, NY: Overlook Press, 1999.

Baker, Leonard. *Brandeis and Frankfurter: A Dual Biography.* New York: Harper & Row, 1984.

Baker, Randall. *King Husain and the Kingdom of Hejaz.* New York: Oleander Press, 1979.

Ballobar, Antonio de la Cierva. *Jerusalem in World War I: The Palestine Diary of a European Diplomat.* Translated and edited by Roberto Mazza. New York: Tauris, 2011.

Barker, A. J. *The Neglected War: Mesopotamia, 1914~1918.* London: Faber, 1967.

―――, *Townshend of Kut: A Biography of Major-General Sir Charles Townshend.* London: Cassell, 1967.

Barnard, Harry. *The Forging of an American Jew: The Life and Times of Judge Julian W. Mack.* New York: Herzl Press, 1974.

Barr, James. *Setting the Desert on Fire: T. E. Lawrence and Britain's Secret War in Arabia, 1916–1918.* New York: W. W. Norton, 2009.

Barrow, George. *The Fire of Life.* London: Hutchinson, 1943.

Bayliss, Gwyn. *Chronology of the Great War.* London: Greenhill Books, 1988.

Beraud-Villars, Jean. *T. E. Lawrence, or the Search for the Absolute.* London: Sidgwick & Jackson, 1958.

Berghahn, Volker R. *Germany and the Approach of War, 1914.* New York: St. Martin's Press, 1973.

Bernstorff, Johann Heinrich von. *Memoirs of Count Bernstorff.* New York: Random House, 1936.

Bertrand-Cadi, Jean-Yves. *Le Colonel Cherif Cadi: Serviteur de l'Islam et de la République.* [Colonel Sharif Cadi: Servant of Islam and the Republic] Paris: Maisonneuve & Larose, 2005.

Birdwood, William Riddell. *Nuri as-Said: A Study in Arab Leadership.* London: Cassell & Company, 1959.

Bond, Brian. *The First World War and British Military History.* Oxford: Clarendon Press, 1991.

Bonsal, Stephen. *Suitors and Supplicants: The Little Nations at Versailles.* New York: Prentice Hall, 1946.

Boyle, William. *My Naval Life.* London: Hutchinson, 1942.

Bray, Norman. *Shifting Sands.* London: Unicorn Press, 1934.

Brémond, Édouard. *Le Hedjaz dans la Guerre Mondiale* [The Hejaz in the World War]. Paris: Payot, 1931.

Brent, Peter. *T. E. Lawrence.* New York: G. P. Putnam's Sons, 1975.

Brown, Malcolm. *Lawrence of Arabia: The Life, the Legend.* New York: Thames & Hudson, 2005.

———. *The Letters of T. E. Lawrence.* London: Oxford University Press, 1991.

———, ed. *T. E. Lawrence in War and Peace: An Anthology of the Military Writings of Lawrence of Arabia.* London: Greenhill Books, 2005.

Bruner, Robert, and Sean Carr. *The Panic of 1907: Lessons Learned from the Market's Perfect Storm.* New York: John Wiley & Sons, 2007.

Bullock, David. *Allenby's War.* London: Blandford Press, 1988.

Carter, Miranda. *George, Nicholas and Wilhelm: Three Royal Cousins and the Road to World War I.* New York: Alfred A. Knopf, 2010.

Cecil, Lamar. *The German Diplomatic Service, 1871~1914.* Princeton: Princeton University Press, 1976.

———. *Wilhelm II. Vol. 1, Prince and Emperor, 1859~1900.* Chapel Hill: University of North Carolina Press, 1989.

Chaliand, Gerard, and Yves Ternon. *The Armenians: From Genocide to Resistance.* London: Zed Press, 1983.

Chernow, Ron. *Titan: The Life of John D. Rockefeller.* New York: Vintage, 2004.

Churchill, Winston. *Great Contemporaries.* New York: Norton, 1991.

Clayton, Gilbert. *An Arabian Diary.* Berkeley: University of California Press, 1969.

Crowley, Patrick. *Kut 1916: Courage and Failure in Iraq.* Stroud, UK: History Press, 2009.

Crutwell, C. R. *A History of the Great War.* Oxford: Clarendon Press, 1934.

Dadrian, Vahakn. *The Key Elements in the Turkish Denial of the Armenian Genocide: A Case Study of Distortion and Falsification.* Toronto: Zoryan Institute, 1999.

Davidson, Lawrence. *America's Palestine: Popular and Official Perceptions from Balfour to Israeli Statehood.* Gainesville: University Press of Florida, 2001.

Davis, Moshe. *With Eyes Toward Zion.* Vol. 2. New York: Praeger, 1986.

Dawn, C. Ernest. *From Ottomanism to Arabism: Essays on the Origins of Arab Nationalism.* Urbana: University of Illinois Press, 1973.

DeNovo, John. *American Interests and Policies in the Middle East, 1900–1939.* Minneapolis: University of Minnesota Press, 1963.

———. "The Movement for an Aggressive American Oil Policy Abroad, 1918–1920." *American Historical Review* 61, no. 4 (July 1956).

Divine, Donna Robinson. *Politics and Society in Ottoman Palestine: The Arab Strug-*

gle for Survival and Power. Boulder, CO: Lynne Rienner, 1994.

Djemal Pasha, Ahmet. *Memories of a Turkish Statesman, 1913–1919.* New York: Doran, 1922.

Earle, Edward Mead. *Turkey, the Great Powers and the Baghdad Railway: A Study in Imperialism.* New York: Russell & Russell, 1966.

Emin, Ahmed. *Turkey in the World War.* New Haven, CT: Yale University Press, 1930.

Engle, Anita. *The Nili Spies.* London: Hogarth Press, 1959.

Erickson, Edward. *Ordered to Die: A History of the Ottoman Army in the First World War.* Westport, CT: Greenwood Press, 2001.

Evans, Laurence. *United States Policy and the Partition of Turkey, 1914–1924.* Baltimore: Johns Hopkins University Press, 1965.

Fanning, Leonard. *Foreign Oil and the Free World.* New York: McGraw–Hill, 1954.

Fischer, Fritz. *Germany's Aims in the First World War.* New York: W. W. Norton, 1967.

———. *War of Illusions: German Policies from 1911 to 1914.* London: Chatto & Windus, 1975.

Fischer, Louis. *Oil Imperialism: The International Struggle for Petroleum.* New York: International, 1926.

Florence, Ronald. *Lawrence and Aaronsohn: T. E. Lawrence, Aaron Aaronsohn and the Seeds of the Arab–Israeli Conflict.* New York: Viking, 2007.

Frankfurter, Felix. *Felix Frankfurter Reminisces.* New York: Reynal, 1960.

Friedman, Isaiah. *The Question of Palestine, 1914–1918.* London: Routledge & Kegan Paul, 1973.

———. *Palestine: A Twice–Promised Land?* New Brunswick, NJ: Transaction Publishers, 2000.

———, ed. *Germany, Turkey and Zionism, 1897–1918.* The Rise of Israel, vol. 4. New York: Garland Publishing, 1987.

———, ed. *The Zionist Commission in Palestine.* The Rise of Israel, vol. 9. New York: Garland Publishing, 1987.

———, ed. *Tension in Palestine: Peacemaking in Paris, 1919.* The Rise of Israel, vol. 10. New York: Garland Publishing, 1987.

Fromkin, David. *A Peace to End All Peace: Creating the Modern Middle East, 1914–1922.* New York: Holt, 1989

Gardner, Brian. *Allenby.* London: Cassell, 1965.

Garnett, David. *The Essential T. E. Lawrence.* London: Jonathan Cape, 1951.

———, ed. *The Letters of T. E. Lawrence.* New York: Doubleday Doran, 1939.

Gelfand, Lawrence. *The Inquiry: American Preparations for Peace, 1917–1919.* New

Haven, CT: Yale University Press, 1963.

Gelvin, James. *Divided Loyalties: Nationalism and Mass Politics in Syria at the Close of Empire.* Berkeley: University of California Press, 1998.

Gershoni, Israel. *Middle East Historiographies: Narrating the Twentieth Century.* Seattle: University of Washington Press, 2006.

Gilbert, Martin. *Exile and Return: The Struggle for a Jewish Homeland.* Philadelphia: Lippincott, 1978.

———, *The First World War: A Complete History.* New York: Holt, 1994.

———, *The Somme.* New York: Holt, 2006.

Gokay, Bulent. *A Clash of Empires: Turkey Between Russian Bolshevism and British Imperialism.* London: Tauris, 1997.

Goldstone, Patricia. *Aaronsohn's Maps.* Orlando, FL: Harcourt, 2007.

Gooch, G. P. and Temperley, eds. *British Documents on the Origins of the War, 1898–1914.* London: His Majesty's Stationery Office, 1926.

Gorni, Yosef. *Zionism and the Arabs, 1882–1948: A Study of Ideology.* New York: Oxford University Press, 1987.

Gottlieb, W. W. *Studies in Secret Diplomacy During the First World War.* London: George Allen & Unwin, 1957.

Grainger, John D. *The Battle for Palestine, 1917.* Woodbridge, UK: Boydell, 2006.

Graves, Robert. *Lawrence and the Arabs.* New York: Paragon House, 1991.

Graves, Robert, and Basil Liddell Hart. *T. E. Lawrence: Letters to His Biographers.* London: Cassell, 1963.

Greaves, Adrian. *Lawrence of Arabia: Mirage of a Desert War.* London: Weidenfeld & Nicolson, 2007.

Guinn, Paul. *British Strategy and Politics, 1914–1918.* Oxford: Clarendon Press, 1965.

Haas, Jacob de. *Louis D. Brandeis.* New York: Bloch, 1929.

Halkin, Hillel. *A Strange Death: A Story Originating in Espionage, Betrayal and Vengeance in a Village in Old Palestine.* New York: PublicAffairs, 2005.

Halpern, Ben. *A Clash of Heroes: Brandeis, Weizmann, and American Zionism.* New York: Oxford University Press, 1987.

Hanioglu, Sukru. *A Brief History ofhe Late Ottoman Period.* Princeton, NJ: Princeton University Press, 2008.

———, *Young Turks in Opposition.* New York: Oxford University Press, 1995.

Hart, Peter. *Gallipoli.* New York: Oxford University Press, 2011.

Heller, Joseph. *British Policy Towards the Ottoman Empire, 1908–1914.* London: Frank Cass, 1983.

Herbert, Aubrey. *Mons, Kut and Anzac.* London: E. Arnold, 1919.

Hickey, Michael. *Gallipoli.* London: John Murray, 1995.

Hill, A. J. *Chauvel of the Light Horse.* Melbourne, AU: Melbourne University Press, 1978.

Hillgruber, Andreas. *Germany and the Two World Wars.* Translated by William C. Kirby. Cambridge, MA: Harvard University Press, 1981.

Holt, P. M. *Egypt and the Fertile Crescent, 1516-1922.* Ithaca, NY: Cornell University Press, 1966.

Hopkirk, Peter. *Like Hidden Fire: The Plot to Bring Down the British Empire.* New York: Kodansha, 1994.

Hopwood, Derek. *Tales of Empire: The British in the Middle East, 1880-1952.* London: Tauris, 1989.

Hourani, Albert. *The Emergence of the Modern Middle East.* Oxford, UK: Macmillan, 1981.

Howard, Harry N. *The King-Crane Commission: An American Inquiry in the Middle East.* Beirut: Khayat, 1963.

Hughes, Matthew. *Allenby and British Strategy in the Middle East, 1917-1919.* London: Frank Cass, 1999.

Hyde, Montgomery. *Solitary in the Ranks.* London: Constable, 1977.

James, Lawrence. *The Golden Warrior: The Life and Legend of Lawrence of Arabia.* New York: Marlow & Company, 1994.

Karsh, Efraim. *Empires of the Sand: The Struggle for Mastery in the Middle East, 1789-1923.* Cambridge, MA: Harvard University Press, 1999.

Katz, Shmuel. *The Aaronsohn Saga.* Jerusalem: Gefen, 2007.

Kayali, Hasan. *Arabs and Young Turks: Ottomanism, Arabism and Islamism in the Ottoman Empire, 1908-1918.* Berkeley: University of California Press, 1997.

Kedourie, Elie. *En gland and the Middle East: The Destruction of the Ottoman Empire, 1914-1921.* London: Mansell, 1987.

Keegan, John. *The First World War.* New York: Vintage, 2000.

Kent, Marian. *The Great Powers and the End of the Ottoman Empire.* London: George Allen & Unwin, 1984.

Keogh, E. G. *Suez to Aleppo.* Melbourne, AU: Wilke & Company, 1955.

Khalidi, Rashid, ed. *The Origins of Arab Nationalism.* New York: Columbia University Press, 1991.

Kinross, John. *Ataturk.* New York: William Morrow and Co., 1965.

―――, *The Ottoman Centuries.* New York: Morrow, 1977.

Kirkbride, Alec. *An Awakening: The Arab Campaign, 1917-1918.* Saudi Arabia: University Press of Arabia, 1971.

Knee, Stewart. "The King-Crane Commission of 1919: The Articulation of Political

Anti–Zionism." *American Jewish Archives* 29, no. 1 (1977): 22–53.

Knightley, Phillip, and Colin Simpson. *The Secret Lives of Lawrence of Arabia.* London: Literary Guild, 1969.

Knowlton, Evelyn, and George Gibb. *History of Standard Oil Company: Resurgent Years, 1911–1927.* New York: Harper & Row, 1956.

Kushner, David, ed. *Palestine in the Late Ottoman Period.* Jerusalem: Yad Izhak Ben–Zvi, 1986.

Laqueur, Walter. *A History of Zionism.* New York: Schocken, 2003.

Lares, J. M. *T. E. Lawrence, la France et les Français* [T. E. Lawrence, France and the French]. Paris: Sorbonne, 1980.

Lawrence, A. W., ed. *T. E. Lawrence by His Friends.* London: Jonathan Cape, 1937.

Lawrence, A. W., ed. *T. E. Lawrence by His Friends.* London: Jonathan Cape, 1954.

———, ed. *Letters to T. E. Lawrence.* London: Jonathan Cape, 1962.

Lawrence, T. E. *Crusader Castles.* Oxford: Clarendon, 1988.

———, *The Home Letters of T. E. Lawrence and His Brothers.* New York: Macmillan, 1954.

———, *Secret Despatches from Arabia.* London: Bellew, 1991.

———, *The Mint.* London: Jonathan Cape, 1973.

———, *Oriental Assembly.* Edited by Arnold Lawrence. London: Williams & Norgate, 1939.

———, *Seven Pillars of Wisdom: A Triumph* (1922 "Oxford" text). Blacksburg, VA: Wilder Press, 2011.

———, *Seven Pillars of Wisdom: A Triumph.* New York: Anchor, 1991.

———, *Revolt in the Desert.* Ware, UK: Wordsworth, 1997.

LeClerc, Christophe. *Avec T. E. Lawrence in Arabie* [With T. E. Lawrence in Arabia]. Paris: L'Harmattan, 1998.

Lewis, Geoffrey. "An Ottoman Officer in Palestine, 1914–1918." In David Kushner, ——— ed., *Palestine in the Late Ottoman Period.* Jerusalem: Yad Izhak Ben–Zvi, 1986.

Lewy, Guenter. *The Armenian Massacres in Ottoman Turkey.* Salt Lake City, UT: University of Utah Press, 2005.

Liddell Hart, Basil H. *Colonel Lawrence: The Man Behind the Legend.* New York: Halcyon House, 1937.

———, *The Real War, 1914–1918.* Boston: Little, Brown, 1930.

Link, Arthur S., ed. *The Papers of Woodrow Wilson.* Princeton, NJ: Princeton University Press, 1980.

Lloyd George, David. *Memoirs of the Peace Conference.* New Haven, CT: Yale University Press, 1939.

Lockman, J. N. *Scattered Tracks on the Lawrence Trail: Twelve Essays on T. E. Lawrence.* Whitmore Lake, MI: Falcon Books, 1996.

Longrigg, Stephen. *Oil in the Middle East: Its Discovery and Development.* London: Oxford University Press, 1955.

Macdonogh, Giles. *The Last Kaiser: The Life of Wilhelm II.* New York: St. Martin's Press, 2001.

Mack, John E. *A Prince of Our Disorder: The Life of T. E. Lawrence.* Boston: Little, Brown, 1976.

Magnus, Philip. *Kitchener: Portrait of an Imperialist.* New York: Dutton, 1959.

Mango, Andrew. *Ataturk.* London: John Murray, 1999.

McKale, Donald. *Curt Prüfer: German Diplomat from the Kaiser to Hitler.* Kent, OH: Kent State University Press, 1987.

———. *War by Revolution: Germany and Great Britain in the Middle East in the Era of World War I.* Kent, OH: Kent State University Press, 1998.

McMeekin, Sean. *The Berlin–Baghdad Express.* Cambridge, MA: Harvard University Press, 2010.

MacMillan, Margaret. *Paris 1919: Six Months That Changed the World.* New York: Random House, 2002.

MacMunn, George, and Cyril Falls. *Military Operations in Egypt and Palestine; History of the Great War.* London: His Majesty's Stationery Office, 1928.

Mandel, Neville. *The Arabs and Zionism Before World War I.* Berkeley: University of California Press, 1976.

Manuel, Frank Edward. *The Realities of American–Palestine Relations.* Washington, DC: PublicAffairs Press, 1949.

Massey, W. T. *Allenby's Final Triumph.* London: Constable, 1920.

Meinertzhagen, Richard. *Middle East Diary, 1917–1956.* London: Cresset Press, 1960.

Melka, R. L. "Max Freiherr von Oppenheim: Sixty Years of Scholarship and Political Intrigue in the Middle East." *Middle Eastern Studies* 9, no. 1 (January 1973): 81–93.

Meyers, Jeffrey. *T. E. Lawrence: A Bibliography.* New York: Garland, 1974.

———. *The Wounded Spirit: A Study of "Seven Pillars of Wisdom."* London: Macmillan, 1989.

Millar, Ronald. *Death of an Army: The Siege of Kut, 1915–1916.* New York: Houghton Mifflin, 1970.

Monroe, Elizabeth. *Britain's Moment in the Middle East, 1914–1956.* London: Chatto & Windus, 1981.

Moore, Briscoe. *The Mounted Riflemen in Sinai and Palestine: The Story of New Zealand's Crusaders.* Auckland: Whitcombe & Tombs, 1920.

Moorehead, Alan. *Gallipoli*. New York: Perennial Classics, 2002.

Morgenthau, Henry. *Ambassador Morgenthau's Story*. New York: Doubleday, Page & Co., 1918.

Morris, Benny. *Righteous Victims: A History of the Zionist–Arab Conflict, 1881–1999*. London: John Murray, 2000.

Morris, James. *The Hashemite Kings*. New York: Pantheon, 1959.

Moscrop, John James. *Measuring Jerusalem: The Palestine Exploration Fund and British Interests in the Holy Land*. New York: Leicester University Press, 2000.

Mousa, Suleiman. *T. E. Lawrence: An Arab View*. Translated by Albert Boutros. London: Oxford University Press, 1966.

Murphy, David. *The Arab Revolt, 1916–1918: Lawrence Sets Arabia Ablaze*. London: Osprey, 2008.

Nash, N. S. *Chitral Charlie: The Life and Times of a Victorian Soldier*. Barnsley, UK: Pen & Sword Books, 2010.

Nevakivi, Jukka. *Britain, France and the Arab Middle East, 1914–1920*. London: Athlone Press, 1969.

Nogales, Rafael de. *Four Years Beneath the Crescent*. New York: Charles Scribner's Sons, 1926.

Nutting, Anthony. *Lawrence of Arabia: The Man and the Motive*. London: Hollis & Carter, 1961.

O'Brien, Conor Cruise. *The Siege: The Saga of Israel and Zionism*. New York: Simon & Schuster, 1986.

O'Brien, Philip M. *T. E. Lawrence: A Bibliography*. New Castle, DE: Oak Knoll Press, 2000.

Ocampo, Victoria. *338171 T.E. (Lawrence of Arabia)*. New York: Dutton, 1963.

Orlans, Harold. *T. E. Lawrence: Biography of a Broken Hero*. Jefferson, NC: McFarland & Co., 2002.

Palmer, Alan. *The Kaiser: Warlord of the Second Reich*. London: Weidenfeld & Nicolson, 1978.

Phillips, Harlan B. *Felix Frankfurter Reminisces*. New York: Reynal & Co., 1960.

Renton, James. *The Zionist Masquerade: The Birth of the Anglo–Zionist Alliance, 1914–1918*. London: Palgrave Macmillan, 2007.

Richards, Vyvyan. *Portrait of T. E. Lawrence: The Lawrence of "Seven Pillars of Wisdom."* London: Jonathan Cape, 1936.

Rohl, John. *The Kaiser and His Court*. Cambridge: Cambridge University Press, 1994.

Rose, Norman. *Chaim Weizmann: A Biography*. London, Weidenfeld and Nicolson, 1987.

Sachar, Howard Morley. *A History of Israel: From the Rise of Zionism to Our Time.* New York: Alfred A. Knopf, 2007.

Sanders, Liman von. *Five Years in Turkey.* Annapolis, MD: United States Naval Institute Press, 1927.

Sanders, Ronald. *The High Walls of Jerusalem: A History of the Balfour Declaration and the Birth of the British Mandate for Palestine.* New York: Holt, Rinehart & Winston, 1983.

Satia, Priya. *Spies in Arabia: The Great War and the Cultural Foundations of Britain's Covert Empire in the Middle East.* Oxford: Oxford University Press, 2008.

Schama, Simon. *Two Rothschilds and the Land of Israel.* New York: Alfred A. Knopf, 1978.

Schilcher, L. Schatkowski. "The Famine of 1915-1918 in Greater Syria." In *Problems of the Modern Middle East in Historical Perspective,* edited by John Spagnolo, 229~258. Reading, UK: Ithaca Press, 1992.

Schneer, Jonathan. *The Balfour Declaration: The Origins of the Arab–Israeli Conflict.* New York: Random House, 2012.

Seidt, Hans–Ulrich. "From Palestine to the Caucasus: Oskar Niedermayer and Germany's Middle Eastern Strategy in 1918." *German Studies Review* 24, no. 1 (February 2001): 1-18.

Shaw, Stanford. *History of the Ottoman Empire and Modern Turkey.* Vols. 1 and 2. Cambridge: Cambridge University Press, 1976.

Sheffy, Yigal. *British Military Intelligence in the Palestine Campaign.* London: Frank Cass, 1998.

Shotwell, James Thomas. *At the Paris Peace Conference.* New York: Macmillan, 1937.

Shwadran, Benjamin. *The Middle East, Oil and the Great Powers.* New York: Praeger, 1955.

Spagnolo, J. P. "French Influence in Syria Prior to World War I: The Functional Weakness of Imperialism." *Middle East Journal* 23, no. 1 (1969): 44-62.

Steed, Wickham. *Through Thirty Years, 1892-1922: A Personal Narrative.* New York: Doubleday, 1925.

Stein, Leonard. *The Balfour Declaration.* London: Valentine, Mitchell & Co., 1961.

Stevenson, David. *1914-1918: The History of the First World War.* New York: Penguin, 2004.

Stewart, Desmond. *T. E. Lawrence.* London: Paladin, 1979.

Stirling, W. F. *Safety Last.* London: Hollis & Carter, 1953.

Stitt, George. *A Prince of Arabia: The Emir Shereef Ali Haider.* London: George Allen & Unwin, 1948.

Storrs, Ronald. *Orientations: The Memoirs of Sir Ronald Storrs.* New York: G. P. Putnam's Sons, 1937.

Sutherland, James Kay. *The Adventures of an Armenian Boy.* Ann Arbor, MI: Ann Arbor Press, 1964.

Symes, Stewart. *Tour of Duty.* London: Collins, 1946.

Tabachnik, Stephen. *T. E. Lawrence: An Encyclopedia.* Westport, CT: Greenwood Press, 2004.

————, *The T. E. Lawrence Puzzle.* Athens: University of Georgia Press, 2012.

Tabachnik, Stephen, and Christopher Matheson. *Images of T. E. Lawrence.* London: Jonathan Cape, 1988.

Tanenbaum, Jan Karl. *France and the Arab Middle East, 1914–1920.* Philadelphia: American Philosophical Society, 1978.

Tauber, Eliezer. *The Arab Movements in World War I.* London: Frank Cass, 1993.

Taylor, A. J. P. *Bismarck: The Man and the Statesman.* New York: Vintage, 1967.

————, *The Struggle for the Mastery of Europe, 1848–1918.* Oxford: Clarendon Press, 1954.

Teichmann, Gabriele, and Gisela Volger. *Faszination: Max Von Oppenheim.* Cologne: Dumont, 2001.

Thomas, Lowell. *With Lawrence in Arabia.* New York: Century, 1924.

Thomson, Basil. *My Experiences at Scotland Yard.* New York: A. L. Burt, 1926.

————, *Queer People.* London: Hodder & Stoughton, 1922.

————, *The Scene Changes.* New York: Doubleday, Doran & Co., 1937.

Tibawi, Abdul Latif. *Anglo–Arab Relations and the Question of Palestine, 1914–1921.* London: Luzac, 1978.

Townshend, Charles. *When God Made Hell: The British Invasion of Mesopotamia and the Creation of Iraq.* New York: Faber & Faber, 2010.

Toynbee, Arnold. *Acquaintances.* London: Oxford University Press, 1967.

Trumpener, Ulrich. *Germany and the Ottoman Empire, 1914–1918.* Princeton, NJ: Princeton University Press, 1968.

Tuchman, Barbara. *The Guns of August.* New York: Ballantine, 2004.

Tuohy, Ferdinand. *The Secret Corps: A Tale of "Intelligence" on All Fronts.* New York: Seltzer, 1920.

Turfan, M. Naim. *Rise of the Young Turks: Politics, the Military and the Ottoman Collapse.* New York: Tauris, 2000.

Urofsky, Melvin. *Louis D. Brandeis.* New York: Pantheon, 2009.

Verrier, Anthony, ed. *Agents of Empire: Brigadier Walter Gribbon, Aaron Aaronsohn and the NILI Ring.* Washington: Brassey's, 1995.

Vester, Bertha Spafford. *Our Jerusalem: An American Family in the Holy City,*

1881–1949. New York: Doubleday, 1950.

Wavell, Archibald. *Allenby: A Study in Greatness.* London: Harrap & Co., 1941.

———. *The Palestine Campaigns.* London: Constable, 1968.

Weber, Frank. *Eagles on the Crescent: Germany, Austria and the Diplomacy of the Turkish Alliance.* Ithaca, NY: Cornell University Press, 1970.

Weintraub, Stanley, and Rodelle Weintraub. *Private Shaw and Public Shaw.* London: Jonathan Cape, 1963.

Weizmann, Chaim. *Trial and Error: The Autobiography of Chaim Weizmann.* New York: Harper, 1949.

Weldon, Lewen. *Hard Lying.* London: Jenkins, 1925.

Westrate, Bruce. *The Arab Bureau: British Policy in the Middle East, 1916–1920.* University Park: Pennsylvania State University Press, 1992.

Wilson, Arnold. *Loyalties: Mesopotamia, 1914–1917.* Oxford: Oxford University Press, 1930.

———. *Loyalties: Mesopotamia 1917–1920.* London: Humphrey Milford, 1931.

Wilson, Jeremy. *Lawrence of Arabia: The Authorized Biography of T. E. Lawrence.* New York: Atheneum, 1990.

Wilson, Mary C. *King Abdullah, Britain and the Making of Jordan.* Cambridge: Cambridge University Press, 1987.

Winstone, H. V. F. *The Illicit Adventure: The Story of Political and Military Intelligence in the Middle East from 1898 to 1926.* London: Jonathan Cape, 1982.

———. *Woolley of Ur: The Life of Sir Leonard Woolley.* London: Secker & Warburg, 1990.

Woolley, C. Leonard. *Dead Towns and Living Men.* London: Lutterworth Press, 1954.

Woolley, C. Leonard, and T. E. Lawrence. *The Wilderness of Zin.* New York: Charles Scribner's Sons, 1936.

Wrench, Evelyn. *Struggle, 1914–1920.* London: Nicholson & Watson, 1935.

Yale, William. *The Near East: A Modern History.* Ann Arbor: University of Michigan Press, 1958.

———. *It Takes So Long.* Howard Gotlieb Archival Research Center, Boston University, Box 7, Folder 7.

———. *The Reminiscences of William Yale.* New York: Oral History Research Office, Columbia University.

———. "T. E. Lawrence: Scholar, Soldier, Statesman, Diplomat." Undated article, probably 1935. Boston: Howard Gotlieb Archival Research Center, Boston University, Box 6, Folder 1.

Yapp, M. E. *The Making of the Modern Near East, 1792–1923.* New York: Longman,

1987.

Yardley, Herbert D. *The American Black Chamber.* Annapolis, MD: United States Naval Institute Press, 1931.

Yardley, Michael. *T. E. Lawrence: A Biography.* New York: Stein & Day, 1987.

Yergin, Daniel. *The Prize: The Epic Quest for Oil, Money and Power.* New York: Free Press, 2008.

Zeine, Zeine N. *The Emergence of Arab Nationalism.* Delmar, NY: Caravan, 1973.

도서관 및 기록물보관소 소장 자료

Aaron Aaronsohn Papers. NILI Museum and Archives, Zichron Ya'aqov, Israel.

Gilbert Clayton & Reginald Wingate Papers. Sudan Archives, University of Durham, Durham, England.

T. E. Lawrence Collection. Harry Ransom Humanities Research Center, University of Texas, Austin.

T. E. Lawrence Papers. Bodleian Library, Oxford, En gland.

George Lloyd Papers. Churchill College, Cambridge, En gland.

National Archives (UK, formerly Public Records Office), Kew, En gland.

National Archives (U.S.), Washington, DC.

Oral History Research Office. Columbia University, New York, NY.

Political Archives of the German Foreign Ministry, Berlin, Germany.

Curt Max Prüfer Papers. Hoover Institution, Stanford University, Palo Alto, CA.

Mark Sykes Papers. Middle East Centre. St. Antony's College, Oxford, En gland.

William Yale Collection. Howard Gotlieb Archival Research Center, Boston University.

William Yale Collection. Milne Special Collections, University of New Hampshire, Durham.

William Yale Papers. House Collection (M658), Yale University Library, New Haven, CT.

100년 묵은 갈등의 씨앗

이글거리는 대지, 까마득히 먼 곳에서, 검은 점 하나가 아지랑이를 뚫고 나타난다. 검은 천으로 온몸을 휘감은 사내가 낙타를 타고 다가오는 중이다. 선한 자인지, 악한 자인지는 아직 모른다. 심장이 조여오는 그 순간, 총성이 울린다.

거장 데이비드 린 감독의 1962년 작 「아라비아의 로렌스」에서 최고로 꼽히는 장면이다. 이 영화는 한 인간의 모험과 고뇌를 이토록 근사하게 담은 작품이 또 있을까 싶은 명작이다. T. E. 로렌스(1888~1935)는 그 한 발의 총성만큼이나 충격적이고 대단히 매혹적인 인생을 바람처럼 살다 간, 20세기 초 서구 역사의 스타라고 할 수 있다. 역사적 탐구 대상으로, 대중적 호기심의 대상으로 로렌스만큼 인기가 높은 인물도 없을 것이다. 하지만 그는 여전히 상당 부분 베일에 싸인 인물이다. 우리는 로렌스라는 인물의 정체를 붙들고 씨름하면서 희대의 영웅, 사유하는 투쟁가, 제국주의의 하수인, 자기 파멸적 몽상가에 이르기까지 엇갈리는 평가로 추억하지만, 도무지 어느 하나로 규정짓긴 힘든 사람이다.

최근 중동을 바로 알기 위한 노력이 광범위하게 이루어지고 있다. 이슬람 수니파 극단주의 무장 단체가 서구 제국주의의 산물인 중동의 국경선을 모조리 지우고 '이슬람국가Islamic State'를 세우겠다며 지구촌 전체를 상대로 총구를 휘두르고 있기 때문이다. 전 세계 분쟁지역을 누벼온 관록의 언론인이자 소설가인 저자는 로렌스의 행적을 더 깊이 파고들어 음미하는 작업이 더없이 절실한 시대라고 판단했다. 로렌스가 열정을 바친 대상이 바로 중동의 국경선 문제였기 때문이다. 로렌스의 투쟁은 사실상 제국주의적 탐욕을 상징하는 사이크스-피코 협정을 상대로 하는 것이었다.

영국은 맥마흔-후세인 서한으로 아랍인들에게 거짓으로 독립을 약속했고, 사이크스-피코 협정으로 뒤통수를 쳤다. 그리고 밸푸어 선언으로 시온주의자들에게 팔레스타인 땅을 내주었다. 중동에 피바람을 일으키고 끝내는 아랍인들과 로렌스를 좌절시킨 이른바 영국의 3중(속임수) 외교의 핵심은 사이크스-피코 협정이었다. 영국과 프랑스가 1916년 5월에 은밀히 체결한 이 협정이 2015년에 100주년을 맞았다. 서구 제국주의 열강이 로렌스를 비롯한 이 책의 주인공들을 앞세워 현대 중동의 탄생이라는 혼돈과 슬픔의 씨앗을 뿌린 지 100년이 넘었다는 말이기도 하다.

저자는 당시 서구 열강의 탐욕적 경쟁과 그에 따른 외교 및 첩보전이라는 거대한 흐름 속에서 로렌스의 정체를 살핀다. 철저한 고증과 방대한 사료, 최근 기밀 해제된 자료까지 동원해서 큰 그림부터 세밀화까지 치밀하고도 힘 있게 펼쳐낸다. 하지만 이 책이 선사하는 가장 중요한 즐거움이자 차별성이라면 마치 소설에서 튀어나온 듯한 생생한 인물들을 통해 '로렌스의 시절'을 입체적으로 보여준다는 점일 것이다.

열강의 각축장이었던 중동은, 당연하게도, 로렌스만 휘젓고 다닌 게 아니었다. 저자는 독일 제국의 스파이 우두머리(쿠르트 프뤼퍼), 미국 석유회사의 현지 주재원이자 국무부 특수 요원(윌리엄 예일), 팔레스타인에서 시온주의 유대인들로 첩보 조직을 운영하는 농학자(아론 아론손)를 무대 위로 끌어올렸다. 그리고 이들 각국의 대표 선수들이 어떻게 싸우고 어떻게 영향을 주고받았는지 박진감 넘치게 이야기를 펼친다. 그 치열한 각축전이 한 편의 영화를 보는 느낌을 주는데, 어떤 독자들은 이들 네 젊은이를 각각 영화의 주인공으로 삼아도 모자람이 없다고, 독립된 영화 네 편을 섞어가면서 보는 것 같다고 느낄 수도 있겠다. 물론 로렌스는 여러모로 나머지 세 사람과 직접 비교하기 어려운 존재다. 그러나 저자는 우리나라 포털은 물론 구글이나 위키피디아에서도 제대로 된 정보를 파악하기 힘든 인물을 발굴해 충분히 납득할 만한 배역을 맡김으로써 진실에 몇 걸음 다가가도록 독자들을 돕고 있다.

사실 우리 독자들은 낭만적 감동으로 가득한 영화나 본인의 기록인 『지혜의 일곱 기둥』 말고는 로렌스의 인생을 충실하게 읽어내기 어려운 실정이었다. 이 책은 로렌스 개인을 다룬 저작으로서는 사실상 한국에 첫선을 보인 것이다. 방대한 분량과 복잡할 수밖에 없는 전개에도 불구하고 로렌스를 균형 잡힌 시각으로 만나고 싶은 독자들에게 적지 않은 도움이 되리라 믿는다. 당시 상황을 최대한 객관적으로 파악하려는 저자의 노력 덕분에 인물 중심의 영웅사관이나 서구 중심적 시선을 어느 정도 탈피할 수 있기 때문이다. 다수에게 익숙한 'Lawrence of Arabia'를 비틀어 'Lawrence in Arabia'로 책 제목을 붙인 것도 이런 의도에서였을 것이다. 로렌스를 '주인공'으로 인정하되, 나머지를 엑스트라로 간주하지 않고, 그들이 상호작용하는 과정에 진실이 존재한다고 보는 책이다.

이 책은 로렌스라는 인물에 낯설어하는 독자들도 얼마든지 흥미진진하게 읽을 수 있다. 하지만 중동 문제를 앞으로 깊이 읽어나갈 독자라면 이참에 이슬람과 중동, 제국주의 역사를 다룬 책을 함께 읽는 것도 좋을 것이다. 그러다보면 저자만의 독특한 관점도 몇 가지 확인할 수 있는데, 예컨대 로렌스가 경쟁국 프랑스에 맞서서 어느 정도는 조국의 이득을 고려했다는 식의 애국주의적 설명 방식에 대한 저자의 문제 제기 등이 그렇다. 구체적인 근거를 바탕으로 통설에 이견을 제시하는 내용 중에는 로렌스가 터키군에 붙잡혀 성적 학대를 당했다고 주장하는 데라 사건도 포함된다.

무엇보다 저자는 태생부터 유년기, 꿈 많은 옥스퍼드 재학 시절을 거쳐 전쟁 이후 피폐한 심리 상태와 불행한 죽음에 이르기까지 로렌스 개인의 인생 전반을 충실히 파악할 수 있도록 독자를 안내한다. 아울러 첩보세계에 관심 있는 독자라면 그 원형에 가까운 모습을 들여다보는 재미도 만만치 않을 것이다.

중동은, IS의 발호와 별개로, 우리에게 언제나 특별한 곳이었다. 성경, 석유, 걸프전, 테러, 김선일, 만수르 등 언뜻 떠오르는 단어만 추려도 그 넓이와 깊이, 복잡성을 짐작하고도 남는다. 최근에는 시리아 난민 사태는 우리를 눈물 짓게 한다. 21세기 혁신의 상징인 스티브 잡스도 시리아 난민 집안 출신이라는 이야기, 어쩌면 예수님도 박해를 피해 달아나다가 말구유에서 태어나야 했던 난민이었다는 이야기도 들린다. 하지만 여전히 어딘가 피상적인 수준에 머물러 있는 듯하다.

유엔난민기구 등에 따르면 2015년 한 해에 유럽으로 망명한 시리아인이 50만 명을 포함해 도합 100만 명에 이른다고 한다. 제2차 세계대전 이후 최악의 상황이다. 특히 시리아는 내전으로 그동안 25만 명이 목숨을 잃고 1100만 명이 그 나라를 떠났다. 유럽연합이 난민 할당제를 도입하려 했으나 결국 무산되었다. 『뉴욕타임스』가 그 무산된 제도를 기준으로 각국이 실제로 수용한 난민 수를 알아본 모양이다. 아이러니하게도, 기준에 못 미친 두 나라는, 사이크스−피코 협정의 두 당사국인 영국과 프랑스였다. 어리석고도 야만적인 제국주의가 20세기 벽두를 피로 물들이면서 아랍인을, 그리고 로렌스를 희생시킨 뒤에 눈물의 씨앗을 심어두고 자취를 감추었다. 그리고 그 슬픔은 현재진행형이다.

이 책이 독자와 만나는 이 시대를 기념하고자 부스러기 몇 가지를 언급하려 한다. 먼저, 관점의 문제에도 불구하고 독자들이 책을 읽기 전에 관람하면 분명히 도움이 되는(그런데 여성 배역은 단 한 명도 없는) 대작 영화 「아라비아의 로렌스」는 1963년도 아카데미 7개 부문을 휩쓸었지만 정작 로렌스 역의 피터 오툴은 남우주연상 수상에 실패했고, 일평생 큰 상과 거리가 먼 삶을 살다가 2013년에 별세했다. 그와 동갑내기로 역시 이 영화 덕분에 스타 반열에 오른 오마 샤리프도 여전히 어수선한 조국 이집트에서 2015년에 눈을 감았다. 생존한 최고의 중동학자로 추앙받는, 그러나 에드워드 사이드가 오리엔탈리스트로 지목한 버나드 루이스가 2016년 5월 100세를 맞았다. 또한 2015년은 'IS(이슬람국가)'라는 표현이 처음 등장한 지 10년째다. 그렇게 세월이 흐르고, 시대가 바뀌었지만, 고통은 여전하고, 미래 역시 불투명하다는 안타까움이 밀려든다. 죽은 로렌스가 살아서 현 상황을 본다면 어떤 심정이 들까도 싶다.

지구본을 놓고 보면, 중동은 우리나라에서 유럽으로 건너가는 길목이다. 동과 서, 남과 북이 교차하는 그 빛나는 역사와 지혜와 매혹의 땅에 하루속히 평화를 내려달라고, 어느 신을 향해 무릎을 꿇어야 할지 잘 모르겠지만 간절히 기도하고 싶다.

찾아보기

아라비아의 로렌스

1판 1쇄	2017년 6월 12일
1판 4쇄	2024년 8월 1일

지은이	스콧 앤더슨
옮긴이	정태영
펴낸이	강성민
편집장	이은혜
기획	노만수
마케팅	정민호 박치우 한민아 이민경 박진희 정유선 황승현
브랜딩	함유지 함근아 고보미 박민재 김희숙 박다솔 조다현 정승민 배진성
제작	강신은 김동욱 이순호
독자모니터링	황치영

펴낸곳	(주)글항아리	출판등록 2009년 1월 19일 제406-2009-000002호
주소	10881 경기도 파주시 심학산로 10 3층
전자우편	bookpot@hanmail.net
전화번호	031-955-2689(마케팅) 031-941-5158(편집부)
팩스	031-941-5163

ISBN	978-89-6735-430-5 03900

잘못된 책은 구입하신 서점에서 교환해드립니다.
기타 교환 문의 031-955-2661, 3580

www.geulhangari.com

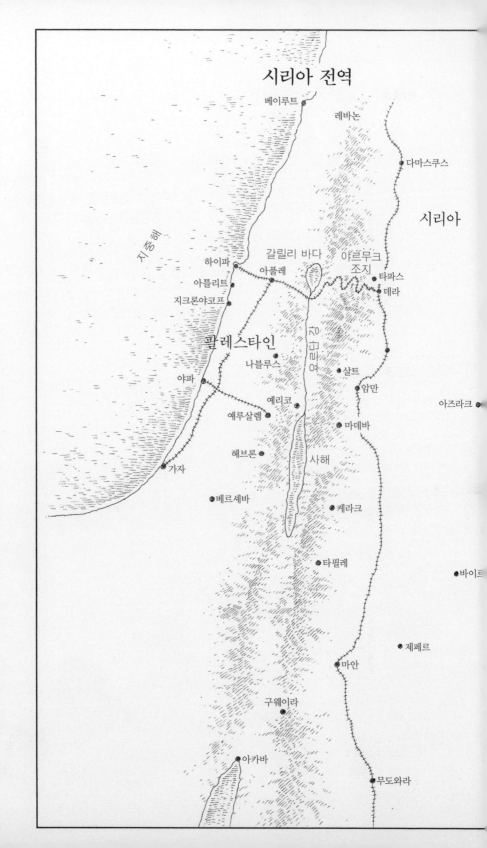

시리아 전역

베이루트

레바논

다마스쿠스

시리아

지중해

갈릴리 바다

야르무크
조지

하이파

아풀레

타파스

아틀리트

데라

지크론야코프

팔레스타인

나블루스

살트

야파

암만

아즈라크

예리코

예루살렘

마데바

헤브론

사해

가자

베르셰바

케라크

타필레

바이트

제페르

마안

구웨이라

아카바

무도와라